Hartmann | **Allgemeine**
Härter | **Wirtschaftslehre**
| für
| kaufmännische Auszubildende

Hartmann
Härter

Allgemeine Wirtschaftslehre
für kaufmännische Auszubildende

Verlag Rinteln

Wirtschaftswissenschaftliche Bücherei für Schule und Praxis
Begründet von Handelsschul-Direktor Dipl.-Hdl. Friedrich Hutkap †

Verfasser:
Gernot B. Hartmann, Dipl.-Handelslehrer
Friedrich Härter, Dipl.-Volkswirt

Das Werk und seine Teile sind urheberrechtlich geschützt. Jede Nutzung in anderen als den gesetzlich zugelassenen Fällen bedarf der vorherigen schriftlichen Einwilligung des Verlages. Hinweis zu § 52 a UrhG: Weder das Werk noch seine Teile dürfen ohne eine solche Einwilligung eingescannt und in ein Netzwerk eingestellt werden. Dies gilt auch für Intranets von Schulen und sonstigen Bildungseinrichtungen.

* * * * *

45., aktualisierte Auflage 2017
© 1981 by MERKUR VERLAG RINTELN
Gesamtherstellung:
Merkur Verlag Rinteln Hutkap GmbH & Co. KG, 31735 Rinteln
E-Mail: info@merkur-verlag.de
lehrer-service@merkur-verlag.de
Internet: www.merkur-verlag.de
ISBN 978-3-8120-**0335-3**

Vorwort

- Das vorliegende Lernbuch umfasst alle in den Rahmenlehrplänen des Bundes geforderten Lerninhalte für kaufmännische Auszubildende unter Berücksichtigung der Lehrpläne derjenigen Bundesländer, in denen die „Allgemeine Wirtschaftslehre" in einem besonderen Unterrichtsfach erteilt wird. Das Buch ist demnach für viele kaufmännische Ausbildungsberufe geeignet.
- Zahlreiche Übungsaufgaben dienen der Wiederholung und Vertiefung des Stoffs. Ihre große Zahl ermöglicht es den Lehrerinnen und Lehrern, je nach örtlichen Bedingungen eine Auswahl zu treffen.
- Durch praxisnahe und schülergemäße Beispiele, viele Abbildungen, Schaubilder, Grafiken und Begriffsschemata wird die Anschaulichkeit der Informationen erhöht.
- Der Text des Buchs ist darauf angelegt, nicht nur Fakten zu vermitteln, sondern Verständniszusammenhänge darzustellen.
- Fremdwörter und notwendige Fachausdrücke werden grundsätzlich erklärt. Texthinweise auf zuvor behandelte oder noch zu besprechende Lerninhalte erleichtern Lernschleifen. Ein ausführliches Stichwortverzeichnis hilft dem Lernenden, sich schnell zu informieren.

Vorwort zur 45. Auflage

In dieser aktualisierten Auflage wurden die Statistiken und Schaubilder auf den Stand von 2017 gebracht. Wichtige Neuerungen, insbesondere im Sozialversicherungs- und Steuerrecht, wurden aufgenommen.

Im Sommer 2017 *Verlag und Verfasser*

Inhaltsverzeichnis

1	**Rechtliche Grundbegriffe**	**15**
1.1	Rechtsquellen	15
1.1.1	Privates und öffentliches Recht	15
1.1.2	Objektives und subjektives Recht	16
1.1.3	Geschriebenes Recht	16
1.1.4	Gewohnheitsrecht	18
1.2	Wichtige Rechtsbegriffe	18
1.2.1	Rechtsobjekte	18
1.2.2	Rechts- und Handlungsfähigkeit	19
	1.2.2.1 Rechtsfähigkeit	19
	1.2.2.2 Handlungsfähigkeit	20
1.2.3	Eigentum und Besitz	23
1.3	Rechtsgeschäfte	24
1.3.1	Die Begriffe Willenserklärung und Rechtsgeschäft	24
1.3.2	Form der Rechtsgeschäfte	25
1.3.3	Der Kaufvertrag als Beispiel eines Rechtsgeschäfts	32
	1.3.3.1 Verpflichtungs- und Erfüllungsgeschäft	32
	1.3.3.2 Leistungszeit	34
	1.3.3.3 Leistungsort	34
	1.3.3.4 Liefer- und Zahlungsbedingungen	37
1.4	Vertragsfreiheit und ihre Grenzen	41
1.4.1	Begriff Vertragsfreiheit	41
1.4.2	Nichtigkeit und Anfechtung	41
1.4.3	Die Gestaltung rechtsgeschäftlicher Schuldverhältnisse durch allgemeine Geschäftsbedingungen	43
1.4.4	Sondervorschriften des BGB für Verbraucherverträge	45
	1.4.4.1 Widerrufsrecht bei Verbraucherverträgen	46
	1.4.4.2 Verbrauchsgüterverträge	46
	1.4.4.3 Verbraucherdarlehensvertrag	47
	1.4.4.4 Verbundene Verträge	48
	1.4.4.5 Fernabsatzvertrag	49
1.5	Exkurs: Weitere wichtige Vertragsarten des Wirtschaftslebens	55
1.6	Überblick über mögliche Vertragsstörungen und ihre Folgen am Beispiel des Kaufvertrags	58
1.6.1	Mangelhafte Lieferung	58
	1.6.1.1 Gewährleistungspflicht des Verkäufers	58
	1.6.1.2 Produkthaftung	63
	1.6.1.3 Produzentenhaftung aus unerlaubter Handlung	65
1.6.2	Lieferungsverzug	69
1.6.3	Annahme- und Abnahmeverzug	74
	1.6.3.1 Annahmeverzug	74
	1.6.3.2 Abnahmeverzug	75
1.6.4	Zahlungsverzug	77

1.6.5	Mahnverfahren		80
	1.6.5.1	Außergerichtliches Mahnverfahren	80
	1.6.5.2	Gerichtliches Mahnverfahren	81
1.6.6	Streitiges Verfahren		86
1.6.7	Verjährung		88
	1.6.7.1	Begriff Verjährung	88
	1.6.7.2	Verjährungsfristen	89
	1.6.7.3	Hemmung der Verjährung	92
	1.6.7.4	Neubeginn der Verjährung	92
1.7	Unternehmensformen		94
1.7.1	Rechtliche und wirtschaftliche Grundlagen		94
	1.7.1.1	Handelsregister	94
	1.7.1.2	Der Kaufmann im Handelsrecht	95
	1.7.1.3	Firma	96
1.7.2	Einzelunternehmen		98
1.7.3	Personengesellschaften		99
	1.7.3.1	Offene Handelsgesellschaft (OHG)	99
	1.7.3.2	Kommanditgesellschaft (KG)	100
1.7.4	Kapitalgesellschaften		101
	1.7.4.1	Aktiengesellschaft (AG)	101
	1.7.4.2	Europäische Gesellschaft (SE)	106
	1.7.4.3	Gesellschaft mit beschränkter Haftung	107
	1.7.4.4	Limited Company	108
	1.7.4.5	GmbH & Co. KG	109
1.7.5	Sonstige wichtige Rechtsformen der Unternehmen		110
1.7.6	Existenzgründung		111

2	**Menschliche Arbeit in Betrieb und Wirtschaft**		**128**
2.1	Der hierarchische Aufbau des Betriebs		128
2.2	Arbeitsbedingungen und Arbeitsleistung im Betrieb		129
2.3	Ausbildungs- und Arbeitsverhältnis		132
2.3.1	Ausbildungsverhältnis		132
2.3.2	Arbeitsverhältnis		137
2.4	Betriebliche Vollmachten (Überblick)		143
2.4.1	Gesetzlich geregelte Vollmachten		144
	2.4.1.1	Die Vollmacht der Vorstandsmitglieder und Geschäftsführer	144
	2.4.1.2	Prokura	144
	2.4.1.3	Handlungsvollmacht	146
	2.4.1.3.1	Allgemeine Handlungsvollmacht	146
	2.4.1.3.2	Einzel- und Artvollmacht	148
	2.4.1.3.3	Gemischte Vertretung	148
	2.4.1.3.4	Vollmacht der Handlungsreisenden	149
	2.4.1.3.5	Vollmacht der Ladenangestellten	149
2.4.2	Gesetzlich nicht geregelte Vollmachten		149
2.5	Selbstständige Mitarbeiter außerhalb des Unternehmens		152
2.5.1	Handelsvertreter		152

2.5.2	Kommissionär	154
2.5.3	Handelsmakler	157
2.6	Soziale Sicherung der Arbeitnehmer und Arbeitnehmerinnen in Betrieb und Wirtschaft	160
2.6.1	Lohnbildung	161
2.6.1.1	Tarifvertragsrecht und Arbeitskampf	161
2.6.1.2	Problem des gerechten Lohns	169
2.6.1.3	Entlohnung im Betrieb	170
2.6.1.3.1	Leistungslohn im weiteren Sinne	171
2.6.1.3.2	Soziallohn	175
2.6.2	Arbeitsschutz	178
2.6.2.1	Überblick	178
2.6.2.2	Jugendarbeitsschutz als Beispiel für den sozialen Arbeitsschutz	180
2.6.2.3	Produktsicherheit als Beispiel für den Betriebs- und Gefahrenschutz	182
2.6.3	Arbeitsgerichtsbarkeit	183
2.6.4	Sozialversicherung und soziale Grundsicherung	186
2.6.4.1	Zweck und Entwicklung der Sozialversicherung	186
2.6.4.2	Zweige und Träger der Sozialversicherung (Überblick)	186
2.6.4.3	Gesetzliche Krankenversicherung	187
2.6.4.4	Soziale Pflegeversicherung	191
2.6.4.5	Gesetzliche Rentenversicherung	193
2.6.4.6	Gesetzliche Arbeitsförderung (Arbeitslosenversicherung)	196
2.6.4.7	Gesetzliche Unfallversicherung	206
2.6.4.8	Finanzierung der Sozialversicherung	208
2.6.4.9	Sozialversicherungsausweis	211
2.6.4.10	Sozialgerichtsbarkeit	212
2.6.4.11	Formen sozialer Grundsicherung	213
2.6.5	Private Vorsorge	217
2.6.5.1	Notwendigkeit der privaten Vorsorge	217
2.6.5.2	Möglichkeiten der privaten Vorsorge	219
2.6.5.3	Staatlich geförderte Alterssicherung	220
2.7	Mitwirkung und Mitbestimmung	224

3 Führung und Führungsverhalten — 231

3.1	Führungsaufgaben	231
3.2	Entscheidungsprozess	233
3.2.1	Wesen des Entscheidungsprozesses	233
3.2.2	Phasen des Entscheidungsprozesses	235
3.2.3	Controlling	236
3.3	Personalführung	241
3.3.1	Führungsstile	241
3.3.2	Führungstechniken	242
3.3.3	Personalbeurteilung (Mitarbeiterbeurteilung)	242
3.3.4	Personalinformationssysteme und Datenschutz	244
3.4	Die Organisation als Führungsaufgabe	247
3.4.1	Voraussetzungen der Organisation	247

3.4.2	Grundsätze der Organisation	248
3.4.3	Der Regelkreis als Mittel der Darstellung organisatorischer Sachverhalte	250
3.5	Aufbauorganisation	253
3.5.1	Phasen der Aufbauorganisation	253
3.5.2	Abteilungsbildung	253
3.5.3	Weisungssysteme (Organisationsformen der Leitung)	256
3.5.4	Entscheidungssysteme	257
3.6	Ablauforganisation	259
3.6.1	Zweck der Ablauforganisation	259
3.6.2	Raumorientierte Ablauforganisation	260
3.6.3	Zeitorientierte Ablauforganisation	261
3.6.4	Prozessorganisation	262
3.6.5	Die Arbeitsanweisung als Hilfsmittel der Ablauforganisation	264
3.7	Informationsströme	267
3.8	Personalbeschaffung	271
3.8.1	Personalbedarf	271
3.8.2	Personaleinsatzplanung und Personaleinweisung	275
3.8.3	Betriebliche Personalentwicklung	275
3.8.4	Personaleinstellung	278

4 Der betriebliche Leistungsprozess ... 288

4.1	Zielsetzungen der Betriebe	288
4.1.1	Ziele privatwirtschaftlicher Betriebe	288
4.1.2	Ziele gemeinwirtschaftlicher Betriebe	290
4.2	Stellung der Sach- und Dienstleistungsbetriebe in der Gesamtwirtschaft	290
4.3	Überblick über die Leistungsprozesse in Sach- und Dienstleistungsbetrieben	291
4.4	Kosten der Leistungserstellung	295
4.5	Wichtige Instrumente der Absatzpolitik	299
4.5.1	Absatzpolitische Instrumente im Überblick	299
4.5.2	Produktgestaltung	300
4.5.3	Preispolitik und Preisdifferenzierung	301
4.5.4	Kommunikationspolitik	303
	4.5.4.1 Absatzwerbung	303
	4.5.4.2 Verkaufsförderung	305
	4.5.4.3 Public Relations (Öffentlichkeitsarbeit)	305
4.5.5	Absatzmethode	306
4.6	Inner- und zwischenbetrieblicher Wertefluss	309
4.6.1	Geldarten und Geldfunktionen	309
4.6.2	Zahlungsverkehr	311
	4.6.2.1 Überblick über Zahlungsmittel und -formen	311
	4.6.2.2 Bargeldzahlung	313
	4.6.2.3 Bargeld sparende (halbbare) Zahlung	314
	4.6.2.3.1 Bareinzahlungen	314
	4.6.2.3.2 Barauszahlungen	316

	4.6.2.4	Bargeldlose (unbare) Zahlung	317
	4.6.2.4.1	Überweisung	317
	4.6.2.4.2	Moderne bargeldlose Zahlungsformen	319
	4.6.2.5	Zahlung mit Scheck	330
	4.6.2.6	Zahlung mit Wechsel	335
	4.6.2.7	Exkurs: Begriff und Arten der Wertpapiere	342
4.6.3		Investierung und Finanzierung	345
	4.6.3.1	Begriff, Anlässe und Arten der Finanzierung	345
	4.6.3.2	Innenfinanzierung	347
	4.6.3.2.1	Selbstfinanzierung	347
	4.6.3.2.2	Finanzierung durch Bildung ergebnisabhängiger Rückstellungen und ergebnisabhängiger Verbindlichkeiten (interne Fremdfinanzierung)	348
	4.6.3.2.3	Finanzierung aus freigesetztem Kapital	349
	4.6.3.3	Außenfinanzierung	349
	4.6.3.3.1	Beteiligungsfinanzierung	349
	4.6.3.3.2	Kreditfinanzierung	352
	4.6.3.3.3	Exkurs: Kreditfinanzierung durch Ausgabe von Gläubigerpapieren	357
	4.6.3.4	Vor- und Nachteile ausgewählter Finanzierungsarten	361
4.6.4		Kreditsicherung	366
	4.6.4.1	Personalkredite	366
	4.6.4.1.1	Reine Personalkredite (Blankokredite)	366
	4.6.4.1.2	Verstärkte Personalkredite	366
	4.6.4.2	Realkredite	370
	4.6.4.2.1	Durch bewegliche Sachen gesicherte Kredite	370
	4.6.4.2.2	Durch Grundstücke gesicherte Kredite (Grundkredite)	371
4.7		Das notleidende Unternehmen	379
4.7.1		Ursachen der Unternehmenskrisen	379
4.7.2		Liquidation	379
4.7.3		Freiwilliger Vergleich	380
4.7.4		Insolvenzverfahren	380
	4.7.4.1	Allgemeine Vorschriften	380
	4.7.4.2	Auflösung eines Unternehmens	383
	4.7.4.3	Insolvenzplan	385
	4.7.4.4	Restschuldbefreiung	386
	4.7.4.5	Verbraucherinsolvenzverfahren	387

5 Markt und Preis ... 393

5.1		Grundbegriffe der Preislehre	393
5.2		Nachfrager- und Anbieterverhalten	396
5.2.1		Nachfragerverhalten	396
5.2.2		Anbieterverhalten	399
5.3		Preisbildung	401
5.3.1		Preisbildung bei vollkommener polypolistischer Konkurrenz	401
	5.3.1.1	Gleichgewichtspreis	401
	5.3.1.2	Marktungleichgewicht	403
	5.3.1.3	Wechselwirkungen zwischen Angebot, Nachfrage und Preis	406

	5.3.1.4	Preisfunktionen	408
	5.3.1.5	Preisbildung am Beispiel der Frankfurter Wertpapierbörse (FWB)	410
	5.3.1.5.1	Begriff Börse	410
	5.3.1.5.2	Auftragserteilung und Abwicklung des Wertpapiergeschäfts an der Börse	410
	5.3.1.5.3	Börsensegmente	411
	5.3.1.5.4	Preisnotierung	412
	5.3.1.5.5	Handelsformen	412
	5.3.1.5.6	Elektronische Handelssysteme	413
	5.3.1.5.7	Kursermittlung im amtlichen Börsenverkehr	414
	5.3.1.5.8	Aktienindizes	415
	5.3.1.5.9	Veröffentlichung der Börsenpreise (Kurse)	416
5.3.2		Preisbildung bei unvollkommener polypolistischer Konkurrenz	419
5.3.3		Preisbildung des Monopols	420
5.3.4		Preisbildung des Oligopols	421
5.4		Verhalten eines einzelnen Unternehmens bei unterschiedlichen Marktsituationen	423
5.4.1		Mengenpolitik	424
5.4.2		Preispolitik	426
5.5		Kooperations- und Konzentrationsformen	428
5.5.1		Wesen der Kooperations- und Konzentrationsformen	428
5.5.2		Ziele der Kooperationen	428
5.5.3		Arten der Kooperationen durch Unternehmenszusammenschlüsse	429
	5.5.3.1	Arten der Unternehmenszusammenschlüsse (Überblick)	429
	5.5.3.2	Die Europäische Wirtschaftliche Interessenvereinigung (EWIV) als Beispiel für eine Interessengemeinschaft	430
	5.5.3.3	Unternehmenszusammenschlüsse auf vertraglicher Grundlage (Kartelle und Syndikate)	431
	5.5.3.4	Unternehmenszusammenschlüsse mit Kapitalbeteiligung	433
	5.5.3.5	Auswirkungen der Unternehmenskonzentration	435
5.6		Aufrechterhaltung des Wettbewerbs	435
5.6.1		Wettbewerbspolitik	435
	5.6.1.1	Kartellkontrolle	436
	5.6.1.2	Missbrauchsaufsicht	437
	5.6.1.3	Fusionskontrolle (Zusammenschlusskontrolle)	438
5.6.2		Verbraucherschutz	440

6 Steuern ... 443

6.1	Notwendigkeit der Besteuerung	443
6.1.1	Staatsausgaben	443
6.1.2	Staatseinnahmen	444
6.1.3	Staatshaushaltsplan	445
6.1.4	Bedeutung der Steuern	445
6.1.5	Probleme der gerechten Besteuerung	446
6.2	Einteilung der Steuern	446
6.3	Einkommen- und Lohnsteuer	451

6.3.1	Steuererhebungsverfahren		451
6.3.2	Einkommensteuer		452
	6.3.2.1	Arten der Einkünfte	452
	6.3.2.2	Ermittlung der Einkünfte	452
	6.3.2.3	Ermittlung des Einkommens	456
	6.3.2.3.1	Sonderausgaben	456
	6.3.2.3.2	Außergewöhnliche Belastungen	459
	6.3.2.4	Ermittlung des zu versteuernden Einkommens	459
	6.3.2.5	Ermittlung der Einkommensteuerschuld	463
6.3.3	Lohnsteuerermittlung		467
	6.3.3.1	Lohnsteuertabelle	467
	6.3.3.2	Lohnsteuerbescheinigung	468
	6.3.3.3	Lohn- und Gehaltsabrechnung	472
	6.3.3.4	Besteuerung der Renten	472
	6.3.3.5	Vermögensbildung und -beteiligung	474
	6.3.3.6	Arbeitnehmerveranlagung	475
6.3.4	Kirchensteuer		475

7 Wirtschaftsordnungen 479

7.1	Grundlegende Modelle		479
7.1.1	Geistige Grundentscheidungen		479
7.1.2	Modell der freien Marktwirtschaft		481
	7.1.2.1	Funktionsweise des Modells	481
	7.1.2.2	Ordnungsmerkmale (Grundvoraussetzungen) des Modells	481
	7.1.2.3	Vorzüge und Mängel des Modells	482
7.1.3	Modell der Zentralverwaltungswirtschaft		483
	7.1.3.1	Funktionsweise des Modells	484
	7.1.3.2	Ordnungsmerkmale (Grundvoraussetzungen) des Modells	484
	7.1.3.3	Vorzüge und Mängel des Modells	485
7.2	Soziale Marktwirtschaft		486
7.2.1	Wesen der sozialen Marktwirtschaft		487
7.2.2	Ordnungsmerkmale der sozialen Marktwirtschaft		488
	7.2.2.1	Einschränkung der Freiheitsrechte	488
	7.2.2.2	Einschränkung der Eigentumsrechte	488
	7.2.2.3	Einschränkung des Gewinnstrebens	489
	7.2.2.4	Staatseingriffe in Markt und Preisbildung	490
	7.2.2.5	Monopollohnsystem	493
	7.2.2.6	Geld- und Fiskalpolitik	494
7.3	Ökologisch-soziale Marktwirtschaft		497

8 Grundzüge der Wirtschaftspolitik in der sozialen Marktwirtschaft . . . 505

8.1	Wirtschaftskreislauf	505
8.2	Grundbegriffe der volkswirtschaftlichen Gesamtrechnung	507
8.2.1	Geldkreislauf und volkswirtschaftliche Gesamtrechnung	507
8.2.2	Inlandsprodukt, Nationaleinkommen und Volkseinkommen	510

8.2.3	Nominelles und reales Inlandsprodukt		512
8.2.4	Entstehung, Verwendung und Verteilung der gesamtwirtschaftlichen Leistung		513
	8.2.4.1	Entstehungsrechnung	513
	8.2.4.2	Verwendungsrechnung	514
	8.2.4.3	Verteilungsrechnung	514
8.2.5	Bedeutung des Inlandsprodukts		515
8.3	Außenwirtschaftliche Gesamtrechnung (Zahlungsbilanz)		518
8.4	Hauptziele der Wirtschaftspolitik		527
8.4.1	Kurzfristige Ziele und Zielkonflikte		527
	8.4.1.1	Hoher Beschäftigungsstand	527
	8.4.1.2	Stabilität des Preisniveaus	531
	8.4.1.3	Außenwirtschaftliches Gleichgewicht	531
	8.4.1.4	Mögliche Zielkonflikte	532
8.4.2	Langfristige Ziele und Zielkonflikte		533
	8.4.2.1	Stetiges Wirtschaftswachstum	533
	8.4.2.2	Sozial verträgliche Einkommens- und Vermögensverteilung	534
	8.4.2.3	Umweltschutz	535
8.5	Wirtschaftspolitische Kompromisse		536
8.6	Wirtschaftliche Ungleichgewichte und Schwankungen		538
8.6.1	Geldwert und Geldwertschwankungen		538
	8.6.1.1	Binnenwert des Geldes	538
	8.6.1.1.1	Handelsvolumen	538
	8.6.1.1.2	Geldmenge	539
	8.6.1.1.3	Preisniveau	541
	8.6.1.1.4	Kaufkraft	542
	8.6.1.1.5	Verkehrsgleichung des Geldes	542
	8.6.1.2	Geldwertmessung (Verbraucherpreisindex)	543
	8.6.1.3	Inflation	546
	8.6.1.4	Deflation und Unterbeschäftigung	549
8.6.2	Konjunktur		553
	8.6.2.1	Begriff	553
	8.6.2.2	Merkmale des Konjunkturverlaufs	555
	8.6.2.3	Konjunkturindikatoren	557
8.7	Geldpolitik der Europäischen Zentralbank		561
8.7.1	Grundlagen		561
	8.7.1.1	Europäische Wirtschafts- und Währungsunion (WWU)	561
	8.7.1.2	Europäische Zentralbank (EZB)	565
	8.7.1.3	Europäisches System der Zentralbanken (ESZB)	566
	8.7.1.4	Deutsche Bundesbank	567
	8.7.1.5	Geldmengenbegriffe	569
8.7.2	Geldschöpfung und -vernichtung		571
	8.7.2.1	Geldproduzenten im Überblick	571
	8.7.2.2	Geldschöpfung und -vernichtung durch eine Zentralbank	572
	8.7.2.3	Geldschöpfung und -vernichtung durch die Kreditinstitute	573
8.7.3	Geldpolitische Maßnahmen der Europäischen Zentralbank (EZB)		577
	8.7.3.1	Mindestreservepolitik	577
	8.7.3.2	Offenmarktpolitik	578

	8.7.3.2.1	Instrumente der Offenmarktpolitik	578
	8.7.3.2.2	Kategorien der Offenmarktpolitik	584
	8.7.3.3	Ständige Fazilitäten	585
8.8	Fiskalpolitik		589
8.8.1	Staatliche Einnahmen- und Ausgabenpolitik		589
8.8.2	Zusammenhang zwischen Fiskal- und Geldpolitik		591
8.8.3	Beeinflussung der Spar- bzw. Konsumquote		592
8.9	Außenhandel und Außenhandelspolitik		596
8.9.1	Bedeutung des Außenhandels für die Bundesrepublik Deutschland		596
8.9.2	Außenwert des Geldes		597
	8.9.2.1	Freie Wechselkurse (Floating)	598
	8.9.2.2	Relativ feste Wechselkurse	604
	8.9.2.3	Entwicklung der Wechselkurssysteme	607
8.9.3	Zahlungsbilanzpolitik		611
	8.9.3.1	Ziele der Zahlungsbilanzpolitik	611
	8.9.3.2	Unmittelbare Maßnahmen zur Beeinflussung der Zahlungsbilanz	611
	8.9.3.3	Mittelbare Maßnahmen zur Beeinflussung der Zahlungsbilanz	613
8.10	Internationale Organisationen zur Regelung außenwirtschaftlicher Beziehungen		616
8.10.1	Welthandelsorganisation (WTO)		616
8.10.2	Europäische Union (EU)		617
8.10.3	Europäische Freihandelsassoziation (EFTA)		622
8.10.4	Europäischer Wirtschaftsraum (EWR)		622
8.10.5	Bretton-Woods-Institution		623
	8.10.5.1	Weltbank-Gruppe	623
	8.10.5.2	Internationaler Währungsfonds (IWF)	624
8.11	Wirtschaftswachstum und Wachstumspolitik		628
8.11.1	Begriff und Bedingungen des Wirtschaftswachstums		628
8.11.2	Wachstums- und strukturpolitische Maßnahmen		630
8.11.3	Bedeutung des Wirtschaftswachstums		637
8.11.4	Grenzen des quantitativen Wirtschaftswachstums		637

Gesetze, Rechtsverordnungen, allgemeine Vertragsbedingungen ... 641

Stichwortverzeichnis ... 643

1 Rechtliche Grundbegriffe

1.1 Rechtsquellen

1.1.1 Privates und öffentliches Recht

Das Leben der Menschen in einer Gemeinschaft bedarf einer rechtlichen Ordnung. Die Freiheit des Einzelnen und sein natürliches Streben nach freier Entfaltung seiner Persönlichkeit muss ebenso geschützt werden, wie der Missbrauch (Machtmissbrauch) der Freiheit durch den Einzelnen, durch soziale Gruppen oder durch den Staat verhindert werden muss. Nur so ist ein menschenwürdiges Zusammenleben in der Gemeinschaft und eine gedeihliche Entwicklung überhaupt möglich. Hierzu beizutragen ist eine wesentliche Aufgabe der Rechtsordnung.

Privatrecht

Das Privatrecht regelt vor allem die Rechte und Pflichten des einzelnen Staatsbürgers im Verhältnis zu den Rechten und Pflichten anderer Staatsbürger nach dem Grundsatz der *Gleichordnung (Gleichberechtigung)*.

Das Privatrecht (auch Zivilrecht genannt) ist meistens *nachgiebiges* Recht.

Kennzeichnend für das Privatrecht ist somit der *Grundsatz der Vertragsfreiheit*.

Beispiel: Inhalt, Zeitpunkt des Vertragsabschlusses, Zeitdauer eines Vertragsverhältnisses usw. können zwischen den Vertragspartnern grundsätzlich frei vereinbart werden.

Im Vordergrund des Privatrechts stehen die individuellen (persönlichen) Interessen (Bedürfnisse) der einzelnen Rechtssubjekte.

Bereiche des Privatrechts sind z. B. das Bürgerliche Recht (BGB), das Handelsrecht (HGB), das Gesellschaftsrecht (AktG, GmbHG, GenG) und Teile des Urheberrechts (PatG, DesignG, GebrMG).

Öffentliches Recht

Das öffentliche Recht regelt vor allem die Rechtsverhältnisse der Träger öffentlicher (staatlicher) Gewalt untereinander sowie die Rechte und Pflichten des einzelnen Staatsbürgers zum Staat. Im Rahmen des öffentlichen Rechts ist der einzelne Staatsbürger dem Staat *untergeordnet* (Grundsatz der *Unterordnung*).

Beispiel: Wer einen Steuerbescheid erhält, kann nicht nach dem Grundsatz der Gleichordnung (Gleichberechtigung) mit dem Staat über die Höhe des geltenden Steuersatzes oder den Zeitpunkt der Steuerzahlung verhandeln oder die Steuerzahlung ablehnen.

Das öffentliche Recht ist meistens *zwingendes Recht.* Im öffentlichen Recht gibt es keine Vertragsfreiheit. Im Vordergrund stehen die Bedürfnisse (Interessen) des Staates (der Gemeinschaft).

Weitere Bereiche des öffentlichen Rechts sind z. B. das Strafrecht, das Baurecht, das Polizeirecht, das Prozessrecht sowie Teile des Arbeits- und Sozialrechts.

1.1.2 Objektives und subjektives Recht

Objektives Recht

Die Rechtsordnung legt fest, welche Rechtsbeziehungen gelten sollen

- zwischen den einzelnen Staatsbürgern untereinander,
- zwischen den einzelnen Staatsbürgern zum Staat und
- zwischen den Hoheitsträgern des Staates.

Die Gesamtheit dieser Rechtsvorschriften bezeichnet man als *objektives Recht*. Recht im objektiven Sinn ist die Gesamtheit der Rechtsvorschriften einer Rechtsordnung.

Beispiele:

Vorschriften des BGB für den Abschluss, den Inhalt und die Erfüllung des Kaufvertrags, des Dienstvertrags und des Mietvertrags.

Subjektives Recht

Das subjektive Recht beinhaltet die Rechte (die Machtbefugnisse, Berechtigungen), die dem *Einzelnen* von der Rechtsordnung zur Wahrung seiner persönlichen (subjektiven) Interessen eingeräumt werden. Vor allem im Rahmen des Privatrechts bleibt es dem einzelnen Staatsbürger überlassen, auf welche Art und Weise er seine ihm durch die Rechtsordnung verliehenen subjektiven Rechte wahrnehmen will.

Beispiel:

Der einzelne Staatsbürger (das Rechtssubjekt) entscheidet selbst darüber, ob er einen Kaufvertrag abschließen will. Verstößt ein Vertragspartner gegen den Vertrag, *kann* der andere Vertragspartner *seine* Ansprüche gegen ihn geltend machen.

Recht im subjektiven Sinn (subjektives Recht) ist demnach das Recht des *Einzelnen*: „Meine Forderung gegen den Schuldner auf Zahlung des Kaufpreises." – „Mein Anspruch auf den Pflichtteil aus der Erbmasse." – „Mein Schadensersatzanspruch aus dem Autounfall."

Alle subjektiven Rechte ergeben sich unmittelbar aus dem objektiven Recht (= gesetzliches Recht) oder werden auf der Grundlage des objektiven Rechts erworben (= erworbenes Recht).

1.1.3 Geschriebenes Recht

Unsere heutige arbeitsteilige Wirtschafts- und Gesellschaftsordnung ist auf genau festgelegte gesetzliche Rechtsvorschriften angewiesen, also auf das *geschriebene Recht*.

Verfassungsgesetze

Verfassungsgesetze sind grundlegende Gesetze, die nur schwer verändert werden können und die den *Rechtsrahmen* für alle anderen „einfachen" Gesetze bilden (z. B. das Grundgesetz für die Bundesrepublik Deutschland und die Länderverfassungen).

1.1 Rechtsquellen

Gesetze

Die von den Gesetzgebungsorganen (den Parlamenten) beschlossenen „einfachen" Gesetze dürfen nicht gegen die verfassungsrechtlichen Bestimmungen verstoßen, sondern müssen sich innerhalb des vorgeschriebenen Rahmens der Verfassung bewegen.

Rechtsverordnungen (Verordnungen)

Wie die Verfassung enthalten auch die meisten (einfachen) Gesetze zu allgemein gehaltene Rechtsvorschriften, um diese ohne weiteres ohne ergänzende Ausführungsbestimmungen anwenden zu können. Diese ergänzenden Bestimmungen heißen *Rechtsverordnungen* oder kurz *Verordnungen*. Sie werden von der Exekutive,[1] d.h. von den Regierungen (Bundesregierung, Länderregierungen) bzw. von den zuständigen Ministerien erlassen. Eine Regierung darf jedoch nur dann Rechtsverordnungen erlassen, wenn dies in dem betreffenden Gesetz ausdrücklich zugelassen wurde [Art. 80 GG].

Beispiel:
Einkommensteuer-Durchführungsverordnung (EStDV), Lohnsteuer-Durchführungsverordnung (LStDV), Umsatzsteuer-Durchführungsverordnung (UStDV); Polizeiverordnungen der verschiedenen Bundesländer.

Verwaltungsvorschriften (Verwaltungsverordnungen)

Während die Rechtsverordnungen für die Allgemeinheit gelten, sind *Verwaltungsvorschriften* nur für eine entsprechende Verwaltungsbehörde verbindlich. Verwaltungsvorschriften werden von vorgesetzten Behörden an untergeordnete Behörden erlassen. Sie enthalten Anordnungen, die innerhalb der Verwaltung für eine Vielzahl von Fällen gelten sollen.

Verwaltungsvorschriften beinhalten beispielsweise Richtlinien über die bei der verwaltungsmäßigen Bearbeitung von Steuererklärungen anzuwendenden Verfahren. Sie können auch die Errichtung und den Aufbau einer Verwaltungsbehörde regeln.

Satzungen im öffentlichen Recht

Die Rechtsverordnungen müssen auch von den sogenannten Satzungen bestimmter Körperschaften des öffentlichen Rechts unterschieden werden.[2] Die Satzungen regeln die Rechtsverhältnisse innerhalb öffentlich-rechtlicher Körperschaften.

Beispiele:
Kirchliche Ordnungen, Satzungen der Universitäten, Satzungen der Gemeinden, in denen z.B. auch die Hebesätze der Gewerbesteuer festgelegt sind.

Das Recht zum Erlass von Satzungen ist ein Ausfluss des Selbstverwaltungsrechts. So können insbesondere die Gemeinden im Rahmen ihrer Zuständigkeiten zur rechtlichen Regelung ihrer eigenen Angelegenheiten selbst (autonom) Recht setzen.

---

1 Exekutive = ausführende Staatsgewalt.
2 Als schriftlich niedergelegte „Verfassungen" (Grundordnungen) eines rechtlichen Zusammenschlusses gibt es z.B. auch die durch Rechtsgeschäft begründeten Satzungen (Statuten) der Aktiengesellschaften und Genossenschaften (siehe Kapitel 1.7.4).

1 Rechtliche Grundbegriffe

> **Beispiel einer Gemeindesatzung (Auszug):**
>
> **Satzung der Stadt Freiburg i. Br. über das Reinigen, Schneeräumen und Streuen auf den Gehwegen (Gehwegreinigungssatzung):**
>
> **§ 1 Übertragung der Reinigungs-, Räum- und Streupflicht.** (1) Den Straßenanliegern obliegt es, innerhalb der geschlossenen Ortslage Gehwege nach Maßgabe dieser Satzung zu reinigen, bei Schneeanhäufungen zu räumen sowie bei Schnee- oder Eisglätte zu bestreuen. (2) Die Pflichten der Straßenanlieger nach Abs. 1 bleiben auch dann bestehen, wenn die Stadt ausnahmsweise zusätzlich reinigt, räumt oder bestreut oder durch Dritte reinigen, räumen und bestreuen lässt.
>
> **§ 2 Verpflichtete.** (1) Straßenanlieger im Sinne dieser Satzung sind die Eigentümer und Besitzer von Grundstücken, die an einer öffentlichen Straße liegen oder von ihr eine Zufahrt oder einen Zugang haben.

1.1.4 Gewohnheitsrecht

Außer dem geschriebenen Recht (dem „Gesetzesrecht") spielt auch heute noch das *Gewohnheitsrecht* eine Rolle, denn kein Gesetzgeber (Parlament) kann mit ausreichender Sicherheit alle regelungsbedürftigen Rechtsfälle vorhersehen. Zudem entwickelt sich unsere Gesellschaft ständig weiter. Es entstehen deshalb immer wieder Rechtsregeln, die nicht in der Form von Gesetzen gefasst sind. Diese ungeschriebenen, allgemein und dauernd als rechtsverbindlich angesehenen Regeln heißen *Gewohnheitsrecht*.

Eine wichtige Funktion (Aufgabe) bei der Fortbildung des Rechts haben die Gerichte. Kommen viele Gerichte bei gleichen oder ähnlichen Rechtsfällen zu gleichen Urteilen, bildet sich eine feste Praxis (d. h. andere Gerichte berufen sich auf die zuvor ergangenen Urteile): Es entsteht *Gewohnheitsrecht*.

> **Beispiel:**
>
> Gesetzesgleiches Gewohnheitsrecht sind u. a. die von der Rechtsprechung entwickelten bzw. angewendeten Rechtssätze über die Sicherungsübereignung [§§ 929, 930 BGB].

1.2 Wichtige Rechtsbegriffe

1.2.1 Rechtsobjekte

Rechtsobjekte sind die *Gegenstände* des Rechts. Hierunter fallen

- körperliche Gegenstände, die im BGB als **Sachen**[1] bezeichnet werden [§ 90 BGB], und
- Rechte.

> **Beispiele:**
>
> Forderungen, Patent- und Lizenzrechte, Miet- und Pachtrechte und sonstige Nutzungsrechte (z. B. Wegerechte).

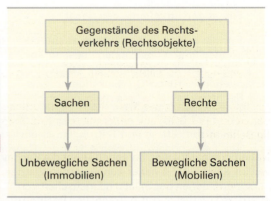

Die **Sachen** sind entweder unbewegliche Sachen (Grundstücke) oder bewegliche Sachen (z. B. Möbel, Lebensmittel, Kunstgegenstände usw.).

---

1 Tiere sind keine Sachen. Sie werden durch das Grundgesetz und durch besondere Gesetze geschützt [§ 9a BGB].

1.2 Wichtige Rechtsbegriffe

Rechtlich von Bedeutung kann auch eine andere Einteilung der Sachen sein. Je nachdem, ob die Sachen untereinander **vertretbar** (austauschbar) sind oder nicht, spricht man von **vertretbaren Sachen (= Gattungssachen)** oder **nicht vertretbaren Sachen (= Speziessachen,** Spezieswaren). Diese Unterscheidung ist z. B. beim Lieferungsverzug (siehe Kapitel 1.6.2) und bei der Unmöglichkeit der Leistung [§§ 265, 275, 280ff., 311a, 323, 325, 326 BGB] von Bedeutung.

Vertretbare Sachen werden im Rechtsverkehr nach Maß, Zahl oder Gewicht bestimmt [§ 91 BGB], wie dies beispielsweise beim Heizöl, bei der Kohle, beim Zement, bei Papier, Schnittholz, Nägeln und Schrauben der Fall ist.

Nicht vertretbare Sachen können nicht nach Maß, Zahl und Gewicht bestimmt werden, weil hier eine genau bestimmte Sache (z. B. Ware) zur Lieferung geschuldet wird. Beispiele sind ein bestimmtes Rennpferd, ein Originalgemälde oder eine bestimmte Maschine (z. B. Sonderanfertigung).

1.2.2 Rechts- und Handlungsfähigkeit

Susanne ist 17 Jahre alt. Sie möchte – übrigens gegen den Willen ihrer Eltern – mit Herrn Kirschner, Inhaber der Lederwarenfabrik Kirschner e. K., einen Ausbildungsvertrag als Industriekauffrau abschließen. Sie fragt ihre Freundin Greta, ob das ohne Weiteres geht. Diese meint, sie sei mit ihren 17 Jahren schließlich rechtsfähig. So könne sie tun und lassen, was sie richtig findet. Gretas Freund Hannes äußert sich dahingehend, dass es nicht auf die Rechtsfähigkeit, sondern auf die Geschäftsfähigkeit ankomme. Außerdem habe er mal etwas von „Handlungsfähigkeit" gehört, müsse sich aber erst näher erkundigen. Wenn Sie das folgende Kapitel sorgfältig durchlesen, können Sie die oben aufgeworfene Frage richtig beantworten.

1.2.2.1 Rechtsfähigkeit

Rechtsfähig sind alle Menschen **(natürliche Personen).** Das bedeutet, dass sie Träger von Rechten und Pflichten sein können. Die Rechtsfähigkeit beginnt mit der Geburt und endet mit dem Tode [§ 1 BGB].

Beispiele:

Das Recht des Erben, ein Erbe antreten zu dürfen. – Das Recht des Käufers, Eigentum zu erwerben. – Die Pflicht, Steuern zahlen zu müssen. (Das Baby, das ein Grundstück erbt, ist Steuerschuldner, z. B. in Bezug auf die Grundsteuer.)

Die **Rechtsfähigkeit des Menschen** (der **natürlichen Personen**) *beginnt* mit der Vollendung der Geburt [§ 1 BGB] und *endet* mit dem Tod. *Jeder* Mensch ist rechtsfähig, auch der geistig Behinderte.

Neben den natürlichen Personen kennt die Rechtsordnung auch juristische Personen,[1] die wir im Kapitel 1.7.4 näher kennenlernen werden. Juristische Personen sind „künstliche Personen", denen der Staat die Eigenschaft von Personen kraft Gesetzes verliehen hat. Sie sind damit rechtsfähig, d. h. Träger von Rechten und Pflichten. Juristische Personen sind privatrechtliche Personenvereinigungen (z. B. eingetragene Vereine, Aktiengesellschaften),[2] Vermögensmassen (z. B. Stiftungen), Körperschaften des öffentlichen Rechts (z. B. Ärzte-

---

1 Die natürlichen und juristischen Personen werden als **Rechtssubjekte** bezeichnet.
2 Zur Aktiengesellschaft siehe Kapitel 1.7.4.1.

und Rechtsanwaltskammern, Gemeinden, Industrie- und Handelskammern,[1] Handwerkskammern, öffentlich-rechtliche Hochschulen) und Anstalten des öffentlichen Rechts (z. B. Rundfunkanstalten).[2]

Die **Rechtsfähigkeit der juristischen Personen des öffentlichen Rechts** (z. B. Bund, Länder, Gemeinden, Rundfunkanstalten, Universitäten, staatlich anerkannte Kirchen) wird durch Gesetz verliehen.

Die **Rechtsfähigkeit der juristischen Personen des Privatrechts** beginnt mit ihrer Eintragung in das Vereinsregister (eingetragene Vereine), Handelsregister[3] (z. B. bei Aktiengesellschaften) oder das Genossenschaftsregister (eingetragene Genossenschaften). Mit der Löschung der Eintragung endet auch die Rechtsfähigkeit der betreffenden juristischen Personen.

1.2.2.2 Handlungsfähigkeit

Handlungsfähigkeit bedeutet, durch eigenes Tun (Handeln) Rechte und Pflichten begründen, verändern oder aufheben zu können. Sie setzt ein gewisses Maß an geistiger Reife voraus. Die Handlungsfähigkeit wird in Deliktsfähigkeit und Geschäftsfähigkeit eingeteilt.

Deliktsfähigkeit

Deliktsfähigkeit ist die bürgerlich-rechtliche (zivilrechtliche) Verantwortlichkeit für gesetzeswidrige Handlungen [§§ 827 ff. BGB].

Kinder unter 7 Jahren und geistig behinderte Menschen sind *nicht deliktsfähig.* Für von ihnen verursachte Schäden können sie nicht verantwortlich gemacht werden. Kinder zwischen 7 und 9 Jahren haften für einen Schaden nur dann, wenn sie ihn absichtlich herbeigeführt haben. Im Übrigen sind Kinder zwischen 7 und 17 Jahren *beschränkt deliktsfähig.* Für verursachte Schäden sind sie nur bedingt verantwortlich, d. h., es kommt darauf an, ob sie zum Tatzeitpunkt in der Lage waren, die Folgen ihres Tuns zu erkennen.

Geschäftsfähigkeit

Geschäftsfähigkeit ist die Fähigkeit, Willenserklärungen rechtswirksam abgeben und entgegennehmen (empfangen) zu können.

---

1 Den Industrie- und Handelskammern gehören die meisten Industrie- und Handelsbetriebe kraft Gesetzes an.
2 Bei den Körperschaften stehen die Mitglieder im Vordergrund, z. B. die Mitglieder einer gesetzlichen Krankenkasse. Bei den Anstalten steht das Sachvermögen im Vordergrund, wie dies z. B. bei den Rundfunkanstalten der Fall ist. Die Nutzer von Anstalten haben im Gegensatz zu den Mitgliedern der Körperschaften keine Mitwirkungsrechte.
3 Zum Handelsregister siehe Kapitel 1.7.1.1.

1.2 Wichtige Rechtsbegriffe

■ Unbeschränkte Geschäftsfähigkeit

Personen, die das achtzehnte Lebensjahr vollendet haben, sind *unbeschränkt geschäftsfähig* [§ 2 BGB]. Eine Ausnahme besteht nur bei geistig behinderten Menschen.

Die unbeschränkte Geschäftsfähigkeit bedeutet, dass eine natürliche Person jedes gesetzlich erlaubte Rechtsgeschäft abschließen kann. Es bedarf keiner Zustimmung gesetzlicher Vertreter und/oder Genehmigung eines Familiengerichts. Im Normalfall sind die Eltern kraft Gesetzes die Vertreter der beschränkt geschäftsfähigen Person.

- Rechts- und Geschäftsfähigkeit haben auch im Zivilprozess[1] Bedeutung. Wer *rechtsfähig* ist, kann bei bürgerlichen Streitigkeiten (z. B. aus Kauf-, Miet- oder Darlehensverträgen) als Partei auftreten (**Parteifähigkeit**). Wer *geschäftsfähig* ist, kann einen Prozess selbst oder durch selbst bestellte Vertreter führen (Prozessfähigkeit; § 52 ZPO).
- Juristische Personen sind zwar partei-, aber nicht prozessfähig. Sie werden durch ihre gesetzlichen Vertreter vertreten. Bei einem eingetragenen Verein oder bei einer Aktiengesellschaft sind das z. B. die Vorstandsmitglieder.[2]

■ Beschränkte Geschäftsfähigkeit

Minderjährige, die zwar das siebte Lebensjahr, aber noch nicht das achtzehnte Lebensjahr vollendet haben, sind *beschränkt* geschäftsfähig [§ 106 BGB].

Beschränkte Geschäftsfähigkeit heißt, dass eine beschränkt geschäftsfähige Person rechtsgültige Rechtsgeschäfte in der Regel nur mit **Zustimmung ihres gesetzlichen Vertreters** abschließen kann.

Die Zustimmung des gesetzlichen Vertreters kann im Voraus erteilt werden. Sie heißt dann *Einwilligung* [§§ 107, 183 BGB]. Sie kann aber auch *nachträglich* gegeben werden. Die nachträglich erfolgte Zustimmung heißt *Genehmigung* [§§ 108, 184 I BGB].

Solange die Genehmigung des gesetzlichen Vertreters fehlt, ist ein durch beschränkt Geschäftsfähige ohne Einwilligung abgeschlossenes Rechtsgeschäft *schwebend unwirksam*. Dies bedeutet, dass z. B. ein Vertrag (noch) nicht gültig, wohl aber genehmigungsfähig ist. Wird die Genehmigung verweigert, ist der Vertrag *von Anfang an ungültig*. Wird sie erteilt, ist der Vertrag *von Anfang an wirksam* [§§ 108 I, 184 I BGB].

> **Beispiel:**
>
> Ein 17-jähriger Schüler hat ohne Einwilligung seiner Eltern ein Tourenrad im Wert von 850,00 € auf Raten gekauft. Von seinem Taschengeld leistet er eine Anzahlung in Höhe von 250,00 €. Die folgenden drei Monatsraten beabsichtigt er aus dem Verdienst einer Ferienbeschäftigung zu bezahlen. Die Eltern verweigern die Genehmigung und weisen ihren Sohn an, das Fahrrad dem Verkäufer zurückzugeben. Da die Genehmigung der Eltern ausbleibt, ist der Kaufvertrag von Anfang an ungültig. Der Verkäufer muss das Rad zurücknehmen und die erhaltene Anzahlung zurückgeben.

---

1 Zum Zivilprozess siehe Kapitel 1.6.6. Zivil (lat.) = bürgerlich.
2 Näheres zu den Vertretungsorganen der Kapitalgesellschaften siehe Kapitel 1.7.4.

Ausnahmen:

Folgende Rechtsgeschäfte beschränkt geschäftsfähiger Personen bedürfen **keiner Zustimmung** des gesetzlichen Vertreters:

- Rechtsgeschäfte, die beschränkt geschäftsfähigen Personen lediglich einen **rechtlichen Vorteil** bringen [§ 107 BGB].

> **Beispiel:**
>
> Die 15-jährige Schülerin Carla erhält von ihrer Tante zum Geburtstag ein Sparbuch über 200,00 €. Carla darf das Geschenk annehmen. Sie schließt praktisch mit ihrer Tante einen Schenkungsvertrag ab. Durch die Einigung und Übergabe des Sparbuchs wird Carla Eigentümerin [§§ 929ff. BGB]. Das Rechtsgeschäft ist wirksam, weil es Carla lediglich einen rechtlichen Vorteil bringt.

- Rechtsgeschäfte, bei denen die beschränkt geschäftsfähige Person die vertragsgemäßen Leistungen (z. B. Kaufpreiszahlungen) mit Mitteln bewirkt, die ihr zu diesem Zweck oder zur freien Verfügung von ihrem gesetzlichen Vertreter oder mit dessen Zustimmung von einem Dritten (z. B. einer Tante, den Großeltern) überlassen wurden (§ 110 BGB; sogenannter **Taschengeldparagraf**).

    Der Taschengeldparagraf deckt **keine Ratengeschäfte**.

- Werden Minderjährige durch ihren gesetzlichen Vertreter zur Eingehung eines **Dienst- oder Arbeitsverhältnisses** ermächtigt, so sind die Minderjährigen für alle Rechtsgeschäfte uneingeschränkt geschäftsfähig, welche die Eingehung, Erfüllung (Verpflichtungen) oder Aufhebung des Arbeits- oder Dienstverhältnisses betreffen [§ 113 I S. 1 BGB].[1] Dies gilt somit nicht für die Berufsausbildungsverträge.

    Beschränkt geschäftsfähige Minderjährige können danach mit ihrem Arbeitgeber beispielsweise selbst verbindliche Vereinbarungen über ihre Arbeitszeit, ihren Lohn, ihren Urlaub und die Art ihrer Arbeit treffen. Sie können ihre Arbeitsverhältnisse auch selbstständig wieder kündigen.[2] Sie bedürfen hierzu keiner Einwilligung oder Genehmigung ihres gesetzlichen Vertreters. Ausgenommen sind Verträge, zu denen der Vertreter der Genehmigung des Familiengerichts bedarf [§ 113 I S. 2 BGB].

- Werden beschränkt geschäftsfähige Minderjährige durch ihren gesetzlichen Vertreter mit der erforderlichen Genehmigung des Familiengerichts zum **selbstständigen Betrieb eines Erwerbsgeschäfts** (z. B. Handelsgeschäfts) ermächtigt, so sind die Minderjährigen für alle Rechtsgeschäfte **unbeschränkt geschäftsfähig,** welche der Geschäftsbetrieb mit sich bringt [§ 112 I S. 1 BGB]. Ausgenommen sind die Rechtsgeschäfte, zu denen der gesetzliche Vertreter einer Genehmigung des Familiengerichts bedarf [§ 112 I S. 2 BGB].

- **Geschäftsunfähigkeit**

Kinder bis zur Vollendung des siebten Lebensjahrs sind *geschäftsunfähig* [§ 104 Nr. 1 BGB]. Dies bedeutet, dass Kinder überhaupt keine Willenserklärungen abgeben können. Verträge mit Kindern sind immer nichtig.

---

1 Die gesetzlichen Regelungen bezüglich des Abschlusses eines Ausbildungsvertrags werden im Kapitel 2.3.1 besprochen.

2 Die für einen einzelnen (bestimmten) Dienst- oder Arbeitsvertrag erteilte Ermächtigung gilt im Zweifel als allgemeine Ermächtigung zur Eingehung von Dienst- oder Arbeitsverhältnissen derselben Art [§ 113 IV BGB].

> **Beispiel:**
>
> Ein Bekannter der Familie will der 5-jährigen Anne 5,00 € schenken. Das Kind fragt die Mutter, ob es das Geld behalten darf. Die Mutter sagt „ja". Der übergebene Geldschein wird Eigentum des Kindes, weil es rechtsfähig ist.

Den Kindern sind geistig behinderte Erwachsene gleichgestellt [§ 104 Nr. 2 BGB]. Kleinere Rechtsgeschäfte, die sie mit geringen Mitteln vornehmen (z. B. Kauf von Lebensmitteln), sind jedoch nach § 105 a BGB rechtswirksam, sobald Leistung und Gegenleistung erbracht sind.

1.2.3 Eigentum und Besitz

Im Sprachgebrauch werden die Begriffe Eigentum und Besitz häufig verwechselt. So spricht man vom „Hausbesitzer", meint aber den Hauseigentümer. Man spricht vom „Fabrikbesitzer", obwohl man den Eigentümer einer Fabrik meint.

> Das Recht, über ein Rechtsobjekt im Rahmen der gesetzlichen Vorschriften frei verfügen zu können, bezeichnet man als **Eigentum** [§ 903 BGB].

„Eigentum gehört einem." Man kann z. B. das Eigentum an seinem privaten Pkw auf einen Käufer übertragen oder seinen Kindern aufgrund eines Schenkungsvertrags übereignen. Das Eigentum beinhaltet somit die **rechtliche Herrschaft** über eine **Sache**. Eigentümer eines Tieres müssen bei der Ausübung ihrer Befugnisse (Wahrnehmung ihrer Eigentumsrechte) die besonderen Tierschutzvorschriften beachten.

In den meisten Fällen wird das Eigentum durch ein **Rechtsgeschäft** (siehe Kapitel 1.3) erworben. So wird z. B. das Eigentum an beweglichen Sachen im Rahmen eines Kaufvertrags [§§ 145 ff., 433 BGB] durch **Einigung** und **Übergabe** übertragen [§ 929 S. 1 BGB].[1]

> **Besitz** ist die tatsächliche Herrschaft über eine Sache oder über ein Recht (über Rechtsobjekte) [§ 854 I BGB].

> **Beispiel:**
>
> Der Auszubildende Jonas hat sich im Buchgeschäft ein Buch gekauft und gleich mitgenommen. Er ist Eigentümer und Besitzer des Buchs. Sein Klassenkamerad Tim „borgt" sich das Buch für ein paar Tage aus, um es zu lesen. Jonas bleibt Eigentümer, während Tim Besitzer wird. Tim ist rechtmäßiger Besitzer, der Besitzübergang ist mit Willen des bisherigen Besitzers erfolgt. Hätte Tim das Buch einfach an sich genommen (= gestohlen), wäre er unrechtmäßiger Besitzer geworden. Gibt Tim das Buch wieder an Jonas zurück, wird Jonas wieder Besitzer.

Besitz und Eigentum können somit auseinanderfallen. Das Geschäftsvermögen eines Einzelunternehmers befindet sich zwar in dessen Besitz, nicht aber unbedingt in dessen Eigentum. So können z. B. die Waren unter „Eigentumsvorbehalt"[2] geliefert worden sein. Dies bedeutet, dass sich der Lieferer (Verkäufer) das Eigentum an der Ware vorbehält, bis der Käufer den Kaufpreis entrichtet hat [§§ 929, 449, 158 I BGB].

Im Unterschied zum Eigentum kann man sich den Besitz auch unrechtmäßig verschaffen, z. B. durch Diebstahl oder durch Unterschlagung eines Fundes.

---

1 Die gesetzlichen Regelungen zum Eigentumsübergang finden Sie in den §§ 929 ff. BGB (Eigentumsübergang an beweglichen Sachen) und §§ 873, 925 BGB (Eigentumsübergang an Grundstücken).
2 Siehe auch S. 34.

1 Rechtliche Grundbegriffe

1.3 Rechtsgeschäfte

1.3.1 Die Begriffe Willenserklärung und Rechtsgeschäft

Wir schließen tagtäglich Verträge ab, ohne uns dessen bewusst zu sein. Wenn wir beim Bäcker Brot kaufen, liegt ein Kaufvertrag vor. Mieten wir ein Zimmer oder eine Wohnung, haben wir einen Mietvertrag abgeschlossen. Pumpen wir unserem Freund ein paar Euro, handelt es sich um einen Darlehensvertrag. In jedem dieser Fälle handelt es sich um ein Rechtsgeschäft.

Willenserklärungen und Rechtsgeschäfte

Wenn wir Rechtsgeschäfte abschließen wollen (z. B. einen Kauf tätigen möchten), müssen wir unseren *Willen* äußern (erklären). Dies geschieht durch sog. **Willenserklärungen**.

Rechtsgeschäfte kommen durch **Willenserklärungen** zustande.

Die gewollten und erklärten Rechtsfolgen können unterschiedlicher Art sein. Mithilfe von Willenserklärungen werden z. B. neue Rechtsverhältnisse geschaffen (z. B. durch einen Kaufvertrag), bestehende Rechtsverhältnisse abgeändert (z. B. durch Vereinbarung einer Mietpreiserhöhung) oder bestehende Rechtsverhältnisse aufgelöst (z. B. durch eine Kündigung).

Willenserklärungen sind solche Äußerungen (Handlungen) einer Person (oder mehrerer Personen), die mit der Absicht vorgenommen werden, eine rechtliche Wirkung herbeizuführen.

Arten der Rechtsgeschäfte

Ein Rechtsgeschäft kann aus *einer* Willenserklärung oder aus *mehreren* Willenserklärungen bestehen.

Rechtsgeschäfte, die nur eine Willenserklärung benötigen, bezeichnet man als **einseitige Rechtsgeschäfte**.

Einseitige Rechtsgeschäfte sind z. B. die Kündigung, die Rücktrittserklärung und das Testament.

> **Beispiele:**
>
> Die **Kündigung** ist eine empfangsbedürftige Willenserklärung, die in der Regel keiner bestimmten gesetzlichen Form bedarf, d. h. auch mündlich erklärt werden kann. (Empfangsbedürftige Willenserklärungen sind solche, die einer bestimmten anderen Person gegenüber geäußert werden müssen und erst dann gültig [rechtswirksam] sind, wenn sie dem Erklärungsempfänger rechtzeitig zugegangen sind.) Durch eine rechtswirksame Kündigung wird ein Dauerschuldverhältnis (z. B. ein Mietvertrag, ein Arbeitsverhältnis) für die Zukunft aufgelöst (siehe §§ 542 ff., 568 f., 573 ff., 575 a ff., 620 ff. BGB).
>
> Auch die **Rücktrittserklärung** ist eine empfangsbedürftige Willenserklärung, die in der Regel keiner bestimmten Form bedarf. Sie beendet ein Vertragsverhältnis für die Zukunft. Im Unterschied zur Kündigung werden jedoch die Verträge auch **rückwirkend** (für die Vergangenheit) aufgehoben. Beispiel: Rücktritt des Gläubigers von einem gegenseitigen Vertrag, wenn der Schuldner eine fällige Leistung nicht oder nicht vertragsgemäß erbringt [§ 323 I BGB].

1.3 Rechtsgeschäfte

Das **Testament** ist eine vom Erblasser (Person, durch deren Tod die Erbschaft auf den oder die Erben übergeht) *einseitig* getroffene Verfügung von Todes wegen, in der dieser in der Regel seine Erben bestimmt und hierdurch die gesetzliche Erbfolge durch eine vom Erblasser gewollte („gewillkürte") Erbfolge ersetzt. Das Testament ist ein Beispiel für eine *nicht empfangsbedürftige* Willenserklärung [§§ 2064 ff. BGB]. Sie ist bereits wirksam mit der Vollendung des Testaments und nicht erst dann, wenn der Erbe das Testament empfangen oder gelesen hat.

Rechtsgeschäfte, die zu ihrer Gültigkeit zwei oder mehr sich inhaltlich deckende Willenserklärungen benötigen, bezeichnet man als **mehrseitige Rechtsgeschäfte** oder als **Verträge**.[1]

Die am meisten vorkommenden mehrseitigen Rechtsgeschäfte (Verträge) kommen durch zwei inhaltlich übereinstimmende Willenserklärungen zustande. Man bezeichnet sie als zweiseitige Rechtsgeschäfte.

Je nachdem, ob sich aus den abgeschlossenen *Verträgen* nur für einen oder für beide Vertragspartner *Leistungsverpflichtungen* ergeben, unterscheidet man zwischen einseitig verpflichtenden Verträgen (Rechtsgeschäften) und mehrseitig (zweiseitig) verpflichtenden Verträgen (Rechtsgeschäften).

Einseitig verpflichtende Verträge liegen demnach vor, wenn nur einem Vertragspartner eine Verpflichtung zur Leistung auferlegt ist.

Beispiel:

Ein einseitig verpflichtender Vertrag ist der Schenkungsvertrag. Der Schenker verpflichtet sich, dem Beschenkten das Geschenk zu übergeben und zu übereignen, während der Beschenkte keine Gegenleistung zu erbringen hat [§ 516 BGB].

Mehrseitig verpflichtende Verträge sind Rechtsgeschäfte, bei denen *jeder* Vertragsteil zu einer Gegenleistung für die Leistung des anderen Vertragsteils verpflichtet ist. Die weitaus meisten Rechtsgeschäfte sind zweiseitig verpflichtende Verträge.

Beispiele:

Leihvertrag, Mietvertrag, Darlehensvertrag, Werkvertrag, Werklieferungsvertrag, Dienstvertrag[2] oder Kaufvertrag. Beim Kaufvertrag ist beispielsweise der Verkäufer verpflichtet, die gekaufte Ware dem Käufer zu übergeben und zu übereignen, während der Käufer verpflichtet ist, die gelieferte Ware abzunehmen und zu bezahlen.

1.3.2 Form der Rechtsgeschäfte

Formfreiheit und Formzwang

Formfreiheit bedeutet, dass die Rechtsgeschäfte in jeder möglichen Form abgeschlossen werden können.

---

1 Gesellschaftsverträge (siehe Kapitel 1.7.3) bedürfen bei mehr als 2 Gesellschaftern auch mehr als 2 Willenserklärungen.
2 Diese Verträge werden im Kapitel 1.5 behandelt.

1 Rechtliche Grundbegriffe

Im Rahmen unserer geltenden Rechtsordnung besteht für die weitaus meisten Rechtsgeschäfte der Grundsatz der **Formfreiheit**.

Die meisten Rechtsgeschäfte können somit mit beliebigen Mitteln, z. B. durch Worte (mündliche, fernmündliche, telegrafische, mittels Fax übertragene), durch schlüssige Handlungen (Kopfnicken, Handheben, Einsteigen in ein Taxi usw.) und in bestimmten Fällen sogar durch Schweigen, abgeschlossen werden.

Soweit Formfreiheit besteht, ist die gewählte Form für die Gültigkeit des abgeschlossenen Rechtsgeschäfts unerheblich.

> Abweichend von dem Grundsatz der Formfreiheit gibt es bestimmte Gruppen von Rechtsgeschäften, für die das Gesetz bestimmte Formen vorschreibt **(gesetzliche Formen)** oder für die zwischen den Vertragsparteien eine bestimmte Form vereinbart wurde (**vertragliche,** auch **gewillkürte Formen** genannt).

Dieser sogenannte **Formzwang** dient der Beweissicherung (Rechtssicherheit) und genauen Abgrenzung zwischen unverbindlichen Vorverhandlungen und verbindlichen Aufzeichnungen (z. B. beim Testament). Außerdem sollen die Erklärenden durch den Formzwang zu genauen Überlegungen gezwungen werden. Sie sollen vor übereilten und leichtfertigen Rechtsgeschäften geschützt werden (z. B. bei der Bürgschaft und bei der Schenkung).

Besteht für ein Rechtsgeschäft Formzwang, so bedeutet dies, dass das Rechtsgeschäft, um rechtswirksam zu sein, in der bestimmten Form abgeschlossen sein muss.

Gesetzliche Formen

> Die **Schriftform** verlangt, dass die Erklärung auf irgendeine Weise niedergeschrieben und in der Regel vom Erklärenden *eigenhändig unterzeichnet* wird [§ 126 BGB].

Die Schriftform ist z. B. bei folgenden Rechtsgeschäften vorgeschrieben:

- **Verbraucherdarlehensvertrag**[1] [§ 492 BGB]. Der Schriftform ist genügt, wenn Antrag und Annahme durch die Vertragsparteien jeweils getrennt schriftlich erklärt werden. Die Erklärung des Darlehensgebers bedarf keiner Unterzeichnung, wenn sie mithilfe einer automatischen Einrichtung erstellt wird. Der Darlehensnehmer muss in jedem Fall persönlich unterzeichnen (unterschreiben) [§ 492 I BGB].
- **Kündigung eines Arbeitsvertrags** [§ 623 BGB].
- **Erteilung eines Zeugnisses** [§ 630 BGB]. Bei der Beendigung eines dauernden Dienstverhältnisses kann der Verpflichtete (z. B. der Arbeitnehmer) ein schriftliches Zeugnis fordern.

---

1 Ein **Verbraucherdarlehensvertrag** liegt vor, wenn der Darlehensgeber (Kreditgeber) ein Unternehmer und der Darlehensnehmer (Kreditnehmer) ein Verbraucher ist (Näheres zu den Verbrauchergeschäften siehe Kapitel 1.4.4).
Verbraucher sind natürliche Personen, die ein Rechtsgeschäft abschließen, das weder ihre gewerbliche noch ihre selbstständige berufliche Tätigkeit betrifft [§ 13 BGB].
Unternehmer sind natürliche und juristische Personen sowie rechtsfähige Personengesellschaften, die beim Abschluss eines Rechtsgeschäfts in Ausübung ihrer gewerblichen oder selbstständigen beruflichen Tätigkeit handeln [§ 14 BGB]. Zu den rechtsfähigen Personengesellschaften gehören z. B. die im Kapitel 1.7.3.1 besprochene offene Handelsgesellschaft (OHG) und die Kommanditgesellschaft (KG).

1.3 Rechtsgeschäfte

- **Bürgschaftserklärung** [§ 766 BGB]. Bei der Bürgschaft verpflichtet sich der Bürge, für einen Schuldner einzutreten, wenn dieser seinen Verpflichtungen nicht nachkommt. Die Bürgschaftserklärung bedarf *nicht der Schriftform,* wenn sie durch einen Kaufmann[1] erfolgt [§ 350 HGB].
- **Schuldanerkenntnis** [§ 781 BGB].

Die Schriftform kann durch die **elektronische Form** (siehe S. 29) ersetzt werden, wenn sich aus dem Gesetz nichts anderes ergibt [§ 126 III BGB].

Wird die elektronische Form gewählt, muss der Aussteller (also derjenige, der die Willenserklärung abgibt) seiner Erklärung seinen Namen hinzufügen und das elektronische Dokument mit einer **qualifizierten elektronischen Signatur** (siehe S. 29) versehen. Bei einem **Vertrag** müssen die Parteien jeweils ein gleichlautendes Dokument signieren [§ 126a BGB].

Ist die **Textform** vorgeschrieben, muss eine lesbare Erklärung, in der die Person des Erklärenden genannt ist, auf einem *dauerhaften Datenträger* abgegeben werden [§ 126b BGB].

Vorgeschrieben ist die Textform z. B., wenn ein Verbraucher von seinem Widerrufsrecht [§§ 355ff. BGB] Gebrauch macht. (Näheres siehe Kapitel 1.4.4.1.)

Ein **dauerhafter Datenträger** ist jedes Medium, das zum einen dem Empfänger ermöglicht, eine auf dem Datenträger befindliche, an ihn persönlich gerichtete Erklärung so aufzubewahren oder zu speichern, dass sie ihm während eines für ihren Zweck angemessenen Zeitraums *zugänglich* ist, und zum anderen geeignet ist, die Erklärung *unverändert* wiederzugeben.

Die Textform ist z. B. gewahrt, wenn ein Brief mit einer eingescannten Namensunterschrift als Drucksache, durch Telefax oder als E-Mail-Anhang (e-mail-attachment) versendet wird. Der Textform wird auch entsprochen, wenn der Empfänger eine CD-ROM erhält, die ihm eine dauerhafte Wiedergabe in Schriftzeichen ermöglicht.

Die **öffentliche Beglaubigung** ist eine Schriftform, bei der die Echtheit der eigenhändigen Unterschrift des Erklärenden von einem hierzu befugten Notar *beglaubigt* wird [§ 129 BGB]. Der Beamte beglaubigt nur die Echtheit der Unterschrift, nicht jedoch den Inhalt der Urkunde.

Beispiele:

Beglaubigungen sind häufig erforderlich, wenn Erklärungen gegenüber Behörden abgegeben werden müssen. Hierzu gehören Anmeldungen zum Handelsregister [§ 12 HGB],[2] zum Güterrechtsregister [§ 1560 BGB] oder zum Vereinsregister [§ 77 BGB].

Die **notarielle Beurkundung** erfordert ein Protokoll, in welchem der Beurkundungsbeamte die vor ihm abgegebenen Erklärungen *beurkundet* [§ 128 BGB]. Die Willenserklärungen werden also in einer öffentlichen Urkunde aufgenommen. Der Beamte beurkundet nicht nur die Unterschrift bzw. die Unterschriften, sondern auch den *Inhalt* der Erklärungen.

---

1 Zum Begriff Kaufmann siehe Kapitel 1.7.1.2.
2 Begriff und Aufgaben des Handelsregisters werden im Kapitel 1.7.1.1 behandelt.

1 Rechtliche Grundbegriffe

> **Beispiele:**
> Die notarielle Beurkundung ist für Grundstückskaufverträge [§ 311b I S. 1 BGB], für Erbverträge [§ 2276 BGB] oder für Erbverzichtsverträge [§ 2348 BGB] gesetzlich vorgeschrieben.

Die notarielle Beurkundung ist die beweissicherste Form. Sie kann deshalb die einfache Schriftform und die öffentliche Beglaubigung ersetzen [§§ 126 IV, 129 II BGB].

Zuständig für die notarielle Beurkundung sind die Notare.

Rechtsgeschäfte, die nicht in der vom Gesetz vorgeschriebenen Form erfolgt sind, sind grundsätzlich *nichtig* [§ 125 S. 1 BGB].

Nur in wenigen bestimmten Fällen kann die Nichtigkeit wegen Formmangels dadurch geheilt werden, dass das Rechtsgeschäft tatsächlich abgewickelt (erfüllt) wurde, so z. B. beim Schenkungsversprechen [§ 518 II BGB], beim Grundstücksveräußerungsvertrag [§ 311b S. 2 BGB] und beim Bürgschaftsversprechen [§ 766 S. 2 BGB]. Schenker, Veräußerer oder Bürge haben hier freiwillig auf die *Schutzfunktion* gesetzlicher Formvorschriften verzichtet.

Vereinbarte (gewillkürte) Form

> Soweit das Gesetz nicht eine bestimmte Form zwingend vorschreibt, **bestimmen die Vertragsparteien selbst,** in welcher Form das Rechtsgeschäft abgeschlossen werden soll, um rechtsgültig zu sein.

Die Form eines Rechtsgeschäfts kann somit durch das Rechtsgeschäft selbst bestimmt sein.

Die Vereinbarungen können sowohl die einfache Schriftform, die elektronische Form, die Textform als auch die öffentliche Beglaubigung oder notarielle Beurkundung beinhalten.

Die Vorschriften zur schriftlichen, elektronischen und Textform gelten im Zweifel auch für die durch Rechtsgeschäft bestimmte Form [§ 127 I BGB].

Zur Wahrung der durch Rechtsgeschäft bestimmten *schriftlichen Form* genügt i. d. R. die telekommunikative Übermittlung (z. B. ein Fax) und bei einem *Vertrag* der Briefwechsel.

Ist die elektronische Form vereinbart, genügt i. d. R. eine andere als in § 126a BGB bestimmte elektronische Signatur und bei einem *Vertrag* der Austausch von Angebots- und Annahmeerklärung, die jeweils mit einer elektronischen Signatur versehen sind [§ 127 III BGB].[1]

Rechtsgeschäfte, die gegen eine vertraglich vereinbarte Form verstoßen, sind *im Zweifel nichtig* [§ 125 BGB].

Die jeweils strengere („höhere") Form kann die weniger strenge („niedere") Form generell ersetzen, ohne dass hierauf in einem Gesetz besonders hingewiesen werden muss. Wird z. B. die Textform gefordert, dann kann diese durch eine elektronische Form nach § 126a BGB oder (erst recht) auch durch die gesetzliche Schriftform nach § 126 BGB ersetzt werden.

---

[1] Im Gegensatz zum § 126a BGB, der eine **qualifizierte elektronische Signatur** verlangt (siehe S. 29), genügt hier i. d. R. („soweit nicht ein anderer Wille anzunehmen ist") eine einfachere Art der elektronischen Signatur. **Elektronische Signaturen** im Sinne des Signaturgesetzes (SigG) sind Daten in elektronischer Form, die anderen elektronischen Daten beigefügt oder logisch mit ihnen verknüpft sind und die zur Authentifizierung (Zuordnung zu einer bestimmten Person) dienen (Näheres siehe § 2 SigG).

1.3 Rechtsgeschäfte

Elektronische Signatur

Wer mit einem anderen über ein elektronisches Medium (z. B. über das Internet) einen Vertrag abschließt, muss sich darauf verlassen können, dass die **elektronische Signatur** (auch elektronische oder digitale Unterschrift genannt) authentisch ist. Elektronische Signaturen sind Daten in elektronischer Form, die anderen Daten beigefügt oder logisch mit ihnen verknüpft sind und die zur Authentifizierung dienen [§ 2 SigG].

„Elektronisch" bedeutet in diesem Zusammenhang so viel wie elektrische Übermittlung von Signalen wie z. B. Texte, Bilder und Töne (Informationen). *„Digital"* (lat. = mit dem Finger) heißt, Informationen durch kurze Stromstöße über eine Leitung weitergeben, die beim Empfänger entschlüsselt werden. Eine *„Signatur"* im ursprünglichen Sinne ist eine Unterschrift (ein Namenszug). Eine *authentische Signatur* ist eine Unterschrift, die ohne Zweifel der „unterschreibenden" Person zugeordnet werden kann. (Authentisch [gr.-lat.] bedeutet echt, zuverlässig, verbürgt.)

Im Regelfall kann man einer von Hand geschriebenen Unterschrift ihre Echtheit ansehen. Bei einer elektronischen Unterschrift ist dies nicht ohne Weiteres möglich. Die Authentizität kann nur mithilfe eines *elektronischen Zahlenschlüssels* ermittelt werden.

Der Überprüfung der Echtheit digitaler Signaturen dient vor allem die **Public-key-Kryptografie.** Kryptografie (gr.-lat.) bedeutete u. a. Kritzelei, Geheimschrift, **Verschlüsselung** von Schriften. Heute ist die Kryptografie eine Fachrichtung (Disziplin) der *Informatik* (Computerwissenschaft) zur Entwicklung und Bewertung von *Verschlüsselungsverfahren* zum Schutz geheimer Daten vor unbefugtem Zugriff.

Die Public-key-Kryptografie beruht auf einem sogenannten *asymmetrischen Verschlüsselungsverfahren.* Dies bedeutet, dass bei der Signaturbildung ein anderer Schlüssel eingesetzt wird als bei der Signaturprüfung. Jeder Benutzer erhält zwei verschiedene (asymmetrische = ungleiche) sich einander ergänzende (komplementäre) **Schlüssel** (ein Schlüsselpaar), und zwar einen geheimen **privaten Schlüssel** (Private key) und einen **öffentlichen Schlüssel** (Public key).

Öffentliche Schlüssel sind sogenannte **„Signaturprüfschlüssel",** die zur Überprüfung elektronischer Signaturen verwendet werden (Näheres siehe § 2 SigG). Das Signaturgesetz spricht von **öffentlichen kryptografischen Schlüsseln.**

Der öffentliche Schlüssel wird vom Absender dem Empfänger eines signierten Dokuments mitgeteilt. Der Empfänger kann dann sicher sein, dass der zur Überprüfung der Signatur mitgelieferte öffentliche Schlüssel von der angegebenen Person stammt, wenn er bei einer **akkreditierten Zertifikationsstelle (ZS)** nachprüfen lässt, ob der öffentliche Schlüssel zum Absender gehört. (Akkreditieren [franz.] heißt sich eignen, befähigt sein. Zertifizierung [lat.] bedeutet Beglaubigung, Bestätigung). Zertifizierungsstellen (Trust Centers) sind Institutionen, die die Zuordnung eines öffentlichen Schlüssels zu einer gewissen Person vornehmen, bescheinigen und garantieren.

Die digitale Bescheinigung über die Zuordnung eines öffentlichen Signaturschlüssels zu einer Person heißt **Zertifikat.** Akkreditiert und überwacht werden die Zertifizierungsstellen von der **Regulierungsbehörde für Telekommunikation und Post (Reg TP),** 55122 Mainz (www.regtb.de).

Die von akkreditierten Zertifizierungsstellen vergebenen elektronischen Signaturen werden als **qualifizierte elektronische Signaturen** bezeichnet, wenn sie mit einer „sicheren Signatureinheit" erzeugt werden. Sichere Signatureinheiten sind Software- oder Hardwareeinheiten (z. B. Chipkarten) zur Speicherung und Anwendung des jeweiligen Signaturschlüssels. Qualifizierte elektronische Signaturen können in bestimmten Fällen *an die Stelle* einer eigenhändigen Unterschrift treten (siehe z. B. § 126 a BGB).

1 Rechtliche Grundbegriffe

Zusammenfassung

- **Rechtsquellen** sind das **private** und das **öffentliche Recht**.
- Die Gesamtheit aller Rechtsvorschriften bezeichnet man als **objektives Recht**. Das **subjektive Recht** beinhaltet die Rechtsansprüche des Einzelnen.
- Wir unterscheiden zwischen dem **geschriebenen Recht** (Verfassungsgesetze, Gesetze, Rechtsverordnungen, Verwaltungsvorschriften und Satzungen des öffentlichen Rechts) und dem **Gewohnheitsrecht**.
- **Rechtsobjekte** sind die Gegenstände des Rechts. Sie sind entweder **Sachen** (Mobilien oder Immobilien) oder **Rechte** (z. B. Patent- und Lizenzrechte).
- **Rechtsfähig** ist, wer Träger von Rechten und Pflichten sein kann. Die Rechtsfähigkeit der Menschen (**natürliche Personen**) beginnt mit der Geburt und endet mit dem Tod. Die Rechtsfähigkeit der **juristischen Personen** wird durch Gesetz verliehen.
- Die **natürlichen** und die **juristischen Personen** werden als **Rechtssubjekte** bezeichnet.
- **Handlungsfähigkeit** bedeutet, durch eigenes Tun Rechte und Pflichten begründen, verändern oder aufheben zu können. Man unterscheidet die **Delikts-** und die **Geschäftsfähigkeit**.
- **Geschäftsfähigkeit** heißt, alle erlaubten Rechtsgeschäfte abschließen zu können.
- **Beschränkte Geschäftsfähigkeit** bedeutet, dass Rechtsgeschäfte einer beschränkt geschäftsfähigen Person grundsätzlich der Zustimmung des gesetzlichen Vertreters bedürfen. Ausgenommen sind Rechtsgeschäfte einer beschränkt geschäftsfähigen Person, die
    - ihr lediglich einen rechtlichen Vorteil bringen,
    - aus ihrem „Taschengeld" bewirkt werden,
    - im Rahmen eines Arbeits- oder Dienstverhältnisses vorgenommen werden, zu deren Eingehung der gesetzliche Vertreter zugestimmt hat,
    - im Rahmen eines Erwerbsgeschäfts getätigt werden, zu dessen selbstständigem Betrieb der gesetzliche Vertreter zugestimmt hat.
- **Geschäftsunfähigkeit** heißt, dass die Erklärungen geschäftsunfähiger Personen rechtlich unerheblich sind.
- „**Eigentum** gehört einem, **Besitz** hat man."
-

- Für die meisten Rechtsgeschäfte des täglichen Lebens besteht **Formfreiheit**. Aus Gründen der Rechtssicherheit besteht für bestimmte Rechtsgeschäfte **Formzwang**.

1.3 Rechtsgeschäfte

- Die **gesetzlichen Formen** sind die **Schriftform**, die **elektronische Form**, die **Textform**, die **öffentliche Beglaubigung** und die **notarielle Beurkundung**.
- Soweit das Gesetz eine bestimmte Form nicht zwingend vorschreibt, können die Vertragsparteien die genannten Formen durch Rechtsgeschäft selbst bestimmen. Man spricht dann von der **vereinbarten (gewillkürten) Form**.

ÜBUNGSAUFGABEN

1. Frau Klara Reich hat ein Grundstück an die Neustädter Maschinenfabrik AG (kurz NEMAG genannt) für 1 000,00 € monatlich verpachtet. Die Pachteinnahmen muss Frau Reich versteuern.
   Auch die NEMAG ist Steuerschuldnerin, z. B. gegenüber der Gemeinde Neustadt, die in ihrer Sitzung einen Gewerbesteuersatz von 300 % festgelegt hat.
   1.1 Sowohl Frau Reich als auch die NEMAG sind Teil unserer Gesellschaft. Warum braucht jede Gesellschaft eine Rechtsordnung?

   Die Tatsache, dass Frau Reich ein Grundstück verpachtet hat, berührt mehrere Rechtsquellen, nämlich zunächst das private und das öffentliche Recht.
   1.2 Welche Tatbestände betreffen das private, welche das öffentliche Recht?
   1.3 Worin unterscheidet sich das öffentliche Recht vom privaten Recht?
   1.4 Nennen Sie Beispiele für Gesetze des privaten und des öffentlichen Rechts!
   1.5 Begründen Sie, ob es sich beim Anspruch der NEMAG auf Nutzung des gepachteten Grundstücks um subjektives oder objektives Recht handelt!

   Im Pachtvertrag zwischen Frau Reich und der NEMAG wird auf das BGB [§§ 581 ff.] Bezug genommen.
   1.6 Zu welcher Rechtsquelle gehört das BGB?
   1.7 Nennen Sie weitere Rechtsquellen!

   Sowohl Frau Reich als auch die NEMAG sind Träger von Rechten und Pflichten, also Rechtssubjekte.
   1.8 Definieren Sie den Begriff Rechtssubjekt!
   1.9 Zu welcher Art Rechtssubjekt gehört Frau Reich, zu welcher Art Rechtssubjekt gehört hingegen die NEMAG?
   1.10 Wie wurde Frau Reich zum Rechtssubjekt, wie die NEMAG?

   Das von Frau Reich verpachtete Grundstück ist ein Rechtsobjekt.
   1.11 Erläutern Sie, was unter Rechtsobjekt zu verstehen ist!
   1.12 Welche Arten von Rechtsobjekten sind zu unterscheiden?
   1.13 Zu welcher Art von Rechtsobjekt gehört das verpachtete Grundstück?
   1.14 Wer ist Eigentümer, wer Besitzer des verpachteten Grundstücks?
   1.15 Unterscheiden Sie zwischen Eigentum und Besitz!

   Der Pachtvertrag ist ein Rechtsgeschäft. Rechtsgeschäfte entstehen durch Willenserklärungen.
   1.16 Erklären Sie den Begriff Willenserklärung!

   Der Pachtvertrag kam durch Willenserklärungen von Frau Reich einerseits und der NEMAG andererseits zustande.
   1.17 Kann eine einzelne Willenserklärung bereits ein Rechtsgeschäft sein? (Begründung!)
   1.18 Unterscheiden Sie die verschiedenen Arten von Rechtsgeschäften nach der Anzahl der erforderlichen Willenserklärungen!

2. Erläutern Sie die Rechtslage mithilfe des Gesetzes in folgenden Fällen:

2.1 Das Finanzamt verlangt von einem 5 Jahre alten Kind die Bezahlung rückständiger Steuern.

2.2 Der volltrunkene Henry kauft sich nach dem Gaststättenbesuch bei „Foto-Müller" eine Digital-Kamera für 450,00 €, die er in Raten bezahlen möchte.

2.3 Der geistig behinderte 40-jährige Jacob erhält von seinem Bruder ein Mietshaus geschenkt.

    2.3.1 Wird Jacob Eigentümer?

    2.3.2 Wird Jacob aufgrund seiner Mieteinkünfte steuerpflichtig?

2.4 Ein 5-jähriges Kind erhält von seinem Patenonkel zu Weihnachten eine elektrische Eisenbahn im Wert von 230,00 € geschenkt.

3. Die 17-jährige Mia arbeitet als Verkäuferin beim Kaufhaus Rheindamm OHG in Duisburg, während ihre erziehungsberechtigte Mutter in Hamm zu Hause ist.

3.1 Kann Mia die am Monatsletzten fällige Miete mit ihrer Ausbildungsvergütung bezahlen?

3.2 Mia möchte sich mit ihrem selbst verdienten Geld eine Musikanlage kaufen. Wie ist die Rechtslage?

3.3 Kann sich Mia von ihrem Geld ein Los der Fernsehlotterie kaufen?

3.4 Kann sie, falls sie 15 000,00 € gewinnt, ein Auto kaufen?

Mia gefällt der Beruf der Verkäuferin nicht recht. Sie will deshalb einen Ausbildungsvertrag als Industriekauffrau abschließen.

3.5 In welcher Form ist der Ausbildungsvertrag abzuschließen?

3.6 Welchen Zweck verfolgt der Gesetzgeber, wenn er für bestimmte Rechtsgeschäfte Formvorschriften erlässt?

3.7 Nennen Sie die Ihnen bekannten gesetzlichen Formvorschriften und geben Sie je ein Beispiel an!

1.3.3 Der Kaufvertrag als Beispiel eines Rechtsgeschäfts[1]

1.3.3.1 Verpflichtungs- und Erfüllungsgeschäft

Der Begriff Vertrag kommt von „sich vertragen". Hieraus folgt, dass für das Zustandekommen eines Vertrags mindestens zwei Willenserklärungen erforderlich sind. Eine weitere Bedingung ist, dass die beiden Willenserklärungen inhaltlich übereinstimmen und die zweite Willenserklärung dem Erklärungsempfänger (Antragenden) rechtzeitig zugegangen ist [§§ 145 ff. BGB].

> **Beispiel:**
>
> Frau Müller möchte sich einen modischen Mantel, der mit 1 200,00 € ausgezeichnet ist, kaufen. Sie sagt zum Verkäufer: „Für 1 000,00 € nehme ich ihn." Darauf der Verkäufer: „Für 1 200,00 € abzüglich 3 % Barzahlungsrabatt können Sie ihn haben." Beide haben eine Willenserklärung abgegeben. Der Vertrag ist jedoch nicht zustande gekommen, weil die Übereinstimmung der Willenserklärung fehlte. Anders wäre es gewesen, wenn der Verkäufer gesagt hätte: „Gut, ich bin bereit, Ihnen den Mantel für 1 000,00 € zu verkaufen." In diesem Fall wäre der Kaufvertrag abgeschlossen.

---

[1] Von den im BGB als Kauf auf Probe [§§ 454 f. BGB], Wiederkauf [§§ 456 ff. BGB], Vorkauf [§§ 463 ff. BGB] und Verbrauchsgüterkauf [§§ 474 ff. BGB] geregelten Sonderarten des Kaufvertrags wird in diesem Buch lediglich der Verbrauchsgüterkauf (Kapitel 1.4.4.2) behandelt.

1.3 Rechtsgeschäfte

Beispiel für das Zustandekommen eines Kaufvertrags

Verkäufer → Erste Willenserklärung / verbindliches Angebot ≙ **Antrag** → Käufer

Käufer → Bestellung ≙ **Annahme** / Zweite Willenserklärung → Verkäufer

Antrag und Annahme

Der Abschluss eines Kaufvertrags vollzieht sich schrittweise. Die zeitlich zuerst abgegebene Willenserklärung heißt *Antrag,* die nachfolgende *(zweite)* Willenserklärung heißt *Annahme.* Dies bedeutet, dass jeder der beiden Vertragspartner den Anstoß zum Vertragsabschluss geben kann [§§ 145 ff. BGB].

Beispiele:

Die Lebensmittelhandlung Klein e.K. bestellt bei der Lebensmittelgroßhandlung Frisch e.Kfm. 20 Versandkartons Gemüsekonserven (= Antrag). Diese schreibt zurück, dass sie die Sendung sofort auf den Weg bringen werde (= Annahme).	Bietet hingegen die Lebensmittelgroßhandlung Frisch e.Kfm. der Lebensmittelhandlung Klein e.K. 20 Versandkartons Gemüsekonserven an, so macht die Großhandlung den ersten Schritt. Ihr Angebot ist der Antrag. Akzeptiert Klein das Angebot und bestellt rechtzeitig, nimmt er den Antrag an (= Annahme). Der Kaufvertrag ist zustande gekommen.

Die in den beiden Beispielen gezeigten Möglichkeiten werden nachfolgend in verallgemeinernder Form einander gegenübergestellt.

Fall 1:	Fall 2:	
Verkäufer gibt die erste Willenserklärung ab	Käufer gibt die erste Willenserklärung ab	Rechtliche Bezeichnung der Willenserklärungen
1. Angebot	1. Bestellung	1. Antrag
2. Bestellung	2. Bestellungsannahme	2. Annahme
3. Bestellungsannahme	–	–

Aus der Abbildung wird erkennbar, dass im ersten Fall die Bestellungsannahme rechtlich keine Rolle mehr spielt. Der Vertrag ist durch das Angebot und durch die Bestellung zustande gekommen. Im zweiten Fall hingegen bewirkt die Bestellungsannahme erst den Abschluss des Kaufvertrags.

Erfüllung des Kaufvertrags

Um es deutlich zu sagen: Mit dem *Abschluss* des Kaufvertrags nach §§ 145 ff. BGB ist nichts weiter bewirkt, als dass sich der *Verkäufer* verpflichtet hat, die verkaufte Sache ordnungsgemäß zu liefern (zu übergeben und zu übereignen) und der *Käufer* die Verpflichtung eingegangen ist, die gekaufte Sache abzunehmen und vor allem zu bezahlen [§ 433 BGB]. Der Käufer wird somit durch Abschluss des Kaufvertrags noch nicht Eigentümer an der gekauften Sache und der Verkäufer hat auch noch nicht den vereinbarten Kaufpreis erhalten. Der Abschluss des Kaufvertrags ist daher ein **Verpflichtungsgeschäft**, dem ein **Erfüllungsgeschäft** – auch **Verfügungsgeschäft** genannt – folgen muss.

Der Kaufvertrag wird erst erfüllt, wenn der Verkäufer die Ware ordnungsgemäß (vertragsgemäß) übergeben und übereignet und wenn der Käufer die Ware abgenommen und bezahlt hat [§§ 929 ff. BGB]. Die unmittelbare Rechtsänderung (z. B. der Eigentums- und Besitzübergang) erfolgt immer durch das Erfüllungsgeschäft.

Sobald die geschuldeten Leistungen an den Gläubiger erbracht sind, erlischt das Schuldverhältnis (das Verpflichtungsgeschäft des Kaufvertrags) [§ 362 I BGB].

Eigentumsvorbehalt

Im Geschäftsleben wird im Kaufvertrag häufig der Eigentumsvorbehalt vereinbart. Dies bedeutet, dass sich der Verkäufer das Eigentum an der verkauften und gelieferten Sache bis zur Zahlung des Kaufpreises vorbehält **(einfacher Eigentumsvorbehalt)**. Beim **verlängerten Eigentumsvorbehalt** werden die Forderungen, die bei einem Weiterverkauf entstehen, an den ursprünglichen Verkäufer abgetreten.[1] Wird die verkaufte Sache weiterverarbeitet, wird der Verkäufer anteilsmäßig Eigentümer an der hergestellten Sache. Der **erweiterte Eigentumsvorbehalt** liegt vor, wenn sich der Verkäufer zur Sicherung seiner Forderungen das Eigentum an *allen* von ihm an denselben Käufer gelieferten Sachen vorbehält.

1.3.3.2 Leistungszeit

Die Leistungszeit (z. B. die Lieferfrist des Verkäufers, die Zahlungsfrist des Käufers) kann **vertraglich** oder **gesetzlich** (z. B. Leistung während der Geschäftszeit [§ 258 HGB]) bestimmt sein. Sie kann sich aber auch aus der **Natur des Schuldverhältnisses** ergeben (z. B. Lieferung eines Hochzeitskleids, eines Christbaums, Zusendung einer bestellten Konzertkarte). Im Geschäftsleben wird die Leistungszeit häufig durch **Handelsbräuche** bestimmt.

Ist die Leistungszeit weder bestimmt noch aus den Umständen zu entnehmen, so kann der *Gläubiger* die vertragliche Leistung **sofort** verlangen, der *Schuldner* sie sofort bewirken [§ 271 I BGB].

1.3.3.3 Leistungsort

Der **Leistungsort (Erfüllungsort)** ist der Ort, an dem ein Schuldner seine Leistung zu erfüllen hat und sich von seiner Leistungspflicht befreit.

---

1 Die Forderungsabtretung heißt auch Zession (lat.). Näheres zur Zession siehe Kapitel 4.6.2.3.1.

1.3 Rechtsgeschäfte

Arten des Leistungsorts

Leistungsorte	Erläuterungen	Beispiele
Vertraglicher Leistungsort	Der vertragliche Leistungsort wird zwischen dem Verkäufer und dem Käufer vereinbart. In der Geschäftspraxis wird der Leistungsort meistens in den sogenannten allgemeinen Geschäftsbedingungen (AGB) geregelt (siehe Kapitel 1.4.3).	Die Maschinenfabrik Amann GmbH in Köln und die Konservenfabrik Blankenstein in Leipzig vereinbaren Leipzig als Erfüllungsort für beide Vertragsparteien.
Natürlicher Leistungsort	Der natürliche Leistungsort wird durch die Natur des Schuldverhältnisses bestimmt [§ 269 I BGB].	Die Wohnungseigentümerin Bolte vereinbart mit dem Malergeschäft Emil Weiß e. K., im Mai ihre Küche und ihr Wohnzimmer streichen zu lassen. – Frau Merdinger kauft im „Dritte Welt Laden" eine Vase, die sie gleich mitnimmt (Handkauf).
Gesetzlicher Leistungsort	Der gesetzliche Leistungsort gilt dann, wenn der Leistungsort weder vertraglich vereinbart noch durch die Natur des Schuldverhältnisses bestimmt ist. Da es beim Abschluss des Kaufvertrags *zwei Schuldner* gibt (Verkäufer = Warenschuldner, Käufer = Geldschuldner), gibt es auch *zwei gesetzliche Leistungsorte (Erfüllungsorte).* Der jeweilige gesetzliche Leistungsort für Käufer und Verkäufer ist ihr *Wohnsitz* bzw. bei gewerblichen Schuldnern ihr *Niederlassungsort* zum Zeitpunkt des Vertragsabschlusses [§ 269 BGB].	Verkäufer ist die *Käsefabrik Seebrucker KG* in Wangen im Allgäu, Käufer das Lebensmittelgeschäft *Naturkost Armin Mooser e. K.* in München. Der gesetzliche Leistungsort für den Verkäufer ist Wangen, der gesetzliche Leistungsort für den Käufer ist München.

Bedeutung des Leistungsorts für den Gefahrübergang

Gesetzlich sind Warenschulden im Zweifel **Holschulden** [§ 269 BGB], sie „reisen auf Gefahr des Käufers". Dies bedeutet, dass beim gesetzlichen Leistungsort der Käufer das Transportrisiko (die Gefahr des zufälligen Untergangs oder der zufälligen Verschlechterung der Ware) ab Leistungsort des Verkäufers tragen muss [§ 446 S. 1 BGB].

Hierbei erhebt sich die Frage, *wo genau* der Verkäufer erfüllt hat. Darüber kann nur die *Art des Kaufvertrags* hinsichtlich der Wohn- bzw. Niederlassungsorte der Vertragspartner Auskunft geben.

Arten des Kaufvertrags	Gesetzliche Erfüllungsorte (Leistungsorte)
Handkauf (Kauf im Geschäftslokal des Verkäufers). Warenschuld = Holschuld	Geschäftslokal des Verkäufers. (Der Verkäufer hat erfüllt, wenn er die Ware dem Käufer übergeben hat.)
Versendungskauf (Verkäufer sendet die Ware auf Verlangen des Käufers an einen vom Leistungsort abweichenden Ort [§ 447 BGB]). Die Warenschuld wird zur **Schickschuld**.	

35

1 Rechtliche Grundbegriffe

Arten des Kaufvertrags	Gesetzliche Erfüllungsorte (Leistungsorte)
■ Käufer und Verkäufer haben ihren Wohn- bzw. Niederlassungsort an *verschiedenen* Orten (politischen Gemeinden) = **Distanzkauf.**	Versandstation des Verkäufers. (Der Verkäufer hat erfüllt, wenn er die Ware seiner Versandstation – z. B. Postfiliale oder Bahnstation oder dem Spediteur, Frachtführer – übergeben hat.)
■ Käufer und Verkäufer haben ihren Wohn- bzw. Niederlassungsort am *gleichen* Ort = **Platzkauf.**	Der Verkäufer hat erfüllt, wenn er die Ware dem mit dem Transport Beauftragten (Spediteur, Frachtführer, Post) übergeben hat. (Andernfalls hat der Verkäufer bei Übergabe an den Käufer erfüllt, wenn im Kaufvertrag ausdrücklich oder stillschweigend vereinbart wurde, dass die Ware in die Wohnung bzw. in das Geschäftslokal des Käufers zu bringen ist [**=Bringschuld**].)

Beim Transport mit eigenen Fahrzeugen hat der Verkäufer erst erfüllt, wenn die Ware dem Käufer übergeben worden ist. Das Gleiche gilt für den **Fernkauf**. Hier haben Verkäufer und Käufer vereinbart, dass der Leistungsort der Wohn- bzw. Niederlassungsort des Käufers sein soll (**vertraglicher Erfüllungsort**).

Bedeutung des Leistungsorts für die Übernahme der Transportkosten

Ist im Kaufvertrag nichts anderes vereinbart, trägt der Käufer die Transportkosten (Versendungskosten) ab Leistungsort des Verkäufers. Dies folgt daraus, dass Warenschulden gesetzlich *Holschulden* sind. Ab *wo genau* der Käufer die Transportkosten zu tragen hat, ergibt sich aus der Art des Kaufvertrags:

Arten des Kaufvertrags	Übernahme der Beförderungsaufwendungen bei fehlender Vereinbarung
Handkauf (Kauf im Geschäftslokal des Verkäufers). Warenschuld = Holschuld	Der Käufer trägt die Beförderungsaufwendungen ab Geschäftslokal, weil der Verkäufer seine Verpflichtung mit der Übergabe der Ware *erfüllt* hat.
Versendungskauf [§ 447 BGB] ■ Käufer und Verkäufer haben ihren Wohn- bzw. Niederlassungsort an *verschiedenen* Orten (politischen Gemeinden) = **Distanzkauf.**	Hier muss der Verkäufer die Beförderungsaufwendungen bis zu seiner Versandstation (z. B. Bahnhof, Postfiliale) tragen, weil er gesetzlich erst erfüllt hat, wenn er die Ware zum Versand gebracht hat (vgl. § 447 BGB).
■ Käufer und Verkäufer haben ihren Wohn- bzw. Niederlassungsort am *gleichen* Ort (politische Gemeinde) = **Platzkauf.**	Auch in diesem Fall muss grundsätzlich der Käufer die Beförderungsaufwendungen tragen, weil Warenschulden gesetzlich im Zweifel Holschulden sind. (Der Verkäufer trägt beim Platzkauf die Beförderungsaufwendungen nur, wenn im Kaufvertrag vereinbart wurde, dass die Ware durch den Verkäufer in die Wohnung bzw. in das Geschäftslokal des Käufers zu bringen ist [**=Bringschuld**].)

Ist nichts anderes vereinbart, muss der Käufer die Beförderungskosten beim Hand- und Platzkauf vollständig, beim Versendungskauf ab Versandstation des Verkäufers tragen.

1.3 Rechtsgeschäfte

Bedeutung des Leistungsorts für den Gerichtsstand

Der gesetzliche Leistungsort zieht den **Gerichtsstand** nach sich.

Der Gerichtsstand wird somit durch den Wohnsitz bzw. die Niederlassung des Schuldners bestimmt **(allgemeiner Gerichtsstand)**. Das bedeutet, dass der Käufer – wenn er klagen will – den Verkäufer bei dem Gericht verklagen muss, in dessen zuständigen Bezirk der Wohnsitz bzw. die Niederlassung des Verkäufers liegt. Will hingegen der Verkäufer den Käufer verklagen, muss er die Klage bei dem Gericht einreichen, in dessen örtlichen Zuständigkeitsbereich sich der Wohnsitz bzw. die Niederlassung des Beklagten befindet.

Unter **Kaufleuten** (Kapitel 1.7.1.2) bestimmen die Vereinbarungen über den Leistungsort den Gerichtsstand [§ 29 II ZPO]. Kaufleute können auch einen **besonderen Gerichtsstand** vereinbaren. Aus Gründen des Verbraucherschutzes sind Vereinbarungen über den Gerichtsstand mit Nichtkaufleuten grundsätzlich unzulässig (Näheres siehe §§ 29, 38 ZPO).

Bedeutung des Leistungsorts für den Geldschuldner

Liegt der gesetzliche Erfüllungsort vor, hat der Geldschuldner erfüllt, wenn er das zur Zahlung Erforderliche getan hat (z. B. den Überweisungsauftrag rechtzeitig seiner Bank übergeben hat). Da Geldschulden i. d. R. **Schickschulden** sind, hat der Geldschuldner dem Gläubiger den Geldbetrag auf seine Gefahr und seine Kosten zu übermitteln (siehe §§ 269 f., 362 BGB).

1.3.3.4 Liefer- und Zahlungsbedingungen

Lieferbedingungen

Unter Lieferbedingungen versteht man Vertragsbestandteile, die in der Regel vom Verkäufer vorgegeben und vom Käufer beim Vertragsabschluss angenommen werden. Die Lieferbedingungen beziehen sich vor allem auf die *Leistungszeit* sowie die *Verpackungs-* und *Beförderungskosten (Transportkosten).*

Wird nichts Besonderes vereinbart, so muss der Verkäufer grundsätzlich sofort liefern (siehe Kapitel 1.3.3.2). Das schließt nicht aus, dass sofortige Lieferung bereits in den Lieferbedingungen zugesagt wird. In der Geschäftspraxis ist die Sofortlieferung aber in vielen Fällen nicht möglich. Deshalb wird i. d. R. die Zeit für die Leistung bereits im Angebot genannt oder während der Vertragsverhandlungen festgelegt.

Bezüglich der **Leistungszeit** unterscheidet man folgende Lieferbedingungen:

- **Sofortlieferung.** Beispiel: „Lieferung sofort nach Bestellungseingang".
- **Lieferung an einem bestimmten Tag oder innerhalb einer bestimmten Frist.** Beispiele: „Lieferung am 23. Dezember 20.. fest" *(Fixkauf[1]).* – „Die Lieferung erfolgt innerhalb von 14 Tagen" *(Terminkauf, Zeitkauf).*
- **Lieferung von Teilmengen zu einem oder mehreren vom Käufer zu bestimmenden Zeitpunkten** *(Kauf auf Abruf).* Wenn beim Kauf auf Abruf erst beim Abruf der Teilmengen Form und Farbe bestimmt werden, liegt ein *Bestimmungskauf (Spezifikationskauf)* vor.

---

1 Der zwischen Verkäufer und Käufer vereinbarte Leistungszeitpunkt ist z. B. bei den Rechtsfolgen von Lieferungsverzögerungen von Bedeutung. Siehe hierzu Kapitel 1.6.2.

1 Rechtliche Grundbegriffe

Hinsichtlich der **Verpackungskosten** sind folgende vertragliche Vereinbarungen möglich:

Vereinbarungen	Erläuterungen	Beispiele
Verpackung ist für den Käufer kostenfrei	Hier wird der Grundsatz, dass der Verkäufer bei fehlender Vereinbarung die Verpackungskosten zu tragen hat, ausdrücklich in den Kaufvertrag übernommen.	„Verpackung frei." – „Verpackung unberechnet."
Leihpackung	Eigentümer der Verpackung bleibt der Verkäufer. Die Verpackung ist demnach vom Käufer an den Verkäufer zurückzugeben.	„Bei Rücksendung der Verpackung werden $^2/_3$ des Verpackungswerts gutgeschrieben." – „Bei Rücksendung der Verpackung wird der berechnete Wert gutgeschrieben."
Brutto-für-netto-Vereinbarung	Der Käufer zahlt das Verpackungsgewicht (= die Tara) wie das Inhaltsgewicht (Nettogewicht).	„Wir liefern bfn."

Im Hinblick auf die **Beförderungskosten**[1] (Transportkosten) können folgende Regelungen getroffen werden:

- **Der Käufer übernimmt sämtliche Beförderungskosten.** Beispiele: „Lieferung ab Werk." – „Ab Lager Weimar."
- **Der Verkäufer trägt die Beförderungskosten bis zur Versandstation.** Beispiele: „Lieferung unfrei." – „Unsere Preise verstehen sich ab Bahnhof hier."
- **Der Verkäufer übernimmt die Beförderungskosten bis zur Versandstation sowie die Verladekosten.** Beispiel: „Frei Waggon." – „Frei Schiff."
- **Der Verkäufer bezahlt die Beförderungskosten bis zur Empfangsstation des Käufers.** Beispiele: „Lieferung frachtfrei." – Wir liefern frei Bahnhof dort."
- **Der Verkäufer trägt sämtliche Beförderungskosten.** Beispiele: „Die Lieferung erfolgt frei Haus." – „Wir liefern frei Lager dort." – „Lieferung frei Keller."
- **Der Verkäufer berechnet Beförderungskosten ab Frachtbasis.** Hier werden dem Käufer die Frachtkosten ab einem vertraglich festgelegten Ort, der „Frachtbasis", belastet. Beispiel: „Frachtbasis Essen" (für Kohlelieferungen). Für die Berechnung der Fracht ist es ohne Bedeutung, von welchem Lieferort (Absendeort) aus die Ware tatsächlich geliefert wird.
- **Der Verkäufer trägt die Beförderungskosten bis zur Frachtparität.**[2] Unter Frachtparität versteht man den vertraglich festgelegten Ort, bis zu dem der Verkäufer die Beförderungskosten (Transportkosten) zu tragen hat. Soll die Ware an einen anderen Ort geliefert werden, trägt also der Verkäufer höchstens die Frachtkosten bis zur Frachtparität.

---

1 Die Beförderungskosten setzen sich aus der **Fracht** (Entgelt für die gewerbliche Beförderung von Gütern [z. B. mit Bahn, Lkw]) sowie **Rollgeld** (Beförderungskosten für die Beförderung von Gütern vom Verkäufer [Fabrik, Lager] bis zum Bestimmungsbahnhof bzw. vom Bestimmungsbahnhof bis zum Käufer) zusammen.

2 Parität (lat.) = Gleichstellung.

1.3 Rechtsgeschäfte

Zahlungsbedingungen

In den Zahlungsbedingungen wird festgesetzt, *wann* die gekaufte Ware zu bezahlen ist und *welche Abzüge* vom Rechnungsbetrag vorgenommen werden dürfen.

Hinsichtlich des **Zahlungszeitpunkts** können folgende Kaufarten unterschieden werden:

Kaufarten	Erläuterungen	Beispiele
Barkauf	Wenn keine besondere Vereinbarung getroffen wurde, muss der Käufer die Zahlung sofort nach Erhalt der Ware vornehmen. Oft wird die Barzahlung ausdrücklich im Angebot festgelegt.	„Zahlbar sofort nach Erhalt der Ware." – „Zahlbar netto Kasse."
Zielkauf (Kreditkauf)	In diesem Fall gewährt der Verkäufer (Geldgläubiger) dem Käufer (Geldschuldner) ein Zahlungsziel. Bei *Zahlung mit Wertstellung* wird das Zahlungsziel (der Zahlungstermin) fest vereinbart.	„Zahlung bis Ende Mai." – „Zahlbar innerhalb 14 Tagen." „Valuta[1] 15. Juli 20.."
Kauf gegen Vorauszahlung	Mit dieser Zahlungsbedingung schützen sich Lieferer vor dem Zahlungs- bzw. Kreditrisiko bei neuen oder auch als „unsicher" bekannten Kunden.	„Lieferung nur gegen Vorauskasse."
Ratenkauf	Der Käufer erhält die Kaufsache und bezahlt diese in Raten (Teilzahlungen). Die Warenlieferung erfolgt i. d. R. unter Eigentumsvorbehalt.	„Zahlbar in monatlichen Raten in Höhe von 200,00 €."
Kauf mit gemischten Zahlungsbedingungen	Er ist üblich bei Lieferungen von hochwertigen Investitionsgütern.	„Zahlbar $1/3$ bei Bestellung, $1/3$ bei Lieferung und $1/3$ drei Monate nach Lieferung." – „Anzahlung 10 % des Kaufpreises, Rest 14 Tage nach Lieferung."

Die **Abzüge** werden in Skonto,[2] Rabatt[3] und Bonus[4] eingeteilt.

- **Skonto.** Er ist ein Abzug für vorzeitige Zahlung, also für die Bezahlung der Rechnung vor dem Fälligkeitstag. Beispiel: „Zahlung nach 30 Tagen oder innerhalb 5 Tagen mit 3 % Skonto."
- **Rabatt.** Der Rabatt wird unabhängig vom Zahlungszeitraum gewährt. Er ist ein Preisnachlass aus besonderen Gründen. Bekannte Rabattarten sind:
    - **Wiederverkäuferrabatt (Händlerrabatt).** Der Rabatt wird nur gewerblichen Käufern gewährt. Beispiel: „Unsere gewerblichen Kunden erhalten einen Rabatt in Höhe von 25 % des Listenpreises."

---

1 Valuta (lat.-it.) = Wert, Gegenwert.
2 Skonto (it.) = Abzug (bei Barzahlung).
3 Rabatt (it.) = Preisnachlass. Stammwort ist das lateinische battuere, d. h. niederschlagen, abschlagen.
4 Bonus, Mehrz. Boni oder Bonusse (lat.) = Vergütung, Gutschrift. Boni sind nachträglich gewährte Nachlässe.

- **Treuerabatt.** Dieser Rabatt kann langjährigen Kunden gewährt werden. Dabei sind oft bestimmte jährliche Mindestumsätze erforderlich, um in den Genuss des Treuerabatts zu kommen. Beispiel: „Treuerabatt 2 % vom Mindestumsatz 30 000,00 € netto.[1] Der Rabattsatz erhöht sich im Folgejahr um 0,5 %."
- **Sonderrabatt.** Dieser Rabatt wird aus besonderen Anlässen wie z. B. Geschäftsjubiläen gewährt. Der Jubiläumsrabatt ist i. d. R. nicht in den Liefer- und Zahlungsbedingungen der Verkäufer enthalten. Er beruht vielmehr auf einer einmaligen Vereinbarung mit dem oder den Käufern.
- **Naturalrabatt.** Hier handelt es sich um einen *indirekten* (mittelbaren) Preisnachlass, indem der Käufer *Drauf-* und *Dreingaben* in Waren (Naturalien) erhält. Bei einer Draufgabe wird eine bestimmte Warenmenge unberechnet hinzugegeben. Beispiel: „Bei Abnahme von 50 Körben erhält der Käufer einen Korb kostenlos." Die Dreingabe ist dadurch gekennzeichnet, dass die bestellte Menge geliefert, aber ein Teil hiervon nicht in Rechnung gestellt wird. Beispiel: „Bei einer Bestellung von 50 Körben wird ein Korb nicht berechnet."
- **Funktionsrabatt.** Er wird gewerblichen Käufern gewährt, wenn diese bestimmte Aufgaben übernehmen, die normalerweise dem Lieferer obliegen. Beispiel für eine Klausel[2] in den Liefer- und Zahlungsbedingungen eines Großhandelsunternehmens: „Bei Übernahme der Verpackung, Etikettierung und Werbung wird ein Funktionsrabatt in Höhe von 20 % des Listenpreises gewährt."
- **Mengenrabatt.** Diese Form der *mengenmäßigen Preisdifferenzierung*[3] soll dazu beitragen, die Kunden von Klein- und Kleinstaufträgen abzuhalten, die für den Verkäufer unrentabel sind; denn zahlreiche Kosten der Auftragsabwicklung fallen in gleicher Höhe an, gleichgültig, welchen Wert die einzelnen Aufträge besitzen (z. B. Kosten für Schreibarbeiten, die Erstellung und Buchung der Ausgangsrechnungen, die Terminüberwachung und die Buchung des Eingangs der Rechnungsbeträge). Aus diesem Grund wird der Rabatt häufig so gestaltet, dass er mit zunehmendem Auftragswert überproportional steigt. Dies kann durch einen *Staffelrabatt* oder durch Vorgabe von *Freigrenzen* erreicht werden.

Beispiel für einen *Staffelrabatt:*	Beispiel für die Vergabe von *Freigrenzen:*
Aufträge im Wert bis 10 000,00 € 1 % Mengenrabatt; Aufträge im Wert von 10 001,00 € – 20 000,00 € 1,5 % Mengenrabatt; Aufträge im Wert von 20 001,00 € – 30 000,00 € 2 % Mengenrabatt usw. Der Rabatt wird aus dem vollen Auftragswert berechnet.	4 % Mengenrabatt bei einer Freigrenze von 10 000,00 €. (Das bedeutet, dass für den Auftragswert, der 10 000,00 € übersteigt, ein Rabatt in Höhe von 4 % gewährt wird.)

- **Bonus.** Hier handelt es sich um einen Preisnachlass, der *nachträglich* gewährt wird. Ein Bonus liegt z. B. vor, wenn der Lieferer seinem Kunden bei Erreichen einer bestimmten Umsatzsumme im vergangenen Geschäftsjahr eine Rückvergütung leistet.

---

1 Netto (it.) = rein, glatt, unvermischt. In diesem Zusammenhang versteht man unter „netto" den Warenwert ohne Umsatzsteuer und abzüglich Rabatt.

2 Klausel (lat.) = Schluss, Schlusssatz, Schlussformel, Gesetzesformel. Das Wort Klausel wird meistens im Sinne von „Vorbehalt", „Nebenbestimmung" oder „Einschränkung" verwendet.

3 Preise differenzieren (lat. differentia = Verschiedenheit) bedeutet, dass für ein und dieselbe Leistung unterschiedliche Preise verlangt werden. Näheres zur Preisdifferenzierung siehe Kapitel 4.5.3.

1.4 Vertragsfreiheit und ihre Grenzen

1.4.1 Begriff Vertragsfreiheit

Die Rechtsordnung der Bundesrepublik Deutschland beruht auf dem Grundsatz der *Vertragsfreiheit*. Das bedeutet, dass jedermann in eigener Verantwortung darüber entscheiden kann, ob, wann und mit wem er ein Rechtsgeschäft abschließen will **(Abschlussfreiheit)**, ob und wann ein für eine bestimmte oder unbestimmte Zeit abgeschlossener Vertrag wieder aufgelöst werden soll **(Auflösungsrecht)** und dass weiterhin jedermann das Recht hat, mit anderen in gegenseitiger Übereinstimmung den Inhalt der Rechtsgeschäfte frei aushandeln (vereinbaren) zu können **(Inhaltsfreiheit)**.

In der Bundesrepublik Deutschland ist die Vertragsfreiheit im Grundgesetz (GG) verfassungsrechtlich verbrieft [Art. 2 GG]. Auch das BGB und HGB gehen vom Grundsatz der Vertragsfreiheit aus.

Unsere Rechtsordnung will die Ausbeutung und Knebelung der sozial und wirtschaftlich Schwächeren verhindern. Sie enthält deshalb in vielen Gesetzen *zwingende Rechtsnormen,* die dem Gestaltungswillen der Vertragspartner entzogen sind, die somit nicht durch Vereinbarungen (Verträge) abgeändert werden können.

Zu diesen unabdingbaren Voraussetzungen eines gültigen Rechtsgeschäfts gehören z. B. die Vorschriften des BGB über die Geschäftsfähigkeit, die Nichtigkeit und Anfechtbarkeit von Rechtsgeschäften, die Verbraucherverträge und die Regelungen des Rechts der allgemeinen Geschäftsbedingungen.[1] Auch die gesetzlichen Formvorschriften bedeuten eine Einschränkung der Vertragsfreiheit.

1.4.2 Nichtigkeit und Anfechtung

Nichtigkeit von Rechtsgeschäften

Die absolute Grenze der Vertragsfreiheit wird sichtbar, wenn das Gesetz bestimmte Rechtsgeschäfte für *nichtig* erklärt. Rechtsgeschäfte, die nach dem Gesetz ungültig sind, gelten als von Anfang an nichtig (ungültig).

Nichtig sind:

- Rechtsgeschäfte, die gegen die gesetzlichen Formvorschriften verstoßen (z. B. ein mündlich abgeschlossener Grundstückskaufvertrag) [§§ 125, 311 b I S. 1 BGB];
- Rechtsgeschäfte von Geschäftsunfähigen [§ 105 I BGB];
- Rechtsgeschäfte beschränkt Geschäftsfähiger, sofern die Zustimmung vom gesetzlichen Vertreter verweigert wird, die Ausnahmeregelung des § 110 BGB nicht vorliegt und das Rechtsgeschäft dem beschränkt Geschäftsfähigen nicht ausschließlich rechtliche Vorteile bringt [§ 107 BGB];
- Rechtsgeschäfte, die im Zustand der Bewusstlosigkeit oder vorübergehender Störung der Geistestätigkeit abgegeben werden [§ 105 II BGB], (z. B. ein Betrunkener verkauft sein Auto);
- Rechtsgeschäfte, die ihrem Inhalt nach gegen ein gesetzliches Verbot verstoßen [§ 134 BGB], (z. B. Rauschgift- und Waffengeschäfte);
- zum Schein abgegebene Willenserklärungen („Scheingeschäfte"), die ein anderes Rechtsgeschäft verdecken sollen [§ 117 BGB], (z. B. Grundstückskaufvertrag über 300 000,00 €, wo-

---

1 Siehe Kapitel 1.4.3.

bei mündlich ein Kaufpreis von 500 000,00 € vereinbart wird, um die Grunderwerbsteuer zu sparen);[1]
- offensichtlich nicht ernst gemeinte Willenserklärungen („Scherzgeschäfte") [§ 118 BGB], z. B. das Angebot eines Witzboldes, seine Fahrkarte zum Mond für 5 000,00 € verkaufen zu wollen;
- Rechtsgeschäfte, die ihrem Inhalt nach gegen die guten Sitten verstoßen [§ 138 BGB], insbesondere Wuchergeschäfte.

Anfechtbarkeit von Rechtsgeschäften

Anfechtbare Rechtsgeschäfte sind bis zu der erklärten Anfechtung voll rechtswirksam. Nach einer gesetzlich zugelassenen und fristgemäßen Anfechtung wird das Rechtsgeschäft jedoch von **Anfang an nichtig (ungültig)** [§ 142 I BGB]. Bereits erbrachte Leistungen sind zurückzugeben [§ 812 BGB].

Eine Anfechtung ist nur bei folgenden gesetzlich geregelten Fällen möglich [§§ 119, 120 BGB]:

Formen des Irrtums	Beispiele
Irrtum in der Erklärungshandlung Hier verspricht oder verschreibt sich der Erklärende.	Der Verkäufer eines gebrauchten Autos will dieses für 12 000,00 € anbieten, schreibt in seinem Angebot jedoch nur 10 000,00 €. – Ein Vermieter unterschreibt aus Versehen einen Mietvertrag, der für eine andere Person vorgesehen war.
Irrtum über den Erklärungsinhalt (Geschäftsirrtum) In diesem Fall hat sich der Erklärende über den Inhalt seiner Willenserklärung geirrt.	Jemand möchte ein Auto mieten, unterschreibt jedoch keinen Miet-, sondern einen Kaufvertrag.
Irrtum über im Rechtsverkehr wesentliche Eigenschaften einer Person oder Sache	Eine Bank stellt einen Kassierer ein, über den sie nachträglich erfährt, dass dieser bereits Unterschlagungen bei seinem früheren Arbeitgeber begangen hat.
Irrtum bei der Übermittlung einer Willenserklärung Ein solcher Irrtum liegt vor, wenn die mit der Übermittlung der Willenserklärung beauftragte Person (z. B. der als Übermittlungsbote dienende Angestellte eines Unternehmens) die Willenserklärung des Erklärenden falsch übermittelt.	Frau Schön hat am Sonntag im Schaufenster des Kleiderhauses Maja e. Kfr. ein Kostüm gesehen; das Preisschild war verdeckt. Sie ruft am Montag das Kleiderhaus Maja e. Kfr. an. Es meldet sich die Verkäuferin Ria. Diese kennt den Verkaufspreis ebenfalls nicht und fragt deshalb die Geschäftsinhaberin, die ihr einen Preis von 540,00 € angibt. Die Verkäuferin Ria nennt am Telefon der erfreuten Frau Schön einen Preis von 450,00 €.

In den genannten Fällen muss die Anfechtung unverzüglich nach Entdeckung des Anfechtungsgrunds erfolgen [§ 121 I S. 1 BGB]. Wenn seit Abgabe der Willenserklärung 10 Jahre verstrichen sind, dann ist eine Anfechtung nach §§ 119f. BGB ausgeschlossen [§ 121 III BGB]. Der Anfechtende (der Irrende) ist zum Ersatz des **Vertrauensschadens** verpflichtet,

---

1 Das Scheingeschäft (Kaufvertrag über 300 000,00 €) ist nichtig. Das gewollte Geschäft wäre gültig, wenn die Formerfordernisse gewahrt worden wären. Da in diesem Beispiel aber nur eine mündliche Absprache vorliegt, ist das gewollte Geschäft wegen Formmangels ebenfalls nichtig. Der Mangel würde aber durch eine nachfolgende Auflassung (Einigung) und Eintragung des Grundstücks in das Grundbuch geheilt, sodass der Käufer 500 000,00 € zahlen müsste (siehe § 311 b I S. 2 BGB).

den der andere dadurch erlitten hat, dass er auf die Gültigkeit der Erklärung vertraute [§ 122 I BGB].

Einen weiteren Schutz gewährt das Gesetz bei arglistiger Täuschung oder widerrechtlicher Drohung [§ 123 I BGB].

> **Beispiele:**
>
> Ein Käufer kauft einen Gebrauchtwagen. Der Verkäufer verschweigt, dass es sich um einen Unfallwagen handelt. – Der Angestellte X droht seinem Kollegen Y, ihn wegen eines geringen Dienstvergehens bei seinem Chef „anzuschwärzen", wenn er ihm nicht 100,00 € „leihe".

Die Anfechtung wegen arglister Täuschung muss innerhalb eines Jahres nach Entdeckung der Täuschung erfolgen [§ 124 I, II S. 1 BGB]. Im Fall der widerrechtlichen Drohung muss das Rechtsgeschäft ebenfalls innerhalb eines Jahres, vom Wegfall der Zwangslage an gerechnet, angefochten werden [§ 124 I, II S. 1 BGB]. Nach Ablauf von 10 Jahren seit Abgabe der Willenserklärung ist die Anfechtung jedoch ausgeschlossen [§ 124 III BGB].

Rechtsgeschäfte, die aufgrund eines Irrtums im Beweggrund (**Motivirrtum**) oder bei bloßer Unkenntnis einer Tatsache abgeschlossen worden sind, sind vor allem aus Gründen der Rechtssicherheit **nicht anfechtbar** (ausgenommen bei Irrtum über verkehrswesentliche Eigenschaften) [§ 119 II BGB].

> **Beispiel:**
>
> Ein Briefmarkensammler kauft eine Briefmarke in der Erwartung, dass deren Preis steigt. Sinkt der Preis, kann er den Kaufvertrag nicht anfechten.

1.4.3 Die Gestaltung rechtsgeschäftlicher Schuldverhältnisse durch allgemeine Geschäftsbedingungen

Begriff

Die **a**llgemeinen **G**eschäfts**b**edingungen (AGB) sind für eine **Vielzahl von Verträgen** vorformulierte **Vertragsbedingungen** eines Wirtschaftszweigs,[1] die **eine** Vertragspartei (der **Verwender**) beim Abschluss eines Vertrags einer **anderen Vertragspartei einseitig** auferlegt [§ 305 I S. 1 BGB].

Wenn die Vertragsbedingungen zwischen den Vertragsparteien im Einzelnen ausgehandelt sind, liegen keine allgemeine Geschäftsbedingungen vor [§ 305 I BGB].

Einbeziehung allgemeiner Geschäftsbedingungen in den Vertrag

Allgemeine Geschäftsbedingungen werden nur dann Vertragsbestandteil, wenn der Verwender beim Vertragsabschluss z. B. die andere Vertragspartei ausdrücklich auf die allgemeinen Geschäftsbedingungen hinweist, die andere Vertragspartei in zumutbarer Weise von ihnen Kenntnis nehmen kann und wenn die andere Vertragspartei mit ihrer Geltung einverstanden ist [§ 305 II BGB].[2] Individuelle Vertragsvereinbarungen haben Vorrang vor allgemeinen Geschäftsbedingungen [§ 305 b BGB].

---

1 Allgemeine Geschäftsbedingungen werden vor allem von den Wirtschaftsverbänden der Industrie, des Handels, der Banken, der Versicherungen, der Spediteure usw. normiert (vereinheitlicht) und den Verbandsmitgliedern zur Verwendung empfohlen (z. B. Allgemeine Lieferbedingungen für Erzeugnisse und Leistungen der Elektroindustrie, Allgemeine Deutsche Spediteurbedingungen).

2 Zur Einbeziehung in besonderen Fällen siehe § 305 a BGB.

Überraschende und mehrdeutige Klauseln, mit denen der Vertragspartner des Verwenders nicht zu rechnen braucht, werden kein Vertragsbestandteil, wobei die Zweifel bei der Auslegung von allgemeinen Geschäftsbedingungen zu Lasten des Verwenders gehen [§ 305 c BGB].

Rechtsfolgen bei Nichteinbeziehung und Unwirksamkeit allgemeiner Geschäftsbedingungen

Wenn allgemeine Geschäftsbedingungen ganz oder teilweise kein Vertragsbestandteil geworden oder rechtsunwirksam sind, dann bleiben die anderen Vertragsbestandteile wirksam. Für den Vertragsinhalt gelten dann die gesetzlichen Vorschriften [§ 306 I, II BGB].

Inhaltskontrolle (Generalklausel)[1]

Bestimmungen in allgemeinen Geschäftsbedingungen sind unwirksam (ungültig), wenn diese den Vertragspartner des Verwenders entgegen den Geboten von Treu und Glauben [§ 242 BGB] **unangemessen benachteiligen.** Eine unangemessene Benachteiligung kann auch bei unverständlichen Klauseln vorliegen, wenn es sich also um einen Verstoß gegen das sogenannte Transparentgebot handelt (Näheres siehe § 307 BGB). Ob eine unangemessene Benachteiligung vorliegt, muss von Fall zu Fall geprüft werden.

Beispiel:

Unangemessen kurze Rügefristen („Reklamationen können nur innerhalb von 8 Tagen nach Warenempfang angenommen werden"), unzumutbare Liefer- und Nachfristen, Rücktritts- und Änderungsvorbehalte des Verwenders.

Klauselverbote mit Wertungsmöglichkeit

Für diese nach § 308 BGB verbotenen Klauseln ist kennzeichnend, dass sie (im Unterschied zu den nach § 309 BGB verbotenen Klauseln mit **bestimmten Rechtsbegriffen**) unbestimmte Rechtsbegriffe verwenden, weshalb die Unwirksamkeit erforderlichenfalls eine richterliche Wertung notwendig macht.

Beispiele:

Bestimmungen, durch die sich der Verwender unangemessen lange oder nicht hinreichend bestimmte Fristen für die Annahme oder Ablehnung eines Angebots oder die Erbringung einer Leistung vorbehält; Bestimmungen, durch die sich der Verwender für die von ihm zu erbringenden Leistungen eine von Rechtsvorschriften abweichende unangemessen lange oder nicht hinreichend bestimmte Nachfrist vorbehält; sachlich nicht gerechtfertigte Rücktrittsvorbehalte (Näheres siehe § 308 BGB).

---

[1] Generalklausel = Bestimmung, die generell (= allgemein, ohne Ausnahme) gültig ist.

Klauselverbote ohne Wertungsmöglichkeit

Soweit diese Klauseln in allgemeinen Geschäftsbedingungen enthalten sind, sind diese **immer unwirksam**.

Beispiele:

Bestimmungen, die eine Erhöhung des Entgelts (Preises) für Waren und Dienstleistungen vorsehen, die innerhalb von vier Monaten nach Vertragsschluss geliefert bzw. erbracht werden sollen (ausgenommen bei Dauerschuldverhältnissen); Bestimmungen, die dem Vertragspartner des Verwenders nach § 320 BGB zustehende Leistungsverweigerungsrecht[1] ausschließen oder einschränken; Haftungsausschlüsse bei einer grob (fahrlässig oder vorsätzlich) verschuldeten Verletzung von Leben, Körper und Gesundheit, die vom Verwender, seinem gesetzlichen Vertreter oder vom Erfüllungsgehilfen des Verwenders verursacht sind (Näheres siehe § 309 BGB).

Anwendungsbereich

Die Bestimmungen der §§ 305 II, III und 308 f. BGB gelten grundsätzlich nicht bei allgemeinen Geschäftsbedingungen, die gegenüber einem Unternehmer, einer juristischen Person des öffentlichen Rechts oder einem öffentlich-rechtlichen Sondervermögen verwendet werden [§ 310 I BGB].[2]

Bei **Verbraucherverträgen**[3] (bei Verträgen zwischen einem Unternehmer [§ 14 BGB] und einem Verbraucher [§ 13 BGB]) gelten die allgemeinen Geschäftsbedingungen als vom Unternehmer gestellt, es sei denn, dass sie durch den Verbraucher in den Vertrag eingeführt wurden. Bestimmte, zum Schutz der Verbraucher bestehende Vorschriften (z. B. die §§ 306, 307, 308, 309 BGB) gelten auch dann für vorformulierte Vertragsbedingungen, wenn diese nur zur einmaligen Verwendung bestimmt sind und soweit der Verbraucher aufgrund der Vorformulierung auf ihren Inhalt keinen Einfluss nehmen konnte [§ 310 III BGB].

1.4.4 Sondervorschriften des BGB für Verbraucherverträge

Ein Beispiel für einen Verbrauchervertrag haben Sie bereits im Kapitel 1.3.2 kennengelernt, und zwar den Verbraucherdarlehensvertrag. Im Folgenden werden weitere wichtige Verbraucherverträge besprochen.

- Bei einem **Verbrauchervertrag** ist der zu einer Sach- und/oder Dienstleistung Verpflichtete ein Unternehmer und der Vertragspartner ein Verbraucher.
- **Unternehmer** ist eine natürliche oder juristische Person oder eine rechtsfähige Personengesellschaft, die bei Abschluss eines Rechtsgeschäfts in Ausübung ihrer gewerblichen oder selbstständigen beruflichen Tätigkeit handelt [§ 14 I BGB].
- **Verbraucher** ist jede natürliche Person, die ein Rechtsgeschäft zu einem Zweck abschließt, der weder ihrer gewerblichen noch ihrer selbstständigen beruflichen Tätigkeit zugerechnet werden kann [§ 13 BGB].

---

1 Wer aus einem gegenseitigen Vertrag (z. B. Kaufvertrag, Werkvertrag) verpflichtet ist, kann die ihm obliegende Leistung bis zur Bewirkung der Gegenleistung verweigern, soweit er nicht zu einer Vorleistung verpflichtet ist (§ 320 BGB, sogenannte Einrede des nicht erfüllten Vertrags).
2 Weitere „Anwendungsausschlüsse" finden Sie im § 310 II, IV BGB.
3 Näheres zu den verschiedenen Verbraucherverträgen siehe Kapitel 1.4.4.

> **Beispiele für Verbraucherverträge:**
>
> Frau Lina Kunz kauft Brot bei der Stadtbäckerei Mohn GmbH (Verbrauchsgüterkauf). – Die Sparkasse Neustadt gewährt dem Angestellten Murr einen Kredit zum Kauf eines neuen Pkw (Verbraucherdarlehensvertrag). – Das Ehepaar Reich schließt mit dem Architekten Dipl.-Ing. Baumann einen Vertrag ab, der die Bauplanung ihres Eigenheims zum Gegenstand hat (Werkvertrag).

1.4.4.1 Widerrufsrecht bei Verbraucherverträgen

Bei bestimmten Verbraucherverträgen wie z. B. bei Verträgen außerhalb von Geschäftsräumen (sog. **Haustürgeschäften**) und **Fernabsatzverträgen** (z. B. im Onlinehandel) hat der Verbraucher ein Widerrufsrecht. Der Widerruf muss eine eindeutig formulierte Erklärung gegenüber dem Unternehmer enthalten.

Es genügt nicht, die Ware einfach zurückzuschicken. Es kann auch ein EU-einheitliches Formular verwendet werden, das in der Regel auf der Website des Unternehmers ausgefüllt und abgeschickt werden kann [§ 356 I BGB].

In der gesamten EU beträgt die Widerrufsfrist **14 Tage**. Im Fall des Widerrufs sind die empfangenen Leistungen unverzüglich zurückzugewähren [§ 355 BGB].

Die Widerrufsfrist beginnt bei

- Erhalt der Leistung oder der letzten Teillieferung aus einer einheitlichen Bestellung,
- Erhalt der ersten Lieferung aus einem Abonnement (z. B. Dauerbezug einer Zeitschrift) und bei
- Vertragsabschluss über den Bezug von Wasser, Gas, Fernwärme oder die Übertragung digitaler Daten (z. B. Statistiken, Schaubilder).

Die Widerrufsfrist beginnt jedoch erst, wenn der Unternehmer den Verbraucher über sein Widerrufsrecht informiert hat. Geschieht dies nicht, endet die Widerrufsfrist nach Ablauf von 12 Monaten und 14 Tagen [§ 356 III BGB].

1.4.4.2 Verbrauchsgüterverträge

Verbrauchsgüterkauf

Ein **Verbrauchsgüterkauf** liegt vor, wenn ein Verbraucher von einem Unternehmer eine bewegliche Sache kauft [§ 474 I S. 1 BGB].

Öffentliche Versteigerung

Die Vorschriften über den Verbrauchsgüterkauf gelten nicht für gebrauchte Sachen, die in einer öffentlichen Versteigerung verkauft werden, an der der Verbraucher persönlich teilnehmen kann [§ 474 II S. 2 BGB].

1.4 Vertragsfreiheit und ihre Grenzen

Keine Schlechterstellung des Verbrauchers

Sind vor Mitteilung eines Mangels an einen Unternehmer Vereinbarungen zum Nachteil des Verbrauchers über die Gewährleistungsrechte Nacherfüllung, Rücktritt und Minderung getroffen worden, so sind diese unzulässig [§ 475 I BGB]. Bezüglich der Gewährleistungsfrist gilt Folgendes: Bei **neuen beweglichen Sachen** muss die Gewährleistungsfrist mindestens **zwei Jahre**, bei **gebrauchten Sachen** mindestens **ein Jahr** ab dem gesetzlichen Verjährungsbeginn betragen.[1]

Widerrufsrecht

Dem Verbraucher steht bei bestimmten Kaufvertragsarten ein Widerrufsrecht nach §§ 355 ff. BGB zu (Näheres siehe Kapitel 1.4.4.1).

1.4.4.3 Verbraucherdarlehensvertrag

Begriff

- **Verbraucherdarlehensverträge** sind Allgemein-Verbraucherdarlehensverträge und Immobiliar-Verbraucherdarlehensverträge [§ 491 I BGB].
- **Allgemein-Verbraucherdarlehensverträge** sind entgeltliche Darlehensverträge zwischen einem Unternehmer als Darlehensgeber und einem Verbraucher als Darlehensnehmer [§ 491 II BGB].

Keine Allgemein-Verbraucherdarlehensverträge sind z. B. Verträge, bei denen das auszuzahlende Darlehen (der Nettoauszahlungsbetrag) weniger als 200,00 € beträgt (Näheres siehe § 491 II BGB).

Schriftform

Verbraucherdarlehensverträge sind, soweit nicht eine strengere Form vorgeschrieben ist, **schriftlich** abzuschließen [§ 492 I BGB]. Der Darlehensgeber hat dem Darlehensnehmer (Verbraucher) eine Abschrift der Vertragserklärung zur Verfügung zu stellen [§ 492 III BGB].

Der Darlehensnehmer kann vom Darlehensgeber einen *Entwurf* des Verbraucherdarlehensvertrags verlangen [§ 491 a II BGB]. Zudem verpflichtet sich der Darlehensgeber, dem Darlehensnehmer vor Abschluss eines Verbraucherdarlehensvertrags *angemessene Erläuterungen* zu geben, damit der Darlehensnehmer in die Lage versetzt wird, zu beurteilen, ob der Vertrag dem von ihm verfolgten Zweck und seinen Vermögensverhältnissen gerecht wird [§ 491 a III BGB].

Vertragsinhalt

Der Vertrag muss z. B. Folgendes enthalten (Näheres siehe § 492 II, III i. V. m. Art. 247 §§ 6 bis 13 EGBGB[2]):

- den Namen und die Anschrift des Darlehensgebers,
- die Art des Darlehens,
- den effektiven Jahreszins,
- den Nettodarlehensbetrag,
- den Sollzinssatz,

---

[1] Näheres siehe Kapitel 1.6.1.1.
[2] EGBGB = Einführungsgesetz zum Bürgerlichen Gesetzbuch.

1 Rechtliche Grundbegriffe

- die Vertragslaufzeit,
- Betrag, Zahl und Fälligkeit der einzelnen Teilzahlungen,
- den Gesamtbetrag, d. h. die Summe aus Nettodarlehensbetrag und Gesamtkosten,
- den Vorzugszinssatz,
- einen Warnhinweis zu den Folgen ausbleibender Zahlungen.

Widerrufsrecht

Wie bei vielen anderen Verbraucherverträgen steht dem Darlehensnehmer (Verbraucher) ein Widerrufsrecht von **14 Tagen** nach den Bedingungen des § 355 BGB zu [§ 495 I BGB].

1.4.4.4 Verbundene Verträge

Begriff

Verbundene Verträge liegen vor, wenn ein Vertrag zwischen einem Unternehmer und einem Verbraucher über die Lieferung einer Ware oder die Erbringung einer anderen Leistung mit einem Darlehensvertrag (Kreditvertrag) so verknüpft ist, dass beide Verträge eine wirtschaftliche Einheit bilden (vgl. § 358 III BGB).

Beispiele:

Frau Ellen Mülheimer kauft beim Elektrofachgeschäft Hauser e. K. ein Fernsehgerät auf Raten. – Herr Finn Fehring kauft beim Autohaus Breisgau GmbH ein Auto. Ein Drittel des Kaufpreises wird durch die Freiburger Kreditbank AG finanziert. Die Vermittlung des Kredits erfolgt durch das Autohaus. Der Kreditbetrag wird von der Bank unmittelbar an das Autohaus überwiesen.

Vertragsinhalt

Auf die verbundenen Verträge sind grundsätzlich die gesetzlichen Vorschriften für die miteinander verknüpften Verträge anzuwenden. Beim **Teilzahlungsgeschäft** z. B. sind das die Vorschriften zum *Verbraucherkaufvertrag* und zum *Verbraucherdarlehensvertrag*. Dies bedeutet u. a., dass verbundene Verträge *schriftlich* abzuschließen sind (siehe Kapitel 1.4.4.3).

48

1.4 Vertragsfreiheit und ihre Grenzen

Verbundene Verträge „teilen ihr Schicksal": Widerruft ein Verbraucher rechtswirksam seine auf den Abschluss eines Verbraucherdarlehensvertrags gerichtete Willenserklärung, ist er auch an seine auf den Abschluss einer mit diesem Verbraucherdarlehensvertrag verbundenen Willenserklärung (z. B. Warenbestellung) nicht mehr gebunden. Umgekehrt gilt Gleiches: Der rechtswirksame Widerruf der auf den Abschluss eines Vertrags über die Lieferung einer Ware oder die Erbringung einer sonstigen Leistung gerichteten Willenserklärung bewirkt, dass der Verbraucher nicht mehr an seine auf den Abschluss eines Verbraucherdarlehensvertrags gerichtete Willenserklärung gebunden ist (Näheres siehe § 358 BGB).

Widerrufsrecht

Bei den verbundenen Verträgen besteht für den Verbraucher ebenfalls ein Widerrufsrecht innerhalb von **14 Tagen**. Für den Fristbeginn gelten die gesetzlichen Vorschriften zu den jeweils miteinander verbundenen Verträgen.

1.4.4.5 Fernabsatzvertrag

Begriff

Fernabsatzverträge sind Verträge über die Lieferung von Waren oder die Erbringung von Leistungen, die zwischen einem Unternehmer und einem Verbraucher unter ausschließlicher Verwendung von **Fernkommunikationsmitteln** im Rahmen eines für den Fernabsatz organisierten Vertriebs- oder Dienstleistungssystems abgeschlossen werden [§ 312c I BGB].

Fernkommunikationsmittel sind z. B. Briefe, Kataloge, Telefonanrufe, Telekopien, E-Mails, über den Mobilfunkdienst versendete Nachrichten (SMS) sowie Rundfunk und Telemedien [§ 312c II BGB].

Informationspflicht des Unternehmers

Setzt ein Unternehmer Fernkommunikationsmittel zur Anbahnung oder zum Abschluss von Fernabsatzverträgen ein, dann muss er den Verbraucher rechtzeitig vor Abschluss eines Fernabsatzvertrags in einer dem eingesetzten Fernkommunikationsmittel entsprechenden Weise klar und verständlich z. B. über die wesentlichen Einzelheiten des Vertrags und bei Telefongesprächen über die Identität und Anschrift des Unternehmers informieren [§ 312d BGB i. V. m. Art. 246a EGBGB].

Widerrufsrecht

Wie bei den in den vorigen Kapiteln besprochenen Verbraucherverträgen hat der Verbraucher auch bei Fernabsatzverträgen ein Widerrufsrecht (Näheres siehe § 312g, 355f. BGB und Kapitel 1.4.4.1).

1 Rechtliche Grundbegriffe

Zusammenfassung

- Ein **Kaufvertrag** kommt durch mindestens zwei **inhaltlich übereinstimmende Willenserklärungen** des Antragenden und des Annehmenden zustande.
- Es ist zwischen dem **Verpflichtungsgeschäft** und dem **Erfüllungsgeschäft** zu unterscheiden.
- Der **Eigentumsvorbehalt** ist eine Möglichkeit der Kreditsicherung.
- Man unterscheidet zwischen dem **einfachen**, dem **verlängerten** und dem **erweiterten Eigentumsvorbehalt**.
- Die **Leistungszeit** legt fest, wann der Schuldner seine Verpflichtung bzw. Verpflichtungen aus einem Vertrag zu erfüllen hat. Mit dem Begriff „Leistungszeit" kann ein bestimmter Zeitpunkt oder ein Zeitraum gemeint sein.
- Die Leistungszeit kann **gesetzlich** oder **vertraglich** bestimmt sein oder sich aus der Natur der Schuldverhältnisse ergeben.
- Ist die Leistungszeit weder bestimmt noch aus den Umständen zu entnehmen, kann der Gläubiger die vertragliche Leistung **sofort** verlangen, der Schuldner sie **sofort** bewirken.
- Der Schuldner hat seine Leistung am **Leistungsort (Erfüllungsort)** zu erbringen.
- Der Leistungsort kann **vertraglich**, durch die **Natur des Schuldverhältnisses** oder **gesetzlich** bestimmt sein.
- Ist nichts anderes vereinbart, gilt Folgendes:
    - Der Leistungsort bestimmt den **Gefahrenübergang**. Die Ware reist auf Gefahr des Käufers.
    - Ab Leistungsort trägt der **Käufer** die **Transportkosten**.

1.4 Vertragsfreiheit und ihre Grenzen

- Der gesetzliche Leistungsort zieht grundsätzlich den **Gerichtsstand** nach sich. Unter Kaufleuten bestimmen die Vereinbarungen über den Leistungsort den Gerichtsstand. Kaufleute können auch einen **besonderen Gerichtsstand** festlegen.
- Die **Liefer- und Zahlungsbedingungen** sind Kaufvertragsbestandteile, die in der Regel vom Verkäufer vorgegeben und vom Käufer beim Vertragsabschluss angenommen werden.
- Die Lieferbedingungen beziehen sich vor allem auf die **Leistungszeit, die Verpackungs-** und die **Transportkosten**.
- Die Zahlungsbedingungen regeln den **Zahlungszeitpunkt** bzw. **-zeitraum** und die **Abzüge** (Rabatte, Boni, Skonti).
- Die Rechtsordnung der Bundesrepublik Deutschland geht vom **Grundsatz der Vertragsfreiheit** aus.

- Die nach dem Gesetz ungültigen Rechtsgeschäfte sind **von Anfang an nichtig**. Hierzu gehören z. B. Scheingeschäfte, Scherzgeschäfte und sittenwidrige Geschäfte.
- **Anfechtbare Rechtsgeschäfte** sind bis zur erklärten Anfechtung voll rechtswirksam (z. B. Anfechtung wegen Geschäftsirrtums).
- Nach einer **rechtswirksamen Anfechtung** wird das Rechtsgeschäft **von Anfang an** nichtig.
- Eine rechtswirksame Anfechtung aufgrund eines **Motivirrtums** ist grundsätzlich **nicht möglich**.
- **Allgemeine Geschäftsbedingungen (AGB)** haben den Zweck, für die gewerblichen Anbieter wirtschaftlicher Leistungen günstige und über längere Zeit gleich bleibende Vertragsbedingungen zu schaffen.
- Um die wirtschaftlich schwächeren Verbraucher vor einer möglichen unangemessenen Benachteiligung durch die Unternehmer zu schützen, hat der Gesetzgeber die Vertragsfreiheit durch besondere Vorschriften zu den allgemeinen Geschäftsbedingungen eingeschränkt (siehe z. B. §§ 305 – 310 BGB).
- Beim **Verbrauchervertrag** ist der eine Vertragspartner Unternehmer (z. B. Verkäufer) und der andere Verbraucher [§ 355 BGB].
- Wichtige Verbraucherverträge sind z. B. der **Verbrauchsgüterkauf** [§§ 474 ff. BGB], der **Verbraucherdarlehensvertrag** [§§ 491 ff. BGB], die Geschäfte durch „außerhalb von Geschäftsräumen geschlossenen Verträge" (sog. **Haustürgeschäfte**) [§§ 312 b f. BGB], die **verbundenen Verträge** [§§ 358 f. BGB] und die **Fernabsatzverträge** [§§ 312 b ff. BGB].
- Bei den meisten Verbraucherverträgen hat der Verbraucher ein **Widerrufsrecht** von **14 Tagen**.

1 Rechtliche Grundbegriffe

ÜBUNGSAUFGABEN

1. Beantworten Sie folgende Prüfungsaufgaben:
   1.1 Welche Rechte und Pflichten ergeben sich aus dem Kaufvertrag?
   1.2 Unterscheiden Sie zwischen Verpflichtungs- und Erfüllungsgeschäft!
   1.3 Erklären Sie die Bestimmungen bezüglich des vertraglichen, natürlichen und gesetzlichen Leistungsorts und stellen Sie die Beziehungen zwischen diesen dar!
   1.4 Zeigen Sie den Unterschied zwischen Holschulden, Bringschulden und Schickschulden! Erklären Sie, unter welchen Voraussetzungen diese vorliegen und begründen Sie, warum im Geschäftsverkehr Warenschulden meistens Schickschulden sind!
   1.5 Erläutern Sie die Bedeutung des gesetzlichen Leistungsorts für die Feststellung des Verzugs, den Gefahrübergang, die Übernahme der Versendungskosten und den Gerichtsstand!
   1.6 Welche Abweichungen bestehen beim gesetzlichen Leistungsort zwischen den Waren- und Geldschulden?
   1.7 Nennen Sie den Zeitpunkt, zu dem beim Versendungskauf die Transportgefahr auf den Käufer übergeht und welche Transportkosten der Käufer zu tragen hat, wenn hierüber keine vertraglichen Vereinbarungen getroffen sind!
   1.8 Unter welchen Voraussetzungen liegen a) ein Platzkauf und b) ein Handkauf vor? Begründen Sie, ob die Bestimmungen des § 269 BGB auch für den Platzkauf gelten!
   1.9 Welche Vorteile hat der Lieferer, wenn sich der (vertragliche) Erfüllungsort und der Gerichtsstand an seinem Niederlassungsort befinden?
   1.10 Welche Vorteile hat ein Käufer, wenn sich Erfüllungsort und Gerichtsstand an seinem Niederlassungsort befinden?

2. Entscheiden Sie in folgenden Fällen:
   2.1 Ein Käufer bezahlt in einem Ladengeschäft an der Kasse das gekaufte Teeservice. Beim Einpacken lässt die Verkäuferin das Service fallen.
      2.1.1 Muss der Käufer für die Scherben den Kaufpreis zahlen und der Verkäufer ein neues Service liefern?
      2.1.2 Wie wäre die Rechtslage hinsichtlich der dem Käufer und Verkäufer obliegenden Vertragspflichten, wenn das verpackte Teeservice dem Käufer durch Unachtsamkeit beim Verlassen des Ladengeschäfts herunterfallen und zerbrechen würde? Ist der Kaufvertrag erfüllt? Begründen Sie Ihre Lösung!
   2.2 Der Kunde (K) in Freiburg bestellt aufgrund eines Angebots des Lieferers (L) in Frankfurt a. M. Beide Parteien sind Kaufleute. Das Angebot enthielt u. a. auch folgende Klausel: „Erfüllungsort für beide Teile ist Frankfurt a. M." Der Lieferer hat die Ware per Bahn abgesandt.
      2.2.1 Welche Art Erfüllungsort liegt vor?
      2.2.2 Wann und wo hat der Lieferer erfüllt?
      2.2.3 Wann hat der Kunde hinsichtlich der Zahlung erfüllt?
   2.3 Beantworten Sie für den obigen Fall (Aufgabe 2.2) folgende Fragen unter der Annahme, dass über den Erfüllungsort nichts vereinbart wurde:
      2.3.1 Wer trägt das Risiko des zufälligen Untergangs der Ware?
      2.3.2 Wer muss die Frachtkosten tragen, wenn nichts anderes vereinbart ist?
      2.3.3 Angenommen, L verschickt die Waren durch werkseigenen Lkw. Wer trägt das Transportrisiko?
      2.3.4 Wo muss K klagen, wenn er die Lieferung reklamiert und L die Beanstandung nicht anerkennt?

1.4 Vertragsfreiheit und ihre Grenzen

- 2.3.5 Wo muss L klagen, wenn er von K die Zahlung nicht erlangen kann?
- 2.3.6 Machen Sie Vorschläge, welche vom Gesetz abweichenden vertraglichen Vereinbarungen zwischen L und K bezüglich der Leistungszeit sowie der Verpackungs- und Beförderungskosten getroffen werden können!
- 2.3.7 Unterscheiden sie zwischen Bonus, Rabatt und Skonto!

3. Nennen Sie Vor- und Nachteile der Vertragsfreiheit!

4. 4.1 In der Bundesrepublik Deutschland ist die Vertrags- und Gewerbefreiheit in zahlreichen Fällen eingeschränkt und in seltenen Fällen aufgehoben. Begründen Sie die Notwendigkeit solcher Einschränkungen!

4.2 Suchen Sie in Ihrer Gesetzessammlung mindestens fünf Beispiele für die Einschränkung der Vertragsfreiheit!

5. Bilden Sie vier verschiedenartige „Irrtumsfälle", die eine Anfechtung des Irrenden zulassen!

6. Begründen Sie, warum bei einem Motivirrtum grundsätzlich keine Anfechtung möglich ist, in bestimmten Fällen das BGB jedoch dem Irrenden eine Anfechtung wegen eines Motivirrtums nicht verweigert!

7. Erklären Sie die Tatbestände einer „arglistigen Täuschung" und „widerrechtlichen Drohung"!

8. Zimmermann kauft von Schulze ein Grundstück. In dem notariell beurkundeten Kaufvertrag wird ein Kaufpreis von 85 000,00 € angegeben, obgleich sich Zimmermann und Schulze darüber einig sind, dass 142 000,00 € gezahlt werden sollen. Kommt ein Kaufvertrag zustande? Lesen Sie hierzu die §§ 117 I, 311b, 125 BGB!

9. Lukas kauft aufgrund eines schriftlichen Angebots – „einmalige Gelegenheit" – von Bergmann eine antike Kredenz.[1] Als Anzahlung überlässt er Bergmann einen Barocktisch zum Preis von 600,00 €. Bei Lieferung stellt Lukas fest, dass er von dem Möbel eine falsche Vorstellung hatte. Unter „Kredenz" verstand er eine Vitrine. Er ficht den Kaufvertrag an und fordert den Barocktisch zurück.

10. 10.1 Herr Huber möchte seinem Nachbarn, Herrn Schreiner, schriftlich einen gebrauchten Pkw für 8 500,00 € zum Verkauf anbieten, vertippt sich jedoch und schreibt statt 8 500,00 € nur 6 500,00 €. Schreiner nimmt das Angebot an. Der Wagen wird am folgenden Tag übergeben.

Als Schreiner kurz darauf bezahlen will, klärt sich alles auf. Was kann Huber unternehmen?

10.2 Herr Huber bekommt seinen Pkw nicht los. Unter der Drohung, er werde ihn wegen Fahrens ohne Führerschein anzeigen, zwingt Huber seinen Freund Wolf zur Unterschrift des Vertrags. Der Wagen wird übergeben und sofort bezahlt.

Was kann Wolf, dessen Mut erst einige Zeit später erwacht, gegen Huber unternehmen?

11. Prüfen Sie, ob folgende Klauseln in allgemeinen Geschäftsbedingungen gegenüber Verbrauchern rechtswirksam sind! Lesen Sie hierzu §§ 307 ff. BGB!

11.1 „Vereinbarte Liefertermine sind unverbindlich. Wir sind jedoch bemüht, die Liefertermine pünktlich einzuhalten."

11.2 „Erfolgt die Lieferung nicht zum vereinbarten Termin, so kann uns der Käufer eine dreimonatige Nachfrist setzen mit der Erklärung, dass er nach deren fruchtlosem Ablauf vom Kaufvertrag zurücktreten werde."

11.3 „Wir sind jederzeit berechtigt, vom Kaufvertrag zurückzutreten."

11.4 „Kleinere fabrikationstechnisch bedingte Farbabweichungen müssen wir uns vorbehalten."

---

1 Kredenz = Anrichte, Schranktisch.

1 Rechtliche Grundbegriffe

11.5 „Tritt der Käufer vom Kaufvertrag zurück, müssen wir eine Nutzungsgebühr in Höhe von 50 % des Barverkaufspreises verlangen."

11.6 „Bis zur Auslieferung des Kaufgegenstands eintretende Preiserhöhungen gehen zulasten des Käufers."

11.7 „Auch bei berechtigter Mängelrüge ist der Käufer verpflichtet, den vereinbarten Kaufpreis binnen 14 Tagen nach Erhalt der Ware zu begleichen."

11.8 „Für Schäden, die bei der Montage von Einbaumöbeln durch Arbeitskräfte unseres Hauses verursacht wurden, können wir keine Haftung übernehmen."

11.9 „Ersatzlieferung kann erst nach vollständigem Eingang des Rechnungsbetrags erfolgen."

11.10 „Eine Kündigung des Abonnements ist mit einer Kündigungsfrist von 2 Monaten zum Ablauf eines Kalenderjahrs möglich."

12. Folgende Rechtsfälle liegen vor:

(a) Herr Klein, Schreinermeister, ersteigert bei einer öffentlichen Versteigerung der Antiquitätenhandlung Schroth e. K. am 16. März eine 5-DM-Münze von 1952 D (Münzanstalt München) für 1 350,00 €. Zwei Tage später sieht er die gleiche Münze – sogar in besserer Erhaltung – im Schaufenster der Briefmarken- und Münzhandlung Fuchs e. K., die dort für nur 1 230,00 € angeboten wird. Herr Klein ist der Meinung, dass er einen Verbraucherkaufvertrag abgeschlossen hat und ihm deswegen ein zweiwöchiges Widerrufsrecht zusteht.

(b) Frau Schmely, Finanzbeamtin, kauft sich beim Kleiderhaus Müller OHG am 25. April einen schicken Pelzmantel für 2 460,00 €. Eine Woche später kommen ihr Bedenken, weil der Kaufpreis doch ihre finanziellen Möglichkeiten übersteigt. Sie bringt daher den Pelzmantel am 3. Mai d. J. in das Kleiderhaus Müller OHG zurück mit dem Bemerken, dass sie ihre auf den Kaufvertrag gerichtete Willenserklärung widerrufe.

(c) Frau Mohr, kaufmännische Angestellte, bestellt brieflich ein Designer-Kostüm vom Versandhaus Schneller GmbH aus dessen Katalog. Die Lieferungs- und Zahlungsbedingungen des Versandhauses enthalten u. a. eine Belehrung der Kunden über ihr Widerrufsrecht nach § 355 II BGB. Das Kostüm wird Frau Mohr am 15. Juni per Paket zugestellt. Frau Mohr ist enttäuscht. Das Kostüm entspricht überhaupt nicht der Vorstellung, die sie sich aufgrund der Abbildung im Katalog gemacht hatte. Sie schickt deshalb am 18. Juni das Kleid kommentarlos an das Versandhaus Schneller GmbH zurück.

(d) Herr Reifmacher kauft am 15. August beim Autohaus Stahl GmbH in Neustadt einen fabrikneuen Pkw zum Preis von 21 600,00 €, der ihm am 20. August übergeben wird. Herr Reifmacher zahlt 12 000,00 € an. Den Restbetrag finanziert er durch einen Kredit der Kundenkreditbank Neustadt AG, mit der das Autohaus zusammenarbeitet. Die Kundenkreditbank überweist den Restbetrag an das Autohaus. Über seine Rechte ist Herr Reifmacher durch das Autohaus umfassend und entsprechend der gesetzlichen Vorschriften informiert. Im Falle eines fristgemäßen Widerrufs eines Verbrauchers verlangt das Autohaus Wertersatz in Höhe von 0,60 € je gefahrenen Kilometer, mindestens aber 30,00 € je Tag.

Am 25. August erhält Herr Reifmacher ein überaus günstiges Angebot zum Kauf einer sehr schönen Eigentumswohnung. Er will deshalb auf das neue Auto verzichten, um mit dem frei werdenden Geld den Kauf der Wohnung finanzieren zu können. Er widerruft deswegen am 26. August seine auf den Autokauf gerichtete Willenserklärung (seine Annahmeerklärung).

Beurteilen Sie die Rechtslage in den vorgenannten Fällen!

13. Nehmen Sie Ihre Gesetzessammlung zu Hilfe und beschreiben Sie kurz weitere in diesem Buch nicht genannte Verbraucherverträge!

14. Nicht bei allen Verbraucherkaufverträgen hat der Verbraucher ein Widerrufsrecht. Bilden Sie ein eigenes Beispiel!

1.5 Exkurs: Weitere wichtige Vertragsarten des Wirtschaftslebens

Mietvertrag [§§ 535 ff., 549 ff. BGB]	Abschluss zwischen **Mieter** und **Vermieter**. Der Vermieter verpflichtet sich, dem Mieter gegen **Entgelt** (Mietzins) die vermietete bewegliche oder unbewegliche Sache während der Mietzeit zum **Gebrauch** zu überlassen. **Beispiele:** Vermietung einer Datenverarbeitungsanlage. – Vermietung eines Einfamilienhauses.
Pachtvertrag [§§ 581 ff. BGB]	Abschluss zwischen **Pächter** und **Verpächter**. Der Verpächter verpflichtet sich, dem Pächter den **Gebrauch** des verpachteten Gegenstands und den **Genuss der Früchte** (den Ertrag) während der Pachtzeit zu gewähren. Der Pächter ist verpflichtet, dem Verpächter die vereinbarte **Pacht** zu zahlen. Auch Rechte können Gegenstand eines Pachtvertrags sein. **Beispiele:** Verpachtung eines landwirtschaftlich genutzten Ackers. – Verpachtung eines Ladengeschäfts. – Verpachtung der Nutzungsrechte aus einem Patent.
Leihvertrag [§§ 598 ff. BGB]	Abschluss zwischen **Verleiher** und **Entleiher**. Der Verleiher verpflichtet sich, dem Entleiher den Gebrauch der Sache **unentgeltlich** zu gestatten. Der Entleiher ist verpflichtet, die geliehene Sache nach Ablauf der bestimmten Zeit zurückzugeben. **Beispiel:** Die Berufsschülerin Anna S. leiht ihrer Freundin ein Buch.
Darlehensvertrag [§§ 488 ff. BGB]	Vertragsparteien sind der **Darlehensgeber** und der **Darlehensnehmer**. Im Darlehensvertrag übernimmt der Darlehensnehmer die Verpflichtung, den ihm vom Darlehensgeber überlassenen **Geldbetrag** bei Fälligkeit zurückzuerstatten. Die meisten Darlehensverträge sind entgeltlich; der Darlehensnehmer muss z. B. dem Darlehensgeber noch Zinsen bezahlen. Die vereinbarten Zinsen sind, soweit nichts anderes vereinbart ist, nach Ablauf eines Jahres und, wenn das Darlehen vor dem Ablauf eines Jahres zurückzuerstatten ist, bei der Darlehenstilgung zu entrichten.

1 Rechtliche Grundbegriffe

Sachdarlehens-vertrag [§§ 607 ff. BGB]	Hier verpflichtet sich der Darlehensgeber, dem Darlehensnehmer eine vereinbarte vertretbare Sache zu überlassen. Der Darlehensnehmer ist zur Zahlung eines Darlehensentgelts und bei Fälligkeit zur Rückerstattung von Sachen gleicher Art, Güte und Menge verpflichtet. Vertretbare Sachen sind solche, die im Rechtsverkehr nach Zahl, Maß oder Gewicht bestimmt zu werden pflegen [§ 91 BGB]. **Beispiele:** Effekten (z. B. Aktien, Staatsanleihen), Edelmetalle (z. B. Gold, Silber), Kupfer, standardisierte Produkte, sodass sie börsenmäßig gehandelt werden können (z. B. Baumwolle, Getreide), Mehl eines bestimmten Typs (z. B. Weizenmehl Type 405), Superbenzin bleifrei, Serienmaschinen, Kunstdrucke.
Werkvertrag[1] [§§ 631 ff. BGB]	Die Vertragsparteien heißen **Unternehmer** und **Besteller.** Der Unternehmer verpflichtet sich zur **Herstellung** des versprochenen (vereinbarten) **Werks** und der Besteller zur Entrichtung der vereinbarten Vergütung. **Beispiel:** Der Schneidermeister Heck fertigt für Herrn Glaser einen Maßanzug aus dem von Herrn Glaser gelieferten (mitgebrachten) Stoff.
Werklieferungs-vertrag [§ 651 BGB]	Auf Verträge über die Lieferung noch **herzustellender** (oder zu **erzeugender**) beweglicher Sachen (z. B. Herstellung eines Möbelstücks aus dem vom Besteller oder Schreiner gelieferten Holz) finden die **Vorschriften über den Kauf** Anwendung [§ 651 I, S. 1 BGB]. Auch bei diesem Vertrag schuldet der Unternehmer den **versprochenen Arbeitserfolg.**[2]
Dienstvertrag[3] [§§ 611 ff. BGB]	Hier verpflichtet sich ein Vertragspartner zur Leistung der versprochenen Dienste, der andere Vertragspartner zur Zahlung der vereinbarten Vergütung, wobei Dienste jeder Art geschuldet sein können (z. B. Rechtsanwaltsvertrag, Arztvertrag). Ein Spezialfall des Dienstvertrags ist der **Arbeitsvertrag.** Er liegt vor, wenn Arbeitnehmer und Arbeitnehmerinnen mit Weisungsbefugnissen und Fürsorgepflichten ihres Dienstherrn (Arbeitgebers) in ein Unternehmen eingeordnet sind. Für den Arbeitsvertrag gelten vorrangig die Vorschriften des HGB, der GewO, des Arbeitsschutzrechts (z. B. ArbZG, JArbSchG, MuSchG, ArbSchG, GSG), des Betriebsverfassungs- und Tarifvertragsrechts sowie des Sozialrechts (z. B. SGB).
Reisevertrag [§§ 651 a ff. BGB]	Vertragsparteien sind der **Reiseveranstalter** und der **Reisende.** Der Reiseveranstalter ist verpflichtet, dem Reisenden eine **Gesamtheit von Reiseleistungen** (Reise) zu erbringen. Der Reisende ist verpflichtet, dem Reiseveranstalter den vereinbarten Reisepreis zu zahlen.

---

1 Während beim Werk- und Werklieferungsvertrag vom Unternehmer stets der versprochene Erfolg der Arbeit (z. B. eine ordnungsgemäße/fachmännische Reparatur einer undichten Wasserleitung) geschuldet wird, wird bei einem Dienstvertrag vom Arbeitnehmer nur die Leistung von Arbeit (Diensten) als solche (kein Erfolg) geschuldet.

2 Der § 651 BGB unterscheidet nicht nach der Herkunft des Materials und nach der Art der herzustellenden beweglichen Sache (nicht vertretbare oder vertretbare Sachen). Der Begriff „Werklieferungsvertrag" ist deshalb ein überholter (übernommener) Begriff.

3 Siehe auch Kapitel 2.3.2.

1.5 Exkurs: Weitere wichtige Vertragsarten des Wirtschaftslebens

Versicherungs-vertrag [§§ 1 ff. VVG]	Er kommt durch den Antrag des Versicherungsnehmers und die Annahme des Versicherungsunternehmens (des Versicherers) zustande. Die Annahme erfolgt dadurch, dass der Versicherer dem Versicherungsnehmer ein Bestätigungsschreiben schickt oder den Versicherungsschein (die Police) aushändigt.
Zahlungsdienste-vertrag [§ 675f BGB]	Durch einen Zahlungsdienstevertrag wird der Zahlungsdienstleister (i. d. R. ein Kreditinstitut) verpflichtet, für den Zahlungsdienstnutzer (den Zahler bzw. Zahlungsempfänger) einzelne und aufeinanderfolgende Zahlungsvorgänge auszuführen sowie gegebenenfalls für den Zahlungsdienstnutzer ein auf dessen Namen oder die Namen mehrerer Zahlungsdienstnutzer laufendes Zahlungskonto zu führen. Der Zahlungsdienstnutzer ist verpflichtet, dem Zahlungsdienstleister das für die Erbringung eines Zahlungsdienstes vereinbarte Entgelt zu entrichten. Der Zahlungsvorgang ist jede Bereitstellung, Übermittlung oder Abhebung eines Geldbetrags, unabhängig von der zugrunde liegenden Rechtsbeziehung zwischen Zahler und Zahlungsempfänger. Zahlungsauftrag ist jeder Auftrag, den ein Zahler seinem Zahlungsdienstleister zur Ausführung eines Zahlungsvorgangs entweder unmittelbar (z. B. durch einen Überweisungsauftrag) oder mittelbar über den Zahlungsempfänger (z. B. mittels Einziehungsauftrag) erteilt.

ÜBUNGSAUFGABEN

1. Wie nennt man die Vertragsparteien des Werk- und Werklieferungsvertrags? Worin unterscheiden sich beide Vertragsarten?

2. Bei welchen Verträgen werden Sachen gegen Entgelt nur zum Gebrauch und zum Gebrauch mit Fruchtziehung überlassen?

3. Worin liegt der wesentliche Unterschied zwischen einem Werk- und Dienstvertrag?

4. Leih- und Darlehensverträge werden gelegentlich verwechselt. Begründen Sie, warum es sich bei beiden Verträgen um zwei verschiedene Vertragsarten handelt!

5. Entscheiden Sie in den Fällen 5.1 bis 5.6, um welche Vertragsarten es sich handelt!
   5.1 Der Einzelhändler Brand bringt seinen Geschäftswagen in die Werkstatt, um einen neuen Motor einbauen zu lassen.
   5.2 Für die Zeit der Reparatur des eigenen Wagens besorgt sich Brand einen Wagen der Firma Autoverleih Evis GmbH. Bei der Rückgabe des Wagens zahlt Brand 216,00 €.
   5.3 Dem Nachbarn ist das Benzin ausgegangen. Er bittet Herrn Brand: „Kann ich bis morgen aus Ihrem Reservekanister 10 Liter Benzin haben?" Er bekommt das Benzin und füllt am nächsten Tag den Kanister wieder auf.
   5.4 Brand übernimmt in einem Vorort die Räume und die gesamte Ladeneinrichtung eines bereits bestehenden Geschäfts. Der bisherige Geschäftsinhaber bekommt monatlich 2 600,00 € für die Überlassung.
   5.5 Brand stellt Herrn Müller als neuen Mitarbeiter ein, da er die zunehmende Arbeit nicht mehr alleine bewältigen kann.
   5.6 Brand nimmt ein Sonderangebot der Schoko AG an und bestellt 600 Tafeln Schokolade.

1.6 Überblick über mögliche Vertragsstörungen und ihre Folgen am Beispiel des Kaufvertrags

1.6.1 Mangelhafte Lieferung

1.6.1.1 Gewährleistungspflicht des Verkäufers

Am 21. April 20.. kauft sich die Auszubildende Eva Koch von ihrem ersten selbst verdienten Geld beim Modegeschäft Flott KG einen schicken Regenmantel. Die Verkäuferin sicherte Eva Koch zu, dass der Mantel absolut wasserdicht sei. Nach dem ersten Regenguss kommt Eva Koch völlig durchnässt nach Hause.

> Durch den Kaufvertrag wird der Verkäufer einer Sache dazu verpflichtet, dem Käufer die Sache zu übergeben und das Eigentum an der Sache zu verschaffen. Der Verkäufer hat dem Käufer die Sache frei von Sach- und Rechtsmängeln zu verschaffen [§ 433 I BGB].

Arten der Mängel

- **Unterscheidung der Mängel nach dem BGB**

- **Sachmängel.** Ein Sachmangel ist gegeben, wenn die gelieferte Sache bei Gefahrübergang[1] nicht die vereinbarte Beschaffenheit hat. Soweit die Beschaffenheit *nicht vereinbart* ist, handelt es sich um einen Sachmangel, wenn
    - sich die Sache nicht für die nach dem Vertrag vorausgesetzte Verwendung eignet, sonst
    - wenn sie sich nicht für die *gewöhnliche Verwendung* eignet und nicht die Beschaffenheit aufweist, die bei Sachen der gleichen Art *üblich* sind. In diesem Sinne liegt ein Sachmangel auch dann vor, wenn die Sache nicht die Eigenschaft hat, die der Käufer nach den öffentlichen Äußerungen des Verkäufers, des Herstellers [§ 4 I, II ProdHaftG] oder seines Gehilfen in der *Werbung* oder bei der *Kennzeichnung über bestimmte Eigenschaften* der Sache erwarten kann [§ 434 I BGB].

Um einen Sachmangel handelt es sich auch dann, wenn die vereinbarte *Montage* durch den Verkäufer oder dessen Erfüllungsgehilfen *unsachgemäß durchgeführt* worden ist. Eine *mangelhafte Montageanleitung* einer bestimmten Kaufsache gehört ebenfalls zu den Sachmängeln [§ 434 II BGB].

Sachmängel liegen ebenfalls vor, wenn der Verkäufer eine andere Sache *(Falschlieferung)* oder eine zu geringe Menge liefert *(Minderlieferung)* [§ 434 III BGB].

Beispiele für Sachmängel:	
Frau Meerwein kauft eine wasserdichte Armbanduhr. Als sie die Uhr im Schwimmbad anlässt, dringt Wasser in die Uhr ein (Qualitätsmangel, Mangel in der Güte). – Der Auszubildende Lenz kauft einen fabrikneuen Bücherschrank, der mit Kratzern geliefert wird (Qualitätsmangel, Mangel in der Güte). – Ein	Holzhändler liefert statt der von einer Möbelfabrik bestellten Spanplatten Sperrholzplatten (Falschlieferung, Gattungsmangel). – Statt der bestellten 4 000 Liter leichtes Heizöl liefert der Händler nur 3 000 Liter (Quantitätsmangel, Mangel in der Menge, hier: Minderlieferung).

---

[1] Unter Gefahrübergang versteht man die Gefahr des zufälligen Untergangs bzw. einer zufälligen Verschlechterung einer Sache (z. B. Brandschäden infolge eines durch Blitzschlag verursachten Brands). Beim Kaufvertrag geht die Gefahr mit der **Übergabe** der verkauften Sache auf den Käufer über [§ 446 BGB].

- **Rechtsmängel.** Die Sache ist frei von Rechtsmängeln, wenn Dritte in Bezug auf die Sache keine oder nur die im Kaufvertrag übernommenen Rechte gegen den Käufer geltend machen können [§ 435 I BGB].

> **Beispiel:**
> Das von einem Kunstsammler gekaufte und an ihn gelieferte Bild ist gestohlen.

- **Unterscheidung der Mängel nach dem HGB**

Mängelarten	Erläuterungen	Beispiele
Offene Mängel	Die Mängel sind bei Übergabe der Ware offensichtlich. Der Käufer kann die Mängel bei gewissenhafter Prüfung sofort, z. B. durch Zählen, Messen, Wiegen, chemische Analysen oder durch Vergleichen der gelieferten Kaufsache mit vorliegenden Proben bzw. Mustern, erkennen.	Vereinbart wurde eine Lieferung von 20 tragbaren Fernsehgeräten eines bestimmten Typs. Geliefert wurden jedoch 18 Fernsehgeräte (Quantitätsmangel, Mangel in der Menge). Bei drei Fernsehern sind die Gehäuse zerkratzt (Qualitätsmangel), zwei Fernseher sind außerdem keine Tragegeräte (Falschlieferung, Gattungsmangel).
Versteckte (verborgene) Mängel	Die Mängel sind bei der Warenübergabe trotz gewissenhafter Prüfung nicht entdeckbar. Sie sind erst später, z. B. während ihres Gebrauchs oder ihrer Verarbeitung, zu erkennen.	Erst 3 Monate nach dem Anstrich einer Stahlkonstruktion zeigt sich, dass der gelieferte Lack nicht säure- und/oder hitzebeständig ist.

Mängelrüge (Mängelanzeige)

- **Zweiseitiger Handelskauf**

Sind Käufer und Verkäufer Kaufleute,[1] hat der Käufer die eingegangene Ware unverzüglich (ohne schuldhafte Verzögerung) zu prüfen. Werden offene Mängel festgestellt, so muss diese der Käufer *unverzüglich rügen* [§ 377 HGB].[2] Versteckte Mängel sind entweder innerhalb der zweijährigen gesetzlichen *Gewährleistungsfrist* unverzüglich nach *Entdeckung des Mangels* oder innerhalb der vertraglich festgelegten Gewährleistungsfrist zu rügen. Die vertragliche Gewährleistungsfrist kann länger oder kürzer als die gesetzliche Gewährleistungsfrist sein.

- **Einseitiger Handelskauf**

Ein einseitiger Handelskauf liegt z. B. vor, wenn der Verkäufer ein Kaufmann und der Käufer ein Verbraucher ist.[3] Der einseitige Handelskauf ist also ein Verbrauchergeschäft.[4] Der Käufer einer beweglichen Sache muss diese weder unverzüglich prüfen noch unverzüglich rügen. Prüfung und Rüge können innerhalb der gesetzlichen Gewährleistungsfrist

---

1 Der Begriff Kaufmann wird ausführlich im Kapitel 1.7.1.2 behandelt.
2 Bei der Mängelrüge handelt es sich um eine **Obliegenheit** des Käufers. Der Verkäufer kann deshalb z. B. nicht auf eine Durchführung der unverzüglichen Prüfung und Mängelrüge erfolgreich klagen. Unterlässt der Käufer die ordnungsgemäße Mängelrüge, gilt die mangelhafte Ware als genehmigt (angenommen) und der Käufer verliert seine Gewährleistungsansprüche nach §§ 437ff. BGB.
3 Für den selteneren Fall, dass der Käufer ein Kaufmann und der Verkäufer ein Verbraucher ist, gelten die allgemeinen Vorschriften zum Kaufvertrag.
4 Kaufleute sind Unternehmer i. S. d. § 14 BGB. Deshalb gehören Kaufverträge zwischen einem Kaufmann und einem Verbraucher zu den Verbraucherkaufverträgen.

(**zwei Jahre** vom Zeitpunkt der Ablieferung der Sache an) vorgenommen werden [§ 438 I Nr. 3, II BGB].[1] Aus Gründen des *Verbraucherschutzes* kann die Verjährung nicht vertraglich erleichtert (verkürzt) werden. Lediglich bei gebrauchten Sachen ist eine Verkürzung der Verjährungsfrist auf mindestens ein Jahr möglich [§ 475 BGB].

Form der Mängelrüge

Der Mangel muss *genau* beschrieben werden. Die Mängelrüge kann auch mündlich abgegeben werden. Die schriftliche Anzeige ist jedoch in allen Fällen aus Gründen der Beweissicherheit (Rechtssicherheit) vorzuziehen. Weil die Mängelrüge eine empfangsbedürftige Willenserklärung ist, muss der Käufer die rechtzeitige Absendung und den Zugang der Mängelanzeige beim Verkäufer beweisen. Der Käufer sollte deshalb für die Versendung der Mängelanzeige eine beweissichere Form wählen, z. B. ein Übergabe-Einschreiben mit Rückschein.

Rechte des Käufers

Im Falle mangelhafter Lieferung hat der Käufer nach § 437 BGB folgende Rechte:

1. **Nacherfüllung.** Der Käufer kann nach § 439 BGB entweder
   - die **Beseitigung des Mangels (Nachbesserung)** oder
   - die **Lieferung einer mangelfreien Sache (Neulieferung)** verlangen.

   Die Kosten der Nacherfüllung trägt der Verkäufer [§ 439 II BGB]. Die Nacherfüllung hat **Vorrang** vor den nachfolgend genannten Rechten, die erst dann in Anspruch genommen werden können, wenn die Nacherfüllung verweigert wird oder fehlgeschlagen ist. Eine Nachbesserung gilt z. B. nach dem erfolglosen zweiten Versuch als fehlgeschlagen [§ 440 BGB].

   Neben dem Recht auf Nacherfüllung besitzt der Käufer zusätzlich noch einen **Anspruch auf Schadensersatz neben der Leistung,** wenn der Verkäufer die mangelhafte Lieferung zu vertreten hat [§ 280 I BGB].

2. **Rücktritt** oder **Minderung des Kaufpreises** [§§ 437, 441 BGB]. Grundsätzlich muss der Käufer dem Verkäufer eine **angemessene Frist** zur Nacherfüllung setzen, wenn er vom Vertrag zurücktreten oder Minderung verlangen will [§ 323 I BGB]. Die **Frist entfällt** z. B., wenn der Verkäufer beide Arten der Nacherfüllung verweigert, die dem Käufer zustehende Art der Nacherfüllung fehlgeschlagen ist oder besondere Umstände vorliegen, die unter Abwägung der beiderseitigen Interessen den sofortigen Rücktritt rechtfertigen [§ 323 II BGB].

   Ohne Fristsetzung kann der Käufer zurücktreten oder Minderung verlangen, wenn der Verkäufer die Nacherfüllung nicht zu erbringen braucht [§§ 275 III, 326 V BGB], weil sie z. B. unverhältnismäßig hohe Kosten verursacht oder weil die Nachbesserung nach zweimaligem Versuch fehlgeschlagen ist [§§ 439 III, 440 BGB].

   Der Rücktritt ist nicht möglich, wenn der **Mangel unerheblich** ist [§ 323 V S. 2 BGB].

3. **Schadensersatz.** Im Falle des *Rücktritts* kann der Käufer **Schadensersatz statt der Leistung** verlangen, wenn der Verkäufer seine Pflicht aus dem Kaufvertrag

---

[1] Das Gleiche gilt für den **bürgerlichen Kauf.** Hier handeln beide Vertragspartner als Privatleute. (Beispiel: Ein Angestellter verkauft seinen privaten Pkw an seinen Arbeitskollegen.) Oder: Zwei Kaufleute schließen einen Kaufvertrag für private Zwecke ab. (Beispiel: Ein Lebensmittelhändler kauft von einem Spediteur Sammlerbriefmarken.)

schuldhaft nicht erfüllt hat [§ 280 I, III BGB] und wenn der Käufer dem Verkäufer erfolglos eine angemessene Frist zur Leistung oder Nacherfüllung gesetzt hat [§ 281 I BGB]. Die *Fristsetzung ist entbehrlich,* wenn z. B. der Verkäufer die Leistung ernsthaft und endgültig verweigert und wenn besondere Umstände vorliegen, die unter Abwägung der beiderseitigen Interessen die sofortige Geltendmachung des Schadensersatzanspruchs rechtfertigen [§ 281 II BGB].

Anstelle des *Schadensersatzes statt der Leistung* kann der Käufer den Ersatz vergeblicher Aufwendungen verlangen, die er im Vertrauen auf den Erhalt der Leistung gemacht hat [§ 284 BGB].

Ist die Pflichtverletzung des Schuldners unerheblich, kann der Gläubiger keinen Schadensersatz statt der ganzen Leistung verlangen [§ 281 I S. 3 BGB].

Im Falle der *Minderung* hat der Käufer das Recht, vom Verkäufer **Schadensersatz neben der Leistung** zu fordern, falls dieser die Pflichtverletzung zu vertreten hat [§ 280 I BGB].

Die **Rechte des Käufers** wegen eines Mangels **sind ausgeschlossen,** wenn dieser den Mangel bei Vertragsabschluss kennt. Ist dem Käufer der Mangel infolge grober Fahrlässigkeit unbekannt geblieben, kann der Käufer Rechte wegen dieses Mangels nur geltend machen, wenn der Verkäufer den Mangel **arglistig verschwiegen** oder eine **Garantie** für die Beschaffenheit der Sache übernommen hat [§ 442 I BGB].

- Die **Garantie** ist die befristete Gewährleistung eines Verkäufers oder eines Dritten für die von ihm versprochene Beschaffenheit einer Sache (Beschaffenheitsgarantie) oder dafür, dass die Sache für eine bestimmte Dauer eine bestimmte Beschaffenheit behält (Haltbarkeitsgarantie). Im Garantiefall stehen dem Käufer neben den gesetzlichen Ansprüchen auch die Rechte zu, die der Verkäufer in seiner Garantieerklärung sowie in der *einschlägigen Werbung* angegeben hat [§ 443 I BGB].

- Eine einem Verbraucher gegenüber abgegebene Garantieerklärung muss einfach und verständlich sein (Transparenzgebot[1]). Sie muss den Hinweis enthalten, dass die gesetzlichen Rechte des Verbrauchers durch die Garantie nicht eingeschränkt werden. Sie hat ferner z. B. die Dauer und den räumlichen Geltungsbereich des Garantieschutzes sowie Namen und Anschrift des Garantiegebers zu enthalten. Der Verbraucher kann verlangen, dass ihm die Garantieerklärung in Textform mitgeteilt wird. Die Garantieverpflichtung ist auch dann wirksam, wenn eine der oben genannten Anforderungen nicht erfüllt wird [§ 477 BGB].

Pflichten des Käufers

Liefert der Verkäufer zum Zweck der Nacherfüllung eine mangelfreie Sache oder tritt der Käufer vom Kaufvertrag zurück, muss der Käufer die mangelhafte Sache **zurückgewähren** [§§ 346 ff., 439 IV BGB].

Liegt ein **zweiseitiger Handelskauf** vor, kann die gerügte (beanstandete) Ware lediglich beim *Platzkauf*[2] sofort zurückgegeben werden. Beim *Distanzkauf*[3] muss der Käufer für ihre einstweilige Aufbewahrung sorgen, um z. B. Transportkosten zu sparen [§ 379 I HGB].

---

1 Transparenz (lat.) = Durchblick, Einsichtigkeit, Verständlichkeit.
2 Platzkauf: Verkäufer und Käufer haben ihre Wohnung bzw. Niederlassung in der gleichen politischen Gemeinde.
3 Distanzkauf: Verkäufer und Käufer haben ihre Wohnung bzw. ihre gewerbliche Niederlassung an verschiedenen Orten (politischen Gemeinden). Ein Distanzkauf ist z. B. der Versendungskauf [§ 447 BGB].

Handelt es sich um verderbliche Ware und ist Gefahr im Verzug, kann der Käufer die gerügte Ware öffentlich versteigern lassen oder, falls sie einen Marktpreis hat, freihändig verkaufen *(Notverkauf)* [§§ 379 II, 373 HGB].

Gefahrübergang und Beweislastumkehr

Mit der Übergabe der verkauften Sache geht die Gefahr des zufälligen Untergangs und der zufälligen Verschlechterung der Sache auf den Käufer über [§ 446 I BGB].

Beim Verbrauchsgüterkauf besteht folgende Sonderregelung: Zeigt sich **innerhalb** von **sechs Monaten seit Gefahrübergang** ein Sachmangel, so unterstellt (vermutet) das Gesetz, dass der Mangel bereits bei Gefahrübergang vorlag (Näheres siehe § 476 BGB). Nicht der Käufer muss den Nachweis erbringen, dass ein Mangel bestand, sondern der Verkäufer muss beweisen, dass die Ware zum Zeitpunkt des Gefahrübergangs *keinen Mangel* aufwies (Umkehr der Beweislast). Tritt ein Mangel **nach Ablauf der Sechsmonatsfrist** auf, muss der Käufer den Nachweis führen, dass ein Mangel vorliegt.

Rückgriffsrecht des Unternehmers beim Verbrauchsgüterkauf

Wenn ein Unternehmer die verkaufte neu hergestellte Sache als Folge ihrer Mangelhaftigkeit zurücknehmen musste oder der Verbraucher den Kaufpreis gemindert hat, kann er seine Rechte gegenüber seinen Lieferanten *ohne Fristsetzung* geltend machen. Die Frist zur Durchsetzung seiner Ansprüche (z. B. auf Erstattung der von ihm verauslagten Transport-, Wege-, Arbeits- und Materialkosten, Verluste durch Minderung des Kaufpreises durch den Verbraucher) beginnt mit der Übergabe der Sache an den Verbraucher. Auch in diesem Fall gilt die Beweislastumkehr [§ 478 BGB].

Die im § 478 II BGB genannten Aufwendungsersatzansprüche des Unternehmers **verjähren in zwei Jahren** nach Ablieferung der Sache [§ 479 I BGB]. Die Verjährung der in den §§ 437 und 478 II BGB bestimmten Ansprüche des Unternehmers gegen seinen Lieferanten tritt frühestens zwei Monate nach dem Zeitpunkt ein, in dem der Unternehmer die Ansprüche des Verbrauchers erfüllt hat. Diese **Ablaufhemmung** endet spätestens fünf Jahre nach dem Zeitpunkt, in dem der Lieferant die Sache dem Unternehmer abgeliefert hat [§ 479 I, II BGB].

Gewährleistungsfristen (Verjährungsfristen) im Einzelnen

Unter **Verjährung** versteht man den Ablauf der Frist, innerhalb der ein rechtlicher Anspruch erfolgreich gerichtlich geltend gemacht werden kann.

- In **30 Jahren** verjähren Mängelansprüche aus einem dinglichen Recht eines Dritten, aufgrund dessen die Herausgabe der Kaufsache verlangt werden kann. (Ein dingliches Recht ist ein Recht an einer Sache wie z. B. das Eigentumsrecht. Näheres siehe § 438 I BGB.)

    Beispiel:
    Der Antiquitätenhändler Alt verkauft ein gestohlenes Ölgemälde.

1.6 Überblick über mögliche Vertragsstörungen und ihre Folgen am Beispiel des Kaufvertrags

Darüber hinaus verjähren in 30 Jahren alle Mängelansprüche aus dinglichen und sonstigen Rechten, die im Grundbuch (siehe Kapitel 4.6.4.2.2) eingetragen sind [§ 438 I Nr. 1 BGB]. Die Verjährung beginnt mit der Ablieferung der Sache bzw. mit der Übergabe des Grundstücks [§ 438 II BGB].

- In **5 Jahren** verjähren die Mängelansprüche bei einem **Bauwerk** und bei einer Sache, die für ein Bauwerk verwendet worden ist und dessen Mangelhaftigkeit verursacht hat [§ 438 I Nr. 2 BGB]. Die Verjährung beginnt bei Grundstücken mit der Übergabe und im Übrigen (z. B. bei beweglichen Sachen) mit der Ablieferung der Sache [§ 438 II BGB].

- In **3 Jahren** (regelmäßige Verjährungsfrist, siehe Kapitel 1.6.7) verjähren Mängelansprüche, wenn der Verkäufer den Mangel **arglistig verschwiegen** hat [§ 438 III BGB].

- In **2 Jahren** verjähren alle übrigen Mängelansprüche wie z. B. die Ansprüche aus Kauf- und Werkverträgen [§ 438 I Nr. 3 BGB]. Die Verjährung beginnt mit der Ablieferung der beweglichen Sache [§ 438 II BGB].

  Zur Erleichterung (Verkürzung) der Verjährung gegenüber einem Verbraucher siehe Kapitel 1.4.4.2. Anders verhält es sich, wenn der Käufer Unternehmer ist. In diesem Fall kann die Sachmängelhaftung *vertraglich* beliebig verkürzt oder ausgeschlossen werden. (Durch Rechtsgeschäft kann eine Verjährungsfrist jedoch nie über 30 Jahre hinaus erschwert, d. h. verlängert werden [§ 202 II BGB].)

1.6.1.2 Produkthaftung

Produkthaftungsgesetz

Ebenso wie die Vorschriften des BGB zu den allgemeinen Geschäftsbedingungen (AGB) und zu den Verbrauchergeschäften dient auch das **Gesetz über die Haftung für fehlerhafte Produkte (Produkthaftungsgesetz – ProdHaftG)** dem Verbraucherschutz. Das Gesetz ergänzt die kaufvertraglichen Gewährleistungsrechte für Sachmängel (vgl. §§ 437, 439 ff. BGB), indem es den **Ersatz für Folgeschäden** regelt, die durch den Ver- und Gebrauch eines fehlerhaften Produkts an Sachen oder Personen entstehen.

- **Umfang der Produkthaftung**

Wird durch den Fehler eines Produkts jemand getötet, sein Körper oder seine Gesundheit verletzt oder eine Sache beschädigt, ist der **Hersteller** [§ 4 ProdHaftG] verpflichtet, dem Geschädigten den daraus entstehenden Schaden zu ersetzen.[1] Im Fall der **Sachbeschädigung** gilt dies nur, wenn eine andere Sache als das fehlerhafte Produkt beschädigt wird und diese andere Sache ihrer Art nach für den **privaten Ge- oder Verbrauch** bestimmt und hierzu von dem Geschädigten hauptsächlich verwendet worden ist [§ 1 I ProdHaftG].

Produkt im Sinne des Gesetzes ist jede **bewegliche Sache,** auch wenn sie einen Teil einer anderen beweglichen oder unbeweglichen Sache bildet, sowie Elektrizität [§ 2 ProdHaftG].

Fehlerhaft ist ein Produkt dann, wenn es nicht die Sicherheit bietet, die vom Käufer erwartet werden kann [§ 3 ProdHaftG]. Dies ist insbesondere dann der Fall, wenn das Produkt bei der Auslieferung nicht dem Stand der Wissenschaft und Technik entspricht [§ 1 II, Nr. 5 ProdHaftG].

---

[1] Die Produkthaftung ist verschuldensunabhängig (= **Gefährdungshaftung**).

> **Beispiele:**
> Frau Schönholz kauft sich beim Haushaltswarengeschäft Bärbel e.K. eine „feuerfeste" Schüssel. Bereits beim ersten Kochversuch zerspringt die Schüssel, sodass die Glassplitter Frau Schönholz im Gesicht und an der rechten Hand verletzen. – Herr Gärtner kauft bei der Mülheimer Heimwerker AG eine elektrische Heckenschere. Beim Schneiden seiner Gartenhecke erhält Herr Gärtner einen Stromschlag, sodass er wochenlang Schmerzen in den Armen und Beinen hat.

■ **Begriff Hersteller**

> **Hersteller** im Sinne des ProdHaftG ist, wer
> - das Endprodukt, einen Grundstoff oder ein Teilprodukt hergestellt hat,
> - sich durch das Anbringen seines Namens, seiner Marke oder eines anderen unterscheidungskräftigen Kennzeichens als Hersteller ausgibt,
> - ein Produkt z. B. zum Zweck des Verkaufs, der Vermietung oder des Mietkaufs mit wirtschaftlichem Zweck im Rahmen einer geschäftlichen Tätigkeit in den Geltungsbereich des Abkommens über den Europäischen Wirtschaftsraum einführt oder verbringt [§ 4 I, II ProdHaftG].

Für den Fehler, den Schaden und den ursächlichen Zusammenhang zwischen Fehler und Schaden trägt der Geschädigte die Beweislast [§ 1 IV ProdHaftG].

Kann der Hersteller des Produkts nicht festgestellt werden, so gilt **jeder Lieferer** als dessen Hersteller, es sei denn, dass er dem Geschädigten innerhalb eines Monats, nachdem ihm dessen Aufforderung zugegangen ist, den Hersteller oder diejenige Person benennt, die ihm das Produkt geliefert hat [§ 4 III ProdHaftG].

■ **Haftung des Herstellers**

Der **Schadensersatz bei Sachbeschädigung** wird vom Gesetz nicht begrenzt. Allerdings hat der Geschädigte einen Schaden bis zu einer Höhe von 500,00 € selbst zu tragen [§ 11 ProdHaftG].

Bei **Personenschäden** beträgt der **Schadensersatz** höchstens 85 Millionen € [§ 10 ProdHaftG].

Sind für den Schaden mehrere Hersteller nebeneinander zum Schadensersatz verpflichtet, so haften sie als Gesamtschuldner.[1] Die Höhe der Ersatzleistung, die der einzelne Schuldner zu erbringen hat, hängt davon ab, inwieweit der Schaden vorwiegend von dem einen oder dem anderen Teil verursacht worden ist [§ 5 ProdHaftG].

Im Fall der Verletzung des Körpers oder der Gesundheit ist Ersatz der Kosten der Heilung sowie des Vermögensnachteils zu leisten, den der Verletzte dadurch erleidet, dass er seine Erwerbsfähigkeit infolge der Verletzung teilweise oder vollständig verloren hat.

Für einen Schaden, der kein Vermögensschaden ist (z. B. erlittene Schmerzen, nicht mehr heilbare Verletzungen), kann auch eine angemessene Entschädigung verlangt werden (Näheres siehe § 9 ProdHaftG).

---

[1] Gesamtschuldnerische Haftung bedeutet, dass der Geschädigte (der Gläubiger) nach seinem Belieben die gesamte Schadensersatzleistung von jedem einzelnen Schuldner ganz oder in Teilen fordern kann [§ 421 BGB].

1.6 Überblick über mögliche Vertragsstörungen und ihre Folgen am Beispiel des Kaufvertrags

■ **Haftungsminderung**

Hat bei der Entstehung eines Schadens ein Verschulden des Geschädigten mitgewirkt, so gilt § 254 BGB. Danach hängt die Verpflichtung zum Ersatz sowie der Umfang des zu leistenden Ersatzes von den Umständen, insbesondere davon ab, inwieweit der Schaden vorwiegend von dem einen oder dem anderen Teil verursacht wurde.

■ **Verjährung**

Die Schadensersatzansprüche nach § 1 ProdHaftG verjähren in **drei Jahren** von dem Zeitpunkt an, in dem der Ersatzberechtigte von dem Schaden, dem Fehler und von der Person des Ersatzpflichtigen Kenntnis erlangt hat oder hätte erlangen müssen [§ 12 I ProdHaftG].

■ **Erlöschen von Ansprüchen**

Die Schadensersatzansprüche nach § 1 ProdHaftG erlöschen in 10 Jahren nach dem Zeitpunkt, in dem der Hersteller das Produkt, das den Schaden verursacht hat, in den Verkehr gebracht hat [§ 13 I S. 1 ProdHaftG].[1]

Die Ersatzpflicht des Herstellers nach dem ProdHaftG darf im Voraus weder ausgeschlossen noch beschränkt werden. Eine solche Vereinbarung ist nichtig [§ 14 ProdHaftG].

1.6.1.3 Produzentenhaftung aus unerlaubter Handlung

Begriff unerlaubte Handlung

Unerlaubte Handlungen liegen vor, wenn jemand vorsätzlich oder fahrlässig das Leben, den Körper, die Gesundheit, die Freiheit, das Eigentum oder ein sonstiges Recht eines anderen widerrechtlich verletzt [§ 823 I BGB].[2] Da durch diese gesetzliche Bestimmung nicht alle Rechtsgüter geschützt sind, bestimmt § 823 II BGB, dass auch der Verstoß gegen ein sogenanntes Schutzrecht, der zu Rechtsgüterverletzungen führt, eine unerlaubte Handlung darstellt.

Beispiele:

Armbruster zerkratzt mit dem Schlüssel den Lack des Pkw von Brecht. Dieser hat nach § 823 I BGB gegen Armbruster einen Schadensersatzanspruch. – Chaible gibt sich bei Dohrmann als Stromableser aus und entwendet in Dohrmanns Wohnung eine wertvolle antiquarische Taschenuhr, die er alsbald an eine unbekannte Person versetzt. Wenig später wird Chaible von der Polizei gefasst. Dohrmann verlangt nun von Chaible Schadensersatz nach § 823 II BGB, denn Chaible hat nicht nur Dohrmanns Eigentumsrecht nach § 823 I BGB verletzt, sondern auch gegen ein Schutzrecht (in diesem Fall gegen Vorschriften des Strafgesetzbuchs) verstoßen.

---

1 Solange sich jedoch noch ein Gericht mit dem Schadensersatzanspruch beschäftigt (Klage, Rechtsmittel, gerichtliches Mahnverfahren), erlischt der Anspruch nicht [§ 13 I S. 2 ProdHaftG].

2 Man bezeichnet die im § 823 I BGB genannten Rechte als absolute Rechte, weil sie gegen jedermann wirken, also nicht (nur) gegenüber einem bestimmten Vertragspartner. Ein Eingriff in den Rechtskreis eines anderen ist erlaubt als **Notwehr** bzw. **Nothilfe** [§ 227 BGB] (z.B. Abwehr eines Diebstahlversuchs), bei Eintritt eines **Notstands** [§§ 228, 904 BGB] (z.B. Verletzung eines Hundes, um sich vor dessen Angriff zu schützen) und zur **Selbsthilfe** [§§ 229, 230, 231 BGB] (z.B. ein Dieb wird bei dem Versuch, ihm das Diebesgut wieder abzunehmen, verletzt). In diesen Fällen liegt dann keine unerlaubte Handlung vor, wenn die Notwehr-, Notstands- bzw. Selbsthilfehandlungen erforderlich sind (der Angriff muss z.B. bereits begonnen haben und noch nicht beendet sein) und angemessen erfolgen (z.B. kein Notwehrexzess, der als unerlaubte Handlung nach § 823 BGB wiederum zum Schadensersatz verpflichten würde).

1 Rechtliche Grundbegriffe

Für das Vorliegen einer **unerlaubten Handlung** sind vier **Voraussetzungen notwendig**:

- Es muss eine(s) der in § 823 BGB aufgezählten Rechtsgüter bzw. Rechtsvorschriften (z. B. Arbeitsschutzgesetze, Straßenverkehrsordnung, Arzneimittelgesetz, Bauordnungen) verletzt sein;
- die Verletzung muss widerrechtlich sein;
- es muss dem Verletzten im ursächlichen Zusammenhang mit der Verletzung des Rechtsguts bzw. des Gesetzes ein Schaden entstanden sein, und schließlich
- muss die Verletzung schuldhaft sein.

Schadensersatzpflicht aus unerlaubter Handlung

Der Ersatzpflichtige ist zum Ersatz des verursachten Schadens verpflichtet.

Bei **Sachschäden** ist der volle Schaden einschließlich des entgangenen Gewinns zu ersetzen.

Bei **Personenschäden** (z. B. Körperverletzung, Gesundheitsschäden, Freiheitsentzug) kann der Geschädigte neben einer **Entschädigung** für die entstandenen **materiellen Schäden** (z. B. durch eine Geldrente, Kapitalabfindung) auch **Schmerzensgeld** für den entstandenen **immateriellen Schaden** (Schmerzen) verlangen (Näheres siehe §§ 249, 842 ff., 847 BGB). Maßgebend für die Höhe des Anspruchs ist in erster Linie der Gedanke, dem Verletzten einen angemessenen Ausgleich für die Beeinträchtigung seines Wohlbefindens zu geben. Die Vermögensverhältnisse des Verpflichteten sind nicht zu berücksichtigen.

Zusammenfassung

- Das BGB unterscheidet zwischen **Sach-** und **Rechtsmängeln** [§§ 434 f. BGB].

- Die **Mängelrüge** ist eine Obliegenheit des Käufers und an keine bestimmte Form gebunden.

1.6 Überblick über mögliche Vertragsstörungen und ihre Folgen am Beispiel des Kaufvertrags

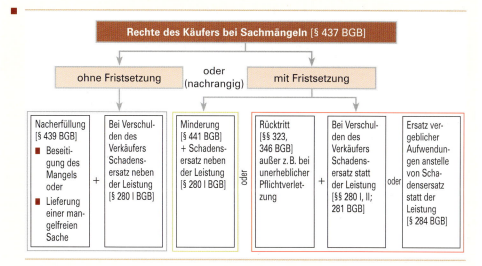

Ohne Fristsetzung kann der Käufer zurücktreten oder Minderung verlangen, wenn der Verkäufer die Nacherfüllung nicht zu erbringen braucht, weil sie z. B. unverhältnismäßig hohe Kosten verursacht oder weil die Nachbesserung nach zweimaligem Versuch fehlgeschlagen ist [§§ 439 III, 440 BGB]. Die Fristsetzung entfällt z B. auch dann, wenn beide Arten der Nacherfüllung verweigert werden oder besondere Umstände vorliegen, die unter Abwägung der Interessen der Vertragsparteien den sofortigen Rücktritt rechtfertigen [§ 323 II BGB].

- Liefert der Verkäufer auf Verlangen des Käufers zum Zwecke der Nacherfüllung eine mangelfreie Sache, kann der Verkäufer **Rückgewähr** der mangelhaften Sache verlangen [§§ 346 ff., 439 IV BGB].

- Beim **zweiseitigen Handelskauf** muss der Käufer für eine einstweilige Aufbewahrung der beanstandeten Ware sorgen, sofern es sich um einen Distanzkauf handelt [§ 379 I HGB].

- Die Bestimmungen des **Produkthaftungsgesetzes** beziehen sich ausschließlich auf den Ersatz für Folgeschäden, die durch den Ver- bzw. Gebrauch eines Produkts an anderen Sachen und Personen entstehen. Die Produkthaftung ist **verschuldensunabhängig (Prinzip der Gefährdungshaftung)**.

- Für das Vorliegen einer **unerlaubten Handlung** sind vier **Voraussetzungen** notwendig:
  - Es muss eines der im § 823 BGB aufgezählten Rechtsgüter, ein sonstiges Recht eines anderen oder eine den Schutz eines anderen bezweckende Rechtsvorschrift verletzt sein;

1 Rechtliche Grundbegriffe

- die Verletzung muss widerrechtlich sein;
- es muss dem Verletzten im ursächlichen Zusammenhang mit der Verletzung des Rechtsguts ein Schaden entstanden sein, und schließlich
- muss die Verletzung schuldhaft sein.
- Die **Ersatzpflicht bei der unerlaubten Handlung** umfasst
  - bei **Sachschäden** den Ersatz des vollen Schadens einschließlich des entgangenen Gewinns;
  - bei **Personenschäden** eine Entschädigung in Geld, bei immateriellen Schäden auch ein Schmerzensgeld.

ÜBUNGSAUFGABEN

1. Erklären Sie den Begriff Gewährleistungspflicht des Verkäufers!

2. Welche Arten der Mängel kennen Sie?

3. Ist die Unterscheidung der Mängel nach ihrer Entdeckbarkeit nur für den Kaufmann von rechtlicher Bedeutung?

4. Unter welchen Rechten kann der Käufer bei mangelhafter Lieferung wählen?

5. Das Möbelhaus Moritz OHG bestellte bei der Möbelfabrik Holzmann GmbH 60 Stühle in Eiche massiv. Bei der Prüfung stellte das Möbelhaus Moritz OHG fest, dass 5 Stühle leichte Lackfehler haben und 2 Stühle in Nussbaum geliefert wurden.
   5.1 Um welche Mängel handelt es sich?
   5.2 Welches Recht wird das Möbelhaus Moritz OHG geltend machen? Begründen Sie Ihre Entscheidung!
   5.3 Was muss das Möbelhaus Moritz OHG unternehmen, um seine Gewährleistungsansprüche nicht zu verlieren?

6. Das Lagerhaus Oberdorf e. G. kauft am 15. Oktober beim Autohaus Nieter GmbH einen Transporter, der am 20. Oktober ausgeliefert wird. Nach einer Fahrleistung von wenigen hundert Kilometern entsteht ein Getriebeschaden, der zweifelsfrei auf einen Fabrikationsfehler zurückzuführen ist.
   6.1 Was muss das Lagerhaus unternehmen, um seine Rechte gegenüber dem Autohaus zu wahren?

   Das Lagerhaus Oberdorf e. G. besteht auf der Reparatur des schadhaften Getriebes, die auch sofort erfolgt. Wenige Tage später tritt der gleiche Fehler wieder auf. Daraufhin tauscht das Autohaus Nieter das beanstandete Teil gegen ein neues aus. Nach zwei Wochen ist das neue Getriebe wieder defekt. Die Warenauslieferung des Lagerhauses erfolgt deshalb mit einem Mietfahrzeug, das täglich 80,00 € höhere Kosten verursacht als der Transport mit dem eigenen Fahrzeug.
   6.2 Welche Rechte kann das Lagerhaus gegenüber dem Autohaus geltend machen?

7. Frau Nielsen, kaufmännische Angestellte, kauft am 16. Mai einen teuren Pelzmantel beim Kleiderhaus Seedorf KG. Am 31. Mai stellt sie fest, dass der Mantel an einigen Stellen Mottenfraß aufweist. Am 1. Juni ruft Frau Nielsen ihre Freundin an und fragt diese nach Rat. Diese meint, dass es sich zwar um einen Verbrauchsgüterkauf handle, dass aber die 14-tägige Widerrufsfrist vorüber sei, sodass Frau Nielsen wohl nichts mehr machen könne.
   7.1 Beurteilen Sie, ob bzw. inwieweit die Freundin von Frau Nielsen Recht hat!

1.6 Überblick über mögliche Vertragsstörungen und ihre Folgen am Beispiel des Kaufvertrags

Frau Nielsen ist mit dem Rat ihrer Freundin nicht zufrieden. Sie will sich noch anderweitig erkundigen. Da keiner ihrer Bekannten so richtig Bescheid weiß, wendet sie sich erst nach ihrem Auslandsurlaub Anfang Juli an das Kleiderhaus Seedorf KG und verlangt mutig die Lieferung eines mangelfreien Mantels. Der Verkäufer teilt ihr mit, dass Reklamationen nur binnen 14 Tagen entgegengenommen werden (über der Kasse hängt ein mit diesem Hinweis versehenes Schild). Außerdem – so meint er – hätte Frau Nielsen sofort nach Entdeckung des Schadens rügen müssen.

7.2 Nehmen Sie zu den Äußerungen des Verkäufers Stellung!

8. Die Vorschrift des BGB, die auch eine mangelhafte Montageanleitung einem Sachmangel gleichstellt, wird von den Juristen als „IKEA-Klausel" bezeichnet. Können Sie den Grund für diese Bezeichnung erklären?

1.6.2 Lieferungsverzug

Frau Liebich hat zum Abend des 30. Oktober, 20:00 Uhr, Gäste eingeladen und deshalb bei dem Party-Service Schell OHG ein kaltes Büfett für 325,00 € bestellt. Die Lieferung sollte am 30. Oktober spätestens 17:00 Uhr erfolgen. Um 17:15 Uhr war das Büfett noch nicht eingetroffen. Frau Liebich wurde nervös und versuchte den Party-Service Schell OHG telefonisch zu erreichen, doch die Leitung war dauernd besetzt. Frau Liebich bestellte daher beim Party-Service Gut e. K. in der Nachbargemeinde ein gleichwertiges Büfett zur Lieferung bis spätestens 19:00 Uhr. Allerdings musste Frau Liebich 380,00 € bezahlen. Um 18:30 Uhr traf der Lieferwagen des Party-Service Schell OHG mit dem Büfett bei Frau Liebich ein. Frau Liebich lehnte die Abnahme und die Annahme ab.

Anhand der folgenden Informationen können Sie prüfen, ob Frau Liebich im Recht ist.

Begriff Lieferungsverzug

Der Lieferungsverzug ist eine Möglichkeit des *Schuldnerverzugs.* Leistet ein Schuldner (Zahlungsschuldner[1] oder Warenschuldner) nicht oder nicht rechtzeitig, erfüllt er seine fällige und angemahnte Schuld nicht und hat er diese Nichterfüllung zu vertreten, so liegt ein **Schuldnerverzug** vor [§ 286 I BGB].

Die grundsätzliche Definition für den Lieferungsverzug lautet:

Lieferungsverzug bedeutet schuldhafte Nichtlieferung trotz Fälligkeit und Mahnung.

Um einen Lieferungsverzug handelt es sich, wenn die geschuldete Leistung trotz ihrer nicht rechtzeitigen Bewirkung noch *möglich* ist (Nachholbarkeit der verspäteten Leistung). Ist dies nicht der Fall, liegt kein Lieferungsverzug, sondern *Unmöglichkeit* der Leistung vor, für die andere gesetzliche Vorschriften des BGB gelten (z. B. §§ 275, 280, 283 – 285, 311 a, 326 BGB).

Voraussetzungen des Lieferungsverzugs

1. Verschulden des Verkäufers

Zu vertreten (verschuldet) hat der Verkäufer die unterbliebene Leistung, wenn die Lieferungsverzögerung durch *fahrlässiges* oder *vorsätzliches* Handeln des Verkäufers selbst, seines gesetzlichen Vertreters und/oder seines Erfüllungsgehilfen[2] eingetreten ist [§§ 276 bis 278 BGB]. Fahrlässig handelt, wer die verkehrsübliche Sorgfaltspflicht außer Acht lässt

---

[1] Der Zahlungsverzug als zweite Möglichkeit des Schuldnerverzugs wird im Kapitel 1.6.4 behandelt.
[2] Erfüllungsgehilfe ist jeder, der mit Willen des Schuldners bei der Erfüllung der Schuld (Verbindlichkeit) des Schuldners mitwirkt (z. B. die beim Verkäufer beschäftigten Arbeitnehmer).

[§ 276 II BGB]. Bei einer besonders schweren Verletzung der im Geschäftsverkehr erforderlichen Sorgfaltspflicht liegt grobe Fahrlässigkeit vor.

> **Beispiele:**
> Der Verkäufer kann deshalb nicht termingerecht liefern, weil er sich nicht rechtzeitig bei seinem Verkäufer mit den Waren, die er verkauft, eingedeckt hat oder weil er es als Geschäftsinhaber versäumt hat, für den Fall seiner Abwesenheit eine Vertretung zu bestimmen. (Im letzten Fall handelt es sich um ein sogenanntes Organisationsverschulden des Verkäufers.)

- Der Verkäufer kommt **nicht in Verzug,** solange die Lieferung infolge eines Umstands unterbleibt, den er nicht zu vertreten hat [§ 286 IV BGB]. Dies ist z. B. bei Lieferverzögerungen der Fall, die auf höhere Gewalt (z. B. Unwetter, Hochwasser, Streik) zurückzuführen sind.
- Während des Verzugs hat der Verkäufer jede Fahrlässigkeit zu vertreten. Er haftet wegen der Leistung auch für Zufall, es sei denn, dass der Schaden auch bei rechtzeitiger Lieferung eingetreten sein würde [§ 287 BGB].

2. Fälligkeit der Leistung und Mahnung

- Ist die Leistungszeit gesetzlich oder vertraglich **kalendermäßig** so (genau) bestimmt, dass hierdurch als Leistungszeit (Leistungstermin) ein **bestimmter Kalendertag** festgelegt ist (z. B. „Lieferung am 24. April 20.." oder „Lieferung im Laufe des Monats Juli"), dann kommt der Verkäufer *mit dem Eintritt der Fälligkeit in Verzug,* ohne dass eine Mahnung[1] des Käufers erforderlich ist [§ 286 II Nr. 1 BGB].[2]
- Eine **Mahnung** ist auch dann **nicht erforderlich,** wenn sich die Leistungszeit (der Leistungstermin) aufgrund eines (beliebigen) Ereignisses nach dem Kalender berechnen lässt [§ 286 I Nr. 2 BGB] (z. B. „Lieferung eine Woche nach Bestellungseingang").
- Ist hingegen der **Kalendertag,** an dem der Käufer die Übergabe und Übereignung der Kaufsache schuldet, **kalendermäßig** weder **direkt** noch **indirekt genau** bestimmt (z. B. eine Bestellung zur „sofortigen Lieferung", „sobald wie möglich", „ab Juli 20.."), *kann* der Verkäufer nicht „automatisch" in Verzug kommen. Deshalb schreibt das Gesetz vor, dass der Käufer erst **mahnen** muss, wenn er den Verkäufer in Verzug setzen möchte [§ 286 I S. 1 BGB]. Die gleiche Rechtswirkung wie eine Mahnung hat die Erhebung einer Leistungsklage und die rechtzeitige Zustellung eines Mahnbescheids im gerichtlichen Mahnverfahren [§ 286 I S. 2 BGB].

    Ferner bedarf es **keiner Mahnung,** wenn der Verkäufer die Leistung ernsthaft und endgültig verweigert oder aus besonderen Gründen unter Abwägung der beiderseitigen Interessen der sofortige Eintritt des Verzugs gerechtfertigt ist [§ 286 II Nr. 3 und 4 BGB].

Besondere Gründe liegen z. B. vor, wenn eine Leistungsverzögerung zu weiteren Schäden führt (z. B. verspätete Lieferung eines dringend benötigten Medikaments an ein Krankenhaus, Nichteinhaltung eines bereits vereinbarten Termins für die Ersatzteillieferung bei Maschinenbruch an eine Fabrik). Auch die **Selbstmahnung** eines Verkäufers durch Ankündigung eines späteren Liefertermins macht eine Mahnung durch den Käufer entbehrlich.

---

[1] Die Mahnung ist eine (einseitige) empfangsbedürftige rechtsgeschäftsähnliche Handlung, durch die der Warenschuldner unzweideutig zur Leistung aufgefordert wird. Die Form der Mahnung bestimmt der Käufer. Auf rechtsgeschäftsähnliche Handlungen werden die Vorschriften über die Rechtsgeschäfte entsprechend (analog) angewendet.

[2] Der Verkäufer kommt nicht in Verzug, wenn der Käufer die vereinbarte Lieferung nicht fordern kann, weil ihm der Verkäufer ein Gegenrecht entgegenhalten kann. (Beispiele: Der Käufer hat dem Verkäufer die Lieferung gestundet; der Käufer hat die vereinbarte Anzahlung nicht geleistet.)

1.6 Überblick über mögliche Vertragsstörungen und ihre Folgen am Beispiel des Kaufvertrags

Rechte des Käufers bei nicht rechtzeitiger Leistung des Verkäufers

Bei nicht rechtzeitiger Leistung des Verkäufers („Nicht-rechtzeitig-Lieferung") kann der Käufer **wahlweise** folgende Rechte geltend machen:

1. Rechte ohne Fristsetzung

- Da der Verkäufer im Fall der Lieferungsverzögerung seine Leistungspflicht aus dem Kaufvertrag noch nicht erfüllt hat, kann der Käufer weiterhin auf der **Erfüllung des Kaufvertrags** (auf Lieferung der Ware) bestehen.

> **Beispiele:**
> Gründe für das Bestehen auf Lieferung können sein: langjährige gute Geschäftsbeziehungen; bei anderen Verkäufern bestehen längere Lieferfristen, höhere Preise und/oder ungünstigere Zahlungsbedingungen als beim säumigen Lieferer.

- Außer der nachträglichen *Lieferung* kann der Käufer **nach Eintritt des Verzugs** noch zusätzlich den **Ersatz des Schadens** verlangen, der ihm durch die unterbliebene termingerechte Lieferung entstanden ist (Schadensersatz wegen Verzögerung der Leistung nach §§ 280 II, 286 BGB).

2. Rechte nach erfolglosem Ablauf einer angemessenen Frist

- **Rücktritt wegen Nichtleistung oder nicht vertragsgemäßer Leistung** [§ 323 I BGB] und

- **Schadensersatz statt der Leistung** [§§ 281 I, 325 BGB].

Falls der Käufer vom **Kaufvertrag zurücktreten und Schadensersatz statt der Leistung** verlangen will, muss er dem säumigen Verkäufer zunächst eine **angemessene Frist** zur Leistung setzen [§ 323 I BGB]. Erst nach fruchtlosem (erfolglosem) Ablauf der Frist ist also der Käufer berechtigt, vom Kaufvertrag zurückzutreten und Schadensersatz zu verlangen.

> **Beispiel:**
> Der Rohstofflieferant Leibholz e.K. liefert nicht. Der Käufer Vitt e.K. tritt vom Kaufvertrag zurück und beschafft sich die Ware anderweitig. Vitt kann von Leibholz Ersatz der Mehrkosten für den Deckungskauf verlangen.

Die Frist muss so bemessen sein, dass es dem Verkäufer möglich ist, die Leistung während dieser Zeit zu erbringen, ohne die Kaufsache erst bei einem anderen Verkäufer beschaffen oder selbst anfertigen zu müssen.

Anstelle des Schadensersatzes statt der ganzen Leistung kann der Käufer den Ersatz vergeblicher Aufwendungen fordern [§ 284 BGB].

Die **Fristsetzung** ist z. B. **entbehrlich,** wenn der Verkäufer die Leistung ernsthaft und endgültig verweigert, die Leistung zu einem im Vertrag bestimmten Termin oder innerhalb einer bestimmten Frist nicht bewirkt (z. B. beim Fixkauf)[1] oder besondere Umstände vorliegen, die unter Abwägung der beiderseitigen Interessen den sofortigen Rücktritt rechtfertigen (Näheres siehe § 323 II BGB).

> **Beispiele:**
> Der Landwirt Halder erklärt der Hausfrau Koch, dass er die von ihr bestellten Einkellerungskartoffeln nicht liefern könne, weil er ihre Bestellung vergessen hat. – Die vereinbarungsgemäß spätestens am 23. Dezember 20.. zu liefernden Weihnachtsbäume werden erst am 24. Dezember 20.. angeliefert.

---
[1] Ein Fixkauf liegt vor, wenn der Zweck des Geschäfts mit der genauen Einhaltung eines bestimmten Liefertermins bzw. einer bestimmten Lieferfrist steht oder fällt [§ 323 II Nr. 2 BGB].

Schadensersatzberechnung

■ Konkrete Schadensersatzberechnung

Musste sich der Käufer die Waren anderweitig zu einem höheren Preis beschaffen, kann er von dem säumigen Verkäufer anhand der quittierten Rechnung den Preisunterschied zwischen dem Vertragspreis und dem Preis der mittels **Deckungskauf** beschafften Ware verlangen.

> **Beispiel:**
> King kauft bei Lorenz 200 Stück Beschläge zu 30,00 €. Lorenz liefert nicht, sodass King die Ware bei Maus zu 33,50 € bestellen muss. Lorenz muss King den Schaden in Höhe von 700,00 € (200 · 3,50 €) ersetzen. Darüber hinaus kann King von Lorenz auch den Ersatz sonstiger Aufwendungen (z. B. Schreibkosten, Postentgelte, Telefonkosten, Rechtsanwaltskosten) verlangen.

■ Abstrakte Schadensersatzberechnung

Falls der Käufer keinen Deckungskauf getätigt hat, kann er Schadensersatz für den ihm durch den Lieferungsverzug wahrscheinlich „entgangenen" Gewinn geltend machen [§ 252 BGB].

> **Beispiel:**
> Der Käufer kann nachweisen, dass er durch die um 12 Tage verspätete Lieferung die gekaufte Ware seinen Kunden 8 Tage nicht anbieten konnte. Da durchschnittlich täglich von dieser Ware 10 Stück verkauft und 2,00 € verdient werden, beträgt die Schadensersatzforderung des Käufers 160,00 € (8 · 20,00 €).

■ Konventionalstrafe (Vertragsstrafe)

Um den Verkäufer zum pünktlichen Einhalt der Lieferfrist anzuhalten und um Schäden nicht nachweisen zu müssen, wird manchmal eine *Vertragsstrafe* vereinbart. Der Geldbetrag wird dann im Allgemeinen vom Verkäufer bei einer Bank hinterlegt. Er verfällt, sobald der Verkäufer in Verzug gerät [Näheres siehe §§ 339 ff. BGB].

Zusammenfassung

- **Lieferungsverzug** heißt schuldhafte Nichtlieferung trotz Fälligkeit und Mahnung [§ 286 I S. 1 BGB].
- Ist ein **Fälligkeitstag nach dem Kalender bestimmt** bzw. **bestimmbar,** kommt der Verkäufer **ohne Mahnung** in Verzug [§ 286 II BGB].
- **Ohne Fristsetzung** kann der Käufer im Fall einer Lieferungsverzögerung auf nachträglicher Lieferung bestehen und im Fall des **Lieferungsverzugs** Ersatz des Verzögerungsschadens (Verzugsschadens) verlangen [§§ 280 II, 286 BGB].
- Nachdem der Käufer dem Verkäufer erfolglos eine angemessene Frist gesetzt hat, kann er vom Kaufvertrag **zurücktreten** [§ 323 BGB] und/oder **Schadensersatz** statt der Leistung fordern [§§ 280 III, 281 I, 325 BGB].
- Die **Fristsetzung** ist z. B. entbehrlich, wenn der Verkäufer die Leistung ernsthaft und endgültig verweigert oder die Leistung zu einem im Vertrag bestimmten Termin oder innerhalb einer bestimmten Frist nicht bewirkt (z. B. beim Fixkauf) [§ 323 I Nr. 2 BGB].

1.6 Überblick über mögliche Vertragsstörungen und ihre Folgen am Beispiel des Kaufvertrags

ÜBUNGSAUFGABEN

1. Unter welchen Voraussetzungen kommt der Verkäufer in Verzug, wenn
   1.1 die Leistungszeit kalendermäßig genau bestimmt ist,
   1.2 kalendermäßig nicht genau bestimmt oder bestimmbar ist,
   1.3 ein Fixgeschäft vorliegt?

2. Welche Rechte hat der Käufer beim Lieferungsverzug? Welche Voraussetzungen müssen vorliegen, damit der Käufer diese Rechte geltend machen kann?

3. Entscheiden Sie bei folgenden Angaben der Leistungszeit, ob der Verkäufer vom Käufer durch eine Mahnung in Verzug gesetzt werden muss:
   3.1 heute in drei Monaten,
   3.2 im Juli 20..,
   3.3 im Laufe des März 20..,
   3.4 am 28. Juli 20..,
   3.5 14 Tage nach Weihnachten 20..,
   3.6 8 Tage nach Abruf,
   3.7 sofort,
   3.8 20 Tage nach Erhalt der Bestellung.

4. Entscheiden Sie in folgenden Rechtsfällen:
   4.1 Der Holzgroßhändler Gruber, Inhaber der Holzgroßhandlung Bio-Baustoff e.K., hat am 29. Juni 20.. 60 m³ Eichenschnittholz zu liefern. Weil er den Termin vergessen hat, liefert er nicht vereinbarungsgemäß. Am 4. Juli 20.. verbrennt sein Holzlager durch Brandstiftung. Ist Gruber hierdurch von seiner Leistungspflicht befreit?
   4.2 4.2.1 Die Schulz OHG hat am 22. April 20.. (vereinbarter Liefertermin: 20. April 20..) immer noch nicht geliefert. Befindet sich die Schulz OHG in Lieferungsverzug, wenn sie die Kaufsache wegen eines mehrwöchigen Streiks nicht produzieren kann?
       4.2.2 Ist die Schulz OHG in Lieferungsverzug, wenn die Fabrikhalle durch Blitzschlag im März d. J. abgebrannt ist?
   4.3 Wie kann die Kaiser KG bei einem Lieferungsverzug ihren Schaden, den sie vom Lieferer Voit e.K. ersetzt bekommen möchte, berechnen?
       4.3.1 Die Kaiser KG konnte durch die Nichtlieferung der Maschinenfabrik Voit e.K. 200 Maschinenteile nicht verkaufen, an denen sie pro Stück 20,00 € verdient hätte.
       4.3.2 Die Kaiser KG musste von der Müller AG für 30 000,00 € eine Maschine kaufen, während der mit Voit e.K. vereinbarte Preis 28 000,00 € betrug.
   4.4 Wie ist im Eingangsbeispiel zum Kapitel 1.6.2 (S. 69) zu entscheiden?

5. Herr Huber ist Coca-Cola-Verkäufer im Karlsruher Fußballstadion. Für das Punktspiel am 4. Mai bestellt er bei seinem Getränkelieferer 1 000 Dosen Coca Cola. Vereinbart wird eine Lieferung um 14:00 Uhr fix. Das Getränkeauto bleibt jedoch im Verkehr stecken, weil viele Schlachtenbummler zum Stadion unterwegs sind. Um 15:00 Uhr, eine halbe Stunde vor Spielbeginn, ist die Lieferung immer noch nicht eingetroffen. Wütend läuft Herr Huber zum Telefon und teilt dem Getränkelieferer mit, dass er die Cola behalten kann.
   5.1 Prüfen Sie, ob Herr Huber im Recht war!
   5.2 Ist Herrn Huber ein abstrakter oder ein konkreter Schaden entstanden?

   Auch nach dem Spiel ist Herr Huber wegen des entgangenen Geschäfts noch ganz aufgebracht. Er will deshalb den Lieferer für seinen Schaden haftbar machen.
   5.3 Kann Herr Huber überhaupt Schadensersatz geltend machen?

1.6.3 Annahme- und Abnahmeverzug

Herr Schmitt kauft am 16. März 20.. beim Elektrofachgeschäft Petersen e. Kfm. ein Fernsehgerät, das am 20. März geliefert werden soll. Als das bestellte Gerät am 20. März geliefert wird, verweigert Herr Schmitt die Annahme mit der Begründung, er habe das gleiche Gerät bei einem Konkurrenzunternehmen billiger gesehen. Er werde deshalb dort kaufen.

In diesem Kapitel erhalten Sie Auskunft darüber, welche Rechtsfolgen das Verhalten des Herrn Schmitt nach sich zieht.

1.6.3.1 Annahmeverzug

Begriff

Annahmeverzug liegt vor, wenn ein Gläubiger (z. B. ein Käufer) die ihm ordnungsgemäß angebotene Leistung nicht annimmt [§ 293 BGB].

Der Annahmeverzug setzt somit voraus, dass die Leistung fällig ist, tatsächlich angeboten wird [§ 294 BGB] und der Käufer die angebotene Leistung nicht annimmt [§ 293 BGB]. Der Schuldner muss auch zur Leistung berechtigt sein [§ 271 BGB, §§ 358f. HGB]. Ein Verschulden des Käufers ist *nicht* erforderlich. Der Annahmeverzug ist ein **Gläubigerverzug**.

Der Annahmeverzug darf nicht mit dem Abnahmeverzug (Kapitel 1.6.3.2) verwechselt werden.

Rechte des Verkäufers

Der Verkäufer kann beim Annahmeverzug des Käufers eines der folgenden Rechte wählen:

1. Hinterlegung

Ist der Verkäufer *Kaufmann,* kann er *jede* Ware an *jedem* geeigneten Ort auf sichere Weise einlagern (z. B. in einem eigenen Lager, bei einem Spediteur oder Lagerhalter). Ein *Nichtkaufmann* muss hinterlegungsfähige Dinge (z. B. Geld, Wertpapiere, Schmuck) bei einer *öffentlichen Hinterlegungsstelle* am *Leistungsort* hinterlegen.

Hat z. B. der Verkäufer der Hinterlegungsstelle erklärt, dass er auf das Recht der Rücknahme verzichtet, ist die Hinterlegung ein Erfüllungsersatz, denn sie wirkt wie eine Erfüllung des Kaufvertrags, obwohl der Käufer die Kaufsache, die er erhalten soll, noch nicht hat, sondern erst bei der Hinterlegungsstelle abholen muss (Näheres siehe § 376 BGB).

Zahlt der Käufer nicht, wird ihn der Verkäufer i. d. R. auf Abnahme des Kaufgegenstands verklagen und die Zahlung des Kaufpreises verlangen.

2. Selbsthilfeverkauf

Nicht hinterlegungsfähige Sachen (z. B. Maschinen) kann der Verkäufer nach rechtzeitiger Androhung[1] am *Leistungsort* öffentlich versteigern lassen, Sachen mit einem Börsen- oder Marktpreis freihändig verkaufen (Selbsthilfeverkauf). Der Erlös muss hinterlegt werden [§§ 372, 374, 376 II, 378 BGB; § 373 I HGB]. Die Hinterlegung des Erlöses hat, wenn

---

1 Die Androhung ist z. B. nicht erforderlich, wenn die Sache dem Verderb ausgesetzt ist **und** mit einem Aufschub der Versteigerung die Gefahr eines Untergangs oder einer Verschlechterung der Sache verbunden ist [§ 384 I BGB].

die Rücknahme des Erlöses ausgeschlossen ist, die Rechtswirkung der Hinterlegung der geschuldeten Sache selbst.

Ort und *Zeit* der Versteigerung sind dem Käufer vorher mitzuteilen. Käufer und Verkäufer können mitbieten. Den Minderlös zwischen Rechnungsbetrag und Versteigerungserlös hat der Käufer zu ersetzen, ein etwaiger Mehrerlös ist ihm herauszugeben. Bei leicht verderblichen Waren (z.B. Fische, Gemüse, Obst) kann die vorherige Mitteilung wegen des Zeitverlusts unterbleiben *(Notverkauf).* Waren mit einem Börsen- oder Marktpreis können freihändig (z.B. durch einen Makler) verkauft werden. Die Versteigerung muss jedoch ein *Gerichtsvollzieher* oder eine zu Versteigerungen befugte andere Person vornehmen [§§ 383ff. BGB; § 373 HGB].

3. Bestehen auf Abnahme

Der Verkäufer kann auch auf Abnahme bestehen und hierauf erforderlichenfalls klagen. Auch in diesem Fall wird er seinen Anspruch auf Ersatz der Kosten (z.B. Lagergeld, Wagenstandgeld) geltend machen.

4. Anspruch auf Ersatz der Mehraufwendungen

Alle Kosten, die durch Einlagerung, freihändigen Verkauf oder öffentliche Versteigerung entstehen, hat der Käufer zu tragen [§ 304 BGB].

> **Sonstige Wirkungen des Annahmeverzugs**
>
> - Die **Haftung des Verkäufers** wird eingeschränkt. Sie erstreckt sich nur noch auf *grobe Fahrlässigkeit* und *Vorsatz* [§ 300 I BGB]. Für leichte Fahrlässigkeit und Schäden durch höhere Gewalt haftet der Schuldner (Verkäufer) nicht mehr.
> - Beim **Gattungskauf** trägt der Gläubiger (Käufer) bei Nichtannahme der ordnungsgemäß angebotenen Ware die *Sachgefahr des zufälligen Untergangs* und der *zufälligen Verschlechterung der Ware* [§ 300 II BGB].
> - Werden **verzinsliche Geldschulden nicht angenommen,** sind vom Tage des Annahmeverzugs **keine Zinsen mehr zu bezahlen** [§ 301 BGB].
> - Außerdem geht bei gegenseitigen Verträgen (z.B. Kaufverträgen) die sogenannte **Vergütungsgefahr** (z.B. den Kaufpreis auch ohne Erhalt der Ware zahlen zu müssen) mit Eintritt des Annahmeverzugs auf den Gläubiger (Käufer) über [§ 326 II S. 1 BGB].

1.6.3.2 Abnahmeverzug

> **Begriff**

Nimmt ein Käufer die ihm ordnungsgemäß (vereinbarungsgemäß) angebotene Leistung nicht **ab** (= körperliche Hinwegnahme), so hat er seine Abnahmepflicht nach § 433 II BGB nicht erfüllt.

Der Abnahmeverzug ist ein **Schuldnerverzug**.

> Trifft den Käufer ein **Verschulden** [§§ 276ff. BGB] und war die **Mahnung** des Käufers durch den Verkäufer auf Abnahme erfolglos, dann kommt der Käufer in **Abnahmeverzug.**

1 Rechtliche Grundbegriffe

Bei kalendermäßig bestimmter oder bestimmbarer Leistungszeit oder wenn der Käufer z. B. die Abnahme ernsthaft und endgültig verweigert, bedarf es keiner Mahnung [§§ 242, 286 II BGB].

Rechte des Verkäufers

Nach Eintritt des Abnahmeverzugs kann der Verkäufer den Käufer z. B. auf **Abnahme verklagen** und/oder Ersatz des **Verzugsschadens** (Verspätungsschadens) fordern [§§ 280 I, II; 286 BGB].

Vom **Vertrag zurücktreten und/oder Schadensersatz statt der Leistung** verlangen kann der Verkäufer nur dann, wenn die **Abnahme** der Leistung eine **Hauptpflicht** (Hauptleistung) ist (was in der Regel nicht der Fall ist) wie z. B. beim Verkauf von Häusern auf Abbruch, beim Verkauf von Massengütern (z. B. Steine, Kies, Erze, Kohle) in größeren Mengen mit dem für den Käufer erkennbaren Zweck der Lagerräumung oder beim Verkauf von Abfallmaterialien. Außerdem muss die vom Verkäufer vorher zur Abnahme gesetzte angemessene Frist erfolglos abgelaufen sein. Die Fristsetzung ist z. B. entbehrlich, wenn der Käufer die Abnahme der Ware ernsthaft und endgültig verweigert oder wenn Umstände vorliegen, die unter Abwägung der beiderseitigen Interessen den sofortigen Rücktritt rechtfertigen [§§ 323; 280 I, II; 281; 286 BGB].

Zusammenfassung

- Der **Annahmeverzug** ist ein **Gläubigerverzug**.
- Beim Annahmeverzug kann der Verkäufer eines der folgenden **Rechte wählen**:

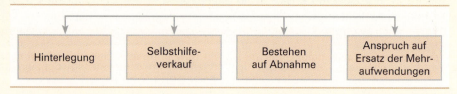

- Beim Annahmeverzug wird die **Haftung des Verkäufers** auf grobe Fahrlässigkeit und Vorsatz **eingeschränkt** [§ 300 I BGB].
- Der Annahmeverzug darf nicht mit dem **Abnahmeverzug** verwechselt werden.

ÜBUNGSAUFGABEN

1. Definieren Sie den Begriff Annahmeverzug!
2. Unter welchen Rechten kann der Verkäufer wählen, wenn der Kunde in Annahmeverzug gerät?
3. Erklären Sie die unterschiedliche Behandlung des Selbsthilfeverkaufs bei a) leicht verderblichen und b) unverderblichen Waren!
4. Herr Schulz, alleinstehend, hat sich einen Fernseher gekauft, der am 15. März geliefert werden soll. Vom 10. März bis 31. März befand sich Herr Schulz im Krankenhaus. Der Verkäufer stand am 15. März vor verschlossener Tür. Befindet sich Herr Schulz in Annahmeverzug?

1.6 Überblick über mögliche Vertragsstörungen und ihre Folgen am Beispiel des Kaufvertrags

1.6.4 Zahlungsverzug

Die 20-jährige Angestellte Inga Meyer hat ihrem Arbeitskollegen Kai Armbruster ihren gebrauchten Opel für 2 000,00 € verkauft und sofort übergeben. Der Kaufpreis soll am 24. Juli 20.. bezahlt werden. Trotz wiederholter Mahnungen hat Kai Armbruster bis zum 22. Aug. 20.. nicht gezahlt. Wegen dieser unterbliebenen Zahlung musste Inga Meyer zur Finanzierung ihres neuen Wagens bei einer Bank einen Kredit von 2 000,00 € zum Jahreszinsfuß von 8 % aufnehmen. In den nachfolgenden Ausführungen lesen Sie, welche Rechte Inga Meyer geltend machen kann.

Begriff Zahlungsverzug

Erfüllt ein Zahlungsschuldner (z. B. Käufer) die fällige[1] Zahlungsverpflichtung nicht rechtzeitig, nicht vollständig oder überhaupt nicht, so kommt er unter bestimmten Bedingungen in **Zahlungsverzug**.

Wirtschaftliches Unvermögen befreit den Zahlungsschuldner nicht von seiner Leistungspflicht. Die Geldschuld ist **keine Gattungsschuld,** sondern eine sogenannte **Wertverschaffungsschuld.** Bei einer Geldschuld wird keine Sache geschuldet, sondern eine „unkörperliche Vermögensmacht".

Voraussetzungen des Zahlungsverzugs

- Ist der Zahlungszeitpunkt gesetzlich oder vertraglich so (genau) bestimmt, dass hierdurch als Zahlungstermin ein **bestimmter Kalendertag** festgelegt ist, kommt der Zahlungsschuldner (z. B. der Käufer) unmittelbar nach dem Überschreiten des Zahlungstermins in Verzug [§ 286 II Nr. 1 BGB]. Eine Mahnung des Geldgläubigers (z. B. des Verkäufers) ist nicht erforderlich.

> **Beispiele:**
> In einem Kaufvertrag wurde festgelegt: „Der Kaufpreis ist bis zum 31. Mai d. J. zu überweisen." – In einem Mietvertrag steht: „Die Miete ist zu den Monatsletzten zu bezahlen."

- Eine Mahnung erübrigt sich auch dann, wenn sich der Zahlungstermin aufgrund eines (beliebigen) Ereignisses nach dem **Kalender berechnen** lässt und der Zahlungsschuldner (z. B. der Käufer) diesen Termin überschreitet [§ 286 II Nr. 2 BGB].

> **Beispiele:**
> In einem Kaufvertrag wurde vereinbart: „Der Kaufpreis ist binnen 10 Tagen nach Erhalt der Ware und Rechnungszugang zu entrichten." – Ein Darlehensvertrag enthält folgende Klausel: „Die erste Zinszahlung erfolgt einen Monat nach der Gutschrift des Darlehens auf dem Konto des Darlehensnehmers."

- Ist hingegen der Zahlungszeitpunkt **kalendermäßig nicht genau bestimmt** und auch **nicht berechenbar,** so kommt der Zahlungsschuldner (z. B. der Käufer) in Verzug, wenn er auf eine nach der Fälligkeit erfolgte **Mahnung** nicht zahlt. Der Zahlungsverzug tritt auch ein, wenn der Gläubiger rechtzeitig klagt oder dem Schuldner einen gerichtlichen **Mahnbescheid** (Kapitel 1.6.5.2) zukommen lässt.

---
1 Unter Fälligkeit einer Leistung versteht man den Zeitpunkt, von dem ab der Gläubiger eine Leistung (z. B. der Verkäufer die Kaufpreiszahlung, der Käufer die Übergabe und Übereignung der Kaufsache) verlangen kann.

1 Rechtliche Grundbegriffe

Verzichtet der Gläubiger auf eine Mahnung, so kommt der Schuldner einer **Entgeltforderung** spätestens **30 Tage nach Fälligkeit und Zugang einer Rechnung (oder einer gleichwertigen Zahlungsaufstellung) ohne Mahnung** („automatisch") **in Verzug**. Dies gilt gegenüber einem Schuldner, der **Verbraucher** ist, nur dann, wenn dieser auf die Folgen in der Rechnung oder Zahlungsaufstellung besonders hingewiesen worden ist [§ 286 III S. 1 BGB].

> **Beispiel:**
>
> Die Elektrogroßhandlung Strom e.K. erhält am 2. August 20.. von der Tele-AG Neustadt eine Rechnung über gelieferte Fernseher. Bei Nichtzahlung ist die Elektrogroßhandlung Strom e.K. spätestens am 2. September 20.. in Zahlungsverzug.

Wenn der Zeitpunkt des Zugangs der Rechnung oder der Zahlungsaufstellung unsicher ist, kommt der Schuldner, der nicht Verbraucher ist, spätestens 30 Tage nach Fälligkeit und Empfang der Gegenleistung (z. B. der Kaufsache) in Verzug [§ 286 III S. 2 BGB].

Der Schuldner kommt **nicht in Verzug,** solange die Zahlung infolge eines Umstands unterbleibt, den er nicht zu vertreten hat [§ 286 IV BGB].

Rechte des Gläubigers beim Zahlungsverzug

Befindet sich der Geldschuldner in Zahlungsverzug, kann der Gläubiger (z. B. der Verkäufer) folgende Rechte geltend machen:

1. Bestehen auf Zahlung

Der Gläubiger kann weiterhin die Zahlung fordern und gegebenenfalls den Schuldner (z. B. den Käufer) auf Zahlung verklagen.

2. Anspruch auf Verzugszinsen

Eine Geldschuld ist **während des Verzugs** zu verzinsen. Der Verzugszinssatz beträgt für das Jahr **fünf Prozentpunkte** über dem Basiszinssatz[1] [§§ 288 I, 247 BGB]. Bei Rechtsgeschäften, an denen ein **Verbraucher nicht beteiligt** ist (z. B. zweiseitigen Handelsgeschäften), beträgt der Zinssatz für Entgeltforderungen jährlich neun Prozentpunkte über dem Basiszinssatz [§§ 288 II, 247 BGB]. Bei zweiseitigen Handelsgeschäften besteht eine Verzinsungspflicht ab Fälligkeit [§ 353 HGB]. Der gesetzliche Jahreszinssatz mit Ausnahme der Verzugszinsen beläuft sich auf fünf Prozent [§ 352 HGB].

Wurde zwischen den Vertragspartnern ein höherer Zinssatz vereinbart oder musste der Gläubiger wegen des Verzugs einen Kredit zu einem höheren Zinssatz aufnehmen, kann er die höheren Zinsen verlangen [§ 288 III BGB]. Darüber hinaus kann der Gläubiger einen weiteren Schaden geltend machen [§ 288 IV BGB].

3. Rücktritt vom Vertrag

Der Gläubiger kann auch nach erfolglosem Ablauf einer angemessenen Frist wegen nicht oder nicht vertragsgemäßer Zahlung vom **Vertrag zurücktreten** [§ 323 I BGB].

---

[1] Der Basiszinssatz richtet sich nach dem jüngsten (letzten) Zinssatz der Europäischen Zentralbank (Kapitel 8.7.1.2) für ihre Hauptrefinanzierungsoperationen (Kapitel 8.7.3.2.2). Zurzeit (1. Halbjahr 2017) beträgt der Basiszinssatz –0,88 Prozent. Die Deutsche Bundesbank (Kapitel 8.7.1.4) gibt den Basiszinssatz jeweils zum 1. Januar und 1. Juli eines jeden Jahres bekannt [§ 247 BGB].

1.6 Überblick über mögliche Vertragsstörungen und ihre Folgen am Beispiel des Kaufvertrags

In diesem Fall haben die Vertragsparteien die bereits empfangenen Leistungen zurückzugewähren. Wurde z. B. bei einem Kaufvertrag die Kaufsache bereits übergeben, kann sie vom Verkäufer zurückgefordert werden [§ 346 I BGB]. Außerdem ist der Verkäufer berechtigt, zusätzlich noch Schadensersatz wegen Verzögerung der Leistung zu verlangen [§ 325 BGB].

4. Ablehnung der Zahlung und Schadensersatz statt der Leistung

Lehnt der Gläubiger nach erfolglosem Ablauf einer angemessenen Frist die Zahlung ab, so kann er **Schadensersatz statt der Leistung** fordern [§ 280 I, III, § 281 BGB].

> **Beispiel:**
> Ein Käufer zahlt nicht. Der Verkäufer nimmt die Ware zurück und verkauft sie zu einem niedrigeren Preis. Den Preisunterschied zuzüglich weiterer Verzugskosten hat der Käufer zu tragen.

Zusammenfassung

- Der Geldschuldner kommt bei Nichteinhaltung des Zahlungstermins ohne Mahnung in **Zahlungsverzug**, wenn der Zahlungstermin kalendermäßig genau bestimmt oder bestimmbar (berechenbar) ist [§ 286 II BGB]. Ist der Zahlungstermin kalendermäßig nicht genau bestimmt oder bestimmbar, kommt der Geldschuldner nach einer erfolglosen Mahnung in Verzug [§ 286 I BGB].

- Bei **Entgeltforderungen** kommt der Schuldner 30 Tage nach Fälligkeit und Zugang einer Rechnung oder einer gleichwertigen Zahlungsaufstellung in Verzug. Dies gilt gegenüber einem Schuldner, der **Verbraucher** ist, nur dann, wenn dieser auf die Folgen in der Rechnung oder in der Zahlungsaufstellung besonders hingewiesen worden ist [§ 286 III BGB].

- Im Falle des Zahlungsverzugs hat der Gläubiger ohne Fristsetzung das Recht auf **Verzugszinsen** und **Schadensersatz**. Nach erfolglosem Ablauf einer angemessenen Frist kann der Gläubiger vom **Vertrag zurücktreten** und **Schadensersatz** verlangen.

ÜBUNGSAUFGABEN

1. 1.1 Nennen Sie die Bedingungen, unter denen ein Schuldner in Zahlungsverzug kommt!
   1.2 Welche Rechtsfolgen hat der Zahlungsverzug?

2. Die Baumaschinenhandlung Noll e. K. erhält am 2. April folgende Rechnung: 44 000,00 € zuzüglich 19 % USt, zahlbar innerhalb 10 Tagen ab Rechnungsdatum mit 2 % Skonto oder 30 Tage netto Kasse. Rechnungsdatum ist der 1. April! Ist Noll in Zahlungsverzug, wenn
   2.1 Noll den Rechnungsbetrag abzüglich 2 % Skonto am 15. April überweist,
   2.2 Noll die Rechnung ohne Skonto am 2. Mai bezahlt hat?

3. Entscheiden Sie, ab wann ein säumiger Zahlungsschuldner bei folgenden Zahlungsterminen in Verzug kommt:
   3.1 sofort,
   3.2 20 Tage ab heute,
   3.3 am 20. April 20..,
   3.4 14 Tage ab Rechnungsdatum.

1 Rechtliche Grundbegriffe

4. Die Schreinerei Baumeister e. K. hat folgende Schuldner:

Kunden	Betrag	Rechnungs-datum	Rechnungs-eingang	Zahlungs-bedingung	Zahlungs-eingang
Frau Emilia Schneider, Lehrerin i. R.	1 620,00 €	16. Februar (Schaltjahr)	18. Februar	sofort nach Rechnungs-erhalt	31. März
Anni Moor OHG	24 300,00 €	1. März	2. März	3 % Skonto innerhalb 8 Tagen oder 4 Wochen nach Rechnungs-datum netto Kasse	15. Mai
Herr Anton Mai, Student	460,00 €	5. April	7. April	sofort nach Rechnungs-erhalt	31. Mai

Mit wie viel Euro Verzugszinsen kann die Schreinerei Baumeister e. K. die oben genannten Kunden belasten? Angenommen, der Basiszinssatz beträgt 2,57 %. Die Zinsen sind tagegenau zu berechnen. Die Verbraucher wurden auf die rechtlichen Folgen einer verspäteten Zahlung ausdrücklich hingewiesen.

5. Die Kalle & Knoll OHG liefert am 15. Juni an Herrn Rausch, Inhaber der Lebensmittelhandlung Rausch e. K. und an den Privatmann Kolb Waren im Wert von je 1 000,00 €. Die Waren gingen den Käufern am 18. Juni zu. Die Rechnungen lagen bei. Laut Zahlungsbedingungen, die Rausch und Kolb vor Vertragsabschluss bekannt waren, sind die Warenlieferungen bis zum 20. Juni zu bezahlen. Weder Rausch noch Kolb bezahlten. Nunmehr ist der 21. Juli.

5.1 Sind Rausch und Kolb in Verzug? (Antwort begründen!) Kolb wurde auf die rechtlichen Folgen einer verspäteten Zahlung ausdrücklich hingewiesen.

5.2 Die Kalle & Knoll OHG berechnet sowohl Rausch als auch Kolb Verzugszinsen in Höhe von 4 % für 30 Tage.
    5.2.1 Wie viel Euro sind das?
    5.2.2 Kann die Kalle & Knoll OHG ihre Kunden Rausch und/oder Kolb überhaupt mit Verzugszinsen belasten, wenn in den Zahlungsbedingungen hierüber keine Aussage gemacht wird? Wenn ja, mit wie viel Prozent und ab welchem Datum?

1.6.5 Mahnverfahren

1.6.5.1 Außergerichtliches Mahnverfahren

Die Mahnung bezweckt, den Kunden zur Erfüllung seiner Verpflichtung zu veranlassen, ohne dass das Gericht bemüht werden muss.

Es gibt keine gesetzlich vorgeschriebene Form der außergerichtlichen (kaufmännischen) Mahnung. Die meisten Mahnungen erfolgen jedoch aus Gründen der Beweissicherheit (Rechtssicherheit) in schriftlicher Form. In größeren Unternehmen werden für die erste Mahnung (Zahlungserinnerung) aus Gründen der Arbeitsvereinfachung meistens vorge-

1.6 Überblick über mögliche Vertragsstörungen und ihre Folgen am Beispiel des Kaufvertrags

druckte Mahnkarten oder Mahnbriefe verwendet. In diesen Formularen muss nur noch die Anschrift des Schuldners, die Bestellnummer (oder die Nummer der Auftragsbestätigung), der Zeitpunkt der Lieferung, der vereinbarte Zahlungstermin und die Unterschrift des Sachbearbeiters eingetragen werden. Manche Betriebe senden ihren säumigen Kunden eine **Rechnungskopie** zusammen mit einem vollständig vorgedruckten Mahnschreiben zu.

In der Praxis erfolgen die kaufmännischen Mahnungen im Allgemeinen in folgenden Stufen:

Erste Mahnung (Zahlungserinnerung)	Sie ist eine höfliche Erinnerung an die fällige Zahlung (meistens mit einer Rechnungskopie oder einem Kontoauszug), die häufig mit einem neuen Angebot verbunden wird.
Zweite Mahnung (ausdrückliche Mahnung)	In ihr wird ausdrücklich auf die Fälligkeit der Schuld (Zahlung) hingewiesen und eine *letzte* Zahlungsfrist gesetzt. Wie bei der „ersten Mahnung" können die entsprechenden Zahlungsformulare beigelegt werden.
Dritte Mahnung	In dieser Mahnung wird dem Schuldner unter Hinweis auf die ihm entstehenden zusätzlichen Kosten *angedroht,* die überfällige Zahlung durch eine *Nachnahme* oder ein *Inkassoinstitut* einziehen zu lassen, falls die Zahlung nicht innerhalb der nächsten Tage eingeht. In großen Unternehmen wird oft auch angedroht, die Rechtsabteilung einzuschalten. Geht die Zahlung nicht innerhalb einer intern festgelegten kurzen Frist von z. B. 3–6 Tagen ein, erfolgt der Einzug der Zahlung durch Nachnahme oder ein Inkassoinstitut.
Vierte Mahnung	Ist die Zahlung auch aufgrund der dritten Mahnung noch nicht erfolgt, hat der Schuldner eine Nachnahme nicht eingelöst oder die Zahlung an das Inkassoinstitut verweigert, so erfolgt eine letzte *verschärfte Mahnung* mit letzter Fristsetzung. In dieser wird eine *Klage* auf Zahlung oder ein *gerichtlicher Mahnbescheid* angedroht.

1.6.5.2 Gerichtliches Mahnverfahren

Mahnbescheid

Wenn das kaufmännische Mahnverfahren nicht zum Ziel geführt hat, wenn der Schuldner also nicht zahlt, kann der Gläubiger – in § 688 I ZPO *Antragsteller* genannt – den Erlass eines *Mahnbescheids* beantragen. Durch den Mahnbescheid wird der Schuldner, der als *Antragsgegner* bezeichnet wird, zur Zahlung aufgefordert. Der Zweck des Mahnbescheids ist, den Klageweg (= Prozess) zu vermeiden.

Der **Antrag auf Erlass eines Mahnbescheids** ist i. d. R. bei dem Amtsgericht zu stellen, in dessen Bezirk der Antragsteller seinen allgemeinen Gerichtsstand hat [§ 689 ZPO]. Der allgemeine Gerichtsstand einer natürlichen Person wird durch ihren Wohnsitz bestimmt. Bei Unternehmen (siehe Kapitel 1.7) und sonstigen Personenvereinigungen (z. B. Gesellschaften des bürgerlichen Rechts) befindet sich der allgemeine Gerichtsstand beim Amtsgericht ihres Sitzes.

Der Inhalt des Mahnantrags [§ 690 ZPO] und der Inhalt des Mahnbescheids [§ 692 ZPO] sind gesetzlich festgelegt.

1 Rechtliche Grundbegriffe

Hat der Antragsteller keinen inländischen allgemeinen Gerichtsstand, ist das Amtsgericht Berlin (Wedding) zuständig.

Das Mahnverfahren wird durch **zentrale Mahngerichte** in automatisierter (elektronischer) Form unter Verantwortung eines Rechtspflegers durchgeführt [§ 20 Nr. 1 RpflG[1]]. Die zentralen Mahngerichte wurden von den Bundesländern bzw. Ländergruppen eingerichtet (z. B. Baden-Württemberg: Amtsgericht Stuttgart, Niedersachsen: Amtsgericht Uelzen, Berlin und Brandenburg: Amtsgericht Berlin (Wedding), Rheinland-Pfalz und Saarland: Amtsgericht Mayen).

Auf den Mahnbescheid kann der Antragsgegner wie folgt reagieren:

1. **Er zahlt** den Rechnungsbetrag einschließlich Verzugszinsen, Mahnkosten und Gerichtskosten an den Antragsteller. Das Mahnverfahren ist beendet.

2. **Er erhebt schriftlich Widerspruch** innerhalb von *zwei Wochen* seit Zustellung des Mahnbescheids. Da die Widerspruchsfrist keine Ausschlussfrist ist, kann über diese Frist hinaus noch so lange gegen den Mahnbescheid widersprochen werden, wie noch kein Vollstreckungsbescheid verfügt ist. Die Folge des rechtzeitigen Widerspruchs ist – auf Antrag einer der beiden Parteien – der Übergang in das streitige Verfahren (= Gerichtsverhandlung = Prozess) [§§ 692 I Nr. 3 und 694 ZPO].

   Der Rechtsstreit wird von Amts wegen an das bereits im **Mahnantrag** genannte – auch örtlich endgültig zuständige – Gericht [§ 690 I Nr. 5 ZPO] abgegeben [§§ 696 I, 692 I ZPO]. Welches Gericht örtlich zuständig ist (z. B. der allgemeine Gerichtsstand des Wohnsitzes oder der besondere Gerichtsstand des Erfüllungsorts), ergibt sich aus den Rechtsvorschriften der ZPO über den Gerichtsstand [§§ 12 ff. ZPO].

   Die sachliche Zuständigkeit des Gerichts ist im § 23 Gerichtsverfassungsgesetz (GVG) geregelt. Danach ist bei vermögensrechtlichen Streitigkeiten (z. B. über Geld oder Geldwerte) grundsätzlich das Amtsgericht bis zu einem Streitwert von einschließlich 5 000,00 € zuständig, bei einem höheren Streitwert das Landgericht.

3. **Er unternimmt nichts.** Nach Ablauf der Widerspruchsfrist kann der Antragsteller beim Mahngericht den Antrag stellen, den Mahnbescheid für **vorläufig vollstreckbar** zu erklären.[2] Dies geschieht mittels des Vollstreckungsbescheids.[3] Ist kein Widerspruch erhoben worden und wird der Antrag auf Erlass eines Vollstreckungsbescheids nicht binnen **sechs Monaten** seit Zustellung des Mahnbescheids gestellt, verliert der Mahnbescheid seine Wirkung [§§ 699, 701 ZPO].

> **Vollstreckungsbescheid**

Der Vollstreckungsbescheid ist ein Vollstreckungstitel, der den Antragsteller (Gläubiger) zur Zwangsvollstreckung gegen den Antragsgegner (Schuldner) berechtigt [§ 794 I Nr. 4 ZPO]. Der Antrag auf Erlass eines Vollstreckungsbescheids muss stets gesondert gestellt werden. Der Vollstreckungsbescheid wird grundsätzlich von Amts wegen durch das Mahngericht zugestellt. Der Antragsteller erhält eine weitere vollstreckbare Ausfertigung des Bescheids. Diesen sogenannten Vollstreckungstitel benötigt er, um seine Forderung gegenüber dem Antragsgegner durchzusetzen und den Gerichtsvollzieher mit der Zwangsvollstreckung in das bewegliche Vermögen des Antragsgegners zu beauftragen.

---

1 RpflG = Rechtspflegergesetz.

2 Vorläufig vollstreckbar ist der Mahnbescheid bzw. der Vollstreckungsbescheid deshalb, weil sich der Antragsgegner noch durch das **Rechtsmittel** des **Widerspruchs** bzw. **Einspruchs** gegen die Vollstreckung wehren kann.

3 Unter Vollstreckung ist hier die Pfändung in das Vermögen des Antragsgegners (Schuldners) zu verstehen.

1.6 Überblick über mögliche Vertragsstörungen und ihre Folgen am Beispiel des Kaufvertrags

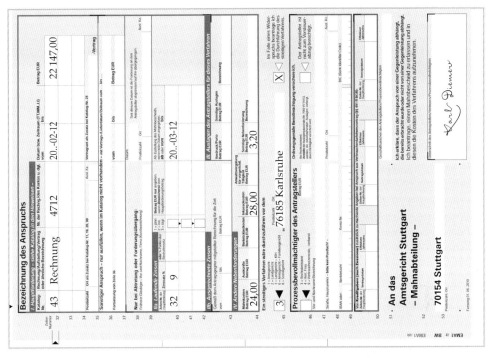

Antrag auf Erlass eines Mahnbescheids

1 Rechtliche Grundbegriffe

Um erfolglose Pfändungen zu vermeiden, hat der Gerichtsvollzieher das Recht, nach Ablauf einer zweiwöchigen Zahlungsfrist vom Antragsgegner eine **Vermögensauskunft** zu verlangen [§ 802a ZPO]. Das daraufhin erteilte Vermögensverzeichnis wird beim zentralen Vollstreckungsgericht des Landes hinterlegt. Ist die Vermögensauskunft nicht ausreichend, kann der Gerichtsvollzieher Auskünfte bei der Rentenversicherung, beim Bundeszentralamt für Steuern sowie beim Kraftfahrt-Bundesamt einholen.

Es besteht auch die Möglichkeit, sowohl einen Zwangsvollstreckungsauftrag und gleichzeitig die Abnahme der Vermögensauskunft zu verlangen.

Auf den Vollstreckungsbescheid kann der Antragsgegner wie folgt reagieren:

1. **Er zahlt.** Das gerichtliche Mahnverfahren ist beendet.
2. **Er erhebt Einspruch** innerhalb von zwei Wochen ab Zustellung des Vollstreckungsbescheids [§ 700 I i. V. m. §§ 338 f. ZPO]. Der rechtzeitige Einspruch des Antragsgegners führt ebenso wie der Widerspruch gegen den Mahnbescheid zum Prozess.
3. **Er unternimmt nichts.** Nach Ablauf der Einspruchsfrist hat der Antragsteller das Recht, den Gerichtsvollzieher mit der Pfändung zu beauftragen, falls diese nicht bereits bei der Zustellung des Vollstreckungsbescheids erfolgt war.

Zwangsvollstreckung

- Der Vollstreckungsbescheid ist, sofern er für vollstreckbar erklärt worden ist, neben den rechtskräftigen oder für vorläufig vollstreckbar erklärten Endurteilen [§§ 704 ff. ZPO][1] der wichtigste **Vollstreckungstitel** (siehe Kapitel 1.6.6). Die **Zwangsvollstreckung** wegen Geldforderungen kann in das bewegliche Vermögen und in Grundstücke (unbewegliches Vermögen) erfolgen.

- Bei **Geld, Wertpapieren** und **beweglichen Sachen** pfändet der Gerichtsvollzieher, indem er diese entweder in Besitz nimmt oder mit einem Pfandsiegel versieht und damit als gepfändet kennzeichnet (z. B. einen Schrank, eine Musikanlage) [§ 808 ZPO]. **Geld** wird unmittelbar zur Befriedigung des Gläubigers „verwertet" [§ 815 ZPO]. Die sonstigen beweglichen Sachen werden durch den Gerichtsvollzieher **öffentlich versteigert** [§ 814 ZPO].

- Die **Zwangsvollstreckung in das unbewegliche Vermögen** kann durch Eintragung einer **Sicherungshypothek (Zwangshypothek)**, durch Zwangsversteigerung und Zwangsverwaltung erfolgen [§ 866 ZPO].

- Die **Pfändung in Forderungen** erfolgt durch einen sogenannten Pfändungs- und Überweisungsbeschluss des Vollstreckungsgerichts [§§ 828 ff., 846, 857 I ZPO]. Die Verwertung der Forderung besteht in der Überweisung der gepfändeten Forderung an den Gläubiger auf Beschluss des Vollstreckungsgerichts.

- Bestimmte bewegliche Sachen sind **unpfändbar,** um die wirtschaftliche Existenz des Schuldners nicht zu gefährden, z. B. Kleidungsstücke, Wäsche, Betten, Haus- und Küchengeräte (Näheres siehe § 811 Nr. 1 und 2 ZPO). Unpfändbar sind auch Gegenstände, die der Erwerbstätigkeit des Schuldners dienen [§ 811 Nr. 5 ZPO], z. B. das Auto eines Taxifahrers. Auch bei einer Zwangsvollstreckung in Forderungen besteht **Schuldnerschutz**. So sind z. B. **Arbeitseinkommen nur beschränkt pfändbar** (Näheres siehe §§ 850 c, 850 e Nr. 1 ZPO).

---

[1] Rechtskräftig ist ein Urteil, wenn es nicht oder nicht mehr durch ein sogenanntes Rechtsmittel (z. B. durch Berufung [§§ 511 ff. ZPO] oder Revision [§§ 545 ff. ZPO]) rechtswirksam (erfolgreich) angefochten werden kann.

1.6 Überblick über mögliche Vertragsstörungen und ihre Folgen am Beispiel des Kaufvertrags

Zusammenfassung

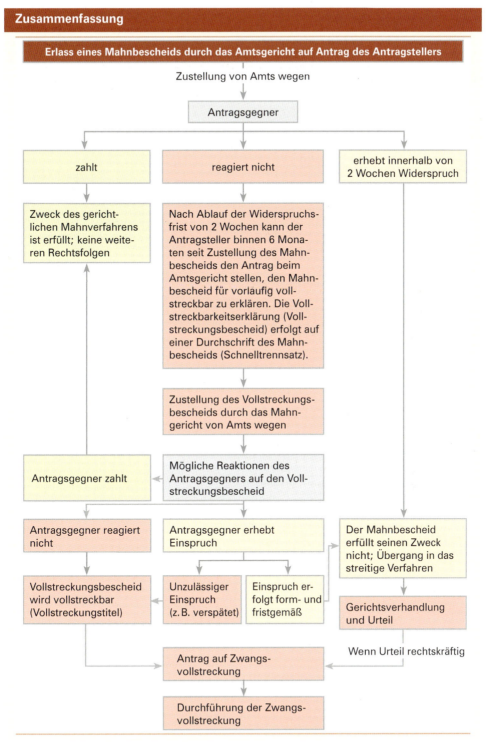

1.6.6 Streitiges Verfahren[1]

Wie wir gesehen haben, kann der Widerspruch gegen den Mahnbescheid bzw. der Einspruch gegen den Vollstreckungsbescheid zum streitigen Verfahren führen (Gerichtsverfahren, Prozess). Falls ein Gläubiger von vornherein der Meinung ist, dass das gerichtliche Mahnverfahren *nicht* zum Ziel führt, kann er *sofort* Klage erheben.

Zuständigkeit der Gerichte

Sachliche Zuständigkeit	Sachlich zuständig für die Klageerhebung bei vermögensrechtlichen Streitigkeiten über Ansprüche auf Geld oder Geldwerte ist in der Regel das Amtsgericht, sofern der Streitwert nicht mehr als 5 000,00 € beträgt, andernfalls das Landgericht [§ 23 GVG]. Vor dem Amtsgericht können sich die Parteien selbst vertreten. Vor dem Landgericht müssen sich die Parteien durch Rechtsanwälte vertreten lassen (Anwaltszwang). Dies schließt nicht aus, dass das Landgericht nicht auch das persönliche Erscheinen der Parteien zulässt oder anordnet.
Örtliche Zuständigkeit	Örtlich zuständig ist in der Regel das Prozessgericht, in dessen Bezirk der *Beklagte* seinen Geschäfts- oder Wohnsitz hat (allgemeiner Gerichtsstand) [§§ 12 ff. ZPO]. Sind beide Parteien Kaufleute, kann ein vom allgemeinen Gerichtsstand abweichender Gerichtsstand vereinbart werden. Sind *nicht* beide Parteien Kaufleute, kann nur dann ein vom allgemeinen Gerichtsstand abweichender Gerichtsstand vereinbart werden, wenn im Fall von Streitigkeiten die Ansprüche im Wege des gerichtlichen Mahnverfahrens geltend gemacht werden sollen [§ 38 sowie § 29 ZPO].

Gerichtsverfahren

Das Gericht setzt nach Prüfung der Klage, die schriftlich (beim Amtsgericht auch mündlich) erhoben wird, den Termin zur mündlichen Verhandlung fest, der dem Kläger und dem Beklagten in der *Klageschrift* mitgeteilt wird. In der Gerichtsverhandlung kommen beide Parteien zu Wort. Während der Beweisaufnahme werden die Urkunden eingesehen, Zeugen vernommen (Eidesleistung) und eventuell Sachverständige gehört. Ist die Beweisaufnahme abgeschlossen – oft sind mehrere Termine erforderlich –, wird das *Urteil* verkündet. Eine Beendigung des Verfahrens ist auch durch *Vergleich* oder *Zurücknahme* der Klage möglich [§§ 128 ff., 239 f., 253 ff. ZPO].

Erscheint eine Partei nicht zum Termin, ergeht ein *Versäumnisurteil* zugunsten der anwesenden Partei [§§ 330 ff. ZPO].

Ein Gerichtsurteil wird *rechtskräftig* (vollstreckbar), wenn es weder durch Berufung noch durch Revision (= Rechtsmittel) erfolgreich angefochten werden kann, Kläger und Beklagter z. B. auf Berufung bzw. Revision verzichten oder die Berufungs- bzw. Revisionsfrist abgelaufen ist.

Berufung und Revision

Sind Kläger und/oder Beklagter mit dem Urteil unzufrieden, so kann der in der *Klageinstanz* begonnene Rechtsstreit beim übergeordneten Gericht als *Berufungsinstanz* fort-

---

[1] Durch Landesgesetze kann bestimmt werden, dass die Erhebung einer Klage erst zulässig ist, nachdem von einer durch die Landesjustizverwaltung eingerichteten oder anerkannten „Gütestelle" versucht worden ist, die Streitigkeit einvernehmlich beizulegen. Bei vermögensrechtlichen Streitigkeiten vor dem Amtsgericht gilt dies z. B. bei Ansprüchen, die den Wert von 750,00 € nicht übersteigen (Näheres siehe § 15a I EGZPO).

1.6 Überblick über mögliche Vertragsstörungen und ihre Folgen am Beispiel des Kaufvertrags

gesetzt werden. Wurde der Rechtsstreit beim *Amtsgericht* begonnen, erfolgt die Berufungsverhandlung beim *Landgericht*. War das Prozessgericht jedoch das Landgericht, ist das *Oberlandesgericht* Berufungsinstanz. *Berufung* bedeutet, dass ein Tatbestand von Neuem untersucht wird (Näheres siehe §§ 59ff., 115ff. GVG, §§ 511ff. ZPO). Bei vermögensrechtlichen Streitigkeiten ist jedoch eine Berufung grundsätzlich nur möglich, wenn der Streitwert mehr als 600,00 € beträgt [§ 511a II ZPO].

Beruht eine Entscheidung des Oberlandesgerichts auf der Verletzung des Bundesrechts oder einer Vorschrift, deren Geltungsbereich sich über den Bereich des Oberlandesgerichts hinaus erstreckt, kann beim *Bundesgerichtshof* in Karlsruhe *Revision* eingelegt werden. Eine Revision findet jedoch nur statt, wenn das Oberlandesgericht sie in seinem Urteil zugelassen hat, z. B. wenn der Rechtsstreit grundsätzliche Bedeutung hat. Bei der Revision wird der Tatbestand *nicht* mehr neu untersucht und geprüft. Die Tatsachen werden als gegeben betrachtet. Aufgabe des Revisionsgerichts ist es vielmehr, das Urteil des Oberlandesgerichts in rechtlicher Hinsicht zu prüfen (Näheres siehe §§ 545ff. ZPO und §§ 115ff., 123ff. GVG).

Zusammenfassung

- Die nachstehende Abbildung zeigt den **Instanzenaufbau** der **ordentlichen Gerichtsbarkeit** am Beispiel der **Zivilgerichtsbarkeit**.[1]

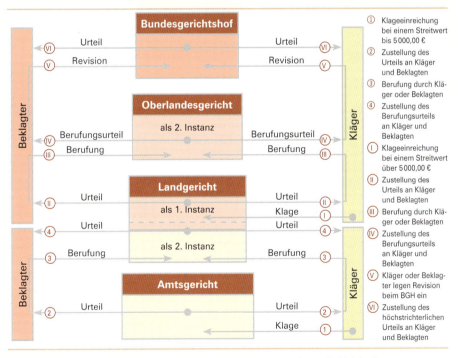

Weitere Informationen finden Sie z. B. unter www.gesetzesweb.de und www.bgbl.de im Internet.

---

1 Zur ordentlichen Gerichtsbarkeit gehört auch die **Strafgerichtsbarkeit**. Sogenannte **besondere Gerichtsbarkeiten** sind z. B. die Arbeits-, Sozial- und Finanzgerichtsbarkeit.

Übungsaufgaben

1. Welchen Zweck verfolgt das kaufmännische (außergerichtliche) Mahnverfahren?
2. Beschreiben Sie die „Stufen" des kaufmännischen (außergerichtlichen) Mahnverfahrens!
3. Welchen Zweck verfolgt das gerichtliche Mahnverfahren?
4. Schildern Sie den Ablauf des gerichtlichen Mahnverfahrens!
5. Unter welchen Bedingungen wird der Gläubiger nicht das gerichtliche Mahnverfahren in Anspruch nehmen, sondern den Schuldner sofort verklagen?
6. Schildern Sie den Instanzenaufbau der ordentlichen Gerichtsbarkeit!
7. Die Großhandlung Schulz e.K. in Freiburg hat eine Forderung aus Warenlieferungen über 3 340,00 € an das Lebensmittelgeschäft Klein e.Kfm. in Karlsruhe. Das Lebensmittelgeschäft Klein e.Kfm. zahlte trotz mehrmaliger Mahnungen nicht. Über den Gerichtsstand (Gerichtsort) wurde nichts vereinbart. An welchem Gericht muss die Großhandlung Schulz e.K. klagen?

1.6.7 Verjährung

1.6.7.1 Begriff Verjährung

Durch die kaufmännische (außergerichtliche) Mahnung kann der Gläubiger den Schuldner zwar in Verzug setzen, sofern der Fälligkeitstermin kalendermäßig nicht genau bestimmt oder nicht berechenbar ist. Die Verjährung einer Forderung kann hierdurch jedoch nicht verhindert werden.

> Unter **Verjährung** versteht man den Ablauf der Frist, innerhalb der ein Anspruch erfolgreich **gerichtlich** geltend gemacht werden kann.[1] Ein Anspruch im Sinne des BGB ist das Recht, von einem **anderen** (z.B. Verbraucher, Unternehmer) ein **Tun** oder **Unterlassen** verlangen zu können [§ 194 I BGB].

Die Verjährung bedeutet nicht, dass der Anspruch nach vollendeter Verjährung erloschen ist. Dem Schuldner wird nach Ablauf der Verjährungsfrist gesetzlich lediglich das Recht eingeräumt, sich nach seinem freien Ermessen auf die vollendete Verjährung zu berufen und die Leistung zu verweigern (Leistungsverweigerungsrecht nach § 214 I BGB). Er hat das Recht zur „Einrede der Verjährung". Erfüllt ein Schuldner also einen bereits verjährten Anspruch, kann er die Leistung *nicht* mehr erfolgreich zurückfordern [214 II BGB]. Die Verjährung dient vor allem der Rechts- und Beweissicherheit und übt einen Druck auf eine möglichst schnelle und reibungslose Abwicklung der Rechtsgeschäfte aus.

---

1 Nach Eintritt der Verjährung ist dies z.B. nur noch dann möglich, wenn der Gläubiger den Schuldner verklagt, der Beklagte während der Gerichtsverhandlung die Einrede der Verjährung unterlässt und der Beklagte z.B. zur Zahlung verurteilt wird. Der Richter muss die Verjährung von Amts wegen nicht berücksichtigen.

1.6.7.2 Verjährungsfristen

Regelmäßige Verjährungsfrist

Die regelmäßige Verjährungsfrist beträgt drei Jahre [§ 195 BGB]. Sie gilt, wenn keine besonderen gesetzlichen oder vertraglichen Verjährungsfristen bestehen. Die dreijährige Verjährungsfrist beginnt mit dem Ende des Jahres, in dem der Anspruch entstanden ist (objektives Kriterium)[1] **und** der Gläubiger von den Umständen, die den Anspruch begründen, sowie der Person des Schuldners Kenntnis erlangt oder ohne grobe Fahrlässigkeit erlangen müsste (subjektives Kriterium)[2] [§ 199 I BGB].

Beispiel 1:

Am 16. März 17 kauft Luis Blank beim Elektrogeschäft Strom KG eine Musikanlage, zahlbar Ende März. Luis Blank zahlt nicht. Da der Anspruch der Strom KG am 31. März 17 entstanden ist (die Geldschuld von Luis wurde Ende März fällig) und die Strom KG Kenntnis davon hat, dass ihr der Anspruch zusteht und wer der Schuldner ist, beginnt die Verjährung gemäß § 199 I BGB mit Ablauf des 31. Dezember 17. Die Verjährung ist – sofern die Strom KG nichts anderes unternimmt – nach drei Jahren, also am 31. Dezember 20 (24:00 Uhr) vollendet.

Beispiel 2:

Luis Blank gibt dem Elektrofachgeschäft Strom KG eine falsche Adresse an und zahlt nicht. Erst am 15. Mai 26 ermittelt die Polizei die richtige Adresse des unehrlichen Käufers. Der Anspruch der Strom KG ist am 1. Januar 21 noch nicht verjährt, weil sie von der Person des Schuldners erst am 15. Mai 23 Kenntnis erhielt. Die Forderung verjährt erst Ende 26, also drei Jahre nach Entstehung **und** Kenntnis.

Höchstfristen

Um zu verhindern, dass sich die Verjährung „endlos" hinausschiebt, setzt das Gesetz Höchstfristen fest, nach deren Ablauf die Verjährung unabhängig von der Anspruchsentstehung oder Anspruchskenntnis eintritt [§ 199 II, III, IV BGB].

Beispiele:

Würde Luis z. B. erst im Januar 25 gefunden, würde die Forderung gegen ihn nicht nach weiteren 3 Jahren, sondern **ohne** Rücksicht auf die Kenntnis in 10 Jahren von ihrer Entstehung an, also am 31. März 27 verjähren [§ 199 III S. 1 Nr. 1 BGB].

Die infrage kommenden **Höchstfristen** richten sich danach, welches Rechtsgut verletzt wurde:

- In **30 Jahren** verjähren Schadensersatzansprüche aus der Verletzung des Lebens, des Körpers, der Gesundheit oder der Freiheit von Personen ohne Rücksicht auf ihre Entstehung und die Kenntnis oder grob fahrlässige Unkenntnis. Die Verjährung beginnt mit der Handlung, der Pflichtverletzung oder dem sonstigen, den Schaden auslösenden Ereignis [§ 199 II BGB].

---

1 Objektiv (lat.) = sachlich, nicht an persönliche Bedingungen oder Ansichten gebunden.
2 Subjektiv (lat.) = parteiisch, an persönliche Bedingungen oder Ansichten gebunden.

1 Rechtliche Grundbegriffe

- **Sonstige Schadensersatzansprüche**, z. B. wegen Verletzung des Eigentums oder des Vermögens, verjähren
  - in **10 Jahren** von ihrer **Entstehung** ohne Rücksicht auf Kenntnis oder grob fahrlässige Unkenntnis,
  - spätestens in 30 Jahren von der **Begehung der Handlung, der Pflichtverletzung** oder dem den **Schaden auslösenden Ereignis** an ohne Rücksicht auf die Entstehung und die Kenntnis oder grob fahrlässige Unkenntnis.

Maßgeblich ist die Verjährungsfrist, die am ehesten endet [§ 199 III S. 2 BGB].

> **Beispiel 1:**
>
> Im Jahr 17 bauen die Eheleute Emma und Max Seefelder ein Mehrfamilienhaus an einem Südhang. Zur gleichen Zeit wird oberhalb ihres Grundstücks ein Wohnweg mit einer Stützmauer so unsachgemäß errichtet, dass die Mauer im Jahr 22 teilweise einstürzt und die Nordseite des Hauses des Ehepaars Seefelder erheblich beschädigt.
>
> Die Nachforschungen der Eheleute Seefelder ergeben am 31. August 22, dass die Mauer von der Straßenbau Moser GmbH errichtet wurde. Die Hauseigentümer können von der Moser GmbH Schadensersatz verlangen, denn sie erlangen erst im Jahr 22 von den unsachgemäßen Arbeiten und vom ausführenden Unternehmen Kenntnis. Ihr Anspruch verjährt erst nach 10 Jahren von der Entstehung des Anspruchs an, also am 31. August 32 [§ 199 II BGB].

> **Beispiel 2:**
>
> Angenommen, die Mauer stürzt erst im Jahr 49 ein und das Ehepaar möchte die noch existierende Straßenbau Moser GmbH in Anspruch nehmen.
>
> In diesem Fall ist der Anspruch der Eheleute Seefelder verjährt, denn der Schadensersatzanspruch ist ohne Rücksicht auf die Entstehung und die Kenntnis oder grob fahrlässige Unkenntnis verjährt. Die Verjährung begann im Jahr 17 mit dem unsachgemäßen Bau der Stützmauer (der Pflichtverletzung) und endet nach 30 Jahren im Jahr 47 [§ 199 III BGB].

- In **10 Jahren** verjähren andere Ansprüche als Schadensersatzansprüche, wie z. B. vertragliche Erfüllungsansprüche, Ansprüche aus Rückgewährschuldverhältnissen und aus dem Bereicherungsrecht ohne Rücksicht auf Kenntnis oder grob fahrlässige Unkenntnis. Die Verjährung beginnt mit der Entstehung des Anspruchs [§ 199 IV BGB].

Sondertatbestände

Neben der Regelverjährung gibt es noch weitere Verjährungsfristen. Zu diesen gehören die bereits im Kapitel 1.6.1.1 besprochenen Verjährungsfristen aus dem Kaufvertragsrecht.

1.6 Überblick über mögliche Vertragsstörungen und ihre Folgen am Beispiel des Kaufvertrags

Die folgende Übersicht zeigt eine Auswahl wichtiger Verjährungsfristen des BGB.

Wichtige Verjährungsfristen	
3 Jahre (regelmäßige Verjährungsfrist [§ 195 BGB]) Die Verjährung beginnt am Ende des Jahres, in dem der **Anspruch entstanden** ist und der Gläubiger von den den Anspruch begründenden Umständen und der Person des Schuldners **Kenntnis** erlangt oder **ohne grobe Fahrlässigkeit** erlangen müsste [§ 199 I BGB]. Wüsste der Gläubiger nichts von seinem Anspruch, verjährt dieser in 10 Jahren von seiner Entstehung an.	▪ Alle Ansprüche, wenn keine besonderen Verjährungsfristen bestehen; ▪ rechtsgeschäftliche Ansprüche im Sinne des § 311 BGB; ▪ Ansprüche aus Mängeln an einer beweglichen Kaufsache, wenn der Verkäufer den Mangel arglistig verschwiegen hat [§ 438 III BGB]; ▪ Ansprüche aus künftig regelmäßig wiederkehrenden Leistungen aus familien- und erbrechtlichen Ansprüchen sowie aus gerichtlich festgestellten Ansprüchen (z. B. regelmäßig wiederkehrende Ansprüche aus Gerichtsurteilen und aus aufgrund eines Insolvenzverfahrens[1] vollstreckbar gewordene Ansprüche) [§ 197 II BGB].
2 Jahre [§ 438 I BGB] Die Gewährleistungsfrist (Verjährungsfrist) beginnt mit der **Ablieferung** einer beweglichen Kaufsache bzw. mit der **Übergabe** des Werks.	▪ Die meisten Gewährleistungsansprüche aus Kauf- und Werkverträgen.
5 Jahre [§ 438 I BGB] Die Gewährleistungsfrist (Verjährungsfrist) beginnt mit der **Ablieferung** der beweglichen Kaufsache bzw. mit der **Übergabe** bei Grundstücken.	▪ Ansprüche bei Mängeln an einem Bauwerk oder an Sachen, die für ein Bauwerk verwendet worden sind und dessen Mangelhaftigkeit verursacht haben.
10 Jahre [§§ 196, 199 IV BGB] Die Verjährungsfrist beginnt mit der **Entstehung des Anspruchs** [§ 199 IV BGB].	▪ Ansprüche aus Rechten an einem Grundstück (z. B. Anspruch auf Übertragung des Eigentums oder Aufhebung des Rechts an einem Grundstück); ▪ sonstige Schadensersatzansprüche, soweit sie nicht der 30-jährigen Verjährung unterliegen, **ohne** Rücksicht auf die **Kenntnis** oder **grob fahrlässige Unkenntnis** des Gläubigers.[2]
30 Jahre [§§ 197, 199 BGB] Jeweiliger Beginn: Entstehung des Anspruchs Fälligkeit des Anspruchs Rechtskraft der Entscheidung Ohne Rücksicht auf ihre Entstehung von der Begehung der Handlung, Pflichtverletzung oder dem den Schaden auslösenden Ereignis an [§ 199 III BGB].	Soweit nichts anderes bestimmt ist, gilt die 30-jährige Verjährungsfrist in folgenden Fällen: ▪ Herausgabeansprüche aus Eigentum und anderen dinglichen Rechten; ▪ familien- und erbrechtliche Ansprüche; ▪ rechtskräftig festgestellte Ansprüche; ▪ Schadensersatzansprüche, die auf der Verletzung des Lebens, der Gesundheit oder der Freiheit beruhen; ▪ sonstige Schadensersatzansprüche, soweit sie nicht der 10-jährigen Verjährung unterliegen, ohne Rücksicht auf die **Entstehung** und die **Kenntnis** oder **grob fahrlässige Unkenntnis** (Höchstfrist).[2]

---

1 Insolvenz = Zahlungsunfähigkeit. Das Insolvenzverfahren wird ausführlich im Kapitel 4.7.4 besprochen.
2 Sonstige Schadensersatzansprüche verjähren somit in 10 Jahren von der Entstehung des Anspruchs an oder in 30 Jahren vom Schaden auslösenden Ereignis an; es gilt jeweils die früher endende Frist [§ 199 III S. 2 BGB].

1.6.7.3 Hemmung der Verjährung

> Die **Hemmung** bewirkt, dass der Ablauf der Verjährung für eine bestimmte Zeit *aufgehalten* wird.

Bei der Hemmung wird also der Zeitraum, während dessen die Verjährung gehemmt ist, nicht in die Verjährungsfrist eingerechnet [§ 209 BGB]. Der Ablauf der Verjährung wird z. B. gehemmt

- durch schwebende Verhandlungen zwischen Schuldner und Gläubiger über den Anspruch, bis ein Verhandlungspartner die Fortsetzung der Verhandlungen verweigert. Die Verjährung tritt frühestens drei Monate nach dem Ende der Hemmung ein [§ 203 BGB];
- durch die Rechtsverfolgung eines Anspruchs, z. B. durch Erhebung einer Leistungsklage, durch Zustellung des Mahnbescheids im gerichtlichen Mahnverfahren und durch die Anmeldung des Anspruchs im Insolvenzverfahren (Näheres siehe § 204 I BGB). Die Hemmung endet sechs Monate nach der rechtskräftigen Entscheidung. Sie beginnt erneut, wenn eine der Parteien das Verfahren weiter betreibt (z. B. in Berufung geht) [§ 204 II BGB];
- durch eine Vereinbarung des Schuldners mit dem Gläubiger, dass er vorübergehend (während der Stundung einer Forderung) zur Verweigerung der Leistung berechtigt ist [§ 205 BGB];
- durch höhere Gewalt, wenn der Gläubiger während der letzten sechs Monate der Verjährungsfrist an der Rechtsverfolgung gehindert ist [§ 206 BGB].

1.6.7.4 Neubeginn der Verjährung

> Beim **Neubeginn** der Verjährung wird die bereits abgelaufene Verjährungszeit nicht angerechnet.

Die Verjährung beginnt erneut, wenn

- der Schuldner den Anspruch dem Gläubiger gegenüber durch Abschlagszahlung, Zinszahlung, Sicherheitsleistung oder in anderer Weise (z. B. durch Bitte um Stundung) anerkennt [§ 212 I Nr. 1 BGB] oder
- eine gerichtliche oder behördliche Vollstreckungshandlung vorgenommen oder beantragt wird [§ 212 I Nr. 2 BGB], wie dies z. B. im Rahmen des gerichtlichen Mahnverfahrens der Fall sein kann (siehe Kapitel 1.6.5.2).

Zusammenfassung

- Nach Ablauf einer **Verjährungsfrist** kann ein Anspruch nicht mehr erfolgreich gerichtlich geltend gemacht werden.
- Während der **Hemmung** wird der Ablauf der Verjährung aufgehalten.
- Beim **Neubeginn der Verjährung** wird die bereits abgelaufene Verjährungszeit nicht angerechnet.

1.6 Überblick über mögliche Vertragsstörungen und ihre Folgen am Beispiel des Kaufvertrags

ÜBUNGSAUFGABEN

1. Wann verjähren folgende Forderungen?
   1.1 Der Installateur Petersen repariert am 18. Mai 01 in Ihrer Wohnung einen Wasserhahn. Die Rechnung erhalten Sie am 24. Mai 01 mit dem ausdrücklichen Hinweis auf die rechtlichen Folgen einer verspäteten Zahlung.
   1.2 Verkauf eines Fahrrades durch das Fahrradgeschäft Flott e. K. an Franziska Schnell am 15. Mai 02. Frau Schnell versprach, den Rechnungsbetrag am folgenden Tag bar zu bezahlen. Am 30. Mai hatte sie immer noch nicht bezahlt. Flott schickte daher am 1. Juni eine Mahnung mit der Bitte um sofortige Zahlung.
   1.3 Verkauf von 100 Eiern durch Landwirt Bühler an das Kaufhaus Kraus GmbH am 31. März 01. Die Rechnung wurde der Lieferung beigelegt.
   1.4 Miete für ein Motorboot, fällig am 31. August 00, vermietet von Privatmann Mack an Familie Tscheulin.
   1.5 Herr Maler kauft am 10. Juli 02 von einem Bekannten ein gebrauchtes Fahrrad. Er bezahlt mit einem ungedeckten Scheck.
   1.6 Frau Hempel steht aus einem rechtskräftigen Urteil vom 1. September 01 eine Schadensersatzleistung von 2 000,00 € zu.
   1.7 Verkauf von Küchenmaschinen durch die Großhandlung Scheurer OHG an das Einzelhandelsgeschäft Irma Blum e. Kfr. für 2 900,00 €; Zahlung fällig am 15. August 01.

2. Im Jahr 02 wurden in unmittelbarer Nähe des Grundstücks des Ehepaars Lotta und Moritz Maier Kanalarbeiten vorgenommen. Dadurch wurde der Untergrund an der Grundstücksgrenze derart verändert, dass im Jahr 05 ein großer Teil der Gartenmauer einstürzte. Ein vom Ehepaar Maier sofort nach der Entdeckung des Schadens bestellter Gutachter stellte fest, dass die Kanalarbeiten von der Neustädter Straßenbau AG unsachgemäß durchgeführt worden waren. Das Ehepaar Maier verlangt von der Neustädter Straßenbau AG Schadensersatz.
   2.1 Wann verjährt der Schadensersatzanspruch?
   2.2 Wie ist die Rechtslage, wenn die Mauer erst im Jahr 35 einstürzt?

3. Unterscheiden Sie zwischen Hemmung und Neubeginn der Verjährung (Gründe, Rechtswirkungen)!

4. Die Biehler Baustoffhandel KG in Nagold lieferte am 20. April 01 einem Tapezier- und Polstergeschäft Nadelfilz zum Preis von 12 300,00 €. Die Rechnung lag der Warensendung bei. Zahlungsbedingung: „Zahlbar sofort nach Rechnungserhalt."
   4.1 Wann verjährt diese Forderung?
   4.2 Welche Folgen hat die Verjährung für den Gläubiger?
   4.3 Welche Maßnahmen muss die Biehler Baustoffhandel KG ergreifen, um den Neubeginn der Verjährung zu bewirken?

5. Wann ist im folgenden Fall die Forderung verjährt? (Genaues Datum angeben!)
   Das Textilwarengeschäft Lena Mayer e. Kfr. in Sindelfingen hat gegenüber einer Privatkundin aus dem Verkauf eines pelzgefütterten Wintermantels eine Forderung in Höhe von 2 040,00 €, fällig seit dem 6. November 01. Die Kundin leistet am 15. Januar 02 eine Teilzahlung von 800,00 €. Am 30. März 02 bittet die Kundin schriftlich, ihr den Restbetrag zu stunden. Das Textilwarengeschäft Lena Mayer e. Kfr. kommt ihrer Bitte nach und stundet diese Forderung für zwei Monate.

6. Ein Anspruch der Karl Großmann GmbH gegen die Friedrich Kleiner OHG würde am 1. Juli 02 eintreten. Die Parteien haben jedoch den ganzen Juni über den Umfang des Anspruchs verhandelt. Am 30. Juni verweigert die Karl Großmann GmbH weitere Gespräche. Wann tritt die Verjährung ein?

1.7 Unternehmensformen

1.7.1 Rechtliche und wirtschaftliche Grundlagen

1.7.1.1 Handelsregister

Das *Handelsregister* ist ein amtliches Verzeichnis, das über wichtige Rechtsverhältnisse der Unternehmen Auskunft gibt. Es wird – ebenso wie das Genossenschafts- und das Partnerschaftsregister – vom Amtsgericht elektronisch geführt.

Die Landesregierungen sind ermächtigt, durch Rechtsverordnungen die Führung des Handelsregisters für mehrere Amtsgerichtsbezirke einem Amtsgericht zu übertragen, wenn dies einer schnelleren und rationelleren Führung des Handelsregisters dient [§ 376 II FamFG].[1] Rechtsgrundlage ist das Gesetz über elektronische Handels- und Genossenschaftsregister sowie das Unternehmensregister (EHUG).

Das *Unternehmensregister* enthält u. a. alle gesetzlich vorgeschriebenen Bekanntmachungen der Unternehmen, in die jedermann Einblick nehmen kann *(www.unternehmensregister.de)*.

Das Handelsregister hat die Aufgabe, der Öffentlichkeit (z. B. den Lieferanten, Kunden, Kapitalgebern) die Rechtsverhältnisse der eingetragenen Unternehmen zugänglich zu machen. Die Einsichtnahme kann „vor Ort" oder über das Internet *(www.justiz.de)* erfolgen.

Das Handelsregister besteht aus **zwei Abteilungen** [§ 3 I HRV]:

Abteilung A [§ 3 II HRV]	Abteilung B [§ 3 III HRV]
■ Einzelkaufleute ■ offene Handelsgesellschaften ■ Kommanditgesellschaften	■ Aktiengesellschaften ■ Kommanditgesellschaften auf Aktien ■ Gesellschaften mit beschränkter Haftung ■ Versicherungsvereine auf Gegenseitigkeit

Jeder Kaufmann[2] ist zur Eintragung ins Handelsregister verpflichtet. Kaufmann ist grundsätzlich jedes gewerbliche Unternehmen, es sei denn, es wird kein in kaufmännischer Weise eingerichteter Geschäftsbetrieb benötigt. Letzteres ist grundsätzlich bei Kleingewerbetreibenden (z. B. Inhaber eines Kiosk oder eines Imbissstands) der Fall. Aber auch Kleingewerbetreibende können die Kaufmannseigenschaft erwerben, indem sie sich freiwillig ins Handelsregister eintragen lassen.

Ins Handelsregister werden solche Tatsachen aufgenommen, die für die Geschäftspartner eines Kaufmanns von Bedeutung sein können. Dazu gehören vor allem

- die Firma (der Geschäftsname eines kaufmännischen Unternehmens),
- der Name der persönlich haftenden Gesellschafter,[3]
- der Sitz des Unternehmens,
- das Stammkapital einer Gesellschaft mit beschränkter Haftung (GmbH),[4]
- die Auflösung eines Unternehmens und
- die Löschung der Firma.

---

1 Gesetz über das Verfahren in Familiensachen und in den Angelegenheiten der freiwilligen Gerichtsbarkeit (FamFG).
2 Näheres zur Kaufmannseigenschaft siehe Kapitel 1.7.1.2.
3 Siehe Kapitel 1.7.3.1 und Kapitel 1.7.3.2.
4 Siehe Kapitel 1.7.4.3.

Jede Änderung der eingetragenen Tatsachen muss zur Eintragung angemeldet werden. Auf Geschäftsbriefen müssen Firma, Sitz und Rechtsform des Unternehmens sowie das Registergericht und die Handelsregisternummer angegeben sein.

Die Handelsregisteranmeldungen werden durch Notare elektronisch an das Register übermittelt. Aus Gründen der Rechtssicherheit ist eine *öffentliche Beglaubigung* der Anmeldung erforderlich.

1.7.1.2 Der Kaufmann im Handelsrecht

Begriff Kaufmann

Im Wirtschaftsleben ist es von erheblicher Bedeutung, ob ein Geschäftspartner Kaufmann ist oder nicht. Kaufmann ist grundsätzlich jeder Gewerbetreibende (vgl. § 1 HGB). Ausgenommen sind lediglich die sogenannten Kleingewerbetreibenden, deren Unternehmen nach Art und Umfang einen in kaufmännischer Weise eingerichteten Geschäftsbetrieb *nicht* erfordert. Zur Abgrenzung zwischen einem kaufmännischen Unternehmen und einem Kleingewerbetreibenden gibt es keinen festen Maßstab. Im Zweifelsfall entscheiden die Gerichte unter Berücksichtigung der Art des Unternehmens, der Umsatz- und Beschäftigtenzahlen, des Betriebsvermögens und anderer Merkmale. Wer Kaufmann ist, muss sich beim zuständigen Amtsgericht ins Handelsregister eintragen lassen.

Arten der Kaufleute

Istkaufleute	Istkaufleute sind Gewerbetreibende, die kraft Gesetzes (also von vornherein) Kaufleute sind, gleichgültig, ob sie im Handelsregister eingetragen sind oder nicht. Die Eintragung wirkt lediglich *deklaratorisch*.[1]
Kannkaufleute	Kannkaufleute haben die Wahl, ob sie sich ins Handelsregister eintragen lassen wollen oder nicht. Das sind zum einen die Kleingewerbetreibenden und zum anderen die Inhaber land- und forstwirtschaftlicher Betriebe und/oder ihrer Nebenbetriebe. Bei den Letzteren ist Voraussetzung, dass sie einen nach Art und Umfang in kaufmännischer Weise eingerichteten Geschäftsbetrieb erfordern [§§ 2, 3 HGB]. Bei den Kannkaufleuten wirkt die Handelsregistereintragung *konstitutiv*.[2] Dies bedeutet, dass die Kaufmannseigenschaft erst mit der Handelsregistereintragung erworben wird.
Kaufleute kraft Rechtsform	Kaufleute kraft Rechtsform sind die juristischen Personen des Handelsrechts. Sie werden auch als Formkaufleute bezeichnet. Ein wichtiges Beispiel für einen Kaufmann kraft Rechtsform ist die Aktiengesellschaft (Kapitel 1.7.4.1). Die Handelsregistereintragung wirkt ebenfalls *konstitutiv*.

Wichtige Rechte und Pflichten des Kaufmanns

Kaufleute haben die Pflicht zu einer ordnungsgemäßen Buchführung. Sie müssen jährlich eine Inventur (Bestandsaufnahme des Vermögens und der Schulden) durchführen und eine Bilanz erstellen. Die Aufbewahrungspflicht für Geschäftsbücher beträgt 10 Jahre, die für Geschäftsbriefe 6 Jahre.

---

1 Deklaratorisch (lat.) = erklärend, rechtserklärend. Deklaration (lat.) = Erklärung, die etwas Grundlegendes enthält.
2 Konstitutiv (lat.) = rechtsbegründend, rechtschaffend. Konstitution (lat.) = Verfassung, Rechtsbestimmung.

Für Handelsgeschäfte der Kaufleute gelten eine Reihe von Sondervorschriften (vgl. §§ 343 ff. HGB), die von den weniger strengen Bestimmungen des BGB abweichen. Kaufleute müssen z. B. die ihnen gelieferten Waren unverzüglich untersuchen und Mängel dem Verkäufer gegenüber sofort rügen. Im gegenseitigen Geschäftsverkehr können Kaufleute für ihre Forderungen vom Tag der Fälligkeit an Zinsen verlangen. Nur Kaufleute können Prokura (eine besonders weitgehende Handlungsvollmacht) erteilen. Ein Bürgschaftsvertrag ist auch mündlich oder in elektronischer Form gültig, wenn er aufseiten des Bürgen ein Handelsgeschäft ist [§ 350 HGB].

1.7.1.3 Firma

Begriff Firma

Die **Firma** ist der im Handelsregister eingetragene Name, unter dem ein Kaufmann sein Handelsgewerbe betreibt und seine Unterschrift abgibt [§ 17 I HGB]. Der Kaufmann kann unter seiner Firma klagen und verklagt werden [§ 17 II HGB].

Das Recht an einer bestimmten Firma ist gesetzlich geschützt. Das Gesetz schützt den Inhaber einer Firma beispielsweise vor der Annahme einer nicht deutlich abweichenden Firma durch einen anderen Kaufmann am selben Ort [§ 30 HGB]. Bei unrechtmäßiger Firmenführung durch ein anderes Unternehmen kann der Geschädigte die Unterlassung des Gebrauchs der Firma und unter bestimmten Voraussetzungen auch Schadensersatz verlangen [§ 37 II HGB].

Weiteren Schutz genießt die Firma z. B. nach § 12 BGB und § 5 MarkenG.

Eintragungsfähig ist – unabhängig von der Rechtsform des Unternehmens – jede Firma, die folgende Bedingungen erfüllt:

- Sie muss sich deutlich von anderen Firmen unterscheiden [§ 18 I HGB].
- Die Geschäftsverhältnisse müssen ersichtlich sein [§ 19 I HGB].
- Die Haftungsverhältnisse müssen offengelegt werden [§ 19 II HGB].
- Die Firma darf nicht irreführend sein (Irreführungsverbot nach § 18 II HGB). Eine Firma ist von der Eintragung ins Handelsregister ausgeschlossen, wenn sie Angaben enthält, die *ersichtlich* geeignet sind, über geschäftliche Verhältnisse, die für die angesprochenen Verkehrskreise wesentlich sind, irrezuführen.

Firmenarten

Die einzutragenden Unternehmen können zwischen folgenden Firmenarten wählen:

Personenfirmen	Sie enthalten einen oder mehrere *Personennamen* (z. B. Carola Müller OHG, Schneider & Bauer KG).
Sachfirmen	Sie sind dem Zweck (dem Gegenstand) des Unternehmens entnommen (z. B. Vereinigte Lebensmittelfabriken Köln GmbH, Hamburger Metallwarenfabrik AG).[1]

---

1 Auch Sachfirmen müssen unterscheidbar sein. Deswegen sind Firmen wie z. B. Maschinenbau AG oder Möbelgroßhandlung GmbH nicht zulässig.

1.7 Unternehmensformen

Fantasiefirmen	Sie sind erdachte Namen (z. B. Impex GmbH).
Gemischte Firmen	Sie enthalten *sowohl* einen oder mehrere Personennamen als auch einen dem Gegenstand (Zweck) des Unternehmens entnommenen Begriff und/oder einen Fantasienamen (z. B. Dyckerhoff Zementwerke Aktiengesellschaft; Arzneimittelgroßhandlung Peter & Schmid OHG; Fantasia Ferienpark GmbH). Gemischte Firmen kommen bei Einzelunternehmen, Personengesellschaften und Kapitalgesellschaften vor.

Eine Firma besteht aus dem **Firmenkern** und gegebenenfalls aus dem Firmenkern und einem oder mehreren **Firmenzusätzen**.

Zwingend vorgeschrieben sind die **Rechtsformzusätze** wie z. B. eingetragener Kaufmann (e. K.), eingetragene Kauffrau (e. Kfr.) oder Aktiengesellschaft (AG). Näheres zu den Rechtsformzusätzen siehe auch bei der Besprechung der Firmen bei den einzelnen Unternehmensformen (Kapitel 1.7.2 ff.).

Freiwillige Firmenzusätze stärken den Informationsgehalt einer Firma.

Beispiel:

Die Inhaberin eines Schuhgeschäfts firmiert wie folgt: „Inge Kern e. Kfr. – Schuhfachgeschäft".

Pflichtangaben auf Geschäftsbriefen

Für sämtliche kaufmännischen Unternehmen[1] sind folgende Angaben auf Geschäftsbriefen, die an einen bestimmten Empfänger gerichtet sind, verpflichtend vorgeschrieben [§ 37a HGB]: Firma, Ort der Handelsniederlassung, Registergericht und die Nummer der Handelsregistereintragung.

Firmengrundsätze

Firmenöffentlichkeit [§§ 29, 31 HGB]	Jeder Kaufmann ist verpflichtet, die Firma und den Ort seiner Handelsniederlassung zur Eintragung in das Handelsregister anzumelden.
Firmenwahrheit und -klarheit [§ 18 II HGB]	Die Firma darf nicht über Art und/oder Umfang des Geschäfts täuschen.
Firmenausschließlichkeit [§ 30 I HGB]	Jede neue Firma muss sich von anderen am selben Ort bereits bestehenden Firmen deutlich unterscheiden.
Firmenbeständigkeit [§§ 21, 24 HGB]	Die bisherige Firma kann auch bei Namenswechsel des Inhabers oder bei Inhaberwechsel beibehalten werden.

Haftung bei Übernahme

Wer ein Handelsgeschäft erwirbt und dieses unter Beibehaltung der bisherigen Firma mit oder ohne Beifügung eines das Nachfolgeverhältnis andeutenden Zusatzes fortführt, *haftet für alle* im Betrieb des Geschäfts begründeten Verbindlichkeiten des früheren Inhabers [§ 25 I HGB]. Eine abweichende Vereinbarung ist Dritten gegenüber nur wirksam, wenn sie in das Handelsregister eingetragen und bekannt gemacht oder von dem Erwerber bzw. dem Veräußerer dem Dritten mitgeteilt wurde [§ 25 II HGB].

---

1 Zu den Unternehmensformen siehe Kapitel 1.7.2 ff.

Wird die Firma nicht fortgeführt, haftet der Erwerber für die früheren Geschäftsverbindlichkeiten grundsätzlich nur dann, wenn ein besonderer Verpflichtungsgrund vorliegt, insbesondere, wenn die Übernahme der Verbindlichkeiten vom Erwerber in handelsüblicher Weise (z. B. durch Rundschreiben) bekannt gemacht worden ist [§ 25 III HGB].

1.7.2 Einzelunternehmen

Frau Ilona Katz ist gelernte Malerin. Nachdem ihr Arbeitgeber wegen Zahlungsunfähigkeit den Betrieb schließen musste und sie arbeitslos wurde, kam ihr eine Idee. Sie gründete eine Handwerkervermittlung für Privathaushalte mit dem Motto „Wir kommen sofort nach Ihrem Anruf". Ihr Unternehmen geht blendend, weil die von ihr vermittelten Handwerker das halten, was sie verspricht, seien es Malerarbeiten und Reparaturen an Elektrogeräten, sei es die Beseitigung eines Wasserrohrbruchs oder das Verlegen eines Elektrokabels. Frau Ilona Katz ist mit Aufnahme ihrer Tätigkeit Unternehmerin, und zwar Inhaberin eines Einzelunternehmens.

Gründung des Einzelunternehmens

Für die Gründung eines Einzelunternehmens gibt es keine besonderen Formvorschriften. Falls es sich nicht um den Betrieb eines Kleingewerbes handelt, ist eine Eintragung ins Handelsregister erforderlich. Die Firma des Einzelunternehmers muss die Bezeichnung „eingetragener Kaufmann" bzw. „eingetragene Kauffrau" oder eine allgemein verständliche Abkürzung dieser Bezeichnung (insbesondere „e.K.", „e.Kfm." oder „e.Kfr.") enthalten [§ 19 I Nr. 1 HGB].[1]

Haftung

Für die Verbindlichkeiten des Unternehmens haftet der Einzelunternehmer unbeschränkt mit seinem Geschäfts- und Privatvermögen.

Kapitalaufbringung (Finanzierung)

Der Einzelunternehmer bringt das *Eigenkapital* selbst auf. Über die Höhe des Eigenkapitals gibt es keine gesetzlichen Vorschriften. Die Eigenkapitalbasis kann durch Ansparung von Gewinnen (durch *Selbstfinanzierung*) oder Aufnahme eines *stillen Gesellschafters* geschehen. (Bei der *„Stillen Gesellschaft"* tritt der Gesellschafter nach außen nicht in Erscheinung, wird also auch nicht ins Handelsregister eingetragen.)[2] Fremdkapital erhält der Einzelunternehmer i.d.R. von seinen Lieferanten (Lieferantenkredit) und den Banken (Bankkredit).

Geschäftsführung (Innenverhältnis)

Der Einzelunternehmer trifft alle Entscheidungen allein, es sei denn, die Mitbestimmungsrechte der Belegschaft stehen dem entgegen.

Vertretung (Außenverhältnis)

Gegenüber Dritten (nach „außen") vertritt allein der Inhaber das Unternehmen. Er schließt alle das Unternehmen betreffenden Rechtsgeschäfte ab (z.B. Abschluss und Kündigung von Arbeitsverträgen, Abschluss von Kauf- und Mietverträgen). Selbstverständlich besteht für den Einzelunternehmer die Möglichkeit, sich durch Mitarbeiter vertreten zu lassen.

---

1 Informationen über Förderprogramme aus den Bereichen Existenzgründung und Beteiligungsfinanzierung erhalten Sie unter www.kfv.de.

2 Zur „Stillen Gesellschaft" siehe auch Kapitel 1.7.5.

1.7.3 Personengesellschaften

1.7.3.1 Offene Handelsgesellschaft (OHG)

Herr Karl Wagner ist seit Jahren Inhaber einer Kraftfahrzeugreparaturwerkstatt. Er plant, seinen Betrieb mit dem Handel von Neufahrzeugen zu vergrößern. Er kennt einen langjährigen Autoverkäufer, Herrn Wunsch, der bereit ist, sich an dem erweiterten Geschäft mit 150 000,00 € zu beteiligen und als mitarbeitender Gesellschafter mitzuwirken. Die von Wagner und Wunsch gegründete OHG wird im Handelsregister eingetragen.

Gründung

In der Regel erfolgt die Gründung einer offenen Handelsgesellschaft (OHG) durch einen Gesellschaftsvertrag zwischen zwei oder mehr Personen *(Personengesellschaft)*. Formvorschriften bestehen nicht. Die Firma der OHG muss die Bezeichnung „offene Handelsgesellschaft" oder eine allgemein verständliche Abkürzung dieser Bezeichnung enthalten [§ 19 I Nr. 2 HGB].

Haftung

Den Gläubigern der OHG gegenüber haften die Gesellschafter unmittelbar und unbeschränkt (mit ihrem Geschäfts- und Privatvermögen). Außerdem haften die OHG-Gesellschafter solidarisch, d. h. „einer für alle und alle für einen". Da die OHG unter einer Firma betrieben wird, kann der Gläubiger die OHG auch als Ganzes verklagen. Man bezeichnet die OHG deshalb auch als *quasijuristische Person.*[1]

Kapitalaufbringung (Finanzierung)

Über die Höhe des Eigenkapitals bestehen keine gesetzlichen Vorschriften. Die Eigenkapitalbasis wird durch nicht entnommene Gewinne *(Selbstfinanzierung)* und/oder durch Aufnahme neuer Gesellschafter *(Beteiligungsfinanzierung)* vergrößert. Unter sonst gleichen Bedingungen ist die Kreditwürdigkeit einer OHG höher einzuschätzen als die einer Einzelunternehmung, da mindestens zwei Gesellschafter für die Geschäftsschulden haften. Sieht der Gesellschaftsvertrag keine andere Regelung vor, erhält jeder Gesellschafter einen Gewinnanteil von 4 % auf seine Kapitaleinlage. Der Rest wird – wie ein möglicher Verlust – zu gleichen Teilen („nach Köpfen") verteilt. Für private Zwecke kann jeder Gesellschafter 4 % seines Kapitalanteils entnehmen.

Geschäftsführung (Innenverhältnis)

Grundsätzlich sind alle OHG-Gesellschafter zur Geschäftsführung ermächtigt. Falls nichts anderes vereinbart ist, haben die Gesellschafter bei *gewöhnlichen Geschäften* (z. B. Waren bestellen, Rechnungen bezahlen) *Einzelgeschäftsführungsrecht* [§ 116 I HGB]. Bei *außergewöhnlichen Geschäften* (z. B. Aufnahme eines Gesellschafters, Grundstückskauf oder -verkauf) müssen hingegen alle Gesellschafter zustimmen (Gesamtgeschäftsführungsrecht).

---

[1] Quasi (lat.) = als ob; die OHG wird so behandelt, als ob sie eine juristische Person sei.

Vertretung (Außenverhältnis)

Im Außenverhältnis besteht zum Schutz Dritter zwingend *Einzelvertretungsrecht* für gewöhnliche und außergewöhnliche Rechtsgeschäfte [§§ 125f. HGB]. Ein im Gesellschaftsvertrag vereinbartes Gesamtvertretungsrecht (zwei oder mehrere Gesellschafter vertreten das Unternehmen gemeinsam) muss im Handelsregister eingetragen sein.

1.7.3.2 Kommanditgesellschaft (KG)

Nach einigen Jahren ist die Wagner & Wunsch OHG so gewachsen, dass ihre Eigenkapitalbasis nicht mehr ausreicht. Die potenziellen (möglichen) Kreditgeber verlangen einfach mehr Sicherheit. Die Herren Wagner und Wunsch beschließen daher, zusätzliche Gesellschafter aufzunehmen, die allerdings keinen allzu großen Einfluss auf die Geschäftsführung haben sollen. Als Unternehmungsform kommt daher die Kommanditgesellschaft infrage.

Gründung

Die Kommanditgesellschaft (KG) ist ebenso wie die OHG eine *Personengesellschaft*. Sie besteht aus mindestens einem vollhaftenden Gesellschafter *(Komplementär)* und einem teilhaftenden Gesellschafter *(Kommanditist)*. Komplementär kann auch eine juristische Person sein, z. B. eine Gesellschaft mit beschränkter Haftung (GmbH). Die Kommanditgesellschaft firmiert dann als GmbH & Co. KG. Die Firma der KG muss die Bezeichnung „Kommanditgesellschaft" oder eine allgemein verständliche Abkürzung dieser Bezeichnung enthalten [§ 19 I Nr. 3 HGB].

Haftung

Für die Verbindlichkeiten der KG haften die Komplementäre wie die OHG-Gesellschafter, die Kommanditisten jedoch nur mit ihrer Einlage [§ 161 II i.V.m. §§ 128ff., 171 HGB]. Soweit ein Kommanditist seine Einlage noch nicht geleistet hat, haftet er den Gesellschaftsgläubigern unmittelbar. *Vor der Eintragung ins Handelsregister* haftet der Kommanditist *unbeschränkt* und *unmittelbar* [§ 176 I HGB].

Kapitalaufbringung (Finanzierung)

Die Möglichkeit der KG, ihre Eigenkapitalbasis durch die Aufnahme neuer Kommanditisten zu vergrößern, erleichtert die *Fremdfinanzierung*. Für die Kreditgeber ist die KG deshalb i. d. R. kreditwürdiger als z. B. ein kleines Einzelunternehmen. Die *Selbstfinanzierung* der KG erfolgt dadurch, dass die Komplementäre einen Teil ihres Gewinnanteils im Unternehmen belassen. Die nicht ausgeschütteten Gewinnanteile der Kommanditisten stellen hingegen Fremdkapital dar *(interne Fremdfinanzierung)*.

Falls nichts anderes vereinbart ist, erhält jeder Gesellschafter vom Gewinn bis zu 4 % seiner Kapitaleinlage. Der darüber hinausgehende Gewinn wird „angemessen" verteilt [§ 168 HGB]. Um Streitigkeiten zu vermeiden, wird in der Praxis die Gewinn- und Verlustverteilung im Gesellschaftsvertrag eindeutig geregelt.

Geschäftsführung (Innenverhältnis)

Die Geschäftsführung liegt allein bei den Komplementären. Sie ist wie bei der OHG geregelt. Die Kommanditisten haben lediglich ein Kontrollrecht, es sei denn, sie besitzen besondere Vollmachten.

Vertretung (Außenverhältnis)

Das Vertretungsrecht haben die Komplementäre. Es entspricht dem Vertretungsrecht der OHG-Gesellschafter (vgl. § 161 i.V.m. §§ 125ff. HGB].

1.7.4 Kapitalgesellschaften

1.7.4.1 Aktiengesellschaft (AG)

Jeden Tag werden Sie unmittelbar und mittelbar mit Aktiengesellschaften konfrontiert, nicht nur durch ihre Produkte, sondern auch über die Nachrichten, die Sie in Zeitungen lesen und in den täglichen Nachrichten hören. Da ist von Aktienkursen, dem DAX, der Wertpapierbörse und von Fusionen die Rede. Sie hören von Dividendensätzen, von Vorstandsmitgliedern großer Aktiengesellschaften, die neu bestellt oder auch abgesetzt wurden. Schließlich können Sie im Rahmen des Vermögensbildungsgesetzes vermögenswirksame Leistungen Ihres Ausbildungsbetriebs sowie eigene Sparleistungen auch in Aktien oder in anderen Vermögensbeteiligungen anlegen. Kurz: Wer mitreden (und handeln) möchte, muss auch Grundkenntnisse über die Aktiengesellschaften besitzen.

Gründung

Die Aktiengesellschaft (AG) ist eine *juristische Person,* d. h. eine Personenvereinigung, der das Gesetz die Eigenschaft einer Person verleiht. Dies bedeutet, dass die AG *rechtsfähig* ist. Sie kann z.B. Rechtsgeschäfte abschließen, klagen oder verklagt werden. Die AG ist Gläubiger oder Schuldner, nicht etwa ihre Gesellschafter (Eigenkapitalgeber), die Aktionäre. Unternehmensformen, die nach dem Handelsrecht rechtsfähig (juristische Personen) sind, bezeichnet man als *Kapitalgesellschaften.*

Die Aktiengesellschaft kann von einer oder mehreren natürlichen oder juristischen Personen gegründet werden [§ 2 AktG]. Der bzw. die Gründer müssen eine *Satzung* (einen Gesellschaftsvertrag) errichten, die notariell beurkundet sein muss [§ 23 I AktG]. Die *Firma* muss die Bezeichnung „Aktiengesellschaft" oder eine allgemein verständliche Abkürzung dieser Bezeichnung enthalten.

Die Einlagen (Geld- oder Sachwerte) der Gründer werden anteilsmäßig in Aktien verbrieft (siehe Abb. auf S. 103).

Haftung

Das Vermögen der AG ist verselbstständigt, gehört also – rechtlich gesehen – niemandem. Daraus folgt, dass nur die AG für ihre Verbindlichkeiten haftet, nicht aber die Gesellschafter (die Anteilseigner).

Die Gründer einer AG erhalten für ihre Kapitaleinlagen *Aktien.* Das sind Wertpapiere, die ein Anteilsrecht am Reinvermögen (Eigenkapital) der Aktiengesellschaft verbriefen. Die Anteilseigner (engl. *shareholder*) heißen deshalb *Aktionäre.*

Kapitalaufbringung (Finanzierung)

Da die Aktionäre nicht für die AG haften, schreibt der Gesetzgeber ein *Mindestkapital* vor, das als *Grundkapital* (landläufig auch als *Aktienkapital*) bezeichnet wird. Das Grundkapital erscheint in den von den Aktiengesellschaften zu veröffentlichenden Bilanzen als *„gezeichnetes Kapital"* [§§ 266 III, 272 I HGB, § 152 I AktG]. Es muss mindestens 50 000,00 € betragen [§ 7 AktG].

1 Rechtliche Grundbegriffe

Früher wurden Aktien grundsätzlich gedruckt, d. h., die Gründer oder späteren Käufer der Aktien konnten die Urkunden erhalten und z. B. zu Hause oder in einem Banksafe aufbewahren. Man bezeichnet solche gedruckten Papiere als *„effektive Stücke"*, weil sie tatsächlich (effektiv) bestanden. Der Handel mit Aktien in Papierform ist nicht mehr üblich. Effektive Stücke werden nur noch auf Wunsch ausgeliefert, weil der Handel schwierig ist. Der heutige Aktienhandel erfolgt nur noch virtuell[1]. Die Anteilsrechte (Wertrechte) der Aktionäre werden lediglich in das Aktienregister der Aktiengesellschaft eingetragen. Die Eigentumsübertragung auf einen Käufer erfolgt durch Löschung der Personalien des bisherigen Aktionärs und durch Neueintragung des Aktienkäufers (Näheres siehe § 10 II AktG). Aktien (und andere Wertpapiere) werden in der Regel von Banken in einem Wertpapierdepot[2] (Wertpapierdepotkonto) verwaltet. Über das Depot laufen Kauf und Verkauf von Wertpapieren, Übertragungen, der Einzug von Zinsen und Gewinnanteilen (bei Aktien Dividende genannt).

Um sich eine Vorstellung vom Wesen einer Aktie machen zu können, ist auf S. 103 eine gedruckte Aktie mit ihren Bestandteilen abgebildet.

Aktienarten nach der Übertragbarkeit der Aktien	
Namensaktien	**Inhaberaktien**
Auf den effektiven Stücken ist der Name des Aktionärs eingetragen. Außerdem werden sein Geburtsdatum und seine Adresse im Aktienregister der AG geführt. Nicht gedruckte Aktien sind stets Namensaktien. Die Bedeutung der Namensaktien in Deutschland nimmt zu, weil sie weltweit handelbar sind. (So sind z. B. in den USA nur Namensaktien zum Börsenhandel zugelassen.)	Der Eigentümer der Aktie bleibt unbekannt (anonym). Bis vor wenigen Jahren wurden in Deutschland die weitaus meisten Aktien als Inhaberaktien ausgegeben. Der Grund: Inhaberaktien sind leicht handelbar, weil bei effektiven Stücken die Eigentumsübertragung lediglich durch Einigung und Übergabe erfolgt [§§ 929 ff. BGB].

Aktienarten nach der Angabe der Beteiligungshöhe	
Nennwertlose Aktien (Stückaktien)	**Nennbetragsaktien**
Die Aktien besitzen keinen Nennwert. Sie drücken lediglich einen Anteil am Eigenkapital der AG aus (siehe Beispiel auf S. 104). Der auf die einzelne Stückaktie entfallende anteilige Betrag des Grundkapitals darf 1,00 € nicht unterschreiten [§ 8 III AktG].	Die Aktien haben einen Nennwert (Nominalwert), der den effektiven Stücken aufgedruckt ist. Der Mindestnennwert beträgt mindestens 1,00 €. Höhere Nennwerte müssen auf volle Euro lauten [§ 8 II AktG]. In Deutschland nimmt die Bedeutung der Nennbetragsaktien ab.

Das **Grundkapital der Aktiengesellschaft** ist zwar Teil des Eigenkapitals der Gesellschaft. Die tatsächliche Höhe des Eigenkapitals ist in der Regel höher, seltener niedriger. Ebenso kann der tatsächliche Wert einer Aktie ihren Nennwert bzw. ihren Anteilswert am Grundkapital übersteigen. In der Regel wird der Wert (der Preis der Aktie, also ihr Kurs) umso höher sein, je höher das Eigenkapital der Aktiengesellschaft ist und je günstiger deren Gewinnaussichten sind. (Näheres zum Thema *Aktienkurse* siehe Kapitel 4.6.3.3.2).

---

1 Virtuell (franz. virtuel) = Eigenschaft eines Gegenstands, der nicht in der Form besteht, in der er zu bestehen scheint. Man kann sich z. B. gut vorstellen, wie eine Aktie aussieht, welche Bestandteile sie hat. Der Aktienkäufer weiß, dass ihm die Aktie gehört und dass sie einen bestimmten Wert darstellt.

2 Depot (franz.) = Lager, Hinterlegungsort, Aufbewahrungsort.

1.7 Unternehmensformen

Sammelaktie (eine Urkunde über 10 Stückaktien)

Dividendenscheinbogen

Gegen den abgetrennten Dividendenschein (Gewinnanteilschein) erhält der Aktionär jährlich – falls die Gesellschaft Gewinn ausschüttet – die entsprechende Dividende.

Erneuerungsschein (Talon)

Gegen Einsendung des Talons erhält der Aktionär einen neuen Dividendenscheinbogen mit Talon.

Dividendenscheinbogen mit anhängendem Erneuerungsschein

Beispiel:

Angenommen, fünf Personen (A, B, C, D und E) gründen eine Aktiengesellschaft mit einem Grundkapital (Aktienkapital) von 200 000,00 € zum 1. Januar d. J. Es werden 200 000 Stückaktien ausgegeben. Jeder Gründer übernimmt $^1/_5$ der Aktien und zahlt den Gegenwert (1,00 € je Aktie) auf das Bankkonto der neuen Gesellschaft ein.[1] Die Eröffnungsbilanz der AG hat dann folgendes Aussehen, wenn man die Kosten der Gründung außer Betracht lässt:

Im Laufe des ersten Geschäftsjahrs hat die neue Aktiengesellschaft Kredite in Höhe von 300 000,00 € aufgenommen und dafür die erforderlichen Vermögensgegenstände (Geschäftsausstattung, Waren) gekauft. Außerdem hat sie bereits einen Gewinn von 40 000,00 € erzielt. Die Aktionäre verzichten auf jede Gewinnausschüttung, um die Finanzkraft des Unternehmens zu stärken. Unter diesen Voraussetzungen sieht die Schlussbilanz wie folgt aus:

Aktiva	Schlussbilanz	Passiva	Aktionäre
Vermögen (Geschäftsausstattung, Waren, Forderungen, Bankguthaben, Kassenbestand) 540 000,00 €	Gezeichnetes Kapital 200 000,00 € Schulden 300 000,00 € Gewinn 40 000,00 €		A B C D E

Aus der Schlussbilanz erkennt man ohne Weiteres, dass das *Eigenkapital* der AG auf 240 000,00 € gestiegen ist, das *gezeichnete Kapital (Grundkapital)* aber unverändert blieb.

Die nicht ausgeschütteten Gewinne einer Aktiengesellschaft werden als Rücklagen bezeichnet. Das Gesetz sieht aus Gründen des Gläubigerschutzes vor, dass jährlich mindestens 5 % des Reingewinns der gesetzlichen Rücklage zuzuführen sind, bis die gesetzliche Rücklage zusammen mit der Kapitalrücklage 10 % des Grundkapitals erreichen [§ 150 II AktG].

Unser Beispiel lehrt weiterhin, dass der tatsächliche Wert der Aktien *über* ihrem Anteilswert liegen muss, denn der Anteil einer Aktie am Eigenkapital der Aktiengesellschaft beträgt am Jahresende rechnerisch nicht mehr 1,00 €, sondern 1,20 €. Da Aktien an den Wertpapierbörsen gekauft und verkauft werden, wird die Nachfrage nach denjenigen Aktien hoch sein, hinter denen ein hohes Eigenkapital steht. Infolgedessen wird auch der Preis der Aktie (Kurs) *über* dem Nennwert liegen.

---

[1] In der Regel werden Aktien über dem Nennwert bzw. dem anteiligen Betrag am Grundkapital ausgegeben, um z. B. die Gründungskosten zu decken. Der übersteigende Betrag wird als Agio (it. = Aufgeld) bezeichnet.

Geschäftsführung (Innenverhältnis)

Der vom *Aufsichtsrat* (AR) kontrollierte und für 5 Jahre bestellte *Vorstand* (VS) hat die AG in eigener Verantwortung zu leiten. Falls der Vorstand mehrere Mitglieder hat, besteht gesetzlich die *Gesamtgeschäftsführungsbefugnis.* Dies bedeutet, dass alle Vorstandsmitglieder (Direktoren) gemeinsam handeln müssen. Anderweitige Regelungen müssen in der Satzung der AG (im Gesellschaftsvertrag) niedergelegt sein.

Einmal jährlich tritt die *Hauptversammlung* (die Versammlung der Aktionäre) zusammen und entlastet Vorstand und Aufsichtsrat. Die Hauptversammlung (HV) wählt – unter Berücksichtigung der Mitbestimmungsgesetze – den Aufsichtsrat auf 4 Jahre.

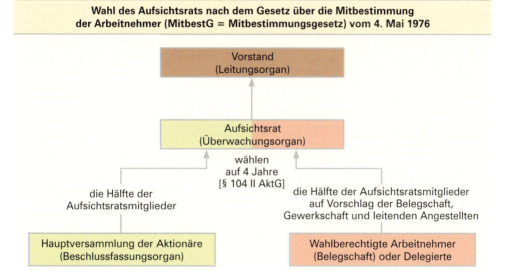

Wahl des Aufsichtsrats nach dem Gesetz über die Mitbestimmung der Arbeitnehmer (MitbestG = Mitbestimmungsgesetz) vom 4. Mai 1976

Aufgrund der verschiedenen Mitbestimmungsgesetze gelten für die Wahl, Zusammensetzung und Zahl der AR-Mitglieder verschiedene Vorschriften.

Kleine Aktiengesellschaft	Bei kleinen Aktiengesellschaften setzt sich der AR aus mindestens drei Personen oder aus einer höheren durch drei teilbaren Mitgliederzahl zusammen. Die HV wählt $^2/_3$, die Belegschaft $^1/_3$ der Mitglieder *("Drittelparität")*.
Große Aktiengesellschaft (i. d. R. mehr als 2 000 Arbeitnehmer)	Große Aktiengesellschaften haben einen AR von 12 bis 20 Mitgliedern. Die Hälfte der AR-Mitglieder (von denen ein Mitglied Vertreter der leitenden Angestellten sein muss) werden von der HV, die restlichen Mitglieder von der Belegschaft gewählt *("gleichgewichtige Mitbestimmung")*.
Montanindustrie (Bergbau und Eisen schaffende Industrie)	Für die Montanindustrie (Bergbau und Eisen schaffende Industrie) gilt die *"paritätische Mitbestimmung"*. Hier besteht der AR aus 11 Mitgliedern, und zwar aus je fünf Vertretern der Arbeitnehmer und Arbeitgeber sowie einem „neutralen" Mitglied, das auf Vorschlag der übrigen Mitglieder vom Wahlorgan (z. B. der HV oder von einem anderen von der Satzung bestimmten Wahlorgan) gewählt wird.

1 Rechtliche Grundbegriffe

Vertretung (Außenverhältnis)

Der Vorstand vertritt die AG nach außen, schließt z. B. Verträge ab, ernennt Bevollmächtigte und regelt den Verkehr mit den Behörden. Gesetzlich besteht *Gesamtvertretungsmacht*. Abweichende Bestimmungen (z. B. *Einzelvertretungsmacht*) müssen in der Satzung niedergelegt und im Handelsregister eingetragen sein.

1.7.4.2 Europäische Gesellschaft (SE)

Gründung

Die Europäische Gesellschaft (**S**ocietas **E**uropaea = **SE**) ist eine *Aktiengesellschaft*. Die Gründung einer SE erfolgt durch

- Umwandlung einer AG, die eine Tochtergesellschaft[1] in einem anderen Land des Europäischen Wirtschaftsraums[2] unterhält,
- Verschmelzung von Aktiengesellschaften aus mehreren europäischen Ländern,
- Gründung einer gemeinsamen Tochtergesellschaft,
- Gründung einer Holding-Gesellschaft oder
- Gründung einer Tochter-SE durch eine SE.

Rechtsgrundlagen sind die Verordnung (EG) Nr. 2157/2001 des Rates[3] über das Statut der Europäischen Gesellschaft (SE) und die Richtlinie 2001/86/EG. In Deutschland trat das entsprechende Einführungsgesetz im Jahr 2004 in Kraft.

Der Sitz der Europäischen Gesellschaft wird in ihrer Satzung bestimmt. Die Gesellschaft wird mit dem Firmenzusatz SE in das für ihren Sitz zuständige Handelsregister eingetragen.

Die Rechtsform der Europäischen Gesellschaft erleichtert es den Unternehmen, sich im Europäischen Wirtschaftsraum grenzüberschreitend zu betätigen. Eine SE kann u. a. ihren Sitz von einem Mitgliedsland in ein anderes verlegen, ohne das Unternehmen in einem Mitgliedsland auflösen zu müssen, um dann in einem anderen Mitgliedsland ein neues zu gründen. Wenn eine Europäische Gesellschaft in einem anderen Land Fuß fassen möchte, braucht sie dort keine eigenständige Tochterunternehmung zu gründen. In der Rechtsform der SE kann sie europaweit als *ein* Unternehmen auftreten und rechtlich unselbstständige Zweigstellen (Niederlassungen) errichten. Die Vorteile liegen in der einfacheren Organisation und in der einheitlichen Leitung des Unternehmens.

Haftung

Die SE als juristische Person haftet den Gläubigern gegenüber mit ihrem gesamten Vermögen.

Kapitalaufbringung

Das in Aktien zerlegte Kapital der SE beträgt mindestens 120 000,00 €.

---

1 Siehe Kapitel 5.5.3.4.
2 Zum Europäischen Wirtschaftsraum (EWR) siehe Kapitel 8.10.4.
3 Der Rat der Europäischen Union ist das oberste rechtsetzende Organ der Gemeinschaft. Näheres siehe Kapitel 8.10.2.

Geschäftsführung und Vertretung

Die Leitung einer Europäischen Gesellschaft kann *dualistisch*[1] – wie z. B. in Deutschland – oder *monistisch*[2] – wie im angelsächsischen Rechtsraum – aufgebaut sein. Bei der dualistischen Leitung obliegen Geschäftsführung und Vertretung dem *Vorstand,* der durch einen *Aufsichtsrat* überwacht wird. Das monistische System besitzt lediglich einen *Board of Directors,* der in Deutschland und in Österreich als *Verwaltungsrat* bezeichnet wird.

1.7.4.3 Gesellschaft mit beschränkter Haftung

In den letzten Jahrzehnten hat die Rechtsform der Gesellschaft mit beschränkter Haftung (GmbH) zunehmende Verbreitung gefunden. Zurzeit gibt es in Deutschland rund 500 000 Gesellschaften mit beschränkter Haftung. Zum Vergleich: Dieser Zahl stehen fast 2,2 Mio. Einzelunternehmen und rund 8 000 Aktiengesellschaften einschließlich Kommanditgesellschaften auf Aktien gegenüber.

Gründung

Die Gesellschaft mit beschränkter Haftung (GmbH) ist – wie die AG auch – eine *juristische Person.* Die Gründung erfolgt durch eine oder mehrere Personen durch Gesellschaftsvertrag in notarieller Form. Die Firma muss die Bezeichnung *„Gesellschaft mit beschränkter Haftung"* oder eine allgemein verständliche Abkürzung dieser Bezeichnung enthalten [§§ 1, 4 GmbHG].

Die Gesellschaft kann in einem **vereinfachten Verfahren** gegründet werden, wenn sie höchstens drei Gesellschafter und einen Geschäftsführer hat. Für die Gründung im vereinfachten Verfahren ist das in der Anlage des GmbH-Gesetzes enthaltene **Musterprotokoll** (also ein Mustergesellschaftsvertrag) zu verwenden [§ 1 Ia GmbHG], sodass die sonst teure notarielle Beurkundung viel günstiger wird.

Haftung

Wie bei jeder juristischen Person ist das Vermögen der GmbH verselbstständigt, d. h., dass die GmbH-Gesellschafter nicht persönlich für die Verbindlichkeiten der GmbH haften. Ebenso wie beim Aktionär besteht das einzige Risiko des GmbH-Gesellschafters darin, den Wert seines Geschäftsanteils bzw. seiner Geschäftsanteile ganz oder teilweise zu verlieren. Der Gesellschaftsvertrag kann jedoch eine beschränkte oder unbeschränkte Nachschusspflicht vorsehen [§§ 27 I, 28 I GmbHG].

Kapitalaufbringung (Finanzierung)

Gesetzlich ist ein Mindestnennkapital, das Stammkapital, in Höhe von 25 000,00 € vorgeschrieben [§ 5 I GmbHG]. Das Stammkapital wird in den offenzulegenden Bilanzen der GmbH als „gezeichnetes Kapital" bezeichnet [§§ 266 III, 272 I HGB]. Es setzt sich aus der Summe der Nennbeträge der Geschäftsanteile des Gesellschafters bzw. der Gesellschafter zusammen [§ 5 III GmbHG]. Der Nennbetrag jedes Geschäftsanteils muss mindestens auf einen Euro lauten [§ 5 II GmbHG]. Die Geschäftsanteile sind veräußerlich, vererblich und teilbar. Hierzu ist eine notarielle Beurkundung erforderlich [§ 15 III GmbHG]. Aus diesem Grunde sind GmbH-Anteile nicht börsenmäßig handelbar.

---

1 Dualistisch (lat.) = doppelt, zweifach.
2 Monistisch (lat.) = einfach.

1 Rechtliche Grundbegriffe

Unternehmergesellschaft (UG)

Eine Gesellschaft, die mit einem Stammkapital von unter 25 000,00 € gegründet wird, muss in der Firma die Bezeichnung *„Unternehmergesellschaft (haftungsbeschränkt)"* oder *„UG (haftungsbeschränkt)"* führen [§ 5a I GmbHG]. Die Unternehmergesellschaft – auch „Mini-GmbH" oder „Einstiegs-GmbH" genannt – ist eine geeignete Rechtsform für Existenzgründer, weil sie ohne bestimmtes Mindestkapital (z. B. mit einem Euro) gegründet werden kann. Die UG ist keine eigenständige Rechtsform, sondern eine Sonderform der GmbH.

Deswegen ist die UG verpflichtet, jedes Jahr ein Viertel des Gewinns zurückzustellen, bis der Betrag des Mindeststammkapitals in Höhe von 25 000,00 € erreicht ist [§ 5a III, V GmbHG]. Die Gesellschaft kann sich umfirmieren. Die Firma kann aber auch beibehalten werden.

Geschäftsführung (Innenverhältnis)

Die GmbH hat einen oder mehrere *Geschäftsführer,* die von der *Gesellschafterversammlung* auf zeitlich unbegrenzte Dauer bestellt werden. In der Gesellschafterversammlung gewährt jeder Euro eine Stimme [§ 47 II GmbHG]. Ist in der Satzung nichts anderes bestimmt, haben die Geschäftsführer *Gesamtgeschäftsführungsbefugnis.* Die Gesellschafterversammlung kontrolliert die Geschäftsführung, stellt den Jahresabschluss fest und entscheidet über die Verwendung des Reingewinns. Gesellschaften mit mehr als 500 Arbeitnehmern benötigen einen *Aufsichtsrat.*

Vertretung (Außenverhältnis)

Die Geschäftsführer der GmbH sind das Vertretungsorgan der GmbH. Gesetzlich besteht *Gesamtgeschäftsführungsbefugnis* (Näheres siehe §§ 35ff. GmbHG).

1.7.4.4 Limited Company

Der Europäische Gerichtshof[1] hat mehrfach entschieden, dass europäische Unternehmen sich jederzeit im EU-Ausland nach dortigem Recht niederlassen dürfen, auch wenn der Geschäftsbetrieb ausschließlich daheim aufgenommen wird. Besonders beliebt ist die britische Rechtsform der Private Company Limited by Shares, kurz: Limited Company (Ltd.).[2] Die Anmeldung geht einfach, schnell und kostengünstig vonstatten. Durch die Einführung der Unternehmergesellschaft (haftungsbeschränkt) wird in Deutschland die Bedeutung der „Limited" bei Neugründungen voraussichtlich zurückgehen.

Gründung

Gegründet wird eine Limited Company durch Eintragung ins zentrale Handelsregister für England, Schottland und Wales beim *Company House* mit Sitz in Cardiff. Zusammen mit den Antragsformularen ist dazu der Gesellschaftsvertrag *(Memorandum and Articles of Association)* einzureichen. Der Gesellschaftsvertrag muss nicht notariell beurkundet werden. Die Gesellschaft benötigt einen Sitz *(Registered Office)* in Großbritannien, an dem bestimmte Unterlagen aufbewahrt werden und der als Zustelladresse für Behördenpost dient. Der Sitz muss auf den Briefbögen der Limited angegeben werden. Benötigt werden ferner Angaben zum *Director* (Geschäftsführer) und zum *Company Secretary* (Gesellschaftssekretär, der für Formalitäten wie z. B. die Erstellung des Jahresberichts zuständig ist). Die Firma muss den Zusatz „Limited" oder „Ltd." enthalten.

1 Zum Europäischen Gerichtshof und zur EU (Europäische Union) siehe Kapitel 8.10.2.
2 Company (engl.) = Gesellschaft; limited (lat., engl.) = begrenzt, beschränkt; shares (engl.) = Anteile.

Haftung

Als juristische Person haftet die *Limited* mit ihrem Gesellschaftsvermögen für ihre Verbindlichkeiten. Der Geschäftsführer haftet persönlich, wenn er die Sorgfalts- und Treuepflichten verletzt oder gegen gesetzliche Vorschriften verstößt. Gesetzlich vorgeschrieben ist z. B. die jährliche Rückmeldung beim Gesellschaftsregister über die Unternehmensdaten mit Jahresabschluss *(Annual Return)* nach englischem Recht und in englischer Sprache. Die Missachtung der Meldepflicht kann dazu führen, dass ein Geschäftsführer seinen Posten aufgeben muss und in der Liste der *disqualified Directors* – Liste der nicht geeigneten Geschäftsführer – des Company House erfasst wird.

Kapitalaufbringung

Ein Mindestkapital ist nicht vorgeschrieben. Allgemein üblich ist die Gründung einer Limited Company mit nur einem Pfund Nennkapital, das aber nicht einbezahlt werden muss. Das Nennkapital (gezeichnete Kapital, Stammkapital) kann in Anteile *(shares)* bis hinunter zu einem Penny aufgeteilt werden. Es ist also möglich, eine *Limited* ausschließlich mit Fremdkapital (mit Krediten) zu finanzieren.

Geschäftsführung und Vertretung

Geschäftsführung und Vertretung obliegen dem Geschäftsführer bzw. den Geschäftsführern und dem oben erwähnten *Company Secretary*.

1.7.4.5 GmbH & Co. KG

Bei der **GmbH & Co. KG** handelt es sich um eine **Kommanditgesellschaft,** an der eine GmbH als *einziger persönlich haftender Gesellschafter* **(Komplementär)** beteiligt ist.[1] Bei der echten (typischen) GmbH & Co. KG hat die GmbH die Funktion einer *Geschäftsführungs-GmbH.* Die GmbH ist der geschäftsführende Komplementär der KG. Die Geschäftsanteile der GmbH stehen den *Kommanditisten* zu; diese sind die Gesellschafter der GmbH. Bei der typischen GmbH & Co. KG sind die GmbH-Gesellschafter und die Kommanditisten mithin die gleichen Personen (Identität und gleiche Beteiligungsquoten der GmbH-Gesellschafter und Kommanditisten).

Bei der *unechten* (atypischen) GmbH & Co. KG hingegen sind die Kommanditisten *andere Personen* als die Gesellschafter der GmbH.

Bedeutung der GmbH & Co. KG

Die Rechtsform der GmbH & Co. KG wird heute vor allem von kleineren und mittelgroßen Unternehmen wegen der Haftungsbeschränkung und wegen der unter bestimmten Bedingungen möglichen Steuervorteile gewählt.

Relativ niedrige Gründungskosten und die Möglichkeit, dass die „Geschäftsführungs-GmbH" als juristische Personen den Bestand des Unternehmens garantiert, sind weitere Gründe, die vor allem bei Familienunternehmen zur Wahl dieser Rechtsform führen können.

---

1 Personengesellschaften, bei denen keine natürliche Person als Gesellschafter persönlich haftet (meistens sind dies GmbH & Co. KGs), müssen wie die Kapitalgesellschaften nach strengen Bewertungs-, Gliederungs- und Prüfungsvorschriften Rechnung legen und ihre Bilanzen allgemein zugänglich machen (Näheres finden Sie in den §§ 264 a ff. HGB).

Motive können auch die Möglichkeit einer „Ein-Mann-Gesellschaft", die Geschäftsführung durch *Dritte* und die erweiterte Eigenkapitalbeschaffung durch die Aufnahme weiterer Kommanditisten (die nur einen relativ geringen Einfluss auf die Geschäftsführung haben) sein.

1.7.5 Sonstige wichtige Rechtsformen der Unternehmen

Gesellschaft des bürgerlichen Rechts (GbR) **Rechtsgrundlage:** §§ 705–740 BGB	Die GbR ist eine Rechtsform des privaten Rechts (Personengesellschaft) ohne Rechtsfähigkeit, bei der sich die Gesellschafter zur Förderung eines gemeinsamen Zwecks vertraglich zusammenschließen (z. B. eine Arbeitsgemeinschaft von Bauunternehmern oder ein Konsortium[1] von Banken zur Emission[2] von Aktien). Für die Gesellschaftsschulden haften neben dem Gesellschaftsvermögen (Gesamthandsvermögen) grundsätzlich auch die Gesellschafter persönlich, unbeschränkt und unmittelbar als Gesamtschuldner.
Partnerschaftsgesellschaft (PG) **Rechtsgrundlage:** Partnerschaftsgesellschaftsgesetz (PartGG)	Die PG ist ebenfalls eine Rechtsform des privaten Rechts (Personengesellschaft), die für Angehörige der freien Berufe gedacht ist. Die Partner haften grundsätzlich wie die Gesellschafter der GbR. Die Haftung kann jedoch auf einzelne Partner beschränkt werden. (In der Praxis wird die Haftung häufig auf eine Berufshaftpflichtversicherung abgewälzt.) Zur Führung der Geschäfte ist jeder Partner berechtigt und verpflichtet. Die PG kann unter ihrem Namen klagen und verklagt werden. Im Gegensatz zur GbR muss die PG beim zuständigen Amtsgericht in das Partnerschaftsregister eingetragen werden. Die Bezeichnung der PG muss mindestens den Namen eines Partners und den Zusatz „und Partner" oder „Partnerschaft" enthalten.
Stille Gesellschaft (StG) **Rechtsgrundlage:** §§ 230–236 HGB und ergänzend die Vorschriften zur BGB-Gesellschaft [§§ 705–740 BGB]	Eine StG liegt vor, wenn sich jemand am Handelsgewerbe eines anderen mit einer in dessen Vermögen übergehenden Einlage aufgrund eines Gesellschaftsvertrags beteiligt, ohne dass die Beteiligung nach außen zum Ausdruck kommt. Es handelt sich also um eine „Innengesellschaft". Der stille Gesellschafter hat grundsätzlich keine Mitspracherechte und keine Haftpflicht gegenüber Dritten. Die Haftung des Geschäftsinhabers bzw. der Gesellschafter richtet sich nach der Rechtsform des Unternehmens. Durch Vertrag kann jedoch eine Beteiligung an der Unternehmensleitung vereinbart werden. Die Verlustbeteiligung kann durch Vertrag ausgeschlossen werden, nicht aber die Gewinnbeteiligung. Die stille Gesellschaft ist sowohl für Einzelunternehmen als auch für offene Handelsgesellschaften und Kommanditgesellschaften die ideale Form der Kapitalbeschaffung.
Kommanditgesellschaft auf Aktien (KGaA) **Rechtsgrundlage:** §§ 278–290 AktG	Die KGaA stellt eine Mischform aus Personengesellschaft und Kapitalgesellschaft dar, bei der mindestens ein Gesellschafter den Gläubigern gegenüber unbeschränkt haftet (Komplementär) und die übrigen am gezeichneten Kapital (Grundkapital) beteiligt sind, ohne persönlich für die Verbindlichkeiten der Gesellschaft zu haften (Kommanditaktionäre). Die Hauptversammlung besteht aus den Aktionären. Zum Vorstand wird i. d. R. der Komplementär bestellt. Der Vorstand kann auch aus mehreren Komplementären bestehen.
Eingetragene Genossenschaft (eG) **Rechtsgrundlage:** Genossenschaftsgesetz (GenG)	Die eingetragene Genossenschaft ist eine Gesellschaft mit nicht geschlossener Mitgliederzahl (mindestens drei), welche die Förderung der wirtschaftlichen Existenz ihrer Mitglieder durch gemeinschaftlichen Geschäftsbetrieb bezweckt, ohne dass diese persönlich für die Verbindlichkeiten der Genossenschaft haften. Rechtlich gesehen ist die eingetragene Genossenschaft eine juristische Person. Es lassen sich Produktionsgenossenschaften (z. B.

---

1 Konsortium (lat.) = Teilhaberschaft. Hier: vorübergehende Vereinigung von Unternehmen.
2 Emission (lat.) = Ausgabe, Abgabe. Hier: Ausgabe von Wertpapieren.

1.7 Unternehmensformen

	in der Landwirtschaft), Fördergenossenschaften, Kreditgenossenschaften im Bankbereich oder Baugenossenschaften unterscheiden. Die Mitglieder zeichnen einen oder mehrere Geschäftsanteile. In der Satzung kann festgelegt werden, dass die Mitglieder (die Genossen) z. B. im Fall der Insolvenz Nachschüsse bis zu einer festgelegten Haftsumme zu leisten haben. Gesetzlich muss die Haftsumme mindestens so hoch wie der Geschäftsanteil sein. Die Organe der Genossenschaft sind die Generalversammlung (beschließendes Organ), der Vorstand (ausführendes Organ) und der Aufsichtsrat (überwachendes Organ). Genossenschaften mit nicht mehr als 20 Mitgliedern benötigen keinen Aufsichtsrat.
Versicherungsverein auf Gegenseitigkeit (VVaG) **Rechtsgrundlage:** Versicherungsaufsichtsgesetz [§§ 15 ff. VAG]	Ein VVaG betreibt die Versicherung seiner Mitglieder nach dem Grundsatz der Gegenseitigkeit, d. h., er verfolgt keine Gewinnerzielung, sondern einen möglichst prämiengünstigen Versicherungsschutz für seine versicherten Mitglieder. Die Organe des VVaG sind die Vollversammlung (beschließendes Organ), der Vorstand (ausführendes Organ) und der Aufsichtsrat (überwachendes Organ).

1.7.6 Existenzgründung

Grundlegende Kenntnisse über die Unternehmensformen sind z. B. nicht nur für Anteilseigner, Bilanzbuchhalter, Steuerfachleute und Manager mittlerer und großer Unternehmen erforderlich, sondern auch für sogenannte Existenzgründer,[1] also für Privatpersonen, die sich alleine oder zusammen mit einer oder weiteren Personen beruflich selbstständig machen wollen.

Motive[2]

Der Absicht, ein eigenes Unternehmen zu gründen, können unterschiedliche Motive zugrunde liegen, so z. B.:

- Unzufriedenheit mit dem derzeitigen Arbeitsplatz,
- Streben nach Unabhängigkeit,
- Verwirklichung eigener Ideen,
- höheres Einkommen,
- Abwendung drohender Arbeitslosigkeit,
- Beendigung bestehender Arbeitslosigkeit.

Bei manchen Existenzgründern steht die „Geschäftsidee"[3] am Anfang aller Überlegungen. In anderen Fällen stehen die Gründungsmotive an erster Stelle, sodass die Geschäftsidee erst noch gefunden werden muss.

Quelle: www.gruenderlexikon.de

---
1 Existenz (lat.) = Dasein, Vorhandensein, Lebensgrundlage.
2 Motiv (lat., frz.) = Antrieb, Beweggrund, Ursache, Leitgedanke.
3 Idee (gr.) = Einfall, Grundgedanke.

1 Rechtliche Grundbegriffe

Geschäftsideen

Innovationen[1]	Herstellung und/oder Vertrieb von Produkten (Sachgüter oder Dienstleistungen), die bisher noch nicht auf dem Markt angeboten wurden, stellen die größte Herausforderung für Unternehmensgründer dar.[2] Der Markt muss erst geschaffen werden. Die potenziellen[3] Käufer müssen erst dazu gebracht werden, das Produkt auch nachzufragen. Je nach Produktart benötigen die Gründer viel Eigenkapital, vor allem bei Innovationen im Technologiebereich. Das Geschäftsrisiko kann sehr hoch sein. Eine Innovation kann auch in der Verbesserung bereits bestehender Produkte bestehen. Die Herstellung und/oder der Vertrieb von Weiterentwicklungen ist nicht so risikoreich wie die Vermarktung vollkommen neuer Produkte, weil der Absatzmarkt bereits besteht.
Bereits vorhandene Geschäftsideen	Für manchen Existenzgründer kann es durchaus sinnvoll sein, eine bereits vorhandene Geschäftsidee aufzugreifen und zu nutzen. Beispiele für erfolgreiche Geschäftsgründer und -gründerinnen finden sich in Tageszeitungen und vor allem im Internet (z. B. *www.internetidee.de*, *www.geschaeftsidee.de* oder *www.foerderland.de*).
Unternehmensnachfolge	In Deutschland stehen jährlich tausende von Unternehmen zum Verkauf, d. h., die jetzigen Inhaber oder Eigentümer suchen Nachfolger. Angebote findet man in Printmedien und im Internet (z. B. *www.varicon.de*, *www.nexxt.org* oder *www.firmenboerse.com*).

Kompetenzen[4]

Für den Schritt in die Selbstständigkeit sind viele Kompetenzen erforderlich. Dazu gehören z. B. die Beherrschung der sogenannten „Kulturtechniken" wie Lesen, Schreiben und Rechnen. Denn wer diese nicht beherrscht, kann weder als Arbeitnehmer noch als Selbstständiger zurechtkommen. Darüber hinaus müssen Existenzgründer und -gründerinnen über ein grundlegendes Allgemeinwissen verfügen. Dieses umfasst unter anderem das Beherrschen der deutschen Sprache in Wort und Schrift sowie die Grundkenntnisse der wichtigsten wirtschaftlichen, rechtlichen und politischen Zusammenhänge. So muss z. B. das Verständnis für das Funktionieren des marktwirtschaftlichen Systems vorhanden sein, in dem sich das zu gründende neue Unternehmen zu bewähren hat. Dass Existenzgründer und -gründerinnen die beruflichen Kenntnisse und Fertigkeiten mitbringen müssen, die in den Aufgabenbereich ihrer geplanten Unternehmen fallen, ist selbstverständlich.

Wer sich mit dem Gedanken befasst, sich selbstständig zu machen, muss außerdem willens sein, zumindest während der ersten Jahre viel zu arbeiten, auf Freizeit zu verzichten und Verantwortung für die ihm anvertrauten Personen (z. B. Mitinhaber, Mitarbeiter, Auszubildende) zu übernehmen und diese zu motivieren. Eine weitere wichtige Eigenschaft ist die Kontaktfreudigkeit zu den Kunden, Lieferern und Mitarbeitern sowie die Bereitschaft, auf Kundenwünsche einzugehen und diese zu erfüllen.

---

1 Innovation (lat.) = Erneuerung.
2 Unternehmen, die aufgrund einer neuen Geschäftsidee mit dem Ziel eines möglichst schnellen Geschäftserfolgs gegründet werden, nennt man Startups oder Start-ups.
3 Potenziell (lat.) = möglich, infrage kommend.
4 Kompetenz (lt.) = Zuständigkeit, Sachverstand, Fähigkeit.

1.7 Unternehmensformen

Ideensuche

Bei der Suche nach Geschäftsideen können z. B. folgende externe Informationsquellen hilfreich sein:

Internet	Hier findet man eine Fülle von Veröffentlichungen unter den Suchbegriffen „Geschäftsidee + Existenzgründung".
Printmedien[1]	Fachzeitschriften, Broschüren und Bücher können bei der Suche nach Geschäftsideen helfen.
Industrie- und Handelskammern (IHK)	Sie sind Vertretungskörperschaften der gewerblichen Wirtschaft ohne das Handwerk (Handwerkskammern) zur Wahrnehmung wirtschaftlicher und rechtlicher Interessen der Gewerbetreibenden, zur Förderung der gewerblichen Wirtschaft, zur Unterstützung und Beratung der Behörden sowie zur Mitwirkung an der Berufsausbildung. In Deutschland sind die IHK Körperschaften des öffentlichen Rechts mit Pflichtmitgliedschaft aller im Kammerbezirk tätigen Gewerbetreibenden.
Handwerkskammern	Sie sind ebenso wie die Industrie- und Handelskammern Vertretungskörperschaften des öffentlichen Rechts zur Vertretung der Handwerksinteressen (§§ 90 ff. Handwerksordnung). Aufgaben der Handwerkskammern sind: ■ die Förderung von Handwerk und handwerklichen Einrichtungen, ■ Regelung der Berufsausbildung sowie der Gesellen- und Meisterprüfungsordnung, ■ Führung der Handwerksrolle, ■ Bestellung von Sachverständigen, ■ Beilegung von Streitigkeiten zwischen Handwerkern und ihren Kunden, ■ Unterstützung Not leidender Handwerker, ■ Aufsicht über die Innungen und Kreishandwerkerschaften. Die Handwerkskammern werden durch Beiträge und Gebühren der Mitgliedsbetriebe (Pflichtmitgliedschaft für alle Handwerks- und handwerksähnlichen Gewerbebetriebe) finanziert.
Bundesministerium für Wirtschaft und Energie (BMWi)	Weitere Informationen finden sich auf der Homepage[2] des Wirtschaftsministeriums *(www.bmwi.de)* unter dem Stichwort „Existenzgründung". Quelle: www.existenzgruender.de (Bundesministerium für Wirtschaft und Energie)

---
1 Printmedien sind Zeitungen, Zeitschriften und Bücher. Medium (lat.) Vermittler. To print (engl.) = drucken.
2 Eine Homepage (engl. = Heimseite) ist der Internetauftritt einer Privatperson, eines Unternehmens oder einer Organisation (z. B. eines Ministeriums, einer Regierung, einer internationalen Organisation).

1 Rechtliche Grundbegriffe

Die wichtigsten Methoden[1] zur Entwicklung **neuer Ideen** sind das Mindmapping,[2] das Brainstorming[3] und das Brainwriting.[4]

Mindmapping	Beim Mindmapping, das man allein oder in einer kleinen Gruppe anwenden kann, wird die „Aufgabe" (das Ziel der Überlegungen) mit großen Buchstaben in die Mitte eines Blatts geschrieben. Von der Mitte aus werden alle als sinnvoll empfundenen Gedanken an die Hauptäste angeschrieben. An diese können sich weitere Nebenäste mit den Ergebnissen nachfolgender Einfälle anknüpfen. 
Brainstorming	Findet sich z. B. eine Gruppe von Personen, die sich in einem Gründerseminar kennen gelernt haben, kann man auch das traditionelle Brainstorming einsetzen. Während der *ersten Phase*,[5] die ungefähr eine Viertelstunde dauern sollte, äußern die Teilnehmer offen und ohne langes Nachdenken ihre Ideen. Die Ergebnisse werden für alle Teilnehmer sichtbar notiert. In der *zweiten Phase* werden gesammelte Ideen, die sich unter einem bestimmten Gesichtspunkt zusammenfassen lassen, sortiert, d. h. geclustert.[6] Auf diese Weise werden bestimmte Themenschwerpunkte erkennbar. Die *dritte Phase* dient der Bewertung der Themenschwerpunkte. Ideen, die sich offensichtlich nicht verwirklichen (realisieren) lassen, werden verworfen. Brauchbar erscheinende Ideen werden aufgenommen. Ergänzende Informationen werden eingeholt.

---

1 Methode (gr.) = Vorgehensweise, planmäßiges und folgerichtiges Verfahren.
2 Mindmapping (engl.) = aufmerksam notieren. Mind (engl.) = Aufmerksamkeit, Verstand; to map = auf einer Karte eintragen
3 Das Brainstorming (von engl. brainstorm = „Geistesblitz") ist eine Gruppendiskussion, bei der spontane Einfälle zu einem bestimmten Problem (z. B. einem Projektvorhaben) gesammelt werden.
4 Brainwriting (engl.) = das Aufschreiben (notieren) von Gedankengängen; brain (engl.) = Gehirn, Geist; writing (engl.) = Geschriebenes, schriftlich Festgehaltenes.
5 Phase (gr.) = Abschnitt einer stetigen Entwicklung.
6 Cluster (engl.) = eine als Ganzes zu betrachtende Menge von Einzelteilen.

1.7 Unternehmensformen

Brainwriting

Bei dieser Methode setzen sich mehrere Personen zusammen. Jede Person erhält ein Blatt, auf dem sie *drei* Ideen notieren muss. Dieses Blatt kann wie folgt aufgebaut sein:

1 Annette	Kinderbetreuung	Webprojekte	Einkaufsdienst
2 Lara	Babysitter	...	...
3 Clara	Kindergarten	...	...
4 Sophia	Hausaufgaben	...	...
5 Lea	Tanzunterricht	...	...

In die oberste Zeile trägt jeder Teilnehmer auf seinem Blatt drei Ideen ein. Nach einer vereinbarten Zeit (z. B. 5 Minuten) wird das Blatt im Uhrzeigersinn an den Nachbarn weitergegeben, der drei weitere Ideen notieren muss. Am besten ist es, wenn er Einfälle hat, die die Vorschläge der vorangegangenen Person weiterentwickeln. Die Blätter (im obigen Beispiel also fünf Blätter für fünf Personen) werden so lange weitergegeben, bis sie vollständig ausgefüllt sind (im Beispiel also vier Mal). Bei einer Teilnehmerzahl von fünf Personen kommen auf diese Weise in kurzer Zeit sechzig (5 x 3 x 4) Ideen zusammen.

Unternehmenskonzept[1]

Der Businessplan[2] (auch Geschäftsplan oder Unternehmenskonzept) dient als „Fahrplan" für die Unternehmensgründung. Gleichzeitig ist er die wichtigste *Unterlage für die Bank,* die das möglicherweise notwendige Fremdkapital zur Verfügung stellen soll. Im Businessplan wird das aus der Geschäftsidee entwickelte Vorhaben genau beschrieben. Zum Beispiel müssen folgende Fragen beantwortet werden:

- Welches ist der Nutzen für die potenziellen Kunden?
- Welche Besonderheiten machen die Leistung besonders interessant und grenzt diese von der Leistung der Konkurrenten ab?
- Wird die Nachfrage überhaupt ausreichen, um den notwendigen Gewinn zu erwirtschaften?

Bei der Ausarbeitung des Businessplans sollte man so sorgfältig wie möglich vorgehen. In der Regel benötigen die Existenzgründer bzw. -gründerinnen Hilfestellung. Daher wird der Businessplan häufig mit der Hilfe eines *Existenzgründungsberaters* erstellt. Man kann sich auch beim zuständigen Berufs- bzw. Branchenverband[3] des gewählten Wirtschaftszweigs nach Zahlenmaterial zu Kunden, Konkurrenz und Umsätzen erkundigen.

Rechtsformen

Die Entscheidung für eine bestimmte Rechtsform wirkt sich wirtschaftlich (z. B. Gründungskosten), rechtlich (z. B. Haftung, Vertretung und Geschäftsführung, Mitbestimmung der Arbeitnehmer) und steuerlich (Einkommen- oder Körperschaftsteuer) auf das Unternehmen aus. Welche Rechtsform für einen Existenzgründer am besten ist, kann nur im Einzelfall entschieden werden (Näheres zu den Rechtsformen siehe Kapitel 1.7.2 bis 1.7.5).

---

1 Konzept (lat.) = Entwurf, Plan.
2 Business (engl.) = Geschäft.
3 Branche (frz.) = Zweig, Wirtschaftszweig (z. B. Elektrotechnik, Textilbranche, Maschinenbau).

1 Rechtliche Grundbegriffe

Finanzierung

Zunächst muss ermittelt werden, wie viel Kapital voraussichtlich benötigt wird, um das Vorhaben finanzieren zu können **(Kapitalbedarfsrechnung)**. Dabei stellen sich z. B. folgende Fragen:

- Welche Anlaufkosten entstehen?
- Welche Anschaffungen sind vorzunehmen?
- Wie hoch sollte die Liquiditätsreserve[1] sein?
- Wie viel Fremdkapital wird benötigt?
- Welche Belastungen bringen Zinsen und Tilgung der Kredite?
- Welche Sicherheiten (z. B. Grundstück, Wertpapiere) stehen zur Verfügung?

Nicht nur der gegenwärtige finanzielle Zustand (Status), sondern auch die voraussichtliche zukünftige Entwicklung muss beachtet werden. In einem Liquiditätsplan werden deshalb die in den nächsten drei Jahren monatlich zu erwartenden Einnahmen und Ausgaben gegenübergestellt.

Hilfen zur Existenzgründung

Wer finanzielle Hilfe braucht, sollte sich zunächst auf die Webseite des Bundeswirtschaftsministeriums begeben (siehe S. 113). Dort ist umfangreiches Material einschließlich einer Förderdatenbank für Existenzgründer zu finden. Über die konkreten Seminare, Beratungs- und Förderprogramme, die gerade angeboten werden, gibt die regionale Handelskammer Bescheid. Auch die landeseigenen Wirtschaftsfördergesellschaften, die man über die Webseite des jeweiligen Bundeslandes findet, geben Auskunft. Schließlich bieten auch viele Unternehmensberater auf ihren Webseiten Informationsmaterial an.

Mit der Initiative „Gründerland Deutschland" hat auch das BMWi seine Förder- und Beratungsangebote weiter verbessert, z. B.:[2]

Bundesweite Finanzierungsprogramme der KfW

Günstige Finanzmittel für Gründer und Unternehmer
Der **ERP-Gründerkredit – StartGeld** und der **ERP-Gründerkredit – Universell** ermöglicht Gründerinnen und Gründern sowie jungen Unternehmen die Finanzierung von Investitionen und Betriebsmitteln. Der **ERP-Startfonds** fördert kleine Technologieunternehmen in der Entwicklungs- und Aufbauphase.

→ www.kfw.de

Initiativkreis „Unternehmergeist in die Schulen"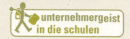

Wirtschaftspraxis auf den Lehrplan
„Unternehmergeist in die Schule" ist eine Initiative, die Schulleiterinnen und Schulleiter sowie Lehrerinnen und Lehrer bei ihrer Arbeit im Bereich der ökonomischen Bildung unterstützt.

→ www.unternehmergeist-macht-schule.de

---

1 Liquidität (frz.) = Flüssigkeit, Zahlungsfähigkeit; Reserve (frz.) = Vorrat; Liquiditätsreserve = Vorrat an flüssigen Mitteln (jederzeit verfügbarem Geld).
2 Quelle: www.bmwi.de

1.7 Unternehmensformen

bundesweite gründerinnenagentur (bga)

Spezielles Angebot für Gründerinnen

Die bga bietet quer über alle Branchen spezifische Informationen, Beratungsdienstleistungen sowie Daten und Fakten zur unternehmerischen Selbstständigkeit von Frauen an.

→ www.existenzgruenderinnen.de

EXIST – Existenzgründungen aus der Wissenschaft

Unternehmergeist an Hochschulen bringen

EXIST besteht aus drei Elementen:
- dem Förderprogramm „EXIST-Gründungskultur",
- dem EXIST-Gründerstipendium und
- der Maßnahme EXIST-Forschungstransfer.

Davon profitieren jedes Jahr bis zu 200 forschungsbasierte Gründungen.

→ www.exist.de

Zusammenfassung

- Das **Handelsregister** ist ein öffentliches Verzeichnis, das grundsätzlich beim Amtsgericht elektronisch geführt wird. Es besteht aus **zwei Abteilungen** [§ 3 I HRV]: In der Abteilung A werden die Einzelunternehmen und die Personengesellschaften registriert. Die Abteilung B enthält die Kapitalgesellschaften und die Versicherungsgesellschaften auf Gegenseitigkeit.

- Man unterscheidet folgende **Arten von Kaufleuten**:

Istkaufleute	Kannkaufleute	Kaufleute kraft Rechtsform (Formkaufleute)
Alle Gewerbebetriebe, die nach Art oder Umfang einen in kaufmännischer Weise eingerichteten Geschäftsbetrieb benötigen [§ 1 HGB]	1. Kleinbetriebe 2. Land- und forstwirtschaftliche Betriebe, die nach Art und Umfang eine kaufmännische Einrichtung benötigen [§§ 2, 3 HGB]	Juristische Personen des Handelsrechts [§ 6 I HGB; § 3 I AktG; § 13 III GmbHG; § 17 II GenG]
Eintragung ins Handelsregister Pflicht	**Eintragung ins Handelsregister freiwillig**	**Eintragung ins Handelsregister Pflicht**
Eintragung wirkt deklaratorisch	Eintragung wirkt konstitutiv	

1 Rechtliche Grundbegriffe

- Die wichtigsten **Unternehmensformen** sind:

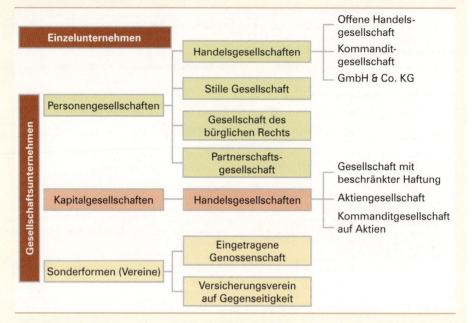

- Die **Firma** eines Kaufmanns ist der Name, unter dem er seine Geschäfte betreibt und seine Unterschrift abgibt.

- Man unterscheidet **Personen-, Sach-, Fantasie- und gemischte Firmen.**

- Merkmale der **Einzelunternehmung:**
  - Beim Einzelunternehmen werden alle Unternehmensfunktionen[1] wie z. B. Geschäftsführung und Vertretung von **einem Geschäftsinhaber** wahrgenommen.
  - Für die Verbindlichkeiten des Unternehmens **haftet der Einzelunternehmer** unbeschränkt mit seinem Geschäfts- und Privatvermögen.

- Merkmale der **offenen Handelsgesellschaft (OHG):**
  - Die OHG ist eine **Personengesellschaft,** bei der bei keinem Gesellschafter die Haftung gegenüber den Gesellschaftsgläubigern beschränkt ist.
  - Die OHG-Gesellschafter **haften unbeschränkt, unmittelbar und solidarisch (gesamtschuldnerisch).**
  - Im **Innenverhältnis** (Verhältnis der Gesellschafter untereinander) gelten die gesetzlichen Vorschriften **und** die Vereinbarungen der Gesellschafter.
  - Im **Außenverhältnis** (Verhältnis der Gesellschafter zu Dritten) gelten ausschließlich die gesetzlichen Bestimmungen.

- Merkmale der **Kommanditgesellschaft (KG):**
  - Die Kommanditgesellschaft (KG) ist eine **Personengesellschaft,** bei der bei mindestens einem Gesellschafter die Haftung gegenüber den Gesellschaftsgläubigern auf den Betrag einer bestimmten Vermögenseinlage begrenzt ist, während bei mindestens einem weiteren Gesellschafter keine Beschränkung der Haftung stattfindet.

---

[1] Funktion (lat.) = Aufgabe.

- Die **Komplementäre** haften wie die **OHG-Gesellschafter**, nämlich **unbeschränkt, unmittelbar** und **solidarisch (gesamtschuldnerisch)**.
- Die **Komplementäre** haben das **Geschäftsführungsrecht**. Die **Kommanditisten** besitzen lediglich ein **Widerspruchsrecht** bei außergewöhnlichen Rechtsgeschäften sowie ein **Kontrollrecht**.
- Das alleinige **Vertretungsrecht** obliegt den **Komplementären**.

- Merkmale der **Aktiengesellschaft (AG)**:
    - Die Aktiengesellschaft (AG) ist eine **Kapitalgesellschaft**. Sie ist **rechtsfähig**.
    - Für die Verbindlichkeiten der AG **haftet** nur das **Gesellschaftsvermögen**.
    - Die **Organe** der AG sind die **Hauptversammlung** (beschließendes Organ), der **Vorstand** (ausführendes Organ) und der **Aufsichtsrat** (überwachendes Organ).
    - Dem **Vorstand** obligen die **Geschäftsführung** und die **Vertretung** der AG.
    - Das **gezeichnete Kapital** einer AG ist in **Nennwertaktien** oder **Stückaktien** (nennwertlose Aktien) zerlegt. Die **Aktien** verbriefen ein **Anteilsrecht** am **Eigenkapital** (Reinvermögen) der AG und **Mitgliedschaftsrechte** (z. B. Stimmrecht in der Hauptversammlung, Anspruch auf Dividende).

- Die **Europäische Gesellschaft** – Societas Europaea (SE) – ist eine einheitliche europäische Rechtsform für im europäischen Wirtschaftsraum tätige Kapitalgesellschaften.

- Merkmale der **Gesellschaft mit beschränkter Haftung (GmbH)**:
    - Die Gesellschaft mit beschränkter Haftung (GmbH) ist eine **Kapitalgesellschaft**. Sie ist **rechtsfähig**.
    - Für die Verbindlichkeiten der GmbH **haftet** nur das **Gesellschaftsvermögen**. Im **Unterschied zur AG** kann jedoch der Gesellschaftsvertrag eine **beschränkte** oder **unbeschränkte Nachschusspflicht** vorsehen.
    - Die **Unternehmergesellschaft (haftungsbeschränkt)** ist die „Einstiegsgesellschaft" zur GmbH. Sie kann ohne bestimmtes Kapital (z. B. mit einem Euro) gegründet werden.
    - Die **Organe** der GmbH sind die **Gesellschafterversammlung** (beschließendes Organ), der oder die **Geschäftsführer** (ausführendes Organ) und – bei Gesellschaften mit über 500 Arbeitnehmern – der **Aufsichtsrat** (überwachendes Organ).
    - Dem **Geschäftsführer** bzw. den **Geschäftsführern** obliegen die **Geschäftsführung** und die **Vertretung** der GmbH.
    - Das **gezeichnete Kapital** (das Stammkapital) der GmbH ist in **Geschäftsanteile** zerlegt. Im **Unterschied zu den Aktien** sind Geschäftsanteile nicht börsenmäßig handelbar.

- Die **GmbH & Co. KG** ist eine Kommanditgesellschaft, an der eine GmbH als einziger persönlich haftender Gesellschafter (Komplementär) beteiligt ist.
    - Die **echte GmbH & Co. KG** ist dadurch gekennzeichnet, dass die GmbH der geschäftsführende Komplementär der KG ist („Geschäftsführungs-GmbH"). Die Geschäftsanteile der GmbH stehen den Kommanditisten zu.
    - Bei der **unechten (atypischen) GmbH & Co. KG** sind die Kommanditisten andere Personen als die GmbH-Gesellschafter.

1 Rechtliche Grundbegriffe

- Die **Private Company Limited by Shares** (kurz: **Ltd.**) ist die britische Form einer Gesellschaft mit beschränkter Haftung.

Gewerbliche Unternehmensgründungen nach Rechtsform

Rechtsform	Unternehmensgründungen				
	2011	2012	2013	2014	2015
Einzelunternehmen	290 759	242 231	236 397	211 650	199 877
Offene Handelsgesellschaft	788	660	686	663	672
Kommanditgesellschaft	616	585	678	615	521
Gesellschaft mit beschränkter Haftung & Co. KG	8 039	7 700	7 037	6 492	6 616
Gesellschaft des bürgerlichen Rechts	18 092	16 244	15 133	13 614	13 489
Aktiengesellschaft	397	392	303	277	256
Gesellschaft mit beschränkter Haftung	44 011	42 008	41 197	41 468	42 613
GmbH ohne Unternehmergesellschaft (haftungsbeschränkt)	33 644	32 081	31 202	31 452	32 702
Unternehmergesellschaft (haftungsbeschränkt)	10 367	9 927	9 995	10 016	9 911
Private Company Limited by Shares	157	107	102	83	79
Genossenschaft	187	209	192	135	127
Eingetragener Verein	446	497	456	444	379
Sonstige Rechtsformen	449	400	348	328	323
Insgesamt	363 941	311 033	302 529	275 769	264 952

Quelle: IfM Bonn (Basis: Gewerbeanzeigenstatistik des Statistischen Bundesamtes)

1.7 Unternehmensformen

ÜBUNGSAUFGABEN

1. Frau Elena Stehlin betreibt in Wolfshausen ein Blumengeschäft. Ihr Gewerbebetrieb erfordert keinen nach Art oder Umfang in kaufmännischer Weise eingerichteten Geschäftsbetrieb. Dennoch möchte sich Frau Stehlin ins Handelsregister eintragen lassen.
   1.1 Wie kann die Firma lauten? Machen Sie drei Vorschläge!
   1.2 Erläutern Sie, was unter dem Begriff Firma zu verstehen ist!
   1.3 Frau Stehlin möchte wie folgt firmieren:

   > Die Pusteblume e. K.

   Beurteilen Sie, ob diese Firma zulässig ist!
   1.4 Auf den Rat eines Bekannten hin meldet Frau Stehlin beim Amtsgericht folgende Firma an:

   > Die Pusteblume
   > Inh. Elena Stehlin e. K.

   Die Eintragung erfolgt am 24. Mai 01.
   Welche Konsequenz (Folge) hat die Handelsregistereintragung für Frau Stehlin?

2. Der Installateurmeister Theo Kopf hat vor Jahren einen kleinen Reparaturbetrieb gegründet, der sich gut entwickelte. Heute beschäftigt er fünf Gesellen und zwei Angestellte. Sein Betrieb ist kaufmännisch voll durchorganisiert. Im Handelsregister ist Theo Kopf nicht eingetragen.
   2.1 Beurteilen Sie, ob Herr Kopf Kaufmann ist!

   Der Steuerberater Klug macht Herrn Kopf darauf aufmerksam, dass er seinen Gewerbebetrieb ins Handelsregister eintragen lassen muss.
   2.2 Machen Sie einen Vorschlag, wie die Firma lauten könnte!

   Herr Kopf lässt sich am 15. Februar 01 unter der Firma „Theo Kopf e. K. – Installateurfachbetrieb" ins Handelsregister eintragen.
   2.3 Welche Wirkung hat die Handelsregistereintragung?

3. Die Wirkung von Handelsregistereintragungen kann deklaratorisch oder konstitutiv sein.
   3.1 Erklären Sie, was hierunter zu verstehen ist!
   3.2 Bei welchen Kaufleuten wirkt die Handelsregistereintragung deklaratorisch, bei welchen konstitutiv?

4. Nennen Sie wesentliche Merkmale des Einzelunternehmens!

5. **Arbeitsauftrag**:

   Erarbeiten Sie in Einzel- oder Gruppenarbeit die Vor- und Nachteile des Einzelunternehmens!

6. Die Herren Arndt, Brecht und Chaible sind sich darüber einig geworden, gemeinsam ein Großhandelsunternehmen in der Rechtsform der OHG zu betreiben. Herr Arndt wurde beauftragt, zur Zusammenkunft am 15. Dezember schriftlich grundsätzliche Vorschläge zum Gesellschaftsvertrag vorzubereiten.
   6.1 Welche Gründe könnten die Herren Arndt, Brecht und Chaible bewogen haben, eine offene Handelsgesellschaft zu gründen?
   6.2 Wie könnte der Entwurf des Gesellschaftsvertrags aussehen?
   6.3 Erklären Sie das Wesen der offenen Handelsgesellschaft anhand von mindestens sechs wichtigen Merkmalen!

1 Rechtliche Grundbegriffe

6.4 Wie muss eine neu gegründete offene Handelsgesellschaft firmieren?

6.5 Wie könnte die Firma des von Arndt, Brecht und Chaible gegründeten Unternehmens lauten? (Vier Beispiele!)

7. Entscheiden Sie folgenden Rechtsfall:

Bei der Müller & Schneider OHG richten sich Geschäftsführung und Vertretung nach den Vorschriften des HGB. Während eines Urlaubs von Müller verkauft Schneider ein Betriebsgrundstück. Als Müller zurückkehrt, macht er Schneider große Vorhaltungen. Er meint jedoch, dass alles nicht so schlimm sei. Der Kaufvertrag sei ohnedies nichtig, weil seine Zustimmung fehle.

8. **Arbeitsauftrag:**

Erarbeiten Sie in Einzel- oder Gruppenarbeit die Vor- und Nachteile der offenen Handelsgesellschaft!

9. **Fallstudie:**

Frau Schrade betreibt die sich seit mehreren Generationen in Familienbesitz befindliche Maschinenfabrik A. Schrade e. Kfr. Vor allem mit ihren Wärmepumpen hatte sie einen beachtlichen Geschäftserfolg.

Der ständige Zwang zu Neuerungen und der harte Preiskampf ließen Frau Schrade wenig Spielraum zur Selbstfinanzierung.[1] Deshalb musste sie verstärkt auf Fremdkapital ausweichen. Weitere Investitionen will sie deshalb vorrangig mit Eigenkapital durchführen. Sie entschließt sich deshalb dazu, eine offene Handelsgesellschaft oder eine Kommanditgesellschaft zu gründen. Von den von ihr angesprochenen Personen sind ihrer Ansicht nach der langjährige und erfolgreiche Vertreter Leon Mann und dessen Frau Laura Waggis-Mann die geeignetsten Partner. Herr Mann will als Komplementär, Frau Waggis-Mann als Kommanditist in die Maschinenfabrik A. Schrade e. Kfr. eintreten. Im zum 31. März 01 abgeschlossenen Gesellschaftsvertrag wird unter anderem Folgendes vereinbart:

a) Frau Schrade bringt ihr Unternehmen in die KG ein. Das Eigenkapital der Maschinenfabrik A. Schrade e. Kfr. beträgt 3 600 000,00 €. Herr Mann leistet 800 000,00 € in bar und bringt ein unbebautes Grundstück im Wert von 1 000 000,00 € ein. Die Einzahlung auf das Geschäftsbankkonto und die Übereignung des Grundstücks auf die KG erfolgt zum 30. April 01.

b) Frau Waggis-Mann übernimmt eine Kommanditeinlage in Höhe von 500 000,00 €. Am 30. April 01 zahlt sie 300 000,00 € auf das Geschäftsbankkonto ein. Den Restbetrag will sie am 30. Mai überweisen.

c) Der Gesellschaftsvertrag setzt den Beginn der KG auf den 30. April 01 fest. Die Eintragung ins Handelsregister erfolgt am 14. Mai 01.

d) Bezüglich der Gewinn- bzw. Verlustverteilung wird Folgendes vereinbart: Die Kapitalanteile sollen mit 4 % verzinst werden. Reicht der Gewinn zu einer 4 %igen Verzinsung nicht aus, wird er im Verhältnis der Kapitalanteile verteilt. Ein die 4 % übersteigender Gewinn wird im Verhältnis von 4 : 4 : 1 (Schrade, Mann, Waggis-Mann) verteilt. Ein möglicher Verlust soll im Verhältnis der Kapitalanteile verteilt werden.

e) Im Gesellschaftsvertrag wird über die Höhe der Privatentnahmen nichts vereinbart. Die Höhe der Entnahmezinsen wird vertraglich auf 6 % p. a.[2] festgelegt.

9.1 Welche Rechtsform weist das Unternehmen von Frau Schrade auf?

9.2 Nennen Sie fünf wesentliche Merkmale der von Frau Schrade betriebenen Unternehmensform!

9.3 Welche Vor- und Nachteile sind mit der unter 9.1 und 9.2 beschriebenen Rechtsform verbunden?

9.4 Welche Vorteile hat Frau Schrade durch die Gründung der KG?

---

1 Selbstfinanzierung = Finanzierung aus nicht ausgeschütteten (einbehaltenen) Gewinnen.
2 Die Abkürzung p. a. bedeutet per annum (lat.) = je Jahr, jährlich.

9.5 Welche Nachteile nimmt Frau Schrade durch die Gründung der KG auf sich?

9.6 Welche Gründe können Frau Waggis-Mann und Herrn Mann bewogen haben, als Gesellschafter in das Unternehmen von Frau Schrade einzutreten?

9.7 Wie kann die Firma der neu gegründeten KG lauten? Bilden Sie mindestens vier Beispiele!

9.8 Der Lieferer Karl Möck e. Kfm. hat gegen die Maschinenfabrik A. Schrade KG eine Forderung in Höhe von 125 000,00 €, die seit dem 10. Dezember 00 fällig und trotz zweimaliger Mahnung nicht beglichen worden ist. Als Möck davon hörte, dass zwei neue Gesellschafter in die Maschinenfabrik A. Schrade KG eingetreten sind, verlangt er von Frau Waggis-Mann am 20. März 01 die Zahlung. Beurteilen Sie, ob Frau Waggis-Mann zahlen muss!

9.9 Im Hinblick auf eine angekündigte Preiserhöhung kauft Frau Schrade am 25. April 01 im Namen der KG eine Schleifmaschine im Wert von 330 000,00 €, für die lt. Liefer- und Zahlungsbedingungen eine Vorauszahlung von 110 000,00 € zu leisten ist. Beurteilen Sie, ob Frau Schrade schon zu diesem Zeitpunkt den Kaufvertrag für die Gesellschaft abschließen durfte, ohne gegen den Gesellschaftsvertrag zu verstoßen!

9.10 Prüfen Sie, ob der von Frau Schrade abgeschlossene Kaufvertrag die KG rechtlich bindet oder ob Frau Schrade allein für die Verbindlichkeiten aus dem Kaufvertrag haftet!

9.11 Nach den anfänglichen Schwierigkeiten gestaltet sich die Zusammenarbeit zwischen Frau Schrade und Herrn Mann sehr gedeihlich. Die Geschäfte gehen gut. Der Reingewinn beträgt am Jahresende 590 000,00 €.

    9.11.1 Erläutern Sie, was das HGB zur Gewinn- und Verlustverteilung in einer KG vorsieht!

    9.11.2 Beurteilen Sie, ob die im Gesellschaftsvertrag vereinbarte Gewinn- und Verlustverteilung in einer KG sinnvoll ist!

9.12 Angenommen, Frau Schrade und Herr Mann haben im Jahr 01 keine Privatentnahmen getätigt. Außerdem wird unterstellt, dass Frau Waggis-Mann ihre Einlage vollständig zum 30. April 01 geleistet hat.

Berechnen Sie unter den genannten Bedingungen die Gewinnanteile der beiden Komplementäre und den des Kommanditisten Frau Schrade!

9.13 Die Geschäfte der KG gehen auch im Jahr 02 sehr gut. Der Reingewinn erhöhte sich um 5 % gegenüber dem Vorjahr. Frau Schrade entnahm für private Zwecke jeweils zum Monatsende 12 000,00 €. Herr Mann entnahm für seine private Lebenshaltung jeweils 18 000,00 € am Quartalsende.

    9.13.1 Berechnen Sie die Gewinnanteile aller Gesellschafter sowie die Höhe der Eigenkapitalanteile zum Jahresende 02!

    9.13.2 Prüfen Sie, ob sich die Höhe der Privatentnahmen im gesetzlichen Rahmen hielt!

10. Fallstudie:

Niklas Schwarzbauer aus Neustadt hatte vor 20 Jahren eine Idee: Er nahm den Großunternehmen der pharmazeutischen und kosmetischen Industrie die teure Aufgabe ab, Pröbchen zu verpacken und zu versenden. Sechs Jahre später holte er von namhaften Herstellern immer mehr Aufträge herein, sodass er neue Verpackungsmaschinen kaufte und von Jahr zu Jahr mehr Arbeitskräfte einstellen konnte. Zurzeit beschäftigt Niklas Schwarzbauer 620 Arbeitskräfte. Die Zukunftsaussichten sind so gut, dass Niklas Schwarzbauer eine Aktiengesellschaft gründet, um die Eigenkapitalbasis des Unternehmens zu erweitern.

10.1 Das Grundkapital der neu zu gründenden Aktiengesellschaft soll 10 Mio. € betragen. Die Aktien sollen auf den gesetzlichen Mindestnennwert lauten und zum Ausgabekurs von 1,70 € emittiert (ausgegeben) werden. Die Hälfte der Aktien will Niklas Schwarzbauer übernehmen, indem er sein Unternehmen in die AG einbringt.

    10.1.1 Welche Vorteile hat Herr Schwarzbauer durch die Gründung einer AG?

    10.1.2 Die neue AG soll „Verpackungs-Logistik AG" heißen. Entspricht diese Firma den Erfordernissen des Aktiengesetzes?

    10.1.3 Warum will Herr Schwarzbauer ausgerechnet 50 % der Aktien übernehmen?

1 Rechtliche Grundbegriffe

     10.1.4 Wie hoch ist das Agio, wenn alle Aktien übernommen (verkauft) werden?
     10.1.5 Welche rechtlichen Erfordernisse muss Herr Schwarzbauer erfüllen, bevor die neue Aktiengesellschaft ins Handelsregister eingetragen wird?
     10.1.6 In der von Herrn Schwarzbauer und seinem Rechtsanwalt Herrn Dr. Winterhalder verfassten Satzung wird festgelegt, dass die AG von einem Vorstand geleitet und vertreten werden soll. Beurteilen Sie, ob diese Regelung rechtlich möglich ist!

10.2 Die Aktiengesellschaft wird zum 1. April 02 in das Handelsregister eingetragen. Sie wird damit Kaufmann kraft Rechtsform. Erläutern Sie, was hierunter zu verstehen ist!

10.3 Sämtliche Aktien wurden termingerecht untergebracht (verkauft). Zur ersten Hauptversammlung erscheinen 36 Aktionäre, die 80 % des Grundkapitals vertreten.
     10.3.1 Wie viel Stimmen hat Herr Schwarzbauer und wie viel Stimmen haben die in der Hauptversammlung erschienenen Aktionäre? Ziehen Sie das Gesetz zurate!
     10.3.2 Erarbeiten Sie mithilfe des Gesetzes fünf wichtige Aufgaben der Hauptversammlung!

10.4 Der Aufsichtsrat der Verpackungs-Logistik AG wird nach dem Drittelbeteiligungsgesetz gewählt. Die Satzung sieht für den Aufsichtsrat keine höhere Mitgliederzahl als das Aktiengesetz vor.
     10.4.1 Wie viel Aufsichtsratsmitglieder sind zu wählen?
     10.4.2 Wer wählt den Aufsichtsrat?
     10.4.3 Nennen und beschreiben Sie fünf wesentliche Aufgaben des Aufsichtsrats!
     10.4.4 Begründen Sie, warum der Aufsichtsrat kein Gehalt erhält, i.d.R. jedoch eine Tantieme!

10.5 Niklas Schwarzbauer wird vom Aufsichtsrat zum Vorstand bestimmt. Welche Funktionen werden hierdurch auf Herrn Schwarzbauer übertragen?

10.6 Aufgrund eines Buchungsfehlers wird die Eingangsrechnung des langjährigen Lieferers Erik Baumann, Verpackungsmaschinen GmbH, in Freiburg nicht beglichen. Erik Baumann wendet sich daher an Niklas Schwarzbauer persönlich und verlangt Zahlung. Beurteilen Sie die Rechtslage!

11. An der Krefelder Motorenfabrik Moosbrink GmbH sind folgende Gesellschafter beteiligt:
- Adam mit einem Geschäftsanteil, Nennwert 350 000,00 €,
- Brecht mit einem Geschäftsanteil, Nennwert 600 000,00 € und
- Czerny mit einem Geschäftsanteil, Nennwert 550 000,00 €.

    11.1 Wie hoch ist das Stammkapital?
    11.2 Informieren Sie sich im Gesetz, wie ein Reingewinn von 480 000,00 € zu verteilen ist!
    11.3 Angenommen, nach der Gewinnausschüttung beträgt das Vermögen der Motorenfabrik Moosbrink GmbH 7,8 Mio. €. Die Schulden (Verbindlichkeiten) belaufen sich auf 3,0 Mio. €. Berechnen Sie die Geschäftsanteile der drei GmbH-Gesellschafter!

12. Vergleichen Sie das Einzelunternehmen, die OHG, die KG, die AG und die GmbH im Hinblick auf Haftung, Kapitalaufbringung, Geschäftsführung und Vertretung!

13. Entscheiden Sie in folgenden Fällen, welche Rechtsform vorliegt:
    13.1 Herr Aalsen, alleiniger Gesellschafter und Geschäftsführer der Früchte GmbH, gründet ein „neues" Unternehmen, in dem die Früchte GmbH unbeschränkt haftende Gesellschafterin wird. Herr Aalsen leistet eine weitere Einlage in Höhe von 100 000,00 €. Die Haftung von Herrn Aalsen wird auf seine Einlage beschränkt.
    13.2 Eine Kapitalgesellschaft erhöht ihr Grundkapital um 20 Mio. €. Vier große deutsche Geschäftsbanken übernehmen die Platzierung (den Verkauf) der jungen (neuen) Teilhaberpapiere.

1.7 Unternehmensformen

13.3 Zehn Öko-Bauern schließen sich zusammen, um die Vermarktung ihrer Produkte gemeinschaftlich zu fördern. Jeder Landwirt übernimmt zunächst einen Geschäftsanteil von 20 000,00 €. Die Haftung soll auf die Höhe ihrer Einlage beschränkt sein. Die Firma des Zusammenschlusses wird in das zuständige Register eingetragen.

13.4 Die Rechtsanwälte Jana Döhrle, Fabian Eberhardt und Daniel Fröbe schließen sich zu einer Praxis zusammen (gemeinsames Wartezimmer, gemeinsames Personal, gemeinsame Kommunikationseinrichtungen usw.). Die Rechtsanwaltspraxis soll den Namen von Frau Döhrle und einen Zusatz enthalten, der auf eine Gemeinschaftspraxis schließen lässt. Der Geschäftsname wird im zuständigen Register eingetragen.

13.5 Die Firma des Kleiderhauses Gröber hat eine Bezeichnung, die auf eine Rechtsform hinweist, bei der zumindest ein Gesellschafter unbeschränkt haftet, während die Haftung des bzw. der übrigen Gesellschafter ausgeschlossen ist.

13.6 Die Mitglieder des Unternehmens A zahlen freiwillig regelmäßig anfallende Beiträge. Tritt bei einem Mitgliedsunternehmen ein Schaden ein, wird dieser vom Unternehmen A ersetzt.

13.7 Alina Klaus ist gelernte Schneiderin. Sie hat sich selbstständig gemacht. Ihr Kleidergeschäft firmiert unter „Schwarzwaldhüsli – Alina Klaus e. Kfr.". Die Gründung des Geschäfts wurde möglich, weil sich ihr Schwager, Herr Lang, mit 300 000,00 € an ihrem Geschäft beteiligte. Der Vertrag zwischen Frau Klaus und Herrn Lang sieht vor, dass dieser nicht am Verlust, jedoch am Gewinn beteiligt sein soll. Ein Mitspracherecht hat Herr Lang nur bei außergewöhnlichen Rechtsgeschäften.

13.8 Frau Dürr ist Eigentümerin des Kleidergeschäfts „Klamotte" in Neustadt. Sie möchte ihre Haftung begrenzen. Welche Möglichkeiten hat sie, wenn sie die Aufnahme eines oder mehrerer Gesellschafter ausschließt?

13.9 Überschrift eines Zeitungsartikels: „Firmengründer brauchen nur einen Euro". Welche Unternehmensform ist damit gemeint?

14. Textauszug:

Ohne Plan gibt es kein Geld

Noch nie gab es in Deutschland so viele Selbstständige. Beratungsstellen wie die Industrie- und Handelskammern melden einen Ansturm von Existenzgründern. Viele der Gründer wollen mit dem Weg in die Selbstständigkeit ihre Arbeitslosigkeit beenden.

Aber gleich, ob aus der Arbeitslosigkeit oder aus einem sicheren Job – zentraler Punkt für die Gründer ist das liebe Geld. Ohne Kapital lässt sich nur schwer eine selbstständige berufliche Existenz aufbauen. Der Weg zur Bank gehört also zwingend zur Gründung. Dort steht aber die höchste Hürde. Mehr als 50 Prozent der Gründungswilligen werden laut einer Sparkasse abgelehnt. Dahinter steckt allerdings nicht eine generelle Abneigung gegen Existenzgründer, im Gegenteil. „Wir wollen Gründungen fördern", sagt Frau Anders, die bei der Sparkasse Gründer betreut. Das bestätigt Frau Brink von der am gleichen Ort ansässigen Volksbank: „Die Banken wollen mehr Existenzgründungsfinanzierung." Oft seien aber die Vorstellungen der Gründer zu vage, berichten beide Beraterinnen. Geld gibt es nur für einen durchdachten Geschäftsplan. Aus ihm müsse hervorgehen, dass sich der oder die Gründungswillige eingehend mit der Materie befasst habe, sagt Frau Christen von der Industrie- und Handelskammer. Drei Punkte sind für sie entscheidend: Wer sind die potenziellen Kunden? Welche Mitbewerber gibt es? Wie hoch muss der Umsatz sein, um ein auskömmliches Einkommen zu erzielen? Neben dem Geschäftsplan spielt die Person die wichtigste Rolle. „Die Person entscheidet über den Erfolg", sagt Frau Christen. Sie muss den Plan überzeugend vertreten. „Wenn Konzept und Person zusammenpassen, scheitert es nicht am Geld", sagt Frau Brink.

Quelle: Badische Zeitung vom 6. Januar 2006.

1 Rechtliche Grundbegriffe

Aufgaben:

14.1 Erklären Sie, was unter einem Geschäftsplan zu verstehen ist!

14.2 Erläutern Sie, welche Anforderungen die drei Beraterinnen an einen Geschäftsplan stellen!

15. Projektvorschläge:

15.1 Vergleich der Ausbildungsbetriebe der Schülerinnen und Schüler unserer Klasse nach betriebswirtschaftlichen Gesichtspunkten!

15.2 Ich möchte mich nach der erfolgreich beendeten Berufsausbildung selbstständig machen. Was ist zu tun?

> *Hinweise:* Über das Thema **„Projekt"** werden ganze Bücher geschrieben und Kurse abgehalten. Daher gibt es auch unterschiedliche Meinungen darüber, was ein Projekt ist und welche Merkmale es aufzuweisen hat. Dennoch gibt es eine Reihe gemeinsamer Merkmale, die im Folgenden kurz genannt werden sollen.

Der Begriff Projekt ist auf das lateinische Wort projectum zurückzuführen und bedeutet wörtlich „das nach vorn Geworfene". Das Wort Projekt kann man daher mit „Entwurf" übersetzen.

Ein Projekt verlangt zunächst, dass mehrere Personen an der Lösung einer Aufgabe arbeiten. Dabei ist es durchaus möglich, dass sich die Gruppe das Thema selbst stellt. Es kann aber ebenso gut sein, dass das Thema durch den Projektleiter (in der Schule ist das i. d. R. die Lehrerin oder der Lehrer) gestellt wird.

Zu einem Projekt gehört weiterhin, dass die Aufgabenstellung (das „Problem") mehrere Gesichtspunkte aufweist, die i. d. R. aus verschiedenen Sach- und Fachgebieten stammen. Ein Projekt beinhaltet also eine komplexe[1] Aufgabe. Projekte, die man zu Beginn eines Lehrgangs durchführen möchte, sollten jedoch nicht zu umfassend sein, denn man kann nicht „alles" nachsehen, nachfragen, nachforschen und erkunden, wenn man ein Projekt in einer vernünftigen Zeit durchführen möchte. Mit zunehmendem Kenntnisstand wird man sich dann auch an schwierigere Aufgabenstellungen heranwagen können.

Ein weiteres Merkmal der Projektarbeit ist, dass die Teilnehmer ihre Vorgehensweise selbst mitbestimmen. Projektarbeit ist sozusagen handlungsorientiert. Gleichzeitig ist sie auch Zusammenarbeit (Teamarbeit).[2] Der Projektleiter nimmt die Rolle eines Moderators[3] ein. Er unterstützt die Gruppe beim Planen, bei der Durchführung und bei der Ergebnisfindung.

Die Projektarbeit wird dadurch abgerundet, dass das Ergebnis vor der Projektgruppe oder vor einer anderen Gruppe präsentiert[4] und besprochen wird.

Hierbei erhebt sich die nächste Frage. Was genau ist eine **„Präsentation"**? Spätlateinisch bedeutet preaesentare wörtlich „gegenwärtig machen, zeigen". Eine Präsentation heißt also, einen Sachverhalt einem (anwesenden) Publikum auf verständliche Weise anschaulich zu „vergegenwärtigen": Ein Vortrag wird durch *visuelle*[5] *Hilfsmittel* unterstützt.

Zur Visualisierung gibt es eine ganze Reihe von Medien.[6] Das älteste und immer noch wichtigste ist – zumindest in der Schule – die *Tafel*. Neben oder anstelle der Tafel können *Pinnwände*[7] und *Flipcharts*[8] eingesetzt werden. Ein Flipchart ist ein auf einem Gestell befestigter großer

---

1 Komplex (lat.) = vielfältig verflochten.
2 Team (engl.) = Gruppe, Mannschaft. Teamarbeit = Zusammenarbeit der Mitglieder einer Gruppe.
3 Moderator = eine Person, die eine Versammlung bzw. ein Gespräch leitet. Moderieren (lat.) heißt ursprünglich sich mäßigen. Im Englischen hat das Tätigkeitswort (Verb) to moderate die Bedeutung von „eine Gruppe leiten".
4 Präsentieren (frz.) = vorlegen, vorstellen.
5 Visuell (frz.) = das Sehen betreffend, sichtbar.
6 Medium = Mitteilungsmittel, Kommunikationsmittel.
7 Pinnwand = Fläche, auf der z. B. Zettel mithilfe von Nadeln (engl. pin) oder Reißnägeln angeheftet werden können.
8 Das Wort Flipchart setzt sich zusammen aus (engl.) to flip = drehen, wenden und chart = Karte, das auf einer Karte verzeichnete (z. B. Landkarte, Wetterkarte).

1.7 Unternehmensformen

Papierblock, dessen Blätter nach oben umgeschlagen werden können. Ein weiteres Präsentations-Medium ist der *Overheadprojektor*.[1] Die Folien können mit Hand oder mithilfe eines speziellen Computerprogramms wie z. B. *PowerPoint*[2] erstellt werden. Schließlich sei noch das *Video* erwähnt. Bei dessen Einsatz braucht man allerdings einen *Beamer*,[3] also einen Video-Großbildprojektor.

Zum Thema „Präsentation" gibt es zahlreiche Bücher und Lehrgänge (Kurse), in denen u. a. *Präsentationstechniken* gelehrt werden. Dazu gehört z. B. die Wahl eines angemessenen *visuellen Konzepts*.[4] Entscheidend für eine gute Präsentation ist ein klarer Aufbau (eine schlüssige Struktur). Hierzu braucht man keine aufwendige „Multi-Media-Schau". Zur Darstellung des Begriffsbaums „Arten der Kapitalgesellschaften" genügt z. B. die Tafel. Um einen Handelsregisterauszug zu zeigen, bietet sich indessen der Overheadprojektor an.

Zu den Präsentationstechniken rechnet auch die *Bildgestaltung*. Soll z. B. der Overheadprojektor eingesetzt werden, muss man wissen, mit welchen Stiften zu arbeiten ist, welche Farben gut „herauskommen" und welche Farben man für bestimmte sich wiederholende Vorgänge oder Zustände sinnvollerweise verwendet. Sollen z. B. die Geld- und Güterkreisläufe dargestellt werden, empfiehlt es sich, für die Güterströme schwarz und für die Geldströme gelb zu verwenden.

Der Erfolg einer Präsentation hängt nicht nur von den verwendeten Medien ab, sondern in erster Linie von der vortragenden Person. Sie muss durch ihr persönliches Auftreten selbst dazu beitragen, Aufmerksamkeit und Interesse bei der Zuhörerschaft zu wecken.

Für den Ablauf der Präsentation gilt Folgendes: Die vortragende Person stellt sich selbst vor, nennt den Anlass, das Thema und die Hauptgliederungspunkte, gibt den Zeitbedarf, die Pausen und die mögliche Diskussionsphase bekannt.

Der Hauptteil der Präsentation muss logisch aufgebaut (strukturiert) sein. Die Aussagen sollen klar und verständlich sein. Die Teilnehmer sollen den Nutzen erkennen, den sie aus der Präsentation ziehen können. Auf diese Weise wird Aufmerksamkeit erzeugt.

Auch der Präsentationsabschluss sollte gut geplant sein. Er besteht in der Zusammenfassung der Ergebnisse und Erkenntnisse und gibt einen kurzen Ausblick in die Zukunft. Schließlich dankt die vortragende Person den Teilnehmern für ihre Aufmerksamkeit und leitet zur Diskussion über.

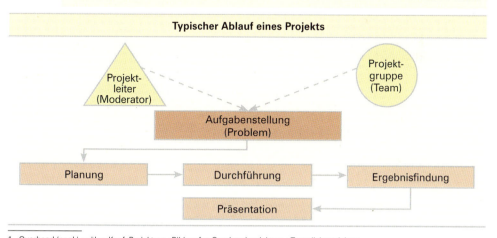

Typischer Ablauf eines Projekts

---

1 Overhead (engl.) = über Kopf. Projektor = Bildwerfer. Overheadprojektor = Tageslichtprojektor.
2 PowerPoint ist ein Computerprogramm (ein „Handwerkszeug") für die Entwicklung von Overhead-Folien, Bildschirmpräsentationen und Handzetteln (engl. handouts). Zum Erlernen der Präsentationstechnik mit PowerPoint sei das Lehrbuch von Marion Schröder: Präsentationen entwickeln und gestalten mit PowerPoint 2016, Merkur Verlag 2017, empfohlen.
3 Beamer (engl.) = Video-Großbildprojektor (wörtl. „Strahler").
4 Konzept = Entwurf, erste Fassung.

2 Menschliche Arbeit in Betrieb und Wirtschaft

2.1 Der hierarchische[1] Aufbau des Betriebs

■ Wenngleich im modernen wirtschaftlichen Betrieb demokratische Züge zu finden sind, garantiert doch erst ein sinnvolles System der Über- und Unterordnung den reibungslosen Ablauf des Gesamtprozesses der betrieblichen Tätigkeiten. „Den Trägern gewisser Positionen kommt die Entscheidungsbefugnis darüber zu, wer was wann und wie zu tun hat; die Träger anderer Positionen haben sich an diese Anordnung zu halten."[2]

Nach der Gestaltung der **Weisungsrechte** können wir zwischen verschiedenen Ebenen der betrieblichen Arbeit unterscheiden:

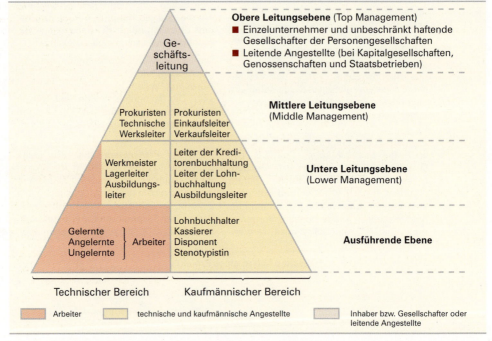

Abb. nach SCHEIBLER, A.: Betriebe, Produktion und Sozialprodukt, Teil 1, 1975, S. 98 ff.

Obere Leitungsebene (Top Management)	Sie wird durch die Geschäftsleitung verkörpert. Bei Einzelunternehmen und Personengesellschaften obliegt die Geschäftsführung i.d.R. den Inhabern bzw. Gesellschaftern selbst. Es handelt sich also um „Unternehmer" im traditionellen (= ursprünglichen) Sinn (sog. **Eigentümerunternehmer**). Bei den Kapitalgesellschaften und den Genossenschaften werden die unternehmerischen Funktionen von angestellten Direktoren (Vorstandsmitgliedern, Geschäftsführern), den sog. **Auftragsunternehmern** (**Managerunternehmern**) wahrgenommen.

---

1 Hierarchie = System der Unter- und Überordnung.
2 DAHRENDORF, R.: Soziale Klasse und Klassenkonflikt in der industriellen Gesellschaft, 1957, S. 216 (Position = Stellung gegenüber anderen).

2.2 Arbeitsbedingungen und Arbeitsleistung im Betrieb

Mittlere Leitungsebene (Middle Management)	Zur mittleren Leitungsebene rechnen die Personen, die mit der Leitung bestimmter Funktionsbereiche eines Betriebs betraut sind (z. B. mit der Leitung des Einkaufs, des Absatzes, der Produktion, des Finanz- und Rechnungswesens).
Untere Leitungsebene (Lower Management)	Die untere Leitungsebene wird von Leitern einzelner Abteilungen und Werkstätten verkörpert (z. B. Leiter der Lohnbuchhaltung, Werkmeister, Ausbilder).
Ausführende Ebene	Zu ihr rechnen alle übrigen im Betrieb tätigen Personen (z. B. gelernte, angelernte und ungelernte Arbeiter, kaufmännische Angestellte wie Lohnbuchhalter, Kassierer, Disponenten usw.).

Bei der Einteilung der Arbeit in verschiedene Ebenen (anordnende und ausführende Arbeit) ist jedoch zu beachten, dass in der Praxis keine scharfen Trennungslinien gezogen werden können, weil jeder Betrieb anders organisiert und strukturiert (= aufgebaut) ist.

2.2 Arbeitsbedingungen und Arbeitsleistung im Betrieb

Die Leistung der Arbeitskräfte eines Betriebs hängt von zahlreichen Faktoren ab, die teils in den Arbeitenden selbst (subjektive Bedingungen), teils in der Arbeitsorganisation (objektive Bedingungen) und teils in den sozialen Bedingungen im Betrieb zu suchen sind.

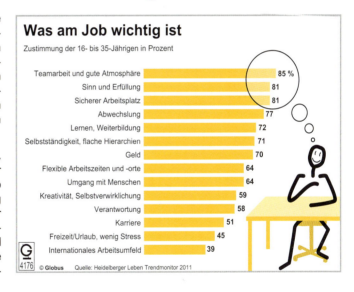

Nebenstehende Statistik zeigt, was die Arbeitskräfte von ihrer Arbeit bzw. von ihrem Betrieb erwarten. Die Nichterfüllung dieser Erwartungen führt zur Unzufriedenheit. Unzufriedene aber leisten weniger und sind häufiger krank (worauf die Arbeitsmediziner immer wieder hinweisen).

Subjektive Bedingungen

Die Leistungsfähigkeit einer Arbeitskraft wird vor allem von ihren angeborenen Anlagen und den von ihr erworbenen Kenntnissen und Fertigkeiten mitbestimmt.

Wissen, Fähigkeiten und Fertigkeiten kann sich die Arbeitskraft im Betrieb, in betrieblichen und außerbetrieblichen Lehrgängen, während und nach der betrieblichen Ausbildungszeit angeeignet haben.

Auch die seelische und körperliche Verfassung beeinflusst die Leistungsfähigkeit, wobei nicht zu verkennen ist, dass die Gesundheit einer Arbeitskraft auch von objektiven und sozialen Bedingungen des Betriebs positiv oder negativ beeinflusst sein kann (z. B. Stress durch übersteigertes Arbeitstempo, Ärger mit Kollegen und Kolleginnen und/oder Vorgesetzten).

Die Leistungsfähigkeit des Menschen allein bringt noch keine Leistung. Vielmehr muss der Mensch auch einen bestimmten *Leistungswillen* mitbringen, der natürlich ebenfalls durch äußere Faktoren geschwächt oder gesteigert werden kann. So können z. B. soziale Anerkennung und leistungsgerechte Entlohnung den Willen zur Leistung erhöhen.[1]

Objektive Bedingungen

Das Ergebnis der menschlichen Leistung im Betrieb wird wesentlich durch die Arbeitsorganisation mitbeeinflusst.

Werkraum	Der Werkraum bestimmt in weitem Maße Wohlbefinden, Gesundheit und Arbeitsleistung des Arbeitenden. Die Gestaltung des Arbeitsplatzes erstreckt sich daher auf die Regelung der Licht-, Luft- und Temperaturverhältnisse. Lichtstärke und -farbe sowie der Anstrich der Einrichtungen (z. B. Maschinen, Möbel) sollen zu einer angenehmeren Umgebung des Arbeitsplatzes beitragen. Luftfilter und Absaugvorrichtungen sollen Verunreinigungen der Luft durch Gase, Staub, Schmutz und Feuchtigkeit beseitigen. Die genannten Maßnahmen bezeichnet man heute mit dem Schlagwort „Humanisierung der Arbeitswelt".[2] Häufiger Temperaturwechsel soll durch Klimaanlagen ausgeschaltet werden, wobei auf die jeweilige Tätigkeit der Arbeitnehmer Rücksicht zu nehmen ist (bei schwerer körperlicher Arbeit Untergrenze 12 °C, bei leichter sitzender Arbeit Obergrenze 24 °C).
Arbeitsmittel	Die Arbeitsmittel (Werkzeuge, Maschinen, Sitzgelegenheiten) müssen den körperlichen Bedingungen des arbeitenden Menschen angepasst sein (Schlagwort: „Anpassung der Maschine an den Menschen"). Sitzhöhe, Sitzgestaltung, Arbeitsplatzhöhe und Greifraum müssen funktionsgerecht und medizinisch richtig gestaltet sein. Der Teil der Arbeitswissenschaften, der sich mit diesen Problemen befasst, heißt **Ergonomie**.

Ziel der Arbeitsorganisation muss ferner sein, die vorzeitige *Ermüdung* der Arbeitenden zu verhindern. Übersteigertes Arbeitstempo – aber auch zu langsames Arbeitstempo – sind zu vermeiden. (Das Normaltempo herauszufinden, ist vor allem bei der Fließbandarbeit notwendig.)

Einer vorzeitigen Ermüdung wird auch durch eine vernünftige Pausengestaltung vorgebeugt. Es ist erwiesen, dass stündliche Kurzpausen von je 3 bis 5 Minuten die Gesamtleistung der Arbeitenden wesentlich steigern helfen.

Soziale Bedingungen

Werden im Betrieb die Wünsche des Menschen nach sozialer Anerkennung und nach leistungsgerechter Entlohnung erfüllt, wird er eher zur Leistung bereit sein, als wenn ihm Anerkennung und die entsprechende Entlohnung verweigert werden. Auch das gute Verhältnis zu Kollegen, Kolleginnen und Vorgesetzten,[3] Aufstiegschancen bei entsprechender

---

[1] Siehe auch Kapitel 2.6.1.3.
[2] Humanisieren = menschlich gestalten, menschenfreundlich machen.
[3] Siehe auch Kapitel 3.3.4 Grundsätze der Personalführung.

2.2 Arbeitsbedingungen und Arbeitsleistung im Betrieb

Leistung sowie ein gewisses Mitspracherecht am Arbeitsplatz beeinflussen die Leistung der Arbeitskraft positiv.

Die Gesamtheit aller sozialen Bedingungen im Betrieb machen das sogenannte *Betriebsklima* aus.

Leistungsangebot und Leistungsanforderung

Das Leistungsangebot der Arbeitskraft wird somit durch die subjektiven, die objektiven und die sozialen Bedingungen bestimmt. Entspricht das Leistungsangebot der Arbeitskraft den Leistungsanforderungen des Betriebs, ist sie mit ihrer Tätigkeit zufrieden. Klaffen jedoch Leistungsangebot und Leistungsanforderung auseinander (ist z. B. der Arbeitnehmer bzw. die Arbeitnehmerin unter- oder überfordert), entsteht Unzufriedenheit, eine der wesentlichen Ursachen sozialer Konflikte im Betrieb.

Zusammenfassung

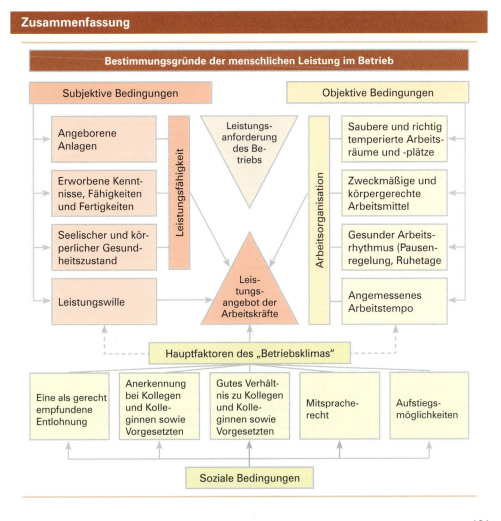

2 Menschliche Arbeit in Betrieb und Wirtschaft

ÜBUNGSAUFGABEN

1. Unterscheiden Sie drei Leitungsebenen im kaufmännischen Betrieb!
2. Worin besteht der Unterschied zwischen leitender und ausführender Arbeit? Nennen Sie Beispiele!
3. Erläutern Sie die Begriffe Eigentümerunternehmer und Auftragsunternehmer (Managerunternehmer)!
4. Nennen Sie die wesentlichen subjektiven, objektiven und sozialen Bedingungen, die die Arbeitsleistung der Mitarbeiter und Mitarbeiterinnen im Betrieb mitbestimmen!
5. Der Begriff „Betriebsklima" lässt sich nicht eindeutig definieren. Nennen Sie wesentliche Faktoren, die Ihrer Ansicht nach das Betriebsklima positiv oder negativ beeinflussen!
6. Stimmen „Leistungsangebot" einer Arbeitskraft und „Leistungsanforderung" des Betriebs nicht miteinander überein, so ist dies eine wesentliche Ursache von Spannungen (Konflikten) zwischen der Arbeitskraft und dem Betrieb. Erklären Sie diese Aussage!
7. Kommentieren Sie nebenstehende Bildstatistik!

2.3 Ausbildungs- und Arbeitsverhältnis

2.3.1 Ausbildungsverhältnis

Finn wird demnächst aus der Hauptschule entlassen. Er will nicht in die „Lehre", sondern einen „Job", der es ihm ermöglicht, gleich Geld zu verdienen. Sein Lehrer überzeugt ihn jedoch, dass es langfristig für ihn besser ist, einen Berufsausbildungsvertrag abzuschließen, indem er Finn eine Statistik vorlegt. Aus dieser geht hervor, dass in Deutschland im vergangenen Jahr von 100 Arbeitslosen 37 ohne Berufsausbildung waren.

Rechtsgrundlagen

Die Rechtsgrundlagen für die Berufsausbildung sind vor allem

- das **Berufsbildungsgesetz** (BBiG),
- die auf der Rechtsgrundlage des Berufsbildungsgesetzes [§ 4 BBiG] für die zugelassenen Ausbildungsberufe jeweils erlassenen **Ausbildungsordnungen** (AusbO) für die ausbildenden Betriebe und freien Berufe,
- die für die einzelnen Ausbildungsberufe erstellten schulischen **Rahmenlehrpläne des Bundes**,
- die Vorschriften der für die **Berufsausbildung zuständigen Stellen** (z. B. Industrie- und Handelskammern, Handwerkskammern, Rechtsanwaltskammern) und sonstige Gesetze wie z. B.
- das **Jugendarbeitsschutzgesetz** (JArbSchG),

2.3 Ausbildungs- und Arbeitsverhältnis

- das **Mutterschutzgesetz** (MuSchG),
- das **Berufsbildungsförderungsgesetz** (BerBiFG),
- das **Arbeitsschutzgesetz** (ArbSchG),
- das **Produktsicherheitsgesetz** (ProdSG) und
- die **Gewerbeordnung** (GewO).

Duales System

In der Bundesrepublik Deutschland erfolgt die Berufsausbildung gleichzeitig in den **Betrieben** und in der **Berufsschule**. Man spricht deshalb vom **dualen**[1] **Ausbildungssystem**.

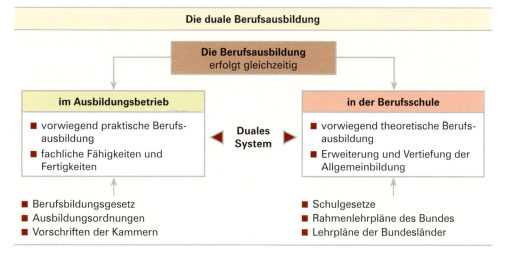

Begriff kaufmännische(r) Auszubildende(r)

Kaufmännische(r) Auszubildende(r) ist, wer in einem kaufmännischen Betrieb zur Erlernung kaufmännischer Tätigkeiten angestellt ist.

Abschluss des Berufsausbildungsvertrags

Vor Beginn der Berufsausbildung ist zwischen dem **Ausbildenden** und dem **Auszubildenden** ein **Berufsausbildungsvertrag** zu schließen [§ 10 BBiG]. Unverzüglich nach Abschluss des Berufsausbildungsvertrags hat der Ausbildende den wesentlichen Inhalt des Vertrags **schriftlich** niederzulegen [§ 11 I BBiG].[2] Der Vertrag ist vom Ausbildenden, vom Auszubildenden und – wenn der Auszubildende noch minderjährig ist – von dessen gesetzlichem Vertreter zu unterzeichnen und unverzüglich eine Ausfertigung der unterzeichneten Niederschrift dem Auszubildenden und dessen gesetzlichem Vertreter auszuhändigen [§ 11 III BBiG].

---

1 Dual = zweiseitig, zweigleisig.

2 Wesentliche Inhalte des Berufsausbildungsvertrags sind gesetzlich festgelegt (z. B. die Art, sachliche und zeitliche Gliederung sowie das Ziel der Berufsausbildung; Beginn und Dauer der Berufsausbildung; Zahlung und Höhe der Vergütung; Näheres siehe § 11 I BBiG).

2 Menschliche Arbeit in Betrieb und Wirtschaft

Der Berufsausbildungsvertrag muss den zuständigen Stellen (für die kaufmännischen Auszubildenden also den Industrie- und Handelskammern) zur Genehmigung und Eintragung in das „Verzeichnis der Berufsausbildungsverhältnisse" eingereicht werden [§ 36 BBiG]. Der Antrag kann schriftlich oder elektronisch gestellt werden. Die Eintragung wird nur vorgenommen, wenn der Berufsausbildungsvertrag dem Berufsbildungsgesetz und der Ausbildungsordnung entspricht und die *persönliche und fachliche Eignung* des Ausbildungspersonals sowie die Eignung der Ausbildungsstätte vorliegen [§§ 28 ff. BBiG]. Die Eintragung ist u. a. Voraussetzung dafür, dass der Auszubildende zur Abschlussprüfung der Industrie- und Handelskammer (IHK) zugelassen wird [§ 43 BBiG].

Pflichten und Rechte aus dem Berufsausbildungsvertrag

Die Pflichten und Rechte beider Vertragsparteien ergeben sich vor allem aus den §§ 13 bis 19 BBiG und dem Jugendarbeitsschutzgesetz (z. B. §§ 8 ff., 12, 14 ff., 19, 22, 24 f., 28 f., 31 ff. JArbSchG).

Pflichten des Auszubildenden (= Rechte des Ausbildenden)	Pflichten des Ausbildenden (= Rechte der Auszubildenden)
■ **Befolgungs- und Bemühungspflicht:** Weisungen des Ausbildenden im Rahmen der Berufsausbildung sind zu befolgen. ■ **Berufsschulpflicht** ■ **Pflicht zur Führung schriftlicher Ausbildungsnachweise** ■ **Pflicht zur Verschwiegenheit** ■ **Haftpflicht:** Bei grob fahrlässig oder vorsätzlich verursachten Schäden an Maschinen, Werkzeugen, Büroeinrichtungen usw. haftet der Auszubildende.	■ **Pflicht zur einwandfreien Ausbildung:** Vermittlung der Fertigkeiten und Kenntnisse, die zur Erreichung des Ausbildungsziels erforderlich sind. ■ **Pflicht zur Fürsorge:** Vermeidung sittlicher und körperlicher Schäden. ■ **Pflicht zur Zahlung einer Vergütung und Urlaubsgewährung:** Der Urlaub beträgt nach § 19 JArbSchG: | Alter | Mindesturlaub | |---|---| | bis 16 Jahre | 30 Werktage | | bis 17 Jahre | 27 Werktage | | bis 18 Jahre | 25 Werktage | ■ **Pflicht zur Ausstellung eines Zeugnisses** ■ **Pflicht zur Entgeltfortzahlung** an gesetzlichen Feiertagen und im unverschuldeten Krankheitsfall bis zu sechs Wochen [§§ 1 ff. EntgeltFZG].

Institutionen zur Durchsetzung ausbildungsrechtlicher Ansprüche

Sind Auszubildende der Meinung, dass der ausbildende Betrieb seinen Pflichten nicht nachkommt, können sie sich – wie alle Arbeitnehmer und Arbeitnehmerinnen auch – an verschiedene Institutionen wenden.

Im Bereich des **Betriebs- und Gefahrenschutzes** sind die **staatlichen Gewerbeaufsichtsämter** als Landesbehörden für die Überwachung aller Betriebe ihres Bezirks zuständig. Die **Aufsichtsdienste der Berufsgenossenschaften** kontrollieren die Betriebe des jeweiligen Wirtschaftszweigs.

2.3 Ausbildungs- und Arbeitsverhältnis

Im Bereich des **sozialen Arbeitsschutzes** können sich die Auszubildenden an den **Betriebsrat** (S. 224 ff.) – insbesondere an die **Jugend- und Auszubildendenvertretung** (S. 224) – wenden. Ansprechpartner sind auch die zuständigen **Kammern** (z. B. die Industrie- und Handelskammern). Die Kammern sind Körperschaften des öffentlichen Rechts und haben u. a. die Aufgabe, über eine ordnungsmäßige Berufsausbildung zu wachen. Hilfe gewähren auch die zuständigen **Gewerkschaften** (S. 162 ff.).

Ist zwischen den Parteien keine gütliche Einigung möglich, müssen die **Arbeitsgerichte** (S. 183) angerufen werden.

Ausbildungszeit

Die Ausbildungszeit beträgt in der Regel drei Jahre. Sie kann jedoch auf Antrag des Ausbildenden oder des bzw. der Auszubildenden bei der IHK verkürzt werden, wenn zu erwarten ist, dass der bzw. die Auszubildende das Ausbildungsziel in kürzerer Zeit erreicht und wenn seine bzw. ihre *Leistungen* dies rechtfertigen [§ 8 BBiG]. Verkürzungen der Ausbildungszeit sind üblich, wenn Auszubildende die Abiturprüfung oder die Abschlussprüfung einer Realschule oder Berufsfachschule bestanden haben.

Probezeit

Sie beträgt mindestens einen Monat und darf nicht länger als vier Monate dauern. Die Probezeit ist Bestandteil des Ausbildungsverhältnisses. Während der Probezeit kann *jeder* der Vertragspartner das Ausbildungsverhältnis ohne Angabe von Gründen fristlos lösen [§§ 20, 22 I BBiG].

Beendigung des Ausbildungsverhältnisses

Das Ausbildungsverhältnis endet spätestens mit dem Ablauf der Ausbildungszeit, frühestens mit dem Bestehen der Abschlussprüfung [§ 21 BBiG].

Nach der Probezeit kann das Ausbildungsverhältnis grundsätzlich nicht gekündigt werden. Eine Ausnahme ist nur in folgenden Fällen möglich:[1]

- Kündigung aus einem wichtigen Grund ohne Einhaltung einer Kündigungsfrist (z. B. fristlose Kündigung wegen Unterschlagung) [§ 22 II BBiG];
- Kündigung mit vierwöchiger Frist, wenn der bzw. die Auszubildende den Beruf aufgeben oder wechseln möchte [§ 22 II BBiG];
- Auflösung des Ausbildungsverhältnisses in beiderseitigem Einvernehmen.

Wird das Berufsausbildungsverhältnis nach Ablauf der Probezeit vorzeitig gelöst, so können die Ausbildenden einerseits oder die Auszubildenden andererseits Ersatz des Schadens verlangen, wenn der andere Teil den Grund für die Auflösung verschuldet hat [§ 23 BBiG]. Dies gilt jedoch nicht bei Kündigung wegen Aufgabe oder wegen Wechsels der Berufsausbildung.

Während der letzten sechs Monate des Berufsausbildungsverhältnisses können die Vertragspartner eine Weiterbeschäftigung vereinbaren. Werden Auszubildende im Anschluss an das Berufsausbildungsverhältnis weiterbeschäftigt, ohne dass hierüber eine ausdrück-

---

1 Die Kündigung muss **schriftlich** erfolgen und bei einer Kündigung aus einem wichtigen Grund oder wegen Aufgabe oder Wechsel der Berufsausbildung die **Kündigungsgründe** enthalten [§ 22 III BBiG].

liche Vereinbarung getroffen ist, wird ein Arbeitsverhältnis auf unbestimmte Zeit begründet (siehe § 24 BBiG und § 78 a I BetrVG). Kaufmännisch Ausgebildete werden damit Angestellte. Es entsteht ein Anspruch auf Zahlung eines Gehalts.

Ausstellung eines Zeugnisses

Der Ausbildende hat dem Ausgebildeten nach Beendigung des Berufsausbildungsverhältnisses ein **Zeugnis** auszustellen, das Angaben über Art, Dauer und Ziel der Berufsausbildung sowie über die erworbenen beruflichen Fertigkeiten, Kenntnisse und Fähigkeiten des Auszubildenden enthalten muss **(einfaches Zeugnis)**. Auf Verlangen des Ausgebildeten sind darin auch Angaben über Verhalten und Leistung aufzunehmen **(qualifiziertes Zeugnis)** [§ 16 BBiG].

Zusammenfassung

- Der **Berufsausbildungsvertrag** wird zwischen dem Auszubildenden und dem Ausbildenden abgeschlossen. Bei Minderjährigen muss der gesetzliche Vertreter zustimmen und den Ausbildungsvertrag ebenfalls unterschreiben.
- Die **Ausbildungszeit** beträgt grundsätzlich 3 Jahre.
- Die **Probezeit** beträgt mindestens 1 Monat, höchstens 4 Monate. Während der Probezeit besteht für beide Vertragspartner kein Kündigungsschutz.
- Die **Rechte und Pflichten des Auszubildenden** sind vor allem im Berufsbildungsgesetz geregelt.
- Das **Berufsausbildungsverhältnis** endet mit der **Abschlussprüfung**, spätestens mit **Ablauf der vereinbarten Ausbildungszeit**.
- Eine **Kündigung des Berufsausbildungsverhältnisses** ist nach Ablauf der Probezeit nur in bestimmten Ausnahmefällen möglich.

ÜBUNGSAUFGABEN

1. Definieren Sie den Begriff „Auszubildende"!
2. Viele junge Leute meinen, dass das schnelle Geldverdienen wichtiger sei als eine gute Ausbildung. Widerlegen Sie diese Meinung!
3. Unter welchen Bedingungen endet ein Ausbildungsverhältnis?
4. Der Auszubildenden Margit gefällt es bei der Hammer & Co. OHG nicht mehr. Die Kolleginnen und Kollegen sind ihr unsympathisch, der Chef erst recht. Kann sie ihr Ausbildungsverhältnis lösen? Wenn ja, unter welcher Bedingung?
5. Unter welchen Bedingungen wird ein kaufmännischer Auszubildender in das Angestelltenverhältnis übernommen?
6. Der Auszubildende Florian Pfiffig ist seit zwei Monaten als Auszubildender bei der Müller Holzbau GmbH beschäftigt.
    6.1 Welche Art von Vertrag wurde zwischen Florian Pfiffig und der Müller Holzbau GmbH geschlossen? Geben Sie die zugrunde liegende Rechtsgrundlage an!

6.2 Nennen Sie drei Angaben, die im Vertrag unbedingt enthalten sein müssen (vgl. hierzu § 11 BBiG).

6.3 Dürfte Florian Pfiffig im Einverständnis mit der Müller Holzbau GmbH eine Probezeit von sechs Monaten im Berufsausbildungsvertrag vereinbaren? Begründen Sie Ihre Entscheidung!

6.4 In welcher Form ist der Berufsausbildungsvertrag abzuschließen und wo wird er registriert?

2.3.2 Arbeitsverhältnis

Ein **Arbeitsvertrag** liegt vor, wenn Arbeitnehmer (z. B. Arbeiter) mit Weisungsbefugnissen und Fürsorgepflichten ihres Dienstherrn (Arbeitgebers) zur Leistung von Diensten (Arbeit) in ein Unternehmen eingeordnet sind. Der Arbeitsvertrag unterscheidet sich vom Dienstvertrag vor allem durch die aus der sozialen Einordnung des Arbeitnehmers im Unternehmen bestehenden, über das Dienstvertragsrecht hinausgehenden besonderen Fürsorge- und Treuepflichten (Arbeitsvertrag als schuldrechtlicher gegenseitiger Vertrag mit einem personenrechtlichen Gemeinschaftsverhältnis).

> **Kaufmännische Angestellte** (Handlungsgehilfen bzw. -gehilfinnen) sind Personen, die in einem Handelsgewerbe (siehe Kapitel 1.7.1.2) zur Leistung kaufmännischer Dienste gegen Entgelt angestellt sind [§ 59 HGB].

Vertragsabschluss

Für den Abschluss eines **Einzelarbeitsvertrags (Individualarbeitsvertrags)**[1] bestehen grundsätzlich keine gesetzlichen Formvorschriften. Aus Gründen der Rechtssicherheit (Beweissicherheit) und zum Schutz der Arbeitnehmer ist es jedoch allgemein üblich, den Arbeitsvertrag **schriftlich** abzuschließen.

Rechtliche Grundlagen sind die gesetzlichen Bestimmungen (z. B. HGB, BGB, ArbSchG, GSG), die zwischen Arbeitgeber und Betriebsrat vereinbarte *Betriebsvereinbarung*[2] sowie der *Tarifvertrag*.[3] Betriebsvereinbarungen und Tarifverträge sind **Kollektivarbeitsverträge**.[4]

---

1 Man spricht vom Einzelarbeitsvertrag (Individualarbeitsvertrag), weil er individuell (einzeln) zwischen Arbeitgeber und Arbeitnehmer abgeschlossen wird. Ein Kollektivarbeitsvertrag wird hingegen z. B. von Gewerkschaften einerseits und Arbeitgeberverbänden (Regel) andererseits für eine Gruppe (ein „Kollektiv") von Arbeitnehmern und Arbeitnehmerinnen abgeschlossen.

2 Siehe Kapitel 2.7, S. 224 ff.

3 Siehe Kapitel 2.6.1, S. 161 ff.

4 Kollektiv = Gesamtheit. Von Kollektivarbeitsverträgen wird deshalb gesprochen, weil sie für eine große Zahl von Arbeitnehmern gelten.

Nach dem Gesetz über den Nachweis der für ein Arbeitsverhältnis geltenden wesentlichen Bedingungen (Nachweisgesetz – NachwG) ist der Arbeitgeber verpflichtet, spätestens einen Monat nach dem vereinbarten Beginn des Arbeitsverhältnisses die wesentlichsten Vertragsbedingungen schriftlich niederzulegen. Diese Niederschrift muss vom Arbeitgeber unterzeichnet und der Arbeitskraft ausgehändigt werden [§ 2 NachwG].[1]

Pflichten und Rechte aus dem Arbeitsvertrag[2]

Pflichten des kaufmännischen Angestellten (Rechte des Arbeitgebers)	Pflichten des Arbeitgebers (Rechte des kaufmännischen Angestellten)
- **Dienstleistungspflicht:** Die im Arbeitsvertrag übernommenen Arbeitsaufgaben sind ordnungsgemäß durchzuführen [§ 59 HGB]. - **Pflicht zur Verschwiegenheit** [§ 17 UWG]. - **Pflicht zur Einhaltung des gesetzlichen Wettbewerbsverbots:** Ohne Einwilligung des Arbeitgebers darf der Angestellte kein eigenes Handelsgewerbe betreiben [§ 60 HGB] und/oder im Geschäftszweig des Arbeitgebers Geschäfte auf eigene oder fremde Rechnung machen [§ 60 HGB]. Bei einer Verletzung des gesetzlichen Wettbewerbsverbots durch den Handlungsgehilfen kann dessen Arbeitgeber z.B. Schadensersatz fordern [§ 61 HGB]. - **Pflicht zur Einhaltung des vertraglichen Wettbewerbsverbots:** Das Wettbewerbsverbot kann für höchstens zwei Jahre nach Beendigung des Dienstverhältnisses schriftlich vereinbart werden (Näheres siehe §§ 74, 74a HGB). Dem Angestellten steht für einen möglichen Minderverdienst eine Entschädigung zu [§ 74 II HGB]. - **Haftpflicht** bei grob fahrlässig oder vorsätzlich verursachten Schäden. - Unverzügliche **Anzeige der Arbeitsunfähigkeit** (dauert die Arbeitsunfähigkeit länger als drei Kalendertage, muss ein ärztliches Attest vorgelegt werden) [§§ 5 ff. EntgeltFZG].	- **Zahlung der vereinbarten Vergütung** [§§ 64 f. HGB]. - **Fürsorgepflicht:** Arbeitsbedingungen sind so zu gestalten, dass sie der Gesundheit der Beschäftigten nicht schaden [§ 62 HGB, § 120b GewO, §§ 618 f. BGB, §§ 1 ff. ArbSchG, §§ 1 ff. GSG, §§ 1 ff. ArbStättV]. - **Informations- und Anhörungspflicht:** Der Angestellte hat z.B. das Recht, Einsicht in die Personalakte zu nehmen und sich bei ungerechter Behandlung zu beschweren (vgl. z.B. §§ 82 ff. BetrVG). - **Pflicht zur Ausstellung eines Zeugnisses:** Bei Beendigung des Arbeitsverhältnisses ist ein schriftliches Zeugnis auszustellen. Die elektronische Form ist ausgeschlossen. Auf Verlangen des/der Angestellten muss ein qualifiziertes Zeugnis erteilt werden (§ 73 HGB; siehe auch § 630 BGB). - **Pflicht zur Urlaubsgewährung und Zahlung von Urlaubsentgelt:** Der Urlaub beträgt jährlich mindestens 24 Werktage (siehe §§ 3, 8, 9, 11 BUrlG; § 4a EntgeltFZG). - **Entgeltfortzahlung an gesetzlichen Feiertagen** [§ 2 EntgeltFZG] und im **unverschuldeten Krankheitsfall** bis zu sechs Wochen [§§ 3, 4, 4a, 7 EntgeltFZG]. - **Anmeldung** des Arbeitnehmers bei der **gesetzlichen Sozialversicherung** und Zahlung des Arbeitgeberanteils zur Sozialversicherung.

---

1 Für Arbeitnehmer, die z.B. zur vorübergehenden Aushilfe angestellt sind (z.B. Schüler, Studenten) oder die hauswirtschaftliche, erzieherische oder pflegerische Tätigkeiten in einem Familienhaushalt ausüben, gilt das Nachweisgesetz nur eingeschränkt (Näheres siehe § 1 NachwG). Von den Vorschriften des Nachweisgesetzes kann nicht zu Ungunsten der Arbeitnehmer abgewichen werden [§ 5 NachwG].

2 Weitere (sogenannte) **Nebenpflichten** im Arbeitsverhältnis sind z.B. die Anhörung der Arbeitnehmer und Erörterung der Angelegenheiten, die den Arbeitnehmer betreffen, die Gleichbehandlungspflicht von Frauen und Männern, Teilzeit- und Vollzeitkräften (Nebenpflichten des Arbeitgebers), Abwerbungsverbote während des Arbeitsverhältnisses sowie Wahrung des Betriebsfriedens (Nebenpflichten der Arbeitnehmer).

2.3 Ausbildungs- und Arbeitsverhältnis

Beendigung des Arbeitsverhältnisses

Das Arbeitsverhältnis ist normalerweise ein *Dauervertrag,* der mit der Kündigung nach den Bestimmungen der §§ 621 bis 623 BGB endet [§ 620 II BGB]. Die Beendigung eines Arbeitsverhältnisses durch Kündigung oder Auflösungsvertrag bedarf zu seiner Rechtswirksamkeit der **Schriftform.** Die elektronische Form ist ausgeschlossen [§ 623 BGB].

Für die **auf bestimmte Zeit abgeschlossenen Arbeitsverträge** gilt das Teilzeit- und Befristungsgesetz [§ 620 III BGB, §§ 15 f. TzBfG]. Die Befristung von Arbeitsverträgen ist nur beim Vorliegen sachlicher Gründe zulässig, z. B. wenn nur ein vorübergehender Bedarf an Arbeitsleistung besteht oder wenn ein Arbeitnehmer zur Vertretung eines anderen Arbeitnehmers beschäftigt wird [§ 14 I TzBfG]. Liegt kein sachlicher Grund vor, ist eine kalendermäßige Befristung eines Arbeitsvertrags nur bis zur Dauer von **zwei Jahren** zulässig. Bis zu dieser **Gesamtdauer** ist auch die höchstens dreimalige Verlängerung eines kalendermäßig befristeten Arbeitsvertrags zulässig [§ 14 II TzBfG].

Arten der Kündigung

■ **Gesetzliche Kündigung (ordentliche Kündigung)**

Gesetzliche Kündigungsfristen sind Mindestvorschriften, die jedoch durch Einzelarbeits- oder Kollektivarbeitsvertrag (Tarifvertrag) grundsätzlich verlängert werden können (Tariföffnungsklausel) [§ 622 IV BGB]. Auch die Kündigungstermine können vertraglich vereinbart werden (z. B. Kündigung zum Quartalsende statt zum Monatsende). Für Arbeiter und Angestellte gelten die gleichen gesetzlichen Kündigungsfristen.

Grundkündigungsfrist	Das Arbeitsverhältnis eines Arbeitnehmers bzw. einer Arbeitnehmerin kann vom Arbeitgeber und vom Arbeitnehmer mit einer Frist von vier Wochen zum Fünfzehnten oder zum Ende eines Kalendermonats gekündigt werden [§ 622 I BGB]. **Ausnahme:** Während einer vereinbarten Probezeit (längstens für die Dauer von sechs Monaten) kann das Arbeitsverhältnis mit einer Frist von zwei Wochen gekündigt werden [§ 622 III BGB].
Verlängerte Kündigungsfristen für die Arbeitgeber	Bei einer Betriebszugehörigkeit von länger als 2 Jahren, gerechnet ab dem vollendeten **25. Lebensjahr,** gelten folgende verlängerte Kündigungsfristen [§ 622 II BGB].[1]

Betriebszugehörigkeit ab dem 25. Lebensjahr	Kündigungsfristen zum Monatsende
ab 2 Jahre	1 Monat
ab 5 Jahre	2 Monate
ab 8 Jahre	3 Monate
ab 10 Jahre	4 Monate
ab 12 Jahre	5 Monate
ab 15 Jahre	6 Monate
ab 20 Jahre	7 Monate

---

[1] Der Europäische Gerichtshof (EuGH) hat diese bisher im deutschen Arbeitsrecht geltende Vorschrift, Beschäftigungszeiten vor Vollendung des 25. Lebensjahres bei der Berechnung der Kündigungsfrist nicht zu berücksichtigen, in seinem Urteil vom 19.01.2010 verworfen (Rechtssache C-55/07). Da diese Regelung jüngere Arbeitnehmer wegen ihres Alters benachteilige und somit gegen das Diskriminierungsverbot verstoße, sind deutsche Gerichte angewiesen, diese Regelung in laufenden Prozessen vor Arbeitsgerichten nicht mehr anzuwenden. Außerdem muss der Gesetzgeber das deutsche Kündigungsrecht ändern.

> **Beispiel:**
>
> Die Mühlenbach-AG beschließt eine Reihe von Kündigungen. Den Betroffenen gehen die Kündigungen am 15. April zu:
>
> (a) Carla Monti, 22 Jahre, seit 4 Jahren im Betrieb;
>
> (b) Emil Huber, 30 Jahre, seit 7 Jahren im Betrieb und
>
> (c) Hanna Schmidt, 42 Jahre, seit 20 Jahren im Betrieb.
>
> Ab welchem Zeitpunkt sind diese Kündigungen rechtswirksam?

Lösung:

(a) Carla Monti: Es gilt die Grundkündigungsfrist. Die Betriebszugehörigkeit wird erst ab dem 25. Lebensjahr berücksichtigt. Die Kündigung wird folglich am 15. Mai wirksam.

(b) Emil Huber: Er ist ab dem 25. Lebensjahr 5 Jahre im Betrieb beschäftigt. Es gilt deshalb eine verlängerte Kündigungsfrist von 2 Monaten zum Monatsende. Die Kündigung ist frühestens zum 30. Juni rechtswirksam.

(c) Hanna Schmidt: Sie ist ab dem 25. Lebensjahr 17 Jahre im Betrieb beschäftigt. Für sie gilt eine Kündigungsfrist von 6 Monaten zum Monatsende. Es kann ihr also frühestens zum 31. Oktober gekündigt werden.

■ Vertragliche Kündigung

Die zwischen Arbeitnehmer bzw. Arbeitnehmerin und Arbeitgeber vereinbarten (einzelvertraglichen) Kündigungsfristen dürfen grundsätzlich länger, aber nicht kürzer als die gesetzlichen Kündigungsfristen sein. Eine Ausnahme besteht z. B. für Kleinbetriebe mit in der Regel höchstens 20 Arbeitnehmern bzw. Arbeitnehmerinnen ausschließlich der zu ihrer Berufsausbildung Beschäftigten [§ 622 V BGB]. Für die Kündigung des Arbeitsverhältnisses durch den Arbeitnehmer bzw. die Arbeitnehmerin darf keine längere Frist vereinbart werden als für die Kündigung durch den Arbeitgeber [§ 622 VI BGB].

Will ein Arbeitnehmer bzw. eine Arbeitnehmerin kündigen, gilt somit die vertragliche oder die gesetzliche Kündigungsfrist von vier Wochen [§ 622 I BGB]. Die Arbeitnehmer bzw. Arbeitnehmerinnen müssen den Kündigungsgrund nicht angeben.

■ Fristlose Kündigung (außerordentliche Kündigung)

Das Arbeitsverhältnis kann von *jeder* Vertragspartei ohne Einhaltung einer Kündigungsfrist gelöst werden, wenn ein *wichtiger* Grund vorliegt [§ 626 BGB].

> **Beispiele:**
>
> Verstöße gegen die Schweigepflicht. – Diebstahl. – Grobe Beleidigungen. – Tätlichkeiten. – Mobbing (soziale Isolierung von Kollegen und Kolleginnen durch üble Nachrede, Missachtung und Unterstellungen). – Unberechtigte Arbeitsverweigerung.

Wenn der Betriebsrat nicht von der Kündigung unterrichtet wird, ist diese **unwirksam**. Der Betriebsrat kann der außerordentlichen Kündigung unverzüglich, spätestens jedoch innerhalb von drei Tagen, der ordentlichen Kündigung innerhalb einer Woche unter Angabe der Gründe schriftlich widersprechen [§ 102 BetrVG].

Kündigungsschutz

■ Allgemeiner Kündigungsschutz

Der allgemeine Kündigungsschutz ist im Kündigungsschutzgesetz (KSchG) geregelt und schützt Arbeitnehmer und Arbeitnehmerinnen vor **sozial ungerechtfertigter Kündigung**, wenn das Arbeitsverhältnis im gleichen Unternehmen ohne Unterbrechung länger als sechs Monate bestanden hat und das Unternehmen in der Regel mehr als zehn Arbeitskräfte (Auszubildende nicht mitgerechnet) beschäftigt [§§ 1, 23 KSchG]. Leitende Angestellte genießen keinen erhöhten Kündigungsschutz. Eine sozial ungerechtfertigte Kündigung ist rechtsunwirksam.

Sozial gerechtfertigt ist eine Kündigung in folgenden Fällen:

Kündigungsgründe	Beispiele
Der Kündigungsgrund liegt in der **Person des Arbeitnehmers**.	Unverhältnismäßiges Nachlassen der Leistungsfähigkeit, mangelnde Eignung oder mangelnde Anpassungsfähigkeit. Der häufigste Fall der personenbedingten Kündigung ist die Krankheit des Arbeitnehmers. Allerdings werden an die soziale Rechtfertigung einer Kündigung wegen Krankheit strenge Anforderungen gestellt.
Der Kündigungsgrund liegt im **Verhalten des Arbeitnehmers**.	Geringe oder schlechte Arbeitsleistung; Fehlverhalten im Vertrauensbereich (z. B. Diebstahl, Unterschlagung, Verrat von Geschäftsgeheimnissen); Fehlverhalten im betrieblichen Bereich (z. B. Verursachung von Arbeitsunterbrechungen).
Die Kündigung ist durch **dringende betriebliche Erfordernisse bedingt** (betriebsbedingte Kündigung).	Innerbetriebliche Umstände wie z. B. Rationalisierungsmaßnahmen; außerbetriebliche Umstände wie z. B. Auftragsrückgänge aufgrund von Kriegen, Rezessionen oder strukturellen Veränderungen.

Bei einer Kündigung aus dringenden betrieblichen Gründen (betriebsbedingte Kündigung) muss der Arbeitgeber eine soziale Auswahl treffen. Dabei sind vier Grunddaten (Kriterien) zu berücksichtigen, nämlich

- die Dauer der Betriebszugehörigkeit,
- das Lebensalter,
- die Unterhaltspflichten und
- eine mögliche Schwerbehinderung des Arbeitnehmers.

Eine Gewichtung der einzelnen Kriterien ist nicht erforderlich. Der Arbeitgeber muss die sozialen Gesichtspunkte „ausreichend" berücksichtigen. Aus der Sozialauswahl dürfen solche Arbeitnehmer herausgenommen werden, deren Weiterbeschäftigung wegen ihrer Kenntnisse und Leistungen oder zur Erhaltung einer ausgewogenen Personalstruktur im berechtigten betrieblichen Interesse liegt.

Besonderer Kündigungsschutz

Ihn genießen Betriebsratsmitglieder, Jugend- und Auszubildendenvertreter [§ 15 KSchG], Frauen während der Schwangerschaft, bis zum Ablauf von vier Monaten nach der Entbindung [§ 9 I MuSchG] und während der Elternzeit [§§ 18 I, 15 BEEG], Schwerbehinderte [§§ 85 ff., 101 ff. SGB], Arbeitnehmer mit Elternzeit (Näheres siehe §§ 18 I, 15 BEEG) sowie Auszubildende [§ 22 BBiG].[1]

Abmahnung

Vor allem in den dem Kündigungsschutzgesetz unterliegenden Unternehmen haben die Arbeitnehmer und Arbeitnehmerinnen das Recht, vor einer Kündigung durch den Arbeitgeber eine sogenannte **Abmahnung** zu erhalten. Mit der rechtswirksamen – gesetzlich nicht geregelten – Abmahnung muss ein konkreter Vorfall oder ein bestimmtes Fehlverhalten des Arbeitnehmers bzw. der Arbeitnehmerin (z. B. fehlende unverzügliche Krankmeldung, unpünktlicher Arbeitsbeginn) missbilligt werden. Weiterhin müssen bei weiteren Verfehlungen der gleichen Art Rechtsfolgen (z. B. die Kündigung des Arbeitsverhältnisses) angedroht werden. Die Abmahnung hat eine Hinweis- und Warnfunktion. Eine unter Einhaltung der Kündigungsfrist ausgesprochene ordentliche Kündigung ist z. B. nur dann sozial gerechtfertigt, wenn ihr eine Abmahnung vorausgegangen ist. Entbehrlich ist eine Abmahnung hingegen bei gravierenden Vertragsverletzungen (z. B. Diebstahl, Unterschlagung), die auch ein Grund zu einer fristlosen (außerordentlichen) Kündigung sind. Auf eine Abmahnung kann auch dann verzichtet werden, wenn sie wenig Erfolg versprechend ist. Dies gilt insbesondere dann, wenn erkennbar ist, dass die Arbeitskraft nicht gewillt ist, ihren Arbeitsvertrag zu erfüllen.

Zusammenfassung

- **Kaufmännische(r) Angestellte(r)** ist, wer in einem Handelsgewerbe zur Leistung kaufmännischer Dienste gegen Entgelt angestellt ist.
- In der Praxis wird der **Arbeitsvertrag** regelmäßig **schriftlich** abgeschlossen.
- Im **Arbeitsvertrag** sind die gesetzlichen Bestimmungen, die Betriebsvereinbarungen und der Tarifvertrag zu beachten. Eine Schlechterstellung des Arbeitnehmers ist grundsätzlich nicht möglich.
- Die **Rechte und Pflichten des/der kaufmännischen Angestellten** regeln sich u. a. nach dem BGB, HGB, BetrVG, UWG, der GewO, ArbSchG, GSG, der Betriebsvereinbarung und dem Tarifvertrag.
- Die **Kündigung** eines Arbeitsverhältnisses bedarf der Schriftform [§ 623 BGB]. Sie muss zur Gültigkeit als einseitiges Rechtsgeschäft dem **Vertragspartner zugehen**.
- Bei der Kündigung eines Arbeitsverhältnisses unterscheiden wir die **gesetzliche** und die **vertragliche Kündigungsfrist**. Liegt ein wichtiger Grund vor, kann die Kündigung auch **fristlos** erfolgen.
- Wer länger als sechs Monate ohne Unterbrechung in einem Betrieb mit regelmäßig mehr als zehn Arbeitnehmern (Auszubildende nicht mitgerechnet) gearbeitet hat, genießt einen **allgemeinen Kündigungsschutz** vor einer sozial ungerechtfertigten Kündigung (Näheres siehe §§ 1, 23 I KSchG).
- Einen **besonderen Kündigungsschutz** genießen Auszubildende, Betriebsratsmitglieder, Jugend- und Auszubildendenvertreter, schwangere Frauen und Schwerbehinderte.

---

1 Siehe auch Kapitel 2.3.1.

ÜBUNGSAUFGABEN

1. **Arbeitsauftrag:** Fertigen Sie eine Gegenüberstellung an, aus der die wichtigsten Rechte und Pflichten der kaufmännischen Angestellten hervorgehen!
2. Die Mitarbeiterin Franziska Müller (28 Jahre; 5 Jahre im Betrieb) will zum 30. Juni kündigen.
   2.1 Wie lange ist ihre Kündigungsfrist?
   2.2 Geben Sie das Datum an, an dem die Kündigung dem Arbeitgeber spätestens vorliegen muss!
   2.3 Franziska Müller kündigt am 30. Mai. Wann ist ihr letzter Arbeitstag?
   2.4 Franziska Müller möchte bei ihrem Ausscheiden ein „qualifiziertes Zeugnis". Erläutern Sie den Begriff „qualifiziertes Zeugnis"!
   2.5 Dem Mitarbeiter Albert Schön wurde fristgemäß zum 30. September gekündigt. Albert Schön hält die Kündigung für sozial ungerechtfertigt.
      2.5.1 Unter welcher Bedingung ist eine Kündigung als sozial ungerechtfertigt anzusehen?
      2.5.2 An welches Gericht kann sich Herr Schön wenden, wenn die Kündigung vom Arbeitgeber nicht zurückgenommen wird?
      Lösungshinweis: Lesen Sie das Kapitel 2.6.3!
   2.6 Aufgrund der guten Prüfung wird der Auszubildende Simon Roth als Angestellter übernommen.
   Wodurch unterscheidet sich sein jetziges Beschäftigungsverhältnis vom bisherigen Ausbildungsverhältnis? Nennen Sie drei wesentliche Unterschiede!
3. Erarbeiten Sie mithilfe des Kündigungsschutzgesetzes und des Betriebsverfassungsgesetzes zwei im Lehrbuch nicht genannte Fälle, in denen eine Kündigung als sozial ungerechtfertigt anzusehen ist!
4. Der Einzelunternehmer Kern, Inhaber des Modefachgeschäfts Exquisit e.K., kündigt dem zwanzigjährigen Valentin Bär, der seit einem Jahr in seinem Unternehmen beschäftigt ist, zum 31. Dezember. Es ist davon auszugehen, dass die Kündigung sozial gerechtfertigt ist.
   4.1 An welchem Tag muss Kern spätestens kündigen?
   4.2 Warum muss die Kündigung begründet werden?
   4.3 Was könnte Valentin Bär gegen die Kündigung unternehmen?
   4.4 Nennen Sie zwei Gründe für eine fristlose Entlassung eines Mitarbeiters!
   4.5 Valentin Bär erhielt rechtzeitig eine Abmahnung. Erklären Sie, was hierunter zu verstehen ist!
   4.6 Nennen Sie einen Fall, bei dem eine Abmahnung entbehrlich ist!

2.4 Betriebliche Vollmachten (Überblick)

Frau Krause ist Kassiererin. Sie ist damit bevollmächtigt, die Kaufpreiszahlungen der Kunden entgegenzunehmen. Herr Krause ist Einkäufer. Seine Vollmacht erstreckt sich auf den Abschluss von Kaufverträgen mit den Verkäufern.

Unter **betrieblicher Vollmacht** (Vertretungsmacht) versteht man das Recht, im Namen und für *Rechnung* des Betriebs (Arbeitgebers) verbindliche Willenserklärungen abgeben, z. B. Rechtsgeschäfte abschließen und auflösen zu können.[1]

---
[1] Handelt der Vertreter im Rahmen seiner Vertretungsmacht, ergeben sich direkte Rechtsfolgen für das vertretene Unternehmen [§ 164 I BGB]. Handelt der Vertreter jedoch beim Vertragsabschluss ohne Vertretungsmacht zu haben oder überschreitet er seine Vertretungsmacht, dann ist er dem anderen Vertragspartner (der auf die Vollmacht vertraut hat) nach dessen Wahl zur Vertragserfüllung oder zum Schadensersatz verpflichtet, wenn der (angeblich) Vertretene die Genehmigung des Vertrags verweigert [§ 179 I BGB].

2.4.1 Gesetzlich geregelte Vollmachten

Gesetzlich geregelt sind die Vollmachten der Vorstandsmitglieder der Aktiengesellschaften und Genossenschaften, der Vollhafter der Personengesellschaften (OHG-Gesellschafter, Komplementäre) sowie der Geschäftsführer der Gesellschaften mit beschränkter Haftung, der Prokuristen und der kaufmännischen Angestellten mit Handlungsvollmacht.

2.4.1.1 Die Vollmacht der Vorstandsmitglieder und Geschäftsführer[1]

Vorstandsmitglieder und Geschäftsführer der Kapitalgesellschaften sind zu *allen* Rechtshandlungen befugt, die der Geschäftsbetrieb mit sich bringt. Gesetzlich ist **Gesamtvertretung** vorgeschrieben, d. h., die Direktoren müssen alle unterschreiben, falls unter Dokumenten eine Unterschrift erforderlich ist. Sind mehr als zwei Direktoren vorhanden, wird die Gesamtvertretung unhandlich und umständlich. Aus diesem Grund wird sie häufig auf *zwei* Personen beschränkt. Das bedeutet, dass z. B. ein Angebot nur dann gültig ist, wenn es zwei Unterschriften trägt. Dabei bleibt es gleichgültig, *welche* Direktoren unterschrieben haben. Damit einem Dritten, der mit dem Unternehmen zu tun hat, diese Regelung auch zugänglich ist, muss sie aus Gründen der Rechtssicherheit im Handelsregister eingetragen und öffentlich bekannt gemacht werden.

Auch **Einzelvertretung** ist möglich. Sie bedeutet, dass die Unterschrift eines Vorstandsmitglieds bzw. Geschäftsführers ausreicht. Auch in diesem Fall bleibt es dann ohne Belang, **welcher** Direktor unterschrieben hat. Die Einzelvertretungsmacht muss ebenfalls im Handelsregister eingetragen und bekannt gemacht worden sein (Näheres siehe z. B. §§ 78, 81 AktG; §§ 35, 37 GmbHG; §§ 24 f., 26 ff. GenG).

2.4.1.2 Prokura

Die Prokura ist eine besonders weitgehende im Handelsgesetzbuch geregelte Vollmacht [§§ 48–53 HGB].

> **Begriff**
>
> Der **Prokurist** ist zu allen gerichtlichen und außergerichtlichen Geschäften und Rechtshandlungen ermächtigt, die der Betrieb irgendeines Handelsgewerbes mit sich bringt [§ 49 I HGB].

Die Prokura kann nur von einem *Kaufmann* (Inhaber eines Handelsgeschäfts, dem unbeschränkt haftenden Gesellschafter einer Personengesellschaft) oder dem gesetzlichen Vertreter eines Kaufmanns, wie z. B. vom Vorstand einer AG, *ausdrücklich* erteilt werden [§ 48 I HGB]. Die Prokura ist nicht übertragbar [§ 52 II HGB].

---

[1] Siehe hierzu auch Kapitel 1.7.4, S. 101 ff.

2.4 Betriebliche Vollmachten (Überblick)

Arten der Prokura

Nach den Voraussetzungen, an die die Prokura geknüpft ist, unterscheidet man:

Einzelprokura	Gesamtprokura	Filialprokura
Der Prokurist ist ermächtigt, den Arbeitgeber (den Einzelunternehmer, die OHG, die AG) *allein* zu vertreten [§ 48 I HGB].	Die Vertretungsmacht ist mehreren Prokuristen gemeinschaftlich übertragen (= Kollektivprokura). In der Regel wird die Gesamtprokura *zwei* Personen, die gemeinsam zeichnen, erteilt[1] [§ 48 I HGB].	Die Prokura wird auf die Vertretung einer Zweigniederlassung, die im HR unter einer eigenen Firma eingetragen ist, beschränkt [§ 50 III HGB].

Die Erteilung der Prokura ist vom Inhaber des Handelsgeschäfts oder von den gesetzlichen Vertretern der Kapitalgesellschaften (z. B. vom Vorstand einer AG, Geschäftsführer einer GmbH) zur Eintragung in das Handelsregister anzumelden [§ 53 I HGB]. Die Wirkung der Handelsregistereintragung ist **deklaratorisch.** Eine Person kann somit Prokurist sein, bevor die Prokura in das Handelsregister eingetragen ist.

In der Regel wird die Prokuraerteilung den Geschäftsfreunden durch Rundschreiben bekannt gemacht.

Einschränkung der Prokura

Prokuristen sind gesetzliche Einschränkungen auferlegt. Sie dürfen z. B. für den Kaufmann (für den Vollmachtgeber)

- keine Grundstücke belasten,
- keine Grundstücke verkaufen,[2]
- keine Prokura erteilen,
- keine Gesellschafter aufnehmen,
- keine Bilanz und keine Steuererklärungen unterschreiben,
- keinen Eid leisten,
- die Firma nicht ändern oder löschen lassen,
- keine Eintragungen ins Handelsregister anmelden sowie
- keine Geschäfte vornehmen, die darauf abgestellt sind, den Betrieb einzustellen (z. B. Verkauf des Unternehmens, Insolvenzantrag stellen).

Eine *vertragliche Einschränkung* außer der Gesamt- und der Filialprokura ist Dritten gegenüber nicht rechtswirksam. Werden noch *andere Einschränkungen* der Prokura zwischen dem Arbeitgeber und dem Prokuristen vereinbart, so gelten sie nur im **Innenverhältnis,** nicht nach außen (vgl. §§ 48 II, 49 II und 50 HGB).

---

[1] Kann ein Prokurist nur zusammen mit einem Geschäftsführer bzw. Vorstandsmitglied zeichnen, spricht man von „gemischter Prokura".

[2] Grundstücke können Prokuristen im Rahmen ihrer Vollmacht ohne weiteres kaufen. Zur Veräußerung und Belastung von Grundstücken sind sie jedoch nur ermächtigt, wenn ihnen diese Befugnis vom Geschäftsinhaber besonders erteilt ist [§ 49 II HGB].

Unterschrift des Prokuristen

Unterschriften, die ein Prokurist im Namen und für Rechnung des von ihm vertretenen Handelsgewerbes abgibt, müssen neben der Firma einen die Prokura andeutenden Zusatz enthalten [§ 51 HGB].[1] Die Unterschrift des Prokuristen ist unter Angabe der Firma und eines die Prokura andeutenden Zusatzes zur Aufbewahrung bei dem Gericht zu zeichnen [§ 53 II HGB].

Importgroßhandel Glauke & Co. OHG ppa. *Klug* Klug **Zeichnung bei Einzelprokura**	Alexander Merk GmbH *Merk* ppa. *Walter* Merk Walter **Zeichnung bei gemischter Prokura**
Heinrich Faller & Söhne KG Spezialdruckerei ppa. *Kindler* ppa. *Klausen* Kindler Klausen **Zeichnung bei Gesamtprokura**	Offenburger Importbank AG Filiale Freiburg ppa. *Hänselmann* Hänselmann **Zeichnung bei Filialprokura** (als Einzelprokura)

Erlöschen der Prokura

Die Prokura erlischt z. B. durch einen jederzeit möglichen **Widerruf,** durch **Auflösung** des **Handelsgewerbes,** nicht aber beim Tod des Inhabers eines Handelsgeschäfts. Der Grund: Beim Ableben des Inhabers eines Einzelunternehmens muss das Geschäft durch einen weitgehend Bevollmächtigten weitergeführt werden.

Der Widerruf wird Dritten gegenüber erst dann wirksam, wenn er im Handelsregister eingetragen und öffentlich bekannt gemacht worden ist oder dem Dritten bekannt war (z. B. durch Rundschreiben). Das Erlöschen der Prokura muss ins Handelsregister eingetragen werden [§§ 52 I, III, 53 III HGB].

2.4.1.3 Handlungsvollmacht

2.4.1.3.1 Allgemeine Handlungsvollmacht

Begriff

Die **allgemeine Handlungsvollmacht** erstreckt sich auf alle Geschäfte und Rechtshandlungen, die der Betrieb eines bestimmten Handelsgewerbes gewöhnlich mit sich bringt [§ 54 HGB].

---

1 Der Zusatz zur Unterschrift lautet i. d. R. „p. pa." oder „ppa." = per Prokura.

2.4 Betriebliche Vollmachten (Überblick)

Die Erteilung der allgemeinen Handlungsvollmacht ist an keine bestimmte Form gebunden, kann also auch stillschweigend erfolgen. Die Handlungsvollmacht wird nicht in das Handelsregister eingetragen. Die allgemeine Handlungsvollmacht kann – wie jede andere Handlungsvollmacht auch – von Kaufleuten und Prokuristen erteilt werden.

> **Beispiel:**
>
> Der Inhaber eines Einzelunternehmens duldet stillschweigend, dass sein Hauptbuchhalter während seiner Krankheit alle notwendigen gewöhnlichen Rechtsgeschäfte tätigt.

Einschränkungen der allgemeinen Handlungsvollmacht

Angestellten mit allgemeiner Handlungsvollmacht sind alle Rechtsgeschäfte verboten, die auch den Prokuristen verboten sind. Verbotene Rechtsgeschäfte sind weiterhin:

- Grundstücke kaufen,
- Prozesse für das Unternehmen führen,
- Wechselverbindlichkeiten eingehen,
- Darlehen aufnehmen,
- allgemeine Handlungsvollmacht erteilen und übertragen sowie
- Bürgschaften eingehen,

es sei denn, der Handlungsbevollmächtigte erhält für die Vornahme derartiger Rechtsgeschäfte eine *besondere* Vollmacht (**Spezialvollmacht**).[1]

Mit besonderer Vollmacht dürfen auch Handlungsbevollmächtigte Grundstücke veräußern und belasten.

Erlöschen der allgemeinen Handlungsvollmacht

Die allgemeine Handlungsvollmacht erlischt durch Widerruf, der jederzeit möglich ist, durch Ausscheiden des Handlungsbevollmächtigten aus dem Arbeitsverhältnis, durch Auflösung des Unternehmens (z. B. durch Auflösung des Unternehmens im Rahmen eines Insolvenzverfahrens oder Liquidation) und durch Veräußerung des Unternehmens.

Ist die allgemeine Handlungsvollmacht wesentlicher Bestandteil des Arbeitsvertrags, erlischt sie *nicht* beim Tod des Inhabers eines Einzelunternehmens.

Unterschrift bei allgemeiner Handlungsvollmacht

Unterschriften, die Angestellte mit allgemeiner Handlungsvollmacht abgeben, müssen neben der Firma einen die allgemeine Handlungsvollmacht andeutenden Zusatz enthalten.[2]

---

[1] Über die gesetzlichen Einschränkungen hinausgehende Einschränkungen der Handlungsvollmacht sind Dritten (z. B. Geschäftspartnern) gegenüber nur dann rechtswirksam, wenn diese die Beschränkungen kannten oder kennen mussten [§ 54 III HGB].

[2] In der Praxis ist der Zusatz „i. V." bzw. „i. Vm." (= in Vollmacht) üblich.

2.4.1.3.2 Einzel- und Artvollmacht

Zur Handlungsvollmacht zählen auch die **Einzel-** und die **Artvollmacht**.

Arten	Erläuterungen	Beispiele
Einzelvollmacht	Die Einzelvollmacht (Sondervollmacht, Spezialvollmacht) liegt vor, wenn eine Arbeitskraft zur Vornahme eines *einzelnen* Rechtsgeschäfts bevollmächtigt wird.	Eine Prokuristin erhält die Vollmacht, ein Grundstück zu veräußern. – Ein Angestellter mit allgemeiner Handlungsvollmacht erhält die Befugnis, einen Wechsel zu akzeptieren. – Eine Auszubildende erhält den Auftrag, einem Kunden ein Angebot zu unterbreiten.
Artvollmacht	Die Artvollmacht berechtigt zur Vornahme einer bestimmten immer *wiederkehrenden* Art von Rechtsgeschäften. Artbevollmächtigte können somit Rechtsgeschäfte gleicher Art (Gattung) im Namen und für Rechnung des Kaufmanns rechtswirksam abschließen.	Zu den Artbevollmächtigten gehören Einkäufer, Verkäufer, Kassierer, Buchhalter (Unterschreiben von Schecks, Überweisungen, Zahlscheinen usw.) und Reisende.

Die Sonder- und Artbevollmächtigten unterzeichnen in der Regel mit „i. A." („im Auftrag").[1]

Gerdes & Söhne OHG
Maschinenfabrik

i. V. *Chlorer*
Chlorer

Zeichnung des/der Bevollmächtigten mit allgemeiner Handlungsvollmacht

Stuttgarter Elektromotoren AG
Zweigwerk Breisach

i. V. *Schnell*
Schnell

Zeichnung des/der Einzel- oder Artbevollmächtigten

Erlöschen der Art- und Einzelvollmacht

Die **Artvollmacht** endet aus den gleichen Gründen wie die allgemeine Handlungsvollmacht. Die **Einzelvollmacht** erlischt unmittelbar nach der Vornahme des einzelnen Rechtsgeschäfts.

2.4.1.3.3 Gemischte Vertretung

Die Vertretung eines Unternehmens kann auch derart geregelt sein, dass beispielsweise ein Geschäftsführer *und* ein Prokurist oder ein Prokurist *und* ein Handlungsbevollmächtigter zeichnen müssen. Diese sogenannte „gemischte Vertretung" muss im Handelsregister eingetragen sein.

---

[1] In der Praxis wird mitunter zwischen den Zusätzen „i. A." und „i. V." kein Unterschied gemacht.

2.4 Betriebliche Vollmachten (Überblick)

2.4.1.3.4 Vollmacht der Handlungsreisenden[1]

Nach den gesetzlichen Bestimmungen [§ 55 HGB] sind **Reisende Angestellte mit Artvollmacht**. Sie sind ermächtigt, außerhalb des Betriebs Geschäfte im Namen und für Rechnung des Arbeitgebers abzuschließen und aus den von ihnen abgeschlossenen Geschäften den *Kaufpreis* einzuziehen oder *Zahlungsfristen* zu bewilligen, sofern sie für diese Rechtsgeschäfte eine Spezialvollmacht besitzen. Ohne besondere Vollmacht dürfen sie für alle Geschäfte *Mängelrügen* entgegennehmen.

2.4.1.3.5 Vollmacht der Ladenangestellten

Wer in einem Handelsgeschäft oder in einem offenen Warenlager angestellt ist, gilt als ermächtigt zu Verkäufen und Empfangnahmen, die in einem derartigen Laden oder Warenlager gewöhnlich geschehen [§ 56 HGB]. Eine Verkäuferin bzw. ein Verkäufer ist jedoch nur dann zur Entgegennahme von Geld befugt, wenn keine besonderen Ladenkassen aufgestellt und besetzt sind.

2.4.2 Gesetzlich nicht geregelte Vollmachten

Große Unternehmen besitzen häufig „Generalbevollmächtigte". Ihre Rechte sind gesetzlich nicht geregelt. Die konkrete Ausgestaltung dieser Vollmachten hängt vom Einzelfall ab. Die Vollmachten können u. U. weiter als die der Prokuristen sein.

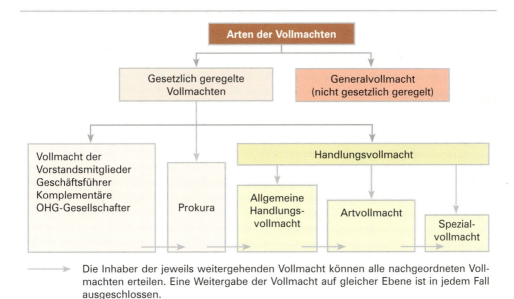

Die Inhaber der jeweils weitergehenden Vollmacht können alle nachgeordneten Vollmachten erteilen. Eine Weitergabe der Vollmacht auf gleicher Ebene ist in jedem Fall ausgeschlossen.

---

1 Das HGB spricht von Handlungsbevollmächtigten, die Handelsvertreter sind oder als Handlungsgehilfen außerhalb des Unternehmens Geschäfte im Namen des Geschäftsinhabers abschließen [§ 55 I HGB].

Zusammenfassung

Rechte der Vertreter eines Unternehmens	Gesetzlich geregelte Vollmachten		
	Geschäftsführer Vorstandsmitglieder OHG-Gesellschafter Komplementäre Einzelunternehmer[1]	Prokurist	Bevollmächtigter mit allgemeiner Handlungsvollmacht
Eintragung im Handelsregister anmelden			
Gesellschafter aufnehmen			
Firma ändern oder löschen lassen		Übertragung dieser Rechte gesetzlich **nicht** erlaubt	
Bilanz unterschreiben			
Unternehmen verkaufen			
Prokura erteilen			
Eid leisten			
Antrag auf Eröffnung des Insolvenzverfahrens stellen			
Grundstücke belasten oder verkaufen		Übertragung dieser Rechte durch Spezial- oder Artvollmacht erlaubt	
Prozesse für das Unternehmen führen			
Wechselverbindlichkeiten eingehen und Darlehen aufnehmen			
Handlungsvollmacht erteilen und übertragen	Vom Gesetz festgelegte Rechte		
Grundstücke kaufen			
Bürgschaften eingehen			
Arbeitskräfte einstellen und entlassen (siehe aber Rechte des Betriebsrats!)			
Einkaufen und verkaufen			
Geld einziehen (Inkasso)			

---

[1] Auch der Einzelunternehmer kann, sofern er Kaufmann ist, als Vertreter seines Unternehmens betrachtet werden. So kann er z. B. unter seiner Firma klagen oder verklagt werden.

2.4 Betriebliche Vollmachten (Überblick)

ÜBUNGSAUFGABEN

1. Erklären Sie den Begriff Prokura!

2. Entscheiden Sie, welche der nachstehenden Handlungen einem Prokuristen bzw. einer Prokuristin (ohne jede spezielle Vollmacht) **nicht** erlaubt sind!
   a) Gesellschafter aufnehmen,
   b) Hypothek aufnehmen,
   c) Grundstück kaufen,
   d) Grundstück verkaufen,
   e) Wechsel indossieren,
   f) Angebot abgeben,
   g) Bilanz unterschreiben,
   h) Kontokorrentkredit aufnehmen,
   i) einen Ausbildungsvertrag abschließen,
   j) Waren und Rohstoffe kaufen,
   k) Geld einkassieren,
   l) Firmenänderung vornehmen,
   m) einer Arbeitskraft kündigen.

3. Die Einzelunternehmerin Klein, Inhaberin der Säckinger Motorenwerke e. Kfr., erteilt ihrem langjährigen Angestellten Dirksohn am 15. März Prokura. Die Prokuraerteilung wird am 16. März d. J. allen Geschäftsfreunden von Frau Klein durch Rundschreiben mitgeteilt. Die Eintragung der Prokura im Handelsregister erfolgt am 31. März d. J. Bereits am 20. März akzeptiert Dirksohn einen Wechsel über 127 000,00 €. Frau Klein will das Akzept nicht gegen sich gelten lassen, weil damals die Prokura noch nicht im Handelsregister eingetragen war.

   3.1 Entscheiden Sie, ob Frau Klein im Recht ist!
   3.2 Welche Wirkung hatte die Eintragung der Prokura ins Handelsregister?
   3.3 Angenommen, Frau Klein hätte die Prokura Herrn Dirksohn und Frau Schön mit der Maßgabe erteilt, dass beide nur gemeinschaftlich handeln können.
      Welche Art der Prokura läge in diesem Fall vor?
   3.4 Welche weiteren Arten der Prokura gibt es noch?

4. **Arbeitsauftrag:** Erarbeiten Sie mithilfe des Gesetzestextes die Unterschiede zwischen der allgemeinen Handlungsvollmacht und der Prokura im Hinblick auf
   a) Erteilung und Widerruf,
   b) Handelsregistereintragung,
   c) Übertragbarkeit,
   d) Umfang der Vertretungsmacht,
   e) verbotene Geschäfte und
   f) Zeichnung!

5. Welche der nachstehenden Handlungen sind dem Inhaber der allgemeinen Handlungsvollmacht **nicht** erlaubt?
   a) Allgemeine Handlungsvollmacht erteilen,
   b) Hypothek aufnehmen,
   c) Grundstück kaufen,
   d) Grundstück verkaufen,
   e) Wechsel indossieren,
   f) Wechsel akzeptieren,
   g) Angebot abgeben,
   h) Darlehen aufnehmen,
   i) einen Arbeitsvertrag abschließen,
   j) Waren und Rohstoffe kaufen,
   k) Geld einkassieren,
   l) einer Arbeitskraft kündigen.

6. Zur Handlungsvollmacht gehören auch die Einzel- und die Artvollmacht!

    6.1 Erklären Sie die beiden Vollmachtarten!

    6.2 Entscheiden Sie, ob Einzel-(Spezial-) oder Artvollmacht vorliegt:

        6.2.1 Der Personalleiter stellt einen Mitarbeiter ein.

        6.2.2 Ein Angestellter wird von der Geschäftsleitung beauftragt, einen Grundstückskaufvertrag in die Wege zu leiten und abzuschließen.

        6.2.3 Ein Auszubildender soll eine Bestellung unterschreiben.

        6.2.4 Ein Reisender darf Mängelrügen entgegennehmen.

        6.2.5 Der Leiter der Rechtsabteilung führt auftragsgemäß Prozesse für eine OHG.

        6.2.6 Ein Angestellter wird beauftragt, einen neuen Lkw zu kaufen.

        6.2.7 Die Sekretärin des Abteilungsleiters wird beauftragt, einen Brief zu unterschreiben.

2.5 Selbstständige Mitarbeiter außerhalb des Unternehmens

Die meisten Unternehmen sind auf die Mithilfe anderer selbstständiger Unternehmen bei der Erfüllung ihrer Aufgaben angewiesen, man denke nur an die Steuerberater, Rechtsanwälte, Marketing- und Werbeberater. Im Folgenden beschränken wir uns auf die „kaufmännischen Hilfsbetriebe" der Handelsvertreter, Kommissionäre und Handelsmakler.

Häufig werden auch Funktionen (Aufgabenbereiche), die bisher innerhalb des eigenen Unternehmens wahrgenommen wurden, auf fremde spezialisierte Unternehmen übertragen. Man spricht von Funktionsausgliederung oder von Outsourcing.[1]

2.5.1 Handelsvertreter

Begriff

- **Handelsvertreter** sind **selbstständige Gewerbetreibende,** die ständig damit betraut sind, im Namen und für Rechnung eines anderen Unternehmers Geschäfte zu vermitteln oder abzuschließen (vgl. § 84 I S. 1 HGB). Im ersten Fall liegt eine Vermittlungs-, im zweiten Fall eine Abschlussvertretung vor.

- Erfordert das Unternehmen eines Handelsvertreters nach Art oder Umfang einen in kaufmännischer Weise eingerichteten Geschäftsbetrieb, dann ist der **Handelsvertreter** ein **Kaufmann.**

Selbstständig ist, wer seine Tätigkeit im Wesentlichen frei gestalten und seine Arbeitszeit bestimmen kann [§ 84 I S. 2 HGB].

Vertretungsvertrag und Kündigung

Im **Vertretungsvertrag** (auch **Agenturvertrag** genannt) wird der Umfang der Vertretungsmacht geregelt. *Vermittlungsvertreter* haben nur die Aufgabe, Verträge zwischen ihren Auftraggebern und deren Kunden zu *vermitteln. Abschlussvertreter* besitzen die Vollmacht, im Namen und für Rechnung ihrer Auftraggeber Verträge *abzuschließen.* Zum Einzug der Forderungen *(Inkasso)* sind Handelsvertreter nur befugt, wenn sie hierzu die ausdrückliche Vollmacht haben (siehe § 55 III HGB).

---

[1] Outsourcing (engl.) = wörtl. eine Quelle nach außen verlegen. Hier: Aufgabenausgliederung, Funktionsausgliederung.

2.5 Selbstständige Mitarbeiter außerhalb des Unternehmens

Der Vertretungsvertrag wird in der Regel auf unbestimmte Zeit abgeschlossen und durch Kündigung gelöst. Der Vertretungsvertrag ist somit nicht auf die Vornahme eines einzelnen Rechtsgeschäfts angelegt, sondern auf *Dauer* ausgerichtet.

Ist das Vertragsverhältnis auf unbestimmte Zeit eingegangen, gelten nach § 89 HGB folgende Kündigungsfristen:

Dauer des Vertragsverhältnisses	Kündigungsfristen zum Ende eines Kalendermonats
1 Jahr	1 Monat
2 Jahre	2 Monate
3 – 5 Jahre	3 Monate
mehr als 5 Jahre	6 Monate

Die Kündigungsfristen können vertraglich verlängert werden. Sie dürfen für den Unternehmer nicht kürzer sein als für den Handelsvertreter [§ 89 II HGB].

Eine **fristlose Kündigung** aus wichtigem Grund ist möglich [§ 89 a HGB].

Pflichten und Rechte des Handelsvertreters

Pflichten[1]	Rechte[2]
■ **Bemühungspflicht** (Bemühung um Abschluss oder Vermittlung von Geschäften) [§ 86 I HGB]; ■ **Sorgfaltspflicht** [§§ 86 III, 347 HGB]; ■ **Befolgungspflicht** (Weisungen des Auftraggebers sind zu befolgen); ■ **Benachrichtigungspflicht** (Vermittlungen bzw. Abschlüsse sind unverzüglich dem Auftraggeber mitzuteilen) [§ 86 II HGB]; ■ **Dienstleistungspflicht** (Aufträge sind selbst durchzuführen; ohne Genehmigung des Auftraggebers keine Untervertreter).	■ **Recht auf Bereitstellung von Unterlagen** (z. B. Muster, Preislisten, Kataloge, Proben) [§ 86 a HGB]; ■ **Recht auf Provision** (Umsatzprovision, bei vorliegender Inkassovollmacht Inkassoprovision; übernimmt der Vertreter die Haftung für Forderungsausfälle, erhält er Delkredereprovision) [§§ 86 b ff. HGB];[3] ■ **Ausgleichsanspruch** (Entschädigung nach Beendigung des Vertragsverhältnisses, wenn der Auftraggeber aus den vom Vertreter angebahnten Geschäftsbeziehungen erheblichen Nutzen hat) [§ 89 b HGB].

Bedeutung

Der *Vorteil* des Einsatzes von Handelsvertretern ist, dass sie – im Gegensatz zu den Reisenden – in der Regel in ihrem Absatzgebiet ansässig sind. Sie besitzen somit einen engeren Kontakt zur Kundschaft. Von Vorteil ist ferner, dass bei möglichen Absatzrückgängen die Vermittlungskosten (Provisionen) je Verkaufseinheit konstant bleiben, weil Vertreter in aller Regel lediglich Provision, aber keine Fixa[4] erhalten. Von *Nachteil* kann für den Auftraggeber sein, dass bei starken Umsatzerhöhungen die Provisionskosten höher sind als beim Einsatz von Handlungsreisenden.

---

1 Weitere Pflichten des Handelsvertreters sind die Interessenwahrungspflicht [§ 86 I HGB], Schweigepflicht [§ 90 HGB] und die Einhaltung der Wettbewerbsabrede [§ 90 a HGB].

2 Weitere Rechte des Handelsvertreters sind der Anspruch auf Ersatz der ihm im regelmäßigen Geschäftsbetrieb entstandenen Aufwendungen [§ 87 d HGB] und das gesetzliche Zurückbehaltungsrecht [§ 88 a HGB].

3 Delkredere = (wörtl.) „vom guten Glauben".

4 Fix = fest. Das Fixum (Mehrzahl: Fixa) ist ein festes, d. h. gleichbleibendes Gehalt.

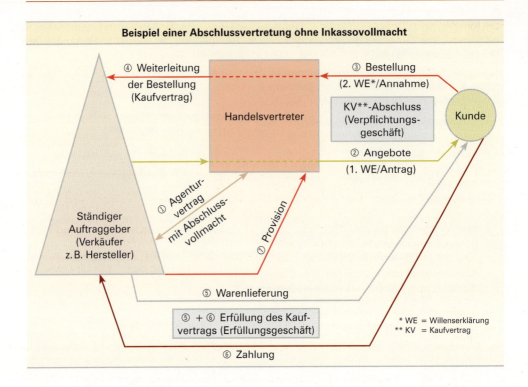

2.5.2 Kommissionär

Begriff

Kommissionäre sind, soweit sie nach Art oder Umfang einen in kaufmännischer Weise eingerichteten Geschäftsbetrieb benötigen, als **selbstständige Kaufleute** damit betraut, gewerbsmäßig Waren oder Wertpapiere in **eigenem Namen** und auf **Rechnung eines anderen** (des Kommittenten)[1] zu kaufen (**Einkaufskommissionäre**) oder zu verkaufen (**Verkaufskommissionäre**) [§ 383 HGB].

Das Wesen der Kommission besteht also darin, dass „im Auftrag" gekauft oder verkauft wird, ohne dass die Verkäufer bzw. Käufer von dem Kommissionsvertrag wissen müssen. Kommissionäre treten also **in eigenem Namen** auf: Kaufverträge werden zwischen ihnen und ihren Geschäftspartnern rechtswirksam abgeschlossen (Verpflichtungsgeschäfte).

Kommissionäre können zu ihren Auftraggebern (den Kommittenten) in einem *Dauervertragsverhältnis* stehen. Sie können aber auch von *Fall zu Fall* Aufträge übernehmen.

In der Regel unterhalten **Verkaufskommissionäre** Kommissionslager, die – besonders im Auslandsgeschäft – auch als *Konsignationslager* bezeichnet werden. Da beim Kommissionsgeschäft nur im Auftrag gehandelt wird, also für **fremde Rechnung,** werden die Kommissionäre *nicht* Eigentümer der Kommissionsware. Eigentümer bleiben die Kommitten-

1 Kommittent = Auftraggeber (lat. committere = beauftragen).

2.5 Selbstständige Mitarbeiter außerhalb des Unternehmens

ten (die Kommissionäre sind lediglich unmittelbare Besitzer). **Einkaufskommissionäre** sind hingegen Eigentümer der gekauften Waren oder Wertpapiere, bis diese den Kommittenten übereignet worden sind.

Pflichten und Rechte des Kommissionärs

Pflichten	Rechte
■ **Sorgfalts- und Haftpflicht** [§§ 347, 384 HGB]; ■ **Interessenwahrungspflicht** (Wahrnehmung der Interessen des Kommittenten, ordnungsgemäße Lagerung der Waren) [§ 384 I HGB]; ■ **Befolgungspflicht** [§§ 384, 387 HGB]; ■ **Benachrichtigungsflicht** über die Ausführung der Kommission [§ 384 II HGB]; ■ **Abrechnungspflicht** (Abführung des Rechnungsbetrags abzüglich der Provision durch den Verkaufskommissionär an den Kommittenten). Einkaufskommissionären steht der Einkaufspreis zuzüglich Provision zu [§ 384 II HGB].	■ **Recht auf Provision** [§§ 394, 396 I HGB]; ■ **Ersatz von Aufwendungen** [§ 396 II HGB; §§ 670, 675 BGB]; ■ **Selbsteintrittsrecht** (§§ 400 ff. HGB, siehe S. 156); ■ **Gesetzliches Pfandrecht** (ist der Kommittent mit seinen Leistungen in Verzug, haben die Kommissionäre ein gesetzliches Pfandrecht an den bei ihnen lagernden Waren) [§§ 397, 404 HGB].

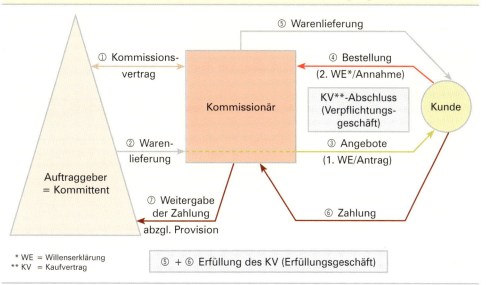

Beispiel einer Verkaufskommission mit Auslieferungslager

■ Selbsteintrittsrecht

Ein vom Kommittenten gesetztes Preislimit (z. B. 120,00 €) ist eine **Mindestbedingung**, von welcher der Verkaufskommissionär, soweit dies möglich ist, zum Vorteil des Kommittenten abweichen muss (Interessenwahrung nach § 384 I HGB). Erzielt der Verkaufskommissionär einen höheren Verkaufspreis (z. B. 128,00 €), kommt der Erlös, soweit nichts anderes vereinbart wurde, dem Kommittenten zugute [§ 387 HGB], auf dessen Rechnung der Verkaufskommissionär den Kaufvertrag abschließt [§§ 383, 406 I HGB].

Falls im Kommissionsvertrag nichts Abweichendes vereinbart wurde, kann der Kommissionär jedoch beim Einkauf oder Verkauf von Waren, die einen Börsen- oder Marktpreis haben, und bei Wertpapieren mit amtlicher Feststellung eines Börsen- oder Marktpreises von seinem **Selbsteintrittsrecht** Gebrauch machen [§§ 400 ff. HGB]. Er kann dann Waren und Wertpapiere, die er einkaufen soll, selbst aus eigenen Beständen liefern. Waren und Wertpapiere, die er verkaufen soll, darf er selbst übernehmen.

Wenn jedoch der Kommissionär die Kommission (Verkauf oder Einkauf) zu einem günstigeren als dem nach § 400 HGB sich ergebenden Preis ausführen konnte, hat der Kommissionär dem Kommittenten auch bei Wahrnehmung des Selbsteintrittsrechts den günstigeren Preis zu berechnen [§ 401 I HGB]. Der Kommittent soll durch den Selbsteintritt des Kommissionärs nicht schlechter dastehen, als er bei einer pflichtgemäßen Ausführung der Kommission durch Geschäfte mit Dritten dastehen würde.

■ Gesetzliches Pfandrecht

Ist der Kommittent mit seinen Leistungen im Verzug (z. B. mit der Provisionszahlung), hat der Kommissionär ein gesetzliches Pfandrecht an der Kommissionsware [§§ 397, 404 HGB].

Bedeutung

Verkaufskommissionäre haben sowohl im Binnen- als auch im Außenhandel große Bedeutung. Im Binnenhandel liefern vor allem Großhandelsbetriebe häufig Waren „in Kommission" an ihre Einzelhändler. Die Einzelhändler haben den *Vorteil,* dass sie den Wareneingang nicht sofort bezahlen müssen und dennoch ihren Kunden ein breites und/ oder tiefes Sortiment anbieten können. Der *Nachteil* für die Kommissionäre ist, dass die Provision in der Regel nicht so hoch wie der Gewinn ist, den sie bei einem entsprechenden Eigengeschäft erzielen würden.

Der Kommittent hat den *Vorteil,* dass er Lagerhaltungskosten spart und zugleich die Ware in Kundennähe bringen kann. Ferner tritt der Kommittent nach außen nicht in Erscheinung, was aus Wettbewerbsgründen im Außenhandel von Bedeutung sein kann. Andererseits trägt der Verkäufer das Absatzrisiko, denn nicht verkaufte Kommissionsware muss wieder zurückgenommen werden.

Einkaufskommissionäre nehmen den Auftraggebern die Kosten der Anbahnung und Durchführung von Einkaufsgeschäften ab. Die Auftraggeber haben außerdem den Vorteil, Lagerkosten zu sparen. Ein *Nachteil* für die Auftraggeber ist, dass die Einstandspreise in der Regel höher als beim Direktbezug sind.

Große Bedeutung hat das Kommissionsgeschäft auch für die Banken, die vor allem Wertpapiere im Auftrag ihrer Kunden kaufen und verkaufen. Um den erschwerenden Rechtsvorschriften des Kommissionsgeschäfts (z. B. unverzügliche Benachrichtigung und Benennung des Geschäftspartners) aus dem Weg zu gehen, führen die Banken das Kommissionsgeschäft unter Wahrnehmung des *Selbsteintrittsrechts* aus.

2.5.3 Handelsmakler

Begriff

Makler ist, wer für andere von Fall zu Fall Geschäfte **vermittelt**.

Folgende **Arten** sind zu unterscheiden:

Handelsmakler [§§ 93 ff. HGB]	Sie sind – soweit sie nach Art oder Umfang ihrer Geschäfte einen in kaufmännischer Weise eingerichteten Geschäftsbetrieb bedürfen – **selbstständige Kaufleute**, die **gewerbsmäßig** für **andere Personen** Verträge über **Gegenstände des Handelsverkehrs** (z. B. Waren, Güterbeförderungen, Versicherungen) vermitteln. Im Gegensatz zur Handelsvertretung, bei der Geschäfte *dauernd* entweder vermittelt oder abgeschlossen werden, vermitteln Handelsmakler lediglich von *Fall zu Fall* aufgrund jeweiliger Einzelaufträge wechselnder Auftraggeber [§ 93 HGB]. Anders als die Kommissionäre, die im *eigenen Namen* handeln und die Warenlagerung übernehmen, hat das Maklergeschäft nichts mit der Erfüllung des Vertrags zu tun. Daher sind Handelsmakler auch nicht berechtigt, Zahlungen und andere vertragliche Leistungen anzunehmen [§ 97 HGB].
Zivilmakler [§§ 652 ff. BGB]	Sie vermitteln Geschäfte, die kein Handelsgeschäft zum Gegenstand haben (z. B. Ehemakler, Grundstücksmakler, Konzertmakler). Zivilmakler sind dann Kaufleute, wenn ihr Geschäftsumfang eine kaufmännische Einrichtung erforderlich macht (siehe §§ 1 ff. HGB).

Im Folgenden werden nur die **Handelsmakler** besprochen.

Arten der Handelsmakler

Nach dem *Gegenstand des Vermittlungsgeschäfts* unterscheidet man:

- **Warenmakler** (Produktenmakler), die den Kauf und Verkauf von Waren vermitteln;
- **Versicherungsmakler,** die hauptsächlich Seeversicherungen vermitteln;
- **Schiffsmakler,** die sich auf die Vermittlung von freiem Schiffsraum spezialisieren;
- **Frachtenmakler,** deren Aufgabe es ist, Frachtverträge zwischen Absendern und Frachtführern zu vermitteln.

Nach der *Rechtsstellung* sind zu unterscheiden:

- **Öffentliche Makler,** die von den Landesregierungen ernannt und vor ihrem Amtsantritt einen Eid darüber ablegen, dass sie die ihnen übertragenen Pflichten erfüllen werden. Zu den öffentlichen Maklern gehören z. B. die öffentlich bestellten Versteigerer [§ 383 III BGB] und die öffentlichen Handelsmakler [§ 385 BGB].
- **Freie Makler** (nicht vereidigte Makler), die keine amtliche Funktion ausüben und im Gegensatz zu öffentlichen Maklern auch Geschäfte auf eigene Rechnung ausführen können.

2 Menschliche Arbeit in Betrieb und Wirtschaft

Pflichten und Rechte des Handelsmaklers

Pflichten	Rechte
■ **Vermittlungspflicht** [§ 93 I HGB]; ■ **Beurkundungspflicht,** d.h. die Pflicht zur Aufstellung einer *Schlussnote* nach Abschluss eines Geschäfts [§ 94 HGB]; ■ **Pflicht zur Aufbewahrung von Proben** [§ 96 HGB]; ■ **Pflicht zur Führung eines Tagebuchs** [§ 100 HGB]; ■ **Sorgfaltspflicht** und **Haftpflicht,** d.h., bei schuldhaftem Verhalten muss Schadensersatz geleistet werden [§§ 98, 347 HGB].	■ **Vermittlungsrecht** [§ 93 I HGB]; ■ **Abschlussvollmacht,** sofern diese *ausdrücklich* erteilt ist; ■ **Recht auf Maklergebühr (Courtage),** die grundsätzlich von beiden Parteien zu tragen ist (Ausnahme: Versicherungsmakler) [§§ 99, 354 I HGB]; ■ **Recht auf Erstattung der Auslagen** nur dann, wenn dies **ausdrücklich vereinbart** ist [§ 652 II BGB].

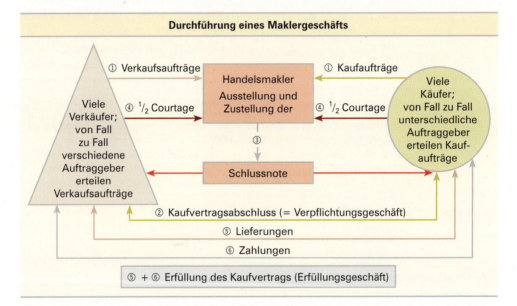

Bedeutung

Handelsmakler sind auf ihrem Gebiet Fachleute. Märkte, die für ihre Auftraggeber unübersichtlich sind, kennen sie genau. Sie sind daher in der Lage, für ihre Auftraggeber die günstigsten Abschlüsse herbeizuführen. Da sie im Gegensatz zur Handelsvertretung, bei der ein festes Vertragsverhältnis zum Auftraggeber besteht, nur von Fall zu Fall beauftragt werden, ziehen die Auftraggeber die Tätigkeit der Makler vor allem dann vor, wenn es sich um Geschäfte handelt, die nicht regelmäßig vorkommen.

2.5 Selbstständige Mitarbeiter außerhalb des Unternehmens

Zusammenfassung

Merkmale	Handelsvertreter	Kommissionäre	Handelsmakler
Begriff	Selbstständige Kaufleute,[1] die in **fremdem Namen** und für **fremde Rechnung** Geschäfte **vermitteln** oder **abschließen**. Ständige Beauftragung.	Selbstständige Kaufleute,[1] die in **eigenem Namen** und für **fremde Rechnung** Geschäfte **abschließen**. Beauftragung ständig oder von Fall zu Fall.	Selbstständige Kaufleute,[1] die in **fremdem Namen** und für **fremde Rechnung** Geschäfte **vermitteln**. Beauftragung von Fall zu Fall.
Pflichten	■ Interessenwahrungspflicht ■ Bemühungspflicht ■ Sorgfalts- und Haftpflicht ■ Benachrichtigungspflicht ■ Dienstleistungspflicht ■ Schweigepflicht ■ Einhaltung der Wettbewerbsabrede	■ Interessenwahrungspflicht ■ Sorgfalts- und Haftpflicht ■ Befolgungspflicht ■ Benachrichtigungspflicht ■ Abrechnungspflicht	■ Vermittlungspflicht ■ Sorgfalts- und Haftpflicht ■ Führung eines Tagebuchs ■ Erteilung einer Schlussnote ■ Aufbewahrung von Proben
Rechte	**Vermittlungsvollmacht** Bei besonderer Vereinbarung **Abschluss-** und **Inkassovollmacht**. ■ Recht auf Bereitstellung von Unterlagen ■ Recht auf Provision ■ Ausgleichsanspruch ■ Recht auf Ersatz von Aufwendungen ■ gesetzliches Zurückbehaltungsrecht	**Abschlussvollmacht** ■ Recht auf Provision ■ Recht auf Ersatz der Aufwendungen ■ Selbsteintrittsrecht ■ gesetzliches Pfandrecht	**Vermittlungsvollmacht** ■ Recht auf Courtage ■ Recht auf Ersatz der Auslagen bei besonderer Vereinbarung

ÜBUNGSAUFGABEN

1. Betrachten Sie die Abbildungen auf den S. 154 und S. 155 und stellen Sie die daraus entnehmbaren Unterschiede zwischen den Handelsvertretern einerseits und den Kommissionären andererseits heraus!

2. Die Farbex GmbH, Exporteurin von Farben und Lacken, steht vor der Wahl, entweder Vertreter oder Kommissionäre einzusetzen.
    2.1 Welche Vor- und Nachteile haben die genannten Absatzvermittler für die Farbex GmbH?

---

[1] Vorausgesetzt, ihr Unternehmen erfordert einen nach Art oder Umfang in kaufmännischer Weise eingerichteten Geschäftsbetrieb oder sie sind im Handelsregister eingetragen.

2 Menschliche Arbeit in Betrieb und Wirtschaft

Die Farbex GmbH entscheidet sich für die Beauftragung von Kommissionären. Die Verträge werden nach deutschem Recht abgeschlossen. Den Kommissionären wird somit auch das Selbsteintrittsrecht eingeräumt.

2.2 Erklären Sie, was unter dem Selbsteintrittsrecht zu verstehen ist!

2.3 Unter welchen Bedingungen ist das Selbsteintrittsrecht für die Kommissionäre vorteilhaft?

2.4 Die Einzelhändlerin (Kommissionär) Juliette Muller in Straßburg machte gegenüber der Farbex GmbH von ihrem Zurückbehaltungsrecht Gebrauch.

    2.4.1 Erklären Sie, was unter Zurückbehaltungsrecht zu verstehen ist und unter welchen Bedingungen von diesem Recht Gebrauch gemacht werden kann!

    2.4.2 Welchen Vorteil hat die Einzelhändlerin Muller, wenn sie anstelle des Eigengeschäfts Kommissionsware übernimmt?

    2.4.3 Hat die Einzelhändlerin Muller auch Nachteile aus dem Kommissionsgeschäft gegenüber dem Eigengeschäft?

    2.4.4 Welchen Vorteil hat die Farbex GmbH, wenn sie der Einzelhändlerin Muller Kommissionsware übergibt?

    2.4.5 Hat die Farbex GmbH auch Nachteile aus dem Kommissionsgeschäft?

3. 3.1 Worin unterscheiden sich die Handelsmakler von den Zivilmaklern?

    3.2 Können Zivilmakler auch Kaufleute sein? Begründen Sie Ihre Antwort mithilfe des Gesetzes!

    3.3 Worin unterscheiden sich die Handelsmakler von den Kommissionären?

2.6 Soziale Sicherung der Arbeitnehmer und Arbeitnehmerinnen in Betrieb und Wirtschaft

Aus den „Betriebsverordnungen für Hamburger Comptoirs und Amtsstuben 1863 bis 1872" ist unter anderem Folgendes zu entnehmen: „Das Personal braucht jetzt nur noch an Wochentagen zwischen sechs Uhr vormittags und zwölf Uhr nachmittags anwesend zu sein. Die Einnahme von Nahrung ist zwischen halb zwölf und zwölf Uhr erlaubt, jedoch darf die Arbeit nicht eingestellt werden. Jedes Personalmitglied hat die Pflicht, für die Erhaltung seiner Gesundheit Sorge zu tragen, im Krankheitsfalle wird die Lohnzahlung eingestellt. Es wird daher dringend empfohlen, dass jedermann von seinem Lohn eine hübsche Summe für einen solchen Fall wie auch für die alten Tage beiseite legt, damit er bei Arbeitsunvermögen und bei abnehmender Schaffenskraft nicht der Allgemeinheit zur Last fällt."[1]

Es ist also erst rund 140 Jahre her, dass in Deutschland ein Arbeitnehmer völlig schutzlos dastand, wenn er seinen Arbeitsplatz – aus welchen Gründen auch immer – verlor. Es gab zwar eine Armenfürsorge, deren Höhe aber kaum zum Leben reichte. Löhne wurden in Einzelarbeitsverträgen ausgehandelt. Mindestlöhne gab es nicht.

Die ständige Weiterentwicklung der sozialen Absicherung möglichst aller Bevölkerungsschichten und -gruppen ist Aufgabe der *Sozialpolitik.* Sie umfasst u. a. das Arbeitsrecht einschließlich der Arbeitsschutzgesetzgebung, das Unternehmens- und Betriebsverfassungsrecht, das Tarifvertragsrecht und das Sozialversicherungsrecht.

---

1 Quelle: „Der Beamtenbund", Februar 1969.

2.6 Soziale Sicherung der Arbeitnehmer und Arbeitnehmerinnen in Betrieb und Wirtschaft

2.6.1 Lohnbildung[1]

2.6.1.1 Tarifvertragsrecht und Arbeitskampf

Die Gründung von **Gewerkschaften** und **Arbeitgeberverbänden** ist ein im Art. 9 III GG ausdrücklich verbrieftes Recht. Da – zumindest kurz- und mittelfristig – die Interessen der Arbeitnehmer denen der Arbeitgeber zuwiderlaufen können, sind *beide* Interessenvertretungen dazu aufgerufen, auf einen Interessenausgleich, der in der Regel ein Kompromiss sein wird, hinzuwirken. Ihre Aufgabe ist also, für einen *sozialen Ausgleich* Sorge zu tragen. Gewerkschaften und Arbeitgeberverbände werden daher als *Sozialpartner* bezeichnet.

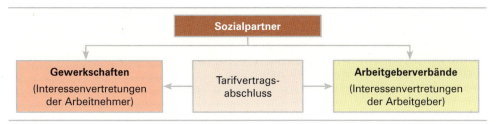

Arbeitgeberverbände

Die Arbeitgeberverbände sind für die Wahrung der sozialpolitischen Belange ihrer Mitgliedsunternehmen zuständig. Ihnen stehen auf der Arbeitnehmerseite die Gewerkschaften gegenüber, mit denen sie **Tarifverträge** über die Lohn- und Arbeitsbedingungen der Beschäftigten in ihrem Organisationsbereich abschließen. Wie die Gewerkschaften sind sie in den Selbstverwaltungsorganen der Sozialversicherung und in den Arbeits- und Sozialgerichten vertreten.

Die **Bundesvereinigung der Deutschen Arbeitgeberverbände** als Dachorganisation nimmt die gemeinschaftlichen, über den Bereich eines Landes oder eines Wirtschaftszweigs hinausgehenden sozialpolitischen Interessen der Arbeitgeber wahr. Sie ist nicht selbst an Tarifverhandlungen beteiligt, kann aber grundlegende Positionen der Arbeitgeberpolitik formulieren. Neben den traditionellen Gebieten des Arbeitsrechts, der Lohn- und Tarifpolitik, des Arbeitsmarkts und der Sozialversicherung gehören unter anderem Fragen der

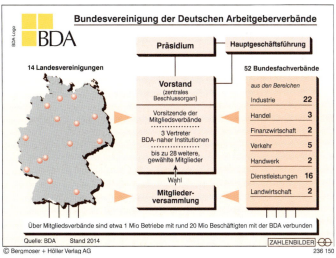

Wirtschafts- und Sozialverfassung, der betrieblichen Personalpolitik und der Aus- und Fortbildung zu ihrem Aufgabenbereich. Mitglieder der Bundesvereinigung sind 52 Bundesfachverbände (Branchenverbände) und 14 Landesvereinigungen der Arbeitgeber.

---

1 Der Begriff Lohn wird hier im volkswirtschaftlichen Sinne verwendet: Der Lohn ist das Arbeitsentgelt für abhängig Beschäftigte.

2 Menschliche Arbeit in Betrieb und Wirtschaft

Gewerkschaften

Die Zahl der Mitglieder beim Deutschen Gewerkschaftsbund (DGB) ist im vergangenen Jahr leicht gesunken. Ende des Jahres 2015 zählten sie noch 6 095 513 Organisierte, das waren rund 9 000 oder 0,2 Prozent weniger als ein Jahr zuvor. Im Jahr 1991, also im Jahr nach der deutschen Wiedervereinigung, hatten die im DGB zusammengeschlossenen Gewerkschaften fast zwölf Millionen Mitglieder (vor der Wiedervereinigung waren es noch knapp acht Millionen). Betrachtet man die Entwicklung im Jahr 2015 genauer, so werden Unterschiede deutlich. Die Stärkste unter den acht Einzelgewerkschaften, die IG Metall, konnte ein kleines Plus bei der Mitgliederzahl melden. Die Gewerkschaft Erziehung und Wissenschaft konnte mit Plus 3,1 Prozent den größten Mitgliederzuwachs verzeichnen. Auch die Gewerkschaft der Polizei zählte mehr Mitglieder (plus 1,2 Prozent). Die übrigen fünf DGB-Gewerkschaften mussten allerdings schrumpfende Zahlen registrieren – allen voran die Eisenbahn- und Verkehrsgewerkschaft (EVG) mit einem Minus von 3,3 Prozent.

■ Ziele der Gewerkschaften

Die wichtigsten Ziele der Gewerkschaften sind:

- Erhöhung der Lohnquote,[1]
- Verbesserung der Arbeitsbedingungen,
- Hebung des Ausbildungsstands der Arbeitnehmer und
- Verringerung der Arbeitslosigkeit.

■ Mittel der Gewerkschaften

Sind Arbeitskräfte knapp, wird es in der Regel den Gewerkschaften leichter fallen, Lohnerhöhungen durchzusetzen als in Zeiten geringer Arbeitsnachfrage. Die gewerkschaftliche Strategie muss daher versuchen, das Arbeitsangebot zu *verknappen*, um Lohnerhöhungen zu ermöglichen und die Arbeitslosigkeit zu verringern. Die Mittel indirekter (mittelbarer) Lohnpolitik (Verknappung der Arbeitskraft) sind:

- Verlängerung der Schulzeit (erst das neunte, später das zehnte Vollzeitschuljahr);
- Erhöhung des Jahresurlaubs (der Jahresurlaub hat sich in den letzten 30 Jahren verdoppelt);
- Verknappung der wöchentlichen und täglichen Arbeitszeit (1960 leistete der westdeutsche Arbeitnehmer im Jahr 2 083 Arbeitsstunden, 2016 betrug die jährliche durchschnittliche Arbeitszeit je Arbeitnehmer in Deutschland nur noch rund 1 644 Arbeitsstunden);

---

1 Die Lohnquote ist der prozentuale Anteil der Arbeitnehmereinkommen am Gesamteinkommen (Volkseinkommen).

2.6 Soziale Sicherung der Arbeitnehmer und Arbeitnehmerinnen in Betrieb und Wirtschaft

- Einflussnahme auf die Sozialgesetzgebung („Wer krank ist, soll sich leisten können, zu Hause zu bleiben");
- Schaffung besserer Arbeitsplätze.

Tarifverträge

Soweit die gewerkschaftlichen Ziele nicht über die Gesetzgebung erreicht werden müssen, versuchen die Gewerkschaften, ihre Vorstellungen in den *Tarifverträgen* durchzusetzen. Wenn die Tarifverträge zwischen den Gewerkschaften und den Arbeitgeberverbänden für ganze Arbeitnehmergruppen ausgehandelt werden, spricht man auch von *Kollektivarbeitsverträgen*.

■ **Grundbegriffe des Tarifvertragsrechts**

Tarifautonomie	Das Recht der Tarifpartner, selbstständig und ohne staatliche Einmischung Arbeitsbedingungen (z. B. Löhne und Gehälter, Urlaubszeit, Arbeitszeit) vereinbaren zu können, heißt *Tarifautonomie*.[1]
Tariffähigkeit	Das Recht einzelner Arbeitgeber (z. B. großer Unternehmen wie das Volkswagenwerk), der Arbeitgeberverbände und der Gewerkschaften, Tarifverträge abschließen zu können [§ 2 TVG].
Abschluss des Tarifvertrags	Ein Tarifvertrag wird in längeren und zähen Verhandlungen zwischen den Tarifpartnern ausgehandelt. Er bedarf der **Schriftform** [§ 1 II TVG].
Tarifbindung	Die Mitglieder der Tarifvertragsparteien sind an die Vereinbarungen des Tarifvertrags gebunden [§ 3 I TVG]. Dies bedeutet, dass die Inhalte des Tarifvertrags für die Betroffenen insofern unabdingbar sind, als sie *Mindestbedingungen* für die Arbeitsverhältnisse darstellen (z. B. *Mindest*löhne, *Mindest*gehälter, *Mindest*urlaubstage). Grundsätzlich unbeschränkt zulässig ist hingegen die Vereinbarung *günstigerer* Arbeitsbedingungen (z. B. übertarifliche Löhne), als sie der Tarifvertrag vorschreibt [§ 4 III TVG].
Allgemeinverbindlichkeitserklärung	Das Bundesministerium für Arbeit und Soziales kann einen Tarifvertrag im Einvernehmen mit einem aus je drei Vertretern der Spitzenorganisationen der Arbeitgeber und Arbeitnehmer bestehenden Ausschuss auf Antrag einer Tarifvertragspartei für *allgemein verbindlich* erklären, wenn die Allgemeinverbindlichkeitserklärung im öffentlichen Interesse liegt [§ 5 I Nr. 1 TVG].
	Mit der Allgemeinverbindlichkeitserklärung gelten die Bestimmungen des Tarifvertrags auch für die nicht tarifgebundenen Arbeitnehmer und Arbeitgeber [§ 5 V TVG]. In der Regel werden jedoch auch ohne Allgemeinverbindlichkeitserklärung die nicht organisierten Arbeitnehmer[2] nach den Rechtsnormen der Tarifverträge behandelt (Grundsatz der Gleichbehandlung).
Tarifregister	Im vom Bundesministerium für Arbeit und Soziales geführten Tarifregister werden Abschluss, Änderung, Aufhebung und Allgemeinverbindlichkeit von Tarifverträgen eingetragen [§ 6 TVG].

---

1 Autonomie = Unabhängigkeit, Selbstständigkeit.

2 Nach dem Grundgesetz [Art. 9 III] besteht zwar das Recht, Mitglied bei einer Arbeitnehmer- oder Arbeitgebervereinigung zu werden (Koalitionsfreiheit = Vereinigungsfreiheit), nicht aber die Pflicht (negative Koalitionsfreiheit). Nicht organisierte Arbeitnehmer sind demnach solche, die keiner Gewerkschaft angehören. Da sie i. d. R. in den Genuss der Vorteile kommen, die die Gewerkschaft erkämpft hat, werden sie von den Gewerkschaften als „Trittbrettfahrer" bezeichnet.

Arten der Tarifverträge

Die Tarifverträge können nach mehreren Kriterien (Einteilungsgesichtspunkten) gegliedert werden.

Unterscheidung nach den Tarifpartnern	
Haustarifverträge (Firmentarifverträge)	Tarifpartner sind ein Arbeitgeber, z. B. eine große Kapitalgesellschaft, und eine Gewerkschaft.
Verbandstarifverträge	Normalfall: Tarifpartner sind ein Arbeitgeberverband und eine Gewerkschaft.
Branchentarifverträge	Die Tarifabschlüsse erfolgen für bestimmte Wirtschaftszweige (z. B. Tarifverträge für das Hotel- und Gaststättengewerbe, für die Chemieindustrie, für Banken und Versicherungen).
Berufstarifverträge	Diese Tarifverträge werden zwischen einer Berufsgewerkschaft (Spartengewerkschaft, Spezialgewerkschaft) und den Arbeitgebern abgeschlossen. Spezialgewerkschaften sind z. B. die GDL (Gewerkschaft deutscher Lokomotivführer), die Ärztegewerkschaft Marburger Bund (mb) und die Vereinigung Cockpit (VC). Spartengewerkschaften (auch Fachgewerkschaften genannt) haben heute als verhältnismäßig kleine Gewerkschaften großen Einfluss. Bis 2010 galt der Rechtsgrundsatz der **Tarifeinheit**, der besagte, dass in einem Betrieb nur *ein* Tarifvertrag anzuwenden ist (z. B. „gleicher Lohn für gleiche Arbeit"). Seither vertritt das Bundesarbeitsgericht den Grundsatz der **Tarifpluralität** (Tarifvielfalt). Das bedeutet, dass es durchaus zulässig ist, dass für Arbeitnehmer eines Betriebs unterschiedliche Tarifverträge gelten können. Spartengewerkschaften sind somit in der Lage, mit Streiks ganze Unternehmen lahmlegen zu können.
Unterscheidung nach dem Inhalt	
Manteltarifverträge	Sie enthalten solche Arbeitsbedingungen, die sich über längere Zeit *nicht* ändern (z. B. Kündigungsfristen, Urlaubsregelungen, Arbeitszeitvereinbarungen, Nachtarbeit, Sonn- und Feiertagsarbeit, Lohn- und Gehaltsgruppen). Sie werden auch Rahmentarifverträge genannt.
Vergütungstarifverträge (Lohn- und Gehaltstarifverträge)	In ihnen sind die getroffenen Vereinbarungen über Lohn- bzw. Gehaltshöhe enthalten. Dabei werden die Arbeitnehmer nach ihrer Tätigkeit in bestimmte Lohn- bzw. Gehaltsgruppen eingeteilt. Jeder Lohn- bzw. Gehaltsgruppe wird ein bestimmter Lohnsatz bzw. ein bestimmtes Gehalt zugeordnet. Löhne und Gehälter sind in der Regel weiterhin nach Alter und Ortsklassen differenziert.[1] Ferner können Zuschläge (z. B. nach Betriebszugehörigkeit) vereinbart sein. Lohntarifverträge gehen häufig vom sogenannten Ecklohn aus. Dies ist i. d. R. der Lohnsatz eines 21-jährigen gelernten Facharbeiters (100 %), von dem die Abschläge für jüngere Facharbeiter bzw. die Zuschläge für die übrigen Lohngruppen und Ortsklassen berechnet werden.
Unterscheidung nach räumlichen Gesichtspunkten	
Ortstarifverträge	Sie gelten für bestimmte Orte, d. h. politische Gemeinden.

---

[1] Differenzieren: unterscheiden, untergliedern.

2.6 Soziale Sicherung der Arbeitnehmer und Arbeitnehmerinnen in Betrieb und Wirtschaft

Bezirkstarifverträge	Sie werden für einen im Tarifvertrag bezeichneten Raum abgeschlossen, der sich nicht mit einem politisch begrenzten Gebiet decken muss.
Landestarifverträge	Diese Tarifverträge gelten in einem bestimmten Bundesland.
Bundestarifverträge	Der Tarifvertragsabschluss erfolgt für das gesamte Bundesgebiet.
Flächentarifverträge	Hierbei handelt es sich um Tarifverträge, die für mehrere Orte, Bezirke, ein oder mehrere Bundesländer oder für das gesamte Bundesgebiet verbindlich sind.
Unterscheidung nach ihren individuellen Ausgestaltungsmöglichkeiten	
Starre Tarifverträge	An diese Tarifverträge sind die Tarifparteien gebunden. Verschlechterungen für die Arbeitnehmer (z. B. Entgeltkürzungen, Arbeitszeitverlängerungen) sind nicht möglich, auch wenn dies im Einzelfall betrieblich geboten sein sollte. Verbesserungen für die Arbeitnehmer sind hingegen möglich (z. B. aufgrund freiwilliger Leistungen der Arbeitgeber oder aufgrund von Vereinbarungen zwischen Arbeitgeber und Betriebsrat).
Offene (flexible) Tarifverträge	Angesichts der hohen Arbeitslosigkeit werden die Flächentarifverträge zunehmend flexibler (beweglicher) gestaltet. Sogenannte **Tariföffnungsklauseln** sollen es z. B. Betrieben, denen es wirtschaftlich nicht besonders gut geht, ermöglichen, ihre Belegschaft für eine bestimmte Zeit (z. B. für ein Jahr) bis zu einem vereinbarten Prozentsatz *unter Tarif* zu bezahlen (**Entgeltkorridor**). Die konkreten Vereinbarungen zu dieser sogenannten **Härteklausel** werden dann zwischen Betriebsrat und Arbeitgeber ausgehandelt. Kleinbetriebsklauseln tragen der mitunter schwierigen Situation kleiner Betriebe Rechnung, indem sie diesen erlauben, auf einzelvertraglicher Basis geringere Entgelte zu bezahlen, als im Flächentarifvertrag festgelegt wurden. Tariföffnungsklauseln können auch eine **Flexibilisierung der Arbeitszeit** zum Ziel haben, weil dadurch längere Betriebszeiten ermöglicht werden. Die **Arbeitszeitkorridore** (z. B. 30 bis 40 Wochenstunden bei jährlich festgelegter Gesamtarbeitszeit) gestatten es den Betrieben, die Arbeitszeit flexibel (beweglich) zu gestalten und dadurch Arbeitskosten zu sparen.

■ **Sonstige Wirkungen des Tarifvertrags**

Während der Gültigkeitsdauer eines Tarifvertrags dürfen keine Arbeitskampfmaßnahmen (Streik, Aussperrung) ergriffen werden (**Friedenspflicht** nach § 3 III TVG). Nach Ablauf des Tarifvertrags (nach Kündigung oder nach Ablauf der vereinbarten Dauer) gelten seine Rechtsnormen weiter, bis sie durch einen neuen Tarifvertrag ersetzt werden (**Grundsatz der Nachwirkung** nach § 4 V TVG).

Arbeitskampf

■ **Streik**

Unter **Streik** versteht man die gemeinsame Arbeitseinstellung mehrerer Arbeitnehmer mit dem Ziel, nach Durchsetzung bestimmter Forderungen die Arbeit wieder aufzunehmen. Da dem Streik keine Kündigung der Arbeitsverhältnisse vorausgeht, bleiben diese auch während des Streiks erhalten.

Die Spielregeln des Streiks sind in den Statuten der Gewerkschaften, in den Richtlinien der Hauptvorstände und durch Entscheidungen der Gerichte festgelegt. Ein einheitliches „Streikgesetz" gibt es in der Bundesrepublik Deutschland nicht, weil sich der Gesetzgeber vor heftigen und langwierigen Auseinandersetzungen mit den Gewerkschaften scheut. Die Gewerkschaften nämlich lehnen ein „Streikgesetz" ab, weil sie hierin einen Eingriff in ihre Unabhängigkeit (Autonomie) und ihre Gestaltungsrechte sehen.

Ablauf eines Streiks

Bevor eine Gewerkschaft zum Streik aufruft, muss in der Regel eine **Urabstimmung** vorausgehen. (In seltenen Fällen kann die Gewerkschaft auch **ohne** Urabstimmung einen Streik beschließen.)

⬇

Die meisten Gewerkschaftssatzungen sehen vor, dass sich **75 %** der Gewerkschaftsmitglieder in einer Urabstimmung für einen Streik aussprechen müssen, bevor der Gewerkschaftsvorstand oder das zuständige Gremium (z. B. die Tarifkommission) den Streik ausrufen kann. Zum Streik muss es dennoch nicht kommen, weil aufgrund der Ergebnisse weiterer Tarifverhandlungen der Streik immer noch abgewendet werden kann.

⬇

Während des Streiks zahlen die Gewerkschaften an die Mitglieder **Streikgelder.** Die Nichtmitglieder gehen leer aus. Die Streikleitung kann vor den Betrieben Streikposten aufstellen, die dafür sorgen müssen, dass Arbeitswillige nicht am Betreten des Betriebsgeländes gehindert werden. Andererseits haben die Streikposten die Aufgabe, die nicht Streikwilligen von der Notwendigkeit des Streiks zu überzeugen.

⬇

Beendigung des Streiks. Führen die Verhandlungen der Gewerkschaften mit den Arbeitgebern zu einem Kompromiss, wird der Streik beendet.
Die Modalitäten[1] richten sich häufig nicht nach der Satzung, sondern nach den **Richtlinien des Hauptvorstands** einer Gewerkschaft.
Die Regel ist, dass zur Beendigung des Streiks eine Urabstimmung erforderlich ist, in der mindestens 25 % (plus eine Stimme) der Gewerkschaftsmitglieder zustimmen müssen. Die Richtlinien mancher Gewerkschaften sehen auch höhere Zustimmungsquoten vor (z. B. 75 %). Wird dieses Abstimmungsergebnis nicht erreicht, so kann sich der Vorstand i. d. R. dennoch über das Votum (Ergebnis der Stimmabgabe) hinwegsetzen und den Streik beenden, wenn sich i. d. R. mindestens 25 % der Gewerkschaftsmitglieder für den Abbruch des Streiks entschieden haben.

Streiks, die nicht von den Gewerkschaften organisiert sind, sind illegal (= ungesetzlich, gesetzeswidrig). Man spricht von **„wilden Streiks".** Sogenannte „spontane Arbeitsniederlegungen" und „Warnstreiks" (= kurze Arbeitsverweigerungen, um weitere Maßnahmen anzudrohen oder die Arbeitgeber zu Zugeständnissen bei laufenden Tarifverhandlungen zu zwingen) sind hingegen grundsätzlich erlaubt. Ebenso erlaubt sind sogenannte **„Flashmobs".**[2] Das sind organisierte kurze Zusammen-

---

[1] Modalität = Art und Weise, wie ein Ablauf geregelt ist.
[2] Flashmobs (engl. flash = Blitz und engl. mob = Menschenansammlung, Auflauf, aufgebrachte Menge).

2.6 Soziale Sicherung der Arbeitnehmer und Arbeitnehmerinnen in Betrieb und Wirtschaft

treffen vieler Menschen zu einem bestimmten Zweck. Die von den Gewerkschaften während der Tarifauseinandersetzungen organisierten Blitzaktionen haben zum Ziel, den Betriebsablauf empfindlich zu stören. So treffen sich z. B. Streikende im Einzelhandel zu einem bestimmten Zeitpunkt in einem Zweiggeschäft als scheinbare Kunden, füllen die Einkaufswagen mit billigen Artikeln und lassen diese mit der Begründung an der Kasse stehen, dass sie den Geldbeutel vergessen haben.

■ Aussperrung

Das Arbeitskampfmittel der Arbeitgeber ist die Aussperrung, deren Berechtigung zwar umstritten, nach überwiegender Rechtsmeinung aber als das legale Gegenmittel der Unternehmer gegen die kollektive (= gemeinsame) Arbeitsniederlegung anzusehen ist. Durch die Aussperrung werden die Arbeitsverhältnisse *nicht* gelöst, sondern lediglich bis zur Beendigung des Arbeitskampfs *suspendiert*.[1] Damit ruhen die Rechte und Pflichten aus dem Arbeitsvertrag (z. B. keine Arbeitsleistung, kein Lohn oder Gehalt), leben aber nach Beendigung des Arbeitskampfes wieder auf. Somit sind die Arbeitgeber verpflichtet, die Gesamtbelegschaft nach Beendigung des Streiks weiterzubeschäftigen, ohne dass neue Arbeitsverträge abgeschlossen werden müssen. Eine Verweigerung der Weiterbeschäftigung ist nur möglich, wenn sie sozial gerechtfertigt ist (z. B. Nichtwiedereinstellung der Rädelsführer eines illegalen Streiks).

Bezüglich des Umfangs der Aussperrung gilt der Grundsatz der Verhältnismäßigkeit. Danach ist für den Umfang einer Aussperrung der Umfang des vorausgegangenen Streiks (Angriffsstreiks) maßgebend. Unverhältnismäßig (rechtswidrig) sind Aussperrungsmaßnahmen regelmäßig dann, wenn die Arbeitgeber bei eng begrenzten Teilstreiks mit einer unbefristeten Aussperrung aller Arbeitnehmer einer Branche, eines Landes oder der Bundesrepublik Deutschland antworten (sogenanntes **Übermaßverbot** der **Aussperrung**).

■ Schlichtungswesen

Streiks werden in der Bundesrepublik Deutschland heute meist erst eingeleitet, wenn bestimmte Schlichtungsverfahren ergebnislos verlaufen sind. Das Schlichtungswesen hat somit die Aufgabe, zur Verhinderung von Streiks beizutragen, falls die Tarifverhandlungen gescheitert sind. Man unterscheidet:

- das **private Schlichtungsverfahren,** das von Schlichtungsstellen durchgeführt wird, deren Besetzung im Tarifvertrag festgelegt ist **(„vereinbarte Schlichtung")**, und das
- **behördliche Schlichtungsverfahren,** welches dann von den Tarifparteien beantragt werden kann, wenn das private Schlichtungsverfahren nicht zur Einigung führte. Die Durchführung obliegt Personen, die vom Landesarbeitsministerium ständig mit dieser Aufgabe betraut sind **(„Landesschlichter")**.

Die vereinbarten Schlichtungsstellen können im Einverständnis mit den Parteien beschließen, die Entscheidung dem **Landesschlichtungsausschuss** zu übertragen. Der Landesschlichtungsausschuss besteht aus dem Landesschlichter oder dessen Stellvertreter als Vorsitzenden und aus Beisitzern der Arbeitgeber und Arbeitnehmer in gleicher Zahl.

Ein Schiedsspruch hat nur dann bindende Wirkung unter den Parteien, wenn diese vor seiner Fällung seine Annahme vereinbart haben oder wenn beide Parteien nach Verkündigung seine Annahme erklären.

---

1 Suspendieren = einstweilen ruhen lassen, vorübergehend von Rechten und Pflichten befreien.

2 Menschliche Arbeit in Betrieb und Wirtschaft

Zusammenfassung

ÜBUNGSAUFGABEN

1. Erklären Sie den Begriff Kollektivarbeitsvertrag!

2. Der Angestellte Jan Rot will seinen Arbeitskollegen Stefan Schwarz zum Eintritt in die Gewerkschaft bewegen. Jan argumentiert u. a. damit, dass die Lohnquote in den letzten Jahren dank der Lohnpolitik der Gewerkschaften stark angestiegen sei. Stefan meint hingegen, dass die Lohnquote über den Lebensstandard der Arbeitnehmer überhaupt nichts aussage. Selbst bei einer Lohnquote von 100 % könne es den Arbeitnehmern erheblich schlechter gehen als in einem Land mit einer niedrigeren Lohnquote. Nehmen Sie Stellung!

3. Schlagzeile einer Zeitung: „Der Verteilungskampf beginnt wieder!" Was ist hier gemeint?

4.
   4.1 Betrachten Sie zunächst nebenstehende Karikatur! Was will der Zeichner hier ausdrücken?

   4.2 Wie erfolgt die Lohnbildung in der sozialen Marktwirtschaft?

   4.3 Wie würde sich der Lohn in einer Wirtschaft bilden, in der es keine Gewerkschaften und Arbeitgeberverbände gibt?

   4.4 Wären die sich auf solchen freien Arbeitsmärkten (siehe Frage 4.3) ergebenden Arbeitslöhne höher oder niedriger als die von den Gewerkschaften ausgehandelten Mindestlöhne? Begründen Sie Ihre Antwort!

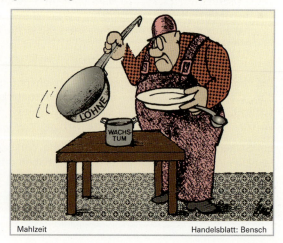

Mahlzeit Handelsblatt: Bensch

2.6 Soziale Sicherung der Arbeitnehmer und Arbeitnehmerinnen in Betrieb und Wirtschaft

5. Nennen Sie einige wichtige Ziele der Gewerkschaften!

6. Die Politik der Gewerkschaften zielt darauf ab, das Arbeitskräfteangebot zu verknappen. Widerspricht dies dem Ziel, den Anteil der Arbeitnehmer am Volkseinkommen zu erhöhen?

7. Erläutern Sie kurz folgende Begriffe:
   7.1 Tarifvertrag,
   7.2 Tarifautonomie,
   7.3 Tarifbindung,
   7.4 Allgemeinverbindlichkeitserklärung,
   7.5 Tarifregister,
   7.6 Friedenspflicht,
   7.7 Nachwirkung der Tarifverträge,
   7.8 Tariföffnungsklauseln.

8. Unterscheiden Sie die verschiedenen Arten der Tarifverträge!

9. Welche Vor- und Nachteile haben Tarifverträge für Arbeitnehmer und Arbeitgeber?

10. Zum Arbeitskampf i. e. S. gehören Streik und Aussperrung. Was ist hierunter zu verstehen?

11. Die Belegschaft der Unruh-AG hat gegen den Willen der Gewerkschaft seit drei Tagen die Arbeit niedergelegt. Sie will ein höheres Urlaubsgeld erzwingen. Die Geschäftsleitung kündigt den drei führenden Streikorganisatoren. Wie ist die Rechtslage?

12. Eine Gewerkschaft hat fristgemäß den laufenden Tarifvertrag gekündigt. Mit den Arbeitgebern ist keine Einigung in Sicht. Muss es nun zwangsläufig zum Streik kommen?

13. Warum können die Unternehmen in einer Wirtschaft mit einem großen Außenhandelsvolumen die gestiegenen Lohnkosten häufig nicht oder nicht in vollem Umfang auf die Preise abwälzen?

2.6.1.2 Problem des gerechten Lohns

„Jedes Ding", sagte einmal Kant,[1] „hat seinen Preis, der Mensch hat seine Würde." Rein wirtschaftlich gesehen ist der Lohn zwar der „Preis für menschliche Arbeit". Dennoch ist er mehr: Er versetzt den Einzelnen nämlich in die Lage, menschenwürdig zu leben, sofern er ausreichend ist. Daher verwundert es nicht, dass immer wieder nach dem „gerechten" Lohn (nach gerechter Einkommensverteilung) gefragt wird.

Wie soll das Volkseinkommen verteilt werden, wenn die Verteilung „gerecht" sein soll? Im Wesentlichen kennt man drei Verteilungsprinzipien:

Prinzip der Einkommensnivellierung[2]	Dieses Prinzip („Jedem das Gleiche") wird damit begründet, dass alle Menschen gleich seien. Deshalb hätten sie auch Anspruch auf den gleichen Anteil am Volkseinkommen.
Bedarfsprinzip	Das Bedarfsprinzip verlangt, die Einkommen nach einem von bestimmten Institutionen (z. B. Regierung, Parlament, Behörden) festzustellenden Maßstab zu verteilen („Jedem nach seinen Bedürfnissen"). Eine bedarfsgerechte Verteilung liegt z. B. vor, wenn die Einkommen nach Familienstand, Alter, Berufstätigkeit (Schwerarbeit, Bürotätigkeit) oder Kinderzahl differenziert (= abgestuft) werden.

---

1 IMMANUEL KANT, 1724 – 1804, großer deutscher Philosoph.
2 Nivellieren = gleichmachen, ebnen.

2 Menschliche Arbeit in Betrieb und Wirtschaft

Leistungsprinzip	Nach dem Leistungsprinzip soll jeder nach seinem Beitrag zum Sozialprodukt (= Summe aller während eines Jahres von der Volkswirtschaft erzeugten Güter) entlohnt werden. Das Leistungsprinzip setzt voraus, dass ■ gleicher Leistung auch gleicher Lohn entspricht und dass ■ für alle die gleichen Startbedingungen gegeben sind („Chancengleichheit"). Ein Mindereinkommen ist nach dieser Auffassung dann auf mangelnde Leistung zurückzuführen.

Es ist nicht möglich, die Leistung des Einzelnen *objektiv* zu bewerten, denn der Beitrag des Einzelnen zum Gesamtprodukt ist nicht zurechenbar. (Niemand vermag z. B. zu sagen, welchen Anteil die Arbeitsleistung des Angestellten A oder des Facharbeiters B am Fertigprodukt eines Betriebs, z. B. an einer fertig gestellten Küchenmaschine, hat.)

Die **Frage nach dem gerechten Lohn** ist also nicht objektiv beantwortbar. Die Antwort hängt vielmehr von der *Einstellung* des Einzelnen oder der jeweiligen Interessengruppen (Gewerkschaften, Regierungen, Parteien, Arbeitgebern usw.) ab.

Etwas anders stellt sich die Frage, ob und in welchem Umfang Arbeitnehmer und Arbeitnehmerinnen am Produktivitätsfortschritt[1] teilhaben sollen. Diese Frage ist nicht nur aus gesellschaftspolitischen, sondern auch aus wirtschaftspolitischen Gründen zu bejahen.

Gesellschaftspolitisch gilt, dass jeder Arbeitnehmer und jede Arbeitnehmerin das Empfinden haben muss, gerecht behandelt und entlohnt zu werden. Wirtschaftspolitisch gilt, dass das Mehrprodukt auch gekauft werden muss, wenn wirtschaftspolitische Störungen vermieden werden sollen: Steigen die Einkommen und damit die nachfragewirksame Geldmenge im gleichen Maße wie die Erzeugung der Volkswirtschaft, besteht weder Inflations- noch Deflationsgefahr (siehe hierzu Kapitel 8.6.1.3

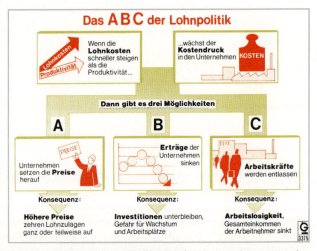

und 8.6.1.4). Steigen die Löhne hingegen schneller als die Produktivität, werden entweder die Preise steigen („Lohn-Preis-Spirale") oder die Investitionen zurückgehen, weil die Gewinne geschmälert werden, sodass Arbeitsplätze gefährdet werden.

2.6.1.3 Entlohnung im Betrieb

Das Problem des gerechten Lohns ist nicht nur eine gesellschaftliche, sondern auch eine betriebswirtschaftliche Frage, denn eine von den Mitarbeitern und Mitarbeiterinnen als gerecht empfundene Entlohnung beeinflusst die Zufriedenheit und die Arbeitsleistung positiv.[2]

---

1 Produktivität = Verhältnis von Ausbringungsmenge zur Faktoreinsatzmenge. Hier ist die Arbeitsproduktivität gemeint, z. B. die Ausbringungsmenge (Produktionsmenge) je Arbeitsstunde oder je Arbeitnehmer.
2 Siehe auch Kapitel 2.2.

2.6 Soziale Sicherung der Arbeitnehmer und Arbeitnehmerinnen in Betrieb und Wirtschaft

Nach der Berechnung der Entlohnung werden folgende **Lohnformen** unterschieden:

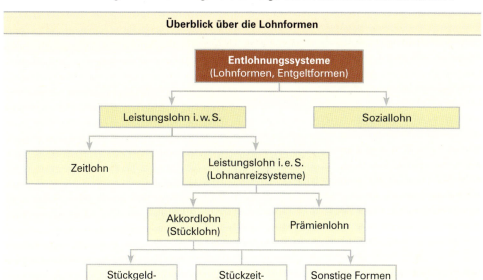

2.6.1.3.1 Leistungslohn im weiteren Sinne

Zeitlohn

Beim *Zeitlohn* wird die Lohnhöhe nach der tatsächlich im Betrieb zugebrachten Zeit berechnet.

Bruttolohn = Anzahl der Zeiteinheiten · Lohnsatz je Zeiteinheit

Zeitlohn erhalten vor allem Angestellte (in Form des Monatsgehalts) sowie zahlreiche Arbeiter und Arbeiterinnen (in Form des Stunden-, Wochen-, Dekaden-[1] oder Monatslohns). Der Zeitlohn ist vor allem anwendbar bei Arbeiten, die Aufmerksamkeit, Sorgfalt und geistige Tätigkeit verlangen bzw. bei Arbeiten, bei denen eine Lohnfestsetzung nach Leistungseinheiten unmöglich ist (z. B. Bürotätigkeit, Lagerarbeit, Aufsicht). Auch dort, wo das Arbeitstempo durch ein Fließband streng vorgegeben ist, wird Zeitlohn bezahlt. Der Zeitlohn ist ein Leistungslohn, wenn seine jeweilige Höhe die unterschiedlichen Schwierigkeitsgrade der Arbeit berücksichtigt.

Die Vorteile des Zeitlohns liegen in der Möglichkeit, die Qualität der Arbeitsleistung zu steigern. Andererseits bietet der Zeitlohn wenig Anreiz zur mengenmäßigen (quantitativen) Leistungssteigerung.

---

[1] Die Dekade ist ein Zeitraum von zehn Tagen.

2 Menschliche Arbeit in Betrieb und Wirtschaft

Leistungslohn im engeren Sinne

Der *Leistungslohn* i.e.S. umfasst den **Akkordlohn** und den **Prämienlohn** (= Lohnanreizsysteme).

> **Akkordlohn (Stücklohn).** Die Einführung des Akkordlohns setzt vor allem voraus, dass die Arbeitsleistung *messbar* und von der Arbeitskraft beeinflussbar ist. Hierzu gehören gleichartige, immer wiederkehrende, überwiegend körperliche Tätigkeiten.

Die Einführung des Akkordlohns erfordert genaue Arbeitszeitstudien, die die Zeit erfassen, die eine Arbeitskraft bei durchschnittlicher Leistung für die Erledigung einer bestimmten Arbeitsaufgabe benötigt **(Vorgabezeit)**. Dabei wird diejenige Leistung als *Normalleistung* betrachtet, die bei ausreichender Eignung und nach vollzogener Einarbeitung dauernd ohne Gesundheitsschädigung erreicht und erwartet werden kann.

Die Berechnungsgrundlage des Akkordlohns ist der **Grundlohn**. Er entspricht dem tariflichen oder dem darüber liegenden betrieblichen Mindestlohn. Hinzu tritt ein *Akkordzuschlag*, der zwischen 15 und 25 % betragen kann.

■ **Stückgeldakkord**

Beim Stückgeldakkord wird der Akkordsatz in einem *Lohnsatz je Mengeneinheit (Stückgeld)* festgelegt.

> **Beispiel:**
> Der Grundlohn eines Drehers beträgt 18,00 € je Stunde. Es wird ein Akkordzuschlag von 20 % gezahlt. Die Vorgabezeit wird auf 24 Minuten festgesetzt. Wie viel verdient der Dreher an einem Arbeitstag (8-Stunden-Tag), wenn er 25 Stück je Tag fertigt?
>
> | | |
> |---|---:|
> | Grundlohn je Stunde | 18,00 € |
> | + Akkordzuschlag (20 %) | 3,60 € |
> | Akkordrichtsatz | <u>21,60 €</u> |
>
> Die Normalleistung je Stunde beträgt 60 : 24 = 2,5 Stück.
> Lohnsatz/Stück (Stückgeld, Stückakkordsatz) = 21,60 € : 2,5 = <u>8,64 €</u>

Allgemein:

$$\text{Lohnsatz/Stück (Stückgeld)} = \frac{\text{Akkordrichtsatz}}{\text{Normalleistung/h}}$$

Bruttolohn = 8,64 € · 25 = <u>216,00 €</u>

Allgemein:

$$\text{Bruttolohn} = \text{Lohnsatz/Stück (Stückgeld)} \cdot \text{Stückzahl (Leistung)}$$

2.6 Soziale Sicherung der Arbeitnehmer und Arbeitnehmerinnen in Betrieb und Wirtschaft

■ Stückzeitakkord

Im Gegensatz zum Stückgeldakkord wird beim Stückzeitakkord ein *Zeitakkordsatz* (kurz: Zeitsatz) vorgegeben.

Beispiel:

Es werden die im vorangegangenen Beispiel angegebenen Zahlen zugrunde gelegt. Da die Normalleistung 2,5 Stück in der Stunde beträgt, ergibt sich der Zeitakkordsatz wie folgt:

$$\text{Zeitakkordsatz (Zeitsatz)} = \frac{60}{2,5} = \underline{24 \text{ Minuten}}$$

Allgemein:

$$\text{Zeitakkordsatz (Zeitsatz)} = \frac{60 \text{ Minuten}}{\text{Normalleistung/h}}$$

Der Verdienst je Minute bei Normalleistung *(Minutenfaktor)* errechnet sich folgendermaßen:

$$\text{Minutenfaktor} = \frac{21,60}{60} = \underline{0,36 \ €}$$

Allgemein:

$$\text{Minutenfaktor} = \frac{\text{Akkordrichtsatz/h}}{60}$$

Der Bruttolohn beträgt dann:

$$\text{Bruttolohn} = 25 \cdot 24 \cdot 0,36 = \underline{216,00 \ €}$$

Allgemein:

$$\text{Bruttolohn} = \text{Stückzahl} \cdot \text{Zeitsatz} \cdot \text{Minutenfaktor}$$

Der „Stückzeitakkord" führt somit zum selben Ergebnis wie der „Stückgeldakkord". Der Vorteil dieser Berechnungsmethode liegt jedoch darin, dass bei Änderungen des Grundlohns und/oder des Akkordzuschlags nicht mehr die gesamten Akkordtabellen, sondern lediglich die Minutenfaktoren geändert werden müssen.

■ Akkordlohnformen der Praxis

Die Praxis hat seit Einführung der **Monatslöhne** zahlreiche betriebsbezogene Modelle der Akkordlohnberechnung entwickelt. Diese Modelle sind grundsätzlich wie folgt aufgebaut:

Beispiel:

Frau Thalhäuser hat einen Monatslohn (Grundlohn) von 1 800,00 €. Dieser wird lt. Tarifvertrag auch bei Minderleistung bezahlt.

Die Vorgabezeit je Werkstück beträgt 20 Minuten. Da die monatlichen Arbeitsstunden schwanken (unterschiedliche Arbeitstage, Feiertage, Betriebsferien usw.), werden die monatlichen **Sollstunden** den Arbeitnehmern und Arbeitnehmerinnen vorgegeben. Damit liegt auch die **Sollleistung (Normalleistung) je Monat** fest.

2 Menschliche Arbeit in Betrieb und Wirtschaft

Ein „Normalmonat" wird mit 140 Arbeitsstunden festgelegt. Das bedeutet, dass von einer Normalleistung von 420 Werkstücken ausgegangen wird (3 · 140 Stück). Fertigt Frau Thalhäuser im Normalmonat 462 Werkstücke, erbringt sie eine Mehrleistung von 10 %. Der Leistungszuschlag beläuft sich somit auf 10 % von 1800,00 € (1800,00 € · 0,10) = 180,00 €.

Hat z.B. der Monat Juli aufgrund der Betriebsferien nur 70 Arbeitsstunden, beträgt die Normalleistung 210 Werkstücke. Fertigt Frau Thalhäuser wiederum 10 % mehr, also 231 Werkstücke, kann sie nur eine Leistungszulage von 90,00 € beziehen.

Der Faktor, mit dem die Mehrleistung zu gewichten ist (= Umrechnungsfaktor), hat sich halbiert, weil sich die Arbeitsstunden im Juli halbiert haben:

$$\text{Umrechnungsfaktor} = \frac{70}{140} = \underline{0{,}5}.$$

Allgemein:

$$\text{Umrechnungsfaktor} = \frac{\text{Arbeitsstunden des jeweiligen Monats}}{\text{Arbeitsstunden des Normalmonats}}$$

Der Lohn von Frau Thalhäuser beträgt
a) im Normalmonat   1800,00 € + (1800,00 € · 0,10 · 1)   = 1980,00 € und
b) im Juli   1800,00 € + (1800,00 € · 0,10 · 0,5)   = 1890,00 €.

Allgemein:

Monatslohn = Grundlohn + (Grundlohn · Mehrleistung in % · Umrechnungsfaktor)

Beispiel: [1]

Angenommen, die Arbeitsstunden betrugen im August 100, im September 120 und im Oktober 150 Stunden. Frau Thalhäuser fertigte im August 309, im September 378 und im Oktober 440 Werkstücke. Ihre Monatslöhne vom August bis Oktober berechnen sich wie folgt:

Lohnabrechnung \ Monate	August	September	Oktober
Arbeitsstunden	100	120	150
Normalleistung (Sollleistung)*	300 Stück	360 Stück	450 Stück
Istleistung von Frau Thalhäuser	309 Stück	378 Stück	440 Stück
Mehrleistung	3 %	5 %	–
Umrechnungsfaktor	0,71429	0,85714	1,07143
Grundlohn (Mindestlohn)	1800,00 €	1800,00 €	1800,00 €
Leistungszuschlag („Akkordzuschlag")	38,57 €	77,14 €	0,00 €
Monatslohn	**1838,57 €**	**1877,14 €**	**1800,00 €**

* Normalleistung (Sollleistung) = Arbeitsstunden · Normalleistung je Stunde

Prämienlohn. Im Gegensatz zum Akkordlohn, dessen Höhe allein von der erbrachten Leistungsmenge abhängig ist, ist beim Prämienlohn lediglich die Prämie leistungsbezogen.

---

[1] Dieses Beispiel bezieht sich auf das Beispiel auf S. 173.

2.6 Soziale Sicherung der Arbeitnehmer und Arbeitnehmerinnen in Betrieb und Wirtschaft

Ein bekannter Prämienlohn ist z. B. die Entlohnung von Verkäufern und Reisenden. Hier wird neben dem Grundlohn bzw. Grundgehalt (= **Fixum**) eine prozentuale Umsatzbeteiligung (= **Umsatzprovision**) gezahlt.

Prämien können auch für ersparten Ausschuss, für Material- und Energieersparnis oder für die Verkürzung von Reparaturarbeiten gezahlt werden.

Das Prämienlohnverfahren wird nachfolgend an Hand einer bekannten Methode erläutert, nämlich am Beispiel des **Prämienlohnsystems** nach *Halsey*.

Beispiel:

In einem Betrieb wird 7 Stunden am Tag gearbeitet. Die Vorgabezeit je Werkstück beträgt 1 Stunde. Der Stundenlohn (Grundlohn) beläuft sich auf 20,00 €. Die Prämie wird auf 50 % des ersparten Zeitlohns festgesetzt.

Nachstehende Tabelle beantwortet folgende Fragen:

1. Wie entwickelt sich der Bruttolohn je Tag, wenn eine Arbeitskraft ihre Tagesleistung wie folgt steigert: 7, 8, 9, 10, 11 und 12 Stück je Tag?
2. Wie hoch sind die Stücklohnkosten bei den unterschiedlichen Tagesleistungen?
3. Wie hoch ist der Stundenlohn bei den unterschiedlichen Tagesleistungen?

Lösung:

Istleistung (Stück)	Arbeitszeit (h)	Ersparte Zeit (in h)	Grundlohn (€) je Tag	Prämie 50 % des Stundenlohns (€)	Taglohn (€)	Stücklohnkosten (€)	Stundenlohn (€)
7	7	–	140,00	–	140,00	20,00	20,00
8	7	1	140,00	10,00	150,00	18,75	21,43
9	7	2	140,00	20,00	160,00	17,78	22,86
10	7	3	140,00	30,00	170,00	17,00	24,29
11	7	4	140,00	40,00	180,00	16,36	25,71
12	7	5	140,00	50,00	190,00	15,83	27,14

2.6.1.3.2 Soziallohn

Der Soziallohn ist eine Entlohnungsform, die die Lohnhöhe nach dem (vermuteten) Bedarf der einzelnen Arbeitskraft ausrichtet. Die unterste Grenze des Soziallohns ist hierbei das „Existenzminimum" oder ein „angemessener Lebensstandard". Problematisch ist hierbei die Festlegung dieser Größen auf einen bestimmten Betrag.[1]

Eine weitere Art des Soziallohns ist die Differenzierung[2] der Löhne nach Alter, Geschlecht, Familienstand bzw. Familiengröße sowie nach Dauer der Betriebszugehörigkeit.

Der Soziallohn basiert auf dem Bedarfsprinzip. Er widerspricht somit dem Leistungsprinzip („wer mehr arbeitet, soll auch mehr verdienen") und dem Gleichheitsprinzip („gleicher Lohn für gleiche Arbeit").

---

[1] In Deutschland gilt als Existenzminimum ein Nettoeinkommen, das nicht unter 60 Prozent des mittleren Einkommens liegt. Bei einer allein lebenden Person sind das monatlich rund 1 000,00 €, bei einem Paar mit zwei kleinen Kindern rund 2 000,00 €. Wer ein niedrigeres Nettoeinkommen hat, gilt als arm.

[2] Differenzierung = Abstufung. Differenzieren = voneinander unterscheiden, unterschiedlich gestalten.

2 Menschliche Arbeit in Betrieb und Wirtschaft

In der Bundesrepublik Deutschland enthalten die Arbeitsentgelte sowohl Elemente des Leistungslohns als auch des Soziallohns, nämlich die Berücksichtigung der tatsächlichen Arbeitsleistung und/oder Vorbildung der Arbeitnehmer einerseits und Staffelung der Arbeitsentgelte nach Alter, Familienstand und Betriebszugehörigkeit andererseits. Die tarifliche Festlegung von Mindestlöhnen zur Sicherung des Existenzminimums stellt ebenfalls ein Element des Soziallohns dar.

Zusammenfassung

- Einen objektiven Maßstab für den **„gerechten Lohn"** gibt es nicht.
- Unter **Lohn** ist das Arbeitsentgelt für abhängig Beschäftigte zu verstehen (= Lohn i. w. S., Lohn im volkswirtschaftlichen Sinne).
- Der Lohn ist sowohl **Einkommen** für die Arbeitnehmer als auch **Kostenfaktor** für die Unternehmen.
- Die Entlohnungssysteme können in drei Hauptgruppen eingeteilt werden:
  - **Zeitlohn,**
  - **Leistungslohn i. e. S.** und
  - **Soziallohn.**

ÜBUNGSAUFGABEN

1. Am Stammtisch des Gasthofs „Zum letzten Batzen" sitzen Herr Altmann, Schreinermeister, Herr Belau, kaufmännischer Angestellter und Herr Chromer, Student der Soziologie. Herr Altmann ärgert sich über die Steuerprogression. Er hält sie für ungerecht, weil er meint, dass derjenige, der doppelt so viel (oder so lang) wie ein anderer arbeitet, auch doppelt so viel von seinem Bruttoeinkommen behalten sollte. Herr Chromer widerspricht. Er meint, schon die Tatsache, dass die Menschen ungleiche Fähigkeiten hätten, sei ungerecht. Mancher wolle mehr arbeiten, könne es aber aufgrund mangelnder Fähigkeiten oder Möglichkeiten nicht. Deswegen müsse derjenige, der ein hohes Einkommen habe, für denjenigen mit gar keinem oder einem niedrigeren Einkommen mit aufkommen. Am besten wäre es, so meint Herr Chromer, wenn jeder das gleiche Einkommen hätte. Dann würde auch der Sozialneid unter den Menschen verschwinden. Herr Belau schließlich kommentiert, dass er schon für eine Unterstützung wirtschaftlich schwacher Personen sei, aber eine „Gleichmacherei" lehne er ab, weil sie jede Eigeninitiative lahm lege.
    1.1 Von welchen Verteilungsprinzipien gehen die Stammtischbrüder aus?
    1.2 Erläutern Sie die im Text angesprochenen Verteilungsprinzipien!
    1.3 Welches Verteilungsprinzip empfinden Sie als gerecht? Begründen Sie Ihre Meinung!
    1.4 Lässt sich die Frage nach der gerechten Verteilung (dem gerechten Lohn) objektiv beantworten? Begründen Sie Ihre Antwort!

2. **Arbeitsauftrag:** Erarbeiten Sie (am besten in Gruppen) die Vor- und Nachteile des Zeitlohns und der Lohnanreizsysteme für den Betrieb und für die Arbeitskräfte!

3. **Rollenspiel:** Die Geschäftsleitung des Fliesenlegerunternehmens Riegel GmbH möchte für die Fliesenleger Akkordlohn einführen. Der Betriebsrat ist dagegen. Führen Sie ein argumentatives Gespräch zwischen Geschäftsleitung und Betriebsrat (jeweils ein bis zwei Schülerinnen bzw. Schüler)!

2.6 Soziale Sicherung der Arbeitnehmer und Arbeitnehmerinnen in Betrieb und Wirtschaft

4. Wir unterscheiden zwischen Zeitlohn, Leistungslohn i. e. S. und Soziallohn.

    4.1 Erklären Sie diese Begriffe!

    4.2 Kann auch der Zeitlohn leistungsgerecht sein? Begründen Sie Ihre Antwort!

    4.3 Bei welchen Arbeiten empfiehlt es sich, Zeitlohn zu zahlen?

    4.4 Bei welchen Arbeiten eignet sich der Stücklohn?

    4.5 Die Vorgabezeit für 10 Werkstücke beträgt 60 Minuten, der Grundlohn 17,20 €, der Akkordzuschlag 10 %.

        4.5.1 Berechnen Sie mithilfe des Stückgeldakkords den Bruttolohn eines Arbeitnehmers, wenn er in 8 Stunden 90 Stück hergestellt hat!

        4.5.2 Berechnen Sie mithilfe des Stückzeitakkords den Bruttolohn, wenn der Arbeiter in 8 Stunden 90 Stück hergestellt hat!

5. Diese Aufgabe bezieht sich auf das Beispiel auf S. 173 f. Die Monatsarbeitszeit beträgt im November 145 und im Dezember 135 Stunden. Frau Thalhäuser stellt im November 522 und im Dezember 486 Werkstücke her.

Berechnen Sie die Monatslöhne von Frau Thalhäuser für die Monate November und Dezember!

6. Erklären Sie das Prämienlohnsystem nach Halsey! Führen Sie das Beispiel auf S. 175 mit einem Stundenlohn von 19,00 € durch!

7. Erklären Sie den Begriff „Soziallohn" und nennen Sie Beispiele!

8. Im Jahr 2015 musste ein Unternehmer in der westdeutschen Industrie im Durchschnitt 64 700 Euro für eine Vollzeitkraft kalkulieren. In Ostdeutschland war der Betrag mit 44 200 Euro um ein Drittel niedriger. Dabei unterscheidet sich die Rechnung, die ein Arbeitgeber aufmacht, von der des Arbeitnehmers, der nur auf seine Gehaltsabrechnung blickt. So stecken in jeweils 100 Euro Bruttolohn durchschnittlich 75 Euro sogenanntes Direktentgelt für die tatsächlich geleistete Arbeit (Beispiel für Westdeutschland). Weiterhin stecken gut 17 Euro für die Vergütung arbeitsfreier Tage (bezahlter Urlaub, Feiertage und Krankheitstage) in den 100 Euro, ebenso wie durchschnittlich 7,60 Euro für Sonderzahlungen,

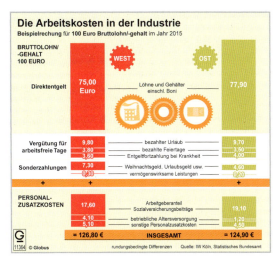

beispielsweise für Weihnachtsgeld oder vermögenswirksame Leistungen. Hinzu kommen noch Personalzusatzkosten wie die Arbeitgeberanteile zur Sozialversicherung und anderes, was sich auf 26,80 Euro summiert. Insgesamt betragen so die gesamten Arbeitskosten für je 100 Euro Bruttolohn 126,80 Euro in Westdeutschland, in Ostdeutschland waren es 124,90 Euro. Gründe für die günstigeren Kosten im Osten sind nach Angaben des Instituts der deutschen Wirtschaft das immer noch niedrigere Lohnniveau, die geringeren Sonderzahlungen sowie die weniger stark ausgebaute betriebliche Altersvorsorge.

    8.1 Welche der in der Bildstatistik genannten Personalzusatzkosten haben Soziallohncharakter? (Begründung!)

    8.2 Die Bundesrepublik Deutschland gehört zu den Ländern mit den höchsten Personalzusatzkosten. Ist dies positiv oder negativ zu werten?

2.6.2 Arbeitsschutz

2.6.2.1 Überblick

Die Geschäftsleitung der Fleißig GmbH beschließt, die tägliche Arbeitszeit auf 11 Stunden heraufzusetzen, weil die Auftragslage sehr gut ist. Kann sie das?

Nein, eine solche Maßnahme kann die Geschäftsleitung nicht allein treffen. Selbst wenn sie die neunte, zehnte und elfte Arbeitsstunde als Überstunden bezahlen würde, verstößt sie gegen das Betriebsverfassungsgesetz [§ 87 BetrVG], denn hier hat der Betriebsrat ein echtes Mitbestimmungsrecht. Es liegt ein Verstoß gegen das *Arbeitsrecht i. e. S. vor, das die materiellen* Rechte der Arbeitnehmer schützt. Außerdem verstößt die Geschäftsleitung gegen das *Arbeitsschutzrecht,* dessen Aufgabe im *Schutz des Lebens und der Gesundheit* der Arbeitnehmer besteht (siehe §§ 3, 7 ArbZG).

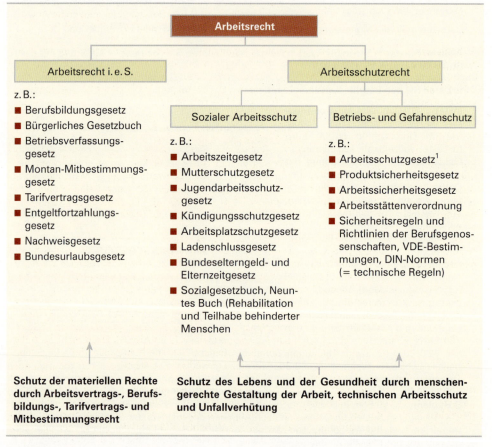

Über die wesentlichen Bestimmungen des Arbeitsrechts i. e. S. wurde bereits gesprochen.[2] Im Folgenden wird eine kurze Übersicht über das Arbeitsschutzrecht gegeben.

---
1 Auf der Rechtsgrundlage des Arbeitsschutzgesetzes [§§ 18, 19 ArbSchG] hat die Bundesregierung mehrere Verordnungen zum Arbeitsschutz erlassen (z. B. die Bildschirmarbeitsverordnung und die Arbeitsstättenverordnung).
2 Siehe Kapitel 2.3.1, Kapitel 2.3.2 und Kapitel 2.6.1.1.

2.6 Soziale Sicherung der Arbeitnehmer und Arbeitnehmerinnen in Betrieb und Wirtschaft

	Wichtige Gesetze zum sozialen Arbeitsschutz	
Gesetz	**Wirkungskreis**	**Wesentlicher Inhalt**
Arbeitsschutzgesetz (ArbSchG)	Alle Arbeitgeber, alle Arbeitnehmer und alle Auszubildenden [§ 2 ArbSchG], soweit diese nicht nach § 1 ArbSchG ausgeschlossen sind.	Arbeitgeber sind verpflichtet, die zur Sicherheit und Gesundheit der Beschäftigten bei der Arbeit erforderlichen Maßnahmen des Arbeitsschutzes zu treffen und hierzu z. B. für eine geeignete Organisation zu sorgen und die erforderlichen Mittel bereitzustellen [§ 3 ArbSchG]. Arbeitgeber müssen z. B. die Arbeit so gestalten, dass eine Gefährdung für Leben und Gesundheit möglichst vermieden und die verbleibende Gefährdung möglichst gering gehalten wird. Gefahren sind an ihren Quellen zu bekämpfen. Arbeitsschutzmaßnahmen müssen den Stand der Technik, Arbeitsmedizin und Hygiene und spezielle Gefahren besonders schutzbedürftiger Beschäftigungsgruppen berücksichtigen. Hierzu sind den Beschäftigten geeignete Anweisungen zu erteilen (Näheres siehe §§ 4 ff. ArbSchG).
Sozialgesetzbuch, Siebtes Buch (gesetzliche Unfallversicherung)	Alle Unternehmer, alle Arbeitnehmer und alle Auszubildenden.	Unfallverhütungsvorschriften der Berufsgenossenschaften zur Verhütung von Arbeitsunfällen, Berufskrankheiten und arbeitsbedingten Gesundheitsgefahren [§§ 14 ff. SGB VII]. In Unternehmen mit regelmäßig mehr als 20 Beschäftigten werden die Unternehmer durch von ihnen zu bestellende **Sicherheitsbeauftragte** bei Maßnahmen zur Verhütung von Arbeitsunfällen und Berufskrankheiten unterstützt [§ 22 SGB VII].
Sozialgesetzbuch, Neuntes Buch (Rehabilitation und Teilhabe behinderter Menschen)	Alle Arbeitgeber mit mindestens 20 Arbeitsplätzen (ohne Auszubildende).	Die betroffenen Arbeitgeber sind verpflichtet, einen bestimmten Prozentsatz schwerbehinderter Menschen (Personen mit einer mindestens 50%igen Behinderung) einzustellen [§§ 1, 71 ff. SGB IX]. Für unbesetzte Plätze muss i. d. R. eine Ausgleichsabgabe gezahlt werden [§ 77 SGB IX].
Arbeitszeitgesetz (ArbZG)	Alle Arbeitgeber und die Arbeitskräfte, für die keine Sondervorschriften bestehen (z. B. JArbSchG).	Die werktägliche Arbeitszeit für Arbeitskräfte darf 8 Stunden nicht überschreiten. Die Arbeitszeit kann auf bis zu 10 Stunden täglich erhöht werden, wenn innerhalb von 6 Kalendermonaten oder innerhalb von 24 Wochen im Durchschnitt 8 Stunden werktäglich nicht überschritten werden [§ 3 ArbZG] (Ausnahmen siehe § 7 ArbZG). Nach Ende einer „Schicht" müssen der Arbeitskraft mindestens 11 Stunden Freizeit verbleiben [§ 5 I ArbZG]. Nach mehr als 6 bis 9 Stunden Arbeitszeit ist eine Ruhepause von mindestens 30 Minuten zu gewähren [§ 4 ArbZG].
Mutterschutzgesetz (MuSchG)	Alle Arbeitgeber bezüglich der bei ihnen beschäftigten Frauen.	Befreiung von der Arbeit (auf Mitteilung hin) für 6 Wochen vor und mindestens 8 Wochen, bei Früh- und Mehrlingsgeburten bis zum Ablauf von 12 Wochen nach der Entbindung [§§ 3, 6 MuSchG]. Während der Schwangerschaft bis zum Ablauf von vier Monaten nach der Entbindung [§ 9 I MuSchG] und während der Elternzeit [§ 18 BEEG] besteht Kündigungsschutz. Für schwangere Frauen gibt es zahlreiche Beschäftigungsverbote (Näheres siehe §§ 3 I, 4 MuSchG).

2 Menschliche Arbeit in Betrieb und Wirtschaft

Wichtige Gesetze zum sozialen Arbeitsschutz		
Gesetz	**Wirkungskreis**	**Wesentlicher Inhalt**
Gesetz zum Elterngeld und zur Elternzeit (Bundeselterngeld- und Elternzeitgesetz – BEEG)	Mütter **oder** Väter, die ihr Kind selbst betreuen und nicht mehr als 30 Stunden pro Woche erwerbstätig sind.	Das **Elterngeld**[1] beträgt 67 % (bei einem früheren Nettoeinkommen ab monatlich 1 240,00 € 65 %) des wegfallenden Nettoeinkommens, mindestens 300,00 €, höchstens 1 800,00 € mit einer Laufzeit von 14 Monaten, bei Beteiligung des Partners bzw. bei Alleinerziehenden 14 Monate oder doppelte Laufzeit mit dem halben Monatsbetrag. Nach der Geburt ihres Kindes können Eltern gleichzeitig, jeder Elternteil anteilig oder allein bis zu drei Jahren **Elternzeit** nehmen. Ein Jahr kann mit Zustimmung des Arbeitgebers bis zum 8. Lebensjahr „aufgespart" werden. Die Anmeldefrist beträgt 6 Wochen, wenn die Elternzeit sofort nach der Mutterschutzfrist genommen wird, in allen anderen Fällen 7 Wochen (siehe § 15 BEEG). Die Elternzeit wird in der gesetzlichen Rentenversicherung angerechnet. Während der Elternzeit besteht Kündigungsschutz [§ 18 BEEG].

Die Vorschriften des Arbeitsschutzrechts stellen Gebote und Verbote auf, zu deren Beachtung Arbeitgeber und Arbeitnehmer verpflichtet sind. Die Einhaltung der Arbeitsschutzvorschriften wird z. B. durch die *Gewerbeaufsichtsämter* [§ 139b GewO] und die Berufsgenossenschaften[2] [§§ 15ff., 22, 114ff. SGB VII; §§ 13, 21f. ArbSchG] überwacht.

Die Beachtung und Befolgung der Arbeitsschutzvorschriften setzt ihre Kenntnis voraus. Deswegen ist in den wichtigsten Vorschriften angeordnet, dass ihre Texte in den von ihnen betroffenen Betrieben durch Auslegen oder durch Aushang allgemein zugänglich gemacht werden.

2.6.2.2 Jugendarbeitsschutz als Beispiel für den sozialen Arbeitsschutz

Grundlage des Jugendarbeitsschutzes ist das **Jugendarbeitsschutzgesetz (JArbSchG)**. Das Gesetz geht davon aus, dass Jugendliche (Personen bis zum vollendeten 18. Lebensjahr) nur eine begrenzte Leistungsfähigkeit besitzen, weil ihre körperliche und geistig-seelische Entwicklung noch nicht vollständig abgeschlossen ist. Das Jugendarbeitsschutzgesetz gilt daher für alle Arbeitgeber, die Jugendliche beschäftigen (Auszubildende, Arbeiter, Angestellte).

Mindestalter für ein Beschäftigungsverhältnis

Die Beschäftigung von Kindern [§ 2 I, III JArbSchG] und von Jugendlichen [§ 2 II JArbSchG], die der Vollzeitschulpflicht unterliegen, ist grundsätzlich verboten [§ 5 I, II JArbSchG]. Unter bestimmten Voraussetzungen sind Ausnahmen möglich (siehe § 5 II, III, IV, §§ 6, 7 JArbSchG).

---

[1] Für Eltern, deren Kinder ab dem 1. Juli 2015 geboren werden, gibt es neue Regelungen in Form des ElterngeldPlus und des Partnerschaftsbonus. Die Eltern haben dann die Wahl zwischen dem herkömmlichen Elterngeld, dem ElterngeldPlus (es kann bei Teilzeit doppelt so lang bezogen werden wie das Elterngeld, ist aber höchstens halb so hoch wie dieses) oder einer Kombination von beiden. Zusätzlich erhalten die Eltern als Partnerschaftsbonus auf Antrag vier zusätzliche Monate ElterngeldPlus, wenn beide Elternteile in dieser Zeit Teilzeit arbeiten. Die maximale Bezugsdauer des Elterngelds beträgt 28 Monate.

[2] Berufsgenossenschaften sind Verbände mit Zwangsmitgliedschaft für die versicherungspflichtigen Betriebe zur Finanzierung der gesetzlichen Unfallversicherung (Kapitel 2.6.4.7). Die Berufsgenossenschaften übernehmen den Versicherungsschutz bei Arbeitsunfällen, Wegeunfällen und Berufskrankheiten.

2.6 Soziale Sicherung der Arbeitnehmer und Arbeitnehmerinnen in Betrieb und Wirtschaft

Grenzen der Arbeitszeit

Arbeitsbeginn und -ende [§ 14 JArbSchG]	06:00 Uhr frühestens und 20:00 Uhr spätestens.
Tägliche Arbeitszeit [§ 8 JArbSchG]	Maximal 8,5 Stunden am Tag; bei 5-Tage-Woche (40 Stunden) maximal 8 Stunden am Tag.
Pausen [§ 11 JArbSchG]	Mindestens 30 Minuten Pause bei einer Beschäftigung von mehr als $4^1/_2$ bis zu 6 Stunden. Mindestens 60 Minuten Pause bei einer Beschäftigung von mehr als 6 Stunden.
Berufsschultage [§ 9 JArbSchG]	Keine Beschäftigung an Berufsschultagen mit mehr als 5 Unterrichtsstunden von mindestens 45 Minuten, jedoch nur einmal in der Woche.
Wöchentliche Arbeitszeit [§§ 15, 16 I, 17 I JArbSchG]	5-Tage-Woche; 40-Stunden-Woche. Grundsätzlich keine Beschäftigung an Samstagen, Sonn- und Feiertagen.
Tägliche Freizeit [§ 13 JArbSchG]	Zwischen dem Ende der Arbeitszeit eines Tages und dem Beginn der Arbeitszeit/Schulzeit am nächsten Tag müssen mindestens 12 Stunden Freizeit liegen.
Verbotene Arbeiten [§§ 22, 24 I JArbSchG]	Gefährliche Arbeiten; Arbeiten, bei denen die Jugendlichen sittlichen Gefahren ausgesetzt sind; grundsätzlich Arbeiten unter Tage. (Zu den Ausnahmen siehe § 24 II JArbSchG.)

Sonstige Schutzvorschriften

- Zum Schutz der Jugendlichen dürfen **bestimmte Personen** (z. B. Personen, die wegen eines Verbrechens zu einer Freiheitsstrafe von mindestens 2 Jahren rechtskräftig verurteilt wurden) grundsätzlich **keine Jugendlichen beschäftigten** und diese auch **nicht beaufsichtigen** [§ 25 JArbSchG].

- Der Arbeitgeber ist zu einer **menschengerechten Gestaltung der Arbeit** verpflichtet. Bei der Einrichtung und Unterhaltung der Arbeitsstätte einschließlich der Maschinen, Werkzeuge und Geräte sind z. B. alle Maßnahmen zu treffen, die zum Schutz der Jugendlichen gegen Gefahren für Leben und Gesundheit sowie zur Vermeidung einer Beeinträchtigung der körperlichen und seelisch-geistigen Entwicklung der Jugendlichen erforderlich sind [§ 28 JArbSchG].

- **Vor Beginn der Beschäftigung** und bei wesentlicher Änderung der Arbeitsbedingungen sind die Jugendlichen vom Arbeitgeber über die **Unfall- und Gesundheitsgefahren,** denen sie am Arbeitsplatz ausgesetzt sind, sowie über Einrichtungen und Maßnahmen zur Abwendung dieser Gefahren zu unterweisen [§ 29 JArbSchG].

- Der Arbeitgeber muss außerdem das körperliche **Züchtigungsverbot** sowie das Verbot der Abgabe von Alkohol und Tabakwaren an Jugendliche unter 16 Jahren beachten [§ 31 JArbSchG].

Gesundheitliche Betreuung

Jugendliche, die in das Berufsleben eintreten, dürfen nur beschäftigt werden, wenn

- sie innerhalb der letzten 14 Monate von einem Arzt untersucht worden sind (Erstuntersuchung) und
- sie dem künftigen Arbeitgeber eine von diesem Arzt ausgestellte Bescheinigung über diese Untersuchung vorlegen.

Spätestens nach einem Jahr nach Aufnahme der ersten Beschäftigung haben sich die Jugendlichen einer Nachuntersuchung zu unterziehen. Wird nach 14-monatiger Beschäftigung keine ärztliche Bescheinigung vorgelegt, besteht Beschäftigungsverbot, was für den Arbeitgeber ein Grund zur fristlosen Kündigung ist (siehe §§ 32ff. JArbSchG). Weitere jährliche Untersuchungen sind erlaubt. Die Kosten für die ärztlichen Untersuchungen trägt das Bundesland.

Strafen

Bei Verstößen gegen das Jugendarbeitsschutzgesetz sieht das Jugendarbeitsschutzgesetz Geldbußen und Freiheitsstrafen vor (siehe §§ 58ff. JArbSchG).

2.6.2.3 Produktsicherheit als Beispiel für den Betriebs- und Gefahrenschutz

Ein Beispiel für den gesetzlichen Betriebs- und Gefahrenschutz ist das Produktsicherheitsgesetz (ProdSG).

Begriff

Verbraucherprodukte sind neue, gebrauchte oder wiederaufgearbeitete Produkte, die für Verbraucher bestimmt sind oder unter Bedingungen, die nach vernünftigem Ermessen vorhersehbar sind, von Verbrauchern benutzt werden könnten, selbst wenn sie nicht für diese bestimmt sind; als Verbraucherprodukte gelten auch Produkte, die dem Verbraucher im Rahmen einer Dienstleistung zur Verfügung gestellt werden [§ 2 Nr. 26 ProdSG].

Allgemeine Anforderungen

Ein Produkt darf nur auf dem Markt bereitgestellt werden, wenn es bei bestimmungsgemäßer oder vorhersehbarer Verwendung die Sicherheit und Gesundheit von Personen nicht gefährdet [§ 3 II ProdSG].

Besondere Anforderungen an Verbraucherprodukte [§ 6 ProdSG]

Das Produktsicherheitsgesetz verpflichtet Hersteller, Bevollmächtigte und Einführer z. B. zur

- Produktinformation (Warnhinweise, Benutzungs- und Bedienungsanleitungen),
- Identifikation (Name und Anschrift des Herstellers auf dem Produkt oder dessen Verpackung),
- Schaffung erforderlicher Vorkehrungen für einen möglichen Rückruf-Fall sowie zur
- Produktbeobachtung (z.B. Stichproben bei bereits in den Verkehr gebrachten Produkten).

2.6 Soziale Sicherung der Arbeitnehmer und Arbeitnehmerinnen in Betrieb und Wirtschaft

Die Verantwortlichen sind darüber hinaus verpflichtet, unverzüglich die zuständigen Behörden zu informieren, wenn sie wissen oder eindeutige Anhaltspunkte dafür haben, dass das von ihnen in den Verkehr gebrachte Produkt eine Gefahr für die Gesundheit und die Sicherheit von Personen darstellt. Insbesondere müssen sie darüber Auskunft geben, welche Maßnahmen sie bereits zur Abwendung dieser Gefahr getroffen haben. Wichtig: Die im Rahmen der Anzeigepflicht übermittelten Informationen dürfen nicht zur strafrechtlichen oder ordnungsrechtlichen Verfolgung der Verantwortlichen verwendet werden.

Der Händler darf keine Produkte verkaufen, von denen er weiß oder wissen müsste, dass von ihnen eine Gefahr für die Gesundheit oder Sicherheit von Personen ausgeht. Die Pflichten zur Produktbeobachtung und zur Anzeige gelten auch für den Händler.

2.6.3 Arbeitsgerichtsbarkeit

Frau Gerda Klein ist bei der Neustädter Wohnbau GmbH angestellt. Ihr wurde fristgemäß zum 31. Juli 20.. gekündigt, weil sie eine Woche lang unentschuldigt gefehlt hat. Frau Klein ist der Meinung, dass die Kündigung unwirksam sei. Sie wendet sich deshalb an das *Arbeitsgericht*.

Instanzen

Die Arbeitsgerichtsbarkeit wird durch

- Arbeitsgerichte,
- Landesarbeitsgerichte und das
- Bundesarbeitsgericht in Erfurt

ausgeübt [§§ 1, 40 I ArbGG].

Zuständigkeit

Sachliche Zuständigkeit	Sachlich ist das Arbeitsgericht z. B. für alle Streitigkeiten aus dem Arbeitsverhältnis zwischen Arbeitgebern und Arbeitnehmern (Arbeiter und Angestellte sowie die zu ihrer Berufsausbildung Beschäftigten, aber keine Beamten) und für Streitigkeiten zwischen den Tarifvertragsparteien zuständig (Näheres siehe §§ 2 ff. ArbGG). Die Parteien können den Rechtsstreit vor den Arbeitsgerichten selbst führen, sich von den Vertretern der Verbände (Gewerkschaften, Arbeitgeberverbände) oder von Rechtsanwälten vertreten lassen (Parteifähigkeit, §§ 10 f. ArbGG).
Örtliche Zuständigkeit	Örtlich zuständig ist grundsätzlich das Gericht, in dessen Bezirk sich der Erfüllungsort aus dem Arbeitsverhältnis befindet. Erfüllungsort ist die Arbeitsstätte des Arbeitnehmers, z. B. der Niederlassungsort des Unternehmens, dessen Zweigniederlassung oder der Ort einer staatlichen Verwaltung.

Die **Landesarbeitsgerichte** sind die *zweite Instanz*, die *Berufungssachen* gegen das Urteil der ersten Instanz, also der Arbeitsgerichte, behandeln [§§ 8 II, 64 ff. ArbGG]. Es besteht *Anwaltszwang*, sofern die Parteien sich nicht durch die Verbände vertreten lassen wollen. Das Wesen der Berufung besteht darin, dass die Parteien neue Tatsachen vorbringen kön-

2 Menschliche Arbeit in Betrieb und Wirtschaft

nen, sodass der gesamte Rechtsstreit von Neuem verhandelt wird. Berufung ist grundsätzlich nur möglich, wenn

- bei vermögensrechtlichen Streitigkeiten der Streitwert 600,00 € übersteigt oder
- die Berufung im Urteil des Arbeitsgerichts zugelassen ist oder
- es sich um Rechtsstreitigkeiten über das Bestehen, das Nichtbestehen oder die Kündigung eines Arbeitsverhältnisses handelt [§§ 64ff. ArbGG].

Gegen Beschlüsse der Arbeitsgerichte kann gleichfalls beim Landesarbeitsgericht *Beschwerde* eingelegt werden (Näheres siehe §§ 80ff. ArbGG).

Gegen ein Endurteil bzw. gegen einen Beschluss eines Landesarbeitsgerichts kann unter bestimmten Voraussetzungen *Revision* bzw. *Rechtsbeschwerde* beim **Bundesarbeitsgericht** eingelegt werden. Beim Bundesarbeitsgericht besteht Anwaltszwang. Die Revision kann – im Unterschied zur Berufung – nicht mit neuen Tatsachen begründet werden, sondern lediglich damit, dass das Urteil des Gerichts einer niederen Instanz z. B. auf einer Verletzung einer oder mehrerer Rechtsvorschriften (Rechtsnormen) beruhe (Näheres siehe §§ 72ff. ArbGG).

Die Revision ist z. B. zulässig, wenn diese vom Landesarbeitsgericht oder vom Bundesarbeitsgericht wegen der grundsätzlichen Bedeutung des Streitfalls oder wegen Meinungsverschiedenheiten verschiedener Arbeitsgerichte zugelassen ist.

Zusammenfassung

- Das Arbeitsrecht besteht aus dem **Arbeitsrecht i. e. S.** und dem **Arbeitsschutzrecht**.
- Nachfolgende Abbildung zeigt den **Instanzenaufbau** der **Arbeitsgerichtsbarkeit**.[1]

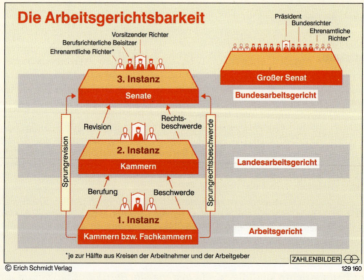

Weiteres zum Thema Arbeitsgerichtsbarkeit im Internet: www.bundesarbeitsgericht.de.

---

1 Näheres zum Aufbau der Arbeitsgerichtsbarkeit finden Sie in den §§ 14–15 ArbGG.

2.6 Soziale Sicherung der Arbeitnehmer und Arbeitnehmerinnen in Betrieb und Wirtschaft

ÜBUNGSAUFGABEN

1. Wir unterteilen das Arbeitsrecht in das Arbeitsrecht i. e. S. und in das Arbeitsschutzrecht. Worin besteht der Unterschied? Nennen Sie Beispiele!

2. Zählen Sie die wichtigsten Gesetze zum sozialen Arbeitsschutz auf und nennen Sie den betroffenen Personenkreis!

3. Lösen Sie in Einzel-, Partner- oder Gruppenarbeit folgende kleine Rechtsfälle. Nehmen Sie den Lehrbuchtext und Ihre Gesetzessammlung zu Hilfe!
    3.1 Die 17-jährige Büroangestellte Pia Emsig muss nach bestandener Prüfung 45 Wochenstunden ohne Überstundenvergütung arbeiten. Der Chef beruft sich auf das Arbeitszeitgesetz, wonach sogar über 50 Wochenstunden zulässig sind. Ist er im Recht?
    3.2 Der Elektrogroßhändler Klar, Inhaber des Lampenhauses Lux e. K., zahlt seinen Angestellten grundsätzlich 10 % mehr als der Tarifvertrag vorsieht. Lediglich dem Neuling Lahm will er zunächst das Tarifgehalt zahlen. Ist dies zulässig?
    3.3 Der kaufmännische Auszubildende Luca Jauch ist seit 1. August 02 „in der Lehre". Sein Ausbilder hatte ihn im April, im Mai und im Juli 03 mehrfach dazu aufgefordert, sich bei einem Arzt der Nachuntersuchung zu unterziehen und ihm die ärztliche Bescheinigung vorzulegen. Luca Jauch hat jedoch die Bescheinigung bis Ende Oktober noch nicht beigebracht. Der Arbeitgeber kündigt daher Anfang November 03 das Ausbildungsverhältnis fristlos. Ist die fristlose Kündigung wirksam? Begründen Sie Ihre Antwort!
    3.4 Frau Ella Spät aus Karlsruhe hat ihr Arbeitsverhältnis bei der Spar & Sam OHG in Mannheim aufgegeben. Wegen des noch ausstehenden Weihnachtsgelds in Höhe von 1 200,00 € will sie ihren früheren Arbeitgeber verklagen. Wo kann sie das tun?
    3.5 Die Kassiererin Lang-Finger hat Schwierigkeiten. Ihr fehlen schon zum dritten Mal einige 50-Euro-Scheine in der Kasse. Der Chef kürzt ihr Gehalt um 10 % mit der Drohung, sie fristlos zu entlassen, wenn noch einmal ein Kassenmanko (= Kassenfehlbestand) auftreten sollte. Frau Lang-Finger will wegen der Gehaltskürzung gegen ihren Arbeitgeber klagen. Bei welchem Gericht könnte sie dies tun?

4. Sind die im Folgenden beschriebenen Bechäftigungen nach dem Jugendarbeitsschutzgesetz zulässig? Begründen Sie Ihre Antworten mithilfe des Jugendarbeitsschutzgesetzes!
    4.1 Die 16-jährige Auszubildende Anna Viviani soll in Inventurarbeiten eingearbeitet werden. Zu diesem Zweck wird sie am 31. Dezember bis 15:00 Uhr beschäftigt.
    4.2 Der 17-jährige Auszubildende Robert Restle soll nach bestandener Kaufmannsgehilfenprüfung 45 Stunden in der Woche arbeiten. Robert Restle ist in keiner Gewerkschaft. Sein Ausbildungsbetrieb ist nicht tarifgebunden.
    4.3 Die 17-jährige Auszubildende Heidi Mager hat am Montag ihre schriftliche Kaufmannsgehilfenprüfung. Sie wird am der Prüfung vorausgehenden Freitag beschäftigt.
    4.4 Der Auszubildende Karl Nunnemacher (17 Jahre) hat dienstags und freitags jeweils 6 Unterrichtsstunden zu je 45 Minuten Berufsschulunterricht. Er verlangt daher von seinem Ausbilder, ihm an diesen Tagen frei zu geben.

5. Beschreiben Sie den Instanzenaufbau der Arbeitsgerichtsbarkeit! Erörtern Sie hierbei kurz die örtliche und sachliche Zuständigkeit der Gerichte!

2.6.4 Sozialversicherung und soziale Grundsicherung

Wer als junger Mensch in das Arbeitsleben eintritt, sei es als Auszubildender, Arbeiter oder Angestellter, denkt selten an Krankheit, Unfall oder gar Rente. Dennoch: Auch junge Menschen können krank werden, innerhalb oder außerhalb des Arbeitsplatzes einen Unfall erleiden oder sogar arbeitsunfähig werden. Es ist deshalb wichtig, wenigstens einige Grundtatbestände der sozialen Sicherung und der privaten Vorsorge zu kennen.

2.6.4.1 Zweck und Entwicklung der Sozialversicherung

Kennzeichen der Sozialversicherung ist das **Solidaritätsprinzip**: „Einer für alle, alle für einen." Im Gegensatz zur *privaten* Versicherung, die grundsätzlich eine **freiwillige** Versicherung ist, stellt die Sozialversicherung eine gesetzliche Versicherung dar, der die Mehrheit der Bevölkerung *zwangsweise* angehören muss (**Zwangsversicherung, Pflichtversicherung**).

Neben dem **Solidaritätsprinzip** und der **Zwangsmitgliedschaft** zeichnet sich die Sozialversicherung durch die *gesetzliche Festlegung* der meisten *Leistungen* und die *Beitragsbemessung* nach der *Höhe des Einkommens* aus. Versicherte mit einem hohen Einkommen sollen so zur Finanzierung von Leistungen für Versicherte mit einem niedrigen Einkommen beitragen.

In Deutschland entstand das Sozialversicherungssystem bereits unter Bismarck, und zwar

- 1883 die gesetzliche Krankenversicherung,
- 1884 die gesetzliche Unfallversicherung,
- 1889 die Invaliden- und Altersversicherung und
- 1911 die Angestelltenversicherung.

Erst 1927 wurde die Arbeitslosenversicherung eingeführt. 1995 wurde die Pflegeversicherung geschaffen.

2.6.4.2 Zweige und Träger der Sozialversicherung (Überblick)

Die **Zweige** der Sozialversicherung sind die

- gesetzliche Krankenversicherung,
- soziale Pflegeversicherung,
- gesetzliche Rentenversicherung,
- gesetzliche Arbeitsförderung und
- gesetzliche Unfallversicherung.

Die **Träger** der gesetzlichen Sozialversicherung können der nachstehenden Abbildung entnommen werden. Unter „Trägern" versteht man die Sozialversicherungsbetriebe (Institutionen und Einrichtungen), die bestimmte Aufgaben – hier also die Übernahme der gesetzlichen Sozialversicherung – wahrnehmen. Die Sozialversicherungsträger sind **Körperschaften des öffentlichen Rechts** (rechtsfähige[1] staatliche Einrichtungen) mit *Selbstverwaltungsrecht*. Die Mitglieder haben das Recht, die *Vertreterversammlungen* (bei den gesetzlichen Krankenkassen die Verwaltungsräte), die sich grundsätzlich zur Hälfte aus Versichertenvertretern und Arbeitgebervertretern zusammensetzen, zu wählen. Die Ver-

---
1 Zum Begriff Rechtsfähigkeit siehe Kapitel 1.2.2.1.

2.6 Soziale Sicherung der Arbeitnehmer und Arbeitnehmerinnen in Betrieb und Wirtschaft

treterversammlungen bzw. Verwaltungsräte als beschlussfassende Organe wählen die Vorstände als ausführende Organe (siehe z. B. §§ 29ff. SGB IV).

2.6.4.3 Gesetzliche Krankenversicherung

Seit 2009 besteht Krankenversicherungspflicht für alle, sei es in der gesetzlichen oder in der privaten Krankenversicherung. In der gesetzlichen Krankenversicherung (GKV) sind z. B. alle Auszubildenden, Jugendliche ohne Ausbildungsplatz (JoA) sowie Angestellte versicherungspflichtig. Man kann zwischen verschiedenen gesetzlichen Krankenkassen wählen, beispielsweise zwischen der Allgemeinen Ortskrankenkasse (AOK), der BARMER, der Deutschen Angestelltenkrankenkasse (DAK) oder der Technikerkrankenkasse (TK).

Für die Versicherungspflichtigen kann es lohnend sein, sich die Tarifangebote der verschiedenen gesetzlichen Krankenkassen zu besorgen, zu vergleichen und sich für die Kasse und den Tarif zu entscheiden, der ihnen am günstigsten erscheint: Die gesetzlichen Krankenkassen dürfen ihren Versicherten freiwillige Wahltarife anbieten, z. B. Tarife mit Kostenerstattung (Kostenerstattungstarife), mit Selbstbehalt (Selbstbehaltstarife), kostengünstige Tarife bei Nichtinanspruchnahme bestimmter Leistungen und Therapien sowie Rückerstattungstarife, bei denen die Versicherten am Ende des Jahres Geld zurückbekommen, wenn sie keine Leistungen in Anspruch nehmen.

---

1 Ersatzkassen sind Krankenkassen, die früher gesetzlich als Ersatz für die Pflichtkrankenkassen (AOK, Innungskrankenkassen, Betriebskrankenkassen) anerkannt waren. Mit der Wahlfreiheit der Versicherungspflichtigen zwischen den einzelnen Krankenkassen hat die frühere Gliederung in die gesetzlichen Krankenkassen (z. B. AOK, Innungskrankenkassen) und Ersatzkassen (z. B. BARMER, DAK, KKH) keine Bedeutung mehr.

2 Menschliche Arbeit in Betrieb und Wirtschaft

Anmeldung

Mit der Aufnahme der Beschäftigung eines Arbeitnehmers bzw. Auszubildenden beginnt die Versicherungspflicht. Die Anmeldung muss grundsätzlich durch den Arbeitgeber binnen 6 Wochen nach Beginn der Beschäftigung auf elektronischem Weg erfolgen.[1]

Versäumt der Arbeitgeber die Anmeldung, sind die Arbeitskräfte (auch die Auszubildenden) automatisch vom Tag des Arbeitsantritts bei der AOK versichert. Entsteht der Versicherung ein Schaden (z. B. Krankheit des Versicherten), kann sie auf den säumigen Arbeitgeber zurückgreifen.

Versicherungspflicht

Die **Versicherungspflicht** umfasst z. B. alle Arbeiternehmer, wenn sie monatlich nicht mehr als 4 800,00 € brutto verdienen,[2] alle Auszubildenden, die Bezieher von Renten aus der Rentenversicherung, Empfänger von Arbeitslosengeld und bestimmte Selbstständige [§ 5 SGB V]. Seit 1. April 2007 sind ehemals in der gesetzlichen Krankenversicherung (GKV) Versicherte ohne Versicherungsschutz verpflichtet, sich bei ihrer ehemaligen Krankenkasse zu versichern (sog. „Rückkehrpflicht"). Beamte sowie Beamtenanwärter sind nicht sozialversicherungspflichtig. Sie müssen sich bei einer privaten Krankenkasse (PKV) versichern (Näheres siehe § 6 SGB V).

Leistungen

Die **Leistungen** der gesetzlichen Krankenversicherungen sind gesetzlich vorgeschrieben (**Pflichtleistungen**; siehe § 21 SGB I; §§ 11, 20ff. SGB V). Über diese Mindestleistungen hinaus können die Krankenkassen in ihren Satzungen **bedürfnisorientierte Mehrleistungen** festlegen („Satzungsleistungen"). Zu den Mehrleistungen zählen u. a. ambulante Vorsorgekuren, die Gewährung erhöhter Zuschüsse für Rehabilitationskuren[3] sowie die Kostenübernahme bei alternativen Heilmethoden[4] und Zusatzimpfungen.

Für geringfügig Beschäftigte und die Bezieher von Niedriglöhnen bestehen Sondervorschriften (Näheres siehe S. 210 f.).

Prävention[5] und Selbsthilfe [§§ 20–24 b SGB V]	Die Krankenkassen tragen dazu bei, durch Zusammenarbeit mit den gesetzlichen Unfallversicherungen (siehe Kapitel 2.6.4.7) beruflich bedingte Gesundheitsrisiken zu vermindern. Selbsthilfegruppen, die sich die Wiedereingliederung von erkrankten (behinderten) Personen in das berufliche und gesellschaftliche Leben zum Ziel gesetzt haben, werden unterstützt.
Früherkennung von Krankheiten [§§ 25 f. SGB V]	Gesundheitsuntersuchungen zur Früherkennung von Krankheiten werden von der gesetzlichen Krankenkasse ab dem 35. Lebensjahr gezahlt. Der Anspruch besteht grundsätzlich für jedes zweite Jahr. Versicherte Kinder haben bis zur Vollendung des sechsten Lebensjahrs Anspruch auf Untersuchungen sowie nach Vollendung des zehnten Lebensjahrs auf eine Untersuchung zur Früherkennung von Krankheiten.

---

1 In bestimmten Branchen (z. B. Baugewerbe, Gaststätten- und Beherbergungsgewerbe) müssen die Arbeitgeber Sofortmeldungen erstatten. Die Sofortmeldungen werden den Ermittlungsbehörden zur Bekämpfung der Schwarzarbeit und der illegalen Beschäftigung zur Verfügung gestellt.
2 Stand: 1. Januar 2017.
3 Die Wiedereingliederung erkrankter (behinderter) Personen wird als **Rehabilitation** (lat.) bezeichnet.
4 Alternativ (lat., frz.) = wahlweise, zwischen zwei Möglichkeiten die Wahl lassend. Zur alternativen Medizin gehören beispielsweise die chinesische Medizin, die Naturheilverfahren und die klassisch-homöopathische Behandlung. [Homöo… (gr.) = ähnlich].
5 Prävention (lat.) = wörtlich Zuvorkommen, d. h. Vorbeugung, Verhütung.

2.6 Soziale Sicherung der Arbeitnehmer und Arbeitnehmerinnen in Betrieb und Wirtschaft

Behandlung einer Krankheit [§§ 27–43b SGB V]	Sie umfasst vor allem die ärztliche und zahnärztliche Behandlung, Versorgung mit Arznei-, Verband-, Heil- und Hilfsmitteln, die häusliche Krankenpflege und Haushaltshilfe, die Krankenhausbehandlung sowie medizinische Leistungen zur Rehabilitation. Sehhilfen (Brillen, Kontaktlinsen) werden nicht bezahlt (außer für Kinder, Jugendliche und schwer Beeinträchtigte). Auch die Kosten für nicht verschreibungspflichtige Arzneimittel werden i. d. R. von der gesetzlichen Krankenkasse nicht bezahlt.
Krankengeld [§§ 44–51 SGB V]	Es beträgt 70 % des regelmäßig erzielten der Beitragsbemessung unterliegenden Arbeitsentgelts. Der Anspruch auf Krankengeld ruht z. B., solange der Versicherte ein beitragspflichtiges Arbeitsentgelt erhält (z. B. sechs Wochen „Lohnfortzahlung" nach §§ 3f. EntgeltFG).
Leistungen bei Mutterschaft [§ 21 I Nr. 3 SGB I]	Sie umfassen z. B. die ärztliche Betreuung, die Hebammenhilfe, die stationäre Entbindung, häusliche Pflege, Haushaltshilfe, Betriebshilfe für Landwirte und Mutterschaftsgeld.

Leistungen dürfen nur erbracht werden, wenn der Versicherte die **elektronische Gesundheitskarte (eGK)** vorgelegt hat. Sie enthält z. B. Name, Geburtsdatum, Geschlecht, Anschrift, Krankenversicherung, Krankenversicherungsnummer und ein Lichtbild der betreffenden Person. Die Karte ist auch geeignet, medizinische Daten verfügbar zu machen. Weiterhin kann die Karte mit einer „europäischen Krankenversicherungskarte" ausgestattet werden. Das ermöglicht die Inanspruchnahme von medizinischen Leistungen in der Europäischen Union.

Eigenbeteiligung der Versicherten

Zuzahlungen sind fällig, wenn Leistungen der gesetzlichen Krankenkassen in Anspruch genommen werden. Kinder und Jugendliche sind von den Zuzahlungen befreit.

- Für **Arzneimittel** beträgt die Zuzahlung grundsätzlich 10 % des Packungspreises, mindestens 5,00 €, höchstens 10,00 €.
- Für **Hilfsmittel** (z. B. Hörgerät, Rollstuhl) sind 10 % des Rechnungspreises, mindestens 5,00 €, höchstens 10,00 € zu bezahlen.

- Für **Heilmittel** (z. B. ärztlich verordnete Maßnahmen der physikalischen Therapie[1] und der Beschäftigungstherapie) und **häusliche Krankenpflege** beträgt die Zuzahlung je Einzelleistung 10 % der Kosten. Hinzu kommen 10,00 € je Verordnung.

- Die Zuzahlung für **Krankenhausbehandlungen** beläuft sich auf 10,00 € je Tag für höchstens 28 Tage im Jahr.

Um eine Überforderung der Versicherten zu vermeiden, ist die jährliche Eigenleistung auf 2 %, bei chronisch[2] Kranken auf 1 % des Bruttohaushaltseinkommens beschränkt. Kinder und Jugendliche unter 18 Jahren sind von den Zuzahlungen befreit.

Die in einer gesetzlichen Krankenkasse Versicherten sollten alle Belege über die bezahlten Zuzahlungen sammeln. Der Grund: Wenn ein Patient die Belastungsgrenze erreicht hat, erhält er von der Krankenkasse für den Rest des Jahres einen Ausweis zur Befreiung von der Zuzahlung.

Der Finanzierung der gesetzlichen Krankenversicherung dient ein *einheitlicher, staatlich festgelegter Beitragssatz.* Die Beiträge fließen gemeinsam mit Steuermitteln[3] in den **Gesundheitsfonds,**[4] aus dem die einzelnen Krankenkassen dann pro Versicherten eine Grundpauschale sowie ergänzende Zu- und Abschläge – sog. Risikostrukturausgleich – erhalten.

Seit 2015 beträgt der allgemeine **Beitragssatz** in der gesetzlichen Krankenversicherung (GKV) 14,6 %, der je zur Hälfte von den Arbeitnehmern und den Arbeitgebern zu bezahlen ist. Hinzu kommt ein **Zusatzbeitragssatz,** der von den einzelnen Kassen festgelegt wird. Er wird von den Kassen erhoben, denen die Zuweisungen des **Gesundheitsfonds** zur Deckung ihrer Ausgaben nicht ausreichen. Der Zusatzbeitragssatz beträgt derzeit (2017) durchschnittlich 1,1 % des versicherungspflichtigen Einkommens. Wenn eine Kasse einen Zusatzbeitrag einführt oder erhöht, haben die Versicherten ein Sonderkündigungsrecht und können in eine andere für sie günstigere Kasse wechseln.

---

1 Physikalische Therapie = Heilbehandlung mit Licht, Luft, Wasser, Bestrahlungen und Massagen. Man spricht auch von Physiotherapie.
2 Chronische Krankheiten (gr.) = über lange Zeit anhaltende, nicht oder nur schwer zu heilende Krankheiten.
3 Der Bundeszuschuss beläuft sich im Jahr 2017 auf 14,5 Mrd. €.
4 Fonds (franz.) = Geldmittel, Geldtopf.

2.6.4.4 Soziale Pflegeversicherung

Vor allem für junge Menschen ist es nur schwer vorstellbar, dass sie einmal auf fremde Hilfe angewiesen sein könnten. Doch die Wirklichkeit sieht anders aus. In Deutschland sind rund zwei Millionen Menschen pflegebedürftig. Experten gehen davon aus, dass sich diese Zahl in den nächsten 50 Jahren verdoppeln wird. Was weiterhin selten bedacht wird: Wer zum Pflegefall wird, steht oft vor sehr großen Kostenbelastungen. Pflegeleistungen sind teuer und übersteigen häufig die finanziellen Möglichkeiten der Betroffenen. Aus diesem Grund wurde 1995 die soziale Pflegeversicherung eingeführt, deren Leistungen allerdings begrenzt sind. Es empfiehlt sich daher, eine private Pflegezusatzversicherung abzuschließen, um im Falle einer Pflegebedürftigkeit nicht die Angehörigen finanziell belasten zu müssen oder gar zum Sozialfall zu werden.

Begriff Pflegebedürftigkeit

Pflegebedürftige sind Personen, die gesundheitlich bedingte **Beeinträchtigungen der Selbstständigkeit oder anderer Fähigkeiten** aufweisen und deshalb der Hilfe durch andere Personen oder anderer Dienste (z. B. Pflegedienste) bedürfen.

Entscheidend für die Pflegebedürftigkeit ist somit der **Grad der Selbstständigkeit** der pflegebedürftigen Person in allen pflegebedeutsamen Lebensbereichen. Dies ist unabhängig davon, ob die Pflegebedürftigkeit auf körperlichen, kognitiven[1] oder psychischen Beeinträchtigungen beruht. Die Pflegebedürftigkeit muss auf Dauer und voraussichtlich für mindestens sechs Wochen bestehen [§ 14 I SGB XI].

Versicherungspflicht

Die Versicherungspflicht in der sozialen Pflegeversicherung besteht für alle Mitglieder (auch freiwillige) einer gesetzlichen Krankenversicherung, ihre nicht berufstätigen Ehepartner und Kinder. Privatversicherte wie z. B. Beamte müssen eine **private Pflegeversicherung** bei ihrer Krankenkasse abschließen [§§ 1, 20 ff. SGB XI]. Es gilt der Grundsatz: „Die Pflegeversicherung folgt der Krankenkasse."

Leistungen

Die Leistungen der Pflegeversicherung hängen vom Grad der Selbstständigkeit und der damit einhergehenden Einstufung in die folgenden fünf **Pflegegrade** [§ 15 III SGB XI] ab:

- **Pflegegrad 1** (bei geringen Beeinträchtigungen der Selbstständigkeit oder der Fähigkeiten).
- **Pflegegrad 2** (bei erheblichen Beeinträchtigungen der Selbstständigkeit oder der Fähigkeiten).
- **Pflegegrad 3** (bei schweren Beeinträchtigungen der Selbstständigkeit oder der Fähigkeiten).
- **Pflegegrad 4** (bei schwersten Beeinträchtigungen der Selbstständigkeit oder der Fähigkeiten).
- **Pflegegrad 5** (bei schwersten Beeinträchtigungen der Selbstständigkeit oder der Fähigkeiten mit besonderen Anforderungen an die pflegerische Versorgung).

---

[1] Kognitiv = auf Erkenntnissen beruhend.

Leistungen beim Pflegegrad 1	Pflegebedürftige mit dem Pflegegrad 1 können von der sozialen Pflegeversicherung nach § 28a SGB XI z. B. ■ einen monatlichen Entlastungsbetrag, ■ eine Pflegeberatung, ■ zusätzliche Leistungen in ambulant betreuten Wohngruppen, ■ eine Versorgung mit Pflegehilfsmitteln, ■ eine zusätzliche Betreuung in stationären Pflegeeinrichtungen und ■ Pflegekurse für Angehörige oder ehrenamtliche Pflegepersonen beanspruchen.
Pflegesachleistungen	Pflegebedürftige der Pflegegrade 2 bis 5 können bei einer häuslichen Pflege körperbezogene Pflegemaßnahmen und pflegerische Betreuungsmaßnahmen sowie Hilfen bei der Haushaltsführung als **Sachleistung (häusliche Pflegehilfe)** beanspruchen [§ 36 I SGB XI].
Pflegegeld	Pflegebedürftige der Pflegegrade 2 bis 5 können anstelle der häuslichen Pflegehilfe ein Pflegegeld beanspruchen. Dieser Anspruch setzt jedoch voraus, dass der Pflegebedürftige mit dem erhaltenen Pflegegeld die erforderlichen körperbezogenen Pflegemaßnahmen und pflegerischen Betreuungsmaßnahmen sowie die Hilfen bei der Haushaltsführung in geeigneter Weise selbst sicherstellt [§ 37 I SGB XI].
Tagespflege und Nachtpflege	Pflegebedürftige mit dem Pflegegrad 2 bis 5 können Leistungen der **teilstationären Pflege** in Einrichtungen der Tages- oder Nachtpflege beanspruchen, wenn ihre häusliche Pflege nicht ausreichend sichergestellt werden kann oder wenn die teilstationäre Pflege zur Ergänzung oder Stärkung der häuslichen Pflege erforderlich ist [§ 41 I SGB XI].
Kurzzeitpflege	Wenn die häusliche Pflege zeitweise nicht in dem erforderlichen Umfang geleistet werden kann und auch die teilstationäre Pflege nicht ausreicht, können Pflegebedürftige der Pflegegrade 2 bis 5 die Pflege in einer **vollstationären Einrichtung** beanspruchen. Der auf acht Wochen im Kalenderjahr zeitlich beschränkte Anspruch auf die Kurzzeitpflege besteht für eine Übergangszeit im Anschluss an eine stationäre Behandlung des Pflegebedürftigen oder in sonstigen Krisensituationen, in denen vorübergehend eine häusliche oder teilstationäre Pflege nicht möglich oder nicht ausreichend ist [§ 42 I; II, S. 1 SGB XI].
Vollstationäre Pflege	Wenn eine häusliche oder teilstationäre Pflege nicht möglich ist oder wegen einer Besonderheit des Einzelfalls nicht in Betracht kommt, können Pflegebedürftige mit dem Pflegegrad 2 bis 5 eine Pflege in vollstationären Einrichtungen beanspruchen [§ 43 I SGB XI].

Pflegezeit und Familienpflegezeit

Durch das Pflegezeitgesetz (PflegeZG) wird den Beschäftigten die Möglichkeit eröffnet, pflegebedürftige nahe Angehörige zu pflegen und damit die Vereinbarkeit von Beruf und familiärer Pflege zu verbessern [§ 1 PflegeZG].

Beschäftigte haben nicht nur die Möglichkeit, sich für 6 Monate entweder vollständig oder teilweise beurlauben zu lassen. Sie haben auch den Anspruch, sich für eine Familienpflegezeit von bis zu 24 Monaten bei einer Mindestarbeitszeit von 15 Wochenstunden von der Arbeit freistellen zu lassen, um einen nahen Angehörigen zu pflegen.

2.6 Soziale Sicherung der Arbeitnehmer und Arbeitnehmerinnen in Betrieb und Wirtschaft

Um den Verdienstausfall während der Pflegezeit oder Familienpflegezeit abzufedern, haben Beschäftigte einen Rechtsanspruch auf Förderung durch ein zinsloses Darlehen, das die Hälfte des durch die Arbeitszeitverkürzung fehlenden Arbeitsentgelts abgedeckt.

2.6.4.5 Gesetzliche Rentenversicherung

Auch die Rentenversicherung setzt mit Beginn der Berufstätigkeit als Auszubildender oder Arbeitnehmer ein. Die Formalitäten erledigt der Arbeitgeber. Für die Rentenversicherung wird vom Rentenversicherungsträger grundsätzlich eine Versicherungsnummer vergeben und ein Sozialversicherungsausweis ausgestellt (Näheres siehe §§ 147 ff. SGB VI). Den Versicherungsausweis muss der Arbeitnehmer gut aufbewahren. Die Antragsformulare sind beim Rentenversicherungsträger oder auch bei der Krankenkasse erhältlich.

Im Gegensatz zur gesetzlichen Krankenversicherung kann man die Träger der gesetzlichen Rentenversicherung nicht „wählen". Sowohl für gewerbliche Auszubildende und Arbeiter als auch für die kaufmännisch Auszubildenden und für die Angestellten ist die Deutsche Rentenversicherung Bund in Berlin zuständig.

Wer nach dem 17. Lebensjahr an berufsvorbereitenden Bildungsmaßnahmen teilgenommen oder eine Fachschule besucht hat, bekommt diese Zeit rentensteigernd bis zu drei Jahren angerechnet. Dem Rentenversicherungsträger muss eine Bescheinigung über den Besuch der Qualifikationsmaßnahme bzw. der Fachschule vorgelegt werden. Alle sonstigen Schul- und Studienzeiten sollten ebenfalls dem Rentenversicherungsträger zur Erfassung im Rentenkonto eingereicht werden. Sie helfen nämlich unter Umständen, die Anspruchsvoraussetzungen für eine Rente zu erfüllen.

Anmeldung und Versicherungspflicht

Die **Anmeldung** der Versicherungspflichtigen beim Rentenversicherungsträger erfolgt durch den Arbeitgeber mit der ersten Lohn- und Gehaltsabrechnung, spätestens innerhalb von sechs Wochen nach dem ersten Arbeitstag über die Krankenkasse (Einzugsstelle).

Die **Versicherungspflicht** umfasst **vor allem alle Auszubildenden und Arbeitnehmer** *ohne Rücksicht auf die Höhe ihres Einkommens.* Pflichtversichert sind u. a. auch Personen, die den Bundesfreiwilligendienst (BFD) leisten, Hausgewerbetreibende, Heimarbeiter und bestimmte Selbstständige [§§ 1 ff. SGB VI]. Wer aus einem Arbeitsverhältnis ausscheidet (z. B. Frauen, die sich ihrer Familie widmen möchten), kann sich freiwillig weiterversichern lassen. (Zur Versicherungsfreiheit z. B. der Beamten, Richter auf Lebenszeit und Berufssoldaten siehe § 8 SGB VI, § 5 I, II SGB VI.)

Leistungen

Die Leistungen der Rentenversicherung sind vielfältig. Sie reichen von der Gesundheitsaufklärung, Forschung (z. B. Bereitstellung finanzieller Mittel zur Krebsforschung) und vom Bau von Heimen (z. B. Altenheimen) über die Zahlung von Kuraufenthalten (Maßnahmen zur Wiederherstellung der Arbeits- oder Berufsfähigkeit: Rehabilitation) bis hin zur Zahlung verschiedener Renten [§ 23 SGB I, §§ 9 ff. SGB VI].

2 Menschliche Arbeit in Betrieb und Wirtschaft

■ **Renten wegen Alters**

Hier sind z. B. folgende **Renten** zu unterscheiden [§§ 33 – 42, 50 ff., 236 – 254a SGB VI]:

Regelaltersrente	Versicherte haben Anspruch auf Altersrente, wenn sie die frühestens mit Vollendung des 67. Lebensjahres eintretende **Regelaltersgrenze** erreicht und die **allgemeine Wartezeit** von **5 Jahren** erfüllt haben (Näheres siehe §§ 35, 50 f., 54 ff., 235 SGB VI).
Altersrente für langjährig Versicherte	Voraussetzungen sind, dass der Versicherte das 67. Lebensjahr[1] vollendet und eine Wartezeit von 35 Jahren erfüllt hat. Für eine nach Vollendung des 63. Lebensjahres mögliche vorzeitige Inanspruchnahme dieser Rente erfolgt ein Rentenabschlag von 3,6 % pro Jahr (0,3 % je Monat) (Näheres siehe z. B. §§ 33 II, 36, 50 IV, 77 SGB VI).
Altersrente für besonders langjährig Versicherte	Wer 45 Jahre lang Beiträge zur Rentenversicherung bezahlt hat, kann mit Vollendung des 63. Lebensjahrs abschlagsfrei in den Ruhestand gehen [§ 236 b SGB VI]. Dieses abschlagsfreie Renteneintrittsalter steigt jedoch ab dem Geburtsjahr 1953 bis zum Geburtsjahr 1964 um 2 Monate pro Jahr auf maximal 65 Jahre an. Neben Pflichtbeitragszeiten aus Beschäftigung werden für diese langjährig Rentenversicherten auch Zeiten der Arbeitslosigkeit angerechnet, in denen Lohnersatzleistungen, wie z. B. Arbeitslosengeld I, Schlechtwettergeld oder Kurzarbeitergeld, bezogen wurden.[2]
Altersrente für Frauen	Voraussetzungen sind: Die vor dem 1. Januar 1952 geborene Versicherte muss das 60. Lebensjahr vollendet und eine Wartezeit von 15 Jahren erfüllt haben. Außerdem müssen ab dem 40. Lebensjahr mehr als 10 Jahre Pflichtbeiträge für eine versicherte Beschäftigung (Tätigkeit) entrichtet worden sein. Für nach dem 30. Dezember 1939 Geborene wird die Altersgrenze stufenweise auf 65 Jahre angehoben. Eine vorzeitige Inanspruchnahme der Rente ist mit einem Rentenabschlag von 3,6 % pro Jahr (0,3 % pro Monat) möglich (Näheres siehe z. B. §§ 33 II, 77, 237 a I, II und Anlage 20 SGB VI).

■ **Renten wegen verminderter Erwerbsfähigkeit**

Sie werden an Versicherte bis zur Vollendung des 65. Lebensjahrs bezahlt, die in ihrer Arbeitskraft eingeschränkt sind (Näheres siehe § 43 SGB VI).

Rente wegen voller Erwerbsminderung	Sie erhalten Versicherte, die außerstande sind, unter den üblichen Bedingungen des allgemeinen Arbeitsmarkts mindestens drei Stunden am Tag zu arbeiten.
Rente wegen teilweiser Erwerbsminderung	Diese steht Versicherten zu, die außerstande sind, unter den üblichen Bedingungen des Arbeitsmarkts mindestens sechs Stunden am Tag zu arbeiten.

■ **Renten wegen Todes**

Renten an Hinterbliebene werden als kleine oder große **Witwen- bzw. Witwerrenten,** als **Erziehungsrente** (bei Tod des geschiedenen Ehegatten, wenn ein eigenes oder ein Kind

---

1 Für langjährig Versicherte, die vor dem 1. Januar 1964 geboren sind, beträgt die Altersgrenze weiterhin 65 Jahre. Für die Versicherten, die nach dem 31. Dezember 1948 geboren sind, wird die Altersgrenze von 65 Jahren stufenweise angehoben (Näheres siehe § 236 SGB VI). **Besonders langjährig Versicherte,** die eine Wartezeit von 45 Jahren erfüllt haben, haben einen Anspruch auf Altersrente, wenn sie das 65. Lebensjahr vollendet haben [§ 38 SGB VI].

2 Um einen Missbrauch von Zeiten der Arbeitslosigkeit zu verhindern, wird ein sogenannter **„rollierender Stichtag"** eingeführt. Wenn man bis zu zwei Jahre vor dem möglichen Renteneintritt mit 63 (später 65) arbeitslos wird, werden diese Zeiten nicht mehr eingerechnet. Einzige Ausnahme: der Betrieb geht in die Insolvenz oder das Geschäft wird aufgegeben.

2.6 Soziale Sicherung der Arbeitnehmer und Arbeitnehmerinnen in Betrieb und Wirtschaft

des geschiedenen Ehegatten erzogen wird) und als **Waisenrente** bezahlt. Die allgemeine Wartezeit beträgt 5 Jahre [§ 50 I SGB VI].

Höhe der Rente

Die **Höhe der Rente** ist vor allem von der Höhe der gezahlten Beiträge (siehe §§ 63 ff. SGB VI) und den rentenrechtlichen Zeiten abhängig (siehe §§ 54 ff. SGB VI).[1] Bei der Berechnung der Versicherungsjahre werden z. B. **Ersatzzeiten** (z. B. Kriegsdienst, Kriegsgefangenschaft), **Berücksichtigungszeiten** (z. B. Kindererziehungszeiten) und **Anrechnungszeiten** (z. B. die Zeit der Teilnahme an einer berufsvorbereitenden Maßnahme oder der Besuch einer Fachschule und unter bestimmten Bedingungen auch die Zeiten der Arbeitslosigkeit) mitberücksichtigt (siehe § 58 SGB VI).[2] Steigt das allgemeine Lohn- und Gehaltsniveau, werden die Renten durch Rentenanpassungsverordnungen der Entwicklung angepasst (**Rentendynamisierung**, siehe §§ 64 ff. SGB VI).

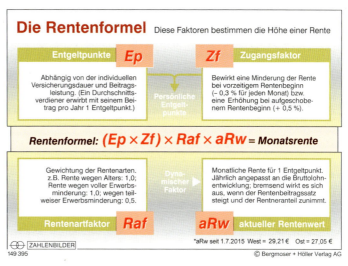

Die Prinzipien des deutschen Rentensystems finden in der sogenannten „Rentenformel" ihren Ausdruck.

Probleme der gesetzlichen Rentenversicherung

Ursprünglich beruhte das deutsche Rentenversicherungssystem ausschließlich auf dem sogenannten **Generationenvertrag**. Dieser fiktive[3] (erdachte) „Vertrag" besagt, dass die jeweils arbeitende Generation für die nicht mehr im Arbeitsleben stehenden Personen durch die Zahlung von Rentenversicherungsbeiträgen aufkommen muss (**beitragsfinanzierte Rentenversicherung**).

---

1 Versicherte, die trotz langer Versicherungszeiten infolge niedriger Verdienste nur eine sehr kleine Rente erhalten würden, bekommen durch die Einführung einer „Mindestbemessungsgrundlage" eine höhere Rente, praktisch eine **Mindestrente**. (Näheres siehe § 262 SGB VI.)

2 Die **Wartezeit** ist eine Art „Mindestversicherungszeit", die (neben anderen Voraussetzungen) für einen Rentenanspruch erfüllt sein muss und vor allem aus den Beitragszeiten, Anrechnungszeiten, einer Zurechnungszeit, Ersatzzeiten und Berücksichtigungszeiten bestehen kann.
Anrechnungszeiten sind außer den oben genannten die Zeiten einer Krankheit mit Arbeitsunfähigkeit und die Zeiten einer Schwangerschaft oder Mutterschaft während der Schutzfristen nach dem Mutterschutzgesetz, wenn während dieser Zeit keine versicherte Beschäftigung ausgeübt wurde. (Näheres siehe §§ 58, 252, 253, 263 SGB VI.)
Berücksichtigungszeiten können z. B. neben den Kindererziehungszeiten die Zeiten einer nicht erwerbsmäßigen häuslichen Pflege eines Pflegebedürftigen sein. (Näheres siehe § 57 SGB VI, §§ 19, 44 SGB XI.)

3 Fiktiv = angenommen, erdacht.

Das Umlageverfahren kann nicht mehr ausreichend funktionieren, weil die Zahl der rentenberechtigten Personen zunimmt, die Lebenserwartung der Versicherten steigt und die Zahl der Versicherungspflichtigen aufgrund der starken Geburtenrückgänge und der hohen Arbeitslosigkeit sinkt. Das Rentenniveau (der prozentuale Anteil der Rente an den Durchschnittsverdiensten) muss daher bei steigenden Beitragssätzen herabgesetzt werden. Um die entstehende **Versorgungslücke** zu schließen, fördert der Staat seit 2002 die **private kapitalgedeckte Altersvorsorge** (siehe Kapitel 2.6.5.3). Von „kapitalgedeckter" Vorsorge spricht man deshalb, weil an die Sparer zumindest wieder das von ihnen eingezahlte und angesammelte Kapital (in der Regel zusätzlich Zinsen bzw. Gewinnanteilen) zurückfließt.

2.6.4.6 Gesetzliche Arbeitsförderung (Arbeitslosenversicherung)

Für die gesetzliche Arbeitsförderung (z. B. Arbeitslosenversicherung) ist die **Bundesagentur für Arbeit** in Nürnberg mit ihren **Regionaldirektionen** und **Agenturen für Arbeit** zuständig. Alle Auszubildenden sind ebenso wie Arbeiter und Angestellte versicherungspflichtig. Für die jungen Arbeitnehmer bedeutet dies vor allem: Schutz bei Verlust des Arbeitsplatzes, Hilfe bei Kurzarbeit, Unterstützung bei der beruflichen Ausbildung, Fortbildung und Umschulung.

Als kundenorientierte Dienstleistungszentren **(Jobcenter)** betreuen sie die Bezieher von Arbeitslosengeld II („Hartz 4") im Gebiet eines Kreises oder einer kreisfreien Stadt bei der Aufnahme einer Erwerbstätigkeit.[1]

Anmeldung und Versicherungspflicht

Die **Anmeldung** erfolgt durch den **Arbeitgeber.**

Die **Versicherungspflicht** umfasst die Auszubildenden und Arbeitnehmer ohne Rücksicht auf die Höhe ihrer Einkommen [§§ 24 ff. SGB III].

Versicherungsfrei sind z. B. Personen in einer Beschäftigung als Beamte, Richter und Berufssoldaten, Personen in einer geringfügigen Beschäftigung sowie Personen, die die Regelaltersrente beziehen (Näheres siehe §§ 27, 28 SGB III, § 8 SGB VI).

Leistungen

Leistungen der Arbeitsförderung können Arbeitnehmer, Arbeitgeber und Träger von Arbeitsförderungsmaßnahmen erhalten. Dabei gelten die Grundsätze, dass

- die Vermittlung in Ausbildung und Arbeit und
- die aktive Arbeitsförderung

in jedem Fall **Vorrang** vor Leistungen zum Ersatz des Arbeitsentgelts bei Arbeitslosigkeit haben.

---

[1] Näheres siehe Lehrbuch S. 205 f.

2.6 Soziale Sicherung der Arbeitnehmer und Arbeitnehmerinnen in Betrieb und Wirtschaft

■ Arbeitsmarktpolitische Instrumente der aktiven Arbeitsförderung

Die nachfolgende Tabelle zeigt die wesentlichen **arbeitsmarktpolitischen Instrumente** der aktiven Arbeitsförderung und eine **Auswahl der zugehörigen Leistungen**.

Der Einsatz bestimmter Instrumente ist meist in das Ermessen der Beratungs- und Vermittlungsfachkräfte gestellt.

Arbeitsmarktpolitische Instrumente	Leistungen
Beratung und Vermittlung	**■ Beratung** Die Agentur für Arbeit hat jungen Menschen und Erwachsenen, die am Arbeitsleben teilnehmen oder teilnehmen wollen, Berufsberatung anzubieten. Auf Wunsch der Arbeitsuchenden können Eignungsfeststellungen durchgeführt werden. Die Arbeitsmarktberatung der Agentur für Arbeit soll die Arbeitgeber bei der Besetzung von Ausbildungs- und Arbeitsstellen unterstützen. **■ Vermittlung** Die Agentur für Arbeit hat Ausbildungsuchenden, Arbeitsuchenden und Arbeitgebern Ausbildungsvermittlung und Arbeitsvermittlung (Vermittlung) anzubieten. Dabei sind auch Selbstinformationseinrichtungen einzusetzen. Diese sind an die technischen Entwicklungen anzupassen. Die Agentur für Arbeit hat die für die Vermittlung erforderlichen beruflichen und persönlichen Merkmale, beruflichen Fähigkeiten und die Eignung festzustellen (Potenzialanalyse). Die Bundesagentur für Arbeit übt die Beratung und Vermittlung **unentgeltlich** aus.

---

[1] Zu den Entgeltersatzleistungen siehe Lehrbuch S. 201f.

Arbeitsmarktpolitische Instrumente	Leistungen
	■ **Frühzeitige Arbeitssuche** Personen, deren Arbeits- oder Ausbildungsverhältnis endet, sind verpflichtet, sich spätestens drei Monate vor dessen Beendigung persönlich bei der Agentur für Arbeit arbeitsuchend zu melden. Liegen zwischen der Kenntnis des Beendigungszeitpunktes und der Beendigung des Arbeits- oder Ausbildungsverhältnisses weniger als drei Monate, hat die Meldung innerhalb von drei Tagen nach Kenntnis des Beendigungszeitpunktes zu erfolgen. Die Pflicht zur Meldung besteht unabhängig davon, ob der Fortbestand des Arbeits- oder Ausbildungsverhältnisses gerichtlich geltend gemacht oder vom Arbeitgeber in Aussicht gestellt wird. Falls sich die Person nicht oder nicht fristgerecht meldet, wird eine **Sperrfrist** von einer Woche verhängt, d. h., dass die Leistungen der Arbeitsagentur erst eine Woche später beginnen.
Aktivierung und berufliche Eingliederung	■ **Förderung aus dem Vermittlungsbudget** Ausbildungsuchende, von Arbeitslosigkeit bedrohte Arbeitsuchende und Arbeitslose können aus dem Vermittlungsbudget der Agentur für Arbeit bei der Anbahnung oder Aufnahme einer versicherungspflichtigen Beschäftigung gefördert werden, wenn dies für die berufliche Eingliederung notwendig ist [§ 44 I SGB III]. ■ **Maßnahmen** Es werden Maßnahmen gefördert, welche u. a. das Heranführen an den Ausbildungs- und Arbeitsmarkt, die Beseitigung von Vermittlungshemmnissen, das Heranführen an eine selbstständige Tätigkeit sowie die Stabilisierung einer Beschäftigungsaufnahme unterstützen sollen. Berechtigte können Aktivierungs- und Vermittlungsgutscheine erhalten, mit denen sie eine inhaltlich und zeitlich bestimmte Maßnahme bei einem geeigneten Träger belegen können.
Berufswahl und Berufsausbildung	■ **Übergang von der Schule in die Berufsausbildung** ■ **Berufsorientierungsmaßnahmen** Schülerinnen und Schüler allgemeinbildender Schulen können durch vertiefte Berufsorientierung und Berufswahlvorbereitung gefördert werden. ■ **Berufseinstiegsbegleitung** Junge Menschen, die voraussichtlich Schwierigkeiten haben werden, den Abschluss der allgemeinbildenden Schule zu erreichen oder den Übergang in eine Berufsausbildung zu bewältigen, können beim Übergang von der allgemeinbildenden Schule in eine Berufsausbildung unterstützt werden, wenn sich Dritte mit mindestens 50 Prozent an der Förderung beteiligen.

2.6 Soziale Sicherung der Arbeitnehmer und Arbeitnehmerinnen in Betrieb und Wirtschaft

Arbeitsmarktpolitische Instrumente	Leistungen
	■ **Berufsvorbereitung** Junge Menschen mit erfüllter Vollzeitschulpflicht oder wenn die Aufnahme einer Berufsausbildung wegen in ihrer Person liegender Gründe nicht möglich ist, können zur Vorbereitung auf eine Berufsausbildung berufsvorbereitende Maßnahmen bzw. Eingliederungsmaßnahmen erhalten. Sie haben einen Anspruch auf die Vorbereitung zum nachträglichen Erwerb des Hauptschulabschlusses oder eines gleichwertigen Schulabschlusses. ■ **Berufsausbildungsbeihilfe** Unter bestimmten Voraussetzungen können förderungsfähige Personen Zuschüsse für eine zur Förderung geeignete Berufsausbildungsbeihilfe erhalten [§§ 56–72 SGB III]. ■ **Berufsausbildung** Behinderte und Schwerbehinderte sowie förderungsfähige junge Menschen können unter bestimmten Bedingungen Zuschüsse erhalten, die an die Arbeitgeber bzw. die Träger von Maßnahmen gezahlt werden [§§ 73–80 SGB III].
Berufliche Weiterbildung	Arbeitnehmer können bei beruflicher Weiterbildung durch Übernahme der Weiterbildungskosten gefördert werden, wenn ■ die Weiterbildung notwendig ist, um sie bei Arbeitslosigkeit beruflich einzugliedern, eine drohende Arbeitslosigkeit abzuwenden oder weil wegen eines fehlenden Berufsabschlusses die Notwendigkeit der Weiterbildung anerkannt ist, ■ vor der Teilnahme eine Beratung durch die Agentur für Arbeit erfolgt ist und ■ die Maßnahme und der Träger der Maßnahme für die Förderung zugelassen sind. Unter bestimmten Voraussetzungen können auch ältere (45. Lebensjahr vollendet) Arbeitnehmerinnen und Arbeitnehmer durch die volle oder teilweise Übernahme der Weiterbildungskosten gefördert werden.
Aufnahme einer Erwerbstätigkeit	■ **Sozialversicherungspflichtige Beschäftigung** Arbeitgeber können zur Eingliederung von Arbeitnehmerinnen und Arbeitnehmern, deren Vermittlung wegen in ihrer Person liegender Gründe erschwert ist, einen Zuschuss zum Arbeitsentgelt erhalten (**Eingliederungszuschuss**).

2 Menschliche Arbeit in Betrieb und Wirtschaft

Arbeitsmarkt-politische Instrumente	Leistungen
	■ **Selbstständige Tätigkeit** Arbeitnehmerinnen und Arbeitnehmer, die durch Aufnahme einer selbstständigen, hauptberuflichen Tätigkeit die Arbeitslosigkeit beenden, können zur Sicherung des Lebensunterhalts und zur sozialen Sicherung in der Zeit nach der Existenzgründung einen **Gründungszuschuss** erhalten. Der Gründungszuschuss wird in zwei Phasen geleistet. Für 6 Monate wird der Zuschuss in Höhe des zuletzt bezogenen Arbeitslosengelds zur Sicherung des Lebensunterhalts und monatlich 300,00 € zur sozialen Absicherungs gewährt. Für weitere 9 Monate können 300,00 € monatlich geleistet werden, wenn unternehmerische Aktivitäten dargelegt werden.
Verbleib in Beschäftigung	Es soll erreicht werden, dass bei erheblichem Arbeitsausfall, bei Betriebsänderungen, wie z. B. Einschränkung, Stilllegung oder Verlegung des ganzen Betriebs oder wesentlicher Betriebsteile, sowie im Anschluss an die Beendigung der Berufsausbildung Arbeitnehmerinnen und Arbeitnehmer in Beschäftigung bleiben. Dazu werden folgende Instrumente eingesetzt: ■ **Kurzarbeitergeld** Anspruch auf Kurzarbeitergeld haben Arbeitnehmer, wenn ■ ein erheblicher Arbeitsausfall mit Entgeltausfall vorliegt, ■ die betrieblichen Voraussetzungen erfüllt sind, ■ die persönlichen Voraussetzungen erfüllt sind und ■ der Arbeitsausfall der Agentur für Arbeit angezeigt worden ist. Ein Arbeitsausfall ist erheblich, wenn er auf wirtschaftlichen Gründen oder einem unabweisbaren Ereignis beruht, vorübergehend und nicht vermeidbar ist und im jeweiligen Kalendermonat mindestens ein Drittel der im Betrieb beschäftigten Arbeitnehmer von einem Entgeltausfall von jeweils mehr als zehn Prozent ihres monatlichen Bruttoentgelts betroffen ist. Das Kurzarbeitergeld wird auf der Grundlage des Differenzbetrags zwischen dem pauschalierten Nettoentgelt aus dem Sollentgelt und dem pauschalierten Nettoentgelt aus dem Istentgelt ermittelt. Es beträgt 67 % bzw. 60 % der Nettoentgeltdifferenz im Anspruchszeitraum. ■ **Saison-Kurzarbeitergeld** Unter bestimmten Voraussetzungen können Arbeitnehmer im Baugewerbe oder einem anderen Wirtschaftszweig, der von saisonbedingtem Arbeitsausfall betroffen ist, wie z. B. Gerüstbauer, Dachdecker, Beschäftigte im Garten- und Landschaftsbau, in der Schlechtwetterzeit (1. Dez. bis 31. März) bei erheblichem Arbeitsausfall Saison-Kurzarbeitergeld beanspruchen. Ergänzend haben diese Arbeitnehmer, wenn ihre Arbeitsverhältnisse während der Schlechtwetterzeit nicht gekündigt werden können, Anspruch auf **Wintergeld** als Zuschuss-Wintergeld und Mehraufwands-Wintergeld.

2.6 Soziale Sicherung der Arbeitnehmer und Arbeitnehmerinnen in Betrieb und Wirtschaft

Arbeitsmarkt-politische Instrumente	Leistungen
	■ **Transferleistungen** Für Maßnahmen zur Eingliederung betroffener Arbeitnehmerinnen und Arbeitnehmer wird unter bestimmten Voraussetzungen ein Zuschuss zu den erforderlichen Maßnahmekosten gezahlt. Um Entlassungen zu vermeiden, haben Arbeitnehmerinnen und Arbeitnehmer Anspruch auf Kurzarbeitergeld zur Förderung der Eingliederung bei betrieblichen Restrukturierungen (Transferkurzarbeitergeld).
Teilhabe behinderter Menschen am Arbeitsleben	Behinderten Menschen können Leistungen zur Förderung der Teilhabe am Arbeitsleben erbracht werden, die wegen Art oder Schwere der Behinderung erforderlich sind, um ihre Erwerbsfähigkeit zu erhalten, zu verbessern, wiederherzustellen und ihre Teilhabe am Arbeitsleben zu sichern.

■ **Arbeitslosengeld und Insolvenzgeld**

Nachrangig erbringt die Bundesagentur für Arbeit mit ihren Organen **Entgeltersatzleistungen**. Deren wichtigste **Leistungsarten** werden in nachfolgender Übersicht kurz erläutert.

Entgeltersatz-leistungen	Erläuterungen
Arbeitslosengeld I	Anspruch auf Arbeitslosengeld haben Arbeitnehmer **bis** zur Vollendung des Jahres ihrer Regelaltersgrenze (65. bis 67. Lebensjahr), 1. bei Arbeitslosigkeit oder 2. bei beruflicher Weiterbildung. **Anspruchsvoraussetzung bei Arbeitslosigkeit** ist, dass die Arbeitnehmer ■ arbeitslos sind, ■ sich bei der Agentur für Arbeit arbeitslos gemeldet haben und ■ die Anwartschaftszeit erfüllt haben. **Arbeitslos** sind Arbeitnehmer, die 1. nicht in einem Beschäftigungsverhältnis stehen (Beschäftigungslosigkeit), 2. sich bemühen, ihre Beschäftigungslosigkeit zu beenden (Eigenbemühungen) und 3. den Vermittlungsbemühungen der Agentur für Arbeit zur Verfügung stehen (Verfügbarkeit). Die Ausübung einer Beschäftigung, selbstständigen Tätigkeit oder Tätigkeit als mithelfender Familienangehöriger schließt die Beschäftigungsarbeitslosigkeit nicht aus, wenn die Arbeitszeit **weniger** als 15 Stunden wöchentlich umfasst.

Entgeltersatz-leistungen	Erläuterungen
	Die **Dauer des Anspruchs auf Arbeitslosengeld** beträgt

nach Versicherungsverhältnissen mit einer Dauer von insgesamt mindestens ... Monaten	und nach Vollendung des ... Lebensjahres	... Monate
12		6
16		8
20		10
24		12
30*	50.	15
36*	55.	18
48*	58.	24

* Bei den verlängerten Bezugszeiträumen von Arbeitslosengeld I für Ältere müssen die geforderten Beitragszahlungszeiträume innerhalb der letzten fünf Jahre vor Eintritt der Arbeitslosigkeit erfolgt sein. Die älteren Arbeitslosen bekommen einen Eingliederungsgutschein, entweder verbunden mit einem konkreten Arbeitsangebot oder mit dem Auftrag, sich um dessen Einlösung zu bemühen. Gelingt ihnen dies nicht, wird für sie die Verlängerung der Zahlung des Arbeitslosengeldes I durchgeführt.

Eine Minderung der Anspruchsdauer tritt unter bestimmten Bedingungen ein, wie durch Sperrzeiten bei Arbeitsablehnung, unzureichenden Eigenbemühungen, Ablehnung oder Abbruch einer betrieblichen Eingliederungsmaßnahme, Meldeversäumnis oder wegen Arbeitsaufgabe.

Die Höhe des Arbeitslosengeldes beträgt bei Arbeitslosen mit mindestens einem Kind 67 Prozent (erhöhter Leistungssatz), für die übrigen Arbeitslosen 60 Prozent (allgemeiner Leistungssatz) des pauschalierten Nettoentgelts, das der Arbeitslose im Bemessungszeitraum erzielt hat (Bemessungsentgelt).

Teilarbeitslosengeld	Anspruch auf Teilarbeitslosengeld hat ein Arbeitnehmer, der ■ teilarbeitslos ist, ■ sich teilarbeitslos gemeldet hat und ■ die Anwartschaftszeit für Teilarbeitslosengeld erfüllt hat. Teilarbeitslos ist, wer eine versicherungspflichtige Beschäftigung verloren hat, die er neben einer weiteren versicherungspflichtigen Beschäftigung ausgeübt hat, und eine versicherungspflichtige Beschäftigung sucht. Für das Teilarbeitslosengeld gelten im Wesentlichen die Bestimmungen für das Arbeitslosengeld bei Arbeitslosigkeit.
Insolvenzgeld	Arbeitnehmer haben Anspruch auf Insolvenzgeld, wenn sie bei ■ Eröffnung des Insolvenzverfahrens über das Vermögen ihres Arbeitgebers, ■ Abweisung des Antrags auf Eröffnung des Insolvenzverfahrens mangels Masse oder ■ vollständiger Beendigung der Betriebstätigkeit, wenn ein Antrag auf Eröffnung des Insolvenzverfahrens nicht gestellt oder ein Insolvenzverfahren offensichtlich mangels Masse nicht in Betracht kommt, für die vorausgehenden drei Monate des Arbeitsverhältnisses noch Ansprüche auf Arbeitsentgelt haben.

2.6 Soziale Sicherung der Arbeitnehmer und Arbeitnehmerinnen in Betrieb und Wirtschaft

■ **Sonstige Aufgaben der Bundesagentur für Arbeit**

Erstellung von Arbeitsmarktstatistiken	Diese umfassen vor allem Daten über Beschäftigung, Arbeitslosigkeit der Arbeitnehmer, Leistungen der Arbeitsförderung, eine Statistik der sozialversicherten Beschäftigten [§ 281 SGB III, § 28 a SGB IV].
Arbeitsmarkt- und Berufsforschung	Dazu gehören u. a. die Untersuchung der Wirkungen der Arbeitsförderung sowie die vergleichende Ermittlung der Kosten im Verhältnis zum Nutzen (Näheres siehe §§ 282 f. SGB III).
Arbeitsmarktberichterstattung	Die Bundesagentur hat die Arbeitsmarktstatistiken und die Ergebnisse der Arbeitsmarkt- und Berufsforschung dem Bundesministerium für Arbeit und Soziales vorzulegen und in geeigneter Form zu veröffentlichen (Näheres siehe § 283 SGB III).

Grundsicherung für Arbeitsuchende

Für die Zeit nach der Zahlung von Arbeitslosengeld greifen die Vorschriften des Vierten Gesetzes für moderne Dienstleistungen am Arbeitsmarkt, das unter der Bezeichnung **Hartz-IV-Gesetz** bekannt wurde. Die Regelungen wurden im Sozialgesetzbuch II (SGB II) erfasst.

Grundgedanke	dieses Gesetzes ist die Grundsicherung für Arbeitsuchende unter Beachtung der Grundsätze des Forderns und Förderns.
Grundsatz des Forderns	**Erwerbsfähige Leistungsberechtigte** müssen ■ alle Möglichkeiten zur Beendigung oder Verringerung ihrer Hilfebedürftigkeit ausschöpfen, ■ aktiv an allen Maßnahmen zu ihrer Eingliederung in Arbeit mitwirken, ■ eine ihnen angebotene zumutbare Arbeitsgelegenheit übernehmen, ■ in eigener Verantwortung alle Möglichkeiten nutzen, ihren Lebensunterhalt aus eigenen Mitteln und Kräften zu bestreiten, ■ ihre **Arbeitskraft** zur Beschaffung des Lebensunterhalts für sich und die mit ihnen in einer Bedarfsgemeinschaft lebenden Personen einsetzen.
Grundsatz des Förderns	Die **Träger der Leistungen** ■ unterstützen erwerbsfähige Leistungsberechtigte umfassend mit dem Ziel der Eingliederung in Arbeit, ■ erbringen unter Beachtung der Grundsätze von Wirtschaftlichkeit und Sparsamkeit alle im Einzelfall für die Eingliederung in Arbeit erforderlichen Leistungen. Die **Agentur für Arbeit** soll ■ einen persönlichen Ansprechpartner für jeden erwerbsfähigen Leistungsberechtigten und die mit ihm in einer Bedarfsgemeinschaft Lebenden benennen und im Einvernehmen mit dem kommunalen Träger, ■ mit jedem erwerbsfähigen Leistungsberechtigten die für seine Eingliederung erforderlichen Leistungen vereinbaren (Eingliederungsvereinbarung).

2 Menschliche Arbeit in Betrieb und Wirtschaft

Berechtigte	■ Anspruchsberechtigt sind alle erwerbsfähigen Leistungsberechtigten zwischen dem 15. Lebensjahr bis zum Erreichen der Altersgrenze (65. bis 67. Lebensjahr) sowie die mit ihnen in einer Bedarfsgemeinschaft lebenden Angehörigen, soweit sie ihren gewöhnlichen Aufenthalt in der Bundesrepublik Deutschland haben. ■ **Erwerbsfähig** ist, wer nicht wegen Krankheit oder Behinderung gegenwärtig oder auf absehbare Zeit außerstande ist, unter den üblichen Bedingungen des allgemeinen Arbeitsmarktes mindestens drei Stunden täglich erwerbstätig zu sein. Bei der Bestimmung der Erwerbsfähigkeit ist es unerheblich, ob eine Erwerbstätigkeit vorübergehend unzumutbar ist (z. B. wegen der Erziehung eines Kindes unter drei Jahren). ■ **Hilfebedürftig** ist, wer seinen Lebensunterhalt, seine Eingliederung in Arbeit und den Lebensunterhalt der mit ihm in einer Bedarfsgemeinschaft lebenden Personen nicht oder nicht ausreichend aus eigenen Kräften und Mitteln sichern kann und die erforderliche Hilfe nicht von anderen erhält. ■ Zur **Bedarfsgemeinschaft** gehören z. B. minderjährige unverheiratete Kinder, der Ehegatte oder Lebenspartner, wenn diese mit dem Hilfebedürftigen in einem Haushalt leben.
Leistungen	Die Leistungen im Rahmen der Grundsicherung für Arbeitsuchende bestehen aus: ■ **Leistungen zur Eingliederung in Arbeit** Erwerbsfähige Leistungsberechtigte erhalten zum Beispiel Unterstützung bei der Umsetzung der Eingliederungsvereinbarungen, die mit der Agentur für Arbeit geschlossen wurden. Zur Verwirklichung der Ziele können kommunale Eingliederungsleistungen, wie die Betreuung minderjähriger oder behinderter Kinder oder die häusliche Pflege von Angehörigen, die Schuldner- oder Suchtberatung sowie die psychosoziale Betreuung, erbracht werden. Zur Überwindung von Hilfebedürftigkeit kann diesem Kreis der Berechtigten bei Aufnahme einer sozialversicherungspflichtigen oder selbstständigen Erwerbstätigkeit ein **Einstiegsgeld,** maximal für 24 Monate, gezahlt werden. Arbeitgeber können unter bestimmten Voraussetzungen zur Eingliederung von erwerbsfähigen Leistungsberechtigten mit Vermittlungshemmnissen in Arbeit als Ausgleich für die zu erwartende Minderleistungen des Arbeitnehmers einen **Beschäftigungszuschuss** und einen **Zuschuss zu sonstigen Kosten** erhalten.

2.6 Soziale Sicherung der Arbeitnehmer und Arbeitnehmerinnen in Betrieb und Wirtschaft

■ **Leistungen zur Sicherung des Lebensunterhalts**

Zu den Leistungen zur Sicherung des Lebensunterhalts gehören

Arbeitslosengeld II	Sozialgeld	Leistungen für Bildung und Teilhabe
wird an erwerbsfähige Leistungsberechtigte gezahlt.	erhalten nicht erwerbsfähige Leistungsberechtigte, die mit einem erwerbsfähigen Leistungsberechtigten in einer Bedarfsgemeinschaft leben.	sollen durch Zahlungen neben dem Regelbedarf Kindern, Jugendlichen und jungen Erwachsenen die Teilhabe am sozialen und kulturellen Leben ermöglichen. Bedarfe für Bildung stehen nur Schülerinnen und Schülern der allgemein- oder berufsbildenden Schulen, die das 25. Lebensjahr nicht vollendet haben und keine Ausbildungsvergütung erhalten, zu.
Die Leistungen umfassen den Regelbedarf, Mehrbedarfe und den Bedarf an Unterkunft und Heizung. Der **Regelbedarf** wird als monatlicher Pauschalbetrag gezahlt. Er umfasst insbesondere Ernährung, Kleidung, Körperpflege, Hausrat, Haushaltsenergie (außer Heizung) sowie persönliche Bedürfnisse des täglichen Lebens. **Mehrbedarfe** können z. B. von werdenden Müttern, beim Zusammenleben mit minderjährigen Kindern oder aus medizinischen Gründen geltend gemacht werden.		Unterstützt wird bei Schülerinnen und Schülern z. B. die Teilnahme an Schulausflügen und Klassenfahrten, der Besuch von Kindertageseinrichtungen, Mehraufwendungen für die gemeinschaftliche Mittagsverpflegung, Ausgaben für zusätzliche Lernförderung. Für Jugendliche unter 18 Jahren gibt es einen monatlichen Zuschuss in Höhe von 10,00 EUR für die Teilnahme am sozialen und kulturellen Leben (z. B. Mitgliedsbeiträge für Sportvereine oder Musikunterricht).

Für die Bezieher von Arbeitslosengeld II und Sozialgeld gelten seit dem 1. Januar 2017 die folgenden Regelbedarfe:

Regelbedarfsstufe	Leistungsberechtigte	Monatlich EUR	Regelbedarfsstufe	Leistungsberechtigte	Monatlich EUR
1	Alleinstehend oder alleinerziehend oder mit minderjährigem(r) Partner oder Partnerin.	409,00	4	Jugendliche von 14 bis unter 18 Jahren	311,00
2	Jeweils für zwei in einem gemeinsamen Haushalt zusammenlebende Partner.	368,00	5	Kinder von 6 bis unter 14 Jahren	291,00
3	Kinder zwischen 18 und 24 Jahren, die bei ihren Eltern wohnen.	327,00	6	Kinder bis unter 6 Jahren	237,00

Die Regelbedarfe werden jeweils zum 1. Januar eines Jahres angepasst, wobei sich die Anpassung an der durchschnittlichen Lohn- und Preisentwicklung orientiert.

Träger der Grundsicherung für Arbeitsuchende	**Zusammenarbeit in gemeinsamen Einrichtungen (Jobcenter)**
	Agentur für Arbeit — Zuständigkeit • Alle auf den Arbeitsmarkt bezogenen Eingliederungsleistungen (Beratung, Vermittlung, Förderung von Beschäftigung, Berufsausbildung und beruflicher Weiterbildung) • Zahlung der monatlichen Regelleistung, des Mehrbedarfs, des befristeten Zuschlags nach dem Ende des Bezugs von Arbeitslosengeld • Zuständig für Sozialversicherung der Arbeitslosengeld-II-Empfänger	**Kommunale Träger** — Zuständigkeit • Leistungen für Unterkunft und Heizung • Leistungen für Kinderbetreuung • Schuldner- und Suchtberatung • Psychosoziale Betreuung • Erstausstattung für Wohnung, Kleidung sowie für mehrtägige Klassenfahrten Mit Zustimmung der obersten Landesbehörde können bis zu 69 kommunale Träger auch die Aufgaben der Agentur für Arbeit übernehmen (Experimentierklausel).
	Für die Zusammenarbeit von Agenturen für Arbeit und kommunalen Trägern ist – aus Gründen der Verwaltungsvereinfachung für die Träger wie für die betroffenen Leistungsbezieher, aber auch im Interesse der Leistungserbringung aus einer Hand – zwischen Agenturen für Arbeit und kommunalen Trägern die gemeinsame Errichtung von Arbeitsgemeinschaften in den Jobcentern vorgesehen.
Finanzierung	• Der Bund trägt die Aufwendungen der Grundsicherung für Arbeitsuchende, soweit die Leistungen von der Bundesagentur erbracht werden. • Die Bundesagentur leistet an den Bund einen Eingliederungsbeitrag in Höhe der Hälfte der jährlichen, vom Bund zu tragenden Aufwendungen und Leistungen zur Eingliederung in Arbeit und der zugehörigen Verwaltungskosten.

2.6.4.7 Gesetzliche Unfallversicherung

Der Unfallschutz der gesetzlichen Unfallversicherung umschließt Unfälle im Betrieb, auf dem Weg zum Betrieb, auf dem Heimweg, auf Heimfahrten an den Wochenenden bzw. auf den Fahrten zum Betrieb zum Wochenbeginn, auf dem Weg zur Berufsschule und auf dem Heimweg von der Berufsschule. Auch Berufskrankheiten (z. B. Staublunge bei Bergarbeitern, Strahlenschäden bei Beschäftigten in Kernkraftwerken) sind versichert. Werden Heimwege vom Betrieb und/oder Hinwege zum Betrieb zur Verrichtung privater Dinge unterbrochen, besteht grundsätzlich kein Unfallschutz.

Träger der gesetzlichen Unfallversicherung sind die Berufsgenossenschaften (siehe auch Kapitel 2.6.4.2). Sie sind zuständig für die Verhütung von Unfällen sowie Berufskrankheiten und von den arbeitsbedingten Gesundheitsgefahren. Dazu haben sie Kontroll- und

Beratungsfunktionen in den Unternehmen wahrzunehmen. Sie sollen sich zudem mit den Ursachen arbeitsbedingter Gesundheitsrisiken beschäftigen. Auch die Aus- und Fortbildung der betrieblichen Fachleute fällt in den Aufgabenbereich der Berufsgenossenschaften. Außerdem bieten sie Unterstützung bei Gefährdungsanalysen an.

Die Berufsgenossenschaften gliedern sich nach Erwerbsbereichen: gewerbliche Wirtschaft, Landwirtschaft und öffentlicher Dienst. Innerhalb der gewerblichen Wirtschaft sind die Berufsgenossenschaften nach Branchen unterteilt und im Hauptverband der gewerblichen Berufsgenossenschaften zusammengeschlossen. Die für den öffentlichen Dienst zuständigen Berufsgenossenschaften arbeiten im Bundesverband der Unfallversicherungsträger der öffentlichen Hand zusammen.

Die zentralen **Aufgaben der Berufsgenossenschaften** bestehen darin, Arbeits- und Wegeunfälle sowie Berufskrankheiten vermeiden zu helfen sowie für eine wirksame Erste Hilfe zu sorgen. Wenn ein Unfall passiert ist bzw. eine Berufskrankheit vorliegt, müssen sie Rehabilitations- und Entschädigungsleistungen erbringen.

Versicherungspflicht

Versicherungspflicht besteht für alle Beschäftigten einschließlich Auszubildende unabhängig von der Höhe ihres Einkommens, für bestimmte Unternehmer (Arbeitgeber), Heimarbeiter, Hausgewerbetreibende, Kinder während des Besuchs von Kindergärten, Schüler und Studenten, Entwicklungshelfer, Personen, die bei Unglücksfällen, allgemeiner Gefahr oder Not Hilfe leisten, viele ehrenamtlich tätige Personen, nicht erwerbsmäßig tätige Pflegepersonen (siehe § 19 SGB XI) bei der Pflege eines Pflegebedürftigen (siehe § 14 SGB XI) und Personen während der Rehabilitation (Näheres siehe § 2 I, S. 15 SGB VII). Unternehmer, die nicht kraft Gesetzes oder kraft Satzung einer Berufsgenossenschaft pflichtversichert sind, können sich freiwillig versichern (Näheres siehe §§ 3, 6 SGB VII). Versicherungsfreiheit besteht z. B. für Personen mit beamtenrechtlichen Unfallfürsorgevorschriften (Näheres siehe § 4 SGB VII).

Leistungen

Die Leistungen der Unfallversicherung bestehen in der *Unfallverhütung* (die Berufsgenossenschaften erlassen Unfallverhütungsvorschriften) und in den finanziellen Leistungen bei *Unfallfolgen* [§ 22 SGB I, §§ 7 ff., 14 ff., 26 ff., 114 ff. SGB VII].

■ Unfallverhütung (Prävention)

Die Unfallverhütungsvorschriften verpflichten den Unternehmer (Arbeitgeber), die Arbeitsplätze so einzurichten und zu gestalten, dass die Arbeitnehmer im Rahmen des Möglichen gegen Unfälle und Berufskrankheiten geschützt sind. Die Arbeitnehmer und Arbeitgeber sind verpflichtet, die Unfallverhütungsvorschriften einzuhalten. Diese sind vom Arbeitgeber den Belegschaftsmitgliedern in geeigneter Form bekannt zu geben (siehe z. B. §§ 14 ff., 22, 114 ff. SGB VII).

2 Menschliche Arbeit in Betrieb und Wirtschaft

■ **Finanzielle Leistungen bei Unfallfolgen**

Finanzielle Leistungen der Unfallversicherung sollen die Unfallfolgen mindern oder beseitigen. Solche Leistungen sind z. B.:

Heilbehandlung	Hierzu gehören vor allem die Kosten für ärztliche Behandlung, Arznei- und Verbandmittel, sonstige Hilfsmittel, häusliche Krankenpflege, stationäre Behandlung in Krankenhäusern oder Spezialkliniken [§§ 27 ff. SGB VII].
Leistungen zur Teilnahme am Arbeitsleben	Diese umfassen z. B. Leistungen zur Erhaltung und Erlangung eines Arbeitsplatzes einschließlich der Leistungen zur Förderung der Arbeitsaufnahme, zur beruflichen Anpassung, Fortbildung, Ausbildung und Umschulung [§ 35 SGB VII].
Leistungen zur Teilnahme am Leben in der Gemeinschaft und ergänzende Leistungen	Hierzu gehören z. B. die Kraftfahrzeughilfe, Wohnungshilfe, Haushaltshilfe, die Übernahme von Kinderbetreuungskosten und die z. B. zur Durchführung der Heilbehandlung erforderlichen Reisekosten [§§ 39 ff. SGB VII, §§ 44, 53 f. SGB IX].
Leistungen bei Pflegebedürftigkeit	Wenn der Versicherte infolge eines Versicherungsfalls so hilflos ist, dass er im täglichen Leben in erheblichem Umfang einer Hilfe bedarf, wird Pflegegeld gezahlt, eine Pflegekraft gestellt oder Heimpflege gewährt [§ 44 SGB VII].
Geldleistungen während der Heilbehandlung und Leistungen zur Teilnahme am Arbeitsleben	Hierzu gehören das **Verletztengeld**, das der Versicherte z. B. erhält, wenn er infolge des Versicherungsfalls arbeitsunfähig ist oder wegen einer Maßnahme der Heilbehandlung keine ganztägige Erwerbstätigkeit ausüben kann [§§ 45 ff. SGB VII], und das **Übergangsgeld** [§§ 49, 50, 52 SGB VII].
Rentenzahlungen	Renten an Versicherte bei einer durch Unfall bedingten Minderung ihrer Erwerbsfähigkeit um mindestens 20 vom Hundert [§§ 56 ff. SGB VII], an Hinterbliebene als Witwen- und Witwerrente [§§ 65 ff. SGB VII] und als Waisenrente für Kinder von verstorbenen Versicherten [§§ 67 ff. SGB VII].
Sterbegeld und Erstattung der Überführungskosten	Stirbt eine versicherte Person an den Folgen eines Arbeitsunfalls oder an einer Berufskrankheit, wird ein Sterbegeld gezahlt. Unter bestimmten Bedingungen werden die Überführungskosten erstattet [§§ 63 I, 64 SGB VII].
Abfindungen	Versicherte können unter bestimmten Voraussetzungen auch mit einer Gesamtvergütung in Höhe des voraussichtlichen Rentenaufwands abgefunden werden [§§ 75 ff. SGB VII].

2.6.4.8 Finanzierung der Sozialversicherung

■ **Grundsätzliche Regelungen**

Außer der **Unfallversicherung**, die der Arbeitgeber allein zu tragen hat, müssen Arbeitnehmer und Arbeitgeber je 50 % der Beiträge zur Kranken-, Pflege-, Renten- und Arbeitslosenversicherung zahlen. Die Beiträge für jeden Sozialversicherungszweig werden bis zur jeweiligen Beitragsbemessungsgrenze über einen festen Prozentsatz vom jeweiligen Bruttoverdienst berechnet. Über die Beitragsbemessungsgrenze hinaus werden keine Beiträge zur jeweiligen Sozialversicherung erhoben. Die Beitragssätze für die Sozialversi-

2.6 Soziale Sicherung der Arbeitnehmer und Arbeitnehmerinnen in Betrieb und Wirtschaft

cherung sowie die Beitragsbemessungsgrenzen werden jährlich durch Verordnungen des Bundesministeriums für Arbeit und Soziales neu festgelegt. Es gelten folgende Beitragssätze (2017):

- Krankenversicherung 14,6 % des Bruttoentgelts.[1]
- Pflegeversicherung 2,55 % des Bruttoentgelts.[2]
- Rentenversicherung 18,7 % des Bruttoentgelts.
- Arbeitslosenversicherung 3,0 % des Bruttoentgelts.

■ Höchstbeiträge

Diese sind durch die *Beitragsbemessungsgrenzen* festgelegt. In der Renten- und Arbeitslosenversicherung beträgt die Beitragsbemessungsgrenze jährlich 76 200,00 € in den alten bzw. 68 400,00 € in den neuen Bundesländern.

Die Beitragsbemessungsgrenze in der Kranken- und Pflegeversicherung beläuft sich in ganz Deutschland auf jährlich 52 200,00 €.

> Der Arbeitgeber ist verpflichtet, die Beiträge zur Kranken-, Pflege-, Renten- und Arbeitslosenversicherung vom Arbeitsentgelt abzuziehen, einzubehalten und an die *gesetzlichen Krankenkassen* abzuführen, die ihrerseits die Beiträge zur Renten- und Arbeitslosenversicherung an die zuständigen Träger weiterleiten.

Die Beiträge zur Unfallversicherung hat in jedem Fall der Arbeitgeber allein zu tragen. Ihre Höhe richtet sich nach dem Grad der Gefährdung. Branchen mit höheren Unfallgefahren zahlen somit auch höhere Beiträge (Näheres siehe §§ 150 ff. SGB VII).

Zur Finanzierung der ganzjährigen Beschäftigung im Baugewerbe wird von den Arbeitgebern des Baugewerbes eine Winterbeschäftigungs-Umlage erhoben.

Hinzu kommen noch die Umlagen U1 bis U3. Die Umlage U1 ist eine Ausgleichsrücklage für die Entgeltfortzahlung im Krankheitsfall einer Arbeitskraft. Sie wird nur von Betrieben bis zu 30 ständig Beschäftigten erhoben.

Die Umlage U2 ist für alle Arbeitgeber verpflichtend. Diese bekommen alle nach dem Mutterschutzgesetz zu zahlenden Bezüge von der für die Arbeitnehmerin zuständigen Krankenkasse ersetzt.

Die Mittel aus der Umlage U3 (Insolvenzgeldumlage)[3] fließen der Bundesagentur für Arbeit zu, die im Falle der Zahlungsunfähigkeit eines Unternehmens den betroffenen Arbeitnehmern ein Insolvenzgeld zahlt.

> Wenn das monatliche Arbeitsentgelt bei Auszubildenden und Praktikanten 325,00 € nicht übersteigt, muss der Arbeitgeber die gesamten Beiträge zur Sozialversicherung allein tragen [§ 20 III Nr. 1 SGB IV].

---

1 Der Beitragssatz zur Krankenversicherung in Höhe von 14,6 % ist **bundeseinheitlich**. Jede Krankenkasse kann hierauf einen **kassenindividuellen Zusatzbeitrag** erheben. Die Höhe des Zusatzbeitrags hängt insbesondere davon ab, wie wirtschaftlich eine Kasse arbeitet. Am Zusatzbeitrag ist der **Arbeitgeber nicht beteiligt**, d. h., der Arbeitgeberanteil zur Krankenversicherung beträgt somit 7,3 %.

2 Für alle kinderlosen Pflichtversicherten erhöht sich der Beitrag zur Pflegeversicherung um 0,25 % des beitragspflichtigen Einkommens. Für diesen Personenkreis beträgt daher der Beitragssatz 1,525 %. An dieser Erhöhung ist der **Arbeitgeber nicht beteiligt**. Ausgenommen von diesem Beitragszuschlag sind Personen, die das 23. Lebensjahr noch nicht vollendet haben.

3 Insolvenz (lat.) = Zahlungsunfähigkeit (zum Insolvenzverfahren siehe Kapitel 4.7.4).

2 Menschliche Arbeit in Betrieb und Wirtschaft

■ Staatszuschüsse

Während sich die gesetzliche Unfallversicherung durch die Zahlungen der Beitragspflichtigen allein finanziert, müssen die Steuerzahler zur Finanzierung der übrigen Sozialversicherungszweige zusätzlich beitragen. Reichen deren Einnahmen nicht aus, so muss der Bund die nötigen Mittel aus Steuergeldern aufbringen (sog. Bundesgarantien). (Zur Beteiligung des Bundes siehe z. B. §§ 213 ff. SGB VI.)

Sonderregelungen bei geringfügiger Beschäftigung

Grundsätzlich sind drei Arten der „geringfügigen Beschäftigung" zu unterscheiden:

1. Geringfügige Dauerbeschäftigung

Sie liegt vor, wenn das monatliche Arbeitsentgelt 450,00 € regelmäßig nicht überschreitet. Für den Arbeitnehmer ist eine solche Beschäftigung (oder auch mehrere, wenn sie zusammen innerhalb des 450-Euro-Rahmens bleiben) in der Kranken-, Pflege- und Arbeitslosenversicherung beitrags- und steuerfrei. In der Rentenversicherung haben sie die Möglichkeit, sich von der Versicherungspflicht befreien zu lassen. Der Arbeitgeber zahlt einen Pauschalbetrag in Höhe von 30 % des Arbeitsentgelts an die Deutsche Rentenversicherung Bahn-Knappschaft-See als zentrale Einzugsstelle. Davon gehen 15 % an die Rentenversicherung, 13 % an die gesetzliche Krankenkasse und 2 % als Pauschalsteuer an die Staatskasse.

Bei einer geringfügigen Beschäftigung in einem privaten Haushalt beträgt die vom Arbeitgeber zu zahlende Pauschale nur 12 % des Arbeitsentgelts, und zwar je 5 % für die Renten- und Krankenversicherung und 2 % Pauschalsteuer.

2. Kurzfristige Beschäftigung (Saison-Beschäftigung)

Sie darf nicht länger als 2 Monate bzw. 50 Tage im Jahr dauern.[1] In diesem Fall zahlt der Arbeitgeber die Pauschalsteuer, aber keine Sozialversicherungsbeiträge.

3. Geringfügig entlohnte Nebenbeschäftigung

Sie wird neben dem Hauptberuf ausgeübt und bleibt wie die übrigen „Minijobs" sozialversicherungsfrei. Der Arbeitgeber muss die unter Nr. 1 genannten Pauschalbeträge bezahlen und abführen. Dies gilt jedoch nur für den ersten Nebenjob. Jede weitere, später begonnene Nebenbeschäftigung wird der Hauptbeschäftigung zugerechnet und ist dann für Arbeitnehmer und Arbeitgeber beitragspflichtig. Lediglich der

---

[1] Für eine Übergangszeit vom 1. Januar 2015 bis zum 31. Dezember 2018 gilt eine Beschäftigung als kurzfristig, wenn sie im Laufe eines Kalenderjahres auf höchstens drei Monate oder 70 Arbeitstage begrenzt ist. Ab dem 1. Januar 2019 gilt wieder die grundsätzliche Regelung.

2.6 Soziale Sicherung der Arbeitnehmer und Arbeitnehmerinnen in Betrieb und Wirtschaft

Beitrag zur Arbeitslosenversicherung entfällt. (Weitere Informationen zum Thema finden Sie im Internet unter *www.minijob-zentrale.de*.)

Sonderregelungen bei Niedriglohn-Jobs

Für Niedriglöhne von monatlich 450,01 € bis 850,00 € („Midijobs") gilt Folgendes: Während der Arbeitgeber für die Arbeitnehmer im genannten Niedriglohnbereich wie üblich die Hälfte des Beitragssatzes zur Renten-, Kranken-, Pflege- und Arbeitslosenversicherung übernimmt, kommen die Arbeitnehmer in den Genuss einer „Gleitzone". Am unteren Ende dieser Zone zahlen sie nur rund ein Fünftel des Sozialversicherungsbeitrags, den sie bei Anwendung der vollen Sätze tragen müssten. Erst bei einem monatlichen Arbeitsentgelt von 850,00 € erreichen ihre Sozialversicherungsbeiträge die volle Höhe. Bestehen mehrere versicherungspflichtige Beschäftigungen nebeneinander, werden sie zusammengerechnet.

Ausbildungsvergütungen sind keine „Niedriglohn-Jobs". Sie sind daher von der Gleitzonen-Regelung ausgenommen.

Der Arbeitnehmer erwirbt trotz der Absenkung der Sozialversicherungsbeiträge einen nahezu vollständigen Sozialversicherungsschutz. Allerdings wird bei der Rentenberechnung nicht vom tatsächlichen Bruttoentgelt ausgegangen, sondern von dem Betrag, der den herabgesetzten (reduzierten) Rentenversicherungsbeiträgen entspricht. Der Arbeitnehmer hat jedoch die Möglichkeit, den vollen Rentenversicherungsbeitrag zu zahlen, um seine spätere Rente zu erhöhen.

2.6.4.9 Sozialversicherungsausweis

Im Jahr 1991 wurde der Sozialversicherungsausweis eingeführt, um z. B. Schwarzarbeit und illegale (ungesetzliche) Beschäftigung besser bekämpfen zu können.[1] Den Ausweis erhält jede sozialversicherungspflichtige Person. Er wird bei der erstmaligen Beschäftigung – auch einer geringfügigen Beschäftigung – durch den zuständigen Rentenversicherungsträger ausgestellt.

Der Ausweis enthält den Vor- und den Familiennamen, die von der Rentenversicherung vergebene Versicherungsnummer, das Ausstellungsdatum und die Anschrift des ausgebenden Rentenversicherungsträgers.

Bei Beginn der Beschäftigung muss sich der Arbeitgeber den Sozialversicherungsausweis vorlegen lassen. Geschieht dies nicht, ist die Krankenkasse mittels einer Kontrollmeldung unverzüglich zu verständigen, wenn der Beschäftigte die unterlassene Vorlage nicht innerhalb von drei Tagen nachholt. Hat der Arbeitnehmer den Ausweis verloren, muss bei der zuständigen Krankenkasse ein neuer Ausweis beantragt werden.

---

[1] In den Wirtschaftsbereichen, die für illegale Beschäftigungsverhältnisse besonders anfällig sind, müssen die dort beschäftigten Personen ihren Personalausweis, Pass, Passersatz oder Ausweisersatz ständig bei der Arbeit mit sich führen. Dies gilt vor allem für Beschäftigte im Gaststätten- und Beherbergungsgewerbe, im Baugewerbe, im Schaustellergewerbe, im Gebäudereinigungsgewerbe oder in Unternehmen, die sich am Auf- und Abbau von Messen und Ausstellungen beteiligen.

Die Angaben des Sozialversicherungsausweises unterliegen dem Datenschutz. Sie dürfen nur von den Agenturen für Arbeit, Hauptzollämtern, Krankenkassen und Rentenversicherungsträgern zum Abruf von Daten über die Anmeldung zur Sozialversicherung, den möglichen Bezug von Leistungen der Agenturen für Arbeit oder den Aufenthaltsstatus eines ausländischen Beschäftigten verwendet werden (Näheres zum Sozialversicherungsausweis siehe §§ 18b ff. SGB IV).

2.6.4.10 Sozialgerichtsbarkeit

Die Sozialgerichtsbarkeit ist für Streitigkeiten auf dem Gebiet des Sozialrechts zuständig. Dazu gehören z. B.

- das Sozialversicherungsrecht,
- das Vertragsarztrecht,
- die Arbeitsförderung,
- das Recht behinderter Menschen,
- die Grundsicherung für Arbeitsuchende,
- die Sozialhilfe und
- das Kindergeldrecht.

Der Aufbau der Sozialgerichtsbarkeit und das Gerichtsverfahren sind im Sozialgerichtsgesetz (SGG) geregelt.

Gegen eine Entscheidung der Verwaltung (z. B. einen Rentenbescheid) kann der Klageweg im Allgemeinen erst beschritten werden, wenn in einem *außergerichtlichen Vorverfahren* der Widerspruch des Betroffenen von der Verwaltung abgewiesen worden ist. (Näheres zum Vorverfahren siehe §§ 77 ff. SGG.)

2.6 Soziale Sicherung der Arbeitnehmer und Arbeitnehmerinnen in Betrieb und Wirtschaft

Gegen Urteile der **Sozialgerichte** kann Berufung beim **Landessozialgericht** eingelegt werden. Dieses prüft den Fall erneut in vollem Umfang unter sachlichen und rechtlichen Gesichtspunkten. Die Verhandlungen und Entscheidungen erfolgen in Senaten, die mit drei Berufs- und zwei ehrenamtlichen Richtern besetzt sind.

Das **Bundessozialgericht** ist die dritte und letzte Instanz der Sozialgerichtsbarkeit. Seine Senate entscheiden über die Zulässigkeit der Revision. Hierbei geht es allein um die rechtliche Überprüfung des angefochtenen Urteils des Sozialgerichts (Ausnahme) oder des Landessozialgerichts (Regelfall). Voraussetzung für die Revision ist, dass sie vom Sozialgericht bzw. vom Landessozialgericht ausdrücklich zugelassen worden ist.

Die Aufgabe des Großen Senats beim Bundessozialgericht ist die Fortbildung des Rechts und die Sicherung einer einheitlichen Rechtsprechung in Deutschland.

2.6.4.11 Formen sozialer Grundsicherung

■ **Grundsicherung im Alter und bei Erwerbsminderung.** Die bedarfsorientierte Grundsicherung im Alter und bei Erwerbsminderung ist im zwölften Sozialgesetzbuch geregelt. Durch die beitragsunabhängige Grundsicherung wird der grundlegende Lebensunterhalt von Personen bezahlt, die die Altersgrenze erreicht haben, sowie von Personen, die das 18. Lebensjahr vollendet haben und dauerhaft voll erwerbsgemindert sind und deren Einkünfte für den notwendigen Lebensunterhalt nicht ausreichen (Näheres siehe §§ 19 II, 41 ff. SGB XII).[1]

---

[1] Die Grundsicherung im Alter und bei Erwerbsminderung gehört zur Sozialhilfe. Weitere Leistungen der Sozialhilfe sind z. B. die Hilfe zum Lebensunterhalt, die Hilfe zur Gesundheit und Pflege (Näheres siehe § 8 SGB XII).
Zuständig für die Ausführung der im SGB XII geregelten Sozialhilfe sind die Behörden der Länder (z. B. die Städte, Kreise, Landessozialämter) (Näheres siehe §§ 97 ff. SGB XII).

- Die **Existenzsicherung für Asylbewerber** und geduldete Ausländer ist gesondert geregelt. Sie hat einen eingeschränkten Umfang und wird grundsätzlich in Form von Sachleistungen zuzüglich eines Taschengelds gewährt (Näheres siehe § 3 AsylbLG).[1]

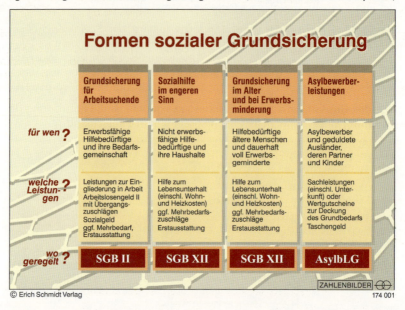

Zusammenfassung

- Die **Merkmale der Sozialversicherung** sind die Verwirklichung des Solidaritätsprinzips, die Zwangsmitgliedschaft, die Beitragsbemessung nach der Höhe des Einkommens und die gesetzliche Festlegung der Leistungen.
- Nachstehende Tabelle gibt einen Überblick über die Sozialversicherungszweige:

Merkmale \ Zweige	Gesetzliche Krankenkasse/ Soziale Pflegeversicherung	Gesetzliche Rentenversicherung	Gesetzliche Arbeitsförderung (Arbeitslosenversicherung)	Gesetzliche Unfallversicherung
1. Versicherungspflichtiger Personenkreis	■ Alle Auszubildenden ■ Alle Arbeitnehmer bis zu einem Monatsgehalt von 4 800,00 € ■ Arbeitslose ■ Rentner ■ Bestimmte Gruppen von Selbstständigen	■ Alle Auszubildenden ■ Alle Arbeitnehmer ■ Personen, die den Bundesfreiwilligendienst (BFD) leisten ■ Heimarbeiter ■ Bestimmte Gruppen von Selbstständigen	■ Alle Auszubildenden ■ Alle Arbeitnehmer	■ Alle Auszubildenden ■ Alle Arbeitnehmer ■ i. d. R. die Arbeitgeber ■ Arbeitslose

---

1 AsylbLG = Asylbewerberleistungsgesetz.

2.6 Soziale Sicherung der Arbeitnehmer und Arbeitnehmerinnen in Betrieb und Wirtschaft

Zweige / Merkmale	Gesetzliche Krankenkasse/ Soziale Pflegeversicherung	Gesetzliche Rentenversicherung	Gesetzliche Arbeitsförderung (Arbeitslosenversicherung)	Gesetzliche Unfallversicherung
2. Beitragshöhe	■ Krankenkassen: 14,6 % vom Bruttoverdienst, höchstens jedoch aus 4 350,00 € monatlich (= Beitragsbemessungsgrenze für 2017) ■ Pflegeversicherung: 2,55 % vom Bruttoverdienst (Beitragsbemessungsgrenze wie Krankenversicherung)	18,7 % vom Bruttoverdienst, höchstens jedoch aus 6 350,00 € monatlich in Westdeutschland bzw. 5 700,00 € monatlich in Ostdeutschland (= Beitragsbemessungsgrenze für 2017)	3,0 % vom Bruttoverdienst, höchstens jedoch aus 6 350,00 € monatlich in Westdeutschland bzw. 5 700,00 € monatlich in Ostdeutschland (= Beitragsbemessungsgrenze für 2017)	Umlageverfahren je nach der Höhe der Arbeitsverdienste und der Gefahrenklasse
3. Beitragszahler	Grundsätzlich Arbeitnehmer und Arbeitgeber je zur Hälfte. Ausnahmen: Die Krankenkassen können einen Zusatzbeitrag verlangen, der von den Arbeitnehmern allein zu tragen ist. Für die Pflegeversicherung müssen Kinderlose über 23 Jahre einen Zuschlag von 0,25 Prozentpunkten tragen.			Arbeitgeber allein
4. Leistungen (Beispiele)	■ Früherkennung von Krankheiten ■ Prävention und Selbsthilfe ■ Krankenbehandlung ■ Krankengeld ■ Leistungen bei Schwangerschaft und Mutterschaft ■ Sonstige Hilfen ■ Häusliche und stationäre Pflege ■ Bezahlung von Pflegeleistungen ■ Eltern-Kind-Kuren	■ Gesundheitsforschung und -aufklärung ■ Rehabilitationsmaßnahmen ■ Renten wegen Alters ■ Renten wegen verminderter Erwerbsfähigkeit ■ Renten wegen Todes	■ Berufsberatung ■ Ausbildungs- und Arbeitsvermittlung ■ Trainingsmaßnahmen ■ Arbeitslosengeld ■ Insolvenzgeld ■ Kurzarbeitergeld ■ Leistungen an Arbeitgeber (z. B. Eingliederungszuschüsse) ■ Arbeitsmarkt- und Berufsforschung	■ Unfallschutz (Unfallverhütungsvorschriften, Kontrolle durch Aufsichtsbeamte der Berufsgenossenschaften) ■ Heilbehandlung ■ Berufsfördernde Leistungen zur Rehabilitation und bei Pflegebedürftigkeit ■ Rentenzahlungen ■ Sterbegeld

■ Zuständig für öffentlich-rechtliche Streitigkeiten mit den Sozialversicherungsträgern sind die Sozialgerichte.

Weitere Informationen zum Thema Sozialversicherung siehe z. B. *www.deutsche-sozialversicherung.de*.

2 Menschliche Arbeit in Betrieb und Wirtschaft

ÜBUNGSAUFGABEN

1. Entscheiden Sie in folgenden Fällen:
   1.1 David Bloom beginnt bei der Schlamp & Co. OHG am 1. März zu arbeiten. Der Arbeitgeber versäumt es, ihn bei der Krankenkasse anzumelden. Am 16. März wird David ernstlich krank. Hat er Anspruch auf die Leistungen der Krankenkasse?
   1.2 Ida Klein, kaufmännische Angestellte, wird krank. Sie freut sich, denn jetzt – so meint sie – erhält sie 6 Wochen lang das volle Gehalt und das Krankengeld.
   1.3 Anton Schlau ist nicht der Fleißigste. Als Verkäufer in der Möbelabteilung eines Kaufhauses unterhält er sich lieber mit den Kolleginnen. Die Kundschaft übersieht er geflissentlich. Als ihn sein Abteilungsleiter zurechtweist, geht Schlau wütend ins Personalbüro, kündigt fristlos und lässt sich seine Papiere geben. Am nächsten Tag beantragt er bei der Agentur für Arbeit Arbeitslosengeld. Wird er dieses erhalten? Wenn ja, ab wann?
   1.4 Frau Schussel, Chefsekretärin, fällt im Büro von der Leiter, als sie vom obersten Regal einen Aktenordner herausholen will. Sie verletzt sich so schwer, dass sie stationär behandelt werden muss. Wer trägt die Kosten? Welcher Art sind diese Kosten?
   1.5 Rentner Gier meint, dass sein Altersruhegeld falsch berechnet sei. Er wendet sich daher an das Arbeitsgericht. Ist dies richtig?
   1.6 Ina Fröhlich ist Angestellte in einem Kaufhaus. Nach Geschäftsschluss geht sie in ein Kino. Auf dem Nachhauseweg fällt sie bei Glatteis hin und bricht sich ein Bein. Deshalb will sie die Leistungen der Unfallversicherung in Anspruch nehmen. Diese lehnt ab. Ina Fröhlich erhebt Widerspruch, der ebenfalls abschlägig beschieden wird. Sie möchte im Anschluss daran beim Sozialgericht klagen. Wird sie Erfolg haben? Begründen Sie Ihre Antwort!
   1.7 Der Angestellte Huber verunglückt auf dem Heimweg von seiner Arbeitsstätte schwer, sodass er arbeitsunfähig wird.
      1.7.1 Welche Versicherung ist dafür zuständig?
      1.7.2 Welche Leistungen sind von dieser Versicherung zu erbringen?

2. Wodurch unterscheidet sich die Sozialversicherung von der Individualversicherung?

3. Beschreiben Sie den Instanzenaufbau der Sozialgerichtsbarkeit!

4.
   > Im Jahr 2040 müssen jeweils 100 Arbeitnehmer die Rente für 102 ältere Menschen erarbeiten: Ein Arbeitnehmer ist dann für einen Rentner „zuständig". Dies liegt am Generationenvertrag, der unserem Rentensystem zugrunde liegt. Ob das System auch künftig funktionieren kann, ohne die Beiträge zur Rentenversicherung in unzumutbare Höhen zu treiben, ist ungewiss. Damit die Rentenkassen nicht in finanzielle Schieflage gelangen, dürften weitere Reformen nötig werden. Sinnvoll wäre dann eine weitere Verlängerung der Lebensarbeitszeit und eine stärkere Frauenerwerbstätigkeit. Eine Entspannung des Rentenproblems versprechen sich manche Experten auch von mehr Zuwanderung aus dem Ausland.

   Quelle: Text zum Globus-Bild 2581.

   4.1 Im Text wird gesagt, dass eine Verlängerung der Lebensarbeitszeit künftig dazu beitragen kann, das Rentenproblem zu lösen. Begründen oder widerlegen Sie diese Aussage!
   4.2 Begründen oder widerlegen Sie die Feststellung, dass eine Ausweitung der Frauenerwerbstätigkeit das Rentenproblem mildern kann!
   4.3 Überlegen Sie, unter welchen Bedingungen eine verstärkte Zuwanderung aus dem Ausland eine Entspannung des Rentenproblems bringen kann!

2.6.5 Private Vorsorge

2.6.5.1 Notwendigkeit der privaten Vorsorge

Das soziale Netz ist in den vergangenen Jahrzehnten ständig ausgebaut worden. Anfang der sechziger Jahre gab der Staat für Soziales gut 20 % der Wirtschaftsleistung aus. Bis heute sind die Sozialausgaben auf rund ein Drittel der Wirtschaftsleistung gestiegen.

Diese Entwicklung hat mehrere Ursachen. Zum einen ist da die **Arbeitslosigkeit**. Man schätzt die jährlichen Kosten der Arbeitslosigkeit auf rund 56 Mrd. €. In diese Kostenrechnung fließen die Ausgaben für Arbeitslosengeld und Arbeitslosengeld II ein, die höheren Ausgaben für Sozialhilfe und Wohngeld und das, was dem Staat an Steuern und Sozialversicherungsbeiträgen entgeht. Denn die Steuern und Beiträge hängen unmittelbar von der Höhe der Einkommen ab. Weil die Arbeitslosen über ein geringeres Einkommen verfügen, zahlen sie nur wenig Steuern und erheblich geringere Beiträge für die Renten-, Kranken- und Pflegeversicherung.

Ein weiterer Grund für die Probleme des deutschen Sozialversicherungssystems ist das ungleichgewichtige Einnahmen-Ausgaben-Verhältnis in den gesetzlichen Krankenkassen.

In der gesetzlichen Krankenversicherung ergibt die „Generationenbilanz", dass nur die Gruppe der heute 13- bis 33-Jährigen *mehr* in das System einzahlt als sie erhält. Die restlichen Mitglieder sind sogenannte *Nettotransferempfänger,* d. h., sie tragen dazu bei, dass das Krankenversicherungssystem weiter ins Defizit gerät. Das ergab eine Studie des Instituts für Finanzwissenschaft Freiburg.

Ähnlich ist die Situation in der Pflegeversicherung, die bereits häufig Fehlbeträge aufwies. Aufgrund der laufend steigenden Ausgaben muss folglich auch der jüngste Zweig der Sozialversicherung Maßnahmen ergreifen, damit er nicht ebenso wie die gesetzlichen Krankenkassen in die demografische[1] Falle gerät. Die **Bevölkerungsentwicklung in Deutschland** (zu wenig Kinder, die Menschen in Deutschland werden immer älter) ist ein weiterer Grund für die Schwierigkeiten vor allem der gesetzlichen Kranken-, Pflege- und Rentenversicherung.

Die genannten Probleme machen deutlich, dass künftig jeder, der seinen Lebensstandard im Falle der Erwerbsminderung oder nach Erreichen der Altersgrenze erhalten möchte, bereits in jüngeren Jahren zusätzlich vorsorgen muss. Wie er das tut, hängt von seinen persönlichen Lebensumständen und seiner Zukunftseinschätzung ab. Er kann z. B. Kontensparen, Wertpapiere oder Wohnungseigentum (z. B. durch Bausparen) kaufen oder eine private Versicherung abschließen. Eine private Versicherung wird als **Individualversicherung** oder Vertragsversicherung bezeichnet.

---

1 Demografie = Bevölkerungslehre. Demografische Entwicklung = zahlen- und altersmäßige Entwicklung der Bevölkerung.

Die Individualversicherung unterscheidet sich von der Sozialversicherung z. B. in folgenden Punkten:

Merkmale	Sozialversicherung (Pflichtversicherung)	Privatversicherung (Individualversicherung)
Entstehung des Versicherungsverhältnisses	Kraft Gesetzes wird bestimmt, wer versicherungspflichtig ist. Der Versicherte hat keine Wahlfreiheit zwischen den Sozialversicherungsträgern.[1]	Durch freie Vereinbarung, d. h., der Versicherungsnehmer entscheidet, ob er eine Versicherung abschließen will oder nicht.[2] Dem Versicherten steht es grundsätzlich frei, bei welchem Unternehmen er sich versichern lassen will.
Beginn des Versicherungsvertrags	Der Versicherungsvertrag beginnt, wenn der gesetzlich festgelegte Tatbestand eintritt.	Zu unterscheiden ist ein formeller, technischer und materieller Versicherungsbeginn.
Beendigung des Versicherungsvertrags	Der Versicherungsvertrag endet, wenn der gesetzlich vorgeschriebene Tatbestand entfällt.	Die Beendigung des Vertrags erfolgt durch Vereinbarung, Zeitablauf, Kündigung, Tod.
Versicherte Risiken	Krankheit, Berufsunfall, Invalidität (körperliche oder geistige Behinderung), Alters- und Hinterbliebenenversorgung.	Alle versicherbaren Gefahren.
Beitragshöhe, Leistungen	Sie sind gesetzlich festgelegt.	Beitragshöhe und Leistungen sind i. d. R. frei bestimmbar.
Bemessung des Versicherungsbeitrags	Sie erfolgt nach der Einkommenshöhe bis zu bestimmten Höchstbeträgen, also nach sozialen Gesichtspunkten.	Sie erfolgt nach Risiko und Leistung, also nach wirtschaftlichen Gesichtspunkten.
Rechtsgrundlagen	Sozialgesetzbuch, Reichsversicherungsordnung, Arbeitsförderungsgesetz.	Versicherungsvertragsgesetz (VVG), Gesetz über die Beaufsichtigung der Versicherungsunternehmen (VAG).
Entscheidungen über Streitigkeiten	Sozialgericht	Ordentliche Gerichte
Ziele der beiden Vorsorgesysteme	Soziale Absicherung für einen Großteil der Bevölkerung bei Krankheit, Unfall, im Alter, bei Arbeitslosigkeit sowie bei Berufs- und Erwerbsunfähigkeit.	Abdeckung der individuellen Risiken bei Einzelpersonen.
Träger	Körperschaften des öffentlichen Rechts.	Private und öffentlich-rechtliche Versicherungsunternehmen.

---

1 Ausnahme: Zwischen den einzelnen Trägern der gesetzlichen Krankenversicherung kann der Versicherungspflichtige frei wählen.
2 Ausnahmen: Kraftfahrzeug-Haftpflichtversicherung und private Pflegeversicherung.

2.6.5.2 Möglichkeiten der privaten Vorsorge

Unter den vielen Möglichkeiten privater Vorsorge spielt in Deutschland der Abschluss von privaten Versicherungen eine große Rolle. Wir beschränken uns im Folgenden auf die wichtigsten Versicherungsarten.

Die privaten Haushalte in Deutschland hatten Ende 2016 ein Geldvermögen von mehr als fünf Billionen Euro. Mit 5586 Mrd. € lag es um 244 Mrd. € oder 4,6 % über dem Vorjahresendstand. Das geht aus Berechnungen der Deutschen Bundesbank hervor. Ein Teil des Zuwachses geht nach Angaben der Experten darauf zurück, dass die Bürger mehr gespart haben. So nahm das Geldvermögen dadurch im letzten Quartal 2016 um 45 Mrd. € zu. Hinzu kamen Bewertungsgewinne von 53 Mrd. €. Diese entstehen, wenn Aktien oder Investmentfonds durch gestiegene Kurse wertvoller werden. Bei den

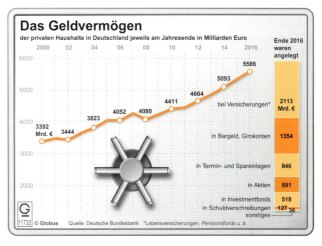

Anlegern waren kurzfristige Anlagen sehr beliebt, da langfristige Termin- und Spareinlagen derzeit kaum Zinsen abwerfen. Dem Geldvermögensberg stehen übrigens auch milliardenschwere Verbindlichkeiten (Schulden) gegenüber. Sie summierten sich Ende vergangenen Jahres auf 1671 Mrd. €.

Unfallversicherung

Die gesetzliche Unfallversicherung, für die der Arbeitgeber zuständig ist, zahlt nur dann, wenn dem Arbeitnehmer im beruflichen Bereich ein Unfall passiert. Deshalb sollte er sich überlegen, ob er eine private Unfallversicherung abschließen möchte. Sie sichert seinen Lebensunterhalt in der vereinbarten Höhe, unabhängig davon, ob ihm während der Arbeit, auf einem Arbeitsweg oder in der Freizeit ein Unfall zugestoßen ist – und das rund um die Uhr und weltweit.

Vermögenswirksame Leistungen (VL)[1]

In den meisten Betrieben gibt es neben der Ausbildungsvergütung bzw. dem Arbeitsentgelt sogenannte vermögenswirksame Leistungen (VL). Das sind zusätzliche Zahlungen der Arbeitgeber, die mithelfen sollen, dass auch Arbeitnehmer Vermögen bilden können. Die VL betragen – je nach Tarifvertrag – bis zu 40,00 € im Monat. Erkundigen Sie sich bei Ihrem Arbeitgeber, wie viel er zahlt. Und dann teilen Sie ihm mit, wie Sie den Betrag anlegen wollen. Es ist z. B. möglich, die vermögenswirksamen Leistungen als Grundstock für die private Altersvorsorge in eine Lebensversicherung zu investieren.

Kapital bildende Lebensversicherung[2]

Für die private Altersvorsorge kann man beispielsweise eine Kapital bildende Lebensversicherung abschließen. Bei dieser Versicherungsart wird am Ende der vereinbarten Laufzeit die „Ablaufleistung" ausgezahlt, die in der Regel wesentlich höher ist als die im Vertrag genannte garantierte Versicherungssumme. Das liegt daran, dass die Versicherungsunter-

---

[1] Näheres siehe Kapitel 6.3.3.5.

[2] Die private Altersvorsorge wird vom Staat mit nach Familienstand gestaffelten Zulagen gefördert (Näheres siehe Kapitel 2.6.5.3).

nehmen meist eine höhere Verzinsung erwirtschaften, als sie für die garantierte Summe angesetzt haben. Während der Laufzeit ist die Kapital bildende Lebensversicherung ein wirksamer Schutz für die Hinterbliebenen.

Private Rentenversicherung[1]

Die private Rentenversicherung garantiert von einem bestimmten Zeitpunkt an eine monatliche lebenslange Rente. Sie kann auch „mit Hinterbliebenenschutz" abgeschlossen werden, also mit einer teilweisen Weiterzahlung der Rente nach dem Tod des Versicherten.

Berufsunfähigkeitsversicherung

Auch wer erst ganz am Anfang seines Berufslebens steht, sollte den Gedanken an eine mögliche Berufsunfähigkeit nicht verdrängen. Wenn jemand wegen einer schweren Krankheit oder wegen eines Unfalls nicht mehr in *seinem Beruf* arbeiten kann, muss sein Lebensunterhalt auf andere Weise sichergestellt sein. Wichtig: Die gesetzliche Rentenversicherung leistet in den ersten Berufsjahren entweder gar keine oder aber nur minimale Zahlungen. Die sogenannte Erwerbsminderungsrente wird grundsätzlich nur befristet zuerkannt und richtet sich nach der Anzahl der Stunden, die eine Person nach einem Unfall oder nach einer Krankheit täglich noch arbeiten könnte.

Eine mögliche Versorgungslücke schließt eine private Berufsunfähigkeitsversicherung. Wird sie in Verbindung mit einer *Kapital bildenden Lebensversicherung* oder einer *privaten Rentenversicherung* abgeschlossen, so bietet sie außerdem den Vorteil, dass diese Lebens- beziehungsweise Rentenversicherung im Schadensfall beitragsfrei weiterläuft. Das heißt: Anstelle des Versicherungsnehmers sorgt dann die sogenannte Berufsunfähigkeitszusatzversicherung dafür, dass die Beiträge weitergezahlt werden. So werden die Leistungen aus diesen Verträgen im Falle einer Berufsunfähigkeit abgesichert.

Erwerbsunfähigkeitsversicherung

Die Erwerbsunfähigkeitsversicherung tritt in der Regel ein, wenn der Versicherte vollständig außerstande ist, irgendeine regelmäßige Erwerbstätigkeit auszuüben. Diese Form der Absicherung stellt für alle Versicherungsnehmer eine kostengünstige Alternative dar, die nur den schlimmsten aller Fälle (worst case) absichern wollen.

Private Pflege-Zusatzversicherung

Um den Abschluss privater Pflege-Zusatzversicherungen zu fördern, erhält der Versicherungsnehmer bei einem Mindestbeitrag von 180,00 € im Jahr eine staatliche Zulage von 60,00 €. Dadurch sollen in Zukunft die staatlichen Pflegekassen entlastet werden. Zudem kann diese private Versicherung die finanziellen Risiken im Falle einer eigenen Pflegebedürftigkeit absichern.

2.6.5.3 Staatlich geförderte Alterssicherung

Riester-Rente[2]

Gefördert werden Sparanlagen, aus denen frühestens vom 60. Lebensjahr (bei Vertragsabschluss nach dem 31.12.2011 nicht vor Vollendung des 62. Lebensjahrs) oder vom Beginn einer Altersrente an eine lebenslange Rente fließt. Bei allen geförderten Anlagen

---

1 Die private Altersvorsorge wird vom Staat mit nach Familienstand gestaffelten Zulagen gefördert (Näheres siehe Kapitel 2.6.5.3).
2 Diese Form der staatlich geförderten Alterssicherung wird als „Riester-Rente" bezeichnet. Walter Riester war von 1998 bis 2002 Arbeitsminister.

2.6 Soziale Sicherung der Arbeitnehmer und Arbeitnehmerinnen in Betrieb und Wirtschaft

muss garantiert sein, das mindestens die eingezahlten Beiträge wieder ausgezahlt werden. Die Abtretung oder Übertragung von Forderungen aus dem Vertrag (also der auf den Vertrag eingezahlten Beträge nebst Zulagen) ist ausgeschlossen. Das Bundeszentralamt für Steuern mit Sitz in Bonn *(www.bzst.de)* prüft als Zertifizierungsbehörde,[1] ob die Altersvorsorgeprodukte (z. B. die Zusatzrentenversicherung eines privaten Versicherungsunternehmens) den gesetzlichen Anforderungen entspricht.

Auch die Schaffung selbst genutzten Wohneigentums (Eigentumswohnung oder Eigenheim) wird staatlich gefördert („Wohn-Riester"). Sobald man ein Objekt kaufen oder bauen möchte, kann das Geld dafür aus dem Riester-Vertrag entnommen werden. Beiträge und Zulagen können direkt zur Tilgung eines Bankkredits genutzt werden.

Die staatliche jährliche Grundzulage beträgt seit 2008 154,00 € (für Ehegatten 308,00 €). Die Kinderzulage beläuft sich für vor 2008 Geborene auf jährlich 185,00 € je Kind. Für ab dem 1. Januar 2008 geborene Kinder wird eine jährliche Zulage von 300,00 € gewährt.

Berufseinsteiger sowie Studenten, die das 25. Lebensjahr noch nicht vollendet haben, erhalten einen einmaligen Berufseinsteigerbonus in Höhe von 200,00 €, wenn sie einen Riester-Vertrag abschließen.

Um in den Genuss der staatlichen Förderung zu kommen, müssen bestimmte **Eigensparleistungen** erbracht werden. Sie berechnen sich wie folgt:

> Eigenleistung = Maximal geförderte Sparleistung – Grundzulage – Kinderzulage

Die **Höchstgrenze der geförderten Sparleistung** beträgt 4 % des Bruttoeinkommens, höchstens jedoch 2 100,00 € jährlich.

Beispiel 1:	Beispiel 2:
Die ledige Frau Ines Leidl (kein Kind) verdient im Jahr 2017 brutto 25 000,00 €. Gefördert wird eine maximale Sparleistung von 4 % aus 25 000,00 € = 1 000,00 €. Die Eigenleistung beläuft sich dann auf 1 000,00 € abzüglich 154,00 € = 846,00 €.	Das Ehepaar Moosberger (2 Kinder im Alter von 10 und 12 Jahren) hat im Jahr 2017 ein Einkommen von 40 000,00 €. Gefördert wird eine Sparleistung von höchstens 4 % aus 40 000,00 € = 1 600,00 €. Die Eigenleistung beträgt dann 1 600,00 € abzüglich 2 · 154,00 € abzüglich 2 · 185,00 € = 922,00 €.

Wahlweise (alternativ) können die Sparleistungen bis zu höchstens 4 % vom Bruttoeinkommen, maximal 2 100,00 €, als Sonderausgaben abgesetzt werden. Ist der Steuervorteil höher als die jeweilige Grundzulage, wird die **Differenz** dem Steuerpflichtigen gutgeschrieben. Die Finanzämter sind zur Prüfung verpflichtet („Günstigervergleich").

Rürup-Rente[2]

Seit 2005 gibt es neben der „Riester-Rente" eine weitere staatlich geförderte Form der Altersvorsorge, die sogenannte „Rürup-Rente". Die Vorsorge-Sparer erhalten hier keine staatlichen Zulagen, gefördert wird über Steuervorteile. Für Selbstständige ist die „Rürup-Rente" die einzige Möglichkeit, steuerbegünstigt zu sparen. Der Versicherungsvertrag muss bestimmte Kriterien erfüllen, um zu den begünstigten Altersvorsorgeaufwendungen zu zählen, z. B.:

- Es muss eine lebenslange Rente vereinbart werden.

---

[1] Zertifizieren (lat.) = amtlich bestätigen, bezeugen.
[2] Bert Rürup, Volks- und Finanzwissenschaftler, ist u. a. Vorsitzender der Kommission für die Nachhaltigkeit in der Finanzierung der sozialen Sicherungssysteme.

2 Menschliche Arbeit in Betrieb und Wirtschaft

- Die spätere Rentenzahlung muss monatlich erfolgen und darf nicht vor dem 60. Lebensjahr beginnen, bei Vertragsbeginn ab 2012 nicht vor dem 62. Lebensjahr.
- Die Ansprüche aus dem Vertrag dürfen nicht vererblich, nicht übertragbar, nicht beleihbar, nicht veräußerbar und nicht kapitalisierbar sein.

Im Jahr 2017 können Altervorsorgeaufwendungen zu 84 % steuerlich als Sonderausgaben geltend gemacht werden. Bis zum Jahr 2025 steigt dieser Prozentsatz jährlich um jeweils zwei Prozentpunkte bis auf 100 %. Die jährlichen Höchstbeträge belaufen sich auf 23 362,00 € bei Alleinstehenden bzw. 46 724,00 € bei Verheirateten.

Beispiel zur Altersvorsorge:

Jens Meister, 45 Jahre alt, alleinstehender selbstständiger Kaufmann, hat im Jahr 2017 ein Bruttojahreseinkommen von 100 000,00 €. Er zahlt keine Beiträge in ein berufsständisches Versorgungswerk oder zur gesetzlichen Rentenversicherung. Herr Meister zahlt jährlich 23 362,00 € in eine private Rentenversicherung ("Rürup-Rente") ein.

Gesamtbeitrag zur gesetzlichen Rentenversicherung	0,00 €
+ Beiträge zur privaten Rentenversicherung ("Rürup-Rente")	23 362,00 €
Summe der Altersvorsorgeaufwendungen (max. 23 362,00 €)	23 362,00 €
Davon werden im Jahr 2017 nur 84 % berücksichtigt. (84 % von 23 362,00 €)	19 624,08 €
− steuerfreier Arbeitgeberanteil zur Rentenversicherung	0,00 €
steuerlich abzugsfähige Altersvorsorgeaufwendungen	<u>19 624,08 €</u>

Die späteren Renten aus steuerlich begünstigten Altersvorsorgeverträgen werden nachgelagert besteuert.

Zusammenfassung

- Das deutsche **Sozialversicherungssystem** ist in den letzten Jahren in Bedrängnis geraten. Die Gründe sind z. B.:
  - Überproportional steigende Kosten vor allem für Krankenhausaufenthalte, Arzneimittel, ärztliche Behandlung und Heil- und Hilfsmittel;
  - hohe Arbeitslosigkeit;
  - zunehmende Lebenserwartung der Bevölkerung;
  - zu niedrige Geburtenraten.
- Die Folge ist, dass entweder die **Beiträge der Sozialversicherung** weiter **erhöht** oder die **Leistungen gekürzt** werden müssen, um die wachsenden Finanzierungslücken zu schließen.
- Angesichts der bereits erfolgten und den zu erwartenden Leistungskürzungen ist es erforderlich, auch privat zur Sicherung eines angemessenen Lebensstandards z. B. für den Fall einer **Erwerbsminderung,** für den **Eintritt ins Rentenalter,** oder für eine mögliche Pflegebedürftigkeit vorzusorgen.
- Zwischen der Sozialversicherung und der Individualversicherung bestehen wesentliche Unterschiede:

Sozialversicherung	Individualversicherung
■ Es werden Risiken versichert, die mit der Arbeitsfähigkeit bzw. Berufsfähigkeit zusammenhängen.	■ Versichert werden alle versicherbaren Gefahren.
■ Die Versicherung besteht kraft Gesetzes.	■ Die Versicherung beruht grundsätzlich auf freier Vereinbarkeit.
■ Die Beitragshöhe richtet sich nach dem Einkommen.	■ Die Beitragshöhe richtet sich nach dem Umfang des Risikos und der Leistung.
■ Versicherer sind die Sozialversicherungsträger.	■ Versicherer sind private und öffentliche Versicherer.

2.6 Soziale Sicherung der Arbeitnehmer und Arbeitnehmerinnen in Betrieb und Wirtschaft

- **Möglichkeiten der privaten Vorsorge** sind u. a. der Abschluss einer Unfallversicherung, einer Kapital bildenden Lebensversicherung, einer privaten Rentenversicherung, einer Berufsunfähigkeitsversicherung oder einer Erwerbsunfähigkeitsversicherung.
- Die **private Altersvorsorge fördert der Staat** mit nach dem Familienstand gestaffelten Zulagen.

ÜBUNGSAUFGABEN

1. Unterscheiden Sie zwischen Sozialversicherung und Privatversicherung!
2. Welche Ihnen bekannten Versicherungsarten sind besonders zur Sicherung eines angemessenen Lebensstandards im Falle einer Erwerbsminderung und nach Eintritt ins Rentenalter geeignet?
3. Welche Ursachen hat die steigende Rentenbezugsdauer in Deutschland?

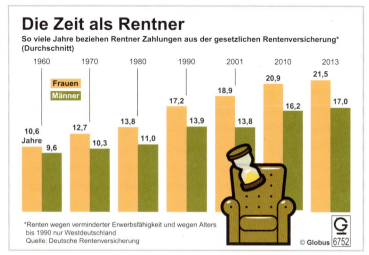

4. **Vorschlag zur Partner- oder Gruppenarbeit:**
   Erläutern Sie alle in der Abbildung genannten Begriffe, die Ihnen mehr oder weniger unbekannt sind!

2.7 Mitwirkung und Mitbestimmung[1]

Die betriebliche Leistung ist auf das Zusammenwirken aller Produktionsfaktoren, vor allem „Arbeit" und „Kapital", zurückzuführen. Hieraus leitet sich der Anspruch der Arbeitnehmer auf Mitbestimmung ab. „Quod omnes tangit, ab omnibus comprobetur" – was alle betrifft, sollte auch von allen mitbestimmt werden! So befanden bereits die alten Römer.

In der Bundesrepublik Deutschland kennt die Mitbestimmung der Arbeitnehmer zwei Ebenen, nämlich die Mitbestimmung durch die **Betriebsräte** einerseits (= **Betriebsverfassung**) und die Mitbestimmung durch die **Aufsichtsräte** andererseits (= **Unternehmensverfassung**). Die wesentlichen Bestimmungen zur Unternehmensverfassung wurden bereits im Kapitel 1.7.4.1 (Aktiengesellschaft) besprochen. Die Betriebsverfassung wird durch das Betriebsverfassungsgesetz (BetrVG) geregelt.

Zusammensetzung des Betriebsrats

Der **Betriebsrat** ist eine Vertretung der Arbeitnehmer gegenüber dem Arbeitgeber.

In Betrieben mit in der Regel mindestens 5 ständig wahlberechtigten Arbeitnehmern (zum Begriff siehe § 5 BetrVG), von denen drei wählbar sind, werden Betriebsräte gewählt [§ 1 BetrVG]. In Betrieben mit 5 bis 20 wahlberechtigten Arbeitnehmern besteht der Betriebsrat aus einer Person. Bei mehr als 20 wahlberechtigten Arbeitnehmern besteht der Betriebsrat aus mindestens 3 Mitgliedern. Die Zahl der Betriebsratsmitglieder steigt mit der Zahl der wahlberechtigten Arbeitnehmer (Näheres siehe § 9 BetrVG).[2]

Sofern der Betrieb in der Regel mindestens 5 Arbeitsnehmer beschäftigt, die das 18. Lebensjahr noch nicht vollendet haben oder die in ihrer Berufsausbildung stehen und das 25. Lebensjahr noch nicht vollendet haben, wird von dem genannten Personenkreis eine *Jugend- und Auszubildendenvertretung* gewählt [§§ 60, 61 BetrVG]. Diese kann aus bis zu 15 Mitgliedern bestehen (Näheres siehe § 62 BetrVG).

Wahlrecht

Wahlberechtigte Arbeitnehmer[3] sind Arbeiter, Arbeiterinnen, Angestellte und Auszubildende, sofern sie das 18. Lebensjahr vollendet haben. Auch Leiharbeitskräfte sind wahlberechtigt, wenn sie länger als 3 Monate im Betrieb eingesetzt werden [§ 7 BetrVG].

Weder wahlberechtigt noch wählbar sind die Mitglieder gesetzlicher Vertretungsorgane einer Kapitalgesellschaft (z.B. Vorstandsmitglieder einer AG oder eG), die zur Vertretung und/oder Geschäftsführung befugten Gesellschafter einer Personengesellschaft (z.B. OHG) sowie leitende Angestellte wie z.B. Generalbevollmächtigte und Prokuristen [§ 5 II bis IV BetrVG].[4]

---

1 Für sogenannte Tendenzbetriebe (z.B. unmittelbar und überwiegend politisch ausgerichtete Zeitungsverlage) und Religionsgemeinschaften gilt das BetrVG nicht oder nur eingeschränkt (Näheres siehe § 118 BetrVG).

2 Für einen Konzern [§ 18 I AktG] kann ein sogenannter Konzernbetriebsrat errichtet werden. Näheres finden Sie in den §§ 54 ff. BetrVG. Für Unternehmen, die in mehreren Ländern der Europäischen Union (EU) Niederlassungen haben, müssen unter bestimmten Voraussetzungen „Europäische Betriebsräte" eingesetzt werden. Näheres hierzu finden Sie im Gesetz über Europäische Betriebsräte (EBRG).

3 Das Recht, wählen zu können, nennt man „aktives Wahlrecht". („Aktiv sein" bedeutet „tätig sein"; wer wählt, „tut etwas".)

4 In Betrieben mit in der Regel mindestens zehn leitenden Angestellten [§ 5 III BetrVG] werden Sprecherausschüsse der leitenden Angestellten gewählt, die mit dem Arbeitgeber vertrauensvoll unter Beachtung der geltenden Tarifverträge zum Wohle der leitenden Angestellten und des Betriebs zusammenarbeiten [§§ 1, 2 SprAuG].

2.7 Mitwirkung und Mitbestimmung

Wählbar sind alle wahlberechtigten *Arbeitnehmer,* die mindestens 6 Monate dem Betrieb angehören oder als in Heimarbeit Beschäftigte in der Hauptsache für den Betrieb gearbeitet haben [§ 8 BetrVG].[1]

Die *Jugend- und Auszubildendenvertreter* können nur Arbeitnehmer des Betriebs sein, die das 25. Lebensjahr noch nicht vollendet haben [§ 61 II BetrVG]. Die Hauptaufgabe der Jugend- und Auszubildendenvertretung ist, die Förderung von Ausbildungsmaßnahmen zu unterstützen und über die Einhaltung der zugunsten der Arbeitnehmer geltenden Gesetze, Verordnungen und Unfallverhütungsvorschriften sowie der Regelungen des Tarifvertrags und der Betriebsvereinbarungen zu wachen (Näheres siehe § 70 BetrVG).

Amtszeit des Betriebsrats

Der in geheimer und unmittelbarer Wahl gewählte Betriebsrat [§§ 13, 14 I BetrVG] bleibt 4 Jahre im Amt [§ 21 BetrVG]. Für Kleinbetriebe besteht ein vereinfachtes Wahlverfahren (Näheres siehe § 14a BtrVG).

Die Jugend- und Auszubildendenvertretung wird hingegen auf 2 Jahre gewählt [§§ 63 I, 64 I BetrVG].

Betriebsausschuss

Ein zu großer Betriebsrat ist für die Durchführung der laufenden Aufgaben zu schwerfällig. Deshalb sieht das Betriebsverfassungsgesetz bei einem Betriebsrat mit neun oder mehr Mitgliedern die Bildung eines Betriebsausschusses vor. Er wird aus dem Vorsitzenden des Betriebsrats, dessen Stellvertreter und aus 3 bis 9 weiteren Mitgliedern des Betriebsrats gebildet, deren Zahl sich nach der Größe des Betriebsrats richtet (Näheres siehe § 27 I BetrVG). Ein Betriebsausschuss ist gewissermaßen der „verkleinerte Betriebsrat".

Wirtschaftsausschuss

In Unternehmen mit in der Regel mehr als 100 ständig beschäftigten Arbeitnehmern ist ein *Wirtschaftsausschuss* zu bilden (3 bis 7 Mitglieder). Die Mitglieder des Wirtschaftsausschusses werden vom Betriebsrat für die Dauer seiner Amtszeit bestimmt. Die Aufgabe des Wirtschaftsausschusses ist, wirtschaftliche Angelegenheiten mit der Geschäftsleitung zu beraten und den Betriebsrat zu unterrichten [§§ 106 ff. BetrVG].

Einigungsstelle

Bei Bedarf ist eine Einigungsstelle einzurichten, die aus einer gleichen Anzahl von Beisitzern, die vom Arbeitgeber und Betriebsrat bestellt werden, und einem unparteiischen Vorsitzenden, auf den sich beide Seiten einigen müssen, besteht. Die Einigungsstelle hat die Aufgabe, Streitigkeiten zwischen Arbeitgeber und Betriebsrat, Gesamtbetriebsrat oder Konzernbetriebsrat beizulegen [§ 76 BetrVG]. Kann eine Einigung nicht zustande kommen, sind die Arbeitsgerichte zuständig. Die Kosten der Einigungsstelle trägt der Arbeitgeber [§ 76a BetrVG].

---

1 Das Recht, gewählt zu werden, bezeichnet man als „passives Wahlrecht". (Wenn jemand „passiv" ist, geschieht etwas mit ihm, er lässt etwas mit sich tun. Beim „passiven" Wahlrecht wird also jemand gewählt.)

Betriebsversammlung

Der Betriebsrat hat in jedem Kalendervierteljahr eine Betriebsversammlung einzuberufen, die während der Arbeitszeit stattfindet [§§ 43 I, 44 I BetrVG]. Aus organisatorischen Gründen (z. B. in Großbetrieben) sind *Teilversammlungen* zulässig [§ 43 I BetrVG]. In der Betriebsversammlung können die den Betrieb und seine Arbeitnehmer betreffenden Angelegenheiten tarifpolitischer, sozialpolitischer und wirtschaftlicher Art sowie Fragen der Förderung der Gleichstellung von Frauen und Männern und der Vereinbarkeit von Familie und Erwerbstätigkeit behandelt werden. Die Betriebsversammlung kann dem Betriebsrat Anträge unterbreiten und zu seinen Beschlüssen Stellung nehmen [§ 45 BetrVG].

Rechte des Betriebsrats

Die im Betriebsverfassungsgesetz geregelte Mitbestimmung umfasst mehrere Stufen, sodass von „Mitbestimmung im weiteren Sinne" gesprochen wird. Die Mitbestimmung i. w. S. lässt sich wie folgt einteilen:

Rechte des Betriebsrats	Beispiele
Unterrichtungsrecht Der Betriebsrat hat einen Anspruch auf rechtzeitige und umfassende Unterrichtung über die von der Geschäftsleitung geplanten betrieblichen Maßnahmen [§ 90 I BetrVG]. Die Information ist die Voraussetzung dafür, dass der Betriebsrat seine weitergehenden Rechte überhaupt wahrnehmen kann.	Information über geplante Neu-, Um- und Erweiterungsbauten, Einführung neuer Arbeitsverfahren und Arbeitsabläufe oder Veränderung von Arbeitsplätzen.
Beratungsrecht Der Betriebsrat hat das Recht, aufgrund der ihm gegebenen Informationen seine Auffassung gegenüber dem Arbeitgeber darzulegen und *Gegenvorschläge* zu unterbreiten [§ 90 II BetrVG]. Die Beratung geht somit über die einseitige Information hinaus. Eine Einigung ist jedoch nicht erzwingbar. Die Beratung ist ausdrücklich in sogenannten „allgemeinen personellen Angelegenheiten" sowie in wirtschaftlichen Belangen vorgeschrieben.	Personalplanung (gegenwärtiger und künftiger Personalbedarf) [§ 92 BetrVG], Ausschreibung von Arbeitsplätzen [§ 93 BetrVG], Rationalisierungsvorhaben, Einschränkung oder Stilllegung von Betriebsteilen, Zusammenschluss von Betrieben, Änderung der Betriebsorganisation oder des Betriebszwecks, sofern nicht Betriebs- und Geschäftsgeheimnisse gefährdet werden (vgl. § 106 BetrVG).
Mitwirkungsrecht des Betriebsrats Das Mitwirkungsrecht des Betriebsrats wird auch als „eingeschränkte Mitbestimmung" bezeichnet. Im Gegensatz zum Beratungsrecht besitzt hier der Betriebsrat ein *Vetorecht* (= Widerspruchsrecht). Die eingeschränkte Mitbestimmung umfasst vor allem die „personellen Einzelmaßnahmen" wie Neueinstellungen, Eingruppierungen in Lohn- und Gehaltsgruppen und Versetzungen von Arbeitskräften [§ 99 BetrVG]. Auch bei Kündigungen hat der Betriebsrat ein Widerspruchsrecht (Näheres siehe § 102 BetrVG). Die Mitbestimmung bei personellen Einzelmaßnahmen besteht in Unternehmen mit i. d. R. mehr als 20 wahlberechtigten Arbeitnehmern [§ 99 I BetrVG].	Einem jungen Arbeitnehmer wird fristgemäß gekündigt. Der Betriebsrat widerspricht. Dieser Widerspruch führt *nicht* zur Aufhebung der Kündigung. Gibt die Geschäftsleitung nicht nach (hat z. B. der Spruch der Einigungsstelle zugunsten des Gekündigten keinen Erfolg), muss der Fall vom Arbeitsgericht geklärt werden. Unter Umständen sichert der Widerspruch die Weiterbeschäftigung des gekündigten Arbeitnehmers bis zur endgültigen gerichtlichen Entscheidung.

2.7 Mitwirkung und Mitbestimmung

Rechte des Betriebsrats	Beispiele
Mitbestimmungsrecht im engeren Sinne Die Mitbestimmung i. e. S. ist *zwingend*. Dies bedeutet, dass der Arbeitgeber bestimmte Maßnahmen nur mit *Zustimmung* des Betriebsrats durchführen kann. Diese eigentliche Mitbestimmung steht dem Betriebsrat vor allem in den „sozialen Angelegenheiten" zu, soweit eine gesetzliche oder tarifliche Regelung nicht besteht [§ 87 BetrVG].	Arbeitszeitregelung, Zeit, Ort und Art der Auszahlung der Arbeitsentgelte, Aufstellung allgemeiner Urlaubsgrundsätze und des Urlaubsplans, Einführung der Arbeitszeitüberwachung (z. B. Stempeluhren), Regelung der Unfallverhütung, Form, Ausgestaltung und Verwaltung der Sozialeinrichtungen (z. B. Kantinen, Erholungsheime), Zuweisung und Kündigung von Werkswohnungen, betriebliche Lohngestaltung (z. B. Einführung von Akkordlöhnen), Regelung des betrieblichen Vorschlagswesens und der Abschluss der Betriebsvereinbarung **(Betriebsordnung)**.

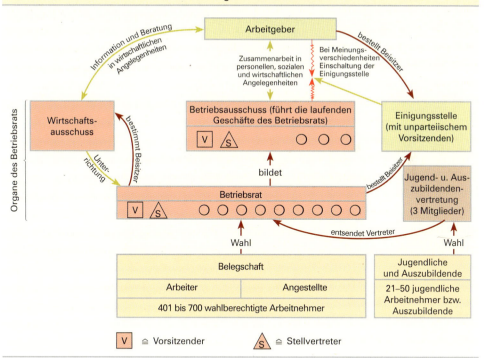

Die Betriebsverfassung am Modell eines Betriebs mit 401 bis 700 wahlberechtigten Arbeitnehmern

Betriebsvereinbarungen

Unter **Betriebsvereinbarungen** versteht man Absprachen zwischen Arbeitgeber und Betriebsrat. Sie werden schriftlich niedergelegt, sind von beiden Seiten zu unterzeichnen und vom Arbeitgeber an geeigneter Stelle im Betrieb auszulegen [§ 77 BetrVG]. In den Betriebsvereinbarungen werden den Arbeitnehmern meistens unmittelbare und zwingende Rechte gegenüber dem Arbeitgeber eingeräumt, auf die nur mit Zustimmung des Betriebsrats verzichtet werden kann [§ 77 IV BetrVG]. Arbeitsentgelte und sonstige Arbeitsbedingungen, die durch Tarifvertrag geregelt sind oder üblicherweise geregelt werden, können nicht Gegenstand einer Betriebsvereinbarung sein, es sei denn, dass ein Tarifvertrag den Abschluss ergänzender Betriebsvereinbarungen ausdrücklich zulässt [§ 77 III BetrVG]. Durch Betriebsvereinbarungen können insbesondere zusätzliche Maßnahmen zur Verhütung von Arbeitsunfällen und Gesundheitsschädigungen, die Errichtung von Sozialeinrichtungen und Maßnahmen zur Förderung der Vermögensbildung beschlossen werden [§ 88 BetrVG].

Ein Sonderfall der Betriebsvereinbarung ist der **Sozialplan**. Er stellt eine vertragliche Abmachung zwischen Arbeitgeber und Betriebsrat über den Ausgleich oder die Milderung wirtschaftlicher Nachteile dar, die den Arbeitnehmern als Folge geplanter Betriebsänderungen entstehen (z. B. Lohnminderungen, Versetzungen, Entlassungen). Betriebsänderungen sind z. B. Einschränkungen oder Stilllegung des ganzen Betriebs oder von wesentlichen Betriebsteilen, Änderung des Betriebszwecks, Betriebsverlegung, Zusammenschluss mit anderen Betrieben, grundlegende Änderung der Betriebsorganisation oder der Betriebsanlagen (vgl. hierzu §§ 111–113 BetrVG). Der Sozialplan enthält z. B. Regelungen über Ausgleichszahlungen an entlassene Arbeitnehmer, Umzugsbeihilfen bei Versetzungen an andere Orte, Umschulungsmaßnahmen und/oder Zuschüsse bei vorzeitiger Pensionierung älterer Mitarbeiter.

Unmittelbare Rechte der Belegschaftsmitglieder nach dem Betriebsverfassungsgesetz

Das Betriebsverfassungsgesetz regelt nicht nur die Rechte und Pflichten des Betriebsrats bzw. des Arbeitgebers, sondern legt darüber hinaus bestimmte unmittelbare Rechte der einzelnen Arbeitnehmer fest:

Recht auf Unterrichtung und Erörterung	Die Arbeitnehmer haben Anspruch darauf, vom Arbeitgeber über ihre Aufgabe und Verantwortung, über die Art ihrer Tätigkeit und Veränderungen in ihren Arbeitsbereichen unterrichtet zu werden [§ 81 BetrVG].
Recht auf Anhörung und Erörterung	Die Arbeitnehmer haben das Recht, in allen betrieblichen Angelegenheiten, die ihre Person betreffen, von den zuständigen Stellen des Betriebs gehört zu werden. Sie sind berechtigt, Vorschläge für die Gestaltung ihrer Arbeitsplätze und die Arbeitsabläufe zu machen. Darüber hinaus können die Arbeitnehmer verlangen, dass ihnen die Berechnung und Zusammensetzung ihrer Arbeitsentgelte erläutert und mit ihnen die Beurteilung ihrer Leistungen sowie die Möglichkeiten ihrer beruflichen Entwicklung im Betrieb erörtert werden [§ 82 BetrVG].
Einsicht in die Personalakten	Alle Arbeitnehmer sind berechtigt, in die über sie geführten Personalakten Einsicht zu nehmen. Sie können (müssen aber nicht) ein Mitglied des Betriebsrats hinzuziehen [§ 83 BetrVG].
Beschwerderecht	Alle Arbeitnehmer können sich bei den zuständigen Stellen des Betriebs beschweren, wenn sie sich vom Arbeitgeber oder von Arbeitnehmern benachteiligt, ungerecht behandelt oder in sonstiger Weise beeinträchtigt fühlen [§ 84 BetrVG].

2.7 Mitwirkung und Mitbestimmung

Vor- und Nachteile der betrieblichen Mitbestimmung

Vorteile	Nachteile
Grundlegender **Vorteil der Mitbestimmung** ist, dass die zwischen Arbeit und Kapital vorhandenen *Konflikte* gemildert oder gelöst werden können. Ferner ist zu erwarten, dass informierte und in ihrer Stellung gestärkte Arbeitnehmer mehr Interesse am Betrieb gewinnen.	Ein **Nachteil der Mitbestimmung** ist, dass betriebliche Entscheidungen verzögert, abgeändert oder unmöglich gemacht werden können, obwohl eine marktwirtschaftlich orientierte Volkswirtschaft schnelle Entscheidungen erforderlich machen kann.

Zusammenfassung

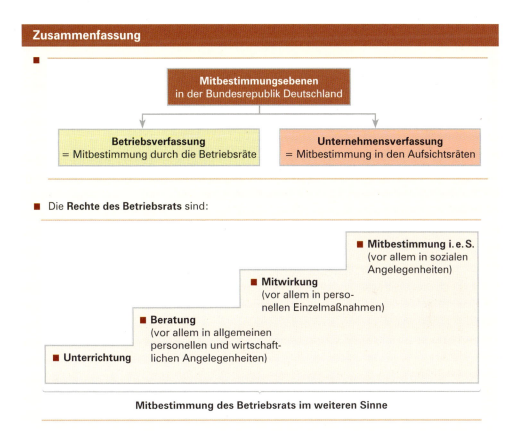

ÜBUNGSAUFGABEN

1. In der Unruh-AG sind 420 Arbeitnehmer beschäftigt. Der Vorstand versucht mit allen Mitteln, die Bildung eines Betriebsrats zu verhindern.
   1.1 Zu welcher Mitbestimmungsform zählt die Einrichtung eines Betriebsrats?
   1.2 Nennen Sie die Organe des Betriebsrats und ihre jeweilige Hauptaufgabe!
   1.3 Unterscheiden Sie aktives und passives Wahlrecht!

2 Menschliche Arbeit in Betrieb und Wirtschaft

1.4 Die Einrichtung eines Betriebsrats soll dazu beitragen, Konflikte zwischen der Arbeitnehmer- und der Arbeitgeberseite zu vermeiden, zu mildern oder gar zu lösen. Welche Konflikte können das sein?

1.5 Die Mitbestimmung des Betriebsrats umfasst drei Ebenen (Stufen).
  1.5.1 Welche sind das?
  1.5.2 Führen Sie mindestens je drei Beispiele an!

1.6 Die Belegschaftsmitglieder, die sich in der Unruh-AG für die Bildung eines Betriebsrats einsetzen, sind der Meinung, dass die Mitbestimmung in den Betrieben zur Demokratie gehört. Wie stellen Sie sich dazu?

1.7 Beurteilen Sie, ob die Geschäftsleitung der Unruh-AG im Recht ist, wenn sie die Bildung eines Betriebsrats verhindern möchte!

1.8 Die Belegschaft der Unruh-AG sieht in der Mitbestimmung allgemein nur Vorteile, die Geschäftsleitung nur Nachteile.
  1.8.1 Nennen Sie mindestens zwei Vor- und Nachteile!
  1.8.2 Überwiegen Ihrer Ansicht nach die Vor- oder die Nachteile?

2. Entscheiden Sie in folgenden Fällen:

2.1 Die Geschäftsleitung der Schnell OHG hat den Angestellten Bückling zum Leiter der Rechnungswesenabteilung ernannt. Der Betriebsrat widerspricht. Er sähe an dieser Stelle lieber das langjährige Gewerkschaftsmitglied Blau. Wird sich der Betriebsrat durchsetzen können?

2.2 Herr Knifflig, seit langen Jahren im Betrieb angestellt, hat sich um die neue Stelle als Verkaufsleiter beworben. Er fällt durch. Nunmehr verlangt er Einsicht in seine Personalakte. Kann er das?

2.3 Ohne Anhörung des Betriebsrats führt die Otto GmbH neue Arbeitszeiten ein. Der Betriebsrat widerspricht dieser Anordnung. Ist die Anordnung trotzdem wirksam?

3. Die Schuhfabrik Moosbrucker OHG beschäftigt ständig 50 Arbeitnehmer, darunter 8 Arbeitnehmer im Alter zwischen 18 und 25 Jahren. Ein Betriebsrat besteht bisher nicht.

3.1 Sind die Voraussetzungen für die Wahl eines Betriebsrats und einer Jugend- und Auszubildendenvertretung erfüllt? Begründen Sie Ihre Antwort!

3.2 Wer ist zur Wahl einer Jugend- und Auszubildendenvertretung wahlberechtigt, wer ist wählbar?

3.3 Für welche Zeit wird der Betriebsrat, für welche Zeit die Jugend- und Auszubildendenvertretung gewählt?

3.4 Nennen Sie zwei Angelegenheiten, in denen der Betriebsrat ein Informationsrecht besitzt und zwei Angelegenheiten, in denen er die Geschäftsleitung beraten kann!

4. Beurteilen Sie, ob der Betriebsrat folgenden Anträgen der Jugend- und Auszubildendenvertretung entsprechen muss:

4.1 Die Mitglieder der Jugend- und Auszubildendenvertretung wünschen, geschlossen an der nächsten Sitzung des Betriebsrats teilzunehmen, in der die Eingruppierung eines 20-Jährigen in die nächsthöhere Gehaltsstufe besprochen werden soll.

4.2 Die Jugend- und Auszubildendenvertretung wünscht, dass an allen Sitzungen des Betriebsrats eines ihrer Mitglieder teilnehmen kann.

4.3 Ferner beantragt die Jugend- und Auszubildendenvertretung über die Neugestaltung des Aufenthaltsraums für Jugendliche mitzubestimmen.

4.4 In der nächsten Betriebsratssitzung steht die Neuregelung der Arbeitszeit und der Pausen für Jugendliche auf der Tagesordnung. Alle drei Auszubildenden- und Jugendvertreter wollen an dieser Sitzung teilnehmen.

3 Führung und Führungsverhalten

3.1 Führungsaufgaben

Ein Hersteller von Fertigbauteilen will ein Zweigwerk errichten, in dem Fenster mit Dreifachverglasung mit einem besonders hohen Wärmedämmwert hergestellt werden sollen. Dies ist das sogenannte Sachziel des Betriebs. Natürlich wird das Zweigwerk nicht um des Sachziels willen erstellt, sondern um Gewinn zu erzielen. Dies ist das *Formalziel* des Betriebs. Um das Formalziel erreichen zu können, muss der Betrieb zielgerichtet geführt werden.

Zielsetzungen

Das Formalziel des Betriebs ist zugleich dessen **Oberziel** (z. B. Gewinnerzielung), aus dem eine Reihe von **Zwischenzielen** und **Unterzielen** abgeleitet werden.

Zwischenziele, die der Erreichung des Oberziels dienen können, sind z. B. Umsatzmaximierung, Kosteneinsparung, Ausweitung des Marktanteils, Kapazitätsausnutzung oder Liquiditätssicherung.

Unterziele können sein: gutes Betriebsklima (um die Leistungsbereitschaft der Belegschaft zu erhöhen), leistungsgerechte Entlohnung oder zweckentsprechende Organisation.

Planung

Die Planung nimmt gedanklich vorweg, was im Einzelnen erreicht werden *soll,* um das Gesamtziel verwirklichen zu können.

Die **Planung** ist die gedankliche Vorwegnahme der Zielverwirklichung.

Der **Zweck der Planung** ist, eine möglichst störungsfreie Entwicklung der betrieblichen Abläufe zu sichern.

Die Gesamtplanung des Betriebs findet ihre konkrete Ausgestaltung in den *Einzelplänen* (= Detailplanung). Hierzu gehören z. B. Beschaffungsplan, Kostenplan, Finanzplan, Lagerplan, Fertigungsplan, Absatzplan und Werbeplan.

Die Einzelpläne beinhalten **„Soll-Zahlen",** d. h., sie geben die *Richtung* an, in die sich der Betrieb entwickeln soll.

Organisation

Die Planung ist die Grundlage der Organisation. Während die Planung danach fragt, WAS zu erreichen ist, sagt die Organisation aus, WIE ein Ziel zu erreichen ist.

Die **Organisation** ist die Vorbereitung künftiger Handlungen zur Zielverwirklichung.

Die Organisation legt somit den *Weg* zur Planverwirklichung fest.

Hilfsmittel der Organisation sind z. B. Arbeitsanweisung (Kapitel 3.6.5), Ablaufbeschreibungen und Regelungen des Instanzenaufbaus und der Weisungsbefugnisse (Kapitel 3.5.3).

Koordination

Organisierte Ordnungen und Arbeitsabläufe müssen im arbeitsteiligen Betrieb *koordiniert*, d. h. aufeinander abgestimmt werden.

Die Fertigungsorganisation eines Industriebetriebs muss so aufeinander abgestimmt sein, dass der Nachschub der Werkstoffe und eine weitestgehende Auslastung der Maschinen und Arbeitskräfte gewährleistet sind.

Organisation und Koordination im hier beschriebenen Sinne werden von Gutenberg[1] als *Realisation*[2] der geplanten Ordnung definiert.[3]

Kontrolle

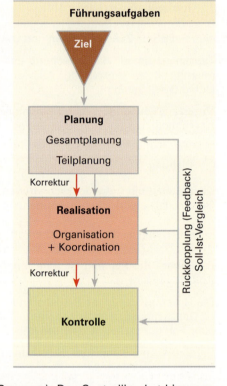

Aufgrund der arbeitsteiligen Aufgaben- und Zuständigkeitsverteilungen entstehen nicht nur Koordinierungsaufgaben, sondern Kontrollaufgaben der Führungskräfte eines Betriebs. Die Führung bzw. die von ihr beauftragten Führungskräfte kontrollieren, ob nach den von der Organisation vorgegebenen Richtlinien gearbeitet wird. Der Ist-Zustand wird mit dem Soll-Zustand verglichen **(Soll-Ist-Vergleich)**.

> Mithilfe der **Kontrolle** wird die Realisation überwacht, d. h. das Erreichte mit den Planzielen verglichen. Die Informationen über den Ist-Zustand werden als **Rückkopplung** oder **„Feedback"** bezeichnet.

Werden aufgrund der Kontrollen Planabweichungen festgestellt, müssen deren Ursachen ermittelt und Korrekturmaßnahmen in der Planung und/oder Realisation (Durchführung, Ausführung) vorgenommen werden.

Der Begriff **„Kontrolle"** sollte nicht mit dem Begriff **„Controlling"** (Kapitel 3.2.3) verwechselt werden. Die Kontrolle ist eine vergangenheitsbezogene Überprüfung betrieblicher Vorgänge (Prozesse). Das Controlling hat hingegen die Aufgabe, nicht nur Zielabweichungen festzustellen und ihre Ursachen herauszufinden (zu analysieren),[4] sondern Aussagen über die voraussichtliche Entwicklung der untersuchten Geschäftsprozesse zu machen, d. h. *Prognosen*[5] zu erstellen. Das Controlling ist also *gegenwarts-* und *zukunftsorientiert*.

---

1 ERICH GUTENBERG (1897–1984), deutscher Wirtschaftswissenschaftler.
2 Realisation = Verwirklichung (des Plans), Durchführung, Ausführung.
3 Definition = Begriffserklärung.
4 Analysieren (lat.) = wörtl. auflösen. Die Analyse ist die planmäßige (systematische) Untersuchung eines Sachverhalts hinsichtlich aller seiner Bestimmungsgründe.
5 Prognose (gr.-lat.) = wörtl. Vorwissen. Unter Prognose versteht man die Vorhersage einer (möglichen) zukünftigen Entwicklung aufgrund der Beurteilung der gegenwärtigen Lage.

3.2 Entscheidungsprozess

3.2.1 Wesen des Entscheidungsprozesses

Die Geschäftsleitung eines Betriebs steht vor der Frage, ob sie eine Maschine A, zu deren Bedienung zwei Arbeitskräfte erforderlich sind, oder eine Maschine B, zu deren Bedienung nur eine Arbeitskraft erforderlich ist, beschaffen soll. Die *Entscheidung* – eine wesentliche Aufgabe der Führung – ist nur möglich, wenn das *Ziel* bekannt ist (z. B. Kosteneinsparung) und die entsprechenden Informationen (z. B. über Betriebs- und Anschaffungskosten der beiden Maschinen, Kapazitäten der Maschinen, Absatzmöglichkeiten, Lohnhöhe, zur Verfügung stehende Arbeitskräfte) vorliegen.

Information[1]

Unter *Information* wird ein zweckorientiertes Wissen (ein „Informiertsein") verstanden, das zur Erreichung eines bestimmten Ziels erforderlich ist. (In der Datenerfassung werden die Informationen als *Daten* bezeichnet.)

Informationen in diesem Sinne liegen auch vor, wenn sie „Ungewissheitscharakter" haben.

Beispiel:

Die Unternehmensleitung hat u. a. auch aufgrund von Plandaten zu entscheiden. Solche Plandaten können sein: künftige Nachfrageentwicklung, künftige preispolitische Maßnahmen der Konkurrenz, voraussichtliche Lage am Arbeitsmarkt.

Je größer die Zahl der zur Verfügung stehenden Daten (die „Informationsmenge") ist, desto besser ist die Ausgangslage für eine optimale (bestmögliche) *Entscheidung* der Geschäftsleitung und aller übrigen Entscheidungsträger, denn nicht nur der Führungsspitze, sondern jeder einzelnen Arbeitskraft werden im Rahmen ihrer Befugnisse Entscheidungen abverlangt.

Beispiel:

Eine Verkäuferin muss darüber entscheiden, ob sie eine Kundenreklamation anerkennt oder nicht. Eine sachgemäße Entscheidung kann sie nur fällen, wenn sie über die rechtliche Lage und über die Kulanzregelungen des Betriebs informiert ist.

Kommunikation[2]

Die Mitteilung von Informationen an andere bezeichnen wir als *Kommunikation.* In einem Betrieb findet ein ständiger Kommunikationsaustausch zwischen den einzelnen Mitarbeitern, den einzelnen Stellen und Abteilungen und zwischen Betrieb und Außenwelt statt.

Der Austausch von Informationen lässt sich auf die Grundeinheiten („Aktionseinheiten") **Sender** und **Empfänger** zurückführen, die über Informationswege (Übertragungs- bzw. Informationskanäle) Informationen weitergeben.

---

[1] Information (lat.) = Nachricht, Auskunft, Belehrung, Aufklärung.
[2] Kommunikation (lat.) = Verständigung, Mitteilung.

3 Führung und Führungsverhalten

Der Informationsfluss ist entweder *einseitig* oder *zweiseitig*.

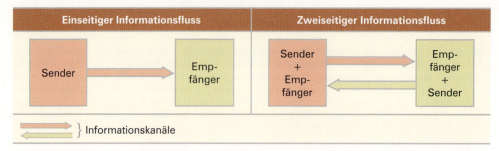

Sowohl Sender als auch Empfänger können Personen oder Maschinen im weitesten Sinne sein.

Beispiele:

Weist der Abteilungsleiter (Sender) einen Auszubildenden (Empfänger) an, bei einem Kunden eine Rechnung einzuziehen, erfolgt die Kommunikation einseitig von Person zu Person. – Will die Geschäftsleitung beispielsweise die neusten Zahlen der Absatzstatistik haben, werden die Daten von der EDV-Anlage geliefert. Die „Maschine" ist der Sender, die Geschäftsleitung der Empfänger.

Der Informationsaustausch (die Kommunikation) setzt einen gemeinsamen **Zeichenvorrat**, d.h. eine gemeinsame Sprache voraus, andernfalls können sich Sender und Empfänger nicht „verstehen".

Viele Missverständnisse und Konflikte inner- und zwischenbetrieblicher Art sind darauf zurückzuführen, dass Mitteilungen und/oder Anweisungen vom Empfänger nicht richtig (also falsch) verstanden werden.

Beispiele:

Der Abteilungsleiter der Werbeabteilung weist seinen Sachbearbeiter an, eine Umsatzstatistik aufzustellen. Der Sachbearbeiter erstellt eine Absatzstatistik. – Die Geschäftsleitung will den Betriebsgewinn des vergangenen Monats wissen. Der zuständige Sachbearbeiter der Abteilung Rechnungswesen teilt den Unternehmensgewinn mit.

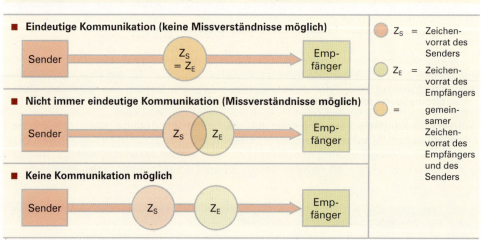

Die zum Informationsaustausch (zur Kommunikation) erforderliche „Sprache" besteht nicht nur aus Worten bzw. deren Abkürzungen (= alphabetische Zeichen, soweit sie schriftlich niedergelegt sind), sondern auch aus Zahlen (= numerische Zeichen wie z. B. Kontennummern) und Kombinationen von Buchstaben und Zahlen (= alphanumerische Zeichen wie z. B. +, –, %, ‰, 25. Mai 2000, 2 Dutzend).

3.2.2 Phasen des Entscheidungsprozesses

Rationale[1] menschliche Handlungen, die der Erreichung eines bestimmten Ziels dienen, nennt man **Entscheidungen**.[2]

Die Phasen eines Entscheidungsprozesses seien an einem einfachen Beispiel erörtert. Angenommen, für einen Arbeitsplatz soll ein größerer Büroschreibtisch beschafft werden, weil der betreffende Mitarbeiter die von ihm benötigten Unterlagen nicht mehr in seinem alten Schreibtisch unterbringen kann und deswegen ständig aufstehen muss, um diese aus dem Regal zu holen bzw. dort wieder unterzubringen.

[1] Der Anstoß (die Anregung) ist gegeben. Das Problem ist erkannt: Zur Verbesserung der Arbeitsleistung muss ein größerer Schreibtisch angeschafft werden, der in Farbe und Form zu den übrigen Büromöbeln passt **(= Zielsetzung)**.

[2] Der Finanzplan des Betriebs legt fest, wie viel Euro jährlich von den einzelnen Abteilungen für größere Anschaffungen ausgegeben werden dürfen. Aufgrund des Finanzplans bewilligt die Finanzabteilung für den Kauf eines neuen Schreibtischs maximal 1 000,00 €. Diese Vorgabe bildet ein **Datum**[3] für die noch zu treffende Kaufentscheidung.

[3] Aufgrund der gegebenen Zielsetzung (Beschaffung eines Schreibtischs) und des Datums (Anschaffungswert höchstens 1 000,00 €) holt der Abteilungsleiter mehrere Angebote ein, um einen Überblick gewinnen zu können **(= Abgrenzung des Alternativenfeldes)**.[4]

[4] Nunmehr werden die Angebote für Schreibtische ausgesondert, die nicht infrage kommen können, weil die angebotenen Schreibtische nicht der gewünschten Größe, dem erforderlichen Zweck oder der gewünschten Farbe und Form entsprechen und/oder teurer als 1 000,00 € sind. Übrig bleiben die Angebote, aus denen ausgewählt werden kann **(= Entscheidungsalternativen)**.

[5] Die verbleibenden Angebote (Entscheidungsalternativen) werden nun daraufhin überprüft, welches Angebot dem erforderlichen Zweck (der Zielsetzung) am besten entspricht (z. B. Farbe, Form, Größe). Mit anderen Worten: Die Entscheidungsalternativen werden im Hinblick auf ihre **Zielwirksamkeit** überprüft.

[6] Ist die optimale Lösung gefunden, entscheidet der Abteilungsleiter allein oder mit seinem Mitarbeiter darüber, welches Angebot angenommen werden soll. Die Entscheidung fällt für einen Schreibtisch der Marke „Sekretär", Farbe braun, zu 960,00 €, weil er allen Anforderungen genügt **(= Entscheidungsabschluss)**.

---

1 Rational = verstandesmäßig, bewusst überlegt.
2 Zu den „Entscheidungen" in diesem Sinne gehören demnach nicht die gefühlsmäßigen und unbewussten Handlungen.
3 Datum = festgelegte Größe, die vom Entscheidenden (vom Entscheidungsträger) nicht beeinflusst werden kann.
4 Alternativen = Wahlmöglichkeiten.

3.2.3 Controlling

Begriff Controlling

Unter **Controlling** versteht man einen laufenden informationsverarbeitenden Prozess, der die Geschäftsleitung bei der Überwachung und Steuerung der Realisation von Plänen unterstützt.

Controlling ist mehr als bloße Kontrolle, weil es nicht nur vergangenheitsbezogene Informationen bereitstellt (z. B. Umsatzstatistik, Personalstatistik), sondern in erster Linie Kennzahlensysteme liefert, die Rückschlüsse auf *künftige Entwicklungen* zulassen.

Aufgaben des Controllings

Controlling-Abteilungen sind i. d. R. Stabsabteilungen (siehe Kapitel 3.5.3), d. h., dass der Controller keine oder nur beschränkte Weisungskompetenzen (Weisungsbefugnisse) hat. Der Controller wirkt vielmehr bei der Festlegung der *Geschäftspolitik* und bei der *strategischen*[1] und *operativen*[2] Planung mit.

Aufgaben des Controllings sind z. B. die Untersuchung der Auswirkungen der betrieblichen Zielsetzungen und der Einzelplanungen auf die Wettbewerbsfähigkeit des Unternehmens (strategisches Controlling) und die darauf aufbauende Mitwirkung bei der Festlegung geeigneter Maßnahmen zur Verwirklichung der möglicherweise abgeänderten (revidierten) Ziele (operatives Controlling). Auch die Zusammenfassung der Einzelpläne zu einem in sich geschlossenen Gesamtplan gehört zum Controlling.

Des Weiteren ist die Einhaltung der Planrealisation laufend zu überwachen. Bei Abweichungen müssen die Ursachen analysiert (aufgedeckt) und etwaige notwendige Gegensteuerungsmaßnahmen entwickelt werden.

Instrumente des Controllings

■ **Kennzahlensystem**

Hierunter versteht man eine systematische Zusammenstellung von miteinander in Zusammenhang stehenden Kennzahlen (Messzahlen). Unter Kennzahlen versteht man Maßstabswerte zur Kontrolle des Betriebsablaufs. Wichtige Kennzahlen sind z. B. die Lagerkennzahlen (siehe S. 237 ff.). Kennzahlen haben die Aufgabe, betriebliche Zielgrößen quantitativ (mengenmäßig) auszudrücken und den Erfolg betrieblicher Lenkungsmaßnahmen zu messen.

Beispiele:

Geplanter durchschnittlicher Lagerbestand 2 000 Stück. – Geplanter Monatsabsatz des Artikels AX 4 000 Stück. – Geplanter Monatsumsatz des Artikels BX 120 000,00 €.

---

1 Die strategische Planung ist eine langfristige Planung mit einer geringeren Genauigkeit; Strategie (gr.-lat.) = Plan des eigenen Vorgehens, um ein militärisches, politisches, wirtschaftliches oder anderes Ziel zu erreichen, indem man diejenigen Fakten, die in die eigenen Aktionen hineinspielen könnten, von vornherein einzukalkulieren versucht.

2 Die operative Planung ist eine kurzfristige Planung und damit eine Planung mit sehr großem Genauigkeitsgrad. Der Begriff kommt von Operation (lat.) = Verfahren, Handlung, Denkvorgang; operativ = als konkrete Maßnahme unmittelbar wirkend.

3.2 Entscheidungsprozess

■ **Soll-Ist-Vergleich**

Hier werden die *Sollzahlen (Planzahlen)* den tatsächlichen Zahlen *(Istzahlen)* gegenübergestellt. Mögliche Abweichungen werden in absoluten Zahlen (z. B. Mengen, Gewichte, Werte) und relativen Zahlen (z. B. Prozentzahlen, Promillezahlen) ausgedrückt.

■ **Abweichungsanalyse**

Ihre Aufgabe ist, die möglichen Ursachen der Planabweichungen herauszufinden. Insoweit die Planabweichung betrieblich bedingt war, muss die Fehlentwicklung korrigiert und im nächsten Budget[1] erfasst werden.

> **Beispiel:**
> Der Istumsatz des Artikels AX betrug im Monat Juni nur 800 Stück. Die Planabweichung beträgt somit −200 Stück = −5 %. Die Abweichungsanalyse ergibt, dass die Werbung für den Artikel AX unzureichend war. Daraufhin werden im neuen Budget die Werbungsausgaben für den Artikel AX um 200 000,00 € erhöht.

■ **Budgetierung**

Hierunter versteht man die Vorgabe von Planzahlen (Sollzahlen), die für alle betrieblichen Abläufe (Prozesse) bzw. Teilbereiche erstellt werden. Die *Einzelbudgets* (z. B. Warenbeschaffungsbudget, Werbebudget, Lagerbudget) werden zum *Gesamtbudget* zusammengefasst.

■ **Berichte (Reports)**

Sie erläutern die Ergebnisse der Soll-Ist-Vergleiche, der Abweichungsanalysen sowie Anregungen (z. B. Verbesserungsvorschläge) für die Geschäftsleitung.

Lagerkennzahlen als Beispiel für betriebliche Messzahlen

■ **Durchschnittlicher Lagerbestand**

Der **durchschnittliche Lagerbestand** gibt den durchschnittlichen Wert des Lagers je Zeitperiode (z. B. je Jahr) an. In dieser Höhe ist ständig Kapital des Unternehmens im Lager gebunden. Zur Berechnung des durchschnittlichen Warenbestands werden die Waren mit ihren **Einstandspreisen** bewertet.

Der **Einstandspreis** berechnet sich wie folgt:	
Rechnungspreis (ohne Umsatzsteuer)	3 200,00 €
− Liefererrabatt (15 %)	480,00 €
Zieleinkaufspreis	2 720,00 €
− Liefererskonto (2 %)	54,40 €
Bareinkaufspreis	2 665,60 €
+ Bezugskosten (z. B. Fracht, Versicherung)	314,00 €
Einstandspreis (Bezugspreis)	2 979,60 €

---

[1] Budget (lat.-frz.) = Haushaltsplan, Voranschlag für Einnahmen und Ausgaben, Erträge und Aufwendungen und/oder Leistungen und Kosten usw. Auch die Haushaltspläne öffentlicher Gebietskörperschaften werden mitunter als Budgets bezeichnet. Die Aufstellung eines Budgets heißt Budgetierung.

> **Beispiel:**
>
> Der Jahresanfangsbestand in einem Lager beträgt 36 000,00 €, der Schlussbestand 34 000,00 €. Der durchschnittliche Lagerbestand errechnet sich demnach wie folgt:
>
> $$\text{Durchschnittlicher Lagerbestand} = \frac{36\,000{,}00\ € + 34\,000{,}00\ €}{2} = \underline{\underline{35\,000{,}00\ €}}$$

Allgemein:

$$\text{Durchschnittlicher Lagerbestand} = \frac{\text{Anfangsbestand} + \text{Endbestand}}{2}$$

Einen genaueren Wert erhält man mit folgender Berechnungsmethode:

$$\text{Durchschnittlicher Lagerbestand} = \frac{\text{Anfangsbestand} + 12\ \text{Monatsendbestände}}{13}$$

■ Lagerumschlagshäufigkeit

Die **Lagerumschlagshäufigkeit** gibt an, wie oft sich der Lagerbestand in einer Periode (z. B. in einem Jahr) umgeschlagen hat. Falls die Lagerbestände zu Einstandspreisen bewertet werden, muss auch mit dem *Umsatz zu Einstandspreisen* gerechnet werden.

> **Beispiel:**
>
> Beläuft sich der Jahresumsatz zu Einstandspreisen auf 420 000,00 € und beträgt der durchschnittliche Lagerbestand 35 000,00 €, so beträgt die durchschnittliche Lagerumschlagshäufigkeit:
>
> $$\text{Lagerumschlagshäufigkeit} = \frac{420\,000{,}00\ €}{35\,000{,}00\ €} = \underline{\underline{12}}$$
>
> Die Zahl 12 bedeutet, dass sich das Lager im Jahr zwölfmal umgeschlagen hat.

Allgemein:

$$\text{Lagerumschlagshäufigkeit} = \frac{\text{Umsatz zu Einstandspreisen}}{\text{durchschnittlicher Lagerbestand}}$$

■ Durchschnittliche Lagerdauer

Ist die Lagerumschlagshäufigkeit bekannt, kann die durchschnittliche Lagerdauer errechnet werden.

> **Beispiel:**
>
> Die durchschnittliche Lagerumschlagshäufigkeit beträgt 12. Die durchschnittliche Lagerdauer errechnet sich somit wie folgt:
>
> $$\text{Durchschnittliche Lagerdauer} = \frac{360\ \text{Tage}}{12} = \underline{\underline{30\ \text{Tage}}}$$
>
> Die Ware liegt somit durchschnittlich 30 Tage auf Lager.

Allgemein:

$$\text{Durchschnittliche Lagerdauer} = \frac{\text{betrachtete Zeitperiode (z. B. 1 Jahr} \stackrel{\wedge}{=} 360\ \text{Tage)}}{\text{Lagerumschlagshäufigkeit}}$$

3.2 Entscheidungsprozess

■ **Lagerzinssatz (Lagerzinsfuß)**

Beispiel:

Bei einer durchschnittlichen Lagerdauer von 30 Tagen und einem Jahreszinssatz von 12% beläuft sich der Lagerzinssatz (Lagerzinsfuß) auf 1% (12% · 30 : 360).

Allgemein:

$$\text{Lagerzinssatz} = \frac{\text{Jahreszinssatz} \cdot \text{durchschnittliche Lagerdauer}}{360}$$

Der Zusammenhang zwischen **Lagerdauer** und **Lagerzinssatz** wird aus folgender Tabelle deutlich, wobei ein Jahreszinssatz von 12% zugrunde gelegt wird.

Durchschnittlicher Lagerbestand	Lagerdauer	Lagerzinsen in €	Lagerzinssatz in % des Warenwerts
35 000	360	4 200,00	12
35 000	270	3 150,00	9
35 000	180	2 100,00	6
35 000	90	1 050,00	3
35 000	45	525,00	1,5

Zusammenfassung

- Wesentliche **Führungsaufgaben** sind die Vorgabe von **Zielen, Planung, Realisation** (Organisation und Koordination) und **Kontrolle**.
- Die **Führung** ist stets eine **Entscheidungsaufgabe**.
- Um entscheiden zu können, benötigt die Unternehmensführung **Informationen**, d. h. die Mitteilung zweckorientierten Wissens.
- Die Mitteilung an andere bezeichnet man als **Kommunikation**.
- Der **Entscheidungsprozess** durchläuft mehrere Phasen:

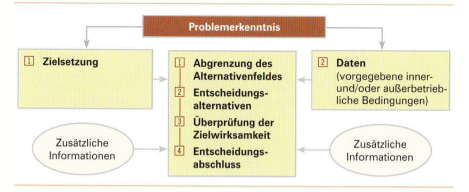

- Die in die Zukunft weisende Aufgabe des **Controllings** besteht darin, die Unternehmensführung bei der Planung, Überwachung und Steuerung der Planrealisation zu unterstützen.

ÜBUNGSAUFGABEN

1. Begründen Sie die Notwendigkeit von Führung im wirtschaftlichen Betrieb!

2. Die Organisationslehre nennt folgende Führungsaufgaben: Zielsetzung, Planung, Organisation, Koordination und Kontrolle. Erläutern Sie kurz diese Begriffe und bringen Sie diese in einen sinnvollen Zusammenhang!

3. Erklären Sie die Begriffe Information und Kommunikation!

4. Der Informationsaustausch im Betrieb setzt einen gemeinsamen Zeichenvorrat von Empfänger und Sender voraus. Warum?

5. Welche Folgen können sich beispielsweise ergeben, wenn Sender und Empfänger nicht über einen gemeinsamen Zeichenvorrat verfügen?

6. Worin sehen Sie die Bedeutung des Controllings?

7. **Arbeitsauftrag:** Angenommen, Sie wollen sich einen Gebrauchtwagen kaufen. Ihr Budget ist auf maximal 3 000,00 € beschränkt.

    Erarbeiten Sie in Gruppen- oder in Einzelarbeit den möglichen Entscheidungsprozess. Gehen Sie von drei möglichen realistischen Angeboten aus!

8. Frau Klein, Inhaberin des Küchenstudios Erna Klein e. Kfr., lässt sich mithilfe der EDV folgende Zahlen errechnen:

	Jahr 00	Jahr 01
01 Umsatz zu Einstandspreisen	4 266 712,60 €	4 516 324,70 €
02 Durchschnittlicher Lagerbestand	388 516,50 €	390 511,80 €
03 Lagerumschlagshäufigkeit (Jahr)	10,98	11,57
04 Durchschnittliche Lagerdauer	32,8 Tage	31,1 Tage
05 Lagerzinssatz	1,09 %	1,04 %

    8.1 Wie werden die Kennzahlen 02 bis 05 errechnet?
    8.2 Wie sind diese Kennzahlen im Hinblick auf die Wirtschaftlichkeit des Lagers zu bewerten?
    8.3 Wie lässt sich die Lagerumschlagshäufigkeit weiter erhöhen? Machen Sie Vorschläge!
    8.4 Welcher Jahreszinssatz wurde in der obigen Bildschirmausgabe unterstellt?
    8.5 Berechnen Sie die Lagerzinssätze bei einem Jahreszinssatz von 8, 9, 10 und 11 %!

9. Die Kölner Uhren- und Schmuck-Import GmbH ermittelt für Goldreifen eine Umschlagshäufigkeit von 0,9.

    9.1 Was bedeutet diese Kennzahl?
    9.2 Mit wie viel Euro Zinsen muss die Kölner Import-GmbH für einen Goldreif mit einem Einstandspreis (Bezugspreis) von 1 200,00 € rechnen (kalkulieren), wenn der Zinsfuß 9 % p. a. beträgt?

3.3 Personalführung

3.3.1 Führungsstile

Das Setzen von Zielen, das Planen, das Organisieren und Kontrollieren setzt Führung voraus. Ein führungsloser Betrieb wäre ein nicht koordinierter Betrieb. Notwendige Entscheidungen blieben aus. Ob geführt werden muss, ist also keine Frage. Das Problem ist vielmehr, wie geführt werden soll.

Führungsstile nach den Zielen der Vorgesetzten

Aufgabenorientierter Führungsstil	Ziel der Vorgesetzten ist, dass die Mitarbeiter ihre Arbeitskraft maximal einsetzen. Den Vorgesetzten kommt es auf eine möglichst hohe quantitative und qualitative Arbeitsleistung an.
Personenorientierter Führungsstil	Die Vorgesetzten gehen auf die Bedürfnisse und Erwartungen der Mitarbeiter ein. Sie unterstützen sie bei der Aufgabenerfüllung und beachten die Grundsätze der Personalführung (siehe S. 245).

Führungsstile nach der Art der Willensbildung

Autoritärer Führungsstil	Die Vorgesetzten treffen ihre Entscheidungen allein, ohne Begründung und häufig willkürlich. Sie erwarten von ihren Untergebenen Gehorsam.
Bürokratischer Führungsstil	Er ist eine Fortentwicklung des autoritären Führungsstils. Die Entscheidungen der Vorgesetzten sind jedoch nicht willkürlich, sondern beruhen auf Vorschriften. Entscheidungen und Anordnungen werden i. d. R. schriftlich und auf vorgeschriebenen Wegen mitgeteilt.
Patriarchalischer (matriarchalischer) Führungsstil	Die Mitarbeiter werden von den Vorgesetzten als „Kinder" angesehen, für die sie eine Fürsorgepflicht haben. Informationen fließen wohlwollend von „oben nach unten". Da der „Patriarch" (väterlicher Herrscher) bzw. die „Matriarchin" (mütterliche Herrscherin) einen absoluten Führungsanspruch erhebt, ist auch der patriarchalische bzw. matriarchalische Führungsstil eine Spielart des autoritären Führungsstils.
Charismatischer Führungsstil	Dieser Führungsstil ähnelt dem patriarchalischen bzw. matriarchalischen. Das „Wohlwollen" der Führenden wird jedoch durch das „Charisma", also eine außergewöhnliche Ausstrahlungskraft der Vorgesetzten ersetzt.
Kooperativer[1] Führungsstil	Die Vorgesetzten beziehen ihre Mitarbeiter in den Entscheidungsprozess mit ein. Sie erwarten sachliche Unterstützung bei der Verwirklichung der gemeinsam gesetzten Ziele.
Laissez-faire-Stil[2]	Bei diesem Stil werden die Mitarbeiter als isolierte Individuen betrachtet. Ihnen wird ein hohes Maß an Entscheidungsfreiheit zugebilligt. Die Informationen fließen zufällig und bei individuellem Bedarf.

---

1 Kooperieren (lat.) = zusammenarbeiten.
2 Laissez faire (frz.) = lasst machen.

■ Vor- und Nachteile

Es ist zu erwarten, dass das kooperative Führungsverhalten (auch als „demokratisches Führungsverhalten" bezeichnet) zu einer positiveren Einstellung der Arbeitskräfte zueinander und zur Unternehmensführung führt, sodass die Qualität der Leistung zunimmt. Ferner ist anzunehmen, dass der Personalwechsel (die Fluktuation) geringer als beim autoritären Führungsstil ist. Beim autoritären Führungsverhalten ist die quantitative (mengenmäßige) Leistung der „Untergebenen" höher, weil sie unter dem ständigen Druck von Anweisungen und Kontrollen von „oben" stehen. Generelle (allgemein gültige) Aussagen über die Wirksamkeit von Führungsstilen sind aufgrund der bisherigen Untersuchungen jedoch nicht möglich.

3.3.2 Führungstechniken

Bei den Führungstechniken (auch Führungsprinzipien oder Führungsmethoden genannt) geht es darum, wie das Delegationsproblem gelöst werden kann. Unter **Delegation** ist das Abgeben von Aufgaben und Zuständigkeiten an nachgeordnete Abteilungen und Stellen zu verstehen. Wichtige Führungstechniken sind z. B.:

Führen nach dem Ausnahmeprinzip (Management by Exception)	Hier beschränkt die Geschäftsleitung ihre Entscheidungen auf *außergewöhnliche* Fälle, d. h., sie greift in den Kompetenzbereich (Zuständigkeitsbereich) einer Arbeitskraft nur dann ein, wenn Abweichungen von den angestrebten Zielen eintreten und/oder in besonderen Situationen wichtige Entscheidungen getroffen werden müssen.
Delegation von Verantwortung (Management by Delegation)	Dieses Prinzip besagt, dass klar abgegrenzte Aufgabenbereiche mit entsprechender Verantwortung und Kompetenz auf nachgeordnete Mitarbeiter übertragen werden, damit die übergeordneten Führungsstellen von Routinearbeiten (= immer wiederkehrende Arbeiten) entlastet werden und andererseits schnelle Entscheidungen getroffen werden können.
Führen durch Zielvereinbarung (Management by Objectives)	Hier erarbeiten die Geschäftsleitung und die ihr nachgeordneten Führungskräfte gemeinsam bestimmte Ziele, die die jeweilige Arbeitskraft in ihrem Arbeitsbereich realisieren soll. Der Aufgaben- und Verantwortungsbereich der Arbeitskraft wird somit nach dem *erwarteten Ergebnis* festgelegt. Der *Grad der Zielerfüllung* ist Grundlage der Leistungsbewertung des Mitarbeiters.

3.3.3 Personalbeurteilung (Mitarbeiterbeurteilung)

Die Personalbeurteilung (Mitarbeiterbeurteilung) dient als Entscheidungsgrundlage bei der Festlegung der Lohnhöhe der einzelnen Arbeitskräfte, bei Versetzungen, Beförderungen und Entlassungen. Eine von den Mitarbeitern als richtig (fair) empfundene Beurteilung kann diese dazu motivieren,[1] ihre Leistungen zu steigern, insbesondere dann, wenn in der Beurteilung Fortschritte bei ihren Kenntnissen und Fertigkeiten gewürdigt werden.

Häufigkeit der Beurteilung

Die Personalbeurteilung kann von Fall zu Fall durchgeführt werden, z. B. dann, wenn es um Beförderungen und/oder Gehaltserhöhungen geht. In diesem Fall liegt der Personalbeurteilung ein einseitiger Zweck zugrunde, der Form und Inhalt mitbestimmt.

Um zu umfassenderen Beurteilungen zu kommen, gehen heute größere Unternehmen dazu über, die Beurteilungen regelmäßig vorzunehmen (bei Auszubildenden vierteljährlich, bei Angestellten und Arbeitern jährlich).

---

[1] Motivieren = antreiben, anreizen.

3.3 Personalführung

Grundsätze der Personalbeurteilung

Beurteilungen müssen *vergleichbar* sein, d. h., die gleiche Leistung muss auch gleich beurteilt werden. Hierzu bedarf es bestimmter **Beurteilungskriterien** (Einteilungsmaßstäbe, -gesichtspunkte), die es ermöglichen, dass verschiedene mit der Beurteilung beauftragte Personen zum gleichen Ergebnis kommen. Die Beurteilungskriterien sollen verhindern, dass in die Beurteilung Vorurteile der beurteilenden Person einfließen. Die Beurteilung soll möglichst *objektiv*[1] sein.

Beurteilungsarten und -kriterien

Summarische Beurteilung	In Klein- und Mittelbetrieben wird meist eine summarische Beurteilung vorgenommen. Diese stützt sich auf einen **Gesamteindruck**, der unter Umständen recht subjektiv[2] sein kann.
Analytische Beurteilung	In Großbetrieben wird die analytische Personalbeurteilung vorgezogen. Hier werden zur Beurteilung einzelne vorher genau festgelegte Beurteilungskriterien herangezogen, um anschließend zu einem Gesamturteil zu kommen.

Beurteilungskriterien können sein:

- Fachkenntnisse (Vorbildung, berufliche Ausbildung, berufliche Weiterbildung)
- Aufgabenerfüllung
  - Arbeitsqualität (Einhalten der Arbeitsanweisungen, Umfang und Häufigkeit der Beanstandungen durch Kollegen, andere Abteilungen und betriebsfremde Personen)
  - Arbeitsquantität (Arbeitsmenge, Arbeitsweise, Fleiß)
  - Arbeitssorgfalt (Umgang mit Betriebsmitteln und Werkstoffen, Sparsamkeit beim Verbrauch von Betriebsstoffen und Energie)
  - Arbeitseinsatz (Bereitschaft, auch außergewöhnliche Arbeiten zu erledigen)
- Bereitschaft zur Fortbildung (Teilnahme an betrieblichen und außerbetrieblichen Lehrgängen)
- Kreativität[3] (Fähigkeit mitzudenken, Probleme selbstständig zu lösen, Entscheidungen innerhalb des eigenen Kompetenzbereichs[4] ohne Rückversicherung beim Vorgesetzten zu fällen, Verbesserungsvorschläge zu unterbreiten)
- Verhältnis zu Vorgesetzten und Kollegen

Die analytische Personalbeurteilung ist zwar objektiver als die summarische, kann jedoch ebenfalls fehlerhaft sein. Fehlerquellen sind z. B.:

- Falschurteile aus Rachsucht, Missgunst,
- Angst vor kritischen Mitarbeitern oder Begünstigungsabsicht (Protektion),
- Vorurteile (die möglicherweise aufgrund alter Beurteilungen fortgeschrieben werden),
- Zuneigung (Sympathie) oder Abneigung (Antipathie) der Beurteilenden gegenüber den Beurteilten,
- Zufälligkeiten wie augenblickliche körperliche oder geistige Verfassung der beurteilenden Person (Krankheit, Ärger, Freude).

---

1 Objektiv = frei von persönlichen Gefühlen, Einstellungen und Wertungen.
2 Subjektiv = auf die eigene Person bezogen; durch persönliche Eindrücke, Gefühle und Gedanken mitbestimmt.
3 Kreativität = Fähigkeit zum schöpferischen Handeln.
4 Kompetenz = Entscheidungsbefugnis.

Die Gefahr unrichtiger Beurteilungen kann gemildert werden durch

- **Gespräche** zwischen der beurteilenden Person und den zu Beurteilenden („Beurteilungsgespräche", in denen die Arbeitskräfte eine bestimmte Selbstbeurteilung abgeben dürfen);
- **Einsicht in die Beurteilung.** (Nach dem BetrVG haben die Mitarbeiter das Recht auf eine Erläuterung ihrer Beurteilung [§ 82 BetrVG].) Der Arbeitgeber hat ihnen ferner Einsicht in die Personalakten zu gewähren. Es kann hierzu ein Mitglied des Betriebsrats hinzugezogen werden [§ 83 I BetrVG].

3.3.4 Personalinformationssysteme und Datenschutz

In größeren Unternehmen gehen die in den Personalakten und -statistiken enthaltenen Daten in Datenbanken ein, die als **P**ersonal**i**nformations**s**ysteme (PIS) bezeichnet werden.

Begriff Personalinformationssysteme

Personalinformationssysteme sind i.d.R. computergestützte Verfahren zur geordneten Erfassung, Speicherung, Verarbeitung und Bereitstellung aller relevanten (bedeutsamen) Informationen über den Arbeitsmarkt, die Arbeitsplätze bzw. die Arbeitssituationen sowie die Mitarbeiter und deren Qualifikationen, um bestimmte zugangsberechtigte Führungskräfte, Personalsachbearbeiter und Arbeitnehmervertretungen mit Informationen zu versorgen, die sie zur Ausübung ihrer Führungs- und Verwaltungsaufgaben benötigen.

Begriff personenbezogene Daten

Datenspeicherung, -nutzung und -übermittlung personenbezogener Daten unterliegen strengen Datenschutzbestimmungen. So dürfen z.B. private Unternehmen personenbezogene Daten nur speichern, wenn dies zur Erfüllung eigener Geschäftszwecke (z.B. zur Personalplanung und -führung) notwendig ist [§ 28 I BDSG]. Personenbezogene Daten sind Einzelangaben über persönliche oder sachliche Verhältnisse einer bestimmten oder bestimmbaren natürlichen Person [§ 3 I BDSG].[1]

Beispiel:
Frau Anne Weiß ist u.a. durch ihren Namen und ihren Geburtstag bestimmt. Bestimmbar ist Frau Weiß beispielsweise durch ihre Personalnummer bei der Eisenwarengroßhandlung Ferrowell GmbH in Saulgau. Ihre persönlichen Verhältnisse werden durch Merkmale wie „katholisch", „verheiratet", „zwei Kinder" usw., ihre sachlichen Verhältnisse durch Angaben wie „Eigentümerin eines Miethauses" beschrieben.

Datengeheimnis

Den bei der Datenverarbeitung beschäftigten Personen ist untersagt, personenbezogene Daten unbefugt zu verarbeiten oder zu nutzen. Das Datengeheimnis besteht auch nach Beendigung der Tätigkeit fort [§ 5 BDSG].

---

[1] Der Begriff einer automatisierten und nicht-automatisierten Datei zur Sammlung personenbezogener Daten ist gesetzlich bestimmt (siehe § 3 II BDSG). Zu weiteren Begriffsbestimmungen (z. B. Datenübermittlung) siehe § 3 III – IX BDSG.

3.3 Personalführung

Benachrichtigungs- und Auskunftspflicht

Die von der Datenspeicherung betroffenen Personen müssen grundsätzlich von der Speicherung und der Art der personenbezogenen Daten benachrichtigt werden [§ 33 I BDSG]. Die betroffene Person kann Auskunft verlangen über

- die zu ihrer Person gespeicherten Daten, auch soweit sie sich auf Herkunft und Empfänger beziehen,
- den Zweck der Speicherung und
- Personen und Stellen, an die ihre Daten regelmäßig übermittelt werden, wenn diese automatisiert verarbeitet werden [§ 34 I BDSG].

Datenschutzbeauftragter

Unternehmen, die personenbezogene Daten automatisiert verarbeiten und damit in der Regel mindestens fünf Arbeitskräfte ständig beschäftigen, müssen einen Beauftragten für den Datenschutz bestellen [§ 36 I BDSG]. Der Datenschutzbeauftragte hat die Beachtung der Vorschriften des Bundesdatenschutzgesetzes sowie anderer Vorschriften über den Datenschutz sicherzustellen [§ 37 I BDSG].

Grundsätze der Personalführung

Personalführung (Menschenführung) ist planmäßiges Leiten von einzelnen Personen und Gruppen im Betrieb im Hinblick auf die zwischenmenschlichen Beziehungen (= Humanrelations).

Die Personalführung bestimmt weitgehend das **Betriebsklima** mit, weil sie die Einstellung des Arbeitnehmers zum Betrieb beeinflusst. Je größer die Zufriedenheit der Mitarbeiter ist, desto größer ist auch die Leistung (Näheres siehe Kapitel 2.2).

Verhaltensweisen von Vorgesetzten, die Unzufriedenheit auslösen	Verhaltensweisen von Vorgesetzten, die Zufriedenheit bewirken (Motivatoren)
Keine Anerkennung für Leistung und Verhalten;	Erteilte Anerkennung für Leistung und Verhalten;
destruktive (zerstörende) Kritik;	konstruktive (aufbauende) Kritik;
dauernder Tadel, wenn Fehler gemacht wurden;	Ermutigung, falls Fehler gemacht wurden;
Misstrauen in die Fähigkeiten, Kenntnisse und Fertigkeiten der Arbeitskräfte;	Zutrauen (das sich z. B. im Einräumen von Entscheidungsspielräumen äußert);
Intoleranz (nur die Meinung des/der Vorgesetzten zählt, ist richtig);	Toleranz (Duldsamkeit abweichender Meinungen);
Unverständnis für persönliche und berufliche Belange der Arbeitskräfte.	Verständnis für persönliche und berufliche Belange der Arbeitskräfte.

3 Führung und Führungsverhalten

Zusammenfassung

- Die **Führungsstile** beschreiben die Art und Weise, wie die Vorgesetzten auf ihre Mitarbeiter bewusst Einfluss nehmen können.
- Die Führungsstile der Wirklichkeit sind Mischformen zwischen dem **autoritären** und dem **kooperativen Führungsstil**.

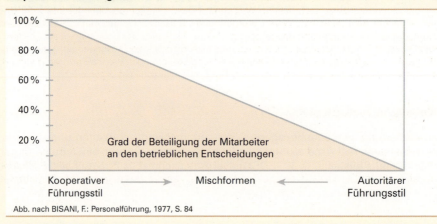

Abb. nach BISANI, F.: Personalführung, 1977, S. 84

- Die **Führungstechniken** beschreiben die Art und Weise, wie Führungsaufgaben delegiert werden können.
- Datenspeicherung, -nutzung und -übermittlung unterliegen strengen **Datenschutzbestimmungen**.
- Die Beachtung der wichtigsten **Grundsätze der Personalführung** verbessert das Betriebsklima und den Leistungswillen der Mitarbeiterinnen und Mitarbeiter.

ÜBUNGSAUFGABEN

1. Unterscheiden Sie zwischen autoritärem und kooperativem Führungsstil!
2. Warum sind die Übergänge zwischen autoritärem und kooperativem Führungsstil fließend?
3. Welche Vor- und Nachteile haben die in Aufgabe 1. genannten Führungsstile?
4. Erläutern Sie den Begriff Führungstechniken!
5. Grenzen Sie folgende Führungstechniken voneinander ab:
   a) Management by Delegation,
   b) Management by Exception,
   c) Management by Objectives.
6. Welche Vor- und Nachteile haben die einzelnen Führungstechniken?
7. Nennen Sie mindestens fünf Kriterien der Personalbeurteilung!
8. Welchen Zweck verfolgt die Personalbeurteilung im Betrieb?
9. Unterscheiden Sie zwischen summarischer und analytischer Mitarbeiterbeurteilung! Begründen Sie, welche Form Sie für die objektivere halten!
10. Welche Problematik weist jede Art der Personalbeurteilung auf?
11. Erklären Sie den Begriff Menschenführung im Betrieb!
12. Nennen Sie mindestens fünf Verhaltensweisen eines Vorgesetzten, die geeignet sind, die Mitarbeiter anzuspornen!

3.4 Die Organisation als Führungsaufgabe

3.4.1 Voraussetzungen der Organisation

Das Möbelgeschäft Schlend GmbH befindet sich in den „roten Zahlen". Der eilig herbeigerufene Organisationsberater Stab stellt nach dem ersten Tag seiner Untersuchungen bereits fest, dass praktisch jeder Mitarbeiter zwar nach bestem Wissen und Gewissen, jedoch ohne Kenntnis der Gesamtzusammenhänge gearbeitet hat. Waren wurden ohne Rücksprache mit dem Leiter der Verkaufsabteilung vermeintlich „günstig" eingekauft mit dem Ergebnis, dass sie häufig als „Ladenhüter" liegen blieben. Dringend nachgefragte Möbeltypen waren oft „gerade ausgegangen"; die verärgerten Kunden wurden vertröstet. Eine teure EDV-Anlage wurde gemietet, obwohl sie am Tag nur mit durchschnittlich zwei Stunden ausgelastet war. Kurz: Der Betrieb ist schlecht organisiert.

Organisation als System von Regelungen

Die **Organisation** hat die Aufgabe, die betrieblichen Leistungsfaktoren so zu kombinieren und erforderlichenfalls zu substituieren, dass ein reibungsloser Ablauf des Betriebsprozesses möglich ist. Die Organisation ist ein **System geplanter Regelungen**.

Voraussetzungen der Organisation	
Teilbarkeit der Aufgaben	**Wiederholbarkeit der Aufgaben**
Die zu regelnden Aufgaben müssen in Teilaufgaben zerlegt werden können, welche von verschiedenen Personen und/oder Personengruppen wahrgenommen werden können (z. B. die Rechnungserstellung und das Schreiben von Ausgangsrechnungen, Prüfen der Ausgangsrechnungen, Ablegen der Ausgangsrechnungen = *Aufgabenteilung*).	Geplante Regelungen können nur getroffen werden, wenn sich die Teilaufgaben wiederholen oder die Wiederholung zumindest wahrscheinlich ist. Sich ständig wiederholende Teilaufgaben sind z. B. Einkaufen, Verkaufen, Überweisungen schreiben, Außenstände überwachen, säumige Kunden mahnen, Angebote einholen, Eingangsrechnungen prüfen.

Arten der Regelungen

■ **Generelle Regelungen**

Sich ständig wiederholende Aufgaben können mithilfe von generellen (allgemein gültigen) Regelungen erfasst werden. Generelle Regelungen geben dem Betriebsablauf einen festen Rahmen. Sie tragen zur Klarheit und Übersichtlichkeit des Betriebsgeschehens bei: Der Betrieb ist **stabil**.

■ **Fallweise Regelungen**

Sie sind erforderlich, wenn die Organisation den Entscheidungsträgern (z. B. Abteilungsleiter) *Entscheidungsspielräume* überlässt.

Beispiele:

Der Handlungsbevollmächtigte Krause ist befugt, Bankkredite bis zu einem Betrag von 5 000,00 € aufzunehmen; ein Verkäufer darf Kundenkredite bis zu einem Ziel von 2 Monaten gewähren. Beide entscheiden von Fall zu Fall. Erst bei notwendigem Überschreiten der gezogenen Grenzen ist es erforderlich, die jeweiligen Vorgesetzten einzuschalten.

Das System fallweiser Entscheidungen bezeichnet man als **Disposition**.[1] Sinn der Disposition ist, voraussehbare, aber nicht in jeder Einzelheit regelmäßig wiederkehrende Aufgaben schnell lösen zu können. Die in den organisatorischen Rahmen eingebundenen Dispositionen bezeichnet man als gebundene Dispositionen.[2]

Improvisation

Ungeplante Regelungen nennt man Improvisation. Improvisation ist dann erforderlich, wenn im Betrieb unerwartete Situationen auftreten.

Beispiele:

Maschinenbruch, Stromausfall, spontane Arbeitsniederlegungen, unerwartete Verzögerungen bei der Beschaffung von Roh-, Hilfs- und Betriebsstoffen, unerwartete Aufträge zu Sonderkonditionen, Spezialaufträge.

Je größer der Spielraum für ungeplante Regelungen (Improvisation) ist, desto größer ist die **Elastizität**[3] des Betriebs. Andererseits wächst mit zunehmender Improvisation die Gefahr von Fehlentscheidungen.

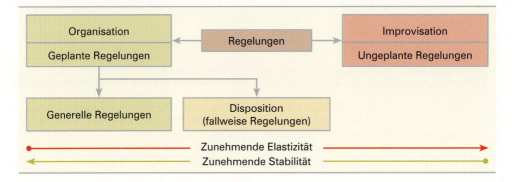

3.4.2 Grundsätze der Organisation

In der Organisationslehre sind zahlreiche allgemeine Organisationsgrundsätze aufgestellt worden, die sich teils ergänzen, teils widersprechen. Beispiele: Regelungen sollen klar und eindeutig sein; weniger wichtige Entscheidungsspielräume sind an untergeordnete Stellen abzutreten (zu delegieren), um die Führung für wichtige Entscheidungen freizuhalten; Kompetenz und Verantwortung sollen sich entsprechen; die Organisation ist entsprechend der sich verändernden Bedingungen weiterzuentwickeln; die Organisation muss die entsprechende Kontrolle sicherstellen. Diese Vielzahl von Organisationsgrundsätzen ist bis heute noch nicht systematisiert worden. Wir beschränken uns daher im Folgenden auf die grundlegenden Organisationsprinzipien der Zweckmäßigkeit, der Wirtschaftlichkeit, des organisatorischen Gleichgewichts und der Koordination.

---

1 Disposition = Verfügung, Entscheidung innerhalb eines vorgegebenen Rahmens.
2 Freie Dispositionen liegen vor, wenn sie außerhalb des organisatorischen Rahmens getroffen werden. Sie sind im Allgemeinen der Geschäftsleitung vorbehalten. (Beispiel: Die Geschäftsleitung stimmt der Beschaffung eines preisgünstigen Sonderpostens zu, obwohl diese Ausgabe weder im Finanzplan noch im Beschaffungsplan vorgesehen ist.)
3 Elastizität = hier: Reaktionsfähigkeit.

3.4 Die Organisation als Führungsaufgabe

Grundsatz der Zweckmäßigkeit

Alle organisatorischen Maßnahmen müssen der **Zielsetzung** des Betriebs entsprechen. Vorausregelungen um ihrer selbst willen sind zwecklos. Überholte, nicht mehr dem Aufgabenzweck entsprechende Regelungen sind aufzuheben oder abzuändern.

Grundsatz der Wirtschaftlichkeit

Stehen mehrere Organisationsmittel und -wege zur Verfügung, die den gleichen Zweck erfüllen, ist das jeweils günstigste (z. B. billigste) Organisationsmittel bzw. der jeweils günstigste Weg zu wählen **(Minimalprinzip)**.

Grundsatz des organisatorischen Gleichgewichts

Im Idealfall herrscht weder Über- noch Unterorganisation (organisatorisches Gleichgewicht), wenn

- alle regelmäßig wiederkehrenden Vorgänge durch **generelle** Regelungen erfasst sind,
- die unregelmäßigen, aber voraussehbaren Ereignisse durch **fallweise** Regelungen (Disposition) gelöst werden können und
- der Betrieb auf unerwartete Ereignisse schnell mithilfe der **Improvisation** reagieren kann, die Improvisation also nicht durch überflüssige Regelungen behindert oder verhindert wird.

Eine allgemeine Aussage darüber, in welchem Verhältnis generelle Regelungen, Disposition und Improvisation zueinander stehen müssen, kann nicht getroffen werden. Das jeweils günstigste Verhältnis hängt von der Art und der Größe des Betriebs ab. Eines jedoch steht fest: Je größer der Betrieb wird, desto größer wird auch die Zahl der sich ständig wiederholenden Vorgänge. Infolgedessen muss vor allem die Improvisation, mitunter auch die Disposition durch generelle Regelungen ersetzt (substituiert) werden (Substitutionsprinzip der Organisation).

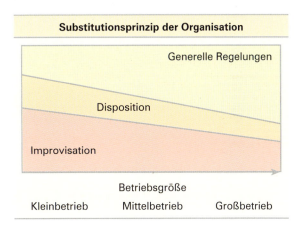

Grundsatz der Koordination

Organisatorische Maßnahmen müssen so aufeinander abgestimmt (koordiniert) werden, dass sie auf bestmögliche Weise zur Erfüllung des Betriebszwecks beitragen.

Der **Grundsatz der Koordination** bezieht sich auf zwei Ebenen:

- Betriebliche Abläufe (z. B. Wareneinkauf – Lagerung – Sortimentierung – Verkauf – Auslieferung) müssen zeitlich und räumlich aufeinander abgestimmt werden *(raumorientierte* und *zeitorientierte Ablauforganisation).*[1]

---

[1] Näheres siehe Kapitel 3.6.

3 Führung und Führungsverhalten

- Die Zuständigkeiten im Betrieb müssen klar geregelt und jedem Mitarbeiter bekannt sein. Der Instanzenaufbau[1] ist festzulegen, d.h., die verschiedenen Abteilungen im Betrieb müssen ihren Standort zugewiesen bekommen. Es muss genau geregelt sein, welche Abteilungen gleich geordnet, untergeordnet oder übergeordnet sind, wer von wem Weisungen erhalten kann bzw. wer wem Weisungen erteilen darf. Mit den Fragen der Gleich-, Unter- und Überordnung befasst sich die **Aufbauorganisation**.[2]

3.4.3 Der Regelkreis als Mittel der Darstellung organisatorischer Sachverhalte

Organisatorische Sachverhalte können auf mehrfache Weise veranschaulicht werden. Ein Versuch der Darstellung ist der **Regelkreis**. Im Prinzip ist Ihnen der Sachverhalt längst bekannt. Ein Schulbeispiel ist die Regelung von Zimmertemperaturen bei Zentralheizungsanlagen. Mithilfe des Thermostaten gelingt es, „Störgrößen" (niedrige Außentemperaturen) mithilfe des Mischers auszugleichen, sodass die Zimmertemperatur konstant bleibt.

Für die **Darstellung eines einfachen Regelkreises** sind folgende Begriffe bedeutsam:

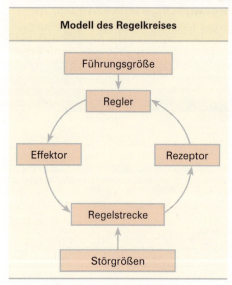

Der **Zweck** der Darstellung organisatorischer Sachverhalte durch das Regelkreissystem ist somit die Verdeutlichung von *Entscheidungsprozessen* in wirtschaftlichen Betrieben. Der **Nachteil** dieser Darstellungsweise ist ihr hoher Abstraktionsgrad,[3] der keine Aussagen über den Inhalt des Regelungsprozesses zulässt. Hinzu kommt, dass die Organisation eines Betriebs als eine Vielzahl von gegenseitig abhängigen Regelkreisen aufgefasst werden kann, sodass das Gesamtsystem schließlich unüberschaubar wird.

---

1 Instanz = weisungsbefugte Stelle.
2 Näheres siehe Kapitel 3.5.
3 Abstrakt = von der Wirklichkeit losgelöst.

3.4 Die Organisation als Führungsaufgabe

Führungsgröße	Hierunter versteht man den **Sollzustand** eines zu regelnden Systems, z. B. die Entscheidung der Geschäftsleitung eines Betriebs, ein neues Absatzgebiet für Sonnenkollektoren (500 Einheiten pro Monat) zu erschließen.
Regelstrecke	Sie ist das zu **regelnde System**, das bei einem offenen System (wie dies bei wirtschaftlichen Betrieben der Fall ist) mit der Außenwelt verbunden ist. In unserem Beispiel entspricht die „Regelstrecke" dem Entscheidungsfeld, das zur Ausführung des Ziels zur Verfügung steht, d. h. die Ausführung des Auftrags unter Beachtung der Kosten, der Werbemöglichkeiten, der Personalsituation und der rechtlichen Rahmenbedingungen.
Störgrößen	Die Ausführung (die Regelstrecke) kann von außen „gestört" werden, beispielsweise durch entsprechende Werbemaßnahmen, ansprechende Produktgestaltung und/oder Preis- und Konditionenpolitik der Konkurrenz.
Rezeptor	Er beobachtet die Regelstrecke und gibt Informationen über den Istzustand der Regelstrecke an den Regler weiter. In unserem Beispiel ist das betriebliche Rechnungswesen (z. B. mit seinen Absatzstatistiken und Werbeerfolgskontrollen) dem Rezeptor gleichzusetzen.
Regler	Aufgrund der Informationen des Rezeptors stellt der Regler fest, ob die „Regelgröße" (= tatsächlicher Zustand der Regelstrecke) den geforderten Zustand einnimmt. Wenn nein, werden die festgestellten Abweichungen bestätigt. In diesem Fall kann beispielsweise der Verkaufsdirektor die Funktion (Aufgabe) des „Reglers" wahrnehmen. Er prüft die vom Rechnungswesen (Rezeptor) gelieferten Daten und stellt etwaige Abweichungen vom Ziel fest (z. B. 450 statt 500 verkaufte Einheiten je Monat).
Stellgröße (Stellglied)	Unter Stellgröße versteht man den Teil der Regelstrecke, der mögliche Abweichungen von der Führungsgröße (vom Sollzustand) ausgleichen kann. Im vorliegenden Beispiel sind das beispielsweise Verstärkung der Werbung, Änderung der Werbemethoden, Preissenkungen oder Maßnahmen der Produktgestaltung.
Effektor	Er greift bei Soll-Ist-Abweichungen in die Regelstrecke ein und verändert die Stellgröße. Im Beispiel wird die Funktion des Effektors vom Leiter der Werbeabteilung wahrgenommen, der die Anweisungen der Geschäftsleitung (des Reglers) auszuführen hat und entsprechende Maßnahmen im gegebenen Entscheidungsfeld (der Regelstrecke) trifft. Der Kreislauf ist geschlossen, wenn der Rezeptor die neuen Daten an den Regler weiterleitet (= **Rückkopplung**), worauf bei erneuten Soll-Ist-Abweichungen weitere Korrekturmaßnahmen angeordnet und ausgeführt werden müssen.

Zusammenfassung

- Die **Organisation** hat die Aufgabe, betriebliche Leistungsfaktoren optimal zu kombinieren und zu substituieren. Sie ist ein System **geplanter Regelungen**.
- **Ungeplante Regelungen** nennt man **Improvisation**.
- Ein mögliches Mittel zur Darstellung organisatorischer Sachverhalte ist der **Regelkreis**.

3 Führung und Führungsverhalten

ÜBUNGSAUFGABEN

1. Worin besteht die Aufgabe der betrieblichen Organisation?

2. Nennen und begründen Sie die Voraussetzungen der Organisation!

3. 3.1 Erklären Sie folgende Begriffe:
   3.1.1 generelle Regelungen,
   3.1.2 fallweise Regelungen und
   3.1.3 Improvisation.
   3.2 Nennen Sie Beispiele!

4. Organisation und Improvisation stehen in einem Spannungsverhältnis, das durch die Begriffe Elastizität und Stabilität charakterisiert wird. Erläutern Sie diese Aussage!

5. Sowohl Organisation als auch Improvisation haben ihre Vor- und Nachteile.
   Nennen und begründen Sie diese!

6. Begründen Sie die Notwendigkeit der Organisation als Mittel der Zielverwirklichung!

7. Erklären Sie folgende Organisationsgrundsätze:
   7.1 Grundsatz der Zweckmäßigkeit,
   7.2 Grundsatz der Wirtschaftlichkeit,
   7.3 Grundsatz des organisatorischen Gleichgewichts und
   7.4 Grundsatz der Koordination!

8. Stellen Sie das einfache Modell des Regelkreises dar!

9. Das Modell des Regelkreises dient in der Organisationslehre mitunter als Hilfsmittel der Darstellung organisatorischer Sachverhalte. Können Sie diese Aussage erklären?

3.5 Aufbauorganisation

3.5.1 Phasen der Aufbauorganisation

Sie kennen das Problem vielleicht aus der Familie. Sigrid (16 Jahre alt) fragt ihre Mutter, ob sie am Samstag zu einer „Disco-Fete" darf. Mutter sagt nein. Anschließend wendet sie sich an ihren Vater und dieser sagt nach einigem Zögern ja. Hier sind also die „Zuständigkeiten" nicht richtig verteilt; die „Aufbauorganisation" stimmt sozusagen nicht!

Unter **Aufbauorganisation** versteht man die Ordnung von Zuständigkeiten.

Die Aufbauorganisation entsteht in mehreren Phasen (Schritten):

Phase 1	**Aufgabenanalyse** (= Aufgabenzerlegung = Aufgabengliederung)	Zerlegung der **Gesamtaufgabe** (z. B. Großhandel mit Farben und Lacken) in zusammengehörende **Hauptaufgaben** (Funktionen wie z. B. Beschaffung, Finanz- und Rechnungswesen, Personalwirtschaft) und **Teilaufgaben** (Teilfunktionen) wie z. B. Waren bestellen, Waren annehmen, Waren prüfen, Rechnungen prüfen, Rechnungen zahlen (= Teilfunktionen der Hauptfunktion „Beschaffung").
Phase 2	**Aufgabensynthese** (= Aufgabenzusammenfassung = Stellenbildung)	Hier werden zusammengehörende Teilfunktionen zu **Stellenaufgaben** zusammengefasst, vor allem dann, wenn ein Stelleninhaber (z. B. Sachbearbeiter) mit der Wahrnehmung einer Teilfunktion nicht ausgelastet ist. So können z. B. die Teilaufgaben Eingangsrechnungen nummerieren, prüfen, begleichen und ablegen einem Sachbearbeiter zugeordnet werden.
Phase 3	**Aufgabenverteilung** (= Stellenbesetzung)	Aufgabe der Aufgabenverteilung ist, die Stellenaufgaben bestimmten *Personen*, den *Aufgabenträgern*, zuzuordnen, z. B. die Ernennung bzw. Neueinstellung eines Abteilungsleiters, eines Sachbearbeiters usw. für die Abteilung Einkauf.
Phase 4	**Festlegung eines Weisungssystems**[1]	Hierbei geht es um den Aufbau eines Instanzen-(Stufen-, Leitungs-)systems, das alle Mitglieder der Belegschaft umfasst, z. B. Gesamtleitung, Leiter der Einkaufsabteilung, Einkäufer, Verkäufer usw.

3.5.2 Abteilungsbildung

Die **Abteilungsbildung** ist das *Ergebnis der Aufgabenanalyse*. Die Abteilungen nehmen die *Teilaufgaben* (Teilfunktionen) wahr (z. B. Einkauf, Warenannahme und Kontrolle, Kontokorrentbuchhaltung, Hauptbuchhaltung, Personalabteilung usw.).

---

[1] Näheres siehe Kapitel 3.5.3.

3 Führung und Führungsverhalten

Aufgabenorientierung (Funktionsorientierung)

Soll der *Aufbau* eines Unternehmens gut durchorganisiert sein, sind seine *Funktionen* auf **Teilaufgaben** hin zu untersuchen. So kann z. B. das Aufgabenfeld *Beschaffungs- und Materialwirtschaft* in folgende Teilfunktionen zerlegt werden:

- Bestellwesen,
- Warenannahme,
- Warenprüfung und
- Lagerung.

Um die Teilfunktionen ausüben zu können, werden **Abteilungen** gebildet, z. B.

- Einkauf,
- Lagerwesen,
- Arbeitsvorbereitung,
- Hauptbuchhaltung.

Die Aufgaben einer Abteilung können von *einer* Person oder von mehreren Personen wahrgenommen werden. Die von einer Person durchzuführende Arbeit nennt man „Stellenaufgabe". Die mit einer Stellenaufgabe betraute Person besetzt eine *Stelle*.

Beispiele:
Die Stelle einer Verkäuferin, eines Hauptbuchhalters, einer Sachbearbeiterin.

Die Stelle ist die *kleinste* Organisationseinheit eines Betriebs. Sie stellt das Ergebnis genauer Analysen (Untersuchungen) der Funktionen und Teilfunktionen des Betriebs dar.

Beispiel:
Das (vereinfachte) funktionsorientierte Organigramm (Organisationsdiagramm) eines **Großhandelsbetriebs** kann z. B. folgendermaßen aussehen:

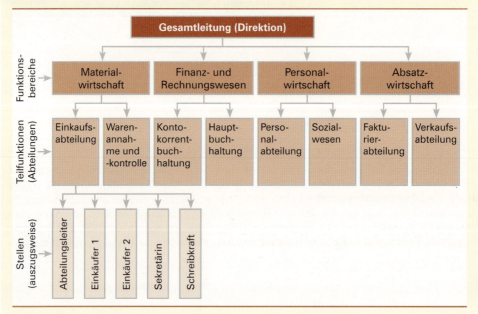

3.5 Aufbauorganisation

Personenorientierung

Nicht immer richtet sich die Organisation eines Unternehmens primär nach den Funktionen, oft ist sie *personell* bestimmt. Man spricht dann von **personenorientierter Aufbauorganisation**. Sie ist vor allen Dingen dann anzutreffen, wenn eine Arbeitskraft durch den ihr zugewiesenen Aufgabenbereich nicht ausgelastet ist. In diesem Fall müssen ihr mehrere Aufgabenbereiche zugewiesen werden. Besonders in kleineren Betrieben wird dieser Fall häufiger anzutreffen sein.

Beispiel:
Der Hauptbuchhalter erledigt nicht nur die Vorkontierung, sondern übernimmt den gesamten Verkehr mit dem Finanzamt und führt die Kalkulation durch.

Unter Umständen werden sogar völlig verschiedene Aufgaben auf eine Person übertragen, weil diese besondere Fähigkeiten und Kenntnisse aufweist.

Beispiel:
Der Prokurist übernimmt den Einkauf, den Verkauf und das Personalwesen.

Nachstehendes **Organigramm** verdeutlicht das Wesen einer personenorientierten Aufbauorganisation:

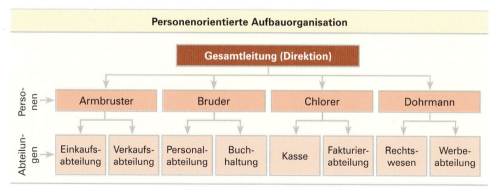

Bedeutung

Die funktionsorientierte Aufbauorganisation ist der personenorientierten vorzuziehen, weil sie von den einzelnen Persönlichkeiten unabhängig ist. Die Mängel einer personenorientierten Organisation werden umso deutlicher, je ungewöhnlicher und schwieriger die Aufgabenkombination ist: Bei Personalwechsel (oder Krankheit) wird es schwierig sein, Ersatzkräfte zu beschaffen, die die gleichen Fähigkeiten und Kenntnisse wie die Vorgänger aufweisen. **Funktionsbereiche und Verantwortungsbereiche** sollten sich folglich decken.

3.5.3 Weisungssysteme (Organisationsformen der Leitung)

> Unter **Weisungssystemen** versteht man Organisationsformen nach dem Instanzen- oder Stufenaufbau, die *alle* Mitglieder der Belegschaft durch Weisungen (Anordnungen) erfassen und einordnen.

■ **Linien-System**

Das Linien-System, auch **Ein-Linien-System** genannt, geht vom Grundsatz der einheitlichen Auftragserteilung aus. Alle Mitarbeiter des Unternehmens sind bei dieser Organisationsform in den einheitlichen Befehlsweg (Dienstweg) vertikal eingegliedert, der den Vorteil der genauen Abgrenzung der Verantwortungsbereiche aufweist. Der Befehlsweg von oben nach unten wird durch den Meldeweg über den Vollzug von unten nach oben ergänzt (integriert).

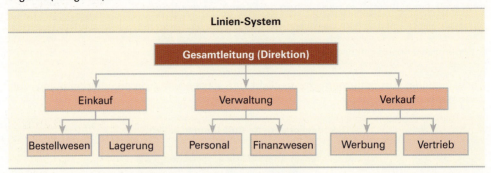

Vor- und Nachteile des Linien-Systems	
Vorteile	**Nachteile**
■ Einheitlichkeit der Leitung (jede Abteilung bzw. jede Arbeitskraft hat nur eine Instanz über sich, die Anordnungen erteilen kann); ■ eindeutige Anordnungsbefugnisse; ■ übersichtlicher Unternehmensaufbau; ■ keine Kompetenzstreitigkeiten; ■ erleichterte Kontrolle.	■ Überlastung der obersten Führungsebene (Gesamtleitung); ■ Überforderung der Führungsspitze, da u. U. Fachkenntnisse fehlen; ■ lange Dienstwege für Anordnungen und Meldungen; ■ Spezialisierung wird erschwert; ■ Gefahr von Fehlentscheidungen.

■ **Stab-Linien-System**

Die Nachteile des reinen Linien-Systems (vor allem die Überlastung und Überforderung der obersten Führung) haben zur Entwicklung des **Stab-Linien-Systems** geführt. Hierbei werden der obersten Leitung oder auch den einzelnen Hauptabteilungen **Stäbe** zugeordnet, in denen Fachleute (z. B. Spezialisten wie Juristen, Betriebswirte, Organisatoren) zusammengefasst werden. Das Wesentliche ist, dass die Stäbe *keine* Weisungsbefugnisse (Befehlsbefugnisse) und *keine* Empfangsbefugnisse für Meldungen besitzen. Somit sichert das Stab-Linien-System die Einhaltung des Grundsatzes einheitlicher Auftragserteilung. Andererseits soll die Qualität von Entscheidung und Ausführung durch Spezialisierung gehoben werden.

3.5 Aufbauorganisation

In der Praxis besteht jedoch die Gefahr, dass die Stäbe im Laufe der Zeit aufgrund ihrer Fachkenntnisse eine im ursprünglichen Organisationsplan nicht vorgesehene Macht entwickeln, sich also Machtbefugnisses aneignen („Expertenmacht").

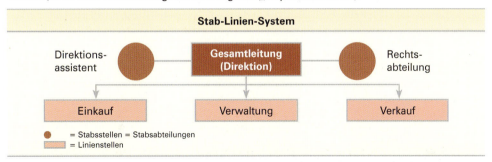

Vor- und Nachteile des Stab-Linien-Systems	
Vorteile	**Nachteile**
■ Eindeutige Anordnungsbefugnisse; ■ keine Kompetenzschwierigkeiten; ■ erleichterte Kontrolle; ■ Ausnutzung von Spezialwissen; ■ Entlastung der Geschäftsführung.	■ Hohe Kosten (die Einstellung von Spezialisten ist teuer); ■ Gefahr der Entwicklung von Expertenmacht.

3.5.4 Entscheidungssysteme

Die **Entscheidungssysteme** sind Organisationsformen der obersten Leitungsebene eines Unternehmens.

Die Unternehmensleitung kann aus dem Leiter *(einköpfiges* oder *monistisches System)* oder aus mehreren Leitern *(mehrköpfiges* oder *dualistisches System)*[1] bestehen. Das einköpfige Entscheidungssystem wird auch als *Direktorialsystem,* das mehrköpfige als *Kollegialsystem* bezeichnet.

Besteht die Geschäftsleitung aus mehreren Personen (z. B. Geschäftsführern, Vorstandsmitgliedern), werden die Entscheidungen durch *Abstimmung* herbeigeführt. Der Modus (die Art und Weise) der Abstimmung kann wie folgt gestaltet sein:

- Ein Mitglied des Direktoriums ist „Primus inter Pares", d. h. der Erste unter Gleichen. Er entscheidet bei Stimmengleichheit **(Primatkollegialität)**.
- Bei der **Abstimmungskollegialität** fallen die Entscheidungen mit Mehrheitsbeschluss.
- Die **Kassationskollegialität** liegt vor, wenn alle Mitglieder des Vorstands einer Entscheidung zustimmen müssen, wenn also der Widerspruch auch nur eines Mitglieds genügt, um ein Vorhaben zu „kassieren".
- Von **Ressortkollegialität**[2] spricht man, wenn jedes Vorstandsmitglied innerhalb seines Aufgabengebiets allein entscheidet.

---
1 Siehe auch Kapitel 1.7.4.2.
2 Ressort (frz.) = Geschäftsbereich, Amtsbereich.

3 Führung und Führungsverhalten

Vor- und Nachteile des Direktorial- und Kollegialsystems		
Arten	**Vorteile**	**Nachteile**
Direktorialsystem (= einköpfiges Entscheidungssystem)	Schneller Entschluss und rasches Handeln möglich.	Bei fehlender Fachkenntnis und Erfahrung Fehlentscheidungen möglich.
Kollegialsystem (= mehrköpfiges Entscheidungssystem)	Mehrseitiges Überlegen mit kritischem Abwägen der Vor- und Nachteile einer Entscheidung.	Willensbildung ist zeitaufwendig; Verhinderung eines Beschlusses bei Kassationskollegialität möglich.

Zusammenfassung

- Die **Aufbauorganisation** regelt die Zuständigkeiten.
- Man unterscheidet zwischen **funktionsorientierter** und **personenorientierter Aufbauorganisation**.
- **Weisungssysteme** sind Organisationsformen des Instanzen- oder Stufenaufbaus des Betriebs. Sie legen fest, wer wem Weisungen erteilen darf und wer Weisungen befolgen soll. Man unterscheidet das **Linien-** und das **Stab-Linien-System**.
- Während die Weisungssysteme „Befehlswege" von „oben nach unten" (vertikal) festlegen, sind die **Entscheidungssysteme** horizontale Organisationsformen der obersten Leitungsebene.

ÜBUNGSAUFGABEN

1. Erklären Sie den Begriff Aufbauorganisation!
2. Führen Sie eine einfache Aufgabenanalyse (Aufgabengliederung) am Beispiel eines Schuhgroßhandelsbetriebs durch! Nennen Sie hierbei wichtige Unter- und Teilaufgaben!
3. Erläutern Sie den Begriff Aufgabensynthese (Stellenbildung)!
4. Welche Aufgabe hat die Aufgabenverteilung (Stellenbesetzung)?
5. Die Abteilungsbildung kann aufgabenorientiert oder personenorientiert vorgenommen werden.
    5.1 Was bedeutet das?
    5.2 Welche Vor- und Nachteile sind mit der personenorientierten bzw. aufgabenorientierten Aufbauorganisation verbunden?
6. Nach den Weisungsbefugnissen wird u.a. zwischen dem Linien- und dem Stabliniensystem unterschieden. Erklären Sie die genannten Organisationsformen der Leitung!
   Welche Vor- und Nachteile haben a) das Linien-System und b) das Stab-Linien-System?
7. Nennen und beschreiben Sie die Ihnen bekannten Entscheidungssysteme!
8. Wie regeln die Gesetze die Entscheidungssysteme bei den Ihnen bekannten Unternehmensformen?

3.6 Ablauforganisation

Das Problem können wir uns an einem ganz einfachen und alltäglichen Beispiel verdeutlichen. Hierzu stellen wir uns die Tätigkeit des Hobbykochs Emsig in einer „veralteten" Küche vor. Herr Emsig möchte Pellkartoffeln kochen. Folgende Arbeitsgänge sind erforderlich: ① Der Kochtopf wird aus dem Küchenschrank ⊠ geholt. ② Die Kartoffeln werden aus dem Unterschrank des Kühlschranks (KS) geholt und ③ zur Spüle zum Abwaschen gebracht. ④ Anschließend werden die Kartoffeln in den Topf gelegt und auf den Herd gestellt.

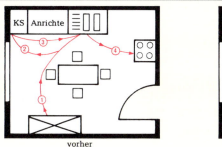
vorher
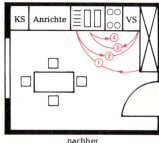
nachher

Man erkennt, dass Herr Emsig mit einer „modernen" Küche besser gestellt ist: Er erspart sich Wege durch eine bessere räumliche Organisation und den Einbau eines Vorratsschranks (VS). Gleichzeitig spart er auch Zeit, weil überflüssige Wege vermieden werden.

3.6.1 Zweck der Ablauforganisation

Während sich die Aufbauorganisation mit der Gliederung der betrieblichen Aufgaben (Funktionen) befasst, hat die Ablauforganisation zum Ziel, einzelne voneinander abhängige Teilaufgaben zu einem störungsfreien Vorgang (Ablauf) bei bestmöglicher (optimaler) Ausnutzung der Arbeitskraft und der Betriebsmittel zusammenzufügen.

> Unter **Ablauforganisation** versteht man das Zusammenfügen voneinander abhängiger Tätigkeiten zu einem störungsfreien Vorgang.

Im Einzelnen regelt die Ablauforganisation den Ablauf der Teilverrichtungen
- einer einzelnen Arbeitskraft (einer einzelnen Stelle);

Beispiel:

Ein Mitarbeiter im Lager sortiert die einzelnen Materialentnahmescheine entsprechend den verschiedenen Kostenstellen vor.

- einer Abteilung;

Beispiel:

Der Abteilungsleiter der Werbeabteilung diktiert die persönlich gehaltenen Werbebriefe an gute Kunden, die Schreibkraft schreibt die Briefe, der Abteilungsleiter unterschreibt und die Schreibkraft gibt die Briefe zur weiteren Abfertigung zur Poststelle.

- einer Gruppe von Abteilungen.

Beispiel:

Öffnen der Briefpost in der Poststelle, Weitergabe der Bestellungen an die Auftragsabteilung; Ausfüllen der Lieferscheine in der Auftragsabteilung, Weitergabe der Lieferscheine (Original und Durchschläge) an die Fakturierabteilung bzw. an die Versandabteilung.

3.6.2 Raumorientierte Ablauforganisation

Die organisatorischen Überlegungen der **raumorientierten Ablauforganisation** beziehen sich auf die günstigste *Anordnung*
- der Räumlichkeiten (z. B. Büroräume, Werkstätten),
- der Betriebsmittel (z. B. Bürogeräte, Maschinen) und
- auf die optimale Gestaltung des einzelnen Arbeitsplatzes.

Die *Hauptaufgabe* der raumorientierten Ablauforganisation ist, überflüssige Wege zu vermeiden.

Das Wesen der raumorientierten Ablauforganisation wird im Folgenden an den Beispielen der Werkstättenfertigung und der Fließfertigung deutlich gemacht.

Betriebe, bei denen aufgrund eines häufigen Produktionswechsels unterschiedliche Arbeitsvorgänge erforderlich werden (z. B. auftragsorientierte Betriebe wie Instrumenten- oder Werkzeugfabriken), haben in der Regel Werkstättenfertigung. Das Problem der Werkstättenfertigung sind die langen Transportwege. Rationalisierung bedeutet hier also eine sinnvolle Anordnung der Werkstätten, um die Transportwege zu verkürzen.

Beispiel:

In einem Industriebetrieb sind folgende Arbeiten erforderlich, wobei die überwiegende Mehrheit der Werkstücke in nachstehender Reihenfolge bearbeitet werden:

1. Drehen, 2. Hobeln, 3. Fräsen, 4. Bohren, 5. Härten, 6. Schleifen und 7. Transport zum Fertiglager.

Der **Istzustand** der Raumorganisation ist folgender:

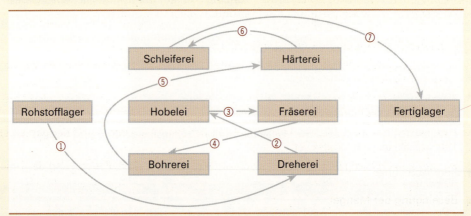

Der Einfachheit halber wird angenommen, dass alle Werkstätten und Lagerräume gleich weit voneinander entfernt sind.

Die Zeitmessung ergab, dass folgende Wegzeiten entstehen:

① 10 Minuten   ③ 5 Minuten   ⑤ 10 Minuten   ⑦ 10 Minuten
② 5 Minuten   ④ 5 Minuten   ⑥ 5 Minuten

Dabei entsteht die Frage, ob die Durchlaufzeiten durch Verringerung der Transportzeiten verkürzt werden können. Das setzt voraus, dass die einzelnen Werkstätten ausgetauscht werden können.

In diesem Fall sind die Transportwege minimiert (d.h. so kurz wie möglich), wenn folgende Raumorganisation vorgenommen wird:

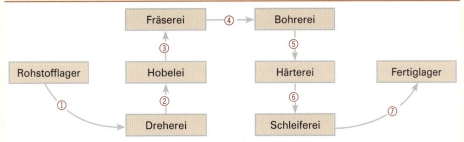

Die Umorganisierung bewirkte, dass statt bisher 50 Minuten nur noch 35 Minuten für den innerbetrieblichen Transport benötigt werden. Dabei ist zu beachten, dass sich der Umbau der Werkstätten nur rentiert, wenn die Kostenersparnis aus der Verkürzung der Transportwege auf die Dauer größer ist als die Kosten der Umorganisation.

Bei der Neugründung eines Betriebs lässt sich – falls die Bodenverhältnisse gegeben sind – die optimale Anordnung der Werkstätten einplanen. Da die meisten Betriebe aber historisch gewachsen sind, ergeben sich in der Wirklichkeit in der Regel sehr große Schwierigkeiten, die Transportwege zu verkürzen.

3.6.3 Zeitorientierte Ablauforganisation

Die **zeitorientierte Ablauforganisation** plant die richtige Reihenfolge der Teilaufgaben und deren *terminliche* (zeitliche) Abstimmung.

Die Stufen der zeitorientierten Ablauforganisation sind:

- Ermittlung und Beschreibung der Teilaufgaben bis hinunter zu ihren kleinsten Verästelungen **(Arbeitsanalyse)**.
- Feststellung des Zusammenhangs zwischen den verschiedenen Arbeitselementen **(Arbeitssynthese),** um einen reibungslosen Ablauf der Arbeiten zu sichern.
- Feststellung der tatsächlichen Tätigkeitszeiten (Ist-Zeiten) einerseits und der geplanten Tätigkeitszeiten (Soll-Zeiten) andererseits.
- Ermittlung von Zeitabweichungen zwischen Soll- und Ist-Zeiten, Feststellung der Ursachen von Zeitabweichungen.
- Beseitigung der Mängel.

3.6.4 Prozessorganisation

Definition Prozess

Ein **Geschäftsprozess** ist die sinnvolle (logische) Folge von Arbeitsschritten (Aufgaben, Funktionen) mit einem genau festgelegten *Anfang* (Auslöser des Prozesses) und einem festgelegten *Ende* (Endzustand des Prozesses).

Beispiel:

Die Leistungserstellung einer Möbelfabrik verläuft wie folgt: Einkauf → Lagerung → Teilefertigung → Montage → Verkauf. Dieser Kernprozess wird durch Managementprozesse und Unterstützungsprozesse (Serviceprozesse, Supportprozesse)[1] ergänzt.

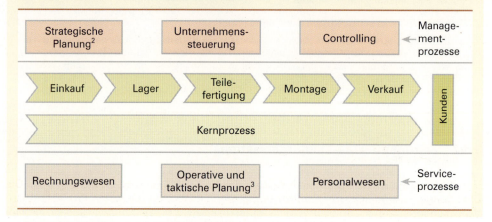

Wichtige Merkmale eines Geschäftsprozesses

- Prozesse sind Abfolgen von Tätigkeiten (Aktivitäten), durch die der Einsatz (Input)[4] von Produktionsfaktoren (Arbeitsleistungen, Rohstoffe, Maschinen) zu Leistungen (Output)[5] wie z. B. Sach- und Dienstleistungen umgewandelt werden.
- Die einzelnen Funktionen sind zeitlich und sachlich voneinander abhängig.
- Prozesse sind im Sinne *genereller Regelungen*[6] standardisierbar.[7] Das bedeutet, dass Geschäftsprozesse nur für betriebliche Abläufe beschrieben („modelliert") werden, die sich ständig wiederholen.

---

1 To support (engl.) = unterstützen.

2 Strategie (gr.-lat.) = genauer Plan des eigenen Vorgehens, um ein militärisches, politisches, wirtschaftliches oder ein anderes Ziel zu erreichen, indem man diejenigen Faktoren, die in die eigene Aktion hineinspielen könnten, von vornherein einzukalkulieren versucht.

3 Operation (lat.) = Verfahren, Handlung, Denkvorgang; operativ = als konkrete Maßnahme unmittelbar wirkend.
Taktik (gr.-frz.) = Kunst der Anordnung und Aufstellung. Der Begriff Taktik wurde früher vor allem im militärischen Bereich im Sinne von „geschickter Kampf- und Truppenführung" verwendet.

4 Input (engl.) = wörtl. Einbringung; in der Wirtschaftslehre versteht man unter Input alle von außen bezogenen in Geld bewerteten Produktionsmittel.

5 Output (engl.) = wörtl. Ausstoß; in Geld bewertete betriebliche Leistung.

6 Zum Begriff „generelle Regelungen" siehe Kapitel 3.4.1f.

7 Standardisieren (engl.) = Norm, Maßstab. Standardisieren = normen, vereinheitlichen, in eine stets wiederholbare Form bringen.

3.6 Ablauforganisation

- Die Summe der *Arbeitsabläufe* steht im Vordergrund, nicht aber die einzelnen Tätigkeiten bzw. die einzelnen Mitarbeiter.
- Geschäftsprozesse haben zum Ziel, einen *Mehrwert* zu schaffen. (Der Mehrwert ergibt sich aus dem Unterschiedsbetrag [der Differenz] zwischen dem in Geld bewerteten Input und dem in Geld bewerteten Output.)
- Geschäftsprozesse sind an den *Unternehmenszielen* ausgerichtet.
- In der Regel lassen sich Kernprozesse in *Teilprozesse* untergliedern, die wiederum aus *Unterprozessen (Subprozessen)*[1] bestehen.

Beispiel:

Die Leistungserstellung einer Möbelfabrik verläuft wie folgt (Kernprozess): Einkauf → Lagerung → Einzelfertigung → Montage → Verkauf. Dabei stellt z. B. die Funktion „Einkauf" einen Teilprozess dar, der wie folgt abläuft:

Kundenorientierung

Die Prozessorganisation geht vom Leitsatz (Prinzip) der Kundenorientierung aus: Die Erwartungen der Kunden hinsichtlich des erzeugten bzw. angebotenen Produkts (Ware bzw. Dienstleistung) sollen bestmöglich (optimal) erfüllt werden. Kundenwünsche können sich z. B. auf Zuverlässigkeit, Zweckmäßigkeit, Formschönheit, Haltbarkeit, Umweltverträglichkeit, Ungefährlichkeit, Geschmack usw. beziehen.

Schnittstellen

Die Übergangspunkte (Transferpunkte)[2] zwischen den Geschäftsprozessen bezeichnet man als *Schnittstellen*. Man unterscheidet externe[3] und interne[4] Schnittstellen. Die Prozessorganisation muss den Schnittstellen als Übergangsstellen von Leistungen und/oder Daten besondere Aufmerksamkeit schenken (Schnittstellenmanagement), weil sie Quellen für Kommunikationsstörungen (siehe Kapitel 3.2.1), Abteilungsegoismen[5] und Reibereien (Konflikte)[6] zwischen Aufgabenträgern (den *Prozessverantwortlichen*) sind.

---

1 Sub… (lat.) = Unter…; der Begriff Sub… wird häufig verwendet in Begriffen wie z. B. Subkultur (z. B. Jugendkultur), Subordination (Unterordnung) oder subaltern (untergeordnet).
2 Transfer (engl.) = Übergang, Übertragung.
3 Extern (lat.) = draußen, von außen kommend.
4 Intern (lat.) = innen, von innen kommend.
5 Egoismus (lat.) = Ichbezogenheit, Eigensüchtigkeit.
6 Konflikt (lat.) = Auseinandersetzung, Streit. Wörtlich bedeutet Konflikt „Zusammenstoß".

Prozessverantwortliche und ihr Team[1]

Zumindest für jeden Teilprozess (je nach Umfang auch für Subprozesse) werden Prozessverantwortliche bestellt, die die Verantwortung für den jeweiligen Geschäftsprozess tragen. Sie leiten ihr Team und müssen der Geschäftsleitung gegenüber Rechenschaft ablegen.

Die Teamorganisation eines prozessorientierten Unternehmens hat u. a. folgende Merkmale: Eigenverantwortung, weil die Geschäftsleitung zwar klare Ziele, aber keine Einzelanweisungen vorgibt; leistungsbezogene Entlohnung (siehe Kapitel 2.6.1.3.1) und die Möglichkeit (Chance) zur Selbstorganisation, sodass die schöpferischen Fähigkeiten (die Kreativität) der Teammitglieder genutzt werden.

Bedeutung

Vorteile der Prozessorganisation sind: Die teamorientierte Arbeitsorganisation unterstützt kurze Kommunikationswege. Die Mitarbeiter denken weniger an ein Abteilungsinteresse, sondern in erster Linie an die reibungslose Abwicklung einer Arbeitsaufgabe. Da die Mitarbeiter ein höheres Maß an Verantwortung besitzen, entwickeln sie auch das erforderliche Kostenbewusstsein. Ein prozessorientiertes Unternehmen besitzt eine „flachere" (weniger stark ausgeprägte) Hierarchie. Deshalb wird die Selbstverantwortlichkeit der einzelnen Mitarbeiter und des Teams gestärkt.

3.6.5 Die Arbeitsanweisung als Hilfsmittel der Ablauforganisation

Die **Arbeitsanweisung**[2] ist ein Hilfsmittel zur Sicherung eines reibungslosen Arbeitsablaufs.

Die Arbeitsanweisung (siehe Beispiel auf S. 265) legt verbindlich fest, dass ein Arbeitsvorgang

- auf eine bestimmte Art und Weise durchgeführt wird,
- in immer gleicher Weise wiederholt wird, sodass
- das Ergebnis des Arbeitsvorgangs immer gleich ausfällt, gleichgültig, von wem er ausgeführt wird.

Bei mündlichen Arbeitsanweisungen besteht die Gefahr, dass sie ganz oder teilweise in Vergessenheit geraten. Deshalb ist es in größeren Betrieben üblich, die Arbeitsanweisungen *schriftlich* niederzulegen. Bei Neueinstellungen und Urlaubsvertretungen durch eigene Mitarbeiter können somit mündliche Instruktionen entfallen, weil einfach auf die bestehende schriftliche Arbeitsanweisung verwiesen werden kann. Die Einarbeitung eigener und neuer Mitarbeiter wird auf diese Weise erheblich erleichtert.

---

1 Team (engl.) = Arbeitsgruppe, Mannschaft.
2 In der Praxis spricht man mitunter auch von Arbeitsanleitung.

3.6 Ablauforganisation

Arbeitsanweisung

ARBEITSANWEISUNG Nr. A 96   01. 01. 20 . .

Arbeitsgebiet: Bearbeitung von Kundenreklamationen

A. Allgemeine Richtlinien

Gehen Sie davon aus, dass unsere Kunden nicht grundlos reklamieren. Bei der Bearbeitung von Kundenreklamationen muss es Ihr Ziel sein, die Kunden nicht zu verärgern. Bearbeiten Sie deshalb eine Reklamation so schnell wie möglich.

B. Verlauf der Bearbeitung der Kundenreklamationen

1. Poststelle

Alle telefonisch oder schriftlich eingehenden Kundenreklamationen müssen unverzüglich der Verkaufsabteilung zugeleitet werden, denn die Verkaufsabteilung ist für den Kontakt zu unseren Kunden zuständig.

2. Verkaufsabteilung

(a) Das Formular K 08[1] in dreifacher Ausfertigung anlegen. Das Original wird, wenn es vollständig ausgefüllt ist, an die Stelle weitergeleitet, die den beanstandeten Fehler verursacht hat. Die grüne Kopie erhält der zuständige Reisende; die gelbe Kopie verbleibt in der Verkaufsabteilung.

(b) Auszufüllen sind zunächst die Rubriken 1 und 2 des Formulars K 08 mit der Adresse des Kunden, dem beanstandeten Gegenstand, der Anzahl der beanstandeten Gegenstände, der Art der Beanstandung und dem Eingangsdatum der Reklamation. Hat der Kunde die Auftragsnummer nicht angegeben, muss diese in unseren Unterlagen ermittelt und in das Formular K 08 (Rubrik 2) eingetragen werden.

(c) Das Original des Formulars K 08 wird zusammen mit der grünen Kopie sowie der Mängelrüge des Kunden bzw. den Notizen der Poststelle (im Fall einer telefonischen Reklamation) weitergegeben.

3. Reklamationsabteilung

(a) Mögliche Ursachen des gerügten Mangels in das Formular K 08 (Rubrik 3) eintragen. Ist der Fehler vermutlich auf falsche Bedienung durch den Kunden zurückzuführen, ist dies besonders zu vermerken.

(b) In der Rubrik 4 ist zu vermerken, in welchen Punkten die Kundenreklamation begründet und in welchen Punkten unbegründet ist. „Unbegründet" bedeutet, dass kein von uns zu vertretender Mangel vorliegt. „Begründet" heißt, dass wir den Mangel beheben müssen.

(c) In der anschließenden Rubrik 5 ist ein Vorschlag zu machen, wie die Reklamation erledigt werden kann. Ist unsere Garantie abgelaufen, können Kulanzverschläge[2] unterbreitet werden.

(d) Ist der Mangel durch uns zu vertreten, sollen in der Rubrik 6 des Formulars K 08 Vorschläge eingetragen werden, wie die Wiederholung gleicher Mängel künftig vermieden werden kann.

4. Verkaufsabteilung

(a) Der Leiter der Verkaufsabteilung ist befugt zu entscheiden, wie die Reklamation zu erledigen ist (Rubrik 7 des Formulars).

(b) Der zuständige Sachbearbeiter gibt dem Kunden schriftlich Nachricht, wie die Reklamation aus unserer Sicht erledigt werden soll. Können Mängel nicht unverzüglich behoben werden, ist dem Kunden eine Begründung unter Abgabe der voraussichtlichen Bearbeitungszeit zu geben. Bei längeren Bearbeitungszeiten erhält der Kunde einen Zwischenbescheid.

5. Reisender

Nach Erledigung der Reklamation erhält der zuständige Reisende die grüne Kopie des Formulars K 08, damit er informiert ist und beim nächsten Kundenbesuch die Angelegenheit zur Sprache bringen kann. Falls der Kunde den Fehler verursacht hat, muss der Reisende den Kunden über die sachgemäße Behandlung unserer Geräte instruieren.

---

1 Das Formular ist auf S. 266 abgebildet.
2 Kulanz (Eigenschaftswort: kulant) bedeutet im Geschäftsleben „entgegenkommende, gefällige, großzügige Behandlung". Beispiel: Ein Mangel wird auf eigene Kosten beseitigt, ohne hierzu rechtlich verpflichtet zu sein.

3 Führung und Führungsverhalten

Bearbeitung einer Kundenreklamation

①	Name/Firma: Gasthaus zum letzten Batzen Inhaber: Franz Reich Straße: Mengener Str. 15 Ort: 79112 Freiburg		**Kundenreklamation Formular K 08**
②	Erzeugnis und Erzeugnis-Nr.: Anzahl: Auftrags-Nr.: Art der Beanstandung: Eingang der Reklamation:	Großgrill Ly 113 1 79/4320 Temperaturregler funktioniert nicht. 03. 02. 20..	
	Untersuchungsergebnisse		
③	Ursachen der Reklamation:	Wahrscheinlich Sachmangel des Auswärtsteils A 150.	
④	Die Reklamation ist ☒ begründet:	Von uns zu vertretender Qualitätsmangel.	
	☐ unbegründet:		
⑤	Vorschlag zur Vermeidung der Reklamation:	Neulieferung; Kunden um Rücksendung des beanstandeten Geräts auf unsere Kosten bitten.	
⑥	Vorschlag zur Vermeidung künftiger Reklamations-anlässe:	Bei der Endkontrolle besonders auf Prüfung des Temperaturreglers achten. Verstärkte Materialeingangsprüfung des Auswärtsteils A 150 und sofort Lieferfirma benachrichtigen.	
	untersucht durch: Schmidt		Datum: 04. 02. 20..
	Erledigung		
⑦	Zu veranlassen ist:	Regulierung gemäß Vorschlag in Rubrik 5.	
	Erledigt durch: Bader		Datum: 05. 02. 20..

3.7 Informationsströme

> **Zusammenfassung**
>
> - Die **Ablauforganisation** hat die Aufgabe, voneinander abhängige Tätigkeiten zu einem störungsfreien Vorgang zusammenzufügen.
> - Man unterscheidet die **raumorientierte**, die **zeitorientierte** und die **prozessorientierte Ablauforganisation**.
> - Ein Hilfsmittel der Ablauforganisation ist die Arbeitsanweisung.

ÜBUNGSAUFGABEN

1. Erläutern Sie den Begriff Ablauforganisation!
2. Worin besteht die Aufgabe der Ablauforganisation?
3. Wir unterscheiden zwischen raumorientierter und zeitorientierter Ablauforganisation. Was ist hierunter zu verstehen?
4. Welche Zielsetzung hat die Geschäftsprozess-Konzeption?
5. Erläutern Sie anhand eines Beispiels aus Ihrem Erfahrungsbereich die Begriffe Kern-, Management- und Serviceprozess!
6. Begründen Sie die Notwendigkeit von Arbeitsanweisungen!
7. **Arbeitsauftrag**: Erstellen Sie eine Arbeitsanweisung für den Arbeitsplatz, an dem Sie gerade arbeiten!
8. **Arbeitsauftrag**: Stellen Sie in vereinfachender Weise die Aufbauorganisation Ihres Ausbildungsbetriebs dar!

3.7 Informationsströme

In einem wirtschaftlichen Betrieb findet nicht nur ein ständiger Informationsfluss zwischen den einzelnen Arbeitskräften sowie zwischen den einzelnen Stellen und Abteilungen statt, sondern auch zwischen dem Betrieb und seiner Außenwelt (z. B. den Lieferern, den Kunden, den Behörden, den Versicherungen usw.). Dabei hat die zunehmende Kommerzialisierung[1] des Internets (www = world wide web) neben den ursprünglich gelieferten Informationen eine Reihe verhältnismäßig neuer Inhalte mit sich gebracht, was nicht nur für Privatleute, sondern auch für Unternehmen von Nutzen ist. Das Angebot umfasst z. B. das Herunterladen (Download) von Software, Informationsrecherchen (z. B. die Suche nach Bezugsquellen), den Handel mit Produkten (Electronic Commerce, E-Commerce), Werbung, die Teilnahme an Online-Diskussionen, Online-Auktionen und Musiktauschbörsen und das Online-Banking.

Aufgaben des Informationssystems eines Unternehmens

Das Informationssystem eines Unternehmens hat zunächst die Aufgabe, Informationen zu sammeln, weiterzugeben (Kommunikation) und zu verarbeiten (Informationsverarbeitung). Darüber hinaus müssen die Informationen auch gespeichert werden (Informationsaufbewahrung), damit sie jederzeit zur Verfügung stehen.

---

[1] Kommerzialisierung = wirtschaftlichen Interessen unterordnen. Kommerz (lat.) = Handel, Geschäftsverkehr.

> **Beispiele:**
> Die konventionelle[1] Aufbewahrung von Informationen erfolgt z. B. in Ordnern, auf Karteikarten oder durch Mikroverfilmung von Belegen (z. B. Bestellungen, Eingangs- und Ausgangsrechnungen, Konstruktionsunterlagen). Im Rahmen der Datenverarbeitung kann die Datenspeicherung z. B. auf Magnetplatten, Magnetdisketten, Magnetbändern und Magnetkassetten erfolgen.

Je vollständiger die Informationen sind und je schneller sie übermittelt werden können, desto besser ist der Informationsempfänger in der Lage, Entscheidungen zu fällen und die erforderlichen Handlungen durchzuführen, weil der Grad der Unsicherheit verringert wird.

Informationen sind auch Grundlage der Planung, der Organisation und der Kontrolle.

> **Beispiel:**
> Auf der Grundlage von Vertreter- und Reisendenberichten, von Marktberichten in Fachzeitschriften und Tageszeitungen, aufgrund der Mitteilungen der Industrie- und Handelskammern sowie aufgrund der Umsatzentwicklung der letzten Monate wird der nächste Quartalsumsatz geplant. Es wird ein zusätzlicher Reisender eingestellt. (Es wird also die Absatzorganisation verändert.) Nach Ablauf des Quartals erhält die Geschäftsleitung die Umsatzstatistik (Tabellen, Grafiken und Kennzahlen). Der Vergleich der Planzahlen (Sollzahlen) mit den tatsächlich erreichten Zahlen (Istzahlen) – die Kontrolle – ergibt, dass das gesteckte Ziel nicht erreicht wurde. Nunmehr ist zu überlegen, welche Ursachen zur Planabweichung führten und welche Maßnahmen ergriffen werden können, damit zukünftige Planabweichungen verringert oder ganz vermieden werden.

Interne und externe Informationsströme

Informationsströme können horizontal (waagerecht) oder vertikal (senkrecht) sein.

> **Beispiele:**
> Bei einer Maschinenfabrik geht eine Kundenbestellung ein. Gewünscht wird eine Verpackungsmaschine. Der Kunde hat bestimmte Sonderwünsche. Der Auftrag wird an die Konstruktionsabteilung weitergegeben. Dort wird die Konstruktionszeichnung erstellt. Von der Konstruktionsabteilung gehen verschiedene Informationsströme aus: Im Lager muss festgestellt werden, welche der benötigten Materialien vorhanden sind; die nicht vorhandenen Teile müssen von der Einkaufsabteilung bestellt werden; die Kalkulationsabteilung muss den Angebotspreis für die Verkaufsabteilung berechnen; die Arbeitsvorbereitung muss schließlich den frühestmöglichen Liefertermin ermitteln. Die beispielhaft genannten Informationsströme bewegen sich prinzipiell auf der gleichen Ebene; es handelt sich also um *horizontale Informationsströme*. – Die Daten über die Auftragseingänge, die Materialbeschaffung, den Maschinen- und Personaleinsatz, die Umsätze und die Zahlungseingänge werden von den einzelnen Abteilungen an die Abteilung Rechnungswesen weitergegeben. Dort werden sie verarbeitet (es werden z. B. Absatz- und Umsatzstatistiken erstellt) und an die Geschäftsleitung weitergeleitet. Es handelt sich also um einen *vertikalen Informationsstrom*.

Zur Bewältigung der großen Informationsströme richten sich größere Unternehmen i. d. R. ein **Intranet**[2] ein. Hierunter versteht man ein örtliches Netzwerk[3] (LAN),[4] das die im Internet[5] verwendete Technologie benutzt. Technisch geschieht dies in der Weise, dass mithilfe

---

1 Konventionell (lat.) = übernommen, herkömmlich.
2 Intra (lat.) = innen, nach innen gekehrt. Das Intranet ist also das Netz innerhalb eines Unternehmens.
3 Netzwerk = miteinander verbundene Computer (Rechner).
4 LAN = local area network (engl. = örtliches Netzwerk).
5 Die vom Internet, dem weltweiten Netz, eingesetzte Software heißt TCP/IP = Transmission Control Protocol/Internet Protocol. Das TCP/IP ermöglicht Übertragungen zwischen Rechnern mit unterschiedlichen Betriebssystemen.

einer besonderen Software[1] unterschiedliche Rechnertypen (Computertypen) miteinander verbunden werden, sodass die verschiedenen Abteilungen eines Unternehmens unmittelbaren Zugang zu den von ihnen benötigten Informationen haben. Die Vorteile eines Intranets sind, dass die konventionelle (althergebrachte) Aufbewahrung von Informationen entfällt und dass wichtige Informationen den Mitarbeitern sofort zugänglich sind. Weil eine häufig zeitaufwändige Suche entfällt, trägt das Intranet zur Kosteneinsparung bei.

Es liegt nahe, die Möglichkeiten der Internet-Technologie wie z. B. Recherche,[2] Internet-Seiten (Webseiten) und E-Mail (schriftliche Mitteilungen über das Internet) auch zwischen miteinander in Geschäftsverbindung stehenden Unternehmen (z. B. Zulieferer und Kunden) einzusetzen. Um diese Art der Vernetzung zwischen verschiedenen Unternehmen zu kennzeichnen, hat man sich den Begriff **Extranet**[3] einfallen lassen.

Weltweite Kommunikationsmöglichkeiten liefert das **Internet**. Der Zugang der einzelnen Teilnehmer (User)[4] erfolgt über einen Computer, der entweder an ein bereits verbundenes Netz angeschlossen ist, oder durch Vermittler (Provider),[5] die für diesen Zweck eigene Netze betreiben (Online-Dienste) wie z. B. 1&1 und T-Online.

Zusammenfassung

- Das Informationssystem eines Unternehmens hat vor allem die Aufgabe, Informationen zu sammeln und weiterzugeben **(Kommunikation)**, zu verarbeiten **(Informationsverarbeitung)** und zu speichern **(Informationsaufbewahrung)**.

- Um die Zugangsmöglichkeiten zu innerbetrieblichen Informationen bzw. Daten zu verbessern, richten sich größere Unternehmen ein Netzwerk ein, das als **Intranet** bezeichnet wird.

- Werden Unternehmen, die geschäftlich miteinander in Beziehung stehen, mithilfe eines Netzwerks verbunden, spricht man vom **Extranet**.

- Das **Internet** (www = world wide web) ist ein weltweites Netz von miteinander verbundenen Computernetzen.

ÜBUNGSAUFGABEN

1. Erklären Sie folgende Begriffe:

1.1 Zeichen,
1.2 Zeichenvorrat,
1.3 Informationen,
1.4 Daten,
1.5 Kommunikation,
1.6 vertikaler Informationsstrom,
1.7 horizontaler Informationsstrom,
1.8 Internet,
1.9 Intranet und
1.10 Extranet.

Lösungshinweis: Siehe auch Kapitel 3.2.1.

---

1 Unter Software (engl. wörtlich = „weiche Ware") versteht man Computerprogramme (z. B. Schreibprogramme, Kalkulationsprogramme).
2 Recherche (frz.) = Suche. Recherchieren = suchen, nachforschen.
3 Extra (lat.) = außen.
4 User (engl.) = Nutzer. To use = nutzen, benutzen.
5 Provider (engl.) = Ernährer, Versorger. To provide = versorgen, beliefern, zur Verfügung stellen.

3 Führung und Führungsverhalten

2. **Arbeitsaufträge:**

   2.1 Im Internet gibt es für jedes Land ein eigenes Kürzel. Wenn Sie die Adresse http://www.zdf.de lesen, können Sie sofort erkennen, dass es sich um ein deutsches Angebot handelt.

   Aufgabe: Finden Sie heraus, was folgende Kürzel für Länderbezeichnungen bedeuten: .at, .be, .ca, .ch, .es, .fr, .hk, .it, .nl, .nz, .uk, .us!

   2.2 Wenn Sie im Internet auf der Suche nach bestimmten Informationen sind, benötigen Sie entweder eine Internet-Adresse (von der Sie wissen, dass sie bestimmte von Ihnen benötigte Informationen anbietet) oder eine Suchmaschine (Search Engine), die für Sie arbeitet.

   2.2.1 Nennen Sie fünf Suchmaschinen!

   2.2.2 Erklären Sie, was unter Meta-Suchmaschine zu verstehen ist!

   2.3 Angenommen, Sie wollen den Lehrplan für Industriekaufleute im Internet einsehen. Berichten Sie über das Ergebnis Ihrer Suche!

3.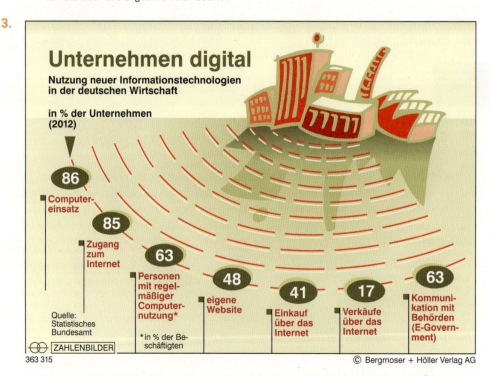

Aufgabe: Erläutern Sie die in der Bildstatistik enthaltenen Begriffe!

3.8 Personalbeschaffung

3.8.1 Personalbedarf

Um die gegenwärtigen und zukünftigen betrieblichen Aufgaben erfüllen zu können, muss der Personalbedarf regelmäßig ermittelt werden, und zwar der

- rein quantitative Personalbedarf (wie viele Mitarbeiter?) sowie der
- qualitative Personalbedarf (welche Qualifikationen?).[1]

Der **Personalbedarf** ist hinsichtlich des Zeitpunkts und der Dauer (zeitlich), des Einsatzorts (räumlich), der Anzahl (quantitativ) und der Art (qualitativ) zu planen. Er ist der Unterschiedsbetrag (die Differenz) zwischen dem notwendigen Personalbedarf (= **Bruttopersonalbedarf**) und dem verfügbaren Personalbestand (= **Nettopersonalbedarf**).

Der **quantitative Personalbedarf** lässt sich aufgrund von Näherungsverfahren (z. B. Faustregeln) sowie von Erfahrungswerten berechnen.[2]

Faustregeln zur Berechnung des Bruttopersonalbedarfs

- **Personalbedarf (PB) in Sachleistungsbetrieben:**

$$PB = \frac{\text{Zu erbringende Leistungseinheiten je Periode} \cdot \text{Arbeitszeitbedarf pro Leistungseinheit}}{\text{Arbeitszeit je Arbeitskraft und Periode}}$$

- **Personalbedarf (PB) in Dienstleistungsbetrieben:**

$$PB = \frac{\text{Anzahl der zu bedienenden Einheiten} \cdot \text{Arbeitszeitbedarf je Bedienungseinheit und Periode}}{\text{Arbeitszeit je Arbeitskraft und Periode}}$$

Beispiele:

In der Packerei eines Industriebetriebs sind arbeitstäglich 210 Sendungen abzufertigen. Für die Fertigstellung einer Sendung werden 10 Minuten benötigt. Der Arbeitstag hat 7 Stunden. Der Bruttopersonalbedarf beträgt somit 5 Personen (210 · 10 : 420 = 5).

In einem Handelsbetrieb sind arbeitstäglich durchschnittlich 210 Kunden zu bedienen. Je Kunde ist mit einer Bedienungszeit von durchschnittlich 30 Minuten zu rechnen. Die Arbeitszeit je Arbeitskraft beträgt 7,5 Stunden. Der Bruttopersonalbedarf beläuft sich auf 14 Arbeitskräfte (210 · 30 : 450 = 14).

Der **qualitative Personalbedarf** wird u. a. aufgrund der **Stellenbeschreibungen** ermittelt. Unter Stellenbeschreibung versteht man schriftlich abgefasste Beschreibungen der Arbeitsinhalte einer Stelle. Die Stellenbeschreibung enthält z. B. neben der Stellenbezeichnung die Aufgaben, Ziele, Befugnisse und Verantwortlichkeiten, die Vertretung, Entlohnung und qualitativen Anforderungen an die Stelle. Die Stellenbeschreibung wird in der Praxis auch **Aufgaben-** oder **Leistungsbild** genannt.

---

[1] In diesem Zusammenhang ist unter Qualifikation die Eignung einer Arbeitskraft für eine bestimmte Tätigkeit bzw. Stelle zu verstehen. Man unterscheidet zwischen formaler und faktischer Qualifikation. Die formale Qualifikation wird einer Arbeitskraft z. B. durch Schul- und/oder Studienabschlüsse (z. B. Zeugnisse, Diplome) zugesprochen. Die faktische Qualifikation entspricht dem tatsächlich gegenwärtig vorhandenen Kennen, Können und Wollen.

[2] Quelle: SCHNECK, O.: Lexikon der Betriebswirtschaft, 1993, S. 459.

Stellenbeschreibung

Faller & Co. KG – Sperrhölzer und Furniere　　　　　　　　　　　79098 Freiburg

Stellenbeschreibung Nr. 45
Sachbearbeiter „Beschaffung Rohstoffe"

Erstellt am: 16.03.20..　　　　Überprüft am 28.03.20..

1　**Stellenbeschreibung:** Beschaffung Rohstoffe.
2　**Organisatorische Eingliederung der Stelle**
2.1　*Übergeordnete Stelle:* Leiter der Einkaufsabteilung.
2.2　*Nebengeordnete Stellen:* „Beschaffung Hilfs- und Betriebsstoffe", „Beschaffung Maschinen, Werkzeuge und Betriebsausstattungen", „Beschaffung Geschäftsausstattungen und Büromaterial".
2.3　*Untergeordnete Stellen:* Zwei Mitarbeiter(innen) zur Erledigung verwaltender und schriftlicher Arbeiten.
2.4　*Stellvertretung:* Der Stelleninhaber wird durch den Sachbearbeiter „Beschaffung Hilfs- und Betriebsstoffe".
3　**Aufgaben und Tätigkeitsbeschreibung**
3.1　*Bezugsquellenermittlung:* Bezugsquellenermittlung für die zu beschaffenden Rohstoffe. Als Nachweis dient eine Bezugsquellendatei.
3.2　*Beschaffungsanlass:* In der Regel auf Anforderungen des Rohstofflagers. Eigeninitiative ist erforderlich, wenn sich auf den Rohstoffmärkten auffällige Preis- und/oder Qualitätsänderungen sowie Engpässe bemerkbar machen. In diesen Fällen müssen der Leiter der Einkaufsabteilung sowie der Leiter des Rohstofflagers informiert werden.
3.3　*Anfragen:* Für alle Beschaffungen, die den Nettowert von 5 000,00 € übersteigen, sind Angebotseinholungen erforderlich.
3.4　*Angebotsvergleiche:* Eingegangene Angebote sind im Hinblick auf Preise, Lieferungs- und Zahlungsbedingungen sowie Qualitäten der angebotenen Rohstoffe zu prüfen. Zu beachten ist, dass nur die den betrieblichen Anforderungen entsprechenden Qualitäten beschafft werden. Dabei ist auch die Zuverlässigkeit des jeweiligen Lieferers zu berücksichtigen.
3.5　*Bestellungen:* Die Bestellungserteilung erfolgt nach der Arbeitsanweisung A 44, die sich wie alle Sie betreffenden Arbeitsanweisungen in Ihrer Mappe „Stelleneinweisung" befindet. Alle Bestellungen haben schriftlich zu erfolgen. Mündlich bzw. fernmündlich erteilte Bestellungen müssen schriftlich bestätigt werden.
3.6　*Bestellungsannahmen:* Eingehende Bestellungsannahmen müssen überprüft werden. Größere Abweichungen von den Inhalten unserer Bestellungen sind gemäß Arbeitsanweisung A 44 zu beanstanden.
3.7　*Terminüberwachung:* Anhand der zu führenden Termindatei ist zu prüfen, ob die bestellten Rohstoffe pünktlich eingetroffen sind. Grundlage dafür sind die täglichen Eingangsmeldungen der Warenannahmestelle. Bei Abweichungen verfahren Sie gemäß Arbeitsanweisung A 45.
3.8　*Vertretungsbefugnis:* Bei allen Verhandlungen mit Rohstofflieferern und deren Vertretern. Es besteht Handlungsvollmacht (Artvollmacht) zum Abschluss aller Kaufverträge, die den Kauf von Rohstoffen für unsere Fertigung zum Inhalt haben. Mängelrügen werden nach Absprache mit unserer Warenprüfstelle erteilt.
4　**Anforderungen an den Stelleninhaber**
4.1　*Vorbildung:* Abgeschlossene Haupt-, Real- oder Wirtschaftsschule, abgeschlossene Berufsausbildung als Industrie- oder Bürokaufmann.
4.2　*Kenntnisse:* Mindestens 5 Jahre Berufspraxis mit Entscheidungskompetenz im Bereich Beschaffung in unserem oder in einem fremden Industriebetrieb.
4.3　*Eigenschaften:* Verhandlungsgeschick, Kontaktfreudigkeit, selbstsicheres Auftreten, Fähigkeit zur Führung eines kleinen Mitarbeiterstabs.

3.8 Personalbeschaffung

Die Arbeitsinhalte einer Stelle und damit die Qualifikationsanforderungen an die Arbeitskräfte ändern sich im Zeitablauf. Gründe sind z. B.:

- In allen Wirtschaftszweigen (Branchen) werden die Kunden immer anspruchsvoller, weil beispielsweise

  - Privatkunden aufgrund verbesserter Verbraucherinformation kritischer und anspruchsvoller werden (z. B. die Veröffentlichungen der Stiftung Warentest, der Zeitschrift ÖKO-TEST, Rundfunk- und Fernsehsendungen),
  - Geschäftskunden unter dem Druck der in- und ausländischen Konkurrenz höhere Anforderungen an die Qualität stellen und niedrigere Preise fordern,
  - Geschäftskunden schnell – möglichst Just-in-time[1] – beliefert werden wollen und
  - die zunehmende Umweltbelastung dazu zwingt, zu umweltfreundlicheren Produktionsfaktoren, Produkten und Beförderungswegen überzugehen.

- Der Umfang des Wissens wächst ständig. Man geht davon aus, dass sich das Wissen der Menschheit – gemessen an neuen Forschungsveröffentlichungen in wissenschaftlichen Fachzeitschriften – alle vier bis fünf Jahre verdoppelt.[2]
- Die Entwicklung zur „Informationsgesellschaft" zwingt die Betriebe zur Anpassung an die technische und wirtschaftliche Entwicklung, z. B. zum Einsatz der Computertechnik.

In den **Handelsbetrieben** sind es die computergestützten **Warenwirtschaftssysteme,** die die Qualifikationsanforderungen an die im Handel beschäftigten Personen mehr oder weniger stark verändern.

> Unter Warenwirtschaftssystemen (WWS) wird in Handelsbetrieben die artikelgenaue mengen- und wertmäßige Warenverfolgung vom Wareneingang über die Lagerung, den Warenausgang, die Disposition[3] und die Bestellung verstanden.

Mithilfe eines Warenwirtschaftssystems können aus dem Kreislauf Daten für die Finanzbuchführung (FIBU), Inventurstützung sowie zusätzliche Informationen für die Geschäftsleitung (z. B. Absatz- und Umsatzstatistik) gewonnen werden.

Modell eines Warenwirtschaftssystems

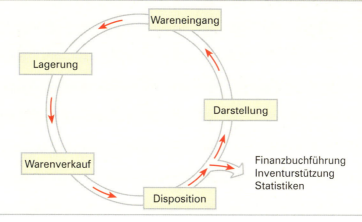

---

1 Just-in-time (engl.) = gerade rechtzeitig. Bei der Just-in-time-Belieferung müssen die Zulieferer von Handelshäusern und Industriebetrieben die Waren, Roh-, Hilfs- und Betriebsstoffe sowie Fertigteile auf die Stunde genau anliefern, sodass die Lagerhaltung auf ein Mindestmaß reduziert werden kann.

2 Badische Zeitung vom 26. Januar 1996.

3 Disposition (lat.) = Verfügung. Disponieren = aufgrund der Gegebenheiten planen, kalkulieren, sich über zukünftige Möglichkeiten sowie über den zukünftigen Einsatz von Personal und/oder sachlichen Produktionsfaktoren Gedanken machen und darüber entscheiden.

3 Führung und Führungsverhalten

In den **Sachleistungsbetrieben** ist es beispielsweise die computerintegrierte Fertigung (**C**omputer **I**ntegrated **M**anufacturing = **CIM**), die die Qualifikationsanforderungen für das Personal in Fertigung und Verwaltung verändert und weiter verändern wird.

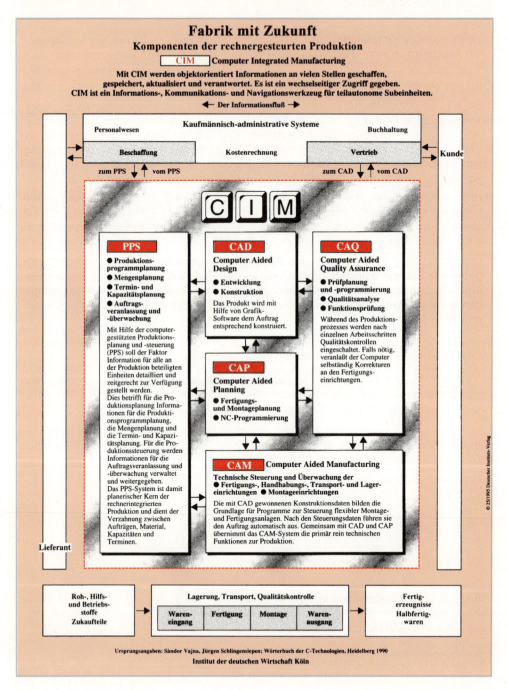

3.8.2 Personaleinsatzplanung und Personaleinweisung

Personaleinsatzplanung

Die **Personaleinsatzplanung** hat zum Ziel, den bestmöglichen Einsatz der vorhandenen Arbeitskräfte unter Beachtung der Arbeitsschutzvorschriften sicherzustellen.

Vorgehen bei der Personaleinsatzplanung:

- Es wird versucht, für jeden Arbeitsplatz die richtige („beste") Arbeitskraft zu finden. Voraussetzung hierfür ist, dass die Anforderungen des Arbeitsplatzes genau bekannt sind. Des Weiteren müssen die Fähigkeiten und Fertigkeiten des Personals erfasst und bewertet sein. Sind diese Bedingungen erfüllt, ist eine Zuordnung der jeweils geeignetsten Arbeitskraft zu den einzelnen Arbeitsplätzen möglich.

- Ob die jeweils „beste" Arbeitskraft den Anforderungen ihres Arbeitsplatzes optimal genügt, hängt von ihren Kenntnissen, Fertigkeiten und Fähigkeiten ab. Bestehen Qualifikationslücken, können diese durch Maßnahmen der Personalentwicklung (Kapitel 3.8.3) geschlossen werden. Schlagwort: „Anpassung des Menschen an die Arbeitsbedingungen."

- Umgekehrt mag es sein, dass eine Arbeitskraft bestqualifiziert ist, die Arbeitsbedingungen (z. B. die Arbeitsmittel) jedoch derart gestaltet sind, dass ein optimales Arbeitsergebnis nicht zustande kommen kann. In diesem Fall müssen die Arbeitsbedingungen menschengerechter gestaltet werden. Schlagwort: „Anpassung der Arbeitsbedingungen an den Menschen."

Personaleinweisung (Stelleneinweisung)

Neu eingestellte, versetzte oder umgeschulte Arbeitskräfte müssen in ihre neuen Aufgaben eingewiesen werden, um ihre Einarbeitung zu erleichtern. Die Personaleinweisung (Stelleneinweisung) geschieht mündlich oder schriftlich.

Um Irrtümern vorzubeugen und ständige Rückfragen zu vermeiden, sind schriftliche Stelleneinweisungen vorzuziehen, wobei auf eine mündliche Einweisung nicht ganz verzichtet werden soll. Der schriftlichen Personaleinweisung können

- die Arbeitsanweisungen[1] (siehe Kapitel 3.6.5) und
- die Stellenbeschreibungen (siehe Kapitel 3.8.1)

dienen.

3.8.3 Betriebliche Personalentwicklung[2]

Aufgabe der **Personalentwicklung (-förderung)** ist, durch geeignete Aus- und Weiterbildungsmaßnahmen dafür zu sorgen, den künftigen qualitativen Personalbedarf weitgehend betriebsintern zu decken.

---

1 In der Praxis spricht man mitunter auch von Arbeitsanleitung.
2 Zu den Maßnahmen der Bundesagentur für Arbeit siehe Kapitel 2.6.4.6.

Ziele der Personalentwicklung

Ziele der Personalentwicklung	
aus der Sicht des Betriebs	**aus der Sicht der Arbeitskraft**
■ Weiterentwicklung der Qualifikationen der Mitarbeiter, um den erforderlichen Personalbestand zu sichern. ■ Entwicklung von Nachwuchskräften. ■ Entwicklung von Spezialisten. ■ Unabhängigkeit von externen (außerbetrieblichen) Arbeitsmärkten. ■ Erhöhung der Arbeitszufriedenheit und damit höhere Arbeitsleistung. ■ Erhaltung und Verbesserung der Wettbewerbsfähigkeit.	■ Weiterentwicklung der eigenen Fertigkeiten und Fähigkeiten (des Qualifikationspotenzials). ■ Verbesserung der Chancen zur Selbstverwirklichung am Arbeitsplatz. ■ Schaffung von Voraussetzungen zum beruflichen Aufstieg. ■ Minderung des Risikos des Arbeitsplatzverlusts oder der Entgeltminderung. ■ Erhöhung der eigenen Mobilität[1] (fachlich, örtlich und im Betrieb). ■ Erhöhung des Ansehens (Prestiges) und des Entgelts.

Teilbereiche der Personalentwicklung

Zur Personalentwicklung gehören die Bereiche **Bildung, Aufgabenstrukturierung** und die Karriereplanung.

■ **Bereich Bildung (Ausbildung und Fortbildung)**

Die **Ausbildung** umfasst:

- Die **Berufsausbildung** (z. B. im Rahmen von Berufsausbildungsverträgen);[2]
- die **Anlernausbildung** sowie die Einarbeitungen älterer berufsfremder neuer Arbeitskräfte;
- die **Traineeausbildung,** bei der vor allem Hochschulabsolventen systematisch mit dem gesamtbetrieblichen Geschehen, der Organisationsstruktur und den konkreten Arbeitsanforderungen im Betrieb vertraut gemacht werden sollen. Die Trainees durchlaufen dabei planmäßig mehrere Ausbildungsstationen (Lernorte), in denen sie teilweise auch praktisch mitarbeiten (= Training-on-the-job).

Die **Fortbildung** umfasst:

- Die **Anpassungsfortbildung** mit dem Ziel, die Arbeitnehmer und Arbeitnehmerinnen dazu zu befähigen, den sich verändernden Anforderungen ihrer Arbeitsplätze gerecht zu werden;
- die **Aufstiegsfortbildung** mit der Aufgabe, die Arbeitskräfte dazu zu befähigen, künftig auch anspruchsvollere und schwierigere Aufgaben übernehmen zu können;
- die **Umschulung** (berufsverändernde Fortbildung) mit der Absicht, Arbeitnehmern und Arbeitnehmerinnen zusätzliches Wissen und Können zu vermitteln, weil sie z. B. ihren erlernten Beruf aufgrund der technischen Entwicklung nicht mehr ausüben können.

---

1 Mobilität = Beweglichkeit.
2 Näheres siehe Kapitel 2.3.1.

3.8 Personalbeschaffung

■ **Bereich Aufgabenstrukturierung**

Im Bereich der Aufgabenstrukturierung kennt man folgende Maßnahmen der Personalentwicklung:

Jobenlargement (Arbeitserweiterung)	Die Arbeitskraft erhält zusätzliche gleichartige (nicht die gleichen) oder ähnlich strukturierte Aufgaben zugewiesen.
Jobenrichment (Arbeitsbereicherung)	Dieses liegt vor, wenn Arbeitsvorgänge an einem Arbeitsplatz qualitativ angereichert werden. Das Jobenrichment zählt zur Humanisierung[1] der Arbeit, weil z. B. reine Durchführungsaufgaben mit Planungs- und Kontrollaufgaben an einem bestimmten Arbeitsplatz ausgebaut und so verantwortungsvoller werden.
	Beispiel: Die Reisende A erhält die Vollmacht, Verträge abzuschließen, die Zahlungseingänge ihrer Kunden zu kontrollieren, Sonderkonditionen zu gewähren und Mängelrügen im vorgegebenen Rahmen selbst zu bearbeiten.
Autonome Arbeitsgruppen	Der autonomen[2] Arbeitsgruppe wird ein in sich mehr oder weniger abgeschlossener Arbeitsprozess (z. B. Montage eines Motors, einer Fabrikhalle) übertragen. Dabei kann der Gruppenleiter („Kontaktmann") für einen bestimmten Zeitabschnitt von den Mitgliedern der Gruppe gewählt werden.
	Beispiel: Am bekanntesten ist der 1974 begonnene Versuch des schwedischen Automobilkonzerns Volvo in seinem Zweigwerk in Kalmar, in dem das Fließband vollständig durch mehrere Montageplattformen ersetzt wurde. Die Mitarbeiter arbeiten nicht im Akkord, sondern in (teil-)autonomen Arbeitsgruppen mit bestimmten Arbeitsaufgaben (z. B. Montage der elektrischen Anlagen, der Inneneinrichtungen der Automobile). Für die Materialbeschaffung, Verteilung der Arbeit auf die Gruppenmitglieder und die Qualitätskontrolle ist die Gruppe selbst verantwortlich.

■ **Bereich Karriereplanung**

Im Bereich der Karriereplanung kennt man z. B. folgende Maßnahmen der Personalentwicklung:

Jobrotation (Arbeitsplatzwechsel)	Sie wird durchgeführt, damit die Mitarbeiter durch neue Aufgabengebiete im Zeitablauf ihren Kenntnisstand und ihre Erfahrungsbasis erweitern, ihre Qualifikationen erhöhen und somit ihre Einsatzmöglichkeiten erleichtern (flexibilisieren).

---

1 Humanisieren = menschlicher gestalten, dem Menschen anpassen.
2 Autonom = selbstständig, selbst verantwortlich.

Projektgruppeneinsatz	Hier werden Mitarbeiter mit unterschiedlicher Vorbildung und Erfahrung und aus unterschiedlichen Hierarchieebenen für eine bestimmte Zeit mit einer fest umschriebenen Arbeitsaufgabe, dem **Projekt**,[1] betraut. Das Projekt betrifft meistens mehrere Unternehmensbereiche, ist sehr komplex[2] und verhältnismäßig neuartig.
	Beispiele:
	Bau eines Staudamms, Einführung eines neuen Produkts, Gründung eines Zweigwerks im Ausland, Durchführung einer Werbekampagne für eine neu zu importierende Südfrucht.

3.8.4 Personaleinstellung

Können offene Stellen nicht **betriebsintern**[3] durch Versetzung bzw. Beförderung von eigenen Mitarbeitern besetzt werden, müssen die benötigten Arbeitskräfte **betriebsextern**,[4] d.h. über den Arbeitsmarkt beschafft werden. Man spricht deswegen auch von externer **Personalbeschaffung**.

Personalauswahlverfahren

Das Personalauswahlverfahren geht i.d.R. in folgenden **Stufen** vor sich:

[1] **Vorauswahl** anhand der vorliegenden
- Bewerbungsunterlagen (Bewerbungsschreiben, Lebenslauf, Zeugnisse, Lichtbild) und
- eingeholten Zusatzinformationen (Referenzen, grafologischen Gutachten);

[2] **Auswahl** aus einem kleinen Kreis aufgrund eines Einstellungsgesprächs. Dieses Einstellungsgespräch dient nicht nur dazu, eine Beurteilung der Bewerber und Bewerberinnen vorzubereiten, sondern diese auch näher über die Verhältnisse im Betrieb zu informieren.

[3] **Endgültige Einstellung** nach Ablauf der Probezeit.
Ist die Personalabteilung der Meinung, dass ein Bewerber bzw. eine Bewerberin geeignet ist, muss der Betriebsrat gehört werden. § 99 BetrVG schreibt vor, dass die mangelnde Zustimmung des Betriebsrats nur durch eine Entscheidung des Arbeitsgerichts ersetzt werden kann.

Vor ihrer Einstellung müssen sich Bewerber und Bewerberinnen erforderlichenfalls einer ärztlichen Untersuchung unterziehen. Ergeben sich keine gesundheitlichen Bedenken, können die Arbeitsverträge abgeschlossen werden.

Ist eine **interne Personalbeschaffung** nicht möglich, ergibt sich im Allgemeinen folgendes Einstellungsverfahren:

---

1 Projekt (lat.) = Plan, Unternehmung, Entwurf, Vorhaben.
2 Komplex (lat.) = vielschichtig, sehr viele Dinge umfassend.
3 Intern = von innen, innerhalb.
4 Extern = von außen, außerhalb.

3.8 Personalbeschaffung

Externe Beschaffung und Einstellung einer Arbeitskraft
Unmittelbare Personalwerbung

z. B.:
- Zeitungsanzeigen (Inserate)
- Plakate
- Flugblätter
- Einschaltung von Vermittlungsbüros
- Einschaltung der Agenturen für Arbeit
- Internetveröffentlichungen

führt zu
↓

Bewerbung

enthält in der Regel:
- Bewerbungsunterlagen
- Lebenslauf
- Lichtbild
- Zeugnisabschriften
- Auskunftspersonen („Referenzen")
- evtl. firmeneigene Fragebögen

falls zutreffend
↓

persönliche Vorstellung

unter Umständen mit:
- Einstellungstest
- Einstellungsgespräch
- Gruppendiskussionen
- Assessmentcenters

falls Bewerber geeignet ist, erforderlichenfalls noch
↓

Zustimmung des Betriebsrats und ärztliche Untersuchung

falls keine gesundheitlichen Bedenken bestehen und
der Betriebsrat keinen Einspruch zustimmt
↓

Einstellung (Arbeitsvertrag)

Externe Personalbeschaffung wird unterstützt durch mittelbare Personalwerbung (Public Relations):

- Die Bemühungen eines Unternehmens um ein gutes Verhältnis zur Außenwelt (Public Relations) führen dazu, dass der Bekanntheitsgrad des Unternehmens zunimmt.
- Ein für seine Erzeugnisse und sozialen Leistungen bekanntes Unternehmen wird es leichter haben, sich extern qualifizierte Arbeitskräfte zu beschaffen, als dies bei einem unbekannten Unternehmen der Fall ist.

Geordnet nach ihrer Bedeutung in der Praxis gibt es bei der Neueinstellung von Mitarbeitern folgende **Einstellungskriterien**:

- die Ergebnisse des Einstellungsgesprächs (Interviews),
- Praxiszeugnisse,
- Ausbildungszeugnisse,
- Auswertung des Lebenslaufs,

3 Führung und Führungsverhalten

- Schulzeugnisse,
- Ergebnisse von Arbeitstests bzw. -proben,
- Gutachten und Referenzen (Auskunftspersonen) und
- die Analyse psychologischer Tests bzw. Eignungsuntersuchungen.

Bewerbungsunterlagen

Die Bewerbungsunterlagen umfassen

- das Bewerbungsschreiben,
- den Lebenslauf (tabellarisch),
- die Zeugniskopien und
- ein Deckblatt mit Adresse, Lichtbild sowie Angabe der Stelle.

■ Bewerbungsschreiben

Das eigentliche Bewerbungsschreiben sollte grundsätzlich mit dem Computer geschrieben sein. Das Bewerbungsschreiben enthält mindestens folgende Punkte:

- Anlass der Bewerbung;
- Hinweise auf Fähigkeiten und Fertigkeiten;
- Hinweise auf Schulbesuche und -abschlüsse, sofern nicht im Lebenslauf enthalten;
- Hinweise auf Anlagen (Lebenslauf, Zeugniskopien);
- Angabe von Referenzen;
- Bitte um Berücksichtigung der Bewerbung.

Die Bundesagentur für Arbeit gibt Tipps[1]

Checkliste Anschreiben:
- weißes DIN-A4-Papier (zwischen 80 und 120 Gramm)
- kein Schmuck-Briefpapier oder farbige Briefbögen
- grafische Gestaltungselemente nur bei Stellen für Werbung, Design etc.
- einheitliche, gut lesbare Schriftgröße und Schrifttype (wie beim Lebenslauf)
- keine Rechtschreib- und Tippfehler
- sauber und ungeknickt (keine „Eselsohren")
- maximal eine Seite
- freundlicher und aufgeschlossener Ton
- sachlicher Stil und aussagekräftige Formulierungen
- kurze und prägnante Sätze, aktiv formuliert mit vielen Verben
- von jemand anderem Korrektur gelesen (Rechtschreibung, Formulierungen)!

Vermeiden Sie:
- steife Formeln („Bezug nehmend auf", sende ich Ihnen in der Anlage zu", „verbleibe ich mit")
- allgemeine Floskeln („Ich werde von meinem Chef geschätzt.")
- Modeworte (einmalig, klasse, sowieso, super, toll, total, verdammt, wahnsinnig)
- Umgangssprache („Ich bleibe immer cool, auch wenn der Laden brummt.")
- Abkürzungen

---

[1] Quelle: Broschüre der Bundesagentur für Arbeit: durchstarten.

3.8 Personalbeschaffung

Bewerbungsschreiben

Konrad Burger
Adam-Riese-Straße 1
98527 Suhl
Tel.: 03643 34712
E-Mail: k.burger@web.de

5. Juli 20..

CompuServe AG
Personalabteilung
Frau Monika Leitz
99081 Erfurt

Bewerbung als Sachbearbeiter für den Einkauf

Sehr geehrte Frau Leitz,

Ihre Stellenanzeige in den THÜRINGER NACHRICHTEN hat mein Interesse geweckt.

Nach meiner Ausbildungszeit als Großhandelskaufmann bei der IMPEX AG in Jena konnte ich als Sachbearbeiter im Einkauf, im Verkauf und in der Rechnungsabteilung vielfältige Berufserfahrungen sammeln. Besondere Freude machte mir dabei die Arbeit im Einkauf.

Die von Ihnen ausgeschriebene Stelle wäre aufgrund der beschriebenen Anforderungen eine neue Herausforderung für mich. Deshalb bewerbe ich mich bei Ihnen.

Um mich fortzubilden, besuche ich seit 1. März d. J. bei der Industrie- und Handelskammer das berufsbegleitende Seminar „Praktischer Betriebswirt", das Ende nächsten Jahres mit einer Prüfung abschließen wird. Die dort erworbenen Kenntnisse werden mir als Sachbearbeiter im Einkauf nützlich sein.

Die von Ihnen geforderten Bewerbungsunterlagen füge ich hier bei.

Ich würde mich freuen, wenn Sie mir Gelegenheit geben, mich bei Ihnen vorzustellen.

Mit freundlichen Grüßen

Konrad Burger

Anlagen
1 tabellarischer Lebenslauf
4 Zeugniskopien
1 Kopie meines Prüfungszeugnisses

3 Führung und Führungsverhalten

■ **Lebenslauf**

Der Lebenslauf enthält in der Regel folgende Punkte:

- Geburtstag und -ort;
- Herkunft und Staatsangehörigkeit;
- Schulbesuche, Schulabschlussprüfungen;
- praktische Tätigkeiten, Ausbildung;
- Fähigkeiten und Neigungen;
- Besonderes wie z. B. Auslandsaufenthalt, Weiterbildung, Hobbies, ehrenamtliche Funktionen;
- Hinweise auf Zeugniskopien und Prüfungszeugnisse.

Wenn nichts anderes gefordert ist, sollte der Lebenslauf **tabellarisch** abgefasst sein (siehe S. 283). Ein handschriftlicher Lebenslauf wird i. d. R. nur dann verlangt, wenn ein grafologisches Gutachten eingeholt wird, was vor allem bei der Einstellung von Führungskräften der Fall ist.

Die Bundesagentur für Arbeit gibt Tipps[1]

■ **Tipps zum Lebenslauf**

Wenn nichts anderes gefordert ist, legen Sie möglichst einen tabellarischen Lebenslauf bei; wegen der Übersichtlichkeit empfiehlt es sich, den schulischen und beruflichen Werdegang zu gliedern. Der berufliche Werdegang kann bei höher qualifizierten Stellen zusätzlich unterteilt werden in Berufstätigkeit, berufliche Fortbildung und sonstige berufsbezogene Kenntnisse.
Beschreiben Sie Ihre Kenntnisse, Fertigkeiten und Erfahrungen möglichst genau: Wenn Sie z. B. stenografieren können, reicht es nicht, wenn Sie sagen: „Ich kann stenografieren." Geben Sie besser an, ob Sie 150, 200 oder gar 400 Silben pro Minute schreiben.

■ **Tipps zum Lichtbild**

Der Bewerbung fügen Sie am besten ein Lichtbild neueren Datums bei; das Lichtbild sollte Passbildformat haben; dabei ist es heute unerheblich, ob Sie ein Farb- oder Schwarzweißbild verwenden; das Lichtbild sollte Sie, da es den ersten Eindruck von Ihnen mitbestimmt, in einer der Bewerbung angemessenen Weise abbilden. Zur Sicherheit versehen Sie es auf der Rückseite mit Ihrem Namen und Ihrer Anschrift. Befestigt wird es am besten am Lebenslauf durch Aufkleben.

■ **Tipps für Zeugnisse und Bescheinigungen**

Belegen Sie möglichst alle schulischen und beruflichen Bildungsabschnitte mit Zeugnissen und Bescheinigungen; fügen Sie keine Originale bei, sondern verwenden Sie Fotokopien. Können Sie bestimmte Zeugnisse und Bescheinigungen nicht vorlegen, begründen Sie dies auf einem gesonderten Blatt.

---

[1] Quelle: Faltblatt der Bundesagentur für Arbeit: Tipps für Ihre Bewerbung.

3.8 Personalbeschaffung

Tabellarischer Lebenslauf

Lebenslauf

■ Persönliche Daten

Name:	Anita Gröber
Geburtstag:	16. 01. 1986
Geburtsort:	Bad Dürkheim/Pfalz
Anschrift:	Xaveriusweg 9, 55131 Mainz
	Tel: 06131 34711
	E-Mail: a.groeber@gmx.de
Familienstand:	ledig
Staatsangehörigkeit:	deutsch

■ Schulbildung

1992 – 1996	Grundschule Bad Dürkheim
1996 – 2001	Hauptschule Bad Dürkheim
2001 – 2003	Besuch der Wirtschaftsschule Bad Dürkheim

■ Ausbildung

2003 – 2006	Ausbildung als Groß- und Außenhandelskauffrau bei der M. Lederer OHG in Bad Dürkheim
2006 – 2007	Abendkurs Textverarbeitung mit Microsoft WORD und Microsoft EXCEL bei der Volkshochschule Bad Dürkheim mit Zertifikat
2007 – 2008	Abendkurs HTML-Programmierung an der Volkshochschule Bad Dürkheim

■ Beruf

seit 2006	Tätigkeiten im Einkauf, Verkauf, Marketing und Rechnungswesen bei der M. Lederer OHG in ungekündigter Stellung

■ Sonstige Qualifikationen

Sprachkenntnisse:	Englisch fließend in Wort und Schrift
	Französisch Grundkenntnisse
Sonstiges:	gute Schreibmaschinen- und EDV-Kenntnisse
	Grundzüge der HTML-Programmierung zur Erstellung und Pflege von Homepages

Mainz, 01. 04. 20..

Anita Gröber

Online-Bewerbung

Die Online-Bewerbung gewann in den letzten Jahren immer mehr an Bedeutung. Jedoch ist zu beachten, dass die Online-Bewerbung auch Nachteile hat. So ist diese vom Personalsachbearbeiter relativ schnell gelöscht. Auch verführt die Online-Bewerbung dazu, „schnell" mal 20 Bewerbungen an unterschiedliche Unternehmen zu verschicken. Dabei wird dann oft nicht sorgfältig genug gearbeitet und die Bewerbungen meist nicht individuell auf die unterschiedlichen Unternehmen und zu besetzenden Stellen abgeändert.

In manchen Branchen (Computer-Branche) ist die Online-Bewerbung jedoch üblich und man würde als rückständig gelten, würde man seine Bewerbung in Papierform abgeben. Insgesamt ist zu raten, eine Online-Bewerbung nur dann abzugeben, wenn dies in der Stellenausschreibung ausdrücklich erwünscht oder dies in der Branche üblich ist.

Bei einer Online-Bewerbung sind verschiedene Punkte zu beachten:

- Es sollten einzelne Dateien vom Lebenslauf, vom Anschreiben, von Zeugnissen etc. angefertigt werden. Diese sollten die Größe von ca. 2 MB nicht wesentlich übersteigen.
- Den einzelnen Dateien sollten eindeutige Namen zugeordnet sein, wie „LebenslaufHübner.pdf".
- Das Bewerbungsfoto sollte in ein Dokument eingebunden sein, also nicht als eigene Datei verwendet werden.
- Am besten verwendet man als Dateiformat das PDF. Dies ist am meisten verbreitet und gewährleistet die optimale Darstellung der Bewerbung. Die einzelnen PDFs werden zu einem PDF zusammengefasst und angehängt.
- Die verwendete E-Mail-Adresse sollte seriös gestaltet sein, also nicht etwa „Schätzle78@web.de"

- **Bewerbungshomepage**

Teilweise bietet es sich an, eine eigene Bewerbungshomepage zu gestalten. Die Vorteile liegen auf der Hand. In der E-Mail zur Bewerbung muss lediglich der Link mit dem Verweis auf die eigene Homepage hinterlegt werden. Die wichtigen Informationen findet der zukünftige Arbeitgeber dann auf der Bewerbungshomepage. Diese muss nicht für jede Bewerbung neu gestaltet werden und zudem entfällt eine größere Zahl an Anhängen, die bei der normalen Online-Bewerbung schnell vorkommen kann, wenn der Bewerber schon einen Ausbildungs- und Berufsweg hinter sich hat. Bei der Bewerbungshomepage muss jedoch darauf geachtet werden, dass niemand die eigenen Daten missbrauchen oder herunterladen kann. Auch sollte man beachten, dass „das Netz nie etwas vergisst". Das heißt, dass die Daten teilweise selbst dann noch gefunden werden können, wenn die Homepage deaktiviert wurde. Deshalb sollte man sich vor Erstellung einer solchen Bewerbungshomepage besondere Gedanken über die Sicherheit der eigenen Daten machen. Vorteilhaft ist z. B. ein Passwort mit dem auf die Seite zugegriffen werden kann.

- **Bewerbungsformular**

Einige Unternehmen haben ein Bewerbungsformular auf ihrer Homepage zur Verfügung gestellt. Dies liegt meist in tabellarischer Form vor und wird von den Bewerbern online ausgefüllt. Dies hat für das Unternehmen den Vorteil, dass es bestimmte Anforderungen und Sachverhalte sehr schnell herausfiltern kann, wie z. B. bestimmte Anforderungen an die Stelle. Für den Bewerber hat das Verfahren den Nachteil, dass er seine besonderen Fähigkeiten und seine Motivation nur sehr knapp darstellen kann. Platz für eine bestimmte Kreativität besteht hierbei nicht.

3.8 Personalbeschaffung

Quelle: Anke Hohlbaum, Gunther Oleschi: Human Resources, Modernes Personalwesen. Merkur Verlag Rinteln, 4. Auflage 2010, Seite 49.

Anonyme[1] Bewerbung

Um Benachteiligungen sich bewerbender Personen zu vermeiden, empfehlen Antidiskriminierungsstellen[2] anonyme Bewerbungen. Bei der ersten Kontaktaufnahme erfahren Arbeitgeber weder Name noch Alter, Religion, Herkunft und Aussehen der Bewerberin bzw. des Bewerbers, denn bei herkömmlichen Bewerbungen können Vorurteile hervorgerufen werden (z. B. Herkunftsland, Religion, Hautfarbe usw.). Die Folge ist, dass es erst gar nicht zu einem Vorstellungsgespräch kommt.

Die anonyme Bewerbung lässt daher mehr Chancengleichheit[3] erwarten, weil eine Einladung zu einem Vorstellungsgespräch ausschließlich aufgrund der Qualifikation[4] (z. B. Ausbildung, Berufserfahrung, Weiterbildung, Motivation[5] der sich bewerbenden Person erfolgt.

In der Wirtschaft ist die anonyme Bewerbung allerdings noch nicht weit verbreitet. Viele Arbeitgeber haben Vorbehalte gegen die anonymisierte Bewerbung.

---

1 Anonym (gr.) = namenlos, nicht erkennbar, unbekannt.
2 Anti... (gr.) = Gegen... Antidiskriminierung heißt „gegen unterschiedliche Behandlung". Siehe z. B. www.antidiskriminierungsstelle.de.
3 Chance (franz.) = Möglichkeit, Erfolgsaussicht.
4 Qualifikation (lat.) = Befähigung (z. B. bestimmte Tätigkeiten ausüben können).
5 Motivation (lat.) = Beweggründe, die das Handeln des Menschen bestimmen.

Zusammenfassung

- Es ist zwischen **quantitativem** und **qualitativem Personalbedarf** zu unterscheiden.
- Die **Stellenbeschreibungen** bilden die Grundlage für die Ermittlung des qualitativen Personalbedarfs.
- Die **Personaleinsatzplanung** hat zum Ziel, den optimalen Einsatz der vorhandenen Arbeitskräfte sicherzustellen.
- Die **Stelleneinweisung (Personaleinweisung)** hat zum Ziel, den neu eingestellten, versetzten oder umgeschulten Arbeitskräften die Einarbeitung zu erleichtern.
- Unter betrieblicher **Personalentwicklung (-förderung)** sind alle Maßnahmen zu verstehen, die der beruflichen Aus- und Weiterbildung dienen. Ziel der Personalentwicklung ist, den Personalbedarf so weit wie möglich betriebsintern zu decken.
- Kann eine Stelle nicht **betriebsintern** besetzt werden, muss die benötigte Arbeitskraft **extern beschafft** werden.
- Bewerben sich mehrere Personen um eine offene Stelle, ist mithilfe eines sogenannten **Personalauswahlverfahrens** die geeignete Person herauszufinden und einzustellen.

ÜBUNGSAUFGABEN

1. Der qualitative Personalbedarf wird u. a. aufgrund von Stellenbeschreibungen ermittelt.

    1.1 **Arbeitsauftrag:** Fassen Sie eine Stellenbeschreibung für die Stelle ab, in der Sie augenblicklich eingesetzt sind!

    1.2 Unterscheiden Sie zwischen quantitativem und qualitativem Personalbedarf!

    1.3 Nennen Sie mögliche Unsicherheitsfaktoren, mit denen jede Personalbedarfsrechnung behaftet ist!

2. Begründen Sie die Notwendigkeit der beruflichen Fortbildung aus Ihrer Sicht!

3. Bringen Sie folgende Tipps der Bundesagentur für Arbeit in Kurzform:

    - Wenn Sie aufgefordert werden, sich bei einem Arbeitgeber vorzustellen, ist das bereits eine große Chance, die Sie nutzen sollten. Das Gleiche gilt natürlich auch, wenn Sie sich unaufgefordert aus eigener Initiative vorstellen.
    - Wichtig ist, dass Sie sich auf das Vorstellungsgespräch sorgfältig vorbereiten.

      Das beginnt wie bei der schriftlichen Bewerbung mit dem äußeren Erscheinungsbild: Geben Sie von sich ein sauberes korrektes Bild.
    - Bereiten Sie sich in Gedanken auf das Bewerbungsgespräch vor. Stellen Sie sich darauf ein, einen zusammenhängenden Bericht über Ihre bisherigen Tätigkeiten und die Gründe der Beendigung zu geben. Sie sollten auch schildern können, was Ihnen an Ihrer Arbeit gut gefallen hat und wie Sie mit den einzelnen Tätigkeiten zurechtgekommen sind. Aus diesen Informationen kann sich der Arbeitgeber ein Bild über Ihre Eignung machen.
    - Gehen Sie nie ohne Informationen über das Unternehmen, bei dem Sie sich vorstellen, in das Bewerbungsgespräch. Arbeitgeber werten es oft negativ, wenn Bewerber nicht informiert sind. Je höher und qualifizierter die Stelle ist, für die Sie sich bewerben, desto besser sollten Sie über Ihren möglicherweise künftigen Arbeitgeber unterrichtet sein. Die Agentur für Arbeit kann Ihnen dabei wertvolle Tipps geben: Sprechen Sie mit Ihrem Arbeitsvermittler, bevor Sie sich vorstellen.

- Überzeugen Sie beim Vorstellungsgespräch, ohne zu übertreiben. Äußern Sie sich jedoch niemals negativ über andere, auch nicht über frühere Arbeitgeber oder Kollegen. Bleiben Sie in jeder Gesprächssituation sachlich.

- Stellen Sie sich darauf ein, dass Sie vieles gefragt werden. Vergessen Sie dabei nicht, dass auch Sie sich entscheiden müssen, ob die Stelle für Sie geeignet ist: Fragen Sie deshalb nach allen Informationen, die Sie für Ihre Entscheidung brauchen, z. B. nach Ihrem Arbeitsbereich, Ihren Vorgesetzten, Ihrer Verantwortung, Ihrer Bezahlung usw.

4. Schreiben Sie Ihren Lebenslauf
    4.1 in handgeschriebener und
    4.2 in tabellarischer Form!

5. Schreiben Sie Ihre Bewerbung zu nebenstehender Zeitungsanzeige in der „Neustädter Zeitung" vom 6. September dieses Jahres!

    Nehmen Sie dabei an, dass Sie eine Berufsausbildung als Kaufmann/Kauffrau für Büromanagement erfolgreich abgeschlossen haben!

    Weisen Sie darauf hin, dass Sie Zeugniskopien, einen Lebenslauf und ein Lichtbild beigefügt haben.

    Wir suchen zum 1. Oktober eine(n)

    **junge(n), dynamische(n)
    Kauffrau/Kaufmann für Büromanagement**

    für unsere Einkaufsabteilung. Sie (Er) sollte eine Ausbildung zur(m) Kauffrau/Kaufmann für Büromanagement erfolgreich abgeschlossen haben.

    Bitte vereinbaren Sie einen Termin mit uns zu einem unverbindlichen Gespräch.

    Großhandelshaus Wiese GmbH, Hof 9, 47121 Neustadt

6. **Absender:** Frau Emma Wehrle, Bozener Straße 50, 79111 Freiburg.

    Vorgang: Frau Wehrles Mann, Herr Franz Wehrle, wird Leiter der Auslandsfiliale der KaBe-Werke GmbH Freiburg in den USA. Frau Wehrle, die bisher als kaufmännische Angestellte bei der Maschinenfabrik Raimer GmbH, Jacob-Burckhard-Straße 29–30, 79098 Freiburg, arbeitete, muss nun, da sie mit ihrem Mann in die USA übersiedelt, ihre Stelle aufgeben und zum 31. Oktober 20.. kündigen.

    Aufgabe: Verfassen Sie das Kündigungsschreiben mit Datum 15. August 20.. und bitten Sie um die Ausstellung eines qualifizierten Zeugnisses!

7. **Absender:** Herr Kurt Klein, Amselweg 17, 88045 Friedrichshafen.

    Vorgang: Herr Klein kündigt seine Stellung als Sachbearbeiter im Einkauf beim Großhandelshaus Lerch OHG, Sandbühl 10, 88214 Ravensburg, zum 30. Juni 20.. Er möchte eine Stellung beim Möbelhaus Ruder GmbH, Ravensburg, im Verkauf übernehmen. Grund des Wechsels: Weiterbildung, beruflicher Aufstieg und Wegfall der täglichen Fahrt zur Arbeit.

    Aufgabe: Schreiben Sie die Kündigung und bitten Sie um ein qualifiziertes Zeugnis. Briefdatum: 19. Mai!

4 Der betriebliche Leistungsprozess

4.1 Zielsetzungen der Betriebe

„Wenn man nicht genau weiß, wohin man will, landet man leicht da, wo man gar nicht hin wollte."[1]
Was für das tägliche Leben gilt, ist auch für den wirtschaftlichen Betrieb zutreffend.

4.1.1 Ziele privatwirtschaftlicher Betriebe

Ober-, Zwischen- und Unterziele

Privatwirtschaftliche Betriebe, die wir als *Unternehmen* bezeichnet haben, besitzen neben ihren unterschiedlichen Sachzielen[2] ein *Formalziel,*[3] aus dem sich Ober-, Zwischen- und Unterziele ergeben.

Das **formale Oberziel** privatwirtschaftlicher Betriebe ist in aller Regel die *Gewinnerzielung,* wobei die Wirtschaftstheorie meist unterstellt, dass die Unternehmen nach kurzfristiger oder langfristiger *Gewinnmaximierung* streben.

Den Grundsatz privatwirtschaftlicher Unternehmen in einer Marktwirtschaft, alle planerischen und organisatorischen Maßnahmen auf Gewinnerzielung auszurichten, bezeichnet man als **erwerbswirtschaftliches Prinzip.**

Als erwerbswirtschaftliche Oberziele können außerdem das Streben nach *Macht* und *Prestige* gelten. In diesem Fall werden die Unternehmen gegründet und geführt, um den Unternehmern (Eigentümer- und/oder Auftragsunternehmern) Ansehen zu verschaffen und/oder um andere zu beherrschen bzw. zu beeinflussen (z. B. Marktbeherrschung, Einfluss auf Regierungen und Parlamente, Zulieferer oder Abnehmer). Auch das Streben nach *wirtschaftlicher Sicherheit* kann Oberziel der Unternehmen sein. Richtet sich das Sicherheitsstreben vorwiegend auf die Arbeitsplatzerhaltung, liegt ein „soziales" Ziel vor.[4]

Zwischenziele leiten sich aus den Oberzielen ab. Aus dem Ziel der Unternehmenserhaltung können sich z. B. **„ökologische Ziele"** wie die Reinerhaltung der Luft oder Vermeidung von Kontaminierungen[5] des Betriebsgrundstücks ergeben. Zwischen den Zielen der Unternehmenserhaltung und ökologischen Zielen kann durchaus Zielharmonie bestehen, denn die Verfolgung ökologischer Ziele trägt dazu bei, z. B. mögliche umweltbedingte Schadensersatzleistungen oder unabsehbare Kosten durch die Sanierung belasteter Böden zu vermeiden.

Unterziele sind konkrete (greifbare) Vorhaben, die der Zielerreichung dienen. Das Ziel „Reinerhaltung der Luft" soll z. B. durch das Vorhaben „Einbau einer Filteranlage" erreicht werden.

Die Verwirklichung (Realisation) betrieblicher Ziele wirkt sich nicht nur auf das Unternehmen und seine Belegschaftsmitglieder aus, sondern ebenso auf den Einzelnen und die Gesellschaft (die „Umwelt" des Unternehmens).

---

1 MAGER, F. R.: Lernziele und programmierter Unterricht, 1965, S. XVII.
2 Siehe Kapitel 4.2.
3 Formal (lat.) = die äußere Form (also nicht den Inhalt) betreffend. Ein inhaltliches Ziel ist z. B. der Bau von Einfamilienhäusern, das formale Ziel die Gewinnerzielung durch den Hausverkauf.
4 Vgl. JACOB, H.: Allgemeine Betriebswirtschaftslehre in programmierter Form, 1969, S. 35 und S. 37.
5 Kontaminieren (lat.) = verunreinigen, vergiften, verschmutzen.

4.1 Zielsetzungen der Betriebe

Beispiel:

Das Wachstum der Unternehmen schafft i. d. R. neue Arbeitsplätze bzw. sichert die Arbeitsplätze der Beschäftigten. Zugleich wird die Versorgung der Bevölkerung (der materielle Lebensstandard) erhöht. Insoweit erfüllen die privatwirtschaftlichen Unternehmen eine *gemeinwirtschaftliche* Aufgabe, zwar nicht als Ziel, wohl aber als Folge der Zielverwirklichung.

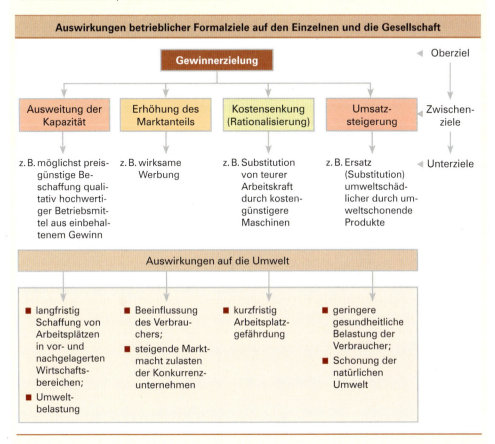

Zielharmonie und Zielkonflikt

Ist es möglich, mehrere Ziele gleichzeitig zu erreichen, spricht man von *Zielharmonie*.[1] Kann z. B. der Umsatz bei nicht im gleichen Maße steigenden Kosten erhöht werden, so liegt zwischen den Zielen „Gewinnmaximierung" und „Umsatzsteigerung" Zielharmonie vor. Häufig ist es jedoch nicht möglich, zwei oder mehrere Ziele gleichzeitig anzustreben: Es bestehen *Zielkonflikte*.[2] Strebt ein Unternehmen z. B. zugleich Arbeitsplatzsicherung *und* Kostensenkung an, kann ein Zielkonflikt vorliegen, weil durch den Einsatz von Kosten sparenden Maschinen Arbeitskräfte „freigesetzt", d. h. entlassen werden müssen.

---

1 Harmonie = Übereinstimmung.
2 Konflikt = Gegensatz, Streit.

Auch zwischen den einzelwirtschaftlichen Zielen der Unternehmen und den wirtschafts- und gesellschaftspolitischen Zielen der Gesellschaft (des Staates) herrscht keineswegs immer Zielharmonie. Steigen aufgrund hoher Preise die Gewinne schneller als die Arbeitnehmereinkommen, nimmt der prozentuale Anteil der Arbeitnehmereinkommen am Gesamteinkommen (Volkseinkommen) – die sog. Lohnquote – ab. Dies widerspricht dem wirtschafts- und sozialpolitischen Ziel einer „sozialverträglichen Einkommensverteilung". Oder, um noch ein Beispiel zu nennen: Das Wachstum industrieller Betriebe belastet in steigendem Maße die Umwelt mit Schadstoffen. Das aus Gründen der Arbeitsplatzsicherung und -ausweitung gewünschte Wachstum gefährdet das Ziel der Schaffung einer besseren Lebensqualität, zu der auch die Erhaltung einer lebenswerten Umwelt gehört.

4.1.2 Ziele gemeinwirtschaftlicher Betriebe

Das Oberziel gemeinwirtschaftlicher Betriebe[1] ist in der Regel die Deckung des Bedarfs der Bevölkerung mit bestimmten Sachgütern oder Dienstleistungen (z. B. Wasser- und Elektrizitätsversorgung, Nachrichtenübermittlung).

> Der Grundsatz eines Betriebs, in erster Linie der Bedarfsdeckung der Bevölkerung oder bestimmter Bevölkerungsgruppen dienen zu wollen, heißt **gemeinwirtschaftliches Prinzip,** Vorsorgeprinzip oder „Prinzip der Daseinsfürsorge".

Nach dem gemeinwirtschaftlichen Prinzip handeln daher nicht unbedingt nur öffentliche oder öffentlich beeinflusste Betriebe, sondern mitunter auch privatwirtschaftliche Betriebe wie z. B. manche eingetragene Genossenschaften (Ziel: Förderung des Erwerbs und der Wirtschaft ihrer Mitglieder).

Um eine bestmögliche Versorgung der Bevölkerung bzw. bestimmter Bevölkerungsgruppen zu erreichen, ist eine *Gewinnerzielung* nicht von vornherein ausgeschlossen, denn Gewinne können der Ersatz- und Erweiterungsinvestition dienen, sodass eine Verbesserung der Bedarfsdeckung eintritt. Mitunter begnügen sich gemeinwirtschaftliche Betriebe damit, die Kosten zu decken **(Prinzip der Kostendeckung)**. Ist dies aus sozialen oder aus Konkurrenzgründen nicht möglich, muss zumindest angestrebt werden, die Verluste so gering wie möglich zu halten, wie dies beispielsweise bei städtischen Verkehrsbetrieben der Fall sein kann **(Prinzip der Verlustminimierung)**.

4.2 Stellung der Sach- und Dienstleistungsbetriebe in der Gesamtwirtschaft

Aus dem Sachziel eines Betriebs folgen seine Aufgaben (Funktionen), die er zu erfüllen hat. Seine Funktionen bestimmen zugleich seine Stellung in der Gesamtwirtschaft. Ein Fachgeschäft für Damenmoden stellt sich zum Beispiel zur Aufgabe, seinen Kundinnen eine große Auswahl (ein tiefes Sortiment) an Kleidungsstücken (Röcke, Blusen, Kostüme, Hosen, Mäntel usw.) anzubieten. Es stellt somit das letzte Glied einer langen Kette von Sach- und Dienstleistungsbetrieben dar.

Die Stellung der Sach- und Dienstleistungsbetriebe in der Wirtschaft kann aus nachfolgender Tabelle entnommen werden:

---

[1] Unter gemeinwirtschaftlichen Betrieben versteht man i. d. R. staatliche (öffentliche), halbstaatliche und staatlich kontrollierte Betriebe. Beispiele für gemeinwirtschaftliche Betriebe sind die Gas-, Wasser- und Elektrizitätswerke, Kläranlagen der Gemeinden und Gemeindeverbände, öffentliche Dienstleistungsbetriebe wie z. B. die städtischen Gärtnereien.

4.3 Überblick über die Leistungsprozesse in Sach- und Dienstleistungsbetrieben

Übersicht über die Stellung der Sach- und Dienstleistungsbetriebe in der Gesamtwirtschaft

Wirtschafts-bereiche	Arten der Betriebe (Gewerbearten)		
	Sachziele	Bezeichnungen	Beispiele
Herstellung (Produktion)	Rohstoffgewinnung (Urproduktion)	Anbaubetriebe	Land- und forstwirtschaftliche Betriebe
		Abbaubetriebe	Fischereibetriebe, Bergwerke, Kiesgruben, Steinbrüche
	Verarbeitung	Aufbereitende Betriebe	Eisenwerke, Kohlekraftwerke
		Weiterverarbeitende Betriebe	Kleiderfabriken, Konservenfabriken, Maschinenfabriken
Verteilung (Distribution)	Kauf und Verkauf von Waren (Handel)	Handelsbetriebe	Einzelhandelsbetriebe, Großhandelsbetriebe, Import- und Exportbetriebe
	Transport	Verkehrsbetriebe	Eisenbahnbetriebe, Nah- und Fernverkehrsbetriebe
Zahlung (Zirkulation)[1]	Durchführung des Zahlungsverkehrs	Bankbetriebe (Kreditinstitute)	Sparkassen, Volksbanken, Geschäftsbanken
	Risikoübernahme	Versicherungsbetriebe	Sach-, Personen- und Vermögensversicherungen
Beratung	Unterstützung in rechtlichen und wirtschaftlichen Fragen	Beratungsbetriebe	Rechtsanwaltbüros, Marketingberater, Werbeagenturen

☐ = Sachleistungsbetriebe (Herstellung von Sachgütern)

☐ = Dienstleistungsbetriebe (Bereitstellung von Dienstleistungen)

4.3 Überblick über die Leistungsprozesse in Sach- und Dienstleistungsbetrieben

Die Aufgaben (Funktionen) eines Betriebs bestimmen den ihm eigentümlichen (charakteristischen) Leistungsprozess, wobei unter Leistung die Erstellung und Bereitstellung wirtschaftlicher Güter (vor allem Sachgüter und Dienstleistungen) verstanden wird.

Der Leistungsprozess im Industriebetrieb

Die Hauptaufgabe des Industriebetriebs ist, Erzeugnisse zu fertigen (**Fertigungsfunktion**). Um fertigen (produzieren) zu können, braucht der Industriebetrieb Roh-, Hilfs- und Betriebsstoffe, Betriebsmittel sowie fremdbezogene Fertigteile (Auswärtsteile). Dies ist seine Beschaffungsaufgabe (**Beschaffungsfunktion**). Beschaffung und Fertigung sind nicht Selbstzweck. Industrielle Erzeugnisse müssen abgesetzt, d. h. verkauft werden (Leistungsverwertung). Die dritte Grundfunktion des Industriebetriebs ist somit die **Absatzfunktion**.

---

1 Zirkulieren = umlaufen.

4 Der betriebliche Leistungsprozess

> **Beispiel:**
>
> Der Prozess der Leistungserstellung in einem Industriebetrieb soll an einem vereinfachenden Beispiel dargestellt werden. Angenommen, eine Möbelfabrik stellt lediglich Küchenschränke her.
> Zu beschaffen sind (neben den bereits vorhandenen bebauten und unbebauten Grundstücken, Maschinen, Fördereinrichtungen und der Betriebs- und Geschäftsausstattung):
> 1. **Rohstoffe:**[1] Holz, Spanplatten, Kunststofffurniere;
> 2. **Hilfsstoffe:**[2] Lacke, Farben, Schrauben, Muttern, Nägel;
> 3. **Betriebsstoffe:**[3] Schmiermittel, Reinigungsmittel;
> 4. **Auswärtsteile** (= Fertigteile = Fremdbauteile): Scharniere, Schlösser.
>
> Bereitzustellen sind außerdem die erforderlichen Arbeitskräfte sowie die erforderlichen Geldmittel, die zum Teil aus Erlösen (dem Umsatz), zum Teil aus Krediten und Beteiligungen bestehen.
> Gefertigt wird in folgender Reihenfolge: Sockel (Werkstatt I), Ober-, Unter- und Seitenteile (Werkstatt II), Rückwände (Werkstatt III), Böden (Werkstatt IV), Türen (Werkstatt V). Die Montage erfolgt nach Zwischenlagerung der Teile auf einem Fließband.[4]

Die Fertigerzeugnisse werden anschließend geprüft und bis zur Auslieferung in das Fertigerzeugnislager (= Endlagerung) genommen.

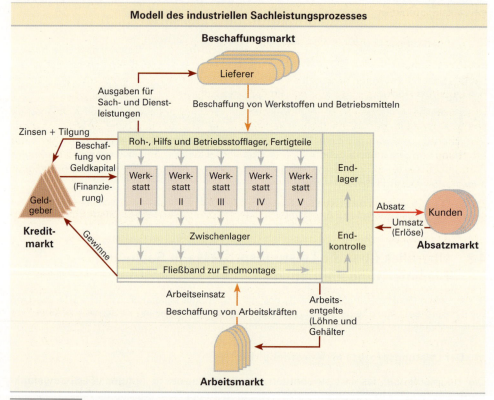

Modell des industriellen Sachleistungsprozesses

---

[1] Rohstoffe werden nach der Bearbeitung oder Verarbeitung wesentliche Bestandteile der Fertigerzeugnisse. Beispiele: Eisen und Stahl im Maschinenbau; Wolle und Baumwolle in der Textilindustrie.

[2] Hilfsstoffe sind Stoffe, die bei der Bearbeitung verbraucht werden, um das Erzeugnis herzustellen, die aber nicht als wesentliche Bestandteile der Fertigerzeugnisse zu betrachten sind, z. B. Farben in der Tapetenherstellung oder Lacke, Schrauben, Muttern, Nieten in der Automobilindustrie.

[3] Betriebsstoffe dienen dazu, die Maschinen zu „betreiben", z. B. Schmierstoffe, Kühlmittel, Reinigungsmittel und Energiestoffe.

[4] Da in den einzelnen Werkstätten Erzeugnisgruppen hergestellt werden, die anschließend zu montieren sind, spricht man hier von *Gruppenfertigung*.

4.3 Überblick über die Leistungsprozesse in Sach- und Dienstleistungsbetrieben

Der Leistungsprozess im Handelsbetrieb

Das Sachziel des Handelsbetriebs ist die Bereitstellung eines Warensortiments.[1] An die Stelle der Fertigungsfunktion tritt die **Sortimentsfunktion**. Durch das Bereitstellen eines tiefen und/oder breiten Sortiments an Waren für den Bedarf des Weiterverwenders (beim Großhandel) oder privaten Verbrauchers (beim Einzelhandel) erhält der Verwender (Käufer) die Möglichkeit, sich schnell über Arten, Güte und Preis der angebotenen Waren zu informieren und zentral einzukaufen.

Der Leistungsprozess im Bankbetrieb

Dem Güterstrom im wirtschaftlichen Kreislauf läuft i. d. R. ein entsprechender Zahlungsstrom entgegen. Sach- und Dienstleistungen müssen bezahlt werden. Die Kreditinstitute haben daher die Aufgabe, den *bargeldlosen* und *halbbaren* Zahlungsverkehr durchzuführen. Außerdem sammeln die Kreditinstitute Einlagen von privaten Haushalten und Betrieben (= **Beschaffungsfunktion**), um sie anderen privaten Haushalten und/oder Betrieben als Kredite zur Beschaffung von Produktionsfaktoren zur Verfügung zu stellen (= **Kreditgewährungsfunktion**).

Der Leistungsprozess im Versicherungsbetrieb

Die Hauptaufgabe der Versicherungsbetriebe besteht darin, den von bestimmten Risiken (Gefahren) bedrohten Personen, privaten Haushalten (Familien), privaten und öffentlichen Betrieben die Deckung eines künftigen möglichen Schadens zu gewährleisten.

Um dieses Ziel erreichen zu können, müssen die Versicherungsbetriebe das wahrscheinliche Risiko mithilfe der Wahrscheinlichkeitsrechnung ermitteln und auf viele Mitglieder der Versicherung, die sog. Versichertengemeinschaft, *verteilen* (Risikoverteilung). Durch die Erhebung von Versicherungsbeiträgen (= Prämien) wird es möglich, Kapital anzusammeln **(Kapitalbeschaffung)** und bei Eintritt des Versicherungsfalls an den bzw. die Geschädigten auszuzahlen **(Kapitalauszahlung)**.

Zusammenfassung

- Das **formale Oberziel** wirtschaftlicher Betriebe ist in der Regel die **Gewinnerzielung**.
- Aus dem Oberziel leiten sich **Zwischen-** und **Unterziele** ab.
- Das **Sachziel** eines Betriebs bestimmt seine Aufgaben **(Funktionen)**, die er zu erfüllen hat.
- Die **Leistungsprozesse** in **Sach-** und **Dienstleistungsbetrieben** haben gemeinsame Merkmale:

Wirtschafts-zweige	Beschaffungsseite	Leistungserstellung	Absatzseite (Verkaufsseite)
Industrie-betriebe	Beschaffung von Roh-, Hilfs- und Betriebsstoffen sowie Betriebsmitteln	Fertigung (Produktion i. e. S.)	Absatz (Verkauf der Fertigerzeugnisse)
Handelsbetriebe	Beschaffung von Waren	Sortimentsgestaltung	Absatz (Verkauf der Waren)
Bankbetriebe	Beschaffung von Einlagen; Einzahlungen	Verwaltung von Einlagen; Durchführung des Zahlungsverkehrs	Kreditgewährung; Auszahlungen
Versicherungs-betriebe	Kapitalbeschaffung (Ansammlung von Prämien)	Risikoermittlung und -verteilung, Kapitalverwaltung	Kapitalauszahlung (Versicherungsleistungen)

---

1 Sortiment = nach einem bestimmten Ordnungsprinzip erfolgte Zusammenstellung von Sachgütern.

4 Der betriebliche Leistungsprozess

ÜBUNGSAUFGABEN

1. Die Wirtschaftstheorie unterstellt i. d. R., dass privatwirtschaftliche Betriebe (= Unternehmen) nach dem Gewinnmaximierungsprinzip handeln. In der Realität ist dies keineswegs immer der Fall.

  1.1 Nennen und beschreiben Sie mindestens 2 weitere betriebliche Oberziele!

  1.2 Nennen und beschreiben Sie mindestens 3 Zwischenziele, die sich aus den von Ihnen genannten Oberzielen ergeben!

  1.3 Die von Ihnen zur Frage 1.2 genannten Zwischenziele bedingen wiederum eine Reihe von Unterzielen! Nennen und beschreiben Sie jeweils ein solches Unterziel!

  1.4 Die Verwirklichung betrieblicher Ziele hat nicht nur Einfluss auf den Betrieb selbst, sondern auch auf seine „Umwelt". Erläutern Sie diesen Satz anhand selbst gewählter Beispiele!

2. 2.1 Erläutern Sie den Begriff „gemeinwirtschaftliches Prinzip"!

  2.2 Das gemeinwirtschaftliche Prinzip kann sich in unterschiedlichen Zielsetzungen der Betriebe äußern. Beschreiben Sie kurz solche Zielsetzungen!

3. 3.1 Unterscheiden Sie zwischen Sach- und Dienstleistungsbetrieben! Nennen Sie je drei Beispiele!

  3.2 Nennen und beschreiben Sie die Sachziele folgender Betriebe:
  a) Abbaubetriebe, b) aufbereitende Betriebe, c) weiterverarbeitende Betriebe,
  d) Handelsbetriebe, e) Verkehrsbetriebe, f) Kreditinstitute und g) Versicherungsbetriebe!

4. Beschreiben Sie kurz die Leistungsprozesse folgender Betriebe: a) Handelsbetriebe, b) Kreditinstitute und c) Versicherungsbetriebe!

5. **Arbeitsauftrag:** Stellen Sie verbal (in Worten) oder mithilfe einer Zeichnung den Leistungsprozess eines Industriebetriebs mit Werkstattfertigung (siehe Kapitel 3.6.2) dar!

6. In nebenstehender Abbildung ist ein Betrieb mit verschiedenen Abteilungen dargestellt.

  6.1 Begründen Sie, um welche Art von Betrieb es sich handelt!

  6.2 Überlegen Sie, welche Abteilungen dargestellt werden und welche Funktionen diese erfüllen!

4.4 Kosten der Leistungserstellung

Trotz allgemeiner Kosten- und Preissteigerungen sind in den letzten Jahren eine ganze Reihe von Produkten absolut billiger geworden, so z. B. Radiogeräte, Fernsehgeräte, Waschmaschinen, Gefriertruhen. Am auffallendsten waren die Preissenkungen bei Computern. Woher kommt das?

Kapazität und Beschäftigungsgrad

Jeder Betrieb hat eine bestimmte **Kapazität**. Dabei ist unter Kapazität das mögliche Produktions- oder Leistungsvermögen eines Betriebs in einem bestimmten Zeitabschnitt zu verstehen. Die Ausnutzung der Kapazität, d. h. der **Beschäftigungsgrad,** ist in erster Linie vom geplanten Absatz abhängig, also von den Erwartungen, die die Geschäftsleitung an die Entwicklung des Absatzmarkts knüpft.

Werden lagerfähige Erzeugnisse erstellt bzw. gehandelt, können kurzfristige Absatzschwankungen durch eine entsprechende Vorratshaltung ausgeglichen werden. Im Folgenden wird jedoch unterstellt, dass die Leistung des Betriebs dem Absatz entspricht.

Kosten[1]

Je nach Beschäftigung (= Ausnutzungsgrad der Kapazität) fallen Kosten in unterschiedlicher Höhe an. Kosten, die sich mit dem Beschäftigungsgrad absolut ändern, heißen **variable Kosten** (= bewegliche, veränderliche Kosten).[2] Kosten, die sich bei schwankender Beschäftigung in ihrer absoluten Höhe überhaupt nicht ändern, werden als **fixe Kosten** (= feste Kosten, beschäftigungsunabhängige Kosten) bezeichnet.

Unter **Kosten** versteht man den in Geld gemessenen Verbrauch von Produktionsfaktoren (Leistungsfaktoren) zum Zweck der Leistungserstellung.

> **Beispiel 1:**
>
> Ein kleiner Betrieb stellt Zubehörteile (Plastikbausätze) für Modelleisenbahnen her. Monatlich können maximal 1 000 Verkaufspackungen (Inhalt 10 Bausätze) erzeugt werden. Es wird nur auf Bestellung gearbeitet.
>
> An **fixen Kosten** fallen monatlich an: 9 000,00 GE für Gehälter, 1 600,00 GE für Miete, 400,00 GE für Nebenkosten (Heizung, Licht, Reinigung), 3 000,00 GE für die Verzinsung des investierten Kapitals und 6 000,00 GE für die Abschreibung der Spritzgussmaschinen und der Werkzeuge = 20 000,00 GE fixe Kosten insgesamt.
>
> Die proportional **variablen Kosten** betragen 30,00 GE je Verkaufspackung. Sie setzen sich aus den Roh- und Hilfsstoffkosten (6,00 GE), den Akkordlöhnen (22,00 GE) und den Energiekosten (2,00 GE) zusammen. Die Fertigungslöhne sind deshalb relativ hoch, weil viele Einzelteile (z. B. Pflanzen) in Handarbeit fertig gestellt werden müssen.

---

1 Im Folgenden betrachten wir lediglich die vom Betrieb in Geld bewerteten Kosten, also die internen Kosten. Sofern die Produktionsfaktoren keine Preise haben und ihre Nutzung (z. B. ihr Verbrauch) durch einen Betrieb der Umwelt zur Last fällt, spricht man von *externen Kosten.*

2 Im Folgenden unterstellen wir, dass sich die variablen Kosten im gleichen Verhältnis (= proportional) zur produzierten Menge verhalten (= proportional variable Kosten).

4 Der betriebliche Leistungsprozess

Es ergibt sich folgende Kostentabelle:

Erzeugung in Stück Verkaufspackungen	Fixe Kosten je Monat in GE	Variable Kosten in GE	Gesamtkosten in GE	Stückkosten (durchschnittliche Gesamtkosten je Verkaufspackung) in GE
200	20 000,00	6 000,00	26 000,00	130,00
400	20 000,00	12 000,00	32 000,00	80,00
600	20 000,00	18 000,00	38 000,00	63,33
800	20 000,00	24 000,00	44 000,00	55,00
1 000	20 000,00	30 000,00	50 000,00	50,00

Gesetz der Massenproduktion

Das Beispiel zeigt, dass mit zunehmender Produktion die Stückkosten sinken. Man spricht vom „Gesetz der Massenproduktion".

Das **Gesetz der Massenproduktion** besagt, dass mit zunehmender Ausbringung die Stückkosten sinken.

Dabei ist unterstellt, dass die Kostenpreise konstant (gleichbleibend, stabil) bleiben. Die *Ursache* für die sinkenden Stückkosten ist das Vorhandensein der *fixen Kosten.* Bei steigender Produktion nimmt der Anteil der fixen Kosten an den Stückkosten ab. (Werden im obigen Modell z. B. 200 Stück hergestellt, entfallen auf 1 Stück 20 000,00 GE : 200 = 100,00 GE fixe Kosten. Wird die Produktion z. B. auf 800 Stück gesteigert, betragen die fixen Kosten je Stück nur noch 20 000,00 GE : 800 = 25,00 GE.)

Die Stückkosten lassen sich daher wie folgt berechnen:

$$\text{Stückkosten} = \text{variable Kosten je Stück} + \frac{\text{fixe Kosten}}{\text{Ausbringungsmenge}}$$

Das Gesetz der Massenproduktion zeigt, dass jeder Betrieb, der fixe und proportional variable Kosten aufzuweisen hat, seine *Wirtschaftlichkeit* steigern kann, wenn es ihm gelingt, Absatz und Produktion zu steigern.

Beispiel 2:

Beträgt der erzielbare Verkaufspreis im ersten Beispiel 70,00 GE je Verkaufspackung und stellt der Betrieb 600 Packungen monatlich her, belaufen sich die Gesamtkosten auf 38 000,00 GE bei einem Umsatzerlös von 42 000,00 GE. Die Wirtschaftlichkeitskennzahl beträgt 42 000,00 GE : 38 000,00 GE = 1,11.

Werden Absatz und Erzeugung auf 800 Packungen monatlich gesteigert, steigen die Gesamtkosten auf 44 000,00 GE, der Umsatzerlös auf 56 000,00 GE. In diesem Fall erreicht die Wirtschaftlichkeit die Kennzahl 56 000,00 GE : 44 000,00 GE = 1,27.

Kostenkurven

Die in der obigen Kostentabelle dargestellten Kostenverläufe lassen sich mithilfe von Kostenkurven darstellen, die das Verhalten der Kosten in Bezug auf Beschäftigungsänderungen wiedergeben.

4.4 Kosten der Leistungserstellung

Zusammenfassung

Fixe Gesamtkosten (K_f)

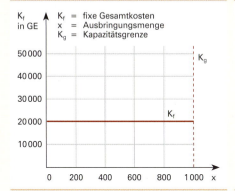

K_f in GE
K_f = fixe Gesamtkosten
x = Ausbringungsmenge
K_g = Kapazitätsgrenze

Durchschnittliche Fixkosten (k_f)
(Mit zunehmender Ausbringung sinken die Fixkosten je Stück)

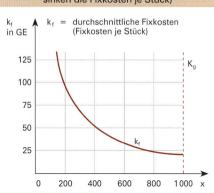

k_f in GE
k_f = durchschnittliche Fixkosten (Fixkosten je Stück)

Variable Gesamtkosten (K_v)

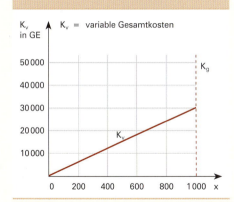

K_v in GE
K_v = variable Gesamtkosten

Durchschnittliche variable Kosten (k_v)
(Bei Beschäftigungsänderungen bleiben die proportional variablen Kosten je Stück konstant)

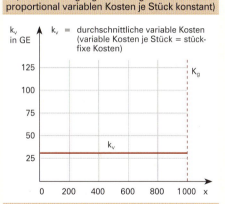

k_v in GE
k_v = durchschnittliche variable Kosten (variable Kosten je Stück = stückfixe Kosten)

Gesamtkosten (K)
(Totalkosten)

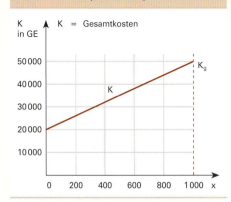

K in GE
K = Gesamtkosten

Durchschnittliche Gesamtkosten (k)
(Stückkosten)

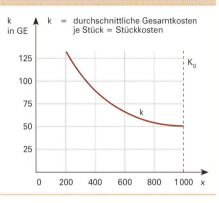

k in GE
k = durchschnittliche Gesamtkosten je Stück = Stückkosten

4 Der betriebliche Leistungsprozess

ÜBUNGSAUFGABEN

1. Die Mohrmann GmbH befasst sich vor allem mit der Produktion von Kunststofffenstern und -türen. Im Werk II werden lediglich Fenster gleicher Größe hergestellt. In den Monaten Oktober, November und Dezember lieferte die Kostenrechnung u. a. folgende Zahlen:

Monate	Hergestellte Fenster	Gesamtkosten
Oktober	600	240 000,00 €
November	480	222 000,00 €
Dezember	420	213 000,00 €

   1.1 Die Kapazität des Werks II beträgt 600 Fenster je Monat.
     1.1.1 Erklären Sie den Begriff Kapazität!
     1.1.2 Erklären Sie den Begriff Beschäftigungsgrad!
     1.1.3 Berechnen Sie die Beschäftigungsgrade für die Monate Oktober bis Dezember!
   1.2 Die Gesamtkosten setzen sich aus proportional variablen Kosten und fixen Kosten zusammen.
     1.2.1 Erklären Sie die Begriffe proportional variable Kosten, fixe Kosten und Gesamtkosten!
     1.2.2 Wie hoch sind die variablen Kosten je Fenster?
     1.2.3 Berechnen Sie die monatlichen fixen Kosten des Werks II!
     1.2.4 Wie hoch waren die Stückkosten je Fenster in den Monaten Oktober bis Dezember?
   1.3 Die Mohrmann GmbH konnte die Fenster für 450,00 € je Stück verkaufen.
     1.3.1 Berechnen Sie den Gewinn bzw. Verlust für die Monate Oktober bis November!
     1.3.2 Wie viel Fenster muss die Mohrmann GmbH monatlich mindestens herstellen und verkaufen, wenn der Verkaufserlös die Kosten decken soll?
     1.3.3 Der Beschäftigungsgrad, bei dem der Erlös gerade die fixen Kosten deckt, heißt Gewinnschwelle, „toter Punkt" oder Break-even-Point. Erstellen Sie die Berechnungsformel für den toten Punkt!
   1.4 Die Mohrmann GmbH unterliegt dem Gesetz der Massenproduktion.
     1.4.1 Erklären Sie, was unter dem Gesetz der Massenproduktion zu verstehen ist!
     1.4.2 Worauf ist das Gesetz der Massenproduktion zurückzuführen?
     1.4.3 Warum nimmt die Bedeutung des Gesetzes der Massenproduktion in der heutigen Wirtschaft zu?

2. Stellen Sie eine Kostentabelle nach dem Muster auf S. 296 auf. Die fixen Kosten belaufen sich monatlich auf 60 000,00 € und die proportional variablen Kosten auf 50,00 € je Produktionseinheit. Die Kapazität beträgt 500 Produktionseinheiten je Monat.

   Berechnen Sie die Stückkosten bei einer Ausbringung von 100, 200, 300, 400 und 500 Produktionseinheiten!

4.5 Wichtige Instrumente der Absatzpolitik

4.5.1 Absatzpolitische Instrumente im Überblick

Die Geschäftsleitung der Moderne-Technik-AG steht vor der Entscheidung,

- in welchen Größen die neu entwickelten Wärmepumpen hergestellt werden sollen,
- welche Preise angesichts der derzeitigen Konkurrenzsituation festzulegen sind und
- auf welche Weise geworben werden soll.

Die zu fällenden Entscheidungen betreffen drei von vielen Marketinginstrumenten (absatzpolitischen Instrumenten), nämlich

- die Produktgestaltung,
- die Preispolitik und
- die Werbepolitik.

Alle betrieblichen Mittel, die der Vorbereitung, Anbahnung, Durchführung und Abwicklung der Vertriebsgeschäfte dienen, sind **absatzpolitische Instrumente (Marketinginstrumente)**. Ihr Einsatz dient der Sicherung und der Ausweitung des Absatzes.

Der Einsatz der Marketinginstrumente erfolgt in vielfältigen Kombinationen, die als **„Marketing-Mix"** bezeichnet werden.

Beispiele:

Betrieb A spezialisiert sich auf wenige Typen oder Muster, passt seine Preise an die des Marktführers an und wirbt lediglich in Fachzeitschriften. Ein ganz anderes Marketing-Mix kennzeichnet die Absatzpolitik des Betriebs B:

Er differenziert seine Erzeugnisse, um mehrere Käuferschichten anzusprechen, betreibt eigene Preispolitik und wirbt gezielt, indem mögliche (potenzielle) Kunden unmittelbar angeschrieben werden.

Absatzpolitische Instrumente (Marketinginstrumente)

Bereiche der Absatzpolitik (Auswahl)

Aktionsfeld[1] absatzpolitischer Entscheidungen
(= absatzpolitische Instrumente)

- Produktgestaltung
- Preispolitik
- Kommunikationspolitik
- Absatzmethode
- Güterbeförderung[2]

---

[1] Aktion = Tätigkeit.
[2] Die Güterbeförderung als absatzpolitisches Entscheidungsfeld befasst sich z. B. mit folgenden Fragen: Welches ist die schnellste, welches die sicherste, welches die preiswerteste Beförderungsart? Ist Eigen- oder Fremdbeförderung am kostengünstigsten?

4.5.2 Produktgestaltung

In der Wirtschaftspraxis wird zunehmend für das Gesamtangebot der Industrie- und Dienstleistungsunternehmen der Begriff „Produkt" verwendet. Das Angebot (Produkt) eines Industriebetriebs umfasst folglich die Erzeugnisse (die Produkte i. e. S.), die Handelswaren (zum Wiederverkauf bestimmte Fremderzeugnisse) sowie die Serviceleistungen. Das Produkt eines Handelsbetriebs besteht aus seinem Sortiment und gegebenenfalls seinen Serviceleistungen (z. B. Montage von Möbeln, Reparaturleistungen). Auch die Kreditinstitute bezeichnen ihre Dienstleistungen als Produkte.

Im Folgenden beschränken wir uns auf die Besprechung der Produktgestaltung i. e. S., d. h. auf die Erzeugnisgestaltung (Erzeugnispolitik) eines Industriebetriebs.

Begriff Produktgestaltung i. e. S.

Unter **Produktgestaltung i. e. S. (Erzeugnisgestaltung)** versteht man die Festlegung der Erscheinungsform eines Erzeugnisses.

Der Zweck der Produktgestaltung ist die Sicherung und Steigerung des Absatzes.

Maßnahmen der Produktgestaltung i. e. S.

Der Produktgestaltung i. e. S. dienen z. B. folgende Maßnahmen:

- Entwicklung völlig neuer Produkte (z. B. dreidimensionales Fernsehen, biologisch abbaubare Kunststoffe);

- Anpassung alter Produkte an neue Produktionsverfahren (z. B. Übergang einer Großschreinerei mit Auftragsfertigung nach Maß zur Serienfertigung mit genormten Fenster- und Türgrößen);

- Anpassung alter Produkte an neue Bedarfsentwicklungen (z. B. Übergang von der Doppel- zur Dreifachverglasung, um Energie zu sparen, Lebensmittel ohne Konservierungsstoffe);

- Produktverfeinerung, um Sättigungserscheinungen am Markt zu verhindern (z. B. Farbfernseher statt Schwarzweißfernseher, Sensorbedienung statt Knopfbedienung, Zifferanzeige statt Zifferblatt, äußere Veränderungen wie z. B. Farben, Formen und Muster bei Autos, Schreibmaschinen, Küchenherden usw. = Styling);

- Produktvariation, um die eigenen Produkte von den Produkten der Konkurrenz zu unterscheiden (z. B. Veränderung der Formgebung bei Gebrauchsgegenständen wie Telefone, Fotoapparate, Computer, Möbel, Kraftfahrzeuge; Einbau zusätzlicher Funktionen in technische Geräte wie Küchengeräte, Kochherde, Maschinen und Videogeräte).

Produktvariation und Produktvereinheitlichung

Die Veränderung bereits vorhandener Produkte (**Produktvariation**) hat zwar den Vorteil, dass sie den Absatz steigern kann. Zugleich verursacht sie aber hohe Produktionskosten. Die Produktgestaltung hat somit auch die Aufgabe, eine überzogene Produktvariation von Zeit zu Zeit wieder auf ein vertretbares Maß zurückzunehmen, um die Kosten zu senken (**Produktvereinfachung**). Im Extremfall kann die Produktvereinfachung bis zur **Produktvereinheitlichung** (**Spezialisierung** auf ein oder wenige Einheitsprodukte) gehen.

4.5 Wichtige Instrumente der Absatzpolitik

4.5.3 Preispolitik und Preisdifferenzierung

Preispolitik

■ **Begriff Preispolitik**

Unter **Preispolitik** ist die Beeinflussung der Nachfrage durch Preissenkungen oder -erhöhungen zu verstehen.[1]

■ **Voraussetzungen der Preispolitik**

Preispolitik ist nur möglich, wenn der Preis für den Anbieter keine gegebene Größe (kein „Datum") ist, wie dies beispielsweise bei staatlichen Festpreisen der Fall ist. Bei vertretbaren Waren kann es auch sein, dass der Preis aus Konkurrenzgründen vom Anbieter nicht erhöht werden kann.

Beispiel:

Eine Bank kann ihrem Kunden die im Auftrag zu verkaufenden Aktien nicht zu einem höheren Preis (Kurs) verkaufen als zu dem Preis (Kurs), der sich am Verkaufstag an der Börse ergibt.

Aktive Preispolitik setzt weiterhin voraus, dass die Kunden bei hohen Preisen mengenmäßig weniger, bei niedrigen Preisen mengenmäßig mehr nachfragen, nicht aber bei Preiserhöhungen vollständig „abspringen", d. h. bei der billigeren Konkurrenz kaufen. Eine aktive Preispolitik ist z. B. in mehr oder weniger engen Grenzen dann möglich, wenn es dem Anbieter (Verkäufer) gelingt, z. B. durch Werbung sachliche Präferenzen (Bevorzugungen) für seine Produkte zu schaffen oder wenn die Käufer dem Anbieter aufgrund seiner besonders kulanten und freundlichen Bedienung (Serviceleistungen) persönliche Präferenzen entgegenbringen.

Beispiel:

Angenommen, unser Hersteller von Plastikbausätzen (siehe Beispiel auf S. 295 f.) ist in der Lage, Preispolitik zu betreiben und legt einen Verkaufspreis von 70,00 GE je Verkaufspackung fest. Zu diesem Preis kann er – so wird unterstellt – 800 Verkaufspackungen absetzen. Er macht demnach einen Gewinn von 12 000,00 GE, wie nebenstehende Kosten- und Leistungstabelle zeigt.

Senkt der Anbieter beispielsweise seinen Absatzpreis auf 60,00 GE und nimmt daraufhin die mengenmäßige Nachfrage um 200 Stück auf 1 000 Stück zu, wäre die Preissenkung *nicht* lohnend. Der *Umsatz* steigt zwar auf 60 000,00 GE (1000 · 60). Die Gesamtkosten steigen aber auf 50 000,00 GE, sodass der Gewinn statt bisher 12 000,00 GE nur noch 10 000,00 GE beträgt.

Kosten- und Leistungstabelle			
Erzeugung in Stück	Gesamtkosten in GE	Umsatz in GE	Verlust bzw. Gewinn in GE
200	26 000	14 000	12 000
400	32 000	28 000	4 000
600	38 000	42 000	4 000
800	44 000	56 000	12 000
1 000	50 000	60 000	10 000

---

[1] Zur Preispolitik im weiteren Sinne gehört auch die Konditionenpolitik, soweit diese sich auf Skonti, Boni und Rabatte sowie Zahlungsziele bezieht, weil hier z. B. Preisabzüge und Zahlungszielverlängerungen im Grunde Preissenkungen darstellen.

4 Der betriebliche Leistungsprozess

Preisdifferenzierung

Um mithilfe der Preispolitik *Vollbeschäftigung* und *Gewinnerhöhungen* zu erreichen, betreiben die Unternehmen Preisdifferenzierung.[1]

■ **Begriff Preisdifferenzierung**

Preisdifferenzierung bedeutet, dass ein und dasselbe Produkt zu unterschiedlichen Preisen angeboten wird.

Die Preisdifferenzierung wird auch als **Preisdiskriminierung**[2] bezeichnet, weil hierdurch mehrere Käuferschichten unterschiedlich behandelt werden. Voraussetzung für eine wirkungsvolle Preisdifferenzierung ist, dass sich die verschiedenen Käuferschichten *trennen* lassen (z. B. inländische Käufer – ausländische Kunden, Wiederverkäufer – Endverbraucher, Jugendliche – Erwachsene).

Beispiel:

Angenommen, unser Hersteller von Plastikbausätzen erhält bei einer durchschnittlichen Produktion von 800 Stück je Monat (Verkaufspreis je Stück 70,00 GE) einen zusätzlichen Auftrag von 200 Verkaufspackungen zu je 35,00 GE. Nimmt er den Auftrag an, kann er seinen Gewinn steigern.

Beweis:

Berechnungsmethode I

	800 Stück/70,00 GE: Umsatz	56 000,00 GE
+	200 Stück/35,00 GE: Umsatz	7 000,00 GE
	Gesamtumsatz	63 000,00 GE
–	Gesamtkosten bei einer Produktion von 1 000 Stück (siehe Tabelle auf S. 296)	50 000,00 GE
	Gesamtgewinn	13 000,00 GE

Berechnungsmethode II

	Erlös je zusätzliches Stück	35,00 GE
–	variable Stückkosten	30,00 GE
=	Deckungsbeitrag[3] (DB)	5,00 GE
=	DB · Stückzahl (200 Stück) zusätzlicher Gewinn	1 000,00 GE
	bisheriger Gewinn	12 000,00 GE
	Gesamtgewinn	13 000,00 GE

Die **Preisuntergrenze** sind die variablen Stückkosten, weil bei einem Preis, der gerade die variablen Stückkosten deckt, durch eine Produktions- bzw. Absatzsteigerung kein zusätzlicher Gewinn mehr entstehen kann.

■ **Arten der Preisdifferenzierung**

Arten	Erläuterungen	Beispiele
Vertikale (senkrechte) Preisdifferenzierung	Bei der vertikalen (senkrechten) Preisdifferenzierung sieht sich der Anbieter unterschiedlichen Nachfragergruppen (Teilmärkten) gegenüber, sodass er die Preise für sein Produkt differenzieren kann.	Arzneimittelpreise desselben Herstellers sind im Ausland niedriger als im Inland. – Ein Automobilhersteller verlangt im Inland höhere Preise als im Ausland.

---

1 Differenzieren (lat.) = unterscheiden.
2 Diskriminieren (lat. discriminare = trennen, absondern). Diskriminierung = unterschiedliche Behandlung.
3 Vom Deckungsbeitrag spricht man deswegen, weil dieser Betrag zur Deckung fixer Kosten beiträgt.

4.5 Wichtige Instrumente der Absatzpolitik

Arten	Erläuterungen	Beispiele
Horizontale (waagerechte) Preisdifferenzierung	Hier wird von einem einheitlichen Gesamtmarkt ausgegangen. Durch eine Preissenkung im Zeitablauf werden unterschiedliche Käuferschichten nacheinander angesprochen: Das Produkt wird zuerst den Käuferschichten, die bereit sind, einen höheren Preis zu zahlen, angeboten, danach folgen die weiteren Käuferschichten.	Die Preise für Flachbildschirmgeräte (Plasma TV) waren bei ihrer Einführung erheblich teurer als heute. Vermutlich werden die Hersteller ihre Preise in Zukunft noch weiter senken.

Die Praxis unterscheidet Preisdifferenzierung z. B. wie folgt:

Unterscheidungsmerkmale	Beispiele
Sachliche Preisdifferenzierung	Strom für private Haushalte – Strom für gewerbliche Verbraucher.
Räumliche Preisdifferenzierung	Auslandspreise (Exportpreise) werden niedriger als die Inlandspreise angesetzt.
Persönliche Preisdifferenzierung	Niedrigere Eintrittspreise für Schüler, Studenten und Schwerbehinderte.
Zeitliche Preisdifferenzierung	Tag- und Nachtstromtarife; Haupt- und Nebensaison.
Verdeckte Preisdifferenzierung	Vortäuschung von Produktunterschieden, verschiedene Verpackungen für ein und dieselbe Ware.

4.5.4 Kommunikationspolitik

Die Kommunikationspolitik setzt sich aus der Absatzwerbung, der Verkaufsförderung und der Öffentlichkeitsarbeit zusammen, wobei die Grenzen mitunter fließend sind. Von Kommunikationspolitik wird deshalb gesprochen, weil es vor allem darum geht, das Unternehmen und seine Produkte in der Öffentlichkeit umfassend darzustellen.

4.5.4.1 Absatzwerbung

Begriff Absatzwerbung

Unter **Absatzwerbung** versteht man alle Maßnahmen mit dem Ziel, bestimmte Botschaften für Auge, Ohr, Geschmacks- und/oder Tastsinn an Personen heranzutragen, um auf ein Erzeugnis und/oder eine Dienstleistung aufmerksam zu machen und Kaufwünsche zu erzeugen.

Der Zweck der Absatzwerbung entspricht dem anderer absatzpolitischer Maßnahmen: Die Werbung soll der Absatzsicherung und -steigerung dienen, um damit die Marktstellung des eigenen Unternehmens, die Auslastung der Kapazitäten und die Liquidität (Zahlungsfähigkeit) zu sichern und zu verbessern.

Arten der Werbung

Arten der Werbung, Werbemittel, Aufgaben und Grundsätze der Werbung können der Übersicht auf S. 304 entnommen werden.

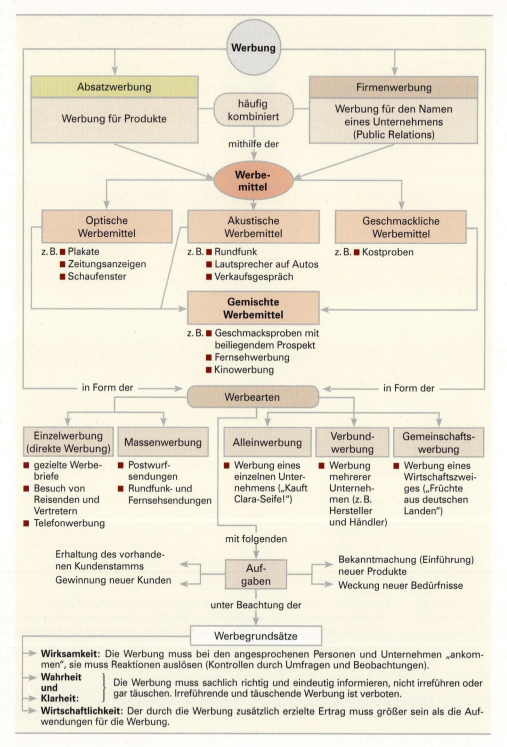

4.5.4.2 Verkaufsförderung

Eine einheitliche Definition zum Begriff Verkaufsförderung gibt es nicht. Einig ist man sich lediglich darin, dass die Maßnahmen der Verkaufsförderung den Einsatz der übrigen absatzpolitischen Instrumente *unterstützen* sollen.

> Die **Verkaufsförderung** umfasst alle Maßnahmen, durch die ein Unternehmen auf die am Absatz seiner Betriebsleistungen (Produkte, Dienstleistungen) tätigen Verkaufspersonen und -institutionen einwirkt, um deren Leistungen zu erhöhen.

Richten sich die Verkaufsförderungsmaßnahmen an den Wiederverkäufer (oder an einen anderen Absatzvermittler), sprechen wir von **Merchandising**.[1] Soll mit den Verkaufsförderungsmaßnahmen der Verwender (privater oder gewerblicher Verbraucher) angesprochen werden, liegt **Salespromotion**[2] vor.

Beispiele:

Verkäuferschulung, Verkäufertraining, Einsatz von Hostessen, die an besonderen Ständen Proben verteilen (personenbezogenes Merchandising). – Bereitstellung von Display-Material[3] (besondere Produktständer, -regale und -gondeln am Verkaufsort, Einrichtung besonderer Ladenteile [sachbezogenes Merchandising]). – Gutscheinaktionen, Zusendung von Geschmacksproben, Preisausschreiben, Sonderangebote (Salespromotion).

4.5.4.3 Public Relations (Öffentlichkeitsarbeit)

Während die Absatzwerbung eine Werbung für das Erzeugnis darstellt, werben die Public Relations[4] für den guten Ruf, das Ansehen eines Unternehmens oder einer Unternehmensgruppe in der Öffentlichkeit (Verbraucher, Lieferer, Kunden, Gläubiger, Aktionäre, Massenmedien, Behörden usw.).

Mithilfe der Öffentlichkeitsarbeit soll z. B. gezeigt werden, dass ein Unternehmen z. B. besonders fortschrittlich, sozial oder ein guter Steuerzahler ist, oder dass es die Belange des Umweltschutzes in besonderem Maße berücksichtigt.

Mittel der Public-Relations-Politik sind u. a. die Abhaltung von Pressekonferenzen, Tage der offenen Tür, Einrichtung von Sportstätten und Erholungsheimen, Spenden, Zeitungsanzeigen („Unsere Branche weist die Zukunft") oder Rundfunk- und Fernsehspots („Es gibt viel zu tun, packen wir's an!").

Eine gute Öffentlichkeitsarbeit bereitet den Boden für andere absatzpolitische Maßnahmen vor. So „kommt" z. B. die Werbung besser „an". Mögliche Preiserhöhungen werden akzeptiert, wenn die Gründe hierfür bekannt sind.

---

1 Merchandise (engl.) = Ware.
2 Salespromotion (engl.) = Verkaufsförderung; to promote = fördern, befördern, vorantreiben.
3 To display (engl.) = entfalten, darbieten, zur Schau stellen.
4 Public Relations (engl.) = wörtlich: öffentliche Beziehungen. Die Public Relations werden auch kurz als PR oder als Kommunikationsmanagement bezeichnet.

4.5.5 Absatzmethode

Begriff Absatzmethode

Die **Absatzmethode** fragt nach der für das jeweilige Unternehmen günstigsten Absatzform (Absatz durch eigene oder durch fremde Organe), nach dem günstigsten Absatzweg (direkter oder indirekter Absatz) und nach der günstigsten Absatzorganisation.

Nachfolgend beschränken wir uns auf die Behandlung der Absatzorganisation.

Nachfolgend beschränken wir uns auf die Behandlung der Absatzorganisation.

Begriff Absatzorganisation

Unter **Absatzorganisation** ist die Gestaltung des Vertriebssystems zu verstehen.

Wir unterscheiden zwischen äußerer und innerer Absatzorganisation.

- **Äußere Absatzorganisation**

Hierbei geht es um die Entscheidungen darüber, ob der Absatz *zentral* oder *dezentral* durchgeführt werden soll.

- **Zentralisierter Absatz** liegt vor, wenn ein Unternehmen nur *eine* Verkaufseinrichtung besitzt.

    Beim zentralisierten Absatz sind die Vertriebskosten verhältnismäßig niedrig; die fehlende Kundennähe bewirkt jedoch häufig, dass nicht alle Absatzchancen wahrgenommen werden.

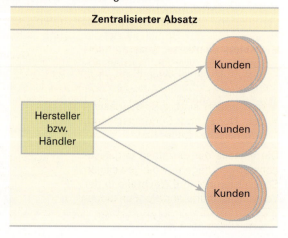

4.5 Wichtige Instrumente der Absatzpolitik

- **Dezentralisierter Absatz** ist gegeben, wenn ein Unternehmen *mehrere* Verkaufsniederlassungen an Orten mit hohem Bedarf unterhält.

  Der Vorteil ist, dass die Verkaufschancen voll ausgenutzt werden können; andererseits entstehen hohe (vor allem fixe) Vertriebskosten.

- **Innere Absatzorganisation**[1]

  Die innere Absatzorganisation befasst sich mit der Verteilung der Zuständigkeiten für den Absatz im Betrieb.

- **Produktorientierte Absatzorganisation.** Hier unterstehen dem Verkaufsleiter (Marketingleiter) verschiedene Abteilungen, die für den Absatz der Produktgruppen zuständig sind.

- **Kundenorientierte Absatzorganisation.** In diesem Fall wird die Absatzorganisation auf verschiedene Abnehmergruppen ausgerichtet, z. B. Inland – Ausland; Klein-, Mittel-, Großabnehmer; Einzelhandel – Großhandel.

- **Gebietsorientierte Absatzorganisation.** Hier werden Vertriebsabteilungen eingerichtet, die auf bestimmte Absatzgebiete (Regionen) spezialisiert sind, z. B. Bundesländer, Nord- und Süddeutschland, europäische Länder usw.

Die **Vorteile** der einzelnen Organisationsformen liegen in der jeweiligen Spezialisierung, ihre **Nachteile** in der Vernachlässigung anderer Funktionen.

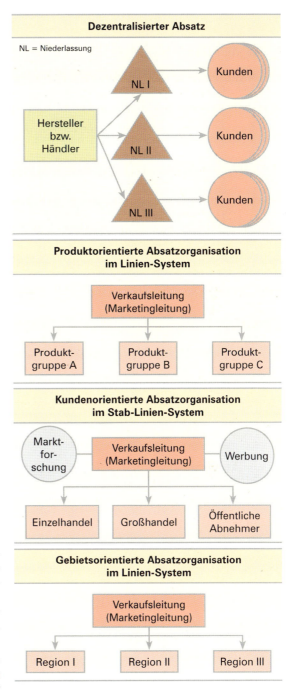

---

[1] Vgl. hierzu PETERMANN, G.: Absatzwirtschaft, 1979, S. 198 ff. sowie HEINEN, E.: Industriebetriebslehre, Entscheidungen im Industriebetrieb, 1972, S. 352 ff.

4 Der betriebliche Leistungsprozess

Zusammenfassung

- Unter **Produktgestaltung i. e. S. (Erzeugnisgestaltung)** versteht man die Festlegung der Erscheinungsform eines Erzeugnisses. **Produktgestaltung i. w. S.** ist die Festlegung der gesamten Angebotspalette eines Unternehmens (Sachgüter und/oder Dienstleistungen).
- Maßnahmen der **Produktgestaltung** sind z. B.
  - die **Produktentwicklung**,
  - die **Produktanpassung**,
  - die **Produktverfeinerung**,
  - die **Produktvariation** und
  - die **Produktvereinheitlichung**.
- Die **Preispolitik** hat zum Ziel, die Nachfragemenge (den Absatz) und/oder den Gewinn durch Preisänderungen zu beeinflussen.
- **Preisdifferenzierung** bedeutet, dass ein Produkt zu unterschiedlichen Preisen (z. B. Auslandspreise – Inlandspreise) angeboten wird.
- Die **Kommunikationspolitik** umfasst die **Absatzwerbung**, die **Verkaufsförderung** und die **Public Relations (Öffentlichkeitsarbeit)**.

ÜBUNGSAUFGABEN

1. Geben Sie einen kurzen Überblick über mögliche absatzpolitische Instrumente des Handels bzw. Industriebetriebs!
   Erläutern Sie insbesondere die Aufgaben der
   1.1 Produktgestaltung,
   1.2 Preispolitik,
   1.3 Kommunikationspolitik und
   1.4 Absatzmethode!

2. **Arbeitsauftrag:** Erarbeiten Sie die Vor- und Nachteile der Produktvariation und der Produktvereinheitlichung!

3. Der technische Leiter eines Unternehmens setzt sich für Produktvereinheitlichung ein, während die Verkaufsleitung mehr Produktvariation wünscht. Warum?

4. Nennen Sie einige Voraussetzungen, unter denen ein Unternehmen Preispolitik und Preisdifferenzierung betreiben kann!

5. Erläutern Sie die Begriffe Werbemittel, Werbearten und Werbegrundsätze!

6. **Arbeitsauftrag:** Erarbeiten Sie Vor- und Nachteile der Werbung!

7. Grenzen Sie die Begriffe Absatzform, Absatzorganisation und Absatzwege voneinander ab!

8. Die äußere Absatzorganisation hat zwischen zentralem Absatz und dezentralem Absatz zu unterscheiden. Erläutern Sie diese beiden Organisationsformen und stellen Sie deren Vor- und Nachteile heraus!

9. Erörtern Sie Möglichkeiten der inneren Absatzorganisation!

4.6 Inner- und zwischenbetrieblicher Wertefluss

4.6.1 Geldarten und Geldfunktionen

Der betriebliche Leistungsfluss von der Beschaffung über die Leistungserstellung bis hin zur Leistungsverwertung wird in Geld bewertet. Die Kunden der Betriebe müssen die Sach- und Dienstleistungen mit Geld begleichen, die eingesetzten Produktionsfaktoren müssen bezahlt werden.

Arten des Geldes

■ **Bargeld**

Hierunter fallen *Münzen* und *Banknoten*.

Münzen	Die in der Bundesrepublik Deutschland umlaufenden Münzen sind durchweg Scheidemünzen, weil ihr Materialwert niedriger als ihr Nennwert ist (unterwertig ausgeprägte Münzen).
	Die deutschen Euro-Münzen werden im Auftrag der Bundesregierung von den staatlichen Prägeanstalten geprägt und von der Deutschen Bundesbank in Umlauf gebracht. (Entsprechendes gilt für die Münzen der übrigen WWU-Länder, die im Auftrag der jeweiligen Regierungen geprägt und von den zuständigen nationalen Zentralbanken in Verkehr gebracht werden).[1]
Banknoten	Das alleinige Recht zur Ausgabe von Banknoten besitzt seit 1. Januar 2002 die Europäische Zentralbank.[2]

■ **Giralgeld (Buchgeld)**

Seit etwa 100 Jahren gewinnt das *Giralgeld* zunehmend an Bedeutung. Es existiert nur auf den *Girokonten* der Kreditinstitute.

Zu den Kreditinstituten rechnen die Banken im weitesten Sinne, so vor allem die Sparkassen, die Kreditgenossenschaften, die großen Geschäftsbanken (z.B. Dresdner Bank AG, Deutsche Bank AG) und die Privatbanken (Einzelunternehmen und Personengesellschaften).

Das Wort „Giro" kommt von „Kreis", „Ring". Gelder, die auf Girokonten liegen, kann man nämlich von Konto zu Konto überweisen, weil die Kreditinstitute gewissermaßen „ringförmig" miteinander in Verbindung stehen. Girokonten sind laufende Konten (= Kontokorrentkonten [vgl. §§ 355ff. HGB], die dem „laufenden" Zahlungsverkehr dienen).

Längerfristige Geldanlagen werden nicht auf Girokonten, sondern auf besonderen Konten (z.B. Sparkonten) gebucht. Das auf den Sparkonten angelegte Geld rechnet daher auch nicht zum Giralgeld.

Das Giralgeld entsteht durch Bareinzahlung der Kunden auf Girokonten und durch Kreditgewährung der Kreditinstitute. Vernichtet wird es durch Barabhebung und Kredittilgung durch die Bankkunden. Man spricht daher auch von Kreditgeld, Bankgeld, Schreibgeld oder *Buchgeld*.

Wesentliches Merkmal des Giralgelds (Buchgelds) ist, dass es *jederzeit* verfügbar ist. Soweit es sich dabei um jederzeit verfügbare *Guthaben* der Kunden bei den Kreditinstituten handelt, spricht man von *Sichteinlagen*. Das Giralgeld ist somit „echtes" Geld, das alle Aufgaben (Funktionen) des Papiergelds erfüllen kann.

---
1 WWU = Europäische **W**irtschafts- und **W**ährungs**u**nion.
2 Siehe Kapitel 8.7.2.1.

4 Der betriebliche Leistungsprozess

■ Elektronisches Geld

Unter E-Geld versteht man 1. jeden elektronisch, darunter auch magnetisch gespeicherten monetären Wert, 2. in Form einer Forderung gegenüber Emittenten, 3. der gegen Zahlung eines Geldbetrags ausgestellt wird, 4. um damit Zahlungsvorgänge im Sinne des § 675f Abs. 3 Satz 1 BGB durchzuführen und 5. der auch von anderen natürlichen oder juristischen Personen als dem Emittenten angenommen wird (§ 1a Abs. 3 ZAG [Zahlungsdiensteaufsichtsgesetz]).

Demnach liegt kein elektronisches Geld (E-Geld) vor, wenn Herausgeber und Akzeptant[1] von Werteinheiten identisch[2] sind und es sich um Vorauszahlungen für bestimmte Leistungen handelt wie dies z. B. bei Telefonkarten der Fall ist.

Das E-Geld kann in *kartengestützte Produkte* einerseits und *softwaregestützte Produkte* andererseits eingeteilt werden.

Bei den kartengestützten Produkten handelt es sich um Plastikkarten, auf denen reale (wirkliche) Kaufkraft gespeichert ist, für die der Kunde vorab bezahlt hat. Ein Beispiel ist die Geldkarte, die zum Bezahlen kleinerer Beträge verwendet werden kann (Näheres zur Geldkarte siehe S. 322f.).

Softwaregestützte Produkte dienen der Übertragung elektronisch gespeicherter Werteinheiten über Telekommunikationsnetze wie z. B. über das Internet. Ein Anwendungsbeispiel ist der E-Commerce, also der elektronische Handel (Näheres siehe S. 326ff.).

Die Geschäfte unterliegen der Aufsicht der Bundesanstalt für Finanzdienstleistungsaufsicht mit Sitz in Bonn und Frankfurt a. M. (Näheres zu dieser bundesunmittelbaren rechtsfähigen Anstalt des öffentlichen Rechts finden Sie im Finanzdienstleistungsaufsichtsgesetz [FinDAG] und im Internet unter www.bafin.de).

▌ Aufgaben (Funktionen) des Geldes

„Geld ist, was gilt, wo es gilt und so viel es gilt", sagte einmal Günter Schmölders.[3] Geld ist somit alles, was die Funktionen (Aufgaben) des Geldes erfüllt.

Funktionen des Geldes	Erläuterungen
Allgemeines Tauschmittel	Als allgemein anerkanntes Tauschmittel ermöglicht es, den *indirekten* Tausch vorzunehmen, also Güter zu kaufen und zu verkaufen.
Zahlungsmittel	Auch andere Vorgänge als Tauschgeschäfte können mit Geld bewerkstelligt werden. So kann man mit Geld einen Kredit gewähren, Schulden tilgen, Steuern zahlen oder einen Bußgeldbescheid begleichen.
Wertaufbewahrungsmittel	Geld muss man nicht sofort ausgeben, sondern man kann es „aufbewahren", also sparen. Diese Funktion hat das Geld natürlich nur dann, wenn sein Wert nicht durch Inflation[4] aufgezehrt wird.

---

1 Akzeptieren (lat.) = annehmen. Der Akzeptant ist derjenige, der die Werteinheit annimmt und die versprochene Leistung erbringt.
2 Identisch (lat.) = übereinstimmend. Der Herausgeber ist zugleich der Akzeptant.
3 GÜNTER SCHMÖLDERS (1903–1991), bedeutender Finanzwissenschaftler und Volkswirt, schrieb u. a. über Psychologie des Geldes (1966), Geldpolitik (2. Aufl. 1968) und Finanzpsychologie (2. Aufl. 1970).
4 Inflation = wörtl. Aufblähung, dem Sinn nach Geldentwertung durch dauernd steigende Preise.

4.6 Inner- und zwischenbetrieblicher Wertefluss

Funktionen des Geldes	Erläuterungen
Recheneinheit	Das Geld ist der Maßstab (der Wertmesser) für die verschiedenartigsten Güter. Mithilfe der in Geld ausgedrückten Preise können diese zusammengerechnet (addiert) werden. Nur so ist es beispielsweise möglich, Bilanzen und Gewinn- und Verlustrechnungen zu erstellen, die Wirtschaftlichkeit und die Rentabilität eines Betriebs zu errechnen.
Wertübertragungsmittel	Das Geld macht es möglich, Vermögenswerte zu übertragen, ohne dass körperliche Gegenstände übereignet werden müssen. So kann man Geld verschenken oder vererben.

Das Geld kann seine Funktionen (Aufgaben) nur wahrnehmen, wenn die Wirtschaftssubjekte *Vertrauen* in das Geld besitzen. Gestützt wird dieses Vertrauen durch die gesetzliche Bestimmung, dass jeder Schuldner, der mit Banknoten zahlt, dies mit schuldenbefreiender Wirkung tut und dass jeder Gläubiger das Notengeld in Zahlung nehmen muss. In den modernen Volkswirtschaften ist das Notengeld also *gesetzliches Zahlungsmittel.*

In der WWU (im Euro-Währungsgebiet) sind die Münzen sogenannte „beschränkt gesetzliche Zahlungsmittel", weil niemand verpflichtet ist, mehr als fünfzig Münzen bei einer einzelnen Zahlung entgegenzunehmen [Art. 11 der Verordnung (EG) Nr. 974/98 des Rates vom 3. Mai 1998 über die Einführung des Euro].

Begriff Währung

Die gesetzliche Regelung des Geldwesens eines Staates oder einer Wirtschafts- und Währungsunion bezeichnet man als *Währung.*

Beispiele:

Die Währung des Euro-Währungsgebiets ist der Euro (€), der in 100 Euro-Cents unterteilt wird. Die Währung („Valuta") der Vereinigten Staaten von Nordamerika ist der US-Dollar (US-$), der in 100 Cents eingeteilt ist.

Je nach dem *Stoff,* aus dem das Geld eines Landes besteht, spricht man von Gold-, Silberoder Papierwährung. Die Währung der Europäischen Wirtschafts- und Währungsunion (WWU) ist eine reine Papierwährung, weil sie an keinen Stoff gebunden ist.

4.6.2 Zahlungsverkehr

4.6.2.1 Überblick über Zahlungsmittel und -formen

Zahlungsmittel

Zahlungen können nicht nur mit den *gesetzlichen Zahlungsmitteln* (Bargeld und Buchgeld), sondern auch mit *Geldersatzmitteln* (Wechsel und Scheck) vorgenommen werden. Die Geldersatzmittel sind kein „Geld", sondern stellen lediglich „Anweisungen auf Geld" dar. Eine endgültige Schuldentilgung ist erst erfolgt, wenn die Geldersatzmittel vom zur Zahlung Angewiesenen (dem sog. Bezogenen) eingelöst worden sind.[1]

---

[1] Zum Scheck siehe Kapitel 4.6.2.5, zum Wechsel Kapitel 4.6.2.6.

4 Der betriebliche Leistungsprozess

Zahlungsformen

Je nachdem, ob der Zahler (z. B. Schuldner) mit *Bargeld* oder mit *Buchgeld* zahlt und der Zahlungsempfänger (z. B. ein Gläubiger) *Bargeld* oder *Buchgeld* erhält, unterscheidet man folgende *Zahlungsformen* (Zahlungsarten):

- Bargeldzahlung (bare Zahlung, Zahlung mit Bargeld),
- halbbare (Bargeld sparende) Zahlung und
- bargeldlose (unbare) Zahlung.

Zahlungsträger

Zahlungsträger sind die Formulare, die bei halbbarer und/oder unbarer Zahlung verwendet werden. Sie stellen Anweisungen auf Buchung, Umbuchung oder Auszahlung von Geldbeträgen an ein Kreditinstitut (an eine Bank) dar.

Überblick über wichtige Zahlungsmittel, -träger und -formen			
Bargeldzahlung (bare Zahlung)	**Bargeld sparende Zahlung** (halbbare Zahlung)		**Bargeldlose Zahlung** (unbare Zahlung)
	Nur das Konto des Empfängers wird benutzt	Nur das Konto des Zahlers wird benutzt	
Zahler zahlt mit Bargeld, Zahlungsempfänger erhält Bargeld.	Zahler zahlt mit Bargeld, Zahlungsempfänger erhält Gutschrift auf seinem Konto.	Abbuchung vom Konto des Zahlers, Zahlungsempfänger erhält bares Geld.	Abbuchung vom Konto des Zahlers, Gutschrift auf dem Konto des Zahlungsempfängers.

■ Selbstzahlung
■ Zahlung durch Boten
■ Express-Sendungen
■ DHL[1]-Pakete der Deutschen Post AG
■ Postbank-Minuten-Service
■ Wechsel ohne Zahlstellenangabe (Bezogener löst bar ein, Vorleger erhält bares Geld)
	■ Zahlschein
	■ Nachnahme
		■ Barscheck
		■ Auszahlungsschein
		■ Barabhebung an einem Geldautomaten
			■ Überweisung
			■ Verrechnungsscheck
			■ Wechsel als
			  ■ Rimesse
			  ■ bei einer Bank zahlbar gestelltes Akzept
			■ Moderne Zahlungsformen wie z. B. Homebanking, Kreditkarte, Electronic Cash, Internet-Zahlungen

---

[1] DHL Worldwide Express ist ein 1969 gegründetes Logistikunternehmen, das nach seinen Gründern Adrian **D**alsey, Larry **H**illbom und Robert **L**ynn benannt ist. (Logistik [griech.] bedeutet ursprünglich die rechnerische Logik. Später wurde der Begriff im militärischen Bereich im Sinne von „Truppenversorgung" verwendet und bedeutet so viel wie „sinnvoll aufgebautes Nachschubwesen". DHL Worldwide Express wurde 2002 von der Deutschen Post AG übernommen, die unter dem Namen *DHL* u. a. den Paketversand, das Express- und Kuriergeschäft, das Luft- und Seefrachtgeschäft, das Frachtgeschäft im Landverkehr sowie das Geschäft mit Logistiklösungen für Großkunden (unter *DHL Solutions*) betreibt.

4.6.2.2 Bargeldzahlung

Selbstzahlung

Die unmittelbare Übergabe von Banknoten und Münzen hat heute im Wesentlichen nur noch praktische Bedeutung beim Einkauf der Privatleute in den Einzelhandelsgeschäften. Im Geschäftsverkehr zwischen den Unternehmen wäre sie zu unsicher (das Bargeld könnte verloren gehen oder gestohlen werden), zu umständlich und – bei größeren Entfernungen – zu teuer.

Zahlung durch Boten

Hin und wieder kommt es vor, dass ein Bote (z. B. ein Beauftragter des Verkäufers) den Rechnungsbetrag beim Käufer einzieht (einkassiert).

> **Beispiele:**
> Hausfrau Müßig kauft für ein Familienfest bei ihrem Kaufmann eine größere Menge Lebensmittel ein, die ihr ins Haus gebracht werden. – Der Briefzusteller Neu zieht einen fälligen Rechnungsbetrag durch Nachnahme ein.

Bei der direkten Übergabe von Bargeld durch den Zahler selbst (oder durch einen von ihm beauftragten Boten) ist es unbedingt erforderlich, sich die Zahlung durch eine **Quittung** bestätigen zu lassen und diese sorgfältig als *Beweismittel* aufzubewahren. Beim Kauf in einem Ladengeschäft dient der Kassenzettel (der Kassenbon) als Quittung [§ 368 BGB].

Eine Quittung sollte folgende Bestandteile enthalten:

- Name des Zahlers,
- Zahlungsgrund,
- Zahlungsbetrag,
- Empfangsbestätigung,
- Ort, Datum und
- Unterschrift des Zahlungsempfängers.

Bargeldversand mit Express-Sendungen (Kurierdienst) und Postpaketen

Durch die Deutsche Post AG kann Bargeld mit Express-Briefen und Express-Paketen sowie mit DHL-Paketen mit Transportversicherung (Frachtsendungen) im Wert bis zu maximal 500,00 € je Sendung verschickt werden. Für einen Bargeldverlust wird jedoch nur gehaftet, wenn der tatsächliche Wert maximal 500,00 € beträgt. Bargeldsendungen mit einem höheren tatsächlichen Wert sind generell ausgeschlossen. Wenn der tatsächliche Wert über 500,00 € liegt, wird überhaupt kein Ersatz mehr geleistet (Haftungsausschluss). Auch bei mehreren gleichzeitig an den gleichen Empfänger angelieferten Bargeldsendungen darf der Gesamtwert aller Sendungen diesen Wert nicht überschreiten.

Bei DHL-Paketen mit der Zusatzleistung „Transportversicherung" darf das Extra „Transportversicherung" auf keinen Fall auf dem Paket oder der Sendungsaufschrift vermerkt sein oder sich aus der Beschaffenheit der Sendung ergeben.

Western Union Bargeldtransfer

Vor allem in besonders dringenden Fällen (die Brieftasche oder das Portmonee mit Bargeld wurde z. B. verloren oder gestohlen) kann es erforderlich sein, Bargeld möglichst schnell und unkompliziert an einen Empfänger in Deutschland oder im Ausland zu übermitteln. Dies ist von fast jeder Postfiliale oder den anderen Vertriebspartnern von Western Union durch den sogenannten „Western Union Bargeldtransfer" ohne Begrenzung möglich. Die Auszahlung des Bargeldbetrags erfolgt grundsätzlich in der jeweiligen Landeswährung, vereinzelt auch in US-Dollar.

Wenn der Zahler persönlich zum Schalter (z. B. einer der über 3 000 Postbank-Finanzcentern) kommt, bringt er den Überweisungsbetrag bar mit und füllt den Auftragsvordruck (Durchschreibevordruck) für den Bargeldtransfer aus.[1] Die erhaltene Auftragsnummer (die sogenannte Money Transfer Control Number – MTCN) und der Vor- und Nachname des Auftraggebers (Zahlers) werden an den Bargeldempfänger (z. B. telefonisch) übermittelt und es wird ihm zugleich mitgeteilt, dass das Geld zur Abholung bei einer der rund 455 000 Western-Union-Agenturen in mehr als 200 Ländern bereitliegt. Bei der Abholung des Geldes muss der Empfänger seinen gültigen Ausweis vorlegen.[2]

Mit „Western Union direkt" hat man die Möglichkeit, Bargeld über das Girokonto per Onlinebanking zu transferieren. Man kann den Auftrag auch über das Postbank-Telefon-Banking erteilen. Dazu wird jedoch ein Girokonto bei der Postbank benötigt.

4.6.2.3 Bargeld sparende (halbbare) Zahlung

4.6.2.3.1 Bareinzahlungen

Bei Privatleuten kommt es auch heute mitunter noch vor, dass sie kein Konto besitzen. Kennen die Zahler ohne eigenes Konto das Konto des Zahlungsempfängers, können sie den Zahlschein als Zahlungsform verwenden. Es liegt eine halbbare Zahlung vor, weil der Zahler mit Bargeld zahlt, der Empfänger jedoch kein Bargeld, sondern lediglich eine Gutschrift auf seinem Konto erhält.

Zahlschein

■ **Zahlungsvorgang**

Hat der Zahlungsempfänger ein Konto bei einer Bank, kann der Zahler mit einem *Zahlschein* bezahlen. Die Einzahlung kann bei jeder Bank bzw. bei deren Zweigstelle erfolgen.

Die „Einzahlungsbank" überweist den empfangenen Betrag an die Bank des Empfängers, die den Betrag dem Konto des Empfängers gutschreibt.

Die Zahlscheine mancher Banken sind (noch) zweiteilig, d. h., sie bestehen aus dem *Original* und der *Durchschrift* für den Einzahler, die sich der Zahler am Bankschalter quittieren lassen kann. Die meisten Banken verwenden mittlerweile einteilige Zahlscheine.

---

1 Teilnehmer am Postbank-Telefon-Banking können den Auftrag auch telefonisch erteilen.
2 Weitere Informationen (z. B. über die Entgelte und Auszahlungsstellen/Western-Union-Agenturen) erhalten Sie z. B. vom Postbank-Direkt-Service unter der Nummer 0180 3040500.

4.6 Inner- und zwischenbetrieblicher Werteflus

Zahlung mit einem zweiseitigen Zahlschein

Durch entsprechende Hinweise (Angaben) in den Kontoauszügen werden Zahler und Zahlungsempfänger über Art und Zweck der Zahlung informiert.

Bei den Buchungen auf den Girokonten der Banken ist zu beachten, dass eine Bank die Zahlungsvorgänge aus seiner eigenen Sicht bucht. Die Gutschrift für einen Zahlungsempfänger wird von der Bank deshalb im *Haben* gebucht, weil dieser Betrag für die Bank eine *Verbindlichkeit* darstellt.

Die Buchungen auf den Kontoauszügen der Deutschen Postbank AG erfolgen in einer Spalte. Lastschriften werden mit einem Minuszeichen gekennzeichnet; Gutschriften erhalten kein Vorzeichen.

■ Formen des Zahlscheins

Das Formular „Zahlschein/Überweisung" wird im Zahlungsverkehr mit Privatpersonen z. B. auch beim Einzug von Versicherungsprämien verwendet.

Zahlschein[1]

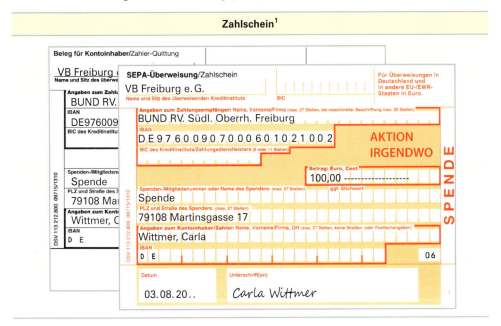

---

1 Dieses Formular kann auch als Überweisung verwendet werden.

4 Der betriebliche Leistungsprozess

Die Verkäufer legen ihren Rechnungen und Mahnungen oft ein **kombiniertes Zahlungsformular „Zahlschein/Überweisung"** bei, auf dem bereits ihre Anschrift, ihre Kontonummer und ihre Bank aufgedruckt sind. Der Empfänger kann selbst entscheiden, ob er das Formular als Zahlschein (Bareinzahlung beim Bankschalter bzw. am Schalter einer Postfiliale) oder – falls er selbst ein Girokonto hat – als Überweisung verwenden will. Wird der Vordruck als Überweisung benutzt, muss der Zahler noch seine Bank sowie seine Kontonummer eintragen. Durch die bequeme Zahlung (Teile des Formulars sind bereits ausgefüllt) und die im Vergleich zu einer Bargeldzahlung niedrigen Aufwendungen sollen die Schuldner zu einer schnelleren Zahlung veranlasst werden.

Nachnahme

Die Großversandgärtnerei Blum & Co. OHG liefert an Tausende von Kunden, deren Kreditwürdigkeit sie kaum überprüfen kann und aus Kostengründen auch nicht will. In ihren Lieferungs- und Zahlungsbedingungen hat sie daher festgelegt, dass sie grundsätzlich nur gegen **Nachnahme** liefert. Ein mögliches Kreditrisiko wird dadurch ausgeschlossen.

Die Deutsche Post AG kann Geldbeträge durch Nachnahme einziehen. Auf Verlangen des Absenders händigt die Post *freigemachte* (= frankierte) Briefe, Postkarten und Paketsendungen erst aus, wenn der Empfänger den *Nachnahmebetrag* an die Zustellkraft bezahlt hat. Bei Inlandsbriefen beläuft sich der Höchstbetrag auf 1 600,00 €. Bei inländischen DHL-Paketen beträgt der in bar einzuziehende Nachnahmebetrag höchstens 3 500,00 €. Zahlungsformular ist der **Zahlschein**.

Die Nachnahme dient aber nicht nur der sicheren Zahlung bei Warensendungen. Der Absender kann auch fällige Forderungen bzw. Raten durch Nachnahme einkassieren lassen.

4.6.2.3.2 Barauszahlungen

Hat der Zahlungsempfänger *kein* Konto oder ist dieses dem Zahler unbekannt, kann der Zahler das Geld durch einen Barscheck einer Bank auszahlen lassen. Wegen ihrer besonderen Bedeutung für den Zahlungsverkehr werden diese Mittel des halbbaren und bargeldlosen Zahlungsverkehrs in den Kapitel 4.6.2.3 und Kapitel 4.6.2.4 dargestellt.

Barauszahlung am Schalter einer Bank

Der Inhaber eines Girokontos bei einer Bank kann bei dieser auch Bargeld ohne Vorlage eines Bankschecks erhalten. Den Empfang des Betrags quittiert er mit seiner Unterschrift auf dem Auszahlungsbeleg der Bank.

Barabhebung an einem Geldautomaten

Die Inhaber eines Bankkontos können sich innerhalb und außerhalb der Schalterstunden an einem **Geldausgabeautomaten** mit Bargeld versorgen. Mit der Bekanntgabe einer persönlichen Geheimzahl durch die Bank erwirbt der Karteninhaber die Berechtigung, seine Bankkarte an Geldautomaten (und an POS-Kassen)[1] einzugeben.

---

1 Siehe Kapitel 4.6.2.4.2.

4.6 Inner- und zwischenbetrieblicher Wertefluss

Die Bank gibt dem Karteninhaber für Abhebungen an Automaten für einen bestimmten Zeitraum einen Verfügungsrahmen bekannt (z. B. 1 000,00 € täglich).

An Geldausgabeautomaten fremder Banken kann der Karteninhaber innerhalb des Verfügungsrahmens Bargeld bis zu einer bestimmten täglichen Höchstgrenze abheben.[1]

4.6.2.4 Bargeldlose (unbare) Zahlung

4.6.2.4.1 Überweisung

Der Auszubildende Eric Plauel wird von seinem Ausbilder gefragt, ob er denn sein Gehaltskonto bei der Volksbank eG richtig nutzt. Wissen Sie, was man alles mit einem Gehaltskonto[2] machen kann?

Wesen der Überweisung

Verfügen sowohl Zahler als auch Zahlungsempfänger über ein Girokonto, so ist es am vorteilhaftesten, die Geldzahlungen mittels *Überweisung* durchzuführen. Das Wesentliche der Überweisung liegt darin, dass überhaupt nicht mehr mit Bargeld, sondern nur noch mit *Buchgeld* (durch *Umbuchung* eines Geldbetrags) gezahlt wird (bargeldlose oder unbare Zahlung).

Die auf Antrag des Kunden bei den Banken eröffneten, dem *laufenden* Zahlungsverkehr dienenden Konten (= Kontokorrentkonten) werden *Girokonten* genannt. Von einem Sparkonto (z. B. Sparbuch) kann nicht überwiesen werden, wohl aber von einem Girokonto auf ein Sparbuch.

Da die Träger des Zahlungsverkehrs über ihre „Zentralen" und die Hauptverwaltungen der Deutschen Bundesbank[3] in einem geschlossenen Überweisungsnetz zusammenarbeiten, kann man von *jedem* Girokonto auf *jedes* andere Girokonto überweisen.

Die Konditionen (Bedingungen) für Girokonten sind bei den einzelnen Banken unterschiedlich. Es lohnt sich daher sowohl für Geschäfts- als auch für Privatkunden Konditionenvergleiche anzustellen.

Vorteile der Überweisung

Überweisungen sind bequem durchzuführen (nur ein Formular ist auszufüllen) und verhältnismäßig schnell und billig. Der Zahlungsvorgang nimmt wenig Zeit in Anspruch. Ein Risiko des Geldverlusts ist ausgeschlossen.

Arten der Überweisung

■ Einzelüberweisung

Der Einzelüberweisungsauftrag ist ein ein- oder zweiteiliger *Durchschreibevordruck* (Schnelltrennsatz). Bei einem zweiteiligen Vordruck verbleibt die *Durchschrift* als Einzahlungsbeleg beim Zahler. Sowohl der Zahler als auch der Zahlungsempfänger werden durch entsprechende Hinweise (Angaben) auf den Kontoauszügen über die Höhe und den Verwendungszweck der Zahlung informiert.

---

[1] Die Höchstgrenzen (Verfügungsgrenzen) werden von den einzelnen Banken für die verschiedenen Kunden individuell festgelegt.
[2] Das Gehaltskonto ist ein Girokonto, auf das die Bezüge eines Arbeitnehmers überwiesen werden.
[3] Zur Deutschen Bundesbank siehe Kapitel 8.7.1.4.

4 Der betriebliche Leistungsprozess

Seit Anfang 2008 wurde schrittweise der *einheitliche Euro-Zahlungsverkehrsraum* (**SEPA** = **S**ingle **E**uro **P**ayments **A**rea), bestehend aus den 28 EU-Staaten[1], den weiteren EWR-Ländern Island, Liechtenstein und Norwegen sowie der Schweiz, Monaco und San Marino, eingeführt. Seit August 2014 bestehen für die Kunden keine Unterschiede mehr zwischen nationalen und grenzüberschreitenden Zahlungen. Die SEPA-Überweisungen müssen die Internationale Bankkontonummer (**IBAN** = **I**nternational **B**ank **A**ccount **N**umber) enthalten. Die Angabe der international geltenden Bankleitzahl (**BIC** = **B**ank **I**dentifizier **C**ode) ist nur bei Überweisungen in die Länder Monaco, Schweiz und San Marino sowie bei Zahlungen außerhalb der SEPA-Länder erforderlich.[2]

■ **Sammelüberweisung**

Überweisungsaufträge an mehrere Zahlungsempfänger kann der Zahler zu einer *Sammelüberweisung* zusammenfassen. Er muss hierzu ein besonderes Formblatt „Sammelüberweisungsauftrag" verwenden. Sammelüberweisungen sind billiger, weil die Bank nur eine Buchung vornehmen muss. Der Zahler spart Zeit, weil nicht jeder Überweisungsträger, sondern nur ein Überweisungsauftrag unterschrieben werden muss.

■ **Dauerauftrag**

Hier erteilt der Zahlungspflichtige seiner Bank den Auftrag, bis auf Widerruf regelmäßig von seinem Konto einen feststehenden Betrag zu bestimmten Terminen (z. B. jeweils zum 1. jeden Monats) auf das angegebene Konto des Zahlungsempfängers zu überweisen.

---

1 Zur Europäischen Union (EU) siehe Kapitel 8.10.2.

2 Auf Euro-Überweisungen finden sich auch die Bezeichnungen SWIFT (bic) oder SWIFT-BIC. SWIFT (**S**ociety for **W**orldwide **I**nterbank **F**inancial **T**elekommunication) ist eine 1973 gegründete Genossenschaft der Geldinstitute. Sie unterhält ein Telekommunikationsnetz (SWIFT-Netz) für den Nachrichtenaustausch zwischen den Geldinstituten und führt deren internationale Finanztransaktionen durch.

4.6 Inner- und zwischenbetrieblicher Wertefluss

■ **Lastschriftverfahren**

Das Lastschriftverfahren gehört besonders in Deutschland zu den wichtigsten Formen des Zahlungsverkehrs. Es ermöglicht einen schnellen und wirksamen Einzug fälliger Zahlungsbeträge. Die Zahlungsempfänger (die Einreicher von Lastschriften) können

> **Beispiele:**
>
> Gas-, Wasser-, Fernsprechentgelte, Feuerversicherungsumlagen, Rechnungen aus Wareneinkäufen, Rechnungen für Zeitungen und Zeitschriften.

den Zeitpunkt der Zahlungen bestimmen, sodass der Verwaltungsaufwand so gering wie möglich gehalten wird.

SEPA-Basis-Lastschriftverfahren[1]	Das frühere Einzugsermächtigungsverfahren wurde zum SEPA-Mandat[2]. Damit erlaubt der Kontoinhaber (Zahler) seiner Hausbank[3], Rechnungsbeträge seiner Gläubiger (Zahlungsempfänger) von seinem Konto abzubuchen, d. h. sein Konto zu belasten. Jedes Mandat erhält von der Bank des Zahlungspflichtigen eine Mandatsreferenznummer.[4]
	Ein Unternehmen, das am Lastschriftverfahren teilnehmen will, muss sich registrieren[5] lassen. Es erhält dann eine Registrierungsnummer, die bei jeder Abbuchung im Kontoauszug angegeben ist.
	Beim SEPA-Basis-Lastschriftverfahren kann bis zu 8 Wochen nach Fälligkeit widersprochen werden.
SEPA-Firmen-Lastschriftverfahren	Die SEPA-Firmenlastschrift richtet sich nur an Zahlungspflichtige, die keine Verbraucher sind. Das heißt, dass sie ausschließlich dem Einzug fälliger Forderungen zwischen zwei Unternehmen dient. Mit dem SEPA-Lastschriftverfahren kann der Zahlungsempfänger die Belastung des Zahlungspflichtigen in Euro innerhalb der SEPA-Teilnehmerländer beauftragen. Dabei muss der Zahlungspflichtige durch das entsprechende SEPA-Firmen-Lastschriftmandat „SEPA B2B[6] Direct Debit" die Lastschrift genehmigen (autorisieren).
	Beim SEPA-Firmen-Lastschriftverfahren besteht keine Widerspruchsmöglichkeit für den Zahlungspflichtigen.

4.6.2.4.2 Moderne bargeldlose Zahlungsformen

Kreditkarte

Ein weiteres **bargeldloses Zahlungsmittel** ist die **Kreditkarte**. Mit ihr lassen sich z. B. Hotelrechnungen bezahlen, Reisen buchen und Autos mieten. Manche Kreditkarten werden auf Wunsch auch mit Telefonchip geliefert. Außerdem kann man sich im In- und Ausland an den Bankschaltern Bargeld besorgen. Bei der Verwendung einer Kreditkarte mit Lichtbild kann auf die Vorlage eines Ausweises verzichtet werden.

---

1 Basis (gr.) = Grundlage.
2 Mandat (lat.) = Auftrag, Vollmacht, Ermächtigung.
3 Die Bank, bei der man ein Konto oder mehrere Konten unterhält, bezeichnet man als Hausbank. Die Bank ist verpflichtet sicherzustellen, dass der Lastschriftbetrag (grundsätzlich) spätestens innerhalb von maximal einem Bankgeschäftstag beim Zahlungsdienstleister (der Bank) des Zahlungsempfängers eingeht.
4 Referenz = Beziehung, Empfehlung. Die Mandatsreferenznummer ist also eine Kennzahl, die sich auf den Zahlungspflichtigen bezieht.
5 Registrieren (lat.) = eintragen, verzeichnen.
6 B2B = Abkürzung für Business to Business (engl.). B2B bedeutet also „von Unternehmen zu Unternehmen".

Mit der persönlichen Identifikationsnummer (PIN) besteht bei den meisten Kreditkartensystemen die Möglichkeit, weltweit am Geldautomaten-Service teilzunehmen. Für Bargeldauszahlungen an Geldautomaten, die mit dem jeweiligen Zeichen des Kreditkartensystems gekennzeichnet sind (z. B. Diners Club, American Express, VISA, MasterCard), fällt für den Karteninhaber eine Gebühr in Höhe eines bestimmten Prozentsatzes des Auszahlungsbetrags an (i. d. R. 2 %), zuzüglich einer Gebühr für die Devisenumrechnung bei Verfügungen im Devisenausland. Bei den meisten Kreditkarten sind Barabhebungen auf bestimmte Höchstbeträge je Tag begrenzt.

Weitere Vorteile der Kreditkarte sind:

- Begrenzte Haftung des Kreditkarteninhabers bei Verlust oder Diebstahl der Karte (z. B. bis zu 50,00 €);
- Mietwagenservice (der Mieter muss z. B. keine Kaution leisten);
- zusätzliche Unfallversicherung bei Reisen, die mit der Kreditkarte bezahlt wurden;
- weltweite Hilfe in Notfällen.

Wer eine Kreditkarte erwerben will, schließt sich einem bestimmten Kreditkartensystem an. Von der gewählten Kreditkartengesellschaft erhält der Kunde gegen Zahlung einer jährlichen Gebühr eine Kreditkarte (Ausweiskarte), mit der er bei allen Unternehmen und Institutionen, die Vertragspartner der betreffenden Kreditkartengesellschaft sind, Rechnungen bargeldlos bis zu einem bestimmten Verfügungsrahmen begleichen kann.

Die Kreditkarte besitzt eine Nummer, die der Vertragsunternehmer (der Zahlungsempfänger) zusammen mit der vom Karteninhaber unterschriebenen Rechnung zur Bezahlung an die betreffende Gesellschaft einreicht.

Die Gesellschaft überweist den Rechnungsbetrag an den Zahlungsempfänger unter Abzug eines Disagios (Abschlags) in Höhe von i. d. R. 2 – 4 % und belastet den Karteninhaber im Normalfall monatlich.

Gleichzeitig erhält der Karteninhaber eine Zusammenstellung über die in dem Abrechnungszeitraum angefallenen Beträge zugestellt. Für Einkäufe mit der Kreditkarte gilt also der Grundsatz *„Zahle später"*.

Der Inhaber einer Kreditkarte muss dafür sorgen, dass keinem Dritten die persönliche Identifikations-Nummer (PIN) bekannt wird. Die PIN darf insbesondere nicht auf der Kreditkarte vermerkt oder in anderer Weise zusammen mit der Kreditkarte aufbewahrt werden. Bei einem Verlust der Kreditkarte oder bei einer missbräuchlichen Verfügung mit einer Kreditkarte muss der Karteninhaber dies unverzüglich seiner Bank (möglichst der kontoführenden Stelle) oder dem Sperrannahmedienst (24-Stunden-Service) oder einer Repräsentanz des Kreditkarten-Verbundes mitteilen, damit die Kreditkarte gesperrt werden kann. Eine missbräuchliche Nut-

4.6 Inner- und zwischenbetrieblicher Wertefluss

zung der Kreditkarte hat der Karteninhaber außerdem unverzüglich bei der Polizei anzuzeigen. Nach dem Eingang der Verlustanzeige haftet der Karteninhaber nicht für Schäden, die nach diesem Zeitpunkt durch eine missbräuchliche Verfügung mit seiner abhanden gekommenen Kreditkarte entstanden sind. Die Haftung für die vor dem Eingang der Verlustanzeige durch den Kontoinhaber schuldhaft verursachten Schäden ist auf einen bankindividuell festgelegten Höchstbetrag beschränkt.

Die Kreditkarten bleiben im Eigentum der Karten ausgebenden Bank bzw. der Gesellschaft für Zahlungssysteme mbH (GZS) und sind nicht übertragbar. Sie sind nur für den auf der Kreditkarte angegebenen Zeitraum gültig.

Debitkarte (Bankkarte)

In Deutschland sind die von den Banken ausgegebenen Debitkarten (Bankkarten, BankCards, girocards) am meisten verbreitet. Debitkarten sind ebenso wie die Kreditkarten mit einer Geheimzahl (**P**ersonal **I**dentification **N**umber = **PIN**) ausgestattet. Sie können zur Zahlung an elektronischen Kassen genutzt werden. Jeder Karte ist ein Girokonto zugeordnet, das bei einer Zahlung sofort belastet wird. Für Debitkarten gilt somit der Grundsatz „Zahle gleich".

Mit der Einführung des einheitlichen Euro-Zahlungsverkehrsraums (SEPA)[1] soll auch die Möglichkeit geschaffen werden, mit der heimischen Bankkarte („girocard") in anderen europäischen Ländern an jedem Automaten Geld abzuheben oder Einkäufe zu bezahlen. Ziel ist, dass jede Karte technisch an jedem Terminal in Europa einsetzbar ist.

[1] Individuelle Bezeichnung der Bankkarte.
[2] girocard-Logo.
[3] Das VPAY-Logo sagt aus, dass es sich um eine europäische Chip- und PIN-basierte Bankkarte handelt. Die Karte kann in der gesamten Europäischen Union, der Schweiz, der Türkei, in Norwegen und auf Island zur bargeldlosen Bezahlung sowie zur Bargeldabhebung an Geldautomaten verwendet werden.
[4] Microchip mit Geldkartenfunktion (siehe S. 322 f.).

Die Zahlung mit Debitkarten kann auf zwei Wegen erfolgen, und zwar im Wege des *Electronic-Cash-Verfahrens* oder im *ELV-Verfahren*.

---

1 Siehe S. 318.

4 Der betriebliche Leistungsprozess

■ **Electronic Cash/Point-of-Sale-(POS)-Zahlungen**

Electronic Cash ist eine bargeldlose Zahlungsart, bei der die Zahlung an einer automatisierten Ladenkasse mittels einer Kredit- oder Debitkarte sowie der persönlichen Geheimzahl (PIN) direkt am Verkaufsort (= **P**oint **o**f **S**ale[1] = POS) vorgenommen wird.

Karte und Geheimzahl des Zahlers werden in einen Kartenleser eingegeben, der mit dem Rechenzentrum des Netzbetreibers verbunden ist. Vom Rechenzentrum wird sofort bei der Bank bzw. bei der Gesellschaft, die die Karte ausgestellt hat, die Echtheit der Karte sowie der Kontostand überprüft und die Zahlung genehmigt oder abgelehnt. Bei einer Positivmeldung wird dem Kunden der quittierte Kassenbeleg ausgehändigt. Der Verkäufer erhält von seiner Bank die Gutschrift (abzüglich Gebühren). Der Käufer erhält die Lastschrift von seiner Bank.

In Geschäften mit diesem Zeichen an der Tür kann man mit Kredit- oder Debitkarte und Geheimnummer bargeldlos zahlen.

Als Netzbetreiber können neben dem Kreditgewerbe auch andere Organisationen auftreten (z. B. EDV-Hersteller, Service-Unternehmen). Nur zuverlässige (sichere) Unternehmen werden vom Zentralen Kreditausschuss (ZKA) zugelassen.

Beim POS-System **verpflichten** sich die Karten ausgebenden Banken **zur Zahlung**, wenn der Umsatz dem Inkassoinstitut innerhalb von 8 Tagen eingereicht wurde.

■ **ELV (Elektronisches Lastschriftverfahren)**

Vor allem Einzelhandelsunternehmen verwenden häufig das „**E**lektronische **L**astschriftverfahren". Dieses Verfahren verzichtet vollständig auf eine Prüfung der Sperrdatei der Banken. Bei größeren Handelsketten wird oftmals eine hausinterne Sperrdatei von Karten geführt, bei denen schon einmal Zahlungsprobleme auftraten. Beim ELV wird aus den Bankdaten des Magnetstreifens die Bankleitzahl und die Kontonummer ausgelesen und eine gewöhliche Lastschrift mit Einzugsermächtigung (die der Kunde mit seiner Unterschrift erteilt) erzeugt. Hierbei spart der Verkäufer zwar Kosten, bleibt aber auf dem Betrugs- und Zahlungsausfall-Risiko sitzen, da unbemerkt auch gesperrte und gestohlene Karten eingesetzt werden können.

Wertkarte (Geldkarte)

Die Wertkarte (Geldkarte) ist ein Ersatz des Bargelds. Sie erleichtert die Käufe im Kleingeldbereich. Bezahlen kann man z. B. eine Busfahrt, die Tageszeitung, den Einkauf im Lebensmittelgeschäft, den Parkschein oder das Mittagessen im Gasthaus.

Die Funktion der „elektronischen Geldbörse" ist in eine besondere Kundenkarte einer Bank oder in eine Debitkarte (Bankkarte) integriert (eingebaut).[2] Um mit der elektronischen Geldbörse bezahlen zu können, ist es erforderlich, sich mit „Bargeld" in Form elektronischer Geldeinheiten zu versorgen. Dies geschieht an speziellen Ladegeräten (Ladeterminals), die sich in den Banken befinden. Der Höchstbetrag beläuft sich derzeit auf 200,00 €. Es gilt somit der Grundsatz *„Zahle im Voraus."*

---

1 **P**oint **o**f **S**ale (POS) = „Punkt des Verkaufs" = Verkaufsort.
2 Es handelt sich um einen auf der Karte aufgebrachten „intelligenten" Mikrochip.

4.6 Inner- und zwischenbetrieblicher Wertefluss

Der Zahler kann mithilfe eines Lesegeräts (als Schlüsselanhänger) stets kontrollieren, wie viel Geld noch im Speicher (in seiner „Geldbörse") ist.

Voraussetzung für die „Kleingeldzahlung" ist, dass der Zahlungsempfänger einen Chipkartenleser besitzt, in den der Zahler seine Geldkarte steckt, und ein Display, auf dem der Zahlungsbetrag angezeigt wird. Während des Zahlungsvorgangs wird „elektronisches Geld" von der elektronischen Geldbörse in Höhe des Zahlungsbetrags abgebucht, in das Terminal des Zahlungsempfängers übertragen und dort gespeichert.

Um die Tageseinnahmen seinem Konto gutschreiben zu lassen, sendet der Zahlungsempfänger die im Terminal gespeicherten Transaktionen an seine Bank bzw. an ein von ihr beauftragtes Rechenzentrum. Nach Prüfung erhält der Zahlungsempfänger eine Gutschrift auf seinem Konto über die Summe der von ihm eingereichten Datensätze. Gleichzeitig werden die Datensätze in das Verrechnungssystem der deutschen Kreditwirtschaft eingereicht.

Seit 2012 ist girogo ein neues Markenzeichen für die Funktion des kontaktlosen Bezahlens im Kleingeldbereich mit der Debitkarte (girocard) in Deutschland. Anders als bei der kontaktbehafteten Zahlung braucht der Kunde seine Karte bei einem Betrag von bis zu 20,00 € nicht mehr aus der Hand zu geben. Die Zahlung erfolgt über die Prepaid-Funktion des Chips durch das Halten der Karte vor das Bezahlterminal – ohne Eingabe einer PIN.

Mit der breiten Infrastruktur der Deutschen Kreditwirtschaft kann die Prepaid-Anwendung bundesweit flächendeckend geladen werden. An allen deutschen Geldautomaten, an speziellen GeldKarte-Ladeterminals oder im Internet mit einem Chipkartenleser (erhältlich bei der eigenen Bank oder Sparkasse) ist das Laden bis zu einem Gesamtguthaben von 200,00 € möglich.

Als Prepaid-Lösung bietet girogo eine Zahlungsgarantie für den akzeptierenden Händler. Die Zahlungen werden nach Einreichung unverzüglich auf dem Händlerkonto gutgeschrieben.

Das Geldkarte-System ist kein Ersatz für Electronic Cash. Während das Electronic-Cash-System vor allem dort von Nutzen ist, wo mittlere bis höhere Kaufbeträge zu bezahlen sind, eignet es sich für die Bezahlung kleinerer Beträge weniger gut. Der Grund: Die Investitions- und die laufenden Kommunikationskosten sind beim Electronic-Cash-System erheblich höher als beim Geldkarte-System. Außerdem wird beim Geldkarte-System auf eine PIN-Prüfung verzichtet.

4 Der betriebliche Leistungsprozess

Beleggloser Datenträgeraustausch/Magnetband-Clearing/Disketten-Clearing[1]

Der Zahler kann seiner Bank Kassetten, Magnetbänder oder Disketten mit gespeicherten Daten von Aufträgen für Überweisungen, Lastschriften oder Zahlungsanweisungen zur Verrechnung übersenden. Der Auftraggeber erspart sich somit das Ausschreiben von Einzelbelegen.

Die Zahlungsdaten der Bänder bzw. Disketten werden in die EDV-Anlage der Bank eingelesen, umsortiert und auf neuen Bändern bzw. Disketten ausgegeben und weitergeleitet. Am Ende des Durchleitprozesses steht ein entsprechendes Band bzw. eine entsprechende Diskette für den Zahlungsempfänger oder das Ausdrucken von Belegen bzw. Vermerken im Kontoauszug zur Verfügung.

Onlinebanking (Homebanking)

Homebanking[2] kann über Onlinedienste wie z. B. Kabel Deutschland, T-Online der Deutschen Telekom AG, Vodafone und O_2 durchgeführt werden. Den Zugang zum Rechner der Bank bekommt der Kunde mithilfe spezieller Software und eines Personalcomputers mit Internetanschluss, sodass von der Wohnung aus rund um die Uhr Bankgeschäfte getätigt werden können, z. B.

- Überweisungsaufträge erteilen,
- Kontostände der eigenen Konten abfragen,
- Daueraufträge erteilen, ändern oder widerrufen,
- Wertpapierkäufe und -verkäufe durchführen,
- Handy aufladen.

---

1 Clearing (engl.) = wörtl. „Klarheit schaffen". Clearing bedeutet so viel wie Verrechnung, Verrechnungsverfahren.
2 Home (engl.) = Heim, Wohnung. Banking (engl.) = Bankgeschäfte betreiben. Homebanking ist somit die Durchführung von Bankgeschäften von zu Hause aus.

4.6 Inner- und zwischenbetrieblicher Wertefluss

Um Zugriff auf das Onlinekonto zu haben, müssen neben der eigenen Kontonummer auch die PIN (**P**ersönliche **I**dentifikations **N**ummer) eingegeben werden. Damit ist die Kontoabfrage möglich.

Bei weiteren Aktionen wie z. B. Überweisungen, Erteilung eines Dauerauftrags oder Scheckbestellungen werden aus Sicherheitsgründen besondere Vorkehrungen getroffen. In Deutschland sind u. a. das PIN-TAN-Verfahren, das HBCI (**H**ome **B**anking **C**omputer **I**nterface) und das BCS (**B**anking **C**ommunication **S**tandard) üblich.

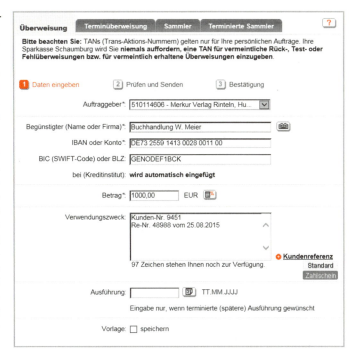

Beim TAN-Verfahren (TAN = **T**rans**a**ktions**n**ummer) werden die Bankaufträge mithilfe einer TAN „unterschrieben", die aus einer von der Bank zugewiesenen TAN-Liste entnommen wird. Die TAN kann aus Ziffern und/oder Buchstaben bestehen. Jede TAN kann nur ein Mal verwendet werden.

Die TAN-Verfahren weisen verschiedene Sicherheitsstufen auf. Vom „i-TAN" (indizierte TAN) spricht man, wenn die Bank dem Bankkunden eine durchnummerierte TAN-Liste übergibt. Erteilt der Kunde einen Auftrag, wird er von der Bank aufgefordert, eine bestimmte Position aus der Liste zu verwenden.

4 Der betriebliche Leistungsprozess

Eine höhere Sicherheitsstufe bietet das **chipTAN-Verfahren**. Hier generiert[1] ein kleines Bankkarten-Lesegerät mit Zifferntastatur und Display[2] die TAN. Der Bankkunde gibt die Überweisungsdaten auf dem Rechner ein. Danach wird ihm ein Zifferncode[3] angezeigt. Diesen Code tippt er zusammen mit der Kontonummer des Zahlungsempfängers auf dem Lesegerät ein. Anschließend wird ihm auf dem Gerät die neue TAN angezeigt, die er zur Bestätigung seiner Überweisung auf seinem Computer eintippt.

Eine Erweiterung der chipTAN ist das **chipTANcomfort-Verfahren**. Hier werden die Überweisungsdaten nicht nochmals in das Gerät eingetippt, sondern mittels Optik-Sensoren[4] am Bildschirm eingelesen.

Als besonders sicher gilt auch die **mobileTAN** (auch smsTAN oder mTAN genannt). Hier benötigen die Nutzer ein Mobiltelefon. Nachdem der Bankkunde eine Überweisung im Onlineformular ausgefüllt und per Internet an seine Bank geschickt hat, erhält er von dieser per SMS[5] die Überweisungsdaten und eine TAN geschickt, die er zur Bestätigung an seinem Computer eintippt und zur Bank schickt. Der Vorteil für den Kunden ist, dass er kein zusätzliches Gerät benötigt.

Beim **Signatur-Verfahren** entfallen Transaktionsnummern vollständig. Die Bankkunden benötigen ein USB-Gerät,[6] das an den Computer angeschlossen werden muss. Nach Eingabe der Überweisungsdaten zeigt das Display des Geräts die Empfängerkontonummer und den Überweisungsbetrag an. Diese Daten prüft der Kunde auf ihre Richtigkeit, bevor er durch Drücken des USB-Knopfs die Überweisung freigibt. Durch den Knopfdruck erzeugt das Gerät eine digitale Signatur, die die persönliche Unterschrift des Kunden ersetzt. Das Verfahren gilt als besonders sicher, weil der Datenaustausch zwischen dem USB-Gerät und der Bank vollkommen verschlüsselt erfolgt.

Internet-Zahlungen (E-Commerce)

Zunehmend werden Waren und Dienstleistungen über das Internet angeboten, gekauft und bezahlt. Man spricht vom E-Commerce.[7] Business-to-Business, kurz B2B, liegt vor, wenn der Geschäftsverkehr zwischen Unternehmen gemeint ist. Vom Business-to-Consumer, kurz B2C, ist die Rede, wenn es um die Geschäfte zwischen Unternehmen und Konsumenten (Verbrauchern) geht.

Um das Bezahlen im Internet komfortabler und sicherer zu machen, werden immer neuere Zahlungsarten enwickelt. Insgesamt wird darauf hingearbeitet, dass möglichst wenig sensible Daten (Kreditkartennummern, Kontoverbindungen) im Internet übertragen werden müssen.

Außerdem sollen die Zahlungen im Gegensatz zu den konventionellen Zahlungsmethoden möglichst sofort, also in Echtzeit, erfolgen. So kann eine schnelle Lieferung der bestellten Waren erfolgen.

---

1 Generieren (lat.) = herstellen, erzeugen, neu schaffen.

2 Display (engl.) = 1. werbewirksame Ausstellung von Waren; 2. (kleiner) Bildschirm, der Daten optisch (sichtbar) darstellen kann.

3 Code (lat.-franz.-engl.) = verabredetes Zeichensystem zwischen Absender und Empfänger, mit dessen Hilfe Informationen weitergegeben werden können.

4 Optik (griech.) = Lehre vom Licht; Sensor (lat.) = Messfühler, Berührungsgerät. Ein Optik-Sensor ist ein Gerät, das Zeichen und Bilder erfassen und verschlüsselt weiterleiten kann. Das chipTANcomfort-Verfahren arbeitet mit dem sogenannten Flickercode. Hier flackert der Monitor (Bildschrim) schnell wechselnd zwischen schwarz und weiß, erfasst die davor gehaltenen Informationen, die dann verschlüsselt an den Empfänger gesendet werden.

5 SMS = **S**hort **M**essage **S**ervice (engl.) = Kurznachrichtendienst.

6 USB = **U**niversal **S**erial **B**us (engl.) = wörtl. allgemeiner serienmäßiger Bus (Ausschluss, Stecker). Ein USB ist unter anderem auch dafür ausgelegt, z. B. an den Computer angeschlossene Geräte über das Anschlusskabel zu speisen.

7 E-Commerce (electronic commerce, engl.): elektronischer Handel.

4.6 Inner- und zwischenbetrieblicher Werfefluss

Es kann unterschieden werden in:

- konventionelle Zahlungsmethoden,
- Zahlung per Mobiltelefon,
- Zahlung per E-Mail,
- sonstige Zahlungsarten.

Zahlungsarten im Internet (Beispiele)

Konventionelle Zahlungsmethoden

Vorauskasse	Nach Eingang des Überweisungsbetrags versendet der Anbieter die vom Kunden im Internet oder per E-Mail bestellte Ware bzw. erbringt die Dienstleistung. Für den Anbieter ist die Vorauszahlung die sicherste Zahlungsweise.
Nachnahme	Diese Zahlungsart hat durch den E-Commerce wieder an Bedeutung gewonnen. Die vom Anbieter als Nachnahme-Sendung z. B. mit der Post versandte Ware wird erst nach Barzahlung an die Zustellkraft ausgehändigt.
Lastschrift	Der Kunde übermittelt bei seiner Bestellung dem Anbieter elektronisch eine einmalige Einzugsermächtigung zum Einzug des Kaufpreises.
Kauf mit Kreditkarte	Hier gibt der Zahler dem Anbieter seinen Namen, seine Kreditkartennummer und das Verfalldatum der Kreditkarte an. Die Unterschrift des Zahlers ist nicht erforderlich. Für den Käufer besteht das Risiko, dass der Anbieter z. B. unberechtigte Zahlungen veranlasst. Außerdem können Kreditkartendaten von „Hackern" ausgespäht (entziffert) und anschließend missbräuchlich verwendet werden.
Karten mit Geldkartenfunktion	Für die Zahlung von Kleinstbeträgen (Micropayments) sind Karten mit einer Geldkartenfunktion (z. B. Bankkarten und andere SmartCards, die mit einem Geldbetrag aufgeladen werden können) besonders geeignet. Um diese Karten im Internet nutzen zu können, brauchen die Kunden einen Chipkartenleser. Mit der aufgeladenen Geldkarte kann dann mithilfe des Chipkartenlesers bezahlt werden. Der Zahlungsempfänger erfährt lediglich die Nummer der Geldkarte.

Zahlung per Mobiltelefon

In diesem Bereich bietet mpass als das mobile Bezahlsystem von Telekom, Vodafon und O_2 einen Bezahlservice an. Dieses System soll sehr sicher sein, weil es keine benutzerrelevanten Daten wie z. B. Kreditkartennummer weitergibt. Dazu erfolgt eine sofortige Bezahlung, was einen großen Vorteil zur Überweisung darstellt. Nachdem mpass als Zahlungsart ausgewählt wurde, gibt der Benutzer seine Handynummer sowie eine selbst ausgewählte PIN ein. Daraufhin sendet mpass eine SMS auf das Handy mit der Frage, ob die Bezahlung erfolgen soll. Wird die Frage mit einer SMS-Antwort bestätigt, erfolgt die sofortige Bezahlung. Der Kaufbetrag wird anschließend vom Girokonto abgebucht.

Zahlung per E-Mail

Zu dieser Sparte gehört PayPal als ein System, das sich vor allem im Internetauktionshaus, aber inzwischen auch in vielen anderen Online-Shops etabliert hat. Mit PayPal ist es möglich, Geldbeträge in Echtzeit an andere PayPal-Nutzer zu versenden. Dazu wird lediglich die E-Mail-Adresse des Zahlungsempfängers benötigt. Benutzerrelevante Daten müssen nicht ausgetauscht werden. Zudem bietet PayPal einen Käuferschutz. Wird die bestellte Ware nicht oder in anderer Form geliefert, erstattet Paypal den Kaufbetrag.

Ebenfalls einen Zugriff auf das Konto per E-Mail-Adresse und Passwort ermöglicht das System von moneybookers mit ähnlichen Sicherheitsvorteilen wie bei PayPal. Mit diesem System sind nicht nur Bezahlvorgänge im Internet, sondern auch weltweite Geldtransfers möglich.

Ein ähnliches Konzept verfolgt auch clickandpay, welches mit dem Buxter auch für Facebook ein Bezahlsystem entwickelt hat.

Sonstige Zahlungsarten

Ein Beispiel hierfür ist giropay als ein System, welches von 1 500 Banken und Sparkassen unterstützt wird. Vorteil ist, dass sich der Kunde nicht zusätzlich registrieren muss. Hat er als Zahlungsart giropay gewählt, wird er automatisch zu seinem Girokonto weitergeleitet. Dort gibt der Kunde wie gewohnt seine Zugangsdaten zur Anmeldung ein. Anschließend wird ihm ein fertig ausgefülltes Überweisungsformular zur Verfügung gestellt. Mit Eingabe der TAN wird die Online-Überweisung ausgelöst. Der Händler erhält zeitgleich eine Zahlungsgarantie und kann den Versand veranlassen. Auch bei diesem System werden sensible Daten nur zwischen Kunde bzw. Händler und Bank ausgetauscht.

Zu den sonstigen Zahlungsarten gehört auch der Treuhandservice. An diesen muss vorab die Überweisung getätigt werden. Daraufhin erbringt die zweite Vertragspartei ihre Leistung. Wird vom Auftraggeber die ordnungsgemäße Vertragserfüllung bestätigt, überweist das Treuhandunternehmen den Zahlbetrag auf das Konto des Leistungserbringers. Dieses Verfahren bietet eine gewisse Sicherheit für beide Vertragspartner und wird häufig bei Werkverträgen über das Internet (Programmierung einer Web-Seite) angewendet.

Zusammenfassung

- Es ist zwischen
    - **Bargeld** (**Noten** und **Münzen**) und
    - **Giralgeld**

    zu unterscheiden.

4.6 Inner- und zwischenbetrieblicher Wertefluss

- Zahlungen können in Form von
  - **Bargeldzahlungen,**
  - **Bargeld sparenden (halbbaren) Zahlungen** und
  - **bargeldlosen Zahlungen**

  vorgenommen werden.
- Die **Bargeld sparenden Zahlungen** sind entweder
  - Einzahlungen bei Banken oder
  - Auszahlungen von Banken.
- **Bargeldlose Zahlungen** erfolgen z. B. durch
  - Überweisungsaufträge,
  - Zahlung mit Kredit-, Debit- und Wertkarte,
  - beleglosen Datenträgeraustausch,
  - Homebanking und
  - Internet-Zahlungen.

ÜBUNGSAUFGABEN

1. Unter anderem hat das Geld die Aufgaben (Funktionen), Tauschmittel, Recheneinheit und Wertaufbewahrungsmittel zu sein. Erklären Sie diese Geldfunktionen!
2. Welche grundsätzlichen Möglichkeiten der Zahlung kennen Sie?
3. Erörtern Sie die Möglichkeiten der Bargeldzahlung (baren Zahlung)! Welche Nachteile sind mit der baren Zahlung verbunden?
4. 4.1 Worin unterscheiden sich Dauerauftrag und Lastschriftverfahren?
   4.2 Bringen Sie je drei praktische Beispiele für Zahlungsverpflichtungen, die sich für die unter 4.1 genannten Zahlungsmöglichkeiten eignen!
5. **Arbeitsauftrag:** Erkunden Sie (eventuell in Gruppen) bei verschiedenen Kreditinstituten die Kosten, den Kreditspielraum und die Serviceleistungen für ein Gehaltskonto (Girokonto)!
6. Erklären Sie den Begriff „Plastikgeld" und erläutern Sie die grundsätzlichen Arten des Plastikgelds!
7. Erläutern Sie folgende Zahlungsformen:
   7.1 Electronic-Cash-/Point-of-Sale-Zahlungen;
   7.2 belegloser Datenaustausch;
   7.3 Homebanking.

4.6.2.5 Zahlung mit Scheck

Frau Chlorer kauft bei der Schwarzwälder Kleiderfabrik Bernauer GmbH ein Kostüm im Trachtenlook für 985,00 €. Sie bezahlt mit einem Barscheck. Die Kassiererin nimmt den Scheck anstelle von Bargeld an,[1] weil sie Frau Chlorer als zahlungskräftige Kundin kennt.

Begriff Scheck

Aus nachstehendem Scheck sehen wir, dass der Scheck eine *schriftliche Anweisung* des *Ausstellers* (Frau Chlorer) an einen *Bezogenen* (die Bank des Kontoinhabers bzw. des Verfügungsberechtigten) darstellt. Diese Anweisung ist in einer bestimmten *Form* (Scheckformular mit bestimmtem Inhalt) vorzunehmen. Sie wird als Scheck bezeichnet und lautet *unbedingt* (= ohne Einschränkung) auf *Zahlung* einer bestimmten *Geldsumme*. Nur Anweisungen, welche die in der vorstehenden Definition enthaltenen Voraussetzungen erfüllen, fallen unter das *Scheckgesetz* (ScheckG).

Barscheck

[Abbildung eines Barschecks der Sparkasse Freiburg – Nördlicher Breisgau, Betrag EUR 985,00, Ausstellungsort Waldkirch, Datum 7. März 20.., an Kleiderfabrik Bernauer GmbH oder Überbringer, Unterschrift Lydia Chlorer]

Bestandteile des Schecks

Die **gesetzlichen Bestandteile des Schecks** sind:

- [1] Die Scheckklausel (das Wort „Scheck" muss im Text enthalten sein).
- [2] Die unbedingte Zahlungsanweisung.
- [3] Die zu zahlende Geldsumme in Worten (die zusätzliche Angabe in Ziffern ist möglich; bei Abweichungen gilt der Betrag in Worten).
- [4] Name des bezogenen Kreditinstituts.
- [5] Ort und Tag der Ausstellung des Schecks.
- [6] Unterschrift des Ausstellers.

---

[1] Ein Scheck wird immer nur zahlungshalber angenommen. Dies bedeutet, dass der Schecknehmer vom Schuldner (Übergeber) bare Zahlung verlangen kann, wenn der Scheck mangels Deckung von der Bank nicht eingelöst wird.

4.6 Inner- und zwischenbetrieblicher Wertefluss

Zur Erleichterung des Abrechnungsverkehrs zwischen den Banken sind vom Scheckgesetz noch **kaufmännische Bestandteile** zugelassen, deren Fehlen *nicht* zur Ungültigkeit des Schecks führt. Diese Bestandteile sind:

- Schecknummer (Erleichterung der Buchung),
- Kontonummer des Ausstellers,
- Guthabenklausel (sie weist den Kontoinhaber bzw. dessen Verfügungsberechtigten darauf hin, dass der Scheck nur eingelöst wird, wenn das Konto ein Guthaben aufweist),[1]
- Bankleitzahl,
- Angabe des Zahlungsempfängers,
- Wiederholung des Betrags in Ziffern und
- Codierzeile (= Lesezone am unteren Rand des Schecks, die auch von Computern gelesen werden kann).

Rechtlich gesehen ist der Scheck ein *Wertpapier*.[2] Unter Wertpapieren im engeren Sinne versteht man Urkunden, bei denen das im Papier verbriefte Recht an den Besitz der Urkunde geknüpft ist.

Wird z. B. aus Versehen ein gültiger Scheck zerrissen und weggeworfen, besteht kein Anspruch mehr aus diesem Scheck.

Weg des Schecks

Da der Scheck einen Anspruch verbrieft, kann ihn der Scheckinhaber (im Beispiel die Schwarzwälder Kleiderfabrik Bernauer GmbH) bei der Bank des Ausstellers unmittelbar einlösen oder von seiner Bank bei der Bank des Ausstellers einziehen lassen.

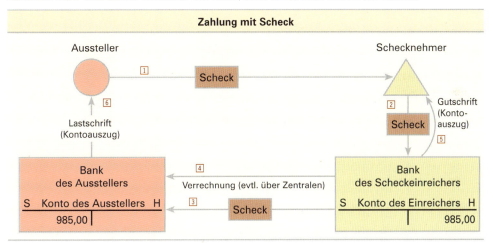

Vorlegungsfrist

Schecks sind keine Kreditmittel. Inlandsschecks sollen daher innerhalb von 8 Tagen der bezogenen Bank zur Zahlung vorgelegt werden [Art. 29 I ScheckG]. Schecks, die in einem anderen Land als dem der Ausstellung zahlbar sind, müssen binnen 20 Tagen vorgelegt

---

1 Das „Guthaben" auf einem Girokonto kann auch ein von der Bank eingeräumter Kredit sein.
2 Zu den Wertpapieren siehe Kapitel 4.6.2.7.

werden [Art. 29 II ScheckG]. Nach Ablauf dieser Fristen müssen die Banken die Schecks nicht mehr einlösen. Normalerweise werden aber auch „ältere" Schecks eingelöst, wenn diese nicht vom Aussteller widerrufen („gesperrt") wurden. Innerhalb der oben genannten Vorlegungsfristen sind die Schecks bei Vorlage („bei *Sicht*") zahlbar [Art. 28 I ScheckG].

Vordatierte Schecks sind am Tag der Vorlegung zahlbar [Art. 28 II ScheckG].

Wichtige Scheckarten

Inhaberscheck (Überbringerschecks)	Er enthält Überbringerklausel (Zahlen Sie gegen diesen Scheck an ... oder *Überbringer*). Eine Streichung der Überbringerklausel gilt als nicht vorgenommen (siehe Abb. des Bankschecks auf S. 330).
Barscheck	Wird ein von den Banken ausgegebenes Scheckformular ohne Weiteres ausgefüllt und eingereicht, handelt es sich um einen Barscheck. Er wird dem Einreicher *bar* ausbezahlt oder gutgeschrieben.
Verrechnungsscheck	Setzt der Aussteller oder ein späterer Inhaber quer über die Vorderseite des Schecks den Vermerk *„Nur zur Verrechnung"*, liegt ein Verrechnungsscheck vor. Aus Sicherheitsgründen gilt eine Streichung des Verrechnungsvermerks als nicht erfolgt.

Verwendungsmöglichkeiten des Schecks

Der Scheck bietet mehrere Verwendungsmöglichkeiten für Aussteller und/oder Schecknehmer:

1. Barabhebung durch den Aussteller

Der Aussteller kann bei seiner oder auch bei einer fremden Bank (dort erfolgt erforderlichenfalls gegen Kostenerstattung Rückfrage bei der bezogenen Bank, ob das Konto des Ausstellers gedeckt ist) Beträge bar abheben.

2. Weitergabe des Schecks als Zahlungsmittel

Der Aussteller (z. B. Käufer) kann einen Bar- oder Verrechnungsscheck **zahlungshalber** an einen Gläubiger weitergeben. „Zahlungshalber" heißt, dass mit der Übergabe des Schecks die Schuld noch nicht getilgt ist. Dies ist vielmehr erst der Fall, wenn der Scheckinhaber (der Schecknehmer) im Besitz des Bargelds bzw. der Gutschrift ist. Schecks werden daher immer nur unter dem (häufig stillschweigenden) Vorbehalt der Einlösung angenommen.

3. Weitergabe des Schecks durch den Schecknehmer

Der Schecknehmer kann mit einem Barscheck bei seiner Bank Geld bar abheben oder den Scheck wie einen Verrechnungsscheck seinem Konto gutschreiben lassen. Er kann aber auch den Scheck seinerseits an einen seiner Gläubiger weitergeben. Inhaberschecks werden ohne besondere Formvorschriften (wie bewegliche Sachen) durch Einigung und Übergabe übertragen [§§ 929 ff. BGB]. Ein Übertragungsvermerk (die Unterschrift des Weitergebenden) auf der Rückseite des Schecks (= Indossament[1] oder Giro) ist nicht erforderlich, aber *zweckmäßig*. Wird nämlich der Scheck mangels Deckung von der bezoge-

---

[1] Von frz. le dos = der Rücken; ein Indossament ist „das auf den Rücken Geschriebene"; indossieren heißt daher wörtlich „auf den Rücken (eines Papiers) schreiben". Statt „indossieren" sagt man auch „girieren", weil der Scheck durch die Unterschrift des Weitergebenden weiter in Umlauf (in den „Kreislauf") gesetzt wird.

nen Bank nicht eingelöst, hat der Nachfolger des Schecknehmers die Möglichkeit, auf den „Vormann" zurückzugreifen, d. h. von ihm bare Zahlung zu verlangen, wenn dieser auf der Rückseite des Schecks unterschrieben (= indossiert) hat [Art. 20 ScheckG].

Scheckverlust

Der in Deutschland übliche Scheck ist ein **Überbringerscheck (Inhaberscheck)**. Geht ein Scheck verloren, so kann ihn der unredliche Finder ohne Weiteres bei einer Bank einlösen lassen. Auch ein Verrechnungsscheck ist nicht absolut sicher. Der Finder könnte ihn seinem Konto gutschreiben lassen, um den Betrag anschließend abzuheben. Es ist daher zu raten, verloren gegangene Schecks bei seiner Bank unverzüglich (d. h. ohne schuldhafte Verzögerung) sperren zu lassen und bei einem Diebstahl des Schecks unverzüglich die Polizei zu benachrichtigen. Für Schecks, die auf dem Postweg in falsche Hände geraten, übernehmen die Banken keine Haftung.

Bedeutung des Schecks

Als Instrument des bargeldlosen Zahlungsverkehrs hat der Scheck in Deutschland weitgehend an Bedeutung verloren. Nur eine kleine Minderheit zahlt im Privatkundengeschäft noch mit Scheck.

Zusammenfassung

- Der **Scheck** ist ein Wertpapier, das eine unbedingte Zahlungsanweisung des Ausstellers an die bezogene Bank darstellt. Er hat gemäß Scheckgesetz sechs gesetzliche Bestandteile. Fehlt ein gesetzlicher Bestandteil, ist der Scheck ungültig.
- Die **gesetzlichen Bestandteile** des Schecks sind:
  - Scheckklausel,
  - unbedingte Zahlungsanweisung,
  - Schecksumme,
  - bezogene Bank,
  - Ort und Tag der Ausstellung und
  - Unterschrift des Ausstellers.
- Die **kaufmännischen Bestandteile des Schecks** (wie z. B. Schecknummer, Kontonummer des Ausstellers) dienen der Erleichterung des Abrechnungsverkehrs zwischen den Banken. Ihr Fehlen führt nicht zur Ungültigkeit des Schecks.
- Schecks sind keine Kreditmittel. Inlandsschecks **sollen** daher **innerhalb von 8 Tagen** der bezogenen Bank **zur Zahlung vorgelegt werden**. Nach Ablauf dieser Frist müssen die Banken den Scheck nicht mehr einlösen.
- **Vordatierte Schecks** sind bei **Sicht zahlbar**.
- Die wichtigste Scheckart ist der **Inhaberscheck**, der als **Inhaber-** oder **Verrechnungsscheck** verwendet wird.
- Die in der Bundesrepublik Deutschland üblichen Schecks sind aufgrund der Überbringerklausel **Inhaberschecks** (Überbringerschecks).
- **Barschecks** werden bar ausbezahlt, **Verrechnungsschecks** werden dem Konto des Einreichers gutgeschrieben.

4 Der betriebliche Leistungsprozess

- Der Scheck bietet für Aussteller und/oder Schecknehmer folgende **Verwendungsmöglichkeiten:**

  - Barabhebung durch den Aussteller
  - Weitergabe des Schecks als Zahlungsmittel
  - Weitergabe des Schecks durch den Schecknehmer

- Der **Verlust eines (ausgefüllten) Schecks** sollte unverzüglich der kontoführenden Bank gemeldet werden, damit der Scheck gesperrt werden kann.

ÜBUNGSAUFGABEN

1. Auch die Zahlung mit Scheck kann eine Art der bargeldlosen Zahlung darstellen. Unter welcher Bedingung?

2. Der Scheck hat sechs gesetzliche Bestandteile. Versuchen Sie, die Notwendigkeit dieser Bestandteile zu begründen!

3. Der in Deutschland übliche Scheck ist ein Inhaberscheck. Was bedeutet dies
   3.1 hinsichtlich der Weitergabe des Schecks und
   3.2 hinsichtlich der Einlösung durch ein Kreditinstitut?

4. Beurteilen Sie folgende Sachverhalte:
   4.1 Auf einem am 15. November eingehenden Scheck steht als Ausstellungsdatum der 22. November.
   4.2 Ein weiterer Scheck trägt anstelle der Unterschrift den Firmenstempel und das Faksimile[1] des Geschäftsinhabers (Ausstellers).
   4.3 Auf einem anderen Scheck wurde die Überbringerklausel gestrichen.
   4.4 Auf einem vierten Scheck wurde kein Empfänger genannt.
   4.5 Auf einem der genannten Schecks steht in Buchstaben (in Worten) „vierhundertzweiunddreißig EUR", in Ziffern jedoch „423,00 EUR".
   4.6 Frau Groß kauft in einem Textilfachgeschäft einen Wintermantel für 1 600,00 €. Warum könnte der Verkäufer die Annahme des Schecks ablehnen?
   4.7 Der kaufmännische Angestellte Fuchs kauft von dem Facharbeiter Spärlich ein gebrauchtes Moped für 250,00 €. Er will mit einem Scheck bezahlen, den er von seinem Briefmarkenfreund Stamp erhalten hat. Spärlich kennt diesen Stamp nicht. Er bittet daher Fuchs, den Scheck zu girieren. Warum?
   4.8 Herr Klaus übergibt seinem Gläubiger einen Verrechnungsscheck. Inwiefern ist dieser Verrechnungsscheck sicherer als der Barscheck?

5. Frau Leicht kommt vom Einkaufen nach Hause. Hier stellt sie fest, dass sie ihr Scheckbuch verloren hat. Welchen Rat erteilen Sie ihr?

6. Frau Gisa Basler kaufte am 12. Februar 20.. beim Kleiderhaus Monika Schön e. Kfr. einen Wintermantel zum Preis von 826,15 €. Die Rechnung bezahlte sie mit einem Bankscheck. Als Ausstellungsdatum schreibt sie den 28. Februar 20..
   Prüfen Sie, ob die bezogene Bank den Scheck einlöst!

---

1 Faksimile (lat.) = wörtl. „mache ähnlich!" Das Faksimile ist die mit einem Original in Größe und Ausführung genau übereinstimmende Abbildung. In diesem Zusammenhang bedeutet Faksimile ein Stempel, der eine Unterschrift wiedergibt.

4.6.2.6 Zahlung mit Wechsel

Das Feinkostgeschäft Karl Klein e. K., Karl-Friedrich-Str. 86, 79312 Emmendingen, möchte sich für Weihnachten 20.. mit Konserven im Wert von 1 775,00 € bei der Georg Groß & Co. OHG, Basler Str. 102, 79100 Freiburg, eindecken, ist aber derzeit nicht in der Lage, den Rechnungsbetrag sofort zu begleichen. Karl Klein wünscht ein Zahlungsziel von zwei Monaten. Die Georg Groß & Co. OHG sieht sich aber selbst außer Stande, im Augenblick längere Zahlungsziele als 14 Tage einzuräumen, weil sie ebenfalls ihren Verbindlichkeiten pünktlich nachkommen muss.

Gäbe es nun keinen Wechsel, käme das Geschäft nicht zustande. Dadurch aber, dass sich die Georg Groß & Co. OHG am 14. Dezember zur Annahme eines Wechsels bereit erklärt, kann der Kaufvertrag abgeschlossen werden, weil die Georg Groß & Co. OHG so in die Lage versetzt wird, ihre eigenen Zahlungsverpflichtungen bei den Vereinigten Lebensmittelfabriken GmbH, Allendorfer Str. 50, 60433 Frankfurt a. M., zu erfüllen, indem sie mit dem Wechsel Karl Kleins bezahlt.

Gezogener Wechsel

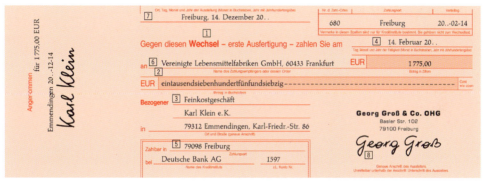

[1] Bezeichnung „Wechsel" im Text der Urkunde („Wechselklausel")
[2] Wechselsumme
[3] Bezogener
[4] Fälligkeitsdatum
[5] Zahlungsort/Zahlstelle
[6] Wechselnehmer
[7] Ausstellungsort und -datum
[8] Unterschrift des Ausstellers

Begriff Wechsel

Der oben beschriebene Wechsel heißt *gezogener* Wechsel, weil der Aussteller (Gläubiger) den Wechsel auf eine andere Person (Schuldner) „zieht", d. h. bezieht. Der Schuldner heißt deshalb *Bezogener*.[1]

> Der **gezogene Wechsel** ist ein **Wertpapier**,[2] durch das der Aussteller den Bezogenen auffordert, zu einem vorher vereinbarten Termin eine bestimmte Geldsumme an den Berechtigten zu zahlen.

Der oben abgebildete Wechsel ist ein **Wechsel an fremde Order,** weil der *Wechselnehmer* eine dritte natürliche Person bzw. ein drittes Unternehmen ist.[3] Der Aussteller weiß also bereits, an **wen** er den Wechsel weitergeben will. Nimmt der genannte Wechselnehmer den Wechsel in Zahlung, wird er ohne Weiteres Berechtigter aus dem Wechsel.

---

1 In seltenen Fällen wird auch der Solawechsel verwendet [Art. 75 ff. WG]. Hier sind Aussteller und Bezogener dieselbe Person, d. h., der Schuldner verspricht, an einem bestimmten Tag eine bestimmte Summe zu zahlen.
2 Zum Begriff Wertpapier siehe Kapitel 4.6.2.7.
3 „Order" heißt eigentlich Befehl oder Verfügung. Man kann also wie folgt übersetzen: „Wechsel an fremde Order" = „Wechsel zur Verfügung eines anderen".

Der dargestellte Wechsel ist ferner ein **Tagwechsel,** weil das Verfalldatum kalendermäßig angegeben ist. Ein Zeitsichtwechsel ist hingegen eine bestimmte Zeit nach Vorlage zahlbar. Um einen Sichtwechsel handelt es sich, wenn er bei Vorlage („bei Sicht") eingelöst werden muss.

Üblich ist es, die Wechsel **„an eigene Order"** auszustellen. In diesem Fall sind Aussteller und Wechselnehmer die gleiche Person. In die für den Wechselnehmer vorgesehene Zeile im Wechsel (siehe Abbildung auf S. 335 Punkt 6) wird dann geschrieben: „an eigene Order" oder „an mich" bzw. „an uns". Der Vorteil des Wechsels an eigene Order besteht darin, dass der Aussteller sich vorbehalten kann, ob und an wen er den Wechsel weitergeben möchte.

Bestandteile des Wechsels

Die **gesetzlichen Bestandteile** des Wechsels sind:

1. Die Bezeichnung Wechsel im Text der Urkunde („Wechselklausel").
2. Die Wechselsumme in Worten (die zusätzliche Angabe in Ziffern ist möglich; bei Abweichungen gilt der Betrag in Worten).
3. Bezogener (die Anschrift desjenigen, der zahlen soll), weil der letzte Inhaber des Wechsels wissen muss, von wem er Zahlung verlangen kann, denn Wechselschulden sind Holschulden.
4. Fälligkeitsdatum. Fehlt die Angabe, ist der Wechsel dennoch gültig, jedoch bei Vorlage (bei Sicht) fällig (Sichtwechsel).
5. Zahlungsort. In der Regel werden im Geschäftsleben die Wechsel nicht beim Wohn- oder Niederlassungsort des Bezogenen, sondern bei dessen Kreditinstitut (seiner *Zahlstelle*) zahlbar gestellt. Mit der Zahlstelle hat der Bezogene im Voraus vereinbart, dass diese Akzepte[1] bei Fälligkeit einlöst und sein Konto belastet.
6. Wechselnehmer (Remittent),[2] d.h. der Name dessen oder an dessen Order der Wechsel bezahlt werden soll.
7. Ausstellungsort und -datum der Wechselausstellung. Der Monat muss in Buchstaben (auch abgekürzt) geschrieben sein.
8. Die eigenhändige Unterschrift des Ausstellers. Die Firma und die Unterschrift eines Prokuristen genügt ebenfalls. Bei Kapitalgesellschaften unterschreiben die zur Vertretung ermächtigten Personen (z.B. Vorstandsmitglieder, Geschäftsführer oder Prokuristen).

Das Akzept (die Unterschrift des Bezogenen) ist *kein* gesetzlicher Bestandteil. Die Verpflichtung, den Wechsel zu unterschreiben, folgt vielmehr bereits aus der Vereinbarung zwischen Schuldner und Gläubiger, eine Schuld mit Wechsel zu begleichen. Besitzt also eine Tratte alle acht gesetzlichen Bestandteile, ist sie bereits ein voll gültiger Wechsel.

Kaufmännische Bestandteile des Wechsels sind:

- Nummer des Zahlungsorts,
- die Wiederholung des Verfalltags in Ziffern,
- die Wiederholung des Zahlungsorts,
- die Wiederholung der Wechselsumme in Ziffern,
- die Orderklausel,
- die Angabe der Zahlstelle,
- die Wechselnummer und
- die Anschrift des Ausstellers.

---

1 Das Wort Akzept hat zwei Bedeutungen. Einmal bedeutet es die Unterschrift des Bezogenen, zum anderen bezeichnet es den akzeptierten Wechsel selbst. Akzeptieren (lat.) = annehmen, sich damit einverstanden erklären.
2 Von remettre (frz.) = weiterleiten, weitergeben, übertragen.

4.6 Inner- und zwischenbetrieblicher Werteflüss

Weg des Wechsels

Aus unserem Beispiel ergibt sich folgender (vereinfachter) Vorgang:

- Die Georg Groß & Co. OHG stellt einen Wechsel aus, den sie zusammen mit der Rechnung an das Feinkostgeschäft Karl Klein e. K. mit der Bitte um *Akzeptierung* (= Annahme) schickt.
- Karl Klein akzeptiert diesen Wechsel, d. h., er erklärt sich mit seiner Unterschrift mit dem Inhalt des Wechsels einverstanden.
- Die Georg Groß & Co. OHG erhält den akzeptierten Wechsel zurück, den sie an die Vereinigten Lebensmittelfabriken GmbH weitergibt.
- Behält der Wechselnehmer (die Vereinigten Lebensmittelfabriken GmbH) den Wechsel bis zur Fälligkeit, legt er den Wechsel dem Bezogenen (dem Feinkostgeschäft Karl Klein e. K.) am *Zahlungstag* oder an den beiden folgenden Werktagen zur Zahlung vor [§ 38 I WG].[1]
- Löst der Bezogene (das Feinkostgeschäft Karl Klein e. K.) den Wechsel bei Vorlage ein, ist der Wechselkreislauf geschlossen.

Der vom Aussteller ausgestellte, aber noch nicht akzeptierte Wechsel heißt **Tratte**.[2] Der vom Bezogenen akzeptierte Wechsel wird als **Akzept** bezeichnet. Wird der Wechsel vom Aussteller weitergegeben, spricht man von der **Rimesse**.

Kreislauf des Wechsels

[1] Der auf einen Wechsel angegebene Verfalltag ist nicht immer auch der Zahlungstag. Verfällt der Wechsel an einem Samstag, Sonntag oder einem gesetzlichen Feiertag, dann kann die Zahlung erst am nächsten Werktag verlangt werden [§ 72 I WG].

[2] Von trahere (lat.) = ziehen.

Das Akzept

Mit der Annahme (Akzeptierung) des Wechsels verpflichtet sich der Bezogene (der Schuldner), den Wechselbetrag bei Fälligkeit an den Wechselberechtigten zu zahlen [Art. 28 I WG]. Diese Einverständniserklärung erfolgt durch eine „quer geschriebene" Annahmeerklärung auf der linken Vorderseite eines Wechsels [Art. 25 I WG].

Wichtige Formen (Arten) des Akzepts sind:

Kurzakzept	Hier unterschreibt der Bezogene nur mit seinem Namenszug. Eine Angabe der Adresse und des Annahmedatums unterbleibt (z. B. „Karl Klein"). Rechtlich reicht das Kurzakzept vollkommen aus, weil der Bezogene und der Zahlungsort ohnedies als gesetzliche Bestandteile auf dem Wechsel angegeben sein müssen.
Vollakzept	Es enthält außer der Unterschrift des Bezogenen noch weitere Angaben (Ort, Datum usw.).
	Beispiel:
	„Angenommen 1 775,00 €, fällig am 14. Februar 20.., Emmendingen, 14. Dezember 20.., Karl Klein."

Wichtige Verwendungsmöglichkeiten des Wechsels

▪ Aufbewahrung bis zum Verfalltag

Der Aussteller (oder jeder andere Wechselinhaber) kann den Wechsel bis zur Fälligkeit aufbewahren, diesen selbst einkassieren oder durch einen Dritten – z. B. durch seine Bank – einziehen lassen.

▪ Verpfändung des Wechsels

Der Wechselinhaber kann sich von seiner Bank gegen Hinterlegung des Wechsels (Pfandsicherung) einen kurzfristigen Kredit geben lassen.

▪ Diskontierung[1]

Die weitere Verwendungsart des Wechsels ist die Diskontierung, d. h. der Verkauf des Wechsels an eine Bank gegen Abzug eines Vorauszinses, der als Diskont bezeichnet wird.[2]

Da die Bank den Wechselbetrag vom Bezogenen erst am Verfall- bzw. Zahlungstag erhält, bekommt der Wechselinhaber aufgrund der Diskontierung einen (kurzfristigen) Kredit, **Wechseldiskontkredit** genannt, eingeräumt. Die Bank zieht für die vorzeitige Zahlung, d. h. für die Zeit zwischen dem Einreichungstag (Diskontierungstag) und dem Verfalltag des Wechsels, den Diskont ab.

Wechselsumme – Diskont = Barwert

---

[1] Diskont = Abschlag, Nachlass, **im Voraus** abgezogener **Zinsbetrag**.
[2] Wechsel können auch an andere Personen oder Unternehmen verkauft, d. h. in Zahlung gegeben werden (z. B. an Lieferer).

4.6 Inner- und zwischenbetrieblicher Wertefluss

Der Barwert wird von der Bank bar ausbezahlt oder dem Konto des Einreichers (Kreditnehmers) gutgeschrieben.

Beispiel:

Die Krüger & Krag OHG erhält am 2. Oktober 20.. einen am 30. September ausgestellten Wechsel über 3 600,00 €, fällig am 30. November, von ihrem Kunden akzeptiert zurück. Sie lässt den Wechsel am 16. Oktober 20.. bei der Volksbank Offenburg eG diskontieren. Der Diskontsatz beträgt 10 %.

Die Volksbank Offenburg eG rechnet den Wechsel wie folgt ab:

	Wechselsumme	3 600,00 €
–	10 % Diskont für 45 Tage[1]	45,00 €
	Barwert (Gutschrift)	3 555,00 €

■ Weitergabe des Wechsels als Zahlungsmittel

Der Wechselinhaber kann zum Ausgleich seiner Verbindlichkeiten (z. B. zur Begleichung seiner Verbindlichkeiten aus Warenlieferungen) einen sich in seinem Besitz befindlichen Wechsel (Besitzwechsel) an seinen Gläubiger weitergeben. Die **Eigentumsübertragung** am Wechsel erfolgt durch **Einigung, Übergabe** und **Indossament** [§§ 929 ff. BGB, Art. 14 WG].[2]

Indossierung des Wechsels

Das **Indossament** ist ein **Übertragungsvermerk** (vor allem eine *Unterschrift*) des Weitergebenden, der deswegen als **Indossant** bezeichnet wird.

Bei einem Wechsel an eigene Order ist der Aussteller der erste Indossant. Bei einem Wechsel an fremde Order muss erst der Wechselnehmer indossieren, weil er bereits auf der Vorderseite des Wechsels genannt ist.

Derjenige, der den Wechsel mittels Indossament erhält, heißt **Indossatar**.

Jeder, der einen Wechsel indossiert, haftet für die Einlösung des Wechsels seinen nachfolgenden Wechselinhabern gegenüber [Art. 15 I WG].

■ Vorlage des Wechsels zur Zahlung

Der Inhaber eines Tagwechsels (siehe S. 336) muss den Wechsel dem Bezogenen bzw. dessen Zahlstelle am Zahlungstag oder an einem der beiden folgenden *Werktage* zur Zahlung vorlegen [Art. 38 I WG].[3] Wenn der Wechsel an einem gesetzlichen Feiertag oder an einem Samstag verfällt, so kann die Zahlung erst am nächsten Werktag verlangt werden [§ 72 I WG].

---

1 Eurozinsmethode, d. h., die Zinstage werden kalendergenau berechnet, das Jahr jedoch mit 360 Tagen.
2 Der Wechsel wird jedoch – wie die Juristen sagen – nur **zahlungshalber**, nicht an Zahlungs statt weitergegeben (wie der Scheck auch). Die Schuld erlischt somit erst, wenn der Wechsel eingelöst ist.
3 Diese Vorlegungsfrist gilt auch für Wechsel, die eine bestimmte Zeit nach der Ausstellung oder nach Sicht (Wechselvorlage) zahlbar sind.

4 Der betriebliche Leistungsprozess

> **Beispiel:**
> Fällt der auf dem Wechsel angegebene Verfalltag auf einen Karfreitag, kann der Wechsel am Dienstag, Mittwoch oder Donnerstag der folgenden Woche zur Zahlung vorgelegt werden.

Wird die Vorlegungsfrist nicht eingehalten, erlöschen alle wechselrechtlichen Ansprüche des letzten Wechselberechtigten, insbesondere seine Rückgriffsrechte gegenüber seinen Vormännern (Indossanten) und gegenüber dem Aussteller. Lediglich der Bezogene haftet noch drei Jahre für die Wechselsumme [Art. 53 I, 70 I WG].

Bedeutung des Wechsels

Der Wechsel hat – ebenso wie der Scheck – im täglichen Wirtschaftsleben und auch als Finanzierungsinstrument kleinerer und mittelgroßer Unternehmen erheblich an Bedeutung verloren. Ein wesentlicher Grund dafür ist, dass mit der Einführung des Euro das Rediskontgeschäft der Kreditinstitute weggefallen ist. Zuvor konnten sie die von ihnen diskontierten Wechsel weiter an die Deutsche Bundesbank verkaufen, also *rediskontieren*[1] lassen. Zudem ist der Wechsel nicht maschinenlesbar, sodass eine elektronische Bearbeitung nicht möglich ist.

Zusammenfassung

- Der **gezogene Tagwechsel** ist ein Wertpapier, durch das der Aussteller den Bezogenen unbedingt anweist, zu einem vorher vereinbarten Termin eine bestimmte Geldsumme an ihn oder eine andere Person zu zahlen.
  - Trägt sich der Aussteller als Berechtigter ein, liegt ein **Wechsel an eigene Order** vor.
  - Trägt der Aussteller selbst einen anderen Wechselnehmer ein (z. B. einen seiner Lieferer), dann handelt es sich um einen **Wechsel an fremde Order**.
- Für den Inhalt eines Wechsels sind acht **gesetzliche Bestandteile** vorgeschrieben, bei deren Fehlen der Wechsel grundsätzlich ungültig ist. Daneben gibt es **kaufmännische Bestandteile**, deren Fehlen für die Gültigkeit des Wechsels unerheblich ist.
- Mit dem **Akzept** erklärt sich der Bezogene mit dem Inhalt des Wechsels einverstanden. Der vom Aussteller ausgestellte, aber noch nicht akzeptierte Wechsel heißt **Tratte**. Wird der Wechsel vom Aussteller weitergegeben, spricht man von **Rimesse**.
- Unter **Indossament** verstehen wir einen Übertragungsvermerk, durch den das Recht aus dem Wechsel auf den Wechselempfänger (= Indossatar) übertragen wird.
- Dem Wechselinhaber stehen u. a. folgende **Verwendungsmöglichkeiten** des Wechsels offen:

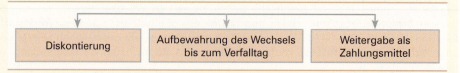

- Der Wechsel muss am **Zahlungstag** oder an einem der **beiden folgenden Werktage** spätestens bis 18:00 Uhr zur Zahlung vorgelegt werden, ansonsten erlöschen alle Ansprüche gegen die Vormänner bzw. den Aussteller. Der Bezogene haftet noch drei Jahre für die Wechselsumme.

---

1 Rediskontieren = wieder diskontieren, d. h. gegen einen Vorauszins verkaufen.

4.6 Inner- und zwischenbetrieblicher Wertefluss

ÜBUNGSAUFGABEN

1. **Arbeitsauftrag**: Besorgen Sie sich bei einem Kreditinstitut oder in einem Schreibwarengeschäft ein Wechselformular und füllen Sie dieses unter Verwendung folgender Angaben aus:

   Die Klaus Buck KG, Möbelfabrik, Bachstraße 1–3, 07743 Jena, zieht am 15. Jan. 20.. auf die Möbelhandlung Daniel Kaiser e.K., Gewürzgasse 10, 79112 Freiburg, vereinbarungsgemäß einen Wechsel über 38 170,00 €, fällig 15. Apr. 20.., an eigene Order. Der Wechsel wird von Daniel Kaiser beim Bankhaus Meier KG in 79104 Freiburg (Nr. des Zahlungsorts 680) zahlbar gestellt und am 18. Jan. 20.. akzeptiert.

2. Prüfen Sie, ob der nachstehend abgebildete Wechsel rechtsgültig ausgefüllt ist!

3. Beantworten Sie folgende Verständnisfragen:
   3.1 Worin besteht der wirtschaftliche Unterschied zwischen Wechsel und Scheck?
   3.2 Vergleichen Sie die gesetzlichen Bestandteile des Wechsels mit denen des Schecks! Nennen und begründen Sie die Unterschiede!
   3.3 Warum werden Wechsel üblicherweise an „eigene Order" ausgestellt?
   3.4 Erklären Sie die beiden Bedeutungen des Wortes „Akzept"!
   3.5 Der Aussteller (oder jeder andere Wechselinhaber) kann einen Wechsel auf verschiedene Weise verwenden.
      3.5.1 Nennen Sie die verschiedenen Verwendungsmöglichkeiten!
      3.5.2 Überlegen Sie, welche Gründe für die Wahl der verschiedenen Verwendungsmöglichkeiten zugrunde liegen können!
   3.6 Der Aussteller Schnell gibt einen Wechsel an eigene Order ohne Indossament weiter. Ist der neue Besitzer Eigentümer? Begründen Sie Ihre Antwort!

4. Herr Marius Müller, Inhaber der Lebensmittelhandlung Marius Müller e.K., Basler Str. 106, 79100 Freiburg, akzeptiert einen Wechsel, indem er persönlich mit „Marius Müller" unterschreibt. Ist das ausreichend? Begründen Sie Ihre Antwort!

4.6.2.7 Exkurs: Begriff und Arten der Wertpapiere

Da Sie mit dem Scheck und dem Wechsel bereits mit dem Begriff **Wertpapier** in Berührung gekommen sind und weil wir uns im Kapitel 4.6.3 (Investierung und Finanzierung) ebenfalls mit Wertpapieren befassen müssen, ist es zweckmäßig, wenn Sie sich kurz mit dem Wesen der Wertpapiere vertraut machen und sich einen Überblick über wichtige Wertpapierarten verschaffen.

Begriff

> **Wertpapiere** im engeren Sinne sind Urkunden, bei denen das Recht aus dem Papier an den Besitz des Papiers geknüpft ist.

Das verbriefte Recht und die Urkunde bilden eine Einheit. Die Rechte können deshalb ohne Urkunde nicht ausgeübt und nicht übertragen werden.

Der Verlust eines Wertpapiers zieht demnach grundsätzlich auch den Verlust des verbrieften Rechts nach sich.

Neben den Wertpapieren gibt es noch andere Urkunden, nämlich **Beweisurkunden** und **Konstitutivurkunden**.

Beweisurkunden erleichtern die Beweisführung (z. B. Schuldschein). Durch ihren Verlust geht aber das Recht nicht verloren.

Durch Konstitutivurkunden wird ein Recht oder ein Rechtsverhältnis neu geschaffen (begründet, d. h. konstituiert).[1] Solche Konstitutivurkunden sind z. B. Urkunden über die Verleihung einer Staatsbürgerschaft, Erteilung einer Gewerbekonzession (z. B. Gaststättenkonzession).

Überblick über die Arten der Urkunden

Arten der Wertpapiere

■ **Arten der Wertpapiere nach der Übertragbarkeit**

Inhaberpapiere	Inhaberpapiere sind Wertpapiere, bei denen das Eigentum an effektiven (verbrieften) Stücken durch *Einigung* und *Übergabe* übertragen wird [§§ 929 ff. BGB]. Musterbeispiele sind die Banknote und der deutsche Bankscheck, der durch die Überbringerklausel zum Inhaberpapier wird.[2]

---

1 Genau genommen wird durch den Rechtsakt (die Urkundenausstellung) das Recht oder das Rechtsverhältnis begründet, aufgehoben oder neu gestaltet.

2 Bei **sammelverwahrten Wertpapieren** erfolgt die Eigentumsübertragung durch Verschaffung des Miteigentums an einem Wertpapiersammelbestand [§ 24 I DepotG] und bei **Wertrechten** durch die Verschaffung des uneingeschränkten Verfügungsrechts über die Wertrechte.

4.6 Inner- und zwischenbetrieblicher Wertefluss

Geborene Orderpapiere	Geborene Orderpapiere sind Orderpapiere kraft Gesetzes. Sie sind also ohne Zutun des Ausstellers Orderpapiere. Das wichtigste Beispiel ist der Wechsel. Das Eigentum an Orderpapieren wird durch **Einigung, Übergabe** und **Indossament** übertragen [§§ 929 ff. BGB, Art. 14 I WG, Art. 17 I ScheckG]. Unter Indossament versteht man den Weitergabevermerk des jeweiligen Inhabers. Die wesentlichsten Eigenschaften des Indossaments sind die Haftungs- und die Rechtsübertragungswirkung [Art. 14, 15 WG, Art. 17, 18 ScheckG].
Gekorene Orderpapiere	Gekorene Orderpapiere sind Wertpapiere, die *nicht* kraft Gesetzes Orderpapiere sind, sondern vom Aussteller zu Orderpapieren gemacht werden. Dies geschieht mittels der Orderklausel oder durch Aufdruck. So finden Konnossement, Lagerschein und Ladeschein meist als gekorene Orderpapiere Anwendung, weil sie dann mittels Indossament übertragen werden können (siehe §§ 363 II, 364, 475 g HGB).
Rektapapiere	Rektapapiere sind Wertpapiere, die nur durch *Einigung, Übergabe* und *Zession* (= Forderungsabtretung) übertragen werden können [§§ 929 ff., 398 ff. BGB]. Dazu gehören Konnossement, Lagerschein und Ladeschein.

■ Arten der Wertpapiere nach dem Inhalt des verbrieften Anspruchs

Geldwertpapiere	Geldwertpapiere sind Wertpapiere *ohne* Ertrag (Banknote, Scheck, Wechsel). Sie verbriefen kurzfristige Geldforderungen.
Warenwertpapiere	Warenwertpapiere verbriefen einen Anspruch auf Herausgabe von Waren. Die Übergabe der Warenwertpapiere ersetzt die Übergabe der Waren. Die Warenwertpapiere heißen daher auch Traditionspapiere oder *Verfügungspapiere*.
■ **Konnossement**	Über die mit Seeschiffen beförderten Güter ist eine von dem Schiffer, dem Kapitän, unterschriebene Frachturkunde, der *Seefrachtbrief* oder das *Konnossement,* auszustellen und dem Ablader auszuhändigen. Wie der Ladeschein in der Binnenschifffahrt ist das Konnossement ein *Verfügungspapier*, das meistens an Order ausgestellt und damit durch Indossament übertragen werden kann. Im überseeischen Zahlungsverkehr wird das Konnossement meist nicht dem Kunden, sondern einer von ihm genannten Bank zugestellt, die gegen die *Aushändigung* des *Konnossements* entweder Zahlung in bar leistet oder einen Wechsel annimmt (akzeptiert).
■ **Ladeschein**	Der Ladeschein ist die in der Binnenschifffahrt verwendete Frachturkunde, in der sich der Frachtführer verpflichtet, das Frachtgut an denjenigen auszugeben, der den Ladeschein zurückgibt. Er kann ebenfalls auf den Namen oder an Order ausgestellt sein.
■ **Lagerschein**	Der Lagerschein wird vom Lagerhalter ausgestellt (siehe § 475 c HGB). Der Lagerhalter ist – soweit er nach Art oder Umfang über einen in kaufmännischer Weise eingerichteten Geschäftsbetrieb verfügt – ein selbstständiger Kaufmann, der gewerbsmäßig ständig oder fallweise die Einlagerung oder Aufbewahrung von Gütern für andere übernimmt [§ 467 I HGB].[1] Der normale Lagerschein ist ein Rektapapier, das nur durch **Einigung, Zession** und **Übergabe** übertragen werden kann [§§ 398 ff., 929 ff. BGB]. Wie beim Konnossement und Ladeschein liegt sein Vorteil darin, dass sowohl bei der Eigentumsübertragung als auch bei der Pfandbestellung (Warenlombardkredit) die Übergabe des Papiers an die Stelle der Übergabe der Ware tritt. Die Berechtigung des Inhabers des Lagerscheins, über die Ware verfügen zu können, kann auch auf die Berechtigung zur Abholung der Ware beschränkt sein. Wenn kein Lagerschein ausgestellt wird, wird als Quittung für die Einlagerung der Ware ein **Lagerempfangsschein** ausgestellt.

---

[1] Näheres zum Lagergeschäft finden Sie in den §§ 467 ff. HGB.

4 Der betriebliche Leistungsprozess

Kapitalwert-papiere	Kapitalwertpapiere sind dadurch gekennzeichnet, dass sie einen Ertrag abwerfen und langfristige Forderungen oder Beteiligungen verbriefen. Sie lassen sich unterteilen in ■ **nicht vertretbare** (z. B. Hypothekenbriefe)[1] und ■ **vertretbare (fungible) Kapitalwertpapiere** (z. B. Aktien[2] und Obligationen).[3] Die vertretbaren Kapitalwertpapiere heißen **Effekten**.

Hypothekenbriefe sind nicht vertretbar, weil kein Hypothekenbrief dem anderen gleicht. Selbst bei gleicher Höhe, Verzinsung und Laufzeit ist die Bonität (Güte) der Grundstücke und Schuldner unterschiedlich.

Vertretbar (fungibel) sind Wertpapiere nur dann, wenn sie – innerhalb einer Gattung – unter sich völlig gleiche Merkmale aufweisen. So verbriefen z. B. alle 50-Euro-Aktien einer bestimmten Aktiengesellschaft die gleichen Ansprüche. Es ist daher leicht einzusehen, dass nur vertretbare Kapitalwertpapiere börsenmäßig handelbar sind.

Je nach **Rechtsstellung** des Effekteninhabers gibt es **Gläubigerpapiere** und **Teilhaberpapiere**. Bei den Gläubigerpapieren ist der Wertpapierinhaber Kreditgeber. Die Gläubigerpapiere sind daher meistens verzinslich und müssen vom Schuldner zurückgezahlt werden.

Druck und Ausgabe (Emission) von Wertpapieren sind teuer. Deswegen gehen immer mehr Emittenten dazu über, auf die Ausgabe von Wertpapieren zu verzichten und die entsprechenden Rechte (Gläubigerrechte, Mitgliedschaftsrechte) nur buchmäßig zu erfassen. Bezüglich der Aktienausgabe bestimmt § 10 V AktG: „In der Satzung kann der Anspruch des Aktionärs auf Verbriefung seines Anteils (der Aktien) ausgeschlossen oder eingeschränkt werden."

Gedruckte Gläubiger- und Teilhaberpapiere bezeichnet man als „effektive Stücke", also „tatsächlich vorhandene" Papiere.

Bei den Teilhaberpapieren besitzt der Effekteninhaber **Anteilsrechte** (Mitgliedschaftsrechte). Die Teilhaberpapiere werden folglich nicht zurückbezahlt, gewähren vor allem ein Stimmrecht, ein Recht auf Gewinnanteil und einen Anspruch auf Liquidationserlös.[4]

Sowohl Gläubiger- als auch Teilhaberpapiere bestehen, sofern es sich um effektive Stücke handelt, aus folgenden Teilen (siehe Abbildung auf S. 358):

■ dem Mantel (= eigentliche Urkunde) und
■ dem Zinsschein- bzw. Dividendenscheinbogen mit anhängendem Erneuerungsschein (Talon).

---

1 Siehe Kapitel 4.6.4.2 Realkredite.
2 Siehe Kapitel 4.6.3.3.1 Beteiligungsfinanzierung.
3 Siehe Kapitel 4.6.3.3.2 Kreditfinanzierung.
4 Liquidation = (wörtl.) Verflüssigung; hier: Auflösung eines Unternehmens. Der Liquidationserlös ist der Anteil an den durch Verkauf der Vermögensteile (z. B. Grundstücke, Gebäude, Maschinen, Warenvorräte) eines aufgelösten Unternehmens erzielten Verkaufserlösen abzüglich der Schulden.

4.6 Inner- und zwischenbetrieblicher Wertefluss

ÜBUNGSAUFGABEN

1. Definieren Sie den Begriff Wertpapier!

2. Prüfen Sie, ob folgende Urkunden Wertpapiere darstellen:
   - a) Garderobenschein,
   - b) Bankscheck,
   - c) Flugticket,
   - d) Wechsel,
   - e) Eisenbahnfahrkarte und
   - f) Schuldschein.

3. Unterscheiden Sie die Wertpapiere
   - 3.1 nach ihrer Übertragbarkeit und
   - 3.2 nach dem durch das Wertpapier verbrieften Anspruch!

4. Erläutern Sie den Begriff „Effekten"!

4.6.3 Investierung und Finanzierung

4.6.3.1 Begriff, Anlässe und Arten der Finanzierung

An der Brunner OHG, Kraftfahrzeughandel, sind zwei Gesellschafter, nämlich F. Arnim und G. Brunner, beteiligt. Die beiden Gesellschafter planen eine Erweiterung ihrer Betriebe, weil die Ausstellungsflächen wie auch die Büroräume und Werkstätten zu klein geworden sind. Ein angrenzendes Gelände könnte erworben werden. Zur Finanzierung des Grundstücks und der Erweiterungsbauten benötigt die OHG zusätzliche Mittel, die sie zum Teil selbst, zum Teil durch Kredite aufbringen will.

Abgrenzung des Begriffs Finanzierung vom Begriff Investierung

Der Zusammenhang zwischen Finanzierung und Investierung (Investition) lässt sich mithilfe der Bilanz darstellen.

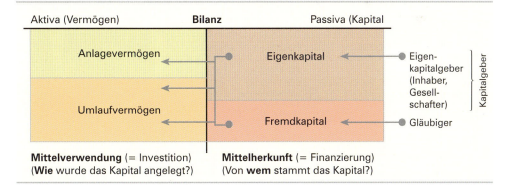

- Die Gesamtheit aller Überlegungen und Maßnahmen zur Beschaffung, Verzinsung, Umformung und Rückgewährung kurz-, mittel- und langfristigen Geld- und Sachkapitals bezeichnet man als **Finanzierung**.
- Die Anlage von Geld- oder Sachkapital in das Betriebsvermögen heißt **Investierung (Investition)**.

4 Der betriebliche Leistungsprozess

Finanzierungsanlässe

Der Brunner OHG ist es gelungen, das notwendige Kapital zur Finanzierung des Grundstückskaufs und der geplanten Erweiterungsbauten aus eigenen und fremden Mitteln bereitzustellen.

Stehen die Mittel zur **Erweiterung des Anlagevermögens** (z. B. Grundstücke, Gebäude, Maschinen, Kraftfahrzeuge, Betriebs- und Geschäftsausstattung) zur Verfügung, ist das Finanzierungsproblem noch nicht gelöst, denn jede Erweiterung des Anlagevermögens bedingt auch eine **Ausweitung des Umlaufvermögens**.

Mit wachsender Anlagekapazität müssen z. B. größere Bestände an Materialien und Waren gehalten werden. Zusätzliches Personal ist einzustellen. Der steigende Umsatz bringt höhere Außenstände (Forderungen) mit sich. Der Zahlungsverkehr nimmt wertmäßig zu, sodass höhere Reserven auf den Girokonten (und in der Kasse) gehalten werden müssen.

> Die wichtigsten **Finanzierungsanlässe** liegen demzufolge sowohl in der Erhaltung und Ausweitung des *Anlagevermögens* einerseits und des *Umlaufvermögens* andererseits.

Finanzierungsarten

Je nach Einteilungsgesichtspunkt (Kriterium) können verschiedene **Finanzierungsarten** unterschieden werden. In den folgenden Kapiteln wird nachstehendes Begriffsschema verwendet:

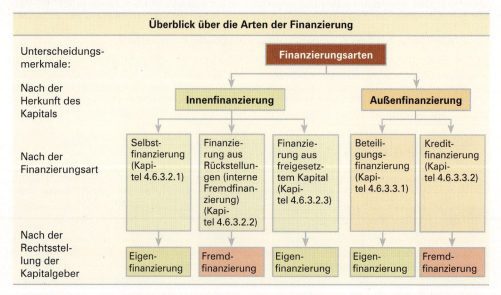

4.6.3.2 Innenfinanzierung

Bei der Innenfinanzierung werden die für Investitionszwecke benötigten Mittel vom Unternehmen selbst (von „innen heraus") aufgebracht. Die wichtigste Art der Innenfinanzierung ist die *Selbstfinanzierung*.

4.6.3.2.1 Selbstfinanzierung

> Unter **Selbstfinanzierung** versteht man die Einbehaltung von Gewinnen.

Da einbehaltener Gewinn Eigenkapital darstellt, ist die Selbstfinanzierung eine Art der **internen[1] Eigenfinanzierung**.

Selbstfinanzierung bei Einzelunternehmen und Personengesellschaften

Bei **Einzelunternehmen** erfolgt die Selbstfinanzierung dadurch, dass der Geschäftsinhaber weniger Privatentnahmen tätigt als er Gewinn erzielt.

Bei **Personengesellschaften** ist der Vorgang der Selbstfinanzierung der gleiche: Die Gesellschafter in ihrer Gesamtheit entnehmen weniger an Privatentnahmen als der Gewinn beträgt.

In der Regel kommt daher die Selbstfinanzierung bei Einzelunternehmen und Personengesellschaften im Zuwachs des Eigenkapitals zum Ausdruck **(offene Selbstfinanzierung)**. Die genaue Höhe der Selbstfinanzierung ist jedoch selten aus der Bilanz ersichtlich. Das Prinzip der Vorsicht nämlich verlangt vom kaufmännischen Unternehmen, die Vermögenswerte möglichst niedrig **(Niederstwertprinzip)**, die Schulden jedoch möglichst hoch anzusetzen **(Höchstwertprinzip)**. Sind die Vermögenswerte unterbewertet bzw. die Schulden überbewertet, spricht man von **verdeckter Selbstfinanzierung**.[2] Eine verdeckte Selbstfinanzierung wird vorgenommen, um den Gewinn möglichst niedrig auszuweisen. Dadurch wird eine Steuerstundung erreicht. Außerdem werden bei Gesellschaftsunternehmen die Gewinnausschüttungen niedrig gehalten.

Selbstfinanzierung bei Kapitalgesellschaften

Bei **Kapitalgesellschaften** ist die Selbstfinanzierung teilweise gesetzlich vorgeschrieben. Sie entsteht, indem der Gewinn bzw. Teile des Gewinns nicht an die Gesellschafter ausgeschüttet werden. Der nicht ausgeschüttete Gewinn erscheint in der Bilanz als „Gewinnvortrag" und/oder als „Rücklagen".

> **Beispiel:**
>
> Eine AG mit einem Grundkapital (gezeichneten Kapital) von 1 000 000,00 €, einer Kapitalrücklage von 16 000,00 € und einer gesetzlichen Rücklage von 50 000,00 € weist einen vorläufigen Jahresüberschuss von 400 000,00 € aus. Die Aufsichtsratstantieme in Höhe von 10 000,00 € und die Vorstandstantieme in Höhe von 20 000,00 € sind noch nicht berücksichtigt. Im letzten Geschäftsjahr wurde ein Verlust in Höhe von 15 000,00 € ausgewiesen.

---

1 Intern = von innen heraus.
2 Gesetzliche Vorschriften zu den Wertansätzen (zur Bewertung) des Vermögens und der Schulden finden Sie z. B. im § 253 HGB.

Vorläufiger Jahresüberschuss	400 000,00 €
– Vorstandstantieme – Aufsichtsratstantieme	20 000,00 € 10 000,00 €
= Jahresüberschuss	370 000,00 €
– Ausgleich des Verlustvortrags – 5 % aus 355 000,00 € in die gesetzliche Rücklage, bis diese zusammen mit der Kapitalrücklage 10 % oder den in der Satzung bestimmten höheren Teil des Grundkapitals erreicht [§ 150 I, II AktG; § 272 II Nr. 1 bis 4 HGB]	15 000,00 € 17 750,00 €
– Einstellung (höchstens 50 % des Restbetrags) in die anderen Gewinnrücklagen [§ 58 AktG] aufgrund der Entscheidung des Aufsichtsrats und des Vorstands[1]	150 000,00 €
= Bilanzgewinn	187 250,00 €
– Dividende (Beschluss der HV aufgrund des Vorschlags des Vorstands) [§ 174 AktG] = 18 %	180 000,00 €
= Gewinnvortrag	7 250,00 €

- durch Satzung bestimmt
- durch Gesetz vorgeschrieben
- im Rahmen des Gesetzes i. d. R. vom Vorstand vorgeschlagen
- von der Hauptversammlung beschlossen

In diesem Beispiel beträgt die offene Selbstfinanzierung der AG 175 000,00 € (Zuwachs der gesetzlichen Rücklage 17 750,00 €, Zuwachs der anderen Gewinnrücklagen 150 000,00 € und Gewinnvortrag 7 250,00 €).

4.6.3.2.2 Finanzierung durch Bildung ergebnisabhängiger Rückstellungen und ergebnisabhängiger Verbindlichkeiten (interne Fremdfinanzierung)

Bei der Finanzierung durch Bildung ergebnisabhängiger Rückstellungen und Verbindlichkeiten (z. B. noch auszuschüttende Dividende) entsteht **Fremdkapital,** ohne dass dem Unternehmen Mittel von außen zufließen (daher auch **„interne Fremdfinanzierung"** genannt).

Unter Rückstellungen sind Schulden zu verstehen, die zwar der Art nach feststehen, deren genaue Höhe und/oder Fälligkeit (Zahlung) zum Bilanzstichtag (z. B. 31. Dezember 20..) jedoch noch nicht bekannt ist.

> **Beispiel:**
>
> Ein Unternehmen rechnet aufgrund gestiegener Gewinne und gestiegenen Kapitals mit einer Gewerbesteuernachzahlung von *ungefähr* 82 000,00 €. In der Bilanz wird eine **Rückstellung** in Höhe von 82 000,00 € gebildet.

Rückstellungen dürfen nicht mit **Rücklagen** verwechselt werden. Rücklagen sind **Eigenkapitalanteile,** Rückstellungen sind **Schulden (Fremdkapital).**

Rückstellungen für Fremdleistungen sind – soweit sie nicht überhöht sind – grundsätzlich **Verbindlichkeiten,** wie z. B. Lieferverbindlichkeiten aus Materialkäufen **(= externe Fremdfinanzierung).**

---

[1] Stellen Vorstand und Aufsichtsrat den Jahresabschluss fest (Regel), so können sie einen Teil des Jahresüberschusses, höchstens jedoch die Hälfte, in andere Gewinnrücklagen einstellen. Die Satzung kann den Vorstand und den Aufsichtsrat zur Einstellung eines größeren oder kleineren Teils, bei Gesellschaften, deren Aktien zum Handel an der Börse zugelassen sind, nur eines größeren Teils des Jahresüberschusses ermächtigen [§ 58 II AktG].

4.6 Inner- und zwischenbetrieblicher Wertefluss

4.6.3.2.3 Finanzierung aus freigesetztem Kapital[1]

Kapital wird z. B. aus folgenden Gründen freigesetzt:

- Verkürzung des Kundenziels,
- Verlängerung des Liefererziels,
- Beschleunigung des Produktionsprozesses bzw. des Warenumsatzes,
- Veräußerung nicht mehr betriebsnotwendigen Anlage- und Umlaufvermögens und
- Zufluss von Abschreibungserlösen über den Preis der Betriebsleistungen (Sachleistungen oder Dienstleistungen).

Der Vorgang der Finanzierung aus freigesetztem Kapital sei am Beispiel der Finanzierung aus Abschreibungserlösen dargestellt.

Beispiel:

Herr Wagemann eröffnet zu Beginn des Jahres 01 ein Taxiunternehmen mithilfe seines Eigenkapitals. Er kauft fünf Personenwagen zum Preis von je 50 000,00 €. Er schreibt jährlich 25 % ab. Die Abschreibungskosten kalkuliert er in seine Preise ein.[2] Den Abschreibungserlös investiert er durch den Kauf neuer Personenwagen.

Die Kapazität (= Leistungsfähigkeit, hier also die Anzahl der Pkw) entwickelt sich dann wie folgt:

Jahr	Anzahl der Pkw zu Beginn des Jahres	Anschaffungs- bzw. Restwerte in €	Abschreibungen 25 % vom Anschaffungswert in €	Flüssige Mittel am Ende des Jahres (vor dem Kauf) in €	Kauf neuer Pkw in Stück	Kauf neuer Pkw in €	Flüssige Mittel zu Beginn des Folgejahres (nach dem Kauf) in €
01	5	250 000,00	62 500,00	62 500,00	1	50 000,00	12 500,00
02	6	237 500,00	75 000,00	87 500,00	1	50 000,00	37 500,00
03	7	212 500,00	87 500,00	125 000,00	2	100 000,00	25 000,00
04	9	225 000,00	112 500,00	137 500,00	2	100 000,00	37 500,00
05	6*	212 500,00	75 000,00	112 500,00	2	100 000,00	12 500,00
06	7**						

* 2 neue Pkw; die ersten vor 4 Jahren beschafften Pkw scheiden aus.
** 2 neue Pkw; ein alter Pkw scheidet aus.

4.6.3.3 Außenfinanzierung

Bei der Außenfinanzierung fließen dem Unternehmen die für Investitionszwecke benötigten Mittel von „außen" zu. Man unterscheidet zwischen Beteiligungs- und Kreditfinanzierung.

4.6.3.3.1 Beteiligungsfinanzierung

Bei der **Beteiligungsfinanzierung** wird dem Unternehmen **Eigenkapital** von „außen" zur Verfügung gestellt **(externe Eigenfinanzierung)**.

---

[1] Die Finanzierung aus freigesetztem Kapital (z. B. Verringerung der Lagervorräte, um die verfügbaren Finanzmittel zu erhöhen) wird auch als „Umfinanzierung" bezeichnet. Da hier jedoch keine zusätzlichen Finanzmittel beschafft werden, sondern lediglich das Vermögen umgeschichtet wird, liegt streng genommen keine Finanzierungsmaßnahme vor. Vielmehr handelt es sich um „Uminvestierung".

[2] Unterstellt wird hierbei, dass die einkalkulierten Abschreibungen (**kalkulatorische Abschreibungen** genannt) durch die erzielten Erlöse wieder „verdient" werden, die Transportleistungen somit mindestens zu kostendeckenden Preisen verkauft werden können. Außerdem werden konstante (gleichbleibende) Preise der gekauften Personenwagen vorausgesetzt.

4 Der betriebliche Leistungsprozess

Beteiligungsfinanzierung bei Einzelunternehmen und Personengesellschaften

Bei **Einzelunternehmen** erfolgt die Beteiligungsfinanzierung dadurch, dass der Geschäftsinhaber private Mittel in sein Unternehmen einbringt (z.B. Barabhebung vom privaten Sparbuch und Einzahlung auf das Geschäftsgirokonto). Da hier der Einzelunternehmer eine private Einlage tätigt, wird auch von **„Einlagenfinanzierung"** gesprochen.

Bei **Personengesellschaften** erfolgt die Beteiligungsfinanzierung auf die gleiche Weise: Ein oder mehrere Gesellschafter leisten aus ihrem Privatvermögen Einlagen, die ihren Eigenkapitalkonten gutgeschrieben werden. Wie beim Einzelunternehmen können die privaten Mittel aus Geldkapital (= **Geldmitteleigenfinanzierung**) oder Sachkapital (= **Sachmitteleigenfinanzierung**) bestehen.[1]

Die Höhe des ausgewiesenen Eigenkapitals bei Einzelunternehmen und Personengesellschaften sagt nichts über die Haftungsverhältnisse und die Kreditwürdigkeit aus. Der Einzelunternehmer haftet unmittelbar und unbeschränkt, d.h. mit seinem Geschäfts- *und* sonstigen Privatvermögen. Die Gesellschafter einer OHG und die Komplementäre einer KG haften unbeschränkt, unmittelbar und solidarisch.[2] Eine Ausnahme besteht lediglich beim Kommanditisten (Teilhafter) einer KG: Seine Haftung ist auf die Höhe seiner geleisteten Einlage beschränkt.

Beteiligungsfinanzierung bei Kapitalgesellschaften

Bei den **Kapitalgesellschaften** wird das erforderliche Eigenkapital durch Einlagen der Gesellschafter aufgebracht, bei einer Aktiengesellschaft durch Ausgabe (Emission) von Aktien.[3] Da die Aktiengesellschaft eine **juristische Person** ist, kann der Aktionär nicht Eigentümer, sondern nur Teilhaber an der Aktiengesellschaft sein.

Für die Schulden der AG haftet das Gesellschaftsvermögen, nicht aber der Aktionär. Dieser trägt lediglich das Risiko, den Wert seiner Aktien zu verlieren („Risikohaftung").[4]

■ Aktien

Die Aktie[5] ist ein *Wertpapier,* das ein **Anteilsrecht (Mitgliedschaftsrecht)** an einer Aktiengesellschaft verbrieft. Die Aktie gehört somit zur Gruppe der **Teilhaberpapiere** (Beteiligungspapiere).

Die **Dividende** ist ein Teil des Gewinns einer Aktiengesellschaft, der nach Einstellung in die Rücklage an die Aktionäre ausgeschüttet wird.

Der **Nennwert der Aktie** ist der aufgedruckte Anteil am Grundkapital des Unternehmens. Der Nennwert bleibt bei Schwankungen des jeweiligen Marktpreises (Kurses) *unverändert.* **Stückaktien** haben keinen Nennwert (siehe S. 102).

Der **Kurs** ist der jeweilige Preis für **eine Aktie.** Er bildet sich auf dem Markt für Wertpapiere, *an der Wertpapierbörse,* aus dem augenblicklichen Verhältnis zwischen Angebot und Nachfrage. Die von der Börse bekannt gegebenen Aktienkurse sind **Stückkurse**, d.h., die Notierung erfolgt in Euro je Stück.

---

1 Die Gesellschafter können „ihrer" Gesellschaft natürlich auch Kredite gewähren (z.B. ein Darlehen einräumen). In diesem Fall liegt keine Beteiligungsfinanzierung, sondern Fremdfinanzierung vor.
2 Siehe Kapitel 1.7.3.
3 Bei Aktiengesellschaften mit Stückaktien muss sich die Zahl der Aktien bei einer Grundkapitalerhöhung in demselben Verhältnis wie das Grundkapital erhöhen [§182 I AktG].
4 Zur Aktiengesellschaft siehe Kapitel 1.7.4.1.
5 Näheres siehe Kapitel 1.7.4.1 Aktiengesellschaft.

4.6 Inner- und zwischenbetrieblicher Wertefluss

Der **Kurswert** ist der Preis, der für die gekauften Aktien bezahlt werden muss (Stückkurs · Anzahl der gekauften Aktien).

Beispiel:

Der **Kurs** einer Stückaktie beträgt 420,00 €. Herr Kaiser kauft 3 Stück. Der **Kurswert** des Aktienkaufs beträgt somit 1 260,00 €.

Der **Anschaffungswert** der Aktien liegt über dem Kurswert, weil bei den weitaus meisten Aktienkäufen (ebenso wie beim Kauf festverzinslicher Wertpapiere) der Käufer außerdem noch zusätzlich die anfallenden Spesen (z. B. Provision der Bank und Vermittlungsgebühren) bezahlen muss.

Beispiel:

Herr Hauser kauft 1 000 Stück AB-Aktien zum Stückkurs von 8,60 €. Die Bankabrechnung lautet wie folgt:

1 000 Stück AB-Aktien zum Kurs von 8,60		8 600,00 €
+ 1 ‰ Vermittlungsgebühr vom Kurswert	8,60 €	
+ 1 % Provision vom Kurswert	86,00 €	94,60 €
Banklastschrift (Anschaffungswert)		8 694,60 €

Funktion der Aktien. Die Aktie hat für die **Aktiengesellschaften** eine **Finanzierungsfunktion**, weil sich diese Unternehmen durch die Emission (Ausgabe) neuer Aktien (Grundkapitalerhöhung gegen Einlagen, siehe §§ 182 ff. AktG) **Eigenkapital** ohne zeitliche Begrenzung (ohne Rückzahlungspflicht) beschaffen können. Für die **Sparer (Anleger)** bietet die Aktie eine **Anlagemöglichkeit,** wobei sie ihre Beteiligung am Grundkapital (Eigenkapital) bei den meisten (börseneingeführten) Aktien jederzeit wieder über die Wertpapierbörse verkaufen können.

Sammelverwahrung von Wertpapieren

Die Eigentümer von Aktien und anderen börsenmäßig handelbaren Wertpapieren bewahren ihre Papiere meistens nicht zu Hause auf, sondern lassen sie „sammelverwahren". Die Sammelverwahrung (auch Girosammelverwahrung genannt) ist eine bankmäßige Verwahrung von Wertpapieren, bei der die Wertpapiere nicht (wie bei einer Sonderverwahrung) nach Eigentümern, sondern vom Sammelverwahrer nach Wertpapiergattungen geordnet aufbewahrt werden [§ 5 DepotG]. Statt Eigentum an einem bestimmten Wertpapier hat der Kunde (Hinterleger) ein **Miteigentumsrecht nach Bruchteilen** an allen Wertpapieren der betreffenden Gattung. Er ist **Miteigentümer** des **Sammelbestands** [§ 6 DepotG]. Die meisten Banken lassen die Sammelverwahrung von der Clearstream Banking AG in Frankfurt am Main durchführen. (Die Girosammelverwahrung durch eine Wertpapiersammelbank wird als Drittverwahrung bezeichnet.

- **Investmentzertifikate**

Investmentzertifikate (= Urkunden über investiertes Kapital) sind *Anteile* an einem *Wertpapier-* oder einem *Immobilienfonds,*[1] der von einer Investmentgesellschaft treuhänderisch verwaltet wird und aus Aktien und/oder Obligationen (Schuldverschreibungen) bzw. aus Immobilien besteht. Der Inhaber eines Zertifikats ist meistens Miteigentümer des Fonds.

---

[1] Fonds (frz.) = ursprünglich Geldmittelbestand; in der heutigen Bedeutung wird der Begriff Fonds meistens im Sinne eines Bestands an verschiedenen Vermögenswerten (z. B. Aktien und Obligationen) verwendet.

In einer Investmentgesellschaft finden sich Tausende von Sparern zusammen. Durch die Vielzahl kommen, auch bei kleinen Sparbeträgen, erhebliche Geldbeträge in den „Topf" (Fonds). Wer sein Geld bei einer Investmentgesellschaft anlegt, ist mit einer Quote am Fondsvermögen und damit an einem großen Wertpapiervermögen, dessen Risiko gemischt ist, beteiligt.

Der Zweck des Investmentsparens ist vor allem die Risikominderung, die durch die Beteiligung an Unternehmen verschiedener Wirtschaftszweige erreicht wird. Auch bietet der Investmentfonds den Vorzug eines Kursdurchschnitts, der Kursschwankungen ausgleicht.

Die Investmentzertifikate stellen somit ein indirektes Finanzierungsinstrument der Wirtschaft dar: Der Kapitalbedarf kann auf diese Weise auch durch die Sparleistung vieler „kleiner" Sparer mit gedeckt werden.

Der Wert des Investmentzertifikats errechnet sich, indem der jeweilige Wert des Investmentfonds durch die Anzahl der ausgegebenen Anteile dividiert wird.

$$\text{Wert des Investmentzertifikats} = \frac{\text{Wert des Fondsvermögen}}{\text{Anzahl der umlaufenden Investmentzertifikate}}$$

4.6.3.3.2 Kreditfinanzierung

Bei der **Kreditfinanzierung** werden die für Investitionszwecke benötigten Mittel durch **Gläubiger** zur Verfügung gestellt.

Die Kreditfinanzierung wird auch als **externe Fremdfinanzierung**[1] bezeichnet, weil das Unternehmen fremde Mittel in Form von Geld (Geldmittelfremdfinanzierung) oder Sachen (Sachmittelfremdfinanzierung) aufnimmt.

Kreditarten nach ihrer Verwendung

Produktivkredite	Nehmen Unternehmen (und Selbstständige) einen Kredit auf, um ihn im Anlage- und/oder Umlaufvermögen zu investieren, handelt es sich um Produktivkredite.[2]
	„Erweiterungskredite" liegen vor, wenn die Kapazität des Unternehmens erweitert wird (z.B. Anlagevermögen, Vorratshaltung). Sollen vorübergehende finanzielle Engpässe überbrückt werden, handelt es sich um „Überbrückungskredite".
Konsumtivkredite	Hier nehmen Nichtkaufleute Kredite auf, um Konsumgüter zu kaufen (z.B. Anschaffungsdarlehen für Privatleute).

Kreditarten nach ihrer Laufzeit

Kurzfristige Kredite	Sie haben eine Laufzeit bis etwa *zwölf Monate*. (Ein bereits bekanntes Beispiel ist der Wechseldiskontkredit.)
Mittelfristige Kredite	Hierbei handelt es sich um Kredite mit einer Laufzeit von einem bis zu vier Jahren.

---

1 Zur internen Fremdfinanzierung siehe S. 348f.
2 Produktivkredit deshalb, weil der Kredit für „produktive Zwecke", d.h. zur Erstellung von betrieblichen Leistungen verwendet wird.

4.6 Inner- und zwischenbetrieblicher Wertefluss

Langfristige Kredite	Diese Kredite dienen vorwiegend der Finanzierung von Investitionen in das Anlagevermögen (Kauf von Grundstücken, Bau von Geschäfts- und Betriebsgebäuden, Kauf von maschinellen Anlagen).

Kreditarten nach der Befristung

Befristete Kredite	Sie liegen vor, wenn im Kreditvertrag ein einziger Rückzahlungstermin oder mehrere Teilrückzahlungstermine vereinbart sind.[1]
Unbefristete Kredite	Bei diesen Krediten wird im Kreditvertrag kein bestimmter Rückzahlungstermin vereinbart. An die Stelle des Rückzahlungstermins treten Vereinbarungen über Kündigungsfristen.

Kreditarten nach der Kündbarkeit

Kündbare Kredite	Hier handelt es sich um Kredite, bei denen eine Vertragspartei oder beide Vertragsparteien nach Maßgabe der vereinbarten Kündigungsfristen den Kredit kündigen können.
Nicht kündbare Kredite	Sie sind regelmäßig befristete Kredite, die während der vereinbarten Laufzeit von einem oder von beiden Vertragspartnern nicht rechtswirksam gekündigt werden können.

Kreditarten nach der Form

Nach der Form unterscheiden wir folgende Kreditarten:

Darlehen	Kontokorrentkredit
■ Der Kredit wird in einer bestimmten vereinbarten Summe gewährt und ausbezahlt.	■ Der Kredit *kann* bis zu einer bestimmten Höhe bei Bedarf in Anspruch genommen werden.
■ Die Kreditdauer ist im Voraus festgelegt (befristeter Kredit).	■ Der Kredit wird auf eine unbestimmte Zeit gewährt (unbefristeter Kredit).
■ Einmalige oder ratenweise Tilgung (= Rückzahlung) gemäß Kreditvertrag.	■ Der Schuldsaldo schwankt je nach Zahlungsein- und -ausgängen.

■ **Darlehen**

Kredite, welche in einer Summe gewährt werden, die dann entweder am Fälligkeitstag in einer Summe oder während einer vorherbestimmten Laufzeit in Raten (= Teilbeträgen) getilgt werden müssen, heißen *Darlehen*.

---

[1] Zum Kreditvertrag (Darlehensvertrag) siehe §§ 488 ff. und 607 ff. BGB.

4 Der betriebliche Leistungsprozess

Darlehensarten

Fälligkeitsdarlehen

Für die Rückzahlung der gesamten Darlehenssumme ist ein bestimmter Termin vereinbart (z. B. „rückzahlbar am 31. Dez. 20..."). Während der Laufzeit des Darlehens sind in vertraglich vereinbarten Zeitabständen lediglich die Zinsen zu zahlen (z. B. vierteljährlich, halbjährlich, jährlich).

Abzahlungsdarlehen

Hier erfolgt die Tilgung in stets gleichbleibenden Raten zu den jeweils vereinbarten Tilgungsterminen (z. B. vierteljährlich). Die Schuld nimmt in arithmetischer[1] Folge ab, sodass die Zinsbelastung im Laufe der Zeit sinkt.[2]

Annuitätendarlehen

Hier wird eine feste Annuität (Zins + Tilgung), d.h. Gesamtbelastung vereinbart. Die Summe aus Zins und Tilgung bleibt (außer bei der Restzahlung) bei jeder Zahlung (z. B. monatlich, vierteljährlich) gleich. Daher steigen im Laufe der Zeit die Tilgungsbeträge, während die Zinsbelastung abnimmt.[2]

■ Kontokorrentkredite

Unter Kontokorrentkredit versteht man eine laufende Rechnung zwischen zwei Vertragspartnern, i.d.R. zwischen einer Bank und einem Bankkunden. Aber auch Unternehmen können untereinander Kontokorrente führen. Das Wesen des Kontokorrents besteht darin, dass sich beide Vertragspartner ihre gegenseitigen Forderungen stunden und in regelmäßigen Zeitabständen (meist vierteljährlich oder halbjährlich) gegeneinander aufrechnen. Schuldner ist jeweils die Partei, zu deren Ungunsten der Saldo des Kontokorrentkontos steht. Der Saldo (= Ergebnis der Aufrechnung) wird auf neue Rechnung vorgetragen. In ihm gehen die verschiedenen Forderungen unter, d.h., dass nur der Saldo eingeklagt werden kann (siehe auch § 355 HGB).

Der Kontokorrentkredit ist formal (der Form nach, äußerlich) ein kurzfristiger Kredit. Tatsächlich ist er ein mittel- oder langfristiger Kredit, weil er zu den unbefristeten Krediten gehört.

Kreditarten nach dem Kreditgeber

Kreditgeber können u.a. die Lieferer (die Verkäufer), die Kunden, die Banken (Kreditinstitute), der Staat und Privatpersonen sein.

■ Kundenkredite

Sie liegen z.B. vor, wenn die Kunden Anzahlungen leisten.

■ Liefererkredite

Bedeutsamer sind die Liefererkredite. Sie entstehen z.B. aufgrund von Warenlieferungen und Dienstleistungen, indem die Lieferer „auf Ziel" leisten, d.h. eine Zahlungsfrist einräumen. Dem Unternehmen fließen zwar keine finanziellen Mittel zu, wohl aber tritt eine *Hinausschiebung* des Zahlungstermins ein.

---

1 Bei arithmetischen Folgen (Reihen) bleiben die Abstände zwischen den Werten konstant (gleich), z.B. 1, 3, 5, 7, 9 oder 10 000,00 €, 9 500,00 €, 9 000,00 € usw.

2 Die Zinsen werden immer aus der Schuldsumme (Restschuld) berechnet.

4.6 Inner- und zwischenbetrieblicher Wertefluss

Werden Waren auf Ziel geliefert, spricht man vom *Warenkredit*. Er stellt somit eine Art der Sachmittelfremdfinanzierung dar. Auch die *Einrichtungskredite* der Brauereien rechnen zu dieser Kreditart. (Eine Brauerei richtet eine Gaststätte ein, die sich verpflichtet, das Bier ausschließlich bei der kreditgebenden Brauerei zu kaufen.)

Der Liefererkredit ist eine kurzfristige externe Fremdfinanzierung. Er ist nur in der Zeit zwischen dem Rechnungseingang und dem Ablauf einer Skontierungsfrist[1] „kostenlos". Wird die Skontierungsfrist überschritten, ist der Liefererkredit der teuerste Kredit überhaupt.

> **Beispiel:**
>
> Wir erhalten eine Warenlieferung unter folgender Zahlungsbedingung: „Zahlbar innerhalb von 28 Tagen netto Kasse[2] oder 2 % Skonto bei Zahlung innerhalb von 8 Tagen".
>
> Zahlen wir erst am achten Tag, erhalten wir für die übrigen 20 Tage, die wir zu früh bezahlt haben (28 Tage – 8 Tage), 2 % Skonto. Dies entspricht einem Jahreszinssatz von 36 %.
>
>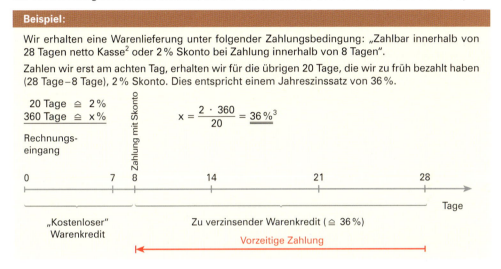

Es empfiehlt sich daher, unbedingt die Skontierungsfrist auszunutzen und zur Zahlung einen billigeren Bankkredit (z. B. Kontokorrentkredit) in Anspruch zu nehmen, falls nicht genügend Mittel zur schnellen Zahlung zur Verfügung stehen. Eine Überschreitung der Skontierungsfrist ist allerdings dann unumgehbar, wenn dem Schuldner keine anderen Finanzierungsmöglichkeiten mehr offen stehen.

■ Bankkredite

Wesentliche Arten der Bankkredite sind das Darlehen, der Kontokorrentkredit, der Grundkredit[4] und die Kleinkredite für Privatleute. Im Übrigen sind viele Bankkredite bezüglich der Inhalte und Konditionen (Bedingungen) sehr unterschiedlich, weil sie auf die speziellen Bedürfnisse der Kreditnehmer abgestimmt werden müssen.[5]

■ Staatskredite (öffentliche Kredite)

Not leidende und förderungswürdige Wirtschaftszweige erhalten aus öffentlichen Kassen häufig zinsgünstige Kredite. Der Unterschied zwischen dem Marktzinssatz und dem vom Staat berechneten Zinssatz stellt eine *Subvention* (einen Zuschuss) dar. (Vom Staat gewährte Subventionen, die nicht getilgt werden müssen, sind keine Kredite.)

---

[1] Skonto (Mz. Skonti) = Preisnachlass für rechtzeitige Zahlung innerhalb einer vorgegebenen Frist.

[2] Netto Kasse bedeutet: Zahlung der Rechnung ohne Skonto.

[3] Bei dieser Jahreszinsermittlung aus dem Skontosatz ist der verminderte Schuldbetrag nicht berücksichtigt. Als reiner Zinsvergleich ist diese Jahreszinsermittlung jedoch als „Faustformelrechnung" zulässig und üblich. Bei der genauen Berechnung des Jahreszinssatzes wird in Rechnung gestellt, dass im Falle einer Kreditaufnahme nur der skontierte Rechnungsbetrag finanziert werden muss:

98,00 € kosten für 20 Tage 2,00 € Zinsen
100,00 € kosten für 360 Tage x € Zinsen

$$\text{Jahreszinssatz (x)} = \frac{2 \cdot 100 \cdot 360}{98 \cdot 20} = \underline{\underline{36{,}73\,\%}}$$

[4] Siehe Kapitel 4.6.4.2.2 Grundkredite.

[5] Näheres siehe Kapitel 4.6.4 Kreditsicherung.

Privatkredite

Sie können den Unternehmen unmittelbar (z. B. Verwandtenkredite, Einlagen stiller Gesellschafter)[1] oder über den Kauf von festverzinslichen Wertpapieren (Gläubigerpapieren) gewährt werden.

Kreditarten nach der Art der Leistung

Kredite können auch in der Hergabe von Sachkapital bestehen. In diesem Fall spricht man von **Sachmittelfremdfinanzierung**.[2] Die wichtigste Art ist das **Leasing**.[3]

Wesen des Leasings

> Unter **Leasing** versteht man das Mieten bzw. Pachten von Anlagegütern (ganzen Fabrikanlagen, Maschinen, Fahrzeugen, Computern).

Leasinggeber (Vermieter) kann der Hersteller selbst oder eine dazwischengeschaltete Leasinggesellschaft sein. Im ersten Fall spricht man von **direktem Leasing (Direktleasing)**, im zweiten von **indirektem Leasing**.

Arten des Leasings

Nach der **Art** des **geleasten Gegenstands** wird folgende Unterscheidung getroffen:

Ausrüstungsvermietung (Equipment-Leasing)	Hier werden Gegenstände geleast, die der „Ausrüstung" des Unternehmens dienen (z. B. Maschinen).
Industrieanlagenvermietung (Industrieleasing)	In diesem Fall werden ganze Industrieanlagen geleast (z. B. Fabrikgebäude einschließlich der Ausrüstung).
Konsumgüterleasing	Leasingnehmer (Mieter) sind die privaten Haushalte. Leasinggüter sind z. B. Autos, Fernsehgeräte, Waschmaschinen, Gefriertruhen.

Nach der **Dauer** der **Leasingzeit** kann wie folgt unterschieden werden:

Finance-Leasing (Financial-Leasing)	Hier handelt es sich um langfristiges „Mieten" von Investitionsgütern. Die Miet- bzw. Pachtzeit (Leasingdauer) richtet sich nach der voraussichtlichen Nutzungsdauer des Leasingguts.
Operate-Leasing[4] (Operating-Leasing)	Bei diesen kurz- oder mittelfristigen Leasingverträgen kann der Leasingnehmer unter Einhaltung einer vereinbarten Frist den Leasingvertrag durch Kündigung auflösen.

Nach den Mietobjekten kann das Leasinggeschäft grundsätzlich unterteilt werden in das **Mobilien-Leasing,** das die Vermietung z. B. von EDV-Anlagen, Nutzfahrzeugen oder Pro-

---

1 Stille Gesellschafter sind Personen, die sich an dem Handelsgewerbe eines anderen mit einer Vermögenseinlage beteiligen, die in das Vermögen des Inhabers des Handelsgeschäfts übergeht [§ 230 I HGB]. Nach außen tritt der „Stille" nicht auf.

2 Werden einem Unternehmen z. B. leihweise Sachmittel überlassen, liegt ebenfalls eine Sachmittelfremdfinanzierung vor.

3 To lease (engl.) = mieten. Da die „geleasten" Wirtschaftsgüter nicht nur genutzt, sondern auch zur Gewinnerzielung („Fruchtziehung") eingesetzt werden, enthält der Leasingvertrag Elemente des Miet- wie auch des Pachtvertrags (siehe §§ 535 ff. BGB [Mietvertrag] und §§ 581 ff. BGB [Pachtvertrag]).

4 To operate (engl.) = operieren, wirken, eingreifen, spekulieren; beim Operating-Leasing hat also der Leasingnehmer die Möglichkeit zu operieren, d. h. sich an den jeweiligen Bedarf anzupassen.

duktionsmaschinen umfasst, und das **Immobilien-Leasing,** bei dem z. B. Fabrik- und Lagerhallen, Verwaltungsgebäude oder ganze Betriebsanlagen vermietet werden.

Schließlich können Leasingverträge auch danach unterschieden werden, ob eine **Kauf-** oder **Mietverlängerungsoption** besteht (ob der Leasingnehmer nach Ablauf der Grundmiet- bzw. -pachtzeit das Leasinggut weiter leasen oder kaufen kann).

Das **Leasing hat den Vorteil,** dass der Leasingnehmer keine finanziellen Mittel für den Kauf der Leasinggüter aufbringen muss. Außerdem übernehmen die Leasinggeber in aller Regel die Wartung der Leasinggüter. Beim Operate-Leasing ist von besonderem Vorteil, dass bei Anlagen, die einer schnellen technischen Entwicklung unterliegen, der Leasingvertrag gekündigt und eine neue Anlage gemietet werden kann.

Der **Nachteil des Leasings** ist, dass die Kosten sehr hoch sind, denn in die Leasingrate („Mietpreis") kalkuliert der Leasinggeber folgende Beträge ein:

- den **Abschreibungsbetrag** (die Ausgaben des Leasinggebers für die Beschaffung oder Herstellung des Leasingguts werden auf die Dauer der Grundmietzeit verteilt);
- die **Verzinsung** (das vom Leasinggeber investierte Kapital muss sich verzinsen);
- eine **Risikoprämie** (z. B. für schnelles Veralten);
- die **sonstigen Verwaltungs- und Vertriebskosten** (einschließlich der laufenden Servicekosten);
- den **Gewinnzuschlag.**

4.6.3.3.3 Exkurs: Kreditfinanzierung durch Ausgabe von Gläubigerpapieren

Schuldverschreibungen

Bei den Schuldverschreibungen (auch Obligationen,[1] Teilschuldverschreibungen oder Anleihen genannt) handelt es sich um verbriefte langfristige Forderungsrechte an große Unternehmen (Industrie- und Handelsunternehmen, Kreditinstitute, Versicherungsunternehmen). Schuldverschreibungen sind in der Regel durch erstrangige Grundpfandrechte[2] gesichert, mitunter auch durch Bürgschaften anderer Unternehmen.

Schuldverschreibungen sind für die ausgebenden Unternehmen ein verhältnismäßig teures Instrument der externen Fremdfinanzierung (Kreditfinanzierung). Aus diesem Grund wurde eine weitere Art der langfristigen Kreditfinanzierung entwickelt: das *Schuldscheindarlehen.* Im Gegensatz zu den Obligationen ist der Schuldschein kein Wertpapier, sondern eine **Beweisurkunde.** Schuldscheine können deshalb börsenmäßig nicht gehandelt werden.

Die Schuldverschreibungen als Gläubigerpapiere müssen während der Laufzeit **getilgt** und **verzinst** werden. Der Zinssatz ist in der Regel fest.[3] Er wird vom Nennwert der Schuldverschreibung berechnet. Die Schuldverschreibungen werden deshalb zur Gruppe der **„festverzinslichen Wertpapiere"** gerechnet.[4]

---

[1] Obligation heißt Verpflichtung, Schuld, Verbindlichkeit. Gewöhnlich werden die Begriffe Obligation, Schuldverschreibung, Teilschuldverschreibung und Anleihe synonym (gleichbedeutend) verwendet. Lediglich bei den Kommunalobligationen einerseits und den Kommunalanleihen (Kommunalschuldverschreibungen) andererseits hat sich im Laufe der Zeit eine unterschiedliche Bedeutung ergeben.

[2] Siehe Kapitel 4.6.4.2.2.

[3] Ausnahme: Gewinnschuldverschreibungen, die nur einen Ertrag abwerfen, wenn das Unternehmen Gewinn erzielt [§ 221 AktG].

[4] Zu den Gläubigerpapieren gehören auch die Anleihen mit variablen Zinssätzen, sogenannte „Floating Rates Notes" (kurz: Floater genannt). Die Zinsen werden nach jeder Zinsperiode (z. B. nach Ablauf von 6 oder 12 Monaten) bezahlt. Zugleich gibt der Emittent (Schuldner) den Zinssatz für die nächste Zinsperiode bekannt. Dabei orientieren sich die jeweiligen (variablen) Zinssätze meistens an den Zinsen auf dem Geldmarkt (= Geldmarktsätze), z. B. an dem „Euribor" (= Abkürzung für European Interbank Offered Rate), der täglich aus den Meldungen großer Geschäftsbanken im „Euroland" berechnet wird.

4 Der betriebliche Leistungsprozess

Schuldverschreibung

Zu den „festverzinslichen" Wertpapieren gehören auch die **Nullkupon-Anleihen (Zero-Bonds)**. Es handelt sich dabei um langfristige Schuldverschreibungen *ohne Nominalzins*. Es entfällt folglich die laufende jährliche Zinszahlung. Die („fest" zugesagte) Verzinsung ergibt sich vielmehr aus der Differenz zwischen dem niedrigeren Ausgabekurs und dem höheren Rückzahlungskurs. Meistens erfolgt die Rücknahme zu 100 % bei entsprechend abgezinstem Ausgabekurs (= Abzinsungsanleihe). Bei der Aufzinsungsanleihe liegt der Rücknahmekurs je nach Laufzeit deutlich über dem Ausgabekurs von 100 %.

Schuldverschreibungen sind vertretbare Inhaberpapiere, die – wie die Aktien als Teilhaberpapiere auch – börsenmäßig gehandelt werden. Ihr Kurs schwankt nicht so stark wie die Aktienkurse, weil die Schuldverschreibungen zum Nennwert bzw. zum Nennwert zuzüglich eines Aufschlags (= Agio) getilgt werden müssen. An den Wertpapierbörsen werden die Obligationen wie alle Gläubigerpapiere mit *Prozentkursen* notiert. Beträgt die Kursangabe z. B. 96 (%), so bedeutet das, dass eine Schuldverschreibung im Nennwert von 1 000,00 € 960,00 € kostet.

Aus Kostengründen treten an die Stelle der verbrieften Schuldverschreibungen zunehmend reine Schuldbuchforderungen. Soweit diese sogenannten **Wertrechte** fungibel (gegenseitig austauschbar) sind, sind sie den Effekten gleichgestellt.

Wandelschuldverschreibungen

Eine Sonderform der Schuldverschreibungen sind die Wandelschuldverschreibungen [§ 221 AktG]. Sie kommen in zwei Arten vor:

Wandelobligationen (Convertible Bonds)[1]	Wandelobligationen sind Anleihen, die innerhalb einer bestimmten Frist unter festgelegten Umtauschbedingungen in Aktien der ausgebenden Gesellschaft umgetauscht werden können. Der Obligationär wird also durch Wahrnehmung seines Umtauschrechts anlässlich einer späteren Kapitalerhöhung zum Aktionär (Teilhaber).
Optionsanleihen (Optionsbonds)[2]	Optionsanleihen sind Anleihen mit Zusatzrechten. Der Inhaber der Schuldverschreibung hat innerhalb einer festgesetzten Frist das Recht (die Option) auf den zusätzlichen **Erwerb** von **Aktien** oder festverzinslichen Wertpapieren. Anders als bei Convertible Bonds behält also der Obligationär seine Urkunde, wenn er sein Bezugsrecht verkauft oder ausübt. Das Bezugsrecht ist nämlich in einer Urkunde, dem sogenannten **Optionsschein** (oder auch Optionszertifikat genannt), verbrieft. Bezugsrechte können an der Wertpapierbörse gehandelt und amtlich notiert werden.

Wandelobligationen und Optionsanleihen werden vor allem dann ausgegeben, wenn eine Aktiengesellschaft dringend Kapital benötigt, der Kapitalmarkt jedoch erschöpft ist, sodass den Anlegern besondere Kaufanreize geboten werden müssen. Für die Käufer nämlich haben Wandelobligationen und Optionsanleihen den Vorteil, dass ihnen zunächst eine feste Verzinsung geboten wird. Darüber hinaus erhalten sie die Möglichkeit, bei inflationärer Entwicklung die Wandelobligationen in Aktien umzutauschen bzw. für ihre Optionsscheine junge Aktien (oder auch lukrative festverzinsliche Wertpapiere) zu beziehen. Für die Aktiengesellschaft besteht der Nachteil, dass die Kapitalbeschaffungskosten sehr hoch sind (Anleihekosten **und** Kosten der Kapitalerhöhung). Außerdem besteht bei der Wandelobligation der Nachteil, dass die Höhe der Kapitalerhöhung im Voraus nicht bekannt ist; die Obligationäre haben zwar das Recht, nicht aber die Pflicht zum Bezug junger Aktien.

---

1 To convert (engl.) = umtauschen.
2 Option = Wahlrecht.

Für die Begebung (Emission) einer Wandelschuldverschreibung[1] ist der Beschluss der Hauptversammlung (mindestens drei Viertel des bei der Beschlussfassung vertretenen [anwesenden] Grundkapitals) erforderlich [§ 221 I AktG].

Eine Ermächtigung des Vorstands zur Ausgabe von Wandelschuldverschreibungen kann höchstens für fünf Jahre erteilt werden [§ 221 II AktG].

Hypothekenpfandbriefe

Sie werden von Hypothekenbanken und öffentlich-rechtlichen Bodenkreditanstalten ausgegeben. Der Erlös aus dem Verkauf der Hypothekenpfandbriefe (kurz: Pfandbriefe) fließt den Eigentümern erstklassiger Grundstücke in Form von Hypotheken- oder Grundschulddarlehen zu.[2]

Kommunalobligationen

Sie werden ebenfalls von Hypothekenbanken ausgegeben. Im Gegensatz aber zu den Hypothekenpfandbriefen fließt der Erlös aus ihrem Verkauf *Gemeinden* (Kommunen) zum Zweck der Durchführung außerordentlicher Haushaltsausgaben zu (z. B. zum Bau einer Kläranlage, eines Krankenhauses). Unmittelbarer Schuldner ist also die Bank. Gesichert sind die Kommunalobligationen durch die Steuerkraft der Gemeinde bzw. des Kreises, durch staatliche Bürgschaften und/oder durch nachstellige Hypotheken.

Staatsanleihen

Sie sind Anleihen des Bundes, der Länder, der Gemeinden[3] und sonstiger öffentlich-rechtlicher Einrichtungen. Hier nimmt eine staatliche Körperschaft Gelder auf, um wichtige gemeinwirtschaftliche Vorhaben finanzieren zu können.

Sonstige Gläubigerpapiere

Sparbriefe	Sparbriefe werden von Banken und Sparkassen ausgegeben. Der Sparbrief besitzt einen festen Zinssatz. Die Laufzeitenskala reicht bis zu 10 Jahren. In der Regel werden Sparbriefe auf den Namen des Erwerbers bzw. des Begünstigten ausgestellt (Namensschuldverschreibungen). Es gibt z. B. folgende Typen: ■ Der **normale Sparbrief** wird zum vollen Nennwert gekauft. Die Zinsen werden zum Jahresende postnumerando[4] vergütet und stehen frei zur Verfügung. ■ Beim **abgezinsten Sparbrief** werden Zinsen und Zinseszinsen für die gesamte Laufzeit von vornherein auf den Kaufpreis angerechnet (abgezinst), sodass der Kaufpreis deutlich unter dem Nennwert liegt.

---

1 Das Aktiengesetz fasst die Convertible Bonds und die Optionsbonds unter dem Begriff Wandelschuldverschreibungen zusammen [§ 221 AktG].
2 Zur Hypothek und zur Grundschuld siehe Kapitel 4.6.4.2.2.
3 Anleihen der Gemeinden bezeichnet man auch als Kommunalanleihen. Sie dürfen nicht mit den Kommunalobligationen verwechselt werden.
4 Postnumerando = nachträglich; pränumerando = im Voraus.

Sparschuldverschreibungen	Sparschuldverschreibungen (Spar[kassen]obligationen) sind Order- oder Inhaberschuldverschreibungen mit einer Laufzeit von 4 bis 10 Jahren. Sie werden in Form normalverzinslicher, abgezinster und aufgezinster Obligationen emittiert (ausgegeben). Bei der aufgezinsten Form erfolgt der Erwerb zum Nominalbetrag, die Rückzahlung zum Nominalbetrag zuzüglich anteiliger Laufzeitzinsen.
Sparzertifikate	Sparzertifikate lauten auf den Namen und sind als Rektapapiere, teilweise auch als Sparurkunden ausgestellt. Die Laufzeit beträgt 5 bis 7 Jahre. Die Zinsen steigen von Jahr zu Jahr und werden in den folgenden Jahren mitverzinst. Das Guthaben kann bereits nach 9 Monaten gekündigt werden. Danach kann darüber wie bei einem Sparbuch mit 3-monatiger Kündigungsfrist verfügt werden.

4.6.3.4 Vor- und Nachteile ausgewählter Finanzierungsarten

Selbstfinanzierung (interne Eigenfinanzierung)	
Vorteile	**Nachteile**
■ Die Mittel stehen dem Unternehmen ohne zeitliche Begrenzung zur Verfügung, da es sich um Eigenkapitalbestandteile handelt. ■ Kein Zinsaufwand, weil kurzfristig auf eine Verzinsung des Eigenkapitals verzichtet werden kann. ■ Keine Tilgung und somit Verbesserung der Liquidität. ■ Unabhängigkeit (kein Einfluss von Gläubigern auf das Unternehmen). ■ Erhöhung der Kreditfähigkeit. ■ Keine Kapitalbeschaffungskosten.	■ Besonders bei der verdeckten Selbstfinanzierung muss die Geschäftsleitung über die Mittelverwendung keine Rechenschaft ablegen; daher besteht die Gefahr, zu risikoreiche Investitionen vorzunehmen. ■ Die verdeckte Selbstfinanzierung verschleiert den tatsächlichen Gewinn. ■ Die Auflösung verdeckter Rücklagen verschleiert einen tatsächlich eingetretenen Verlust. ■ Unerwünschte Einkommensumverteilung zugunsten der Unternehmen, wenn die Selbstfinanzierung über ungerechtfertigt hohe Preise vorgenommen wird.

Beteiligungsfinanzierung (externe Eigenfinanzierung)	
Vorteile	**Nachteile**
▪ Die Mittel stehen dem Unternehmen ohne zeitliche Begrenzung zur Verfügung. ▪ Kein Zinsaufwand, weil kurzfristig auf eine Verzinsung des Eigenkapitals verzichtet werden kann. ▪ Keine Tilgung und somit keine Belastung der Liquidität. ▪ Unabhängigkeit (kein Einfluss von Gläubigern auf das Unternehmen). ▪ Erhöhung der Kreditfähigkeit. ▪ Keine Kapitalbeschaffungskosten bei Einzelunternehmen und Personengesellschaften. (Bei Aktiengesellschaften entstehen jedoch Verwaltungs- und Provisionskosten anlässlich der Emission von Aktien.)	▪ Bei Einzel- und Personengesellschaften ist die Finanzkraft des Inhabers bzw. der Gesellschafter i. d. R. begrenzt. ▪ Bei Personengesellschaften kann die Aufnahme weiterer Gesellschafter zu Schwierigkeiten führen, wenn diesen ebenfalls Geschäftsführungs- und Vertretungsrechte eingeräumt werden müssen. Bei Aktiengesellschaften entsteht dieses Problem nicht. Dennoch liegt eine gewisse Begrenzung der Beteiligungsfinanzierung bei Aktiengesellschaften dann vor, wenn durch eine Kapitalerhöhung bisherige Mehrheitsverhältnisse gefährdet werden. ▪ Je nach Gewinnsituation des Unternehmens hohe steuerliche Belastung des Gewinns: Zinsen sind Betriebsausgaben (Aufwand), der Gewinn unterliegt der Einkommen- bzw. Körperschaftsteuer.

Kreditfinanzierung (externe Fremdfinanzierung)	
Vorteile	**Nachteile**
▪ Die Finanzierung von Betriebserweiterungen ist auch dann möglich, wenn die Finanzkraft des Unternehmens (Selbstfinanzierung) oder der Teilhaber (Beteiligungsfinanzierung) erschöpft ist. ▪ Die Rentabilität des Unternehmens kann erhöht werden. (Bedingung: Die Rentabilität = Verzinsung der zusätzlichen Investitionen übersteigt den Fremdkapitalzinssatz.) ▪ Zu risikoreiche Investitionen werden vermieden bzw. verringert, weil die Zins- und Liquiditätsbelastung des Fremdkapitals zu sorgfältiger Kalkulation zwingt. ▪ Volkswirtschaftlich dann positiv, wenn die Kreditaufnahme der Unternehmen in etwa der Gesamtersparnis in der Volkswirtschaft entspricht.	▪ Die Mittel stehen dem Unternehmen zeitlich nicht unbegrenzt zur Verfügung. ▪ Die Fremdmittel müssen i. d. R. verzinst und getilgt werden. Damit werden Kalkulation und Liquidität belastet. ▪ Insbesondere bei hoher Verschuldung eines Unternehmens nehmen die Gläubiger Einfluss auf die Geschäftsleitung, um die Verwendung ihrer Mittel zu kontrollieren. ▪ Mit zunehmender Fremdfinanzierung sinkt die Kreditfähigkeit des Unternehmens. ▪ Ein hoher Fremdkapitalanteil am Gesamtkapital verschlechtert den guten Ruf (Goodwill) eines Unternehmens. ▪ Hohe Kapitalbeschaffungskosten, vor allem bei Kapitalgesellschaften (z. B. anlässlich der Ausgabe von Industrieschuldverschreibungen).

Zusammenfassung

- Finanzierung ist die Summe aller Maßnahmen zur Beschaffung, Verzinsung, Umformung und Rückzahlung von Geld- und Sachkapital.

Finanzierungsarten	
Innenfinanzierung	Außenfinanzierung
Eigenfinanzierung	

- Interne Eigenfinanzierung
  - Selbstfinanzierung als
    – offene Selbstfinanzierung
      (= Einbehaltung versteuerter Gewinne) und/oder
    – verdeckte Selbstfinanzierung
      (Vermögen unterbewertet und/oder Schulden überbewertet)
- Finanzierung aus freigesetztem Kapital (z. B. Finanzierung aus Abschreibungsrückflüssen)
	- Externe Eigenfinanzierung
	  - Einlagenfinanzierung
	    (bei Einzelunternehmen)
	  - Beteiligungsfinanzierung
	    (bei Gesellschaftsunternehmen)
	Die externe Eigenfinanzierung kann erfolgen als
	- Geldmitteleigenfinanzierung
	  (z. B. Ausgabe junger Aktien gegen Banküberweisung) oder
	- Sachmitteleigenfinanzierung
	  (z. B. Einbringung eines Grundstücks in das Gesellschaftsvermögen durch den Gesellschafter einer OHG)

Fremdfinanzierung	

- Interne Fremdfinanzierung
  - Bildung ergebnisabhängiger Rückstellungen (z. B. Gewerbesteuerrückstellung)
  - Bildung ergebnisabhängiger Verbindlichkeiten (z. B. noch nicht ausgeschütteter Gewinnanteil des Kommanditisten)
	- Externe Fremdfinanzierung (Kreditfinanzierung) als
	  - Geldmittelfremdfinanzierung
	    (z. B. Bankdarlehen) oder
	  - Sachmittelfremdfinanzierung
	    (z. B. Leasing)

ÜBUNGSAUFGABEN

1. **Fallstudie:** Die Kläranlagenfabrik Erik Reich e. K. machte im vergangenen Jahr 05 einen Reingewinn von 825 000,00 €. Die Privatentnahmen von Herrn Reich betrugen im gleichen Zeitraum 526 000,00 € (einschließlich Einkommen- und Kirchensteuer).

   Um einen teuren Bankkredit zu vermeiden, veräußerte Herr Reich im Jahr 05 festverzinsliche Wertpapiere aus seinem Privatvermögen zum Nennwert von 120 000,00 € und zahlte den Erlös (Kurswert 117 600,00 €, bereits aufgelaufene Stückzinsen 7 200,00 €, Verkaufsspesen 2 000,00 €) auf das Geschäftsbankkonto ein.

   1.1 Wie hoch war die offene Selbstfinanzierung der Kläranlagenfabrik Erik Reich e. K.?

   1.2 Erklären Sie den Unterschied zwischen offener Selbstfinanzierung und verdeckter Selbstfinanzierung!

   1.3 Welche Vorteile hat die Selbstfinanzierung gegenüber der Fremdfinanzierung?

4 Der betriebliche Leistungsprozess

1.4 Welche weitere Finanzierungsart hat die Kläranlagenfabrik Erik Reich e. K. vorgenommen?

1.5 Wie hoch war der Betrag?

Zum 1. Januar 06 nahm Herr Reich einen weiteren unbeschränkt haftenden Gesellschafter, Herrn Anton Stein, auf. Herr Stein brachte ein:

a) Ein Grundstück, das dem Bau einer Lagerhalle dienen soll. Wert nach Abzug aller Übertragungskosten 420 000,00 €.

b) 180 Aktien zum Stückkurs von 280.

c) Giroguthaben in Höhe von 8 000,00 €.

1.6 Welche Unternehmensform liegt nunmehr vor?

1.7 Muss die Firma geändert werden? Wenn ja, wie kann die Firma beispielsweise lauten?

1.8 Die beiden Gesellschafter beschließen, dem Unternehmen folgende Firma zu geben:

> **Reich & Stein**
> Umwelttechnik

Prüfen Sie, ob die Firma korrekt ist!

1.9 Begründen Sie, welche Finanzierungsart bzw. welche Finanzierungsarten vorliegen!

Im Jahr 07 erzielte die neu gegründete Gesellschaft einen Jahresreingewinn in Höhe von 840 000,00 €. Zu Beginn des Jahres betrugen das Eigenkapital von Reich 6 100 000,00 € und das von Stein 900 000,00 €. Der Gewinn wird nach den Vorschriften des HGB verteilt.

Die Privatentnahmen (einschließlich Einkommen- und Kirchensteuer) von Reich betrugen im Jahr 07 410 000,00 €, die von Stein 140 500,00 €.

1.10 Ermitteln Sie die Höhe der Selbstfinanzierung der Gesellschaft im Jahr 07!

1.11 Ermitteln Sie die Schlusskapitalien der Gesellschafter Reich und Stein zum 31. Dezember 07!

2. **Fallstudie:** Die Hochtaler Maschinenfabrik AG (kurz: HOMAG) hat ein **Grundkapital (gezeichnetes Kapital)** in Höhe von 200 Mio. €, das in 4 Mio. Stückaktien aufgeteilt ist. Der **Jahresüberschuss** beträgt 42 Mio. €. Die **gesetzliche Rücklage** beläuft sich auf 12 Mio. €, die **Kapitalrücklage** (siehe §§ 270 I, 272 II HGB) auf 3 Mio. €.

Die gesetzliche Rücklage wird nach den Vorschriften des Aktiengesetzes gebildet. Darüber hinaus stellen Vorstand und Aufsichtsrat 50 % des Jahresüberschusses, gemindert um die Einstellung in die gesetzliche Rücklage, in die **anderen Gewinnrücklagen** ein (vgl. § 58 AktG).

Die **Hauptversammlung** beschließt, den **Bilanzgewinn** (auf volle Prozent genau) auszuschütten. Der Restbetrag wird als Gewinn vorgetragen.

2.1 Erklären Sie die fett gedruckten Begriffe!

2.2 Ermitteln Sie

    2.2.1 den Bilanzgewinn,

    2.2.2 die Dividende (in Prozent und je Aktie) sowie

    2.2.3 den Gewinnvortrag!

2.3 Wie hoch ist die offene Selbstfinanzierung der HOMAG?

2.4 Die HOMAG hat u. a. auch verdeckte Selbstfinanzierung betrieben. Welche Vor- und Nachteile kann die verdeckte Selbstfinanzierung für das Unternehmen und die Aktionäre haben?

3. Aus dem Fach Rechnungswesen kennen Sie die wichtigsten Bewertungsgrundsätze des Handels- und Steuerrechts! Inwiefern begünstigen diese Vorschriften die verdeckte Selbstfinanzierung?

Lösungshinweis: Lesen Sie die §§ 252 ff. HGB.

4.6 Inner- und zwischenbetrieblicher Wertefluss

4. Warum ist die Bildung ergebnisabhängiger Rückstellungen eine interne Fremdfinanzierung?

5. Aufgrund gestiegener Gewinne rechnet die Pfeifer Maschinen-AG mit einer Gewerbesteuernachzahlung in Höhe von 175 000,00 €. Per 31. Dezember des alten Jahres wird daher eine Rückstellung in dieser Höhe gebildet. Die im Juli des Folgejahres zu leistende tatsächliche Gewerbesteuernachzahlung betrug lediglich 160 000,00 €.
Welche Finanzierungsarten lagen aufgrund der Bildung der Gewerbesteuerrückstellung vor? Begründen Sie Ihre Antwort!

6. Warum ist die „Finanzierung aus freigesetztem Kapital" im Grunde eine Uminvestierung?

7. Erklären Sie die „Finanzierung aus freigesetztem Kapital" am Beispiel der Abschreibungsfinanzierung!

8. Entscheiden Sie, welche Finanzierungsart bei den nachstehenden Fällen vorliegt! Begründen Sie Ihre Antwort!
    8.1 Der Inhaber eines Einzelunternehmens gewinnt im Lotto und zahlt den „Gewinn" auf sein Geschäftskonto ein.
    8.2 Eine AG bildet eine Rücklage.
    8.3 Eine AG trägt einen Gewinn vor.
    8.4 Eine OHG überzieht das Girokonto.
    8.5 Eine EDV-Anlage wird gemietet.
    8.6 Warenlieferung auf Ziel.
    8.7 Es wird eine Rückstellung für einen schwebenden Prozess gebildet.
    8.8 Die Abschreibungserlöse werden für Erweiterungsinvestitionen verwendet.
    8.9 Die Umschlagshäufigkeit des Warenbestands wird erhöht.
    8.10 Der OHG-Gesellschafter Schmidt entnimmt nur die Hälfte des ihm zustehenden Gewinnanteils.
    8.11 Eine Maschine wird in 5 Jahren abgeschrieben, obwohl sie 8 Jahre lang genutzt wird.
    8.12 Ein Unternehmen lässt Wechsel diskontieren.
    8.13 Ein Unternehmer zahlt mit seinem Akzept (Warenwechsel).
    8.14 Eine AG erhöht ihr Kapital gegen Einlagen.

9. Erläutern Sie die Unterschiede zwischen Nennbetrags- und Stückaktien!

10. Nennen Sie Vor- und Nachteile folgender Finanzierungsarten:
    a) Selbstfinanzierung,
    b) Beteiligungsfinanzierung und
    c) Kreditfinanzierung!

11. Ein mögliches Finanzierungsinstrument großer Unternehmen ist die Emission von Obligationen.
    11.1 Erläutern Sie kurz die Merkmale der Obligationen!
    11.2 Obligationen stellen Effekten dar. Warum?

12. Erklären und unterscheiden Sie folgende Gläubigerpapiere:
    12.1 Wandelschuldverschreibungen,
    12.2 Hypothekenpfandbriefe,
    12.3 Kommunalobligationen!

13. Wir unterscheiden zwischen Geldmittelfremdfinanzierung und Sachmittelfremdfinanzierung. Erläutern Sie diese beiden Finanzierungsarten!

4.6.4 Kreditsicherung

Kredite, so sagt man, seien dann am sichersten, wenn man keine Sicherheit braucht. Dies besagt: Der Kreditgeber braucht dann keine Sicherheiten, wenn der Kreditnehmer finanzkräftig und vor allem absolut zuverlässig ist.

Kredite, die ohne Sicherheit gewährt werden, nennt man **ungesicherte Kredite** oder **Blankokredite**. Von **gesicherten Krediten** wird gesprochen, wenn neben dem Kreditnehmer (Schuldner) noch weitere Personen oder Sachen haften.[1]

4.6.4.1 Personalkredite

4.6.4.1.1 Reine Personalkredite (Blankokredite)

Die „Sicherheit" der reinen Personalkredite (Blankokredite) liegt in der persönlichen Zuverlässigkeit des Kreditnehmers. Banken gewähren Blankokredite im Allgemeinen nur Privatpersonen, Einzelunternehmern und Personengesellschaften. Es handelt sich dabei in der Regel um kurzfristige Kredite in begrenzter Höhe (z. B. Dispositionskredite auf Gehaltskonten[2] und Kontokorrentkredite auf Geschäftskonten).

4.6.4.1.2 Verstärkte Personalkredite

> **Verstärkte Personalkredite** liegen vor, wenn neben dem Kreditnehmer noch weitere **Personen** haften.

Diese „weiteren Personen" können natürliche oder juristische Personen sein, also z. B. ein Privatmann, ein Einzelunternehmer, eine Bank oder der Staat. Die neben dem Kreditnehmer haftenden Personen sind z. B. die Bürgen beim **Bürgschaftskredit** und die Indossanten beim **Diskontkredit**.

Bürgschaftskredit [§§ 765 ff. BGB, §§ 349 f. HGB]

■ **Begriff Bürgschaft**

Beim Bürgschaftskredit [§§ 765 ff. BGB; §§ 349 f. HGB] verlangt der Gläubiger eine Bürgschaft. Dabei wird die Forderung des Gläubigers durch Abschluss eines Bürgschaftsvertrags zwischen dem Bürgen und dem Gläubiger derart gesichert, dass der Bürge *neben* den eigentlichen Schuldner (den *Hauptschuldner*) tritt. Der Bürge verpflichtet sich, für die Erfüllung der Verbindlichkeiten des Hauptschuldners (Tilgung, Verzinsung) einzustehen [§ 765 BGB].

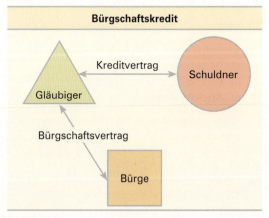

---

1 Statt von ungesicherten und gesicherten Krediten spricht man auch von ungedeckten bzw. gedeckten Krediten. Ein ungesicherter Kredit, für den keine weiteren Personen oder übereigneten bzw. verpfändeten Sachen haften, kann jedoch durch das Vermögen des Kreditnehmers „gedeckt" sein.

2 Disponieren = verfügen, einteilen. (Gehaltskonten können i. d. R. ohne Sicherheitsstellung bis zum Dreifachen des Monatsgehalts des Bankkunden überzogen werden.)

4.6 Inner- und zwischenbetrieblicher Wertefluss

■ **Arten der Bürgschaft**

Zwei Arten der Bürgschaft sind zu unterscheiden:

Ausfallbürgschaft (nachschuldnerische Bürgschaft)	Der Bürge haftet erst nach dem Hauptschuldner und nur unter der Voraussetzung, dass die Zwangsvollstreckung[1] in dessen Vermögen fruchtlos war. Es besteht für den Bürgen das Recht der *Einrede der Vorausklage* [§ 771 BGB]. Muss der Bürge zahlen, geht die Forderung an ihn über [§ 774 I BGB].
Selbstschuldnerische Bürgschaft	Im Gegensatz zur nachschuldnerischen Bürgschaft haftet der Bürge bei der selbstschuldnerischen Bürgschaft genauso wie der Hauptschuldner *selbst* [§ 773 BGB, § 349 HGB]. Dem Gläubiger steht somit das Recht zu, die Leistung (z. B. Zahlung) unmittelbar vom Bürgen (oder wenn mehrere Personen gebürgt haben, von irgendeinem Mitbürgen) ohne vorherige Klage zu verlangen. Der Bürge haftet *selbstschuldnerisch* (so, als ob er selbst Schuldner wäre). Die Einrede der Vorausklage ist ausgeschlossen.

Bei Bürgschaftsverträgen ist die Vereinbarung von Höchstbeträgen möglich und üblich. Der Höchstbetrag liegt meistens *über* der ursprünglichen Schuldsumme, weil er neben der Hauptforderung (z. B. Darlehenssumme) auch Nebenforderungen (z. B. Zinsen, Mahngebühren) umfassen soll. Die Erteilung einer Bürgschaft in elektronischer Form ist ausgeschlossen (nicht rechtswirksam) [§ 766 BGB].

Der Bürgschaftsvertrag unter **Nichtkaufleuten** ist **schriftlich abzuschließen**. Die Bürgschaft unter **Kaufleuten** ist auch **mündlich** und in **elektronischer Form** gültig, falls sie auf der Seite des Bürgen ein Handelsgeschäft darstellt [§ 350 HGB]. Gewähren Banken einen Bürgschaftskredit, verlangen sie grundsätzlich die selbstschuldnerische Bürgschaft.

Zessionskredit [§§ 398ff. BGB]

■ **Begriff Zession**

Beim Zessionskredit werden der Bank Forderungen abgetreten (zediert). Dadurch wird die Bank Eigentümerin der Forderungen, tritt also an die Stelle des alten Gläubigers [§ 398 BGB]. Zessionskredite sind i. d. R. kurz- und mittelfristige Kredite. Die Banken beleihen einen Forderungsbestand mit etwa 60–70 % seines Wertes.

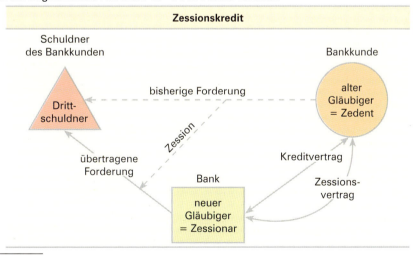

---

[1] Zum Beispiel Pfändung aufgrund eines Gerichtsurteils.

4 Der betriebliche Leistungsprozess

■ **Arten der Zession**

Stille Zession	Die Drittschuldner (Kunden des Bankschuldners) haben keine Kenntnis von der Abtretung.
Offene Zession	Der Drittschuldner ist über die Zession informiert. Kommt z. B. der Bankschuldner (Zedent) mit seinen Verpflichtungen gegenüber seiner Bank in Verzug, teilt die Bank (Zessionar) den Drittschuldnern das Vorliegen einer Zession mit. Die Drittschuldner können jetzt nur noch mit befreiender Wirkung an die Bank (den Zessionar) zahlen [§ 407 I BGB].
Einzelzession	Hier wird eine bestimmte Forderung an den Kreditgeber abgetreten. So kann sich z. B. ein Angestellter bei seiner Bank einen Kontokorrentkredit gegen Abtretung seiner Lebensversicherungspolice einräumen lassen. Im Geschäftsleben sind Einzelzessionen selten, weil im Allgemeinen die Abtretung einer einzigen Forderung nicht ausreicht.
Kollektivzession	Höhe und Zusammensetzung der Forderungen eines Unternehmens ändern sich ständig. Deswegen werden Zessionskredite der Banken meist in Form der **Kollektivzession**[1] eingeräumt. Zwei Arten sind zu unterscheiden: **Arten der Kollektivzession** **Mantelzession**: Eine stille Zession wird wirkungslos, wenn die Drittschuldner an den Zedenten zahlen. Deswegen muss sich der Schuldner im Abtretungsvertrag verpflichten, der Bank (dem Zessionar) in regelmäßigen Zeitabständen die neusten Debitorenlisten (Forderungslisten) in der vereinbarten Gesamthöhe einzureichen. Mit der Einreichung gelten die neuen Forderungen als abgetreten. **Globalzession**: Hier tritt der Schuldner (Zedent) nur Forderungen bestimmter Kundengruppen an die Bank (den Zessionar) ab, z. B. alle Forderungen an die Kunden mit den Anfangsbuchstaben A–F. Das bedeutet, dass alle Forderungen an die Kunden A–F vom Zeitpunkt ihrer Entstehung an als an die Bank abgetreten gelten. Aufgrund der Globalzession werden also Forderungen im Voraus abgetreten.
Factoring	Das Factoring[2] ist eine besondere Art des Zessionskredits. Der *Factor* (eine Bank oder eine spezielle Factorgesellschaft) kauft alle Forderungen seines Kunden, die z. B. aus Warenlieferungen und Dienstleistungen stammen, gegen ein entsprechendes Entgelt auf und übernimmt – im Gegensatz zum gewöhnlichen Zessionskredit der Banken – das volle Kreditrisiko (**= Delkredere**). Darüber hinaus führt die Faktorgesellschaft die Debitorenbuchhaltung (Kundenbuchhaltung), das Mahnwesen und den Einzug (**Inkasso**) der Forderungen durch. Manche Factorinstitute übernehmen – freilich ebenfalls gegen Gebühr – die Rechnungsschreibung (**Fakturierung**).

---

[1] Kollektivum (lat.) = das Ganze.
[2] Factura = Rechnung.

4.6 Inner- und zwischenbetrieblicher Wertefluss

Die Factorgesellschaft übernimmt danach für das betreute Unternehmen drei verschiedene Aufgaben:
- **Dienstleistungsfunktion:** Führung der Debitorenbuchhaltung einschließlich Mahnwesen und Einzug der Forderungen. Eventuell wird von der Factorgesellschaft auch die Fakturierung übernommen.
- **Kreditgewährungsfunktion:** Ankauf der Forderungen (offene Zession) und Vorfinanzierung bis zum Fälligkeitstermin.
- **Kreditsicherungsfunktion:** Übernahme der Haftung für einen eventuellen Forderungsausfall (Delkrederefunktion).

Diskontkredit

Der Verkauf noch nicht fälliger Besitzwechsel (Rimessen) an eine Bank heißt **Diskontkredit**.

Verfügt ein Unternehmen über noch nicht fällige Besitzwechsel (Rimessen), dann kann es diese an seine Bank verkaufen.[1] Die Bank zahlt den Gegenwert für den akzeptierten und an sie indossierten Wechsel unter Abzug von Diskont[2] in bar an den Wechseleinreicher aus oder sie schreibt ihm den Barwert auf seinem Konto gut. Das Diskontgeschäft ist ein *Kreditgeschäft,* weil die Bank ihren Kunden die Barwerte sofort zur Verfügung stellt, obwohl sie die Wechselsummen erst an den (späteren) Zahlungstagen der Wechsel wieder hereinbekommt. Seit Abschaffung des Rediskonts hat das Diskontgeschäft der Banken an Bedeutung verloren.

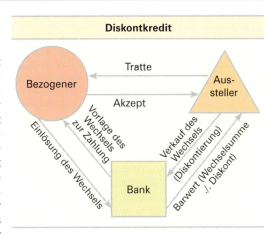

Akzeptkredit

Der Akzeptkredit ist eine Art der Kreditleihe („die Bank gibt ihren Namen her"): Die **Bank** verpflichtet sich durch ihr **Wechselakzept** gegenüber ihrem Kunden.

Der praktische Vorgang ist folgender:

- Der Bankkunde zieht einen Wechsel auf seine Bank, die diesen akzeptiert.
- Der Kunde lässt den Wechsel bei der gleichen Bank **diskontieren** und verschafft sich dadurch Geldmittel.

Falls die Bank die Diskontierung nicht verlangt, kann der Bankkunde den Wechsel an einen Lieferer weitergeben. Das Bankakzept ist ein sehr sicherer Wechsel, weil dem letzten Wechselinhaber gegenüber nicht nur der **Bezogene** (das Kreditinstitut) als Hauptschuldner, sondern auch alle **Indossanten** und der **Aussteller** subsidiär (= ersatzweise) für die Wechseleinlösung haften (siehe auch S. 339).

---

1 Siehe auch Kapitel 4.6.2.6.
2 Diskont (it.) = Abzug, im Voraus abgezogener Zinsbetrag.

4.6.4.2 Realkredite

> **Realkredite** sind Kredite, die durch Sachen („Dinge") gesichert sind (= dinglich gesicherte Kredite).

4.6.4.2.1 Durch bewegliche Sachen gesicherte Kredite

Lombardkredit[1]

> Beim **Lombardkredit** verpfändet ein Kreditnehmer an einen Kreditgeber (meist eine Bank) bewegliche Sachen (z. B. Waren) oder Wertpapiere zur Deckung eines kurzfristigen Kredits.

In der Praxis ist die Verpfändung von Wertpapieren (Wertpapierlombard) häufiger als die Verpfändung von Waren (Warenlombard).

Die Verpfändung erfolgt durch **Einigung** zwischen dem **Eigentümer der Sache** und dem **Gläubiger** darüber, dass dem Gläubiger das Pfandrecht zustehen soll, und durch **Übergabe des Pfandes** an den Gläubiger. Wenn der Gläubiger bereits im Besitz der Sache ist, genügt die Einigung über die Entstehung des Pfandrechts [§ 1205 BGB]. *Eigentümer* des Pfandes bleibt der Verpfänder. Der Kreditgeber (Pfandgläubiger) wird lediglich unmittelbarer *Besitzer*.

Der Pfandgläubiger ist verpflichtet, die Pfänder sorgfältig aufzubewahren. Nach Erlöschen des Pfandrechts muss das Pfand an den Verpfänder zurückgegeben werden [§ 1223 I BGB].

Erfüllt der Schuldner seine Verpflichtungen aus dem Kreditvertrag nicht (z. B. Zinszahlungen, Leistungen der Tilgungsraten), so kann der Pfandgläubiger (Kreditgeber) das Pfand veräußern [§ 1221 BGB, §§ 1235 ff. BGB].[2]

Zwar bestehen nach den §§ 1234 ff. BGB Androhungs- und Wartefristen. Bei Lombardgeschäften mit einer Bank unterwirft sich jedoch der Kunde den allgemeinen Geschäftsbedingungen, welche Androhungs- und Wartefristen ausschließen.

Das Pfandrecht erlischt, wenn der Kreditnehmer seine Verbindlichkeiten erfüllt hat [§ 1252 BGB] oder wenn der Pfandgläubiger das Pfand an den Eigentümer oder den Verpfänder zurückgegeben hat [§ 1253 I BGB].

> Banken beleihen Pfandgegenstände nicht zum vollen Wert, um das Risiko des zwischenzeitlichen Wertverlusts (z. B. aufgrund von Preis- und Kursrückgängen) auszuschalten und die Nebenforderungen (z. B. Zinsen, Mahngebühren) abzudecken. Waren und Aktien werden zu rund 50 %, festverzinsliche Wertpapiere bis zu 70 % des Marktwerts beliehen.

Lombardkredite sind i. d. R. teurer als Diskontkredite.

Der **Vorteil des Lombardkredits für die Kreditnehmer** ist, dass sie sich schnell Überbrückungskredite verschaffen können, ohne die beliehenen Gegenstände (vor allem Wertpapiere mit Kurssteigerungsaussichten) verkaufen zu müssen. Der **Nachteil des**

---

[1] Das Wort „Lombard" stammt aus Italien, weil in der Lombardei bereits im Mittelalter derartige Beleihungsgeschäfte getätigt wurden. (Oberitalien war im Mittelalter Zentrum des europäischen Handels.)

[2] Hat das Pfand einen Börsen- oder Marktpreis (z. B. Wertpapiere, Gold), erfolgt ein freihändiger Verkauf [§ 1221 BGB]. In allen anderen Fällen erfolgt der Verkauf der Pfänder durch eine öffentliche Versteigerung [§§ 1233 ff. BGB].

Lombardkredits für die Kreditnehmer liegt darin, dass sie den unmittelbaren Besitz an der verpfändeten Sache verlieren, diese wirtschaftlich also nicht mehr nutzen können. (Verpfändete Waren können beispielsweise nicht mehr verkauft, verpfändete Rohstoffe können nicht zur Produktion verwendet werden.)

Der **Vorteil des Lombardkredits für die Kreditgeber (Pfandgläubiger)** ist, dass diese eine dingliche Sicherheit haben. Sie können sich als Pfandgläubiger bei Nichtzahlung der Schulden aus dem Verkaufserlös der Pfänder befriedigen. Der **Nachteil des Lombardkredits für die Kreditgeber ist,** dass sie die ihnen übergebenen Pfänder sorgfältig aufbewahren müssen.

Sicherungsübereignungskredit

Das Wesen der **Sicherungsübereignung** besteht darin, dass der Kreditgeber (meist eine Bank) zwar eine dingliche Sicherheit für seine Forderung erhält, die ihm *übereignete Sache* jedoch im unmittelbaren Besitz des Schuldners bleibt [§§ 929, 930 BGB].[1]

Deswegen wird mit dem Sicherungsübereignungsvertrag zugleich ein Miet-, Pacht- oder Leihvertrag abgeschlossen. Je nach Situation werden daher die §§ 535ff. BGB, die §§ 581ff. BGB, die §§ 598ff. BGB mit den §§ 929ff. BGB angewendet.

Das Eigentumsrecht des Kreditgebers ist nur bedingt, d.h., es wird erst wirksam, wenn der Kreditnehmer seinen Verpflichtungen nicht nachkommt. Erst unter dieser Bedingung kann der Kreditgeber die Herausgabe der sicherungsübereigneten Sache verlangen. Bei Rückzahlung des Kredits geht das Eigentum ohne besondere Vereinbarung wieder auf den Kreditnehmer über.

Die Sicherungsübereignung wurde von der Rechtsprechung der Gerichte als **Ergänzung** zum **Pfandrecht** (z.B. zum Lombardkredit) entwickelt. Sie ist gesetzlich nicht ausdrücklich geregelt und stellt daher ein Beispiel für ein Gewohnheitsrecht dar.

Der **Vorteil** des Sicherungsübereignungskredits besteht darin, dass der Schuldner unmittelbarer Besitzer der übereigneten Sache bleibt, diese also wirtschaftlich nutzen kann. Zur Sicherungsübereignung eignen sich deshalb vor allem bewegliche Sachen wie z.B. Maschinen, Transporteinrichtungen, Kraftfahrzeuge und u.U. Warenlager. Der Kreditgeber als Eigentümer hat den Vorteil, dass er die sicherungsübereigneten Sachen nicht wie ein Pfand aufzubewahren braucht. Ein **Nachteil** der Sicherungsübereignung kann sein, dass der Schuldner die übereigneten Gegenstände an gutgläubige Dritte veräußert, an die ein Herausgabeanspruch der Bank (des Gläubigers) nicht besteht. Ein Nachteil ist ferner, dass die vom Schuldner weiter genutzten Gegenstände in aller Regel im Zeitablauf an Wert verlieren.

4.6.4.2.2 Durch Grundstücke gesicherte Kredite (Grundkredite)

Begriffe Grundkredit und Grundpfandrecht

Grundkredite sind Kredite, die durch Eintragung eines Grundpfandrechts im Grundbuch gesichert sind. Ein **Grundpfandrecht** ist ein **Pfandrecht** an einem **Grundstück**.

---

1 Bei diesem sogenannten **Besitzkonstitut** des § 930 BGB wird der Kreditgeber mithin Eigentümer und mittelbarer Besitzer. Der Kreditnehmer bleibt unmittelbarer Besitzer der Sache.

4 Der betriebliche Leistungsprozess

Grundpfandrechte sind die Hypothek, die Grundschuld und die Rentenschuld.[1] Alle Grundpfandrechte müssen im *Grundbuch* eingetragen sein.

Grundbuch

Das Grundbuch ist ein Verzeichnis (Register) aller Grundstücke in einem Amtsgerichtsbezirk. Die Grundbücher werden von den Amtsgerichten geführt [§ 1 I GBO]. In Baden-Württemberg bestehen staatliche **Grundbuchämter,** die von einem Amtsnotar geführt werden. Wenn dies einer schnelleren und rationelleren Grundbuchführung dient, sind die Landesregierungen ermächtigt, durch Rechtsverordnung die Führung des Grundbuchs einem Amtsgericht für die Bezirke mehrerer Amtsgerichte zuzuweisen. Die Grundbücher werden zunehmend elektronisch geführt.

Aufschrift (Deckblatt)	Bestandsverzeichnis	Abteilung I	Abteilung II	Abteilung III
enthält u. a.: 1. Amtsgericht 2. Grundbuchbezirk 3. Blatt-Nummer 4. bei Wohnungseigentum das Wort „Wohnungsgrundbuch" 5. evtl. Umschreibungsvermerk bzw. Schließungsvermerk	enthält: 1. Grundstückskennzeichnung (Gemarkung, Flur, Flurstück, Wirtschaftsart, Lage, Größe) 2. mit dem Grundstück verbundene Rechte (z. B. Wegerechte, Kanalleitungsrechte)	enthält: 1. Eintragung des oder der Eigentümer 2. Eintragungsgrundlage (z. B. Auflassung, Erbfolge)	enthält: 1. Lasten und Beschränkungen (außer Grundpfandrechten), z. B. – Dauerwohnrechte – Vorkaufsrechte – Nießbrauch – Erbbaurechte – Reallasten	enthält: Grundpfandrechte, z. B. – Hypotheken – Grundschulden – Rentenschulden (Betrag und Art, Zinssatz, Gläubiger, Bedingungen, Datum der Eintragung)

Die Landesregierungen können durch Rechtsverordnungen bestimmen, dass und in welchem Umfang das Grundbuch in maschineller Form als automatisierte Datei geführt wird (Näheres siehe §§ 126 ff. GBO).

Eintragungen und Löschungen im Grundbuch genießen **öffentlichen Glauben.** Dies bedeutet, dass man sich auf den Inhalt des Grundbuchs verlassen darf, auch wenn er nicht mit dem tatsächlichen (wahren) Rechtsverhalt übereinstimmen sollte. Jedem, der ein berechtigtes Interesse nachweisen kann, ist die **Einsicht** in das Grundbuch gestattet (= **Öffentlichkeit des Grundbuchs**).

Entstehung von Hypotheken und Grundschulden

Die Voraussetzungen für die Entstehung von Hypotheken und Grundschulden sind [§ 873 BGB]:

Einigung	Einigung zwischen dem Hypotheken- bzw. Grundschuldgläubiger und dem persönlich haftenden Schuldner[2] (oder einem Dritten)[3] über die Bestellung des Grundpfandrechts.

---

1 Bei der Rentenschuld kann der Gläubiger regelmäßig wiederkehrende Geldleistungen aus dem Grundstück verlangen. Auf die Rentenschuld wird hier nicht näher eingegangen.
2 Der persönlich haftende Schuldner ist Grundstückseigentümer (Regelfall).
3 Ein Dritter (z. B. der Vater des Schuldners), der persönlich nichts schuldet, ist Grundstückseigentümer (Ausnahme).

Eintragung	Eintragung des Grundpfandrechts in das Grundbuch. An sich genügt ein formloser Eintragungsantrag des Eigentümers oder des Gläubigers. Da jedoch der Grundpfandrechtsgläubiger erst dann in das Grundstück vollstrecken darf, wenn er einen vollstreckbaren Titel (z. B. ein rechtskräftiges Urteil) besitzt, verlangen die Kreditgeber (vor allem die Banken), dass sich der Schuldner der sofortigen Zwangsvollstreckung unterwirft. Diese Unterwerfung kann nur zu notariellem Protokoll erklärt werden. Dies ist der Grund, dass die meisten Grundpfandrechte in Form der *notariellen Beurkundung* bestellt werden.
Übergabe	Übergabe des Hypotheken- bzw. Grundschuldbriefs an den Gläubiger. Sofern Gläubiger und Schuldner nicht das Gegenteil vereinbaren, wird für die Hypothek bzw. die Grundschuld ein *Brief* (Hypothekenbrief, Grundschuldbrief) ausgestellt[1] [§§ 1116f., 1192 BGB]. Dies ist ein vom Grundbuchamt ausgestelltes **nicht vertretbares Kapitalwertpapier,** das durch **Einigung, privatschriftliche Abtretungserklärung** und **Übergabe** weitergegeben werden kann. Mithilfe eines Hypotheken- oder Grundschuldbriefs lässt sich also sehr schnell und ohne weitere Grundbucheintragung ein Grundkredit verschaffen. Händigt z. B. die Bank nach erfolgter Tilgung eines Grundkredits dem Schuldner den Grundschuld- oder Hypothekenbrief aus, so kann ihn dieser bei neuerlichem Kreditbedarf wieder verwerten, d. h. dem neuen Gläubiger übergeben.[2]

Rangstufen

Ein Grundstück kann mit mehreren Hypotheken bzw. Grundschulden belastet werden. Nach der Reihenfolge der Eintragungen im Grundbuch unterscheidet man erste, zweite, dritte usw. Hypothek bzw. Grundschuld.

Die Rangstufen im Grundbuch richten sich, falls nichts anderes vereinbart ist, nach der Reihenfolge der Eintragungen der Hypotheken bzw. Grundschulden [§§ 879ff. BGB]. In der Praxis werden jedoch häufig die Rangstufen von vornherein mit den Darlehensgebern vereinbart. So geben sich z. B. Bausparkassen mit dem zweiten Rang zufrieden, falls der Bauherr von einer Bank eine erste Hypothek bzw. Grundschuld in Anspruch nimmt. Die Bedeutung der Rangstufen liegt darin, dass bei einer Zwangsversteigerung die Forderungen der Hypotheken- bzw. Grundschuldgläubiger nach ihrer Rangfolge befriedigt werden. Aus diesem Grund hat eine erststellige Hypothek bzw. Grundschuld einen höheren Sicherungswert als eine nachrangige.

Übertragung

Die *Übertragung der Grundpfandrechte* erfolgt durch *Einigung, Abtretungserklärung*[3] (bei allen Hypotheken) und Übergabe eines ausgestellten *Hypotheken-* bzw. *Grundschuldbriefs* (bei Briefhypotheken bzw. -grundschulden) oder *Umschreibung im Grundbuch* auf den neuen Grundpfandgläubiger (bei Buchhypotheken und -grundschulden).

---

[1] Ausnahme: Sicherungshypothek [§§ 1184f. BGB] (siehe S. 374f.).
[2] Wird kein Hypothekenbrief ausgestellt, was im Grundbuch vermerkt wird, so handelt es sich um eine Buchhypothek. Zur Übertragung dieser Hypothek ist die Eintragung der Rechtsänderung im Grundbuch erforderlich.
[3] Der (bisherige) Gläubiger erklärt, dass seine (bisherige) Forderung auf einen Dritten (einen neuen Gläubiger) übergehen soll.

Zweck des Grundpfandrechts

Der Sinn einer Hypothek oder Grundschuld ist der, dass sich der Gläubiger **aus dem Grundstück** befriedigen kann, wenn der Schuldner mit seinen Leistungen in Verzug kommt. Dies kann durch die Eintragung einer Sicherungshypothek für die Forderung, durch *Zwangsversteigerung* und durch *Zwangsverwaltung* erfolgen (Zwangsvollstreckung, § 1147 BGB; §§ 866 ff. ZPO). Im Fall der Zwangsversteigerung erhält der Gläubiger den ihm zustehenden Erlös, im Fall der Zwangsverwaltung die Erträge (z. B. Mieterträge) des Grundstücks [§§ 148 II, 149 ZVG].

Arten des Hypothekarkredits

■ Verkehrshypothek

Die im Verkehr übliche Hypothek heißt Verkehrshypothek [§§ 1113–1183 BGB]. Sie wird bei der Aufnahme von langfristigen Darlehen verwendet. Der Gläubiger wird erst Inhaber der Hypothek, wenn er gegen den Schuldner die mit der Hypothek zu sichernde Forderung erlangt hat [§ 1153 BGB]. Die Hypothek ist streng abhängig von der Forderung (Akzessorietät). Sie verringert sich im gleichen Maß, wie die Höhe der Darlehensschuld aufgrund von Tilgungsraten abnimmt. Ist also ein Darlehen beispielsweise bis zur Hälfte seiner ursprünglichen Höhe getilgt, besteht auch nur noch eine Hypothek in Höhe der Restschuld. Eine neuerliche Kreditaufnahme ist nicht mehr durch die Hypothek gedeckt. Allerdings trägt der *Schuldner* die Beweislast, da die Darlehenssumme im Grundbuch eingetragen ist und die Eintragung der Verkehrshypothek öffentlichen Glauben genießt [§§ 891, 892, 1138 BGB].

Insoweit die der Hypothek zugrunde liegende Forderung bezahlt ist, steht die Hypothek dem Eigentümer zu. Zugleich entsteht eine **Eigentümergrundschuld** [§§ 1163, 1177 BGB].[1] Hierdurch wird die betreffende Rangstelle für den Eigentümer *freigehalten,* der bei Bedarf einen neuen Hypothekarkredit an der gleichen Rangstelle aufnehmen kann.

Der Eigentümer eines Grundstücks kann sich auch eine Eigentümergrundschuld eintragen lassen. Er kann dann jederzeit durch Übertragung des Grundschuldbriefs einen Kredit erlangen [§ 1196 BGB].

■ Sicherungshypothek

Bei der Sicherungshypothek (die im Grundbuch als solche bezeichnet sein muss [§ 1184 II BGB]) besteht im Gegensatz zur Verkehrshypothek ein Pfandrecht nur insoweit, als der Gläubiger seine Forderung nachweisen kann [§ 1184 I BGB]. Der § 1138 BGB gilt nicht. Die Sicherungshypothek findet z. B. als **Höchstbetragshypothek** [§ 1190 BGB] zur Sicherung von Kontokorrentkrediten

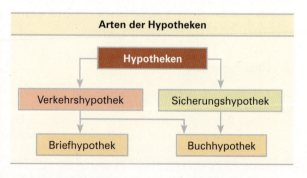

Arten der Hypotheken

---

[1] Dies ist deshalb der Fall, weil eine Hypothek immer das Bestehen einer Forderung voraussetzt.

Anwendung, weil sich die Höhe dieser Hypothek an die jeweilige Forderungshöhe anpasst. Bei jeder neuerlichen Kreditinanspruchnahme lebt die Hypothek wieder auf. Der Höchstbetrag wird im Grundbuch eingetragen.[1] Über Sicherungshypotheken kann *kein* Hypothekenbrief ausgestellt werden [§ 1185 I BGB].[2]

Grundschuldkredit

Heute sind die Hypothekarkredite weitgehend von Grundschuldkrediten abgelöst worden. Dies hat mehrere Gründe. Einmal setzt die Entstehung der Grundschuld **keine Forderung** voraus [§ 1191 BGB], zum anderen ist die Grundschuld von einer bestehenden Forderung **unabhängig**. Insoweit ist die Grundschuld für den Gläubiger günstiger als die Hypothek. Da jedoch bei der Grundschuld lediglich das Grundstück haftet **(dingliche Haftung)**, nicht aber auch der Schuldner wie bei der Hypothek **(persönliche Haftung)**, wird der Gläubiger bei der Beleihung eines Grundstücks darauf achten müssen, dass das Grundstück nicht zu hoch belastet wird, damit er im Fall der Zwangsvollstreckung seine Forderung voll abdecken kann.

Ist eine Grundschuld im Grundbuch eingetragen, braucht demnach eine Forderung nicht nachgewiesen zu werden. In der Praxis vereinbaren jedoch Kreditgeber und Kreditnehmer regelmäßig, dass der Kreditgeber auf die Inanspruchnahme der Grundschuld insoweit verzichtet, soweit der Kreditnehmer seinen Verpflichtungen nachgekommen ist (z. B. Zahlung der vereinbarten Zinsen und Tilgungsraten). Daraus wird ersichtlich, dass sich die Grundschuld nicht nur zur Absicherung von Darlehen, sondern auch von Kontokorrentkrediten eignet.

Erlöschen der Grundpfandrechte

Ist eine Forderung bezahlt, kann das Grundpfandrecht gelöscht werden, es sei denn, der Grundstückseigentümer möchte eine Eigentümergrundschuld zur späteren Verwendung im Grundbuch stehen lassen.

Zur Löschung eines Grundpfandrechts sind eine notariell beglaubigte Löschungsbewilligung des ehemaligen Gläubigers und ein Löschungsantrag erforderlich. Bei Briefhypotheken und Briefgrundschulden ist dem Grundbuchamt außerdem der Brief vorzulegen. Soweit die Eintragungen im Grundbuch noch auf traditionelle Weise auf Grundbuchblättern erfolgen, wird die Löschung einer Eintragung durch rote Unterstreichung vorgenommen (Näheres siehe §§ 875 ff., 891, 1144 f., 1179 ff., 1187, 1196 BGB).

---

1 Bei der Höchstbetragshypothek (eine Unterart der Sicherungshypothek) wird die Haftung des Grundstücks für die zu sichernde Forderung nur nach oben begrenzt. Wesentliches Merkmal ist, dass die Höhe der gesicherten Forderung zunächst unbestimmt ist und die Feststellung der Schuldhöhe einem späteren Zeitpunkt vorbehalten bleibt.

2 Der Vorteil der Sicherungshypothek liegt darin, dass Gebühren eingespart werden, weil Änderungen im Grundbuch aufgrund wechselnder Kredithöhen entfallen.

Zusammenfassung

- **Kredite** können nach ihrer **Sicherheit** wie folgt eingeteilt werden:

Ungesicherte Kredite		Gesicherte Kredite	
Personalkredite		**Dinglich gesicherte Kredite**	
Reine Personalkredite (= Blankokredite)	Verstärkte Personalkredite	Durch bewegliche Sachen gesicherte Kredite	Durch Grundstücke gesicherte Kredite (= Grundkredite)
Der Kreditgeber gewährt den Kredit ohne jede Sicherheit. Es haftet lediglich der als zahlungskräftig und -willig bekannte Kreditnehmer.	Neben dem Kreditnehmer haften noch weitere Personen, z. B. beim ■ Diskontkredit, ■ Bürgschaftskredit, ■ Zessionskredit, ■ Akzeptkredit.	Neben dem Kreditnehmer dienen bewegliche Sachen als Sicherheit, z. B. beim ■ Lombardkredit, ■ Kredit gegen Sicherheitsübereignung.	Hier dienen Grundstücke der Sicherheit des Kreditgebers, z. B. ■ Kredit gegen Eintragung einer Hypothek, ■ Kredit gegen Eintragung einer Grundschuld.

Bei den oben genannten Kreditarten ist der Kreditgeber meist eine Bank.

- Die **Bürgschaft** ist ein Vertrag, durch den sich der Bürge verpflichtet, eine Leistung anstelle des Schuldners (Hauptschuldners) zu erbringen, falls dieser seinen Verpflichtungen nicht nachkommt. Der Vertrag wird zwischen dem Bürgen und dem Kreditgeber abgeschlossen. Wir unterscheiden **Ausfallbürgschaft** und **selbstschuldnerische Bürgschaft**.

- Durch den Abtretungsvertrag (**Zession**) kann eine Forderung vom Gläubiger (Zedenten) auf einen neuen Gläubiger (Zessionar) übertragen werden. Wird der Schuldner (der sogenannte Drittschuldner) des bisherigen Gläubigers nicht benachrichtigt, liegt eine **stille Zession** vor. Bei der **offenen Zession** wird der Schuldner des bisherigen Gläubigers (der Drittschuldner) benachrichtigt. Er kann dann mit befreiender Wirkung nur noch an den neuen Gläubiger zahlen. Werden mehrere Forderungen abgetreten (**Kollektivzession**), kann zwischen der **Mantel-** und der **Globalzession** gewählt werden.

- Zwischen der **Sicherungsübereignung** und dem **Lombardkredit** bestehen folgende Unterschiede:

Lombard (Pfandrecht)	Sicherungsübereignung
Schuldner bleibt Eigentümer, Gläubiger wird unmittelbarer Besitzer (Faustpfand).	Schuldner bleibt unmittelbarer Besitzer, Gläubiger wird Eigentümer und mittelbarer Besitzer (Besitzkonstitut).
Verhältnismäßig sicher, da Gläubiger im Besitz der Pfandsache ist; i. d. R. sofortige Verwertbarkeit nach Androhung (freihändiger Verkauf oder öffentliche Versteigerung).	Verhältnismäßig unsicher, da Schuldner im Besitz der Sache ist (anderweitige Übereignung, Weiterveräußerung an gutgläubigen Dritten, Abnutzung, Verderb, Zerstörung usw.).

- **Grundkredite** sind Kredite, die durch Eintragung eines Grundpfandrechts im Grundbuch gesichert sind. Man unterscheidet zwischen **Hypothek** und **Grundschuld**.

4.6 Inner- und zwischenbetrieblicher Wertefluss

- Zwischen Hypothek und Grundschuld bestehen folgende Unterschiede:

Hypothek	Grundschuld
= Pfandrecht an einem Grundstück, bei dem der Schuldner (in der Regel der Grundstückseigentümer) **und** das belastete Grundstück haften (dingliche *und* persönliche Haftung).	= Pfandrecht an einem Grundstück, bei dem *nur* das belastete Grundstück, nicht aber der Eigentümer haftet (nur dingliche Haftung).
Eintragung setzt das Bestehen einer Forderung voraus (Akzessorietät).	Eintragung setzt das Bestehen einer Forderung *nicht* voraus („Grundschuld ohne Schuldgrund").
Eintragung einer Hypothek auf den Namen des Eigentümers nicht möglich.	Eintragung einer Eigentümergrundschuld möglich (entsteht auch automatisch durch Tilgung einer Hypothek).

ÜBUNGSAUFGABEN

1. **Fallstudie**: Die Seilerei Peter Flechter e.K. beantragt bei ihrer Hausbank einen Kredit in Höhe von 2,2 Mio. € zur Finanzierung neuer Maschinen. Auf dem Kontokorrentkonto hat die Seilerei einen Kreditrahmen bis zu 500 000,00 €. Für diesen Kontokorrentkredit verlangt die Bank keine Sicherheit. Zusätzliche Kredite möchte die Bank allerdings nur gewähren, wenn ausreichende Sicherheiten gegeben werden.

   Die Seilerei besitzt u. a. folgende Vermögenswerte:

(a)	Ein unbebautes und unbelastetes Grundstück im Wert von	2,0 Mio. €
(b)	Maschinen zum Buchwert (Restwert) von	1,4 Mio. €
(c)	Aktien zum Kurswert von	0,9 Mio. €
(d)	Bundesanleihen zum Kurswert von	1,5 Mio. €
(e)	Wechsel	0,4 Mio. €
(f)	Forderungen aus Lieferungen und Leistungen	2,7 Mio. €

   1.1 Wie wird der ungesicherte Kontokorrentkredit bezeichnet?

   1.2 Man sagt, ungesicherte Kredite seien die sichersten. Warum?

   Der Zulieferer Hans Burger erklärt sich bereit, im Fall einer Kreditaufnahme für die Seilerei Peter Flechter e.K. zu bürgen.

   1.3 Bei der Bürgschaft sind Gläubiger, Schuldner und Bürge beteiligt. Zwischen welchen der genannten Personen muss der Bürgschaftsvertrag abgeschlossen werden?

   1.4 Ein Bürgschaftsvertrag mit einem Nichtkaufmann muss schriftlich abgeschlossen werden. Warum?

   Peter Flechter überlegt sich, ob er seiner Bank die Forderungen aus Lieferungen und Leistungen als Sicherheit anbieten kann. Die Bank ist bereit, die Forderungen mit 50 % ihres Werts zu beleihen.

   1.5 Um welche Art von Kredit handelt es sich in diesem Fall?

   1.6 Welche Personen bzw. Personengruppen sind bei dieser Kreditart beteiligt?

   1.7 Die von Ihnen unter 1.5 genannte Kreditart kommt in mehreren Arten vor. Nennen und beschreiben Sie diese!

   1.8 Peter Flechter ist der Meinung, dass die unter 1.5 genannte Kreditart für sein Investitionsvorhaben nicht besonders geeignet sei. Nehmen Sie Stellung!

Der sich im Besitz der Seilerei Peter Flechter e. K. befindliche Wechsel hat eine Restlaufzeit von 2 Monaten. Der Wechsel wird an die Hausbank gegen Abzug eines Vorauszinses in Höhe von 6 % verkauft.

1.9 Wie nennt man diese Kreditart?

1.10 Wie viel Euro schreibt die Bank gut?

1.11 Worin besteht der Unterschied zwischen dem unter 1.9 genannten Kredit und dem Akzeptkredit?

Peter Flechter ist sich darüber im Klaren, dass nur die unter (a) bis (d) genannten Vermögensteile zur Sicherung des Kredits in Frage kommen.

1.12 In welcher Form können diese Vermögensteile zur Sicherung des Kredits verwendet werden?

1.13 Schätzen Sie, wie hoch die mögliche Kreditsumme ist, wenn die Vermögensteile (a) bis (d) beliehen werden. Erfragen Sie die verschiedenen Beleihungssätze bei einem Kreditinstitut!

1.14 Welche Risiken bestehen für die Bank bei der Beleihung der einzelnen Vermögensteile (a) bis (f)?

1.15 Begründen Sie, welche Sicherungsart für den Kredit am zweckmäßigsten ist!

1.16 In welches Register wird ein aufgenommener Grundkredit eingetragen und welche Bedeutung hat die Rangstelle der Eintragung?

Peter Flechter denkt auch darüber nach, ob eine Leasing-Finanzierung in Frage kommen könnte.

1.17 Nennen Sie drei Gründe, die für eine Leasing-Finanzierung sprechen!

2. Der Lebensmittelgroßhändler Schmidt erhielt im Jahr 01 von seiner Bank eine Verkehrshypothek in Höhe von 50 000,00 €. Ende 06 hatte er 6 000,00 € getilgt.

2.1 Mit wie viel Euro stand die Hypothek Ende 06 im Grundbuch?

2.2 Wie hoch war die Hypothek Ende 06?

2.3 Am Ende des Jahres 06 nahm Herr Schmidt bei der gleichen Bank ein Darlehen in Höhe von 5 000,00 € auf. Ist das Darlehen durch die im Jahr 01 eingetragene Verkehrshypothek gesichert? Begründen Sie Ihre Antwort!

2.4 Wäre es anders, wenn es sich um eine Sicherungshypothek gehandelt hätte? (Begründen!)

4.7 Das notleidende Unternehmen

4.7.1 Ursachen der Unternehmenskrisen

Immer wieder geraten Unternehmen in eine wirtschaftliche Krise. Die Gründe können im Unternehmen selbst liegen, aber auch in äußeren Umständen zu suchen sein.

4.7.2 Liquidation[1]

Die *freiwillige Auflösung* des Unternehmens ist dann angeraten, wenn sich in Zukunft aller Voraussicht nach keine Chancen mehr für das Unternehmen ergeben.

Begriff Liquidation

Das Wesen der **Liquidation** besteht darin, dass alle Vermögensteile planmäßig veräußert und die Schulden beglichen werden.[2]

Liquidationsarten

Die freiwillige Auflösung des Unternehmens kann so vor sich gehen, dass es in seiner Gesamtheit verkauft wird (Totalverkauf) oder dass einzelne Vermögensteile veräußert werden. Die Liquidation (Abwicklung) der letzteren Art ist seltener, weil bei der Veräußerung im Ganzen meist ein höherer Preis erzielt wird.

Abwicklung

Bei der Veräußerung der einzelnen Vermögensteile kann das Unternehmen seinen Geschäftsbetrieb nicht sofort einstellen; es sind vielmehr die laufenden Geschäfte abzuwickeln. Das Vermögen ist zu „versilbern" („verflüssigen"), d.h. in flüssige Mittel umzuwandeln, und die Schulden sind zu bezahlen. Erst der verbleibende Rest kann an den Eigentümer bzw. die Gesellschafter des Unternehmens ausbezahlt werden.

---

[1] Liquidieren = flüssig machen, auflösen.
[2] Die Liquidation muss nach der Auflösung einer Gesellschaft stattfinden, wenn zwischen den Gesellschaftern keine andere Art der Auseinandersetzung vereinbart ist oder über das Gesellschaftsvermögen das Insolvenzverfahren eröffnet wurde [§ 145 I HGB].

4.7.3 Freiwilliger Vergleich

Begriff freiwilliger Vergleich

Beim **freiwilligen Vergleich** wird außergerichtlich versucht, das notleidende Unternehmen durch einen teilweisen Forderungsverzicht der Gläubiger oder durch einen Zahlungsaufschub zu erhalten.

Der freiwillige Vergleich (auch außergerichtlicher Vergleich oder Akkord genannt) kommt durch freiwillige Vereinbarungen zwischen dem Schuldner und seinen Gläubigern ohne Inanspruchnahme von Gerichten zustande. Stimmen nicht alle Gläubiger zu, müssen Einzelerlassverträge bzw. Einzelstundungsverträge abgeschlossen werden.

Arten

Vereinbart wird entweder ein Stundungs- oder ein Erlassvergleich. Beim **Stundungsvergleich (Moratorium)** stunden die betroffenen Gläubiger ihre Forderungen für eine bestimmte Zeit (d.h. sie gewähren ein Zahlungsziel). Beim **Erlassvergleich (Quotenvergleich)** verzichten die Gläubiger auf einen Teil ihrer Forderungen.

4.7.4 Insolvenzverfahren

4.7.4.1 Allgemeine Vorschriften

Aufgabe des Insolvenzverfahrens

Das Insolvenzverfahren hat die Aufgabe, möglichst viele Insolvenzfälle in einem geordneten Verfahren abzuwickeln, wobei überlebensfähigen Unternehmen die Möglichkeit einer Sanierung (z.B. durch teilweisen Schuldenerlass) offen gehalten wird.

Eröffnungsantrag

Die Eröffnung des Insolvenzverfahrens setzt voraus, dass ein Eröffnungsgrund gegeben ist [§ 16 InsO]. Das Insolvenzverfahren wird nur auf Antrag eröffnet [§ 13 I InsO].

Ein Antrag auf Eröffnung des Insolvenzverfahrens kann aus folgenden Gründen gestellt werden:

Zahlungsunfähigkeit	Der Schuldner ist außerstande, seinen Zahlungsverpflichtungen nachzukommen [§ 17 II InsO].
Drohende Zahlungsunfähigkeit	Der Schuldner ist *voraussichtlich* nicht in der Lage, bestehende Zahlungsverpflichtungen zum Zeitpunkt der Fälligkeit zu erfüllen [§ 18 II InsO].
Überschuldung	Bei juristischen Personen (z.B. Kapitalgesellschaften) ist neben den vorgenannten Gründen auch die Überschuldung ein Antragsgrund für ein Insolvenzverfahren. Überschuldung liegt vor, wenn das Vermögen des Schuldners kleiner ist als die bestehenden Schulden [§ 19 II InsO].

4.7 Das notleidende Unternehmen

Insolvenzgericht

Das für das Insolvenzverfahren zuständige Gericht ist das Amtsgericht, in dessen Bezirk der Schuldner seinen allgemeinen Gerichtsstand hat [§§ 2, 3 InsO]. Die Länder können festlegen, dass nur ein Amtsgericht je Landgerichtsbezirk zuständig ist. Das für die Insolvenzverfahren zuständige Gericht wird *Insolvenzgericht* genannt.

Das Gericht prüft einen berechtigten Insolvenzantrag vor allem daraufhin, ob zumindest die **Verfahrenskosten (Masseverbindlichkeiten)** gedeckt sind. Andernfalls erfolgt **Abweisung mangels Masse**[1] [§ 26 I S. 1 InsO]. Die Folgen der Abweisung sind: Die Gläubiger können in Einzelverfahren versuchen zu ihrem Recht zu kommen. Laufende Pfändungen werden fortgesetzt. Der Schuldner wird in ein Schuldnerverzeichnis eingetragen, das nach fünf Jahren gelöscht wird [§ 26 II InsO, § 915 ZPO].

Folgen des Insolvenzantrags

Erfolgt keine Abweisung mangels Masse, hat das Insolvenzgericht alle Maßnahmen zu treffen, die erforderlich scheinen, um bis zur Entscheidung über den Antrag eine den Gläubigern nachteilige Veränderung in der Vermögenslage des Schuldners zu verhüten [§ 21 I InsO].

Das Gericht kann

- einen **vorläufigen Insolvenzverwalter**[2] bestimmen, der als Sequester[3] mit Zustimmung des Gerichts auch das Unternehmen stilllegen darf, wenn das erforderlich ist, um eine erhebliche Vermögensminderung zu vermeiden [§ 22 I Nr. 2 InsO];

---

1 Unter Masse sind die Vermögensteile des Schuldners zu verstehen, die zur Begleichung von Verbindlichkeiten herangezogen werden können.
2 Näheres siehe § 22 InsO.
3 Sequester (lat.) = Verwalter, Zwangsverwalter.

4 Der betriebliche Leistungsprozess

- dem **Schuldner ein allgemeines Verfügungsverbot** auferlegen oder anordnen, dass Verfügungen des Schuldners nur mit Zustimmung des vorläufigen Insolvenzverwalters[1] wirksam sind [§ 21 II Nr. 2 InsO];
- **Maßnahmen der Zwangsvollstreckung gegen den Schuldner untersagen** oder einstweilen einstellen, soweit nicht unbewegliche Gegenstände (Grundstücke) betroffen sind [§ 21 II Nr. 3 InsO].

Eröffnungsbeschluss

Die Eröffnung des Insolvenzverfahrens hat nachstehende Folgen:

[1] Das Insolvenzgericht veröffentlicht den Eröffnungsbeschluss sofort im Internet unter *www.insolvenzbekanntmachungen.de* und auszugsweise im elektronischen Bundesanzeiger unter *www.ebundesanzeiger.de*. Außerdem wird der Eröffnungsbeschluss den Gläubigern und Schuldnern des Insolvenzschuldners sowie dem Insolvenzschuldner selbst zugestellt [§ 30 InsO].[2] Ist der Schuldner im Handels-, Genossenschafts- oder Vereinsregister eingetragen, erhält das betreffende Registergericht eine Ausfertigung des Eröffnungsbeschlusses [§ 31 InsO]. Ist der Schuldner eine natürliche Person, so soll er darauf hingewiesen werden, dass er nach den §§ 286 bis 303 InsO Restschuldbefreiung erlangen kann [§ 20 II InsO].

[2] Eintragung des Eröffnungsbeschlusses im Grundbuch (Näheres siehe §§ 32, 33 InsO).

[3] Der (endgültige) Insolvenzverwalter wird ernannt [§ 27 I InsO].

[4] Die Gläubiger des Insolvenzschuldners werden aufgefordert, ihre Forderungen und ihre Sicherungsrechte an beweglichen Sachen oder an Rechten des Schuldners[3] innerhalb einer bestimmten Frist schriftlich beim Insolvenzverwalter anzumelden [§ 28 I, II InsO i. V. m. § 174 InsO].

> **Aussonderung.** Wer aufgrund eines dinglichen oder persönlichen Rechts geltend machen kann, dass ein Gegenstand nicht zur Insolvenzmasse gehört, ist **kein** Insolvenzgläubiger [§ 47 InsO].

Beispiele:

Eigentümer eines an den Schuldner verpachteten oder vermieteten Grundstücks. – Eigentümer eines dem Schuldner geliehenen Kraftfahrzeugs.

[5] Die Schuldner des Insolvenzschuldners werden aufgefordert, nicht an diesen, sondern an den Insolvenzverwalter zu leisten [§ 28 III InsO].

[6] Die Termine für die ersten beiden Gläubigerversammlungen werden festgelegt [§ 29 InsO]:
- Im Berichtstermin berichtet der Insolvenzverwalter über den Fortgang des Insolvenzverfahrens.
- Im Prüfungstermin werden die angemeldeten Forderungen auf ihre Berechtigung hin überprüft.

Beide Termine können zusammengelegt werden.

---

1 Anstelle des vorläufigen Insolvenzverwalters kann in der ersten Gläubigerversammlung ein anderer Insolvenzverwalter gewählt werden [§ 57 InsO]. In den meisten Fällen wird jedoch der vorläufige Insolvenzverwalter von der ersten Gläubigerversammlung bestätigt.

2 Zu beachten ist § 20 II InsO, wonach der Schuldner, falls er eine natürliche Person ist, bei der Eröffnung des Insolvenzverfahrens darauf hingewiesen werden soll, dass er nach den §§ 286 bis 303 InsO Restschuldbefreiung erlangen kann (siehe Kapitel 4.7.4.4).

3 Rechte aus unbeweglichen Sachen (Immobilien) brauchen nicht angemeldet zu werden, weil sie aus dem Grundbuch ersichtlich sind.

Wirkungen der Eröffnung des Insolvenzverfahrens[1]

Die Eröffnung und die öffentliche Bekanntmachung des Insolvenzverfahrens hat z. B. folgende Wirkungen:

- Der Schuldner verliert sein Verwaltungs- und Verfügungsrecht über sein zur Insolvenzmasse gehörendes Vermögen. Das Verwaltungs- und Verfügungsrecht geht auf den Insolvenzverwalter über [§ 80 I InsO].
- Verfügungen des Schuldners über einen Gegenstand der Insolvenzmasse nach der Eröffnung des Insolvenzverfahrens sind unwirksam. Hat ein Schuldner am Tag der Eröffnung des Insolvenzverfahrens verfügt, so wird vermutet, dass er nach der Eröffnung verfügt hat [§ 81 InsO].
- Die Schuldner des Insolvenzschuldners können bei Kenntnis des Insolvenzverfahrens nur noch mit schuldbefreiender Wirkung an den Insolvenzverwalter leisten [§ 82 InsO].
- Die Insolvenzgläubiger können ihre Forderungen nur noch nach den Vorschriften über das Insolvenzverfahren verfolgen [§ 87 InsO].
- Zwangsvollstreckungen einzelner Insolvenzgläubiger sind während der Dauer des Insolvenzverfahrens unzulässig [§ 89 I InsO].
- Zwangsvollstreckungen wegen Masseverbindlichkeiten, die nicht durch eine Rechtshandlung des Insolvenzverwalters begründet wurden, sind für die Dauer von sechs Monaten seit Eröffnung des Insolvenzverfahrens unzulässig [§ 90 I InsO].

4.7.4.2 Auflösung eines Unternehmens

Rangfolge der Gläubiger („Gläubigerklassen")

Aussonderungsberechtigte Gläubiger [§ 47 InsO]	Wer aufgrund eines dinglichen oder persönlichen Rechts geltend machen kann, dass ein Gegenstand nicht zur Insolvenzmasse gehört, ist kein Insolvenzgläubiger.
Absonderungsberechtigte Gläubiger [§§ 49 ff. InsO]	Hierzu gehören - Gläubiger, die ein *Pfandrecht* an einem Grundstück des Schuldners haben. Sie können das Grundstück zwangsversteigern oder -verwalten lassen [§ 49 InsO]; - Gläubiger, die an einem Gegenstand der Insolvenzmasse ein Pfandrecht besitzen, sowie Gläubiger, denen der Schuldner zur Sicherung eines Anspruchs eine bewegliche Sache übereignet oder ein Recht übertragen hat. Diese Gläubiger sind zur abgesonderten Befriedigung aus dem Pfandgegenstand berechtigt [§§ 50 I, 51 Nr. 1, 166–173 InsO]. Der Insolvenzverwalter kann beim zuständigen Gericht die Zwangsversteigerung bzw. -verwaltung eines *unbeweglichen Gegenstands* der Insolvenzmasse betreiben, auch wenn ein Absonderungsrecht besteht [§ 165 InsO]. Desgleichen ist der Insolvenzverwalter berechtigt, eine *bewegliche Sache* freihändig zu verkaufen, wenn er die Sache in seinem Besitz hat [§ 166 I InsO]. Eine *Forderung*, die der Schuldner zur Sicherung eines Anspruchs abgetreten hat, darf der Insolvenzverwalter einziehen oder in anderer Weise verwerten [§ 166 II InsO].

---

[1] Wenn sich nach Eröffnung des Insolvenzverfahrens herausstellt, dass die Insolvenzmasse nicht ausreicht, die Kosten des Insolvenzverfahrens zu decken, stellt das Insolvenzgericht das Verfahren ein, wenn nicht ein ausreichender Geldbetrag vorgeschossen wird oder die Kosten nach § 4a InsO gestundet werden (Näheres siehe § 207 InsO).

	Bei vor der Eröffnung des Insolvenzverfahrens an den Schuldner unter **Eigentumsvorbehalt** gelieferten beweglichen Sachen, die sich im Besitz des Schuldners befinden, braucht der Insolvenzverwalter erst nach dem Berichtstermin zu entscheiden, ob er den Vertrag erfüllt [§ 107 II InsO].[1]
Massegläubiger [§§ 53 ff. InsO]	Nach den aussonderungs- und absonderungsberechtigten Gläubigern müssen die Verbindlichkeiten gegenüber den Massegläubigern erfüllt werden. Die **Rangfolge der Massegläubiger** bestimmt sich nach § 209 InsO. ■ **Masseverbindlichkeiten** sind z. B. die Gerichtskosten, die Vergütung und die Auslagen des vorläufigen Insolvenzverwalters, des Insolvenzverwalters und der Mitglieder des Gläubigerausschusses.[2] Zu den Masseverbindlichkeiten gehören auch die Sozialplanansprüche der Belegschaftsmitglieder [§ 123 II InsO] und der Unterhalt für den Schuldner [§§ 100 f., 209 InsO]. ■ Zu den **sonstigen Masseverbindlichkeiten** rechnen z. B. die aufgrund der Verwaltungs-, Verwertungs- und Verteilungstätigkeit des Insolvenzverwalters entstehenden Verbindlichkeiten (Näheres siehe § 55 InsO).
Insolvenzgläubiger [§ 38 InsO]	Zu dieser Gruppe werden Gläubiger zusammengefasst, die einen zur Zeit der Eröffnung des Insolvenzverfahrens begründeten Vermögensanspruch gegen den Schuldner haben.
Nachrangige Insolvenzgläubiger [§ 39 InsO]	Hierzu zählen z. B. die seit der Eröffnung des Insolvenzverfahrens laufenden Zinsen aus den Forderungen der Insolvenzgläubiger und die Kosten, die den einzelnen Insolvenzgläubigern durch ihre Teilnahme am Verfahren erwachsen.

Gläubigerversammlung

Die in der Insolvenzordnung genannten Gläubigerklassen haben nicht nur Bedeutung für die Rangfolge der Befriedigung der Gläubiger im Fall der Auflösung des Unternehmens, sondern auch für die Zusammensetzung der Gläubigerversammlung, an der alle absonderungsberechtigten Gläubiger, alle Insolvenzgläubiger, der Insolvenzverwalter und der Schuldner teilnahmeberechtigt sind [§ 74 I InsO]. Die Zeit, der Ort und die Tagesordnung der Gläubigerversammlung sind öffentlich bekannt zu machen [§ 74 II InsO].

Im **Berichtstermin,** der spätestens drei Monate nach dem Eröffnungsbeschluss stattfinden muss [§ 29 I Nr. 1 InsO], hat der Insolvenzverwalter über die wirtschaftliche Lage des Schuldners und ihre Ursachen zu berichten. Er hat darzulegen, ob Aussichten bestehen, das Unternehmen des Schuldners im Ganzen oder in Teilen zu erhalten, welche Möglichkeiten für einen Insolvenzplan[3] bestehen und welche Auswirkungen jeweils für die Befriedigung der Gläubiger eintreten würden [§ 156 I InsO].

Beschließt die Gläubigerversammlung die Stilllegung des Unternehmens, ist das zur Insolvenzmasse gehörende Vermögen unverzüglich vom Insolvenzverwalter zu verwerten [§ 159 InsO]. Ein Beschluss der Gläubigerversammlung kommt zustande, wenn die Summe der Forderungsbeträge der zustimmenden Gläubiger mehr als die Hälfte der Summe der Forderungsbeträge der abstimmenden Gläubiger beträgt [§ 76 II InsO].

---

1 Siehe hierzu auch § 103 InsO.

2 Vor der ersten Gläubigerversammlung kann das Insolvenzgericht einen Gläubigerausschuss einsetzen. Im Gläubigerausschuss sollen die absonderungsberechtigten Gläubiger, die Insolvenzgläubiger mit den höchsten Forderungen und Kleingläubiger vertreten sein. Dem Ausschuss soll ein Vertreter der Arbeitnehmer angehören, wenn diese als Insolvenzgläubiger mit nicht unerheblichen Forderungen (Lohn- bzw. Gehaltsforderungen) beteiligt sind (Näheres siehe §§ 67 ff. InsO).

3 Siehe Kapitel 4.7.4.3.

Schlussverteilung

Die Schlussverteilung erfolgt, sobald die Verwertung der Insolvenzmasse mit Ausnahme eines laufenden Einkommens beendet ist [§ 196 I InsO]. Können bei der Schlussverteilung die Forderungen der Insolvenzgläubiger nicht in voller Höhe beglichen werden, erfolgt eine Verteilung in Bruchteilen. Die Schlussverteilung bedarf der Zustimmung des Insolvenzgerichts [§ 196 II InsO].

Beispiel:

Erlöse aus der Verwertung der Insolvenzmasse		550 000,00 €
− Absonderung	200 000,00 €	
Masseverbindlichkeiten	120 000,00 €	320 000,00 €
In der Schlussverteilung zur Verfügung stehender Betrag		230 000,00 €
Forderungen der Insolvenzgläubiger		4 600 000,00 €

Berechnung der Insolvenzquote (Insolvenzdividende):

$$\frac{4\,600\,000\,€ \,\hat{=}\, 100\,\%}{230\,000\,€ \,\hat{=}\, x} \qquad x = \frac{100 \cdot 230\,000}{4\,600\,000} = \underline{\underline{5\,\%}}$$

Aufhebung des Insolvenzverfahrens

Sobald die Schlussverteilung vollzogen ist, beschließt das Insolvenzgericht die Aufhebung des Insolvenzverfahrens [§ 200 I InsO]. Der Beschluss und der Grund der Aufhebung sind öffentlich bekannt zu machen [§ 200 II InsO].

Die Insolvenzgläubiger können nach der Aufhebung des Insolvenzverfahrens ihre restlichen Forderungen gegen den Schuldner unbeschränkt geltend machen und wie aus einem vollstreckbaren Urteil die Zwangsvollstreckung gegen den Schuldner betreiben.[1] Die Vorschriften über die Restschuldbefreiung[2] bleiben unberührt [§ 201 InsO].

4.7.4.3 Insolvenzplan

Begriff Insolvenzplan

Der Insolvenzplan ist eine Alternative zur Zwangsverwertung und Zwangsverteilung (Kapitel 4.7.4.2). Die Initiative kann von der **Gläubigerversammlung,** die den Insolvenzverwalter mit der Ausarbeitung eines Insolvenzplans beauftragt, vom Insolvenzverwalter selbst oder vom **Schuldner** ausgehen [§§ 157, 218 InsO].

Im Insolvenzplan können die Befriedigung der Absonderungs- und Insolvenzgläubiger, die Verwertung der Insolvenzmasse, deren Verteilung sowie die Haftung des Schuldners nach der Aufhebung des Insolvenzverfahrens **abweichend von den Vorschriften der Insolvenzordnung** geregelt werden.

---

1 Die Arbeitnehmer bleiben durch das Insolvenzgeld geschützt, das Lohnausfälle für die Zeit von drei Monaten vor Eröffnung des Insolvenzverfahrens abdeckt [§§ 183ff. SGB III]. Außerdem müssen die Arbeitnehmer bei einer Betriebsstilllegung regelmäßig Abfindungsleistungen erhalten (Sozialplan). (Näheres siehe §§ 123ff. InsO).

2 Siehe Kapitel 4.7.4.4.

Der Insolvenzplan hat zum Ziel, Schuldner und/oder Gläubiger besser zu stellen, als dies bei Beachtung der Verwertungs- und Verteilungsnormen der Insolvenzordnung der Fall wäre. So ist es vor allem möglich, noch überlebensfähige Unternehmen zu sanieren, indem z. B. die Gläubiger auf einen Teil ihrer Forderungen verzichten und/oder ihre Forderungen stunden.

Gestaltungsmöglichkeiten eines Insolvenzplans

Ein Insolvenzplan kann auf vielfältige Weise gestaltet werden. Die nachstehenden Möglichkeiten sind lediglich Beispiele.

Möglichkeiten der Gestaltung eines Insolvenzplans[1]		
Liquidationsplan	**Übertragungsplan**	**Sanierungsplan (Reorganisationsplan)**
Beispiel: Das Unternehmen soll bis zur endgültigen Stilllegung weiter produzieren und/oder verkaufen mit der Absicht, die Insolvenzmasse zu erhöhen.	**Beispiel:** Der sanierungsfähige Teil eines Unternehmens soll verkauft werden, weil sein Verkaufspreis höher ist als die Erlöse aus der Verwertung der einzelnen Vermögensteile.	**Beispiel:** Die Ertragskraft eines insolventen Unternehmens soll wieder hergestellt werden, indem die Gläubiger auf einen Teil ihrer Forderungen verzichten und/oder ihre Forderungen stunden.

Abstimmung

Über den Plan stimmen die Gläubigergruppen ab, deren Rechte vom Plan berührt werden [§ 237 InsO].[2] Wird der Plan angenommen, bedarf er der Bestätigung durch das Insolvenzgericht [§ 248 I InsO]. Die Bestätigung stellt den Plan einem vollstreckbaren Urteil gleich, d. h., die Gläubiger können die Zwangsvollstreckung gegen den Schuldner betreiben [§ 257 InsO].

4.7.4.4 Restschuldbefreiung

Voraussetzungen

Ist der Schuldner eine **natürliche Person,** kann er unter folgenden Voraussetzungen von den im Insolvenzverfahren nicht erfüllten Verbindlichkeiten gegenüber den Insolvenzgläubigern befreit werden (Restschuldbefreiung nach §§ 286 ff. InsO):

- Der Schuldner muss einen Antrag beim Insolvenzgericht stellen [§ 287 I InsO].
- Der Schuldner muss erklären, dass er seine pfändbaren Forderungen auf Bezüge aus einem Dienstverhältnis oder an deren Stelle tretende laufende Bezüge für die Zeit von **sechs Jahren** nach der Eröffnung des Insolvenzverfahrens an einen vom Gericht bestimmten *Treuhänder* abtritt (Abtretungserklärung nach § 287 II InsO). Die Sechsjahresfrist wird als **„Wohlverhaltensperiode"** bezeichnet.

Die Insolvenzgläubiger und der Insolvenzverwalter sind im Schlusstermin zu dem Antrag des Schuldners zu hören. Das Insolvenzgericht entscheidet über den Antrag des Schuldners durch Beschluss [§ 287a I InsO].

---

[1] Zu den Teilen eines Insolvenzplans (darstellender und gestaltender Teil), die gesetzlich vorgeschrieben sind, siehe §§ 219 ff. InsO.
[2] Näheres siehe §§ 222, 243 ff. InsO.

Versagen der Restschuldbefreiung

Die Restschuldbefreiung wird vom Gericht versagt (abgelehnt), wenn dies im Schlusstermin von einem Insolvenzgläubiger beantragt und ein Versagungsgrund glaubhaft gemacht wird.

Versagungsgründe liegen z. B. vor, wenn der Schuldner wegen einer Straftat nach §§ 283 bis 283c StGB rechtskräftig verurteilt worden ist oder wenn in den letzten zehn Jahren vor dem Antrag auf Eröffnung des Insolvenzverfahrens oder nach diesem Antrag dem Schuldner Restschuldbefreiung erteilt oder nach § 296 oder § 297 InsO versagt worden ist (Näheres siehe § 290 InsO).

Obliegenheiten des Schuldners während der Wohlverhaltensperiode

Dem Schuldner obliegt es z. B., während der sechsjährigen Laufzeit der Abtretungserklärung nach § 287 II InsO

- eine angemessene Erwerbstätigkeit auszuüben,
- ererbtes Vermögen zur Hälfte des Werts an den Treuhänder herauszugeben,
- jeden Wechsel des Wohnsitzes oder der Beschäftigungsstelle unverzüglich dem Insolvenzgericht und dem Treuhänder anzuzeigen und
- Zahlungen zur Befriedigung der Insolvenzgläubiger nur an den Treuhänder zu leisten (Näheres siehe § 295 InsO).

Kommt der Schuldner seinen Obliegenheiten nicht nach, versagt das Gericht die Restschuldbefreiung (Näheres siehe § 296 InsO).[1]

Entscheidung über die Restschuldbefreiung

Am Ende der Laufzeit der Abtretungserklärung entscheidet das Insolvenzgericht nach Anhörung der Insolvenzgläubiger, des Treuhänders und des Schuldners durch Beschluss über die Erteilung der Restschuldbefreiung [§ 300 I InsO]. Wird die Restschuldbefreiung erteilt, wird dies öffentlich bekannt gemacht [§ 300 IV InsO]. Die Restschuldbefreiung wirkt gegen alle Insolvenzgläubiger [§ 301 I InsO].

4.7.4.5 Verbraucherinsolvenzverfahren

Das Verbraucherinsolvenzverfahren ist für Schuldner gedacht, die natürliche Personen sind und die keine selbstständige wirtschaftliche Tätigkeit ausüben oder ausgeübt haben. Hat der Schuldner eine selbstständige wirtschaftliche Tätigkeit ausgeübt, findet das Verbraucherinsolvenzverfahren nur dann statt, wenn seine Vermögensverhältnisse überschaubar sind und gegen ihn keine Forderungen aus Arbeitsverhältnissen bestehen [§ 304 I InsO]. Überschaubar sind die Vermögensverhältnisse dann, wenn der Schuldner zum Zeitpunkt des Antrags auf Eröffnung des Insolvenzverfahrens weniger als 20 Gläubiger hat [§ 304 II InsO].

---

[1] Siehe auch § 297 InsO (Versagen der Restschuldbefreiung auf Antrag eines Insolvenzgläubigers bei einer rechtskräftigen Verurteilung des Schuldners nach §§ 283–283c des Strafgesetzbuchs).

Versuch einer außergerichtlichen Einigung

Der Schuldner muss versuchen, sich außergerichtlich mit seinen Gläubigern auf der Grundlage eines **Schuldenbereinigungsplans** zu einigen. Dieser Versuch kann mithilfe einer hierzu geeigneten Person oder Stelle unternommen werden.

Geeignete Stellen sind z. B. Schuldnerberatungsstellen, die von den Gemeinden und Landkreisen, von Wohlfahrtsverbänden und Kirchen eingerichtet worden sind.

Kommt eine außergerichtliche Schuldenregulierung (z. B. durch Stundung und/oder teilweisen Schuldenerlass) nicht zustande, kann der Schuldner das **Verbraucherinsolvenzverfahren** beantragen [§ 311 InsO].

Antrag auf Eröffnung des Insolvenzverfahrens

Mit dem Antrag auf Eröffnung des Insolvenzverfahrens [§ 311 InsO] oder unverzüglich nach diesem Antrag sind vom Schuldner vorzulegen [§ 305 InsO]:
- eine Bescheinigung einer geeigneten Stelle oder Person über den gescheiterten außergerichtlichen Einigungsversuch mit den Gläubigern;
- der **Antrag auf Restschuldbefreiung** [§ 287 InsO] mit Abtretung des pfändbaren Einkommens für sechs Jahre;
- ein Verzeichnis über das **Vermögen,** das **Einkommen,** die **Gläubiger** und über die Höhe der **gegen den Schuldner gerichteten Forderungen;**
- ein **Schuldenbereinigungsplan,** in dem dargelegt wird, wie unter Berücksichtigung der Gläubigerinteressen sowie der Vermögens-, Einkommens- und Familienverhältnisse des Schuldners eine angemessene Schuldenbereinigung möglich ist. In dem Plan ist aufzunehmen, ob und inwieweit Bürgschaften, Pfandrechte und andere Sicherheiten der Gläubiger vom Plan berührt werden sollen.

Ruhen des Verfahrens

Bis zur Entscheidung des Insolvenzgerichts über den Schuldenbereinigungsplan ruht das Verfahren über den Antrag auf Eröffnung des Insolvenzverfahrens (einschließlich des Antrags auf Restschuldbefreiung). Der Zeitraum soll drei Monate nicht überschreiten [§ 306 I InsO].

Das Insolvenzgericht sendet das Gläubigerverzeichnis, das Forderungsverzeichnis, den Schuldenbereinigungsplan sowie das Vermögensverzeichnis an die Gläubiger und fordert diese zur Stellungnahme binnen eines Monats auf [§ 307 InsO].

Zustimmung

- Die **Gläubiger stimmen dem Antrag zu.** Haben die Gläubiger keine Einwendungen gegen den Schuldenbereinigungsplan, gilt dieser als angenommen. Der Plan hat die Wirkung eines Vergleichs [§ 308 I InsO]. Der Schuldner hat nicht mehr die ursprünglichen Verbindlichkeiten, sondern die im Plan festgesetzten zu erfüllen.

4.7 Das notleidende Unternehmen

- Ein oder mehrere **Gläubiger lehnen den Antrag ab**. Stimmen einzelne Gläubiger dem Plan nicht zu, kann das Gericht deren Zustimmung unter folgenden Bedingungen ersetzen [§ 309 InsO]:
  - Mehr als die Hälfte der benannten Gläubiger stimmt zu;
  - die Summe der Ansprüche der zustimmenden Gläubiger beträgt mehr als die Hälfte der Ansprüche der vom Schuldenbereinigungsplan betroffenen Gläubiger;
  - der ablehnende Gläubiger wird nicht unangemessen gegenüber anderen Gläubigern benachteiligt oder
  - der ablehnende Gläubiger wird durch den Schuldenbereinigungsplan wirtschaftlich nicht schlechter gestellt, als dies bei einer Durchführung des Verfahrens über die Anträge auf Eröffnung des Insolvenzverfahrens und Erteilung von Restschuldbefreiung der Fall wäre.

Stimmen die Gläubiger dem Schuldenbereinigungsplan zu oder wird die Zustimmung durch das Insolvenzgericht ersetzt, hat der Schuldenbereinigungsplan die Wirkung eines gerichtlichen Vergleichs im Sinne des § 794 I ZPO. Die Anträge auf Eröffnung des Insolvenzverfahrens und auf Erteilung von Restschuldbefreiung gelten als zurückgenommen [§ 308 II InsO].

Ablehnung

Wird der Antrag auf Restschuldbefreiung bzw. der Schuldenbereinigungsplan abgelehnt, wird das Insolvenzverfahren von Amts wegen wieder aufgenommen [§ 311 InsO]. Aufgabe des Verfahrens ist, das Vermögen des Schuldners zu verwerten und auf die Gläubiger zu verteilen. Diese Aufgabe erfüllt ein vom Gericht eingesetzter Insolvenzverwalter, an den der Schuldner auch den pfändbaren Teil seines Einkommens abführen muss.

Antrag auf Restschuldbefreiung durch Beschluss

Stellt der Schuldner beim Insolvenzgericht einen Antrag auf Restschuldbefreiung, kann dieses nach Anhörung der Gläubiger, des Insolvenzverwalters und des Schuldners über die Restschuldbefreiung in folgenden Fällen beschließen:

- nach sechs Jahren ab Eröffnung des Insolvenzverfahrens bei Wohlverhalten[1] des Schuldners,
- nach fünf Jahren, wenn wenigstens die Kosten des Verfahrens bezahlt sind, und
- nach drei Jahren, wenn die Kosten des Verfahrens und 35 % der Schulden abgetragen wurden.

---

1 Wohlverhalten des Schuldners heißt, dass der Schuldner seine Verpflichtungen aus dem Beschluss über sein Vermögen erfüllt hat.

4 Der betriebliche Leistungsprozess

Zusammenfassung

- Beim **freiwilligen Vergleich** wird versucht, das notleidende Unternehmen durch einen teilweisen Forderungsverzicht der Gläubiger oder durch einen Zahlungsaufschub zu erhalten und wieder lebensfähig zu machen.

- Das **Insolvenzverfahren** hat die Aufgabe, möglichst viele Insolvenzfälle in einem geordneten Verfahren abzuwickeln.

- Der **Antrag auf Eröffnung des Insolvenzverfahrens** kann vom Schuldner oder von einem Gläubiger beim zuständigen Amtsgericht gestellt werden. Ausnahme: Bei drohender Zahlungsunfähigkeit kann nur der Schuldner den Antrag stellen.

- Insolvenzgründe sind **Zahlungsunfähigkeit, drohende Zahlungsunfähigkeit** und bei juristischen Personen **Überschuldung**.

- Erfolgt keine Ablehnung des Insolvenzverfahrens mangels Masse, kann das Gericht einen **Insolvenzverwalter** bestellen, dem Schuldner ein **allgemeines Verfügungsverbot** auferlegen und **Maßnahmen der Zwangsvollstreckung gegen den Schuldner untersagen bzw. einstellen.**

- Mit der **Eröffnung des Insolvenzverfahrens** werden die Gläubiger des Insolvenzschuldners aufgefordert, ihre Forderungen und ihre Sicherungsrechte an beweglichen Sachen oder an Rechten des Schuldners beim Insolvenzverwalter anzumelden.

- Die **Schlussverteilung** erfolgt, sobald die Verwertung der Insolvenzmasse beendet ist. Reicht die Insolvenzmasse zur Erfüllung der Forderungen der Insolvenzgläubiger nicht aus, erfolgt eine Verteilung in Bruchteilen.

- Nach dem Rang unterscheidet die Insolvenzordnung folgende **Gläubigergruppen:**
    - aussonderungsberechtigte Gläubiger,
    - absonderungsberechtigte Gläubiger,
    - Massegläubiger,

4.7 Das notleidende Unternehmen

- Insolvenzgläubiger und
- nachrangige Gläubiger.

- Ist der Schuldner eine natürliche Person, kann er unter bestimmten Bedingungen **Restschuldbefreiung** erlangen.

- Das **Verbraucherinsolvenzverfahren** findet bei Schuldnern Anwendung, die natürliche Personen sind und keine selbstständige wirtschaftliche Tätigkeit ausüben. Hat der Schuldner eine selbstständige wirtschaftliche Tätigkeit ausgeübt, findet das Verbraucherinsolvenzverfahren nur dann statt, wenn seine Vermögensverhältnisse überschaubar sind.

- Dem Antrag auf Eröffnung des Verbraucherinsolvenzverfahrens muss ein ergebnisloser **außergerichtlicher Einigungsversuch** des Schuldners mit seinen Gläubigern vorausgegangen sein. Dem Antrag ist u. a. ein **Antrag auf Restschuldbefreiung** beizulegen.

- Wird dem Antrag auf Restschuldbefreiung zugestimmt, hat dieser die Wirkung eines **gerichtlichen Vergleichs**.

- Wird der Antrag abgelehnt, wird das **Insolvenzverfahren** wieder aufgenommen.

ÜBUNGSAUFGABEN

1. Die Baustoffgroßhandlung Klaus Kraft e. Kfm. ist aufgrund des Ausfalls eines Großkunden und wegen schleppender Zahlungseingänge nicht mehr in der Lage, ihren Verbindlichkeiten nachzukommen. Herr Kraft stellt daher am 1. März 00 Antrag auf Eröffnung des Insolvenzverfahrens.

1.1 Nennen Sie weitere Gründe, warum ein Unternehmen in eine wirtschaftliche Krise geraten kann!

1.2 Herr Kraft hatte ursprünglich daran gedacht, mit seinen Gläubigern einen freiwilligen Vergleich herbeizuführen. Erläutern Sie, was unter Vergleich zu verstehen ist!

1.3 Herr Kraft bezeichnet sich bzw. sein Unternehmen als zahlungsunfähig. Erklären Sie, was unter Zahlungsunfähigkeit zu verstehen ist!

1.4 Das Vermögen der Baustoffgroßhandlung Klaus Kraft e. Kfm. beträgt 2,4 Mio. €, die Schulden belaufen sich auf 3 Mio. €. Ist dieser Tatbestand ebenfalls ein Grund, Antrag auf Eröffnung des Insolvenzverfahrens zu stellen?

1.5 Nennen Sie eine wichtige Bedingung dafür, dass das Insolvenzgericht dem Antrag von Herrn Kraft zustimmt!

1.6 Angenommen, das Insolvenzgericht stimmt dem Antrag von Herrn Kraft zu und eröffnet das Insolvenzverfahren. Welche Folgen hat der Eröffnungsbeschluss für den Schuldner und die Gläubiger?

1.7 Das Gericht legt den Berichts- und den Prüfungstermin zusammen auf den 29. März 00 fest. Anlässlich dieses Termins stellt die Gläubigerversammlung den Antrag an den Insolvenzverwalter, einen Insolvenzplan mit dem Ziel zu erstellen, die Baustoffgroßhandlung Klaus Kraft e. Kfm. nicht stillzulegen, sondern zu sanieren.

    1.7.1 Welche Überlegungen können die Gläubiger bewogen haben, den Antrag auf Erstellung eines Insolvenzplans zu stellen?

    1.7.2 Hätte auch Herr Kraft einen Insolvenzplan vorlegen können?

1.8 Der Insolvenzverwalter legt einen Insolvenzplan vor, der u. a. folgende Regelungen vorsieht:

    a) Die Forderungen der Arbeitnehmer werden voll erfüllt.

    b) Die absonderungsberechtigten Gläubiger verzichten auf $16^2/_3\%$ ihrer Forderungen.

c) Die Insolvenzgläubiger verzichten auf 50 % ihrer Forderungen; die Restforderungen werden zur Hälfte für ein Jahr gestundet.

d) Die nachrangigen Insolvenzgläubiger verzichten vollständig auf ihre Forderungen.

Der Insolvenzplan wird von der Gläubigerversammlung angenommen.

1.8.1 Ist mit der Beschlussfassung der Gläubigerversammlung der Insolvenzplan rechtskräftig?

1.8.2 Angenommen, der Insolvenzplan ist rechtskräftig. Welche Wirkungen hat dies für den Schuldner und die Gläubiger?

2. Frau Elena Braun ist alleinstehend und arbeitet in einer Textilfabrik, die 12 km von ihrem Wohnort entfernt und nicht mit öffentlichen Verkehrsmitteln erreichbar ist. Ihr Monatseinkommen beträgt netto 1 500,00 €.

Im Mai des vergangenen Jahres eröffnete der Neffe von Frau Braun ein Textilgeschäft. Seine Bank verlangte eine Bürgschaft. Deshalb bat der Neffe seine Tante, der Bank gegenüber zu bürgen. Frau Braun übernahm eine selbstschuldnerische Bürgschaft über 50 000,00 €, obwohl sie nur ein Bankguthaben von 12 500,00 € besaß. Wider Erwarten entwickelte sich das Geschäft ihres Neffen schlecht. Er musste Anfang dieses Jahres wegen Zahlungsunfähigkeit aufgeben.

Frau Braun wurde von der Bank in Anspruch genommen und zahlte 20 000,00 €. Die Bank drohte mit Klage, wenn Frau Braun die restlichen 30 000,00 € nicht zahlt. Das pfändbare Einkommen von Frau Braun beträgt 300,00 €.

2.1 Kann Frau Braun einen Antrag auf ein Verbraucherinsolvenzverfahren stellen?

2.2 Frau Braun hat ihrem Antrag auf Eröffnung des Verbraucherinsolvenzverfahrens einen Schuldenbereinigungsplan beigelegt. Nach diesem Plan will sie an die Bank während der Wohlverhaltensperiode monatlich 250,00 € überweisen. Der Rest der Forderungen soll erlassen sein. Frau Braun hat keine weiteren Verbindlichkeiten. Die Bank lehnt den Schuldenbereinigungsplan ab.

Könnte das Insolvenzgericht die Zustimmung zum Schuldenbereinigungsplan ersetzen?

2.3 Welche Folgen hat die Ablehnung des Schuldenbereinigungsplans für Frau Braun? Pfändbares Vermögen ist nicht vorhanden. Den fünf Jahre alten Kleinwagen braucht Frau Braun, um zu ihrer Arbeitsstelle zu gelangen.

3. Gegen einen Schuldner bestehen nach den Feststellungen des Insolvenzverwalters folgende Forderungen:

60 000,00 €:	Durch Grundschuld gesichert; Verkehrswert des Grundstücks 80 000,00 €
9 500,00 €:	Wechselforderung.
16 000,00 €:	Durch Sicherungsübereignung eines Pkw gesicherte Forderung; Schätzwert des Pkw 10 000,00 €.
5 000,00 €:	Blankokredit eines Verwandten.
7 500,00 €:	Masseverbindlichkeiten.
22 000,00 €:	Durch abgetretene Forderungen in Höhe von 20 000,00 € abgesichert.
10 000,00 €:	Lombardkredit einer Bank gegen Verpfändung von nominell 15 000,00 € Pfandbriefen, Kurs 80 %.
25 000,00 €:	Aus Warenlieferungen gegen Eigentumsvorbehalt; es sind noch 10 000,00 € Waren vorhanden.
12 500,00 €:	Rückständige Löhne.
7 000,00 €:	Insolvenzgläubiger.

Berechnen Sie die vorläufige Insolvenzquote unter der Annahme, dass kein weiteres Vermögen mehr vorhanden ist!

Lösungshinweis: Bringen Sie in Ihrer Aufstellung die einzelnen Gläubigergruppen in die richtige Reihenfolge!

5 Markt und Preis

Wenn wir den Begriff „Markt" hören oder lesen, denken wir meistens an einen sichtbaren Markt wie z. B. den Wochenmarkt oder an einen Börsensaal. Die meisten Märkte finden jedoch nicht an einem räumlich bestimmten Ort statt. Sie existieren vielmehr in unserer Vorstellung, indem wir das Angebot an bestimmten Gütern[1] und die Nachfrage nach diesen Gütern gedanklich zusammenfassen. So sprechen wir beispielsweise vom Schuhmarkt, vom Lebensmittelmarkt oder vom Grundstücksmarkt. In der Wirtschaftslehre wird daher der Markt als der *ökonomische Ort* des Zusammentreffens von Angebot und Nachfrage bezeichnet. Auf den Märkten bilden sich – falls keine staatlichen Eingriffe erfolgen – die Preise für die angebotenen bzw. nachgefragten Güter. Sieht man sich z. B. die Wochenmarktberichte einer Tageszeitung an, stellt man fest, dass die Preise für Gemüse oder Obst im Laufe des Jahres schwanken. Die Preise hängen also offenbar vom *Umfang* des Angebots einerseits und der Nachfrage andererseits ab.

5.1 Grundbegriffe der Preislehre

Bedürfnisse

Der Ursprung aller Nachfrage nach Gütern sind die menschlichen Bedürfnisse.

> Unter **Bedürfnissen** versteht man Mangelempfindungen der Menschen, die diese zu beheben bestrebt sind.

Die Bedürfnisse sind also die *Antriebe* (Motive) des wirtschaftlichen Handelns der Menschen. Ursprüngliches Ziel dieses Handelns ist, die eigene und auch fremde Existenz zu sichern (z. B. die Existenz der übrigen Familienmitglieder).

Bedarf

Bedürfnisse hat jeder Mensch. Ob er sie alle befriedigen kann, hängt in der Regel von seinem Vermögen und/oder von seinem Einkommen (Arbeitsentgelt, Rente, Pension, Arbeitslosengeld usw.), also der **Kaufkraft** ab.

> Die mit Kaufkraft versehenen Bedürfnisse bezeichnet man als **Bedarf**.

Nachfrage

Von Nachfrage wird hingegen gesprochen, wenn die auf dem *Markt* angebotenen Güter durch zahlungsbereite Käufer verlangt werden. So mag sich z. B. ein junger Angestellter eine Hi-Fi-Anlage, ein Motorrad und eine Digitalkamera wünschen. Sein Einkommen reicht nicht zum Kauf aller, wohl aber zum Kauf eines dieser Güter aus. Der Bedarf nach *allen* drei Produkten besteht dennoch. Entschließt sich der Angestellte zum Kauf der Digitalkamera, wird der Bedarf zur Nachfrage.

> Unter **Nachfrage** versteht man den auf dem Markt erscheinenden Bedarf.

---

[1] Güter im volkswirtschaftlichen Sinne sind Sachgüter, Dienstleistungen und Rechte (z. B. Patente, Lizenzen).

5 Markt und Preis

Angebot

Ein innerer Verkaufswunsch eines Wirtschaftssubjekts ist (noch) kein Angebot. Dieses liegt erst dann vor, wenn der Verkaufswunsch nach außen, also gegenüber möglichen (potenziellen) Käufern geäußert wird.

> Unter **Angebot** versteht man die auf dem Markt erscheinenden Verkaufswünsche der Wirtschaftssubjekte.[1]

Begriff und Aufgabe des Marktes

> Unter **Markt** verstehen wir den ökonomischen Ort des Zusammentreffens von Angebot und Nachfrage.

Die **Aufgabe (Funktion)** des Marktes besteht darin, Angebot und Nachfrage zusammenzuführen und zum Ausgleich zu bringen.

Nicht alle Märkte sind in diesem Sinne funktionsfähig. Funktionsunfähige Märkte liegen z. B. vor, wenn

- die Angebotspreise für ein Gut so hoch liegen, dass kein Nachfrager imstande oder willens ist, die verlangten Preise zu bezahlen;
- Nachfragelücken bestehen, d. h., dass beim geltenden Preis nur ein Teil der angebotenen Gütermengen abgesetzt werden kann;
- Angebotslücken bestehen, d. h., dass beim geltenden Preis nur ein Teil der Nachfrage befriedigt werden kann.

Marktarten (Marktformen)

Je nachdem, von welchem Gesichtspunkt aus man die Märkte betrachtet, kann man verschiedene Einteilungen vornehmen, und zwar:

Einteilung der Marktarten	Erläuterungen
Nach dem Umfang der staatlichen Marktbeeinflussung	■ Freie Märkte (= Märkte ohne jeden Staatseingriff, wie sie im Modell der freien Marktwirtschaft vorausgesetzt werden); ■ regulierte (gelenkte) Märkte (= Märkte, auf denen der Staat eingreift, wenn er seine politischen Ziele gefährdet sieht).[2]
Nach dem Umfang der Marktzutrittsmöglichkeit	■ Offene Märkte (= Märkte, bei denen jedermann als Anbieter oder Nachfrager auftreten kann); ■ geschlossene Märkte (= Märkte, auf denen nicht jedermann Zutritt hat). **Beispiel:** Der Staat verbietet den gewerblichen Transport von Briefen zugunsten einer Staatspost. Solche rechtlichen Beschränkungen widersprechen dem Modell der freien Marktwirtschaft.

---

[1] Subjekt (lat.) = vernünftig handelnde Person. Wirtschaftssubjekte sind wirtschaftlich handelnde natürliche und juristische Personen (z. B. private Haushalte, Unternehmen, Staat).
[2] Siehe auch Kapitel 7.2.2.3.

5.1 Grundbegriffe der Preislehre

Einteilung der Marktarten	Erläuterungen
Nach der Art der gehandelten Sachgüter und Leistungen	■ Warenmärkte (= Märkte, auf denen Sachgüter gehandelt werden). Die Warenmärkte können wieder in Konsumgütermärkte und Produktionsgütermärkte eingeteilt werden;[1] ■ Grundstücksmärkte (= Märkte, auf denen bebaute und unbebaute Grundstücke angeboten und nachgefragt werden); ■ Finanzmärkte (= Märkte, auf denen kurz-, mittel- oder langfristige Geldmittel gehandelt werden, also Geld- und Kapitalmärkte); ■ Arbeitsmärkte (= Märkte, auf denen die Nachfrage nach Arbeitskräften und das Angebot von Arbeitskräften aufeinandertreffen).
Nach räumlich-zeitlichen Gesichtspunkten	■ Zentralisierte[2] Märkte (= Märkte, auf denen das gesamte Angebot und die gesamte Nachfrage an einem bestimmten Ort aufeinandertreffen; zentralisierte Märkte sind *Punktmärkte* wie z.B. Wochenmärkte, Großmärkte, Auktionen, Börsen). In der Regel sind zentralisierte Märkte zugleich *organisierte* Märkte, d.h. Märkte mit einer Marktordnung (z.B. Regelung des Beginns und des Endes einer Marktveranstaltung, Begrenzung des Teilnehmerkreises); ■ dezentralisierte Märkte (= Märkte, auf denen Angebot und Nachfrage weder am gleichen Ort noch zur gleichen Zeit aufeinandertreffen; die meisten Märkte der Wirklichkeit sind dezentralisierte und zugleich *unorganisierte* Märkte). **Beispiele:** Schuhmarkt, Weinmarkt, Lebensmittelmarkt, Textilmarkt
Nach rein räumlichen Gesichtspunkten	■ Norddeutsche Märkte; ■ deutsche Märkte; ■ europäische Märkte; ■ Weltmärkte.
Nach der Anzahl der Anbieter und Nachfrager (Marktformen im engeren Sinne)	■ Polypolistische Märkte[3] (= vollständige Konkurrenz, d.h., unzählige Anbieter und Nachfrager treten auf dem Markt auf); ■ oligopolistische Märkte[4] (= Märkte, bei denen auf einer und/oder beiden Marktseiten nur wenige Konkurrenten vorhanden sind); ■ monopolistische Märkte[5] (= Märkte, bei denen sich auf einer und/oder beiden Marktseiten nur ein Marktbeteiligter befindet).
Nach der Einheitlichkeit bzw. Uneinheitlichkeit der Marktpreisbildung	■ Vollkommene Märkte (= Märkte, auf denen es nur einen einheitlichen Preis für ein bestimmtes Gut geben kann); ■ unvollkommene Märkte (= Märkte, auf denen es für ein bestimmtes Gut unterschiedliche Preise gibt).

---

1 Um uns das Marktgeschehen zu verdeutlichen, wollen wir uns im Folgenden auf die Konsumgütermärkte beschränken.
2 Von Zentrum = Mitte; zentralisieren = auf einen Punkt zusammenfassen.
3 Die Vorsilbe poly... bedeutet in Fremdwörtern „viel", z.B. in „Polygamie" die Vielehe.
4 Die Vorsilbe olig... bedeutet in Fremdwörtern „wenig", z.B. in „Oligarchie" die Herrschaft weniger.
5 Die Vorsilbe mono... bedeutet in Fremdwörtern „ein", z.B. in „Monotonie" die Eintönigkeit.

5.2 Nachfrager- und Anbieterverhalten

5.2.1 Nachfragerverhalten

Wir wissen aus unserer Lebenserfahrung, dass neben der Qualität der Preis eines Gutes, das wir zu kaufen beabsichtigen, eine entscheidende Rolle spielt. Wir wissen aber auch, dass die Kaufentscheidungen der einzelnen Verbraucher höchst unterschiedlich sind, ganz einfach deshalb, weil ihre Bedürfnisse und ihre Einkommen bzw. Vermögen verschieden sind.

Individuelle Nachfrage[1]

Wir beschränken uns im Folgenden auf den privaten Haushalt (den privaten Verbraucher) als Nachfrager nach Konsumgütern. Das **Nachfrageverhalten** des privaten Haushalts hängt von zahlreichen Faktoren ab.

Bestimmungsgründe der individuellen Nachfrage (Beispiele)

Stärke und Rangordnung der Bedürfnisse	Verfügbares Einkommen bzw. Vermögen	Preis des nachgefragten Gutes	Preise anderer Güter	
			Preise von Substitutionsgütern[3]	Preise von Komplementärgütern[4]
Die individuelle Nachfrage nach Gütern ist von Nachfrager zu Nachfrager unterschiedlich, weil Dringlichkeit und Rangordnung der Bedürfnisse (die Bedürfnisstrukturen)[2] verschieden sind.	Die individuelle Nachfrage wird durch das verfügbare Einkommen (z. B. Gehalt abzüglich Steuern und Sozialversicherungsabgaben) sowie die Höhe und Struktur des Vermögens bestimmt und begrenzt.	Bei gegebenem Einkommen und gegebenem Vermögen bestimmt u. a. der Preis eines Gutes, ob und in welcher Menge ein Gut nachgefragt wird.	Bei austauschbaren Gütern (Substitutionsgütern) wird ein Verbraucher bei steigendem Preis des Gutes A die Nachfrage nach dem Gut A einschränken oder ganz einstellen und seine Nachfrage nach dem Substitutionsgut B erhöhen.	Bei Komplementärgütern wird der Verbraucher seine Nachfrage einschränken, wenn der Preis eines oder mehrerer Komplementärgüter steigt.

---

[1] Individuum = der Einzelne.
[2] Struktur (lat.) = Zusammensetzung, Aufbau, Gliederung.
[3] Substitutionsgüter sind austauschbare (gegenseitig ersetzbare) Güter. Beispiele: Butter und Margarine; Heizöl, Erdgas und Kohle; Superbenzin, Normalbenzin und Dieselöl; Metall und Kunststoff.
[4] Komplementärgüter sind sich gegenseitig ergänzende Güter. Beispiele: Dieselfahrzeug – Dieselöl; Rohbauten – Installationen, Fenster usw.; Elektroherd – Elektrokochtöpfe.

5.2 Nachfrager- und Anbieterverhalten

■ **Preis und Nachfrage**

Lassen wir alle anderen Bestimmungsgründe der individuellen Nachfrage außer Acht, dann kann man folgende Beziehungen zwischen Preis und nachgefragter Menge annehmen („**Gesetz der Nachfrage**"):

- Mit steigendem Preis eines Gutes sinkt die Nachfrage nach diesem Gut.
- Mit sinkendem Preis eines Gutes steigt die Nachfrage nach diesem Gut.

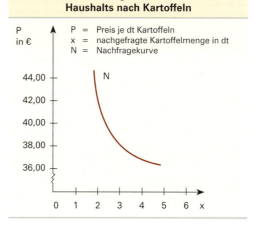

Normale Nachfrage eines 4-Personen-Haushalts nach Kartoffeln

Das Gesetz der Nachfrage beschreibt das normale Nachfrageverhalten eines privaten Haushalts. Hiervon gibt es auch Ausnahmen. Nimmt ein Nachfrager z. B. den Preis eines Gutes als Qualitätsmaßstab, wird er mit steigendem Preis mengenmäßig *mehr*, mit sinkendem Preis mengenmäßig *weniger* nachfragen (**anomale Nachfrage**). Ähnliche Verhaltensweisen sind auch möglich, wenn ein privater Haushalt steigende (sinkende) Preise erwartet.

Die **Nachfragekurven** sind von privatem Haushalt zu privatem Haushalt unterschiedlich, weil die Bedürfnisstrukturen und die Einkommens- und Vermögensverhältnisse verschieden sind.

Beispiele:

Legt der Haushalt Müller weniger Wert auf Teigwaren, sondern bevorzugt er Kartoffeln, wird seine mengenmäßige Nachfrage nach Kartoffeln nur geringfügig abnehmen, wenn der Kartoffelpreis steigt. Man sagt, die Nachfrage ist preisunelastisch. Preiselastisch ist hingegen seine Nachfrage nach Teigwaren. Steigen die Preise der Teigwaren, wird der Haushalt Müller weniger oder gar keine Teigwaren mehr nachfragen.

Mögliche Nachfragekurven

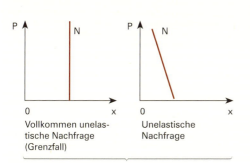
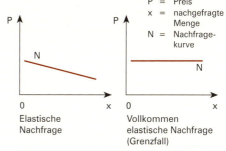

Vor allem bei lebensnotwendigen und bei lebensnotwendig erachteten Gütern (= Güter des Zwangsbedarfs, z. B. Wasser, Medikamente, Süßstoff für Zuckerkranke, Heizöl).

Vor allem bei nicht lebensnotwendigen Gütern (= Güter des Wahlbedarfs, z. B. Ferienreisen, Zweitwagen, Theaterbesuche, Schnittblumen).

5 Markt und Preis

Marktnachfrage (Gesamtnachfrage für ein Gut)

Unterstellt man, dass sich die Mehrzahl aller Nachfrager nach dem „Gesetz der Nachfrage" verhalten, und fasst man gedanklich alle individuellen Nachfragekurven zusammen, erhält man die Marktnachfragekurve (Gesamtnachfragekurve nach *einem* Gut). Die Marktnachfragekurve zeigt, wie groß die mengenmäßige Nachfrage nach einem Gut bei unterschiedlichen Preisen dieses Gutes ist.

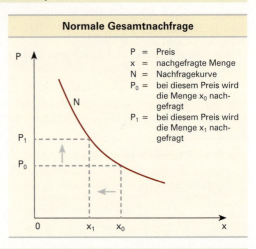

Normale Gesamtnachfrage

P = Preis
x = nachgefragte Menge
N = Nachfragekurve
P_0 = bei diesem Preis wird die Menge x_0 nachgefragt
P_1 = bei diesem Preis wird die Menge x_1 nachgefragt

Nachfrageverschiebungen

Eine Nachfragekurve gilt nur für einen bestimmten Zeitpunkt, denn in der Wirtschaft verändern sich die Nachfrageverhältnisse laufend, d.h., die Nachfragekurven *verschieben* sich. Solche Verschiebungen treten z. B. ein, wenn sich die Bedürfnisse ändern, die Preise anderer Güter steigen oder fallen, die Zahl der Nachfrager wächst oder schrumpft (z. B. aufgrund einer Bevölkerungszunahme oder -abnahme) oder die Einkommen steigen.

Zunehmende Nachfrage bedeutet, dass bei gegebenen Preisen mehr nachgefragt wird: Die Nachfragekurve verschiebt sich nach „rechts". Abnehmende Nachfrage bedeutet, dass bei gegebenen Preisen weniger nachgefragt wird: Die Nachfragekurve verschiebt sich nach „links".

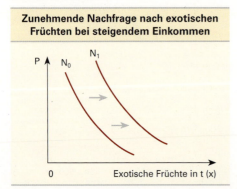

Zunehmende Nachfrage nach exotischen Früchten bei steigendem Einkommen

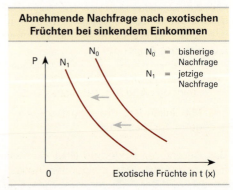

Abnehmende Nachfrage nach exotischen Früchten bei sinkendem Einkommen

N_0 = bisherige Nachfrage
N_1 = jetzige Nachfrage

Die Aussage, dass mit steigendem Einkommen die Nachfrage zu- und mit sinkendem Einkommen abnimmt, trifft nur auf die sogenannten superioren (höherwertigen) Güter zu. Bei inferioren (geringwertigen) Gütern nimmt die Nachfrage ab, wenn die Einkommen steigen.

Beispiele für superiore Güter:
Reis statt Getreideerzeugnisse, Butter statt Margarine, Gemüse statt Kartoffeln, Fisch statt Fleisch, exotische Früchte statt einheimisches Obst.

5.2.2 Anbieterverhalten

Während die Nachfrager das Interesse haben, zu möglichst niedrigen Preisen zu kaufen, ist das Interesse der Anbieter darauf gerichtet, zu möglichst hohen Preisen zu verkaufen. Die Interessenlagen der Marktpartner sind also entgegengesetzt.

Individuelles Angebot

Wir beschränken uns im Folgenden auf das Angebotsverhalten der privaten Betriebe (Unternehmen). Das individuelle Angebot wird von zahlreichen Faktoren mitbestimmt.

Bestimmungsgründe des individuellen Angebots (Beispiele)

Zielsetzung des Anbieters	Marktstellung des Anbieters	Tatsächliche und/oder erwartete Marktlage	Kosten und Kostenstruktur des Anbieters
Zum Beispiel Gewinnmaximierung, Kostendeckung, Ausweitung des Marktanteils, Ausschaltung der Konkurrenz, Sicherung eines angemessenen Gewinns, Umweltschutz.	Polypolistisches, oligopolistisches oder monopolistisches Verhalten.	Konjunkturlage; Absatzpreise der Konkurrenz; Stand und Entwicklung der Nachfrage; technische und/oder modische Entwicklung; Konkurrenzbedingungen.	Preise der Produktionsfaktoren; technischer Stand (technisches Wissen) des Anbieters.

Preis und Angebot

Im Folgenden beschränken wir uns auf die Betrachtung des Zusammenhangs zwischen Preis und Angebot. Die Wirtschaftstheorie sieht i. d. R. folgende Beziehungen zwischen Preis und Angebotsmenge („**Gesetz des Angebots**"):

- Mit steigendem Preis eines Gutes steigt das Angebot für dieses Gut.
- Mit sinkendem Preis sinkt das Angebot für dieses Gut.

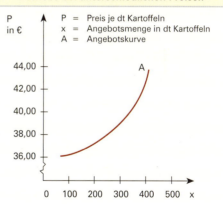

Normales Angebot eines landwirtschaftlichen Betriebs bei unterschiedlichen Preisen

P = Preis je dt Kartoffeln
x = Angebotsmenge in dt Kartoffeln
A = Angebotskurve

Das Gesetz des Angebots lässt sich wie folgt begründen: Mit steigenden Absatzpreisen wird der Anbieter versuchen, sein Angebot mengenmäßig auszuweiten, weil er sich zusätzliche Gewinne verspricht. Bei sinkenden Preisen wird er sein Angebot verringern oder (längerfristig) ganz aus dem Markt nehmen, weil die Gewinne sinken oder Verluste entstehen.

Das **Gesetz des Angebots** beschreibt das **normale Angebotsverhalten**. Es gibt jedoch **wesentliche Ausnahmen**. Nach dem **Gesetz der Massenproduktion**[1] nehmen die Stück-

---
1 Siehe S. 296.

kosten bei zunehmender Produktion ab, bei abnehmender Produktion jedoch zu. Marktstarke Unternehmen mit hohem Fixkostenanteil werden daher versuchen, bei zurückgehender Nachfrage ihre Produktion und damit ihr Angebot bei *steigenden* Preisen zu drosseln, um ihre Stückkosten zu decken **(anomales Angebot)**. Umgekehrt sind sie in der Lage, bei zunehmender Nachfrage ihr Angebot auszuweiten und die Absatzpreise zu *senken* (Beispiele: elektrische Küchengeräte, Smartphones, Tablet-PCs, Digitalkameras).

Die **Angebotskurven** sind von Anbieter zu Anbieter unterschiedlich, weil Zielsetzungen, Marktstellungen, Marktsituationen und Kostenstrukturen verschieden sind.

Beispiele:

Das Angebot ist in der Regel vollkommen elastisch, wenn ein Anbieter unterbeschäftigt ist, sodass er bei steigender Nachfrage nicht die Preise erhöhen möchte, um den Absatz nicht zu gefährden. Sein Angebot wird jedoch dann vollkommen unelastisch, wenn er an seiner Kapazitätsgrenze angelangt ist: Er kann die Preise erhöhen, nicht aber sein mengenmäßiges Angebot.

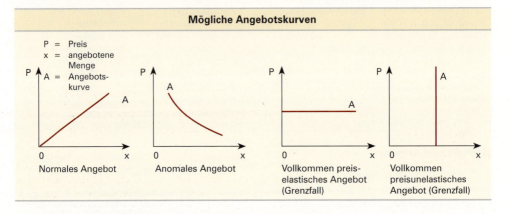

Mögliche Angebotskurven

Normales Angebot | Anomales Angebot | Vollkommen preiselastisches Angebot (Grenzfall) | Vollkommen preisunelastisches Angebot (Grenzfall)

Marktangebot (Gesamtangebot für ein Gut)

Unterstellt man, dass sich die Mehrzahl aller Anbieter eines Gutes nach dem „Gesetz des Angebots" verhalten und fasst man gedanklich alle individuellen Angebotskurven zusammen, erhält man die Marktangebotskurve (Gesamtangebotskurve für *ein* Gut). Die Marktangebotskurve zeigt (wie alle Angebotskurven), wie groß das mengenmäßige Angebot für ein Gut bei unterschiedlichen Preisen dieses Gutes ist.

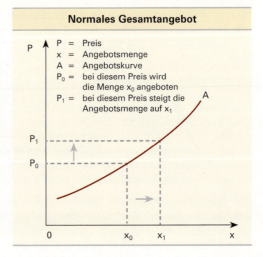

Normales Gesamtangebot

P = Preis
x = Angebotsmenge
A = Angebotskurve
P_0 = bei diesem Preis wird die Menge x_0 angeboten
P_1 = bei diesem Preis steigt die Angebotsmenge auf x_1

Angebotsverschiebungen

Das Marktangebot für ein Gut verschiebt sich im Laufe der Zeit aus verschiedensten Gründen. Nimmt z. B. die Zahl der Anbieter zu, nimmt auch das Angebot zu. Nimmt die Zahl der Anbieter ab, nimmt auch das Angebot ab, es sei denn, die Kapazitäten der Anbieter verändern sich.

Weitere Gründe für die Zunahme des Angebots sind z. B. der technische Fortschritt (aufgrund des Übergangs der Betriebe auf anlageintensivere Produktionsverfahren erweitern sich die Kapazitäten und damit das mögliche Angebot), die positiven Zukunftserwartungen der Unternehmer (aufgrund zusätzlicher Investitionen nimmt das Angebot zu) und Faktorpreissenkungen (die bisherigen Mengen können nun zu niedrigeren Preisen angeboten werden). Das Umgekehrte gilt, wenn das Marktangebot abnimmt.

5.3 Preisbildung

5.3.1 Preisbildung bei vollkommener polypolistischer Konkurrenz

5.3.1.1 Gleichgewichtspreis

Ein Markt ist **polypolistisch,** wenn sehr viele Anbieter und Nachfrager auftreten (**vollständige** oder **polypolistische** Konkurrenz).

Um uns den Vorgang der **Preisbildung** auf einem polypolistischen Markt zu verdeutlichen, greifen wir zu einem einfachen Beispiel.

Beispiel:

Die Warenbörsen erhalten von den Käufern und Verkäufern Kauf- oder Verkaufsaufträge. Dabei können Käufer und Verkäufer ihre Aufträge limitieren, d. h. begrenzen. Ein Käufer kann z. B. den Makler beauftragen, eine bestimmte Warenmenge *höchstens* zu 62,00 € je Gewichtseinheit zu kaufen. Sollte der Kurs (= der an der Börse festgelegte Preis) am Kauftag höher sein, wird der Auftrag nicht ausgeführt.

Ein Verkäufer kann den Makler beauftragen, eine bestimmte Warenmenge zu *mindestens* 61,00 € zu verkaufen. Ist der Kurs (Preis) am Verkaufstag niedriger, wird der Auftrag ebenfalls nicht ausgeführt.

Werden die Kauf- und Verkaufsaufträge nicht limitiert (nach oben oder unten begrenzt), werden die zum Kauf nachgefragten bzw. die zum Verkauf angebotenen Waren „bestens", d. h. zu dem am Abschlusstag gültigen Kurs (Preis) ge- oder verkauft.

Angenommen, bei einem Makler laufen für eine Weichweizensorte einheitlicher Qualität folgende Aufträge ein:

Kaufaufträge (= Nachfrage)	Verkaufsaufträge (= Angebot)
50 dt[1] bestens	30 dt bestens
45 dt zu 61,00 € höchstens	45 dt zu 61,00 € mindestens
20 dt zu 62,00 € höchstens	85 dt zu 62,00 € mindestens
70 dt zu 63,00 € höchstens	40 dt zu 63,00 € mindestens
20 dt zu 64,00 € höchstens	35 dt zu 64,00 € mindestens

---

1 1 dt = 1 Dezitonne = 100 kg.

5 Markt und Preis

Der Makler hat nun die Aufgabe, festzustellen, bei welchem Preis (Kurs) der höchste Umsatz erzielt werden kann. Dazu muss festgestellt werden, welche Umsätze (= Menge · Preis) bei den einzelnen Preisen möglich sind:

Mögliche Preise (Kurse)	Durchführbare Kaufaufträge (Nachfrage)	Durchführbare Verkaufsaufträge (Angebot)	Umsetzbare Menge
60,00 €	205 dt[1]	30 dt[3]	30 dt
61,00 €	205 dt	75 dt	75 dt
62,00 €	160 dt[2]	160 dt	160 dt
63,00 €	140 dt	200 dt	140 dt
64,00 €	70 dt	235 dt	70 dt

In diesem Beispiel beträgt der vom Makler festgesetzte Preis 62,00 € je dt, weil hier der größtmögliche Umsatz getätigt werden kann. Man spricht vom **Gleichgewichtspreis**.

> Der **Gleichgewichtspreis (Einheitspreis)** bringt Angebot und Nachfrage zum Ausgleich, er „räumt den Markt".

Zu beachten ist aber, dass die Anbieter, die einen höheren Preis erzielen wollten, und die Nachfrager, die nur einen geringeren Preis bezahlen wollten, leer ausgehen.

Das obige Beispiel lässt sich auch grafisch veranschaulichen. Tragen wir an der x-Achse (waagerechte Achse des Koordinatensystems) die angebotenen bzw. nachgefragten Gütereinheiten (im Beispiel dt) und an der y-Achse (senkrechte Achse) die möglichen Preise ab, erhalten wir folgende **Angebots- und Nachfragekurven**:

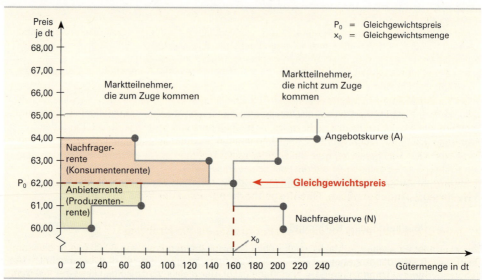

1 Bei einem Preis (Kurs) von 60,00 € wollen alle Auftraggeber kaufen, auch diejenigen, die eigentlich einen höheren Kurs zu zahlen bereit sind.
2 Bei einem Preis von 62,00 € kaufen die Auftraggeber nicht mehr, die höchstens 61,00 € anlegen wollten. Die Käufer, die nicht limitiert haben, kaufen jedoch auch zu diesem Kurs.
3 Es verkaufen nur die Auftraggeber, die nicht limitiert haben. Alle anderen wollen einen höheren Preis erzielen.

5.3 Preisbildung

Wenn man sich nun vorstellt, dass sehr viele (theoretisch „unendlich" viele) Anbieter und Nachfrager auf dem Markt sind, verschwinden die „Treppen" aus der Angebots- und aus der Nachfragekurve. Es ergibt sich nachstehendes Bild.

Betriebe, die (langfristig) mit den erzielbaren Verkaufserlösen gerade noch ihre (fixen und variablen) Kosten decken, heißen **Grenzbetriebe**. Der Marktpreis deckt den Selbstkostenpreis, es wird kein Gewinn erzielt. Unter Wettbewerbsbedingungen sind Grenzbetriebe längerfristig nicht mehr konkurrenzfähig.

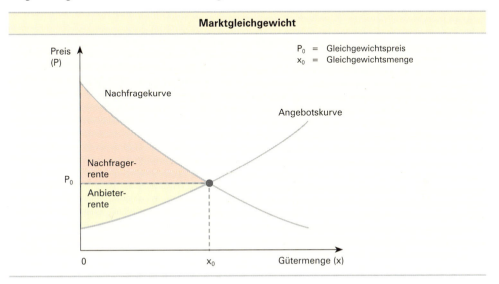

5.3.1.2 Marktungleichgewicht

1. Beim gegebenen Preis ist die Nachfrage größer als das Angebot

Jeder andere Preis als der Gleichgewichtspreis (Einheitspreis) kann den Markt nicht räumen. Angenommen, der Makler (siehe obiges Beispiel) setzt einen Kurs von 61,00 € je dt fest. Dann beträgt die Nachfrage 205 dt, das Angebot nur 75 dt (Unterangebot = Übernachfrage = Nachfrageüberhang = Angebotslücke). Der Makler wird also den Preis *heraufsetzen*.

Allgemein ausgedrückt: Ist bei einem gegebenen Preis das Angebot kleiner als die Nachfrage **(Angebotslücke, Nachfrageüberhang)**, wird der Preis steigen.

2. Beim gegebenen Preis ist das Angebot größer als die Nachfrage

Umgekehrt ist es, wenn der Makler (siehe obiges Beispiel) einen Preis von 63,00 € je dt bestimmt. Dann beläuft sich das Angebot auf 200 dt, die Nachfrage lediglich auf 140 dt (Überangebot = Angebotsüberhang = Unternachfrage = Nachfragelücke). Der Makler wird also den Preis *herabsetzen*.

Allgemein ausgedrückt: Ist bei einem gegebenen Preis die Nachfrage kleiner als das Angebot **(Nachfragelücke, Angebotsüberhang)**, wird der Preis sinken.

5 Markt und Preis

Bedingungen (Prämissen) des vollkommenen Marktes[1]

Aus unserem Modell lassen sich nun eine ganze Reihe von Erkenntnissen ableiten.

Zunächst haben wir festgestellt, dass für die Ware ein einheitlicher Preis, eben der *Einheitspreis* (Gleichgewichtspreis) besteht. Die Frage ist, unter welchen *Voraussetzungen* (= Prämissen) ein solcher Einheitspreis entstehen kann.

- Ein Einheitspreis entwickelt sich nur dann, wenn auf dem Markt vollkommen gleichartige Güter gehandelt werden: Die Güter müssen **homogen** sein.

  Beispiele:

  Banknoten, Aktien einer bestimmten Aktiengesellschaft, Edelmetalle, Baumwolle eines bestimmten Standards.

- Angebot und Nachfrage müssen gleichzeitig an einem bestimmten Ort aufeinandertreffen (Punktmarkt).

  Beispiel:

  Nur die an einem bestimmten Tag bei einem Makler zusammenlaufenden Kauf- und Verkaufsaufträge bestimmen den Kurs (den Preis) des Tages.

- Anbieter und Nachfrager müssen eine vollständige Marktübersicht (Markttransparenz) besitzen.

  Beispiel:

  Eine Hausfrau hat dann eine vollständige Marktübersicht, wenn sie die Preise und Qualitäten aller angebotenen Waren kennt. – Ein Anbieter besitzt die vollkommene Marktübersicht, wenn ihm die Kaufabsichten der Kunden bekannt sind. (Vollständige Markttransparenz findet sich folglich nur an der Börse.)

- Anbieter und Nachfrager müssen sofort auf Änderungen der Marktsituation reagieren können.

  Beispiel:

  Der Börsenspekulant hat jederzeit die Möglichkeit, sich telefonisch an der Börse über den Stand der Nachfrage, des Angebots und der Kurse zu informieren (Markttransparenz). Zugleich hat er die Möglichkeit, z. B. bei steigenden Kursen mehr anzubieten oder weniger nachzufragen (schnelle Reaktionsfähigkeit).

---

[1] Grundvoraussetzung der folgenden Modelle ist, dass die Marktteilnehmer (Anbieter und Nachfrager) nach dem ökonomischen Prinzip (rational) handeln. Modelle sind vereinfachte gedankliche oder optische (anschauliche) Darstellungen der Wirklichkeit (z. B. Atommodell, Modell eines Hauses, eines Flugzeugs).

- Käufer und Verkäufer dürfen sich nicht gegenseitig bevorzugen (Abwesenheit von Präferenzen = Bevorzugungen).

> **Beispiele:**
>
> Eine **sachliche Präferenz** liegt vor, wenn ein Käufer der Meinung ist, dass das Produkt des Herstellers A besser als das des Herstellers B ist, auch wenn beide Produkte objektiv gleich (homogen) sind. – Eine **zeitliche Präferenz** ist gegeben, wenn z. B. ein Käufer den Lieferer A bevorzugt, weil dieser schneller liefern kann. – Von **räumlicher Präferenz** spricht man z. B., wenn die räumliche Nähe des Marktpartners zu Bevorzugungen führt. – **Persönliche Präferenzen** bestehen z. B. dann, wenn ein Kunde ein Geschäft aufgrund besonders kulanter und freundlicher Bedienung bevorzugt.

Fehlt nur eine der genannten Bedingungen, spricht man von einem *unvollkommenen Markt*. Es muss deutlich darauf hingewiesen werden, dass es in der Realität (Wirklichkeit) keine vollkommenen Märkte gibt. Das Modell des vollkommenen Polypols dient dazu, sich eine Vorstellung darüber zu verschaffen, welche Einflussfaktoren die Preisbildung in Marktwirtschaften beeinflussen und steuern. Es gibt nur wenige Beispiele für näherungsweise vollkommene Märkte. Als Beispiele seien hier die Börsen und vor allem die Computerbörsen[1] wie z. B. **Eur**opean **Ex**change (Eurex) und **Ex**change **Electronic Tra**ding (Xetra) zu nennen. Hier treffen Angebot und Nachfrage über einen Zentralrechner zusammen, der die Geschäfte in Sekundenschnelle abwickelt.

Zusammenfassung

- Unter **Markt** versteht man das Zusammentreffen von **Angebot** und **Nachfrage**.
- Je nach Einteilungskriterien erhält man zahlreiche **Marktarten (Marktformen)**.
- Das Steuerungsinstrument freier Märkte ist der **Preis**, der sich aufgrund der Angebots- und Nachfrageverhältnisse ergibt.
- Ein **Gleichgewichtspreis (Einheitspreis)** entsteht nur dann, wenn auf einem freien polypolistischen Markt die **Prämissen (Voraussetzungen) der vollkommenen Konkurrenz** gegeben sind.

ÜBUNGSAUFGABEN

1. Definieren Sie den Begriff Markt!
2. Unterscheiden Sie folgende Begriffe:
    2.1 zentralisierter Markt – dezentralisierter Markt;
    2.2 vollkommener Markt – unvollkommener Markt;
    2.3 polypolistischer Markt – oligopolistischer Markt – monopolistischer Markt!
3. Nennen Sie wichtige Aufgaben des Marktes!
4. Welche Faktoren können das Nachfragerverhalten der Verbraucher auf dem Markt mitbestimmen? Nennen und begründen Sie mindestens vier Bestimmungsgründe des Nachfragerverhaltens!
5. Welche Zusammenhänge bestehen normalerweise unter sonst gleichen Bedingungen zwischen dem Preis eines Gutes und der Nachfrage nach diesem Gut? Warum?

---

[1] Siehe auch Kapitel 5.3.1.5.6.

5 Markt und Preis

6. Angenommen, auf einem Wochenmarkt treten folgende Anbieter frischer und absolut gleichwertiger Pfifferlinge auf, wobei jeder Anbieter 10 kg auf den Markt bringt.

   Die Mindestpreisvorstellungen der Anbieter sind:

Anbieter:	A	B	C	D	E	F
Preis je kg in €:	10,00	11,00	12,00	13,00	14,00	15,00

   Als Nachfrager treten 50 Marktbesucher auf, die höchstens Folgendes ausgeben und je 1 kg kaufen wollen:

Nachfrager:	1–10	11–20	21–30	31–40	41–50
Preisvorstellung je kg in €:	13,00	12,50	12,00	11,50	11,00

   6.1 Zeichnen Sie die Angebots- und Nachfragekurve!
   6.2 Stellen Sie den Gleichgewichtspreis fest!

7. In der Aufgabe 6 haben wir zwar so getan, als ob es sich um einen vollkommenen polypolistischen Markt handle. In Wirklichkeit ist dies jedoch nicht der Fall. Warum nicht?

5.3.1.3 Wechselwirkungen zwischen Angebot, Nachfrage und Preis

Die Steuerungsfunktion des Marktes lässt sich am besten verstehen, wenn man das Marktgeschehen im Zeitablauf betrachtet, in das Modell also Angebots- bzw. Nachfrageverschiebungen einbezieht.

> Bei normalem Angebot, normaler Nachfrage und vollkommener polypolistischer Konkurrenz gelten folgende **„Preisgesetze"**:
> - Bei gleichbleibendem Angebot führt eine Nachfrageerhöhung zu steigenden Preisen.
> - Bei gleichbleibendem Angebot führt eine Nachfragesenkung zu sinkenden Preisen.

Steigende Preise und zunehmender Absatz bei zunehmender Nachfrage

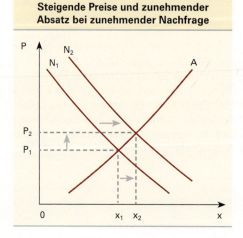

Sinkende Preise und abnehmender Absatz bei abnehmender Nachfrage

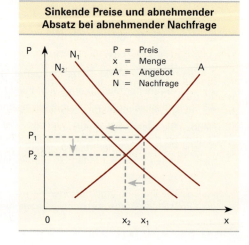

P = Preis
x = Menge
A = Angebot
N = Nachfrage

Desgleichen kann der Fall eintreten, dass das Angebot bei einem bestimmten Preis und bei gleichbleibender Nachfrage zu- oder abnimmt. So geht z.B. das Angebot landwirtschaftlicher Produkte bei Missernten zurück, während es bei Rekordernten zunimmt.[1]

Im Normalfall gelten folgende **„Preisgesetze"**:
- Bei gleichbleibender Nachfrage führt eine Angebotserhöhung zu sinkenden Preisen.
- Bei gleichbleibender Nachfrage führt eine Angebotssenkung zu steigenden Preisen.

Sinkende Preise und zunehmender Absatz bei zunehmendem Angebot

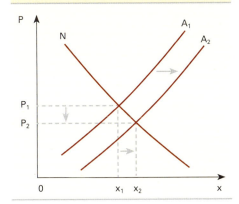

Steigende Preise und abnehmender Absatz bei abnehmendem Angebot

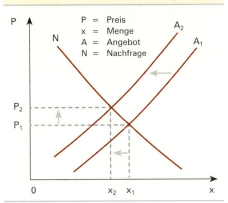

P = Preis
x = Menge
A = Angebot
N = Nachfrage

Die **Preisgesetze** werden jedoch nur dann wirksam, wenn man von einer normalen Angebotskurve (also vom Gesetz des Angebots) und von einer normalen Nachfragekurve (also vom Gesetz der Nachfrage) ausgeht.

Außerdem gelten die Preisgesetze nur dann, wenn sich Angebot und Nachfrage „treffen", d.h. wenn zumindest ein Teil der Verkaufswilligen (des Angebots) und ein Teil der Kaufwilligen (der Nachfrage) zum Zuge kommen. Liegen z.B. die Preisvorstellungen *aller* Anbieter über denen *aller* Nachfrager, kann kein Einheitspreis entstehen.

Bedeutung

Die bisherigen Überlegungen zeigen, dass auf vollkommenen polypolistischen Märkten Preis, Angebot und Nachfrage die Volkswirtschaft selbsttätig (automatisch) steuern. Was für die Sachgüterpreise gilt, trifft auch auf die übrigen Marktpreise zu. So wird der Arbeitsmarkt über die Löhne (= Preise für Arbeitsleistungen) reguliert. Ist das Arbeitsangebot hoch, die Arbeitsnachfrage niedrig, wird eben der Lohn so lange sinken, bis der „Markt geräumt" ist. Gleichermaßen werden die Geldmärkte mithilfe des Zinsmechanismus gesteuert. Ist das Geldangebot niedrig, die Geldnachfrage jedoch hoch, wird der Zins so lange steigen, bis auch hier die Geldnachfrage dem Geldangebot entspricht.

---

[1] Weitere Beispiele siehe Kapitel 5.2.2.

5.3.1.4 Preisfunktionen

Im Modell der vollkommenen polypolistischen Konkurrenz hat der Preis folgende Funktionen (Aufgaben):

Ausgleichsfunktion	„Der freie Preis räumt den Markt".[1] Im Kapitel 5.3.1.1 haben wir gesehen, dass der Gleichgewichtspreis der Preis ist, bei dem der höchstmögliche Umsatz erzielt wird. Alle Nachfrager, die den Gleichgewichtspreis bezahlen wollen (oder können), und alle Anbieter, die zum Gleichgewichtspreis verkaufen wollen (oder können), kommen zum Zuge.
Signalfunktion	Sie äußert sich darin, dass der freie Marktpreis den Knappheitsgrad eines Gutes anzeigt (= signalisiert). Steigt der Preis, so wird erkennbar, dass ■ sich entweder das Güterangebot bei gleichbleibender Nachfrage verknappt hat, ■ sich die Nachfrage bei gleichbleibendem Güterangebot erhöht hat, ■ die Nachfrage stärker als das Güterangebot gestiegen ist oder ■ das Angebot stärker als die Nachfrage gesunken ist. Der fallende Preis zeigt die gegenteilige Marktsituation.
Lenkungsfunktion	Der freie Marktpreis steuert das Angebot und damit die Produktion auf diejenigen Märkte hin, auf denen die größte Nachfrage herrscht und folglich die höchsten Preise (und damit Gewinne) erzielt werden können.
	Beispiel: Die zunehmende Nachfrage nach Bio-Lebensmitteln zulasten der konventionell[2] erzeugten führt dazu, dass immer mehr landwirtschaftliche Betriebe im In- und Ausland auf die Produktion von Bio-Produkten umstellen.
Erziehungsfunktion	Da der Preis bei vollkommener polypolistischer Konkurrenz vom einzelnen Nachfrager nicht beeinflussbar ist, zwingt er die Produzenten, ihre Kosten zu senken, wenn sie rentabel anbieten wollen. Die Verbraucher werden dazu erzogen, möglichst sparsam (möglichst preisgünstig) einzukaufen, wenn sie ihren Nutzen maximieren wollen.

Zusammenfassung

- Auf vollkommenen polypolistischen Märkten gelten bei normalem Angebot und normaler Nachfrage folgende **„Preisgesetze"**:
    - Bei gleichbleibender Nachfrage steigt (sinkt) der Preis mit sinkendem (steigendem) Angebot.
    - Bei gleichbleibendem Angebot steigt (sinkt) der Preis mit steigender (sinkender) Nachfrage.
- Die **Ausgleichs-, Signal-, Lenkungs-** und **Erziehungsfunktion des Preises** gelten uneingeschränkt nur bei vollkommener polypolistischer Konkurrenz.

---

1 Kapitelüberschrift bei RÖPKE, W.: Die Lehre von der Wirtschaft, 11. Aufl. 1968, S. 182.
2 Konventionell (franz.) = althergebracht, herkömmlich, üblich..

ÜBUNGSAUFGABEN

1. Erläutern Sie die Preisgesetze verbal und grafisch!
2. **Text 1**[1]

   Es gibt auf die Dauer weder unverkäufliche Mengen bei den Produzenten (kein Angebotsüberhang) noch eine Nachfrage, die bei diesem Preis nicht befriedigt wird (kein Nachfrageüberhang).

   Man muss dabei aber sehen, dass die Koordination durch den Preis in einem bestimmten Sinne unsozial ist: Ein steigender Preis „rationiert" die Nachfrage und beschränkt in der Tendenz die Nachfrage der weniger Kaufkräftigen. Wegen dieser unsozialen Rationierungsfunktion des Preises werden bei der Koordination der Wirtschaftspläne von Produzenten und Konsumenten also eher die Bedürfnisse der kaufkräftigen Nachfrager berücksichtigt als die Wünsche aller Verbraucher. So wird teures Hundefutter produziert, während manche Menschen sich kein Fleisch kaufen können.

   Text 2[1]

   Der Preis ist weiterhin ein ideales Instrument, die für die Entscheidungen von Produzenten und Konsumenten notwendigen Informationen zu liefern. Verschiebt sich z. B. die Nachfragekurve nach rechts (Erhöhung der Nachfrage), so wird bei dem alten Preis ein Nachfrageüberhang entstehen und die Konkurrenz unter den Nachfragern wird den Preis in die Höhe treiben ...

   Text 3[1]

   Die Information durch den Preis genügt jedoch nicht, es muss auch erreicht werden, dass die Produzenten das Gewünschte produzieren. Dazu ist ein Sanktionssystem erforderlich, das in einer Marktwirtschaft durch die freie Verfügbarkeit der erzielten Gewinne geschaffen wird. Anbieter, die sich einer veränderten Marktlage schneller anpassen als ihre Konkurrenten, werden durch vorübergehend höhere Gewinne oder geringere Verluste belohnt.

   2.1 Welche Preisfunktion wird im Text 1 beschrieben?
   2.2 Welche Kritik üben die Autoren dieses Textes an der beschriebenen Preisfunktion?
   2.3 Von welcher Preisfunktion ist im Text 2 die Rede?
   2.4 Erläutern Sie das Sanktionssystem in einer Marktwirtschaft!

3. **Textauszug**[2]

   Richtig ist, dass bei unvermehrbaren Gütern wie dem Boden oder seltenen Kunstwerken eine steigende Nachfrage zu immer höheren Preisen führen muss. Darum steigen auch die Mieten in den meisten Ländern schneller als die Preise der meisten anderen Güter ...

   Bei normalen Gütern führt eine steigende Nachfrage zu entsprechend höheren Produktionsmengen ...

   Bei den unvermehrbaren Gütern (Seltenheitsgütern) erhöht eine zunehmende Nachfrage dagegen allein den Preis, da ja das Angebot nicht ausgeweitet werden kann.

   3.1 Begründen Sie, warum bei „normalen" (bei vermehrbaren bzw. wieder herstellbaren) Gütern das Angebot mit zunehmender Nachfrage steigt!
   3.2 Zeigen Sie anhand einer Skizze, warum eine zunehmende Nachfrage nach unvermehrbaren Gütern allein den Preis dieser Güter erhöht!
   3.3 Nennen Sie eigene Beispiele für unvermehrbare Güter!

---

1 Textauszüge aus BASSELER/HEINRICH/KOCH: Grundlagen der Volkswirtschaft, 11. Aufl. 1988, S. 212.
2 Van Suntum, U.: Die unsichtbare Hand, ökonomisches Denken gestern und heute, 2. Aufl. 2000, S. 21.

5 Markt und Preis

4. Die Sektkellerei René Schilling S.A. in Kaysersberg hat sich entschlossen, den Absatzpreis je Flasche „Crément Classique Exclusive" von 35,00 € auf 45,00 € zu erhöhen. Daraufhin stieg der mengenmäßige Absatz dieser Sektsorte um zehn Prozent.

Erklären Sie die möglichen Zusammenhänge!

5.3.1.5 Preisbildung am Beispiel der Frankfurter Wertpapierbörse (FWB)

Zeitungen, Rundfunk und Fernsehen berichten täglich über das Geschehen an den Wertpapierbörsen. Da ist z. B. die Rede von steigenden oder sinkenden Börsenpreisen (Kursen), von Aktienindizes (z. B. vom DAX)[1] oder vom Midcap-Index (MDAX). Immer mehr junge Leute legen Geld in Effekten an, teilweise aus spekulativen Gründen, teilweise auch deswegen, weil sie ihre Altersversorgung ergänzen wollen. Um auf dem Gebiet des Wertpapierkaufs bzw. -verkaufs vernünftig (rational) entscheiden zu können, braucht man einige Kenntnisse z. B. über das Wesen einer Aktiengesellschaft, über die Arten der börsenmäßig gehandelten Wertpapiere, über die Börsenpreisbildung an der Wertpapierbörse und die Chancen und Risiken einer Geldanlage in Wertpapieren.

5.3.1.5.1 Begriff Börse

Eine Börse ist ein organisierter Markt, der regelmäßig an einem bestimmten Ort stattfindet und an dem sich Kaufleute treffen, um Handelsgeschäfte abzuschließen. Im Gegensatz zu anderen Märkten (z. B. Wochenmärkten) sind die **gehandelten Güter** (z. B. Waren, Aktien, Rentenpapiere) **nicht anwesend**.

> Die **Wertpapierbörse (Effektenbörse)** ist ein Markt, auf dem vor allem vertretbare Teilhaber- und Gläubigerpapiere **(Effekten)** und/oder **Derivate**[2] gehandelt werden, sofern sie zum Börsenhandel zugelassen sind [§ 1 VII BörsG].

Effekten sind vertretbare (fungible) Wertpapiere (siehe Kapitel 4.6.2.7) wie z. B. die Aktien (Kapitel 4.6.3.3.1) und die Schuldverschreibungen (Kapitel 4.6.3.3.3).

Derivate (auch Finanzderivate, derivative Finanzinstrumente oder Derivative genannt) sind keine Wertpapiere, sondern **Rechte,** deren Börsen- und Marktpreis (Kurs) von der Entwicklung des Kurses von Wertpapieren oder Marktzinssätzen abhängt, d. h. abgeleitet wird (Näheres siehe § 2 I, II, II a WpHG).

5.3.1.5.2 Auftragserteilung und Abwicklung des Wertpapiergeschäfts an der Börse

Die Börsenpreise (Kurse) werden an den Wertpapierbörsen mithilfe elektronischen Handelssystemen ermittelt (Näheres siehe S. 413 f.).

Das Wertpapiergeschäft an einer Börse läuft im Prinzip folgendermaßen ab:

Der Käufer von Effekten beauftragt seine Bank, für ihn an der Börse beispielsweise Aktien zu kaufen. An der Börse wird der Kauf im elektronischen oder im Präsenzhandel durchgeführt und die beauftragte Bank erhält die Kaufabrechnung. Sie belastet das Konto ihres Kunden mit dem Kurswert zuzüglich Kaufspesen[3] und überweist den Nettoerlös an die Bank des Verkäufers, die ihrerseits ihrem Kunden den Betrag abzüglich Verkaufsspesen gutschreibt.

---

1 Bei den in diesem Kapitel dargestellten Börsenindizes und Wertpapierhandelssystemen handelt es sich im Regelfall um eingetragene Warenzeichen.
2 Das Derivat (lat. derivatum) = das Abgeleitete.
3 Zur Kaufabrechnung von Aktien siehe Kapitel 4.6.3.3.1.

5.3 Preisbildung

Die meisten Wertpapiere sind heute bei einer Wertpapiersammelbank hinterlegt. Falls dies der Fall ist, werden sie dem Depot[1] des Käufers gutgeschrieben. Nur auf ausdrücklichen Wunsch hin werden sie dem Käufer ausgehändigt.

5.3.1.5.3 Börsensegmente

Die folgende Abbildung gibt einen Überblick über die wichtigsten Aktienindizes der Deutschen Börse:

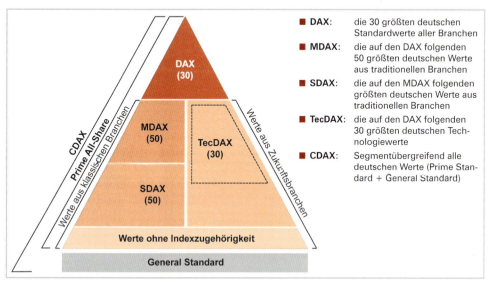

Quelle: Deutsche Börse

Es sind folgende Börsensegmente[2] (Handelssegmente) zu unterscheiden:

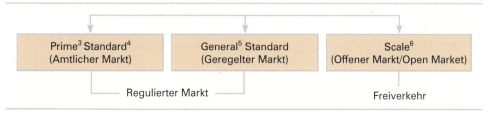

Der **Prime Standard** ist für Unternehmen geeignet, die sich auch gegenüber dem *internationalen Markt* öffnen wollen. Sie unterliegen neben den Transparenzvorschriften[7] des

---

1 Unter Depot versteht man die Verwahrung von Wertpapieren bei einer Bank, wobei auch die Verwaltung (z. B. Einziehen der Dividenden oder Zinsen und die Ausübung von Bezugsrechten) mit einbezogen ist. Näheres über die Verwahrung und Verwaltung von Wertpapieren finden Sie im Depotgesetz (DepotG).
2 Segment (lat.) = Ausschnitt, Teilstück. Segmentieren = in Ausschnitte (Teilbereiche) zerlegen.
3 Prime (engl.) = an erster Stelle stehend.
4 Standard (engl.) = Norm, Niveau, Qualitätsniveau. Niveau (franz.) = Ebene, Stand, Rang(stellung).
5 General (engl.) = allgemein.
6 Scale = die aus einem Wettbewerb hervorgegangene Bezeichnung für ein neues Marktsegment der Deutschen Börse AG und ersetzt seit dem 1. März 2017 das bisherige Segment Entry Standard.
7 Transparenz (lat.) = Durchsichtigkeit, Verstehbarkeit, Erkennbarkeit. Die Transparenzvorschriften verlangen z. B., dass geregelte Märkte Kurs, Umfang und Zeitpunkt der Geschäfte veröffentlichen.

geregelten Marktes weiteren Veröffentlichungspflichten (z. B. vierteljährliche Berichterstattung in deutscher und englischer Sprache). Die Zulassung zum Regulierten Markt erfolgt auf Antrag des Emittenten. Entscheidungsgremium ist die Geschäftsführung der Wertpapierbörse.

Der **General Standard** ist das Segment für Unternehmen, die lediglich *nationale Investoren* ansprechen wollen.

Scale ist ein Börsensegment für Nebenwerte und soll kleinen und mittleren Unternehmen den Börsenzugang erleichtern, um ihnen so Finanzierungsmöglichkeiten durch Aktien- und Anleihe-Emissionen für ihr Wachstum und zum Ausbau der internationalen Wettbewerbsfähigkeit zu eröffnen.

Die Börsensegmente bilden die Grundlage für die Zusammensetzung der Aktienindizes (siehe Kapitel 5.3.1.5.8).

5.3.1.5.4 Preisnotierung

Bei umsatzstarken Wertpapieren werden die Börsenpreise (Kurse) an einem Börsentag fortlaufend notiert **(variabler Markt)**. Der erste an einem Börsentag festgestellte Preis wird als Eröffnungspreis (Eröffnungskurs) bezeichnet. Er wird für die bei Börsenbeginn vorliegenden Kauf- und Verkaufsaufträge errechnet und ist daher ein „gerechneter Preis". Für alle an diesem Börsentag folgenden Geschäfte werden die Preise von Fall zu Fall, d. h. aufgrund der tatsächlich abgeschlossenen Geschäfte, notiert, sodass die variablen Börsenpreise (Kurse) an einem einzigen Börsentag erheblich schwanken können. Die Börsenpreise werden elektronisch mithilfe des Handelssystems Xetra ermittelt (siehe auch S. 414).

Für umsatzschwächere Wertpapiere erfolgt die Kursfeststellung an einem Börsentag nur ein Mal. Der für einen Börsentag gerechnete Preis eines Papiers ist der Einheitspreis (Einheitskurs).[1] Der Bereich des Börsengeschäfts, auf dem Einheitspreise festgelegt werden, wird als **Einheitsmarkt** bezeichnet.

An der Frankfurter Wertpapierbörse wurden die Einheitspreise bis zum Mai 2011 von Skontroführern[2] (Börsenmaklern) ermittelt. Seither erfolgt die Preisfeststellung wie beim variablen Markt mithilfe des elektronischen Handelssystems Xetra (siehe auch S. 414). Mit der Umstellung änderten sich auch die Aufgaben der bisherigen Skontroführer, die jetzt Spezialisten heißen (Spezialistenhandel). Die Spezialisten unterliegen der Anwesenheitspflicht (Präsenzpflicht) am Arbeitsplatz auf dem Parkett.[3] Ihre Aufgabe besteht darin, die Computer zu überwachen, die die Preise setzen.

5.3.1.5.5 Handelsformen

An den Wertpapierbörsen wird zwischen dem **Kassageschäft**[4] (Kassengeschäft, Promptgeschäft[5]) und dem **Termingeschäft**[6] unterschieden.

---

1 Ein Rechenbeispiel finden Sie auf S. 414.
2 Der Begriff Skontroführer hat seinen Ursprung im Wort Maklerskontro, also dem Orderbuch (Auftragsbuch) eines Maklers. Das Wort Skontro leitet sich aus dem italienischen Wort Skontration (Fortschreibung, Bestandsermittlung) ab. Zum Skontroführer wurden auf Antrag Kredit- oder Finanzdienstleistungsinstitute zugelassen, die die zur Skontroführung erforderliche Zuverlässigkeit besaßen. Ähnliches gilt für die heutigen „Spezialisten".
3 Parkett (franz.) = vorderer Raum zu ebener Erde im Theater; getäfelter Fußboden.
4 Kassa (lat., ital.) = Barzahlung.
5 Prompt (lat., franz.) = sofort, unverzüglich erfolgend.
6 Termin (lat.) = Grenze, zum Ende gehörend, festgesetzter Zeitpunkt.

5.3 Preisbildung

Bei einem **Kassageschäft** erfolgt die Erfüllung des Wertpapierkaufs bzw. -verkaufs (Übergabe, Abnahme, Eigentumsübertragung, Kaufpreiszahlung) sofort oder kurzfristig (in Deutschland binnen zwei Werktagen nach dem Vertragsabschluss). Handelsgegenstand beim Kassageschäft sind vor allem Aktien, festverzinsliche Wertpapiere und Optionen (Näheres siehe Kapitel 4.6.3.3.3). Am Kassamarkt werden Wertpapiere auf zweierlei Weise gehandelt, nämlich sowohl im Präsenzhandel (mit Computerunterstützung) als auch im elektronischen Handel (siehe Kapitel 5.3.1.5.6).

Bei einem **Termingeschäft** (Zeitgeschäft) erfolgt die Vertragserfüllung zu einem späteren Zeitpunkt. Handelsgegenstand an den Terminmärkten sind Derivate, also Verträge über zukünftig zu erfüllende Geschäfte (siehe Kapitel 5.3.1.5.1). Termingeschäfte können selbstverständlich auch außerhalb der Börsen abgeschlossen werden.

Neben den auf den Kassamärkten angebotenen und nachgefragten Kapitalmarktprodukten[1] (Aktien, festverzinsliche Wertpapiere, Genussscheine) werden auf den Terminmärkten auch Investmentzertifikate, Index-, Geldmarkt- und Währungsprodukte gehandelt.

Indexprodukte sind z. B. die von Banken auf den DAX und MDAX[2] begebenen sogenannten Indexzertifikate.[3] Diese Zertifikate verbriefen keinen Anspruch auf Aktien, sondern lediglich auf Zahlung eines Geldbetrags, der in der Regel einem bestimmten Bruchteil des Punktestandes des Index entspricht. Es wird also auf die Entwicklung eines bestimmten Punktestands des Index spekuliert.[4]

Zu den **Geldmarktprodukten** gehören beispielsweise die vom Bund begebenen kurzfristigen Schatzwechsel und Schatzanweisungen. Als Schatzwechsel gelten in Deutschland kurzfristige Schuldverschreibungen der öffentlichen Hand (des Bundes und der Länder) mit einer Laufzeit bis zu 6 Monaten. Die Zinsen werden vorab vom Ausgabepreis abgezogen (diskontiert). Schatzanweisungen sind kurz- und mittelfristige Anleihen des Bundes und der Länder mit einer Laufzeit von 6 Monaten bis zu 3 Jahren. Sie werden sowohl als sogenannte „U-Schätze" („unverzinsliche Schatzanweisungen") oder als „verzinsliche Schatzanweisungen" herausgegeben. Bei den U-Schätzen ist der Ausgabepreis niedriger als der Rücknahmepreis. Die verzinslichen Schatzanweisungen sind mit Zinsscheinen (Coupons) ausgestattet.

Wichtige **Währungsprodukte** stellen z. B. die Termineinlagen der Banken mit einer vereinbarten Laufzeit (Festgelder) oder Kündigungsfrist (Festgelder) dar.

5.3.1.5.6 Elektronische Handelssysteme

Wie bereits an anderer Stelle gesagt, erfolgt heute der Handel an den Wertpapierbörsen elektronisch, d. h. mithilfe von Computern („Computerbörsen"). Die Verkaufs- und Kaufaufträge (Willenserklärungen) werden über Terminals[5] in das EDV-System eingegeben und elektronisch an den Zentralcomputer der Wertpapierbörse übermittelt.

Bei diesen Terminals handelt es sich um in den elektronischen Wertpapierhandel (in EDV-Systeme) integrierte (eingeordnete) Mehrfachfunktionsautomaten (Datenstationen), die

---

1 Seit einigen Jahren wird der Begriff „Produkt" (lat. = Erzeugnis, Ertrag) für alle auf den Märkten angebotenen wirtschaftlichen Güter (Sachgüter, Dienstleistungen, Rechte) verwendet.
2 Das M in MDAX geht auf das Wort „Midcaps" (engl.) zurück, was soviel wie „in der Mitte (Mid…) nach den Spitzen (caps) stehend" bedeutet. (Näheres zu den Indizes siehe Kapitel 5.3.1.5.8)
3 Index (lat.) = Anzeiger. Zertifikat (lat.) = Bescheinigung.
4 Spekulationen (lat.) = Entscheidung, die auf Mutmaßungen (Erwartungen) beruht. Spekulieren = mit einem bestimmten Ergebnis einer Erwartung bzw. einer Entscheidung rechnen. Der Spekulant rechnet mit einem zukünftigen Gewinn, geht aber das Risiko eines Verlusts ein.
5 Terminal (engl.) = Datenendstation, Abfragestation.

vor allem eine rationelle (schnelle, kostengünstige) Speicherung der für die Wertpapiergeschäfte wichtigen Informationen (Abrechnungskurse, Abschluss- und Erfüllungsdaten, Auftragswerte) und Abwicklung der Wertpapiergeschäfte (Informationsverarbeitung) ermöglichen sowie vielfältige Informationen (z. B. für die Kundenberater der Banken) liefern.

> **Beispiel:**
>
> Wenn eine Wertpapierbörse über ein elektronisches Handelssystem verfügt, dann können grundsätzlich alle an dieser Börse gehandelten Wertpapiere elektronisch gehandelt werden, also nicht nur Wertpapiere des „Amtlichen Markts", sondern auch des Geregelten und des Offenen Markts. Vorschriften darüber, welche Wertpapiere in das elektronische Handelssystem einbezogen werden und wie deren Börsenpreise ermittelt und festgestellt werden, enthält die jeweilige **Börsenordnung**.[1]

Beispiele für die fortschreitende Automatisierung des internationalen Wertpapierhandels in Deutschland sind das elektronische Wertpapierhandelssystem der Terminbörse **Eurex** (**Eur**opean **Ex**change) und das von der „Deutsche Börse AG" für alle am Kassamarkt notierten Aktien, Rentenpapiere und Optionsscheine entwickelte grenzüberschreitende elektronische Handelssystem **Xetra**® (**Ex**change **E**lectronic **Tra**ding).

5.3.1.5.7 Kursermittlung im amtlichen Börsenverkehr

Nachstehendes Beispiel zeigt die Kursermittlung auf dem Aktienmarkt.

> **Beispiel:**
>
> Die Aktienkäufer geben ihre **Kaufaufträge** für die Aktien bei ihrer Bank ab. Sie haben dabei die Möglichkeit, den Höchstpreis, den sie zu zahlen bereit sind, festzulegen (zu limitieren) oder aber den Auftrag zum Aktienkauf *ohne* Preisbegrenzung abzugeben (d. h., sie beauftragen die Bank, die Aktien *„billigst"* zu erwerben).
>
> Die Aktienverkäufer geben ihre **Verkaufsaufträge** für ihre Aktien ebenfalls bei der Bank ab. Sie haben die Möglichkeit, einen Mindestpreis, zu dem die Aktien gerade noch verkauft werden dürfen, festzulegen (zu limitieren) oder aber den Verkaufsauftrag ohne Preisbegrenzung abzugeben (d. h., sie beauftragen die Bank, die Aktie *„bestens"* zu verkaufen).
>
> Dem elektronischen Handelssystem liegen folgende Kauf- bzw. Verkaufsaufträge vor:
>
> | Kaufaufträge (Nachfrage) | | Verkaufsaufträge (Angebot) | |
> |---|---|---|---|
> | 40 Stück | billigst | 45 Stück | bestens |
> | 26 Stück | Limit 306 | 10 Stück | Limit 304 |
> | 14 Stück | Limit 307 | 20 Stück | Limit 305 |
> | 80 Stück | | 75 Stück | |
>
> Der Computer setzt den Preis (Kurs) auf 306,00 € fest, denn zu diesem Kurs können die meisten Aufträge ausgeführt werden. Grund: Bis 306,00 € je Stück sind alle Käufer bereit zu kaufen. Da sich die Verkäufer mit einem Kurs von 304,00 € bzw. 305,00 € zufrieden geben würden, verkaufen sie selbstverständlich auch zu 306,00 €. Fünf Aktien können nicht geliefert werden, weil das Angebot zu gering ist.

Der vom Computer errechnete Kurs heißt **Einheitskurs**. Er liegt immer dort, wo alle bzw. die meisten Wertpapiere vermittelt werden können. Zu diesem Kurs werden sodann *alle* kleinen Aufträge des Tages abgerechnet.

---

1 Nach dem **Börsengesetz** muss jede Börse eine vom **Börsenrat** – im Einvernehmen mit dem Träger der Börse – erlassene und von der **Börsenaufsichtsbehörde** genehmigte **Börsenordnung** (Satzung der Börse) haben (Näheres siehe §§ 9ff. BörsG).

5.3 Preisbildung

Für umsatzstarke Werte werden die Aufträge einzeln abgerechnet. Wir sprechen dann von einem **variablen Kurs (fortlaufende Notierung;** siehe auch S. 412).

5.3.1.5.8 Aktienindizes

Ein Index (Mz. Indizes = Anzeiger) gibt an, wie sich eine bestimmte Größe im Zeitablauf verändert. Der Ausgangspunkt (die Basis) zu einem festgelegten Zeitpunkt wird gleich 100 oder 1 000 gesetzt. Einem Aktienindex liegen die Kurse bestimmter ausgewählter Aktien (eines Aktien-Portefeuilles)[1] zugrunde.

Der international bekannteste Aktienindex ist der **Dow-Jones-Index,** der den Kursdurchschnitt von 30 bedeutenden amerikanischen Aktien wiedergibt, die an der *New Yorker Börse* an der **Wall Street** gehandelt werden. In Deutschland liefert der **DAX** (**D**eutscher **A**ktieninde**x**) mit den 30 wichtigsten inländischen Aktien ein umfassendes aktuelles Bild des Aktienmarkts. Im Gegensatz zum „Dow Jones" ist der DAX ein *Performance-Index,*[2] also ein Index, der die Wertentwicklung eines Portefeuilles darstellt, in das die laufenden Erträge (bei Aktien die Dividenden) reinvestiert (wieder investiert) werden. Der DAX wird an der Frankfurter Wertpapierbörse während der Handelszeit alle 15 Sekunden neu berechnet (Laufindex).

Der **MDAX**[3] besteht aus 50 Werten in- und ausländischer Unternehmen „klassischer" (herkömmlicher) Industriezweige, deren Handelsumsatz und Börsenwert zu den 60 wichtigsten Unternehmen unterhalb des DAX gehören.

Im **SDAX**[4] befinden sich weitere 50 Titel (Aktien) herkömmlicher Unternehmen, die zu den 110 größten Aktiengesellschaften unterhalb des DAX rechnen.

Der **TecDax** umfasst 30 Werte aus dem In- und Ausland. Er steht Technologieunternehmen offen, die nach Börsenwert und Umsatz zu den 35 größten unterhalb des DAX zählen. Der TecDax repräsentiert 30 Werte aus der Technologiebranche.

Der **Prime All-Share-Index**[5] ist ein „Börsenbarometer" für alle vier genannten Aktienindizes. Um in einen dieser Indizes zu kommen, müssen Aktiengesellschaften die Zulassung für den **Prime Standard** besitzen. Für diesen gelten besonders strenge Regeln wie z. B. die Veröffentlichung von Quartalsberichten. Alle übrigen Titel werden dem **General Standard** zugewiesen, für den das gesetzliche Minimum gilt. Der Aktienindex, der die Titel des Prime Standards und des General Standards umfasst, wird als **CDAX**[6] bezeichnet.

Ein weiterer z. B. aus den Tagesnachrichten bekannter Aktienindex ist der **Nasdaq-Composite,** kurz NASDAQ (**N**ational **A**ssociation of **S**ecurities **D**ealers **A**utomated **Q**uotations). Die Nasdaq ist die Computer-Börse der US-amerikanischen Freiverkehrshändler in New York. An ihr werden besonders wachstumsträchtige, aber auch spekulative und risikoreiche Werte gehandelt.

---

1 Portefeuille (franz.) = ursprünglich Brieftasche; heute Fachausdruck für ein Bündel meist unterschiedlicher Wertpapiere, ein Wertpapierbestand.
2 Performance (engl.) = Leistung, Maßstab für Erfolg, z. B. für das „Abschneiden" von Aktien gemessen an der Entwicklung der Börsenkurse.
3 Siehe Fußnote 2 auf S. 413.
4 Das S in SDAX bedeutet Smallcaps (engl.) = kleinere (weniger bedeutsame) Spitzenwerte.
5 Prime all share (engl.) bedeutet sinngemäß „die ersten aller Aktien".
6 Das C in CDAX kommt von composite (engl.) = Zusammengesetztes, Zusammensetzung.

> **Beispiel:**
>
> Um sich eine Vorstellung machen zu können, wie ein Aktienindex vom Grundsatz her aufgebaut sein kann, sei auf ein sehr vereinfachendes Beispiel zurückgegriffen. Angenommen, im Jahr 00 wird ein Aktienindex neu geschaffen. Er umfasst die Aktien der Gesellschaften A, B, C, D und E. Der Index soll die Grundkapitalien dieser Gesellschaften berücksichtigen (gewichten), die sich zueinander wie 1 : 3 : 2 : 4 : 5 verhalten.
>
> | Zu **Beginn der Indexberechnung** notieren die Kurse der fünf Aktiengesellschaften wie folgt: A-Aktie 210 GE, B-Aktie 75 GE, C-Aktie 100 GE, D-Aktie 160 GE und E-Aktie 120 GE. | Bei einer **späteren Kursfeststellung** ergeben sich folgende Kurse: A-Aktie 200 GE, B-Aktie 100 GE, C-Aktie 120 GE, D-Aktie 180 GE und E-Aktie 158 GE. |
> |---|---|
>
> | A-Aktie | 1 · 210 GE = | 210 GE | A-Aktie | 1 · 200 GE = | 200 GE |
> |---|---|---|---|---|---|
> | B-Aktie | 3 · 75 GE = | 225 GE | B-Aktie | 3 · 100 GE = | 300 GE |
> | C-Aktie | 2 · 100 GE = | 200 GE | C-Aktie | 2 · 120 GE = | 240 GE |
> | D-Aktie | 4 · 160 GE = | 640 GE | D-Aktie | 4 · 180 GE = | 720 GE |
> | E-Aktie | 5 · 120 GE = | 600 GE | E-Aktie | 5 · 158 GE = | 790 GE |
> | | 15 | 1875 GE | | 15 | 2250 GE |
> | | 1 | 125 GE | | 1 | 150 GE |
>
> | Der ermittelte Ausgangskurs (Durchschnittskurs) wird zumeist mit 1000 Punkten gleichgesetzt, in der Fachsprache auch **Zähler** genannt. (Beim DAX z. B. erfolgte 1987 eine Gleichsetzung des Ausgangskurses mit 1000 Punkten.) Somit gilt: | Der Folgekurs (Durchschnittskurs) der ausgewählten Aktien (des Portefeuilles) wird wie folgt berechnet: |
> |---|---|
> | | 125 GE ≙ 1000 Zähler |
> | | 150 GE ≙ x Zähler |
> | 125 GE ≙ 1000 Zähler | $x = \dfrac{1000 \cdot 150}{125} = 1200$ Zähler |
> | | Der Index ist von 1000 auf 1200 Zähler, d. h. um 20 % gestiegen. |

5.3.1.5.9 Veröffentlichung der Börsenpreise (Kurse)

Die Kurse werden täglich in einem **Kursblatt** und auszugsweise auch in vielen Tageszeitungen veröffentlicht. Durch Kurshinweise und Kurszusätze wird zugleich kenntlich gemacht, ob z. B. zu diesem Kurs Umsätze stattfanden oder ob nur Angebot und Nachfrage vorlagen.

G	≙ Geld; zum genannten Kurs war nur Nachfrage vorhanden.
B	≙ Brief; zum genannten Kurs war nur Angebot vorhanden.
b	≙ bezahlt; sämtliche Aufträge wurden erledigt.
bB	≙ bezahlt Brief; es konnten nicht alle Verkaufsaufträge ausgeführt werden.
bG	≙ bezahlt Geld; es konnten nicht alle Kaufaufträge ausgeführt werden.
–	≙ gestrichen; es fanden keine Umsätze statt; keine Kursfeststellung.
ex D	≙ ohne Dividende; die Dividende wurde ausbezahlt und deshalb die Kursnotierung niedriger angesetzt.
ex BR	≙ ohne Bezugsrecht; Kurs nach Bezugsrechtsabschlag.
T	≙ Taxkurs; die Kurshöhe wird vom Makler geschätzt. Keine Geschäftsabwicklungen.

5.3 Preisbildung

Ausschnitte aus veröffentlichten Börsenkurstabellen (Auswahl von DAX-Werten):

Name ISIN	Letzter Vortag	Tief Hoch	+/− %	Zeit Datum	+/− 3 Mon. % 3 Mon.
adidas DE000A1EWWW0	168,70 169,60	168,45 169,35	− 0,90 − 0,53	11:00:00 23.06.2017	− 8,15 − 4,55
Allianz DE0008404005	174,30 174,90	174,20 174,80	− 0,60 − 0,34	11:00:00 23.06.2017	6,15 3,64
BASF DE000BASF111	84,84 85,56	84,66 85,03	− 0,72 − 0,84	11:00:00 23.06.2017	− 2,81 − 3,17
Bayer DE000BAY0017	121,85 122,50	121,80 122,85	− 0,65 − 0,53	11:00:00 23.06.2017	16,75 15,94
Beiersdorf DE0005200000	96,18 96,27	95,86 96,57	− 0,09 − 0,09	11:00:00 23.06.2017	8,76 9,99
BMW DE0005190003	83,80 84,17	83,72 84,45	− 0,37 − 0,44	11:00:00 23.06.2017	0,86 1,04
Commerzbank DE000CBK1001	9,40 9,30	9,39 9,52	0,10 1,07	11:00:00 23.06.2017	1,01 12,15
Continental DE0005439004	198,45 198,25	198,05 198,75	0,20 0,10	10:59:00 23.06.2017	4,50 2,33
Daimler DE0007100000	65,26 65,49	65,22 65,69	− 0,23 − 0,35	11:00:00 23.06.2017	− 4,45 − 6,37
Deutsche Bank DE0005140008	15,02 15,05	15,00 15,12	− 0,03 − 0,17	11:00:00 23.06.2017	− 0,53 − 3,37
Deutsche Börse DE0005810055	95,33 95,53	95,29 95,79	− 0,20 − 0,21	10:59:00 23.06.2017	16,34 20,54
Deutsche Post DE0005552004	32,60 32,42	32,32 32,62	0,18 0,56	11:00:00 23.06.2017	1,28 4,10
Deutsche Telekom DE0005557508	16,71 16,70	16,63 16,76	0,01 0,06	11:00:00 23.06.2017	1,37 8,86
EON DE000ENAG999	8,91 9,03	8,91 9,03	− 0,12 − 1,32	11:00:00 23.06.2017	1,95 27,43

Quelle: http://www.finanzen.net/index/DAX/30-Werte [Zugriff: 23.06.2017].

Zusammenfassung

- Beim **Wertpapierhandel** an der **Börse unterscheiden wir folgende** Handelsmöglichkeiten:

- Der Börsenpreis der Wertpapiere − ihr **Kurs** − bildet sich an der Börse aufgrund von Angebot und Nachfrage. Er wird entweder als **Einheitskurs** oder als **variabler Kurs** festgesetzt.

5 Markt und Preis

- **Einheitskurs:** Für Wertpapiere, die keine großen Umsätze erreichen, wird während der Börsenzeit meistens nur ein einziger Kurs festgesetzt, zu dem alle Börsenaufträge, die zur Ausführung gelangen, abgewickelt werden. Es ist der Kurs, bei dem die größten Umsätze erzielt werden können.
- **Variabler Kurs:** Für größere Abschlüsse werden die Kurse grundsätzlich einzeln festgesetzt. Variable Kurse werden vor allem für solche Wertpapiere ermittelt, die regelmäßig einen hohen Tagesumsatz erzielen.

- Die Kurse werden in **Kursblättern,** im Internet und auszugsweise in Tageszeitungen veröffentlicht. Durch einen Zusatz zum Kurs wird die Kauf- bzw. Verkaufssituation, die zu der betreffenden Kursfestsetzung geführt hat, verdeutlicht.
- Am Börsenverlauf spiegelt sich die wirtschaftliche Situation, wie sie von den Käufern bzw. Verkäufern eingeschätzt wird, wider.
- Es gibt den **Kassamarkt** und **Terminmärkte** wie z. B. die Terminbörse **Eurex**.
- Ein Aktienindex ist ein „Börsenbarometer", weil er der besseren Beurteilung der Aktienkursentwicklung an einer Wertpapierbörse dient.

Weitere Informationen zum Thema Wertpapierbörse siehe z. B. www.onvista.de und www.boersenlexikon.de.

ÜBUNGSAUFGABEN

1. Auszug aus einem Kursblatt:

Industrieobligation:	7 % Industriewerke AG von 20..	93,50 G
Aktien:	Nürnberger Metallwerke AG	235,20 B
Pfandbriefe:	6 % Bayerische Landesbank	95,00 b

1.1 Was bedeuten die Begriffe Nennwert und Kurs?

1.2 Erklären Sie die angegebenen Kurszusätze! Welche Auswirkungen können die Kurszusätze auf die Kursentwicklung haben?

1.3 Ordnen Sie die Begriffe Prozentkurs und Stückkurs den genannten Wertpapieren zu!

1.4 Die 7 %igen Industrieobligationen der Kölner Industriewerke AG haben eine Laufzeit von 5 Jahren. Sie werden mit 2 % unter pari[1] ausgegeben und werden mit $2^1/_2$ % über pari getilgt. Berechnen Sie die Realverzinsung dieser Papiere unter der Voraussetzung, dass sie der Anleger nicht verkauft! (Spesen bleiben außer Betracht.)

2. 2.1 Wie wirkt sich eine fortlaufende Geldentwertung auf die Vermögensanlage (1) in Aktien und (2) in festverzinslichen Wertpapieren aus?

2.2 Wie wirken sich fallende Zinsen auf dem Kapitalmarkt i. d. R. auf die Nachfrage (1) nach Aktien, (2) nach Obligationen aus?

3. Banken und Börsen spielen in der modernen Wirtschaft eine bedeutende Rolle.

3.1 Erläutern Sie den Begriff Effektenbörse!

3.2 Im Wirtschaftsteil der heutigen Zeitung sehen Sie u. a. folgende Kursnotierungen: 203 bG; 170 bB. Erklären Sie diese Zusätze!

3.3 Welches ist der Unterschied zwischen Prozentkurs und Stückkurs?

3.4 Leon beauftragt seine Bank, zehn Aktien der Leipziger Textil-AG zu kaufen und gibt als Limit 236 an. Wozu verpflichtet er damit die Bank?

---

[1] Pari (ital. gleich) = dem Nennwert gleich. Ein „zu pari" ausgegebenes Papier wird zum Nennwert (also zu 100 %) ausgegeben. Unter pari = unter Nennwert; über pari = über Nennwert.

5.3 Preisbildung

4. Berechnen Sie den Einheitskurs aufgrund folgender Auftragslage:

Verkaufsaufträge		Kaufaufträge	
32 Stück	bestens	38 Stück	billigst
24 Stück	Limit 104	16 Stück	Limit 102
15 Stück	Limit 105	8 Stück	Limit 103
18 Stück	Limit 106	20 Stück	Limit 104
		14 Stück	Limit 105

5. Für die Aktien der Allgäuer Maschinenfabrik AG liegen am 1. Februar folgende Aufträge vor:

Verkaufsaufträge		Kaufaufträge	
60 Stück	Limit 138	35 Stück	billigst
74 Stück	Limit 139	40 Stück	Limit 140
71 Stück	Limit 140	76 Stück	Limit 139
		52 Stück	Limit 138,5
		50 Stück	Limit 137

   5.1 Berechnen Sie die möglichen Umsätze und den Einheitskurs!
   5.2 Welcher Kurszusatz ergibt sich und was bedeutet er?

6. Geben Sie zwei Gründe an, die eine AG dazu veranlassen, an die Börse zu gehen!

7. Aktiengesellschaften können sich durch Ausgabe von Aktien Finanzmittel beschaffen.
   7.1 Aus welchen Teilen besteht eine Aktie bei Einzelverbriefung?
   7.2 Welche Börsensituation ist jeweils durch den Kurszusatz ex D und T gekennzeichnet?
   7.3 Welche Rechte verbrieft eine Aktie?
   7.4 Nennen Sie mögliche Ursachen (mindestens drei) für Kursänderungen bei Aktien!
   7.5 Warum kann eine Aktie mit einem Nennwert von 50,00 € auf einen Kurs von 280,00 € ansteigen, ein 6 %-Pfandbrief mit dem Nennwert von 100,00 € jedoch nicht auf 280,00 €?

5.3.2 Preisbildung bei unvollkommener polypolistischer Konkurrenz

Wenn wir die Wirklichkeit betrachten, sehen wir, dass für ein bestimmtes Gut unterschiedliche Preise verlangt und auch bezahlt werden. So mag z. B. ein bestimmtes Radiogerät in einem Fachgeschäft 150,00 €, in einem Supermarkt 135,00 € kosten. Andererseits verlangt der Supermarkt für eine Dose Spargel 3,60 €, während die gleiche Dose in einem Lebensmittelgeschäft nur 3,40 € kostet. Wie ist dies möglich?

Ein **unvollkommener Markt** liegt vor, wenn eine Voraussetzung, mehrere oder alle Voraussetzungen des vollkommenen Marktes (siehe S. 404 f. fehlen.

Die **Gründe für die Unvollkommenheit** der Märkte sind im Einzelnen:

- Eine bestimmte Güterart wird in verschiedenen Qualitäten, Abmessungen, Aufmachungen, Farben usw. hergestellt. Das Gut ist **heterogen** (= verschiedenartig).
- Angebot und Nachfrage treffen weder am gleichen Ort noch zur gleichen Zeit zusammen (= **dezentralisierte, nicht organisierte Märkte**).
- Anbietern und Nachfragern **fehlt die Marktübersicht**. (Man weiß beispielsweise i. d. R. nicht, was die Milch im übernächsten Geschäft kostet.)
- Käufer und/oder Verkäufer hegen persönliche, sachliche, räumliche oder zeitliche **Präferenzen**.

5 Markt und Preis

Das Bestehen von Präferenzen, die fast unüberschaubare Zahl von ähnlichen Gütern und die mangelnde Markttransparenz erlauben es den Anbietern, ihre Preise innerhalb einer bestimmten Spanne festsetzen zu können, ohne deswegen gleich Kunden an die Konkurrenz zu verlieren. Deswegen ergibt sich bei zeichnerischer Darstellung des Angebots keine „Angebotskurve", sondern ein **„Angebotsband"**. Umgekehrt besitzen auch die Käufer keine eindeutige Preisvorstellung. (Will beispielsweise eine Mutter ihrem Kind einen Pullover kaufen, hat sie die Vorstellung, dass sie „etwa" 50,00 bis 60,00 € ausgeben möchte. Die **Nachfrage** stellt sich also ebenfalls als ein **„Band"** dar.)

Die Abbildung[1] zeigt, dass es bei unvollkommener Konkurrenz (auch wenn sie vollständig, d.h. polypolistisch ist) *keinen* einheitlichen Preis geben kann. Es gibt lediglich eine Preisunter- und eine Preisobergrenze. Je heterogener ein Markt ist, desto größer sind die **Preisunterschiede** für **eine Güterart**. Es lassen sich lediglich Durchschnittspreise für ein bestimmtes Gut errechnen.

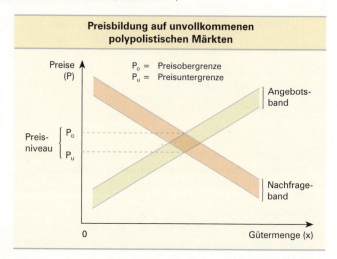

Auf einem **unvollkommenen Markt** gibt **es keinen Einheitspreis.**

5.3.3 Preisbildung des Monopols

Wir beschränken unsere Überlegungen auf das Angebotsmonopol.

Ein **Angebotsmonopol** liegt vor, wenn einem einzigen Anbieter eine Vielzahl von Nachfragern gegenübersteht.

In einer freien Marktwirtschaft können Monopole beispielsweise entstehen

- aufgrund einer bahnbrechenden Erfindung, die eine besondere Marktstellung sichert,
- aufgrund des Alleineigentums an seltenen Rohstoffen und/oder
- aufgrund von Unternehmenszusammenschlüssen (= Kollektivmonopole).[2]

Während ein einzelner Anbieter bei vollkommener polypolistischer Konkurrenz den Preis nicht beeinflussen kann, ist der Monopolist in der Lage, den Preis für seine Güter selbstständig festzusetzen. In der Regel wird es daher so sein, dass der *Monopolpreis über* dem Preis liegt, der sich bei vollständiger Konkurrenz ergeben würde.

---

1 Abbildung nach DAHL, D.: Volkswirtschaftslehre, 2. Aufl. 1975, S. 179.
2 Kollektiv = Gesamtheit, Zusammenschluss. Die Unternehmenszusammenschlüsse werden in Kapitel 5.5 besprochen.

5.3 Preisbildung

Auch Monopole können vollkommen oder unvollkommen sein. Beim vollkommenen Monopol liegen alle Bedingungen des vollkommenen Marktes vor (siehe S. 404f.). Das vollkommene Monopol kann für sein Produkt deshalb nur einen einheitlichen Preis festsetzen.

Unvollkommene Monopole sind dadurch gekennzeichnet, dass sie für ihr Produkt unterschiedliche Preise festlegen. Diese sogenannte Preisdifferenzierung ermöglicht die Erzielung von Zusatzgewinnen.

> **Beispiele:**
> - Die örtliche Straßenbahngesellschaft verlangt an Werktagen höhere Fahrpreise als an Sonn- und Feiertagen.
> - Der Hersteller eines patentierten Arzneimittels verkauft dieses im Ausland billiger als im Inland.

Das Monopol ist aufgrund seiner wirtschaftlichen Machtstellung auch in der Lage, die Preisgesetze (siehe S. 406f.) in ihr Gegenteil zu verkehren.

Wie das Gesetz der Massenproduktion lehrt (siehe Kapitel 4.4 und Kapitel 5.2.2), nehmen die Stückkosten bei zunehmender Beschäftigung ab, während sie bei rückläufiger Beschäftigung steigen. Kalkuliert ein Anbieter mit Stückkosten, so ist dies eine Erklärung dafür, dass in den modernen Volkswirtschaften auf den Märkten, die nur von einem oder wenigen Anbietern beherrscht werden, bei Nachfragerückgängen die Preise nicht sinken, sondern sogar steigen. (Beispiele aus dem Rezessionsjahr[1] 1993: Automobilpreise, Preise für Investitionsgüter aller Art.) Umgekehrt erklärt sich auch, dass bei steigender Nachfrage die Preise bestimmter Massengüter im Laufe der Jahre absolut gesunken sind (z. B. Preise für Kühlschränke, Waschmaschinen, Fernsehgeräte, Taschenrechner).

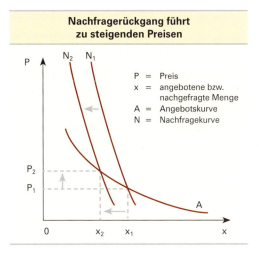

Nachfragerückgang führt zu steigenden Preisen

P = Preis
x = angebotene bzw. nachgefragte Menge
A = Angebotskurve
N = Nachfragekurve

5.3.4 Preisbildung des Oligopols

Wir beschränken unsere Überlegungen auf das Angebotsoligopol.

> Ein **Angebotsoligopol** liegt vor, wenn wenigen Anbietern (mindestens zwei) eine Vielzahl von Nachfragern gegenübersteht.

Auch bei dieser Marktform kann man zwischen vollkommenen und unvollkommenen Oligopolen unterscheiden. Sind die Bedingungen des vollkommenen Marktes gegeben (siehe S. 404f.), kann es auch nur *einen* Oligopolpreis geben (theoretischer Grenzfall).

> **Beispiel für ein vollkommenes Oligopol:**
> Drei Fluggesellschaften bedienen unter sonst gleichen Bedingungen (z. B. mit Flugzeugen des gleichen Typs, kein Unterschied beim Service) die Flugstrecke von A bis B und zurück.

---

[1] Rezession = wirtschaftlicher Rückgang (Nachfragerückgang mit Arbeitslosigkeit).

Die meisten Oligopole sind unvollkommene (heterogene) Oligopole.

> **Beispiel für ein unvollkommenes Oligopol:**
> In einem Land befinden sich drei große Automobilwerke. Die Automobilhersteller versuchen, ihre Autos so zu gestalten, dass sie sich von denen ihrer Konkurrenten (= Mitbewerber) unterscheiden (Leistung, Sicherheit, Formgestaltung).

Beim unvollkommenen Oligopol sind also für eine Gütergattung unterschiedliche Preise möglich, weil die angebotenen Güter tatsächlich (objektiv) oder in den Augen der Kunden (subjektiv) unterschiedlich sind. Dennoch spielt bei der Preisgestaltung der Oligopolisten das Verhalten der Konkurrenten eine Rolle. Würde z. B. das Volkswagenwerk den Preis für einen „Golf" auf 45 000,00 € anheben, verlöre es wahrscheinlich so gut wie alle „Golfkunden" an andere Produzenten.

Der Normalfall ist folglich, dass Oligopolisten gewisse Preisabstände zu halten pflegen. Preiserhöhungen erfolgen erst, wenn ein Oligopolist mit einer Preisheraufsetzung beginnt. Dieses „abgestimmte Verhalten" erfolgt i. d. R. stillschweigend. Dabei kann die **Preisführerschaft** immer von dem gleichen Anbieter übernommen werden. Es kann aber auch sein, dass sich die einzelnen Oligopolisten in der Preisführerschaft abwechseln.

> **Beispiel:**
> Benzinpreise werden nicht an ein und demselben Tag angehoben. Vielmehr erhöhen die einzelnen Mineralölgesellschaften ihre Preise in zeitlicher Abstufung. Ebenso verfahren sie bei Preissenkungen.
>
> Seit Anfang 2013 gilt das Markttransparenzgesetz. Autofahrer können sich täglich über die Spritpreise an den Tankstellen im Internet, mit Smartphone oder Navigationsgeräten informieren. Damit wird der Markt transparenter, sodass die früher üblichen Preisausschläge etwas eingeebnet werden, weil sich die Verbraucher die preiswerteste Tankstelle in ihrer Umgebung heraussuchen können. Das wird aber nichts an der oligopolistischen Struktur und der Verhaltensweise der Mineralölgesellschaften ändern.

In der Regel verhalten sich Oligopole „friedlich", d. h., sie stimmen ihr Verhalten stillschweigend aufeinander ab, um sich gegenseitig nicht zu schaden. Mitunter kommt es aber auch zu oligopolistischen „Kriegen", indem ein Oligopolist versucht, seine Konkurrenten dadurch aus dem Markt zu drängen, dass er Niedrigstpreise ansetzt. Er hofft, auf diese Weise die meisten Nachfrager zu gewinnen und die Mitbewerber zum Aufgeben zu zwingen. Führt der Preiskrieg zum Erfolg, bleibt der Billiganbieter also Sieger, wird er zum Monopolisten und kann den Preis z. B. so hoch setzen, dass er den höchstmöglichen Gewinn oder die höchstmögliche Eigenkapitalrentabilität erzielt.

> **Zusammenfassung**
>
> - Märkte sind unvollkommen, wenn eine, mehrere oder alle Prämissen (Voraussetzungen) des vollkommenen Marktes fehlen.
> - Auf unvollkommenen polypolistischen Märkten gibt es keinen Einheitspreis für ein Gut.
> - Beim **Angebotsoligopol** steht wenigen Anbietern eine Vielzahl von Nachfragern gegenüber.
> - Beim **Angebotsmonopol** steht einem einzigen Anbieter eine Vielzahl von Nachfragern gegenüber.

ÜBUNGSAUFGABEN

1. Erklären Sie die Preisbildung auf einem unvollkommenen polypolistischen Markt!

2. Ein vollkommenes Angebotsmonopol bietet nur einen Artikel an.

2.1 Definieren Sie den Begriff Angebotsmonopol!

2.2 Stellen Sie eine Tabelle entsprechend dem nachstehenden Muster auf! Die variablen Kosten betragen 5,00 GE je Stück. Tragen Sie die absetzbaren Mengen in Losen von je 1 000 Stück von 5 000 bis 14 000 Stück ein!

Absetzbare Menge	Preis je Stück	Umsatz	Fixe Kosten	Variable Kosten	Gesamt- kosten	Verlust bzw. Gewinn
5 000	10,00	50 000,00	10 000,00	25 000,00	35 000,00	+ 15 000,00
6 000	9,50		10 000,00			

2.3
  2.3.1 Entscheiden Sie, welchen Absatzpreis die Geschäftsleitung festlegt, wenn sie a) den maximalen Gewinn oder b) den maximalen Umsatz anstrebt!
  2.3.2 Welche Tatsache ermöglicht es einem Monopolisten, selbstständige Preispolitik zu betreiben?
  2.3.3 Warum setzt ein Unternehmen, das die Möglichkeit der Preispolitik hat, häufig andere Mittel als die Preispolitik zum Zweck der Umsatzsteigerung ein?
  2.3.4 Wie kann sich eine Preissenkung auf den Umsatz auswirken?
  2.3.5 Wie kann sich eine Preiserhöhung auf den Umsatz auswirken?
  2.3.6 Warum kann der Gewinn auch dann abnehmen, wenn durch Preissenkungen ein höherer Absatz erzielt wird?

3. 3.1 Definieren Sie den Begriff Angebotsoligopol!

3.2 Warum sind Oligopolisten in ihrer Preispolitik nicht voneinander unabhängig?

3.3 Warum ist bei Oligopolisten der Preiswettbewerb verhältnismäßig selten?

5.4 Verhalten eines einzelnen Unternehmens bei unterschiedlichen Marktsituationen

Auf unvollkommenen Märkten kann *jeder* Anbieter Preispolitik[1] betreiben. Der preispolitische Spielraum ist umso größer, je stärker die *Präferenzen* der Kunden für den Anbieter und/oder seine Erzeugnisse, Waren bzw. Dienstleistungen sind. Aus diesem Grund wird auch ein *Polypolist* versuchen, durch *präferenzpolitische* Maßnahmen seinen Preisspielraum auszuweiten. Diesem Zweck dienen z.B. die Wahl eines verkehrsgünstigen Standorts, Sorge für gute Bedienung, übersichtliche Verkaufsräume, striktes Einhalten der vereinbarten Liefertermine, günstige Liefertermine und Lieferungsbedingungen, kulantes Eingehen auf Kundenwünsche und Mängelrügen und der Ausbau eines wirksamen Vertreternetzes. Eine gut angelegte Werbung dient ebenfalls dazu, bei den Kunden die *Meinung* hervorzurufen, dass die Qualität von Waren, Erzeugnissen und Dienstleistungen eines Unternehmens besonders gut sei.

Die *Möglichkeit,* Preispolitik zu betreiben, heißt nicht, dass auch tatsächlich Preispolitik betrieben wird. Der Polypolist muss sich ebenso wie der Monopolist zuvor überlegen, ob Preisänderungen zur Gewinnerhöhung beitragen oder nicht. Wie aus dem Beispiel in

---
[1] Siehe auch Kapitel 4.5.3.

Kapitel 5.4.2 zu entnehmen ist, kann es sein, dass Preiserhöhungen zu sinkenden Umsätzen führen. Umgekehrt mag es sein, dass Preissenkungen zwar den Umsatz erhöhen, die Kosten aber schneller als der Umsatz steigen, sodass eine Gewinnminderung eintritt.

5.4.1 Mengenpolitik

Gelingt es einem Polypolisten nicht, sein Angebot von dem der Konkurrenz zu unterscheiden oder bietet er vertretbare Güter an (z. B. Aktien, festverzinsliche Wertpapiere, Edelmetalle), kann er keine Preispolitik betreiben. Er muss sich vielmehr mit seiner Angebotsmenge (Absatzmenge) an die jeweilige Marktlage *anpassen*. Der Absatzpreis ist für ihn eine gegebene Größe **(ein Datum)**, die er selbst nicht beeinflussen kann.

Die gleiche Situation ergibt sich auch, wenn die Preise für ein Gut staatlich vorgeschrieben sind: Ein Anbieter muss sich – unabhängig von seiner Marktstellung – als **Mengenanpasser** verhalten.

> Für die **Mengenanpassung** gilt folgende Regel:
> - Mit steigendem Absatzpreis wird die Angebotsmenge vergrößert.
> - Mit sinkendem Absatzpreis wird die Angebotsmenge verkleinert.

Beispiel:

Im Handel muss bei allen Artikeln, bei denen der Absatzpreis festliegt, sehr genau kalkuliert (berechnet) werden, ob sich deren Aufnahme in das Sortiment lohnt oder nicht.

Angenommen, in einem Elektrogroßhandelsbetrieb stellt sich die Frage, ob ein Elektroherd, Rechnungspreis 480,00 € (ohne Umsatzsteuer), in das Sortiment aufgenommen werden soll oder nicht. Die durchschnittliche Lagerzeit derartiger Artikel beträgt 3 Monate. Man will sich daher mit einem Gewinnzuschlag von 4 % begnügen.

Der Liefererrabatt beträgt 30 %, der Liefererskonto 2 %. Die Bezugskosten belaufen sich auf 8,00 € (ohne Umsatzsteuer). Der Großhändler kalkuliert mit 18 % Handlungskosten. Seinen Kunden muss er aus Konkurrenzgründen 2 % Skonto und 15 % Wiederverkäuferrabatt einräumen. Die Konkurrenz verlangt einen Auszeichnungspreis von 480,00 €.

Seine Kalkulation sieht wie folgt aus:

	Rechnungspreis (Listenpreis)	480,00 €
–	30 % Liefererrabatt	144,00 €
	Zieleinkaufspreis	336,00 €
–	2 % Liefererskonto	6,72 €
	Bareinkaufspreis	329,28 €
+	Bezugskosten	8,00 €
	Bezugspreis	337,28 €
+	18 % Handlungskosten	60,71 €
	Selbstkostenpreis	397,99 €
+	0,5 % Gewinnzuschlag	1,85 €
	Barverkaufspreis	399,84 €
+	2 % Kundenskonto	8,16 €
	Zielverkaufspreis	408,00 €
+	15 % Wiederverkäuferrabatt	72,00 €
	Auszeichnungspreis (Absatzpreis)	480,00 €

5.4 Verhalten eines einzelnen Unternehmens bei unterschiedlichen Marktsituationen

Die *Differenzkalkulation* zeigt, dass unter den gegebenen Verhältnissen die Übernahme des Elektroherdes *nicht* rentabel ist. Der verbleibende Gewinn (die Differenz) beträgt nur 1,85 €, der Gewinnzuschlag nur 0,5 % (genau 0,464 %) anstelle des erstrebten Gewinnzuschlages von 4 %.

Sollte der Elektroherd für den Großhändler rentabel werden, müsste entweder der Hersteller den Rabatt erhöhen (seinen Verkaufspreis senken) oder der Absatzpreis (Marktpreis) müsste steigen.

Beträgt der Absatzpreis beispielsweise 504,00 € (ohne Umsatzsteuer), lässt sich nachstehende Kalkulation aufstellen:

	Rechnungspreis (Listenpreis)	480,00 €
−	30 % Liefererrabatt	144,00 €
	Zieleinkaufspreis	336,00 €
−	2 % Liefererskonto	6,72 €
	Bareinkaufspreis	329,28 €
+	Bezugskosten	8,00 €
	Bezugspreis	337,28 €
+	18 % Handlungskosten	60,71 €
	Selbstkostenpreis	397,99 €
+	5,5 % Gewinnzuschlag	21,84 €
	Barverkaufspreis	419,83 €
+	2 % Kundenskonto	8,57 €
	Zielverkaufspreis	428,40 €
+	15 % Wiederverkäuferrabatt	75,60 €
	Auszeichnungspreis (Absatzpreis)	504,00 €

In diesem Fall lohnt es sich, den Elektroherd in das Sortiment aufzunehmen, weil ein Gewinnzuschlag von 5,5 % (genau 5,487 %) erreicht wird.

Das Beispiel zeigt, dass es sich lohnt, bei steigenden Absatzpreisen die Angebotsmenge zu vergrößern. Fallende Absatzpreise erzwingen hingegen eine Verminderung der Absatzmenge. Dabei müssen aus dem Angebot zunächst die Artikel herausgenommen werden, bei denen die Gewinnspanne zu klein wird bzw. bei denen überhaupt kein Gewinn mehr erzielt wird. Der Überprüfung dient die Nachkalkulation, die wiederum eine genaue Buchführung und Statistik (z. B. Umsatzstatistik je Artikel) voraussetzt.

5.4.2 Preispolitik[1]

Ein Monopolist kann immer Preispolitik betreiben, es sei denn, der Preis ist staatlich vorgeschrieben. Wie wir inzwischen wissen, haben Polypolisten und Oligopolisten nur dann einen preispolitischen Spielraum, wenn die Märkte unvollkommen sind (Regelfall).

> Unter **Preispolitik** versteht man das Herauf- oder Herabsetzen der Absatzpreise mit der Absicht, Unternehmensziele zu verwirklichen (z. B. Gewinnerhöhung, Umsatzsteigerung, Ausweitung des Marktanteils). Ein Anbieter, der Preispolitik betreibt, wird als Preisgeber bezeichnet.

Zur Preispolitik gehört auch die Gestaltung der Preisnachlässe (Rabatte, Boni und Skonti) und die Einräumung von Kundenzielen. Die Erhöhung (Senkung) der Preisnachlässe kommt einer Senkung (Erhöhung) der Absatzpreise gleich. Die Verlängerung der Kundenziele (= Kundenkredit) entspricht, falls die Absatzpreise nicht erhöht werden, einer Preissenkung. Besonders im internationalen Handel spielt die Kreditgewährung als absatzpolitisches Mittel oft eine größere Rolle als die Höhe der Angebotspreise.

Die Wirkung der Preispolitik wird an einem stark vereinfachten Beispiel dargestellt.

Beispiel:

Ein Unternehmen bietet nur einen Artikel an. Aufgrund exakter Marktforschung kennt es die Reaktionen seiner Kunden auf Preisänderungen. Es stellt fest, dass es sich einer *normalen* Nachfrage gegenübersieht, d. h., bei Preiserhöhungen nimmt die mengenmäßige Nachfrage ab, bei Preissenkungen nimmt sie zu.

Die Kunden reagieren wie folgt:

Preis in € je Stück:	12,00	11,50	11,00	10,50	10,00	9,50	9,00
Absetzbare Menge in Stück:	3 000	3 500	4 000	4 500	5 000	5 500	6 000

Die fixen Kosten (z. B. Miete, Zinsen, Grundsteuer, Abschreibungen, Personalkosten, Sozialkosten) belaufen sich auf 10 000,00 € je Zeitabschnitt, die variablen Kosten, d. h. hier die Bezugspreise der Waren, auf 6,00 € je Artikel.

Der bisherige Verkaufspreis beträgt 10,00 € je Artikel. Es ist zu untersuchen, wie sich eine Preisänderung auf den Gewinn auswirkt.

Nachstehende Tabelle gibt Auskunft:

Absetzbare Menge	Preis je Stück	Umsatz (Menge · Preis)	Fixe Kosten	Variable Kosten	Gesamtkosten	Gesamtgewinn
3 000	12,00	36 000,00	10 000	18 000	28 000,00	8 000,00
3 500	11,50	40 250,00	10 000	21 000	31 000,00	9 250,00
4 000	11,00	44 000,00	10 000	24 000	34 000,00	10 000,00
4 500	10,50	47 250,00	10 000	27 000	37 000,00	10 250,00
5 000	10,00	50 000,00	10 000	30 000	40 000,00	10 000,00
5 500	9,50	52 250,00	10 000	33 000	43 000,00	9 250,00
6 000	9,00	54 000,00	10 000	36 000	46 000,00	8 000,00

Wie aus der Tabelle ersichtlich ist, kann das Unternehmen seinen Gewinn noch um 250,00 € auf insgesamt 10 250,00 € steigern, wenn es seinen Absatzpreis auf 10,50 € erhöht. Eine weitere Preiserhöhung führt jedoch zu sinkenden Gewinnen.

---

[1] Siehe auch Kapitel 4.5.3.

5.4 Verhalten eines einzelnen Unternehmens bei unterschiedlichen Marktsituationen

Eine Preissenkung hingegen würde keine Gewinnerhöhung mit sich bringen. Zwar nimmt der *mengen-* und *wertmäßige* Absatz mit sinkendem Preis zu, aber die Kosten steigen schneller als der Umsatz.

Nimmt hingegen die Nachfrage zu (ab), wird ein Anbieter in jedem Fall seinen Absatzpreis erhöhen (senken), wenn er seinen Gewinn maximieren möchte. Er handelt dann als *Preisanpasser* (besser: als *Preisgeber*).

Beweis: Nimmt in unserem Beispiel die Nachfrage um 500 Stück zu (bei jedem Preis werden also 500 Stück mehr nachgefragt), so liegt der gewinnmaximale Preis bei 10,75 € je Stück.

Absetzbare Menge	Preis je Stück	Umsatz	Gesamtkosten	Gesamtgewinn
4 000	11,50	46 000,00	34 000,00	12 000,00
4 250	11,25	47 812,50	35 500,00	12 312,50
4 500	11,00	49 500,00	37 000,00	12 500,00
4 750	10,75	51 062,50	38 500,00	12 562,50
5 000	10,50	52 500,00	40 000,00	12 500,00

Zusammenfassung

- Grundsätzlich kann sich ein Anbieter auf dem Markt entweder als **Mengenanpasser** oder als **Preisgeber** verhalten.
- Eine sinnvolle **Preispolitik** setzt voraus, dass der Anbieter die Reaktionen der Käufer auf Preisänderungen kennt bzw. richtig vorausschätzt.

ÜBUNGSAUFGABEN

1. Warum kann ein Polypolist unter den Bedingungen der vollkommenen Konkurrenz keine Preispolitik betreiben?

2. Unter den Bedingungen der vollkommenen Konkurrenz ist der Polypolist gezwungen, Mengenpolitik zu betreiben. Was heißt das?

3. Mengenpolitik heißt, mit steigendem Absatzpreis (Marktpreis) mehr, mit sinkendem Absatzpreis weniger anzubieten. Ist diese Aussage richtig?

4. Erklären Sie den Begriff Preispolitik! (Siehe auch Kapitel 4.5.3.)

5. Welche Zielsetzungen kann ein Unternehmen mithilfe der Preispolitik verfolgen?

5.5 Kooperations- und Konzentrationsformen

5.5.1 Wesen der Kooperations- und Konzentrationsformen

In einer Marktwirtschaft stehen die Unternehmen in einem mehr oder weniger harten Wettbewerb um die Käufer ihrer Leistungen (Sachgüter und Dienstleistungen). Um den Konkurrenzdruck zu mildern, arbeiten sie häufig mit anderen Unternehmen zusammen (sie kooperieren mit anderen Unternehmen).

> **Kooperation** ist somit *jede* Zusammenarbeit zwischen Unternehmen. Diese kann auf der einen Seite in sehr lockerer Form geschehen, auf der anderen Seite bis hin zum Aufkauf eines Unternehmens durch ein anderes führen. Die verschiedenen Möglichkeiten der Kooperation bezeichnet man als **Unternehmenszusammenschlüsse** oder auch als **Unternehmensverbindungen**.

Unternehmenszusammenschlüsse können zur Machtzusammenballung („Monopolisierung") führen. Man spricht in diesem Fall von **Konzentration**.[1] Marktbeherrschende Unternehmenszusammenschlüsse werden als **Kollektivmonopole** bezeichnet.

Der Begriff Monopolisierung bedeutet nicht unbedingt, dass am Ende des Konzentrationsprozesses nur ein Unternehmen (= **Einzelmonopol, Individualmonopol**) bzw. nur eine Unternehmensgruppe (= **Kollektivmonopol**) übrig bleibt. Vielmehr wird von Monopolisierung auch dann gesprochen, wenn der Konzentrationsprozess zur Marktbeherrschung eines Unternehmens bzw. eines Unternehmenszusammenschlusses führt. Außerdem ist mit dem Begriff Monopolisierung nicht nur die Entstehung von **„reinen Monopolen"**, sondern auch von **„Teilmonopolen"** gemeint. Ein Teilmonopol liegt vor, wenn ein starker Anbieter bzw. Nachfrager und einige schwache („kleine") Anbieter bzw. Nachfrager auf dem Markt auftreten.

Auch dem Begriff der **„Monopolkommission"** liegt dieser weitgefasste Monopolbegriff zugrunde. Die Monopolkommission ist ein gemäß dem Gesetz gegen Wettbewerbsbeschränkungen (dem sogenannten „Kartellgesetz") eingerichteter Ausschuss zur regelmäßigen Begutachtung der Unternehmenskonzentrationen. Die Monopolkommission wird auf Vorschlag der Bundesregierung durch den Bundespräsidenten für die Dauer von vier Jahren berufen [§§ 44f. GWB].

5.5.2 Ziele der Kooperationen

Ziele nationaler und internationaler Kooperation (Globalisierung) sind z. B. folgende Synergieeffekte:[2]

- **Kostensenkungen** (z. B. durch zwischenbetrieblichen Erfahrungsaustausch, gemeinsame Forschung und Produktentwicklung, gemeinsame Rationalisierungsmaßnahmen und Abstimmung des Produktionsprogramms);
- **Absatzsteigerung** (z. B. durch Gemeinschaftswerbung, gemeinsame Markenartikel und Gütezeichen);

---

[1] Konzentration = Zusammenfassung; hier: Zusammenballung wirtschaftlicher Macht bei einem oder wenigen Unternehmen bzw. staatlichen Betrieben.

[2] Synergie (griech.) = positive Wirkung, die sich aus einem Zusammenschluss bzw. aus einer Zusammenarbeit ergeben.

5.5 Kooperations- und Konzentrationsformen

- **Sicherung der Rohstoffversorgung** (z. B. durch gemeinsame Beschaffungsmarktforschung, gemeinsame Erschließung von Rohstoffvorkommen, vertragliche oder kapitalmäßige Bindung vorgelagerter Unternehmen);
- **Sicherung des Absatzes** (z. B. durch gemeinsame Absatzwerbung, gemeinsame Verkaufskontore und gemeinsame Preispolitik zur Abwehr der Konkurrenz). Da die kleineren Industrie-, Handelsunternehmen und Handwerksbetriebe stark unter dem Konkurrenzdruck der Großunternehmen zu leiden haben, hat das Interesse der „Mittelstandsunternehmen" an einer zwischenbetrieblichen Zusammenarbeit in der letzten Zeit stark zugenommen.
- **Ausschaltung oder Beschränkung des Wettbewerbs** (z. B. durch Mengen- und Preisabsprachen);
- **Finanzierung** (z. B. gemeinsame Finanzierung großer Aufträge, zu denen ein einzelnes Unternehmen nicht in der Lage ist).
- **Ausschaltung der Konkurrenz**. Das konkurrierende Unternehmen wird aufgekauft. Dessen Rechte (z. B. Patente), technisches Wissen (Know-how) und dessen Ruf (Firmenwert, Goodwill) gehen auf den Käufer über.
- **Gewinnabschöpfung**. Die Anteilsmehrheit an einem gutgehenden Unternehmen wird erworben, dessen Gewinne an die „Muttergesellschaft" abgeführt werden müssen.

5.5.3 Arten der Kooperationen durch Unternehmenszusammenschlüsse

5.5.3.1 Arten der Unternehmenszusammenschlüsse (Überblick)

- Unternehmenszusammenschlüsse (Unternehmensverbindungen) können so gestaltet sein, dass die kooperierenden Unternehmen ihre rechtliche und ihre wirtschaftliche Selbstständigkeit außerhalb der Vertragsabsprachen behalten. Hierzu gehören z. B. **Interessengemeinschaften,** Arbeitsgemeinschaften, Konsortien,[1] Gemeinschaftsunternehmen („Joint Ventures")[2] und **Kartelle**.
- Unternehmenszusammenschlüsse, bei denen ein oder mehrere Partner ihre *wirtschaftliche Selbstständigkeit* verlieren, bezeichnet das Aktiengesetz als *verbundene Unternehmen.* Zu ihnen gehören z. B. die **Konzerne**.
- Zusammenschlüsse von zwei oder mehreren Unternehmen, die ihre rechtliche und ihre wirtschaftliche Selbstständigkeit aufgeben, heißen **Trusts**. Trusts entstehen durch **Verschmelzung (Fusion)**.

Verbundene Unternehmen und Trusts können **vertikaler,**[3] **horizontaler**[4] oder **anorganischer**[5] **(diagonaler)**[6] Natur sein. Ein vertikaler Zusammenschluss liegt vor, wenn sich

---

[1] Das Wort Konsortium (Mehrzahl: Konsortien) hängt mit dem lateinischen Wort Konsorte = Genosse, Mitglied zusammen. Ein Konsortium ist ein vorübergehender, loser Zweckverband von Unternehmen zur Durchführung von Geschäften, die mit großem Kapitaleinsatz und hohem Risiko verbunden sind. So schließen sich z. B. Banken zu Konsortien zusammen, um Aktien oder Obligationen großer Unternehmen zu platzieren, d. h. zu verkaufen.

[2] Joint Ventures (engl. = Gemeinschaftsunternehmen) sind eine Form der wirtschaftlichen Zusammenarbeit zwischen zwei oder mehreren voneinander unabhängigen Unternehmen – der sogenannten Gesellschafterunternehmen –, die sich darin niederschlägt, dass ein rechtlich selbstständiges Unternehmen gemeinsam gegründet oder erworben wird mit dem Ziel, Aufgaben im gemeinsamen Interesse der Gesellschafterunternehmen auszuführen.

[3] Vertikal = senkrecht; Beispiel: Forstwirtschaft, Sägerei, Möbelfabrik, Möbelgeschäft.

[4] Horizontal = waagerecht; Beispiel: Zusammenschluss mehrerer Möbelfabriken.

[5] Anorganisch = nicht gewachsen, nicht zusammengehörend; Beispiel: Sägerei, Brauerei, Lebensmittelfabrik, Maschinenfabrik.

[6] Diagonal (griech.-lat.) = schräg laufend.

Unternehmen verschiedener Produktionsstufen zusammenschließen. Von horizontalem Zusammenschluss spricht man, wenn es sich um Unternehmen der gleichen Branche handelt. Anorganisch ist ein Zusammenschluss dann, wenn an ihm Unternehmen unterschiedlichster Branchen beteiligt sind.

5.5.3.2 Die Europäische Wirtschaftliche Interessenvereinigung (EWIV) als Beispiel für eine Interessengemeinschaft[1]

Zweck der EWIV ist, die grenzüberschreitende Zusammenarbeit der Unternehmen im europäischen Binnenmarkt zu erleichtern. Sie tritt nicht an die Stelle einzelstaatlicher Gesellschaftsformen, sondern dient der Durchführung gemeinsamer Projekte und/oder der längerfristigen Kooperation bestehender Unternehmen. Sie hilft ihren Mitgliedern bei der Umsetzung ihrer wirtschaftlichen Ziele, darf aber keine eigenen Zwecke verfolgen und keinen eigenen Gewinn erzielen (Art. 3 III EGVO).[2] Ein entstehender Gewinn (oder Verlust) wird nach den Bestimmungen des Gründungsvertrags auf die Mitglieder verteilt.

Eine EWIV wird von mindestens zwei Mitgliedern – seien es Unternehmen, Verbände, Selbstständige, Freiberufler oder öffentlich-rechtliche Körperschaften – aus verschiedenen Staaten des Europäischen Wirtschaftsraums[3] gebildet. Der Gründungsvertrag muss den Namen, den Sitz und den Unternehmensgegenstand der EWIV, Angaben über die Mitglieder und die vorgesehene Dauer der EWIV enthalten. Die Gründung wird am Sitz der EWIV in das dort geführte Register (in Deutschland also ins Handelsregister) eingetragen und im EU-Amtsblatt veröffentlicht.

Dem Tätigkeitsfeld der EWIV sind ausdrücklich bestimmte Grenzen gesetzt. Es bestehen ein *Holdingverbot*,[4] ein *Konzernleitungsverbot*[4] sowie eine *Größenbeschränkung*, d. h., die EWIV darf nicht mehr als 500 Arbeitnehmer beschäftigen. Ferner besteht ein *Kreditgewährungsverbot* und ein *Beteiligungsverbot* (Näheres siehe Art. 3 II EGVO).

Die EWIV ist eine *Interessenvereinigung mit eigener Rechtspersönlichkeit,* d. h., sie hat die Fähigkeit, Träger von Rechten und Pflichten zu sein, Verträge abzuschließen oder andere Rechtshandlungen vorzunehmen sowie vor Gericht aufzutreten (Art. 1 II EGVO). Eine EWIV mit Sitz in Deutschland ist jedoch *keine* juristische Person, sondern sie wird wie eine OHG behandelt, soweit dem nicht die Vorschriften EGVO entgegenstehen. Für die *Verbindlichkeiten der EWIV* haften deshalb die Mitglieder unbeschränkt und gesamtschuldnerisch. Sie ist nicht körperschaftsteuerpflichtig. Die Gewinne werden von den Mitgliedern nach deren nationalen Bestimmungen versteuert.

Jede EWIV verfügt über mindestens zwei Organe, die gemeinschaftlich handelnden Mitglieder und einen oder mehrere Geschäftsführer. Der Gründungsvertrag kann weitere Organe vorsehen. Jedes Mitglied hat eine Stimme. Der Vertrag kann die Stimmengewichtung auch anders regeln, doch darf kein Mitglied allein über die Stimmenmehrheit verfügen.

---

1 Quellen: Hermes Kreditversicherungs-AG, Information Nr. 149 vom Mai 1989 und Erich Schmidt Verlag, Zahlenbild 201200 vom November 2003.

2 EGVO = Verordnung über die Schaffung einer europäischen wirtschaftlichen Interessenvereinigung (EWIV).

3 Zum Europäischen Wirtschaftsraum siehe Kapitel 8.10.4.

4 Zu den Begriffen Holding und Konzern siehe Kapitel 5.5.3.4.

5.5.3.3 Unternehmenszusammenschlüsse auf vertraglicher Grundlage (Kartelle und Syndikate)

Kartelle

Das **Kartell** ist ein vertraglicher Zusammenschluss von rechtlich selbstständig bleibenden Unternehmen eines Wirtschaftszweigs, deren wirtschaftliche Selbstständigkeit im Hinblick auf das Ziel, Markt und Wettbewerb im Wege von Absprachen zu beeinflussen, mehr oder weniger stark eingeschränkt ist.

Danach sind die kartellierten Unternehmen durch Verträge (Konventionen) miteinander verknüpft, wobei sie ihre rechtliche und ihre wirtschaftliche Selbstständigkeit außerhalb der Vertragsabsprachen nicht aufgeben.

Kartellabsprachen können zahlreiche betriebliche Aufgabenbereiche betreffen.[1] So ist es z. B. möglich, die Absatzmengen der Kartellmitglieder zu beschränken (Quotenkartelle), die Absatzgebiete untereinander aufzuteilen (Gebietskartelle), gemeinsame Rationalisierungsmaßnahmen durchzuführen (Rationalisierungskartelle) oder den Vertrieb (Absatz) durch eine gemeinsame Vertriebsgesellschaft durchführen zu lassen (Syndikat).

Beispielhaft seien folgende Kartellarten erklärt:

Preiskartell	Hier vereinbaren mehrere oder alle Unternehmen einer Branche,[2] ihre Absatzpreise auf einen bestimmten Preis festzulegen (Kartellpreis) oder zumindest die vereinbarten Preisober- und/oder Untergrenzen einzuhalten. In Bezug auf die Preispolitik treten also die Kartellmitglieder nach außen wie *ein* Unternehmen (wie ein „Monopolist") auf. Der Preiswettbewerb (die Preiskonkurrenz) zwischen den Kartellmitgliedern wird somit aufgehoben. Das Kartell ist so in der Lage, auf dem Markt einen *höheren* Preis durchzusetzen als dies bei freier Konkurrenz möglich wäre. Man kann daher davon ausgehen, dass Kartellpreise in der Regel höher als die Preise bei freier Konkurrenz sind.
Quotenkartell	Bei diesem Kartell erhält jedes Kartellmitglied einen seiner Produktionskapazität oder seinem bisherigen Marktanteil entsprechenden *Anteil* an der geplanten *Gesamtproduktion* des Kartells (eine *Produktionsquote*) zugeteilt. Man spricht deshalb bei diesem Kartell auch von einem *Produktionskartell*. Durch die vorgegebenen Produktionsanteile sind (soweit keine Zukäufe von Produktionsquoten innerhalb des Kartells möglich sind) zugleich auch die möglichen Verkaufsmengen eines jeden Kartellmitglieds (die *Absatzquoten*) festgelegt. Auf welchen regionalen oder überregionalen Märkten (Inlands-, Auslandsmärkten) die Kartellmitglieder ihre Erzeugnisse absetzen dürfen, ist bei einem reinen Quotenkartell nicht festgelegt.
Gebietskartell	Zweck dieser Kartelle ist die *räumliche Aufspaltung* der Märkte (= Abgrenzung der Absatzgebiete). Jedem Kartellunternehmen wird ein *abgegrenztes Absatzgebiet* zugeteilt. Ihm wird untersagt, Kunden außerhalb seines ihm zugeteilten Marktes zu beliefern. Innerhalb des zugeteilten Absatzgebiets kann jedes Kartellmitglied einen *intensiven* Absatz anstreben. Die Expansion auf anderen Märkten soll jedoch unterbunden werden.

---

1 Zur Kartellkontrolle vgl. Kapitel 5.6.1.1.
2 Branche (wörtl. Zweig) = Wirtschaftszweig („Hutbranche", „Autobranche" usw.).

5 Markt und Preis

Kundenschutz-kartell	Im Gegensatz zur räumlichen Marktaufspaltung der Gebietskartelle erfolgt bei diesen Kartellen eine *Aufspaltung der Märkte* durch die *Bindung der Abnehmer* (Kunden) an *bestimmte Kartellunternehmen.* Die Unternehmen verpflichten sich, Kunden anderer Kartellmitglieder nicht zu beliefern. Die Festlegung der jeweiligen Kunden ist oft schwierig, da die Hersteller meistens an der Erhaltung ihrer Kundenbeziehungen (Präferenzen) interessiert sind.
Rationalisierungskartell[1]	Ziel dieses Kartells ist, durch Rationalisierungsmaßnahmen im Beschaffungs-, Fertigungs- und Absatzbereich Kosten zu sparen. Rationalisierungskartelle gehen daher über reine Normen- und Typenkartelle[2] hinaus.

Syndikate

Syndikate sind Kartelle „höherer Ordnung" und stellen eine besondere Art des Rationalisierungskartells dar. So wird z. B. der Vertrieb dadurch rationalisiert, dass die Kartellmitglieder eine *gemeinsame* Vertriebsgesellschaft (meist in der Rechtsform einer GmbH) gründen, mit der sie Ablieferungsverträge schließen. Die Vertriebsgesellschaft verkauft die Produkte der Syndikatsmitglieder.

Vorteil des Vertriebssyndikats ist, dass die Hersteller keinerlei Absatztätigkeit mehr auszuführen brauchen. Sie können sich somit ausschließlich auf die Beschaffung und die Fertigung konzentrieren.

Nachteil des Vertriebssyndikats ist die Tatsache, dass die Hersteller die Möglichkeit verlieren, ihre eigene Absatzpolitik zu betreiben. Kapitalschwächere Syndikatsmitglieder werden unter Umständen durch das Syndikat beherrscht, indem ihnen Preise, Produktionsmengen, Qualitäten und Konditionen vorgeschrieben werden.

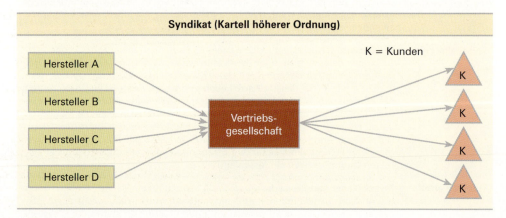

---

[1] Rationalisierung = Inbegriff aller Maßnahmen, die der Kostensenkung dienen. Ratio (lat.) = Vernunft.
[2] Unter Normung versteht man die Vereinheitlichung einzelner Teile (z. B. Profilmaße der Eisenträger, Schrauben oder Nieten) und nicht zusammengesetzter Endprodukte (z. B. DIN-Formate beim Schreibpapier). Typung (oder Typisierung) ist die Vereinheitlichung ganzer, zusammengesetzter Endprodukte (z. B. Schreibmaschinen, Autos, Werkzeugmaschinen).

5.5.3.4 Unternehmenszusammenschlüsse mit Kapitalbeteiligung

Verbundene Unternehmen

Bei den verbundenen Unternehmen (vgl. § 15 AktG) ist zwischen **Kapitalbeteiligungen, Abhängigkeitsverhältnissen, Konzernen** und **Verträgen** zu unterscheiden.

Kapitalbeteiligungen entstehen,

- wenn sich die Mehrheit der Anteile oder alle Anteile (z. B. Aktien) eines rechtlich selbstständigen Unternehmens in der Hand der „Hauptgesellschaft" befinden oder einem anderen Unternehmen die Mehrheit der Stimmrechte zusteht (Mutter-Tochter-Gesellschaft). Die Muttergesellschaft ist das herrschende Unternehmen, die Tochtergesellschaft das abhängige (vgl. §§ 16, 17 AktG) (= Anteilsmehrheit);
- wenn jedem Unternehmen mehr als 25 % der Anteile des anderen Unternehmens gehört (wechselseitige Beteiligung). Auch hier *kann* ein Unternehmen das herrschende sein (vgl. § 19 AktG).

Abhängigkeitsverhältnisse sind gegeben,

- wenn ein herrschendes Unternehmen auf ein anderes Unternehmen unmittelbar oder mittelbar einen beherrschenden Einfluss ausüben kann. Abhängigkeitsverhältnisse sind daher auch dann denkbar, wenn *keine* oder nur eine geringe Kapitalbeteiligung besteht. So können z. B. Zulieferbetriebe von einem Nachfragemonopol abhängig sein. § 17 AktG vermutet, dass ein in Mehrheitsbesitz stehendes Unternehmen von dem an ihm mit Mehrheit beteiligten Unternehmen auf jeden Fall abhängig ist, es sei denn, dass anderes nachgewiesen werden kann.

Konzerne liegen vor,

- wenn ein oder **mehrere rechtlich selbstständige Unternehmen** (die Tochtergesellschaften) z. B. durch kapitalmäßige Bindungen oder Beherrschungsverträge [§§ 308 ff. AktG] von einem (herrschenden) Unternehmen (der Muttergesellschaft) abhängig sind. Die abhängigen Unternehmen sind zudem **unter der einheitlichen Leitung des herrschenden Unternehmens** zusammengefasst (**Unterordnungskonzerne**; vgl. § 18 I AktG).

    Das herrschende Unternehmen kann auch eine „**Dachgesellschaft**" (**Holdinggesellschaft**) sein. Hier werden die Aktien der Konzernunternehmen auf eine übergeordnete Gesellschaft übertragen, die lediglich Aufgaben der Verwaltung (Leitung) und Finanzierung übernimmt;

- wenn **rechtlich selbstständige Unternehmen**, ohne dass sie z. B. kapitalmäßig oder durch Beherrschungsvertrag voneinander abhängig (beherrscht) sind, unter einer einheitlichen Leitung zusammengefasst sind (**Gleichordnungskonzerne**; vgl. § 18 II AktG). Bei den Gleichordnungskonzernen fehlt das Merkmal der Abhängigkeit (Beherrschung) zwischen den Konzernunternehmen.

Konzerne sind horizontale, vertikale oder anorganische (diagonale, heterogene,[1] laterale)[2] Zusammenschlüsse von Unternehmen, die *rechtlich selbstständig* sind, ihre *wirtschaftliche Selbstständigkeit* aber aufgeben, indem sie sich einer *einheitlichen Leitung* unterstellen.

---

1 Heterogen (griech.) = andersartig, fremd, uneinheitlich.
2 Lateral (lat.) = seitlich.

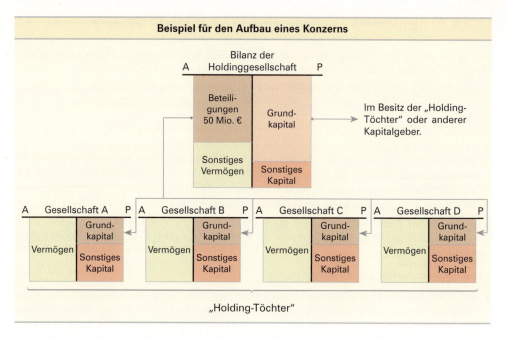

Beispiel für den Aufbau eines Konzerns

Verträge liegen vor,

- wenn eine Aktiengesellschaft oder Kommanditgesellschaft auf Aktien durch einen Vertrag die Leitung ihrer Gesellschaft einem anderen Unternehmen unterstellt (Beherrschungsvertrag, vgl. § 291 AktG);

- wenn eine Aktiengesellschaft oder Kommanditgesellschaft auf Aktien durch Vertrag verpflichtet ist, ihren Gewinn ganz oder teilweise an ein anderes Unternehmen abzuführen (Gewinnabführungsvertrag bzw. Teilgewinnabführungsvertrag) oder eine Gewinngemeinschaft („Pool") zu bilden [§§ 291 f. AktG];

- wenn eine Aktiengesellschaft oder Kommanditgesellschaft auf Aktien den Betrieb ihres Unternehmens an ein anderes Unternehmen verpachtet oder sonst überlässt (Betriebspachtvertrag, Betriebsüberlassungsvertrag, vgl. § 292 AktG).

Unternehmensverträge werden nur mit Zustimmung der Hauptversammlung wirksam, wobei der Beschluss einer Mehrheit von mindestens drei Viertel des bei der Beschlussfassung vertretenen Grundkapitals bedarf (Näheres siehe § 293 AktG).

Trusts

Trusts sind horizontale, vertikale oder anorganische Zusammenschlüsse mehrerer Unternehmen, die ihre rechtliche und wirtschaftliche Selbstständigkeit aufgeben.

Trusts entstehen durch **Verschmelzung (Fusion)**.[1] Dabei gibt es zwei Möglichkeiten:

- **Fusion durch Aufnahme.** Sie liegt vor, wenn das Vermögen des übertragenden Unternehmens auf die übernehmende Gesellschaft übertragen wird. Praktisch bedeutet das,

---

1 Näheres zur Verschmelzung (Fusion) finden Sie im Umwandlungsgesetz (UmwG).

dass ein schwächeres Unternehmen durch ein stärkeres Unternehmen aufgekauft wird. Die Firma des übertragenden Unternehmens wird gelöscht.

- **Fusion durch Neubildung.** Bei dieser Art der Trustentstehung wird eine neue Gesellschaft gegründet, auf die die Vermögen der sich vereinigenden Unternehmen übertragen werden. Die Firmen aller übertragenden Unternehmen erlöschen.

5.5.3.5 Auswirkungen der Unternehmenskonzentration

Gesamtwirtschaftlich gesehen sind die Kartelle und marktbeherrschenden Unternehmen aus folgenden Gründen nicht mit den Prinzipien einer sozialen Marktwirtschaft (siehe Kapitel 7.2) vereinbar:

- In einer auf Wettbewerb ausgerichteten Wirtschaftsordnung muss eine *freie Preisbildung* gewährleistet sein, die sich stets nach den *natürlichen Knappheiten* der Güter richten muss (Knappheitsprinzip). Beide Bedingungen sind jedoch bei Wettbewerbsbeschränkungen und den damit verbundenen *künstlichen Güterknappheiten* nur noch formal gegeben.

- In der sozialen Marktwirtschaft muss die Preisbildung in Anlehnung an die *Kosten* erfolgen. Bei der Preispolitik der Unternehmenszusammenschlüsse, insbesondere der Kartelle, fehlt diese Kostenorientierung der Preisbildung (Durchbrechung des Preis-Kostenprinzips). Die unmittelbare Zuordnung von Vorleistungen (Produktionskosten) und Gegenleistung (bezahlte Verkaufspreise) ist nicht gegeben.

- Durch die Wettbewerbsbeschränkungen entstehen „künstliche Güterknappheiten", die zu tendenziell höheren Preisen führen (monopolistische Preisbildung).

- Vor allem bei den Kartellen besteht die Gefahr, dass die unproduktiven *Grenzbetriebe* nicht vom Markt verdrängt werden, sondern die Preise an deren zu hohen Kosten ausgerichtet sind. Es findet bei Unternehmenszusammenschlüssen keine oder nur eine unzureichende Leistungsauslese unter den Unternehmen statt.

5.6 Aufrechterhaltung des Wettbewerbs

5.6.1 Wettbewerbspolitik

Die Europäische Gemeinschaft und die Mitgliedstaaten sind dem „Grundsatz einer offenen Marktwirtschaft mit freiem Wettbewerb" verpflichtet [Art. 119f. AEUV].[1] Um einen fairen Wettbewerb zu gewährleisten und wirtschaftliche Machtzusammenballungen und -missbräuche zu verhindern, wurden im Zuge der europäischen Integration[2] die Wettbewerbsregeln der Art. 101–109 AEUV in den Mitgliedsländern in nationales Recht umgesetzt, in Deutschland vor allem im Gesetz gegen Wettbewerbsbeschränkungen (GWB).

---

[1] AEUV = Vertrag über die Arbeitsweise der Europäischen Union.
[2] Integration (lat. integratio = Wiederherstellung eines Ganzen). In diesem Zusammenhang bedeutet Integration die schrittweise Annäherung der EU-Mitgliedsländer, vor allem auf wirtschaftlichem und rechtlichem Gebiet.

5.6.1.1 Kartellkontrolle

Grundsätzliches Kartellverbot

Vereinbarungen zwischen Unternehmen, *Beschlüsse* von Unternehmensvereinigungen sowie aufeinander *abgestimmte Verhaltensweisen* zur Verhinderung, Einschränkung oder Verfälschung des Wettbewerbs sind verboten [§ 1 GWB]. Von diesem Verbot sind sowohl Beschränkungen des Wettbewerbs von Marktteilnehmern auf der gleichen Wirtschaftsstufe (horizontale Beschränkungen) als auch solche von Wettbewerbern verschiedener Wirtschaftsstufen (vertikale Beschränkungen) erfasst.

- *Vereinbarungen* sind Verträge, durch die sich eine oder mehrere (natürliche oder juristische) Personen zu einem Tun oder Unterlassen verpflichten (z.B. Preise zu erhöhen, bestimmte Personengruppen nicht zu beliefern, Produktionsquoten einzuhalten). Unter das Verbot fallen mündliche oder schriftliche Vereinbarungen.

- *Beschlüsse* sind einstimmig oder mehrheitlich mit Rechtsfolgewillen getroffene Entscheidungen der zuständigen Gremien (Organe) von Unternehmensvereinigungen. Sie binden die Mitglieder der Vereinigung.

- *Abgestimmte Verhaltensweisen* sind dadurch gekennzeichnet, dass eine verbindliche Übereinkunft zwischen den sich am Markt gleichförmig verhaltenden Unternehmen fehlt. Dies kann bereits durch gegenseitige Information über ihr künftiges Marktverhalten oder die Befolgung einer Empfehlung der Fall sein. (Beispiel: Alle führenden Mineralölgesellschaften erhöhen ohne formale Absprache innerhalb weniger Tage ihre Absatzpreise.)

Grundsätzlich verboten sind die sogenannten **Preisbindungen,** bei denen durch vertikale Vereinbarungen die Käufer daran gehindert werden, ihre Verkaufspreise selbst festzulegen. § 1 GWB gilt jedoch nicht für Zeitungen, Zeitschriften und Bücher (Näheres siehe § 30 GWB und § 3 BuchPrG).[1]

Beispiel für eine verbotene Preisbindung:

Die Teigwarenfabrik Mehlert GmbH in Neustadt verpflichtet ihre Abnehmer (die Lebensmitteleinzelhändler) dazu, die Mehlert-Erzeugnisse nur zu den von der Mehlert GmbH festgelegten Preisen zu verkaufen.

Legalausnahme[2]

Kartelle müssen nicht bei einer Wettbewerbsbehörde[3] angemeldet und genehmigt werden. Vielmehr besteht ein System der **Legalausnahme**: Kartelle werden so lange als gesetzlich zulässig (legal) behandelt, wie sie nicht von einer Wettbewerbsbehörde oder einem Gericht als unzulässig angesehen werden.

---

1 Gesetz über die Preisbindung für Bücher (Buchpreisbindungsgesetz).

2 Legal (lat.) = gesetzlich erlaubt. Legalausnahme = legaler Zustand, solange er nicht von einer zuständigen staatlichen oder zwischenstaatlichen Institution (z.B. Kartellbehörde, Gericht) für illegal (gesetzlich unzulässig) angesehen wird.

3 Die deutschen Wettbewerbsbehörden (Kartellbehörden) sind das Bundeskartellamt, das Bundesministerium für Wirtschaft und Technologie und die nach Landesrecht zuständigen obersten Landesbehörden wie z.B. das Wirtschaftsministerium. (Näheres zu den Kartellbehörden finden Sie in den §§ 48ff. GWB.) Die Vorschriften zu den Verfahren vor den Kartellbehörden stehen in den §§ 54ff. GWB.

5.6 Aufrechterhaltung des Wettbewerbs

Sonstige Ausnahmen

■ **Freigestellte Vereinbarungen**

Vom Kartellverbot des § 1 GWB freigestellt sind *Vereinbarungen* zwischen Unternehmen, *Beschlüsse von Unternehmensvereinigungen* oder *aufeinander abgestimmte Verhaltensweisen,* die unter angemessener Beteiligung der Verbraucher an dem entstehenden Gewinn[1] zur Verbesserung der Warenerzeugung oder -verteilung oder zur Förderung des technischen oder wirtschaftlichen Fortschritts beitragen.

Die freigestellten Kartellabsprachen dürfen lediglich solche Beschränkungen enthalten, die für die Erreichung der oben genannten Ziele unerlässlich sind. Sie dürfen den beteiligten Unternehmen nicht die Möglichkeit eröffnen, für einen wesentlichen Teil der betreffenden Waren den Wettbewerb auszuschalten (Näheres siehe § 2 GWB und Art. 101 III AEUV).

■ **Mittelstandskartelle**

Vereinbarungen zwischen miteinander im Wettbewerb stehenden Unternehmen und Beschlüsse von Unternehmensvereinigungen, die die Rationalisierung[2] wirtschaftlicher Vorgänge durch zwischenbetriebliche Zusammenarbeit zum Gegenstand haben („Rationalisierungskartelle"), sind ebenfalls vom Kartellverbot nicht betroffen, wenn

- dadurch der Wettbewerb auf dem Markt nicht wesentlich beeinträchtigt wird und
- die Vereinbarung oder der Beschluss dazu dient, die Wettbewerbsfähigkeit kleinerer oder mittlerer Unternehmen, also von sogenannten *Mittelstandsunternehmen,* zu verbessern [§ 3 GWB].

Diese Regelung ist für die deutsche Wirtschaft von großer Bedeutung, denn sie lässt den mittelständischen Unternehmen bei ihren Vereinbarungen und Beschlüssen einen verhältnismäßig breiten Gestaltungsspielraum. Der „Mittelstand" setzt sich zusammen aus *kleinen Unternehmen* (bis zu 49 Mitarbeitern und einem Jahresumsatz von unter 12 Mio. €) und *mittleren Unternehmen* (bis zu 249 Mitarbeitern und einem Jahresumsatz bis unter 40 Mio. €). Danach gehören rund 99 % aller Unternehmen in Deutschland zum Mittelstand. Er erwirtschaftet rund 40 % des Umsatzes, beschäftigt rund 70 % aller Arbeitnehmer und bildet 80 % aller Auszubildenden aus.

5.6.1.2 Missbrauchsaufsicht

Über bestehende marktbeherrschende Unternehmen besteht, unabhängig davon, ob die Marktbeherrschung durch internes oder externes Unternehmenswachstum entstand, eine Missbrauchsaufsicht durch das Bundeskartellamt.

Eine missbräuchliche Ausnutzung einer marktbeherrschenden Stellung durch ein oder mehrere Unternehmen ist verboten [§ 19 I GWB].[3]

---

[1] Unter „Gewinn" ist hier nicht der in der Gewinn- und Verlustrechnung ausgewiesene Reingewinn zu verstehen, sondern der Vorteil der Unternehmen (z. B. Verbesserung der Produktqualität, Exportvorteile), den sie durch die Vereinbarungen, Beschlüsse und/oder abgestimmte Verhaltensweisen erlangen.

[2] Ratio (lat.) = Vernunft. Rationalisierung bedeutet im wirtschaftlichen (ökonomischen) Sprachgebrauch: vereinheitlichen, straffen, das Zusammenwirken der Produktionsfaktoren zweckmäßiger als bisher gestalten. Unter Rationalisierung ist demnach der Ersatz überkommener Verfahren durch zweckmäßigere und besser durchdachte zu verstehen.

[3] Die Unternehmen haben deshalb die Möglichkeit, unmittelbar bei einem Zivilgericht zu klagen (z. B. wenn ein Unternehmen aufgrund seiner Marktstellung wesentlich überhöhte Preise verlangt). Das Bundeskartellamt oder eine andere Behörde muss somit nicht vorher tätig werden.

Ein **Missbrauch** liegt z. B. insbesondere dann vor, wenn ein marktbeherrschendes Unternehmen als Anbieter oder Nachfrager einer bestimmten Art von Waren oder gewerblichen Leistungen die Wettbewerbsmöglichkeiten anderer Unternehmen erheblich ohne sachlich gerechtfertigten Grund beeinträchtigt, Entgelte oder sonstige Geschäftsbedingungen fordert, die sich bei einem wirksamen Wettbewerb mit hoher Wahrscheinlichkeit nicht ergeben würden, oder sich weigert, einem anderen Unternehmen gegen ein angemessenes Entgelt Zugang zu den eigenen Netzen oder anderen Infrastruktureinrichtungen zu gewähren.[1] Ein Missbrauch ist auch dann gegeben, wenn es dem anderen Unternehmen aus rechtlichen oder tatsächlichen Gründen ohne die Mitbenutzung nicht möglich ist, auf dem vor- oder nachgelagerten Markt als Wettbewerber des marktbeherrschenden Unternehmens tätig zu werden (Näheres siehe § 19 II Ziff. 4 GWB).

Marktbeherrschend ist ein Unternehmen, wenn es als Anbieter oder Nachfrager einer bestimmten Art von Waren oder gewerblichen Leistungen auf dem sachlich und räumlich relevanten Markt ohne Wettbewerber ist **oder** keinem wesentlichen Wettbewerb ausgesetzt ist **oder** im Verhältnis zu seinen Wettbewerbern eine überragende Marktstellung hat [§ 18 I GWB].

Marktbeherrschend sind z. B. zwei oder mehr Unternehmen, wenn zwischen ihnen für eine bestimmte Art von Waren oder von gewerblichen Leistungen kein wesentlicher Wettbewerb besteht (Näheres siehe § 18 V GWB).

Vermutet wird eine Marktbeherrschung, wenn ein Unternehmen einen Marktanteil von mindestens 40 % hat [§ 18 IV GWB]. Eine Gesamtheit von Unternehmen gilt als marktbeherrschend, wenn drei oder weniger Unternehmen zusammen einen Marktanteil von mindestens 50 % oder fünf oder weniger Unternehmen zusammen einen Marktanteil von mindestens zwei Dritteln erreichen. Diese Vermutung gilt nicht, wenn die Unternehmen z. B. nachweisen, dass sie im Verhältnis zu den übrigen Wettbewerbern keine überragende Marktstellung haben (Näheres siehe § 18 VII GWB).

5.6.1.3 Fusionskontrolle (Zusammenschlusskontrolle)

Zusammenschlüsse

Unternehmenszusammenschlüsse liegen z. B. in folgenden Fällen vor (Näheres siehe § 37 GWB):

- Erwerb des gesamten oder eines wesentlichen Teils des Vermögens eines anderen Unternehmens;
- Erwerb der unmittelbaren oder mittelbaren Kontrolle über andere Unternehmen durch Rechte, Verträge oder andere Mittel;
- Erwerb von Anteilen an einem anderen Unternehmen, wenn diese Anteile allein oder zusammen mit sonstigen, dem Unternehmen bereits gehörenden Anteilen a) 50 % oder b) 25 % des Kapitals oder der Stimmrechte des anderen Unternehmens erreichen.

---

[1] Zweck dieser gesetzlichen Regelung ist z. B., den Wettbewerb auf früheren monopolistischen Märkten dadurch zu fördern, dass bedeutende Netze bzw. Infrastrukturen wie z. B. Leitungsnetze für Strom und Nachrichten, Flughäfen und Medien grundsätzlich von allen Wettbewerbern genutzt werden können.

5.6 Aufrechterhaltung des Wettbewerbs

Anmelde- und Anzeigepflicht

Alle Unternehmenszusammenschlüsse sind **vor ihrem Vollzug** beim Bundeskartellamt anzumelden [§ 39 I GWB]. Sie unterliegen bis zur Freigabe durch das Bundeskartellamt dem **Vollzugsverbot** [§ 41 I GWB]. (Zur Ausnahme siehe § 41 II GWB.) Die zur Anmeldung verpflichteten einzelnen Unternehmen müssen in ihrer Anmeldung dem Bundeskartellamt die Form des Zusammenschlusses mitteilen. Weitere Angaben sind von den beteiligten Unternehmen z. B. zur Firma, zum Niederlassungsort, zur Art ihres Geschäftsbetriebs, zu ihren Umsatzerlösen im Inland sowie in der Europäischen Union und über ihre Marktanteile zu machen (Näheres siehe § 39 II, III GWB).

Geltungsbereich der Zusammenschlusskontrolle

Die Vorschriften des GWB über die Zusammenschlusskontrolle gelten, wenn im letzten Geschäftsjahr vor dem Zusammenschluss die beteiligten Unternehmen insgesamt weltweit Umsatzerlöse von mehr als 500 Millionen € und mindestens ein beteiligtes Unternehmen im Inland Umsatzerlöse von mehr als 25 Millionen € erzielt haben [§ 35 I GWB]. (Zu den Ausnahmen siehe § 35 II, III GWB.)

Verfahren der Zusammenschlusskontrolle

Die Untersagung von Unternehmenszusammenschlüssen ist grundsätzlich nur innerhalb einer Frist von 4 Monaten seit Eingang der vollständigen Fusionsanmeldung möglich (Näheres siehe § 40 GWB).

Ministererlaubnis

Auf Antrag kann der Bundesminister für Wirtschaft und Technologie die Erlaubnis zu einem vom Bundeskartellamt untersagten Zusammenschluss erteilen, wenn dieser von gesamtwirtschaftlichem Vorteil ist oder durch ein überragendes Interesse der Allgemeinheit gerechtfertigt ist. Die Erlaubnis darf nur erteilt werden, wenn der Zusammenschluss die marktwirtschaftliche Ordnung nicht gefährdet [§ 42 GWB].

Bekanntmachungen

Folgende Tatbestände sind im Bundesanzeiger oder im elektronischen Bundesanzeiger bekannt zu machen *(www.ebundesanzeiger.de):*

Die Einleitung des Hauptprüfungsverfahrens durch das Bundeskartellamt, Anträge auf Erteilung einer Ministererlaubnis, die Ministererlaubnis, die Ablehnung oder Änderung einer Ministererlaubnis, die Verfügungen des Bundeskartellamts über die Freigabe oder Untersagung von angemeldeten Unternehmenszusammenschlüssen und weitere wichtige, die Kartelle und Fusionen betreffende Tatbestände (Näheres siehe § 43 GWB).

Sanktionen[1] zum Schutz des Wettbewerbs

Das Bundeskartellamt kann den Unternehmen und Unternehmenszusammenschlüssen ein nach den Vorschriften des GWB verbotenes Verhalten untersagen [§ 32 GWB]. Weitere Sanktionen sind die Verpflichtung zum Schadensersatz, der Unterlassungsanspruch [§ 33 GWB] sowie die Mehrerlösabschöpfung [§ 34 GWB].

---

1 Sanktion = Zwangsmaßnahmen.

Das Bußgeldverfahren bei einer Ordnungswidrigkeit (z. B. Geldbuße, gerichtliches Verfahren) ist in den §§ 81 ff. GWB geregelt. Vorschriften zu bürgerlichen Rechtsstreitigkeiten (z. B. Zuständigkeit der Landgerichte, Benachrichtigung und Beteiligung des Bundeskartellamts) enthalten die §§ 87 ff. GWB.

5.6.2 Verbraucherschutz

Begriff Verbraucherschutz

Unter **Verbraucherschutz** versteht man die Gesamtheit aller Maßnahmen zum Schutz des Endverbrauchers vor einer Gefährdung seiner Sicherheit und Gesundheit sowie vor Täuschung und Übervorteilung durch die Anbieter (Verkäufer) von Waren und Dienstleistungen.

In einer sozialen Marktwirtschaft ist Verbraucherschutz deswegen erforderlich, weil

- Märkte u. a. nur dann funktionsfähig sind, wenn ein Mindestmaß an Markttransparenz vorliegt (marktwirtschaftlicher Gesichtspunkt) und
- die Verbraucher gegenüber den Unternehmen naturgemäß in einer schwächeren Marktposition sind, sodass ihre Stellung gestärkt werden muss (sozialer Gesichtspunkt).

Mittel des Verbraucherschutzes

■ **Private Maßnahmen**

Hierzu rechnen Selbstkontrollen der Wirtschaft und die Gründung von Verbraucherverbänden. In den einzelnen Bundesländern gibt es z. B. von den Verbrauchern selbst ins Leben gerufene Verbraucherorganisationen, die in der Verbraucherzentrale Bundesverband (vzbv) in Berlin *(www.vzbv.de)* zusammengeschlossen sind.

Eine wichtige Informationsquelle für den Verbraucher sind die vergleichenden **Warentests durch Testinstitute**. Ziel dieser Tests ist es, dem Verbraucher Erkenntnisse zu vermitteln, die er für die Beurteilung von Qualität, Gebrauchseigenschaft und Preiswürdigkeit bestimmter Güter benötigt. Eine besondere Bedeutung unter den Testinstituten kommt der „Stiftung Warentest" zu. Sie wurde 1964 von der Bundesregierung als privatrechtliche Stiftung gegründet und hat die Aufgabe, die Öffentlichkeit über objektiv feststellbare Merkmale des Nutz- und Gebrauchswerts von Waren und Dienstleistungen zu unterrichten. Die Testergebnisse werden in der Monatszeitschrift „test", in test-Jahrbüchern, im test-Kompass und im Internet *(www.test.de)* veröffentlicht.

■ **Staatliche Maßnahmen**

Seit Jahren bemüht sich der Gesetzgeber (in der Bundesrepublik Deutschland also der Deutsche Bundestag) zunehmend um einen vorbeugenden Schutz sowie um Beratung der Verbraucher durch:

Verbraucher- verbände	Die Interessen der Verbraucher vertreten die Verbraucherschutzverbände, die in der **V**erbraucher**z**entrale **B**undes**v**erband e. V. (vzbv) zusammengefasst sind. Der vzbv berät u. a. das **B**undes**m**inisterium für **V**erbraucherschutz, **E**rnährung und **L**andwirtschaft (BMVEL).

5.6 Aufrechterhaltung des Wettbewerbs

Vorbeugende Kontrollen	Hierzu zählt z. B. die Zulassungspflicht von Arzneimitteln, Insekten- und Unkrautvernichtungsmitteln.
Verbraucherschutzgesetze	Wichtige gesetzliche Vorschriften zum Verbraucherschutz finden sich zunächst im **BGB**. Hierzu gehören die Regelungen zum Recht der allgemeinen Geschäftsbedingungen (Kapitel 1.4.3), die Sondervorschriften zu den Verbraucherverträgen (Kapitel 1.4.4) sowie die Vorschriften zum Gewährleistungsrecht (Kapitel 1.6.1.1). Spezielle Verbraucherschutzgesetze sind das Produkthaftungsgesetz und das Geräte- und Produktsicherheitsgesetz (Kapitel 1.6.1.2). Dem Verbraucherschutz dienen des Weiteren z. B. das **Gesetz gegen Wettbewerbsbeschränkungen** (Kapitel 5.6.1), das **Gesetz gegen den unlauteren Wettbewerb**, welches unwahre, irreführende oder verwirrende Angaben über Waren und Preise verbietet, das **Patentgesetz**, das **Gebrauchsmustergesetz**, das **Designgesetz** und das **Markengesetz**.
Informationen des BMELV	Wer sich über die verschiedenen staatlichen Maßnahmen des Verbraucherschutzes näher informieren möchte, kann sich an das **B**undes**m**inisterium für **V**erbraucherschutz, **E**rnährung und **L**andwirtschaft (BMELV), Rochus-Straße 1, 53123 Bonn wenden *(www.bmelv.de)*.

Preisangabenverordnung als Beispiel für den gesetzlichen Verbraucherschutz

Ein weiteres Beispiel für eine gesetzliche Verbraucherschutzmaßnahme ist die **Preisangabenverordnung**. Hiernach müssen Waren oder Leistungen, die Letztverbrauchern vor allem gewerbs- oder geschäftsmäßig angeboten werden, ausgezeichnet (d. h. mit Preisen versehen) sein. Die Preise müssen **Endpreise** sein, d. h., sie müssen die Umsatzsteuer und sonstige Bestandteile unabhängig von der Rabattgewährung enthalten [§ 1 I S. 1 PAngV]. Somit sind Waren, die in Schaufenstern und Schaukästen ausgestellt sind, mit einem gut lesbaren Preisschild bzw. mit einer entsprechenden Beschriftung zu versehen. Auch Dienstleistungsbetriebe (z. B. Wäschereien, Gaststätten, Tankstellen und Friseure) müssen Preisverzeichnisse an gut sichtbarer Stelle aushängen bzw. abgeben [§§ 4, 5, 7, 8 PAngV]. Die Preisauszeichnungspflicht besteht nicht, sofern Angebote oder Werbungen an Wiederverkäufer oder an Letztverbraucher gerichtet sind, die die Waren oder Leistungen für ihre selbstständige berufliche oder gewerbliche Tätigkeit benötigen (Näheres siehe § 9 PAngV).

Soweit es der allgemeinen Verkehrsauffassung entspricht, sind auch die Verkaufs- oder Leistungseinheit und die Gütebezeichnung anzugeben, auf die sich die Preise beziehen [§ 1 I S. 2 PAngV]. Werden Letztverbrauchern z. B. gewerbs- oder geschäftsmäßig Waren in Fertigpackungen, offenen Packungen oder als Verkaufseinheiten ohne Umhüllung nach Gewicht, Volumen, Länge oder Fläche angeboten, dann muss neben dem Endpreis auch der Preis je Mengeneinheit einschließlich Umsatzsteuer und sonstiger Preisbestandteile, unabhängig von einer Rabattgewährung (der Grundpreis), in unmittelbarer Nähe des Endpreises angegeben sein (Näheres siehe § 2 PAngV).

Im Handwerk müssen Stundenverrechnungssätze einschließlich Umsatzsteuer ausgehängt werden (vgl. § 1 PAngV). In den Gaststätten sind die Preise in Preisverzeichnissen anzugeben [§ 7 PAngV].

Bei Kreditinstituten sind als „Preis" für Kredite die Gesamtkosten als jährlicher Prozentsatz („effektiven Jahreszins") anzugeben. In der Berechnung des Vomhundertsatzes sind die Gesamtkosten des Kredits für den Kreditnehmer einschließlich etwaiger Vermittlungskosten einzubeziehen [§ 6 PAngV].

Vorsätzliche oder fahrlässige Verstöße gegen die Preisangabenverordnung können mit empfindlichen Geldstrafen belegt werden.

5 Markt und Preis

Zusammenfassung

- **Kooperation** ist jede Zusammenarbeit zwischen Unternehmen.
- Unter **Konzentration** versteht man die Entstehung von Marktmacht (= Monopolisierung).
- In einer sozialen Marktwirtschaft hat der Staat die Aufgabe, die Entstehung von Marktmacht zu kontrollieren und deren Missbrauch zu verhindern, um den Wettbewerb zu sichern.
- In der Bundesrepublik Deutschland soll mithilfe des **Gesetzes gegen Wettbewerbsbeschränkungen** die Konzentration kontrolliert werden. Darüber hinaus sorgen gesetzliche Vorschriften zum **Verbraucherschutz** dafür, dass die privaten Verbraucher nicht übervorteilt, getäuscht oder in ihrer Sicherheit und Gesundheit gefährdet werden.

ÜBUNGSAUFGABEN

1. In der Bundesrepublik Deutschland soll das Gesetz gegen Wettbewerbsbeschränkungen (GWB) die Konzentration kontrollieren.
   1.1 Welche der Bereiche werden durch das GWB geregelt?
   1.2 Warum können nationale Vorschriften zur Erhaltung des Wettbewerbs die internationale Konzentration nur in geringem Maß kontrollieren?

2. Auf S. 435 ff. sind einige Gründe genannt, warum Kartelle und marktbeherrschende Unternehmen nicht mit den Prinzipien einer sozialen Marktwirtschaft vereinbar sind. Nennen Sie weitere Gründe!

3. Nebenstehende Abbildung zeigt die Konzentration mehrerer Unternehmen.
   3.1 Welche Konzentrationsarten liegen vor? Warum?
   3.2 In welchen Fällen handelt es sich um ein „Mutter-Tochter-Verhältnis"?
   3.3 In welchen Fällen handelt es sich um Schwestergesellschaften?
   3.4 Welche Unternehmen bilden einen
      3.4.1 organischen,
      3.4.2 anorganischen (diagonalen),
      3.4.3 horizontalen und
      3.4.4 vertikalen Zusammenschluss?

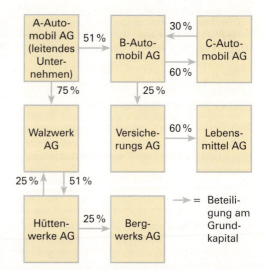

4. Auch der Verbraucherschutz ist ein Mittel der Wettbewerbspolitik. Inwiefern?

5. Nennen und erläutern Sie wichtige Maßnahmen des Verbraucherschutzes!

6. Der Auszubildende Konrad, 17 Jahre, kauft sich mit Einwilligung seiner Eltern bei der Elektro-Kaiser KG eine Stereo-Anlage für 1 800,00 € auf Raten. Der Kaufvertrag wird mündlich abgeschlossen. Der Verkäufer weist Konrad ausdrücklich darauf hin, dass ein Widerruf seiner auf den Abschluss des Kreditvertrags gerichteten Willenserklärung nicht in Frage komme.
   6.1 Fünf Tage nach Vertragsabschluss kommen Konrad Bedenken. Er will seine Willenserklärung zur Auflösung des Kreditvertrags widerrufen. Der Verkäufer lehnt ab. Wie ist die Rechtslage?
   6.2 Wäre die Rechtslage anders, wenn der Kaufvertrag schriftlich abgeschlossen worden wäre? Begründen Sie Ihre Antwort!

6 Steuern

6.1 Notwendigkeit der Besteuerung

„Steuern sind der Preis für die Zivilisation, im Urwald gibt es keine", sagte einmal ein früherer Washingtoner Bürgermeister. Und in der Tat: Während im Mittelalter noch darüber gestritten wurde, ob der Staat überhaupt das Recht habe, Steuern zu erheben oder nicht,[1] und während bis ins letzte Jahrhundert hinein sich Philosophen den Kopf darüber zerbrachen, wie die Steuererhebung durch den Staat moralisch zu rechtfertigen sei,[2] wird heute von den Finanzwissenschaftlern nur noch nüchtern festgestellt, dass das moderne Gesellschafts- und Wirtschaftsleben ausschließlich in der Organisationsform des Staates existieren kann, dass der Staat zur Durchführung seiner Aufgaben finanzielle Aufwendungen großen Umfangs tätigen muss und die Finanzierung dieser Aufwendungen im Wesentlichen nur über die Erhebung von Steuern möglich ist.

6.1.1 Staatsausgaben

Ordentliche Staatsausgaben

Die ordentlichen Staatsausgaben sind regelmäßig wiederkehrende Ausgaben für den öffentlichen Bedarf. Beispiele sind Ausgaben wie Löhne und Gehälter für die Bediensteten im öffentlichen Dienst (**Personalaufwand**), Ersatz- und Reparaturkosten für öffentliche Anlagen wie Gebäude, technische Einrichtungen (z. B. Hafenanlagen, Kanäle) oder Straßenerhaltung (**Sachaufwand**).

Ein ganz wesentlicher Ausgabeposten ist der **Sozialaufwand**. Hierzu rechnen u. a. die Leistungen der Sozialversicherungsträger[3] und Kindergeld.

Hinzu tritt der **Subventionsaufwand** in Form von unmittelbaren Zuschüssen oder Steuervergünstigungen an private Haushalte und Unternehmen.

Bei bestehender Staatsverschuldung muss der Staat außerdem seine Schulden verzinsen und tilgen (**Schuldendienst**).

Außerordentliche Staatsausgaben

Die außerordentlichen Staatsausgaben sind Ausgaben, die nicht regelmäßig wiederkehren und deren Anfall zeitlich nicht vorausbestimmt ist. Beispiele sind Reparationszahlungen, Verteidigungsausgaben, soweit sie nicht regelmäßig zu leisten sind, Ausgaben für die Behebung von Katastrophenschäden oder einmalige staatliche Investitionsausgaben.

---

1 ALBERTUS MAGNUS (1200–1280) und THOMAS von AQUIN (1225–1274) zweifelten an, ob der Staat das Recht habe, Steuern zu erheben.

2 Unter dem Einfluss der Romantik vertraten beispielsweise ADAM MÜLLER (1779–1829) oder FICHTE (1762–1814) die **Opfertheorie**. Danach ist der Staat mehr als die Summe der in ihm lebenden Individuen. Er ist vielmehr ein dem Individuum übergeordnetes, ethisch notwendiges Gebilde, dem der Einzelne Opfer zu bringen hat, weil er sich nur im Staat entfalten kann. Daher braucht der Staat die Steuererhebung nicht besonders zu rechtfertigen. Die Steuerzahlung wird zur Pflicht (**Pflichttheorie**).

3 Siehe Kapitel 2.6.4.1.

6.1.2 Staatseinnahmen

Ordentliche Staatseinnahmen

Die ordentlichen Staatseinnahmen sind regelmäßig wiederkehrende Einnahmen aus **Abgaben** und **öffentlichen Erwerbseinkünften** (z. B. Gewinne aus staatlichen Betrieben).

Die **Abgaben** setzen sich aus **Steuern, Gebühren** und **Beiträgen** zusammen.

> **Steuern** sind zwangsweise zu zahlende Abgaben, denen keine unmittelbare Gegenleistung des Staates gegenübersteht.

Eine einheitliche Definition der Gebühren und Beiträge ist schwierig, weil die Gebühren und Beiträge historisch gewachsene Abgaben darstellen und daher außerordentlich vielfältig sind. Gemeinsam gilt für die Gebühren und Beiträge, dass – im Gegensatz zu den Steuern – immer eine spezielle Entgeltlichkeit vorliegt: Sie sind dann zu zahlen, wenn der Staat (die „öffentliche Hand") in bestimmter Weise auf *Veranlassung* oder im *Interesse* des Zahlungspflichtigen tätig wird.

Gebühren sind Abgaben für öffentliche Dienstleistungen.

Beispiele:

Leistungen der Rechtspflege (z. B. Gebühren für den Erlass eines Mahnbescheids)[1] und des Patentwesens (z. B. Patentgebühren). Ferner gehören die Gebühren für Beurkundungen (z. B. Gebühr für die Ausstellung eines Ursprungszeugnisses durch die Industrie- und Handelskammer) oder Beglaubigungen (z. B. Gebühr für die Beglaubigung einer Zeugnisabschrift) dazu.

Beiträge sind Abgaben mit Kostenzuschusscharakter.

Beiträge werden vor allem von Gemeinden erhoben und dienen der Deckung der Kosten von Leistungen, die sowohl im Interesse des Einzelnen als auch im Interesse der Gesamtheit liegen.

Beispiele:

Anliegerbeiträge (auch „Anliegerkosten" genannt), die der Haus- und Grundstückseigentümer für Straßenbau, Kanalisation und Versorgungsleitungen zu entrichten hat, ferner Zahlungen der Handwerksbetriebe an die Handwerkskammern bzw. der kaufmännischen Betriebe an die Industrie- und Handelskammern. Auch die Zahlungen der Sozialversicherungspflichtigen stellen Beiträge dar.

Außerordentliche Staatseinnahmen

Die außerordentlichen Staatseinnahmen sind unregelmäßig auftretende Einnahmen, also vor allem öffentliche Kreditaufnahmen. Des Weiteren gehören zu den außerordentlichen Einnahmen Mittelzuflüsse aus Stiftungen, Schenkungen oder Verkäufen von öffentlichem Eigentum (z. B. Grundstücksverkäufe).

---
1 Siehe Kapitel 1.6.5.2.

6.1 Notwendigkeit der Besteuerung

6.1.3 Staatshaushaltsplan

Die geplanten Staatseinnahmen und -ausgaben werden im Staatshaushaltsplan (Budget, Etat) gegenübergestellt.

> Der **Staatshaushaltsplan** ist eine Vorschaurechnung über zu erwartende Einnahmen und Ausgaben einer öffentlichen Finanzwirtschaft (z. B. Bundeshaushalt, Länderhaushalte).

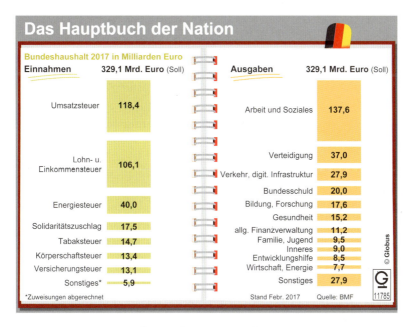

329,1 Mrd. € – so lautet die zentrale Zahl im Hauptbuch der Nation. Denn so hoch hat Finanzminister Wolfgang Schäuble (CDU) die Ausgaben im Bundeshaushalt 2017 veranschlagt. Vor allem der Haushalt der Bundesarbeitsministerin sticht hervor; dort sind Ausgaben in Höhe von über 137,6 Mrd. € vorgesehen. Zweitgrößter Posten ist der Verteidigungsetat mit 37 Mrd. €. Auf der Einnahmenseite sind die Bundesanteile an der Umsatz- und der Lohn- bzw. Einkommensteuer die dicksten Brocken. Der Bund will auch 2017 keine neuen Schulden machen. Das war ihm dank der guten Konjunktur und sprudelnder Steuereinnahmen in den vergangenen drei Jahren gelungen. Die Position „Nettokreditaufnahme" kommt daher im Haushaltsplan für 2017 nicht vor.

6.1.4 Bedeutung der Steuern

Die Steuern sind nicht nur die wichtigsten Einnahmen des Staates zur Finanzierung seiner vielfältigen Aufgaben **(finanzpolitische Ziele)**. Die Steuern dienen auch der **Konjunktur,**[1] **Wachstums-**[2] und **Strukturpolitik,**[3] indem Steuersenkungen die Wirtschaft ankurbeln, Steuererhöhungen hingegen bremsen sollen **(wirtschaftspolitische Ziele)**. Je niedriger nämlich die Steuern sind, desto mehr Geld verbleibt in den Taschen der Bürger und Kas-

---
1 Näheres siehe Kapitel 8.8.1.
2 Näheres siehe Kapitel 8.11.2.
3 Näheres siehe Kapitel 8.11.2.

sen der Unternehmen, sodass diese mehr Wirtschaftsgüter nachfragen können. Je höher die Steuern sind, desto weniger verbleibt den Verbrauchern und Unternehmen, um Wirtschaftsgüter nachfragen zu können.

Ferner soll durch die Besteuerung eine ungerechte Einkommens- und Vermögensverteilung[1] korrigiert, d.h. eine sozialverträgliche Verteilung erhalten bzw. geschaffen werden (= **verteilungspolitisches Ziel**).

6.1.5 Probleme der gerechten Besteuerung

Das verteilungspolitische Ziel berührt unmittelbar die Frage nach einer „gerechten" Besteuerung, denn hier sollen die mittleren und hohen Einkommen bzw. Vermögen so hoch belastet werden, dass die freiwerdenden Mittel den gering Verdienenden und Vermögenslosen zugeführt werden können (= Umverteilung der Einkommen). Als *gerecht* wird eine Besteuerung dann angesehen, wenn die Steuerbelastung *überproportional* zunimmt (**Steuerprogression**).[2]

Nach anderer Auffassung liegt eine gerechte Besteuerung dann vor, wenn die Steuerbelastung für alle *gleich,* d.h. für jeden Steuerpflichtigen prozentual gleich hoch ist. (Wer das Doppelte arbeitet, soll auch das Doppelte verdienen.)

Eine objektive Antwort darauf, welche Art der Besteuerung gerecht ist, lässt sich mithin nicht geben.

Bei der proportionalen und überproportionalen Besteuerung von Einkommen und Vermögen wird die **persönliche Leistungskraft des Steuerpflichtigen** berücksichtigt, insbesondere dann, wenn der Steuertarif auf soziale Tatbestände wie Familienstand und sonstige Belastungen des Steuerpflichtigen Rücksicht nimmt.

Ein weiteres Problem der Steuergerechtigkeit ist die **Belastbarkeit** der Steuerpflichtigen. Wo die Grenzen der Belastbarkeit liegen, kann nicht genau angegeben werden. Eines steht jedoch fest: Die Steuerlast muss von den Bürgern eines Landes als notwendig und gerecht empfunden werden. Wird die Abgabenlast zu schwer, wird der Leistungswille der Arbeitenden beeinträchtigt. Die Bedeutung der illegalen (ungesetzlichen) Schattenwirtschaft[3] nimmt zu. Die Steuereinnahmen des Staates stagnieren oder gehen zurück. Zusätzliche Aufgaben des Staates können dann nur noch durch erneute Steuererhöhung und/oder zusätzliche Kreditaufnahmen finanziert werden.

6.2 Einteilung der Steuern

Die Finanzwissenschaft als Disziplin (Fachrichtung), die sich mit den öffentlichen Wirtschaften befasst, kennt sehr viele Einteilungskriterien (Einteilungsmaßstäbe) der Steuern. Der Sinn aller Bemühungen um eine Klassifikation (= Einteilung) der Steuern ist, ein Steuersystem zu finden, bei dem der Aufwand aus der Steuererhebung in einem wirtschaftlichen Verhältnis zum Steuerertrag steht (Grundsatz der Billigkeit). In jeder Volkswirtschaft entwickeln sich nämlich im Lauf der Zeit zahlreiche Steuern und es gilt, von Zeit zu Zeit durch *Steuerreformen* wieder ein übersichtliches und gerechtes Steuersystem zu schaffen.

---

1 Siehe hierzu Kapitel 8.4.2.2.

2 Näheres siehe Kapitel 8.4.2.2.

3 Unter Schattenwirtschaft versteht man alle statistisch nicht erfassten bzw. erfassbaren wirtschaftlichen Vorgänge wie z.B. die Tätigkeiten der Hausfrauen oder die Leistungen der Kleingärtner. Zu diesen legalen (gesetzlich erlaubten) Bereichen der Schattenwirtschaft kommen die illegalen wie z.B. Schwarzarbeit, Beschäftigung illegaler Einwanderer sowie Lieferungen und Leistungen ohne Rechnung.

6.2 Einteilung der Steuern

Einteilung der Steuern nach dem Steuerempfänger

Gemäß Art. 106 GG werden die Steuern unterschieden in:

- **gemeinschaftliche Steuern,** die dem Bund und den Ländern in einem sich ändernden Beteiligungsverhältnis zufließen (z. B. Einkommen- und Lohnsteuer, Körperschaftsteuer, Umsatzsteuer);
- **Bundessteuern,** die ausschließlich dem Bund zufließen (z. B. Mineralölsteuer, Versicherungsteuer);
- **Landessteuern,** die ausschließlich die Bundesländer erhalten (z. B. Kraftfahrzeugsteuer, Erbschaft- und Schenkungsteuer);
- **Gemeindesteuern,** die ausschließlich die Gemeinden erhalten (z. B. Grundsteuer, Hundesteuer, Vergnügungsteuer und Getränkesteuer).

Einteilung der Steuern nach dem Steuerempfänger

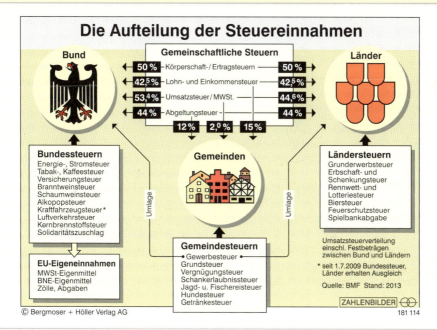

Einteilung der Steuern nach dem Steuergegenstand

Nach dem Gegenstand der Besteuerung lässt sich folgende Einteilung der Steuern vornehmen:

- **Besitz- und Einkommensteuern** (Steuern vom Einkommen, von Erbschaften und Schenkungen),
- **Verbrauchsteuern** und
- **Verkehrsteuern.**

6 Steuern

Einteilung der Steuern nach dem Steuergegenstand
(Zahlen: Steuereinnahmen 2016 in Mio. Euro)[1]

Besitz- und Einkommensteuern		Verkehrsteuern		Verbrauchsteuern Zölle	
Personensteuern[2]		Umsatzsteuer	(217 090)	Energiesteuer	(40 071)
Lohnsteuer	(184 826)	Versicherungsteuer	(12 763)	Tabaksteuer	(14 186)
Einkommensteuer	(53 833)	Grunderwerbsteuer	(12 408)	Stromsteuer	(6 569)
Körperschaftsteuer	(27 442)	Kraftfahrzeugsteuer	(8 952)	Zölle	(5 113)
Solidaritätszuschlag	(16 855)	Lotteriesteuer	(1 496)	Branntweinsteuer	(2 070)
Erbschaftsteuer	(7 006)	Luftverkehrsteuer	(1 074)	Kaffeesteuer	(1 040)
Abgeltungsteuer	(5 940)	Vergnügungssteuer	(985)	Biersteuer	(678)
		Feuerschutzsteuer	(442)	Kernbrennstoffsteuer	(422)
Realsteuern[3]		Hundesteuer	(336)	Schaumweinsteuer	(401)
Gewerbesteuer	(50 097)	Jagd- und Fischereisteuer	(9)		
Grundsteuer	(13 654)				

Die gesamten Steuereinnahmen betrugen 2016 rund 705,8 Milliarden €.

Einteilung der Steuern nach der Erhebungstechnik

Eine der ältesten Einteilungen der Steuern ist die in

- **direkte Steuern** und
- **indirekte Steuern.**

Eine **direkte Besteuerung** ist gegeben, wenn **Steuerzahler** und **Steuerträger** identisch sind **(Tragsteuer)**. Steuerzahler ist, wer gesetzlich zur Entrichtung der Steuer verpflichtet ist. Steuerträger ist, wer nach dem Willen des Gesetzgebers die Steuer aufbringen muss. Die direkten Steuern sollen also vom Steuerzahler **nicht** auf andere Wirtschaftssubjekte weitergewälzt werden (z. B. Einkommensteuer, Körperschaftsteuer).

Die **indirekte Steuer** indessen wird beim Steuerzahler erhoben, soll aber nach dem Sinn des betreffenden Steuergesetzes nicht den Steuerzahler treffen, sondern weitergewälzt werden können. Steuerzahler und Steuerträger fallen also auseinander. Dies ist vor allem bei den Verbrauch- und Verkehrsteuern der Fall (z. B. Tabaksteuer, Mineralölsteuer, Umsatzsteuer).

Einteilung der Steuern nach der Abzugsfähigkeit

Aus betriebswirtschaftlicher Sicht können die Steuern eingeteilt werden in

- **abzugsfähige Steuern** und
- **nicht abzugsfähige Steuern.**

---

1 Sonstige Steuern: ca. 120 000,00 €. Zahlenangaben nach dpa · Globus-Bild 11655.
2 Es werden natürliche oder juristische Personen besteuert.
3 Es werden Sachen besteuert [res. (lat.): Sache].

6.2 Einteilung der Steuern

Abzugsfähige Steuern stellen steuerlich „Betriebsausgaben" dar, d. h., sie sind Gewinn mindernde Aufwendungen. Da die abzugsfähigen Steuern im Allgemeinen in die Verkaufspreise der Betriebsleistungen einkalkuliert werden, heißen sie auch „Kostensteuern".

> **Beispiele:**
>
> Grundsteuer, soweit sie das notwendige Betriebsvermögen betrifft, Gewerbesteuer, Kraftfahrzeugsteuer für Betriebsfahrzeuge sowie sämtliche Verbrauchsteuern. Die Umsatzsteuer stellt volkswirtschaftlich eine Kostensteuer dar.
>
> Da sie aber von den Unternehmen vollständig auf den letzten Verbraucher abgewälzt wird, ist sie betriebswirtschaftlich ein „durchlaufender Posten".

Nicht abzugsfähige Steuern sind aus dem Gewinn zu zahlen, d. h., sie stellen steuerlich keine Betriebsausgaben dar.

> **Beispiele:**
>
> Einkommen- und Kirchensteuer der Freiberufler, Landwirte, Einzelunternehmer und Gesellschafter von Personengesellschaften, Körperschaftsteuer der Kapitalgesellschaften.

Einteilung der Steuern nach belastungspolitischen Gesichtspunkten

Hierbei wird danach gefragt, ob und inwieweit eine Steuer für den Einzelnen tragbar ist oder nicht. Dabei kann man an die ältere Unterteilung in **Subjekt-** (Personen-) und **Objektsteuern** (Realsteuern) anknüpfen. Die Subjektsteuern berücksichtigen die persönlichen Verhältnisse des Steuerpflichtigen wie z. B. Familienstand, Alter, Kinderzahl, Körperbehinderung usw. (z. B. Einkommensteuer), während die Objektsteuern an ein sachliches Merkmal anknüpfen (z. B. Grundsteuer).

Zusammenfassung

- **Steuern** sind die Haupteinnahmequelle des Staates. Sie dienen zur Finanzierung der Staatsaufgaben (finanzpolitische Ziele), der Steuerung der Wirtschaft (wirtschaftspolitische Ziele) und der Schaffung einer sozialverträglichen Einkommens- und Vermögensverteilung (verteilungspolitische Ziele).
- Der **Staatshaushaltsplan** ist eine Vorschaurechnung über die zu erwartenden Staatseinnahmen und -ausgaben.

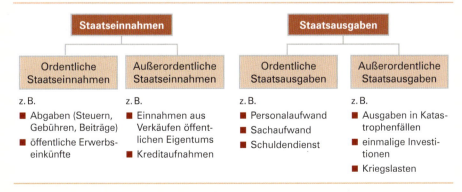

6 Steuern

- Die **Steuern** können nach unterschiedlichen **Kriterien** (Einteilungsgesichtspunkten) eingeteilt werden:

Einteilung	... nach dem Steuerempfänger	... nach dem Steuergegenstand	... nach der Erhebungstechnik	... nach der Abzugsfähigkeit	... nach belastungspolitischen Gesichtspunkten
Steuerarten	Gemeinschaftliche Steuern Bundessteuern Landessteuern Gemeindesteuern	Besitz- und Einkommensteuern Verkehrsteuern Verbrauchsteuern	Direkte Steuern Indirekte Steuern	Abzugsfähige Steuern Nicht abzugsfähige Steuern	Subjektsteuern Objektsteuern

ÜBUNGSAUFGABEN

1. Begründen Sie die Notwendigkeit der Steuererhebung!

2. Grenzen Sie den Begriff Steuern von den Begriffen Gebühren und Beiträge ab!

3. Warum wird in der letzten Zeit verstärkt gefordert, öffentliche Aufgaben (Dienstleistungen) nicht mehr vom Staat, sondern von privaten Unternehmen durchführen zu lassen?

4. Wir unterscheiden u. a. folgende Steuerarten:

   (a) Besitz- und Einkommensteuern,
   (b) Verbrauchsteuern,
   (c) Verkehrsteuern,
   (d) direkte Steuern,
   (e) indirekte Steuern,
   (f) abzugsfähige Steuern,
   (g) nicht abzugsfähige Steuern,
   (h) Personensteuern und
   (i) Realsteuern.

   Ordnen Sie den nachfolgend genannten Steuern die Steuerarten (a) bis (i) zu!
   (A) Einkommensteuer,
   (B) Mineralölsteuer,
   (C) Kraftfahrzeugsteuer für den Pkw der Handelsvertreterin Schön,
   (D) Biersteuer,
   (E) Grunderwerbsteuer,
   (F) Umsatzsteuer,
   (G) Versicherungsteuer (für die Betriebsunterbrechungsversicherung),
   (H) Grundsteuer für das Privathaus der Schneidermeisterin Beck,
   (I) Lohnsteuer des Handlungsreisenden Berghauser.

6.3 Einkommen- und Lohnsteuer

6.3.1 Steuererhebungsverfahren

Veranlagungsverfahren

Die **Einkommensteuer** wird im Wege des Veranlagungsverfahrens erhoben. Merkmal des Veranlagungsverfahrens ist, dass die steuerpflichtige Person für einen *vergangenen Veranlagungszeitraum* (i. d. R. ein Jahr) eine *Steuererklärung* abgeben muss. Zu diesem Zweck gibt es amtliche Vordrucke (Steuererklärungen), die dem Finanzamt ordnungsgemäß einzureichen sind. Einreichungstermin ist der 31. Mai des dem Veranlagungszeitraum folgenden Jahres.[1] Ein Antrag auf Verlängerung ist möglich. Dem Antrag wird in der Regel stattgegeben, sofern er rechtzeitig gestellt wurde.

Aufgrund der eingereichten **Einkommensteuererklärung,** die je nach Einzelfall sehr umfangreich sein kann, und der eventuell erforderlichen Unterlagen wird vom Finanzamt die Steuerschuld ermittelt und dem Steuerpflichtigen in einem **Steuerbescheid** mitgeteilt. Die Steuerschuld wird mit eventuell geleisteten **Vorauszahlungen** aufgerechnet. Überzahlungen werden vom Finanzamt zurückerstattet. Sind die Vorauszahlungen[2] geringer als die Steuerschuld, hat der Steuerpflichtige die **Steuernachzahlung** binnen der im Steuerbescheid genannten Frist an das Finanzamt zu zahlen.

Für einfache Steuerfälle gibt es eine **„vereinfachte" (zweiseitige) Steuererklärung**. Ein „einfacher Steuerfall" liegt z. B. vor, wenn ein Steuerzahler neben seinem Arbeitslohn keine weiteren steuerpflichtigen Einkünfte bezieht und lediglich solche Angaben zu machen hat, die auf dem vereinfachten Formular vermerkt sind.

Die Einkommensteuererklärung kann auch am PC ausgefüllt und anschließend verschlüsselt mit einem **El**ektronischen **St**euer-**Er**klärungs-Programm **(ELSTER)** per Internet an das Finanzamt übermittelt werden. Das amtliche Programm heißt „ELSTER-Formular" und wird von der Finanzverwaltung kostenlos unter *www.elster.de* zum Download (Herunterladen) bereitgestellt. Neben der Einkommensteuererklärung unterstützt ELSTER-Formular auch die Umsatz- und Gewerbesteuererklärung sowie die Umsatzsteuervoranmeldung und die Lohnsteueranmeldung.[3]

Abzugsverfahren

Merkmal des Abzugsverfahrens ist, dass der Steuerpflichtige *sofort* zur Steuerzahlung herangezogen wird, indem die auszahlende Stelle verpflichtet ist, die fällige Steuer einzubehalten und an das Finanzamt abzuführen. Das wichtigste Beispiel für eine Abzugsteuer ist die **Lohnsteuer.**[4] Hier müssen die Arbeitgeber (z. B. Unternehmen, staatliche Behörden) für die bei ihnen beschäftigten Personen die Lohnsteuer errechnen und i. d. R. monatlich an das Finanzamt abführen.

---

1 Das Gleiche gilt auch für die Körperschaft-, Gewerbe- und Umsatzsteuer, die ebenfalls im Veranlagungsverfahren erhoben werden.
2 Die Steuervorauszahlungen (z. B. Einkommensteuervorauszahlungen) werden im Steuerbescheid vom Finanzamt festgesetzt. Vorauszahlungen sind vierteljährlich zu leisten.
3 Siehe auch Kapitel 6.3.3.
4 Auch die Kapitalertragsteuer ist eine Abzugsteuer.

6.3.2 Einkommensteuer

Zum Verständnis des Aufbaus der Einkommen- und Lohnsteuertabellen ist es wichtig, einige Grundzüge des Einkommensteuerrechts zu kennen.

6.3.2.1 Arten der Einkünfte

Die Einkommensteuer besteuert natürliche Personen. Hierzu zählen auch die Gesellschafter der Personengesellschaften (z. B. OHG, KG), soweit diese natürliche Personen sind. Dies bedeutet, dass jeder Gesellschafter (= Mitinhaber) mit seinen Gewinnanteilen zur Einkommensteuer veranlagt wird. Besteuert werden nicht die Einnahmen, sondern die **Einkünfte** der Steuerpflichtigen. Das Einkommensteuerrecht unterscheidet nach § 2 EStG folgende sieben Einkunftsarten, nämlich Einkünfte aus

[1] Land- und Forstwirtschaft	[2] Gewerbebetrieb	[3] selbstständiger Arbeit	[4] nicht selbstständiger Arbeit	[5] Kapitalvermögen	[6] Vermietung und Verpachtung	[7] sonstige Einkünfte
z. B. Gewinn eines landwirtschaftlichen Betriebs	z. B. Gewinn eines Einzelhändlers	z. B. Einkünfte eines Schriftstellers aus seiner Autorentätigkeit	z. B. Einkünfte eines kaufmännischen Angestellten aus seinem Arbeitsverhältnis	z. B. Zinsen aus festverzinslichen Wertpapieren abzüglich Werbungskosten	z. B. Nettomiete aus vermieteten Garagen	z. B. Rente aus der gesetzlichen Rentenversicherung

Eine Reihe von Einnahmen sind steuerfrei. Hierzu zählen beispielsweise die Leistungen aus einer Krankenversicherung, Pflegeversicherung und aus der gesetzlichen Unfallversicherung, Mutterschaftsgeld, Kindergeld aufgrund des Bundeskindergeldgesetzes, Wohngeld aufgrund des Wohngeldgesetzes und Trinkgelder [§ 3 EStG].

6.3.2.2 Ermittlung der Einkünfte

Einkunftsermittlung durch Betriebsvermögensvergleich

Kaufleute und sonstige **Gewerbetreibende**, die gesetzlich zur Buchführung verpflichtet sind, ermitteln ihren Gewinn durch **Betriebsvermögensvergleich** (= Vergleich des Reinvermögens). Der Gewinn bzw. der Verlust ist der Unterschiedsbetrag zwischen dem Reinvermögen (= Eigenkapital) am Ende des Jahres und dem des zu Beginn des Jahres, vermehrt um die privaten Entnahmen und vermindert um die privaten Einlagen [§ 5 EStG].

Beispiel für einen Gewinn:	
Eigenkapital am 31. Dezember 17	600 000,00 €
− Eigenkapital am 1. Januar 17	520 000,00 €
	80 000,00 €
+ Privatentnahmen	30 000,00 €
	110 000,00 €
− Privateinlagen	10 000,00 €
= Reingewinn 17	100 000,00 €

6.3 Einkommen- und Lohnsteuer

Einkunftsermittlung durch Überschussrechnung

Kleingewerbetreibende, freiberuflich Tätige und Landwirte ermitteln, sofern sie nicht buchführungspflichtig sind oder nicht freiwillig Buch führen, ihren Gewinn in Form einer **Überschussrechnung,** d. h., der Gewinn wird als Überschuss der *Betriebseinnahmen* über die *Betriebsausgaben* errechnet [§ 4 III EStG].

Zu den **Betriebsausgaben** rechnen z. B. die Wareneinkäufe (Bestände werden nicht berücksichtigt), Abschreibungen auf Anlagen, Ausgaben für bezogene Stoffe (Büromaterial, Roh,- Hilfs-, Betriebsstoffe) und fremde Leistungen (Reparaturen), Personalaufwendungen (Löhne, Gehälter, Sozialabgaben). **Betriebseinnahmen** sind die tatsächlich bezahlten Leistungen der Kunden (Forderungsbestände werden nicht berücksichtigt). Die Führung eines Privatkontos ist bei der Überschussrechnung nicht erforderlich.

Einkunftsermittlung durch Abzug der Werbungskosten von den Einnahmen

Sofern die Einkünfte nicht durch *Betriebsvermögensvergleich* oder mithilfe der *Überschussrechnung* ermittelt werden, ergeben sie sich aus den Bruttoeinnahmen (z. B. dem Bruttogehalt) abzüglich **Werbungskosten**. Diese Art der Einkunftsberechnung gilt i. d. R. für die **Einkunftsarten 4 bis 7**.

> **Werbungskosten** sind Aufwendungen der Steuerpflichtigen, die der Erwerbung, Sicherung und Erhaltung ihrer Einnahmen dienen [§ 9 I EStG].

Werbungskosten bei Einkünften aus nicht selbstständiger Arbeit sind z. B.:

- Beiträge zu Berufsverbänden (z. B. Gewerkschaftsbeiträge);
- Aufwendungen für Arbeitsmittel (z. B. Fachliteratur, von den Steuerpflichtigen selbst zu beschaffendes Werkzeug, typische Berufskleidung);
- Aufwendungen für die eigene berufliche Fortbildung;
- notwendige Mehraufwendungen wegen einer aus beruflichem Anlass begründeten doppelten Haushaltsführung für die ersten zwei Jahre der auswärtigen Beschäftigung;
- Verpflegungsmehraufwendungen aufgrund von Dienstreisen. Folgende Pauschbeträge können geltend gemacht werden: Bei einer eintägigen Auswärtstätigkeit ohne Übernachtung 12,00 € je Kalendertag und bei einer mehrtägigen Auswärtstätigkeit für den An- und Abreisetag 12,00 € und für Kalendertage mit 24-stündiger Abwesenheit 24,00 €.
- Bewerbungskosten (z. B. Inseratkosten, Telefonkosten, Reisekosten für Fahrten zu Vorstellungsgesprächen, Fotokopien, Präsentationsmappen, Porto, Briefpapier).
- Aufwendungen für die Fahrtkosten zwischen Wohnung und Arbeitsstätte. Geltend gemacht werden kann eine Entfernungspauschale von 0,30 € je Entfernungskilometer. Fahrten mit den öffentlichen Verkehrsmitteln können ebenfalls abgesetzt werden. Der Höchstbetrag beläuft sich auf 4 500,00 € im Kalenderjahr.

Mitunter ist für die Arbeitnehmer die Pflicht zur Steuerzahlung mit der Einbehaltung der Lohn- und Kirchensteuer sowie des Solidaritätszuschlags durch den Arbeitgeber erfüllt. Arbeitnehmer werden z. B. dann zur Einkommensteuer veranlagt, wenn sie nebeneinander von mehreren Arbeitgebern Arbeitslohn bezogen haben. Eine Veranlagung erfolgt auch dann, wenn beide Ehegatten Arbeitslohn bezogen haben und einer von ihnen nach der Lohnsteuerklasse V oder VI versteuert wurde. Ferner besteht die Pflicht zur Abgabe einer Einkommensteuererklärung, wenn nicht selbstständig beschäftigte Personen **Neben-**

einkünfte, die nicht dem Steuerabzug unterlegen haben, von jährlich mehr als 410,00 € beziehen und in einer ganzen Reihe anderer Fälle (Näheres siehe § 46 EStG).

Nicht selbstständig Beschäftigte erhalten für ihre Einkünfte aus unselbstständiger Arbeit von vornherein einen **Arbeitnehmer-Pauschbetrag** von jährlich 1 000,00 € [§ 9a EStG], der in die Lohnsteuertabelle[1] eingearbeitet ist.

> Auch wenn nicht selbstständig beschäftigte Personen nicht einkommensteuerpflichtig sind, sollten sie genau ausrechnen, ob ihnen die **freiwillige Abgabe einer Steuererklärung** nicht doch einen finanziellen Vorteil bringt. Eine Steuerrückerstattung gibt es nämlich bereits dann, wenn ihre Werbungskosten über den Arbeitnehmer-Pauschbetrag und/oder ihre Spenden über den Sonderausgaben-Pauschbetrag von 36,00 € hinauskommen [§ 10c EStG].

Einkunftsermittlung bei Kapitaleinkünften

Für Kapitaleinkünfte gilt die **Abgeltungsteuer**. Mit der Abgeltungsteuer werden alle privaten Kapitalerträge wie z.B. Zinsen und Dividenden – aber auch Kursgewinne aus Aktienverkäufen –, die den Sparer-Pauschbetrag übersteigen, pauschal mit einem Steuersatz von 25 % besteuert. Die Abgeltungsteuer ist eine Abzugsteuer und wird deswegen auch als **Quellensteuer** bezeichnet. Sie wird von der zinszahlenden Institution (z.B. einer Geschäftsbank, einer Sparkasse, der Bundesschuldenverwaltung) einbehalten und an die Finanzbehörden gezahlt. Wurde zu viel Steuer abgezogen, wird sie wieder vom Finanzamt zurückerstattet, vorausgesetzt, der Steuerpflichtige füllt die Steuererklärung vollständig und ordnungsgemäß aus.

Zusätzlich zur Abgeltungsteuer wird der *Solidaritätszuschlag*[2] erhoben. Er ist eine *Ergänzungsteuer (Zuschlagsteuer)* zur Einkommen- bzw. Lohnsteuer. Der Steuersatz beträgt 5,5 % der festzusetzenden Einkommensteuer bzw. der abzuführenden Lohnsteuer. Der Solidaritätszuschlag wird ebenfalls von der zinszahlenden Institution einbehalten. Für Kirchenmitglieder kommt noch die *Kirchensteuer* in Höhe von 8 % bzw. 9 % der Einkommen- bzw. Lohnsteuer hinzu (Näheres siehe Kapitel 6.3.4).

Entstehende Werbungskosten wie z.B. Abschlussgebühren, Depotgebühren, Kontoführungsgebühren und Kreditnebenkosten (Damnun, Vermittlungsprovisionen) sind mit dem **Sparer-Pauschbetrag** in Höhe von 801,00 € (bei Ehegatten[3] 1 602,00 €) abgegolten. Das heißt, dass die Einnahmen aus Kapitalvermögen bis zur Höhe des Sparer-Pauschbetrags steuerfrei sind. Darüber hinausgehende Werbungskosten werden somit nicht berücksichtigt.

Um zu vermeiden, dass die Abgeltungsteuer von den dividenden- bzw. zinszahlenden Institutionen einbehalten wird, kann man diesen (z.B. seiner Bank, Sparkasse, Bausparkasse usw.) einen **Freistellungsauftrag** erteilen. Das bedeutet, dass die zinszahlende Stelle bis zur Höhe des Sparer-Pauschbetrags die Kapitalerträge ohne Steuerabzug ausbezahlt.

Man kann auch den Freistellungsauftrag beliebig auf mehrere Institute aufteilen, wenn man Konten oder Depots bei verschiedenen Instituten hat.

---

1 Siehe Kapitel 6.3.3.1, S. 468 (Abbildung eines Auszugs aus der Lohnsteuertabelle).
2 Der Solidaritätszuschlag wird erhoben, um den Aufbau der östlichen Bundesländer finanzieren zu helfen.
3 Wenn im Folgenden von „Ehegatten" gesprochen wird, ist unterstellt, dass sich diese zusammen veranlagen lassen.

6.3 Einkommen- und Lohnsteuer

Steuerzahler, die einen persönlichen Steuersatz von unter 25 % haben, können sich über ihre Einkommensteuererklärung die zu viel bezahlte Abgeltungsteuer zurückerstatten lassen (Veranlagungsoption).

Beispiel: [1]

Herr Groß, alleinstehend, hat folgende Bruttoeinnahmen aus Kapitalvermögen:

Festgeldzinsen (Sparkasse Niederdorf)		600,00 €
Zinsen aus Bausparguthaben		150,00 €
Zinsen aus Sparbriefen bei der Raiffeisenbank Niederdorf eG	600,00 €	
abgeführte Abgeltungsteuer	150,00 €	450,00 €
Zinserträge aus Industrieobligationen	350,00 €	
abgeführte Abgeltungsteuer	87,50 €	262,50 €
Zinsgutschriften insgesamt		1 462,50 €
Herr Groß erteilte folgende Freistellungsaufträge:		
Sparkasse Niederdorf		650,00 €
Bausparkasse		151,00 €
		801,00 €
Bruttozinseinnahmen (600,00 € + 150,00 € + 600,00 € + 350,00 €)		1 700,00 €
− Sparer-Pauschbetrag		801,00 €
zu versteuern		899,00 €

Angenommen, Herr Groß unterliegt einem Einkommensteuersatz in Höhe von 20 %. Dann berechnen sich seine Nettozinseinnahmen wie folgt:

Bruttozinseinnahmen	1 700,00 €
− Einkommensteuer (20 % aus 899,00 €)	179,80 €
Nettozinseinnahmen	1 520,20 €

Da die Banken bereits 237,50 € Abgeltungsteuer an das Finanzamt abgeführt haben, erhält Herr Groß vom Finanzamt 57,70 € zurückerstattet bzw. der Betrag wird zu seinen Gunsten verrechnet:

abgeführte Abgeltungsteuer	237,50 €
− zu zahlende Einkommensteuer	179,80 €
Forderung an das Finanzamt (Rückerstattung)	57,70 €

Zusammenfassung

- Die **Einkommensteuer** wird im **Veranlagungsverfahren** erhoben.
- Die **Ermittlung der Einkünfte** erfolgt
    - bei Kaufleuten und sonstigen zur Buchführung verpflichteten Gewerbetreibenden durch **Betriebsvermögensvergleich,**
    - bei nicht zur Buchführung verpflichteten Kleingewerbetreibenden, freiberuflich Tätigen und Landwirten durch **Überschussrechnung** und
    - in allen sonstigen Fällen (z. B. bei Arbeitnehmern) durch **Abzug der Werbungskosten** von den **Einnahmen.**

---

1 Der Solidaritätszuschlag bleibt aus Vereinfachungsgründen unberücksichtigt.

6 Steuern

ÜBUNGSAUFGABEN

1. Unterscheiden Sie zwischen Veranlagungs- und Abzugsverfahren!
2. Nennen Sie die Arten der Einkünfte nach dem Einkommensteuergesetz!
3. Warum ist die Lohnsteuer ein Sonderfall der Einkommensteuer?
4. Bei einem Arbeitnehmer ergeben sich die Einkünfte aus seinen Einnahmen (Bruttoeinnahmen) abzüglich Werbungskosten. Worin unterscheiden sich also die Begriffe Einnahmen und Einkünfte?
5. Definieren Sie den Begriff Werbungskosten und nennen Sie wichtige Werbungskosten eines Arbeitnehmers!
6. Arbeitnehmer erhalten einen Werbungskostenpauschbetrag. Was ist hierunter zu verstehen?
7. Herr Max Hierholzer hat Einkünfte aus nicht selbstständiger Arbeit in Höhe von 36 000,00 €. Darüber hinaus hat er aus einer Bienenzucht Nebeneinkünfte von netto 325,00 € jährlich.

   7.1 Muss Herr Hierholzer eine Einkommensteuererklärung abgeben?

   7.2 Angenommen, Herr Hierholzer ist nicht zur Abgabe einer Einkommensteuererklärung verpflichtet. Unter welchen Bedingungen könnte es sich für ihn dennoch lohnen, eine freiwillige Einkommensteuererklärung abzugeben?

   7.3 Angenommen, die Einkünfte aus Herrn Hierholzers Bienenzucht betragen 1 000,00 € jährlich. Ändert sich die Rechtslage gegenüber dem Fall 7.1?

8. Frau Elsa Surkamp, ledig, hat folgende Einnahmen: Zinsen aus Sparguthaben 306,00 €, Zinsen aus Festgeld 1 500,00 €, Dividenden 1 180,00 € uund die Annuität aus einer langfristigen Anlage (Zinsen 2 400,00 € und Tilgung 600,00 €).

   8.1 Wie viel Euro betragen die Einkünfte aus Kapitalvermögen?

   8.2 Wie hoch ist die zu entrichtende Abgeltungsteuer?

6.3.2.3 Ermittlung des Einkommens

> Das **Einkommen** ergibt sich aus der Summe sämtlicher Einkünfte abzüglich der Sonderausgaben und der außergewöhnlichen Belastungen.

6.3.2.3.1 Sonderausgaben

Sonderausgaben stehen mit keiner Einkunftsart in unmittelbarem Zusammenhang [§ 10 EStG]. Sie hängen vielmehr mit den **persönlichen Verhältnissen** einer steuerpflichtigen Person zusammen. Es handelt sich dabei um Ausgaben, die aus wirtschafts- und sozialpolitischen Gründen vom Gesetzgeber für abzugsfähig erklärt wurden (z. B. Förderung der Eigentumsbildung bei Arbeitnehmern, Aufwendungen zur Altersvorsorge, Hebung der Spendenfreudigkeit für kulturelle, politische und soziale Zwecke).

Unbeschränkt abzugsfähige Sonderausgaben

Hierzu zählt nur die **gezahlte Kirchensteuer**.

6.3 Einkommen- und Lohnsteuer

Vorsorgeaufwendungen

Altersvorsorgeaufwendungen

Hierzu zählen die Beiträge zu den gesetzlichen Rentenversicherungen sowie die Beiträge zum Aufbau einer eigenen kapitalgedeckten Altersversorgung, wenn der Vertrag nur die Zahlung einer lebenslangen Leibrente[1] nach Vollendung des 60. Lebensjahrs[2] vorsieht („Rürup-Rente").[3]

Die Abzugsfähigkeit der Altersvorsorgeaufwendungen gibt es seit 2005. In diesem Jahr wurden 60 % der geleisteten Altersvorsorgeaufwendungen einschließlich Arbeitgeberanteil am gesetzlichen Rentenversicherungsbeitrag angesetzt. Die Höchstgrenze beträgt 2017 23 362,00 € (bei Verheirateten 46 724,00 €[4]). Der sich ergebende Betrag vermindert sich um den Arbeitgeberanteil an der gesetzlichen Rentenversicherung. Der 60-prozentige Anteil steigt seit 2005 jährlich um 2 Prozentpunkte, sodass im Jahr 2025 volle 100 % erreicht sind. Im Jahr 2017 sind somit 84 % der geleisteten Altersvorsorgeaufwendungen zu berücksichtigen.

Beispiel:

Frau Liebrich (ledig) hatte 2005 ein Bruttogehalt von 30 000,00 €. Der Rentenversicherungsbeitrag belief sich somit auf 5 850,00 €. Steuerlich zu berücksichtigen waren 3 510,00 € (60 % aus 5 850,00 €). Hiervon wurde der Arbeitgeberbeitrag in Höhe von 2 925,00 € (50 % von 5 850,00 €) abgezogen, sodass Frau Liebrich 585,00 € steuermindernd geltend machen konnte.

Im Jahr 2017 steigt das Jahresgehalt von Frau Liebrich auf 36 000,00 €. Der Rentenversicherungsbeitrag beläuft sich dann auf 6 732,00 € (18,7 % aus 36 000,00 €). Anzusetzen sind (gerundet) 5 654,00 € (84 % aus 6 732,00 €). Hiervon ist der Arbeitgeberbeitrag in Höhe von 3 366,00 € abzuziehen. Steuerlich können somit 2 288,00 € geltend gemacht werden.

Sonstige Vorsorgeaufwendungen

Zu den sonstigen Vorsorgeaufwendungen gehören vor allem die Beiträge für die Kranken-, Pflege- und Arbeitslosenversicherung, ferner die Beiträge für Berufs- bzw. Erwerbsunfähigkeitsversicherungen, Haftpflichtversicherungen und Risikoversicherungen, die nur für den Todesfall eine Leistung vorsehen.

Der Höchstbetrag beläuft sich für Selbstständige auf 2 800,00 € jährlich. Für Arbeiter, Angestellte, Rentner und Beamte[5] gilt ein Jahreshöchstbetrag von 1 900,00 €. Bei zusammenveranlagten Ehegatten bestimmt sich der gemeinsame Höchstbetrag aus der Summe der jedem Ehegatten zustehenden Höchstbeträge.

Die sonstigen Vorsorgeaufwendungen werden in **begünstigt absetzbare Beiträge** und nicht begünstigt absetzbare **weitere sonstige Vorsorgeaufwendungen** eingeteilt [§ 10 I EStG].

- **Begünstigt absetzbar** sind die Beiträge für eine *Basis-Krankenversicherung*[6] und die Beiträge für eine *gesetzliche* und *private Pflicht-Pflegeversicherung*.

---

[1] Eine Leibrente ist nicht vererblich, nicht übertragbar, nicht beleih- oder veräußerbar. Sie ist auch nicht kapitalisierbar. Das bedeutet, dass sie nicht vorzeitig in abgezinster Form ausbezahlt werden kann.

[2] Bei Vertragsabschlüssen nach dem 31.12.2011 darf die Rentenzahlung erst nach Vollendung des 62. Lebensjahrs beginnen.

[3] Zur Rürup-Rente siehe Kapitel 2.6.5.3.

[4] Die Höchstgrenze ist dynamisch an den Höchstbetrag zur knappschaftlichen Rentenversicherung (West) gekoppelt, sie wird also jährlich angepasst.

[5] Wenn im Folgenden von „Beamten" die Rede ist, sind damit auch alle beamtenähnlichen öffentlichen Bediensteten wie Richter und Soldaten gemeint.

[6] Begünstigt absetzbar sind genau genommen nur 96 % der Beiträge zur gesetzlichen Krankenversicherung, weil die durchschnittlichen Ausgaben der Krankenkassen für das Krankengeld rund 4 % betragen. 100 % der Krankenversicherung sind nur dann begünstigt abziehbar, wenn die steuerpflichtige Person keinen Anspruch auf Krankengeld hat. Dies gilt z. B. für gesetzlich versicherte Rentner und Rentnerinnen.

Die Basis-Absicherung entspricht häufig nicht den tatsächlich gezahlten Beiträgen zur Kranken- und Rentenversicherung, sondern nur den Beiträgen, die zur Grundabsicherung in der gesetzlichen Krankenkasse aufzuwenden sind. Die privaten Krankenkassen müssen ebenfalls einen Grundtarif anbieten, wobei die Leistungen denen der gesetzlichen Krankenkassen entsprechen.

- **Nicht begünstigt absetzbar** sind z. B. die nicht begünstigten Beiträge zur Kranken- und Pflegeversicherung, zu Erwerbs- und Berufsunfähigkeitsversicherungen sowie die Beiträge zu bestimmten Renten- und Lebensversicherungen.

Übersteigen die begünstigt absetzbaren Beiträge zur Kranken- und Pflegeversicherung die Höchstbeträge, so sind sie dennoch absetzbar.

Beispiele:

Frau Liebrich (ledig) zahlt Beträge in Höhe von 800,00 € für eine Risikolebensversicherung. Die Beiträge zur Kranken- und Pflegeversicherung belaufen sich auf 3 800,00 €, wovon 300,00 € nicht begünstigt sind. Absetzbar sind 3 500,00 €. Die nicht begünstigten Aufwendungen kann Frau Liebrich nicht absetzen, weil der Höchstbetrag von 1 900,00 € bereits mit den begünstigten Beiträgen überschritten ist.

Herr Gärtner (ledig) zahlt Beiträge für eine Haftpflichtversicherung und eine Unfallversicherung in Höhe von insgesamt 700,00 €. Die begünstigten Beiträge zur Kranken- und Pflegeversicherung betragen 1 800,00 €. Herr Gärtner kann 1 800,00 € und zusätzlich 100,00 € der sonstigen nicht begünstigten Vorsorgeaufwendungen geltend machen.

Die Höhe der begünstigten Kranken- und Pflegeversicherungsbeiträge wird vom Arbeitgeber dem Finanzamt elektronisch zusammen mit der Lohnsteuerbescheinigung übermittelt. Die Daten der privaten kranken- und pflegeversicherten Arbeitnehmer teilt das Versicherungsunternehmen dem Finanzamt mit.

Der Arbeitgeber berücksichtigt bereits beim Lohnsteuerabzug eine **Mindestvorsorgepauschale**. Diese beträgt

- 12 % des Arbeitslohns, höchstens 1 900,00 € jährlich in den Steuerklassen I, II, IV, V oder VI;
- 12 % des Arbeitslohns, höchstens 3 000,00 € jährlich in der Steuerklasse III.[1]

Sind die begünstigt absetzbaren Kranken- und Pflegeversicherungsbeiträge höher als die Vorsorgepauschale, werden diese beim Lohnsteuerabzug berücksichtigt. Ist am Jahresende die Vorsorgepauschale höher als die tatsächlich bezahlten Beiträge zur Basisabsicherung, muss eine Einkommensteuererklärung abgegeben werden. Das kann z. B. bei Beitragsrückerstattungen oder bei einem Tarifwechsel der Fall sein.

Spenden und Mitgliedsbeiträge

Spenden zur Förderung mildtätiger, kirchlicher, religiöser, wissenschaftlicher und der als besonders förderungswürdig anerkannten gemeinnützigen Zwecke (z. B. Rotes Kreuz) können als Sonderausgaben abgesetzt werden [§ 10b I EStG]. Der Höchstbetrag beläuft sich auf 20 % des Gesamtbetrags der Einkünfte. Ein überschießender Spendenbetrag kann im nächsten Jahr geltend gemacht werden („Spenden-Vortrag").

Zusätzlich können **Mitgliedsbeiträge** und Spenden an politische Parteien und an unabhängige Wählervereinigungen nach § 34g EStG bis zu 1 650,00 € für Ledige und 3 300,00 € für Verheiratete zur Hälfte, höchstens also bis zu 825,00 € bzw. 1 650,00 €, von der tariflichen

---

[1] Zu den Lohnsteuerklassen siehe Kapitel 6.3.3.2.

Einkommensteuer abgezogen werden. Darüber hinausgehende Beiträge und Spenden an politische Parteien können bis zu 1 650,00 € bei Alleinstehenden und 3 300,00 € bei Verheirateten als Sonderausgaben abgezogen werden [§§ 10b II, 34g EStG].

Sonderausgaben-Pauschbetrag. Für Sonderausgaben z. B. für steuerbegünstigte Zwecke sowie für die unbeschränkt abzugsfähigen Sonderausgaben (z. B. bezahlte Kirchensteuer) wird ein Sonderausgaben-Pauschbetrag von 36,00 € für Ledige und 72,00 € für Verheiratete gewährt [§ 10c EStG], wenn nicht höhere Aufwendungen nachgewiesen werden. Der Sonderausgaben-Pauschbetrag ist in die Lohnsteuertabelle eingearbeitet.

Haushaltsnahe Dienstleistungen (z. B. Kinderbetreuung, Pflege, Reinigungsarbeiten) sind mit 20 % aus höchstens 20 000,00 € jährlich (= 4 000,00 €) von der Einkommensteuer absetzbar. Für **Handwerkerrechnungen** können 20 % des Arbeitslohns aus höchstens 6 000,00 € jährlich (= 1 200,00 €) abgezogen werden [§ 35a EStG].

Sonstige beschränkt abzugsfähige Sonderausgaben

Aufwendungen für den erstmaligen Erwerb von Kenntnissen, die zur Aufnahme eines Berufs befähigen, sowie die Kosten für ein Erststudium sind als Sonderausgaben bis zu 6 000,00 € jährlich abziehbar. Der Höchstbetrag gilt bei der Zusammenveranlagung von Ehegatten für jeden Ehegatten gesondert [§ 10 I Nr. 7 EStG].

Wenn die erstmalige Berufsausbildung oder das Erststudium Gegenstand eines Dienstverhältnisses (Ausbildungsverhältnisses) ist, liegen hingegen Werbungskosten vor.

6.3.2.3.2 Außergewöhnliche Belastungen

Aufwendungen außergewöhnlicher Art, denen sich Steuerpflichtige aus tatsächlichen, rechtlichen oder sittlichen Gründen nicht entziehen können, sind **außergewöhnliche Belastungen** [§§ 33, 33a EStG]. Hierzu rechnen beispielsweise Krankheitskosten und Kuren, wobei eine bestimmte zumutbare Eigenbelastung von den Steuerpflichtigen selbst getragen werden muss. Für außergewöhnliche Belastungen werden in einigen Fällen Freibeträge eingeräumt (z. B. für die auswärtige Unterbringung von Kindern, bei Körperbehinderung usw., vgl. hierzu §§ 33, 33a EStG). So beträgt z. B. der **Ausbildungsfreibetrag** je Kind (Freibetrag für den Sonderbedarf bei Berufsausbildung) 924,00 € jährlich, wenn das Kind das 18. Lebensjahr vollendet hat und auswärts untergebracht ist.

6.3.2.4 Ermittlung des zu versteuernden Einkommens

Die tariflich festgesetzte Einkommensteuer wird nicht vom Einkommen, sondern vom **zu versteuernden Einkommen** berechnet [§ 32a EStG]. Dieses errechnet sich aus dem **Einkommen** abzüglich verschiedener sonstiger **Freibeträge,** Freigrenzen, Pauschbeträge und Abzugsbeträge. Einige Beispiele sind:

Grundfreibetrag	Sowohl in die Lohnsteuer- als auch in die Einkommensteuertabelle ist der **Grundfreibetrag** in Höhe von 8 820,00 € (2017) eingearbeitet. Dies bedeutet, dass Einkommen bis zur Höhe von 8 820,00 € (2017) jährlich auf jeden Fall steuerfrei bleiben [§ 32a I EStG]. Bei Verheirateten[1] erhöht sich der Grundfreibetrag auf 17 640,00 € (2017).

---
1 Wenn im Folgenden von Verheirateten die Rede ist, sind stets zusammenveranlagte Ehegatten gemeint.

6 Steuern

Freibeträge für Kinder[1]	■ **Kinderfreibetrag:** Der Kinderfreibetrag in Höhe von 2 358,00 € für Alleinerziehende und 4 716,00 € für zusammen veranlagte Ehegatten wird jährlich für jedes Kind gewährt, das zu ihnen in einem Kindschaftsverhältnis steht [§ 32 VI EStG]. ■ **Bedarfsfreibetrag** (Freibetrag für den Betreuungs- und Erziehungs- oder Ausbildungsberuf): Dieser Freibetrag wird zusätzlich zum Kinderfreibetrag für jedes Kind gewährt, für das ein Anspruch auf den Kinderfreibetrag besteht. Er beträgt 1 320,00 € für Alleinerziehende und 2 640,00 € für zusammen veranlagte Ehegatten [§ 32 VI EStG]. Die genannten Freibeträge für Kinder sind nicht in die Lohnsteuertabelle (siehe S. 467 f.) eingearbeitet, wirken sich jedoch bei der Bemessung des **Solidaritätszuschlags** und der **Kirchensteuer** (siehe S. 475 f.) aus. Eine weitere Entlastung der Personen mit Kindern erfolgt durch das **Kindergeld**.[2] Im laufenden Jahr werden die Freibeträge für Kinder steuerlich nicht berücksichtigt, sondern es wird nur Kindergeld gezahlt. Erst bei der Einkommensteuerveranlagung prüft das Finanzamt, ob es für den Steuerpflichtigen günstiger ist, entweder das Kindergeld *oder* die Freibeträge für Kinder (Kinder- und Bedarfsfreibetrag) in Anspruch zu nehmen (sog. Günstigerprüfung).
Entlastungsfreibetrag	Alleinstehenden Steuerpflichtigen wird ein Entlastungsfreibetrag in Höhe von 1 908,00 € jährlich eingeräumt, wenn sie mit mindestens einem Kind eine Haushaltsgemeinschaft in einer gemeinsamen Wohnung bilden und das Kind das 18. Lebensjahr noch nicht vollendet hat.
Ehrenamtsfreibetrag	Einnahmen aus ehrenamtlicher Tätigkeit bis zu 720,00 € jährlich sind steuerfrei.
Altersentlastungsbetrag	Arbeitnehmer, die vor Beginn des Kalenderjahrs das 64. Lebensjahr vollendet haben, erhalten einen Altersentlastungsbetrag [§ 24a EStG]. Im Kalenderjahr 2005 betrug der Altersentlastungsbetrag 40 % des steuerpflichtigen Arbeitslohns, höchstens jedoch 1 900,00 €. Der Prozentsatz bzw. der Höchstbetrag des Erstjahrs (Erreichen der Altersgrenze) bleibt dem Arbeitnehmer zeitlebens erhalten; für spätere Jahre wurden bzw. werden sie abgesenkt, z. B.:

Kalenderjahr	Altersentlastungsbetrag	
	in % der Einkünfte	Höchstbetrag in €
2011	30,4	1 444
2012	28,8	1 368
2013	27,2	1 292
2014	25,6	1 216
2015	24,0	1 140
2016	22,4	1 064
2017	20,8	988

---

1 Die Berücksichtigung der Freibeträge (Kinderfreibetrag und Bedarfsfreibetrag) bei der Berechnung der Einkommensteuer ist nur bei hohen Einkommen (man schätzt bei 5 % der Einkommensteuerpflichtigen) vorteilhaft, weil i. d. R. das Kindergeld höher ist als die Steuerersparnis durch die Inanspruchnahme des Erziehungsfreibetrags.

2 Das Kindergeld beträgt für das erste und zweite Kind jeweils 192,00 €, für das dritte 198,00 € und für das vierte und jeweils weitere Kind 223,00 € monatlich.

6.3 Einkommen- und Lohnsteuer

Beispiel:

Herr Andreas Schneider (42), Fabrikant, ist verheiratet und hat 2 Kinder (10 und 12 Jahre). Angenommen, sein Reingewinn (Einkünfte aus Gewerbebetrieb) beträgt 163 778,00 €. Die Zinseinnahmen aus einem privaten Darlehen belaufen sich auf 3 400,00 €. Für die der Abgeltungsteuer unterliegenden Kapitaleinkünfte wurde kein Freistellungsauftrag erteilt.

Schneider macht folgende Sonderausgaben geltend: Rentenversicherung 12 000,00 €, Kranken- und Pflegeversicherung (Grundabsicherung) 13 450,00 €, gezahlte Kirchensteuer 3 750,00 € und Spenden für gemeinnützige Zwecke 930,00 €.

Berechnung des zu versteuernden Einkommens (2017)

Einkünfte aus Gewerbebetrieb		163 778,00 €
Einkünfte aus Kapitalvermögen	3 400,00 €	
− Sparer-Pauschbetrag	1 602,00 €	1 798,00 €
Gesamtbetrag der Einkünfte		165 576,00 €
− Sonderausgaben		
a) Altersvorsorgeaufwendungen 84 % aus 12 000,00 €	10 080,00 €	
b) sonstige Vorsorgeaufwendungen 13 450,00 €, höchstens 2 · 2 800,00 €	5 600,00 €	
c) Spenden	930,00 €	
d) gezahlte Kirchensteuer	3 750,00 €	20 360,00 €
Einkommen		145 216,00 €

In diesem Beispiel werden die Eheleute Schneider die Freibeträge für Kinder, d. h. den Kinderfreibetrag in Höhe von 2 · 4 716,00 € = 9 432,00 € und den Erziehungsfreibetrag von 2 · 2 640,00 € = 5 280,00 € in Anspruch nehmen, weil für sie die Anrechnung der Freibeträge günstiger ist als der Bezug von Kindergeld.

Beweis:

a)	Zu versteuerndes Einkommen ohne Berücksichtigung der Freibeträge für Kinder	145 216,00 €
	Hieraus ESt (Ehegattensplitting)[1]	44 039,84 €
b)	Zu versteuerndes Einkommen unter Berücksichtigung der Freibeträge für Kinder: 145 216,00 € − 14 712,00 €	130 504,00 €
c)	Hieraus ESt (Ehegattensplitting)	37 860,80 €
d)	Mögliche Steuerersparnis durch die Freibeträge für Kinder 44 039,84 € − 37 860,80 €	6 179,04 €
e)	Das Kindergeld beträgt hingegen 192,00 € · 12 · 2	4 508,00 €

Die Inanspruchnahme der Freibeträge für Kinder ist für die Eheleute Schneider um 1 571,04 € günstiger als der Bezug von Kindergeld.

---

[1] Berechnung auf Basis der Werte für 2015. Siehe S. 463f.

Zusammenfassung

- Das zu versteuernde Einkommen ergibt sich vereinfacht wie folgt [§ 2 EStG]:

    Summe der Einkünfte (Einkunftsarten 1 bis 7)
  – Altersentlastungsbetrag [§ 24a EStG]
  – Freibetrag für Land- und Forstwirte [§ 13 III EStG]

  = **Gesamtbetrag der Einkünfte**
  – Sonderausgaben [§§ 10 bis 10c EStG]
  – Außergewöhnliche Belastungen [§§ 33 bis 33c EStG]

  = **Einkommen**
  – Entlastungsfreibetrag für Alleinerziehende [§ 24b EStG]
  – Freibeträge für Kinder [§§ 33, 32 VI EStG]

  = **Zu versteuerndes Einkommen**

ÜBUNGSAUFGABEN

1. Erklären Sie den Begriff Sonderausgaben und begründen Sie ihren Zweck! (Denken Sie auch an soziale Zielsetzungen!)

2. Unterscheiden Sie die verschiedenen Arten der Sonderausgaben und geben Sie typische Beispiele an!

3. Frau Killing (ledig) ist kaufmännische Angestellte. Die begünstigten Beiträge zur Kranken- und Pflegeversicherung betragen 1 595,00 €. Außerdem zahlt sie 610,00 € für Haftpflichtversicherungen.

   3.1 Welchen Betrag kann sie als sonstige Vorsorgeaufwendungen absetzen?

   3.2 Wäre es anders, wenn ihre begünstigt absetzbaren Vorsorgeaufwendungen 2 100,00 € betragen?

4. Erklären Sie den Begriff außergewöhnliche Belastungen und nennen Sie zwei Beispiele!

5. Frau Lisa Bluemli besitzt ein Modefachgeschäft. Ihr Gewinn aus dem Gewerbebetrieb beträgt 70 400,00 €. Unter anderem wurden folgende Beträge als Aufwendungen gebucht:

Private Rentenversicherung	16 400,00 €	Haushaltsgeld	36 000,00 €
Krankenversicherung	8 000,00 €	Spenden an das Rote Kreuz	600,00 €
Kirchensteuer	1 500,00 €		

Berechnen Sie das zu versteuernde Einkommen unter Berücksichtigung des noch nicht gebuchten Eigenverbrauchs in Höhe von 2 200,00 € netto! (Eigenverbrauch liegt nach dem Umsatzsteuergesetz vor, wenn der Unternehmer Gegenstände aus seinem Unternehmen für Zwecke entnimmt, die außerhalb des Unternehmens liegen [z. B. die Entnahme von Waren für den eigenen Ge- oder Verbrauch].)

6.3.2.5 Ermittlung der Einkommensteuerschuld

Aufbau des Einkommensteuertarifs [§ 32a EStG]

Bei der Berechnung des zu versteuernden Einkommens bleibt der **Grundfreibetrag** in Höhe von 8 820,00 € bzw. 17 640,00 € (2017) bei Verheirateten steuerfrei. Der Grundfreibetrag ist sowohl in die Lohnsteuer- als auch in die Einkommensteuertabellen eingearbeitet (= **tarifliche Nullzone**).

Unmittelbar nach dem Grundfreibetrag beginnen die **Progressionszonen**.[1] Sie enden bei einem zu versteuernden Einkommen von 54 057,00 € bzw. 108 114,00 € bei Ehegatten. In diesen Progressionszonen steigen die Grenzsteuersätze (= Steuersätze für das zusätzliche Einkommen zwischen dem Eingangssteuersatz von 14 % und dem Spitzensteuersatz von 42 %) an. Für den Teil des zu versteuernden Einkommens, der 54 057,00 € bzw. 108 114,00 € bei Verheirateten übersteigt, sind stets 42 % Einkommensteuer zu zahlen (**Proportionalzone**).[2]

Tarifformel und Einkommensteuertabelle

Der Einkommensteuertarif ist ein *stufenloser Tarif*. Das bedeutet, dass sich für jeden zusätzlich zu versteuernden Euro eine andere Einkommen- bzw. Lohnsteuer ergibt. Die genaue Höhe der Einkommensteuer lässt sich (elektronisch) mithilfe der sogenannten **Tarifformel** berechnen [§ 32a EStG]. Die Einkommensteuer beträgt (jeweils in Euro für zu versteuernde Einkommen):

	2017	
	Einkommensspannen	**Formeln**
1.	bis 8 820 € (Grundfreibetrag)	0
2.	von 8 821 € bis 13 769 €	$(1\,007{,}27 \cdot y + 1\,400) \cdot y$
3.	von 13 770 € bis 54 057 €	$(223{,}76 \cdot z + 2\,397) \cdot z + 939{,}57$
4.	von 54 058 € bis 256 303 €	$0{,}42 \cdot x - 8\,475{,}44$
5.	von 256 304 € und mehr	$0{,}45 \cdot x - 16\,164{,}53$

- „y" ist ein Zehntausendstel des den Grundfreibetrag übersteigenden Teils des auf einen vollen Euro-Betrag abgerundeten zu versteuernden Einkommens.
- „z" ist ein Zehntausendstel des 13 769,00 € übersteigenden Teils des auf einen vollen Euro-Betrag abgerundeten zu versteuernden Einkommens.
- „x" ist das auf einen vollen Euro-Betrag abgerundete zu versteuernde Einkommen.

Beispiel 1:

Herr Kahl hat ein Jahreseinkommen von 51 800,00 €. Seine Einkommensteuerschuld berechnet sich folgendermaßen:

$z = (51\,800 - 13\,769) : 10\,000 = 3{,}8031$
ESt in Euro $= (223{,}76 \cdot 3{,}8031 + 2\,397) \cdot 3{,}8031 + 939{,}57$
$\phantom{\text{ESt in Euro }}= 13\,291{,}97$

Herr Kahl hat für das vergangene Kalenderjahr **13 291,97 €** Einkommensteuer zu zahlen.[3]

---

[1] Progression (lat.) = Steigerung; hier: Steigerung des Steuersatzes.

[2] 2007 wurde die sogenannte „Reichensteuer" für hohe Einkommen (über 256 304,00 € bzw. 512 608,00 € für Verheiratete) eingeführt. Es handelt sich dabei um einen Zuschlag von 3 Prozentpunkten auf den Einkommensteuerhöchstsatz von 42 %. Gewerbliche Einkommen sind von der Zusatzsteuer ausgenommen.

[3] Berechnung auf Basis der Werte für 2017.

Beispiel 2:

Frau Stein hat ein zu versteuerndes Einkommen von 60 800,00 €. Die zu zahlende Einkommensteuer berechnet sich wie folgt:

ESt in Euro = 0,42 · 60 800,00 − 8 475,44
            = 25 536,00 − 8 475,44
            = 17 060,56

Die Einkommensteuerschuld von Frau Stein beträgt **17 060,56 €**.[1]

Nach dem Einkommensteuergesetz sind Einkommen- bzw. Lohnsteuer elektronisch (centgenau) zu berechnen. Dennoch enthalten die im Buchhandel zu beziehenden **Einkommen- bzw. Lohnsteuertabellen** *Stufen,* weil der stufenlose Ausweis der zu zahlenden Steuerbeträge viel zu umfangreich und zu teuer wäre. Die Stufenbildung führt dazu, dass sich zwischen den elektronisch berechneten und den aufgrund der Tabellen ermittelten Steuerbeträgen geringe Differenzen ergeben.

Die Steuertabellen dienen der „manuellen" Steuerberechnung, weil in der Praxis ein Bedürfnis danach besteht, das Ergebnis der Steuerberechnung nachschlagen zu können. Außerdem dienen die Tabellen der schnellen Information und der Kontrolle der Software. Ergänzend zu den Steuertabellen liefern die einschlägigen Fachverlage CDs, mit deren Hilfe die zu zahlenden Steuern (Einkommen- bzw. Lohnsteuer, Solidaritätszuschlag und Kirchensteuer) elektronisch ermittelt werden können. Die centgenaue elektronische Berechnung der zu entrichtenden Steuern wird im Übrigen von den Finanzämtern vorgenommen.

Grund- und Splittingtarif[2]

Die Einkommensteuertabelle enthält eine Grund- und eine Splittingtabelle. Außerdem werden Solidaritätszuschlag und Kirchensteuer ausgewiesen.

Der **Grundtarif** ist u.a. anzuwenden bei *Ledigen* und bei *Ehegatten,* die die *getrennte Veranlagung* wünschen.

Der **Splittingtarif** ist vom Grundtarif abgeleitet. Nach dem Splittingtarif beträgt die Einkommensteuer das *Zweifache* des Steuerbetrags, der sich *für die Hälfte* des zu versteuernden Einkommens bei Anwendung des *Grundtarifs* ergibt [§ 32a V EStG].

Es wird somit wie folgt verfahren:

1 Die Einkommensteuer wird für die Hälfte des zu versteuernden Einkommens ermittelt.

Beispiel:

Das zu versteuernde Einkommen der Eheleute Moser, keine Kinder, beträgt 38 800,00 €. Das halbe zu versteuernde Einkommen beläuft sich somit auf 19 400,00 €, die darauf entfallende Einkommensteuer beträgt 2 360,27 € (genaue Berechnung).[3]

---

1 Berechnung auf Basis der Werte für 2017.
2 Splitting (engl.) = Aufspaltung, Splitterung.
3 Die genaue Berechnung der Einkommensteuer erfolgt bei einem Einkommen in Höhe von 19 400,00 € nach der Formel (2017) (223,76 · z + 2397) · z + 939,57 (siehe S. 463):
   z = 19 400,00 € − 13 769,00 € = 5 631,00 €. Ein Zehntausendstel hieraus = 0,5631 €.
   ESt (in €) = (223,76 · 0,5631 + 2397) · 0,5631 + 939,57
              = 1 420,70 + 939,57 = 2 360,27
   ESt für die gemeinsam veranlagten Eheleute Moser = 2 360,27 € · 2 = **4 720,54 €**

6.3 Einkommen- und Lohnsteuer

[2] **Der Steuerbetrag wird verdoppelt.**

Beispiel:

Die Einkommensteuer der Eheleute Moser beträgt 2 360,27 € · 2 = 4 720,54 €.

[3] **Ermittlung des Solidaritätszuschlags, der Kirchensteuer und der Abschlusszahlung.**

Beispiel:

Angenommen, die Eheleute Moser haben für den Veranlagungszeitraum Vorauszahlungen in Höhe von 4 050,00 € Einkommensteuer, 223,00 € Solidaritätszuschlag und 324,00 € Kirchensteuer geleistet. Die Abschlusszahlung berechnet sich dann wie folgt:

Einkommensteuer	4 720,54 €
+ Solidaritätszuschlag (5,5 % aus 4 720,54 €)	259,63 €
+ Kirchensteuer (8 % aus 4 720,54 €)	377,64 €
	5 357,81 €
− Vorauszahlungen	4 597,00 €
Abschlusszahlung	760,81 €

Auszug aus der Einkommensteuertabelle 2017[1]

Grundtarif				Splittingtarif			
Gehalt €	Steuer	Soli	KiStr 8 %	Gehalt €	Steuer	Soli	KiStr 8 %
145 190	52 504,00	2 887,72	4 200,32	145 190	44 028,00	2 421,54	3 522,24
145 193	52 505,00	2 887,77	4 200,39	145 194	44 030,00	2 421,65	3 522,40
145 196	52 506,00	2 887,83	4 200,47	145 198	44 032,00	2 421,76	3 522,56
145 199	52 508,00	2 887,94	4 200,64	145 202	44 032,00	2 421,76	3 522,56
145 202	52 509,00	2 887,99	4 200,72	145 206	44 034,00	2 421,87	3 522,72
145 205	52 510,00	2 888,05	4 200,80	145 210	44 036,00	2 421,98	3 522,88
145 208	52 511,00	2 888,10	4 200,88	145 214	44 038,00	2 422,09	3 523,04
145 211	52 513,00	2 888,21	4 201,04	145 218	44 040,00	2 422,19	3 523,20
145 214	52 514,00	2 888,27	4 201,12	145 222	44 042,00	2 422,31	3 523,26
145 217	52 515,00	2 888,32	4 201,20	145 226	44 044,00	2 422,42	3 523,52
145 220	52 516,00	2 888,38	4 201,28	145 230	44 044,00	2 422,42	3 523,52
145 223	52 518,00	2 888,49	4 201,43	145 234	44 046,00	2 422,53	3 523,68
145 226	52 519,00	2 888,54	4 201,52	145 238	44 048,00	2 422,64	3 523,84
145 229	52 520,00	2 888,60	4 201,60	145 242	44 050,00	2 422,75	3 524,00
145 232	52 521,00	2 888,65	4 201,68	145 246	44 052,00	2 422,86	3 524,16
145 235	52 523,00	2 888,76	4 201,84	145 250	44 054,00	2 422,96	3 524,32
145 238	52 524,00	2 888,82	4 201,92	145 254	44 054,00	2 422,96	3 524,32
145 241	52 525,00	2 888,87	4 202,00	145 258	44 056,00	2 423,08	3 524,48
145 244	52 527,00	2 888,98	4 202,16	145 262	44 058,00	2 423,19	3 524,64
145 247	52 528,00	2 889,04	4 202,24	145 266	44 060,00	2 423,30	3 524,80

---

1 Quelle: www.imacc.de – IMACC Einkommensteuertabelle 2017.

Zusammenfassung

- Der **Einkommensteuertarif** gliedert sich in vier Zonen auf:

Einkommensteuertarif 2017

	Grundtarif (Alleinstehende)	Splittingtarif (Ehegatten/Lebenspartner)
Grundfreibetrag (Null-Zone): keine Steuer bis zu	8 820,00 €	17 640,00 €
Erste Progressionszone: Der Grenzsteuersatz steigt linear von 14 % (Eingangssteuersatz) auf 24 %.	8 821,00 € bis 13 769,00 €	17 642,00 € bis 27 538,00 €
Zweite Progressionszone: Der Grenzsteuersatz steigt linear von 24 % auf 42 %.	13 770,00 € bis 54 057,00 €	27 540,00 € bis 108 114,00 €
Obere Proportionalzone: konstanter Grenzsteuersatz (Spitzensteuersatz) von 42 % ab konstanter Grenzsteuersatz von 45 % ab („Reichensteuer")	54 058,00 € 256 304,00 €	108 116,00 € 512 608,00 €

- Die zu zahlende Einkommensteuer kann mithilfe der Tarifformel errechnet oder aus der Einkommensteuertabelle entnommen werden.

ÜBUNGSAUFGABEN

1.

Zu versteuerndes Einkommen in €	8 000	9 000	11 000	14 000	18 000	23 000	30 000	40 000
Einkommensteuer 2017 in €	0	25	353	995	1 993	3 342	5 419	8 766

1.1 Berechnen Sie den prozentualen Anteil der Einkommensteuer am zu versteuernden Einkommen!

1.2 Erklären Sie anhand der unter 1.1 errechneten Werte, was unter Steuerprogression zu verstehen ist!

1.3 Halten Sie die Steuerprogression für „gerecht"? Begründen Sie Ihre Antwort!

2. Folgende Eheleute lassen sich gemeinsam veranlagen (2017):

Eheleute	Zu versteuernde Einkommen	
	Ehefrau	Ehemann
Naumann	43 202,00 €	48 000,00 €
Oberle	45 000,00 €	12 000,00 €
Pohlmann	12 000,00 €	72 000,00 €

6.3 Einkommen- und Lohnsteuer

Die zu zahlende Einkommensteuer beträgt lt. Grundtabelle:

Zu versteuerndes Einkommen	Einkommensteuer	Zu versteuerndes Einkommen	Einkommensteuer
12 000,00 €	547,00 €	48 000,00 €	11 766,00 €
28 500,00 €	4 956,00 €	57 000,00 €	15 464,00 €
42 000,00 €	9 489,00 €	72 000,00 €	14 748,00 €
43 202,00 €	9 933,00 €	84 000,00 €	26 804,00 €
45 000,00 €	10 608,00 €	91 202,00 €	29 829,00 €
45 602,00 €	10 857,00 €		

2.1 Berechnen Sie den Splittingvorteil der auf der Vorderseite genannten Eheleute!

2.2 Begründen Sie den unterschiedlich hohen Splittingvorteil, den die Eheleute durch die gemeinsame Veranlagung haben!

6.3.3 Lohnsteuerermittlung

Die Lohnsteuer als Sonderform der Einkommensteuer wird bei Einkommen aus nicht selbstständiger Arbeit im Abzugsverfahren[1] erhoben [§§ 38–42f EStG]. Die Arbeitgeber sind verpflichtet, die Lohnsteuer, die Kirchensteuer und den Solidaritätszuschlag einzubehalten und bis zum 10. des folgenden Monats an das Finanzamt abzuführen. Die Arbeitgeber sind außerdem verpflichtet, dem Arbeitnehmer eine **Lohnsteuerbescheinigung** auszustellen. Diese muss der Arbeitnehmer zusammen mit seiner Einkommensteuererklärung dem Finanzamt einreichen. Arbeitgeber, die ihre Lohn- und Gehaltsabrechnungen maschinell erstellen, sind gesetzlich verpflichtet, die Lohnsteuerdaten eines Arbeitnehmers bis zum 28. Februar des Folgejahrs an die Steuerverwaltung zu übermitteln [§ 41b EStG]. Die Daten werden unter einem Identifikationsmerkmal **(eTIN)**[2] übermittelt.

6.3.3.1 Lohnsteuertabelle

Der Gesetzgeber lässt für die Berechnung und Abführung der Lohnsteuer sowohl die **elektronische Berechnung** (mithilfe eines Lohnabrechnungsprogramms) als auch die **tabellarische Berechnung** (aufgrund einer **Lohnsteuertabelle**) zu.

Die im Fachhandel erhältlichen **Lohnsteuertabellen** sind sowohl für eine monatliche, eine wöchentliche als auch für eine tägliche Lohnzahlung ausgearbeitet. Sie enthalten neben der Lohnsteuer auch die Kirchensteuer und den Solidaritätszuschlag.

Der **elektronischen Berechnung der Lohnsteuer** liegt – ebenso wie der Ermittlung der Einkommensteuer – ein stufenloser Steuertarif zugrunde. Dies bedeutet, dass sich für jeden Cent mehr Arbeitsentgelt eine höhere Lohnsteuer ergibt. (Siehe auch S. 463f.)

---

[1] Siehe Kapitel 6.3.1.
[2] eTIN = **e**lectronic **T**axpayer **I**dentification **N**umber = wörtl. elektronische Steuerzahler-Erkennungsnummer.

6 Steuern

Auszug aus der Lohnsteuertabelle[1]

MONAT 3 351,– *

Lohn/Gehalt bis €		Abzüge an Lohnsteuer, Solidaritätszuschlag (SolZ) und Kirchensteuer (8%, 9%) in den Steuerklassen																					
		I–VI ohne Kinderfreibeträge				I, II, III, IV mit Zahl der Kinderfreibeträge …																	
							0,5			1			1,5			2			2,5			3 **	
		LSt	SolZ	8%	9%	LSt	SolZ	8%	9%	SolZ	8%	9%	SolZ	8%	9%	SolZ	8%	9%	SolZ	8%	9%	8%	9%
3 353,99	I,IV II III V VI	528,08 477,– 265,83 878,33 914,58	29,04 26,23 14,62 48,30 50,30	42,24 38,16 21,26 70,26 73,16	47,52 42,93 23,92 79,04 62,31	528,08 477,– 265,83 528,08	23,70 21,03 5,60 26,33	34,47 30,60 15,20 38,30	38,78 34,42 17,10 43,09	18,63 16,11 – 23,70	27,10 23,44 9,44 34,47	30,48 26,37 10,62 38,78	13,84 11,46 – 21,12	20,14 16,58 4,50 30,73	22,65 18,75 5,06 34,57	9,33 7,10 – 18,63	13,57 10,33 0,49 27,10	15,26 11,62 0,55 30,48	2,35 – – 16,20	7,42 4,45 – 23,56	8,34 5,– – 26,51	– – – 13,84	2,12 0,07 – 20,14	2,38 0,08 – 22,65
3 356,99	I,IV II III V VI	528,91 477,83 266,50 879,41 915,66	29,09 26,28 14,65 48,36 50,36	42,31 38,22 21,32 70,35 73,25	47,60 42,– 23,98 79,14 62,40	528,91 477,83 266,50 528,91	23,74 21,07 5,70 26,38	34,53 30,66 15,24 38,37	38,84 34,49 17,14 43,16	18,67 16,15 – 23,74	27,16 23,50 9,48 34,53	30,55 26,43 10,66 38,84	13,88 11,50 – 21,17	20,19 16,74 4,54 30,80	22,71 18,83 5,11 34,65	9,36 7,13 – 18,67	13,62 10,38 0,52 27,16	15,32 11,67 0,58 30,55	2,46 – – 16,24	7,46 4,50 – 23,62	8,39 5,06 – 26,57	– – – 13,88	2,16 0,10 – 20,19	2,43 0,11 – 22,71
3 359,99	I,IV II III V VI	529,66 478,66 267,16 880,50 916,75	29,13 26,32 14,69 48,42 50,42	42,37 38,29 21,37 70,44 73,34	47,66 43,07 24,04 79,24 62,50	529,66 478,66 267,16 529,66	23,78 21,12 5,83 26,42	34,60 30,72 15,29 38,43	38,92 34,56 17,20 43,23	18,71 16,19 – 23,78	27,22 23,55 9,52 34,60	30,62 26,49 10,71 38,92	13,91 11,54 – 21,21	20,24 16,79 4,58 30,86	22,77 18,89 5,15 34,71	9,40 7,17 – 18,71	13,68 10,43 – 27,22	15,39 11,73 0,61 30,62	2,58 – – 16,28	7,51 4,54 – 23,68	8,45 5,11 – 26,64	– – – 13,91	2,19 0,13 – 20,24	2,46 0,14 – 22,77
3 362,99	I,IV II III V VI	530,50 479,41 267,66 881,50 917,75	29,17 26,36 14,72 48,48 50,47	42,44 38,35 21,41 70,52 73,42	47,74 43,14 24,08 79,33 62,59	530,50 479,41 267,66 530,50	23,82 21,16 5,96 26,46	34,66 30,78 15,34 38,50	38,99 34,62 17,26 43,31	18,75 16,23 – 23,82	27,28 23,61 9,57 34,66	30,69 26,56 10,76 38,99	13,96 11,58 – 21,25	20,30 16,84 4,62 30,92	22,84 18,95 5,20 34,78	9,44 7,20 – 18,75	13,73 10,48 – 27,28	15,44 11,79 0,58 30,69	2,71 – – 16,32	7,56 4,58 – 23,74	8,51 5,15 – 26,70	– – – 13,96	2,22 0,16 – 20,30	2,50 0,18 – 22,84
3 365,99	I,IV II III V VI	531,33 480,25 268,33 882,58 918,83	29,22 26,41 14,75 48,54 50,53	42,50 38,42 21,46 70,60 73,50	47,81 43,22 24,14 79,43 62,69	531,33 480,25 268,33 531,33	23,87 21,20 6,10 26,51	34,72 30,84 15,40 38,56	39,06 34,69 17,32 43,38	18,79 16,27 – 23,87	27,34 23,66 9,61 34,72	30,75 26,62 10,81 39,06	13,99 11,61 – 21,29	20,36 16,90 4,65 30,98	22,90 19,01 5,23 34,85	9,47 7,24 – 18,79	13,78 10,53 0,61 27,34	15,50 11,84 0,68 30,75	2,83 – – 16,36	7,61 4,63 – 23,80	8,56 5,21 – 26,77	– – – 13,99	2,26 0,18 – 20,36	2,54 0,20 – 22,90
3 368,99	I,IV II III V VI	532,16 481,– 269,– 883,66 919,91	29,26 26,45 14,79 48,60 50,59	42,57 38,48 21,52 70,69 73,59	47,89 43,29 24,21 79,52 62,79	532,16 481,– 269,– 532,16	23,91 21,24 6,20 26,55	34,78 30,90 15,44 38,62	39,13 34,76 17,37 43,45	18,83 16,31 – 23,91	27,40 23,72 9,65 34,78	30,82 26,69 10,85 39,13	14,03 11,65 – 21,34	20,42 16,95 4,69 31,04	22,97 19,07 5,27 34,92	9,51 7,27 – 18,83	13,84 10,58 0,64 27,40	15,57 11,90 0,72 30,82	2,96 – – 16,40	7,66 4,67 – 23,86	8,62 5,25 – 26,84	– – – 14,03	2,30 0,22 – 20,42	2,59 0,24 – 22,97
3 371,99	I,IV II III V VI	533,– 481,83 269,66 884,75 921,–	29,31 26,50 14,83 48,66 50,65	42,64 38,54 21,57 70,78 73,68	47,97 43,36 24,26 79,62 62,89	533,– 481,83 269,66 533,–	23,95 21,28 6,33 26,60	34,84 30,96 15,49 38,69	39,20 34,83 17,42 43,52	18,87 16,35 – 23,95	27,46 23,78 9,70 34,84	30,89 26,75 10,91 39,20	14,07 11,69 – 21,38	20,47 17,01 4,73 31,10	23,03 19,13 5,32 34,98	9,55 7,31 – 18,87	13,89 10,63 0,66 27,46	15,62 11,96 0,74 30,89	3,08 – – 16,44	7,71 4,72 – 23,92	8,67 5,31 – 26,90	– – – 14,07	2,34 0,24 – 20,47	2,63 0,27 – 23,03
3 374,99	I,IV II III V VI	533,83 482,66 270,33 885,83 922,08	29,36 26,54 14,86 48,72 50,71	42,70 38,61 21,62 70,86 73,76	48,04 43,43 24,32 79,72 62,98	533,83 482,66 270,33 533,83	24,– 21,33 6,46 26,64	34,91 31,02 15,54 38,76	39,27 34,90 17,48 43,60	18,92 16,39 – 24,–	27,52 23,84 9,74 34,91	30,96 26,82 10,96 39,27	14,11 11,72 – 21,42	20,52 17,06 4,77 31,16	23,09 19,19 5,36 35,06	9,58 7,34 – 18,92	13,94 10,68 0,70 27,52	15,68 12,02 0,79 30,96	3,20 – – 16,48	7,76 4,76 – 23,97	8,73 5,36 – 26,96	– – – 14,11	2,38 0,28 – 20,52	2,67 0,31 – 23,09

6.3.3.2 Lohnsteuerbescheinigung

Die Finanzverwaltung ist dafür zuständig, dem Arbeitgeber die notwendigen Merkmale für die Besteuerung des Arbeitnehmers zu übermitteln. Alle Daten, insbesondere die „**El**ektronischen **L**ohn**st**euer**a**bzugs**m**erkmale" (kurz: ELStAM), werden dann beim **Bundeszentralamt für Steuern (BZSt)** gespeichert. Sobald jemand eine Arbeitsstelle antritt und lohnsteuerpflichtig ist, fragt der Arbeitgeber beim BZSt nach den notwendigen Daten, um sie dann in das Lohnkonto des Beschäftigten zu übernehmen. Die Arbeitnehmer müssen bei Beginn des Arbeitsverhältnisses lediglich ihre **steuerliche Identifikationsnummer** und das Geburtsdatum angeben.

Am Ende jedes Jahres erhält der Arbeitnehmer vom Arbeitgeber eine **Lohnsteuerbescheinigung**[2] (siehe S. 470) mit den Angaben über Bruttoverdienst und einbehaltene Abzüge (Lohnsteuer, Solidaritätszuschlag und Kirchensteuer). Sie dient dann dem Arbeitnehmer im Falle der Einkommensteuerveranlagung als Nachweis über die gezahlten Abzüge (Lohnsteuer, Solidaritätszuschlag und Kirchensteuer).

Dieses Verfahren ersetzt die bisher gebräuchliche Lohnsteuerkarte.

---

1 Quelle: Stollfußtabellen, Lohnsteuertabelle 2017, Monat, S. T 58.
2 Die Arbeitgeber sind verpflichtet, die ausgestellten Lohnsteuerbescheinigungen bis zum 28. Februar des Folgejahres elektronisch an die Finanzverwaltung zu übermitteln.

6.3 Einkommen- und Lohnsteuer

Lohnsteuerklassen

Die Lohnsteuertabelle enthält sechs Lohnsteuerklassen, die die persönlichen Verhältnisse des Arbeitnehmers berücksichtigen [§ 38 b EStG].

\multicolumn{3}{c}{Übersicht über die Lohnsteuerklassen}
Lohn-steuer-klassen	Personenkreis	Steuerliche Pausch-, Frei- und Höchstbeträge 2017 (in €)
I	**Ledige** und **geschiedene** Arbeitnehmer sowie **verheiratete** Arbeitnehmer, deren Ehegatte im Ausland wohnt oder die von ihrem Ehegatten **dauernd getrennt** wohnen.	Grundfreibetrag 8 820,00 Arbeitnehmer-Pauschbetrag 1 000,00 Sonderausgaben-Pauschbetrag 36,00
II	**Ledige** und **geschiedene** Arbeitnehmer sowie **verheiratete** Arbeitnehmer, deren Ehegatte im Ausland wohnt oder die von ihrem Ehegatten **dauernd getrennt** wohnen, wenn in ihrer Wohnung mindestens **ein Kind** gemeldet ist, für das sie einen Kinderfreibetrag erhalten.	Grundfreibetrag 8 820,00 Arbeitnehmer-Pauschbetrag 1 000,00 Sonderausgaben-Pauschbetrag 36,00 Entlastungsfreibetrag 1 908,00 Kinderfreibetrag je Kind 2 358,00 Bedarfsfreibetrag je Kind 1 320,00
III	**Verheiratete** Arbeitnehmer, von denen nur **ein** Ehegatte in einem Dienstverhältnis steht, und verwitwete Arbeitnehmer für das Kalenderjahr, in dem der Ehegatte verstorben ist, sowie für das folgende Kalenderjahr.	Grundfreibetrag 17 640,00 Arbeitnehmer-Pauschbetrag 1 000,00 Sonderausgaben-Pauschbetrag 72,00 Kinderfreibetrag je Kind 4 716,00 Bedarfsfreibetrag je Kind 2 640,00
IV	**Verheiratete** Arbeitnehmer, wenn **beide** Ehegatten Arbeitslohn beziehen.	Grundfreibetrag 8 820,00 Arbeitnehmer-Pauschbetrag 1 000,00 Sonderausgaben-Pauschbetrag 36,00 Kinderfreibetrag je Kind 4 716,00 Bedarfsfreibetrag je Kind 2 640,00
V	Auf Antrag verheiratete Arbeitnehmer, die unter die Lohnsteuerklasse IV fallen würden, bei denen jedoch ein Ehegatte nach Steuerklasse III besteuert wird.	Arbeitnehmer-Pauschbetrag 1 000,00
VI	Arbeitnehmer, die aus **mehr** als einem Arbeitsverhältnis Arbeitslohn beziehen.	

Ehegatten, die beide Arbeitslohn beziehen, können statt der Steuerklassen III/V das **Faktorverfahren** wählen [§ 39 f. EStG]. Beim Faktorverfahren wird vor allem der Vorteil des Splittingverfahrens schon beim monatlichen Lohnsteuerabzug auf beide Ehepartner verteilt. Dabei ermittelt das Finanzamt aufgrund der voraussichtlichen Bruttoarbeitsentgelte der Eheleute die nach dem Splittingverfahren zu zahlende Einkommensteuer. Diese wird zur Summe der in der Steuerklasse IV zu zahlenden Lohnsteuer ins Verhältnis gesetzt. Aus dem Verhältnis der (voraussichtlichen) Einkommensteuer (z. B. 5 200,00 €) zur (voraussichtlichen) Lohnsteuer (z. B. 5 500,00 €) ergibt sich ein Faktor, der stets kleiner als eins ist. Der Faktor (im Beispiel also 0,956) wird mit drei Nachkommastellen auf der Lohnsteuerkarte eingetragen. Der Arbeitgeber ermittelt die nach der Steuerklasse IV zu zahlende Lohnsteuer und wendet darauf den Faktor an.

6 Steuern

Ausdruck der elektronischen Lohnsteuerbescheinigung für 2016

Nachstehende Daten wurden maschinell an die Finanzverwaltung übertragen.

Sommerfeld, Petra
Hauptstraße 98
31737 Rinteln

eTin:	SMMRPTRA83J26T
Identifikationsnummer:	54 236 401 727
Personalnummer:	R 77682
Geburtsdatum:	26. 10. 1983
Transferticket:	0146688720040010241
Sendedatum:	09. 02. 2017 11:40:52

Dem Lohnsteuerabzug wurden zugrunde gelegt:

Steuerklasse / Faktor	gültig ab
1	01. 01.2016

Zahl der Kinderfreibeträge	gültig ab
0,0	01. 01.2016

Steuerfreier Jahresbetrag	gültig ab
0,00	01. 01.2016

Jahreshinzurechnungsbetrag	gültig ab

Kirchensteuermerkmale	gültig ab
rk	01. 01.2016

Anschrift und Steuernummer des Arbeitgebers:

Commerzbank AG
31655 Stadthagen

Sachbearbeiter: Telefon
Frau Thomas   05721 79622
02146023

Nr.	Bezeichnung	EUR	Ct
1.	Dauer des Dienstverhältnisses	vom - bis 01.01.-31.12.	
2.	Zeiträume ohne Anspruch auf Arbeitslohn	Anzahl "U" 0	
	Großbuchstaben (S, M, F)		
3.	Bruttoarbeitslohn einschl. Sachbezüge ohne 9. und 10.	42 642	09
4.	Einbehaltene Lohnsteuer von 3.	7 376	00
5.	Einbehaltener Solidaritätszuschlag von 3.	405	67
6.	Einbehaltene Kirchensteuer des Arbeitnehmers von 3.	663	48
7.	Einbehaltene Kirchensteuer des Ehegatten von 3. (nur bei konfessionsverschiedener Ehe)	0	00
8.	In 3. enthaltene steuerbegünstigte Versorgungsbezüge	0	00
9.	Ermäßigt besteuerte Versorgungsbezüge für mehrere Kalenderjahre	0	00
10.	Ermäßigt besteuerter Arbeitslohn für mehrere Kalenderjahre (ohne 9.) und ermäßigt besteuerte Entschädigungen	0	00
11.	Einbehaltene Lohnsteuer von 9. und 10.	0	00
12.	Einbehaltener Solidaritätszuschlag von 9. und 10.	0	00
13.	Einbehaltene Kirchensteuer des Arbeitnehmers von 9. und 10.	0	00
14.	Einbehaltene Kirchensteuer des Ehegatten von 9. und 10. (nur bei konfessionsverschiedener Ehe)	0	00
15.	Kurzarbeitergeld, Zuschuss zum Mutterschaftsgeld, Verdienstausfallentschädigung (Infektionsschutzgesetz), Aufstockungsbetrag und Altersteilzeitzuschlag	0	00
16.	Steuerfreier Arbeitslohn nach a) Doppelbesteuerungsabkommen (DBA)	0	00
	b) Auslandstätigkeitserlass	0	00
17.	Steuerfreie Arbeitgeberleistungen für Fahrten zwischen Wohnung und erster Tätigkeitsstätte	0	00
18.	Pauschal besteuerte Arbeitgeberleistungen für Fahrten zwischen Wohnung und erster Tätigkeitsstätte	0	00
19.	Steuerpflichtige Entschädigungen und Arbeitslohn für mehrere Kalenderjahre, die nicht ermäßigt besteuert wurden - in 3. enthalten	0	00
20.	Steuerfreie Verpflegungszuschüsse bei Auswärtstätigkeit	0	00
21.	Steuerfreie Arbeitgeberleistungen bei doppelter Haushaltsführung	0	00
22.	Arbeitgeberanteil / -zuschuss a) zur gesetzlichen Rentenversicherung	4 029	67
	b) an berufsständische Versorgungseinrichtungen	0	00
23.	Arbeitnehmeranteil a) zur gesetzlichen Rentenversicherung	4 029	67
	b) an berufsständische Versorgungseinrichtungen	0	00
24.	Steuerfreie Arbeitgeberzuschüsse a) zur gesetzlichen Krankenversicherung	0	00
	b) zur privaten Krankenversicherung	0	00
	c) zur gesetzlichen Pflegeversicherung	0	00
25.	Arbeitnehmeranteil zur gesetzlichen Krankenversicherung	3 496	67
26.	Arbeitnehmeranteil zur sozialen Pflegeversicherung	437	07
27.	Arbeitnehmeranteil zur Arbeitslosenversicherung	639	63
28.	Beiträge zur privaten Kranken- und Pflege-Pflichtversicherung oder Mindestvorsorgepauschale	0	00
29.	Bemessungsgrundlage für den Versorgungsfreibetrag zu 8.	0	00
30.	Maßgebendes Kalenderjahr des Versorgungsbeginns zu 8. und/oder 9.		
31.	Zu 8. bei unterjähriger Zahlung: Erster und letzter Monat, für den Versorgungsbezüge gezahlt wurden		
32.	Sterbegeld, Kapitalauszahlungen/Abfindungen und Nachzahlungen von Versorgungsbezügen - in 3. und 8. enthalten	0	00
33.	Ausgezahltes Kindergeld	0	00

Finanzamt, an das die Lohnsteuer abgeführt wurde (Name und vierstellige Nr.)

Finanzamt Stadthagen | 2 | 3 | 4 | 4 |

6.3 Einkommen- und Lohnsteuer

Berücksichtigung von Freibeträgen

Um sofort beim Lohnsteuerabzug in den Genuss von Steuerermäßigungen zu kommen, kann die lohnsteuerpflichtige Person beim Finanzamt die Berücksichtigung eines **Freibetrags** beantragen. Steuerwirksam sind nur die Freibeträge, die die in die Lohnsteuertabelle eingearbeiteten *Pauschbeträge* überschreiten. Denn nur der *darüber hinausgehende Aufwand* der steuerpflichtigen Person kann zur Lohnsteuerersparnis führen. Die Berücksichtigung von Freibeträgen führt dazu, dass für das betreffende Kalenderjahr eine Einkommensteuererklärung abgegeben werden muss.

Die vom Finanzamt eingeräumten Freibeträge werden zusammen mit allen übrigen Lohnsteuerabzugsmerkmalen (ELStAM) an die Bundeszentrale für Steuern (BZSt) übermittelt, dort vom Arbeitgeber maschinell abgerufen und für die Dauer des Arbeitsverhältnisses angewendet. Spätere Änderungen werden vom Finanzamt dem Arbeitgeber zum Abruf bereitgestellt.

Im Einzelnen ist Folgendes zu beachten (Näheres siehe § 39a EStG):

- Für **Vorsorgeaufwendungen** wird ein Freibetrag in keinem Fall eingetragen, weil die Vorsorgeaufwendungen in der Lohnsteuertabelle durch die Vorsorgepauschale berücksichtigt sind. Entstehen einer steuerpflichtigen Person *höhere* Vorsorgeaufwendungen, können diese von ihr im Rahmen ihrer Einkommensteuererklärung bzw. im Rahmen der Arbeitnehmerveranlagung geltend gemacht werden.
- Ein Antrag auf Eintragung eines Freibetrags wegen erhöhter **Werbungskosten, Sonderausgaben** und **außergewöhnlicher Belastungen** kann nur dann gestellt werden, wenn die Aufwendungen **höher** sind als **600,00 €** im Jahr [§ 39a II EStG].
- **Werbungskosten** können nur eingetragen werden, soweit sie den Arbeitnehmer-Pauschbetrag von **1 000,00 €** übersteigen.

Beispiel:

Die einfache Entfernung zwischen der Wohnung und der Tätigkeitsstätte von Frau Strüblin beträgt 25 km. Frau Strüblin arbeitet an 230 Tagen im Jahr. Die von Frau Strüblin bezahlte Kirchensteuer beträgt jährlich 568,00 €. Für die Berufskleidung wendet sie jährlich 210,00 € auf.

Die eintragungsfähigen Aufwendungen von Frau Strüblin betragen:

1. **Werbungskosten**
   a) Entfernungspauschale 25 · 230 · 0,30 € =   1 725,00 €
   b) Berufskleidung   210,00 €
2. **Sonderausgaben**
   Kirchensteuer   568,00 €
                                                                          2 503,00 €

Die Eintragung eines Freibetrags im Rahmen eines Lohnsteuerermäßigungsantrags kann gestellt werden, weil

- die 600,00-Euro-Grenze und
- der Arbeitnehmer-Pauschbetrag überschritten wird.

Der in die Lohnsteuertabelle eingearbeitete Arbeitnehmer-Pauschbetrag beträgt 1 000,00 €. Für Werbungskosten werden infolgedessen 1 935,00 € − 1 000,00 € = 935,00 € jährlich (≈ 78,00 € monatlich) berücksichtigt.

Für die gezahlte Kirchensteuer werden 532,00 € (≈ 44,00 € monatlich) eingetragen (568,00 € abzüglich des in die Lohnsteuertabelle eingearbeiteten Pauschbetrags von 36,00 €).

Unterliegt Frau Strüblin z. B. einem Steuersatz von insgesamt 25 % (Lohnsteuer, Solidaritätszuschlag und Kirchensteuer), führt die Beantragung dieser Freibeträge zu einer Steuerminderung von monatlich 30,50 € (25 % aus 78,00 € + 44,00 €).

6 Steuern

6.3.3.3 Lohn- und Gehaltsabrechnung

Die Lohn- bzw. Gehaltsabrechnung bei Angestellten und Arbeitern erfolgt in drei Stufen:

Ermittlung des Bruttoentgelts	Hierzu gehören alle Einnahmen, die dem Arbeitnehmer aus dem Arbeitsverhältnis zufließen. Die Einnahmen bestehen i. d. R. aus Geldbeträgen, können aber auch Sachwerte (z. B. freie Kost, kostenloses Wohnen) darstellen.
Ermittlung des Nettoentgelts	Vom steuer- und sozialversicherungspflichtigen Bruttoentgelt werden die vom Arbeitnehmer zu tragenden Sozialversicherungsbeiträge (Kranken-, Pflege-, Renten- und Arbeitslosenversicherung) sowie Lohnsteuer, Kirchensteuer und Solidaritätszuschlag abgezogen. Man erhält das Nettoentgelt.
Ermittlung des Auszahlungsbetrags	Häufig zieht der Arbeitgeber noch weitere Beträge vom Nettoentgelt ab. Abzugsbeträge sind z. B. vermögenswirksame Anlagen (siehe Kapitel 6.3.3.5), Miete für die Werks- bzw. Dienstwohnung und Kostenanteil für das Kantinenessen.

Beispiel:

Frau Alina Schmieder, 22, ledig, keine Kinder, erhält zum 31. August 2017 folgende Gehaltsabrechnung:

Bruttoentgelt		1 975,00 €
– Lohnsteuer	201,00 €	
– Kirchensteuer (9 %)	18,09 €	
– Solidaritätszuschlag	11,05 €	
– Sozialversicherung	401,42 €[1]	691,56 €
Nettoentgelt		1 343,44 €

6.3.3.4 Besteuerung der Renten

In einer sehr langen Übergangszeit von 35 Jahren (von 2005 bis 2040) erfolgt ein Systemwechsel des Einkommensteuerrechts hin zur sogenannten **nachgelagerten Besteuerung** vor allem der Sozialversicherungsrenten (kurz: Sozialrenten).[2] Dies bedeutet, dass die Beiträge zur gesetzlichen Rentenversicherung im Laufe der Jahre zunehmend steuerfrei bleiben[3] und dass im Gegenzug die Renten von Jahr zu Jahr stärker besteuert werden.

Bestandsrenten

Für die bereits am 1. Januar 2005 vorhandenen Rentenbezieher (die sogenannten Bestandsrentner) und die im Kalenderjahr 2005 in den Rentenbezug eingetretenen Personen beträgt der steuerfreie Betrag der Rente 50 %.

---

[1] Die Sozialversicherungsbeiträge (Arbeitnehmeranteile) setzen sich im Jahr 2017 wie folgt zusammen:

Krankenkasse einschließlich Zusatzbeitrag für Versicherten	(8,2 %)	161,95 €
Pflegeversicherung	(1,275 %)	25,18 €
Rentenversicherung	(9,35 %)	184,66 €
Arbeitslosenversicherung	(1,5 %)	29,63 €
		401,42 €

[2] Rentenzahlungen aus der „Riesterrente" (siehe Kapitel 2.6.5.3) werden steuerlich ebenso wie die Sozialrente behandelt. Renten aus einer Pensionskasse sind voll zu versteuern, „Rürup-Renten" (siehe Kapitel 2.6.5.3) werden mit ihrem „Ertragsanteil" besteuert. Wer z. B. mit 65 Jahren erstmals die Rürup-Rente bezieht, muss einen Ertragsanteil von 18 % der Jahresrente versteuern.

[3] Siehe Kapitel 6.3.2.3.1.

6.3 Einkommen- und Lohnsteuer

Bei den Bestandsrenten wird der *Freibetrag der Rente* aus der Jahresrente des Jahres 2005 ermittelt, der für die *gesamte Zeit des Rentenbezugs* erhalten bleibt. Auch mögliche Rentenerhöhungen führen nicht zu einer Erhöhung des steuerfreien Betrags der Rente. Bei Ehegatten verdoppeln sich die Beträge.

Beispiel:

Herr Rentier, alleinstehend, bezog eine monatliche Sozialrente von 1 500,00 € im Jahr 2005 und 1 690,00 € im Jahr 2017. Es ergibt sich folgende Rechnung:

Jahr 2005:

Jahresrente 12 · 1 500,00 €	18 000,00 €
− Freibetrag 50 % aus 18 000,00 €	9 000,00 €
Besteuerungsanteil	9 000,00 €
− Werbungskosten	102,00 €
Summe der Einkünfte	8 898,00 €
− Sonderausgaben-Pauschbetrag	36,00 €
− sonstige Vorsorgeaufwendungen	1 500,00 €
Zu versteuerndes Einkommen	7 362,00 €

Falls Herr Rentier keine weiteren Einkünfte hat, brauchte er 2005 keine Einkommensteuer zu bezahlen, weil der Grundfreibetrag 7 664,00 € betrug.

Jahr 2017:

Jahresrente 12 · 1 690,00 €	20 280,00 €
− Freibetrag wie 2005 (fest)	9 000,00 €
Besteuerungsanteil	11 280,00 €
− Werbungskosten	102,00 €
Summe der Einkünfte	11 178,00 €
− Sonderausgaben-Pauschbetrag	36,00 €
− sonstige Vorsorgeaufwendungen	1 900,00 €
Zu versteuerndes Einkommen	9 242,00 €

2017 muss Herr Rentier Einkommensteuer bezahlen, weil der Grundfreibetrag in Höhe von 8 820,00 € überstiegen wird.

Neurenten

Für diesen Personenkreis ist der steuerpflichtige Anteil der Rente gestaffelt und steigt für jeden Jahrgang (Kohorte)[1] bis 2020 um 2 %-Punkte an (Kohortenprinzip). Von 2021 bis 2040 beträgt der jährliche Anstieg 1 %-Punkt. Ein Rentner, der erstmals im Jahr 2040 Rente bezieht, wird diese also mit 100 % zu versteuern haben. Im Jahr 2017 beträgt der Besteuerungsanteil somit 74 % der gesetzlichen Rente.

---

[1] Kohorte (lat.) = ursprünglich der 10. Teil einer römischen Legion (Heereseinheit). Heute versteht man unter einer Kohorte eine nach bestimmten Kriterien ausgewählte Personengruppe, hier also alle Personen, die in einem bestimmten Kalenderjahr erstmals Rente beziehen.

6 Steuern

> **Beispiel:**
>
> Frau Gut-Leif geht im Jahr 2030 „in Rente". Ihre Monatsrente beläuft sich auf 1 600,00 €.
>
> | | |
> |---|---:|
> | Jahresrente 12 · 1 600,00 € | 19 200,00 € |
> | − Freibetrag 10 % aus 19 200,00 € | 1 920,00 € |
> | Besteuerungsanteil | 17 280,00 € |
> | − Werbungskosten | 102,00 € |
> | Summe der Einkünfte | 17 178,00 € |
> | − Sonderausgaben-Pauschbetrag | 36,00 € |
> | − andere Vorsorgeaufwendungen | 1 500,00 € |
> | Zu versteuerndes Einkommen | 15 642,00 € |
>
> Falls Frau Gut-Leif keine weiteren Einkommen hat, muss sie im Jahr 2030 – unter sonst gleichen Bedingungen – 15 642,00 € versteuern.

6.3.3.5 Vermögensbildung und -beteiligung[1]

Vermögenswirksame Leistungen

Vermögenswirksame Leistungen werden in fast allen Bereichen der Wirtschaft in unterschiedlicher Höhe von den Arbeitgebern bezahlt. Die vermögenswirksamen Leistungen der Arbeitgeber sind lohn- bzw. einkommensteuerpflichtig. Voraussetzung für die Zahlung ist, dass sich der Arbeitnehmer verpflichtet, mindestens in Höhe der Leistungen des Arbeitgebers vermögenswirksam zu sparen.

Auch Arbeitnehmer, deren Arbeitgeber keine vermögenswirksamen Leistungen zahlt, können vermögenswirksam sparen.

Vermögenswirksame Leistungen werden vom Staat gefördert, um den langfristigen Vermögensaufbau der Arbeitnehmer zu fördern. Für vermögenswirksame Leistungen gibt es verschiedene Sparformen. Die wichtigsten sind die Geldanlage in *Produktivkapital* (z. B. Aktienfonds, Beteiligungen am Unternehmen des Arbeitgebers) und *Bausparverträge.* Der Antrag auf Gewährung der Sparzulage muss im Rahmen der Einkommensteuererklärung oder der Arbeitnehmerveranlagung gestellt werden.

Für die vermögenswirksame Anlage in Produktivkapital gibt es eine **Arbeitnehmersparzulage** in Höhe von 20 %, höchstens 80,00 € jährlich. Zulageberechtigt sind alle Arbeitnehmer, deren zu versteuerndes Einkommen 20 000,00 € (bei Verheirateten 40 000,00 €) nicht übersteigt. Die Zulage wird höchstens sechs Jahre lang gewährt. Die vermögenswirksamen Anlagen (Summe der Ersparnisse, Zins und Zinseszinsen, Arbeitnehmersparzulage) werden i. d. R. nach einer Sperrfrist von einem Jahr ausbezahlt.

Für das Bausparen beträgt die Zulage höchstens 42,30 € jährlich. Das sind 9 % der angelegten vermögenswirksamen Leistungen, soweit sie 470,00 € im Kalenderjahr nicht übersteigen. Die Einkommensgrenze beträgt 17 900,00 € (für Verheiratete 35 800,00 €).

---

[1] Die staatliche Förderung der Vermögensbildung der Arbeitnehmer ist im Fünften Vermögensbildungsgesetz (5. VermBG) geregelt.

6.3 Einkommen- und Lohnsteuer

Wohnungsbauprämie

Zusätzlich zu den vermögenswirksamen Leistungen können Alleinstehende 512,00 € und Verheiratete 1024,00 € *jährlich prämienbegünstigt* sparen, wobei allerdings nur die Anlage aufgrund eines **Bausparvertrags** prämienbegünstigt ist. Die Prämie beträgt für prämienbegünstigte Sparleistungen **8,8 %**. Vermögenswirksame Sparleistungen sind nicht prämienbegünstigt. Die Wohnungsbauprämie ist wie die Arbeitnehmer-Sparzulage steuer- und sozialversicherungsfrei.

6.3.3.6 Arbeitnehmerveranlagung

Die Arbeitnehmerveranlagung[1] hat den Zweck, den Lohnsteuerpflichtigen zu viel gezahlte Lohnsteuer, Kirchensteuer sowie Solidaritätszuschläge zurückzuerstatten. Der Antrag ist spätestens bis zum Ablauf des auf den Veranlagungszeitraum folgenden vierten Kalenderjahrs durch Abgabe einer Einkommensteuererklärung zu stellen [§ 46 II Nr. 8 EStG].

Der Antrag auf Arbeitnehmerveranlagung ist für die Lohnsteuerpflichtigen vor allem dann lohnend, wenn

- ihre Bezüge im Laufe des vergangenen Jahres gestiegen sind,
- im vergangenen Jahr zeitweiser Verdienstausfall (z. B. wegen Arbeitslosigkeit, Berufsfortbildung) eingetreten ist,
- sie erst nach dem 1. Januar des vergangenen Jahres in ein Arbeitsverhältnis eingetreten sind (z. B. nach Schulabschluss),
- Werbungskosten, Sonderausgaben und außergewöhnliche Belastungen geltend gemacht werden können, für die noch kein Freibetrag beantragt war,
- im vergangenen Jahr beide Ehegatten berufstätig waren.

Beispiel:

Claudia Müller, 19 Jahre, hat die Prüfung zur Industriekauffrau am 15. Juni 20.. bestanden. Am 1. Juli 20.. begann sie bei der Müller & Co. OHG als kaufmännische Angestellte. Ihr Monatsgehalt betrug 20.. brutto 1 800,00 €. Hierfür bezahlte sie (Lohnsteuerklasse I) 6 · 148,25 € = 889,50 € Lohnsteuer. Claudia Müller hat keine weiteren Einkünfte.

Der Antrag auf Arbeitnehmerveranlagung lohnt sich für Claudia Müller auch dann, wenn sie keine über die Pauschbeträge hinausgehenden Werbungskosten, Sonderausgaben und außergewöhnlichen Belastungen nachweist, denn die Lohnsteuer bemisst sich nach dem Jahreseinkommen. Da Claudia Müller in diesem Jahr monatlich nur durchschnittlich 900,00 € verdient hat, muss sie keine Lohnsteuer zahlen. Sie erhält die bezahlte Lohnsteuer in Höhe von 889,50 € vom Finanzamt wieder zurück.

6.3.4 Kirchensteuer

Die Kirchensteuer dient der Finanzierung kirchlicher Aufgaben. Sie wird bei lohnsteuerpflichtigen Personen zusammen mit der Lohnsteuer und dem Solidaritätszuschlag vom Arbeitgeber einbehalten und an das Finanzamt abgeführt. Einkommensteuerpflichtige Personen zahlen die Kirchensteuer zusammen mit der Einkommensteuervoraus- bzw. -abschlusszahlung an das Finanzamt.

---

[1] Die Arbeitnehmerveranlagung ist eine **Antragsveranlagung** im Gegensatz zur Pflichtveranlagung.

6 Steuern

Bemessungsgrundlage der Kirchensteuer ist grundsätzlich die Einkommen- bzw. Lohnsteuer.

> **Beispiel:**
>
> Herr Schmidt, ledig, hat ein Bruttogehalt von monatlich 2 230,00 €. Falls auf seiner Lohnsteuerkarte keine Freibeträge eingetragen sind, zahlt er monatlich (Lohnsteuerklasse I) 244,58 € Lohnsteuer. Die Kirchensteuer berechnet sich wie folgt:
>
> | | |
> |---|---:|
> | Lohnsteuer | 244,58 € |
> | hieraus 8 % Kirchensteuer | 19,57 € |

Bei der Berechnung der Kirchensteuer wird die Einkommen- bzw. Lohnsteuer um den Kinder- und den Erziehungsfreibetrag gemindert. Damit die Kirchensteuer bereits beim Steuerabzug vom Arbeitslohn ermittelt werden kann, wird die Lohnsteuerberechnung unter Berücksichtigung der Kinderfreibeträge vorgenommen.[1]

Für die Eintragung oder Änderung der Kinderfreibeträge ist das Finanzamt zuständig, das die Daten an die Bundeszentrale für Steuern (BZSt) übermittelt. Dort werden sie zusammen mit den übrigen Lohnsteuerabzugsmerkmalen vom Arbeitgeber elektronisch abgerufen und in das Lohnkonto des Arbeitnehmers übernommen.

Die Kirchensteuer beträgt in Baden-Württemberg und Bayern 8 % der Einkommen- bzw. Lohnsteuer, in allen übrigen Bundesländern 9 %.

> **Zusammenfassung**
>
> - Die **Lohnsteuer** wird im **Abzugsverfahren** erhoben. Die Arbeitgeber sind verpflichtet, die Lohnsteuer zusammen mit dem Solidaritätszuschlag und der Kirchensteuer einzubehalten und bis zum 10. des Folgemonats an das Finanzamt abzuführen.
> - Die Höhe der Lohnsteuer, des Solidaritätszuschlags und der Kirchensteuer kann aus der **Lohnsteuertabelle** entnommen werden.
> - Die Lohnsteuerbescheinigung dient dem Arbeitnehmer zur **Kontrolle** für die erhaltenen Bruttobezüge, die bezahlten Steuern und den vom Arbeitgeber einbehaltenen und an die Krankenkasse abgeführten Arbeitnehmeranteil an der Sozialversicherung.
> - Die **Vermögensbildung** der Arbeitnehmer wird durch **Sparzulagen**, durch die **Wohnungsbauprämie** und durch Zuschüsse zur **privaten Altersvorsorge** staatlich gefördert.
> - Mithilfe der **Arbeitnehmerveranlagung** können Arbeitnehmer zu viel bezahlte Lohn- und Kirchensteuer einschließlich Solidaritätszuschlag zurückerlangen.

ÜBUNGSAUFGABEN

1. **Arbeitsauftrag:** Besorgen Sie sich beim Finanzamt die kostenlose Broschüre „Lohnsteuer 2017. Kleiner Ratgeber für Lohnsteuerzahler".
    - 1.1 Nennen Sie die in der Broschüre aufgelisteten Werbungskosten!
    - 1.2 Definieren Sie den Begriff Werbungskosten!
    - 1.3 Nennen Sie fünf außergewöhnliche Belastungen, die in der oben genannten Broschüre erwähnt werden!
    - 1.4 Definieren Sie den Begriff außergewöhnliche Belastungen!

---
[1] Siehe Lohnsteuertabelle auf S. 468.

6.3 Einkommen- und Lohnsteuer

2. Ein lediger Arbeitnehmer zahlt jährlich 492,00 € Kirchensteuer. Für Berufskleidung gibt er jährlich 300,00 € aus. An die Gewerkschaft zahlt er einen Beitrag von monatlich 15,00 €. Seine Sozialversicherungsbeiträge belaufen sich monatlich auf 560,00 €. Die kürzeste Straßenverbindung zwischen seiner Wohnung und seinem Arbeitsplatz beträgt 8 km. Sein privater Pkw wird an 235 Arbeitstagen im Jahr zur Fahrt zur Arbeitsstelle benutzt.
   2.1 Kann ein Freibetrag beantragt werden? (Begründung!)
   2.2 Wie hoch ist dieser Freibetrag gegebenenfalls?
   2.3 Angenommen, es wird ein Freibetrag eingetragen. Wie hoch ist die „Lohnsteuerersparnis" monatlich bei einem Lohnsteuersatz von 18 %?
   2.4 Warum liegt im Grunde keine Lohnsteuerersparnis vor, wohl aber ein Zinsvorteil?

3. Welchen Zweck hat die Arbeitnehmerveranlagung? Nennen Sie mindestens vier Situationen, bei denen es für den Arbeitnehmer lohnend ist, eine Arbeitnehmerveranlagung zu beantragen!

4. Der Angestellte Karl Hintermoser, geb. am 15. Mai 19.., ledig, wohnhaft in 87561 Oberstdorf, Bergstraße 7, beantragt für sich die Veranlagung seiner Einkünfte aus nichtselbstständiger Arbeit für 20..

   Herr Hintermoser hatte 20.. einen Jahresbruttoarbeitslohn von 17 340,00 €. Aus der Lohnsteuerbescheinigung (Lohnsteuerklasse I) ist weiterhin zu entnehmen, dass Herr Hintermoser 1 350,00 € Lohnsteuer, 74,25 € Solidaritätszuschlag und 108,00 € Kirchensteuer bezahlt hat.

   An Sonderausgaben kann Herr Hintermoser folgende Beträge nachweisen:
   1. Arbeitnehmeranteil an der gesetzlichen Rentenversicherung 1 700,00 €.
   2. Arbeitnehmeranteil an den Beiträgen zur gesetzlichen Krankenkasse, Pflegeversicherung und Arbeitslosenversicherung 2 000,00 €.
   3. Sonderausgaben für steuerbegünstigte Zwecke (Spenden an SOS-Kinderdorf) 60,00 €.
   4. An Werbungskosten sind entstanden:
      a) Bezahlter Gewerkschaftsbeitrag monatlich 10,00 €.
      b) Für einen Fortbildungslehrgang wendete Herr Hintermoser im vergangenen Jahr insgesamt 300,00 € auf.
   5. Absetzbare Fahrtkosten mit dem eigenen Pkw zwischen Wohnung und Arbeitsstätte 885,00 €.

   Arbeitsauftrag: Besorgen Sie sich beim Finanzamt einen Antrag auf Arbeitnehmerveranlagung und füllen Sie diesen für Herrn Hintermoser aus!

5. Herr Florian Thoma, geb. am 15. März 1977, Verwaltungsangestellter, römisch-katholisch, verheiratet mit Hannah Thoma, geb. am 9. Mai 1979, römisch-katholisch, Verkäuferin, beide wohnhaft in 76149 Karlsruhe, Moosweg 17, Telefon 4211, verheiratet seit dem 30. Juni 2002, mit den beiden leiblichen Kindern Bjarne, geboren am 9. Juli 2004 und Lea, geboren am 4. März 2007, müssen für das vergangene Kalenderjahr eine Einkommensteuererklärung abgeben.

   Herr Thoma hat die Lohnsteuerklasse III/2, Frau Thoma die Lohnsteuerklasse V gewählt.

   Laut Lohnsteuerbescheinigungen betrug das Jahresbruttoeinkommen von Herrn Thoma 30 000,00 €, das von Frau Thoma 12 000,00 €. Aus den Lohnsteuerbescheinigungen ist weiterhin zu entnehmen, dass Herr Thoma 2 920,00 € Lohnsteuer und 82,00 € Kirchensteuer bezahlt hat. Von Frau Thoma behielt der Arbeitgeber 3 065,00 € Lohnsteuer, 244,00 € Kirchensteuer und 168,00 € Solidaritätszuschlag ein.

   Im vergangenen Jahr hat Herr Thoma 480,00 € vermögenswirksam bei seiner Bausparkasse angelegt. Frau Thoma erhielt von ihrem Arbeitgeber vermögenswirksame Leistungen von lediglich 240,00 €, weil sie nur halbtags arbeitete. Der Betrag wurde ebenfalls bei der Bausparkasse eingezahlt.

   Neben den Einkünften aus nicht selbstständiger Arbeit hatten die Eheleute Thoma noch Einkünfte aus Kapitalvermögen in Höhe von 2 100,00 €. Darüber hinaus erhielten Herr Thoma 157,00 € und Frau Thoma 120,00 € Zinsen aus Guthaben bei der Bausparkasse. Die Freistellungsaufträge bei den Banken und bei der Bausparkasse wurden erteilt.

6 Steuern

An **Sonderausgaben** können Herr und Frau Thoma folgende Beträge nachweisen:

1. **Vorsorgeaufwendungen**

   a) Arbeitnehmeranteil an der gesetzlichen Rentenversicherung
   Florian Thoma 2 925,00 €
   Hannah Thoma 1 170,00 €

   b) Arbeitnehmeranteil an der gesetzlichen
   Kranken-, Pflege- und Arbeitslosenversicherung
   Florian Thoma 3 300,00 €
   Hannah Thoma 1 320,00 €

   c) Todesfallversicherung 305,00 €

   d) Haftpflichtversicherung (Rückerstattung 20,00 €) 256,00 €

2. **Übrige Sonderausgaben**

   a) Im vergangenen Jahr gezahlte Kirchensteuer 326,00 €
   davon erstattet 90,00 €

   b) Spenden an das Rote Kreuz 120,00 €

An **Fahrt-** und **Werbungskosten** sind entstanden:

   a) Fahrtkosten mit dem eigenen Pkw zwischen Wohnung und Arbeitsstätte, einfache Entfernung 28 km; Herr Thoma arbeitete im vergangenen Jahr an 225 Tagen. Sein Urlaub betrug 24 Tage. Er hat eine Fünftagewoche.
   Von seinem Arbeitgeber erhielt Herr Thoma einen steuerfreien Fahrtkostenzuschuss von monatlich 30,00 €.
   Frau Thoma arbeitet am Ort, sodass ihr keine Fahrtkosten entstehen.

   b) Im vergangenen Jahr zahlte Herr Thoma einen Gewerkschaftsbeitrag von monatlich 15,00 €.

   c) Für einen Fortbildungslehrgang wendete Herr Thoma insgesamt 400,00 € auf. Verpflegung und Unterkunft zahlte der Arbeitgeber.

Arbeitsauftrag: Füllen Sie für die Eheleute Thoma die Einkommensteuererklärung aus. Besorgen Sie sich die erforderlichen Formulare beim Finanzamt! Die Bankverbindung der Eheleute Thoma lautet: Sparkasse Karlsruhe, Kto.-Nr. 721520700, Bankleitzahl 660 50 101.

6. Die Maschinenfabrik Raymann GmbH zahlt das Junigehalt für ihre Mitarbeiterin Martina Sommer. In der Lohnbuchhaltung wurden folgende Tatbestände berücksichtigt:

Grundgehalt	4 200,00 €
vermögenswirksame Leistungen	30,00 €
Lohnsteuersatz	22,5 %
Solidaritätszuschlag	5,5 %
Kirchensteuer	9 %
monatlicher Lohnsteuerfreibetrag	300,00 €
Sozialversicherungsbeiträge von Frau Sommer (gesetzliche Krankenkasse, soziale Pflegeversicherung, gesetzliche Rentenversicherung, Arbeitslosenversicherung)	20 %
gesetzliche Unfallversicherung	18,00 €

   Aufgaben:
   Berechnen Sie
   a) die Lohnsteuer zuzüglich Solidaritätszuschlag,
   b) die Kirchensteuer,
   c) den Arbeitnehmeranteil zur Sozialversicherung,
   d) den Gutschriftsbetrag für das Junigehalt auf dem Gehaltskonto von Frau Sommer bei der Volksbank Neustadt GmbH,
   e) den gesamten Personalaufwand für Frau Sommer im Juni!

7 Wirtschaftsordnungen

7.1 Grundlegende Modelle

7.1.1 Geistige Grundentscheidungen

Ebenso wie wir im Straßenverkehr eine Ordnung brauchen, damit sich der Verkehr so reibungslos wie möglich abwickeln kann, benötigt auch jede Gesellschaft[1] einen Ordnungsrahmen, also gewisse „Spielregeln", damit das soziale (= zwischenmenschliche) Zusammenleben ohne allzu große Konflikte abläuft. Die Summe aller Spielregeln, denen sich die einzelnen Mitglieder einer Gesellschaft verpflichtet fühlen, bezeichnet man als *Gesellschaftsordnung*. Wie aber soll diese Ordnung aussehen? Die Antwort auf diese Frage kann nicht objektiv gegeben werden; sie hängt vielmehr davon ab, welche gesellschaftspolitischen Grundeinstellungen und -entscheidungen vorliegen.

Begriff Gesellschaftsordnung

Die Gesellschaftsordnung kann nun von den verschiedensten Gesichtspunkten (Aspekten) her betrachtet werden. Will man in erster Linie den Aufbau (die Struktur) der *rechtlichen* Normen untersuchen, spricht man von **Rechtsordnung**. Will man hingegen die Art und Weise beschreiben, wie eine Gesellschaft ihre Mitglieder z. B. gegen Armut, Arbeitslosigkeit oder Krankheit schützt, befasst man sich mit der **Sozialordnung** einer Gesellschaft. Die Summe aller für die Wirtschaft einer Gesellschaft geltenden Regeln kommt in ihrer **Wirtschaftsordnung** zum Ausdruck.

Zwischen Wirtschafts-, Rechts- und Sozialordnung besteht ein enger Wirkungszusammenhang.

Die Ausgestaltung der Wirtschaftsordnung hängt weitgehend von den gesellschaftspolitischen Grundentscheidungen zwischen **Individualismus** einerseits und **Kollektivismus** andererseits ab. Individualismus und Kollektivismus stellen die beiden großen *gegensätzlichen* Anschauungen über das Wesen des Menschen dar.

Individualismus[2] als Grundlage der freien Marktwirtschaft

Das Modell[3] der **freien Marktwirtschaft** beruht auf der Idee des Liberalismus.

> Die **freie Marktwirtschaft** ist eine Wirtschaftsordnung, in der der Staat nicht in das wirtschaftliche Geschehen eingreift.

Im Mittelpunkt der individualistischen Geisteshaltung steht der *einzelne* Mensch, das *Individuum*.

---

[1] Unter Gesellschaft versteht man ein soziales Gebilde mit einem verhältnismäßig engen Beziehungsgeflecht, wobei sich die Mitglieder der Gesellschaft weitgehend den gleichen Normen (= Ordnungsvorstellungen) verpflichtet fühlen und ein bestimmtes „Wir-Gefühl" empfinden.

[2] Individuum (lat.) = Einzelwesen.

[3] Modelle sind vereinfachte „Abbildungen" der Wirklichkeit. Sie dienen dazu, komplizierte Zusammenhänge deutlich und verständlich zu machen. Modelle werden sowohl in der Wissenschaft als auch in der Praxis verwendet. So vermittelt uns das Atommodell des Chemikers (zusammensteckbare Kugeln) eine Vorstellung darüber, wie ein Atom aufgebaut ist. – Das Modell eines Hauses, das der Architekt baut, vernachlässigt viele Einzelheiten. Dennoch kann man sich ein Bild von dem zu erstellenden Haus machen.

7 Wirtschaftsordnungen

Für den **Individualismus** ist die *Freiheit* des Einzelnen oberster Grundsatz. Liberalismus und Individualismus sind also eng miteinander verknüpft. Der Staat ist nur ein Zweckverband, innerhalb dessen die Bürger ihren einzelwirtschaftlichen egoistischen Zielen nachgehen. Die Aufgabe des Staates besteht lediglich darin, den inneren und äußeren Rechtsschutz zu gewährleisten (Nachtwächterstaat).

Der Individualismus ist davon überzeugt, dass die uneingeschränkte Verfolgung der Einzelinteressen der Erreichung des höchsten Allgemeinwohls dient. Das ist der Gedanke der *natürlichen Harmonie.* Wenn nämlich jeder seinen eigenen Vorteil sucht, so wird der Produzent diejenigen Waren herstellen, die er am billigsten produzieren kann, um einen Höchstgewinn zu erzielen (Maximalprinzip). Auf der anderen Seite wird jeder die Waren dort kaufen, wo sie am billigsten zu haben sind (Minimalprinzip). Der freie, d.h. der nicht vom Staat beeinflusste Wettbewerb (= Konkurrenz) ist nach dieser Auffassung so imstande, wie eine „unsichtbare Hand" die Einzelinteressen auf das Gesamtinteresse zu lenken: *Eigennutz* ist zugleich *Gemeinnutz.*

Kollektivismus als Grundlage der Zentralverwaltungswirtschaft

Während das Modell der freien Marktwirtschaft auf dem Individualismus beruht, ist die geistige Grundlage der Zentralverwaltungswirtschaft der *Kollektivismus.* [1]

> Die **Zentralverwaltungswirtschaft** ist eine Wirtschaftsordnung, in der der Staat das gesamte wirtschaftliche Geschehen plant, lenkt und kontrolliert.

Für den **Kollektivismus** ist der Mensch in erster Linie ein Sozialwesen (Gemeinschaftswesen). Deswegen stehen *Staat* und *Gesellschaft* über dem Einzelnen. Hieraus folgt, dass sich der Einzelne den Prinzipien der Gesellschaft bzw. des Staates *unterzuordnen* hat.

Im Gegensatz zum Individualismus stellt der Kollektivismus fest, dass sich die Einzelinteressen keineswegs immer mit dem Gesamtinteresse decken. Vielfach stehen sie derart im Widerspruch, dass der Forderung „Gemeinnutz geht vor Eigennutz" Geltung verschafft werden muss. Für die Wirtschaftsordnung ergibt sich daraus die Notwendigkeit der *zentralen Planung,* der Abschaffung der Vertragsfreiheit, der Gewerbefreiheit, des privaten Unternehmergewinns (= „Profit") und des privaten Eigentums an den Produktionsmitteln. Hierbei handelt es sich um extreme Vorstellungen, die bis heute noch nirgends vollständig verwirklicht worden sind.[2] Die im Folgenden kurz dargestellten Wesensmerkmale einer Zentralverwaltungswirtschaft haben daher Modellcharakter.

Aus dem Grundgedanken der zentralen Planung heraus (der Staat plant Produktion und Konsumtion) ergeben sich eine Reihe von Folgerungen, die im Kapitel 7.1.3 kurz besprochen werden.

---

1 Kollektiv = Gesamtheit, Zusammenschluss (Kollektivum = das Ganze).
2 Versuche zur Verwirklichung der Idee der Zentralverwaltungswirtschaft waren z.B. die sozialistischen Wirtschaftsordnungen der ehemaligen Ostblockstaaten (z.B. die der UdSSR, der DDR, der VR Polen) sowie der Volksrepublik China.

7.1 Grundlegende Modelle

7.1.2 Modell der freien Marktwirtschaft

„Jeder Einzelne wird sich darum bemühen, sein Kapital so anzulegen, dass es den höchsten Wert erzielen kann. Im Allgemeinen wird er weder darauf aus sein, das öffentliche Wohl zu fördern, noch wird er wissen, inwieweit er es fördert. Er interessiert sich lediglich für seine Sicherheit und seinen eigenen Gewinn. Und dabei wird er von einer unsichtbaren Hand geleitet, ein Ziel zu fördern, das keineswegs in seiner Absicht gelegen hatte. Indem er seinen eigenen Interessen dient, fördert er das Wohl der Allgemeinheit oft auf weit wirksamere Weise, als wenn es in seiner wahren Absicht gelegen hätte, es zu fördern."[1] Diese Worte stammen von Adam SMITH, 1723–1790, britischer Moralphilosoph und Volkswirtschaftler, bedeutendster Vertreter der klassischen liberalen Schule.[2]

Die Frage ist, wie (und ob) ein solches System funktioniert und welche Voraussetzungen (Ordnungsmerkmale) gegeben sein müssen.

7.1.2.1 Funktionsweise des Modells

Sowohl in der freien Marktwirtschaft als auch in der Zentralverwaltungswirtschaft wird geplant, denn ohne Planung ist – wie wir wissen – wirtschaftliches Handeln nicht möglich. Der Unterschied zwischen den beiden Wirtschaftsordnungen besteht darin, dass in der freien Marktwirtschaft nicht von einer zentralen Stelle aus, sondern von autonomen, d. h. in ihrer Handlungsfreiheit unbeeinträchtigten Unternehmen und Haushalten Pläne erstellt und durchgeführt werden.

> Das **Modell der freien Marktwirtschaft** ist durch **dezentrale**[3] **Entscheidungsfindung** gekennzeichnet.

Die Haushalte treten auf den *Faktormärkten* als Anbieter der beiden *Produktionsfaktoren* Arbeit und Boden auf, die von den Unternehmen nachgefragt werden. Die Unternehmen bieten auf den *Konsumgütermärkten* ihre Fertigerzeugnisse an, die die Haushalte aufkaufen. Umgekehrt fließen den Haushalten für Arbeitsleistungen und zur Verfügung gestellte Bodennutzungen *Einkommen* zu. Die Einnahmen aus dem Verkauf der Fertigerzeugnisse stellen für die Unternehmen *Umsatzerlöse* dar. Den Leistungs- und Güterströmen entsprechen also entgegenlaufende Geldströme (monetäre Ströme). Dies gilt auch für die *Kreditmärkte:* Den Banken fließen u. a. die Ersparnisse der Haushalte zu, es entstehen Forderungen der Haushalte an die Banken. Die Unternehmen erhalten Kredite, es entstehen Verbindlichkeiten der Unternehmen gegenüber den Banken.

> Im **Modell der freien Marktwirtschaft** regulieren sich die Gütermärkte mithilfe des *Preises,* die Kreditmärkte mithilfe des *Zinses* und die Faktormärkte mithilfe des *Lohns* und des *Pachtzinses* (= **Marktautomatismus**). Der Markt ist in der freien Marktwirtschaft *Koordinationsinstanz.*[4]

7.1.2.2 Ordnungsmerkmale (Grundvoraussetzungen) des Modells

Damit eine marktgesteuerte Wirtschaft funktionsfähig sein kann, müssen folgende Ordnungsmerkmale gegeben sein:

- Der Staat greift überhaupt nicht in das Wirtschaftsgeschehen ein. Er hat lediglich die Aufgabe, die marktwirtschaftliche Grundordnung zu erhalten, die äußere Sicherheit zu gewährleisten und die Einhaltung der Spielregeln zu überwachen **(Nachtwächterstaat)**.

---

1 Zitiert aus SAMUELSON, P.: Volkswirtschaftslehre, Bd. I, 4. Aufl. 1969, S. 56.
2 Unter „Schule" versteht man hier eine bestimmte geisteswissenschaftliche Richtung.
3 Dezentral = nicht von einer zentralen Stelle aus.
4 Koordination = Abstimmung; Instanz = maßgebliche „Stelle".

7 Wirtschaftsordnungen

- Die Entscheidung darüber, was, wo und wie viel produziert wird, liegt ausschließlich bei den Unternehmen (**Produktionsfreiheit, Gewerbefreiheit, Niederlassungsfreiheit**).
- Die Entscheidung darüber, was und wie viel gekauft wird, liegt ausschließlich bei den Konsumenten (**Konsumfreiheit**).
- Es bleibt den Unternehmen und Haushalten überlassen, ob und wie viel sie importieren oder exportieren wollen (**Freihandel**).
- Die Ausgestaltung der Verträge (Kauf-, Miet-, Pacht-, Kartellverträge usw.) wird den Vertragsparteien überlassen (**Vertragsfreiheit**).
- Die Steuerung der Wirtschaft über den Preis setzt das Vorhandensein eines allgemein anerkannten Zahlungsmittels, also von Geld, voraus (**Geldwirtschaft**).
- Das **Privateigentum an den Produktionsmitteln** (am „Kapital", daher „Kapitalismus") muss gewährleistet sein.
- Freie Berufswahl, Arbeitsplatzwahl und Freizügigkeit müssen garantiert sein (andernfalls kann der „Lohnmechanismus" nicht wirken).

Das Modell der freien Marktwirtschaft ist also durch eine **freiheitliche Rechtsordnung**, das **Privateigentum**, die **Vertragsfreiheit** und die **Freiheit der wirtschaftlichen Betätigung** gekennzeichnet.

7.1.2.3 Vorzüge und Mängel des Modells

Das Modell der freien Wirtschaft war am ehesten im **Kapitalismus**[1] des 19. und des frühen 20. Jahrhunderts verwirklicht. Bei der kritischen Würdigung des Kapitalismus jener Zeit sollte nicht verkannt werden, dass er zu großen und bewundernswerten Leistungen geführt hat, eine Tatsache, die auch seine Gegner anerkennen. In diese Zeit fallen Industrialisierung, Massenproduktion, Kanalisierung, Schaffung von Eisenbahnlinien und die Erschließung neuer Märkte in Übersee. Die Privilegien (= Vorrechte) des Adels wurden beseitigt. Das Bürgertum erhielt die Chance des sozialen (gesellschaftlichen) Aufstiegs.

MARX und ENGELS[2] schrieben 1848 im Kommunistischen Manifest:

> „Die Bourgeoisie[3] hat in ihrer kaum hundertjährigen Klassenherrschaft massenhaftere und kolossalere Produktionskräfte geschaffen als alle vergangenen Generationen zusammen.
> Unterjochung der Naturkräfte, Maschinerie, Anwendung der Chemie auf Industrie und Ackerbau, Dampfschifffahrt, Eisenbahnen, elektrische Telegrafen, Urbarmachung ganzer Weltteile, Schiffbarmachung der Flüsse, ganze, aus dem Boden hervorgestampfte Bevölkerungen – welches frühere Jahrhundert ahnte, dass solche Produktionskräfte im Schoß der gesellschaftlichen Arbeit schlummerten."[4]

Auf der anderen Seite brachte der Frühkapitalismus krasse soziale Missstände mit sich. Dazu gehörten u. a. die rücksichtslose Ausbeutung der Arbeitskraft bei niedrigsten Löhnen, Wirtschaftskrisen und eine Konzentration der Vermögen (und damit der Macht) bei wenigen.

---

1 Im Allgemeinen wird eine Wirtschaftsordnung dann als „kapitalistisch" bezeichnet, wenn sich die Produktionsmittel, also das Kapital im volkswirtschaftlichen Sinne, in Privathand (also in Händen der „Kapitalisten") befinden. Dies ist ein wesentliches Ordnungsmerkmal einer freien Marktwirtschaft.

2 Karl MARX (1818–1883) ging es als erstem Vertreter des wissenschaftlichen Sozialismus vor allem darum, zu beweisen, dass der Sozialismus eine zwangsläufige Phase der gesellschaftlichen Entwicklung ist.
Friedrich ENGELS (1820–1895) war engster Mitarbeiter von Karl MARX. Sein Werk „Die arbeitenden Klassen in England" wurde zu einem grundlegenden Werk des wissenschaftlichen Sozialismus.

3 Bourgeoisie = Bürgertum (hier: Klasse der Kapitalisten und ihre Interessenvertreter).

4 MARX/ENGELS: Manifest der Kommunistischen Partei, 1848, zitiert in: BECHER, J. u. a.: Politische Ökonomie des Kapitalismus und des Sozialismus, Lehrbuch für das marxistisch-leninistische Grundlagenstudium, Berlin (Ost), 1974, S. 110.

Nach dem *Modell* der freien Marktwirtschaft hätte sich die kapitalistische Wirtschaft ohne Störungen entwickeln müssen. Die egoistische Verfolgung der Einzelziele hätte dem Wohl aller dienen müssen. In Wirklichkeit war dies nicht der Fall. Warum? Hierfür gibt es mehrere Gründe.

- Zunächst könnte man meinen, die freie Marktwirtschaft entlohne die Produktionsfaktoren nach ihrer *Leistung,* weil sich der Preis für die Güter, für die Arbeit und für das Kapital nach Angebot und Nachfrage richtet. Selbst wenn man das Leistungsprinzip als „gerechte" Lösungsmöglichkeit des Verteilungsproblems ansieht, muss man feststellen, dass der Preis an sich weder gerecht noch ungerecht sein kann. Er ist vielmehr eine objektive Größe, die sich aufgrund der Knappheitsverhältnisse herausbildet.

> **Beispiel:**
>
> In der freien Marktwirtschaft ist auch der Arbeitsmarkt sich selbst überlassen. Der *Lohn* als Preis für Arbeit schwankt je nach Arbeitsangebot und Arbeitsnachfrage. Besteht ein Überangebot von Arbeitskräften (besteht also Arbeitslosigkeit), sinken die Löhne. Hunger und Krankheit sorgen für eine Dezimierung (Verminderung) der besitzlosen Arbeitnehmer (= Proletarier). Der Lohn wird erst wieder steigen, wenn die Arbeitskräfte im Verhältnis zur Arbeitsnachfrage wieder knapp geworden sind.

Das System der freien Marktwirtschaft führt somit zu einer starken *Abhängigkeit* der Arbeitnehmer.

- Bleibt eine freie Marktwirtschaft sich selbst überlassen, bilden sich in kurzer Zeit *Kartelle* und andere Konzentrationsformen[1] heraus mit dem Ziel, den *freien Wettbewerb* einzuschränken oder auszuschalten. Die unbeschränkte, durch keinerlei staatliche Kontrolle gehinderte Freiheit der Wirtschaftssubjekte (der Staat soll bekanntlich nur ein „Nachtwächterstaat" sein) gibt nicht nur den Intelligenten, Fähigen, Fleißigen und Starken eine Chance (Leistungsprinzip), sondern auch den Rücksichts- und Skrupellosen. Monopolbildungen aber heben die Steuerungsfunktion des Preises weitgehend auf: Die Preise werden nicht mehr von den natürlichen Gegebenheiten des Marktes bestimmt, sondern sie werden von den monopolistischen Machtgebilden diktiert.

- Da marktstarke Unternehmen (Monopole, Oligopole) in der Lage sind, ihre Absatzpreise *höher* als die anzusetzen, die sich bei freier Konkurrenz ergeben würden, führen die überhöhten Gewinne der Unternehmen im Lauf der Zeit zu einer *Vermögenskonzentration* bei den wenigen Produzenten auf Kosten der *abhängigen* und *vermögenslosen* Arbeitnehmer.

- Da in der freien Marktwirtschaft die Anbieter lediglich dann produzieren, wenn sie *Gewinn* erwarten (rentabilitätsorientierte Produktion), bleiben Kollektivbedürfnisse[2] in vielen Fällen unbefriedigt.

7.1.3 Modell der Zentralverwaltungswirtschaft

Ebenso wie die soziale Marktwirtschaft im Einzelnen erheblich vom Modell der freien Marktwirtschaft abweicht, waren – und sind – auch die real existierenden sozialistischen Wirtschaftsordnungen in vielen Punkten nicht mit dem Modell der Zentralverwaltungswirtschaft identisch. Wenn im Folgenden von „Zentralverwaltungswirtschaft" gesprochen wird, ist – falls nicht ausdrücklich etwas anderes gesagt wird – das reine *Modell* gemeint.

---

1 Siehe Kapitel 5.5.3.1.
2 Kollektivbedürfnisse können i. d. R. nur vom Staat (von der Allgemeinheit) befriedigt werden (z. B. Bedürfnisse nach Sicherheit, nach lebenswerter Umwelt, nach Rechtsschutz).

7.1.3.1 Funktionsweise des Modells

Als **Zentralverwaltungswirtschaft**[1] wird eine Wirtschaftsordnung bezeichnet, in der Produktion (Gütererzeugung) und Konsumtion (Verbrauch) durch *zentrale* staatliche Stellen geplant werden. Dabei ist zwischen kurzfristiger und langfristiger Planung zu unterscheiden. Die kurzfristige Planung (Jahrespläne) wird als **Operativplanung,** die langfristige Planung (Fünf- und Zehnjahrespläne) als **Perspektivplanung** bezeichnet.

In diesem Grenzmodell gibt es keine Märkte, also weder Preis-, Lohn- noch Zinsmechanismus. Das Geld hat nur die Aufgabe, Verrechnungseinheit zu sein.

Will der Staat die Produktion planen, muss er sich ein genaues Bild über die einsetzbaren *originären* und *abgeleiteten* Faktormengen, d. h. über Boden, Bodenschätze und Arbeitskräfte einerseits und Fabrikanlagen, Transportmittel und Rohstoffe *(Produktionsmittel)* andererseits, machen. Die Güte des Produktionsplans hängt damit weitgehend vom Stand der Statistik ab.

Noch schwieriger als die zentrale Produktionsplanung ist die Konsumtionsplanung. Die Planungsbehörde muss sich vollkommen über die Verbraucherwünsche im Klaren sein, es sei denn, sie setzt von sich aus fest, was der Einzelne zu verbrauchen hat bzw. verbrauchen darf. Will sie das nicht, ist eine Orientierung beispielsweise über Verbraucherbefragungen möglich, wenn Fehlplanungen vermieden werden sollen. Fehlplanungen im Konsumgüterbereich bedeuten, dass entweder ein Teil der Produktion nicht absetzbar ist (die Nachfrage ist zu gering) oder das Angebot nicht ausreicht (die Nachfrage ist zu groß). Im letzteren Fall muss das Angebot *rationiert* werden, d. h., jeder erhält eine von der Planungsbehörde festgelegte Zuteilung (Gutschein- oder Bezugsscheinsystem).

> Die Zentralverwaltungswirtschaft ist durch **zentrale Entscheidung, Planung und Kontrolle** gekennzeichnet.

7.1.3.2 Ordnungsmerkmale (Grundvoraussetzungen) des Modells

Damit eine zentralgesteuerte Wirtschaft funktionsfähig sein kann, müssen folgende Ordnungsmerkmale gegeben sein:

- Eine **zentrale Planungsbehörde** (eine staatliche Behörde) plant Verbrauchs- und Produktionsmengen.
- Die **Verteilung** der zu erstellenden Gütermengen und Dienstleistungen wird zeitlich und örtlich **vorausgeplant**.
- Die Produzenten können keine Entscheidungen darüber treffen, ob, was und wie viel sie produzieren wollen **(keine Produktionsfreiheit, keine Gewerbefreiheit, keine Niederlassungsfreiheit)**.
- Ebenso können die Verbraucher keine Entscheidungen darüber treffen, was und wie viel sie verbrauchen wollen **(keine Konsumfreiheit,** sondern **Zuteilungssystem)**.
- Weder Unternehmen noch Haushalte können darüber entscheiden, ob und wie viel sie importieren oder exportieren wollen **(kein Freihandel,** sondern **staatlicher Außenhandel; Devisenzwangswirtschaft)**.
- **Keine Vertragsfreiheit.**
- Die Geldfunktionen sind überflüssig, weil es keine Märkte im Sinne einer freien Wirtschaft gibt und die Steuerung der Wirtschaft nicht über die Marktpreise erfolgt.

---

[1] Statt Zentralverwaltungswirtschaft werden auch folgende Begriffe gebraucht: Zentralwirtschaft, zentral gelenkte Wirtschaft, Gemeinwirtschaft, Planwirtschaft, Kommandowirtschaft.

7.1 Grundlegende Modelle

- Da der Staat die Produktions- und Konsumentscheidungen trifft, kann es **kein Privateigentum** an den Produktionsmitteln geben. Die Produktionsmittel sind verstaatlicht (in **Kollektiveigentum** überführt = sozialisiert).
- **Keine freie Berufswahl, keine Arbeitsplatzwahl** und **keine Freizügigkeit**, weil die Planerfüllung verlangt, dass die Arbeitskräfte dort eingesetzt werden, wo sie am dringendsten benötigt werden.

7.1.3.3 Vorzüge und Mängel des Modells

Ebenso wie der Preismechanismus einer freien Marktwirtschaft nur dann fehlerlos „funktioniert", wenn die Bedingungen der vollkommenen Konkurrenz gegeben sind, ist die Zentralverwaltungswirtschaft nur funktionstüchtig, wenn die staatliche Planungsbehörde jederzeit im Besitz aller zur Planung erforderlichen Informationen ist. Ist dies nicht der Fall, ist auch die Planung unvollkommen.

Die Beschaffung und Auswertung der erforderlichen Informationen scheitert häufig an technischen, wirtschaftlichen, politischen und außerhalb menschlicher Einflussnahme stehenden Gründen.

Rein technisch ist es (bis heute) nicht möglich, in einer modernen Volkswirtschaft mit rund 20 Mio. Güterarten das erforderliche Aufkommen bzw. den tatsächlichen Bedarf zu ermitteln und die entsprechenden Pläne zu erstellen.

Die **Vorteile** der Zentralverwaltungswirtschaft liegen in der Chance, wirtschaftspolitische Ziele wie z. B. hoher Beschäftigungsstand (zulasten des Rechts auf freie Berufs- und Arbeitsplatzwahl und um den Preis der Arbeitspflicht), Preisniveaustabilität (zulasten der Konsumfreiheit), Wirtschaftswachstum (zulasten des Konsumgüterangebots) oder Einkommensgleichheit (zulasten der Eigeninitiative) zu erreichen.

Zusammenfassung

- Die Gesellschaftsordnung kann in folgende Bereiche eingeteilt werden:

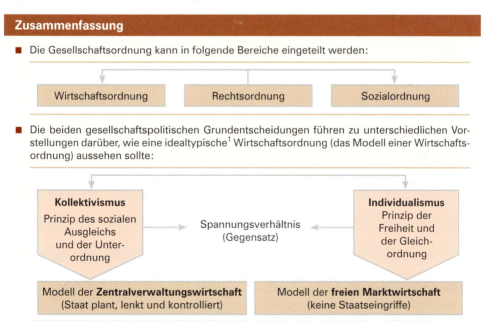

- Die beiden gesellschaftspolitischen Grundentscheidungen führen zu unterschiedlichen Vorstellungen darüber, wie eine idealtypische[1] Wirtschaftsordnung (das Modell einer Wirtschaftsordnung) aussehen sollte:

---

[1] Die freie Marktwirtschaft und die Zentralverwaltungswirtschaft sind „Idealtypen" („Idealformen"), weil sie zwar von der Idee her, nicht aber in der Wirklichkeit existieren.

7 Wirtschaftsordnungen

ÜBUNGSAUFGABEN

1. Warum benötigt eine arbeitsteilige Volkswirtschaft ein Ordnungssystem zur Koordinierung des Wirtschaftsablaufs?

2. Die freie Marktwirtschaft ist ein idealtypisches Modell. Dem Modell am nächsten kam der Industriekapitalismus (Frühkapitalismus) des 19. Jahrhunderts.
    2.1 Erläutern Sie, was unter einer freien Marktwirtschaft zu verstehen ist!
    2.2 Erklären Sie den Begriff Kapitalismus!
    2.3 Erläutern Sie den Begriff Liberalismus und begründen Sie, warum der Liberalismus die ideologische Grundlage der freien Marktwirtschaft ist!
    2.4 Beschreiben Sie in Stichworten positive und negative Erscheinungen des Kapitalismus des 19. Jahrhunderts!
    2.5 Bilden Sie Beispiele für die liberale Ansicht, dass das Einzelinteresse dem Gesamtinteresse entspreche!
    2.6 Wer bestimmt die Produktionsziele in einer freien Marktwirtschaft?

3. Die Missstände des Frühkapitalismus, vor allem die Verelendung breiter Massen, führten zur Entstehung neuer ökonomischer Konzeptionen. Die bedeutendste war die von KARL MARX (1818 bis 1883), der eine Gesellschaft ohne Privateigentum an den Produktionsmitteln und damit die Abschaffung des Gewinnstrebens forderte. Die ideologische Grundlage seiner Konzeption war der Kollektivismus.
    3.1 Wer war Karl Marx?
    3.2 Warum folgt aus der Grundhaltung des Kollektivismus zwangsläufig die Idee der Zentralverwaltungswirtschaft?
    3.3 Wer bestimmt die Produktionsziele in einer Zentralverwaltungswirtschaft?

4. **Arbeitsauftrag:** Stellen Sie die Ordnungsmerkmale des Modells der freien Marktwirtschaft denen des Modells der Zentralverwaltungswirtschaft nach folgendem Muster gegenüber:

Ordnungsmerkmale (Kriterien)	Freie Marktwirtschaft	Zentralverwaltungswirtschaft
1. Rolle des Staates		
2. ...		

Unterscheiden Sie die beiden idealtypischen Wirtschaftsordnungen z. B. anhand folgender Merkmale: Rolle des Staates, Erstellung der Wirtschaftspläne, Entscheidungen der Produzenten, Entscheidungen der Konsumenten, Gestaltung des internationalen Handels, Vertragsrecht, Funktion des Geldes, Eigentum an den Produktionsmitteln, Berufswahl, Arbeitsplatzwahl, Freizügigkeit, Rolle der Märkte.

7.2 Soziale Marktwirtschaft

Volkswirtschaftler (Nationalökonomen), die grundsätzlich am Ideengut des Liberalismus festhalten wollten, *ohne* die Nachteile der freien Marktwirtschaft in Kauf nehmen zu wollen, entwickelten die Idee der *sozialen Marktwirtschaft*.[1]

Worin – so ist zu fragen – besteht nun das Wesen der sozialen Marktwirtschaft, wie sie in der Bundesrepublik Deutschland verwirklicht wurde?

---

[1] In der Wirklichkeit (= Realität) bestehende Wirtschaftsformen bezeichnet man als „Realformen", während die Modelle „Idealformen" genannt werden, weil sie nur in der „Idee", im Entwurf bestehen. Wenn wir in diesem Kapitel die in der Bundesrepublik Deutschland verwirklichte Wirtschaftsordnung als „Realform" bezeichnen, entspricht das zwar dem wirtschaftspolitischen Sprachgebrauch. Wissenschaftlich gesehen ist dies jedoch nicht korrekt, denn die Idee der sozialen Marktwirtschaft ist ebenfalls ein Modell, das in der Bundesrepublik Deutschland nur näherungsweise realisiert (= in die Wirklichkeit umgesetzt) ist.

7.2.1 Wesen der sozialen Marktwirtschaft

Das der sozialen Marktwirtschaft zugrunde liegende Menschenbild ist **dualistisch,** d. h., der Mensch wird *sowohl* als **Individual-** als auch als **Kollektivwesen** gesehen. (Man spricht deswegen auch von der dualistischen oder auch von der personalistischen Gesellschaftsauffassung.) Hieraus folgt bereits, dass die soziale Marktwirtschaft *zwischen* den beiden extremen Modellen der freien Marktwirtschaft einerseits und der Zentralverwaltungswirtschaft andererseits stehen muss. Schlagwortartig könnte man das Grundziel dieser Wirtschafts- und Gesellschaftsform wie folgt umreißen: „So viel Freiheit wie möglich, so viel staatlichen Zwang wie nötig", wobei man sich immer darüber streiten kann, was möglich bzw. was nötig ist.

> Aufgabe der **sozialen Marktwirtschaft** ist, auf der Grundlage der Marktwirtschaft das Prinzip der Freiheit mit dem des sozialen Ausgleichs und der sozialen Gerechtigkeit zu verbinden.[1]

Die soziale Marktwirtschaft befindet sich in einem ständigen Wandel, denn die schnelle technische, wirtschaftliche und gesellschaftliche Entwicklung unserer Zeit verlangt eine dauernde Anpassung der wirtschaftlichen Rahmenbedingungen mit dem Ziel, soziale Gerechtigkeit und Sicherheit bei größtmöglicher Freiheit des Einzelnen zu erreichen.

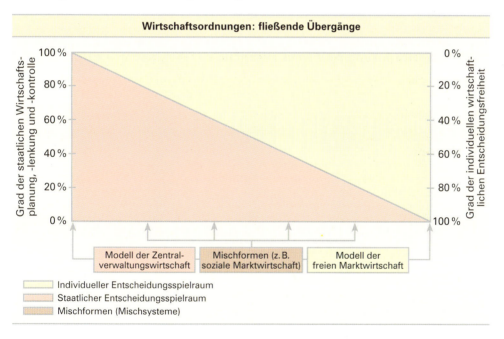

---

[1] Nach MÜLLER-ARMACK, A.: Soziale Marktwirtschaft, in: Handwörterbuch der Sozialwissenschaften, Bd. IX, 1956, S. 390. MÜLLER-ARMACK gehört, wie z. B. Walter EUCKEN (1891–1950) und Ludwig ERHARD (1897–1977), zu den „Vätern" der Idee der sozialen Marktwirtschaft.

7 Wirtschaftsordnungen

7.2.2 Ordnungsmerkmale der sozialen Marktwirtschaft

In der Tabelle auf S. 494f. sind die wesentlichen Ordnungsmerkmale der sozialen Marktwirtschaft denen der freien Marktwirtschaft gegenübergestellt. Greifen wir zur näheren Erläuterung einige Merkmale heraus.

7.2.2.1 Einschränkung der Freiheitsrechte

Nach Art. 20 I GG ist die Bundesrepublik Deutschland ein demokratischer und sozialer Bundesstaat. Hieraus folgt, dass im Interesse der *sozialen Gerechtigkeit* die Freiheit (Autonomie) der Wirtschaftssubjekte erforderlichenfalls eingeschränkt werden muss.

> **Beispiele:**
>
> Einschränkungen der Vertragsfreiheit durch Vorschriften bezüglich der Geschäftsfähigkeit, der Nichtigkeit und Anfechtbarkeit von Rechtsgeschäften [§§ 104ff. BGB] und durch Verbraucherschutzvorschriften (z.B. §§ 305ff., 312ff., 355ff. BGB). – Einschränkungen der Gewerbefreiheit (z.B. durch Approbation[1] von Ärzten und Apothekern, durch die Anmeldepflicht der Gründung eines Gewerbebetriebs [§ 14 GewO] oder die staatliche Überwachung gefährlicher Anlagen [§§ 4ff. BImSchG und §§ 1ff. Vierte BImSchV]). – Eingeschränkt sind ferner die Eigentumsrechte. – Auch staatliche Eingriffe in die Marktpreisbildung engen die Autonomie der Wirtschaftssubjekte ein. – Umweltschutzvorschriften.

7.2.2.2 Einschränkung der Eigentumsrechte

Die Wirtschafts- und Gesellschaftsordnung der Bundesrepublik Deutschland basiert u. a. darauf, dass sich das Eigentum an den Produktionsmitteln weitgehend in den Händen Privater befindet.

Das Eigentumsrecht geht so weit, dass man nach dem BGB mit den meisten beweglichen Sachen machen kann, was man will, schlimmstenfalls auch zerstören. Anders ist dies bei größeren Wirtschafts- und Sacheinheiten. Niemand darf beispielsweise sein Haus oder gar seine Fabrik anzünden. Er würde bereits gegen § 903 BGB verstoßen, der bestimmt, dass das Verfügungsrecht dort seine Grenzen hat, wo diesem andere Gesetze (z.B. das Strafgesetzbuch wegen Brandstiftung) oder Rechte anderer Personen (z.B. Gefährdung oder Belästigung durch Feuer und Rauch) entgegenstehen. Hinzu tritt die Vorschrift des Art. 14 II GG, wonach „Eigentum verpflichtet. Sein Gebrauch soll zugleich dem Wohle der Allgemeinheit dienen" (**soziale Bindung des Eigentums**).

Nach Art. 14 III GG ist auch in der Bundesrepublik Deutschland eine Enteignung möglich.

> **Beispiel:**
>
> Eine Gemeinde möchte ein neues Krankenhaus bauen, weil die Bevölkerung derzeit medizinisch noch unterversorgt ist. Der gemeindeeigene Bauplatz reicht nicht aus, die Gemeinde muss Grundstücke hinzukaufen. Ein Teil der Grundstückseigentümer weigert sich jedoch, die erforderlichen Grundstücke an die Gemeinde zu verkaufen. Die Folge: Die bisherigen Eigentümer werden *enteignet*.

---

[1] Approbation = staatliche Zustimmung.

Im Unterschied zum Rechtssystem einer Zentralverwaltungswirtschaft müssen in der Bundesrepublik Deutschland die bisherigen Eigentümer *entschädigt* werden [Art. 14 III GG]. Im Übrigen ist eine Enteignung nur möglich, wenn sie dem „Wohle der Allgemeinheit" dient [Art. 14 III GG]. Die Entschädigung darf auch nicht einseitig vom Staat[1] festgesetzt werden. Vielmehr hat jeder durch ein Enteignungsverfahren betroffene Bürger das Recht, wegen der Höhe der Entschädigung vor einem ordentlichen Gericht (Amtsgericht, Landgericht, Oberlandesgericht) zu klagen, um eine unabhängige richterliche Entscheidung zu erhalten.

Nach dem Grundgesetz [Art. 15] ist es möglich, neben Grund und Boden auch Naturschätze (Kohlevorkommen, Eisenerzvorkommen, Uranvorkommen) und private Produktionsmittel (bisher im Privatbesitz befindliche Unternehmen) zu *sozialisieren,* d. h. in Staatseigentum (Gemeineigentum, Volkseigentum) zu überführen. Hierzu ist ein besonderes Gesetz, das Art und Umfang der Entschädigung regelt, erforderlich.

Daneben kann der Staat (wie jede andere juristische Person auch) sein Eigentum nach dem BGB erwerben (z. B. durch rechtsgeschäftlichen Erwerb von Grund und Boden, von Aktien und anderen Beteiligungen an Unternehmen).

> **Beispiele für staatliche (öffentliche) Betriebe:**
> Deutsche Bundesbank mit ihren Hauptverwaltungen, öffentliche Rundfunkanstalten, Sparkassen, öffentliche Versorgungsunternehmen (Gas-, Wasser-, Elektrizitätswerke).

7.2.2.3 Einschränkung des Gewinnstrebens

Artikelüberschrift in einer Tageszeitung: „Bekannter Arzneimittelhersteller vom Bundeskartellamt zu einer 10 %igen Preissenkung aufgefordert!"

Das Gewinnstreben (das *erwerbswirtschaftliche Prinzip*)[2] ist zwar der „Motor" der Marktwirtschaft, kann aber zur Ausnutzung und Übervorteilung der wirtschaftlich Schwächeren führen. In einer sozialen Marktwirtschaft muss daher versucht werden, das Gewinnstreben der Wirtschaftssubjekte zu kontrollieren und auf ein sozial vertretbares Maß zu begrenzen.

Der Staat hat zahlreiche Möglichkeiten, das Gewinnstreben der Wirtschaftssubjekte einzuschränken. Beispiele sind:

- **Verbot von Kartellen[3] und anderen Unternehmenszusammenschlüssen.**
- **Missbrauchsaufsicht über marktbeherrschende Unternehmen.**
  In der Bundesrepublik Deutschland kann z. B. das Bundeskartellamt einem marktbeherrschenden Unternehmen die *missbräuchliche* Preiserhöhung untersagen (siehe z. B. § 19 I GWB).[4]
- **Verbot von sittenwidrigen Rechtsgeschäften, insbesondere von Wuchergeschäften** (siehe § 138 BGB).
- **„Mietpreisbremse"**
  Die Regelungen zur sogenannten Mietpreisbremse sehen vor, dass der Mietpreis für eine Wohnung bei Neuvermietung höchstens 10 % über der ortsüblichen Vergleichsmiete liegen darf. Die „Mietpreisbremse" gilt in Gegenden mit angespanntem Wohnungsmarkt. Mietpreissprünge von 20, 30 oder mehr Prozent sollen so verhindert werden.

---

1 Zum „Staat" zählt nicht etwa nur der Bund, sondern auch die Länder, die Gemeinden, die Kreise und andere öffentliche Körperschaften wie z. B. die Träger der gesetzlichen Sozialversicherungen.
2 Siehe Kapitel 4.1.1.
3 Siehe Kapitel 5.6.1.1.
4 Siehe Kapitel 5.6.1.2.

- **Lohnstopps**
  Lohnstopps sind in der Bundesrepublik Deutschland nur im öffentlichen Dienst (bei Beamten, Richtern und Soldaten) möglich, da in den Bereichen der freien Wirtschaft Tarifautonomie besteht.
- **Beschneidung der Einkommen (Gewinne und Löhne) durch Steuerprogression.**[1]
  Unter Steuerprogression versteht man einen Steuertarif, bei dem der Steuersatz schneller als die zu versteuernde Größe (z. B. der Gewinn, der Lohn, das Gehalt) steigt.

7.2.2.4 Staatseingriffe in Markt und Preisbildung

Aus dem Gebot der Sozialstaatlichkeit [Art. 20 I GG] folgt des Weiteren, dass der Staat in das Wirtschaftsgeschehen eingreifen muss, wenn dies **sozial** geboten erscheint.

Die freie Preisbildung kann – auch wenn die Märkte im Sinne der Theorie[2] gut funktionieren – nicht „sozial" sein, denn der Preis ist eine objektive Größe, die sich aufgrund der Angebots- und Nachfrageverhältnisse ergibt.

Marktkonforme Staatseingriffe

Staatseingriffe, die den Preismechanismus (die Steuerungsfunktion der Preise) nicht außer Kraft setzen, bezeichnet man als **marktkonform** (systemkonform).[3]

Marktkonforme Eingriffe liegen vor, wenn der Staat die Nachfrage und/oder das Angebot erhöht oder senkt, die Preisbildung aber dem Markt überlässt. Man spricht daher auch von *indirekter* Marktlenkung.

Einen Überblick über mögliche marktkonforme Staatseingriffe gibt nachstehende Zusammenstellung.

Überblick über mögliche marktkonforme Maßnahmen des Staates	
Erhöhung der Nachfrage	**Verringerung der Nachfrage**
1. Erhöhung der Staatsnachfrage;	1. Verringerung der Staatsnachfrage;
2. Steuersenkung (Wirtschaftssubjekte können mehr ausgeben);	2. Steuererhöhungen (Wirtschaftssubjekte können weniger ausgeben);
3. Verbesserungen der Abschreibungsmöglichkeiten (Unternehmen werden angeregt, mehr Investitionsgüter nachzufragen);	3. Abbau der Abschreibungsvergünstigungen (die Investitionsgüternachfrage wird gebremst);
4. Subventionen an Verbraucher (z. B. Wohngeld, Kindergeld).	4. Streichung und/oder Kürzung von Subventionen an Verbraucher.
Ziel: Verbesserung der Beschäftigungslage (Abbau der Arbeitslosigkeit).	*Ziel:* Dämpfung der Preissteigerungsraten (Inflationsbekämpfung).
Gefahr: Preissteigerungen (Inflation).	*Gefahr:* Unterbeschäftigung (Arbeitslosigkeit).

---

1 Näheres siehe Kapitel 6.1.5 und Kapitel 6.3.2.5.
2 Siehe Kapitel 5.3.
3 Konform sein = in Einklang stehen mit etwas; marktkonforme Maßnahmen sind also solche, die mit der Idee der Marktwirtschaft in Einklang stehen, ihr nicht widersprechen.

7.2 Soziale Marktwirtschaft

Erhöhung des Angebots	Verringerung des Angebots
1. Erhöhung des Angebots der staatlichen Betriebe; 2. Subventionen an Produzenten; 3. Zollabbau (Erhöhung des Angebots von ausländischen Waren). Ziel: Dämpfung der Preissteigerungsraten (Inflationsbekämpfung). Gefahr: Überproduktion, falls Preissenkungen ausbleiben.	1. Verringerung des Angebots der staatlichen Betriebe; 2. Streichung und/oder Kürzung von Subventionen an Produzenten; Erhöhung der Kostensteuern; 3. Zollerhöhungen (Verringerung des Angebots von ausländischen Waren). Ziel: Verhinderung der Überproduktion. Gefahr: Preissteigerungen und Unterbeschäftigung (Arbeitslosigkeit).

Marktkonträre Staatseingriffe

Staatseingriffe, die den Preismechanismus außer Kraft setzen, bezeichnet man als **marktkonträr** (systeminkonform).[1]

Der Preismechanismus wird dann außer Kraft gesetzt, wenn der Staat entweder die Produktions- bzw. Verbrauchsmengen durch Gesetz festlegt oder den Preis unmittelbar vorschreibt. Derartige Eingriffe *widersprechen* dem Wesen einer Marktwirtschaft.

Marktkonträre Staatseingriffe	Erläuterung
Festsetzung von Produktionsmengen	Die staatliche Festsetzung von Produktionsmengen kann den Zweck haben, die Mindestversorgung der Bevölkerung zu sichern. Hierbei geht es der Regierung darum, die bisherigen Produktionsmengen möglichst zu erhalten oder zu erhöhen. Die Produzenten werden unter Strafandrohung gezwungen, ihre Produktionsmengen den entsprechenden staatlichen Behörden zu melden und an die gesetzlich vorgeschriebenen Stellen abzuliefern.
Festsetzung von Verbrauchsmengen[2]	Setzt der Staat die Verbrauchsmengen fest, will er eine gleichmäßige Versorgung der Wiederverwender und/oder der Letztverbraucher sichern. Die Festsetzung von Verbrauchsmengen ist – wie die Festsetzung der Produktionsmengen auch – vor allem in Kriegswirtschaften und/oder in Zentralverwaltungswirtschaften zu finden.
Staatliche Preisfestsetzung	Die vom Staat vorgeschriebenen Preise können *Höchstpreise*, *Festpreise* oder *Mindestpreise* sein.
▪ Höchstpreise	Höchstpreise liegen *unter* dem Preis, der sich bei freier Preisentwicklung ergeben würde. Sie dienen demnach dem Schutz des *Verbrauchers*. Ist der Höchstpreis so niedrig, dass ein Teil der Produzenten nicht mehr kostendeckend anbieten kann, ist die Wirtschaft *unterversorgt*. **Beispiel:** Höchstmieten im sozialen Wohnungsbau. **Folge:** Es entstehen „schwarze Märkte", auf denen die knappen Waren zu überhöhten Preisen gehandelt werden.

---

[1] Konträr = entgegengesetzt, widersprüchlich.
[2] Die Festsetzung von Produktions- und Verbrauchsmengen bezeichnet man als Kontingentierung.

7 Wirtschaftsordnungen

- **Mindestpreise**

  Mindestpreise liegen *über* dem Preis, der sich bei freier Preisentwicklung ergeben würde. Sie dienen demnach dem Schutz des *Produzenten*. Durch den Mindestpreis werden die Produzenten zur Mehrproduktion angeregt, die die Verbraucher aufgrund des hohen Preises nicht restlos aufnehmen wollen oder können. Der Mindestpreis ist nur haltbar, wenn der Staat die Überschussproduktion aufkauft.

  Beispiel:

  Zum Schutz der Landwirtschaft sind in der Europäischen Union[1] (= EU) für Getreide Mindestpreise (Interventionspreise) festgelegt. Liegt der Marktpreis unter dem Mindestpreis, muss die EU die Überproduktion aufkaufen, um die Preise zu stützen.[2]

- **Festpreise**

  Festpreise können *über* oder *unter* dem Preis liegen, der sich bei freier Preisentwicklung ergeben würde. Liegt der Festpreis über dem Gleichgewichtspreis, wirkt er wie ein Mindestpreis; liegt er darunter, wirkt er wie ein Höchstpreis.

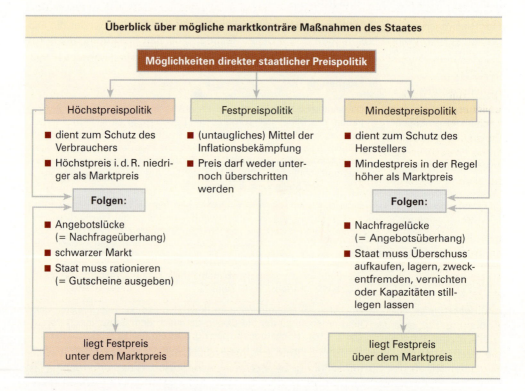

Überblick über mögliche marktkonträre Maßnahmen des Staates

Möglichkeiten direkter staatlicher Preispolitik

Höchstpreispolitik
- dient zum Schutz des Verbrauchers
- Höchstpreis i. d. R. niedriger als Marktpreis

Folgen:
- Angebotslücke (= Nachfrageüberhang)
- schwarzer Markt
- Staat muss rationieren (= Gutscheine ausgeben)

liegt Festpreis unter dem Marktpreis

Festpreispolitik
- (untaugliches) Mittel der Inflationsbekämpfung
- Preis darf weder unter- noch überschritten werden

Mindestpreispolitik
- dient zum Schutz des Herstellers
- Mindestpreis in der Regel höher als Marktpreis

Folgen:
- Nachfragelücke (= Angebotsüberhang)
- Staat muss Überschuss aufkaufen, lagern, zweckentfremden, vernichten oder Kapazitäten stilllegen lassen

liegt Festpreis über dem Marktpreis

---

1 Mitgliedsländer sind Belgien, Bulgarien, Bundesrepublik Deutschland, Dänemark, Estland, Finnland, Frankreich, Griechenland, Großbritannien, Irland, Italien, Kroatien, Lettland, Litauen, Luxemburg, Malta, Niederlande, Österreich, Polen, Portugal, Rumänien, Schweden, Slowakei, Slowenien, Spanien, Tschechien, Ungarn, Zypern.

2 Die Nachteile der Mindestpreispolitik haben die Europäische Union 2005 dazu bewogen, die bisherige Agrarpolitik zu ändern. Auf den starken Druck Frankreichs hin blieben jedoch die bisherigen Mindestpreise für Getreide erhalten. Die Mindestpreise für Butter und Magermilchpulver wurden nur geringfügig gekürzt.

7.2.2.5 Monopollohnsystem

Ein ganz wesentliches Ordnungsmerkmal der sozialen Marktwirtschaft ist das im Grundgesetz Art. 9 III verbriefte Recht der Arbeitnehmer, Gewerkschaften zu bilden bzw. das Recht der Arbeitgeber, sich in Arbeitgebervereinigungen zusammenzuschließen. Die Sozialpartner schließen in freier Vereinbarung Tarifverträge ab.[1]

Hätten wir auf dem *Arbeitsmarkt* die Bedingungen der vollständigen (polypolistischen) Konkurrenz (siehe Kapitel 5.3.1), würde sich die Lohnhöhe (= Preis für Arbeit) ausschließlich nach Angebot und Nachfrage bestimmen. In Zeiten geringer Nachfrage könnten so die Löhne bis auf das Existenzminimum oder sogar darunter sinken: Hunger und Elend wären die Folgen. Dadurch aber, dass sich die Arbeitnehmer und Arbeitgeber zu mächtigen Interessenvertretungen zusammenschließen können (Gewerkschaften einerseits und Arbeitgeberverbände andererseits), haben wir auf dem Arbeitsmarkt heute ein zweiseitiges Monopol, das die Lohnhöhe mithilfe von Verhandlungen oder anderer Kampfmittel auszuhandeln sucht. Das Ergebnis sind *Mindestlöhne,* die nicht unterschritten werden können. Liegen die Tariflöhne *über* den Löhnen, die sich bei freier Konkurrenz auf dem Arbeitsmarkt bilden würden, wird ein Teil der Arbeitswilligen arbeitslos. Das ist der Grund dafür, dass das Monopollohnsystem durch den Ausbau eines Sozialversicherungssystems (siehe Kapitel 2.6.4) ergänzt werden muss, um soziale Härten zu vermeiden.

Fehlen tarifvertragliche Regelungen, kann der Staat Mindestlöhne vorschreiben. Die gesetzlichen Mindestlöhne haben die gleichen Wirkungen wie die tarifvertraglich festgelegten.

Die Lohnbildung im Monopollohnsystem vollzieht sich nach anderen Regeln als die Preisbildung auf einem vollkommenen polypolistischen Markt. Führen die Tarifverhandlungen nicht zum Ziel, kommt es zum *Streik.* Aber auch beim Monopollohnsystem bildet sich nach Ablauf einer bestimmten Zeit ein neuer (höherer) Lohnsatz heraus. Das Zustandekommen des Monopollohns durch Streik wird in der Literatur wie in nebenstehender Abbildung dargestellt.[2] Die Grafik macht deutlich, dass

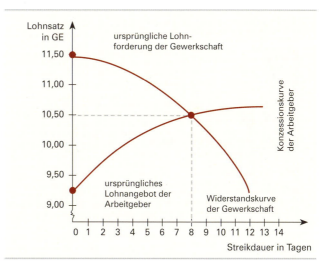

die Streikdauer abhängig ist von der Konzessionsbereitschaft[3] der Unternehmer und der Widerstandskraft der Gewerkschaften. Die Konzessionsbereitschaft der Unternehmer ist groß, wenn sie z. B. steigende Gewinne erwarten: Die „Konzessionskurve" verläuft steiler. Die Widerstandskraft der Gewerkschaften wächst mit zunehmender Mitgliederzahl und damit mit volleren Streikkassen: Die Widerstandskurve verläuft flacher.

---

1 Näheres siehe Kapitel 2.6.1.1.
2 Vgl. z.B. ROPPEL, U.: Wann kommt es zum Streik? Streikursachen im Lichte der ökonomischen Theorie, in: Der Bürger im Staat, hrsg. von der Landeszentrale für Politische Bildung Baden-Württemberg, 27. Jhg., Heft 3, 1977, S. 170.
3 Konzession = Zugeständnis.

7.2.2.6 Geld- und Fiskalpolitik

Geldpolitik der Europäischen Zentralbank

Die Europäische Zentralbank (EZB) als „Hüterin der Währung" hat die Aufgabe, die Wirtschaft ausreichend mit Geld zu versorgen, nicht mit zu viel, um eine Inflation[1] zu vermeiden, nicht mit zu wenig, um eine Rezession[2] zu verhindern.

Hierzu stehen ihr eine Reihe geldpolitischer Maßnahmen wie z. B. die Zinspolitik und die Offenmarktpolitik zur Verfügung.

Wirtschaftspolitische Zielsetzungen durch den Staat

In der sozialen Marktwirtschaft hat der Staat die Aufgabe, wirtschafts- und sozialpolitische Ziele (z. B. hoher Beschäftigungsstand, stetiges Wirtschaftswachstum) zu setzen und durchzusetzen.

Zusammenfassung

Gegenüberstellung der freien Marktwirtschaft und der sozialen Marktwirtschaft	
Freie Marktwirtschaft	**Soziale Marktwirtschaft**
Der Staat greift überhaupt nicht in das Wirtschaftsgeschehen ein. Er hat lediglich Überwachungsfunktionen (Nachtwächterstaat).	Der Staat greift in das Wirtschaftsgeschehen ein, um den Wohlstand und die soziale Sicherheit breiter Schichten zu gewährleisten (Sozialstaat).
Die Entscheidung darüber, was und wie viel produziert wird, liegt ausschließlich bei den Unternehmen (Produktionsfreiheit, Gewerbefreiheit).	Grundsätzlich besteht Gewerbefreiheit, nicht jedoch für Gewerbezweige, die die Gesundheit und/oder die Sicherheit der Bevölkerung gefährden können (eingeschränkte Gewerbefreiheit). So werden z. B. gefährliche Anlagen (Betriebe) staatlich überwacht, um Arbeitnehmer auch vor Gefahren am Arbeitsplatz (z. B. vor Unfällen, Berufskrankheiten) zu schützen (siehe z. B. §§ 1 ff. GPSG).
Die Entscheidung darüber, was und wie viel gekauft wird, liegt ausschließlich bei den Konsumenten (Konsumfreiheit).	Grundsätzlich besteht Konsumfreiheit, nicht jedoch bei gesundheitsgefährdenden Konsumgütern (z. B. Rauschgifte).
Es bleibt den Unternehmen und Haushalten überlassen, ob und wie viel sie importieren oder exportieren wollen (uneingeschränkter Freihandel).	Grundsätzlich besteht Freihandel und freie Austauschbarkeit der Währungen. Eingriffe in den Außenhandel sind aus konjunkturpolitischen Gründen erlaubt und erwünscht (z. B. Auf- oder Abwertungen, Freigabe der Wechselkurse, Devisenpolitik der Notenbank, Zollsatzänderungen, Verbot des Waffenhandels mit kriegsgefährdeten Gebieten usw.).
Die Ausgestaltung der Verträge (Kauf-, Miet-, Pacht-, Kartellverträge usw.) wird den Vertragsparteien überlassen (Vertragsfreiheit).	Eingeschränkte Vertragsfreiheit durch Verbot des Wuchers, der Ausnutzung der Notlage eines anderen, Kartellgesetzgebung, Missbrauchsaufsicht, Fusionskontrolle, Unternehmensrecht usw.

---

1 Inflation = wörtl. Aufblähung (Geldentwertung). Näheres siehe Kapitel 8.6.1.3.
2 Rezession = wirtschaftlicher Rückschlag.

7.2 Soziale Marktwirtschaft

Gegenüberstellung der freien Marktwirtschaft und der sozialen Marktwirtschaft	
Freie Marktwirtschaft	**Soziale Marktwirtschaft**
Das Geld übt seine Funktionen ohne Eingriffe des Staates bzw. einer Zentralbank aus.	Das Geld ist darüber hinaus Steuerungsmittel: Durch die notenbankpolitischen Instrumentarien (Zinspolitik, Pensionsgeschäfte, Emission von Wertpapieren) soll der Wirtschaftsablauf in der gewünschten Richtung beeinflusst werden.
Das Privateigentum an den Produktionsmitteln ist gewährleistet.	Grundsätzlich steht das Eigentum unter dem Schutz des Staates. Staatseigentum an Produktionsmitteln ist möglich (z. B. öffentliche Nahverkehrsbetriebe) oder erwünscht (z. B. Sozialisierung, um Arbeitsplätze zu sichern).
Freie Berufswahl, Arbeitsplatzwahl und Freizügigkeit müssen garantiert sein.	Grundsätzlich bestehen freie Berufswahl, Arbeitsplatzwahl und Freizügigkeit. Um Fehlentwicklungen auf dem Arbeitsmarkt abzuschwächen, sind staatliche indirekte Lenkungsmaßnahmen erwünscht (Beihilfen zur Umschulung, Stellenvermittlung durch die Agenturen für Arbeit, Berufsberatung, Bildungspolitik).
Die Verteilung des Sozialprodukts ist das Ergebnis der Marktprozesse.	Der Staat nimmt eine Einkommensumverteilung mit dem Ziel einer sozialverträglichen Einkommensverteilung vor: prozentual höhere Versteuerung der mittleren und höheren Einkommen (Steuerprogression), Kindergeldzahlungen, Wohngeld für niedrige Einkommensschichten, Ausbildungsförderung, Arbeitslosenunterstützung und/oder -fürsorge, Sparförderung.
Bildung ist Privatsache.	Bildung ist grundsätzlich Aufgabe des Staates. Jeder soll gemäß seinen Fähigkeiten und Neigungen die gleichen Bildungschancen haben („Chancengleichheit"). Der Staat stellt die Mittel für die Bildungseinrichtungen zur Verfügung. Die sozial Schwachen erhalten Beihilfen.

ÜBUNGSAUFGABEN

1.
Die soziale Marktwirtschaft in der Bundesrepublik Deutschland ist ein möglicher „Realtyp" einer Wirtschaftsordnung. Zu ihren Grundlagen gehört der Wettbewerbsgedanke. „Die Wettbewerbsverfassung ist deshalb das Kerninstrument zur Erreichung des gesteckten Wettbewerbsziels.

Die Erfahrung zeigt aber, dass die Aufrechterhaltung des Wettbewerbs nicht zwangsläufig ist. Wettbewerb ohne Kontrolle trägt eine Tendenz zur Selbstauflösung in sich.

Kartellverbot, Fusionskontrolle und Missbrauchsaufsicht sind deshalb die Eckpfeiler einer marktwirtschaftlichen Wettbewerbsverfassung. Zuständig für die Einhaltung der Regeln sind das Bundeskartellamt und für große, grenzüberschreitende Zusammenschlüsse die EU-Kommission."

Quelle: Staat und Wirtschaft, in: Wirtschaft und Unterricht, hrsg. vom Institut der Deutschen Wirtschaft, Köln, Jhg. 19, 28.10.1993, S. 1.

1.1 Begründen Sie, warum die soziale Marktwirtschaft der Bundesrepublik Deutschland als „Realtyp" einer Wirtschaftsordnung bezeichnet wird!

7 Wirtschaftsordnungen

1.2 Als ein wesentlicher Mangel einer freien Marktwirtschaft wurde die Tendenz zur Konzentration (Monopolisierung) genannt. Nennen und beschreiben Sie fünf negative Wirkungen der Konzentration!

1.3 Erklären Sie, was unter Kartellkontrolle, Fusionskontrolle und Missbrauchsaufsicht zu verstehen ist!

1.4 Welche Institutionen sind für die Wettbewerbskontrolle zuständig?

2.

„Freiheit der Märkte einerseits, sozialer Ausgleich andererseits bilden zusammen das Konzept der *sozialen Marktwirtschaft*. Der Staat definiert soziale Schutzrechte und den Rahmen für Sicherungssysteme (z. B. Kranken- und Rentenversicherung, gesetzliche Arbeitsförderung), die dem Einzelnen den Lebensunterhalt auch in den Lebensphasen sichern sollen, in denen er nicht in der Lage ist, für sich selbst zu sorgen.

Die schwierigste Aufgabe der Sozialpolitik ist diejenige der „richtigen" Dosierung. Die Spanne zwischen notwendiger sozialer Sicherheit und einem leistungshemmenden Versorgungsstaat ist eng. Ein Drittel des Inlandsprodukts wird in Deutschland für soziale Belange ausgegeben.

An den Finanzierungslasten sind die Beitragszahler (Arbeitnehmer und Arbeitgeber) zu etwa zwei Dritteln und der Staat zu einem Drittel beteiligt ...

Obwohl auf den Arbeitsmärkten grundsätzlich die gleichen Regeln wie auf Gütermärkten gelten könnten, ist die menschliche Arbeit aus guten Gründen besonders geschützt und in allen Ländern gibt es Sonderregelungen.

In Deutschland sind das:
- Schutzrechte (Kündigungsschutz, Sozialpläne),
- Mitbestimmungsrechte für Arbeitnehmer und
- eine kollektive Form der Lohnfindung, indem Arbeitgeberverbände und Gewerkschaften für ganze Branchen und Regionen verbindliche Tarifverträge aushandeln.

Quelle: Staat und Wirtschaft, a. a. O., S. 2.

2.1 Erklären Sie, warum in einer freien Marktwirtschaft sehr schnell soziale Missstände entstehen!

2.2 Wie wird im Text der Begriff „soziale Marktwirtschaft" definiert?

2.3 Zeigen Sie anhand des obigen Textes mögliche staatliche Maßnahmen zur Verhinderung sozialer Missstände!

2.4 Der wievielte Teil des Inlandsprodukts wird für soziale Belange ausgegeben?

2.5 Nennen Sie fünf eigene Beispiele für Sozialausgaben!

2.6 Aus der im ersten Satz des Textauszugs angesprochenen Antinomie[1] ergeben sich Zielkonflikte in der sozialen Marktwirtschaft. Stellen Sie vier Zielkonflikte anhand eigener Beispiele dar!

3. In der sozialen Marktwirtschaft greift der Staat auf verschiedenen Gebieten in das Wirtschaftsgeschehen ein.

3.1 Warum muss der Staat in der sozialen Marktwirtschaft das Gewinnstreben einschränken?

3.2 Welche Maßnahmen können zur Steuerung und Begrenzung des erwerbswirtschaftlichen Prinzips beitragen?

3.3 Im Prinzip ist auch in der sozialen Marktwirtschaft der Markt Steuerungsinstrument der Wirtschaft. Jedoch greift der Staat in Markt und Preisbildung mit marktkonformen und marktkonträren Maßnahmen ein! Erklären Sie diese beiden Begriffe!

3.4 Welche wirtschaftspolitischen Ziele verfolgt der Staat, wenn er (unmittelbar oder mittelbar)

    3.4.1 das Angebot erhöht,

    3.4.2 das Angebot verringert,

    3.4.3 die Nachfrage erhöht,

    3.4.4 die Nachfrage verringert?

---

[1] Antinomie = unauflösbarer Gegensatz.

7.3 Ökologisch-soziale Marktwirtschaft

4. Angenommen, ein Land führt für Brot einen Preisstopp, wie in nebenstehender Abbildung dargestellt, ein.

4.1 Handelt es sich um eine marktkonforme oder um eine marktkonträre Maßnahme?

4.2 Handelt es sich um einen Höchst- oder um einen Mindestpreis?

4.3 Welche Wirkungen werden eintreten?

Begründen Sie Ihre Antworten!

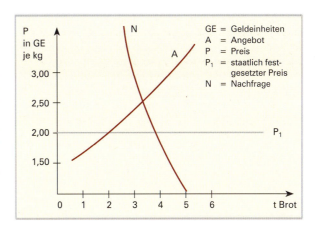

5. Angenommen, ein Land führt auf dem Weichweizenmarkt einen Preis von 30,00 GE je dt ein, der nicht unterschritten werden darf (siehe nebenstehende Abbildung).

5.1 Handelt es sich um eine marktkonforme oder um eine marktkonträre Maßnahme?

5.2 Handelt es sich um einen Mindestpreis?

5.3 Welche Wirkungen werden eintreten?

Begründen Sie Ihre Antworten!

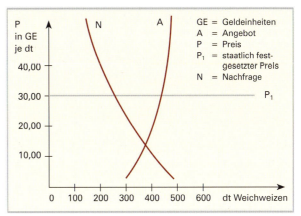

7.3 Ökologisch-soziale Marktwirtschaft[1]

Voraussetzungen und Prinzipien

Die fortschreitende Umweltzerstörung in allen Ländern der Erde zwingt dazu, Überlegungen anzustellen, wie eine umweltverträgliche Wirtschaftsordnung geschaffen werden kann. Notwendige Maßnahmen sind:

■ **Schaffung eines Umweltbewusstseins**

Eine der wichtigsten **Voraussetzungen** für eine umweltschonende Wirtschaftspolitik ist die **Veränderung des Bewusstseins** zumindest der Mehrheit der Bevölkerung. Solange z. B. noch Schüler Behältnisse aller Art ungeniert in die Schulhöfe werfen, Touristen ihre Abfälle an den Park- und Rastplätzen hinterlassen, Autofahrer ihre Motoren im Stand lau-

---
[1] Die Ökologie als Teilbereich der Biologie untersucht die Beziehungen zwischen den Lebewesen untereinander und ihre Wechselbeziehungen zu ihrer Umwelt. Der Lebensraum eines Lebewesens wird als Biotop bezeichnet. Alle Lebewesen eines Biotops bilden eine Biozönose. Biotop und Biozönose stellen zusammen ein Ökosystem dar. Wenn der Begriff „Ökologie" im Zusammenhang mit dem Begriff „Ökonomie" verwendet wird, ist mit Ökologie in aller Regel der Umweltschutz, d. h. die Erhaltung einer lebenswerten und lebensfähigen Umwelt gemeint.

fen lassen, private Verbraucher oft aufwendig verpackte Lebensmittel kaufen, Motorrad- und Autofahrer an Sonn- und Feiertagen Hunderte von Kilometern fahren, Familienväter den Hausmüll im nächstgelegenen Bach oder Wald „entsorgen", Landwirte ihre Spritz- und Düngemittel nach dem Motto „viel bringt viel" ausbringen, Betriebsleiter giftige Abwässer in die Flüsse leiten lassen, solange also jeder, ob Privater, Unternehmer, Angestellter, Arbeiter, Beamter, Soldat oder Rentner, Auszubildender, Schüler oder Student, den Umweltschutz den „anderen" überlässt, so lange ist es um eben dieses Umweltbewusstsein schlecht bestellt.

Die Veränderung des Bewusstseins muss zu einem **neuen Wirtschafts- und Gesellschaftsmodell** führen, das alle wirtschaftlichen Ziele und Handlungen dann als **richtig** begreift, wenn sie umweltschonend sind, und alle diejenigen als **falsch** (als schädlich) ansieht, wenn sie die Umwelt schädigen.

■ Verursacherprinzip

Schließlich muss allgemein dem Verursacherprinzip Geltung verschafft werden. Das Verursacherprinzip verlangt, dass alle Kosten denjenigen Leistungen zuzurechnen sind, auf die diese Kosten zurückzuführen sind. Auf die Umweltpolitik übertragen bedeutet dies, dass derjenige die Kosten zur Vermeidung, Beseitigung oder zum Ausgleich einer Umweltbelastung zu tragen hat, der für ihre Entstehung verantwortlich gemacht werden kann. Die Durchsetzung des Verursacherprinzips dient der Internalisierung[1] von Kosten.

> **Beispiel:**
>
> Die Verpackungsverordnung [VerpV] sieht eine Entsorgungspflicht für Verpackungen vor. So sind Hersteller, Großhändler und Einzelhändler verpflichtet, ihre Verpackungen entweder erneut zu verwenden oder zu entsorgen (z. B. durch das Duale System). Dadurch ist es ihnen nicht möglich, die Entsorgungskosten zu „externalisieren", d. h. von der „Außenwelt" (der Gesellschaft) tragen zu lassen. Mit der gesetzlichen Entsorgungspflicht werden die Kosten „internalisiert", d. h., die Kosten erscheinen in den Kalkulationen der Unternehmen.

■ Vorsorgeprinzip

Dieser Grundsatz der Umweltpolitik verlangt, dass Umweltgefahren **vorausschauend** erkannt und vorbeugend vermieden werden.

> **Beispiel:**
>
> Bereits in der Planungsphase privater und öffentlicher Maßnahmen (z. B. Bauplanungen) prüfen staatliche Behörden, ob bei den zu genehmigenden Projekten schädliche Immissionen (Einwirkungen auf Pflanzen, Tiere und Menschen) zu erwarten sind **(Umweltverträglichkeitsprüfung)**.

■ Kooperationsprinzip

Neben dem Verursacher- und dem Vorsorgeprinzip stellt das Kooperationsprinzip eine weitere Säule der Umweltpolitik dar. Das Kooperationsprinzip verlangt das enge Zusammenwirken (Kooperieren) von Unternehmen, privaten Haushalten, staatlichen Stellen und Verbänden in Angelegenheiten des Umweltschutzes.

---

1 Intern = innerlich, von innen. Internalisierung von Kosten heißt, dass solche Kosten von denjenigen getragen werden müssen, die sie verursacht haben und die bisher auf die Allgemeinheit abgewälzt wurden. Die von der Allgemeinheit zu zahlenden Kosten heißen „externe Kosten". (Extern = äußerlich, außen.)

7.3 Ökologisch-soziale Marktwirtschaft

> **Beispiele:**
>
> Vielfach besteht ein großes Interesse daran, die noch vorhandenen Naturlandschaften und landwirtschaftlichen Kulturlandschaften (z. B. Streuobstwiesen, Bergwiesen, Mischwälder, Bäche, Tümpel, Moore) soweit wie möglich zu erhalten und zu pflegen. Zu den interessierten Personen und Gruppen gehören Erholung suchende Städter, Wanderer und Wandervereine, Fremdenverkehrseinrichtungen, Gaststätten- und Hotelgewerbe, Gemeindeverwaltungen, Naturschutzverbände und die Forstwirtschaft. Es liegt also nahe, dass alle Gruppierungen zusammenarbeiten (kooperieren) und ihre Erhaltungsmaßnahmen aufeinander abstimmen (koordinieren), um das gemeinsame Ziel zu erreichen. So sorgen z. B. die Forstwirtschaft für die Freihaltung und Erhaltung der Wege, die Waldpflege und naturnahe Wiederaufforstung, die Wandervereine für die Beschilderung und Neuanlage von Wanderwegen, die Gemeinden für die Einrichtung von Rast- und Grillplätzen und die Naturschützer für die Erhaltung und Schaffung von Biotopen,[1] die Einrichtung von Nistplätzen für selten gewordene Vogelarten oder die Erhaltung einer offenen Landschaft (z. B. der nicht mehr beweideten Bergwiesen).

Alle diese Maßnahmen kosten natürlich Geld. Eine Möglichkeit, die erforderlichen Mittel zu beschaffen, ist das „Öko-Sponsoring". Das bedeutet, dass Spenden für Wiederherstellungsmaßnahmen (z. B. Wiederaufforstung) von Wirtschaftsunternehmen an Naturschutzverbände (z. B. GREENPEACE, ROBIN WOOD, Wold Wildlife Fund [IWF], Bund für Umwelt und Naturschutz [BUND] und der Bund für Vogelschutz [DBV]) nur dann entgegengenommen und verwendet werden, wenn von diesen Unternehmen umweltschädigende Produkte in großem Umfang aus dem Markt genommen werden.

Käme es zusätzlich noch zu einer Verlagerung des Konsums hin zu den umweltverträglichsten Produkten, dann wäre der Umweltschutz in einigen Jahren **ohne** langwierige und oft lückenhafte Gesetzgebung ein großes Stück vorangekommen, ein unbestreitbarer Vorteil des Kooperationsprinzips im Rahmen der sozialen Marktwirtschaft.

■ Prinzip der Nachhaltigkeit[2]

Das Prinzip der Nachhaltigkeit stammt ursprünglich aus der vor allem in Deutschland betriebenen Forstwirtschaft. Danach darf der jährliche Holzeinschlag nicht größer sein als die nachwachsende Holzmenge. Dieses Prinzip ließe sich z. B. ohne weiteres auch auf die Fischerei- oder Jagdwirtschaft anwenden.

Bezüglich der nicht erneuerbaren Ressourcen lässt sich das Nachhaltigkeitsprinzip im ursprünglichen Sinne nicht anwenden, denn wirtschaftliche Tätigkeiten sind meistens auch mit dem Verbrauch nicht erneuerbarer Ressourcen (z. B. Erdöl, Kohle, Mineralien usw.) verbunden.

Konkret gelten deshalb folgende Nutzungsregeln des Prinzips der Nachhaltigkeit:

> - **Sustainable yeld:** Bei erneuerbaren Ressourcen darf die Abbaurate die Regenerationsrate (die Nachwuchsrate) nicht überschreiten (siehe Forst- und Fischereiwirtschaft).
> - **Sustainable waste disposal:** Abfallmengen oder Schadstoffemissionen dürfen die Assimilationskapazität[3] der Natur nicht übersteigen.

---

1 Siehe Fußnote auf S. 497.
2 Quelle: VOSS, G.: Wirtschaftswachstum und Umwelt, hrsg. von der Bundesarbeitsgemeinschaft Schule/Wirtschaft, Köln, 1995, S. 15f.
3 Assimilation (lat.) = Aufnahmefähigkeit, (problemlose) Ausgleichsfähigkeit.

- **Quasi-Nachhaltigkeit:**[1] Der Verbrauch nicht erneuerbarer Ressourcen muss ausgeglichen werden (z. B. durch entsprechende Zunahme des Bestands an erneuerbaren Energien, Effizienzsteigerung [Steigerung der Wirksamkeit] erschöpfbarer Ressourcen).
- **Finanzierungsregel:** Die steuerlichen Gewinne aus dem Einsatz der nicht erneuerbaren Ressourcen sind für die Entwicklung alternativer Technologien zu verwenden, die (ausschließlich oder vorrangig) auf erneuerbare Ressourcen zurückgreifen.

Staatliche Instrumente

Weder in den zentral gesteuerten Wirtschaftsordnungen noch in den marktwirtschaftlich orientierten Wirtschaftsordnungen ist eine natürliche „Bremse" gegen die Umweltzerstörung eingebaut. Die Umweltzerstörung ist sozusagen systemimmanent (dem System innewohnend). Wenn nämlich die natürlichen Produktionsfaktoren (scheinbar) nichts kosten und die Natur als kostenlose Deponie behandelt wird, führt das Produktivitätsdenken in der Zentralverwaltungswirtschaft ebenso wie das Rentabilitätsdenken in der Marktwirtschaft zur Ausbeutung der Natur.

Wird also das Ziel des Umweltschutzes in den Zielkatalog einer **sozialen Marktwirtschaft** aufgenommen, müssen – ebenso wie dies zur Erreichung sozialer Ziele erforderlich ist – **staatliche Eingriffe** erfolgen, die die Marktbedingungen so verändern, dass **Nachfrage** und **Angebot** in der gewünschten Weise gelenkt werden. **Marktkonforme Maßnahmen** müssen hierbei die Regel, **marktkonträre Maßnahmen** die Ausnahme bilden.

- **Marktkonforme Maßnahmen**

Mithilfe marktkonformer Maßnahmen strebt der Staat eine preisgesteuerte Beeinflussung des Verhaltens der Wirtschaftssubjekte an. Mithilfe von Steuern, Abgaben und Zöllen (sogenannten **„Ökosteuern"**) sollen als umweltschädigend erkannte Maßnahmen und Produkte so stark belastet werden, dass in absehbarer Zeit sowohl Nachfrage als auch Angebot reagieren werden. Umgekehrt sollen alle als umweltschonend erkannten Maßnahmen und Produkte so stark entlastet (erforderlichenfalls auch subventioniert) werden, sodass sich Nachfrage und Produktion in die gewünschte Richtung bewegen.

Beispiele:

- Erhöhung der Stromsteuer. Die zusätzlichen Mittel können verwendet werden, um die Dämmung von älteren Gebäuden zu subventionieren.
- Die Kraftfahrzeugsteuer, die bislang jeder Autobesitzer zahlen muss, gleichgültig, ob er das Auto viel oder wenig fährt, kann auf die Treibstoffsteuern umgelegt werden (Verwirklichung des Verursacherprinzips).
- Mögliche Einführung von „Ökoproduktsteuern", d. h. die Besteuerung von umweltschädigenden Erzeugnissen (z. B. Quecksilber in Glühlampen, Zusatzstoffe in Nahrungsmitteln).
- Abschaffung der Entfernungspauschale.
- Einführung von Ökoabgaben in der Landwirtschaft (z. B. Abgaben auf synthetische Düngemittel, gesundheitsgefährdende Pflanzenschutzmittel, Besteuerung der Massentierhaltung). Die freiwerdenden Mittel können zur Subventionierung von Betrieben verwendet werden, die umweltschonend arbeiten.

---

[1] Quasi (lat.) = als ob, gleichsam, gewissermaßen, Quasi-Nachhaltigkeit: Dem Prinzip der Nachhaltigkeit zufolge ersatzweise durchzuführende Maßnahmen.

7.3 Ökologisch-soziale Marktwirtschaft

■ **Marktkonträre Maßnahmen**

Die Umweltpolitik kommt ohne marktkonträre Maßnahmen nicht aus. Marktkonträre Maßnahmen sind **Verbote** und die Vorgabe von **Grenzwerten**.

- Verkaufsverbot herkömmlicher Glühlampen seit 2012 in der Europäischen Union (EU).
- Die stufenweise Herabsetzung der zulässigen Grenzwerte für die Verwendung von gesundheitsschädlichen Stoffen in Endprodukten (z. B. Menge der zulässigen Rußpartikel im Abgas von Dieselmotoren) in der EU.

Die **wirtschaftlichen Folgen** der skizzierten Umweltpolitik sind Beschäftigungsrückgänge in den umweltbelastenden Wirtschaftszweigen und positive Beschäftigungseffekte in den Umweltschutzindustrien. Die meisten Wirtschaftswissenschaftler sind der Meinung, dass die positiven Beschäftigungseffekte überwiegen. Kurzfristig führt der Strukturwandel in bestimmten Bereichen sicher zu sozialen Härten, die der Staat – also die Allgemeinheit – ausgleichen muss.

■ **Umweltzertifikate**

Mithilfe von Umweltzertifikaten soll eine zu starke Beanspruchung der natürlichen Umwelt verhindert werden. Die Ausgabe der Zertifikate (= Berechtigungen) erfolgt durch eine staatliche Behörde. Die Summe der Nutzungsrechte wird von Staats wegen so gewählt, dass in einer Region ein bestimmtes Immissionsvolumen[1] je Periode nicht überschritten wird. Man spricht von der „Glocke" oder von einer „Deckelung". Die Nutzungsrechte (Zertifikate) werden börsenmäßig gehandelt. Der Preis ergibt sich aufgrund von Angebot und Nachfrage.

Als **Anbieter** treten solche Betriebe auf, denen es bei dem Preis, den sie für ihre Zertifikate am Markt erzielen können, rentabler erscheint, ihre Emissionen durch Einbau von emissionsmindernden Maßnahmen zu verringern (z. B. durch Einbau von Filtern, Abgasreinigungsanlagen, Katalysatoren, Bau von Kläranlagen usw.). Als **Nachfrager** erscheinen die Betriebe, deren Vermeidungskosten höher sind als die Kosten des Zertifikatkaufs. Es kann sich hierbei um Betriebe mit veralteter Technik handeln. Zusatzbedarf an Nutzungsrechten kann auch bei Betriebserweiterungen oder Neugründungen entstehen.

In der **ersten Phase**[2] des **EU-Emissionshandels**[3] **(2005–2007)** wurden in Deutschland die Zertifikate kostenlos abgegeben, wobei die Bundesregierung den Unternehmen einen jährlichen Kohlendioxidausstoß von 499 Mio. t zugestand. Da tatsächlich nur 474 Mio. t emittiert wurden, waren die Zertifikate praktisch folgen- und damit wertlos.

Für die **zweite Handelsphase (2008–2012)** wurde daher die erlaubte Gesamtmenge der CO_2-Emissionen auf 452 Mio. t verringert. Außerdem wird ein Teil der Emissionszertifikate nicht mehr kostenlos abgegeben, sondern versteigert.

Für die **dritte Phase** (2013–2020) ist es bei der Vergabe der Zertifikate zu massiven Veränderungen gekommen. So gibt es keine 27 nationalen Allokationspläne mehr. Stattdessen gibt die Europäische Kommission eine EU-weite Gesamtobergrenze für CO_2-Emissionen vor. Diese betrug im Jahr 2013 nur noch 2,04 Mrd. t CO_2. Die Menge wird danach jährlich um 1,74 Prozent gesenkt.

---

1 Immissionsvolumen = Umfang der zugelassenen Schadstoffeinleitung in die Umwelt.
2 Phase (griech.) = Zeitabschnitt (einer bestimmten Entwicklung).
3 Emission (lat.) = in der Technik: Ausstoßen (Ablassen) von Gasen, Ruß, Abwässern usw. in die Umwelt. Emissionshandel = Handel mit Umweltzertifikaten (Emissionsberechtigungen).

7 Wirtschaftsordnungen

Probleme der Umweltpolitik[1]

1. **Menschliches Wirtschaften:** Kombination und Substitution der Produktionsfaktoren.

2. **Probleme der Nutzung des Produktionsfaktors Natur:**
   - Verknappung der natürlichen Ressourcen und
   - Umweltzerstörung.

3. **Wirtschaftliche Folgen:**
   - Preissteigerungen für knappe Güter;
   - steigende Kosten für die Beseitigung von Umweltschäden (z. B. Reinigung des verseuchten Grundwassers, Wiederaufforstung, Lawinenschutzbauten, künstliche Belüftung von Seen).

4. **Wirtschaftliche bzw. systembedingte Ursachen für Umweltprobleme:**
   - Konsumzwänge, Verschwendungstendenzen; Schlagwort: Konsum- bzw. Wegwerfgesellschaft.
   - Wachstumszwänge (z. B. Schaffung von Arbeitsplätzen, Finanzierung zusätzlicher Staatsaufgaben); Schlagwort: Wachstumsgesellschaft.
   - Verlangen nach immer mehr Wohlstand und Freizeit; Schlagwort: Wohlstands- und Freizeitgesellschaft.

5. **Staatliche Eingriffe zum Schutz des Produktionsfaktors Natur (staatliche Umweltschutzpolitik):**
   - 5.1 Begründung: Schutz des Produktionsfaktors Natur (Umweltschutz), um den Menschen langfristig das Überleben zu sichern.
   - 5.2 Prinzipien:
     - Verursacherprinzip,
     - Vorsorgeprinzip,
     - Kooperationsprinzip und
     - Prinzip der Nachhaltigkeit.
   - 5.3 Instrumente:
     - Marktkonforme und marktkonträre Maßnahmen.

6. **Mögliche wirtschaftliche Folgen einer verstärkten Umweltschutzpolitik:**
   - Positive Folgen:
     - Bisher externe Kosten werden internalisiert, d. h. bereits in der Kostenrechnung des Verursachers erfasst. Die Folge: Einspareffekte durch Anreize zum schonenderen Umgang mit dem Produktionsfaktor Natur.
     - Die nachträgliche und meist teure Beseitigung von Umweltschäden auf Kosten der Allgemeinheit wird durch vorsorgliche Umweltpolitik vermieden.
     - Die Produktions- und damit die Lebensbedingungen der Menschen werden längerfristig aufrechterhalten; der kurzfristige Raubbau am Produktionsfaktor Natur wird gebremst (mehr „Lebensqualität").
     - Die Umweltschutztechnologie lässt eine neue Umweltindustrie mit zusätzlichen Arbeitsplätzen entstehen.
   - Negative Folgen:
     - Mögliche Beeinträchtigung der Wettbewerbsfähigkeit der deutschen (Export-)Wirtschaft, vor allem bei nationalen „Alleingängen".
     - Gefahr von Arbeitsplatzverlusten in umweltbelastenden Wirtschaftszweigen.
     - Verlagerung der Produktion in Länder ohne oder mit geringen Umweltschutzauflagen.
     - Kostensteigerungen durch verstärkte Umweltschutzauflagen, die auf den Preis überwälzt werden, sodass der materielle Lebensstandard sinkt, die Nachfrage sinkt und die Arbeitslosigkeit zunimmt.

---

[1] Die Zusammenstellung wurde von Herrn Dipl.-Hdl. Jürgen Böhm, Berlin, für die Zwecke dieses Buchs zur Verfügung gestellt.

7.3 Ökologisch-soziale Marktwirtschaft

Zusammenfassung

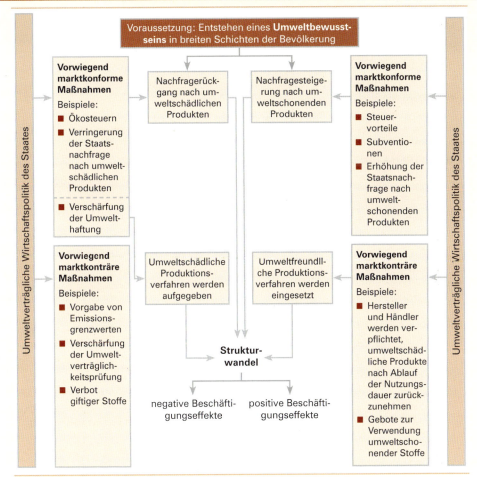

ÜBUNGSAUFGABEN

1. Erläutern Sie die drei wichtigsten Prinzipien der Umweltschutzpolitik! Nennen Sie Beispiele!

2. Betrachten Sie die obige Abbildung und beantworten Sie folgende Fragen:
   - 2.1 Was ist unter Ökosteuer zu verstehen?
   - 2.2 Wie wirkt sich die Erhebung einer Ökosteuer auf die Angebotskurve eines Produkts aus?
   - 2.3 Welche Wirkungen ergeben sich auf einem polypolistischen Markt im Hinblick auf den Preis sowie die absetzbare Menge des mit einer Ökosteuer belasteten Produkts?
   - 2.4 Wie kann der Staat selbst durch sein Nachfrageverhalten Einfluss auf die Produktion umweltfreundlicher Produkte nehmen? Nennen Sie ein Beispiel!

3. Ökosteuern und -abgaben, Verbote und die Vorgabe von Grenzwerten sollen zu einem umweltverträglichen Wirtschaften beitragen.

> **Beispiele:**
> a) Erhebung einer Abwasserabgabe, die mit abnehmendem Reinheitsgrad des Abwassers der Betriebe steigt.
> b) Abschaffung der Kraftfahrzeugsteuer und Erhöhung der Steuern für Kraftstoffe.
> c) Verbot umweltschädlicher Produkte (z. B. umweltschädlicher Treibgase in Sprühdosen).
> d) Begrenzung der Rußzahl bei Ölfeuerungsanlagen.
> e) Fahrverbot für Kraftfahrzeuge mit Benzinmotoren ohne Katalysator.
> f) Steuerliche Bevorzugung (z. B. erhöhte Abschreibungen) umweltfreundlicher Investitionen.
> g) Vorgabe von Abgasgrenzwerten (z. B. für Kraftwerke, Autos).

3.1 Begründen Sie, welche der genannten Maßnahmen als marktkonform und welche als marktkonträr zu bezeichnen sind!

3.2 Angebot und Nachfrage nach einem umweltschädlichen Gut A verhalten sich normal. Das Gut A wird mit einer Ökosteuer belegt. Stellen Sie mithilfe der Angebots- und Nachfragekurve dar, wie sich Preis und Absatzmenge des Gutes A verändern!

3.3 Wie könnte sich die Ökosteuer auf das Produkt A auf die Nachfrage nach dem Substitutionsgut B auswirken?

3.4 Bilden Sie zwei eigene Beispiele für den unter 3.3 beschriebenen Substitutionseffekt!

4. Beispiele für Schlagzeilen der letzten Zeit:

> **Ausstoß der Treibhausgase auf Rekordhöhe**
>
> PARIS (APP). Der Ausstoß klimaschädigender Treibhausgase hat im vergangenen Jahr ein Rekordhoch erreicht. Weltweit wurden 30,6 Gigatonnen Kohlendioxid (CO_2) freigesetzt. Das waren 1,6 Gigatonnen mehr als im Jahr zuvor, teilte die Internationale Energieagentur (IA) in Paris mit.
>
> Quelle: Basische Zeitung vom 31. März 2011

> **Klimaerwärmung stärker als je zuvor**
>
> Die Erdatmosphäre hat sich nach UN-Angaben in den vergangenen 15 Jahren so stark erwärmt wie nie zuvor. Seit 1997 seien die 13 wärmsten Jahre seit Beginn der weltweiten Wetteraufzeichnungen im Jahr 1850 registriert worden, teilte die UN-Weltorganisation (WMO) am Dienstag im südafrikanischen Durban mit.
>
> Quelle: www.CO2-handel.de vom 29. November 2011

> **Meeresspiegel steigt dramatisch**
>
> Kopenhagen/Brüssel. Der Arktische Rat sagt einen dramatisch höheren und schnelleren Anstieg des globalen Meeresspiegels voraus als bisher angenommen. Bis 2100 wird der Meeresspiegel um 0,9 bis 1,6 Meter höher sein als heute. Das immer schneller schmelzende Festlandeis rund um den Nordpool beschleunigt den Anstieg massiv.
>
> Quelle: rp-online.de vom 2. Mai 2011

> **Chinas Sucht nach Öl**
>
> In der Bohai-Bucht am Gelben Meer sprudelt wieder einmal Öl ins Wasser. Das Ausmaß der ungeheuerlichen Umweltverschmutzung wurde lange verheimlicht: Bereits im Juni hatten zwei Lecks laut Behördenangaben eine Fläche von 4 150 km^2 verschmutzt. Weitere 3 400 km^2 seien in geringerem Maße verunreinigt worden.
>
> Quelle: www.zeit.de vom 16. August 2011

Arbeitsauftrag: Sammeln Sie ähnliche Meldungen und überlegen Sie, welche Folgen Umweltbelastung und -zerstörung für die Wirtschaft und den einzelnen Menschen haben!

8 Grundzüge der Wirtschaftspolitik in der sozialen Marktwirtschaft

Die deutsche Wirtschaft befand sich auch 2016 auf stabilem Wachstumskurs. Ohne Berücksichtigung des Preisanstiegs lag die gesamtwirtschaftliche Leistung um 3,3 % über dem Ergebnis des Vorjahres; preisbereinigt (real) – und das ist die entscheidende Größe – übertraf sie den Vorjahreswert um 1,9 %, wie das Statistische Bundesamt berechnet hat. Im Jahr 2015 hatte das Bruttoinlandsprodukt (BIP) real um 1,7 % zulegen können, 2014 waren es 1,6 %. Die deutsche Wirtschaft profitierte vor allem von der Nachfrage der Konsumenten, die dank Lohnerhöhungen und günstiger Öl- und Spritpreise über eine höhere Kaufkraft verfügten. – Im BIP spiegelt sich die gesamtwirtschaftliche Leistung Deutschlands wider. In ihm wird der Wert aller

innerhalb eines Kalenderjahres produzierten Güter und geleisteten Dienste zusammengefasst. Die Arbeiten des kleinen Handwerksbetriebs sind im BIP ebenso enthalten wie die Produktion des Industriekonzerns; die Leistungen des Transportgewerbes, des Dienstleistungssektors, des Handels, der Banken und Versicherungen sowie der Landwirtschaft ebenso wie die des Staates, der Kirchen, der Gewerkschaften und anderer Organisationen. Ins BIP fließen auch Schätzungen über die Schwarzarbeit, Prostitution, Drogenhandel und Tabakschmuggel ein.

8.1 Wirtschaftskreislauf

Um den Wirtschaftskreislauf, der aus einem Geld- und einem Güterkreislauf besteht, darstellen zu können, fassen wir sämtliche Unternehmen zum Sektor **„Unternehmen"**, sämtliche privaten Haushalte zum Sektor **„private Haushalte"**, alle öffentlichen Finanzwirtschaften (= öffentliche Haushalte)[1] zum Sektor **„Staat"** und die Länder, mit denen das Inland in wirtschaftlichen Beziehungen steht, zum Sektor **„Ausland"** zusammen.

Der **Wirtschaftskreislauf** umfasst vor allem folgende Güter- und Geldströme:

- Die Haushalte stellen den Unternehmen **Arbeitskräfte** zur Verfügung und empfangen dafür von den Unternehmen Arbeitnehmerentgelt in Form von Löhnen und Gehältern.
- Die Haushalte kaufen **Güter** und **Dienstleistungen** bei den Unternehmen. Dafür erzielen die Unternehmen **Umsatzerlöse,** sei es in Form von Bargeld oder Forderungen.
- Das **Sparen** der privaten Haushalte fließt über die Finanzmärkte (auf denen die Banken eine erhebliche Rolle spielen) den Unternehmen zu, die sie für ihre zusätzlichen **Investitionen** benötigen.
- Ein Teil des Haushaltseinkommens wird vom Staat in Form von **Steuern, Sozialversicherungsbeiträgen** und anderen gesetzlichen **Abgaben** einbehalten. Hinzu treten die Einnahmen aus Steuern, die die Unternehmen zu entrichten haben.

---

[1] Zu den öffentlichen Haushalten gehören vor allem der Bund, die Länder, die Gemeinden, die Sozialversicherungsträger und die Sondervermögen des Bundes.

8 Grundzüge der Wirtschaftspolitik in der sozialen Marktwirtschaft

- Die Staatseinnahmen werden wieder ausgegeben. Sie fließen zum Teil den Haushalten in Form von **Gehältern** und **Löhnen** für die Staatsbediensteten zu. Ein weiterer Teil wird für die Vergabe von **Staatsaufträgen** an die Unternehmen verwendet, die dadurch **Umsatzerlöse** erzielen. Für besonders förderungswürdige Zwecke erhalten die Unternehmen (oft auch Private) Geldbeträge, die nicht mehr zurückgezahlt werden müssen (Subventionen).
- Die Unternehmen verkaufen Dienstleistungen und Güter an das Ausland **(Export)**. Hierfür erhalten sie Geldeinnahmen oder Forderungen. Ihre Umsatzerlöse nehmen zu und damit ihre Gewinne. (Auch die privaten Haushalte können „exportieren", etwa ihre Arbeitskraft, indem sie im Ausland als „Gastarbeiter" tätig sind.)
- Die Unternehmen (manchmal auch die privaten Haushalte oder der Staat) importieren Dienstleistungen und Güter. Für die Unternehmen stellt der **Import** einen Aufwand dar, sofern es sich nicht um Investitionen handelt, für die Haushalte Konsumausgaben. Für die ausländischen Exporteure bedeutet das, dass sie Geldeinnahmen erhalten bzw. dass Forderungen an die inländischen Importeure entstehen.

Zusammenfassung

- Der vollständige Wirtschaftskreislauf kann mithilfe der Sektoren private Haushalte (H), dem Nichtbankensektor angehörende Unternehmen (U), dem Staat (St) und dem Ausland (A) dargestellt werden.

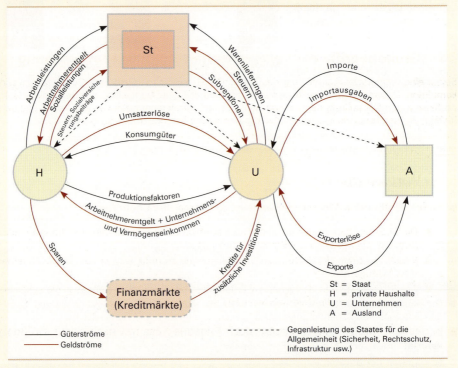

- Der abgebildete Wirtschaftskreislauf stellt die **Idealform** einer Wirtschaft dar, weil die Geldströme allein der Leistungserstellung der Wirtschaftssubjekte im In- und Ausland dienen. Man spricht daher von der **realen** (wirklichen) **Wirtschaft**. In der realen Wirtschaft werden Werte geschaffen und verbraucht.

  Es gibt jedoch einen Geldumlauf außerhalb der Realwirtschaft, der als **Finanzwirtschaft** bezeichnet wird. Die Finanzwirtschaft schafft keine Werte.

ÜBUNGSAUFGABEN

1. Zeichnen Sie den Geld- und Güterkreislauf mit den Sektoren private Haushalte, Staat, Unternehmen, Banken und Ausland! Verwenden Sie hierzu folgende Werte:

a)	Einkommen der privaten Haushalte vom Staat (Löhne, Gehälter, Sozialleistungen)	300 Mrd. GE
b)	Von den Unternehmen bezogene Einkommen der privaten Haushalte (Löhne, Gehälter, Gewinne)	700 Mrd. GE
c)	Ersparnis der privaten Haushalte	200 Mrd. GE
d)	Von den privaten Haushalten an den Staat abgeführte Steuern, Abgaben und Gebühren	250 Mrd. GE
e)	Von den Unternehmen an den Staat abgeführte Steuern, Abgaben und Gebühren	150 Mrd. GE
f)	Vom Staat von den Unternehmen gekaufte Sachgüter und Dienstleistungen	100 Mrd. GE
g)	Von den Unternehmen in Anspruch genommene Kredite der Banken	200 Mrd. GE
h)	Die Ex- und Importe gleichen sich aus und betragen je	80 Mrd. GE

2. Berechnen Sie aus den in Aufgabe 1 genannten Werten die Höhe der Konsumausgaben der privaten Haushalte und prüfen Sie, ob der Geldkreislauf geschlossen ist!

8.2 Grundbegriffe der volkswirtschaftlichen Gesamtrechnung

Selbst eine vereinfachte Darstellung des Wirtschaftskreislaufs mit Geld- und Güterströmen wird zu kompliziert. Deswegen beschränkt man sich in der Regel auf die Darstellung des Geldkreislaufs. In der nachstehenden Darstellung nehmen wir noch weitere Vereinfachungen vor, ohne dass dadurch die Richtigkeit des Ergebnisses unserer Überlegungen erheblich beeinträchtigt wird.

8.2.1 Geldkreislauf und volkswirtschaftliche Gesamtrechnung

Modellannahmen

- Im nachstehenden Modell werden folgende Annahmen getroffen:
  - Die direkten Steuern der privaten Haushalte (H) und der Unternehmen (U) bleiben außer Betracht, ebenso die Sozialversicherungsabgaben.
  - Soweit der Staat (St) Sach- oder Dienstleistungen erbringt, wird er dem Sektor Unternehmen (U) zugerechnet.
  - Die Sozialleistungen des Staates werden nicht berücksichtigt, wohl aber die staatlichen Zuschüsse (Z) an die Unternehmen (U).

- In unserem Modell werden somit noch folgende gesamtwirtschaftliche Größen verwendet:

Konsumausgaben der privaten Haushalte (C_{pr})	500 Mrd. GE[1]
Konsumausgaben des Staates (C_{St})	180 Mrd. GE
Arbeitnehmerentgelt (E_{nu} = Nichtunternehmereinkommen), d. h. Einkommen aus unselbstständiger Arbeit	450 Mrd. GE

---

[1] GE = Geldeinheiten (z. B. €, US-$, £).

8 Grundzüge der Wirtschaftspolitik in der sozialen Marktwirtschaft

- Unternehmens- und Vermögenseinkommen
  (Unternehmenseinkommen = E_u) — 198 Mrd. GE
- Produktions- und Importabgaben
  (= Gütersteuern = indirekte Steuern = T_{ind})[1] — 200 Mrd. GE
- Subventionen (= Gütersubventionen = Zuschüsse
  an Unternehmen = Z) — 20 Mrd. GE
- Exporterlöse (Ex) — 19 Mrd. GE
- Importausgaben (Im) — 11 Mrd. GE
- Saldo der Erwerbs- und Vermögenseinkünfte zwischen
  In- und Ausland zuzüglich des Saldos aus empfangenen
  Subventionen aus der EU und geleisteten Produktions-
  und Importabgaben an die EU (F)[2] — 2 Mrd. GE
- Bruttoinvestitionen (I_{br}) — 250 Mrd. GE
- Ersatzinvestitionen (Ab) — 110 Mrd. GE

- Unterstellt wird weiterhin, dass die Unternehmen ihre gesamten Gewinne an die privaten Haushalte ausschütten und der Staatshaushalt ausgeglichen ist. In diesem Fall erfolgt das gesamtwirtschaftliche Sparen (S) in den privaten Haushalten.

Grundbegriffe

Zum Verständnis des Kreislaufbilds auf S. 510 müssen folgende Grundbegriffe und Grundtatbestände bekannt sein:

- Die statistische Erfassung aller wesentlichen gesamtwirtschaftlichen Zahlungsströme (Kreislaufgrößen) bezeichnet man als **volkswirtschaftliche Gesamtrechnung (VGR)**.

- In einer wachsenden (evolutorischen) Volkswirtschaft muss **gespart** werden, damit die zusätzlichen Investitionen (= Nettoinvestitionen = I) finanziert werden können. Eine Wirtschaft, die alles verbraucht, was sie erzeugt, kann nicht wachsen (stationäre Wirtschaft).

- Aber auch eine stationäre Wirtschaft muss **investieren,** um den Bestand an Produktionsmitteln zu erhalten, denn im Laufe einer Wirtschaftsperiode (z. B. ein Jahr) verlieren die meisten materiellen und immateriellen Anlagegüter an Wert. So werden z. B. Kraftfahrzeuge, Maschinen und maschinelle Anlagen abgenutzt, sodass sie abgeschrieben und durch neue ersetzt werden müssen. Die Statistik rechnet u. a. auch die Ausgaben für Forschung und Entwicklung sowie die Ausgaben für Militärgüter zu den Investitionen.

Soweit Investitionen zum Erhalt des Anlagebestands erforderlich sind, handelt es sich um **Ersatzinvestitionen (Reinvestitionen)**. Sie werden in der volkswirtschaftlichen Gesamtrechnung mit den Abschreibungen (Ab) gleichgesetzt.

---

[1] T von „Tax" (engl.) = Steuer. Die Produktions- und Importabgaben sind Steuern und Zölle, die die Unternehmen nach dem Willen des Gesetzgebers in ihre Absatzpreise einkalkulieren und auf die Letztverbraucher überwälzen (indirekte Steuern, siehe z. B. S. 448). Die Steuerbelastung durch die indirekten Steuern wird durch die Subventionen an die Unternehmen (Gütersubventionen) verringert. Die Statistik saldiert daher die Gütersteuern mit den Gütersubventionen (T_{ind} − Z). Der Saldo zwischen den Gütersteuern und -subventionen heißt **Nettoproduktionsabgaben**.

[2] Der Saldo F setzt sich wie folgt zusammen:

Aus dem Ausland bezogene Erwerbs- und Vermögenseinkommen	7 Mrd. GE
Von der EU erhaltene Subventionen	3 Mrd. GE
Aus dem Ausland bezogen	10 Mrd. GE
− An das Ausland bezahlte Erwerbs- und Vermögenseinkommen	5 Mrd. GE
− An die EU bezahlte Produktions- und Importabgaben	3 Mrd. GE
Saldo der Primäreinkommen aus der übrigen Welt (F)	2 Mrd. GE

8.2 Grundbegriffe der volkswirtschaftlichen Gesamtrechnung

Die **Bruttoinvestitionen** (I_{br}) sind die gesamten Investitionen einer Volkswirtschaft während einer Periode. Sie setzen sich aus den **Ersatzinvestitionen** und den zusätzlichen Investitionen **(Erweiterungsinvestitionen = I)** zusammen. Die Erweiterungsinvestitionen

Beispiel:	
Bruttoinvestitionen	250 Mrd. GE
− Reinvestitionen (Ab)	110 Mrd. GE
= Nettoinvestitionen	140 Mrd. GE

– auch **Nettoinvestitionen** genannt – *vergrößern* den Anlagenbestand und damit die Kapazität der Volkswirtschaft.

- Um einen geschlossenen Geldkreislauf zu erhalten, benötigt man eine **Vermögensänderungsrechnung.** Zur Erfassung der volkswirtschaftlichen Vermögensänderungen verwendet das **E**uropäische **S**ystem **V**olkswirtschaftlicher **G**esamtrechnungen (ESVG)[1] zwei **Vermögensänderungskonten,** nämlich das Konto *„Reinvermögensänderung durch Sparen und Vermögenstransfers"* und das *„Sachvermögensänderungskonto".* Aus Vereinfachungsgründen beschränken wir uns auf ein *zusammengefasstes Vermögensänderungskonto* (siehe Abbildung auf S. 510).

Das Vermögensänderungskonto sagt Folgendes aus:

- **Bruttoinvestitionen** (I_{br}) vergrößern das volkswirtschaftliche Gesamtvermögen. Sie werden (ebenso wie in der Bilanz eines einzelnen Unternehmens) auf der Sollseite (Aktivseite) des Vermögensänderungskontos erfasst.

- Sind die **Exporterlöse** (Ex) *höher* als die **Importausgaben** (Im), so steigt per Saldo das volkswirtschaftliche Vermögen, weil die Forderungen gegenüber dem Ausland *höher* sind als die Verbindlichkeiten des Inlands gegenüber dem Ausland. Der Saldo aus Exporterlösen und Importausgaben (Ex – Im) wird als **Außenbeitrag** bezeichnet. Ein positiver Außenbeitrag wird deshalb auf der Sollseite (Aktivseite) des Vermögensänderungskontos erfasst, ein negativer Außenbeitrag auf der Habenseite (Passivseite).

- Ist der Saldo der Erwerbs- und Vermögenseinkommen zwischen In- und Ausland zuzüglich des Saldos aus empfangenen Subventionen aus der EU und den geleisteten Produktions- und Importabgaben an die EU (F) positiv, so steigt das gesamtwirtschaftliche Vermögen. Der positive Saldo F wird infolgedessen auf der Sollseite (Aktivseite) des Vermögensänderungskontos gebucht. Ein negativer Saldo F erscheint auf der Habenseite (Passivseite) des Vermögensänderungskontos.

- Das gesamtwirtschaftliche Vermögen vermindert sich durch die **Abschreibungen** (Ab), denn diese stellen die in Zahlenwerten ausgedrückten Wertverluste der Ausrüstungen (z. B. maschinelle Anlagen), Bauten (z. B. Handelshäuser, Werkstätten) und „sonstigen Anlagen" (immaterielle Anlagen wie z. B. EDV-Software, Urheberrechte, Nutztiere und Pflanzen) dar. Die Abschreibungen müssen deshalb auf der Habenseite (der Passivseite) des Vermögensänderungskontos gebucht werden.

- Der **Saldo** des Vermögensänderungskontos zeigt das gesamtwirtschaftliche **Sparen** (S). Er steht zum *Ausgleich* auf der Habenseite des Vermögensänderungskontos. Ist der Vermögenszuwachs größer als die Vermögensminderung, *muss* die Differenz (der Saldo) gespart (nicht verbraucht) worden sein.

---

[1] Das ESVG ist ein Kontensystem der volkswirtschaftlichen Gesamtrechnungen, das für alle Mitgliedsländer der Europäischen Union (EU) verbindlich ist.

8 Grundzüge der Wirtschaftspolitik in der sozialen Marktwirtschaft

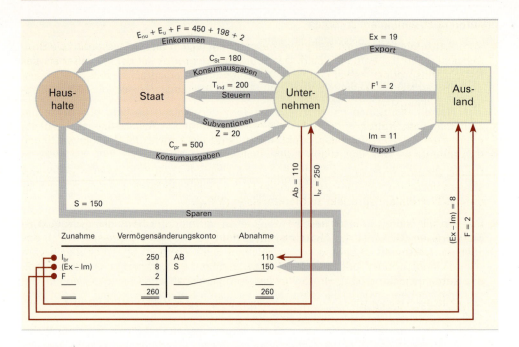

8.2.2 Inlandsprodukt, Nationaleinkommen und Volkseinkommen

Die nachfolgende Darstellung zeigt die Zusammensetzung der wichtigsten Messzahlen der gesamtwirtschaftlichen Leistung wie z. B. des Inlandsprodukts und des Nationaleinkommens.

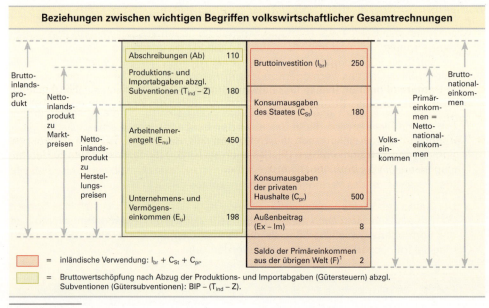

[1] Siehe Fußnote 2 auf S. 508.

Erläuterungen zum Inlandsprodukt

- Vom **Bruttoinlandsprodukt (BIP)** wird gesprochen, weil in dieser Messgröße die Bruttoinvestitionen (I_{br}) enthalten sind. Das Bruttoinlandsprodukt ist daher größer als das Nettoinlandsprodukt, es sei denn, die Abschreibungen entsprechen den Bruttoinvestitionen (die Nettoinvestitionen sind null) oder sie übersteigen diese (die Nettoinvestitionen sind negativ).

- Zieht man vom Bruttoinlandsprodukt die Abschreibungen (= Reinvestitionen = Ab) ab, erhält man das **Nettoinlandsprodukt**. In ihm sind nicht mehr die Bruttoinvestitionen (I_{br}), sondern die Nettoinvestitionen (I) enthalten.

  Da die Unternehmen in ihre Verkaufspreise für Anlage- und Konsumgüter die Gütersteuern abzüglich der Gütersubventionen ($T_{ind} - Z$) einkalkulieren, handelt es sich hier um das **Nettoinlandsprodukt zu Marktpreisen (NIP_M)**.

- Das um die Nettoproduktionsabgaben ($T_{ind} - Z$) verminderte Nettoinlandsprodukt zu Marktpreisen (NIP_M) ist das **Nettoinlandsprodukt zu Herstellungspreisen** (NIP_H), das auch als **Nettowertschöpfung** (W_n) bezeichnet wird. Wenn im Sprachgebrauch vom „Nettoinlandsprodukt" oder von der „Nettowertschöpfung" gesprochen wird, ist i. d. R. das Nettoinlandsprodukt zu Herstellungspreisen gemeint.

- Die **Bruttowertschöpfung** (W_{br}) ist die Summe aus dem Nettoinlandsprodukt zu Herstellungspreisen (NIP_H) und den Abschreibungen (Ab).

Erläuterungen zum Nationaleinkommen

- Das **Bruttonationaleinkommen (BNE)** ergibt sich, indem zum Bruttoinlandsprodukt der Saldo der Erwerbs- und Vermögenseinkommen zwischen In- und Ausland zuzüglich des Saldos der empfangenen Subventionen aus der EU und den geleisteten Produktions- und Importabgaben an die EU (F) hinzugerechnet wird:

$$BNE = BIP + F$$

Von der *Verwendungsseite* her gesehen errechnet sich das Bruttonationaleinkommen wie folgt:

$$BNE = I_{br} + C_{St} + C_{pr} + (Ex - Im) + F$$

- Zum **Primäreinkommen (Nettonationaleinkommen zu Marktpreisen = NNE_M)** gelangt man, wenn man vom Bruttonationaleinkommen (BNE) die Abschreibungen (Ab) absetzt.

- Werden vom Primäreinkommen die Nettoproduktionsabgaben ($T_{ind} - Z$) abgezogen, ergibt sich das **Volkseinkommen (E)**, das auch als Nettonationaleinkommen zu Herstellungspreisen (NNE_H) bezeichnet werden kann.

Das Verhältnis von Nettoinlandsprodukt (zu Herstellungspreisen) zum Volkseinkommen stellt sich in unserem Beispiel wie folgt dar:

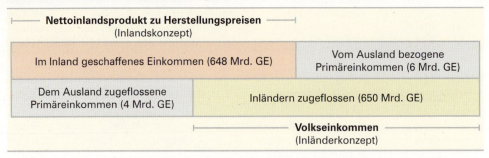

Der **Saldo** zwischen den vom Ausland bezogenen Einkommen und dem Ausland zugeflossenen Einkommen (F) beträgt **2 Mrd. GE**.

Somit gilt:

Nettoinlandsprodukt zu Herstellungspreisen (NIP_H)	648 Mrd. GE
+ Saldo der Primäreinkommen aus der übrigen Welt (F)	2 Mrd. GE
= Volkseinkommen (E)	__650 Mrd. GE__

Oder:

Volkseinkommen (E)	650 Mrd. GE
− Saldo der Primäreinkommen aus der übrigen Welt (F)	2 Mrd. GE
= Nettoinlandsprodukt zu Herstellungspreisen (NIP_H)	__648 Mrd. GE__

Entsprechendes gilt für das Verhältnis zwischen **Bruttoinlandsprodukt** und **Bruttonationaleinkommen:**

Bruttoinlandsprodukt (BIP)	938 Mrd. GE
+ Saldo der Primäreinkommen aus der übrigen Welt (F)	2 Mrd. GE
= Bruttonationaleinkommen (BNE)	__940 Mrd. GE__

Oder:

Bruttonationaleinkommen (BNE)	940 Mrd. GE
− Saldo der Primäreinkommen aus der übrigen Welt (F)	2 Mrd. GE
= Bruttoinlandsprodukt (BIP)	__938 Mrd. GE__

8.2.3 Nominelles und reales Inlandsprodukt

Steigendes Inlandsprodukt bedeutet noch nicht, dass die Volkswirtschaft tatsächlich im angezeigten Umfang mehr produziert hat. Das Wachstum kann ganz oder teilweise auf gestiegene Preise zurückzuführen sein. Das zu jeweiligen (tatsächlich gezahlten) Preisen bewertete Inlandsprodukt bezeichnet man als **nominelles**[1] **Inlandsprodukt**.

---

[1] Nominell (oder „nominal") = dem Nennwert nach.

8.2 Grundbegriffe der volkswirtschaftlichen Gesamtrechnung

Will man die tatsächliche Mehrleistung einer Volkswirtschaft erfahren, muss man vom nominellen Inlandsprodukt die Preissteigerungen abziehen. Dann erhält man das **reale**[1] **Inlandsprodukt**. Die Bereinigung des nominellen Inlandsprodukts um die jeweiligen Inflationsraten bezeichnen die Statistiker als **Deflationierung**.

Beispiel (Zahlen in Mrd. GE):

Index Jahr 00

Jahre	**01**	**02**	**03**
reales BIP	2 060,0	2 101,2	2 174,7
Preissteigerungsraten	2 %	1,5 %	2,5 %
nominelles BIP	2 101,2	2 132,7	2 229,1
Deflatoren	1,02	1,015	1,025

$$\text{reales BIP 03} = \frac{\text{nominelles BIP}}{\text{Deflator}} = \frac{2229,1}{1,025} = \underline{\underline{2174,7}}$$

Die Berechnung der Entwicklung der realen Wirtschaftsleistung erfolgt in den Preisen des Vorjahrs. Um langfristige Preisänderungen abzubilden, sind die Preisänderungen miteinander verkettet, d. h., die Preisänderungen von 2017 beziehen sich auf 2016, die von 2016 auf 2015 usw. Bei der Ermittlung der jährlichen Preisveränderungsraten wird außerdem auf die **hedonische**[2] **Preisermittlung** zurückgegriffen.

Beispiel:

Ein Standard-PC von heute ist nahezu ein anderes Produkt als vor fünf Jahren. Er rechnet schneller, hat eine größere Festplatte und einen leistungsfähigeren Arbeitsspeicher. Hedonische Preisindizes berücksichtigen solche Qualitätsveränderungen. Sie zeigen im Fall des Standard-PCs, dass sein Preis je Einheit „Rechenleistung" noch stärker gesunken ist als sein Marktpreis. Die allgemeine Inflationsrate wird nach unten korrigiert.

8.2.4 Entstehung, Verwendung und Verteilung der gesamtwirtschaftlichen Leistung

8.2.4.1 Entstehungsrechnung

Die Entstehungsrechnung erfasst die wirtschaftliche Leistung einer Periode nach ihren Quellen, d. h. nach den **Wirtschaftsbereichen** (z. B. produzierendes Gewerbe [ohne Baugewerbe], Baugewerbe, Handel, Gastgewerbe und Verkehr, Finanzierung, Vermietung und Unternehmensdienstleister, öffentliche und private Dienstleister).

---

[1] Real = wirklich, tatsächlich.

[2] Hedonisch (griech.) = dem Lustprinzip folgend. Der Hedonismus ist eine in der Antike (lat. = klassisches Altertum und seine Kultur) begründete philosophische Lehre, nach welcher das höchste sittliche Prinzip das Streben nach Genuss ist. Im Zusammenhang mit der „hedonischen Preisermittlung" geht es darum, die Qualitätsverbesserungen der Güter und damit ihren gestiegenen Nutzwert bei der Ermittlung der Preisveränderungsraten zu berücksichtigen.

8 Grundzüge der Wirtschaftspolitik in der sozialen Marktwirtschaft

Für die Bundesrepublik Deutschland galten für 2016 folgende Zahlen (jeweilige Preise):[1]

Entstehung des Inlandsprodukts (Zahlen in Mrd. €)	
Land- und Forstwirtschaft; Fischerei	17,6
Produzierendes Gewerbe (ohne Baugewerbe)	724,6
Baugewerbe	135,3
Handel, Gastgewerbe und Verkehr	442,4
Kommunikation, Finanzierung, Vermietung und Unternehmensdienstleister	732,8
Öffentliche und private Dienstleister	769,0
Statistische Korrekturen	312,2
Bruttoinlandsprodukt	**3 133,9**

8.2.4.2 Verwendungsrechnung

Aus der Verwendungsrechnung kann entnommen werden, für welche Zwecke das Bruttoinlandsprodukt ausgegeben wurde.

Für die Bundesrepublik Deutschland ergaben sich für 2016 folgende Zahlen (jeweilige Preise):[1]

Verwendung des Bruttoinlandsprodukts (Zahlen in Mrd. €)		
Private Konsumausgaben		1 677,9
Konsumausgaben des Staates		617,5
Bruttoinvestitionen		
Bruttoanlageinvestitionen	627,8	
Vorratsveränderungen	– 31,3	596,6*
Inländische Verwendung		2 892,0
Außenbeitrag		
Exporte	1 440,0	
Importe	– 1 198,0	242,0*
Bruttoinlandsprodukt		**3 133,9***

* Rundungsdifferenz

8.2.4.3 Verteilungsrechnung

Die Verteilungsrechnung ermittelt die Aufteilung des Volkseinkommens auf das Arbeitnehmerentgelt und das Unternehmens- und Vermögenseinkommen einschließlich des Saldos der Primäreinkommen aus der übrigen Welt.

Für die Bundesrepublik Deutschland ergaben sich für 2016 folgende Zahlen (jeweilige Preise):[1]

Verteilung des Volkseinkommens (Zahlen in Mrd. €)	
Arbeitnehmerentgelt	1 594,6
Unternehmens- und Vermögenseinkommen	746,1
Volkseinkommen	**2 340,7**

---

1 Quelle: Statistisches Bundesamt 2017.

Der prozentuale Anteil des Arbeitnehmerentgelts am Volkseinkommen (E) wird als **Lohnquote** bezeichnet. 2016 betrug die Lohnquote in Deutschland 68,1 %. Die Lohnquote stellt die materielle Einkommenslage der Arbeitnehmer schlechter dar als sie ist, weil in Deutschland rund die Hälfte aller Vermögenseinkommen (Zinsen, Mieten, Pachten) den Arbeitnehmerhaushalten zufließt.

Der prozentuale Anteil des Unternehmens- und Vermögenseinkommens heißt **Gewinnquote** (Profitquote). Sie belief sich in Deutschland 2016 auf 31,9 %.

8.2.5 Bedeutung des Inlandsprodukts

Aufgaben der Inlandsproduktberechnung

Das Inlandsprodukt dient – wie die weiteren Kennzahlen der volkswirtschaftlichen Gesamtrechnung – u. a. auch

- den Regierungen, die ihre wirtschaftspolitischen Erfolge oder Misserfolge z. B. am Wachstum des realen Inlandsprodukts ablesen können (Zeitvergleich);
- dem internationalen Wohlstandsvergleich;
- der Konjunktur- und Wachstumsmessung (Näheres siehe Kapitel 8.6.2).

Kritik an der traditionellen Inlandsproduktberechnung

Kritisch zu bemerken ist, dass das Inlandsprodukt (ebenso wie das Nationaleinkommen) ein einseitiger („eindimensionaler") Wohlstandsmaßstab ist. Das Inlandsprodukt enthält z. B. nicht die *sozialen Kosten:* Der Verbrauch an nicht regenerierbaren primären Rohstoffen und Energiequellen sowie die durch private Haushalte und Industrie verursachten *Umweltschäden* werden nicht bewertet und nicht vom Wert des Bruttoinlandsprodukts abgesetzt. Andererseits rechnen die Leistungen der privaten Haushalte (z. B. Hausarbeit, Leistungen der „Hobbyhandwerker" und „Hobbygärtner") sowie die Nutzungswerte langlebiger Konsumgüter nicht zum Bruttoinlandsprodukt bzw. -nationaleinkommen.

Umweltökonomische Gesamtrechnung

Es ist heute unstrittig, dass vor allem zur Lösung umweltpolitischer („ökologischer") Aufgaben die statistischen Informationen insbesondere über den Rohstoff- und Energieverbrauch, den Schadstoffausstoß, den Flächen- und Raumbedarf und die umweltpolitischen Maßnahmen verbessert werden müssen. Deswegen legt das Statistische Bundesamt in Wiesbaden seit einigen Jahren eine **umweltökonomische Gesamtrechnung (UGR)** vor, die die ökologischen und wirtschaftlichen Folgen des heutigen Wirtschaftens misst. Mithilfe der UGR soll der Geldwert aller **Leistungen** (z. B. Rohstoffe, Luft, Wasser) und aller **Belastungen** (z. B. Ausbeutung der Rohstoffvorräte, Luft- und Wasserverschmutzung) der Natur in einem bestimmten Zeitraum (z. B. ein Jahr) erfasst werden.

8 Grundzüge der Wirtschaftspolitik in der sozialen Marktwirtschaft

> ### Zusammenfassung
>
> - Die wichtigsten Messzahlen der gesamtwirtschaftlichen Leistung sind das **Bruttoinlandsprodukt**, das **Bruttonationaleinkommen** und das **Volkseinkommen**. Sie werden mithilfe der volkswirtschaftlichen Gesamtrechnung ermittelt.
>
> - Die **Entstehungsrechnung** zeigt, in welchen Wirtschaftsbereichen das Bruttoinlandsprodukt geschaffen wurde. Aus der **Verwendungsrechnung** ist zu entnehmen, für welche Zwecke das *Bruttoinlandsprodukt* ausgegeben wurde *(inländische Verwendung zuzüglich Außenbeitrag)*. Die **Verteilungsrechnung** ermittelt die Aufteilung des *Volkseinkommens* auf das Arbeitnehmerentgelt (Nichtunternehmereinkommen) einerseits und das Unternehmens- und Vermögenseinkommen andererseits.
>
> - Die Messzahlen der gesamtwirtschaftlichen Leistung sind wichtige Indikatoren des *materiellen Wohlstands* einer Volkswirtschaft.
>
> Weitere Informationen zu den volkswirtschaftlichen Gesamtrechnungen siehe www.destatis.de.

ÜBUNGSAUFGABEN

1. Erklären Sie die Begriffe Bruttoinvestition, Reinvestition, Nettoinvestition, Produktions- und Importabgaben sowie Nettoproduktionsabgaben!

2. Erläutern Sie folgende Symbole: BIP, BNE, C_{St}, C_{pr}, E, (Ex – Im), F und NNE!

3. Das statistische Amt eines Landes liefert u. a. folgende gesamtwirtschaftlichen Daten (Zahlen in Mrd. GE):

   a) Bruttowertschöpfung der Wirtschaftsbereiche einschließlich der Nettoproduktionsabgaben

Produzierendes Gewerbe (ohne Baugewerbe)	835	
Baugewerbe	200	
Handel, Gastgewerbe und Verkehr	600	
Sonstige Wirtschaftsbereiche	700	2 335

   b) Saldo der Primäreinkommen aus der übrigen Welt[1]   + 16

   c) Konsumausgaben der privaten Haushalte   1 300

   d) Konsumausgaben des Staates   400

   e) Bruttoinvestitionen   540

   f) Außenbeitrag   + 95

   g) Abschreibungen   300

   h) Nettoproduktionsabgaben[2]   260

   i) Arbeitnehmerentgelt   1 390

   j) Unternehmens- und Vermögenseinkommen   385

   3.1 Berechnen Sie das Bruttoinlandsprodukt, das Nettoinlandsprodukt zu Marktpreisen, das Nettoinlandsprodukt zu Herstellungspreisen, das Bruttonationaleinkommen, die inländische Verwendung des Bruttonationaleinkommens, das Primäreinkommen und das Volkseinkommen! Der Saldo der Primäreinkommen aus der übrigen Welt entfällt je zur Hälfte auf das Arbeitnehmerentgelt und die Unternehmens- und Vermögenseinkommen.

   3.2 Stellen Sie die Entstehungs- und Verwendungsrechnung des Bruttoinlandsprodukts und die Verteilung des Volkseinkommens dar!

   3.3 Unter welcher Bedingung sind Brutto- und Nettoinlandsprodukt gleich groß? (Theoretischer Grenzfall.) Wie bezeichnet man eine Volkswirtschaft, in der dies der Fall ist?

   3.4 Unterscheiden Sie die Begriffe nominelles und reales Bruttoinlandsprodukt!

---

1 Siehe Fußnote 2 auf S. 508.

2 Siehe Fußnote 1 auf S. 508

8.2 Grundbegriffe der volkswirtschaftlichen Gesamtrechnung

3.5 Unter welcher Bedingung ist das Bruttonationaleinkommen kleiner als das Bruttoinlandsprodukt?

3.6 Welche Bedeutung hat die Ermittlung der Messzahlen (Kennzahlen) der gesamtwirtschaftlichen Leistung?

3.7 Welche Kritik wird an der herkömmlichen Berechnung der Messzahlen der gesamtwirtschaftlichen Leistung geübt?

4. Textauszug:

Maßstab menschliche Entwicklung

Entwicklungsstand und Wohlergehen eines Landes und seiner Menschen nur anhand des Bruttoinlandsprodukts zu messen, wird zu Recht als ungenügend empfunden. Vor allem für die Lebensverhältnisse in der Dritten Welt ist ein Maßstab, der sich allein an der marktbezogenen Wirtschaftsleistung orientiert, von beschränkter Aussagekraft. Aufschlussreicher erscheint eine Antwort auf die Frage, ob und inwieweit eine Steigerung des Bruttoinlandsprodukts zur **menschlichen Entwicklung** beiträgt. Das *UN-Entwicklungsprogramm (UNDP)* versteht darunter „einen Prozess, der die Möglichkeiten des Einzelnen erweitert", ihm also zu einem längeren und gesunden Leben, einem bestimmten Maß an Bildung und einem ausreichenden Einkommen verhilft. Schon ein flüchtiger Vergleich zwischen „armen" und „reichen" Ländern zeigt, dass wirtschaftlicher Erfolg nicht automatisch mit höherer **Lebensqualität** einhergeht. So ist es möglich, dass Länder mit niedrigem Nationaleinkommen ihrer breiten Bevölkerung einigermaßen befriedigende Lebensbedingungen bieten, während in viel wohlhabenderen Staaten manchmal extreme soziale Gegensätze herrschen.

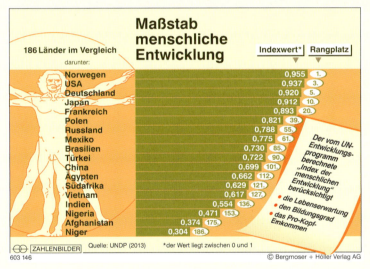

Um solche Vergleiche auf eine feste, nachprüfbare Grundlage zu stellen, hat das UNDP einen besonderen Maßstab ausgearbeitet: den **Index der menschlichen Entwicklung.** Dabei wird für jedes Land ein Satz statistischer Kennzahlen, in denen sich die Lebenserwartung, das Bildungsniveau und das Pro-Kopf-Einkommen niederschlägt, zu einem einzigen Indexwert gebündelt.

Unter den 186 Ländern, für die dieser Index im Jahr 2012 neu berechnet wurde, belegt Norwegen den ersten Platz.

Arbeitsaufträge:

4.1 Welche Indikatoren bestimmen nach Meinung des UNDP den Wohlstand der Nationen?

4.2 Umschreiben Sie den Begriff Lebensqualität!

8.3 Außenwirtschaftliche Gesamtrechnung (Zahlungsbilanz)

Begriff Zahlungsbilanz

Internationale Zahlungsvorgänge werden in der **Zahlungsbilanz** dargestellt. Sie liefert wichtige Daten für die Finanz-, Geld- und Außenwirtschaftspolitik. Ferner dient sie als Konjunkturindikator.

Aufbau der Zahlungsbilanz

Die Zahlungsbilanz besteht aus verschiedenen **Teilbilanzen,** die von der Deutschen Bundesbank als **„Kategorien der Zahlungsbilanz"** bezeichnet werden.

I. Leistungsbilanz

Warenhandel (Außenhandel)	Der Warenhandel, auch als Außenhandel bezeichnet, erfasst den Warenverkehr zwischen Inländern und Gebietsfremden. Warenexporte und Warenimporte werden gegenübergestellt. Neben diesen Transaktionen mit produzierten Gütern mit Eigentumswechsel zwischen Inländern und Gebietsfremden werden in dieser Teilbilanz auch der Transithandel[1] als eine spezielle Form des Warenhandels und der Handel mit grenzüberschreitenden Strom- und Gaslieferungen erfasst. Die Gegenüberstellung der Im- und Exporte wird auch als „Handelsbilanz" bezeichnet. Von **aktiver Handelsbilanz** wird gesprochen, wenn die Exporte wertmäßig höher als die Importe sind. Eine **passive Handelsbilanz** liegt vor, wenn die Einfuhren die Ausfuhren wertmäßig übersteigen.
Dienstleistungen	Die Dienstleistungen erfassen insbesondere alle Ausgaben inländischer Reisender im Ausland und Einnahmen durch ausländische Reisende im Inland. Des Weiteren werden hier Fertigungsentgelte, die Unternehmen für die Bearbeitung von Waren erhalten, Gebühren für Nutzungs- oder Vertriebs- und Vervielfältigungsrechte, grenzüberschreitende Reparaturleistungen, Telekommunikations- und Transportleistungen, Lizenzgebühren für die Nutzung von Forschungsergebnissen, Patente, Urheberrechte, Versicherungsleistungen, Gesundheitsleistungen, Leistungen im Rahmen der Forschung, der Entwicklung, von Messen, Film, Regierungsleistungen etc. erfasst. Die Gegenüberstellung der Einnahmen und Ausgaben im Dienstleistungsbereich wird auch als „Dienstleistungsbilanz" bezeichnet. Die Dienstleistungsbilanz ist **aktiv,** wenn die Einnahmen höher als die Ausgaben sind. Sie ist **passiv,** wenn die Ausgaben die Einnahmen übersteigen.
Primäreinkommen	Unter dieser Position der Leistungsbilanz finden sich die Arbeitseinkommen und Kapitalerträge, die Inländern aus dem Ausland zufließen bzw. die Ausländer aus dem Inland beziehen (siehe auch Kapitel 8.2.2). Weiterhin werden hier Produktions- und Importabgaben, Subventionen und Pachteinkommen erfasst. Ein **aktiver Saldo**[2] der Primäreinkommensbilanz zeigt, dass die aus dem Ausland empfangenen Primäreinkommen höher sind als die an das Ausland geleisteten.

---

1 Beim Transithandel erwirbt ein Inländer Waren im Ausland, die er an einen anderen Gebietsfremden weiterverkauft, ohne die Waren zuvor ins Inland zu bringen.

2 Bei einem aktiven Saldo ist die Aktivseite der Bilanz größer als die Passivseite. Er steht zum Ausgleich auf der Passivseite.

8.3 Außenwirtschaftliche Gesamtrechnung (Zahlungsbilanz)

Sekundäreinkommen	Sekundäreinkommen sind laufende Übertragungen an das Ausland bzw. aus dem Ausland, denen keine unmittelbaren Gegenleistungen gegenüberstehen („Bilanz der unentgeltlichen Leistungen"). Die Transfers werden in öffentliche und private Übertragungen unterteilt. Hierzu zählen u. a. Heimatüberweisungen der Gastarbeiter an ihre Familien, Zahlungen an die EU sowie andere internationale Organisationen (UNO etc.), Einkommen- und Vermögensteuern, Sozialbeiträge und Sozialleistungen, Risikoprämien der Versicherungen sowie Entschädigungszahlungen und Rückvergütungen. Ein **passiver Saldo** der Sekundäreinkommensbilanz zeigt, dass die unentgeltlichen Leistungen an das Ausland die vom Ausland empfangenen übersteigen.

II. Vermögensänderungsbilanz

Transfers, die im Wesentlichen Veränderungen im Vermögen der beteiligten Länder bewirken, jedoch noch keinen unmittelbaren Einfluss auf das „verfügbare Einkommen" haben und als einmalig betrachtet werden, werden in der Vermögensänderungsbilanz erfasst. Hierzu zählen **einmalige** Übertragungen wie z. B. Schuldenerlasse, Erbschaften, Schenkungen, Erbschaft- und Schenkungssteuern, Vermögensmitnahmen von Ein- und Auswanderern, einmalige Zahlungen von der EU an die Bundesrepublik Deutschland (z. B. Zuschüsse zu Infrastrukturmaßnahmen) und der Handel mit nicht produziertem Sachvermögen (Markenrechte, Emissionszertifikate).

Ein passiver Saldo der Vermögensänderungsbilanz zeigt, dass die geleisteten Vermögensübertragungen die vom Ausland empfangenen übersteigen.

III. Kapitalbilanz

Die Kapitalbilanz zeigt die finanziellen Transaktionen zwischen Inländern und Gebietsfremden.

Alle Transaktionen werden in der Zahlungsbilanz zwei Mal gebucht (siehe Beispiel auf S. 521f.). Die Kapitalbilanz bildet einen großen Teil der „Gegenbuchungen" ab.

Auf der linken Seite (Aktivseite) wird der **Kapitalimport** beispielsweise aufgrund eines Warenimports erfasst, d. h., Verbindlichkeiten der Bundesrepublik Deutschland nehmen zu, Forderungen an das Ausland nehmen ab. (Zur Begleichung der Forderungen wird auf der linken Seite der Kapitalbilanz gebucht.)

Auf der rechten Seite (Passivseite) wird der **Kapitalexport** beispielsweise aufgrund eines Warenexports erfasst, d. h., Forderungen an andere Länder nehmen aufgrund des Transfers zu bzw. Verbindlichkeiten nehmen ab. (Zur Begleichung der Verbindlichkeiten wird auf der rechten Seite der Kapitalbilanz gebucht.)

Aktiva	Kapitalbilanz in Mrd. €	Passiva
Kapitalimporte		**Kapitalexporte**

Ein **passiver Saldo** (rechte Seite ist größer als die linke Seite) bedeutet, dass das betreffende Land in dem betrachteten Zeitraum eine Zunahme an Forderungen an das Ausland (Zunahme des Netto-Auslandsvermögens) bzw. eine Abnahme an Verbindlichkeiten gegenüber dem Ausland erzielt hat.

8 Grundzüge der Wirtschaftspolitik in der sozialen Marktwirtschaft

Die Deutsche Bundesbank unterteilt (ebenso wie die Europäische Zentralbank) die Kapitalbilanz weiter in fünf Hauptkategorien: Direktinvestitionen, Wertpapiere, Finanzderivate,[1] übriger Kapitalverkehr und Veränderung der Währungsreserven.

Direktinvestitionen	Hier werden Beteiligungen (z. B. Aktien und andere Kapitalanteile), langfristige Darlehen, kurzfristige Finanzbeteiligungen verbundener Unternehmen und der grenzüberschreitende Erwerb von Immobilien erfasst.
Wertpapiere	Dieser Kategorie werden Wertpapieranlagen wie z. B. Aktien (ohne Beteiligungen), der Erwerb von Investment- und Geldmarktfonds, Geldmarktpapiere und Optionsscheine[2] zugeordnet.
Finanzderivate	Sie stellen Rechte dar, deren Wert von der Entwicklung verschiedener Finanzgrößen wie z. B. Wertpapiere, Zinsen oder Aktienindizes abhängig ist.
Übriger Kapitalverkehr	Unter diesem Posten finden sich z. B. die kurz- und langfristigen Finanzbeziehungen inländischer Unternehmen und Privatpersonen zum Ausland, die Auslandstransaktionen der Kreditinstitute und die kurz- und langfristigen Entwicklungskredite.
Veränderung der Währungsreserven	In dieser Position werden die von der Deutschen Bundesbank angekauften bzw. von ihr verkauften Devisen und Sorten, Gold, Reservepositionen im internationalen Währungsfonds, Sonderziehungsrechte und Forderungen an die EZB ausgewiesen.

IV. Saldo der statistisch nicht weiter aufgliederbaren Transaktionen (Restposten)

Ungeklärte Beträge kommen zustande durch statistische Ermittlungsfehler und statistisch nicht erfassbare Transaktionen (z. B. „Koffergeschäfte").[3]

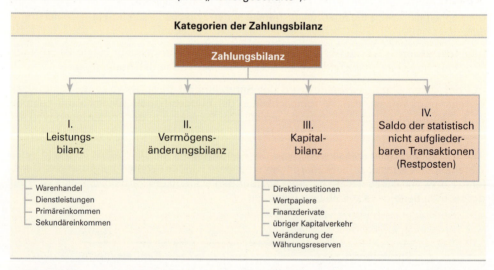

Kategorien der Zahlungsbilanz

---

[1] Derivate (wörtlich: die Abgeleiteten) leiten ihren Wert von verschiedenen Finanzgrößen wie z. B. Wertpapierkursen, Zinsen oder Aktienindizes ab.

[2] Optionsscheine (engl. = Warrants) sind selbstständig handelbare Wertpapiere, die das Recht zum Bezug oder zur Lieferung eines sog. „Underlying" zu einem festen Preis und zu einem künftigen, vereinbarten Termin verbriefen. Zu den Underlyings zählen z. B. Aktien, Anleihen oder Finanzderivate.

[3] Siehe Zahlenbeispiel auf S. 521 f.

8.3 Außenwirtschaftliche Gesamtrechnung (Zahlungsbilanz)

Zwischen den vorgenannten Teilbilanzen gibt es einen buchhalterischen Zusammenhang. Nimmt man die Leistungs- und Vermögensänderungsbilanz zusammen, so geht ein dortiger Überschuss mit einer Zunahme von Auslandsforderungen beziehungsweise einer Abnahme von Auslandsverbindlichkeiten in der Kapitalbilanz einher, wobei eine Differenz in dem Restposten abgebildet wird. Ein Defizit in der Leistungs- und Vermögensänderungsbilanz bedeutet umgekehrt eine Abnahme von Forderungen beziehungsweise Zunahme an Verbindlichkeiten gegenüber dem Ausland.

■ **Begriff Zahlungsbilanzausgleich**

Formal[1] ist die Zahlungsbilanz stets ausgeglichen. Der Grund: Alle Transaktionen werden *zwei Mal* gebucht (siehe nachfolgendes Beispiel).

Wird in der Wirtschaftspolitik und in der Wirtschaftspresse von **unausgeglichener Zahlungsbilanz (Zahlungsbilanzungleichgewicht)** gesprochen, ist stets die **Leistungsbilanz** einschließlich der Vermögensänderungsbilanz gemeint. In diesem Sinne liegt ein **Zahlungsbilanzüberschuss** vor, wenn die Leistungsbilanz einschließlich der Vermögensänderungsbilanz positiv ist (Einnahmen > Ausgaben). Ein **Zahlungsbilanzdefizit** ist gegeben, wenn die Leistungsbilanz einschließlich der Vermögensänderungsbilanz negativ ist (Ausgaben > Einnahmen).

Reiner Zufall wäre, wenn *alle Teilbilanzen* ausgeglichen wären.

Beispiel:

Das statistische Amt eines Landes erfasst zum Zweck der Erstellung der nationalen Zahlungsbilanz folgende internationale Transaktionen:

	Inlandswährung in Mrd. GE
1. Das Land A exportiert Waren in das Devisenausland gegen Zahlung mit Wechsel (die Wechsel lauten auf Fremdwährungen)	56
2. Das Land A erbringt für das Devisenausland Transportleistungen gegen Zahlung mit Schecks (die Schecksummen lauten auf Fremdwährung)	14
3. Das Land A importiert aus dem Devisenausland Waren gegen Zahlung mit Schecks (die Schecksummen lauten auf Fremdwährung)	40
4. Die Inländer geben während ihrer Auslandsreisen Devisen aus	20
5. Warenexporte gegen langfristigen Kredit	15
6. Warenimporte gegen langfristigen Kredit	12
7. Das Land A zahlt Beiträge in Fremdwährung an die UN (von der Zentralbank abgerufen)	8
8. Land A erhält von der EU eine einmalige Zahlung in Binnenwährung zur Förderung strukturschwacher Gebiete	3
9. Das Land A gewährt einen Entwicklungshilfekredit in Devisen (von der Zentralbank abgerufen)	6
10. Das Land A erlässt einem Entwicklungsland Schulden in Höhe von	2
11. Inländer beziehen aus dem Ausland Zinsen, Dividenden und Arbeitseinkommen	4
12. Ausländer beziehen aus dem Inland Zinsen, Dividenden und Arbeitseinkommen	1
13. Inländische Sparer bringen Inlandsgeld ins Ausland („Koffergeschäfte")	2

---

1 Formal (lat.) = äußerlich.

8 Grundzüge der Wirtschaftspolitik in der sozialen Marktwirtschaft

Zahlungsbilanz

Transaktionen	Summe in Mrd. GE	Aktivseite — I. Leistungsbilanz — Außenhandel — Export	Außenhandel — Import	Dienstleistungen — Einnahmen	Dienstleistungen — Ausgaben	Primäreinkommen — Einnahmen	Primäreinkommen — Ausgaben	Sekundäreinkommen — Einnahmen	Sekundäreinkommen — Ausgaben	II. Vermögensänderungsbilanz — Einnahmen	Vermögensänderungsbilanz — Ausgaben	Passivseite — III. Kapitalbilanz — Ausgaben[1]	Kapitalbilanz — Einnahmen[2]	IV. Saldo der statistisch nicht aufgliederbaren Transaktionen (Restposten) — Einnahmenkorrektur	Restposten — Ausgabenkorrektur
1	56	56											56		
2	14			14									14		
3	40		40									40			
4	20				20							20			
5	15	15											15		
6	12		12									12			
7	8								8			8			
8	3									3			3		
9	6								6			6			
10	2										2	2			
11	4					4							4		
12	1						1					1			
13	2											2			2
Summen		71	52	14	20	4	1	14	14	3	2	91	92		2
Salden		71	19	6		3		14		3	1	1	92	2	2

[1] Ausgaben (kurzfristig), Verbindlichkeitszugänge (langfristig) und Forderungsabgänge.
[2] Einnahmen (kurzfristig), Forderungszugänge (langfristig) und Verbindlichkeitsabgänge.

8.3 Außenwirtschaftliche Gesamtrechnung (Zahlungsbilanz)

Erläuterungen zur Abbildung auf S. 522:

- Die Außenhandelsbilanz (Warenhandel) ist **aktiv**, weil die Exporte wertmäßig höher als die Importe sind.

- Der Saldo der Dienstleistungen ist **defizitär** (negativ, passiv). Die Ausgaben für ausländische Dienstleistungen übersteigen wertmäßig die vom Inland für das Ausland erbrachten Dienstleistungen.

- Der Saldo der Primäreinkommen ist **positiv**, weil die von Inländern aus dem Ausland bezogenen Primäreinkommen höher als die von Ausländern aus dem Inland bezogenen Primäreinkommen sind.

- Der Saldo der Sekundäreinkommen ist **defizitär**, weil lediglich Zahlungen an das Ausland vorgenommen wurden.

- Der Saldo der Vermögensübertragungen (Vermögensänderungsbilanz) ist **positiv**: Die Einnahmen übersteigen die Ausgaben.

- Die Kapitalbilanz weist einen **Überschuss** aus. Die „Einnahmen" (Forderungszugänge, Verbindlichkeitsabgänge) sind höher als die „Ausgaben" (Verbindlichkeitszugänge bzw. Forderungsabgänge).

- Der Saldo der statistisch nicht aufgliederbaren Transaktionen (Restposten der Zahlungsbilanz) beträgt 2 Mrd. GE.

- Der **Saldo der Leistungsbilanz** beträgt **2 Mrd. GE**. Er berechnet sich wie folgt: +19 Mrd. GE (Außenhandelsüberschuss) −6 Mrd. GE (Defizit der Dienstleistungsbilanz) −14 Mrd. GE (Defizit aus den Sekundäreinkommen) +3 Mrd. GE (positiver Saldo der Primäreinkommen).

Aus der Zahlungsbilanz ergeben sich folgende Zusammenhänge:

Mit den Zahlen des Beispiels:

    (+ 2)   +   (+ 1)   +   (− 2)   =   + 1

Die Deutsche Bundesbank verwendet in ihren Veröffentlichungen der Zahlungsbilanz die obige Gleichung. Zugänge bei der Kapitalbilanz (Netto-Kapitalexport) und bei den Währungsreserven werden mit einem positiven Vorzeichen (+), Abgänge hingegen mit einem negativen Vorzeichen (−) ausgewiesen (siehe Abbildung der Zahlungsbilanz der Deutschen Bundesbank auf S. 524).

8 Grundzüge der Wirtschaftspolitik in der sozialen Marktwirtschaft

Wichtige Posten der Zahlungsbilanz für die Europäische Währungsunion (Mio. €)

Mio € Position	2014	2015	2016	2016 2.Vj.	3.Vj.	4.Vj.	Dez.	2017 Jan.	Feb. p)
A. Leistungsbilanz	+ 250 091	+ 336 415	+ 359 416	+ 95 908	+ 97 769	+ 98 259	+ 39 648	+ 3 083	+ 27 865
1. Warenhandel									
Ausfuhr	1 964 242	2 110 012	2 107 998	536 701	520 037	549 989	181 788	168 086	177 586
Einfuhr	1 723 277	1 759 899	1 732 925	428 656	428 286	455 382	148 746	158 746	150 014
Saldo	+ 240 964	+ 350 111	+ 375 073	+ 108 045	+ 91 752	+ 94 606	+ 33 042	+ 9 340	+ 27 571
2. Dienstleistungen									
Einnahmen	713 996	775 948	787 137	194 906	206 896	205 174	73 798	61 921	58 881
Ausgaben	628 632	706 018	739 045	178 075	181 381	211 135	74 817	61 149	53 223
Saldo	+ 85 363	+ 69 930	+ 48 094	+ 16 832	+ 25 515	− 5 960	− 1 018	+ 772	+ 5 658
3. Primäreinkommen									
Einnahmen	630 047	640 729	623 463	157 739	145 402	176 553	68 041	47 177	47 235
Ausgaben	564 244	590 557	550 345	164 846	129 912	132 437	50 230	38 236	38 985
Saldo	+ 65 800	+ 50 174	+ 73 118	− 7 106	+ 15 490	+ 44 115	+ 17 811	+ 8 941	+ 8 250
4. Sekundäreinkommen									
Einnahmen	93 022	104 279	107 170	29 125	25 481	28 611	12 078	8 102	8 355
Ausgaben	235 060	238 079	244 038	50 988	60 467	63 114	22 265	24 072	21 969
Saldo	− 142 036	− 133 799	− 136 868	− 21 863	− 34 986	− 34 503	− 10 187	− 15 970	− 13 614
B. Vermögensänderungsbilanz	+ 14 167	− 13 251	− 1 348	− 216	+ 1 061	− 547	+ 753	− 229	+ 1 152
C. Kapitalbilanz (Zunahme: +)	+ 252 979	+ 299 560	+ 352 833	+ 86 641	+ 120 312	+ 96 252	+ 87 418	+ 11 786	− 3 156
1. Direktinvestitionen	+ 61 184	+ 237 130	+ 165 268	− 33 475	+ 115 124	+ 33 362	+ 21 418	+ 16 879	− 154
Anlagen außerhalb des Euro-Währungsgebiets	+ 159 981	+ 847 353	+ 326 719	+ 16 768	+ 39 309	+ 145 854	+ 30 051	+ 108 166	+ 95 104
Ausländische Anlagen im Euro-Währungsgebiet	+ 98 799	+ 610 225	+ 161 451	+ 50 244	− 75 816	+ 112 492	+ 8 634	+ 91 288	+ 95 258
2. Wertpapieranlagen	+ 32 867	+ 122 107	+ 494 170	+ 194 346	+ 121 441	+ 74 236	+ 52 682	+ 12 453	+ 73 046
Anlagen außerhalb des Euro-Währungsgebiets	+ 459 120	+ 399 293	+ 395 319	+ 122 351	+ 127 179	+ 13 369	+ 22 744	+ 43 613	+ 53 758
Aktien und Investmentfondsanteile	+ 139 790	+ 18 716	+ 22 471	+ 1 968	+ 14 895	+ 24 614	+ 10 721	+ 24 266	+ 9 595
Langfristige Schuldverschreibungen	+ 226 811	+ 368 644	+ 371 692	+ 112 692	+ 104 782	+ 14 651	+ 9 350	+ 24 618	+ 33 683
Kurzfristige Schuldverschreibungen	+ 92 520	+ 11 935	+ 1 157	+ 7 690	+ 7 503	− 25 896	+ 2 673	− 5 271	+ 10 480
Ausländische Anlagen im Euro-Währungsgebiet	+ 426 255	+ 277 185	− 98 852	− 71 995	+ 5 737	− 60 867	− 29 938	+ 31 161	− 19 288
Aktien und Investmentfondsanteile	+ 318 092	+ 222 371	+ 139 921	+ 55 277	+ 70 830	+ 42 003	+ 36 456	+ 20 408	− 3 980
Langfristige Schuldverschreibungen	+ 127 440	+ 99 546	− 286 490	− 175 703	− 64 021	− 80 602	− 51 412	− 11 015	− 25 695
Kurzfristige Schuldverschreibungen	− 19 277	− 44 733	+ 47 720	+ 48 431	− 1 071	− 22 268	− 14 982	+ 21 768	+ 10 387
3. Finanzderivate und Mitarbeiteraktienoptionen	+ 45 722	+ 90 347	+ 22 369	− 45 773	+ 23 773	+ 15 371	+ 6 276	+ 2 292	+ 4 985
4. Übriger Kapitalverkehr	+ 108 848	− 160 593	− 344 430	− 30 640	− 147 750	− 31 297	+ 970	− 14 760	− 83 014
Eurosystem	+ 31 510	− 25 390	− 151 070	− 20 560	− 34 843	− 90 066	− 75 727	+ 31 327	− 34 545
Staat	+ 11 832	+ 19 286	+ 2 475	− 1 918	− 652	+ 2 755	+ 5 815	− 712	+ 4 242
Monetäre Finanzinstitute (Ohne Eurosystem)	+ 99 280	− 122 527	− 154 353	− 22 981	− 89 211	+ 46 877	+ 87 389	− 23 243	− 30 048
Unternehmen und Privatpersonen	− 33 775	− 31 964	− 41 477	+ 14 822	− 23 044	+ 14 647	− 16 508	− 22 131	− 22 664
5. Währungsreserven des Eurowährungssystems	+ 4 361	+ 10 569	+ 15 458	+ 2 185	+ 7 724	+ 4 580	+ 6 073	+ 5 077	+ 1 981
D. Saldo der statistisch nicht aufgliederbaren Transaktionen	− 11 277	− 23 604	− 5 233	− 9 048	+ 21 481	− 1 459	+ 47 017	+ 8 932	− 32 173

* Quelle: EZB, gemäß den internationalen Standards des Balance of Payments Manual in der 6. Auflage des Internationalen Währungsfonds.

Quelle: Monatsbericht der Deutschen Bundesbank, Mai 2017, S. 74*.

8.3 Außenwirtschaftliche Gesamtrechnung (Zahlungsbilanz)

Zusammenfassung

- In der Zahlungsbilanz werden alle Transaktionen im internationalen Waren-, Dienstleistungs- und Kapitalverkehr erfasst.
- Die wichtigsten Kategorien und Posten der Zahlungsbilanz sind:[1]

I.	Leistungsbilanz		
	1. Außenhandel (Warenhandel)		
	Ausfuhr	+	71 Mrd. GE
	Einfuhr	–	52 Mrd. GE
	Saldo	+	19 Mrd. GE
	2. Dienstleistungen		
	Einnahmen	+	14 Mrd. GE
	Ausgaben	–	20 Mrd. GE
	Saldo	–	6 Mrd. GE
	3. Primäreinkommen (Saldo)	+	3 Mrd. GE
	4. Sekundäreinkommen		
	Einnahmen		—
	Ausgaben	–	14 Mrd. GE
	Saldo	–	14 Mrd. GE
	Saldo der Leistungsbilanz	+	2 Mrd. GE
II.	Vermögensänderungsbilanz		
	empfangene Vermögensübertragungen	+	3 Mrd. GE
	geleistete Vermögensübertragungen	–	2 Mrd. GE
	Saldo	+	1 Mrd. GE
III.	Kapitalbilanz (Saldo)	+	1 Mrd. GE
IV.	Saldo der statistisch nicht aufgliederbaren Transaktionen (Restposten)	–	2 Mrd. GE

---

1 Die Zahlen sind der Zahlungsbilanz auf S. 522 entnommen.

ÜBUNGSAUFGABEN

1. Es liegen folgende internationale Zahlungsvorgänge des Landes B (Inland) vor:

(a)	Das Land B exportiert Waren in das Devisenausland gegen Zahlung mit Scheck (die Schecks lauten auf Fremdwährung)	40 Mrd. GE
(b)	Die Exporterlöse (Devisen) werden teilweise bei der Zentralbank gegen Binnenwährung eingetauscht	36 Mrd. GE
(c)	Das Land B nimmt für Dienstleistungen Devisen ein	15 Mrd. GE
(d)	Die Deviseneinnahmen werden teilweise bei der Zentralbank gegen Binnenwährung eingetauscht	13 Mrd. GE
(e)	Das Land B importiert Waren gegen Zahlung mit Scheck (die Schecks lauten auf Fremdwährung)	50 Mrd. GE
(f)	Erforderliche Devisen werden bei der Zentralbank gekauft	46 Mrd. GE
(g)	Das Land B zahlt für Dienstleistungen Devisen	10 Mrd. GE
(h)	Erforderliche Devisen werden bei der Zentralbank gekauft	8 Mrd. GE
(i)	Warenimport gegen langfristigen Kredit	15 Mrd. GE
(j)	Warenexport gegen langfristigen Kredit	14 Mrd. GE
(k)	Einmalige Zahlung der EU in Binnenwährung für strukturschwache Gebiete des Landes B	5 Mrd. GE
(l)	Beitragszahlungen an die UN (bei der Zentralbank abgerufen)	4 Mrd. GE
(m)	Langfristige Entwicklungshilfekredite in Devisen (bei der Zentralbank abgerufen)	6 Mrd. GE
(n)	Zahlungen in Devisen für Entwicklungshilfe ohne Zins- und Rückzahlungsverpflichtung (bei der Zentralbank abgerufen)	5 Mrd. GE
(o)	Inländer beziehen aus dem Ausland Zinsen, Dividenden und Arbeitseinkommen	2 Mrd. GE
(p)	Ausländer beziehen aus dem Inland Zinsen, Dividenden und Arbeitseinkommen	3 Mrd. GE
(q)	Ausländer bringen „im Koffer" Devisen ins Inland im Wert von	2 Mrd. GE

1.1 Welche der genannten Zahlungsvorgänge („Geschäftsvorfälle") berühren lediglich die Kapitalbilanz, wirken sich also nicht auf das Ergebnis der Zahlungsbilanz aus?

1.2 Erstellen Sie die Zahlungsbilanz des Landes B nach dem Muster der Tabelle auf S. 522!

1.3 Welche Unterbilanzen der Leistungsbilanz sind aktiv bzw. passiv? Warum?

1.4 Die Zahlungsbilanz ist defizitär. Warum?

1.5 Auf welche Ursache(n) lässt sich das Zahlungsbilanzdefizit zurückführen?

1.6 Begründen Sie, warum die Zahlungsbilanz formal immer ausgeglichen sein muss!

2. Stellen Sie mithilfe der aus Aufgabe 1.2 gewonnenen Zahlen die Zahlungsbilanz in Staffelform auf! (Siehe Tabelle auf S. 525.)

8.4 Hauptziele der Wirtschaftspolitik

Politik ist zielgerichtetes Handeln. Der Staat muss sich also Ziele setzen, nach denen er seine Wirtschaftspolitik ausrichtet. Bestimmte „Eckpfeiler" setzt das Grundgesetz mit seinen Forderungen nach größtmöglicher Freiheit einerseits und sozialer Gerechtigkeit andererseits. In diesem weitgespannten Rahmen ist der Staat in seinen Zielsetzungen und Maßnahmen frei.

Oberziel

Nach § 1 des Gesetzes zur Förderung der Stabilität und des Wachstums der Wirtschaft vom 8. Juni 1967 („Stabilitätsgesetz") haben Bund und Länder bei ihren wirtschafts- und finanzpolitischen Maßnahmen die Erfordernisse des gesamtwirtschaftlichen Gleichgewichts zu beachten. Gesamtwirtschaftliches Gleichgewicht liegt vor, wenn alle Produktionsfaktoren vollbeschäftigt sind und sich alle Märkte (z. B. Arbeits-, Kredit-, Gütermärkte) ausgleichen.

Unterziele

Aus diesem Oberziel leitet das Stabilitätsgesetz [§ 1 Satz 2 StabG] folgende Unterziele ab:

- Stabilität des Preisniveaus,
- hoher Beschäftigungsstand,
- außenwirtschaftliches Gleichgewicht und
- stetiges und angemessenes Wirtschaftswachstum.

Die hier genannten Ziele sind quantitative Ziele, weil sie sich in Zahlen erfassen lassen. Weitere wichtige, nicht ausdrücklich im Stabilitätsgesetz erwähnte qualitative Ziele sind:

- sozialverträgliche Einkommens- und Vermögensverteilung und
- Erhaltung einer lebenswerten Umwelt (Umweltschutz).

8.4.1 Kurzfristige Ziele und Zielkonflikte

8.4.1.1 Hoher Beschäftigungsstand

Begriff Beschäftigung

Unter **Beschäftigung** verstehen wir den Grad der Kapazitätsausnutzung einer Volkswirtschaft.

Die Messung der volkswirtschaftlichen Kapazität (= Leistungsfähigkeit) ist immer problematisch. Messen wir die Kapazität an der Ausstattung der Wirtschaft mit Produktionsanlagen, so kann eine Wirtschaft vollbeschäftigt sein, obwohl es Arbeitslose gibt, ganz einfach deshalb, weil im Verhältnis zu den gegebenen Arbeitsplätzen zu viel Arbeitskräfte vorhanden sind. Umgekehrt mag es möglich sein, dass eine Wirtschaft alle Arbeitskräfte beschäftigt und außerdem noch offene Stellen besitzt. In diesem Fall sind die sachlichen Produktionsfaktoren unterbeschäftigt. Die vollständige Ausnutzung ist nur durch die Einstellung ausländischer Arbeitskräfte möglich.

Um den genannten Schwierigkeiten aus dem Weg zu gehen, beurteilt man die Beschäftigungslage in einer Volkswirtschaft meist anhand der Arbeitslosenzahlen *und* der offenen Stellen.

- **Vollbeschäftigung** ist gegeben, wenn die Arbeitslosenquote (= Anteil der Arbeitslosen an der Anzahl der Erwerbspersonen) nicht mehr als rund 2 % beträgt.
- **Überbeschäftigung** liegt vor, wenn die Zahl der offenen Stellen erheblich über der Zahl der Arbeitslosen liegt.
- **Unterbeschäftigung** ist gegeben, wenn die Arbeitslosenquote höher als rund 2 % ist *und* die Zahl der offenen Stellen niedriger als die Arbeitslosenzahl ist.[1]

Folgen des Arbeitskräftemangels

- Die Unternehmen werben sich gegenseitig Arbeitskräfte ab.
- Dadurch steigen die Effektivlöhne schneller als die Produktivität.
- Die Folge sind Preiserhöhungen und damit Beeinträchtigungen der Exportchancen.
- Die Leistungsbereitschaft der Arbeitnehmer sinkt, die Produktqualität nimmt ab.
- Der Krankenstand ist in Zeiten der Überbeschäftigung hoch (schlechte „Arbeitsmoral").

Folgen der Arbeitslosigkeit

- **Folgen der Arbeitslosigkeit für den Einzelnen**

Einzelentlassungen	Einzelentlassungen werden häufig als mit- oder selbst verschuldet empfunden, weil – im Vergleich zu denjenigen, die nicht entlassen werden – die eigene Leistung scheinbar nicht ausreicht. Das gleiche Bild entsteht in der Öffentlichkeit. Die Arbeitslosen werden von vornherein als weniger qualifiziert eingeschätzt und häufig gesellschaftlich ausgegrenzt.[2]
Massenentlassungen	Massenentlassungen als Folge von Insolvenzen und Rationalisierungsmaßnahmen haben eine andere Wirkung, weil der Verlust der Arbeitsplätze *gemeinsam* erlebt wird. Die Arbeitslosigkeit muss nicht vom Einzelnen gerechtfertigt werden, weil allgemein bekannt ist, dass man „schuldlos" arbeitslos geworden ist.[3]

Wenngleich die durch Massenentlassungen erfolgte Arbeitslosigkeit für den Einzelnen scheinbar oder tatsächlich leichter als eine Einzelentlassung zu ertragen ist: Wer arbeitslos wird, fällt zunächst in eine tiefe Leere. *Einkommenseinbußen* führen – je nach Vermögensverhältnissen – zu Existenzsorgen. Nicht selten sind familiäre Schwierigkeiten die Folge.

---

1 Zum Thema Sockelarbeitslosigkeit siehe Kapitel 8.11.2., S. 635.
2 Vgl. Osterland, M.: Einzelentlassung und Massenentlassung als kollektive Erfahrung, in: Dessel, W. u.a. (Hrsg.): Lebenslauf, Arbeitsmarkt und Sozialpolitik, Nürnberg 1990, S. 139f., zitiert in: Kontrovers, Arbeitsmarktpolitik, hrsg. von der Bundeszentrale für politische Bildung, Bonn 1996, S. 54.
3 Vgl. Kachler, R.: Der Arbeitslose fällt in eine tiefe Leere, in: Esslinger Zeitung vom 5./6. Februar 1994, S. 5, zitiert in: Kontrovers, Arbeitsmarktpolitik, a.a.O:, S. 56.

8.4 Hauptziele der Wirtschaftspolitik

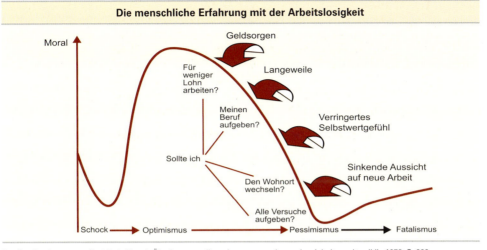

Quelle: Bundesagentur für Arbeit (Hrsg.): Überlegungen II zu einer vorausschauenden Arbeitsmarktpolitik, 1978, S. 209.

■ Folgen der Arbeitslosigkeit für die Transferzahlungen

Finanzielle Auswirkungen	Die Arbeitslosigkeit hat zahlreiche unmittelbare und mittelbare finanzielle (wirtschaftliche) Folgen, von denen hier nur die wichtigsten genannt werden können. Zunächst muss das Arbeitslosengeld von der Arbeitslosenversicherung (der Bundesagentur für Arbeit) aufgebracht werden. Je höher die Arbeitslosigkeit ist, desto höher müssen die Beiträge der Arbeitenden sein. Die Folge ist, dass – unter sonst gleichen Bedingungen – die Massenkaufkraft sinkt, sodass der Konsum abnimmt. Dies wiederum hat sinkende Steuereinnahmen zur Folge, weil die Gewinne der Handelsunternehmen sinken. Die Konkurrenz verschärft sich, weitere Entlassungen finden statt.
	Erwerbsfähige Langzeitarbeitslose, d. h. Personen, die länger als ein Jahr arbeitslos sind, erhalten **Arbeitslosengeld II,** das von der Bundesagentur für Arbeit ausgezahlt wird. Die Leistungen für Unterkunft und Heizung erbringen die kommunalen Träger.
	Eine weitere Säule im System der sozialen Sicherung in Deutschland ist die **Sozialhilfe.** Sie wird nicht erwerbsfähigen Personen und ihren Haushalten gewährt. Hinzu kommt die Hilfe zum Lebensunterhalt z. B. Wohn- und Heizkosten, in besonderen Fällen Zuschläge zur Deckung eines laufenden Mehrbedarfs.
	Die **Grundsicherung im Alter und bei Erwerbsminderung** erhalten Personen zwischen dem 65. und 67. Lebensjahr und Personen, die das 18. Lebensjahr vollendet haben und dauerhaft voll erwerbsgemindert sind.
	Die Sozialhilfe ist von den Gemeinden zu bezahlen. Nimmt die Zahl der Sozialhilfeempfänger zu, sind in der Folge die Gemeinden gezwungen, ihre Steuern und Gebühren zu erhöhen (z. B. Gewerbesteuer, Gebühren für Wasser, Abwasser, Müllabfuhr usw.), sodass die verfügbaren Einkommen der Haushalte (die der Arbeitslosen *und* der Beschäftigten) weiter sinken.
	Mit der Arbeitslosigkeit steigen aufgrund der gesunkenen Einkommen auch andere Sozialleistungen wie z. B. das Wohngeld.

Sinkende Steuereinnahmen	Der aufgrund der Arbeitslosigkeit zurückgehende Konsum bedeutet geringere Steuereinnahmen. Einmal zahlen die Arbeitslosen i. d. R. keine direkten Steuern (z. B. Lohn- und Einkommensteuer). Zum anderen bewirkt der insgesamt gebremste Konsum, dass die Verbrauchsteuern (z. B. Mineralölsteuer, Biersteuer) und die Verkehrsteuern (z. B. Umsatzsteuer) nicht in dem Maße eingehen, wie sie bei geringerer Arbeitslosigkeit zu erwarten sind.
Sinkende Beitragseinnahmen	Schließlich führt die zunehmende Arbeitslosigkeit nicht nur bei der Arbeitslosenversicherung, sondern auch bei den übrigen Sozialversicherungsträgern zu sinkenden Beitragseinnahmen. Rentenversicherung, Krankenkassen und Unfallversicherungen müssen ihre Beiträge erhöhen. Die Folge: Unter sonst gleichen Bedingungen geht die Konsumgüternachfrage weiter zurück.
Steigende Bundeszuschüsse	Um Beitragserhöhungen zu vermeiden, können die Sozialversicherungsträger durch Bundeszuschüsse subventioniert werden. Ist der Staat bereits verschuldet, muss er entweder weitere Kredite mit den bereits bekannten Folgen aufnehmen oder zum Mittel der Steuererhöhung greifen (z. B. Erhöhung der Umsatz- oder der Mineralölsteuer). Mit der zusätzlichen Kreditaufnahme wird das Problem nur zeitlich verschoben: Wird die Verschuldungsgrenze des Staates erreicht, müssen *zukünftig* Steuern erhöht und/oder Staatsausgaben gekürzt werden. Werden die Steuern sofort erhöht, geht die Nachfrage *gegenwärtig* zurück, weil weniger Geld in den Portemonnaie der privaten Haushalte verbleibt.
Schattenwirtschaft/ Schwarzarbeit	Mit der Arbeitslosigkeit nimmt auch die Bedeutung der Schattenwirtschaft zu. Wenn man davon ausgeht, dass der Wert der Schwarzarbeit in der Bundesrepublik Deutschland jährlich rund 340 Mrd. € beträgt und wenn man mit einer Steuer- und Abgabenquote von rund 40 % rechnet, lässt sich der durch die Schwarzarbeit verursachte Steuerausfall auf mindestens 135 Mrd. € veranschlagen. Um sich ein Bild zu machen: Das ist ungefähr so viel, wie der Bund jährlich für „Arbeit und Soziales" ausgibt.

■ **Folgen der Arbeitslosigkeit für das Arbeitspotenzial der Volkswirtschaft**

Die erste Konsequenz der Arbeitslosigkeit ist, dass ein Teil des Arbeitspotenzials ungenutzt bleibt. Das bedeutet, dass das reale Inlandsprodukt niedriger ist als es bei Vollbeschäftigung wäre. Hinzu kommt die im vorigen Kapitel beschriebene Belastung der öffentlichen Kassen. Sie beträgt – einfach gerechnet – rund 20 000,00 € jährlich je arbeitslose Person. Dies entspricht bei einer Arbeitslosenzahl von z. B. 3 Mio. einer Gesamtsumme von 60 Mrd. €. Das ist rund die Hälfte der Ausgaben des Bundes für Arbeit und Soziales.

Die zweite Konsequenz ist die, dass das ungenutzte Arbeitspotenzial veraltet. Wissenschaftlich ausgedrückt: Das Humankapital verringert sich. Der Grund: Im Verlauf der Arbeitslosigkeit veraltet das vorhandene Fachwissen und die von der Arbeitswelt verlangten Fertigkeiten und Fähigkeiten. Dazu kommt, dass ein Teil des Fachwissens verloren geht und Fertigkeiten und Fähigkeiten abnehmen.

8.4.1.2 Stabilität des Preisniveaus

Eine *absolute* **Stabilität des Preisniveaus** (Geldwertstabilität, Preisstabilität) liegt vor, wenn sich das Preisniveau[1] überhaupt nicht verändert.

Auch bei absoluter Preisniveaustabilität können sich die Preise der einzelnen Güter verändern. Bedingung ist jedoch, dass Preissteigerungen einzelner Wirtschaftsgüter durch die Preissenkungen anderer Wirtschaftsgüter ausgeglichen werden.

Nach der Definition der EZB liegt Preisstabilität vor, wenn der jährliche Anstieg des **H**armonisierten **V**erbraucher**p**reis**i**ndex des Euro-Währungsgebiets (HVPI)[2] unter 2 % liegt.

Inflationsraten,[3] die über der genannten Zielvorstellung liegen, bringen erhebliche Nachteile mit sich (vgl. Kapitel 8.6.1.3). Die Sparer werden dann geschädigt, wenn die Inflationsraten (= Preissteigerungsraten) höher als die Sparzinsen sind. Hingegen werden die Schuldner und die Besitzer von Realvermögen (z. B. von Grundstücken, Betriebsvermögen und Anteilsrechten wie z. B. Aktien) bevorzugt. Steigt das Preisniveau im eigenen Währungsgebiet schneller als in Fremdwährungsgebieten, wird der Export beeinträchtigt, sodass die Arbeitsplätze in Gefahr geraten.

8.4.1.3 Außenwirtschaftliches Gleichgewicht

Unter **außenwirtschaftlichem Gleichgewicht** versteht man den mittelfristigen Ausgleich der Zahlungsbilanz (vgl. Kapitel 8.3).

Die Hauptursachen von Zahlungsbilanzungleichgewichten liegen meistens in einem anhaltenden Missverhältnis von *Importen* aus und *Exporten* in fremde Währungsgebiete.

Export-überschüsse	Exportüberschüsse gegenüber fremden Währungsgebieten führen zu Devisenüberschüssen, weil die Exporteure die eingenommenen Devisen in der Regel bei den Banken in Binnenwährung, in der Bundesrepublik Deutschland also in Euro, umtauschen. Die Banken wiederum refinanzieren sich bei der Europäischen Zentralbank. Somit steigt der Geldumlauf. Bei hohem Beschäftigungsstand steigt das Preisniveau („importierte Inflation").
Import-überschüsse	Importüberschüsse haben die gegenteilige Wirkung. Die Importeure zahlen die Importe entweder in Binnen- oder in Fremdwährung. Wird in Binnenwährung gezahlt, tauschen die im Devisenausland ansässigen Exporteure ihre Erlöse in ihre eigene Währung um. Wird in Devisen gezahlt, müssen die Importeure die benötigten Devisen im eigenen Währungsgebiet kaufen. In beiden Fällen schrumpft der Devisenvorrat des eigenen Währungsgebiets: Die Zahlungsbilanz wird passiv. Die abnehmende Geldmenge bremst zwar den Preisauftrieb, gefährdet aber die Arbeitsplätze.

Die negativen Wirkungen von Zahlungsbilanzungleichgewichten legen es nahe zu fordern, dass sich die Wirtschaftspolitik einer Volkswirtschaft bzw. eines Währungsgebiets zum Ziel setzt, für eine auf längere Sicht hin ausgeglichene Zahlungsbilanz zu sorgen.

---

1 Preisniveau = gewogener Durchschnitt aller Güterpreise. Näheres siehe Kapitel 8.6.1.1.3.

2 Für jedes Land des Europäischen Wirtschaftsraums (EU-Länder zuzüglich Island, Liechtenstein und Norwegen) wird von den jeweiligen statistischen Ämtern (in der Bundesrepublik Deutschland also vom Statistischen Bundesamt in Wiesbaden) ein HVPI erstellt. Er dient vor allem dem Vergleich der Preisveränderungsraten zwischen den beteiligten Ländern. Die Europäische Union (siehe Kapitel 8.10.2) hat verbindliche Regeln für die Berechnung des HVPI aufgestellt, deren Einhaltung vom Statistischen Amt der Europäischen Union (Eurostat) überwacht wird. Aufgrund der nationalen Harmonisierten Verbraucherindizes berechnet Eurostat die Harmonisierten Verbraucherindizes für die Europäische Union (EU), die Europäische Währungsunion (WWU) und den Europäischen Wirtschaftsraum (EWR). Näheres zum Begriff Preisindex siehe Kapitel 8.6.1.2.

3 Inflationsraten = Preissteigerungsraten (prozentuale durchschnittliche Preissteigerungen in Bezug auf das Vorjahr). Zur Inflation (= anhaltende Preissteigerungen) siehe Kapitel 8.6.1.3.

8.4.1.4 Mögliche Zielkonflikte

Die Forderung, dass die Wirtschaftspolitik gleichzeitig einen hohen Beschäftigungsstand, Preisniveaustabilität (Geldwertstabilität) und außenwirtschaftliches Gleichgewicht anzustreben habe, ist leicht zu erheben, aber schwierig zu erfüllen. Je nach Ausgangslage besteht **Zielharmonie** oder **Zielkonflikt**. Von Zielharmonie spricht man, wenn bestimmte wirtschaftspolitische Maßnahmen der Erreichung mehrerer Ziele dienlich sind. Ein Zielkonflikt liegt vor, wenn die Ergreifung einer bestimmten Maßnahme die Wirtschaft zwar einem Ziel näher bringt, sie dafür aber von anderen Zielen entfernt. **Zielindifferenz** ist gegeben, wenn durch die Verfolgung eines wirtschaftspolitischen Ziels die Verfolgung anderer wirtschaftspolitischer Ziele weder negativ noch positiv beeinflusst wird.

Um mögliche Konfliktsituationen aufzuzeigen, sei einmal von einer unterbeschäftigten Wirtschaft, zum anderen von einer vollbeschäftigten Wirtschaft ausgegangen.

Unterbeschäftigte Wirtschaft	Ist eine Wirtschaft unterbeschäftigt, liegt in der Regel folgende Situation vor: Die Zahl der Arbeitslosen übersteigt die Anzahl der offenen Stellen; der Preisauftrieb ist gedämpft, sofern die Gewerkschaften trotz Unterbeschäftigung keine überhöhten Lohnforderungen durchsetzen. Die Investitionsneigung der Unternehmen ist gering, weil der entsprechende Absatz fehlt. Die Steuereinnahmen des Staates reichen nicht aus, um die Staatsausgaben zu finanzieren. Angenommen nun, die Wirtschaft soll mithilfe von Exportförderungsmaßnahmen (z. B. Exportsubventionen, Abwertung)[1] belebt werden. War die Zahlungsbilanz bisher ausgeglichen, kann somit das Ziel des außenwirtschaftlichen Gleichgewichts *nicht* angestrebt werden. Das Ziel der Preisstabilität hingegen ist in dieser Situation nicht gefährdet, weil die unterbeschäftigte Wirtschaft zunächst zu konstanten Preisen anbieten kann.
Vollbeschäftigte Wirtschaft	Bestehen in einer vollbeschäftigten Wirtschaft hingegen Zahlungsbilanzüberschüsse, ist in der Regel folgende Situation gegeben: Das Preisniveau steigt verhältnismäßig schnell; die Staatseinnahmen decken die Ausgaben, sodass auch die Parlamente ausgabefreudig sind. Angenommen nun, es soll die Inflationsrate (z. B. durch Ausgabenkürzungen des Staates) gesenkt werden. Damit nimmt die Nachfrage ab und die Beschäftigung geht zurück. Die Politik der Preisstabilisierung steht also der Vollbeschäftigung entgegen. Mehr noch: Hat die Politik der Preisstabilisierung Erfolg und inflationiert das Ausland schneller als das Inland, wird der Export noch mehr steigen, sodass auch das Ziel des außenwirtschaftlichen Gleichgewichts nicht erreicht werden kann.

Es ist ersichtlich, dass in der Regel die gleichzeitige Verfolgung der genannten Ziele nicht möglich ist. Man spricht daher vom **„magischen Dreieck"**.

Magisches Dreieck der Wirtschaftspolitik

(Die Pfeile bedeuten mögliche Zielkonflikte)

---

1 Zur Abwertung und Aufwertung siehe Kapitel 8.9.2.2.

8.4.2 Langfristige Ziele und Zielkonflikte

8.4.2.1 Stetiges Wirtschaftswachstum

Begriff Wirtschaftswachstum

Ein **stetiges Wirtschaftswachstum** liegt vor, wenn das Wachstum des realen Bruttosozial- bzw. Bruttoinlandsprodukts keine oder nur geringe Konjunkturschwankungen[1] aufweist.

Das Wirtschaftswachstum ist in allen Wirtschaftsordnungen ein wesentliches Ziel der Wirtschaftspolitik, denn nur dann, wenn die Produktion wirtschaftlicher Güter schneller als die Bevölkerung wächst, kann der materielle Lebensstandard pro Kopf der Bevölkerung erhöht werden. Wirtschaftliches Wachstum ist umso wichtiger, je geringer der Entwicklungsstand und damit der Lebensstandard in einer Volkswirtschaft ist.

Schwieriger als der Begriff des stetigen Wirtschaftswachstums ist der Begriff des *angemessenen Wirtschaftswachstums* zu bestimmen, denn was unter „angemessen" zu verstehen ist, kann nur politisch entschieden werden. Derzeit würde ein jährliches Wirtschaftswachstum von 3 % im Bundesdurchschnitt als großer wirtschaftspolitischer Erfolg gewertet werden.

Bedingungen des Wirtschaftswachstums[2]

Das Wachstum der Wirtschaft – gemessen an der Höhe des realen Bruttosozialprodukts oder -inlandsprodukts – ist vor allem auf folgende Faktoren zurückzuführen:

- ausreichend zur Verfügung stehende Rohstoff- und Energiequellen (Ressourcen);
- hohe Sparrate, die hohe Investitionen ermöglicht;
- gute Ausbildung der arbeitenden Bevölkerung („Know-how");
- ausgebaute Infrastruktur;
- ausreichender Absatz zu Gewinn bringenden Preisen;
- optimistische Zukunftserwartungen.

Grenzen des Wirtschaftswachstums

Die Bedingungen des Wirtschaftswachstums machen zugleich seine möglichen Grenzen sichtbar: Die Rohstoff- und Energievorräte der Erde sind begrenzt, die Bevölkerungszahl der hoch industrialisierten Länder stagniert oder schrumpft und die Umweltbelastung durch Schadstoffe nimmt zu.[3] Hinzu kommt, dass in den Industrieländern die materiellen Grundbedürfnisse weitgehend befriedigt sind.

---

1 Konjunktur = Schwankungen der wirtschaftlichen Aktivitäten, vor allem der Beschäftigung (Näheres siehe Kapitel 8.6.2).
2 Näheres siehe Kapitel 8.11.1.
3 Näheres siehe Kapitel 8.11.4.

8 Grundzüge der Wirtschaftspolitik in der sozialen Marktwirtschaft

Mögliche Zielkonflikte

Die Ziele des „magischen Dreiecks" harmonieren nun keineswegs immer mit dem Ziel des stetigen Wirtschaftswachstums. Da z. B. hohe Sparraten erforderlich sind, um die notwendigen Investitionen zu finanzieren, widerspricht dieser Zustand bei Unterbeschäftigung dem Ziel der Vollbeschäftigung. Soll nämlich eine Wirtschaft aus der Depression herausgeführt werden, ist es erforderlich, unter anderem die Konsumgüternachfrage anzuregen, d. h. die Sparrate zu senken.

Die Ziele des „magischen Dreiecks" und das Ziel des stetigen Wachstums bilden daher das **„magische Viereck"**.

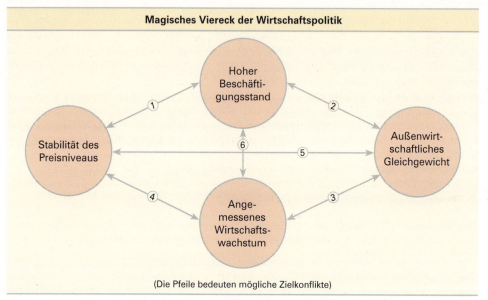

(Die Pfeile bedeuten mögliche Zielkonflikte)

8.4.2.2 Sozial verträgliche Einkommens- und Vermögensverteilung

Das wirtschafts- und sozialpolitische Ziel einer sozial verträglichen Einkommens- und Vermögensverteilung läuft darauf hinaus, die Einkommen und Vermögen in Zukunft *gleichmäßiger* unter die großen sozialen Gruppen der Arbeitnehmer einerseits und der Selbstständigen („Unternehmer") einschließlich der sonstigen Vermögensbesitzer andererseits zu verteilen. Bezüglich der Einkommenspolitik des Staates bedeutet das, die *Lohnquote* (= Anteil der Arbeitnehmer am Gesamteinkommen) zu erhöhen.

Das Ziel einer sozial verträglichen Einkommens- und Vermögensverteilung wird deswegen als Einheit gesehen, weil Einkommens- und Vermögensverteilung eng zusammenhängen. Dies ist einmal deswegen der Fall, weil die Bezieher hoher Einkommen leichter Vermögen bilden können als die Bezieher niedrigerer Einkommen, zum anderen aber auch deshalb, weil die Eigentümer der Produktionsfaktoren Boden und Kapital auch die Bodenrente und den Kapitalzins beziehen. Sind diese Vermögensbestandteile in Händen weniger Haushalte konzentriert, fließen diesen auch entsprechend hohe Einkommen zu.

Die Verfolgung des Ziels einer sozial verträglichen Einkommensverteilung ist für die Regierung der Bundesrepublik Deutschland deswegen schwierig, weil Tarifautonomie besteht,

d. h., weil die Tarifpartner das Recht haben, Löhne und Gehälter (kurz: den Lohn) selbstständig und ohne staatliche Einmischung zu vereinbaren. Dennoch verbleiben dem Staat eine Reihe von wirtschafts- und sozialpolitischen Maßnahmen vor allem vermögenspolitischer Art. Hierzu gehören die Einführung eines Investivlohns (= Gewinnausschüttungen an Arbeitnehmer, die im eigenen oder in fremden Unternehmen investiert werden), der Ausbau des 470-Euro-Gesetzes und Sparförderungsmaßnahmen. Hinzu kommt die Steuerpolitik, mit deren Hilfe die Einkommen *umverteilt* werden: Hohe Einkommen werden überproportional hoch, niedrigere Einkommen nur gering besteuert **(Steuerprogression)**.

Mögliche Zielkonflikte

Eine Änderung der Einkommens- und Vermögensverteilung ist dann am leichtesten erreichbar, wenn die Volkswirtschaft regelmäßig wächst. Dann nämlich können die *Zuwächse* an Vermögen und Einkommen zugunsten der Arbeitnehmer verlagert (umverteilt) werden, ohne dass die Investitionstätigkeit leidet. In einer stagnierenden Wirtschaft bei Unterbeschäftigung führen die Lohnerhöhungen lediglich zu einer Erhöhung der Stückkosten in allen Bereichen, was zu weiteren Preissteigerungen beiträgt. Zwar mag eine Lohnerhöhung bei der Konsumgüterindustrie zu höheren Umsätzen (bei steigenden Preisen) beitragen, in der Investitionsgüterindustrie wird sich jedoch der Konsumzuwachs kaum als höhere Nachfrage nach Investitionsgütern bemerkbar machen, wenn auch die Konsumgüterindustrie selbst unterbeschäftigt ist; denn kein Unternehmen wird Erweiterungsinvestitionen vornehmen, wenn seine Kapazität ohnehin nicht ausgelastet ist. Zwischen den Zielen „Wachstum", „Preisniveaustabilität" und „sozial verträgliche Einkommens- und Vermögensverteilung" können somit erhebliche Zielkonflikte bestehen.

8.4.2.3 Umweltschutz

Das wirtschafts- und sozialpolitische Ziel, die Umwelt lebenswert zu erhalten und/oder zu verbessern, ist ein *qualitatives* Ziel (Forderung: „Erhaltung der Lebensqualität").[1] Ein wesentliches Element dieses Ziels ist der Umweltschutz.

Mögliche Zielkonflikte

Mit dem industriellen Wachstum steigt auch der Verschmutzungsgrad. Die Folgen sind verkürzte Lebenserwartung, Zerstörung der Erholungsgebiete, Vernichtung des ökologischen Gleichgewichts und Rückgang der land-, fisch- und forstwirtschaftlichen Produktion. Zwischen dem wirtschaftspolitischen Ziel der „Erhaltung einer lebenswerten Umwelt" und dem Wachstumsziel besteht somit ein unauflöslicher Zielkonflikt, soweit sich das Wachstum auf die materielle Produktion bezieht. Wird hingegen das Wachstum gebremst, um die Umwelt zu schonen, geraten das Vollbeschäftigungsziel und eventuell das außenwirtschaftliche Gleichgewicht in Gefahr. Somit wird deutlich, dass alle wirtschafts- und sozialpolitischen Ziele miteinander zusammenhängen **(magisches Sechseck)**.

---

1 Siehe auch Kapitel 7.3.

8 Grundzüge der Wirtschaftspolitik in der sozialen Marktwirtschaft

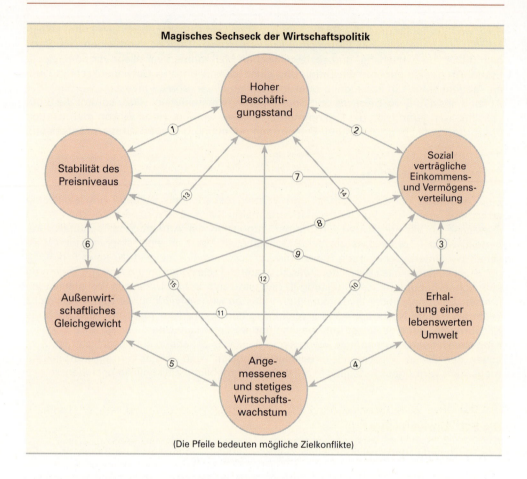

(Die Pfeile bedeuten mögliche Zielkonflikte)

8.5 Wirtschaftspolitische Kompromisse

Da es häufig nicht möglich ist, alle wirtschaftspolitischen Ziele *gleichzeitig* zu erreichen, müssen sich die politischen Instanzen (z. B. Bundesregierung, Länderregierungen) in erster Linie mit demjenigen wirtschaftspolitischen Ziel auseinandersetzen, das am meisten gefährdet erscheint. Anders ausgedrückt: Die politischen Instanzen müssen *Prioritäten*[1] setzen.

Herrscht z. B. Arbeitslosigkeit, wird man versuchen, den Beschäftigungsstand zu erhöhen, selbst wenn dadurch die Preisstabilität und das außenwirtschaftliche Gleichgewicht gefährdet werden. Herrscht hingegen Inflation bei Vollbeschäftigung, wird die Wirtschaftspolitik versuchen müssen, die Preissteigerungsrate herabzudrücken, auch auf die Gefahr hin, dass Arbeitslosigkeit entsteht.

---

[1] Priorität = Vorrangigkeit.

8.5 Wirtschaftspolitische Kompromisse

Zusammenfassung

- **Oberziel** der Wirtschaftspolitik ist das **gesamtwirtschaftliche Gleichgewicht**.
- Wichtige **Unterziele** der Wirtschaftspolitik sind:

- Bei der Verfolgung wirtschaftspolitischer Ziele ergeben sich häufig **Zielkonflikte**, sodass **Kompromisse** geschlossen werden müssen.

ÜBUNGSAUFGABEN

1. Das Oberziel der Wirtschaftspolitik der Bundesrepublik Deutschland ist nach § 1 StabG das „gesamtwirtschaftliche Gleichgewicht".

    1.1 Erläutern Sie, was unter gesamtwirtschaftlichem Gleichgewicht zu verstehen ist!

    1.2 Welche quantitativen Ziele werden im § 1 StabG genannt?

    1.3 Begründen Sie das Ziel eines möglichst hohen Beschäftigungsstands mit den negativen Folgen der Massenarbeitslosigkeit!

    1.4 Unter welchen Bedingungen liegt Vollbeschäftigung vor?

    1.5 Erklären Sie das wirtschaftspolitische Ziel „Preisniveaustabilität"!

    1.6 Begründen Sie, warum der Staat für außenwirtschaftliches Gleichgewicht sorgen sollte!

    1.7 Welche möglichen Zielkonflikte können zwischen den Zielen „hoher Beschäftigungsstand", „Stabilität des Preisniveaus" und „außenwirtschaftliches Gleichgewicht" bestehen?

    1.8 Erklären Sie, was unter stetigem Wirtschaftswachstum zu verstehen ist!

    1.9 Nennen Sie neben dem Ziel des stetigen Wirtschaftswachstums noch weitere langfristige Ziele der Wirtschaftspolitik!

    1.10 Welche Zielkonflikte können sich zwischen dem Ziel des stetigen Wirtschaftswachstums einerseits und den kurzfristigen Zielen des „magischen Dreiecks" ergeben?

    1.11 Die möglichen Zielkonflikte erfordern, dass der Staat wirtschaftspolitische Kompromisse schließen muss. Was heißt das?

    1.12 Welches wirtschaftspolitische Ziel scheint in Deutschland derzeit nicht erreichbar?

2. Textauszug:

> „An dieser Stelle tritt mit voller Kraft die **zweite** Grundwahrheit hervor, die wir wissen sollten:
>
> Es ist das Gesetz der Interdependenz.
>
> Auf eine kurze Formel gebracht: Alles hängt mit allem zusammen. Das wirtschaftliche Leben steht nicht für sich allein. Die Ordnung der Wirtschaft ist vielmehr Teil einer alles umfassenden Gesamtordnung.
>
> Es gibt nicht
> hier: die Wirtschaft, auf sich selbst beschränkt und von allem Übrigen abgetrennt,
> dort: die Politik,
> dort: die Kultur.
>
> Die Ordnung der Wirtschaft ist mit den Ordnungen des Staates, des Rechts, des geistigen Lebens verflochten.
>
> Und wie keine dieser Ordnungen aus einzelnen Punkten besteht, die unabhängig voneinander existieren, so besteht auch das Ganze unseres Lebens nicht aus isolierten Bereichen.
>
> Ein großer Zusammenhang geht durch alles hindurch. Und jedes Einzelne kann nur aus dem Zusammenhang heraus verstanden werden.
>
> Was immer an Wesentlichem geschieht, hat seine Folgen oft weit von dem ursprünglichen Ausgangspunkt entfernt. Und die Folgen haben wieder ihre Rückwirkungen.
>
> In dieser gegenseitigen Bedingtheit liegt das alles durchdringende, kaum je genug beachtete Gesetz der Interdependenz."

Quelle: EUCKEN-ERDSIEK, E.: Die Ordnung, in der wir leben, 1961, S. 32.

2.1 Erklären Sie mit eigenen Worten, was unter dem „Gesetz der Interdependenz" zu verstehen ist!

2.2 Bringen Sie Beispiele dafür, wie die Wirtschaftsordnung mit den Ordnungen des Rechts und des geistigen Lebens verflochten ist!

8.6 Wirtschaftliche Ungleichgewichte und Schwankungen

8.6.1 Geldwert und Geldwertschwankungen

8.6.1.1 Binnenwert des Geldes

8.6.1.1.1 Handelsvolumen

In jeder Volkswirtschaft werden Güter[1] erzeugt, deren Preise in einer sozialen Marktwirtschaft teils vom Markt her, teils durch den Staat bestimmt werden.[2] Zur Vereinfachung unserer Überlegungen unterstellen wir, dass alle hergestellten Güter auch umgesetzt, d. h. verkauft werden.[3] Außerdem nehmen wir an, dass sich die Importe und Exporte von Gütern wertmäßig die Waage halten.[4]

In einer Geldwirtschaft gibt es ebenso viele Preise, wie es Güter gibt. Will man nun den *Wert* aller in einer Periode (z. B. in einem Jahr) hergestellten und umgesetzten (verkauften) Güter feststellen, muss man jedes umgesetzte Gut mit seinem jeweiligen Preis vervielfachen. Möchte man feststellen, ob die umgesetzte (angebotene und verkaufte) Gütermenge im Folgejahr gleich geblieben, gestiegen oder gesunken ist, muss man mit den alten Preisen *("konstanten Preisen")* rechnen, denn bei Preisveränderungen erhielte man sonst ein falsches Bild. (Die Gütermenge an sich kann man nämlich nicht feststellen, denn

---

[1] Die wirtschaftlichen Güter können Sachgüter, Dienstleistungen oder Rechte sein.
[2] Zur Preisbildung siehe Kapitel 5.3.
[3] Lager werden in unserem Modell nicht gebildet.
[4] Export = Verkauf von Gütern in das Ausland; Import = Einfuhr von Gütern aus dem Ausland.

8.6 Wirtschaftliche Ungleichgewichte und Schwankungen

die verschiedenartigsten Güter kann man nicht addieren.) Das Jahr, dessen Güterpreise man wählt, bezeichnet man als *Basisjahr*.[1]

> Die Summe aller während einer Periode umgesetzten Güter, bewertet zu konstanten Preisen, bezeichnet man als **Handelsvolumen** (= H).

Aus praktischen Gründen wird das Handelsvolumen meistens mit dem *realen Bruttoinlandsprodukt* gleichgesetzt.

In der WWU entwickelte sich das reale Bruttoinlandsprodukt wie folgt:[2]

Jahr	2003	2005	2007	2009	2011	2013	2015	2016
Reale Veränderung des BIP gegenüber dem Vorjahr	+0,8 %	+1,4 %	+2,2 %	−4,1 %	+1,8 %	−0,3 %	+2,0 %	+1,7 %

Beispiel:

Angenommen, in einer Volkswirtschaft werden nur 5 Güterarten erzeugt und umgesetzt, und zwar Kohle, Stahl, Getreide, Kleidung und Bauleistungen. Sie werden zu den Preisen eines Ausgangsjahrs (= Basisjahr) bewertet. Nur so lässt sich feststellen, wie sich die Gütermenge von Jahr zu Jahr entwickelte.

In der Volkswirtschaft erzeugte und umgesetzte Güter	Jahr 00 (Basisjahr)			Jahr 01			Jahr 02		
	Umgesetzte Gütermengen (in Mio. Mengeneinheiten)	Preise je Einheit in GE	Wert der umgesetzten Güter in Mio. GE	Umgesetzte Gütermengen (in Mio. Mengeneinheiten)	Konstante Preise (Basisjahr) in GE	Wert der umgesetzten Güter zu konstanten Preisen in Mio. GE	Umgesetzte Gütermengen (in Mio. Mengeneinheiten)	Konstante Preise (Basisjahr) in GE	Wert der umgesetzten Güter zu konstanten Preisen in Mio. GE
Kohle	10 t	400	4 000	10 t	400	4 000	11 t	400	4 400
Stahl	20 t	750	15 000	20 t	750	15 000	22 t	750	16 500
Getreide	50 t	500	25 000	50 t	500	25 000	60 t	500	30 000
Kleidung	200 Stück	100	20 000	200 Stück	100	20 000	250 Stück	100	25 000
Bauten	60 m³	600	36 000	60 m³	600	36 000	73,5 m³	600	44 100
	Handelsvolumen →		100 000	Handelsvolumen →		100 000	Handelsvolumen →		120 000

Das Beispiel zeigt, dass die Gütermenge (das Handelsvolumen) im Jahr 01 gegenüber dem Jahr 00 konstant (gleich geblieben) ist, während sie im Jahr 02 gegenüber dem Vorjahr um 20 % zunahm.

8.6.1.1.2 Geldmenge

Auch hier müssen wir vereinfachen, um zu einem eindeutigen Ergebnis zu gelangen. Wenn im vorigen Beispiel im Jahr 02 das Handelsvolumen 120 000 GE betrug, wurde zum Kauf dieser Güter auch die *Geldmenge* in Höhe von 120 000 GE benötigt, falls wir unterstellen, dass das gesamte Handelsvolumen in einem Zuge nachgefragt und gekauft wurde. Diese sogenannte *nachfragewirksame* Geldmenge ist in der Regel nicht mit der Gesamtgeldmenge der Wirtschaft gleichzusetzen, weil die Wirtschaftssubjekte einen Teil

---
[1] Basis = Grundlage, hier: Ausgangspunkt.
[2] Quelle: Monatsberichte der Europäischen Zentralbank, mehrere Jahrgänge.

8 Grundzüge der Wirtschaftspolitik in der sozialen Marktwirtschaft

ihrer Einnahmen nicht wieder ausgeben, sondern sparen. Von der Gesamtgeldmenge ist also die Ersparnis (die dem Geldkreislauf entzogene Sparsumme) abzuziehen.

Nun entspricht es aber nicht der Wirklichkeit, dass die gesamte Gütermenge, die in einem Jahr erzeugt wird, auf ein Mal umgesetzt wird. Vielmehr *verteilen* sich die Umsätze über das ganze Jahr hinweg.

Beispiele:

Lassen wir einmal die Umsätze zwischen den Unternehmen außer Acht. Vergessen wir auch, dass es einen Staatshaushalt gibt und dass die Haushalte sparen. Nehmen wir unter diesen Bedingungen an, dass die privaten Haushalte im Jahr 120 000 GE verdienen und dass ihnen dieses Geld nur ein Mal im Jahr ausbezahlt wird, dann wird tatsächlich eine Geldmenge (Buch- und Giralgeld) in Höhe von 120 000 GE benötigt: Den privaten Haushalten fließen ein Mal im Jahr 120 000 GE zu, die sie im gleichen Jahr zum Kauf von Gütern bei den Unternehmen verwenden. Die Umlaufgeschwindigkeit des Geldes ist 1.

Mit einer Geldmenge von 120 000 GE wird im Jahr ein Umsatz von 120 000 GE bewirkt. Die Umlaufgeschwindigkeit des Geldes ist 1.

Wenn wir unterstellen, dass die Löhne und Gehälter im Jahr zwei Mal ausbezahlt werden, kommt die Wirtschaft mit 60 000 GE aus. Der Grund: Mit der ersten Gehaltszahlung kaufen die privaten Haushalte Güter im Wert von ebenfalls 60 000 GE. Der gleiche Vorgang wiederholt sich danach im zweiten Halbjahr, weil die privaten Haushalte die zweite Lohnzahlung wiederum zum Kauf von Gütern im Wert von 60 000 GE verwenden. Mit einer Geldmenge von 60 000 GE wird also ein jährlicher Umsatz von 120 000 GE getätigt. Die Umlaufgeschwindigkeit des Geldes ist also 2.

Würden die Gehälter und Löhne z. B. 12-mal im Jahr ausbezahlt und wieder ausgegeben, könnte man mit einer Geldmenge von 10 000 GE einen jährlichen Umsatz von 120 000 GE bewirken. Die Umlaufgeschwindigkeit des Geldes beträgt dann 12.

Mit einer Geldmenge von 60 000 GE werden im Jahr Umsätze von 120 000 GE bewirkt. Die Umlaufgeschwindigkeit des Geldes ist 2.

Die nachfragewirksame Geldmenge setzt sich aus dem für Kaufzwecke bereitgestellten Bar- und Giralgeld, multipliziert mit seiner Umlaufgeschwindigkeit, zusammen.

Nachfragewirksame Geldmenge = Geldmenge (M)[1] · Umlaufgeschwindigkeit (U)

---
1 Die international übliche Abkürzung M kommt von money (engl.) = Geld.

8.6.1.1.3 Preisniveau

Beispiel:

Angenommen, im Jahr 01 sei die nachfragewirksame Geldmenge von 100 000 GE auf 120 000 GE gestiegen, während die zu konstanten Preisen gemessene Gütermenge unverändert blieb. Man sagt, dass sich das *reale* (= wirkliche) Handelsvolumen nicht verändert hat. *Ein* möglicher Grund hierfür ist, dass die Wirtschaft vollbeschäftigt ist, sodass aufgrund der gestiegenen Nachfrage nicht mehr angeboten werden *kann*.

Die Folge der gestiegenen Nachfrage (Geldmenge) ist, dass die Unternehmen ihre Preise so lange anheben, bis auf den Märkten wieder Gleichgewicht herrscht.[1]

Der Faktor, um den sich die Preise *aller* Güter im Durchschnitt verändern müssen, lässt sich leicht errechnen, indem man die nachfragewirksame Geldmenge durch das zu konstanten Preisen gemessene Handelsvolumen teilt:

$$\text{Veränderungsfaktor des Preisniveaus (P)} = \frac{120\,000}{100\,000} = \underline{\underline{1{,}2}}$$

Allgemein gilt:

$$P = \frac{M \cdot U}{H}$$

Die Zahl für P = 1,2 bedeutet, dass sich gegenüber dem Vorjahr das *Preisniveau* um das 1,2-Fache oder um 20 % erhöht hat. Wäre die nachfragewirksame Geldmenge (M · U) z. B. um 50 % auf 150 000 GE gestiegen, ergäbe sich eine Preissteigerungsrate von 50 %, sofern das Handelsvolumen konstant geblieben ist.

Steigt im Jahr 02 die Geldmenge z. B. auf 150 000 GE und das Handelsvolumen (zu konstanten Preisen) auf 120 000 GE, ergibt sich:

$$P = \frac{150\,000}{120\,000} = \underline{\underline{1{,}25}}$$

Dies sagt aus, dass sich im Jahr 02 das Preisniveau gegenüber dem Jahr 00 (Basisjahr) um das 1,25-Fache oder um 25 % erhöht hat.

- Die Entwicklung des Preisniveaus (die Höhe der Güterpreise) hängt weitgehend von der Entwicklung der nachfragewirksamen Geldmenge ab.
- Steigt die nachfragewirksame Geldmenge schneller als das Handelsvolumen (die Menge der zu konstanten Preisen bewerteten Güter), steigt in einer freien Marktwirtschaft das Preisniveau.
- Steigt die nachfragewirksame Geldmenge im gleichen Maße wie das Handelsvolumen, wird in einer Marktwirtschaft das Preisniveau gleich bleiben.

---

[1] Dies ist natürlich nur in einer freien Wirtschaft möglich. Werden vom Staat Höchstpreise vorgeschrieben, können die Preise nicht im erforderlichen Umfang steigen. Es entsteht Übernachfrage, sodass der Staat rationieren muss.

Eine *Umkehrung* der letzten beiden Sätze ist jedoch nicht möglich. Eine Verringerung der nachfragewirksamen Geldmenge wird in der heutigen Wirtschaft nur selten und dann nur auf Teilmärkten zu *Preissenkungen* führen. Hierfür gibt es viele Gründe.

Zum einen *steigen* bei zurückgehender Produktion die Stückkosten der Betriebe,[1] sodass die Betriebe, falls sie marktstark genug sind, sogar die Preise erhöhen können. Zum anderen gibt es viele Kosten, die trotz schwindender Nachfrage nicht sinken. Hierzu gehören einige Steuern (z. B. Grundsteuer, Kfz-Steuer), die tariflich oder staatlich festgelegten Mindestlöhne der Arbeitskräfte oder die Importpreise der Rohstoffe. Sinkt also die nachfragewirksame Geldmenge, wird nicht das Preisniveau fallen, sondern das Güterangebot abnehmen. Somit entsteht *Unterbeschäftigung* (Arbeitslosigkeit).

8.6.1.1.4 Kaufkraft

Mit steigendem Preisniveau *sinkt* die Kaufkraft, denn mit einer Geldeinheit kann man jetzt *weniger* Güter kaufen als zuvor.

> **Beispiel:**
>
> Angenommen, vom Jahr 00 bis zum Jahr 01 steigt die nachfragewirksame Geldmenge von 100 000 GE auf 150 000 GE, während das Handelsvolumen von bisher 100 000 GE konstant bleibt. Die Veränderung des Preisniveaus beträgt 50 %:
>
> $$P = \frac{M \cdot U}{H} = \frac{150\,000}{100\,000} = \underline{\underline{1{,}5}}$$
>
> Die *Kaufkraft* hat sich gegenüber dem Vorjahr wie folgt verändert:
>
> $$K = \frac{H}{M \cdot U} = \frac{100\,000}{150\,000} = \underline{\underline{\frac{2}{3}}}$$
>
> Dies besagt, dass man sich im Jahr 01 mit einer Geldeinheit nur noch $^{2}/_{3}$ der Gütermenge des Jahres 00 kaufen konnte. Die *Kaufkraft* des Geldes ist also um $^{1}/_{3}$ ($\hat{=}$ $33^{1}/_{3}$ %) *gesunken*.

> Die **Kaufkraft** ist der reziproke (umgekehrte) Wert des Veränderungsfaktors des Preisniveaus.

Steigen die Preise z. B. um 100 %, beträgt die Kaufkraft einer Geldeinheit nur noch 50 %.

8.6.1.1.5 Verkehrsgleichung des Geldes

Aus der Formel zur Berechnung des Veränderungsfaktors des Preisniveaus lässt sich die **Fishersche Verkehrsgleichung des Geldes** (auch **Quantitätsgleichung**[2] oder **Tauschgleichung** genannt) ableiten, indem man die ganze Gleichung mit H (= Handelsvolumen) multipliziert:

$$P \cdot H = M \cdot U$$

Die praktische Bedeutung der Quantitätsgleichung ist gering. Sie definiert lediglich, dass der Wert des Handelsvolumens zu tatsächlichen Preisen der nachfragewirksamen Geldmenge gleich ist.

---

[1] Siehe Kapitel 5.3.1.3.

[2] Quantität = Menge; die Quantitätsgleichung ist die formelmäßige Darstellung der *Quantitätstheorie*, die besagt, dass die Entwicklung der *Geldmenge* weitgehend Richtung und Umfang der wirtschaftlichen Entwicklung (des Handelsvolumens und dessen Preise) bestimmt.

8.6 Wirtschaftliche Ungleichgewichte und Schwankungen

8.6.1.2 Geldwertmessung (Verbraucherpreisindex)

Den einzelnen Verbraucher interessiert es weniger, wie sich das *allgemeine* Preisniveau verändert. Selbst die Preissteigerungen bei bestimmten Luxusgütern kümmern den durchschnittlichen Verbraucher nicht: Ihm ist es gleichgültig, ob irgendein Luxus-Auto nunmehr statt 80 000,00 € stolze 100 000,00 € kostet. Selbst bei den Gütern des täglichen Bedarfs wirken sich Preissteigerungsraten bei den einzelnen Gütern unterschiedlich auf das Budget des privaten Haushalts aus. Steigt z. B. der Preis für eine Streichholzschachtel von 0,25 € auf 0,50 €, also um 100 %, ist dies für den Einzelnen wenig bedeutsam. Klettern indessen die Preise für Heizmaterialien auf das Doppelte, trifft dies die einzelnen Bürger recht empfindlich.

Warenkorb

Um ermitteln zu können, wie sich die Preisveränderungen der Konsumgüter (landläufig als „Lebenshaltungskosten" bezeichnet) auf die privaten Haushalte auswirken, hat das Statistische Bundesamt in Wiesbaden neben anderen Indizes[1] den *Verbraucherpreisindex* (VPI) entwickelt. Dieser Preisindex erfasst die Preisänderungen bei 700 Gruppen von Sachgütern und Dienstleistungen (**„Warenkorb"**), die im privaten Haushalt gekauft werden. Da nicht alle Güter das gleiche Gewicht im Warenkorb besitzen, hat das Statistische Bundesamt ein **„Wägungsschema"** erstellt, das von Zeit zu Zeit den neuen Verbrauchsstrukturen angepasst werden muss.[2] Die Waren nämlich, die von einem durchschnittlichen Haushalt heute gekauft werden, sind z. T. nicht mehr die gleichen wie die in den Jahren 2000 oder 2005. Zu berücksichtigen sind hier die in der Zwischenzeit von den Anbietern vorgenommenen Modellwechsel (z. B. Personenkraftwagen), neu auf den Markt gekommene Produkte (z. B. Kaffeepadmaschinen) oder neue bzw. an Bedeutung zunehmende Dienstleistungen (z. B. Gebühren für Privatschulen). Außerdem verschiebt sich der prozentuale Anteil bestimmter Ausgaben zugunsten anderer. So gab z. B. 2005 der durchschnittliche private Haushalt noch rund 13 % seines Einkommens für Nahrungs- und Genussmittel aus. 2010 betrug dieser Anteil nur noch rund 10 %.

Das Wägungsschema wird entwickelt, indem man für ein Basisjahr die durchschnittlichen Ausgaben eines durchschnittlichen Haushalts für verschiedene Sachgüter und Dienstleistungen in Prozenten seiner Gesamtausgaben ermittelt.

Beispiel:

Um den Vorgang der Preisindexberechnung deutlich zu machen, sei ein sehr vereinfachtes Wägungsschema zugrunde gelegt (5 statt 700 Positionen):

Warenkorb	Wägungsschema Jahr 00		Preise		
			01	02	03
1. Nahrungsmittel	615,00 GE	41 %	615,00 GE	615,00 GE	615,00 GE
2. Kleidung	600,00 GE	40 %	600,00 GE	660,00 GE	660,00 GE
3. Wohnung	150,00 GE	10 %	200,00 GE	200,00 GE	200,00 GE
4. Brennstoffe	60,00 GE	4 %	60,00 GE	60,00 GE	180,00 GE
5. Dienstleistungen	75,00 GE	5 %	75,00 GE	75,00 GE	75,00 GE
Gesamtausgaben	1 500,00 GE	100 %	1 550,00 GE	1 610,00 GE	1 730,00 GE

---

[1] Indizes = Mz. von Index; ein Index ist wörtlich ein „Anzeiger". Der Preisindex zeigt also Preisveränderungen an.
Wichtige Preisindizes sind z. B.: Index der Einkaufspreise landwirtschaftlicher Betriebsmittel, Index der Grundstoffpreise, Index der Großhandelsverkaufspreise und der Index der Einzelhandelspreise.

[2] Die letzte Umstellung des Wägungsschemas auf neuere Verbrauchsverhältnisse erfolgte Anfang 2008. Basisjahr ist das Jahr 2005.

Die Indexzahlen werden wie folgt ermittelt:

Das Basisjahr 00 wird mit 100 Punkten angesetzt. Die angenommene Verteuerung der Wohnungsausgaben um 50,00 GE im Jahr 01 ($\cong$ 33^1/$_3$%) bewirkt bei Konstanz aller anderen Preise eine Erhöhung der Lebenshaltungskosten um 3,3 Punkte auf 103,3.[1]

Steigen im Jahr 02 z. B. die Preise für Kleidung um 10 %, erhöhen sich die Lebenshaltungskosten um 4 Punkte auf 107,3 Punkte.[2]

Die angenommene Steigerung der Brennstoffkosten um 200 % im Jahr 03 bewirkt allein eine Steigerung der Lebenshaltungskosten auf 115,3 Punkte.

Insgesamt gilt also, dass sich Preissteigerungen bei bestimmten Waren und Diensten auf den Verbraucherpreisindex umso stärker auswirken, je größer ihr prozentualer Anteil (ihr „Gewicht") an den Gesamtausgaben eines durchschnittlichen Haushalts ist.

Der **Verbraucherpreisindex** für die **Bundesrepublik Deutschland** entwickelte sich wie folgt (Basisjahr 2010):

Jahr	2008	2009	2010	2011	2012	2013	2014	2015	2016
Verbraucherpreisindex	98,6	98,8	100	102,1	104,1	105,7	106,6	106,9	107,4

Quelle: Statistisches Bundesamt, mehrere Jahrgänge; www.bundesbank.de

Der **Harmonisierte Verbraucherpreisindex (HVPI)**[3] für das Euro-Währungsgebiet (Basisjahr 2015) weist folgende Kennzahlen aus:

Jahr	2010	2011	2012	2013	2014	2015	2016
HVPI	93,2	95,5	97,5	99,1	99,9	100,0	100,4

Quelle: Monatsberichte der Europäischen Zentralbank, mehrere Jahrgänge.

Der **Preisindex** bezieht sich auf ein Basisjahr, dessen Preisniveau mit 100 % (100 „Punkten") angesetzt wird. Ein Steigen des Preisniveaus wird durch eine Erhöhung des Prozentsatzes (der „Punkte"), ein Sinken des Preisniveaus durch eine Verringerung des Prozentsatzes (der „Punkte") angezeigt. Beträgt z. B. im Jahr 02 der Preisindex 110, so bedeutet das, dass das Preisniveau gegenüber dem Jahr 00 (dem Basisjahr) um 10 % gestiegen ist.

Die **Preisveränderungsrate (Preissteigerungsrate)** drückt aus, um wie viel Prozent sich das Preisniveau einer Periode **gegenüber dem Preisniveau der Vorperiode** verändert hat, z. B. im laufenden Jahr gegenüber dem Vorjahr, im Monat Mai gegenüber dem Monat April oder im Monat Juni 01 gegenüber dem Monat Juni 00.

---

[1] Berechnung: 1500,00 GE (00) $\cong$ 100 Punkte
1550,00 GE (01) $\cong$ x Punkte
$x = \frac{100 \cdot 1550}{1500} = 103,3$ Punkte

[2] Berechnung: 1500,00 GE (00) $\cong$ 100 Punkte
1610,00 GE (02) $\cong$ x Punkte
$x = \frac{100 \cdot 1610}{1500} = 107,3$ Punkte

[3] Siehe auch Kapitel 8.4.1.2.

8.6 Wirtschaftliche Ungleichgewichte und Schwankungen

Beträgt z.B. der Preisindex des Jahres 02 **110** und der Preisindex des Jahres 03 **115,5**, so beläuft sich die Preisveränderungsrate auf 5 %.[1]

Steigt das Preisniveau (ist die Preisveränderungsrate positiv), spricht man von der **Inflationsrate**. In unserem Beispiel beträgt die Inflationsrate folglich 5 %. **Sinkt das Preisniveau** (ist die Preisveränderungsrate negativ), spricht man von der **Deflationsrate**.

Reallohn[2]/Nominallohn[3]

Die Entwicklung eines Preisindex lässt im Allgemeinen keine Aussage darüber zu, ob sich der materielle *Lebensstandard* der Arbeitnehmer (und Arbeitgeber) verbessert oder verschlechtert hat. Neben der Qualitätsverbesserung der angebotenen Güter muss vor allem die Entwicklung des *Nettolohns* berücksichtigt werden.

Was dem Arbeitnehmer am Monatsende nach Abzug der Lohn- und Kirchensteuer sowie der Sozialversicherungsbeiträge verbleibt, nennt man *Nettolohn.* Dieser Nettolohn entspricht längst nicht dem, was der Arbeitgeber für die Arbeitskraft aufzuwenden hat. Zu berücksichtigen ist nämlich, dass der Arbeitgeber eine Reihe von gesetzlichen, tariflichen und freiwilligen **Lohnnebenkosten** zu tragen hat. Der auf der Lohnabrechnung des Arbeitnehmers erscheinende Betrag heißt **Bruttolohn**.

Den *Nettolohn,* so wie er tatsächlich in der **Lohnabrechnung**[4] „genannt" wird, bezeichnet man als **Nominallohn**.

Dieser Nominallohn sagt nichts darüber aus, wie viel sich ein Arbeitnehmer dafür kaufen kann. Steigt z.B. der Nominallohn *schneller* als das Preisniveau, nimmt der Lebensstandard trotzdem zu. Mit anderen Worten: Der **Reallohn** (real = wirklich) ist gestiegen. Steigen Preise und Nettolohn im gleichen Maße, hat sich der Reallohn *nicht* verändert. Steigen indessen die Nominallöhne schwächer als die Preise, nimmt der Reallohn (die Kaufkraft) ab.

Die Reallöhne steigen (Kaufkraftzuwachs)

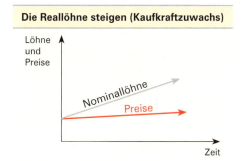

Die Reallöhne fallen (Kaufkraftverlust)

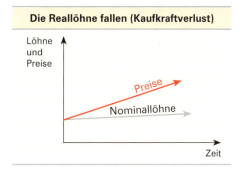

---

1 Berechnung: 110,0 Punkte ≙ 100 %
    5,5 Punkte ≙ x % $x = \frac{100 \cdot 5,5}{110} = \underline{\underline{5\%}}$
2 Real = wirklich, tatsächlich.
3 „Nominal" kommt von „nominell", d.h. dem Namen nach, dem Nennwert nach.
4 Zur Lohnabrechnung siehe Kapitel 6.3.3.3.

8.6.1.3 Inflation[1]

In manchen Geschichtsbüchern findet sich folgender Satz: „Als die große Inflation, die 1923 ihren Höhepunkt fand, hereinbrach …". Dieser Satz ist falsch, denn Inflationen sind keine Naturereignisse, sondern sie werden von Menschen gemacht, und zwar am allerwenigsten „von den Leuten", sondern vor allem von den für Wirtschaft und Politik Verantwortlichen.

Begriff Inflation

Unter **Inflation** versteht man ein anhaltendes Steigen des Preisniveaus.

Steigen hin und wieder die Preise einzelner Güter bzw. Gütergruppen, so liegt noch keine Inflation vor. Im Winter steigen beispielsweise die Preise für landwirtschaftliche Produkte, weil – bei gleichbleibender Nachfrage – das Angebot abnimmt.

Arten der Inflation

■ Inflationsarten nach der Erkennbarkeit

Inflationsarten	Erläuterungen	Beispiele
Offene Inflation	Hier steigt das Preisniveau „offen" gemäß den Marktbedingungen. Der Staat schreibt weder Fest- noch Höchstpreise vor bzw. passt diese laufend an die Marktgegebenheiten an.	Die große deutsche Inflation von 1914 bis 1923 war eine offene Inflation. Sie war auf eine unmäßige Geldmengenvermehrung durch die damalige Regierung zurückzuführen. Folgende Zahlen geben einen Eindruck: Der Dollarkurs betrug Ende April 1923 29 800,00 Mark, Ende Mai 70 000,00 Mark, Ende Juli 1 100 000,00 Mark, acht Tage später 4 869 000,00 Mark; am 9. Oktober wurde die Milliardengrenze überschritten. Am 20. November belief sich der Dollarkurs[2] auf rund 4,2 Billionen Mark.
Verdeckte Inflation	In diesem Fall schreibt der Staat Höchst- und/oder Festpreise vor, ohne diese an die tatsächlichen Marktverhältnisse anzupassen. Das Preisniveau wird verhältnismäßig stabil gehalten. Die Leute können aber mit ihrem „Geld" wenig anfangen, weil das Güterangebot zu gering ist. Der Staat muss rationieren[3] (z. B. Lebensmittelmarken ausgeben).	Eine verdeckte (gestoppte) Inflation herrschte in Deutschland von 1939 bis 1948. Preise und Löhne waren vom Staat vorgeschrieben (Preis- und Lohnstopp). Verdeckte Inflationen sind daran erkennbar, dass „schwarze Märkte" entstehen, auf denen die knappen Waren gesetzeswidrig zu Wucherpreisen gehandelt werden.

---

1 Inflation = lat. Aufblähung; hier: Aufblähung der nachfragewirksamen Geldmenge.
2 Unter „Kurs" versteht man das Austauschverhältnis zwischen der Binnenwährung (z. B. Euro) und einer Fremdwährung (z. B. US-$). In diesem Fall handelt es sich um eine Preisnotierung, in der der Kurs ausdrückt, wie viel Einheiten der Binnenwährung man für eine Einheit der Außenwährung bezahlen muss.
3 Rationieren = in „Rationen" einteilen, d. h. Mengenzuteilungen vornehmen.

8.6 Wirtschaftliche Ungleichgewichte und Schwankungen

■ **Inflationsarten nach der Schnelligkeit der Geldentwertung**

Inflationsarten	Erläuterungen	Beispiele
Schleichende Inflation	Diese Art der Inflation ist durch verhältnismäßig niedrige, aber lang anhaltende Preissteigerungen gekennzeichnet. Von schleichender Inflation kann man sprechen, wenn die Preissteigerungsrate nicht höher ist als der Zinssatz für Spargelder.	Die Wirtschaft der Bundesrepublik Deutschland ist durch eine schleichende Inflation gekennzeichnet.
Galoppierende Inflation	Liegt die Preissteigerungsrate im Durchschnitt über dem Zins für langfristige Geldanlagen (etwa über 6 bis 8%), liegt eine galoppierende Inflation vor. Bei jährlichen Preissteigerungsraten von mehr als 50% spricht man von **Hyperinflation**.	Die deutsche Inflation von 1918 bis 1923 war eine Hyperinflation.

■ **Inflationsarten nach ihrer Ursache**

Nachfrageinflationen[1] (nachfrageinduzierte[2] Inflationstypen)	
Binnennachfrageinflation	Die privaten Haushalte, die Unternehmen und/oder der Staat sparen zu wenig und/oder nehmen Kredite auf, um ihre Ansprüche zu finanzieren („Hausgemachte" Inflation).
Außennachfrageinflation	Laufende Exportüberschüsse gegenüber Fremdwährungsgebieten führen zu Deviseneinnahmen, die nicht wieder für Importzwecke benötigt werden. Die Exporteure tauschen die Devisen bei den Banken in Binnenwährung um, sodass die Geldmenge steigt. Die dieser Geldmenge gegenüberstehenden „Gütermengen" wurden indessen in Fremdwährungsgebiete exportiert, sodass also letztlich das Preisniveau im eigenen Währungsgebiet steigen muss. Da Exportüberschüsse gegenüber Fremdwährungsgebieten in der Regel vor allem dann entstehen, wenn dort die Inflationsraten *höher* als im eigenen Währungsgebiet sind (die Exportwaren werden für die gebietsfremden Importeure relativ billiger), spricht man von **importierter Inflation**. (Die Inflation wird sozusagen vom Fremdwährungsgebiet ins eigene Währungsgebiet „hereingetragen".)
Angebotsinflationen[1] (angebotsinduzierte Inflationstypen)	
Kosteninflation	Die Gewerkschaften setzen überhöhte Lohnforderungen durch (Lohnkosteninflation), der Staat erhöht die Steuern (Steuerkosteninflation) oder im eigenen Währungsgebiet ansässige Rohstofflieferer erhöhen ihre Preise (Rohstoffkosteninflation). Die Unternehmen erhöhen die Preise, um die gestiegenen Kosten zu decken. Steigen die Preise der in fremden Währungsgebieten ansässigen Lieferer (z. B. Rohstofflieferer) unverhältnismäßig stark an, liegt eine **Importkosteninflation** vor. Sie ist eine weitere Art der „importierten Inflation".
Gewinninflation	Unternehmen, die eine starke Marktstellung besitzen (Oligopole, Monopole), erhöhen ihre Absatzpreise auf Kosten der Verbraucher. Die Gewerkschaften setzen daraufhin einen „Inflationsausgleich" durch (**„Preis-Lohn-Spirale"**).

---

[1] Die Nachfrage- und Angebotsinflationen nennt man auch Anspruchsinflationen, weil die Ansprüche der Wirtschaftssubjekte schneller wachsen als das Handelsvolumen.
[2] Induzieren = auslösen, beeinflussen.

Inflationsarten nach der Berechnung

Allgemeine Inflation	Der Preisindex wird aufgrund einer möglichst repräsentativen (typischen), d.h. von den meisten Verbrauchern benötigten und gekauften Anzahl von Waren ermittelt (s. S. 543f.).
Kerninflation	Bei der Berechnung der Kerninflationsrate wird der „Warenkorb" auf solche Güter beschränkt, die nicht ständigen Preisänderungen unterworfen sind. Zu den Gütern mit besonders starken Preisschwankungen gehören z.B. Brennstoffe wie Heizöl, Diesel, Benzin und viele Lebensmittel.

Wirkungen der Inflation

Die Wirkungen der Inflation sind im Wesentlichen als negativ zu beurteilen. Die wohl schlimmste Folge ist die **Stagflation,** d.h. Stagnation[1] mit Inflation. Sie entsteht z.B. dadurch, dass in einer Wirtschaft mit Außenhandel die Unternehmen die gestiegenen Kosten aus Konkurrenzgründen nicht mehr voll auf die Preise überwälzen können, sodass ihre Gewinne sinken bzw. Verluste größer werden. Dies führt dazu, dass nicht mehr ausreichend investiert wird: Die Güterproduktion *stagniert* und es entsteht Arbeitslosigkeit bei steigenden Preisen.

Von **Reflation** wird gesprochen, wenn das Preisniveau bei zurückgehender Beschäftigung (in der Rezession)[2] steigt (Rezession mit Inflation). Der Reflation können z.B. folgende Ursachen zugrunde liegen: Der Staat erhöht trotz Rezession die Kostensteuern; die Importpreise steigen; die Unternehmen erhöhen ihre Absatzpreise, weil ihre Stückkosten aufgrund des Gesetzes der Massenproduktion gestiegen sind (siehe auch Kapitel 5.3.3).

Weitere Folgen der Inflation sind:

- **Schuldner werden begünstigt,** weil der reale Wert der Kreditaufnahme im Laufe der Zeit sinkt. Dies gilt insbesondere dann, wenn die Inflationsrate (= jährliche Preissteigerung in Prozent) höher als der Kreditzinssatz ist. Umgekehrt werden die Gläubiger (Sparer) geschädigt.
- **Eigentümer von Sachvermögen** (u.U. auch Besitzer von Grundstücken, Unternehmen usw.) **können** im Gegensatz zu den Geldbesitzern (Kontensparern) **ihr Vermögen erhalten.** Geht man davon aus, dass die Arbeitnehmer i.d.R. ihre Ersparnisse auf Sparbüchern oder in festverzinslichen Wertpapieren anlegen, während die Selbstständigen und die Unternehmen ihr Vermögen in Sachwerten investiert haben, verschiebt sich die Vermögensverteilung zugunsten der Selbstständigen und der Unternehmen. **Soziale Ungleichheit wird also durch die Inflation vergrößert.**
- Inflation löst **„Flucht in die Sachwerte"** aus. Die Angst vor weiterer Geldentwertung führt in der Anfangsphase der Inflation zu steigender Nachfrage, was wiederum die Inflation anheizt („Inflationsmentalität").
- Soziale Gruppen, die nicht von starken Interessenverbänden vertreten werden, hinken mit ihren Einkommen hinter der allgemeinen Preis- und Lohnentwicklung her.
- In der Anfangsphase der Inflation steigen die Steuereinnahmen der öffentlichen Körperschaften (des „Staates"). Dies verführt die Parlamente dazu, **staatlichen Ausgabesteigerungen** zuzustimmen. Die gesetzlich fixierten Ausgaben können kaum mehr zurückgenommen werden, sodass im Laufe der Zeit immer größere **Haushaltsdefizite**[3] entstehen, die dann durch Steuererhöhungen und Ausgabekürzungen ausgeglichen werden müssen.

---

1 Stagnation = Stillstand.
2 Rezession (lat.) = „das Zurückgehen", Rückgang.
3 Defizit = Fehlbetrag. Ein Haushaltsdefizit entsteht, wenn der Staat seine Ausgaben teilweise durch Kreditaufnahmen finanziert.

8.6 Wirtschaftliche Ungleichgewichte und Schwankungen

- Steuererhöhungen verringern die gesamtwirtschaftliche Nachfrage, falls die zusätzlichen Steuereinnahmen nicht wieder ausgegeben, sondern zur Schuldentilgung verwendet werden. Die Beschäftigung geht zurück. Steuerausfälle sind die Folge.
- Die **Angst vor Arbeitslosigkeit** lässt die Sparquote ansteigen, sodass auch die **Konsumgüternachfrage stagniert** oder gar zurückgeht.

8.6.1.4 Deflation[1] und Unterbeschäftigung

Deflation im traditionellen Sinne

■ Wesen der Deflation im traditionellen Sinne

> Unter **Deflation** im traditionellen Sinne versteht man ein anhaltendes Sinken des Preisniveaus, verbunden mit zunehmender Arbeitslosigkeit und einem Rückgang des realen Bruttoinlandsprodukts. Man spricht in diesem Zusammenhang auch von einer Depression.[2]

Beispiel:

Die deutsche Deflation von 1930 bis 1932 brachte dem Deutschen Reich rund 6 Millionen Arbeitslose. Sie wurde im Wesentlichen dadurch erzeugt, dass der damalige Reichskanzler Brüning[3] den Staatshaushalt an das durch Exportrückgänge geschrumpfte Handelsvolumen laufend anpasste, indem er die Staatsausgaben drastisch senkte.

■ Ursachen der Deflation im traditionellen Sinne

- **Kürzungen der Staatsausgaben** (z. B. um die in den Vorjahren entstandenen Haushaltsdefizite auszugleichen).
- **Pessimistische Zukunftserwartungen** der Wirtschaftssubjekte, die z. B. durch Sparmaßnahmen des Staates oder politische Instabilität ausgelöst werden können. Die Folgen sind Kaufzurückhaltung (überhöhtes Sparen), fehlende Investitionsneigung der Unternehmen und sinkende Umlaufgeschwindigkeit des Geldes.

■ Wirkungen der Deflation im traditionellen Sinne

Die Deflation im traditionellen (= althergebrachten) Sinne ist das „Gegenteil" der Inflation: Die Preise sinken (die Kaufkraft steigt).

Sinkendes Preisniveau bewirkt, dass Unternehmen und private Haushalte mit ihren Käufen eine abwartende Haltung einnehmen, weil sie weiter sinkende Preise erwarten: Sie *sparen*. Arbeitsplätze gehen verloren, die Einkommen sinken.

---

1 Deflation (lat.) = Zusammenziehung; hier: Zusammenziehung (Abnahme) der nachfragewirksamen Geldmenge.
2 Depression (lat.) = Druck, Niedergeschlagenheit, hier: wirtschaftlicher Niedergang.
3 Bekannter deutscher Finanzpolitiker der Weimarer Republik, von 1930 bis 1932 deutscher Reichskanzler.

Heutige Deflationen

Wesen der heutigen Deflationen

Lange Zeit wurden Deflationen im traditionellen Sinne heute nicht mehr für so wahrscheinlich gehalten wie früher, weil die sogenannten *institutionellen Starrheiten*[1] (wie z. B. Mindestlöhne, einkommens- bzw. gewinnunabhängige Steuern, langfristig vereinbarte Miet- und Pachtzinsen, langfristige Lieferverträge, gesetzlich festgelegte Staatsausgaben usw.) ein drastisches Sinken des Preisniveaus verhinderten. Nachfragerückgänge bewirkten deshalb außer auf bestimmten Teilmärkten in erster Linie einen *Rückgang der Beschäftigung* (d. h. zunehmende *Arbeitslosigkeit*)[2] bei sinkender Inflationsrate oder bei Preisniveaustabilität.

Besonders die Regierungen hoch verschuldeter Staaten fürchten Deflationen, denn ein sinkendes Preisniveau heißt steigender Geldwert. Sinken die Preise z. B. um 2 %, steigt der Geldwert um genau 2,04 %. Da die angehäuften Staatsschulden zu vergleichsweise hohen Zinssätzen aufgenommen wurden, besteht im schlimmsten Fall die Gefahr, dass Schuldnerstaaten zahlungsunfähig werden. Aus diesem Grund drängen sie ihre Zentralbanken (Notenbanken), zusätzliches Geld zu schöpfen (in den Zeitungen ist häufig vom „Anwerfen der Notenpresse" zu lesen) und vor allem die Zinssätze deutlich zu senken. Die Regierungen werden damit in die Lage versetzt, billige Kredite aufzunehmen und die höher verzinslichen Staatsschulden zu tilgen. Dadurch gewinnen sie Zeit, um notwendige Reformen (z. B. Erhöhung des Rentenalters, Verbesserung der Infrastruktur, Bekämpfung der Korruption, Lockerung arbeitsrechtlicher Vorschriften) durchzuführen. Wenn indessen die Regierungen der sich in Zahlungsschwierigkeiten befindlichen Länder die notwendigen Reformen nicht vornehmen, können auch die Zentralbanken die wirtschaftlichen Probleme nicht lösen. Denn für die Wirtschafts- und Finanzpolitik sind die Regierungen, aber nicht die Zentralbanken zuständig. Daher gilt der häufig zitierte Satz, dass eine Zentralbank mit der Niedrigzins- oder gar Nullzinspolitik sowie dem Kauf von Staatsanleihen lediglich „Zeit kauft".

Die Niedrigzins- bzw. Nullzinspolitik der Zentralbanken führt auch dazu, dass die Sparer Geld verlieren (man spricht von „stiller Enteignung" bzw. „finanzieller Repression"). Betragen z. B. die Guthabenzinsen 0,75 % und die Inflationsrate 1,5 %, verlieren die Sparer jährlich 0,75 % ihrer Ersparnisse.

Zusammenfassung

- Das **Handelsvolumen** (H) ist die Summe aller während einer Periode umgesetzten Güter, bewertet zu konstanten Preisen.
- Die **nachfragewirksame Geldmenge** (M · U) ist das von den Wirtschaftssubjekten für Nachfragezwecke bereitgestellte Bar- und Giralgeld, multipliziert mit seiner Umlaufgeschwindigkeit.
- Unter **Preisniveau** versteht man den gewogenen Durchschnitt aller Güterpreise.
- Die **Verkehrsgleichung des Geldes** lautet:

$$P \cdot H = M \cdot U$$

---

[1] Man spricht auch von „automatischen Stabilisatoren".
[2] Näheres zum Thema Arbeitslosigkeit siehe Kapitel 8.4.1.1 und Kapitel 8.11.2.

8.6 Wirtschaftliche Ungleichgewichte und Schwankungen

- Die **Kaufkraft** drückt aus, wie viel Gütereinheiten man für eine Geldeinheit kaufen kann.
- Der **Preisindex** besagt, um wie viel Prozent die Preise gegenüber dem *Basisjahr* gestiegen sind.
- Die **Preissteigerungsrate** sagt aus, um wie viel Prozent die Preise gegenüber dem *Vorjahr* gestiegen sind.
- Der **Nominallohn** ist der Lohn, den ein Arbeitnehmer tatsächlich ausbezahlt bekommt (Nettolohn).
- Der **Reallohn** sagt aus, welche Gütermenge ein Arbeitnehmer für seinen Nettolohn tatsächlich kaufen kann.
- Unter **Inflation** versteht man ein lang anhaltendes Steigen des Preisniveaus.
- Man unterscheidet u. a. folgende **Inflationsarten**:

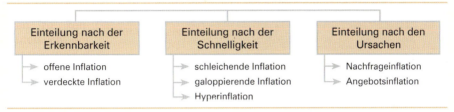

- Unter **Deflation** im traditionellen Sinne versteht man ein anhaltendes Sinken des Preisniveaus.
- **Heutige Deflationen** sind durch Beschäftigungsrückgänge bei einem relativ starren Preisniveau gekennzeichnet.

ÜBUNGSAUFGABEN

1. Erklären Sie folgende Begriffe:
   1.1 Handelsvolumen,
   1.2 nachfragewirksame Geldmenge und
   1.3 Preisniveau.

2. Wie kann die Entwicklung des Preisniveaus von der Entwicklung der nachfragewirksamen Geldmenge einerseits und der Entwicklung des Handelsvolumens andererseits abhängen?

3. Geben Sie einige Gründe an, warum in der heutigen Wirtschaft das Preisniveau selten sinkt, sondern meistens steigt!

4. Welche Aussage trifft die Quantitätsgleichung (Verkehrsgleichung)?

5. Erklären Sie den Unterschied zwischen Kaufkraft und Preisniveau!

8 Grundzüge der Wirtschaftspolitik in der sozialen Marktwirtschaft

6.

Jahr	Handelsvolumen (in Preisen des Jahres 00)	Nachfragewirksame Geldmenge (M · U)	Veränderungsfaktor des Preisniveaus gegenüber dem Jahr 00	Handelsvolumen zu tatsächlichen Preisen	Preisindex	Preissteigerungsrate
00	100 000,00 GE	100 000,00 GE	–	100 000,00 GE	100	–
01	120 000,00 GE	120 000,00 GE				
02	140 000,00 GE	154 000,00 GE				
03	140 000,00 GE	168 000,00 GE				
04	130 000,00 GE	162 500,00 GE				
05	150 000,00 GE	200 000,00 GE				

6.1 Berechnen Sie die fehlenden Werte!

6.2 Wie hoch ist der jährliche Kaufkraftverlust gegenüber dem Jahr 00?

6.3 Wie hoch ist der jährliche Kaufkraftverlust gegenüber dem jeweiligen Vorjahr?

7. Unterscheiden Sie zwischen Reallohn und Nominallohn!

8. Erklären Sie den Begriff Inflation!

9. Nennen Sie mindestens drei wichtige Inflationsursachen!

10. Welche wirtschaftlichen und sozialen Folgen hat die Inflation?

11. Textauszug:

Preisverfall in Euroland

BERLIN. Nun ist es amtlich: Die Lebenshaltung kostet die Menschen in der Eurozone etwas weniger als ein Jahr zuvor. Über die Folgen dieser negativen Inflationsrate debattieren nun Ökonomen.

Um von einer Deflation zu sprechen, reicht ein Preisrutsch von einem Monat auf den anderen nicht aus. Dazu muss sich die Inflationsrate klar ins Negative umkehren – und das für längere Zeit.

Der Preisrückgang beruht laut Eurostat vor allem auf den niedrigen Energiepreisen. Diese sind im Jahresvergleich um 6,3 Prozent gefallen. Wegen des hohen Angebotes auf den Weltmärkten kostet ein Fass Erdöl jetzt weniger als 50 Dollar. Vor sechs Monaten war es noch mehr als das Doppelte. Der Effekt ist auch an deutschen Tankstellen zu sehen: Man bekommt den Liter Superbenzin nun beispielsweise für 1,30 Euro, nicht für 1,70 Euro. Auch unverarbeitete Nahrungsmittel wurden im europäischen Durchschnitt etwas billiger. Bei allen übrigen Waren blieben die Preise stabil oder stiegen leicht – verarbeitete Lebensmittel, Alkohol und Tabak wurden insgesamt beispielsweise um 0,6 Prozent teurer, Dienstleistungen um 1,2 Prozent.

Quelle: Badische Zeitung vom 8. Januar 2015.

11.1 Erklären Sie den Begriff Deflation!

11.2 Erklären Sie, warum man im vorliegenden Fall nicht von einer Deflation sprechen kann!

11.3 Erläutern Sie eine weitere mögliche Ursache einer Deflation!

8.6 Wirtschaftliche Ungleichgewichte und Schwankungen

12. Der Verbraucherpreisindex eines Landes entwickelte sich wie folgt:

Jahr	t_1	t_2	t_3	t_4	t_5	t_6	t_7
Index	97,9	100,0	101,6	102,7	103,8	106,3	105,2

Berechnen Sie die jährlichen Preisveränderungsraten!

8.6.2 Konjunktur

8.6.2.1 Begriff

Das Phänomen[1] ist den Menschen seit jeher bekannt: Die wirtschaftliche Entwicklung vollzieht sich nicht regelmäßig, sondern in „Schwankungen". Selbst die Bibel berichtet von den „sieben fetten und den sieben mageren Jahren".

Mittelfristige Wirtschaftsschwankungen werden als Konjunkturschwankungen bezeichnet. Man rechnet heute mit einer Zyklendauer[2] von rund 5 bis 8 Jahren.

Die **Konjunkturschwankungen** sind nicht mit den jahreszeitlich wiederkehrenden saisonalen Schwankungen zu verwechseln. Saisonschwankungen haben ihre Ursachen in erster Linie im Klimawechsel der Jahreszeit. Betroffen sind u. a. die Bau-, Land-, Forst-, Transportwirtschaft, die Bekleidungs- und Getränkeindustrie sowie der Brennstoffhandel. Auch die Lage besonderer Festtage (Ostern, Weihnachten) sowie die Ferienmonate beeinflussen den Umsatz bzw. die Beschäftigung vieler Wirtschaftsbereiche (z. B. Einzelhandel, Reiseveranstalter, Fremdenverkehrsindustrie).

Der **Konjunkturverlauf** wird im Allgemeinen an den Schwankungen des realen Bruttoinlandsprodukts gemessen. Dabei werden Konjunkturschwankungen als *Abweichungen* vom **Trend**[3] angesehen. Der Trend stellt die *langfristige* Entwicklung der Kapazität einer Volkswirtschaft, gemessen am realen Bruttoinlandsprodukt, dar.

In wachsenden Volkswirtschaften ist der Trend „nach oben" gerichtet. In stagnierenden (stationären) Volkswirtschaften verändert sich die gesamtwirtschaftliche Kapazität im Zeitablauf nicht („Nullwachstum"). Schrumpfende Volkswirtschaften weisen einen „nach unten" gerichteten Trend auf.

---

1 Phänomen = Erscheinung.
2 Zyklus = regelmäßig wiederkehrender Ablauf.
3 Trend = Entwicklungsrichtung.

8 Grundzüge der Wirtschaftspolitik in der sozialen Marktwirtschaft

Beispiel:

Im Jahr 01 betrug das reale Bruttoinlandsprodukt (BIP_r) eines Landes 800 Mrd. Geldeinheiten (GE). Beläuft sich die Wachstumsrate (= jährliche prozentuale Zunahme des realen Bruttoinlandsprodukts) auf 4,5 %, so ergibt sich folgender **Wachstumspfad**, wie der *Trend* auch genannt wird:[1]

Jahr	BIP_r in Mrd. GE
01	800
02	836
03	874
04	913
05	954
06	997
07	1 042

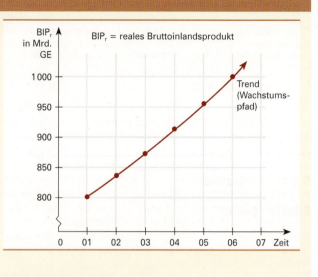

Ist die tatsächliche Leistung der Wirtschaft *höher* als die durch den Trend gekennzeichnete Normalleistung, herrscht **Überbeschäftigung**. Es werden z. B. Überstunden geleistet, Hausfrauen für Halbtagsbeschäftigungen geworben, Schüler und Studenten mit „Ferienjobs" beschäftigt und ausländische Arbeitskräfte eingestellt. Liegt hingegen die tatsächliche Kapazitätsausnutzung unter der Normalbeschäftigung, liegt **Unterbeschäftigung** vor (sog. **konjunkturelle Arbeitslosigkeit**, brachliegende Fabrikanlagen usw.).[2]

---

[1] In diesem Beispiel handelt es sich um ein exponentielles Wachstum, eine spezielle Art des stetigen Wachstums, weil das Bruttoinlandsprodukt von Jahr zu Jahr um den gleichen Prozentsatz zunimmt.

[2] Siehe hierzu auch Kapitel 8.4.1.1, in dem die Probleme der Beschäftigungsmessung erläutert werden.

[3] Idealtypisch (griech.-lat.) = ein nur in der Vorstellung vorkommendes Modell bestimmter sich ähnelnder oder sich wiederholender Ereignisse oder Merkmale. so gab es z. B. bei den verschiedenen Konjunkturzyklen der Bundesrepublik Deutschland stets Aufschwünge, Hochkonjunkturen, Abschwünge (Rezessionen) und Tiefpunkte (untere Wendepunkte), die sich jedoch im Hinblick auf ihre Verläufe (Stärke, Dauer) unterschieden.

8.6 Wirtschaftliche Ungleichgewichte und Schwankungen

8.6.2.2 Merkmale des Konjunkturverlaufs

Kein Konjunkturzyklus ist dem anderen gleich, denn die sozialen, technischen und wirtschaftlichen Bedingungen sind laufenden Änderungen unterworfen. Dennoch gibt es besonders hervorstechende Gemeinsamkeiten (= typische Merkmale), die im Folgenden kurz erläutert werden.

1. Aufschwung

Der konjunkturelle Aufschwung ist durch zunehmende Kapazitätsauslastung und abnehmende Arbeitslosigkeit gekennzeichnet.[1] Da die Unternehmen jetzt mit sinkenden Stückkosten arbeiten,[2] bleibt trotz steigender Nachfrage nach Konsum- und Investitionsgütern das Preisniveau weitgehend stabil, sofern nicht Materialpreise und/oder Löhne unverhältnismäßig steigen. Da die Käufer von Aktien steigende Unternehmensgewinne erwarten, klettern auch die Aktienkurse in die Höhe (Effektenhausse). Zu Beginn des Aufschwungs ist der Kreditmarkt noch flüssig, d. h., die Kreditinstitute besitzen genügend finanzielle Mittel zur Kreditgewährung. Somit bleiben die Zinsen noch verhältnismäßig niedrig, sieht man von möglichen Eingriffen der Zentralbank[3] ab.

2. Oberer Wendepunkt

Bevor die Konjunktur „umkippt", tritt die Situation der **Konjunkturüberhitzung** ein, die als **Boom** oder **Hochkonjunktur** bezeichnet wird. Auf den Kreditmärkten werden die Mittel knapp. Die Zinsen steigen. Damit beginnen die Wertpapierkurse zu sinken. Die Preissteigerungsraten erhöhen sich. Ebenso steigen die Löhne verhältnismäßig schnell, weil die Arbeitskräfte knapp sind: Die Gewerkschaften haben eine starke Stellung. Infolge der erhöhten Kosten nehmen die Unternehmergewinne ab. Die Investitionsgüternachfrage geht zurück, während die Nachfrage nach Konsumgütern noch steigt. Im Investitionsgüterbereich finden die ersten Betriebsstilllegungen und Entlassungen statt. Die **Krise**[4] (**oberer Wendepunkt** des Konjunkturverlaufs) tritt ein, der Abschwung wird eingeleitet.

3. Abschwung

Die allgemeine Grundhaltung der Verbraucher und Unternehmer ist pessimistisch. Die allseits zu beobachtende Kaufzurückhaltung führt zu Umsatzeinbußen, zu weiteren Betriebsstilllegungen, Vergleichen und Insolvenzen. Die Arbeitslosenzahl steigt. Die abnehmende Kreditnachfrage führt zu sinkenden Zinssätzen. Der früher zu beobachtende kräftige Rückgang des Preisniveaus während der **Rezession,** wie heute der Abschwung auch bezeichnet wird, ist heute in der Regel nicht mehr gegeben, weil viele Faktoren einen generellen Preisrückgang verhindern.[5] So steigen z. B. die Stückkosten, die Rohstoffpreise und die Löhne. (Auch in Zeiten der Unterbeschäftigung pflegen die Gewerkschaften Lohnerhöhungen durchzusetzen, wenngleich die Steigerungsraten meistens niedriger als in Zeiten der Vollbeschäftigung sind.)

---

1 Die Arbeitslosigkeit geht nur dann zurück, wenn sie konjunkturell bedingt ist, d. h., wenn es sich nicht um eine technologische und/oder strukturelle Arbeitslosigkeit handelt (Näheres zum Thema Arbeitslosigkeit siehe Kapitel 8.6.1.4).
2 Siehe Kapitel 4.4 Kosten der Leistungserstellung.
3 Siehe hierzu Kapitel 8.7.3.
4 Im Sprachgebrauch wird der Begriff „Krisis" oder „Krise" nicht für den oberen Wendepunkt des Konjunkturverlaufs, sondern für den Tiefstand gebraucht, insbesondere dann, wenn es sich um eine länger anhaltende Depression handelt. Eine andauernde Depression (Unterbeschäftigung) heißt auch Stagnation.
5 Näheres siehe Kapitel 8.6.1.1.3 und Kapitel 8.6.1.4.

8 Grundzüge der Wirtschaftspolitik in der sozialen Marktwirtschaft

4. Unterer Wendepunkt

Kommt der Abschwung zum Stillstand und beginnt sich die Konjunktur wieder zu erholen, nimmt die Nachfrage also wieder zu, ist der untere Wendepunkt – die sogenannte **Talsohle** – überschritten.

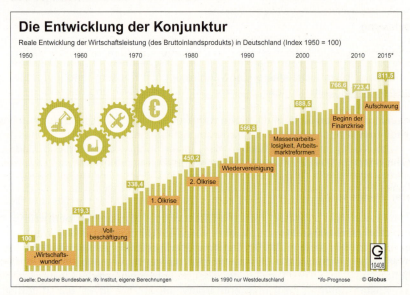

Determinanten[1] des Konjunkturverlaufs	
Faktoren, die den Konjunkturaufschwung auslösen können:	Faktoren, die den Konjunkturabschwung auslösen können:
■ Ausweitung des Geldangebots (Kreditangebots) durch die Zentralbank: sinkende Zinssätze – steigende Kreditnachfrage. ■ Steigende private und staatliche Investitionsgüternachfrage. ■ Steigende private und staatliche Konsumgüternachfrage.[2] ■ Steigender Außenbeitrag (Export > Import). ■ Zahlungsbilanzüberschüsse. ■ Optimistische Zukunftserwartungen der Wirtschaftssubjekte. ■ Positive politische Ereignisse (z. B. Beendigung von Kriegen, Abschluss wichtiger Friedensverträge).	■ Verknappung des Geldangebots (Kreditangebots) durch die Zentralbank: steigende Zinssätze – sinkende Kreditnachfrage. ■ Sinkende private und staatliche Investitionsgüternachfrage. ■ Sinkende private und staatliche Konsumgüternachfrage. ■ Sinkender Außenbeitrag (Export < Import). ■ Zahlungsbilanzdefizite. ■ Pessimistische Zukunftserwartungen der Wirtschaftssubjekte. ■ Negative wirtschaftliche oder politische Ereignisse (z. B. Generalstreiks, Währungsspekulationen, Überschuldung wirtschaftlich bedeutsamer Staaten, Bankenzusammenbrüche, Kriege, Terroranschläge).

---

1 Determinanten = Ursachen, Gründe, Bestimmungsgründe.
2 Näheres siehe Kapitel 8.8.3.

8.6.2.3 Konjunkturindikatoren

Im vorigen Kapitel haben wir das Bruttoinlandsprodukt als Maßstab verwendet, um Konjunkturschwankungen zu erfassen. Das wirtschaftliche Auf und Ab lässt sich jedoch mithilfe weiterer Größen messen. Bestimmte wirtschaftliche Erscheinungen lassen sogar Rückschlüsse auf die künftige Entwicklung zu, dienen also der Konjunkturprognose.[1]

> Daten, die den Konjunkturverlauf messen und/oder Voraussagen (Prognosen) für künftige Entwicklungen zulassen, werden als **Konjunkturindikatoren**[2] bezeichnet.

Realwirtschaftliche Konjunkturindikatoren

Realwirtschaftliche[3] Konjunkturindikatoren beziehen sich vor allem auf die volkswirtschaftliche Gesamtnachfrage und den Arbeitsmarkt:

Entwicklung der Arbeitslosenzahlen und offenen Stellen	Steigende Arbeitslosenzahlen und sinkende offene Stellen zeigen an, dass die Wirtschaft unterbeschäftigt ist. Die Unternehmen werden sich bei den Investitionen zurückhalten, weil sie eine stagnierende oder gar zurückgehende Konsumgüternachfrage erwarten. Die umgekehrte Reaktion tritt ein, wenn die Bundesagentur für Arbeit eine steigende Zahl offener Stellen meldet und wenn die Arbeitslosenzahlen zurückgehen.
Entwicklung der Konsumgüternachfrage	Steigt der private Konsum (angezeigt durch steigende Einzelhandelsumsätze), ist eine positive Entwicklung des wirtschaftlichen Geschehens zu erwarten, weil in der Folge die Großhandelsumsätze und schließlich die Umsätze der Herstellerbetriebe steigen werden. Ist die Wirtschaft vollbeschäftigt, werden Preissteigerungen eintreten. Stagnierende oder sinkende Einzelhandelsumsätze bewirken das Gegenteil.
Entwicklung der Investitionsgüternachfrage	Steigt die Investitionsgüternachfrage (angezeigt durch steigende Umsätze und/oder Auftragsbestände in der Investitionsgüterindustrie), kann eine Erhöhung der Beschäftigung erwartet werden, die auch nicht ohne Einfluss auf die Arbeitsnachfrage bleiben wird. Bei Vollbeschäftigung können steigende Preise (zunächst in der Investitionsgüterindustrie) und steigende Löhne vorausgesagt werden. Sinkende Investitionsgüternachfrage lässt den gegenteiligen Schluss zu.
Entwicklung des Außenhandels	Nimmt der Export schneller als der Import zu, ist auf eine Belebung der Konjunktur zu schließen. Eine vollbeschäftigte Wirtschaft muss mit Preissteigerungen rechnen, weil die Gesamtnachfrage (Auslands- und Inlandsnachfrage) das Gesamtangebot der Volkswirtschaft übersteigt. Steigen die Importe schneller als die Exporte, ist der gegenteilige Effekt wahrscheinlich.
Entwicklung der Staatsausgaben und -einnahmen	Aus dem Staatshaushaltsplan kann entnommen werden, in welchem Verhältnis die Staatsausgaben zu den Staatseinnahmen stehen werden. Strebt der Staat große zusätzliche Konsum- oder Investitionsvorhaben an, ohne die Steuern zu erhöhen, ist eine Belebung der Wirtschaftstätigkeit wahrscheinlich. Auch in diesem Fall sind Preiserhöhungen zu erwarten, wenn die Wirtschaft vollbeschäftigt ist. Voraussichtliche Steuererhöhungen indessen können die Investitionstätigkeit der Unternehmen vermindern.

---

1 Prognose = Voraussage, Vorausschau.
2 Indikator = Anzeiger.
3 Real = wirklich; von lat. res = Sache. Realwirtschaftliche Vorgänge finden auf Güter- und Arbeitsmärkten statt.

Entwicklung der Lagerbestände	Steigen die Lagerbestände der Unternehmen über das saisonal übliche Maß, so liegt Überproduktion vor. Es kann der Schluss gezogen werden, dass die Unternehmen ihre Produktion drosseln werden, was einen Konjunkturabschwung bewirken kann. Nehmen die Lagerbestände ab, ist das Gegenteil der Fall. Diese Aussage gilt jedoch nicht uneingeschränkt. Es mag nämlich sein, dass die Unternehmen ihre Lagerbestände bewusst abbauen, weil sie sinkende Umsatzzahlen erwarten, und ihre Lagerbestände aufstocken, weil ein Konjunkturanstieg eingesetzt hat.
Kapazitätsauslastung und Auftragsbestände	Steigende Auftragsbestände kündigen einen Konjunkturaufschwung an. Die Auslastung der Kapazität folgt der Entwicklung der Auftragsbestände.
Vertrauensindikatoren	Für die Beurteilung zukünftiger Entwicklungen spielen die Erwartungen der Unternehmen und der Verbraucher eine große Rolle. Nimmt das Vertrauen in eine (positive) wirtschaftliche Entwicklung zu, ist mit einer steigenden Konsum- und Investitionsgüternachfrage zu rechnen.

Finanzwirtschaftliche Konjunkturindikatoren

Geldpolitik	Als Konjunkturindikator zählt auch die (vermutete) künftige Geldpolitik einer Zentralbank. Aufgrund von Zinssenkungen kann die Konjunktur belebt, aufgrund von Zinserhöhungen ein „Überschäumen" der Konjunktur verhindert werden (siehe Kapitel 8.7.3).
Wechselkurse	Steigende Wechselkurse (Mengennotierung) verteuern die Binnenwährung. Der Export in Fremdwährungsländer wird gebremst, die Konjunktur wird gebremst bzw. negativ beeinflusst. Sinken die Wechselkurse, wird die Binnenwährung für die Devisenausländer billiger. Es ist zu erwarten, dass die Exporte steigen und die Konjunktur angekurbelt wird.

8.6 Wirtschaftliche Ungleichgewichte und Schwankungen

Zusammenfassung

- **Konjunkturen** sind mittelfristige Wirtschaftsschwankungen.
- **Merkmale** des Konjunkturverlaufs sind:

Konjunkturphasen	Auftragsbestände/ Produktion	Konjunkturelle Arbeitslosigkeit	Lohnentwicklung	Zinsen	Wertpapierkurse	Preisentwicklung	Sparneigung	Zukunftserwartungen
■ **Aufschwung**	steigend	noch hoch	mäßige Lohnerhöhungen	noch niedrig	hoch	geringe Preissteigerungsraten	sinkend	optimistisch
■ **Boom** (= Hochkonjunktur, Überkonjunktur, Überbeschäftigung)	bei Konsumgütern noch steigend; bei Investitionsgütern stagnierend oder sinkend	sinkend[1]	kräftige Lohnerhöhungen	steigend	sinkend	hohe Preissteigerungsraten	niedrig	optimistisch
■ **oberer Wendepunkt** (Konjunkturgipfel)	bei Konsumgütern stagnierend; bei Investitionsgütern sinkend	gleichbleibend	kräftige Lohnerhöhungen („Lohnlag")[2]	hoch	niedrig	hohe Preissteigerungsraten	niedrig	abwartend bis pessimistisch
■ **Abschwung** (= Rezession, Niedergang)	sinkend	steigend	mäßige Lohnerhöhungen (Inflationsausgleich); u. U. Abbau übertariflicher Leistungen	langsam sinkend	langsam steigend	abnehmende Preissteigerungsraten (auf polypolistischen Märkten u. U. sinkende, auf oligopolistischen und monopolistischen Märkten weiter steigende Preise)	steigend	pessimistisch
■ **unterer Wendepunkt** (Talsohle)	auf niedrigem Niveau verharrend	hoch	mäßige Lohnerhöhungen; geringe übertarifliche Leistungen	niedrig	hoch	geringere Preissteigerungsraten; Kosteninflation (Stagflation) jedoch möglich	hoch	abwartend oder vorsichtiger Optimismus

---

1 Siehe Fußnote 1 auf S. 555.
2 Lag (engl.) = Verschiebung, Verzögerung.

ÜBUNGSAUFGABEN

1. In nebenstehender Abbildung sind die wesentlichen Phasen (Abschnitte) des typischen Konjunkturverlaufs mit den Ziffern I bis V versehen.

   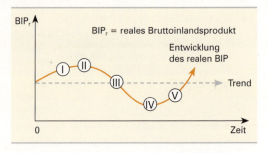

   1.1 Erklären Sie den Begriff Konjunktur!
   1.2 Benennen Sie die einzelnen Konjunkturphasen!
   1.3 Beschreiben Sie kurz das Wesen der einzelnen Konjunkturphasen!
   1.4 Welche Faktoren können den Konjunkturaufschwung auslösen? Begründen Sie Ihre Antworten!
   1.5 Welche Faktoren können den Konjunkturabschwung auslösen? Begründen Sie Ihre Antworten!

2. Am Ende eines der vergangenen Jahre verhießen verschiedene Konjunkturindikatoren wenig Gutes. Auch die Verbraucher sahen wenig optimistisch in die Zukunft.
   2.1 Definieren Sie den Begriff Konjunkturindikatoren!
   2.2 Nennen und beschreiben Sie mindestens fünf wichtige Konjunkturindikatoren!

3. In den folgenden Texten sind mithilfe wichtiger Konjunkturindikatoren (Preise, Zinsen, Beschäftigung, Nachfrage, Angebot, Wertpapierkurse, Einkommen) bestimmte konjunkturelle Situationen beschrieben. Ordnen Sie diese Situationen den entsprechenden Konjunkturphasen zu!

   a) „Der Preisindex für die Lebenshaltung ist im vergangenen Halbjahr um knapp 3 Punkte angestiegen. Das reale Bruttoinlandsprodukt nahm um 0,5 % ab. Zugleich stieg die Arbeitslosenquote von 9,5 auf 9,8 % an. Die Kreditinstitute waren flüssig, das Zinsniveau demzufolge niedrig …"

   b) „Aufgrund zunehmender Exportüberschüsse stieg im vergangenen Halbjahr das Bruttoinlandsprodukt um 2 %, während sich die Zahl der Arbeitslosen kaum veränderte. Die Zahl der Kurzarbeiter nahm sogar noch zu, obwohl die Nettoinvestitionen um 3 % stiegen. Die Preissteigerungsraten hielten sich in Grenzen (+ 1,8 %). Die Einkommen der Unselbstständigen erhöhten sich nominell um 3,2 % …"

   c) „Obwohl immer noch eine Arbeitslosenquote von knapp 4 % bestand, erhöhte die Zentralbank den Refinanzierungssatz von 3 auf 3,5 %. Die Inflationsrate hat die 3 %-Grenze überschritten. Die Einkommen aus unselbstständiger Arbeit nahmen brutto um 8 %, die Gewinne (vor Steuern) um 5 % zu. Auf den Kreditmärkten zeigten sich erste Verknappungserscheinungen. Für Grundkredite müssen bereits durchschnittlich 8 % Zinsen bei allerdings 100 %iger Auszahlung bezahlt werden. Die Kurse festverzinslicher Wertpapiere sind um durchschnittlich 1,5 % zurückgegangen. Die Binnennachfrage nach vor allem langlebigen Konsumgütern stieg um rund 4 % …"

8.7 Geldpolitik der Europäischen Zentralbank

8.7.1 Grundlagen

8.7.1.1 Europäische Wirtschafts- und Währungsunion (WWU)

Geschichtliche Entwicklung

Die Schaffung der WWU[1] wurde 1991 von den Staats- und Regierungschefs der EU-Länder[2] in **Maastricht** beschlossen. Der Maastricht-Vertrag trat 1992 in Kraft.

Die **Wirtschafts- und Währungsunion (WWU)** wurde in mehreren Stufen verwirklicht. Zum 1. Januar 1994 wurde das **Europäische Währungsinstitut (EWI)** in Frankfurt a. M. errichtet. Es hatte die Aufgabe, die Strukturen der **Europäischen Zentralbank (EZB)** vorzubereiten.

Im Juni 1998 wurde das EWI aufgelöst. An seine Stelle trat die EZB, die ihre Funktionen seit dem 1. Januar 1999 wahrnimmt.

Anfang 1998 fiel die Entscheidung durch die Staats- und Regierungschefs der EU über die Teilnahme der Länder von Beginn an.

Die Teilnehmer hätten nach dem Maastricht-Vertrag folgenden Kriterien (auch „**Maastricht-Kriterien**" oder „**Konvergenzkriterien**"[3] genannt) genügen sollen:

- Preisanstieg höchstens 1,5 Prozentpunkte über dem Preisanstieg der drei stabilsten Länderwährungen.
- Haushaltsdefizit höchstens 3 % der Wirtschaftsleistung.
- Staatsverschuldung nicht höher als 60 % der Wirtschaftsleistung.
- Langfristiger Zinssatz höchstens 2 Prozentpunkte über dem durchschnittlichen Zinssatz der drei preisstabilsten Länder.

Obwohl die „Maastricht-Kriterien" von vielen EU-Ländern nicht vollständig erfüllt wurden, hat die Europäische Kommission Anfang des Jahres 1998 elf Länder zur Teilnahme an der WWU empfohlen. Diese Länder waren Belgien, Deutschland, Finnland, Frankreich, Irland, Italien, Luxemburg, Niederlande, Österreich, Portugal und Spanien.

Dänemark, Großbritannien und Schweden wollen der WWU (noch) nicht beitreten. Griechenland durfte wegen seines zu hohen Defizits des Staatshaushalts zunächst nicht teilnehmen und wurde erst am 1. Januar 2001 zwölftes WWU-Mitglied. Am 1. Januar 2007 wurden Slowenien, am 1. Januar 2008 Malta und Zypern, am 1. Januar 2009 die Slowakei, am 1. Januar 2011 Estland, am 1. Januar 2014 Lettland und am 1. Januar 2015 Litauen in den Währungsverbund aufgenommen.

Die nicht teilnehmenden EU-Länder werden als „Outs"[4] bezeichnet. Zwischen den Euro-Ländern und den Outs bleibt das Europäische Währungssystem, das als **W**echselkurs**m**echanismus II (WKM II) bezeichnet wird, erhalten.[5]

---

1 Mitgliedsländer der Europäischen Wirtschafts- und Währungsunion (WWU, auch EWWU oder EWU abgekürzt) sind folgende Mitgliedsländer der Europäischen Union (EU): Belgien, Bundesrepublik Deutschland, Estland, Finnland, Frankreich, Griechenland, Irland, Italien, Lettland, Litauen, Luxemburg, Malta, Niederlande, Österreich, Portugal, Slowakei, Slowenien, Spanien und Zypern.
2 Zur EU siehe Kapitel 8.10.2.
3 Konvergenz = Annäherung.
4 Outs (engl.) = draußen Gebliebene, Außenstehende.
5 Zum WKM II siehe Kapitel 8.9.2.3.

Stabilitätspakt

Die Aufnahme in die dritte Stufe der Europäischen Wirtschafts- und Währungsunion und damit in den Euro-Währungsclub war mehr oder weniger an die Maastricht-Kriterien gebunden. Es bedurfte aber noch der Klarstellung, wie die Stabilität der gemeinsamen Währung auf Dauer gesichert werden kann. Dazu hat der Europäische Rat auf seiner Tagung in Dublin am 13./14. Dezember 1996 die Grundzüge eines **Stabilitäts- und Wachstumspakts** beschlossen.

Der Stabilitätspakt in seiner ursprünglichen Form hätte verhindern sollen, dass die Euro-Länder über ihre Verhältnisse leben und die gemeinsame Währung gefährden. Manchen Staaten erschienen die Vorgaben in Krisenzeiten jedoch als zu starr. Deshalb wurde im Jahr 2005 der Stabilitätspakt aufgeweicht. Bis dahin mussten alle EU-Länder, die gegen das Defizit-Kriterium verstießen, zumindest mit einem „blauen Brief" (einer Warnung) aus Brüssel (von der EU-Kommission) rechnen, eventuell sogar mit einer hohen Geldstrafe. Die sogenannte „Stabilitätspakt-Reform" sah nunmehr bei Verstößen gegen das Defizit-Kriterium zahlreiche mildernde Umstände vor, sodass praktisch kein Verstoß mehr zu bestrafen war. Die „mildernden (straffrei bleibenden) Umstände" zur Überschreitung des Defizit-Kriteriums waren vor allem (a) ein länger anhaltendes *schwaches Wirtschaftswachstum* und (b) *länderspezifische* (auf die Lage der einzelnen Länder bezogene) *Rechtfertigungsgründe*. Deutschland machte z. B. die Vereinigungskosten und die hohen Zahlungen an die EU geltend, Frankreich das Militär und die Entwicklungshilfe. Absetzbar war zudem eine üppige Forschungsförderung.

Der Stabilitätspakt in seiner „aufgeweichten" Form hat sich nicht bewährt. Die meisten EU-Länder haben die vorgeschriebenen Defizit- und Schuldengrenzen nicht eingehalten, sodass das Vertrauen der Kreditgeber, d. h. der Käufer von Staatsanleihen (z. B. Banken, Versicherungen, Investmentfonds, Pensionsfonds und private „Anleger"), in die Sicherheit ihrer Anlagen zunehmend schwand. Es wurde für die „Defizitsünder" zusehends schwieriger, frisches Geld auf den Finanzmärkten zu erhalten. Die Schuldner mussten immer höhere Zinsen (sogenannte „Risikoaufschläge") zahlen, um überhaupt noch Geld zu erhalten, das dringend benötigt wurde und wird, um alte Schulden mit neuen Schulden zu bezahlen. Um in Zukunft einen solchen Teufelskreis zu durchbrechen, lagen Ende 2011 Vorschläge einiger EU-Länder vor, den Stabilitätspakt zu erneuern und vor allem durch einen **„Fiskalpakt"** (Vertrag über die **S**tabilität, **K**oordinierung und **S**teuerung in der Wirtschafts- und Währungsunion = „SKS-Vertrag") zu verschärfen.

8.7 Geldpolitik der Europäischen Zentralbank

Fiskalpakt

Im **Fiskalpakt** verpflichten sich 25 Mitgliedsländer der Europäischen Union (EU) zu einer strengen Sparpolitik. Großbritannien und Tschechien haben den Vertrag nicht ratifiziert. Der Vertrag sieht u. a. vor, dass die Euroländer eine **Schuldenbremse** in ihrem nationalen Recht verankern. Das gesamtstaatliche **strukturelle Defizit** darf die Obergrenze von 0,5 % des nominellen Bruttoinlandsprodukts (BIP) nur übersteigen, wenn die Staatsverschuldung unter 60 % liegt. Das strukturelle Defizit ist das um konjunkturelle oder Einmalfaktoren wie z. B. Umweltkatastrophen bereinigte Defizit eines Staates. Bei der Berechnung des strukturellen Defizits werden also z. B. Ausgaben für Konjunkturprogramme, Einzahlungen beim ESM oder Ausgaben zur Beseitigung von Sturm-, Hochwasser- oder Erdbebenschäden herausgerechnet.

Der Fiskalpakt beinhaltet z. B. folgende Regeln:

- Der Staatshaushalt muss grundsätzlich ausgeglichen sein.
- Das jährliche *strukturelle Haushaltsdefizit* darf nicht höher als 0,5 % des nominellen Bruttoinlandsprodukts sein. Hierunter versteht man ein Defizit, das nicht auf konjunkturelle Schwankungen zurückzuführen ist, wenn also z. B. eine Regierung Ausgaben beschließt, die nicht durch die Kürzung anderer Ausgaben oder einer Erhöhung der Staatseinnahmen ausgeglichen (kompensiert) werden. Eine antizyklische Finanzpolitik bleibt unberührt.
- Die Mitgliedstaaten sind verpflichtet, ihre Ausgaben so lange zu verringern, bis die von der EU-Kommission vorgeschlagenen Grenzen erreicht sind.
- Die Einhaltung der Regeln durch die Mitgliedsländer wird durch den Europäischen Gerichtshof (EGH) überprüft.
- Mitglieder des Fiskalpakts, die die Regeln verletzen, müssen der EU-Kommission und dem Europäischen Rat Bericht erstatten, mit welchen Maßnahmen sie ihr über die vorgeschriebenen Grenzen hinausgehendes Defizit verringern wollen.

Schuldenbremse

In Deutschland steht die Schuldenbremse seit 2009 im Grundgesetz [Art. 115 GG]. Danach soll bis spätestens 2016 die Neuverschuldung (das Haushaltsdefizit) auf 0,35 % des nominellen BIP begrenzt werden.

Ab 2016 darf das Defizit der Bundesländer 0,35 % nicht übersteigen. Ab 2020 ist eine Nettokreditaufnahme den Bundesländern grundsätzlich verboten.

Zu bemerken ist, dass „Schuldenbremsen", die sich lediglich auf die Verringerung der Defizite (der Nettokreditaufnahmen) eines Staates beziehen, die vorhandenen Staatsschulden nicht verringern. Verringert wird lediglich die jährliche Schuldenzunahme.

Europäischer Stabilisierungsmechanismus (ESM)

Der **E**uropäische **S**tabilisierungs**m**echanismus (umgangssprachlich auch „dauerhafter Europäischer Rettungsschirm" oder „Euro-Rettungsschirm" genannt) trat Ende September 2012 in Kraft. Das bisherige EFSF-Programm (**E**uropäische **F**inanz**s**tabilisierungs**f**azilität) endete am 30. Juni 2013, wobei aber die bereits bestehenden Programme weiterlaufen.

Der ESM hat die Aufgabe, hoch verschuldete Euroländer, die sich die notwendigen Kredite wegen des hohen Ausfallrisikos nicht mehr oder nur zu sehr hohen Zinsen auf den Anleihemärkten[1] beschaffen können, mit finanziellen Mitteln zu unterstützen. Im Notfall können Kredite in Höhe von bis zu 702 Mrd. € gegen Auflagen vergeben werden. Solche Auflagen sind vor allem Spar- und Reformvorschriften. Sie stellen Eingriffe in die staatliche Selbstständigkeit (Souveränität)[2] der unterstützten Länder dar, sodass sie abschreckender wirken als die bisherigen Regeln wie z. B. die des Stabilitätspakts.

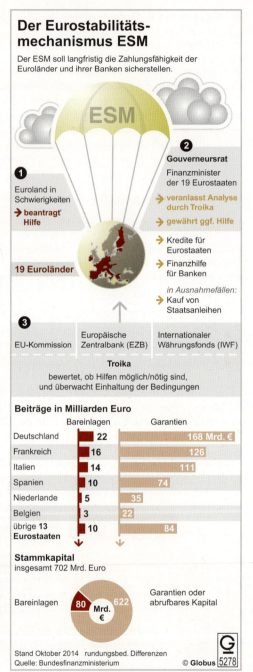

---

1 Auf Anleihemärkten werden festverzinsliche Wertpapiere, also auch Staatsanleihen gehandelt. Sie sind ein Teil der Kreditmärkte (Finanzmärkte).

2 Souveränität (lat., franz.) = Unabhängigkeit. Hier: Das Recht eines Staates, seine Hoheitsrechte unabhängig von anderen Staaten oder Staatenvereinigungen ausüben zu können.

8.7 Geldpolitik der Europäischen Zentralbank

Der ESM darf z. B. Staatsanleihen von Euroländern kaufen. Die zahlungsfähigen Euroländer geben Garantien über 622 Mrd. € und zahlen 80 Mrd. € in den Rettungsfonds[1] ein. Deutschland muss ab 2013 jährlich in 5 Jahresraten insgesamt rund 22 Mrd. € überweisen und bürgt für 168 Mrd. €.

Strategie Europa 2020

Im Bereich der Wirtschaftspolitik wurde vereinbart, konsequenter als bisher auf das Instrument der verstärkten Zusammenarbeit zurückzugreifen. So hat der Europäische Rat unter der Bezeichnung **Europa 2020** eine Wachstumsstrategie entworfen, um zukünftigen Krisensituationen besser begegnen zu können. Die Kommission hat Kernziele vorgeschlagen, um die strategischen Ziele zu erreichen.

■ **Hauptziele der Strategie 2020**

- **Intelligentes Wachstum**
  Entwicklung einer auf Wissen und Innovation gestützten Wirtschaft.
- **Nachhaltiges Wachstum**
  Förderung einer ressourcenschonenden, ökologischen und wettbewerbsfähigen Wirtschaft.
- **Integratives Wachstum**
  Förderung einer Wirtschaft mit hoher Beschäftigung und ausgeprägtem sozialen und territorialen Zusammenhalt.

8.7.1.2 Europäische Zentralbank (EZB)

Verantwortlich für die Geldpolitik (Steuerung der Geldmenge und der Zinssätze) in den Mitgliedstaaten der Europäischen **W**irtschafts- und **W**ährungs**u**nion (WWU)[2] ist die **E**uropäische **Z**entral**b**ank **(EZB)**. Die Organe der EZB sind das Direktorium, der EZB-Rat und der Erweiterte EZB-Rat.

Direktorium	Das Direktorium besteht aus dem Präsidenten, dem Vizepräsidenten und vier weiteren Mitgliedern. Dem Direktorium obliegt die Geschäftsführung, d. h., ■ es führt die vom EZB-Rat beschlossene Geldpolitik aus, ■ verwaltet die Währungsreserven der Mitgliedstaaten, ■ führt Devisengeschäfte[3] durch und ■ sorgt für funktionierende Zahlungssysteme.
Europäischer Zentralbankrat (EZB-Rat)	Der Europäische Zentralbankrat (EZB-Rat) setzt sich aus dem *Direktorium* und den *Präsidenten der nationalen Notenbanken* der WWU-Mitgliedstaaten zusammen. Der EZB-Rat trifft mit einfacher Stimmenmehrheit die geldpolitischen Entscheidungen und erlässt Weisungen und Leitlinien für die Zentralbanken der Teilnehmer.
Erweiterter EZB-Rat	Dem Erweiterten EZB-Rat gehören der *EZB-Rat* und die *Zentralbank-Präsidenten* der Staaten der Europäischen Union (EU) an, die (noch) nicht Mitglieder der WWU sind.

---

1 Fonds (franz. = Grund, Grundstock) ist im Deutschen ein Fachwort des Geldwesens und bedeutet Geld-, Vermögensreserve.
2 WWU-Länder = Mitgliedsländer des Euro-Währungsraums. Die Mitgliedsländer der WWU (des sogenannten „Eurolands") können Sie aus der Fußnote 1 auf S. 561 entnehmen. Die Europäische Währungsunion wird auch mit EWWU oder EWU abgekürzt.
3 Devisen (lat., franz.) = Zahlungsmittel in Fremdwährung.

8 Grundzüge der Wirtschaftspolitik in der sozialen Marktwirtschaft

Damit die EZB ihre Aufgaben erfüllen kann, ist sie mit einer dreifach gesicherten Unabhängigkeit (Autonomie) ausgestattet [Art. 282 III AEUV]:[1]

- Sie ist **institutionell unabhängig**. Nach Art. 130 AEUV darf weder die EZB noch eine nationale Zentralbank noch ein Mitglied ihrer Beschlussorgane Weisungen von EU-Organen oder von den Regierungen der Mitgliedstaaten einholen oder entgegennehmen.
- Sie ist **personell unabhängig**. Der Präsident und die übrigen geschäftsführenden Direktoren der EZB werden von den Regierungen, vertreten durch die Staats- bzw. Regierungschefs der Mitgliedstaaten, für i. d. R. acht Jahre gewählt. Eine Amtsenthebung kann nur durch den Europäischen Gerichtshof erfolgen. Die im EZB-Rat vertretenen Präsidenten der nationalen Zentralbanken werden für eine Amtszeit von mindestens fünf Jahren berufen.
- Sie ist **operativ unabhängig**. Die EZB entscheidet autonom über ihre geldpolitischen Maßnahmen.

8.7.1.3 Europäisches System der Zentralbanken (ESZB)

Das **E**uropäische **S**ystem der **Z**entral**b**anken **(ESZB)** besteht aus der *Europäischen Zentralbank* und den *nationalen Zentralbanken der Mitgliedstaaten der Europäischen Union*. Vorrangiges Ziel des ESZB ist die Preisniveaustabilität [Art. 127 AEUV]. Ebenso wie die EZB im Einzelnen, ist das ESZB im Ganzen von Weisungen politischer Instanzen unabhängig.

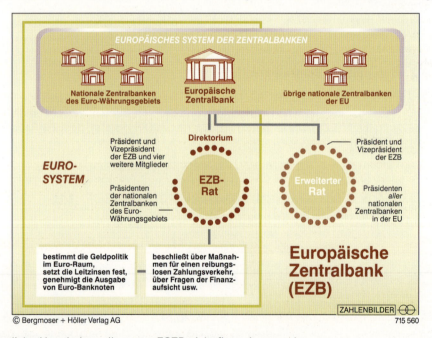

Öffentliche Haushalte sollen vom ESZB nicht finanziert werden.

Das ESZB unterstützt die allgemeine Wirtschaftspolitik der Mitgliedsländer, aber nur, soweit dies ohne Beeinträchtigung der Preisniveaustabilität möglich ist.

---

[1] Artikel 282 III AEUV (Vertrag über die Arbeitsweise der Europäischen Union) lautet wörtlich: „Die Europäische Zentralbank besitzt Rechtspersönlichkeit. Sie allein ist befugt, die Ausgabe des Euro zu genehmigen. Sie ist in der Ausübung ihrer Befugnisse und der Verwaltung ihrer Mittel unabhängig. Die Organe, Einrichtungen und sonstigen Stellen der Union sowie die Regierungen der Mitgliedstaaten achten diese Unabhängigkeit."

8.7 Geldpolitik der Europäischen Zentralbank

Stabilitätsziel und Zwei-Säulen-Strategie[1]

Wie bereits im Kapitel 8.4.1.2 gesagt, liegt nach der Definition der EZB Preisniveaustabilität (kurz: Preisstabilität) vor, wenn der jährliche Anstieg des **H**armonisierten **V**erbraucher**p**reis**i**ndex (HVPI) unter 2 % bleibt. Zur Preisstabilität gehört aber auch die Vermeidung einer Deflation. Deswegen wird von der EZB eine Inflationsrate (Preissteigerungsrate) von jährlich weniger als 1 % als problematisch angesehen.

Um mögliche Gefahren für die Preisstabilität rechtzeitig feststellen und die notwendigen Maßnahmen zur Abwehr ergreifen zu können, untersucht der EZB-Rat regelmäßig die wirtschaftliche Lage von zwei Seiten her (Zwei-Säulen-Strategie): An erster Stelle steht eine breit angelegte **wirtschaftliche Analyse** zur Ermittlung der kurz- und mittelfristigen Risiken für die Preisstabilität. Die sich daraus ergebenden Inflationsanzeichen

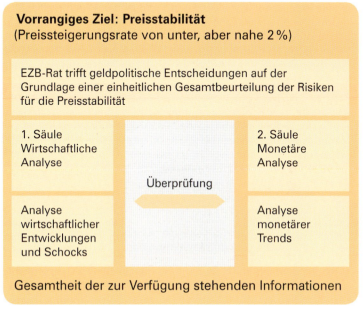

Quelle: Deutsche Bundesbank (Hrsg.): Geld und Geldpolitik, Frankfurt a. M. 2014.

werden in einem zweiten Schritt anhand der **monetären Analyse** aus mittel- und langfristiger Perspektive ermittelt. Ein wichtiger Bestandteil dieser Analyse ist die Bewertung der Geldmengenentwicklung. Richtschnur zur längerfristigen Beurteilung des Geldmengenwachstums ist der sogenannte **Referenzwert**,[2] der in längeren Zeitabständen von der EZB überprüft wird. Der Referenzwert wird in Prozent der Geldmenge M3 ausgedrückt.[3]

Beispiel:

Erwartet die EZB ein jährliches reales Wirtschaftswachstum von 3 % und eine jährliche Preissteigerungsrate (Inflationsrate) von 1,5 %, legt der EZB-Rat einen Referenzwert von 4,5 % für das jährliche Wachstum der Geldmenge M3 fest.

Zur geldpolitischen Strategie der EZB gehört aber auch die Transparenz (Verständlichkeit, Durchschaubarkeit), mit der sie ihre Analysen und geldpolitischen Entscheidungen darlegt und begründet. Auf diese Weise kann sie das Vertrauen in die Stetigkeit und Prinzipienfestigkeit ihrer Politik stärken.

---

1 Strategie (griech.-lat.) = genauer Plan des eigenen Vorgehens, um ein militärisches, politisches, wirtschaftliches oder ein anderes Ziel zu erreichen, indem man diejenigen Faktoren, die in die eigene Aktion hineinspielen könnten, von vornherein einzukalkulieren versucht. Wenn von strategischen Zielen die Rede ist, sind meistens langfristig zu erreichende Ziele gemeint.

2 Referenz (franz. référence, engl. reference) = Empfehlung. Referenzwert = empfohlener Wert.

3 Zu den Geldmengenbegriffen des ESZB siehe Kapitel 8.7.1.5.

8.7.1.4 Deutsche Bundesbank

Die währungspolitischen Entscheidungen des EZB-Rats werden i. d. R. dezentral durch die nationalen Zentralbanken – in der Bundesrepublik Deutschland durch die Deutsche Bundesbank – verwirklicht. Nur wenn der EZB-Rat Ermessensspielräume zulässt, hat eine nationale Zentralbank wie z. B. die Deutsche Bundesbank gestalterische Möglichkeiten der Umsetzung.

Die Deutsche Bundesbank ist wie die übrigen nationalen Zentralbanken der EU integraler Bestandteil[1] des ESZB. Sie wirkt an der Erfüllung seiner Aufgaben mit dem vorrangigen Ziel mit, die Preisniveaustabilität zu gewährleisten. Sie verwaltet z. B. die Währungsreserven der Bundesrepublik Deutschland, sorgt für die bankmäßige Abwicklung des Zahlungsverkehrs im Inland und mit dem Ausland und trägt zur Stabilität der Zahlungs- und Verrechnungssysteme bei [§ 3 BBankG].

Leitendes Organ der Deutschen Bundesbank ist der **Vorstand**. Er leitet und verwaltet die Bank [§ 7 I BBankG] und vertritt die Deutsche Bundesbank gerichtlich und außergerichtlich (Näheres siehe § 11 BBankG). Der Vorstand besteht aus dem Präsidenten und dem Vizepräsidenten sowie vier weiteren Mitgliedern, die alle eine besondere fachliche Eignung haben müssen [§ 7 II BBankG]. Die Mitglieder des Vorstands werden vom *Bundespräsidenten* bestellt. Die Bestellung des Präsidenten und des Vizepräsidenten sowie eines weiteren Mitglieds erfolgt auf Vorschlag der *Bundesregierung,* die der übrigen drei Mitglieder auf Vorschlag des *Bundesrats* im Einvernehmen mit der Bundesregierung [§ 7 III BBankG].

Der Vorstand fasst seine Beschlüsse mit einfacher Mehrheit der abgegebenen Stimmen. Bei Stimmengleichheit gibt die Stimme des Vorsitzenden den Ausschlag [§ 7 V BBankG].

Die Deutsche Bundesbank hat 9 **Hauptverwaltungen,** die jeweils von einem dem Vorstand der Deutschen Bundesbank unterstehenden **Präsidenten** geleitet werden [§ 8 I, II BBankG]. Bei jeder Hauptverwaltung besteht ein **Beirat,** der regelmäßig mit dem Präsidenten der Hauptverwaltung zusammentrifft und mit ihm über die Durchführung der in seinem Bereich anfallenden Arbeit berät (Näheres siehe § 9 BBankG).

Die Deutsche Bundesbank darf **Filialen** unterhalten, die der zuständigen Hauptverwaltung unterstehen [§ 10 BBankG].

Die neun Hauptverwaltungen sind zuständig für folgende Gebiete [§ 8 I BBankG]:

- Baden-Württemberg,
- Bayern,
- Berlin und Brandenburg,
- Bremen, Niedersachsen und Sachsen-Anhalt,
- Hamburg, Mecklenburg-Vorpommern und Schleswig-Holstein
- Hessen,
- Nordrhein-Westfalen,
- Rheinland-Pfalz und Saarland sowie
- Sachsen und Thüringen.

Die Deutsche Bundesbank ist bei der Ausübung ihrer Befugnisse, die ihr nach dem BBankG zustehen, von Weisungen der Bundesregierung unabhängig. Soweit dies unter Wahrung ihrer Aufgabe als Bestandteil des ESZB möglich ist, unterstützt die Deutsche Bundesbank die allgemeine Wirtschaftspolitik der Bundesregierung [§ 12 BBankG].

Die Deutsche Bundesbank berät die Bundesregierung in Angelegenheiten von wesentlicher währungspolitischer Bedeutung und erteilt ihr auf Verlangen Auskunft [§ 13 I BBankG].

---

1 Integraler Bestandteil = vollständig eingegliederter Bestandteil.

8.7 Geldpolitik der Europäischen Zentralbank

8.7.1.5 Geldmengenbegriffe

Es sind folgende Geldmengenbegriffe (Geldarten) zu unterscheiden:

- **Bargeld.** Hierunter fallen Münzen und Banknoten.
- **Sichteinlagen.** Hierunter versteht man die Summe aller täglich fälligen Einlagen der privaten Haushalte, der Unternehmen (Nichtbankenunternehmen) und des Staates bei den Banken.

Die Summe aus **Bargeldumlauf** und **täglich fälligen Einlagen** bezeichnet die EZB mit dem Symbol **M1**. Die Geldmenge M1 ist das am engsten gefasste monetäre Aggregat.[1]

M1 = Bargeldumlauf + täglich fällige Einlagen

Indem man zur Geldmenge M1 die **kurzfristigen Einlagen,** d. h. die Einlagen mit vereinbarter Laufzeit von bis zu zwei Jahren und die Einlagen mit vereinbarter Kündigungsfrist von bis zu drei Monaten hinzuzählt, erhält man die Geldmenge **M2**.

M2 = M1 + kurzfristige Einlagen

Die weitgefasste Geldmenge **M3** ergibt sich, indem man zu M2 bestimmte **marktfähige Verbindlichkeiten des Bankensektors**[2] (z. B. Schuldverschreibungen mit einer Laufzeit von weniger als zwei Jahren, Geldmarktpapiere wie z. B. Bankakzepte und Repo-Geschäfte)[3] hinzurechnet.

M3 = M2 + sonstige marktfähige Verbindlichkeiten des Bankensektors

Geldmengenaggregate in der EWU (in Mrd. €)

VI. Geldmenge M3										
	Geldmenge M2									
		Geldmenge M1								
					Einlagen mit vereinbarter Laufzeit bis zu 2 Jahren	Einlagen mit vereinbarter Kündigungsfrist bis zu 3 Monaten		Geldmarktfondsanteile (netto)	Schuldverschreibungen mit Laufz. bis zu 2 Jahren (einschl. Geldmarktpap.)(netto)	
insgesamt	zusammen	zusammen	Bargeldumlauf	täglich fällige Einlagen			Repogeschäfte			Zeit
29,6	6,5	–	6,6	– 11,9	5,3	3,2	9,9	– 17,5	12,9	– 0,8	2017 Jan.
30,2	30,8	30,7	3,0	27,7	– 2,0	2,1	– 8,5	– 3,2	6,0	Febr.
102,4	90,9	91,6	4,3	87,3	– 5,8	5,1	14,0	10,5	– 2,1	März

Quelle: Deutsche Bundesbank, Monatsbericht Mai 2017, S. 83.

Zusammenfassung

- Der Europäischen **Wirtschafts- und Währungsunion (WWU)** gehören derzeit 19 Länder der Europäischen Union (EU) an.
- Die **Europäische Zentralbank (EZB)** ist zuständig für das Eurogeld. Ihre Hauptaufgabe ist, für die Geldwertstabilität in der WWU zu sorgen. Sie ist institutionell, personell und operativ **unabhängig**.
- Die EZB bildet zusammen mit den nationalen Zentralbanken der WWU das **Europäische System der Zentralbanken (ESZB)**.

---

[1] Aggregieren (lat.) = zusammenfassen, zusammenzählen. Aggregat = Zusammenfassung.

[2] Der Fachausdruck für Bankensektor heißt Sektor der **M**onetären **F**inanzinstitute **(MFI-Sektor)**. Er umfasst vor allem die nationalen Zentralbanken, die EZB, Kreditinstitute und andere Finanzinstitute. Der MFI-Sektor wird auch als „Geldschöpfungssektor" bezeichnet. Das Gegenstück des MFI-Sektors ist der Nichtbankensektor (Nicht-MFI-Sektor). Er ist der „Geldhaltungssektor". Zu ihm gehören z. B. die privaten Haushalte, alle Unternehmen, die keine Bankgeschäfte betreiben und – mit gewissen Ausnahmen – der Staat.

[3] Die Kreditinstitute können sich beim ESZB finanzielle Mittel beschaffen, indem sie beleihungsfähige Wertpapiere an das ESZB für eine bestimmte Zeit verkaufen. Diese Geschäfte bezeichnet man als **Pensions-** oder **Repo-Geschäfte**. Repo ist die Abkürzung für Repurchase (engl. Rückkauf). Das „o" am Ende hat sich wegen der Aussprache durchgesetzt (Näheres zu den Pensionsgeschäften des ESZB siehe Kapitel 8.7.3.2.1).

8 Grundzüge der Wirtschaftspolitik in der sozialen Marktwirtschaft

- Die **Deutsche Bundesbank** ist die nationale Zentralbank der Bundesrepublik Deutschland. Sie ist integraler Bestandteil des ESZB.
- Um die Stabilität des Euro zu sichern, wurde zwischen den Mitgliedsländern der Europäischen Union ein **Stabilitätspakt** geschlossen. Der Pakt verpflichtet die beteiligten Staaten zu einer dauerhaften Haushaltsdisziplin.

ÜBUNGSAUFGABEN

1. **Textauszug:**

   Die Mitglieder des EZB-Rats, das sind der Präsident, der Vizepräsident, die Mitglieder des EZB-Direktoriums und die Präsidenten der teilnehmenden nationalen Zentralbanken, handeln unabhängig von Weisungen nationaler Regierungen und Institutionen, wie auch unabhängig von europäischen Organen oder Einrichtungen der Gemeinschaft. Dies bedeutet aber nicht, dass die EZB damit zum „Staat im Staate" wird und ohne jegliche Kontrolle, quasi willkürlich agiert. Zum einen ist die Unabhängigkeit an ihre Aufgabe „Sicherung der Preisstabilität" gebunden. Zum anderen unterliegt die EZB der Kontrolle vor allem der öffentlichen Meinung. Zudem enthält der Maastricht-Vertrag relativ genau festgelegte Berichtspflichten gegenüber dem Ministerrat und dem Europäischen Parlament.

   Gemeinsames Geld verlangt eine gemeinsame Geldpolitik. Entsprechend ist das ESZB verantwortlich für den gesamten Euro-Raum und damit in der Tat eine supranationale Institution. Darüber hinaus gibt es im ESZB auch den Erweiterten Rat, der die sogenannten „Outs" einbezieht. Er soll die Mitgliedstaaten, die noch nicht an der Währungsunion teilnehmen, an den Euro-Raum heranführen. Der Erweiterte Rat der EZB hat vor allem Beratungs-, aber auch gewisse Mitwirkungspflichten etwa bei Fragen der Bankenaufsicht.

   Wie wir in unserem letzten Monatsbericht eingehend dargelegt und begründet haben, hat die Orientierung an einem Geldmengenkonzept gerade beim Beginn der Währungsunion und beim Aufbau stabilitätspolitischer Glaubwürdigkeit entscheidende Vorteile. Die Geldmengenstrategie erleichtert das Abgrenzen der Verantwortungsbereiche. Sie verdeutlicht, dass die EZB nur für die monetären Rahmenbedingungen verantwortlich ist, nicht aber für fiskal-[1] und lohnpolitische Entscheidungen, welche die Preisentwicklung kurzfristig auch erheblich beeinflussen können. Mit Ankündigen eines Geldmengenziels kann sie die Öffentlichkeit über den geldpolitischen Kurs informieren sowie die Bildung und Verankerung von Inflationserwartungen auf dem von ihr angepeilten Niveau erleichtern.

   Zugleich gibt sich die EZB mit einem Geldmengenziel eine eigene Orientierung. Sie unterliegt dann einem eigenen Disziplinierungszwang. Abweichungen von ihrem Zielpfad bedürfen dann einer überzeugenden Rechtfertigung. Andererseits darf man natürlich nicht übersehen, dass die monetäre[2] Basis vor allem zu Beginn der Währungsunion möglicherweise noch besondere Unsicherheiten und Unregelmäßigkeiten aufweisen kann. Neben der Geldmenge im Mittelpunkt könnten daher auch andere Indikatoren mit ins Kalkül gezogen werden. Ein unmittelbares Preisziel als ergänzender Indikator steht sicherlich nicht im Widerspruch zur Orientierung an einem Geldmengenziel.

   Quelle: Tietmeyer, H.: Die Geldpolitik der Europäischen Zentralbank, In: Deutsche Bundesbank, Auszüge aus Presseartikeln vom 13. Februar 1998.

   1.1 Erklären Sie die unterstrichenen Begriffe!
   1.2 Inwiefern unterliegt die Europäische Zentralbank einer Kontrolle?

2. Worin sehen Sie die Bedeutung der Unabhängigkeit (Autonomie) der Europäischen Zentralbank?

3. Wie definiert die Europäische Zentralbank den Begriff Preisstabilität?

---

1 Unter „Fiskus" versteht man heute den Staat schlechthin, insoweit er es mit Staatseinnahmen (vor allem Steuern), Staatsausgaben oder Staatsvermögen zu tun hat („Einheit von Fiskus und Staat"). Das Wort Fiskus kommt aus dem Lateinischen und bedeutet Korb, Geldkorb, Kasse. Fiskalpolitik ist somit Wirtschaftspolitik mit Geldmitteln aus der „Staatskasse".

2 Monetär = geldmäßig, finanziell.

8.7 Geldpolitik der Europäischen Zentralbank

4. Erläutern Sie die Bedeutung des Geldmengenwachstums!
5. Welche Aufgabe erfüllt die Deutsche Bundesbank im Rahmen des Europäischen Systems der Zentralbanken?

8.7.2 Geldschöpfung und -vernichtung
8.7.2.1 Geldproduzenten im Überblick

Wenn wir in den folgenden Kapiteln von „Geld" sprechen und nichts anderes gesagt wird, sind unter Geld die in der Geldmenge M1 zusammengefassten Erscheinungsformen des Geldes (Münz-, Noten- und Giralgeld) zu verstehen. Mit „Zentralbank" bezeichnen wir eine Bank, die das alleinige Recht zur Ausgabe von Banknoten besitzt.

> **Geld schöpfen** (produzieren) können in der Europäischen Wirtschafts- und Währungsunion die *Mitgliedstaaten* (vertreten durch die Regierungen), die *Europäische Zentralbank* (EZB) und die *Geschäftsbanken*.

- Ein **Staat** ist Geldproduzent, weil die Regierung Münzen prägen lassen kann, die von der jeweiligen nationalen Zentralbank in Umlauf gebracht werden. Der *Münzgewinn* (= der Unterschied zwischen den niedrigeren Prägekosten und dem höheren Nominalwert) fließt dem Staat zu. Sind die Präge- und Umtauschkosten (z. B. beim Umtausch abgenutzter Münzen) höher als die dem Staat gutgeschriebenen Nominalwerte (Nennwerte), muss der Staat die Verluste tragen.
- Die **Europäische Zentralbank** schafft („produziert") Notengeld (und Giralgeld), indem sie Aktiva (vor allem in Form von Forderungsrechten) erwirbt (siehe Kapitel 8.7.2.2).
- Die **Geschäftsbanken (Kreditinstitute)** schöpfen Geld, weil sie in der Lage sind, mehr Kredite zu gewähren, als sie an Einlagen besitzen (siehe Kapitel 8.7.2.3).

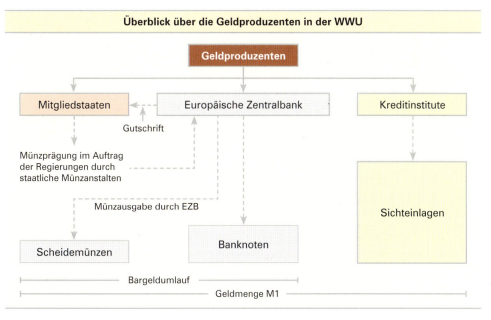

Überblick über die Geldproduzenten in der WWU

8.7.2.2 Geldschöpfung und -vernichtung durch eine Zentralbank[1]

Eine Zentralbank hat grundsätzlich folgende Möglichkeiten der Geldschöpfung (-produktion) bzw. -vernichtung:

An- und Verkauf von Wertpapieren

Durch den Ankauf von Wertpapieren (z. B. Schuldverschreibungen von Kreditinstituten, Industrie- und Handelsunternehmen sowie der öffentlichen Hand) schöpft eine Zentralbank Geld, durch den Verkauf vernichtet sie Geld.

Der Kauf bzw. Verkauf von Wertpapieren wird von einer Zentralbank im Rahmen der sogenannten **Offenmarktpolitik**[2] eingesetzt (Näheres siehe Kapitel 8.7.3.2).

Ausgabe von Wertpapieren

Verkauft (emittiert)[3] eine Zentralbank eigene Schuldverschreibungen, verringert sie die umlaufende Geldmenge; sie schöpft – wie man sagt – Liquidität[4] ab. Tilgt sie die Schuldverschreibungen oder kauft sie diese vor Fälligkeit zurück, nimmt die umlaufende Geldmenge zu. Mit anderen Worten: Die Zentralbank stellt mehr Liquidität bereit.

Beleihung von Wertpapieren

Eine Zentralbank kann ihren Geschäftspartnern (i. d. R. Kreditinstitute) verschiedene Kreditmöglichkeiten (Fazilitäten)[5] gegen refinanzierungsfähige Sicherheiten anbieten. Sicherheiten sind vor allem Schuldverschreibungen, Aktien und aus Handelsgeschäften stammende Wechsel (Handelswechsel), die an die Zentralbank verpfändet werden. (Die Verpfändung erfolgt a) durch *Einigung* zwischen dem Kreditinstitut [dem Schuldner] und der Zentralbank [dem Gläubiger] darüber, dass dem Gläubiger das Pfandrecht zustehen soll und b) durch *Übergabe* des Pfands [z. B. der Wertpapiere]. Eigentümer des Pfands bleibt der Schuldner, Besitzer wird der Gläubiger).[6]

Durch die Inanspruchnahme von Fazilitäten bei der Zentralbank wird die Geldmenge vermehrt, durch die Tilgung wird sie vermindert.

An- und Verkauf von Gold und Devisen[7]

Durch den Ankauf von Gold oder Devisen schöpft eine Zentralbank Geld, durch den Verkauf vernichtet sie Geld.

---

1 Zur Wiederholung: Zentralbanken sind Banken, die das alleinige Recht zur Banknotenausgabe besitzen. Sie werden deshalb auch als Notenbanken bezeichnet. Beispiele für Zentralbanken sind das Federal Reserve Board (die „Fed") in den USA, die Bank of England in Großbritannien oder die Europäische Zentralbank (EZB) in der WWU. Die Nationalen Zentralbanken der WWU-Länder sind keine Zentralbanken (Notenbanken) in diesem Sinne. Sie sind lediglich ein Bestandteil des Europäischen Systems der Zentralbanken (ESZB).

2 Der Begriff Offenmarktpolitik ist geschichtlich zu verstehen. Er stammt aus England, wo es den offenen Markt für Staatsanleihen gab, auf dem die englische Zentralbank im Rahmen der „open market policy" mit jedermann handelte.

3 Emittieren = herausgeben.

4 Liquidität (lat.) = wörtl. Flüssigkeit, hier: Zahlungsmittel, Kaufkraft.

5 Fazilität (lat.) = Möglichkeit. Fazilität (eigentlich „Kreditfazilität") bedeutet die Möglichkeit, einen Kredit aufnehmen zu können. Einlagenfazilität ist die Möglichkeit, Geld bei einer Zentralbank anlegen zu können (Näheres siehe Kapitel 8.7.3.3).

6 Ein Kredit, der gegen Hinterlegung von Pfändern gewährt wird, heißt Lombardkredit. Das Wort Lombard stammt aus Italien, weil in der Lombardei bereits im Mittelalter derartige Geschäfte getätigt wurden. (Oberitalien war im Mittelalter Zentrum des europäischen Handels.)

7 Devisen sind Zahlungsmittel eines fremden Währungsgebiets. Für den Euroraum sind z. B. auf US-$ oder Yen lautende Zahlungsmittel (z. B. Schecks, Wechsel, Zahlungsanweisungen) Devisen.

8.7.2.3 Geldschöpfung und -vernichtung durch die Kreditinstitute

Die Kreditinstitute können kein Bargeld, wohl aber Giralgeld schöpfen.

Passive Giralgeldschöpfung

Zahlt ein Bankkunde auf sein Girokonto ein, so erhöhen sich die Sichteinlagen und der Kassenbestand des Geldinstituts. Es ist neues Giralgeld entstanden, über das der Einzahler verfügen kann.

Giralgeld entsteht ferner durch Ankauf oder Beleihung von Vermögenswerten durch ein Kreditinstitut (z. B. Wechseldiskontierung, Ankauf von Wertpapieren, Gold und Devisen).

Von *passiver* Giralgeldschöpfung wird deswegen gesprochen, weil hier ursprünglich nicht das Geldinstitut, sondern der Einzahler tätig wird.

Aktive Giralgeldschöpfung

Aktive Giralgeldschöpfung (Kreditschöpfung) liegt vor, wenn die Kreditinstitute ihrerseits Kredite gewähren. Die Kreditschöpfung wird dadurch möglich, dass die Kreditinstitute erfahrungsgemäß nur einen Teil der Sichteinlagen (Geldeinlagen der Bankkunden auf Girokonten) als *Reserve* in *bar* halten müssen. Den Rest, die sog. *Überschussreserve*, können sie wieder als Kredite gewähren. Fließen die ausgeliehenen Gelder wieder in das Kreditbankensystem zurück, entstehen neue Einlagen, die zum größten Teil wieder als Kredite zur Verfügung gestellt werden können.

> **Beispiel:**
>
> Angenommen, ein Bankkunde legt bei seiner Bank A einen Barbetrag in Höhe von 12 500,00 € ein. Unter der Bedingung (Prämisse), dass *alle* Banken eine *Barreserve* in Höhe von 20 % ihrer Sichteinlagen halten, die Kreditnachfrager alle von den Banken angebotenen Kredite auch in Anspruch nehmen und die erhaltenen Kredite auch vollständig wieder bei einer Bank einbezahlt werden, ergibt sich folgender Prozess (Verlauf):
>
> - Bei der Bank A entsteht zunächst eine Sichteinlage in Höhe von 12 500,00 €, der ein Barbestand (Kassenbestand) in gleicher Höhe entspricht.
> - Die Bank behält davon 20 % als Barreserve ein; die Überschussreserve (80 %) in Höhe von 10 000,00 € wird an einen neuen Kreditnehmer ausbezahlt (siehe Bilanz 2 der Bank A).
> - Der Kreditnehmer bezahlt mit dem Kreditbetrag seine Verbindlichkeiten. Sein Gläubiger zahlt den Betrag (entsprechend der Prämissen dieses Modells) bei der Bank B ein, die nunmehr über eine Sichteinlage in Höhe von 10 000,00 € verfügt (siehe Bilanz 1 der Bank B auf der S. 574).
> - Die Bank B behält nun wiederum 20 % (= 2 000,00 €) als Barreserve ein. Ihre Überschussreserve beträgt 8 000,00 €, die sie erneut an einen Kreditnehmer auszahlen kann.
> - Der Vorgang der Giralgeldschöpfung wiederholt sich viele (theoretisch unendlich viele) Male, indem immer wieder die Überschussreserven ausgeliehen werden.

8 Grundzüge der Wirtschaftspolitik in der sozialen Marktwirtschaft

Vermögen	Bilanz 1 der Bank A	Kapital		Vermögen	Bilanz 2 der Bank A		Kapital	
Kasse	12 500,00	Sichteinlage	12 500,00	Barreserve Debitor[1]	2 500,00 10 000,00	Sichteinlage	12 500,00	
					12 500,00		12 500,00	

Vermögen	Bilanz 1 der Bank B	Kapital		Vermögen	Bilanz 2 der Bank B		Kapital	
Kasse	10 000,00	Sichteinlage	10 000,00	Barreserve Debitor	2 000,00 8 000,00	Sichteinlage	10 000,00	
					10 000,00		10 000,00	

Vermögen	Bilanz 1 der Bank C	Kapital		Vermögen	Bilanz 2 der Bank C		Kapital	
Kasse	8 000,00	Sichteinlage	8 000,00	Barreserve Debitor	1 600,00 6 400,00	Sichteinlage	8 000,00	
					8 000,00		8 000,00	

Vermögen	Bilanz 1 der Bank D	Kapital		Vermögen	Bilanz 2 der Bank D		Kapital	
Kasse	6 400,00	Sichteinlage	6 400,00	Barreserve Debitor	1 280,00 5 120,00	Sichteinlage	6 400,00	
					6 400,00		6 400,00	

Vermögen	Bilanz 1 der Bank E	Kapital		Vermögen	Bilanz 2 der Bank E		Kapital	
Kasse	5 120,00	Sichteinlage	5 120,00	Barreserve Debitor	1 024,00 4 096,00	Sichteinlage	5 120,00	
					5 120,00		5 120,00	

Vermögen	Bilanz 1 der Bank F	Kapital	
BBK	4 096,00	Sichteinlage	4 096,00

---

1 Debitor = (Bank)schuldner.

8.7 Geldpolitik der Europäischen Zentralbank

Der gleiche Zusammenhang lässt sich wie folgt tabellarisch darstellen:

Banken	Einlagen abzüglich Barreserven		=	Überschussreserven und damit mögliche Kreditschöpfung
A	12 500,00 €	2 500,00 €		10 000,00 €
B	10 000,00 €	2 000,00 €		8 000,00 €
C	8 000,00 €	1 600,00 €		6 400,00 €
D	6 400,00 €	1 280,00 €		5 120,00 €
E	5 120,00 €	1 024,00 €		4 096,00 €
F	4 096,00 €	819,20 €		3 276,80 €
G	3 276,80 €	655,36 €		2 621,44 €
H	2 621,44 €	524,29 €		2 097,15 €
I	2 097,15 €	419,43 €		1 677,72 €
J	1 677,72 €	335,54 €		1 342,18 €
K	1 342,18 €	268,44 €		1 073,74 €
L	1 073,74 €	214,75 €		858,99 €
M	858,99 €	171,80 €		687,19 €
N	687,19 €	137,43 €		549,76 €
O	549,76 €	109,96 €		439,80 €
P	439,80 €	87,96 €		351,84 €
Q	351,84 €	70,37 €		281,47 €
R	281,47 €	56,29 €		225,18 €
restliche Banken	1 125,92 €	225,18 €		900,74 €
Summe	62 500,00 €	12 500,00 €		50 000,00 €

Es wird ersichtlich, dass das Kreditbankensystem eine zusätzliche Geldmenge, und zwar in Form von Giralgeld, in Höhe von 50 000,00 € aufgrund einer ursprünglichen Bareinlage von 12 500,00 € geschaffen hat. Die Geldschöpfung beträgt im Beispiel das Fünffache der ursprünglichen Überschussreserve. Der Giralgeldschöpfungsmultiplikator[1] beträgt somit 5. Da der Barreservesatz 20 %, also $1/5$ der Sichteinlagen betrug, ist der Geldschöpfungsmultiplikator der reziproke[2] Wert des Barreservesatzes.

Allgemein:

$$\text{Giralgeldschöpfungsmultiplikator} = \frac{1}{\text{Barreservesatz}}$$

Die mögliche Giralgeldschöpfung beträgt:

$$\text{Mögliche Giralgeldschöpfung} = \frac{\text{Überschussreserve}}{\text{Barreservesatz}}$$

Zu beachten ist, dass in Wirklichkeit die tatsächliche Giralgeldschöpfung niedriger ist, weil nicht das gesamte aus den Banken abgeflossene Bargeld wieder zurück in den Bankensektor fließt. Ob *tatsächlich* ein Kreditschöpfungsprozess in Gang gesetzt wird, hängt außerdem von der Kreditnachfrage ab. In Zeiten wirtschaftlicher Unsicherheit werden die Banken trotz eventuell niedriger Zinsen auf einem Teil ihrer Überschussreserven „sitzen bleiben", weil die Wirtschaft (Unternehmen und private Haushalte) die Aufnahme von Krediten scheut.

---
[1] Multiplikator = Vervielfacher.
[2] Reziproker Wert = Kehrwert; reziprok = wechselseitig, gegenseitig.

Giralgeldvernichtung

Durch die Kreditinstitute geschöpftes Giralgeld wird vernichtet, indem

- die Kreditinstitute Sichteinlagen an die Einleger auszahlen oder
- die Kreditnehmer die ihnen von den Kreditinstituten gewährten Kontokorrentkredite tilgen.

Zusammenfassung

- **Geldproduzenten** sind der **Staat** (Münzen), die **Europäische Zentralbank** (Noten- und Giralgeld) und die **Kreditinstitute** (Giralgeld).
- Die **Europäische Zentralbank schöpft Bar-** und/oder **Giralgeld,** indem sie Aktiva erwirbt oder beleiht; sie **vernichtet Geld,** indem sie Aktiva verkauft. Außerdem wird Zentralbankgeld vernichtet, indem von der Zentralbank gewährte Kredite getilgt werden.
- Die **aktive Giralgeldschöpfung der Kreditinstitute** besteht darin, dass sie mehr Kredite gewähren können als sie Einlagen besitzen.
- Ist eine ausreichende Geldnachfrage (Kreditnachfrage) vorhanden, wird ein **Giralgeldschöpfungsmultiplikator** in Gang gesetzt (multiple Giralgeldschöpfung).

ÜBUNGSAUFGABEN

1. Erläutern Sie an einem Beispiel, wie die Europäische Zentralbank Geld schöpft!
2. **Textauszug:**

   ### Die EZB feuert die Bazooka[1] ab

   FRANKFURT. Europas Währungshüter haben die Notenpresse angeworfen: Seit Montag und mindestens bis September 2016 wollen sie Monat für Monat für 60 Millionen Euro Staatsanleihen und andere Wertpapiere kaufen.

   Die Europäische Zentralbank (EZB) will aber erst Anfang nächster Woche berichten, wie viele und welche Staatsanleihen sie derzeit erwirbt. Die EZB und auch die Bundesbank bestätigen am Montag, dass sie am Markt aktiv seien, nannten aber keine Details. „Es gab wohl erste Käufe, vor allem von Bundesanleihen und französischen Staatsanleihen", sagt Michael Schubert, EZB-Experte bei der Commerzbank: „Aber stark waren die Bewegungen bei Renditen und Kursen nicht. Aber es geht in die richtige Richtung."

   Quelle: Badische Zeitung vom 10. März 2015.

   2.1 Warum fürchten viele Fachleute („Experten") eine hohe Inflation, wenn die EZB unbegrenzt Anleihen von Schuldenstaaten aufkauft?
   2.2 Muss der Ankauf von Staatsanleihen zwangsläufig zur Inflation führen?
   2.3 Welche Vorteile bringen Inflationen den Schuldenstaaten?

3. Kreditinstitute können zwar kein Notengeld, wohl aber Giralgeld schöpfen. Erklären Sie die aktive und passive Giralgeldschöpfung der Kreditinstitute!
4. Welche Gefahr kann darin bestehen, dass die Kreditinstitute Giralgeld schöpfen können? Begründen Sie Ihre Antwort!
5. Wie wird das von den Kreditinstituten geschöpfte Giralgeld wieder vernichtet?

---

1 Die Bazooka war im zweiten Weltkrieg eine raketenbetriebene Panzerabwehrwaffe der USA. Im Zusammenhang mit der Geldpolitik ist unter Bazooka eine massive Abwehrmaßnahme einer Zentralbank gegen eine Krise zu verstehen.

8.7.3 Geldpolitische Maßnahmen der Europäischen Zentralbank (EZB)

8.7.3.1 Mindestreservepolitik

Mindestreserven sind Guthaben, die die Banken in einem bestimmten Prozentsatz ihrer Verbindlichkeiten auf Zentralbankkonten unterhalten müssen. Die Mindestreservehaltung ist ein zwingendes Instrument, das von allen Kreditinstituten des Eurowährungsgebietseingehalten werden muss. Zweck der Mindestreserven ist es, einer unkontrollierten Geldschöpfung der Banken vorzubeugen.

Die Mindestreservepflicht der Kreditinstitute bemisst sich nach der Höhe ihrer Verbindlichkeiten gegenüber Nichtbanken aus täglich fälligen Einlagen (Sichteinlagen), Einlagen mit vereinbarter Laufzeit, Einlagen mit vereinbarter Kündigungsfrist, Repo-Geschäften,[1] ausgegebenen Schuldverschreibungen und ausgegebenen Geldmarktpapieren. Die Mindestreservesätze sind der prozentuale Anteil der Mindestreserven am Wert der genannten Verbindlichkeiten.

Die Steuerung der Kreditschöpfungsmöglichkeiten der Banken mithilfe der Mindestreservesätze hat folgende Wirkungen:

- Erhöht die Zentralbank die Mindestreservesätze, können die Banken weniger Kredite gewähren. Die Geldschöpfungsmöglichkeiten der Banken nehmen ab. Eine inflationäre Entwicklung wird gebremst.

- Senkt die Zentralbank die Mindestreservesätze, können die Banken mehr Kredite gewähren. Die Geldschöpfungsmöglichkeiten der Banken nehmen zu. Das Geldangebot wird vergrößert, sodass die Zinssätze sinken. Geringere Kreditkosten bewirken i. d. R., das die Nachfrage nach Investitions- und Konsumgütern steigt, sodass auch mit einem steigenden Preisniveau, d. h. mit einer steigenden Inflationsrate zu rechnen ist.

Beispiel:

Angenommen, ein Bankkunde zahlt auf sein Girokonto 10 000,00 € ein. Der Mindestreservesatz der EZB beträgt 2 %. Ferner pflegt die Bank 20 % der Sichteinlagen als Barreserve (Kassenreserve für Auszahlungszwecke) zu halten. Die Bank – nennen wir sie Bank A – kann nunmehr 7 800,00 € ausleihen, falls sich ein Kreditnachfrager findet.

Erhöht die EZB den Mindestreservesatz auf beispielsweise 3 %, muss die Bank A bei einer Einlage von 10 000,00 € eine Barreserve von 2 000,00 € und eine Mindestreserve von 300,00 € halten, sodass sich ihre Giralgeldschöpfungsmöglichkeit auf 7 700,00 € vermindert.

Da der Geldschöpfungsmultiplikator unter den auf S. 575 entwickelten Modellbedingungen dem reziproken Wert des Barreservesatzes (einschließlich des Mindestreservesatzes) entspricht, beträgt der gesamte Kreditschöpfungsspielraum der Kreditinstitute nach der Mindestreservesatzerhöhung 33 478,26 €.[2] *Vorher* belief sich der Kreditschöpfungsspielraum auf 35 454,55 €.[3]

Das Herauf- bzw. Herabsetzen der Mindestreservesätze zum Zweck der Geldmengensteuerung wird als Mindestreservepolitik bezeichnet. Seit ihrem Bestehen bis Ende 2011 hat die Europäische Zentralbank die Mindestreservesätze nicht verändert (variiert). Der Min-

---

[1] Zur Erklärung des Begriffs Repo-Geschäfte siehe Fußnote 3 auf S. 569. Repo-Geschäfte sind eine Form Pensionsgeschäfte (Näheres siehe S. 579f.)

[2] $7700{,}00\ € \cdot \frac{23}{100} = 33\,478{,}26\ €$.

[3] $7800{,}00\ € \cdot \frac{22}{100} = 35\,454{,}55\ €$.

destreservesatz für täglich fällige Einlagen und Einlagen mit vereinbarter Laufzeit oder Kündigungsfrist von bis zu 2 Jahren sowie für Schuldverschreibungen mit einer Laufzeit bis zu 2 Jahren belief sich auf 2 %. Mit Wirkung ab 18. Januar 2012 wurde der Mindestreservesatz für diese Einlagen auf 1 % herabgesetzt. Für Einlagen mit vereinbarter Laufzeit oder Kündigungsfrist von mehr als 2 Jahren, Repo-Geschäfte[1] und Schuldverschreibungen mit einer Laufzeit von mehr als 2 Jahren beträgt der Mindestreservesatz nach wie vor 0 %.

8.7.3.2 Offenmarktpolitik

Die Offenmarktpolitik spielt eine wichtige Rolle in der Geldpolitik der Europäischen Zentralbank bzw. des Systems der Europäischen Zentralbanken. Offenmarktgeschäfte werden eingesetzt, um **Zinssätze** und **Liquidität** (die Geldmenge) am Markt zu steuern und um **Signale** zu setzen.

8.7.3.2.1 Instrumente der Offenmarktpolitik

Definitive Käufe und Verkäufe von Wertpapieren

Der definitive[2] Kauf oder Verkauf von Wertpapieren[3] ist ein mögliches Instrument einer Zentralbank zur Beeinflussung der Geldmenge und des Zinsniveaus.

Die definitiven Käufe und Verkäufe von refinanzierungsfähigen Wertpapieren rechnet die EZB zu den sogenannten **„strukturellen Operationen"**. Sie finden unregelmäßig, d. h. bei Bedarf statt.

Durch den Kauf bzw. Verkauf von Wertpapieren beeinflusst die Zentralbank die Zinssätze. Technisch geschieht das in der Weise, dass die Zentralbank vom Marktzinssatz abweichende Abgabe- und Annahmesätze (Verkaufs- und Ankaufssätze) fixiert (festlegt) und es den Kreditinstituten überlässt, wie viele Papiere sie bei der Zentralbank kaufen bzw. an sie verkaufen wollen. Ist z. B. der Kreditmarkt flüssig, kann die Zentralbank die Abgabesätze über den Marktzinssatz hinaus erhöhen. Für die Kreditinstitute ist es dann vorteilhaft, überschüssige Mittel nicht auf dem Markt anzubieten, sondern in Wertpapieren anzulegen. Der Geldmarkt „verknappt sich" und der Zinssatz steigt.

Somit lässt sich Folgendes festhalten:

- **Verkauf von Wertpapieren.** Ist die Wirtschaft vollbeschäftigt und besteht Inflationsgefahr, verkauft die Zentralbank Wertpapiere am offenen Markt. Dem Geldmarkt wird Liquidität entzogen. Die Überschussreserven der Kreditinstitute verringern sich und damit das Geldangebot. Zusätzliche Nachfrage kann nicht finanziert werden. Es ist zu erwarten, dass die inflationäre Entwicklung gebremst wird.

- **Kauf von Wertpapieren.** Ist die Wirtschaft unterbeschäftigt und herrscht Preisstabilität, kauft die Zentralbank Wertpapiere am offenen Markt. Dem Geldmarkt wird Liquidität zugeführt. Die Überschussreserven der Kreditinstitute erhöhen sich und damit das Geldangebot. Zusätzliche Geldnachfrage kann also finanziert werden.

---
1 Siehe Fußnote 3 auf S. 569.
2 Definitiv (lat.) = wörtl. bestimmt. Hier: Ein endgültiger Kauf ohne Nebenbedingungen wie z. B. Rücknahmevereinbarungen.
3 Zu den Offenmarktpapieren siehe Kapitel 8.7.2.2.

8.7 Geldpolitik der Europäischen Zentralbank

Befristete Transaktionen

Befristete Transaktionen werden vom **Eurosystem** in Form von Pensionsgeschäften und Pfandkrediten durchgeführt. Das Eurosystem setzt sich aus der EZB und den nationalen Zentralbanken der EU-Staaten, die den Euro bereits eingeführt haben, zusammen.

Pensionsgeschäfte

Pensionsgeschäfte sind Offenmarktgeschäfte auf Zeit (daher der Begriff „befristete Transaktionen"), weil den Kreditinstituten nur für eine im Voraus feststehende Zeit Zentralbankgeld (Sichtguthaben oder Bargeld) zur Verfügung gestellt wird. Von Pensionsgeschäften spricht man deshalb, weil das Eurosystem Wertpapiere mit der Maßgabe kauft, dass die Kreditinstitute die Papiere nach Ablauf einer bestimmten Zeit (z. B. nach 28 Tagen) wieder zurückkaufen. Die Papiere werden von den Kreditinstituten beim Eurosystem sozusagen „in Pension" gegeben. Die Pensionsgeschäfte unterscheiden sich also von den definitiven Käufen durch die **Rücknahmevereinbarung** zwischen dem Kreditnehmer und dem Eurosystem. Sie werden deswegen auch als **Repo-Geschäfte**[1] bezeichnet.

Praktisch vollzieht sich ein Pensionsgeschäft wie folgt:

Die Kreditinstitute verkaufen Wertpapiere an das Eurosystem. Da die Pensionsgeschäfte i. d. R. von den nationalen Zentralbanken durchgeführt werden, verkaufen z. B. die deutschen Kreditinstitute Wertpapiere an die Deutsche Bundesbank gegen Gutschrift auf dem Konto der Hauptverwaltung mit der Verpflichtung, diese Papiere zu einem späteren festgelegten Zeitpunkt wieder zurückzukaufen. Die Verzinsung besteht darin, dass das ESZB den Rückkaufbetrag höher festlegt als den Ankaufbetrag.

Wertpapierpensionsgeschäft

Das Eurosystem bietet Pensionsgeschäfte an: Laufzeit 20 Tage, Pensionssatz 3 %. Bank A verkauft Wertpapiere für 3 Mio. €.

Die Kreditvergabe erfolgt im **Tenderverfahren**.[2] Es ist zwischen dem Mengentender und dem Zinstender zu unterscheiden.

---

1 Siehe Fußnote 3 auf S. 569.
2 Das Wort Tender hängt mit dem englischen Wort „to tend" (Kurzform von „to attend") und dem lateinischen Wort attendere (vgl. franz. attendre) zusammen. Es bedeutet so viel wie aufpassen, Sorge tragen für etwas, auf etwas achten. Beim Mengentender wird also in erster Linie die Menge (Kreditmenge) beachtet, beim Zinstender steht die Zinsfindung (genauer: der Zinssatz) im Vordergrund.

1. Mengentender

Beim Mengentender legt eine Zentralbank den Zinssatz fest. Seit Oktober 2008 verwendet z. B. die EZB das Mengentenderverfahren. Die bietenden Kreditinstitute nennen in ihren Geboten die Kreditbeträge, die sie bei der Zentralbank aufnehmen wollen. Die Zentralbank setzt einen internen Höchstbetrag für das gesamte Kreditvolumen fest. Bei Überzeichnung (die Kreditinstitute wollen mehr Kredite aufnehmen als die Zentralbank zur Verfügung stellen will) wird anteilig zugeteilt (repartiert).

Beispiel:

Angenommen, das Ausschreibungsvolumen der EZB beträgt 20 Mrd. €. Die Gebote der Kreditinstitute belaufen sich auf 25 Mrd. €. Sie erhalten daher 80 % ihrer Gebote zugeteilt.

Durch das Herauf- bzw. Heruntersetzen des Pensionssatzes wird das gesamte Zinsniveau (gewissermaßen der gewogene Durchschnitt aller Zinssätze) beeinflusst, weil die Zinssätze interdependent, d. h. gegenseitig abhängig sind.

Beispiel:

Steigt der Zins für kurzfristige Kredite von 6 auf 8 % und verharrt der Zinssatz für langfristige Kredite noch auf beispielsweise 7 %, so werden kurzfristige Kredite durch langfristige ersetzt, d. h., langfristige Kredite werden solange nachgefragt, bis auch auf den Finanzmärkten die Zinssätze steigen.

- **Erhöhung des Pensionssatzes.** Setzt eine Zentralbank den Pensionssatz herauf, steigt das Zinsniveau. Die Kreditinstitute geben die gestiegenen Refinanzierungskosten an ihre Kunden (vor allem Unternehmen und private Haushalte) weiter, indem sie ihre Sollzinsen erhöhen. Die Geldnachfrage geht zurück, weil

  - gestiegene Zinssätze geplante Investitionsvorhaben der Unternehmen unrentabel („uninteressant") machen können und weil
  - für manche privaten Haushalte die Kreditaufnahme für Konsumzwecke zu teuer wird.

  Die Zinserhöhung verringert also die Nachfrage nach Investitions- und Konsumgütern, sodass die Konjunktur gedämpft und eine bestehende Inflationsgefahr verringert wird.

- **Senkung des Pensionssatzes.** Setzt eine Zentralbank den Pensionssatz herab, sinkt das Zinsniveau. Die Kreditinstitute geben die gesunkenen Refinanzierungskosten an ihre Kunden weiter, indem sie die Sollzinssätze senken.

  Die Zentralbank hofft, dass die Kreditnachfrage zunimmt, weil die gesunkenen Zinssätze

  - kreditfinanzierte Investitionsvorhaben rentabler machen und
  - den privaten Haushalten Anreize geben, mehr Konsumgüter auf Kredit zu kaufen.

  Die Zinssenkung – so wird erwartet – erhöht die Nachfrage nach Investitions- und Konsumgütern, sodass die Konjunktur „angekurbelt" wird.

  Durch das Herauf- bzw. Herabsetzen des Pensionssatzes gibt die Zentralbank dem Bankensystem und der gesamten Wirtschaft ein **Signal** (Zeichen).

8.7 Geldpolitik der Europäischen Zentralbank

Mit einer Zinserhöhung wird signalisiert, dass die Zentralbank weitere Preissteigerungen (ein Steigen der Inflationsrate) nicht hinnehmen möchte. Die Kreditinstitute werden das Signal verstehen und ihre Zinssätze erhöhen, denn sie wissen, dass andernfalls der Zentralbank weitere restriktive Maßnahmen wie z. B. eine Erhöhung der Mindestreservesätze zur Verfügung stehen.

Mit einer Zinssenkung wird signalisiert, dass die Zentralbank die Geldwertstabilität als gesichert ansieht und ihren Teil zur Förderung der Konjunktur und des Wirtschaftswachstums beitragen möchte.

2. Zinstender

Der Zinstender ist dadurch gekennzeichnet, dass die Kreditinstitute neben dem Bietungsbetrag auch noch den *Zinssatz* nennen. Das zur Verfügung stehende Kreditvolumen wird von der Zentralbank festgelegt.

Beim Zinstender gibt es zwei **Zuteilungsmethoden**:

- Beim **holländischen Verfahren** (i. d. R. mit einem Mindestbietungssatz) berechnet eine Zentralbank allen bietenden Banken den Pensionssatz, der sich aus dem Gebot des Kreditinstituts ergibt, das mengenmäßig gerade noch zum Zuge kommt.

Beispiel:

Eine Zentralbank möchte 10 Mrd. GE zuteilen. Es bieten die Bankengruppen A bis E:

Kreditinstitute	Bietungsbeträge	Bietungssätze	Zuteilung
A	2,5 Mrd. GE	4,00 %	2,5 Mrd. GE
B	3,0 Mrd. GE	3,95 %	3,0 Mrd. GE
C	3,0 Mrd. GE	3,90 %	3,0 Mrd. GE
D	4,0 Mrd. GE	3,85 %	1,5 Mrd. GE
E	2,0 Mrd. GE	3,80 %	–

Der Pensionssatz wird einheitlich auf 3,85 % festgelegt.

- Das **Eurosystem** verwendete bis Oktober 2008 das **amerikanische Verfahren**. Bei diesem Verfahren wird zu den individuellen Bietungssätzen der Kreditinstitute abgerechnet.

Beispiel:

Das Eurosystem möchte 10 Mrd. € zuteilen. Es bieten die Bankengruppen A bis E:

Kreditinstitute	Bietungsbeträge	Bietungssätze	Zuteilung
A	2,5 Mrd. €	4,00 %	2,5 Mrd. € zu 4,00 %
B	2,0 Mrd. €	3,95 %	2,0 Mrd. € zu 3,95 %
C	3,0 Mrd. €	3,90 %	3,0 Mrd. € zu 3,90 %
D	5,0 Mrd. €	3,85 %	2,5 Mrd. € zu 3,85 %
E	3,0 Mrd. €	3,80 %	–

Bei beiden Verfahren gilt, dass die Gebote, die über dem niedrigsten zum Zuge kommenden Pensionssatz liegen, voll zugeteilt werden. Die Gebote zum niedrigsten Pensionssatz (in den Beispielen 3,85 %) müssen erforderlichenfalls repartiert werden.

Hinsichtlich des zeitlichen Rahmens ist zwischen Standardtender und Schnelltender zu unterscheiden.

Standardtender	Standardtender werden innerhalb 24 Stunden von der Tenderankündigung bis zur Bestätigung des Zuteilungsergebnisses durchgeführt (wobei zwischen dem Ablauf der Gebotsfrist und der Bekanntgabe des Zuteilungsergebnisses etwa zwei Stunden liegen).
Schnelltender	Schnelltender werden i. d. R. innerhalb einer Stunde von der Tenderankündigung bis zur Bestätigung des Zuteilungsergebnisses durchgeführt.

■ **Verpfändung refinanzierungsfähiger Sicherheiten**

In diesem Fall hinterlegen die Kreditinstitute bei einer nationalen Zentralbank Sicherheiten (Pfänder), die von dieser befristet beliehen werden können (siehe auch Kapitel 8.7.2.2).

Emission von Schuldverschreibungen

Die Emission (Ausgabe) von Schuldverschreibungen durch das Eurosystem zählt ebenfalls zu den strukturellen Operationen. Die Schuldverschreibungen stellen eine Verbindlichkeit des Eurosystems gegenüber dem Inhaber der Schuldverschreibung dar. Sie werden stückelos[1] begeben und bei Zentralverwahrern im Euro-Währungsraum verwahrt.

Die Schuldverschreibungen werden in abgezinster Form emittiert, d. h. zu einem Kurs, der unter dem Nennwert liegt, und bei Fälligkeit zum Nennwert eingelöst.

Die geschäftliche Abwicklung erfolgt über die nationalen Zentralbanken. Ebenso wie die definitiven Verkäufe und Käufe von Wertpapieren beeinflusst die Ausgabe von Wertpapieren die Geldmenge und das Zinsniveau.

- **Verkauf von Schuldverschreibungen.** Besteht Inflationsgefahr, emittiert das Eurosystem über die nationalen Zentralbanken Schuldverschreibungen. Dem Geldmarkt wird Liquidität entzogen. Die Überschussreserven der Kreditinstitute verringern sich und damit das Geldangebot. Zusätzliche Nachfrage kann nicht finanziert werden. Es ist zu erwarten, dass die Inflation gebremst wird.
  Da das Geldangebot abnimmt, steigt das Zinsniveau.

- **Tilgung von Schuldverschreibungen.** Durch die Tilgung von Schuldverschreibungen wird dem Geldmarkt Liquidität zugeführt. Die Überschussreserven der Kreditinstitute erhöhen sich und damit das Geldangebot. Zusätzliche Geldnachfrage kann also finanziert werden. Unter sonst gleichen Bedingungen führt das zunehmende Geldangebot zu einem sinkenden Zinsniveau.

  Die liquiditätszuführende Wirkung von Tilgungsleistungen kann geldpolitisch unerwünscht sein. Das Eurosystem kann diese Wirkung durch eine weitere oder erhöhte Ausgabe von Schuldverschreibungen kompensieren (ausgleichen) oder überkompensieren.

---

1 Stückelos heißt, dass keine Wertpapiere gedruckt werden.

8.7 Geldpolitik der Europäischen Zentralbank

Devisenswapgeschäfte[1]

Mithilfe der Devisenswapgeschäfte (man spricht auch von der Swapsatzpolitik oder Swappolitik) will die EZB den Geldexport fördern (inflationsdämpfende Maßnahme) oder erschweren (konjunkturfördernde Maßnahme). Devisenswapgeschäfte werden i. d. R. dezentral von den nationalen Zentralbanken des Eurosystems durchgeführt.

Ein Swapgeschäft ist eine Kombination zwischen einem Devisenkassageschäft[2] und einem Devisentermingeschäft.[3] Besitzen die Kreditinstitute überschüssige Mittel und wollen sie diese in Fremdwährung anlegen, so hat das Eurosystem die Möglichkeit, den Kreditinstituten die entsprechenden Devisen (z. B. US-$) zu verkaufen (Kassageschäft) und *zugleich* per Termin (z. B. nach 3 Monaten) zum gleichen Kurs (Kassakurs) abzüglich eines Deports (Abschlags) oder zuzüglich eines Reports (Aufschlags) zurückzukaufen (Termingeschäft).

Beispiel:

Angenommen, die Kreditinstitute im Euro-Raum könnten bei einer Geldanlage in US-$ für Dreimonatsgeld netto 4 %,[4] bei einer Geldanlage im Euro-Raum jedoch nur $3\frac{1}{2}$ % Zinsen erzielen. Will das ESZB den Geldexport verhindern, bietet es den Kreditinstituten einen Report von mehr als $\frac{1}{2}$ % an, sodass die Anlage im Inland günstiger wird.

Berechnet das Eurosystem hingegen einen Report von weniger als $\frac{1}{2}$ % bzw. einen Deport, so wird der Kauf der US-$ günstiger.

- **Einschränkung bzw. Verhinderung des Geldexports.** Die Geldanlage erfolgt im eigenen Währungsgebiet. Das Geldangebot nimmt zu, sodass das Zinsniveau sinkt. Die Konjunktur wird gefördert.
- **Förderung des Geldexports.** Die Geldanlagen erfolgen nicht im eigenen, sondern in einem fremden Währungsgebiet. Der Geldmarkt wird „verknappt". Die Zinssätze steigen (Liquiditätsabschöpfung).

Die „Devisenswaps" sind befristete Transaktionen, die unregelmäßig und nicht standardisiert erfolgen. Sie dienen der Feinsteuerung des Geldmarkts und werden über Schnelltender oder als bilaterale[5] Geschäfte durchgeführt.

Hereinnahme von Termineinlagen

Das Eurosystem kann den Geschäftspartnern die Hereinnahme verzinslicher Termineinlagen bei der nationalen Zentralbank des Mitgliedstaates anbieten, in dem sich die Niederlassung des Kreditinstituts befindet. Termineinlagen werden hereingenommen, um Liquidität am Markt abzuschöpfen, d. h. das Geldangebot zu verringern.

---

1 To swap (engl.) = tauschen. Ein Swapgeschäft ist ein (Devisen-)Tauschgeschäft.
2 Kassageschäft = ein Geschäft, das „per Kasse", also zum Zeitpunkt des Abschlusses, abgewickelt wird.
3 Termingeschäft = ein Geschäft, das „per Termin", also zu einem späteren Zeitpunkt, abgewickelt wird. (Verpflichtungsgeschäft und Erfüllungsgeschäft fallen zeitlich auseinander.)
4 Abzüglich der Umtausch- und Kreditsicherungskosten.
5 Bilateral = zweiseitig. Bilaterale Verfahren sind Geschäfte zwischen dem Eurosystem und einem Kreditinstitut bzw. mehreren Kreditinstituten.

Der gegenteilige Effekt tritt ein, wenn die Termineinlagen fällig sind und nicht mehr verlängert werden.

Ebenso wie die Devisenswapgeschäfte stellen die Hereinnahmen von Termineinlagen befristete Transaktionen dar, die der Feinsteuerung dienen. Sie sind nicht standardisiert, erfolgen unregelmäßig über Schnelltender oder als bilaterale Geschäfte.

8.7.3.2.2 Kategorien der Offenmarktpolitik

Die Offenmarktgeschäfte können hinsichtlich ihrer Zielsetzung, der Abstände, in denen sie stattfinden, und der angewandten Verfahren in vier **Kategorien** (Gruppen) unterteilt werden:

- Hauptrefinanzierungsinstrument,
- längerfristige Refinanzierungsgeschäfte,
- Feinsteuerungsoperationen und
- strukturelle Operationen.

Hauptrefinanzierungsinstrument

Die Hauptrefinanzierungsoperationen sind die wichtigsten Offenmarktgeschäfte des Eurosystems. Es sind liquiditätszuführende Transaktionen, die regelmäßig jede Woche durchgeführt werden. Sie haben i.d.R. eine Laufzeit von zwei Wochen und werden von den nationalen Zentralbanken in Form von **Standardtendern** durchgeführt.

Der von der EZB festgelegte Zinssatz für die Hauptrefinanzierung **(Refi-Satz)** ist der entscheidende **Leitzins** in der WWU. Von Leitzins spricht man deshalb, weil sich nach ihm alle übrigen Zinssätze, wie z.B. der Zinssatz für Übernacht-Kredite bzw. Übernacht-Einlagen (S. 585), richten. Die Spanne zwischen der Zinssatz-Obergrenze für Übernacht-Kredite und der Zinssatz-Untergrenze für Übernacht-Einlagen wird als **Zinsband**, als **Zinskorridor** oder als **Zinskorsett** bezeichnet.

Längerfristige Refinanzierungsgeschäfte

Bei den längerfristigen Refinanzierungsgeschäften handelt es sich um regelmäßige Refinanzierungsgeschäfte mit dreimonatiger Laufzeit. Gewöhnlich wird bei diesen Geschäften die Form des Zinstenders gewählt. Das Eurosystem ist, wie der Fachausdruck heißt, Zinsnehmer.

Längerfristige Refinanzierungsgeschäfte werden regelmäßig monatlich von den nationalen Zentralbanken über Standardtender durchgeführt.

Feinsteuerungsoperationen

Das Eurosystem kann Feinsteuerungsmaßnahmen in Form von befristeten Offenmarkttransaktionen durchführen, um unerwartete Liquiditätsschwankungen auszugleichen. Feinsteuerungsoperationen finden unregelmäßig statt. Ihre Laufzeit ist nicht standardisiert (einheitlich festgelegt). Sie werden i.d.R. dezentral durch die nationalen Zentralbanken vorgenommen.[1]

---

[1] Der EZB-Rat entscheidet, ob in Ausnahmefällen bilaterale befristete Transaktionen zur Feinsteuerung von der EZB durchgeführt werden können.

Strukturelle Operationen

Strukturelle Operationen sind liquiditätszuführende Operationen, die sowohl regelmäßig als auch unregelmäßig stattfinden können, wobei die Laufzeit nicht von vornherein standardisiert ist. Strukturelle Operationen werden dezentral von den nationalen Zentralbanken durchgeführt.

8.7.3.3 Ständige Fazilitäten[1]

Ständige Fazilitäten umfassen

- Kreditbereitstellungen des Eurosystems, die von den Kreditinstituten jederzeit bei Bedarf in Anspruch genommen werden können, und
- die Bereitschaft des Eurosystems, Einlagen der Kreditinstitute entgegenzunehmen.

Im ersten Fall spricht man von Spitzenrefinanzierungsfazilität, im zweiten von Einlagenfazilität.

Spitzenrefinanzierungsfazilität

Die Spitzenrefinanzierungsfazilität dient der Abdeckung von am Tagesende bestehenden (i. d. R. durch den Zahlungsverkehr entstandenen) Sollsalden der Kreditinstitute. Die Kreditgewährung des Eurosystems erfolgt „über Nacht" gegen refinanzierungsfähige Sicherheiten (z. B. Rentenpapiere, Wechsel). Der Zinssatz wird von der EZB festgelegt und bildet die Obergrenze des Tagesgeldzinssatzes.[2]

Die nationalen Zentralbanken (z. B. die Deutsche Bundesbank) können im Rahmen der Spitzenrefinanzierungsfazilität den Kreditinstituten Liquidität (Geld) in Form von **Übernacht-Pensionsgeschäften** oder als **Übernacht-Pfandkredite** zur Verfügung stellen. Beim Pfandkredit wird vom Kreditnehmer (Schuldner) dem Eurosystem (dem Gläubiger) ein Sicherungsrecht an den hinterlegten Pfändern[3] (z. B. Wertpapieren) eingeräumt, wobei der Schuldner das Eigentum an den Pfändern behält.

Einlagenfazilität

Die Einlagenfazilität ist gewissermaßen das Gegenteil der Spitzenrefinanzierungsfazilität, denn hier ermöglicht das Eurosystem den Kreditinstituten, Übernachtliquidität (in der Regel durch den Zahlungsverkehr entstandene Habensalden) bei den nationalen Zentralbanken anzulegen. Die Einlagen werden zu einem im Voraus festgelegten Zinssatz verzinst, der im Allgemeinen die Untergrenze des Tagesgeldzinssatzes bildet.

Der Zugang zur Einlagenfazilität wird nur gemäß den Zielen und allgemeinen geldpolitischen Erwägungen des Eurosystem gewährt. Das Eurosystem kann die Bedingungen der Fazilität jederzeit ändern oder sie aufheben, z. B. in Zeiten konjunktureller Schwäche, in denen keine Liquiditätsabschöpfung erwünscht ist.

---

1 Zum Begriff Fazilität siehe Fußnote 5 auf S. 572.
2 Zinssatz, der für täglich fälliges Geld zu zahlen ist.
3 Die Kreditinstitute können beim Eurosystem Pfänder hinterlegen, um bei Bedarf z. B. die Übernacht-Pfandkredite in Anspruch nehmen zu können. Die hinterlegten Sicherheiten werden als **Pfanddepot** bezeichnet.

Zusammenfassung

- Überblick über das **geldpolitische Instrumentarium des ESZB** und des **Eurosystems**:[1]

Geldpolitische Geschäfte	Transaktionsarten und Ziele		Laufzeit	Zeitlicher Rahmen (Rhythmus)	Verfahren
	Liquiditätsbereitstellung (Konjunkturförderung)	Liquiditätsabschöpfung (Inflationsbekämpfung)			
Mindestreservepolitik					
Hereinnahme bzw. Rückzahlung von Pflichteinlagen	Senkung der Mindestreservesätze	Erhöhung der Mindestreservesätze	Unbefristet	Unregelmäßig	–
Offenmarktpolitik					
Hauptrefinanzierungsinstrument	Befristete Transaktionen (WPG)*	–	Eine Woche	Wöchentlich	Standardtender
Längerfristige Refinanzierungsgeschäfte	Befristete Transaktionen (WPG)*	–	Drei Monate	Monatlich	Standardtender
Feinsteuerungsoperationen	Befristete Transaktionen (WPG)*	Hereinnahme von Termineinlagen (situationsabhängig)	Nicht standardisiert	Unregelmäßig	Schnelltender
	Definitive Käufe	Definitive Verkäufe			Bilaterale Geschäfte
Strukturelle Operationen	Befristete Transaktionen	Emission von Schuldverschreibungen	Standardisiert/ nicht standardisiert (situationsabhängig)	Regelmäßig und unregelmäßig	Standardtender
	Definitive Käufe	Definitive Verkäufe	–	Unregelmäßig	Bilaterale Geschäfte
Ständige Fazilitäten					
Spitzenrefinanzierungsfazilität	Befristete Transaktionen	–	Über Nacht	Inanspruchnahme auf Initiative der Geschäftspartner (Kreditinstitute)	
Einlagenfazilität	–	Einlagenannahme	Über Nacht		

* WPG = Wertpapierpensionsgeschäft.

---

[1] Vgl. Deutsche Bundesbank, Informationsbrief zur Europäischen Wirtschafts- und Währungsunion, Nr. 4, Februar 1997, S. 11 und Deutsche Bundesbank – Eurosystem – Geld und Geldpolitik 2007.

8.7 Geldpolitik der Europäischen Zentralbank

ÜBUNGSAUFGABEN

1. Textauszug:

EZB senkt Leitzins erstmals auf null Prozent

Die Europäische Zentralbank lockert ihre Geldpolitik so stark wie noch nie. Damit will die EZB die Konjunktur ankurbeln und für mehr Inflation sorgen.

Die Europäische Zentralbank (EZB) hat den Leitzins erstmals auf null Prozent gesenkt. Das teilte die Notenbank in Frankfurt mit. Zuvor hatte der Leitzins seit September 2014 auf dem bisherigen Rekordtief von 0,05 Prozent gelegen.

Der Strafzins für Geschäftsbanken wurde zudem nochmals verschärft. Der sogenannte Einlagensatz werde auf minus 0,4 Prozent von bislang minus 0,3 Prozent herabgesetzt. Damit wird es für die Institute noch teurer, wenn sie überschüssige Gelder über Nacht bei der Notenbank parken.

Den dritten Leitzins, zu dem Geschäftsbanken kurzfristig und unbegrenzt Geld aufnehmen können, setzte die EZB von 0,3 Prozent auf 0,25 Prozent herab. Außerdem werden die umstrittenen Anleihenkäufe auf monatlich 80 (bisher 60) Milliarden Euro aufgestockt.

Quelle: http://www.zeit.de/wirtschaft/2016-03/ezb-senkt-leitzins-erstmals-auf-null-prozent [Zugriff: 10.3.2016].

1.1 Welcher Zinssatz ist gemeint, wenn vom „Leitzins" der EZB gesprochen wird?
1.2 Aus welchem Grund setzte die EZB den Leitzinssatz auf 0,0 % herab?
1.3 Zum gleichen Zeitpunkt (zum 16. März 2016) senkte die EZB die Zinssätze für die Refinanzierungsfazilität (Spitzenrefinanzierungsfazilität) auf 0,25 % und für die Einlagenfazilität auf − 0,4 %.
Erklären Sie, was unter diesen Arten der Fazilität zu verstehen ist!
1.4 Welche Gefahr kann die Niedrigzinspolitik der Zentralbanken längerfristig mit sich bringen?
1.5 Erläutern Sie die Begriffe Mindestreservesatz und Mindestreservepolitik!
1.6 Beurteilen Sie die Wirkungen steigender bzw. sinkender Mindestreservesätze!
1.7 Angenommen, die EZB erhöht die Zins- und Mindestreservesätze. Die Unternehmen gehen deshalb dazu über, Anleihen zu emittieren, um sich Kredite zu beschaffen. Wie kann die EZB diese Maßnahmen der Wirtschaft durchkreuzen?

2. Textauszug:

... In der operativen[1] Geldpolitik agiert die EZB hauptsächlich mit Offenmarktinstrumenten in Form von Repo-Geschäften. Sie haben sich mittlerweile bei allen nationalen Zentralbanken als marktgerechtes und effektives Instrument durchgesetzt. Auch die deutschen Kreditinstitute sind in der Form der wöchentlichen Wertpapierpensionsgeschäfte damit schon seit langem vertraut. Eine sogenannte Hauptrefinanzierungsfazilität soll wöchentlich mit einer Laufzeit von zwei Wochen abgeschlossen werden. Daneben werden von dem ESZB längerfristige Refinanzierungsgeschäfte angeboten. Diese Geschäfte nehmen mit der Laufzeit von drei Monaten ein wichtiges Element des Diskontkredits auf. Entsprechend dem Charakter einer Basisfinanzierung ist der Kreis der teilnahmeberechtigten Geschäftspartner breit gezogen. Für die Vertendurung ist allerdings ein monatlicher Rhythmus vorgesehen. Damit kann dieses Instrument zur Verstetigung des Geldmarkts sowie zur Dispositionssicherheit insbesondere bei kleineren Banken beitragen.

Um unerwarteten Liquiditäts- und damit auch Zinsschwankungen angemessen begegnen zu können, kann das ESZB auf ein breites Spektrum von Feinsteuerungsoperationen wie z. B. Devisenswaps zurückgreifen.

Als ständige Fazilitäten, deren Inanspruchnahme auf Initiative der Geschäftspartner erfolgt, wird es eine Spitzenrefinanzierungsfazilität und eine Einlagenfazilität geben. ...

Quelle: Tietmeyer, H.: Nach einer Rede vom 8. Juli 1998, zitiert in Deutsche Bundesbank, Auszüge aus Presseartikeln vom 10. Juli 1998, S. 3f.

---

1 Operation (lat.) = Eingriff. Operative Maßnahmen der EZB sind Eingriffe in den Geldmarkt.

2.1 Erläutern Sie die im Text unterstrichenen Begriffe!

2.2 Welche Instrumente der Offenmarktpolitik werden im Text nicht angesprochen? Erläutern Sie diese Instrumente!

2.3 Verdeutlichen Sie am Beispiel des effektiven Kaufs bzw. Verkaufs von Wertpapieren durch eine Zentralbank die Wirkungsweise der Offenmarktpolitik!

2.4 Inwieweit hat die Offenmarktpolitik eine Doppelwirkung?

2.5 In welcher Situation wird es für die Kreditinstitute günstiger sein, Wertpapiere von einer Zentralbank beleihen zu lassen, als sie an die Zentralbank effektiv zu verkaufen?

2.6 Im Text wird gesagt, dass die Spitzenrefinanzierungsfazilität auch dazu dient, Ausschläge der Geldmarktsätze (Geldmarktzinssätze) nach oben zu begrenzen. Begründen Sie diese Aussage!

2.7 Erläutern Sie, wie die Inanspruchnahme der Einlagenfazilität durch die Kreditinstitute auf die Geldmarktzinssätze wirkt!

2.8 Der Text spricht von „Vertenderung". Damit ist die Anwendung eines Tenders bei der Vergabe von Krediten durch eine Zentralbank gemeint.

    2.8.1 Erläutern Sie, was unter Mengentender zu verstehen ist!

    2.8.2 Erklären Sie die beiden Zuteilungsmethoden beim Zinstender!

    2.8.3 Erläutern Sie, worin sich Standard- und Schnelltender unterscheiden!

2.9 Angenommen, eine Zentralbank möchte 12 Mrd. GE zuteilen. Es bieten die Bankengruppen A 4,5 Mrd. GE, B 4,2 Mrd. GE, C 5,1 Mrd. GE, D 2,7 Mrd. GE und E 1,5 Mrd. GE.

Es wird ein Tenderverfahren angewandt.

    2.9.1 Angenommen, es wird der Mengentender eingesetzt. Wie viel Kredit erhält jede Bankengruppe?

    2.9.2 Angenommen, es wird das holländische Tenderverfahren eingesetzt. Die Bankengruppen bieten folgende Zinssätze: Bankengruppe A 3,80 %, Bankengruppe B 3,75 %, Bankengruppe C 3,70 %, Bankengruppe D 3,65 % und Bankengruppe E 3,60 %.

    Welche Bankengruppen kommen zum Zuge und wie hoch ist der jeweilige Zuteilungsbetrag?

    2.9.3 Worin unterscheidet sich das holländische Tenderverfahren vom amerikanischen?

    2.9.4 Wie lautet der Oberbegriff über die in den Aufgaben 2.9.2 und 2.9.3 genannten Tenderverfahren?

3. Welche Maßnahmen sollte die EZB in folgenden Fällen ergreifen? Begründen Sie Ihre Antworten und gehen Sie auf mögliche Zielkonflikte ein!

3.1 Die Wirtschaft befindet sich im Zustand der Unterbeschäftigung (Arbeitslosigkeit). Die Inflationsrate ist gering.

3.2 Die Wirtschaft befindet sich im Zustand der Überbeschäftigung mit hohen Preissteigerungsraten.

3.3 Die Importe übersteigen die Exporte. Die Inflationsrate ist hoch. Die Wirtschaft ist unterbeschäftigt.

3.4 In den USA sind die Zinssätze niedrig, in der WWU im Verhältnis dazu hoch. Die Inflationsrate in der WWU ist nach Ansicht der EZB zu hoch.

8.8 Fiskalpolitik

8.8.1 Staatliche Einnahmen- und Ausgabenpolitik

Die Geldpolitik der Europäischen Zentralbank kann durch die Regierungen der WWU-Mitgliedsländer unterstützt, aber auch durchkreuzt werden. Stellen die Regierungen ihre Ausgaben- und Einnahmenpolitik bewusst in den Dienst der Wirtschaftspolitik, spricht man von *Fiskalpolitik*.[1]

Begriff und Wesen der antizyklischen[2] Fiskalpolitik

Ideal ist es, wenn der „Staat" (in Deutschland sind das die Bundesregierung, die Länderregierungen und die Gemeinden) eine *antizyklische* Fiskalpolitik betreibt.

Erhöhung der Staatseinnahmen und Senkung der Staatsausgaben	Besteht Inflationsgefahr, kann der Staat die Steuern erhöhen und die zusätzlichen Einnahmen beim ESZB (in der Bundesrepublik Deutschland also bei der Deutschen Bundesbank) oder bei den Kreditinstituten stilllegen **(Konjunkturausgleichsrücklage)**. Dem Wirtschaftskreislauf wird Geld entzogen, die Inflation wird gebremst. Die Kürzung von Staatsausgaben (z. B. Einstellungs- und Beförderungsstopp im öffentlichen Dienst, Verringerung der Staatsausgaben für öffentliche Investitionen) wirkt in die gleiche Richtung: Die nachfragewirksame Geldmenge wird geringer, der Preisauftrieb wird gedämpft.
Senkung der Staatseinnahmen und Erhöhung der Staatsausgaben	Ist die Wirtschaft unterbeschäftigt, kann der Staat die Steuern senken und den Einnahmeausfall durch **Auflösung der Konjunkturausgleichsrücklage** oder durch Kreditaufnahme decken. Dem Wirtschaftskreislauf wird zusätzliches Geld zugeführt. Der Staat erwartet, dass aufgrund dieser Maßnahmen die Nachfrage nach Konsum- und Investitionsgütern steigt und so die Arbeitslosigkeit abgebaut wird. **Beispiel:** Fragt der Staat z. B. mehr Bauleistungen nach, erhöht sich die Beschäftigung in der Bauindustrie. Diese wiederum kann mehr Baumaterialien, mehr Maschinen, mehr Kraftfahrzeuge und mehr Arbeitskräfte nachfragen (Multiplikatorwirkung zusätzlicher Staatsausgaben).

Die echte antizyklische Fiskalpolitik sorgt also für einen ausgeglichenen Staatshaushalt, weil sie Mindereinnahmen und Mehrausgaben aus den Rücklagen decken kann, die in Zeiten guter Konjunktur gebildet wurden. Sie ist im wahrsten Sinne des Wortes **Konjunkturpolitik**.

Grenzen der antizyklischen Fiskalpolitik

Problematisch ist die antizyklische Fiskalpolitik (Finanzpolitik), wenn sich die Wirtschaft im Zustand der Stagflation befindet. Wird die nachfragewirksame Geldmenge erhöht, steigen die Preise noch stärker, ohne dass eine Garantie dafür besteht, dass auch die Beschäftigung zunimmt. Wird auf eine Erhöhung der nachfragewirksamen Geldmenge verzichtet, ist zwar die Inflationsgefahr geringer; dafür ist aber auch kein Abbau der Arbeitslosigkeit zu erreichen **(Zielkonflikt)**.

---

[1] Unter „Fiskus" versteht man heute den Staat schlechthin, insoweit er es mit Staatseinnahmen (vor allem Steuern), Staatsausgaben oder Staatsvermögen zu tun hat („Einheit von Fiskus und Staat"). Das Wort Fiskus kommt aus dem Lateinischen und bedeutet Korb, Geldkorb, Kasse. Fiskalpolitik ist somit Wirtschaftspolitik mit Geldmitteln aus der „Staatskasse".

[2] Antizyklisch = dem Konjunkturzyklus entgegengesetzt.

Eine wirkungsvolle staatliche Konjunkturpolitik setzt auch die Bewältigung einer Reihe von **Abstimmungsproblemen** (Koordinierungsproblemen) voraus. So müssen z. B. der Bund, das Europäische System der Zentralbanken, die Länder und – wenn möglich – die Gemeinden „am gleichen Strang" ziehen, d. h. die der jeweiligen konjunkturellen Situation entsprechenden Maßnahmen ergreifen.[1] Auch zeitliche Abstimmungsprobleme müssen rechtzeitig gelöst werden. Häufig ist es in der Praxis jedoch so, dass von der Beschlussfassung bis zur Realisierung geraume Zeit verstreicht, sodass konjunkturfördernde Maßnahmen erst dann wirksam werden, wenn man sie eigentlich nicht mehr braucht, konjunkturdämpfende Maßnahmen erst dann greifen, wenn sich die Konjunktur bereits im Abschwung befindet.

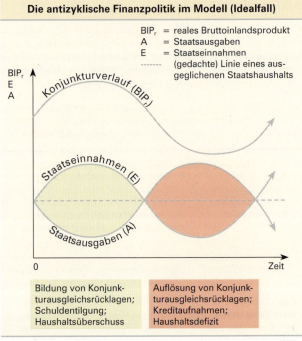

Deficit-Spending[2]

Die Regierungen (und die Parlamente) neigen dazu, in konjunkturell guten Zeiten die Mehreinnahmen auszugeben anstatt sie zu sparen, also in die Konjunkturrücklage einzustellen. In konjunkturell schlechten Zeiten muss folglich der Staat Kredite aufnehmen, um die Konjunktur zu stützen. Man spricht von **Deficit-Spending**.

Werden in Zeiten der Hochkonjunktur bereits bestehende Schulden nicht ausreichend abgebaut und keine Konjunkturrücklagen gebildet, nehmen die Staatsschulden von Konjunkturrückgang zu Konjunkturrückgang zu. Die staatliche Konjunkturpolitik besteht dann nur noch aus einem immer umfangreicher werdenden Deficit-spending. Der wachsende Schuldendienst (Zins- und Tilgungszahlungen) verkleinert zunehmend die finanzielle Manövriermasse, die zur Konjunkturförderung eingesetzt werden kann.

Schließlich erreicht die Staatsverschuldung eine Höhe, die politisch und wirtschaftlich nicht mehr vertretbar ist. Die Regierungen sind gezwungen, die Staatseinnahmen (z. B. durch Steuererhöhungen) zu steigern und die Staatsausgaben zu kürzen (z. B. durch den Abbau von Subventionen und Sozialausgaben), und dies auch dann, wenn sich die Wirtschaft in einer Rezession und/oder Strukturkrise befindet. Eine übermäßige Staatsverschuldung ist das Ende staatlicher Konjunkturpolitik. Im Gegenteil: Weil auch im Konjunkturrückgang gespart werden muss, verstärken die staatlichen Sparmaßnahmen die Rezession.

---

1 Siehe auch Kapitel 8.8.2.
2 Deficit (engl.) = Fehlbetrag, Defizit. Deficit-Spending = Defizitfinanzierung.

8.8.2 Zusammenhang zwischen Fiskal- und Geldpolitik

Im vorigen Kapitel wurde angedeutet, dass eine wirksame Konjunkturpolitik nur dann betrieben wird, wenn Regierungen und Zentralbank zusammenwirken. Die nachstehenden Abbildungen zeigen auf vereinfachende Weise, wie Fiskal- und Geldpolitik in bestimmten konjunkturellen Situationen zusammenwirken können, um die Beschäftigung und die gesamtwirtschaftliche Nachfrage im gewünschten Sinne zu beeinflussen.

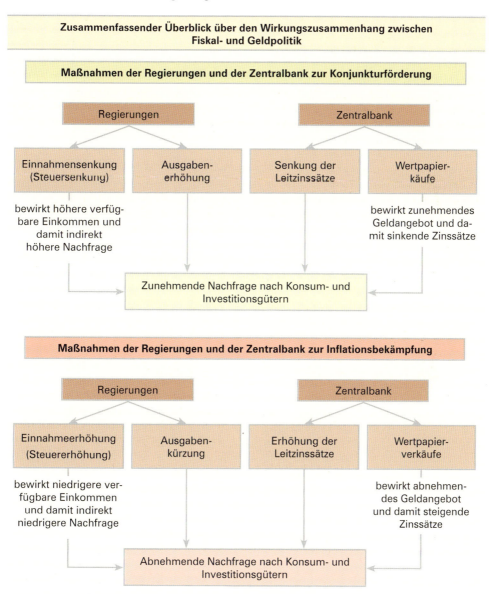

8.8.3 Beeinflussung der Spar- bzw. Konsumquote

Aus dem Kapitel 8.2.1 und Kapitel 8.2.2 wissen wir, dass die Höhe des Volkseinkommens (E) vom Konsum (C) und von den Nettoinvestitionen (I) abhängt, sofern man der Einfachheit halber vom Außenbeitrag absieht:

$$E = C + I$$

Bei gegebenen Nettoinvestitionen bestehen unter sonst gleichbleibenden Bedingungen folgende Beziehungen:

- Je höher der Konsum ist, desto höher ist das Volkseinkommen.
- Je niedriger der Konsum ist, desto niedriger ist das Volkseinkommen.

Konsumfunktion

Da i. d. R. die Wirtschaftssubjekte mit steigendem Einkommen ihre Konsumausgaben nicht im gleichen Maße ausweiten, sondern sparen, gilt folgende Einkommens-Konsum-Beziehung (kurz: Konsumfunktion):

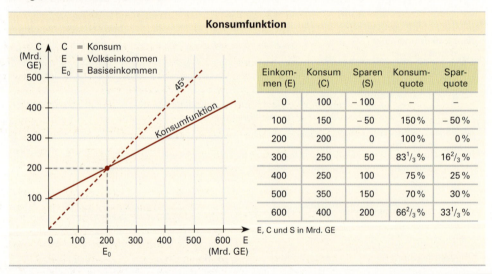

Konsumfunktion

C = Konsum
E = Volkseinkommen
E_0 = Basiseinkommen

Einkommen (E)	Konsum (C)	Sparen (S)	Konsumquote	Sparquote
0	100	−100	−	−
100	150	−50	150 %	−50 %
200	200	0	100 %	0 %
300	250	50	$83^1/_3$ %	$16^2/_3$ %
400	250	100	75 %	25 %
500	350	150	70 %	30 %
600	400	200	$66^2/_3$ %	$33^1/_3$ %

E, C und S in Mrd. GE

Basiseinkommen

Bei diesem Einkommen (200 Mrd. GE) entspricht der Konsum dem Volkseinkommen. (Wie die 45°-Linie zeigt, ist hier E = C.) Das Basiseinkommen kann man dem sozio-kulturellen Existenzminimum gleichsetzen: Die Wirtschaftssubjekte verbrauchen ihr gesamtes Einkommen. Sinkt das Volkseinkommen unter das Basiseinkommen, müssen Ersparnisse aufgebraucht oder Kredite aufgenommen werden.

8.8 Fiskalpolitik

Konsum- und Sparquote

Unter Konsumquote versteht man den prozentualen Anteil des Konsums am Volkseinkommen. Die Sparquote ist dementsprechend der prozentuale Anteil des Sparens am Volkseinkommen. (Spar- und Konsumquote bilden demnach zusammen immer 100 Prozent.) Die Konsumfunktion zeigt, dass i. d. R. die Sparquote mit zunehmendem Volkseinkommen steigt.

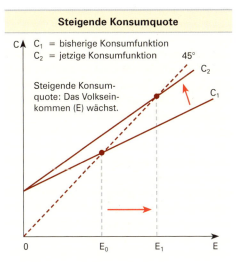

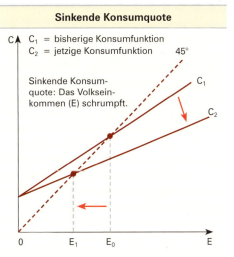

Steigende Konsumquote. Nimmt die Konsumquote zu (sinkt die Sparquote), steigt unter sonst gleichbleibenden Bedingungen das Volkseinkommen. Die Konjunktur wird „angekurbelt", weil die Wirtschaftssubjekte bei gegebenem Einkommen *mehr* Konsumgüter nachfragen.

Sinkende Konsumquote. Nimmt die Konsumquote ab (steigt die Sparquote), sinkt unter sonst gleichbleibenden Bedingungen das Volkseinkommen. Die Konjunktur wird gedämpft, weil die Wirtschaftssubjekte bei gegebenem Einkommen *weniger* Konsumgüter nachfragen.

Wirtschaftspolitische Konsequenzen

Zentralbank und Regierung können nunmehr versuchen, die Konsum- bzw. die Sparquote zum Zweck der Konjunktursteuerung zu beeinflussen:

Konjunkturförderung

- der Zentralbank durch **Zinssenkung** (z. B. Senkung der Leitzinssätze, Offenmarktkäufe, Wertpapierverkäufe);
- der Regierung durch **psychologische Beeinflussung** der Wirtschaftssubjekte (z. B. Appelle, mehr zu kaufen und Vertrauen in die Zukunft zu haben).

Konjunkturdämpfung

- der Zentralbank durch **Zinserhöhung** (z. B. Erhöhung der Leitzinssätze, Offenmarktverkäufe, Wertpapierkäufe);
- der Regierung durch **psychologische Beeinflussung** der Wirtschaftssubjekte (z. B. „Maßhalteappelle"). Auch die Sparförderung kann helfen, eine überschäumende Konjunktur zu dämpfen.

8 Grundzüge der Wirtschaftspolitik in der sozialen Marktwirtschaft

Zusammenfassung

- **Antizyklische Finanzpolitik** liegt vor, wenn der Staat in Zeiten der Hochkonjunktur die Ausgaben kürzt und die Einnahmen erhöht und in Zeiten der Rezession die Ausgaben erhöht und die Einnahmen senkt.

- Die antizyklische Finanzpolitik setzt einen langfristig **ausgeglichenen Staatshaushalt** voraus.

- Eine **steigende Konsumquote** wirkt konjunkturfördernd, eine sinkende Konsumquote wirkt konjunkturdämpfend.

ÜBUNGSAUFGABEN

1. Der Staat betreibt Konjunkturpolitik. Dabei kommt es ihm nicht so sehr darauf an, möglichst hohe Zuwachsraten des realen Bruttosozialprodukts bzw. Bruttoinlandsprodukts zu erreichen. Vielmehr geht es darum, negative Veränderungsraten zu vermeiden.

    1.1 Erklären Sie den Begriff Konjunktur!

    1.2 Begründen Sie, warum der Staat Konjunkturpolitik betreibt!

    1.3 Welche Möglichkeit staatlicher Konjunkturpolitik wird in nebenstehender Abbildung veranschaulicht?

    Begründen Sie Ihre Feststellung!

    1.4 Die in nebenstehender Abbildung dargestellte Fiskalpolitik sollte der Staat verfolgen.

    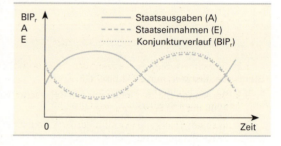

    1.4.1 Begründen Sie die Forderung nach einer derart gestalteten Fiskalpolitik!

    1.4.2 Die unter 1.3 beschriebene Finanzpolitik setzt i. d. R. voraus, dass der Staat „Deficit-Spending" betreibt, wenn er die Konjunktur ankurbeln möchte. Warum?

    1.4.3 Während der Hochkonjunktur soll der Staat Konjunkturausgleichsrücklagen bilden oder Staatsschulden vorzeitig tilgen (zurückzahlen). Welche Auswirkungen auf den Konjunkturverlauf kann diese Rücklagenpolitik haben? Begründen Sie Ihre Feststellungen!

2. Mitunter versuchen die Regierungen, das konjunkturelle Auf und Ab durch psychologische Beeinflussung zu steuern.

    2.1 In welcher konjunkturellen Situation sind „Maßhalteappelle" angebracht? Warum?

    2.2 In welcher konjunkturellen Situation ist es sinnvoll, zu „mehr Konsum", zum „Mut zu investieren" oder zum „Mut zum Schuldenmachen" aufzurufen?

    2.3 Wie beurteilen Sie die Wirksamkeit solcher Appelle? Begründen Sie Ihre Ansicht!

3. 3.1 Beurteilen Sie mögliche Wirkungen steigender Staatsverschuldung auf die Wirtschaft!

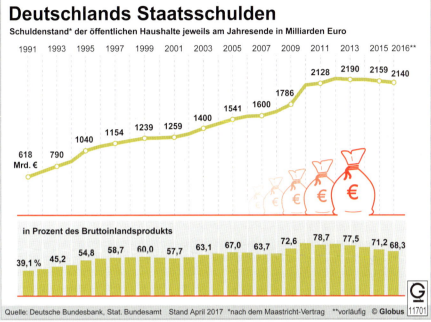

3.2 Berechnen Sie die prozentuale Steigerung der Staatsschulden in der Bundesrepublik Deutschland von 2011 bis 2016!

3.3 Berechnen Sie den Index der Staatsverschuldung für 2005 und 2016! (Setzen Sie das Jahr 1995 mit 100 Prozentpunkten an!)

3.4 In seiner Tischrede vor dem Verband Deutscher Reeder am 7. Dez. 1995 sagte der damalige Präsident der Deutschen Bundesbank u. a.: „Das Wachstum der öffentlichen Schulden muss ohnedies eingedämmt werden, und zwar nachhaltig. Das schulden wir schon den uns nachfolgenden Generationen ..."

Begründen Sie diese Feststellung!

4. Auf welche Weise sollten Regierungen und Zentralbank zusammenwirken, wenn sich die Wirtschaft im Boom befindet?

5. Auf welche Weise sollten Regierungen und Zentralbank zusammenwirken, wenn die Wirtschaft unterbeschäftigt ist?

6. Erklären Sie die Begriffe Konsum- und Sparquote!

7. In Zeiten der (drohenden) Arbeitslosigkeit pflegt i. d. R. die Sparquote zu steigen.

7.1 Begründen Sie diese Erscheinung!

7.2 Ist eine hohe Sparquote bei Unterbeschäftigung (Arbeitslosigkeit) wirtschaftlich wünschenswert? Begründen Sie Ihre Antwort!

8.9 Außenhandel und Außenhandelspolitik

8.9.1 Bedeutung des Außenhandels für die Bundesrepublik Deutschland

Die Bundesrepublik Deutschland ist ein rohstoffarmes und hoch industrialisiertes Land. Dies ist kein Widerspruch, solange genügend Rohstoffe eingeführt werden können. Der hohe Lebensstandard in der Bundesrepublik Deutschland kann aber nur dann gehalten werden, wenn ein großer Teil der vielfältigen Fertigerzeugnisse wieder ausgeführt werden kann.

Der Außenhandel ist der wichtigste Teil der außenwirtschaftlichen Beziehungen einer Volkswirtschaft bzw. einer Wirtschaftsgemeinschaft. Aus der Sicht der Bundesrepublik Deutschland sowie der Mitgliedsländer der **Europäischen Union (EU)**[1] umfasst der Außenhandel den gewerbsmäßigen Güteraustausch (Sachgüter, Dienstleistungen, Rechte) mit **Drittländern** (Länder, die nicht der EU angehören) sowie den Transithandel.

Der Handel innerhalb der EU (der **Binnenhandel**) besteht aus dem **innergemeinschaftlichen Erwerb** (Käufe aus Mitgliedsländern) und den **innergemeinschaftlichen Lieferungen** (Verkäufe an Mitgliedsländer).

Wichtige Ausfuhrgüter der Bundesrepublik Deutschland sind Fertigwaren wie z. B. Werkzeugmaschinen, Kraftfahrzeuge, chemische Erzeugnisse, feinmechanische Geräte, Glas- und Lederwaren sowie Halbwaren wie z. B. Gießerei- und Walzwerkerzeugnisse. Die Ausfuhr von Rohstoffen (z. B. Kohle, Kali, Tonerde) und von Nahrungs- und Genussmitteln (z. B. Fleischwaren, Geflügel, Wein) ist im Rahmen der Gesamtausfuhr hingegen von geringer Bedeutung.

Wichtige Einfuhrgüter der Bundesrepublik Deutschland sind neben Erdöl und Erdgas Fertigprodukte wie Büromaschinen (EDV), Autos und Zubehör, Metalle und Metallerzeugnisse, chemische Erzeugnisse, Nahrungs- und Genussmittel, Bekleidung und Textilien, landwirtschaftliche Erzeugnisse und Lederwaren.

Der internationale Handel wird durch „offene Grenzen" gefördert. Der Wegfall von „Handelsschranken" wie Zölle, mengenmäßige Export- und Importbeschränkungen (Kontingentierungen) sowie von technischen Hemmnissen (z. B. unterschiedliche technische Normen, Prüfverfahren, Sicherheitsvorschriften) kommt allen Handelspartnern zugute, wie das Beispiel der EU zeigt.

Im Jahr 2016 betrug z. B. die **Einfuhr** der Bundesrepublik Deutschland 954,6 Mrd. €. Davon entfielen auf den innergemeinschaftlichen Erwerb aus den EU-Ländern 552,4 Mrd. €, das sind knapp **58 %**.

Die **Ausfuhr** der Bundesrepublik Deutschland betrug im gleichen Zeitraum 1 207,5 Mrd. €. Die innergemeinschaftlichen Lieferungen und Leistungen machten davon 707,7 Mrd. € aus. Das entspricht einem Anteil von fast **59 %**.

---

1 Näheres zur Europäischen Union (EU) siehe Kapitel 8.10.2.

Deutschlands wichtigste Handelspartner sind China, Frankreich und die USA. Setzt man die Summe von deutschen Importen aus diesen Ländern und Deutschlands Exporten in diese Länder ins Verhältnis zur Gesamtsumme aus allen deutschen Exporten und Importen (dem sogenannten Handelsvolumen), so kommen sie auf Anteile zwischen 7,9 und 7,6 Prozent. Insgesamt wickelt Deutschland fast 80 Prozent seines gesamten Außenhandels mit den zwanzig größten Handelspartnern ab. Das deutsche Außenhandelsvolumen erreichte im Jahr 2016 einen Wert von 2 162 Milliarden Euro. Es setzt sich zusammen aus den Ausfuhren im Wert von 1 207 Milliarden Euro und den Einfuhren von 955 Milliarden Euro.

8.9.2 Außenwert des Geldes

> Der **Wechselkurs** drückt nichts anderes als den **Außenwert** des Geldes aus. Ist eine Fremdwährung „teuer", ist der Außenwert des eigenen Geldes gering. Ist eine Fremdwährung „billig", ist der Außenwert des eigenen Geldes hoch.

Dies stellen Sie z. B. dann fest, wenn Sie eine Auslandsreise planen. So kann es sein, dass der „Preis" (der Kurs) für Schweizer Franken schon wieder gestiegen ist. Andererseits lesen Sie in der Zeitung, dass der amerikanische Dollar im Wert abnahm. Es ergeben sich somit zwei Grundfragen. Erstens: Warum schwanken die Wechselkurse (Umtauschkurse der Währungen) ständig? Und zweitens: Welche Auswirkungen haben Kursschwankungen für die Wirtschaft, für die Arbeitsplätze, für uns selbst?

8.9.2.1 Freie Wechselkurse (Floating)[1]

Kursbildung

■ **Begriff Wechselkurs**

- Der **Binnenwert des Geldes** stellt sich in seinem Austauschverhältnis zu anderen Wirtschaftsgütern, also im *Preis* bzw. *Preisniveau,* dar.
- Der **Außenwert des Geldes** ist hingegen das Austauschverhältnis zwischen zwei *Währungen,* also der **Wechselkurs.**

Es wird zwischen **Sorten** (= auf Fremdwährung lautende Münzen und Banknoten) und **Devisen i. e. S.** (= auf Fremdwährung lautende Zahlungsmittel wie Schecks, Zahlungsanweisungen und Wechsel) unterschieden. Im weiteren Sinne versteht man unter Devisen auch die auf Fremdwährung lautenden Münzen und Noten. Wir verwenden im Folgenden den Devisenbegriff im weiteren Sinne. Dies ist auch deshalb gerechtfertigt, weil die Sorten- und Devisenkurse in der Praxis nicht wesentlich voneinander abweichen.

		Devisen		
Nicht €-Länder 1 Euro =	Devisen Geld/Brief	Kurse in Euro		Ank./Verk
Australischer Dollar	1,3911/1,4111	Australien	1 Aust $	0,68/0,76
Dänische Kronen	7,4154/7,4554	Dänemark	100 dkr	12,90/14,07
Britisches Pfund	0,8610/0,8650	Großbritannien	1 Pfund	1,12/1,20
Japanische Yen	119,69/120,17	Japan	100 Yen	0,80/0,86
Kanadischer Dollar	1,4022/1,4142	Kanada	1 Kan. $	0,68/0,75
Neuseeland-Dollar	1,4509/1,4749	Neuseeland	1 NZ-$	0,61/0,78
Norwegische Kronen	8,8615/8,9095	Norwegen	100 nkr	10,79/11,74
Polnischer Zloty	4,2796/4,3276	Polen	100 poln. Zloty	21,55/25,51
Schwedische Kronen	9,4603/9,5083	Schweden	100 skr	10,12/10,99
Schweizer Franken	1,0644/1,0684	Schweiz	100 Sfr	90,33/96,72
Südafrikanischer Rand	14,209/14,449	Südafrika	1 Rand	0,06/0,08
Tschechische Kronen	26,621/27,421	Tschechien	100 Kr	3,31/3,91
Türkische Lira	3,9468/3,9968	Türkei	1 Lira	0,24/0,27
Ungarische Forint	307,16/312,36	Ungarn	100 Forint	0,29/0,35
US-Dollar	1,0645/1,0705	USA	1 US-$	0,90/0,98

Quelle: HAZ, 08. 02. 2017, S. 10.

Die **Ankaufskurse** der Sorten sind die Kurse, die die Banken zahlen, wenn ein Kunde sein Fremdwährungs-Bargeld in Euro umtauschen möchte. Sie sind niedriger als die **Verkaufskurse.** Dies sind die Kurse, die der Bankkunde bezahlen muss, wenn er bei einer Bank Fremdwährung in Form von Banknoten oder Münzen kaufen will.

Ähnliches gilt für die Devisen i. e. S. Der Anbieter der Devisen erhält in der Regel *weniger* **(Geldkurs)** als der Nachfrager von Devisen bezahlen muss **(Briefkurs).** Auf diese Kursunterschiede wird in den folgenden Modellen ebenfalls nicht eingegangen.

Bei **Banknoten** ist die Bezugsgröße der Wechselkurse i. d. R. 100 Einheiten der Fremdwährung, z. B. 100 Schweizer Franken (sfrs), 100 dänische Kronen (dkr) oder 100 norwegische

---

[1] To float (engl.) = fließen, treiben, treiben lassen.

8.9 Außenhandel und Außenhandelspolitik

Kronen (nkr). Die Kursangaben für amerikanische Dollars (US-$) oder das englische Pfund (£) sind auf einen US-$ oder auf ein £ bezogen. Die Notierung der Banknoten heißt **Preisnotierung**.

Beispiel:

Der Verkaufskurs des kanadischen Dollars (kan$) beträgt 0,75. Das bedeutet, dass für 1,00 kan$ 0,75 € zu zahlen sind.

Bei **Devisen i. e. S.** ist die Bezugsgröße ein Euro. Diese Art der Notierung heißt **Mengennotierung**.

Beispiel:

Der Briefkurs des kanadischen Dollars beträgt 1,41. Das bedeutet, dass man für 1,00 € 1,41 kan$ bezahlen muss.

Können sich die Kurse auf den Devisenmärkten, auf denen vor allem die Banken als Anbieter und Nachfrager auftreten, frei bilden, spricht man von **freien (flexiblen) Wechselkursen**. Die Kursbildung erfolgt nach den gleichen Grundsätzen wie die Güterpreisbildung.[1]

■ **Devisenangebot (Nachfrage nach Binnenwährung)**

Mit steigendem Kurs sinkt i. d. R. die Nachfrage nach Binnenwährung (das Devisenangebot). Mit fallendem Kurs steigt die Nachfrage nach Binnenwährung (das Devisenangebot). Der Hauptgrund: Sinkende Kurse bedeuten, dass für Gebietsfremde die Binnenwährung billiger wird. Die Binnenwirtschaft kann mehr *exportieren.* Die Folge ist, dass mehr Devisen erlöst und angeboten werden. Steigt der Kurs, tritt der umgekehrte Effekt ein.

■ **Devisennachfrage (Angebot von Binnenwährung)**

Mit steigendem Kurs steigt i. d. R. das Angebot von Binnenwährung (die Devisennachfrage). Mit fallendem Kurs sinkt das Angebot von Binnenwährung (die Devisennachfrage). Der Hauptgrund: Niedrige Kurse bedeuten, dass die Fremdwährung teurer wird. Die Nachfrage nach Importgütern geht zurück. Die Folge ist, dass weniger Devisen nachgefragt werden. Steigt der Kurs, tritt der umgekehrte Effekt ein.

■ **Gleichgewichtskurs**

Der **Gleichgewichtskurs** ist der Kurs, der Devisenangebot (Nachfrage nach Binnenwährung) und Devisennachfrage (Angebot von Binnenwährung) in Einklang bringt.

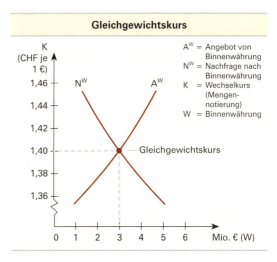

---

1 Siehe Kapitel 5.3.

Beim System (Regime)[1] freier Wechselkurse vollzieht sich die Kursbildung auf den Devisenmärkten nach den gleichen Grundsätzen wie die Preisbildung auf freien Gütermärkten. Die täglich in den Wirtschaftsteilen der Zeitungen veröffentlichten Wechselkurse sind **Referenzkurse**, d. h. vom ESZB empfohlene Kurse. Die von den privaten Banken aufgrund des Devisenangebots und der Devisennachfrage ermittelten „Orientierungspreise" weichen nicht wesentlich von den Referenzkursen ab.

Am **Devisenmarkt** wird mit ausländischen Währungen gehandelt: Banken, Unternehmen oder Einzelpersonen können dort frei handelbare Währungen kaufen oder verkaufen. Dabei ist zu unterscheiden zwischen *Devisenkassageschäften,* die innerhalb von zwei Werktagen abgewickelt werden, und *Devisentermingeschäften,* bei denen die Transaktion zum vereinbarten Kurs in einem späteren Zeitpunkt erfolgt.

Termingeschäfte dienen zur Absicherung von Außenhandelsgeschäften und Kapitalanlagen gegen Kursrisiken. Als Spekulation bezeichnet man Devisengeschäfte, die allein in der Hoffnung abgeschlossen werden, von der unsicheren künftigen Kursentwicklung zu profitieren.

Die im internationalen Devisenhandel umgewälzten Beträge sprengen den Rahmen des Vollstellbaren. Wie die *Bank für internationalen Zahlungsausgleich (BIZ)* berichtet, verzeichneten die Devisenmärkte im April 2013 einen Umsatz von rund **5 345 Mrd. US-Dollar pro Tag.** Die BIZ nimmt alle drei Jahre eine Bestandsaufnahme des Devisenhandels vor, in die alle wichtigen Finanzzentren einbezogen sind. Ihren Angaben zufolge hat sich der Tagesumsatz im Devisenhandel 2001–2013 mehr als vervierfacht. Allein zwischen 2004 und 2007 nahm er um 70 % zu; 2007 bis 2013 wuchs er um weitere 60 %. Im letztgenannten Zeitabschnitt beruhte das Wachstum nicht zuletzt auf der Ausweitung des elektronischen Handels, und zwar speziell des „algorithmischen Handels", bei dem Computer nach programmierten Vorgaben selbsttätig Aufträge erteilen. So macht sich der sogenannte Hochfrequenzhandel winzigste Preisunterschiede an den Devisenmärkten zunutze, indem er in schneller Folge kleinere Devisengeschäfte auslöst.

Mit Abstand wichtigste Tauschwährung im Devisenhandel ist der **US-Dollar,** der 2013 allein an 87 % aller Devisenumsätze weltweit beteiligt war. Am häufigsten bildete er ein Tauschpaar mit dem Euro (24 % der Umsätze); zum Zeitpunkt der Erhebung wurde er aber verstärkt auch gegen Yen (18 %) getauscht. Die Währung mit dem zweitgrößten Tauschvolumen war der **Euro.** Infolge der Euro-Krise lag sein Anteil an den globalen Devisentransaktionen mit 33 % jedoch um sechs Prozentpunkte niedriger als 2010. Währungen der aufstrebenden Volkswirtschaften wie China oder Mexiko waren in zunehmendem Maß in Devisenumsätze involviert.

Traditionell wichtigster Devisenhandelsplatz ist Großbritannien (London), wo im Berichtsmonat des Jahres 2013 allein mehr als ein Drittel (41 %) der weltweiten Tauschumsätze abgewickelt wurden; es folgten die USA (19 %) vor Singapur, Japan (je 6 %) und Hongkong (4 %).

Wechselkursmechanismus

Wie jede Angebots- und Nachfragekurve verschieben sich auch die Nachfragekurve nach Binnenwährung und die Angebotskurve von Binnenwährung ständig. Zunehmendes Angebot bzw. zunehmende Nachfrage bedeuten dann, dass bei jedem Kurs (also auch beim gegenwärtig geltenden Kurs) *mehr* Binnenwährung angeboten bzw. nachgefragt wird. Abnehmendes Angebot bzw. abnehmende Nachfrage heißt dann, dass bei jedem denkbaren Kurs *weniger* Binnenwährung angeboten bzw. nachgefragt wird. Auf dem Devisenmarkt gelten somit die gleichen „Preisgesetze", wie wir sie im Kapitel 5.3.1.3 entwickelt haben **(Wechselkursmechanismus).**

- Nimmt die Nachfrage nach Binnenwährung (das Devisenangebot) stärker als das Angebot von Binnenwährung (die Devisennachfrage) zu (ab), steigt (sinkt) der Kurs.

- Nimmt das Angebot von Binnenwährung (die Devisennachfrage) stärker als die Nachfrage nach Binnenwährung (das Devisenangebot) zu (ab), sinkt (steigt) der Kurs.

---

1 Regime (frz.) = Herrschaft, Ordnung. Die Begriffe Währungssystem und Währungsregime werden synonym (als gleichbedeutend) verwendet.

8.9 Außenhandel und Außenhandelspolitik

Die folgenden vier Abbildungen zeigen den Zusammenhang zwischen dem Angebot von Binnenwährung, der Nachfrage nach Binnenwährung und dem Wechselkurs (**Wechselkursmechanismus**).

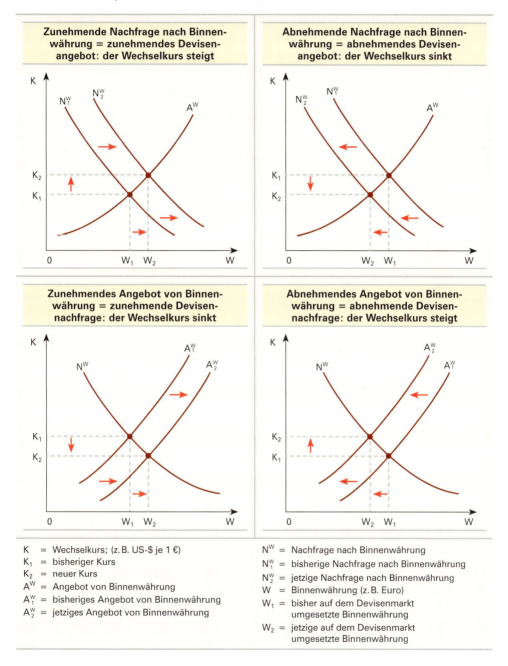

K = Wechselkurs; (z. B. US-$ je 1 €)
K_1 = bisheriger Kurs
K_2 = neuer Kurs
A^W = Angebot von Binnenwährung
A^W_1 = bisheriges Angebot von Binnenwährung
A^W_2 = jetziges Angebot von Binnenwährung

N^W = Nachfrage nach Binnenwährung
N^W_1 = bisherige Nachfrage nach Binnenwährung
N^W_2 = jetzige Nachfrage nach Binnenwährung
W = Binnenwährung (z. B. Euro)
W_1 = bisher auf dem Devisenmarkt umgesetzte Binnenwährung
W_2 = jetzige auf dem Devisenmarkt umgesetzte Binnenwährung

Die Nachfrage nach Binnenwährung (das Devisenangebot)		Das Angebot von Binnenwährung (die Devisennachfrage)	
nimmt **ab**, weil	nimmt **zu**, weil	nimmt **ab**, weil	nimmt **zu**, weil
■ die Inflationsrate im eigenen Währungsgebiet höher als im Devisenausland ist (sinkender Export),	■ die Inflationsrate im Devisenausland höher als im eigenen Währungsgebiet ist (steigender Export),	■ die Inflationsrate im Devisenausland höher als im eigenen Währungsgebiet ist (sinkender Import),	■ die Inflationsrate im Devisenausland niedriger als im eigenen Währungsgebiet ist (steigender Import),
■ sich die Wirtschaft des Devisenauslands im Abschwung befindet (sinkender Export),	■ sich die Wirtschaft des Devisenauslands im Aufschwung befindet (steigender Export),	■ die Binnenwirtschaft sich im Abschwung befindet (sinkender Import),	■ die Binnenwirtschaft sich im Aufschwung befindet (steigender Import),
■ Zuschüsse supranationaler Organisationen (z. B. der EU) gestrichen werden,	■ dem eigenen Währungsgebiet Zuschüsse supranationaler Organisationen zufließen (z. B. Zuschüsse des IWF [siehe S. 624 f.]),	■ die Regierungen Zuschüsse an das Devisenausland kürzen (z. B. Entwicklungshilfe),	■ die Regierungen Zuschüsse an das Devisenausland erhöhen (z. B. Entwicklungshilfe, Zahlungen an die UNO),
■ Spekulanten mit Kurssenkungen rechnen,	■ Spekulanten mit Kurssteigerungen rechnen,	■ Spekulanten mit steigenden Kursen rechnen und keine Devisen kaufen,	■ Spekulanten mit sinkenden Kursen rechnen und Devisen kaufen,
■ die Zentralbank Devisenverkäufe einschränkt (weniger Binnenwährung nachfragt), um den Kurs niedrig zu halten (Exportförderung).	■ die Zentralbank Devisen verkauft (Binnenwährung nachfragt), um Inflationstendenzen zu mildern.	■ die Zentralbank Devisenkäufe einstellt (weniger Binnenwährung anbietet), um eine importierte Inflation zu verhindern.	■ die Zentralbank Devisen kauft (mehr Binnenwährung anbietet), um den Kurs niedrig zu halten (Exportförderung).

Bedeutung des Systems freier Wechselkurse

Freie (flexible) Wechselkurse haben die Tendenz, sich immer wieder auf den Gleichgewichtskurs hinzubewegen. Der Markt sorgt dafür, dass keine Währung unter- oder überbewertet wird. Die Inflation (allgemeine Preissteigerung) aus Fremdwährungsländern wird *nicht* importiert, d.h. auf die Binnenwirtschaft übertragen, weil mit steigenden Preisen bei den Handelspartnern zunächst der Import und damit die Devisennachfrage (das Angebot von Binnenwährung) zurückgeht. Dies aber bewirkt steigende Kurse. Mit steigenden Kursen verbilligen sich aber die Importwaren aus Fremdwährungsländern, sodass die Importpreise im Wesentlichen konstant bleiben.

Gegen die freien Wechselkurse (gegen das Floating) spricht, dass die Kurse laufenden und unvorhersehbaren Schwankungen unterworfen sind. Damit ändern sich die Kalkulationsgrundlagen bzw. die Gewinnmöglichkeiten der Exporteure. Die Exportgeschäfte sind mit hohen Kursrisiken behaftet, insbesondere dann, wenn es sich um langfristige Geschäfte handelt.

Gegen Kursverluste können sich Ex- und Importunternehmen allerdings dann schützen, wenn es ihnen gelingt, die Abschlüsse in Binnenwährung zu tätigen.

8.9 Außenhandel und Außenhandelspolitik

Zusammenfassung

- Der relativ hohe Wohlstand der Bundesrepublik Deutschland beruht auch auf dem **Außenhandel**.
- Der Außenhandel (Exporte und Importe) wird wesentlich durch die **Wechselkurse** bestimmt.
- Hohe Wechselkurse bremsen den Export und fördern den Import; niedrige Wechselkurse begünstigen den Export und bremsen den Import.
- **Freie Wechselkurse** bilden sich aufgrund der Angebots- und Nachfrageverhältnisse auf den Devisenmärkten. Die Zentralbanken können, müssen aber nicht eingreifen.

ÜBUNGSAUFGABEN

1. Warum ist für die Bundesrepublik Deutschland ein gut funktionierender Außenhandel lebenswichtig? Erörtern Sie diese Frage unter dem Gesichtspunkt des a) Imports und b) Exports der Bundesrepublik Deutschland!

2. Warum benötigt die Bundesrepublik Deutschland eine aktive Handelsbilanz? Siehe auch Kapitel 8.3.)

3. Definieren Sie den Begriff Wechselkurs!

4. Erklären Sie die Begriffe Außenwert und Binnenwert des Geldes!

5. Zeigen Sie anhand einer Grafik auf, wie der Wechselkurs beim System freier Wechselkurse zustande kommt!

6. Wie entwickelt sich der Wechselkurs (Mengennotierung) beim System freier Wechselkurse, wenn
   6.1 die Devisennachfrage bei gleichbleibendem Devisenangebot zunimmt,
   6.2 die Devisennachfrage bei gleichbleibendem Devisenangebot abnimmt,
   6.3 das Devisenangebot bei gleichbleibender Devisennachfrage zunimmt,
   6.4 das Devisenangebot bei gleichbleibender Devisennachfrage abnimmt?

7. Nennen Sie mindestens je zwei Gründe für ein zunehmendes bzw. abnehmendes Devisenangebot!

8. Nennen Sie mindestens je zwei Gründe für eine zunehmende bzw. abnehmende Devisennachfrage!

9. Beurteilen Sie Vor- und Nachteile des Systems freier Wechselkurse!

8.9.2.2 Relativ feste Wechselkurse

Wesen der relativ starren Wechselkurse

Starre Wechselkurse (feste Wechselkurse) werden entweder zwischenstaatlich vereinbart oder von der Regierung eines Landes autonom festgelegt. Schwankungen der Kurse sind nicht zugelassen. Absolut feste Wechselkurse sind vor allem in Zentralverwaltungswirtschaften üblich, in denen Devisenbewirtschaftung herrscht.

Das System relativ starrer (fester) Wechselkurse lässt bestimmte *Schwankungsbreiten* der Kurse zu. Innerhalb dieser Schwankungsbreiten (Bandbreiten) vollzieht sich die Kursbildung nach den Grundsätzen eines freien Markts.

Wenn im Folgenden von festen (gebundenen) Wechselkursen die Rede ist, sind immer die relativ festen Wechselkurse gemeint. Das Wesen der festen Wechselkurse besteht darin, dass die Regierungen sogenannte **Paritäten**[1] (Leitkurse) miteinander vereinbaren, wobei die Kurse nach oben und unten mit einem bestimmten Prozentsatz (z. B. je 2,5 %) vom Leitkurs abweichen dürfen. Die zugelassene Schwankungsbreite (z. B. 5 %) wird als **Bandbreite** bezeichnet.

Kurssicherung durch eine Zentralbank

Angenommen, die Regierungen des Landes A und des Landes B vereinbaren zwischen ihren Währungen eine **Parität** von 2 : 1. Dies bedeutet, dass der **Leitkurs** 2 AGE (= Geldeinheiten der Währung A) für 1 BGE (= Geldeinheit der Währung B) beträgt. Bei einer Bandbreite von 5 % darf der Kurs der A-Währung dann höchstens auf 2,05 steigen und nicht unter 1,95 sinken.

Würde der Kurs aufgrund gestiegener Nachfrage nach BGE oder aufgrund gesunkenen Angebots von BGE *über* 2,05 steigen, müsste die Zentralbank des Landes B eingreifen (intervenieren), indem sie AGE kauft (BGE verkauft), um den Kurs zu senken. Die obere Grenze der Bandbreite heißt deswegen **oberer Interventionspunkt**.[2]

Droht hingegen der Kurs unter 1,95 zu fallen, weil die Nachfrage nach BGE abgenommen oder das Angebot von BGE zugenommen hat, muss die Zentralbank des Landes B eingreifen (intervenieren), d. h. AGE aus ihren Devisenvorräten verkaufen (BGE kaufen), um den Kurs zu heben. Die untere Grenze der Bandbreite wird deshalb als **unterer Interventionspunkt** bezeichnet.

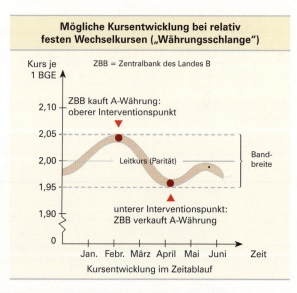

Mögliche Kursentwicklung bei relativ festen Wechselkursen („Währungsschlange")

---

1 Parität = wörtl. Gleichheit; hier: festgelegtes Austauschverhältnis.
2 Intervenieren = eingreifen.

8.9 Außenhandel und Außenhandelspolitik

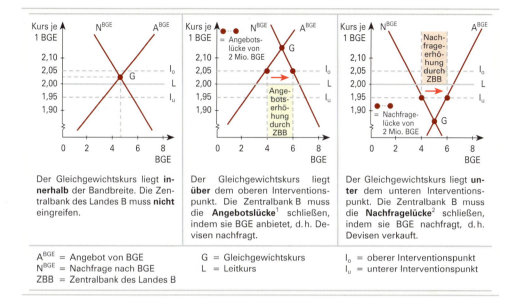

Der Gleichgewichtskurs liegt **innerhalb** der Bandbreite. Die Zentralbank des Landes B muss **nicht** eingreifen.	Der Gleichgewichtskurs liegt **über** dem oberen Interventionspunkt. Die Zentralbank B muss die **Angebotslücke**[1] schließen, indem sie BGE anbietet, d. h. Devisen nachfragt.	Der Gleichgewichtskurs liegt **unter** dem unteren Interventionspunkt. Die Zentralbank B muss die **Nachfragelücke**[2] schließen, indem sie BGE nachfragt, d. h. Devisen verkauft.

A^{BGE} = Angebot von BGE
N^{BGE} = Nachfrage nach BGE
ZBB = Zentralbank des Landes B
G = Gleichgewichtskurs
L = Leitkurs
I_o = oberer Interventionspunkt
I_u = unterer Interventionspunkt

Bedeutung des Systems fester Wechselkurse

Der **Vorteil** fester Devisenkurse ist, dass der Wirtschaft sichere Kalkulationsgrundlagen geboten werden. Die Gefahr eines plötzlichen Kursverfalls oder eines unerwarteten Kursanstiegs ist weitgehend gebannt.

Die **Nachteile** dürfen jedoch nicht übersehen werden. So kann z. B. eine Zentralbank nur so lange Devisen verkaufen, um den Kurs nicht unter den unteren Interventionspunkt fallen zu lassen, wie sie über Devisen verfügt. Sind ihre Devisenvorräte erschöpft, muss der Leitkurs (die Parität) herabgesetzt, d. h. die eigene Währung **abgewertet**[3] werden. Die neue Parität muss mindestens so niedrig sein wie der Kurs, der sich bei freien Wechselkursen ergeben würde. Währungen, die laufend abgewertet werden müssen, heißen **weiche Währungen**.[4]

Der Hauptgrund für eine erforderliche **Abwertung** ist, dass die Importe zu hoch, die Exporte zu niedrig sind (Devisenmangel). Durch die Abwertung werden die Importe gedrosselt (die Fremdwährung und damit die Importe werden teurer) und der Export gefördert.

Seltener kommt es vor, dass der Leitkurs zu niedrig ist. Dies ist dann der Fall, wenn eine Zentralbank Devisen kaufen muss, um den Kurs nicht über den oberen Interventionspunkt steigen zu lassen. Theoretisch kann die Zentralbank laufend Devisen aufkaufen: Auf Binnenwährung lautendes Geld kann sie jederzeit drucken und in Umlauf setzen (Geldschöpfung). Die größte Gefahr dieser Politik besteht darin, dass der Geldumlauf im eigenen Währungsgebiet erhöht wird und so die Preise steigen. Längerfristig muss die Binnen-

---
1 Angebotslücke: Das Angebot ist kleiner als die Nachfrage (Nachfrageüberhang).
2 Nachfragelücke: Die Nachfrage ist kleiner als das Angebot (Angebotsüberhang).
3 Das Fachwort für Abwertung heißt Devalvation.
4 Weiche Währungen = schwache Währungen. Der Begriff „weiche Währung" wurde seit 1973 auch auf floatende Währungen übertragen, nämlich auf Währungen, deren Außenwert laufend sinkt (z. B. türkische Lira).

währung **aufgewertet**,[1] d. h. der Leitkurs heraufgesetzt werden. Die neue Parität sollte so hoch sein wie der Kurs, der sich bei freien Wechselkursen ergeben würde. Währungen, die stark nachgefragt werden, die also von Zeit zu Zeit aufgewertet werden, heißen **harte Währungen**.[2]

Der Hauptgrund für eine notwendig gewordene Aufwertung ist, dass die Exporte zu hoch, die Importe zu niedrig sind (laufende Devisenüberschüsse). Die eigene Währung ist also unterbewertet, sodass die Exportwaren für die Fremdwährungsländer billig sind. Dies ist vor allem dann der Fall, wenn die Preise in den Fremdwährungsländern schneller steigen als im eigenen Währungsgebiet; dann nämlich weicht der Gleichgewichtskurs immer mehr vom Leitkurs (von der Parität) ab. Die Folge ist, dass aufgrund der dauernden Devisenkäufe der Zentralbank der Geldumlauf im eigenen Währungsgebiet steigt und das Preisniveau nach oben klettert. Man bezeichnet die auf Exportüberschüssen beruhenden Preissteigerungen als „**importierte Inflation**".

Zusammenfassung

- Das **System relativ starrer (fester, fixer) Wechselkurse** ist dadurch gekennzeichnet, dass zwischen verschiedenen Währungen **Paritäten** bestehen, die bis zu einem bestimmten Prozentsatz über- oder unterschritten werden können.

- Eine **Kursheraufsetzung** (Heraufsetzung der Parität) wird als **Aufwertung**, eine **Kursherabsetzung** (Herabsetzung der Parität) wird als **Abwertung** bezeichnet.

ÜBUNGSAUFGABEN

Die Abkürzungen in den folgenden Aufgaben bedeuten:
K = Kurs (Mengennotierung) A^W = Angebot von Binnenwährung
W = Binnenwährung N^W = Nachfrage nach Binnenwährung

1. Kennzeichnen Sie kurz die Begriffe absolut starre und relativ starre Wechselkurse!

2. Die nebenstehende Abbildung zeigt die Situation auf einem Devisenmarkt bei relativ festen Wechselkursen.

    2.1 Wie werden die Kurse K_0, K_1, K_2 und K_3 bezeichnet?

    2.2 Definieren Sie die unter 2.1 genannten Begriffe!

    2.3 Muss die Zentralbank (Notenbank) eingreifen? Begründen Sie Ihre Antwort!

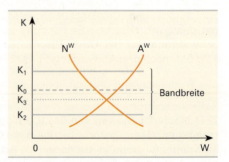

---

[1] Das Fachwort für Aufwertung heißt Revalvation.
[2] Harte Währungen = starke Währungen. Der Begriff „harte Währung" wurde seit 1973 auch auf floatende Währungen übertragen, nämlich auf Währungen, deren Außenwert langfristig steigt oder konstant bleibt (z. B. Schweizer Franken, US-Dollar).

3. Die nebenstehende Abbildung zeigt die Situation auf einem Devisenmarkt bei relativ festen Wechselkursen.

   3.1 Wie werden die Kurse K_0, K_1, K_2 und K_3 bezeichnet?

   3.2 Muss die Zentralbank (Notenbank) eingreifen? Wenn ja, warum?

   3.3 Welche Folgen ergeben sich langfristig für die Binnenwirtschaft? Warum?

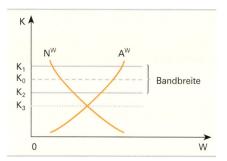

4. Die nebenstehende Abbildung zeigt die Situation auf einem Devisenmarkt bei relativ festen Wechselkursen.

   4.1 Wie werden die Kurse K_0, K_1, K_2 und K_3 bezeichnet?

   4.2 Muss die Zentralbank (Notenbank) eingreifen? Wenn ja, warum?

   4.3 Welche Folgen ergeben sich langfristig für die Binnenwirtschaft? Warum?

5. Beurteilen Sie Vor- und Nachteile des Systems relativ fester Wechselkurse!

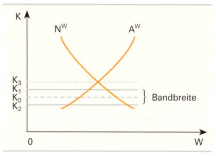

8.9.2.3 Entwicklung der Wechselkurssysteme

Das System von Bretton Woods

In der Währungsgeschichte der Nachkriegszeit waren sowohl das Modell der freien Wechselkurse als auch das der (relativ) festen Wechselkurse von Bedeutung. 1944 wurde in **Bretton Woods,** Ort in New Hampshire, USA, der **I**nternationale **W**ährungs**f**onds **(IWF),** dem zuletzt rund 130 Staaten angehörten, gegründet. Die Bundesrepublik Deutschland trat dem IWF 1952 bei. Es handelte sich um ein **System relativ fester Wechselkurse. Leitwährung** war der **US-$.** Die Parität der Deutschen Mark zum US-$ betrug bis 1961 4,20 DM, nach drei Aufwertungen 1973 nur noch 3,22 DM (Preisnotierung).

Floating

1971 brach das System von Bretton Woods (das System der relativ festen Wechselkurse) zusammen. (Hauptgründe: Verfall des US-$ aufgrund der Milliarden-Ausgaben der USA für Kriege, für hohe Investitionen im Ausland, für Militärhilfen sowie aufgrund eines anhaltend negativen Außenbeitrags.) Nach vorübergehender Rückkehr zu festen Wechselkursen gaben bis 1973 alle größeren Industrieländer ihre Währungen frei (sie „floateten").

Die Nachteile des Floatings bewogen 1973 sechs EG-Länder,[1] und zwar Belgien, Bundesrepublik Deutschland, Dänemark, Frankreich, Luxemburg und Niederlande untereinander **feste Wechselkurse** mit einer Bandbreite von 5 % (± 2,5 %) zu vereinbaren, gegenüber

---
1 Zur Geschichte der EG (Europäischen Gemeinschaft) siehe Kapitel 8.10.2.

allen **anderen Währungen jedoch zu floaten**. Dieses System wurde als **Blockfloating** bezeichnet, weil ein „Block" (eine Gruppe) von Staaten die Wechselkurse ihrer Währungen nach außen hin freigab. Dem Währungsblock (der „Schlange", weil die Wechselkurse nur innerhalb der Bandbreiten schwanken, d. h. „schlängeln" konnten) gehörten zu Beginn des Jahres 1979 lediglich Belgien, die Bundesrepublik Deutschland, Dänemark, Luxemburg, die Niederlande und das Nicht-EG-Mitglied Norwegen an.

Wechselkursmechanismus I (WKM I)

Im März 1979 trat an die Stelle der „Schlange" das **Europäische Währungssystem (EWS)**, heute als **Wechselkursmechanismus I (WKM I)** bezeichnet. Die Ziele des EWS waren:

- Förderung des europäischen Integrationsprozesses,
- Stabilisierung der Wechselkurse zwischen den Währungen der Mitgliedsländer des EWS (WKM I),
- Festigung der internationalen Währungsbeziehungen.

Zuletzt nahmen zwölf EU-Länder[1] am System relativ fester Wechselkurse teil, nämlich Belgien, Bundesrepublik Deutschland, Dänemark, Finnland, Frankreich, Irland, Italien, Luxemburg, Österreich, Niederlande, Portugal und Spanien. Die Bandbreite betrug 30 %. Drohte eine größere Kursabweichung einer Währung, mussten die nationalen Zentralbanken stützend einspringen, wie dies im Kapitel 8.9.2.2 beschrieben wurde. Der WKM I trug dazu bei, die Einführung des Euro vorzubereiten.

Der WKM I unterschied sich vom früheren Blockfloating dadurch, dass eine Verrechnungseinheit, die **ECU** (= **E**uropean **C**urrency **U**nit) eingeführt wurde. Die ECU war keine europäische Währung, sondern sie war u. a.

- Bezugsgröße für die Wechselkurse,
- Indikator für Wechselkursabweichungen,
- Rechengröße im Interventions- und Kreditmechanismus des WKM I und
- Zahlungsmittel zwischen den EU-Zentralbanken.

Die ECU war eine sogenannte **Korbwährung**: Jedes Mitgliedsland des EWS hatte entsprechend seiner *Wirtschaftskraft* (z. B. Anteil des eigenen Nationalprodukts am Nationalprodukt des WKM I, Beteiligung am Außenhandel des WKM I) einen Anteil am Inhalt des Korbs.

Wechselkursmechanismus II (WKM II)

Der WKM II ist die Fortsetzung des WKM I zwischen der WWU und den Mitgliedsländern der Europäischen Union, die noch nicht der WWU angehören wollen bzw. aufgenommen werden können. „Ankerwährung"[2] ist der Euro.

---

[1] Zur Europäischen Union (EU) siehe Kapitel 8.10.2.
[2] Ankerwährung = Währung, zu der Fremdwährungen in einem absolut oder relativ festen Umtauschverhältnis stehen, mit der sie also mehr oder weniger fest „verankert" sind.

8.9 Außenhandel und Außenhandelspolitik

Wichtige Regelungen für den WKM II sind:

- Die Teilnahme ist freiwillig.
- Die Leitkurse der Outs[1] werden auf den Euro festgelegt.
- Leitkurse und Bandbreite werden in einem gemeinsamen Verfahren unter Beteiligung der EU-Kommission, der Europäischen Zentralbank, der Minister der WWU, der Minister und der Zentralbankpräsidenten der Outs und des Wirtschafts- und Sozialausschusses der EU festgelegt.
- Sind Interventionen an den Interventionspunkten erforderlich, sollen diese grundsätzlich automatisch und unbegrenzt erfolgen. Die Interventionen dienen der Verteidigung der Wechselkurse.
- Die EZB kann Interventionen aussetzen, wenn diese das Hauptziel der EZB, nämlich die Geldwertstabilität, gefährden können.

Am Wechselkursmechanismus in der EU nimmt zurzeit nur Dänemark (Bandbreite ± $2^1/_4$ %) teil.

Zusammenfassung

- Das **System von Bretton Woods** war ein **System relativ fester Wechselkurse**. Die Bandbreite betrug 5 %.
- Ein weiteres Beispiel für ein System relativ fester Wechselkurse war der **Wechselkursmechanismus I (WKM I)**.
- Der **Wechselkursmechanismus II (WKM II)** ist ein System relativ fester Wechselkurse zwischen der Europäischen Wirtschafts- und Währungsunion (WWU) und den übrigen Mitgliedstaaten der Europäischen Union (EU). Zurzeit (2017) nimmt nur Dänemark (Bandbreite ± $2^1/_4$ %) am WKM II teil.

ÜBUNGSAUFGABEN

1. Erklären Sie den Unterschied zwischen folgenden Wechselkurssystemen (-regimen):

   1.1 Freie Wechselkurse,

   1.2 relativ feste Wechselkurse und

   1.3 Floating!

2. Überlegen Sie, warum zum 1. Januar 1999 die Bandbreite zwischen dem Euro und der dänischen Krone auf 4,5 % und die Bandbreite zwischen dem Euro und der griechischen Drachme auf 30 % festgelegt wurde!

3. **Textauszug:**

Die Aufnahme von 8 mittel- und osteuropäischen Volkswirtschaften sowie Malta und Zypern stellt die Europäische Union[2] vor eine der größten Herausforderungen ihrer Geschichte. Die neuen EU-Mitglieder verpflichten sich auch zur späteren Übernahme des Euro. Eine „opting-out"-Klausel wie die für Großbritannien und Dänemark gibt es nicht. Insofern ist nicht auszuschließen, dass bereits zwei bis drei Jahre nach Erweiterung der Europäischen Union auch die Teilnehmerzahl der Europäischen Währungsunion deutlich größer wird ...

Die Aufnahme der 10 Beitrittskandidaten in die EU bedeutet zunächst einmal, dass die Bevölkerung der EU um über 100 Millionen und damit um über ein Viertel ansteigt. Das Bruttoinlandsprodukt nimmt aber weit weni-

---

1 Siehe Kapitel 8.7.1.1.
2 Näheres zur Europäischen Union siehe Kapitel 8.10.2.

ger zu. Derzeit beträgt das aggregierte nominale BIP der Beitrittsländer nur weniger als 5 Prozent des Bruttoinlandsprodukts in der EU. Die Übergangsphase nach dem Beitritt zur EU ist darauf ausgerichtet, die zur Übernahme der gemeinsamen Währung notwendige Konvergenz weiter zu erhöhen. Denn die Länder, die der EU beitreten, verpflichten sich zugleich, später den Euro zu übernehmen. Es gibt kein „opting-out" ...

Mit dem Beitritt zur EU verpflichten sich die Beitrittskandidaten, die Wirtschaftspolitik als Angelegenheit von gemeinsamen Interesse zu betrachten und sich dem wirtschaftspolitischen Koordinierungs- und Überwachungsmechanismus der EU unterzuordnen. Ziel ist eine stabilitätsorientierte und auf zunehmende Konvergenz ausgerichtete Wirtschaftspolitik aller EU-Mitglieder. Speziell auf die Finanzpolitik ausgerichtet ist der Stabilitäts- und Wachstumspakt, der das mittelfristige Ziel eines ausgeglichenen öffentlichen Haushaltes verankert ...

Auch die Wechselkurspolitik wird zu einer Angelegenheit von gemeinsamem Interesse. Eine gleichzeitige Aufnahme in die EU und in die EWU ist gemäß Vertrag nicht möglich. Vielmehr erfordern die Konvergenzkriterien, dass ein Land mindestens zwei Jahre ohne besondere Spannungen dem WKM II angehört haben muss. Erst dann kann es der EWU beitreten. Ob darüber hinaus eine noch längere Übergangsphase notwendig erscheint oder ob sofort nach dem EU-Beitritt auch die Mitgliedschaft im WKM II erfolgen sollte, hängt von der besonderen Situation des Landes ab ...

Quelle: Auszüge aus einer Rede von Prof. Dr. Hermann Remsperger, Mitglied des Direktoriums der Deutschen Bundesbank, anlässlich der Jahreshauptversammlung der Frankfurter Wirtschaftswissenschaftlichen Gesellschaft in Frankfurt am Main am 30. November 2001.

3.1 Erläutern Sie die unterstrichenen Begriffe!

3.2 Lesen Sie das Kapitel 8.9.2.3 und überlegen Sie, was die „opting-out"-Klausel für Großbritannien und Dänemark bedeutet!

3.3 **Arbeitsauftrag:** Welche Staaten gehören zu den jüngsten Beitrittskandidaten der EU?

4. **Textauszug:**

Der Schweizer Franken wertet auf

Seit drei Jahren verteidigte die Notenbank der Schweiz den Mindestkurs von 1,20 Franken je Euro. Jetzt die überraschende Kehrtwende: Der Mindestkurs wird aufgehoben. Der Franken wertete drastisch auf.

Zürich. Die Schweizerische Nationalbank (SNB) scheint vor den Devisenmärkten zu kapitulieren: Vollkommen überraschend hat sie die Aufhebung des Mindestkurses von 1,20 Franken je Euro angekündigt. Um die Flucht in den Franken weniger attraktiv zu machen, senkt sie die Negativzinsen um 0,5 Punkte auf 0,75 Prozent.

Der Frankenkurs reagierte sofort und legte zeitweise um mehr als 35 Prozent zu, stabilisierte sich dann aber bei 0,97 Euro (plus 17 Prozent ...

Quelle: www.handelsblatt.com vom 15.02.2015

4.1 Überlegen Sie, warum die SNB den Mindestkurs des Schweizer Frankens von 1,20 € aufgehoben hat!

4.2 Mit welcher währungspolitischen Maßnahme konnte die SNB den Kurs des Schweizer Frankens bei 1,20 € halten?

4.3 Welchen Grund könnte die SNB gehabt haben, die Kursbindung des Schweizer Frankens aufzuheben?

4.4 Welche (möglichen) Folgen hat die Aufwertung des Frankens für die Schweizer Wirtschaft?

4.5 Was ist unter Negativzinsen zu verstehen und welchen Zweck verfolgt eine Zentralbank mit der Erhebung bzw. Erhöhung von Negativzinsen?

8.9.3 Zahlungsbilanzpolitik

8.9.3.1 Ziele der Zahlungsbilanzpolitik

Genauere Aussagen über die Wirkungen von Zahlungsbilanzungleichgewichten kann man nur in Bezug auf Einzelstaaten mit eigener Währung oder in Bezug auf ganze Währungsgebiete wie z. B. die WWU treffen. Der Grund: Transaktionen zwischen den Mitgliedstaaten einer Währungsunion verändern zwar die nationalen Zahlungsbilanzen, nicht aber die Zahlungsbilanz der Währungsunion.

> **Beispiel:**
>
> Belgien hat einen Zahlungsbilanzüberschuss gegenüber Spanien. Die Geldmenge innerhalb des Euro-Währungsgebiets ändert sich dadurch nicht. Eine Aussage darüber, wie sich die lokalen Preise verhalten werden, ist nicht möglich. Es lässt sich lediglich feststellen, dass unter sonst gleichen Bedingungen die Beschäftigungslage im Exportland positiv beeinflusst wird.

Die folgenden Überlegungen beziehen sich daher stets auf die Zahlungsbilanz eines Währungsgebiets.

Zahlungsbilanzungleichgewichte[1]

Wirkungen von Zahlungsbilanzungleichgewichten sind:

- **Zahlungsbilanzüberschüsse** gegenüber dem Devisenausland (i. d. R. auf einen positiven Außenbeitrag zurückzuführen) bewirken, dass das Devisenangebot (die Exporterlöse) höher als die Devisennachfrage (für Importausgaben) ist. Der Geldumlauf im exportierenden Währungsgebiet steigt. Es besteht Inflationsgefahr (importierte Inflation).
- **Zahlungsbilanzdefizite** gegenüber dem Devisenausland (i. d. R. auf einen negativen Außenbeitrag zurückzuführen) bewirken, dass die Devisennachfrage (für Importausgaben) höher als das Devisenangebot (die Exporterlöse) ist. Der Geldumlauf im importierenden Währungsgebiet verringert sich. Es besteht die Gefahr, dass Arbeitslosigkeit (Unterbeschäftigung) entsteht (Konjunkturrückgang).

Außenwirtschaftliche Absicherung[2]

Es zeigt sich, dass langfristig weder dauernde Zahlungsbilanzüberschüsse noch -defizite wünschenswert sind, weil sie die Binnenkonjunktur nachteilig beeinflussen können. Daher ist es ein wirtschaftspolitisches Ziel der Regierungen und der Zentralbank, langfristig eine ausgeglichene Zahlungsbilanz zu erreichen.

8.9.3.2 Unmittelbare Maßnahmen zur Beeinflussung der Zahlungsbilanz

System freier Wechselkurse

Bei frei schwankenden Wechselkursen (beim „Floating") haben die Regierungen nicht die Möglichkeit, unmittelbar auf das Devisenangebot bzw. auf die Devisennachfrage Einfluss zu nehmen, weil sich die Kurse auf einem freien Devisenmarkt einpendeln. Sie können nur mittelbar auf die Entwicklung der Zahlungsbilanz einwirken, indem sie beispielsweise

---

1 Siehe Kapitel 8.3 und Kapitel 8.4.1.3.
2 Siehe auch Kapitel 8.4.1.3.

die Exporte fördern oder die Importe bremsen.¹ Beim System freier Wechselkurse ist es vielmehr der Zentralbank überlassen, ob sie Wechselkurspolitik betreiben will oder nicht.

Die Zentralbank kann **Devisen kaufen,** wenn sie die Wechselkurse halten oder senken möchte (Mengennotierung). Der Außenwert der Fremdwährung wird gestützt (Stützungskäufe).²		Diese Maßnahme bewirkt, dass die Exporte gefördert und die Importe gebremst werden. Ein etwa vorhandenes Zahlungsbilanzdefizit wird verringert bzw. ein vorhandener Überschuss wird vergrößert.
Die Zentralbank kann **Devisen verkaufen,** wenn sie die Wechselkurse erhöhen möchte (Mengennotierung). Der Außenwert der Binnenwährung wird erhöht.²		Devisenverkäufe haben zur Folge, dass die Exporte gebremst und die Importe gefördert werden. Ein etwa vorhandener Zahlungsbilanzüberschuss wird verringert bzw. ein vorhandenes Defizit vergrößert.

Devisenkäufe und -verkäufe der Europäischen Zentralbank wirken sich zwar unmittelbar auf die Zahlungsbilanz der WWU aus. Inwieweit die nationalen Zahlungsbilanzen von den währungspolitischen Maßnahmen der EZB betroffen werden, lässt sich nur im Einzelfall beurteilen.

System relativ fester Wechselkurse

Bei festen Wechselkursen obliegt es den Regierungen (in Zusammenarbeit mit der Zentralbank) Wechselkurspolitik zu betreiben, denn sie haben die Möglichkeit, auf- oder abzuwerten.³

Liegt der Gleichgewichtskurs langfristig unter dem unteren Interventionspunkt, müssen die Wechselkurse herabgesetzt werden. Die Binnenwährung wird also abgewertet.		Die Folge ist, dass die Exporte gefördert und die Importe gebremst werden. Es ist zu erwarten, dass sich infolgedessen ein Zahlungsbilanzdefizit verringert.
Liegt der Gleichgewichtskurs langfristig über dem oberen Interventionspunkt, müssen die Wechselkurse heraufgesetzt werden. Die Binnenwährung wird also aufgewertet.		Die Folge ist, dass die Exporte gebremst und die Importe gefördert werden. Es ist zu erwarten, dass infolgedessen ein Zahlungsbilanzüberschuss abgebaut wird.

---

1 Siehe Kapitel 8.9.3.3.
2 Näheres siehe Kapitel 8.9.2.2.
3 Zur Auf- und Abwertung siehe Kapitel 8.9.2.2.

8.9.3.3 Mittelbare Maßnahmen zur Beeinflussung der Zahlungsbilanz

Während eine aktive Zahlungsbilanz verhältnismäßig leicht zu korrigieren ist,[1] stellt eine ständig passive Zahlungsbilanz die Wirtschaftspolitik vor große Probleme: Die Devisenvorräte sind knapp, Importe müssen mit zu verzinsenden Krediten aus dem Devisenausland finanziert werden und die inländische Beschäftigung wird beeinträchtigt. Das Zahlungsbilanzdefizit kann nur behoben werden, wenn die Exporte gefördert und die Importe eingedämmt werden.

Exportförderung

Staatliche Exportförderungsmaßnahmen sind vor allem:

Handelsabkommen	Sie stellen kurzfristige Verträge mit einzelnen Ländern dar, so z. B. die Handelsabkommen, die die Bundesrepublik Deutschland mit der Volksrepublik China abschließt, in denen Warenarten und -mengen, die zu liefern bzw. abzunehmen sind, festgelegt werden.
Handelsverträge	Sie sind langfristige Vereinbarungen mit anderen Ländern, um den zwischenstaatlichen Handel zu regeln. Handelsverträge enthalten unter anderem auch Zollvereinbarungen.
Steuerpolitische Maßnahmen	Ausfuhrlieferungen der Bundesrepublik Deutschland sind umsatzsteuerfrei. Desgleichen wird für Waren, die aus dem Ausland zum Zweck der Veredelung eingeführt und wieder exportiert werden, kein Einfuhrzoll erhoben.
Staatliche Bürgschaften und Garantien	Wirtschaftliche und politische Risiken werden den Exporteuren auf Antrag teilweise vom Staat abgenommen, und zwar durch Ausfuhrgarantien und -bürgschaften.
Subventionen	Während Steuerbefreiungen indirekte Subventionen darstellen, können die Exportländer auch direkte Subventionen leisten. Dazu gehören z. B. Barzuschüsse, Zinssubventionen, Ausfuhrprämien, Investitionshilfen und Exportkredite. Obwohl die direkten Subventionen als Verstoß gegen die internationalen Handelsregeln angesehen werden, sind sie an der Tagesordnung.
Dumping[2]	Obgleich es die allgemeine Überzeugung ist, dass die Beeinträchtigung des internationalen Handelns alle beteiligten Volkswirtschaften langfristig schädigt, sehen die Defizitländer (die Länder mit hohen Importüberschüssen) häufig keine andere Möglichkeit, als ihre Situation durch Dumpingmaßnahmen zu verbessern. Dumping gilt als unlauteres (unfaires) Instrument der Außenwirtschaftspolitik.

---

1 Aufwertung, Einstellung der Stützungskäufe durch die Zentralbank, Importerhöhung.
2 Dumping (engl.) = Dämpfung, Druck; hier: Ausfuhr zu Schleuderpreisen.

Man unterscheidet folgende Dumpingarten:

- **Subventionsdumping.** Die Regierungen der Lieferländer subventionieren ihre Exportwirtschaft derart, dass die Hersteller in den Importländern konkurrenzunfähig werden.
- **Sozialdumping.** Hier wird Ländern mit niedrigen Reallöhnen vorgeworfen, sie beschafften sich durch unterdurchschnittliche Bezahlung ihrer Arbeitskräfte ungerechtfertigte Vorteile im internationalen Handel.
- **Valutadumping.**[1] Ländern, die abgewertet haben, oder Ländern, die trotz hoher Exportüberschüsse und Vollbeschäftigung nicht aufwerten wollen, wird vorgeworfen, dass sie ihren Export und damit ihre Beschäftigung auf Kosten anderer Länder förderten.

Importbeschränkung

Importbeschränkende Maßnahmen können z. B. erforderlich sein, um die Folgen eines Exportdumpings der Handelspartner abzuwehren. In vielen Fällen gibt es auch wichtige politische Gründe, Einfuhrverbote zu erlassen (z. B. Verbot der Einfuhr seltener Wildtiere und Pflanzen, bestimmter Waffen, Einfuhrverbot für Rauschgift, für verseuchte Lebensmittel und für bestimmte Gifte).

Importbeschränkende Maßnahmen können sein:

Importzölle	Zölle, die aus zahlungsbilanzpolitischen Gründen eingeführt bzw. erhöht werden, sind **Schutzzölle**. Soll eine im Aufbau befindliche inländische Industrie vorübergehend vor ausländischer Konkurrenz geschützt werden, spricht man von **Erziehungszöllen**. Erziehungszölle spielen vor allem für die Entwicklungsländer eine Rolle. Haben Zölle den ausschließlichen Zweck, die Staatseinnahmen zu erhöhen, handelt es sich um **Finanzzölle**.
Importkontingentierung[2]	Die mengenmäßige Importbeschränkung führt häufig dazu, dass die Importeure größere Mengen bei den Genehmigungsbehörden anmelden, als sie tatsächlich zu importieren beabsichtigen. Deshalb verlangen Staaten mit Importkontrollen häufig finanzielle Hinterlegungen in Höhe eines bestimmten Prozentsatzes des Importwerts (**= Bardepot**), sodass sich indirekt der Import verteuert und auf diese Weise gebremst wird.
Devisenbewirtschaftung[3]	In diesem Fall werden die Exporteure gezwungen, ihre Deviseneröse an die Devisenbehörde abzuliefern (zu verkaufen). Die Importeure (auch private Reisende ins Devisenausland) müssen die Zuteilung von Devisen beantragen. Dabei bleibt es der staatlichen Devisenbehörde überlassen, die verfügbaren Mittel nach Importländern, Importwaren und -dienstleistungen sowie auf die verschiedenen Importeure aufzuteilen. Importkontingentierung und Devisenbewirtschaftung stellen marktkonträre Eingriffe in die Außenwirtschaft dar.

---

1 Valuta = Kurswert einer Währung.
2 Kontingentierung = mengenmäßige Begrenzung.
3 Das Gegenteil der Devisenbewirtschaftung („Devisenzwangswirtschaft") ist die Konvertibilität, d. h. die freie Austauschbarkeit der Währungen.

8.9 Außenhandel und Außenhandelspolitik

Zusammenfassung

- **Zahlungsbilanzungleichgewichte** beeinflussen die Binnenkonjunktur:
  - Ein **Zahlungsbilanzdefizit** gegenüber dem Devisenausland dämpft die Inflation, beeinträchtigt aber die Beschäftigung.
  - Ein **Zahlungsbilanzüberschuss** gegenüber dem Devisenausland fördert die Beschäftigung, erhöht aber die Inflationsrate.
- Eine wichtige Aufgabe der Außenwirtschaftspolitik ist, für den **Zahlungsbilanzausgleich** (für außenwirtschaftliches Gleichgewicht) zu sorgen.
- Mittelbare Maßnahmen zur Beseitigung von Zahlungsbilanzdefiziten sind:
  - **Exportförderung** durch
    - Handelsabkommen und -verträge,
    - steuerpolitische Maßnahmen,
    - Übernahme staatlicher Bürgschaften und Garantien,
    - Exportsubventionen.
  - **Importdrosselung** durch
    - Einführung und/oder Erhöhung von Importzöllen,
    - Importkontingentierung,
    - Devisenbewirtschaftung.
- Eine mittelbare Maßnahme zum Abbau von Zahlungsbilanzüberschüssen ist die **Öffnung der Binnenmärkte** nach außen (z. B. durch Zollsenkung bzw. -abschaffung).

ÜBUNGSAUFGABEN

1. Begründen Sie, warum Zahlungsbilanzungleichgewichte zu Störungen auf den Devisenmärkten führen können!

2. Begründen Sie, warum langfristig eine ausgeglichene Zahlungsbilanz eines Währungsgebiets wünschenswert ist!

3. Erläutern Sie, wie die Zentralbank eines Währungsgebiets auch beim System freier Wechselkurse die Zahlungsbilanz beeinflussen kann!

4. Angenommen, ein Land hat eine dauernd negative (passive) Zahlungsbilanz (= Zahlungsbilanzdefizit). Die Wechselkurse sind relativ fest. Wie kann die Zahlungsbilanz ins Gleichgewicht gebracht werden?

5. Angenommen, ein Land hat eine dauernd positive (aktive) Zahlungsbilanz (= Zahlungsbilanzüberschuss). Die Wechselkurse sind relativ fest. Wie kann die Zahlungsbilanz ins Gleichgewicht gebracht werden?

6. Nennen und beschreiben Sie mindestens vier handels- und zollpolitische Maßnahmen, die auf der Exportseite zu einem Abbau eines Zahlungsbilanzdefizits beitragen können!

7. Nennen und beschreiben Sie mindestens vier handels- und zollpolitische Maßnahmen, die auf der Importseite zu einem Abbau eines Zahlungsbilanzdefizits beitragen können!

8. Zoll- und steuerpolitische Maßnahmen des Staates können noch als marktkonform angesehen werden. Administrative Maßnahmen hingegen sind marktkonträr.
   8.1 Welche administrativen Maßnahmen sind möglich?
   8.2 Warum sind administrative Maßnahmen als marktkonträr anzusehen?

9. Warum sind staatliche Eingriffe in den internationalen Handel in aller Regel für alle beteiligten Länder von Nachteil?

8.10 Internationale Organisationen zur Regelung außenwirtschaftlicher Beziehungen

Hauptüberschriften in Zeitungen: „Kroatien wird der EU beitreten"; „Europäischer Gerichtshof weist Klage der Fluggesellschaften ab"; „WTO verurteilt China wegen seiner Exportbeschränkungen"; „Weltbank warnt vor Überhitzung"; „IWF soll von der EU 150 Mrd. € erhalten".

Tagtäglich lesen wir solche und ähnliche Nachrichten. Um sie zu verstehen, sind einige Grundkenntnisse erforderlich.

8.10.1 Welthandelsorganisation (WTO)

Die Welthandelsorganisation (**W**orld **T**rade **O**rganization = WTO) nahm ihre Arbeit am 1. Januar 1995 in Genf auf. Ihr gehören rund 160 Staaten an. Die WTO überwacht die Einhaltung der internationalen Handelsregeln. Sie ist Schlichtungsinstanz bei Rechtsstreitigkeiten zwischen den Mitgliedsländern.

Die drei wesentlichen Bereiche der WTO sind der Handel mit Waren (**G**eneral **A**greement on **T**ariffs and **T**rade = GATT), der Handel mit Dienstleistungen (z. B. Bankdienstleistungen, Versicherungen, Tourismus) und der Bereich geistige Eigentumsrechte (z. B. Patentschutz).

Das oberste Organ der WTO ist die Ministerkonferenz, die mindestens alle zwei Jahre zusammentritt. Die laufenden Geschäfte besorgt der Allgemeine Rat der WTO. Er entscheidet i. d. R. mit einfacher Mehrheit. Bei bedeutenden Änderungen sieht der WTO-Vertrag aber Dreiviertelmehrheit vor – bei anderen wichtigen Fragen wie z. B. die Aufnahme neuer Mitglieder eine Zweidrittelmehrheit.

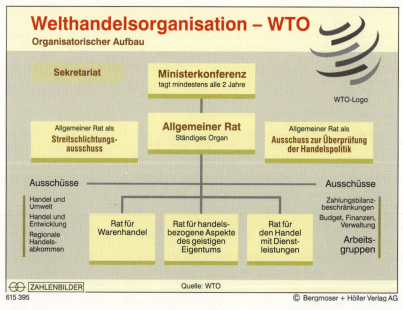

Das GATT besteht bereits seit 1947. Die Bundesrepublik Deutschland ist seit 1951 Mitglied. Der Zweck des GATT war und ist, bestehende Handelsschranken aller Art zu beseitigen (= Liberalisierung).[1] Ziele des GATT sind demnach Abbau der Zölle, Abschaffung der

---
[1] Liberal = frei; Liberalisierung = Befreiung; hier: Verwirklichung des freien Welthandels.

8.10 Internationale Organisationen zur Regelung außenwirtschaftlicher Beziehungen

Einfuhrkontingente, Verhinderung der Dumpingmethoden,[1] Abschaffung der Diskriminierung[2] und Durchsetzung der Meistbegünstigungsklausel.

- Unter **Diskriminierung** versteht man eine unterschiedliche Behandlung einzelner Staaten. Diskriminierung liegt z. B. vor, wenn Einfuhren aus einem bestimmten Land mit höheren Zöllen belastet werden als die aus einem anderen. (Die niedrigeren Zölle werden als „Präferenzzölle" bezeichnet.)[3]
- Diskriminierungen werden durch den Grundsatz der **Meistbegünstigung** verhindert. Die in internationalen Verträgen aufgenommene **Meistbegünstigungsklausel** besagt, dass der Handelspartner die gleichen Rechte erhält, wie sie bereits einem anderen Land gegenüber eingeräumt worden sind.

8.10.2 Europäische Union (EU)

Geschichtliche Entwicklung

1952	Gründung der Europäischen Gemeinschaft für Kohle und Stahl (Montanunion) durch Belgien, Niederlande, Luxemburg, Frankreich, Italien und die Bundesrepublik Deutschland (6er-Gemeinschaft).
1958	Gründung der Europäischen Wirtschaftsgemeinschaft (EWG) und der Europäischen Atomgemeinschaft (EURATOM) durch die gleichen sechs Staaten.
1967	Entstehung der Europäischen Gemeinschaft (EG) durch Zusammenfassung der Organe der Montanunion, EWG und EURATOM (gemeinsamer Ministerrat und gemeinsame Kommission).
1968	Vollendung der Zollunion durch Abbau der Zölle und Handelsbeschränkungen innerhalb der EG-Länder und Errichtung eines gemeinsamen Zolltarifs gegenüber Drittländern.
1973	Beitritt Großbritanniens, Irlands und Dänemarks zur EG (9er-Gemeinschaft), Freihandelsabkommen mit den restlichen EFTA-Ländern.
1979	Erstmalige Direktwahlen zum Europäischen Parlament (Neuwahlen alle fünf Jahre) und Beginn des Europäischen Währungssystems (EWS).
1981	Beitritt Griechenlands (10er-Gemeinschaft).
1986	Beitritt Portugals und Spaniens (12er-Gemeinschaft).
1987	Einheitliche Europäische Akte mit dem Hauptzweck der Vollendung des einheitlichen Binnenmarktes bis Ende 1992.
1990	Beitritt der DDR zur Bundesrepublik Deutschland und damit zur EU.
1992	Maastricht-Vertrag über die Europäische Union als Regierungsabkommen mit anschließenden Ratifizierungen in den Mitgliedsländern. Der Vertrag regelt die Schaffung der Wirtschafts- und Währungsunion (WWU) bis spätestens Anfang 1999.
1993	Europäischer Binnenmarkt tritt zum 01.01.1993 in Kraft. Damit entsteht in der EG ein Wirtschaftsraum, in dem der freie Verkehr von Personen, Waren und Dienstleistungen und Kapital gewährleistet ist. Am 01.11.1993 wird aus der Europäischen Gemeinschaft (EG) die Europäische Union (EU).

---

1 Siehe auch Kapitel 8.9.3.3.
2 Diskriminierung = nachteilig behandeln, herabsetzen.
3 Präferenz = Bevorzugung.

8 Grundzüge der Wirtschaftspolitik in der sozialen Marktwirtschaft

1994	Beginn der zweiten Stufe der Währungsunion: Europäisches Währungsinstitut (EWI) – Vorläufer der EZB – wird in Frankfurt am Main eingerichtet.
1995	Beitritt Österreichs, Finnlands und Schwedens (15er-Gemeinschaft).
1997	EU-Staats- und Regierungschefs verabschieden in Amsterdam einen Stabilitäts- und Wachstumspakt zur Sicherung der Stabilität des Euro nach dem Start der Währungsunion.
1998	Staats- und Regierungschefs der EU-Mitgliedstaaten einigen sich in Brüssel auf der Grundlage der Berichte der EU-Kommission und des EWI darauf, dass elf Länder am 01.01.1999 in die Währungsunion starten werden (Griechenland erfüllt die Konvergenzkriterien nicht; freiwillig bleiben der gemeinsamen Währung noch fern Großbritannien, Schweden und Dänemark).
1999	Dritte Stufe der WWU: Euro-Einheitswährung für 11 der 15 Mitgliedsländer, die EZB übernimmt die Verantwortung für die Geldpolitik.
2004	Beitritt von zehn neuen Ländern in die EU: Estland, Lettland, Litauen, Malta, Polen, Slowakische Republik, Slowenien, Tschechische Republik, Ungarn und Zypern.
2007	Beitritt der beiden Länder Bulgarien und Rumänien.
2009	Zum **1. Dezember 2009** trat der „**Vertrag von Lissabon** zur Änderung des Vertrags über die Europäische Union und des Vertrags zur Gründung der Europäischen Gemeinschaft" in Kraft. Dieser Vertrag ergänzte die bestehenden Vertragsgrundlagen des europäischen Integrationsverbandes; so erhielt die Europäische Union eine einheitliche Struktur und Rechtspersönlichkeit.
2011	Die Staats- und Regierungschefs der **Euroländer** vereinbaren weitreichende Schritte hin zu einer echten **fiskalpolitischen Stabilitätsunion** im **Euro-Währungsgebiet**.
2012	Unterzeichnung des Vertrags über den **Europäischen Stabilitätsmechanismus (ESM)**.
2013	Zum 1. Juli 2013 tritt Kroatien als 28. Mitglied der EU bei.
2017	Die britische Premierministerin Theresa May reicht im März 2017 den **Antrag zum Austritt des Vereinigten Königreichs aus der EU** in Brüssel ein (**„Brexit"**). In einem Referendum hatten im Juni 2016 knapp 52 % der Bürger in Großbritannien für den Austritt aus der Europäischen Union gestimmt.

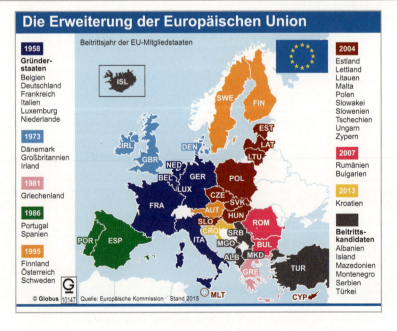

8.10 Internationale Organisationen zur Regelung außenwirtschaftlicher Beziehungen

Organe der Europäischen Union (EU)

Europäischer Rat	Im Europäischen Rat kommen mindestens zweimal jährlich die Staats- und Regierungschefs der Mitgliedstaaten der EU und der Präsident der EU-Kommission zu einem Gipfel zusammen, um der Union allgemeine politische Impulse zu geben und politische Richtlinien zu erlassen (sog. Grundsatzentscheidungen).
Europäisches Parlament	Das Europäische Parlament (Tagungsorte Straßburg und Brüssel) setzt sich aus derzeit 751 Abgeordneten zusammen, die von den Bürgern der EU-Staaten gewählt wurden. Mit dem Vertrag von Lissabon, der am 1. Dezember 2009 in Kraft trat, besitzt das Parlament ein Mitentscheidungsrecht in mehr als 40 Politikbereichen wie z. B. Justiz- und Polizeizusammenarbeit, Transportwirtschaft, Energiesicherheit, Datenschutz und Agrarpolitik.
Nationale Parlamente	Die nationalen Parlamente sind ebenfalls in die Gesetzgebung der Europäischen Union eingebunden. So muss sich z. B. der Bundestag frühzeitig mit der europäischen Gesetzgebung befassen und den Fachministern ein Verhandlungsmandat[1] erteilen. Ferner kann ein Drittel der nationalen Parlamente die Europäische Kommission zwingen, die Zuständigkeit der EU für ein bestimmtes Gesetz zu begründen. Die Hälfte der Parlamente kann ein geplantes Gesetz stoppen.
Bürgerbegehren	Die EU-Bürger haben das Recht, ein Gesetzgebungsverfahren zu erzwingen. Wenn mehr als eine Million Unterschriften „aus einer erheblichen Anzahl von Mitgliedsländern" zustande kommt, muss sich die Kommission mit dem geforderten Gesetz befassen.
Rat der Europäischen Union (Ministerrat)	Er ist das oberste rechtsetzende Organ der EU. Der Ministerrat besitzt 28 Mitglieder, die von den 28 Regierungen der Mitgliedsländer entsandt werden (Minister oder Staatssekretäre). Der Ministerrat kann i. d. R. nur auf den Vorschlag der Kommission hin beschließen. Die Abstimmungen mit qualifizierter Mehrheit[2] sind die Regel. Außenpolitische Entscheidungen können jedoch nur einstimmig getroffen werden. So kann z. B. kein EU-Land gezwungen werden, an einem Kriegseinsatz teilzunehmen.
Europäische Kommission	Die Kommission mit ihren 28 Mitgliedern hat die Aufgabe, für die Durchführung der Verträge und der Beschlüsse der Gemeinschaftsorgane (vor allem des Europäischen Parlaments) zu sorgen. Sie ist der eigentliche „Motor" der Gemeinschaft. Rechtsverordnungen, die auf Vorschlag der Kommission vom Ministerrat beschlossen werden, sind in *jedem* Mitgliedsland verbindlich. Ein „Hoher Vertreter für Außen- und Sicherheitspolitik" hat die Aufgabe eines EU-Außenministers.
Europäischer Gerichtshof	Der Europäische Gerichtshof (jedes Mitgliedsland stellt einen Richter) sichert die Wahrung des Rechts bei der Auslegung und Anwendung der Verträge. Er stellt z. B. fest, ob ein Mitgliedsland gegen eine vertragliche Verpflichtung verstoßen hat. Der Sitz des Europäischen Gerichtshofs ist Luxemburg.

---

1 Mandat (lat.) = Vollmacht, Auftrag.

2 Qualifiziert (lat.) = geeignet, sich als geeignet erweisen; qualifizierte Mehrheit = eine angemessene (geeignete) Mehrheit. Ab 2014 wurde die „doppelte Mehrheit" eingeführt (55 Prozent der EU-Staaten mit 65 Prozent der Bevölkerung).

Wirtschafts- und Sozialausschuss	Er ist ein beratendes Organ, in dem die Vertreter des wirtschaftlichen und sozialen Lebens mitwirken. Die Mitglieder bilden drei Gruppen: Arbeitgeber, Arbeitnehmer und Sonstige (z.B. Vertreter der Landwirtschaft, der Verkehrswirtschaft, der freien Berufe und der Verbraucher). Der Wirtschafts- und Sozialausschuss muss von Rat und Kommission in einer Reihe von Fällen angehört werden, z.B. bei Fragen der Agrarpolitik, der Freizügigkeit, des Niederlassungsrechts, des Dienstleistungsverkehrs, der Verkehrspolitik oder der Rechtsangleichung innerhalb der EU.
Ausschuss der Regionen	Dieser Ausschuss besteht aus Vertretern von Ländern, Regionen, autonomen Gemeinschaften und lokalen Gebietskörperschaften der EU-Mitgliedstaaten. Er hat eine beratende Mitsprache bei den Entscheidungsprozessen der EU.
Europäische Investitionsbank	Sie hat die Aufgabe, zur Erschließung wirtschaftlich benachteiligter Gebiete in der EU und in den assoziierten[1] Staaten durch Kreditgewährung und/oder Übernahme von Bürgschaften beizutragen. Die verschiedenen Europäischen Fonds geben Finanzhilfen in wichtigen Sonderbereichen. Innerhalb des Europäischen Währungsverbunds hat der Europäische Währungsfonds wichtige Aufgaben.

Ziele der Europäischen Union (EU)

Die Europäische Union steht für gemeinsame Grundwerte, auf denen die europäischen Gesellschaften aufbauen. Sie sind die Leitlinien ihres Handelns – so etwa das Streben nach

- Achtung der Menschenwürde,
- Demokratie,
- Chancengleichheit,
- freiem Handel,
- fairem Wettbewerb,
- Solidarität und
- Sicherheit.

An diesen Idealen und ihrer Umsetzung misst die EU ihre Erfolge, sie machen den Hauptteil europäischer Politik aus.[2]

Artikel 26 II AEUV legt fest, dass der Binnenmarkt einen Raum ohne Binnengrenzen umfasst, in dem der freie Verkehr von

- Waren,
- Personen,
- Dienstleistungen und
- Kapital

gemäß den Bestimmungen der Verträge gewährleistet ist.

---

1 Assoziieren = wörtl. verknüpfen, verbinden; assoziierte Länder sind der EU angeschlossene Länder, ohne selbst Mitglieder zu sein (Näheres siehe S. 621).
2 Quelle: http://ec.europa.eu//deutschland.

8.10 Internationale Organisationen zur Regelung außenwirtschaftlicher Beziehungen

Diese sogenannten **„vier Grundfreiheiten"** dienen dem Ziel, einen gemeinschaftlichen europäischen Binnenmarkt zu schaffen, frei von nationalen Zöllen und anderen gesetzlichen Beschränkungen.

Dieses Ziel ist bisher teilweise nur unvollkommen verwirklicht. Zwar wurden Zölle und mengenmäßige Beschränkungen im **Warenverkehr** zwischen den Mitgliedstaaten abgeschafft; Maßnahmen gleicher Wirkungen kommen in Gestalt innergemeinschaftlicher Handelshemmnisse jedoch immer wieder vor. Handelshemmnisse sind z. B. nationale Verbraucherschutz-, Gesundheitsschutz-, Umweltschutz-, veterinärrechtliche und Pflanzenschutzbestimmungen, Sicherheitsbestimmungen und baurechtliche Vorschriften.

Die Verwirklichung des Binnenmarkts erfordert z. B. eine Bindung aller Beteiligten an **gleiche Regeln für den Wettbewerb**. Um Verfälschungen des Wettbewerbs zu verhindern, müssen die **Steuervorschriften angeglichen** (harmonisiert) werden.

Durch die **Angleichung des Gesellschaftsrechts** sollen die nationalen Bestimmungen zum Schutz der Gesellschaften sowie Dritter gleichwertig und damit wettbewerbsneutral verabschiedet werden.

Ferner sind eine ganze Reihe **gemeinsamer Politiken** anzustreben, z. B. gemeinsame Agrarpolitik, Fischereipolitik, Verkehrspolitik, Industrie-, Forschungs- und Technologiepolitik, Umweltpolitik, Energiepolitik, Sozialpolitik, Regionalpolitik, Handels- und Entwicklungshilfepolitik, Außen- und Sicherheitspolitik.

Erweiterung der Europäischen Union (EU) und Assoziierung

Der Euroäischen Union können weitere *europäische* Länder beitreten. Europäische Staaten, für die ein Beitritt aus wirtschaftlichen oder politischen Gründen nicht oder noch nicht infrage kommt, können sich der EU assoziieren. Die Assoziierung steht auch außereuropäischen Staaten offen. Unter Assoziierung versteht man einen losen „Anschluss", der in der Regel einen Abbau von Handelshemmnissen vorsieht.

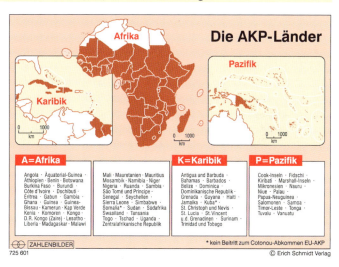

Zwischen der EU und der Türkei besteht eine Zollunion.[1] Neben den Vereinbarungen mit Marokko, Tunesien, Ägypten, Israel, Jordanien, Libanon und Syrien bestehen zurzeit mit insgesamt 79 Staaten in **A**frika, in der **K**aribik und im **P**azifik **(AKP-Staaten)** Abkommen über handelspolitische und industrielle Zusammenarbeit und über Finanzhilfe. Die Assoziierung der Entwicklungsländer ist ein wesentlicher Beitrag zur Milderung der großen Einkommensunterschiede zwischen Nord und Süd.

---

1 Eine Zollunion liegt vor, wenn sich bestimmte Staaten zusammenschließen, um den Handel untereinander zu liberalisieren und gegenüber Drittländern einen gemeinsamen Außenzoll zu errichten.

8.10.3 Europäische Freihandelsassoziation (EFTA)

Die Europäische Freihandelsassoziation (**E**uropean **F**ree **T**rade **A**ssociation = **EFTA**) mit dem Sitz in Genf wurde 1960 von Dänemark, Großbritannien, Norwegen, Österreich, Portugal, Schweden und der Schweiz gegründet. 1970 traten Island und 1985 Finnland als weitere Mitglieder bei.

Nach den Beitritten Dänemarks, Großbritanniens, Irlands (1972), Portugals (1986), Finnlands, Österreichs und Schwedens (1995) zur EG bzw. EU besteht die EFTA derzeit aus vier Ländern, nämlich aus Island, Liechtenstein, Norwegen und der Schweiz.

Im Gegensatz zur EU stellt die EFTA lediglich eine **Freihandelszone** dar. Hierunter versteht man eine Gruppe von zwei oder mehreren Zollgebieten, zwischen denen die Zölle und andere den Außenhandel beschränkende Maßnahmen beseitigt werden.

Während in einem gemeinsamen Markt eine **Zollunion** besteht (Wegfall der Binnenzölle, Errichtung eines gemeinsamen Außenzolltarifs), behalten die in einer Freihandelszone zusammengeschlossenen Staaten ihre nationalen Außenzölle bei.

8.10.4 Europäischer Wirtschaftsraum (EWR)

Der Europäische Wirtschaftsraum (EWR) besteht aus den Staaten der Europäischen Union (EU) und der Europäischen Freihandelsassoziation (EFTA), allerdings ohne die Schweiz. 1992 verständigten sich die beiden Wirtschaftsblöcke mit dem **Abkommen von Porto** auf eine enge Kooperation. Der EWR-Vertrag trat 1994 in Kraft. Im Wesentlichen handelt es sich dabei um die Übernahme des Binnenmarkt-Rechts der Europäischen Union (EU) durch die EFTA-Staaten, ergänzt um Vereinbarungen zur Zusammenarbeit in der Forschung, der Bildungs- und Sozialpolitik, der Statistik, der Umweltpolitik und beim Verbraucherschutz. Die Agrarpolitik wurde nicht in die Vereinbarungen einbezogen. Außerdem bleiben die EFTA-Staaten handels-, steuer- und währungspolitisch eigenständig.

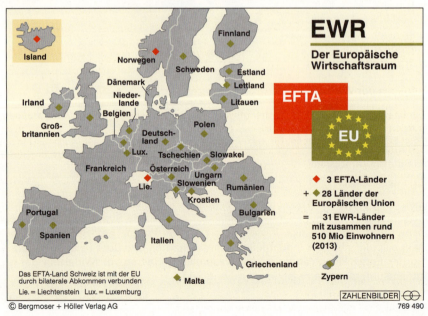

8.10.5 Bretton-Woods-Institution

8.10.5.1 Weltbank-Gruppe

Die **IBRD** – kurz **Weltbank** – wurde 1944 zusammen mit dem **Internationalen Währungsfonds** (**I**nternational **M**onetary **F**und – IMF) in Bretton Woods (USA) gegründet. Die beiden Organisationen werden deshalb als „Bretton-Woods-Institution" bezeichnet. Die Bretton-Woods-Institution hat 187 Mitglieder. Sitz ist Washington, D. C. (USA).

Die Weltbank verfolgt zusammen mit IDA, IFC, MIGA und ICSID das Ziel, die wirtschaftliche Entwicklung in ihren weniger entwickelten Mitgliedsländern durch finanzielle und andere Hilfen (z. B. Beratung) zu fördern. Diese Organisationen besitzen jeweils eine eigene Rechtspersönlichkeit. Praktisch sind sie jedoch durch eine gemeinsame Leitung und Geschäftsführung weitgehend integriert.

Die Aufgaben der Weltbankgruppe sind im Einzelnen:

- Die **Internationale Bank für Wiederaufbau und Entwicklung** (**I**nternational **B**ank for **R**econstruction and **D**evelopment – IBRD) – kurz *Weltbank* – vergibt *zinsgünstige* Darlehen zu wichtigen Entwicklungsvorhaben. Die Mittel stammen aus Beteiligungen der Mitgliedsländer, aus dem Verkauf von Ausleihungen auf den internationalen Finanzmärkten und aus den Rückflüssen aus früher gewährten Darlehen.
- Die **internationale Entwicklungsorganisation** (**I**nternational **D**evelopment **A**ssociation – IDA) vergibt *zinslose* Kredite an die ärmsten Entwicklungsländer.
- Die **Internationale Finanz-Corporation** (**I**nternational **F**inance **C**orporation – IFC) fördert privatwirtschaftliche Investitionen in Entwicklungsländern durch unterstützende Darlehen.
- Die **Multilaterale Investitionsgarantie-Agentur** (**M**ultilateral **I**nvestment **G**urantee **A**gency – MIGA) hat die Aufgabe, ausländische Privatinvestitionen vor politischen und nichtkommerziellen Risiken (z. B. Überschwemmungen, Erdbeben) zu versichern.
- **Internationales Zentrum zur Beilegung von Investitionsstreitigkeit** (**I**nternational **C**entre for **S**ettlement of **I**nvestment **D**isputes – ICSID) trägt zur Beilegung von Streitigkeiten zwischen ausländischen Investoren und den Gastländern bei.

8.10.5.2 Internationaler Währungsfonds (IWF)

Der Internationale Währungsfonds (IWF) gewährt seinen Mitgliedern Kredite zur Überwindung von Zahlungsbilanzschwierigkeiten (**S**onder**z**iehungs**r**echte – SZR) und zur Strukturanpassung.

Derzeit hat der IWF 188 Mitglieder, deren Stimmrecht sich nach ihrem jeweiligen Kapitalanteil richtet. Die Mitglieder mit den größten Stimmanteilen sind die USA mit 16,75 %, Japan mit 6,23 %. Deutschland mit 5,81 %, Frankreich und Großbritannien mit jeweils 4,29 % und China mit 3,81 %.

Nach den Quoten bemessen sich die Einzahlungsverpflichtungen, die Stimmrechte und die Ziehungsrechte der IWF-Mitglieder.

Ziehungsrechte in der Reservetranche

Die Ziehungsrechte in der Reservetranche sind aus Goldeinzahlungen sowie Zahlungen in Inlandswährungen der Zentralbanken der einzelnen Mitgliedsländer entstanden. Es handelt sich dabei also um „echte" Guthaben einer Zentralbank (Notenbank) beim IWF.

Beispiel:

Eine Zentralbank erwirbt Ziehungsrechte durch Goldeinzahlung beim IWF (Aktivtausch).

Aktiva	Zentralbankbilanz	Passiva
Gold		Passiva
sonstige Aktiva		

Aktiva	Zentralbankbilanz	Passiva
Gold		Passiva
Ziehungsrechte		
sonstige Aktiva		

Zentralbankbilanz *vor* Entstehung der Ziehungsrechte in der Reservetranche

Zentralbankbilanz *nach* Ausübung der Ziehungsrechte in der Reservetranche

Die Ziehungsrechte sind jederzeit verfügbar wie jede andere Währungsreserve der Zentralbank (Gold, Devisen) auch, und zwar in Form des Bezugs ausländischer Währungen (z. B. £ [englische Pfund], US-$ [US-Dollar] usw.).

Sonderziehungsrechte

Die **S**onder**z**iehungs**r**echte (SZR)[1] verkörpern einen Anspruch gegenüber der Gesamtheit der Teilnehmer des IWF, also nicht gegenüber dem IWF selbst. Sie haben den Charakter einer Währungsreserve, weil jede Zentralbank der Mitgliedsländer verpflichtet ist, Sonderziehungsrechte als Zahlungsmittel entgegenzunehmen. Die Sonderziehungsrechte sind somit eine internationale Geldeinheit, die durch zwischenstaatliche Vereinbarung zum gesetzlichen Zahlungsmittel erklärt wurde.

---

1 Engl. Special Drawing Rights = SDR.

8.10 Internationale Organisationen zur Regelung außenwirtschaftlicher Beziehungen

Den Sonderziehungsrechten stehen keine Einzahlungen der Zentralbanken gegenüber, weil sie den einzelnen Mitgliedsländern des IWF (letztlich also deren Zentralbanken) zugeteilt werden. Es handelt sich somit um originär geschöpftes Geld auf höchstem Abstraktionsniveau. Buchhalterisch steht daher auf der Passivseite der Zentralbankbilanz ein „Ausgleichsposten für zugeteilte Sonderziehungsrechte".

Beispiel:

Einer Zentralbank werden Sonderziehungsrechte zugeteilt, die a) Sonderziehungsrechte ankauft oder b) Sonderziehungsrechte verkauft.

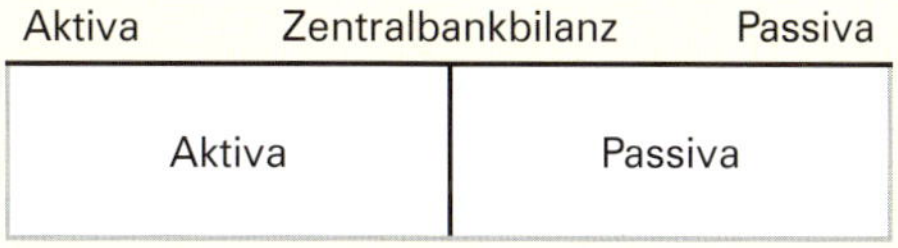

Zentralbankbilanz *vor* Ausübung der Sonderziehungsrechte
Abb. 1

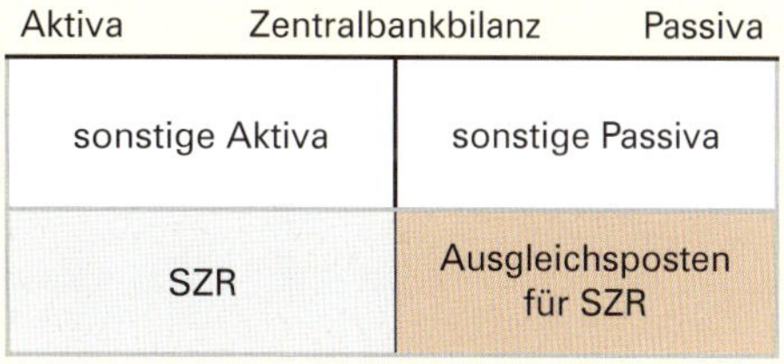

Zentralbankbilanz *nach* Ausübung der Sonderziehungsrechte
Abb. 2

Nimmt nun die Zentralbank Sonderziehungsrechte von einem Schuldner als Zahlungsmittel an (sie „kauft SZR an"), übersteigt der Aktivposten „Sonderziehungsrechte" den Passivposten „Ausgleichsposten für zugeteilte Sonderziehungsrechte" (Abb. 3). Der Ankauf der Sonderziehungsrechte kann durch Verminderung der Währungsreserven (z. B. Guthaben bei ausländischen Kreditinstituten) oder durch Vermehrung des Notenumlaufs bewirkt werden.

Ist die Position „Sonderziehungsrechte" kleiner als der Ausgleichsposten für Sonderziehungsrechte, so hat die Zentralbank Sonderziehungsrechte „verkauft", um sich ausländische Zahlungsmittel zu verschaffen, damit Importe finanziert werden können (Abb. 4).

Zentralbankbilanz *nach* Ankauf von Sonderziehungsrechten
Abb. 3

Zentralbankbilanz *nach* Verkauf von Sonderziehungsrechten
Abb. 4

■ **Bewertung der SZR**

Zur Ermittlung des Gegenwerts einer Werteinheit der SZR in Landeswährung wendet der IWF die sogenannte „Standardkorb"-Methode an.

Der Standardkorb setzt sich aus 4 Währungen zusammen. Es handelt sich um die vier wichtigsten Handelswährungen (= Währungen der Länder mit den höchsten Exporten: Yen, Euro, US-Dollar und britisches Pfund Sterling).

8 Grundzüge der Wirtschaftspolitik in der sozialen Marktwirtschaft

Zusammenfassung

- Wichtige **internationale Organisationen** zur Regelung außenwirtschaftlicher Beziehungen sind z. B.
  - die Welthandelsorganisation (World Trade Organization = WTO),
  - die Europäische Union (EU),
  - die Europäische Freihandelsassoziation (European Free Trade Association = EFTA),
  - der Europäische Wirtschaftsraum (EWR) und
  - die Weltbankgruppe mit dem Internationalen Währungsfonds.
- Der **Internationale Währungsfonds (IWF)** gewährt seinen Mitgliedern Kredite zur Überwindung von Zahlungsschwierigkeiten.
- Kreditmittel sind u. a. die **Sonderziehungsrechte (SZR)**.

ÜBUNGSAUFGABEN

1. Textauszug:

„Nach der Präambel des GATT hat das Abkommen zum Ziel, den Lebensstandard, die Beschäftigung, das Realeinkommen und die Versorgung mit Ressourcen über ein möglichst freies Welthandelssystem zu verbessern. Andererseits räumen die Vertragspartner des GATT ihren nationalen Handels- und Wohlfahrtszielen häufig Priorität ein. In diesem Zielkonflikt kommt dem GATT als Zentrum der Welthandelsordnung die Aufgabe zu, einen gangbaren Mittelweg zwischen möglichst offenen Märkten und dem Trend zum Protektionismus zu finden."

Quelle: Sonderdrucke der Deutschen Bundesbank: Internationale Organisationen und Gremien im Bereich von Währung und Wirtschaft, 4. Aufl. 1992, S. 129.

1.1 Definieren Sie den Begriff Präambel!
1.2 Das GATT ist Teil der WTO.
    1.2.1 Was bedeuten diese Abkürzungen?
    1.2.2 Welche Bereiche umfasst die WTO außer dem GATT?
1.3 Welche Hauptaufgaben hat das GATT?
1.4 Erklären Sie den Begriff Protektionismus!
1.5 Im obigen Text wird von einem Zielkonflikt gesprochen, in dem sich das GATT befindet. Erläutern Sie diesen Zielkonflikt!

2. Die Übersicht auf S. 617 f. zeigt die geschichtliche Entwicklung der Europäischen Union.
    2.1 Im Jahr 1967 entstand die EWG durch den Zusammenschluss von drei bereits bestehenden europäischen Organen.
        2.1.1 Welche Organe waren das?
        2.1.2 Welche Funktionen haben der Rat (Ministerrat) und die Kommission?
    2.2 Im Jahr 1993 wurde der Europäische Binnenmarkt verwirklicht. Worin unterscheidet sich dieser Binnenmarkt von einer Freihandelszone?

3. Nennen Sie die Mitgliedsländer der Europäischen Freihandelsassoziation (EFTA)!

8.10 Internationale Organisationen zur Regelung außenwirtschaftlicher Beziehungen

4. Textauszug:

Die Aufgabe des US-$ als Leitwährung machte die Schaffung eines neuen internationalen Zahlungsmittels notwendig, nämlich die Sonderziehungsrechte, die seit dem 18. Dezember 1971 die Funktion einer Leitwährung übernahmen. Die Sonderziehungsrechte stellen internationales Buchgeld dar, zu dem alle anderen Währungen der IWF-Mitglieder in Beziehung gesetzt wurden.

Die Tatsache, dass es heute weder Gold- noch Gold-Devisen-Währungen gibt, besagt nicht, dass nunmehr Gold und Devisen keine internationalen Zahlungsmittel mehr sind. Gold wird nach wie vor als sicheres Zahlungsmittel angenommen, weil es eben selten, daher begehrt und allgemein anerkannt ist. Auch Devisen spielen natürlich weiterhin eine große Rolle. Zum Beispiel sind japanische Yen, Euro oder sfrs wegen ihrer Stabilität gern angenommene Zahlungsmittel in aller Welt.

Nach Schaffung der SZR durch IWF besteht jedoch ein großer Unterschied zur vorherigen Situation: Ein Land, das aufgrund von Zahlungsmitteldefiziten keine Gold- oder Devisenreserven mehr besitzt, kann mit Sonderziehungsrechten bezahlen. Die Notenbanken der Gläubigerländer sind verpflichtet, diese Sonderziehungsrechte in Zahlung zu nehmen.

Arbeitsaufträge:

4.1 Erklären Sie, was unter IWF zu verstehen ist!

4.2 Erläutern Sie, warum die Sonderziehungsrechte einen Leitwährungsersatz darstellen!

4.3 Angenommen, dem Land A werden Sonderziehungsrechte (SZR) in Höhe von 1 000 Mio. GE zugeteilt. Der Banknotenumlauf betrug 30 000 Mio. GE, das Vermögen der Zentralbank des Landes A 40 000 Mio. GE.

    4.3.1 Stellen Sie die vereinfachte Zentralbankbilanz des Landes A *vor* der Zuteilung der SZR auf!

    4.3.2 Stellen Sie die Zentralbankbilanz des Landes A *nach* der Zuteilung der SZR dar!

    4.3.3 Angenommen, die Zentralbank des Landes A kauft SZR in Höhe von 500 Mio. GE gegen Inlandswährung (bar).

        4.3.3.1 Welches ist der wirtschaftliche Hintergrund des Kaufs von SZR?

        4.3.3.2 Erstellen Sie die Zentralbankbilanz *nach* dem Kauf der SZR!

        4.3.3.3 Welche gesamtwirtschaftlichen Folgen können sich durch den Kauf von SZR ergeben?

    4.3.4 Angenommen, die Zentralbank verkauft SZR in Höhe von 800 Mio. GE gegen Inlandswährung (bar).

        4.3.4.1 Welches ist der wirtschaftliche Hintergrund des Verkaufs von SZR?

        4.3.4.2 Erstellen Sie die Zentralbankbilanz unter Berücksichtigung der Transaktion lt. Aufgabe 4.3.3!

        4.3.4.3 Wie kann sich der Verkauf von SZR auf die Gesamtwirtschaft auswirken?

8.11 Wirtschaftswachstum und Wachstumspolitik

8.11.1 Begriff und Bedingungen des Wirtschaftswachstums

Weiteres wirtschaftliches Wachstum oder „Nullwachstum":[1] Diese beiden entgegengesetzten Wahlentscheidungen werden seit Beginn der siebziger Jahre – vor allem seit der Club of Rome[2] seine düsteren Prophezeiungen veröffentlichte – mit Heftigkeit diskutiert. Was aber ist das eigentlich – wirtschaftliches Wachstum?

Wachstumsmessung

Ebenso wie der Wohlstand einer Volkswirtschaft an der Höhe des realen Bruttoinlandsprodukts, die Konjunktur an den Schwankungen des Bruttoinlandsprodukts gemessen wird,[3] ist es üblich, das wirtschaftliche Wachstum als langfristige durchschnittliche Entwicklung des (realen) Bruttoinlandsprodukts anzusehen. In diesem Sinne liegt ein positives Wirtschaftswachstum vor, wenn das Bruttoinlandsprodukt positive Zuwachsraten aufweist, ein „Nullwachstum", wenn das Bruttoinlandsprodukt konstant bleibt, und ein wirtschaftlicher Niedergang, wenn das Bruttoinlandsprodukt langfristig von Jahr zu Jahr sinkt.

Für die Statistiker und Wirtschaftspolitiker ist es im Einzelfall sehr schwierig, positive oder negative „Wachstumsraten" als Konjunkturerscheinung und/oder Wachstumserscheinung zu interpretieren. In den Massenmedien und im Sprachgebrauch der Politiker wird daher meist auch die Zunahme des realen Bruttoinlandsprodukts als „Wachstum" bezeichnet, obwohl man von einem echten Wirtschaftswachstum nur dann sprechen dürfte, wenn die Leistungsfähigkeit der Volkswirtschaft, also ihre Kapazität, zugenommen hat. Solange eine Volkswirtschaft unterbeschäftigt ist, d. h. Arbeitslosigkeit herrscht und/oder Kapazitäten brachliegen, stellt eine Zunahme des realen Bruttoinlandsprodukts lediglich eine konjunkturelle und/oder saisonale Erscheinung dar.

Die Zunahme des realen Bruttoinlandsprodukts nützt dem Einzelnen wenig, wenn sie nicht wenigstens mit der Bevölkerungsentwicklung Schritt hält. In vielen armen Ländern findet ein ständiger Wettlauf zwischen Mehrerzeugung und Bevölkerungswachstum statt. Aus diesem Grund muss das Wirtschaftswachstum auch an der Entwicklung des Bruttoinlandsprodukts je Einwohner gemessen werden. Zu ähnlichen Vergleichswerten gelangt man, wenn man das Nettosozialprodukt zu Faktorkosten, also das Volkseinkommen je Einwohner, als Maßstab verwendet (Pro-Kopf-Einkommen).

Mögliche Maßstäbe zur Wachstumsmessung sind:

- die **Entwicklung des Bruttoinlandsprodukts** im Zeitablauf;
- die **Entwicklung des Pro-Kopf-Einkommens** im Zeitablauf.

---

[1] Der Ausdruck „Nullwachstum" ist zwar üblich geworden, ist jedoch in sich widersinnig. Kein Wachstum heißt Stagnation (= Stillstand). Ebenso ist der Begriff „negatives Wachstum" im Grunde falsch, weil hier eben kein Wachstum (kein „Größerwerden"), sondern ein Schrumpfungsprozess vorliegt.

[2] Der „Club of Rome" ist eine lose Vereinigung hervorragender Wissenschaftler und Praktiker aus den verschiedensten Fachrichtungen und Berufen, der sich zur Aufgabe gemacht hat, auf die Gefahren hinzuweisen, die der Menschheit in der Gegenwart und in der Zukunft des ungehemmten Wirtschaftswachstums drohen.

[3] Siehe Kapitel 8.6.2 Konjunktur.

8.11 Wirtschaftswachstum und Wachstumspolitik

Wachstumsarten

Zyklisches Wachstum

Hier handelt es sich um ein Wachstum, das durch zyklische (konjunkturelle) Abweichungen vom Wachstumspfad (Trend) gekennzeichnet ist.[1] Die Wirtschaftspolitik empfindet die Konjunkturabweichungen als „Störung"; es soll deshalb durch die Fiskal- und Geldpolitik ein störungsfreies (stetiges) Wachstum erreicht werden.

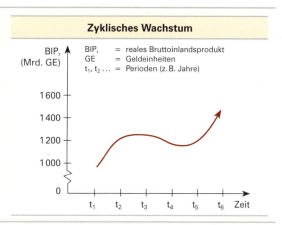

Stetiges Wachstum

Störungsfreies (stetiges) Wachstum kann sich auf unterschiedliche Weise vollziehen.

■ **Exponentielles Wachstum**

Beim exponentiellen Wachstum wird Jahr für Jahr eine bestimmte **Wachstumsrate** (= Prozentsatz, um den das reale Bruttoinlandsprodukt jährlich zunimmt) erzielt.

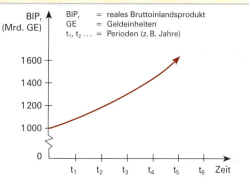

■ **Lineares Wachstum**

Lineares Wachstum liegt vor, wenn Jahr für Jahr der absolute Zuwachs des realen Bruttoinlandsprodukts gleich hoch ist. In diesem Fall nehmen die Wachstumsraten ab.

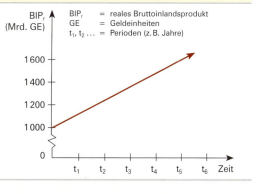

Periode	Exponentielles Wachstum		Lineares Wachstum	
	BIP_r insgesamt	Wachstumsrate	BIP_r insgesamt	Wachstumsrate
t_0	1000	–	1000	–
t_1	1100	10 %	1100	10,0 %
t_2	1210	10 %	1200	9,1 %
t_3	1331	10 %	1300	8,3 %
t_4	1464	10 %	1400	7,7 %
t_5	1610	10 %	1500	7,1 %
t_6	1771	10 %	1600	6,7 %

---

1 Siehe Kapitel 8.6.2.

Organisches Wachstum

Hier handelt es sich um ein Wachstum, wie es überall in der organischen[1] Natur vorkommt. Man bezeichnet diese Gesetzmäßigkeit als Ertragsgesetz. Das organische Wachstum ist dadurch gekennzeichnet, dass es zunächst überproportional, dann unterproportional verläuft, um schließlich zur Stagnation (zum „Nullwachstum") überzugehen.

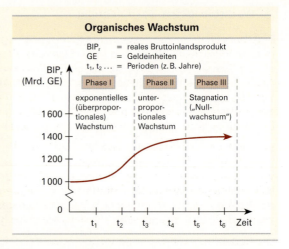

Bedingungen des quantitativen Wirtschaftswachstums

Das am realen Bruttoinlandsprodukt gemessene Wirtschaftswachstum ist ein **quantitatives Wachstum**, weil die Verbesserungen oder Verschlechterungen der allgemeinen Lebensumstände (die „Lebensqualität") nicht oder nur unzureichend erfasst werden.[2]

Die wichtigsten Bedingungen[3] des quantitativen Wirtschaftswachstums sind:

- stetige Neuinvestitionen (Nettoinvestitionen), die aus hohen Ersparnissen finanziert werden sollten;
- ausreichend zur Verfügung stehende Rohstoff- und Energiequellen (Ressourcen);
- gute Ausbildung der arbeitenden Bevölkerung („Human capital");
- gute Gesundheit der arbeitenden Bevölkerung;
- Bevölkerungswachstum;
- technischer Fortschritt;
- ausgeglichene Wirtschaftsstruktur;
- ausgebaute Infrastruktur;
- optimistische Zukunftserwartungen der Wirtschaftssubjekte und
- optimale Auslastung der Produktionskapazitäten.

8.11.2 Wachstums- und strukturpolitische Maßnahmen

Der Aufbau (die Struktur) einer Volkswirtschaft ändert sich ständig, z. B. der Bevölkerungsaufbau, die Bedeutung einzelner Wirtschaftszweige und einzelner Regionen, das technische Wissen und die Beziehungen zum Ausland. Aus diesem Grund ist Wachstumspolitik in vielen Fällen zugleich Strukturpolitik, denn sie versucht, Veränderungen des volkswirtschaftlichen Gesamtgefüges so zu beeinflussen, dass das Wirtschaftswachstum längerfristig gesichert ist.

---

1 Organ (griech.) = Körperteil; organisch = belebt, lebendig. Ein organisches Wachstum ist ein natürliches Wachstum. („Die Bäume wachsen nicht in den Himmel.")
2 Siehe auch Kapitel 8.2.2 Inlandsprodukt, Nationaleinkommen und Volkseinkommen.
3 Siehe auch Kapitel 8.4.2.1 Stetiges Wirtschaftswachstum.

8.11 Wirtschaftswachstum und Wachstumspolitik

Investitions- und Sparförderung

Eine Wirtschaft, in der die gesamte Erzeugung verbraucht wird, kann nicht wachsen (stationäre Wirtschaft). Somit kann der Staat das Wachstum einmal dadurch fördern, dass er den Sparwillen der Bevölkerung stärkt. Dies kann durch die Steuergesetzgebung (z.B. Abzugsfähigkeit von Lebensversicherungsbeiträgen als Sonderausgaben) oder durch Vermögensbildungsgesetze (siehe Kapitel 6.3.3.5) geschehen. Ferner ist auch die Politik der Preisstabilisierung geeignet, die Spareigung der Bevölkerung zu erhalten, weil die Ersparnisse nicht durch Inflationsverluste aufgezehrt werden.

Eine hohe Sparrate allein vermag jedoch die Investitionen nicht zu sichern, denn die Unternehmen müssen die Ersparnisse auch investieren *wollen.* Investitionswille ist nur vorhanden, wenn Gewinnaussichten bestehen. Voraussetzung hierzu ist politische Stabilität nach innen und außen. Eine *maßvolle Steuerpolitik* und – falls Investitionsrückgänge drohen – die Einräumung von Vergünstigungen (z.B. direkte Subventionen, Sonderabschreibungen) beeinflussen ebenfalls die Investitionsbereitschaft der Wirtschaft positiv.

Die **Bedeutung der Investitionen** für das wirtschaftliche Wachstum ist deswegen so groß, weil zusätzliche Investitionen

- zusätzliches Einkommen schaffen (Einkommenseffekt) und
- die Kapazität der Volkswirtschaft erweitert wird (Kapazitätseffekt).

Bildungspolitik

Mit der Einführung immer neuerer, komplizierterer Produktionsverfahren steigen die Ansprüche an das fachliche Können der Arbeitskräfte. Die Ausbildung in Schule und Betrieb wird immer wichtiger, und zwar sowohl im Interesse des Einzelnen, damit er in der heutigen Berufs- und Arbeitswelt bestehen kann, als auch im Interesse der gesamten Volkswirtschaft, weil jeder nicht beschäftigte Arbeitswillige die mögliche Leistung der Volkswirtschaft schmälert. Staatliche und private Bildungsausgaben werden deshalb als „Bildungsinvestitionen" bezeichnet.

Gesundheitspolitik

Auch die Erhaltung der Gesundheit der Arbeitskräfte ist Teil der Wachstumspolitik. Maßnahmen sind z. B.

- Jugendschutz,
- Jugendarbeitsschutz,
- Gesundheitsaufklärung,
- Schutzvorschriften am Arbeitsplatz,
- Ausbildung von Ärzten und Pflegepersonal,
- Förderung der medizinischen Forschung und
- Ausbau der Leistungen der Sozialversicherungen.

Bevölkerungspolitik

Ein stetiges Wachstum kann nur dann verwirklicht werden, wenn bei gleichbleibendem technischem Stand und gleichbleibender Gesamtarbeitszeit die arbeitsfähige Bevölkerung wächst oder wenn die arbeitende Bevölkerung nicht schneller schrumpft als die Arbeitsproduktivität zunimmt. Auch von der Nachfrageseite her trägt eine konstante Bevölkerungsentwicklung zur Stabilisierung des Wachstums bei.

Starke Geburtenrückgänge wie z. B. in der Bundesrepublik Deutschland rufen Strukturkrisen hervor, weil ganze Industriezweige mit Überkapazitäten zu kämpfen haben.

Kurzfristig betroffen sind z. B.

- die Nahrungsmittelindustrie (Baby-Nahrung),
- die Textilindustrie (Kinderkleidung),
- Schulbuchverlage oder
- Industriezweige, die Einrichtungsgegenstände für Kindergärten und Schulen herstellen.

Mittel- und langfristig sehen sich u. a.

- die Bauindustrie,
- die Möbelhersteller,
- die Hersteller von Küchengeräten aller Art und
- die Unterhaltungsindustrie

einer sinkenden Nachfrage gegenüber.

Die Bevölkerungspolitik in den Industrieländern muss dazu beitragen, die Bevölkerungszahl möglichst stabil zu halten. Dies geschieht einmal durch die Familienpolitik (z. B. finanzielle Entlastung der Familien mit Kindern) sowie durch eine gezielte Einwanderungspolitik (z. B. Anerkennung ausländischer Berufsabschlüsse, Erleichterung der Einbürgerung). Ein Beispiel für einen Staat mit einer erfolgreichen Familienpolitik ist Frankreich. Während in Deutschland jährlich nur 8,5 Kinder je 1 000 Einwohner zur Welt kommen, sind es in Frankreich 12,3 Kinder je 1 000 Einwohner.

8.11 Wirtschaftswachstum und Wachstumspolitik

Die Bevölkerung in Deutschland schrumpft immer mehr. Die Zahl der Gestorbenen wird die Zahl der Geborenen immer stärker übersteigen, und die Zuwanderung wird diese Lücke auf Dauer nach der 13. Bevölkerungsvorausberechnung des Statistischen Bundesamtes nicht schließen können. Lebten im Jahr 2013 – dem Basisjahr der Vorausberechnung – 80,8 Millionen Menschen in Deutschland, werden es im Jahr 2060 nur noch 67,6 Millionen bei einer schwächeren Zuwanderung oder 73,1 Millionen bei einer stärkeren Zuwanderung sein. Besonders stark wird der Rückgang der Bevölkerung im erwerbsfähigen Alter sein. Je nach Stärke der Nettozuwanderung wird die Zahl der 20- bis 64-Jährigen um 30 bzw. 23 Prozent sinken. Deutlich steigen wird dagegen die Zahl der Menschen ab 65 Jahren. Während 2013 etwa jeder Fünfte zu dieser Altersgruppe gehörte, wird es im Jahr 2060 gut jeder Dritte sein.

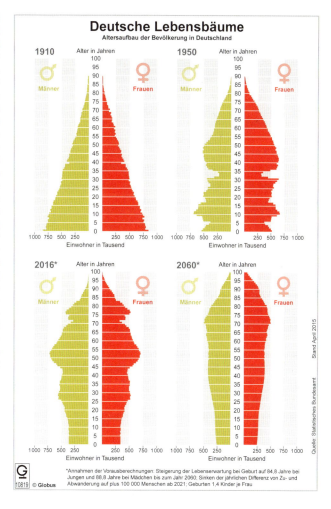

Forschungspolitik (Förderung des technischen Fortschritts)

Bei gleichbleibender oder schrumpfender Bevölkerung kann das reale Wachstum des Bruttoinlandsprodukts nur erreicht werden, wenn der technische Fortschritt dazu beiträgt, die Produktivität zu erhöhen. Aus diesem Grund wurde der staatlichen Förderung der Forschung in den letzten Jahren erhöhtes Gewicht beigemessen. Insbesondere werden mittlere Betriebe gefördert, die aus eigenen Kräften nicht in der Lage sind, die erforderlichen Mittel für Forschungsaufgaben alleine aufzubringen.

Da die Ausgaben für zukunftsträchtige technische Entwicklungen das langfristige Wirtschaftswachstum sichern helfen, werden diese Ausgaben auch als „Zukunftsinvestitionen" bezeichnet.

Die Förderung kleinerer und mittelgroßer Betriebe ist zugleich Strukturpolitik (auch als „Mittelstandspolitik" bezeichnet), weil diese Betriebe in die Lage versetzt werden, sich gegenüber den Großunternehmen zu behaupten.

Sektorale und regionale Strukturpolitik

Die vorstehend genannten Maßnahmen sind langfristige globale Mittel des Staates, um das Wirtschaftswachstum zu sichern. Werden ganz bestimmte Bereiche der Wirtschaft gezielt gefördert (oder gebremst), spricht man von **sektoraler**[1] **Strukturpolitik**.

Beispiele:

Zu den Bereichen der sektoralen Strukturpolitik gehören u. a. die Landwirtschaftspolitik, die Fischereiwirtschaftspolitik, die Energiepolitik, die Verkehrspolitik und die Außenwirtschaftspolitik.

Wird die Entwicklung einzelner Landesteile durch gezielte Maßnahmen beeinflusst, handelt es sich um **regionale Strukturpolitik**.

Infrastrukturpolitik

Eine der wichtigsten Voraussetzungen für die Gründung neuer Betriebe ist die Infrastruktur. Darunter versteht man die Gesamtheit aller privaten und öffentlichen Einrichtungen eines Wirtschaftsraums, die der Allgemeinheit (also auch den Wirtschaftsbetrieben) zur Verfügung stehen.

Beispiele:

Private und öffentliche Straßen, private und öffentliche Eisenbahnlinien, Kanäle bzw. kanalisierte Flüsse, Häfen, Krankenhäuser, Schulen, Energieversorgungseinrichtungen, Telefonnetze, Trink-, Industrie- und Abwassernetze, Kläranlagen, öffentliche Verwaltungen, Polizei usw.

Alle Maßnahmen, die dem Ausbau der Infrastruktur dienen, sind zugleich dazu geeignet, eine etwa bestehende Arbeitslosigkeit zu verringern, und zwar

- durch die Bautätigkeit selbst und
- durch die Ansiedlung neuer Betriebe.

Langfristige Beschäftigungspolitik

Kurzfristige beschäftigungspolitische Maßnahmen im Rahmen der Zielsetzungen des „magischen Dreiecks der Wirtschaftspolitik" (siehe Kapitel 8.4.1) reichen in Volkswirtschaften nicht aus, in denen eine hohe **Sockelarbeitslosigkeit** besteht. Sockelarbeitslosigkeit ist der Teil der Arbeitslosenzahl, der auch in der Hochkonjunktur nicht abgebaut wird.

Gegenstand der langfristigen Beschäftigungspolitik

Gegenstand der langfristigen Beschäftigungspolitik sind nicht die *konjunkturelle, saisonale*[2] und *friktionelle*[3] *Arbeitslosigkeit,* weil diese Arten der Arbeitslosigkeit kurzfristiger Natur sind.

- Die **konjunkturelle Arbeitslosigkeit** hängt ausschließlich vom Konjunkturverlauf ab: Mit zeitlicher Verzögerung steigen die Arbeitslosenzahlen im Abschwung (in der Rezession) und nehmen im Aufschwung ab.

---

1 Sektor = wörtl. Ausschnitt; hier: Wirtschaftszweig, Wirtschaftsbereich.
2 Saison (franz.) = Jahreszeit.
3 Friktion (lat.) = Reibung.

8.11 Wirtschaftswachstum und Wachstumspolitik

- Die **saisonale Arbeitslosigkeit** hat ihre hauptsächlichen Ursachen im Klimawechsel der Jahreszeiten. Ein typisches Beispiel ist der Beschäftigungsrückgang beim Baugewerbe im Winter. Auch die Lage besonderer Feiertage beeinflusst die Beschäftigung vieler Branchen (Wirtschaftszweige).
- Die **friktionelle Arbeitslosigkeit** entsteht, weil ständig Arbeitskräfte kündigen, um eine neue Stelle zu einem späteren Zeitpunkt anzutreten, und weil Arbeitskräfte freigesetzt (entlassen) werden (z. B. aufgrund von Auftragsmangel, Rationalisierungsmaßnahmen oder Unternehmensinsolvenzen), die aber mit zeitlicher Verzögerung wieder in den Produktionsprozess eingegliedert werden.

Die konjunkturelle Arbeitslosigkeit kann mit den herkömmlichen geld- und konjunkturpolitischen Maßnahmen bekämpft werden. Die Sockelarbeitslosigkeit hingegen kann nur mithilfe *langfristiger* Maßnahmen abgebaut werden. Da sie viele Ursachen hat, muss eine erfolgreiche **langfristige Beschäftigungspolitik** Bestandteil einer *umfassenden Wachstums-, Struktur- und Sozialpolitik* sein. Die langfristige Beschäftigungspolitik ist – wissenschaftlich ausgedrückt – eine **Querschnittsaufgabe**.

- **Ursachen der Sockelarbeitslosigkeit und mögliche Bewältigungsstrategien**

Die Ursachen der Sockelarbeitslosigkeit sind entweder *angebots-* oder *strukturell* bedingt, wobei eine genaue Abgrenzung zwischen diesen Ursachenbündeln nicht möglich ist.

Bei den angebotsbedingten Ursachen der Arbeitslosigkeit handelt es sich letztlich um Einflussfaktoren, die unmittelbar oder mittelbar die Kosten der Unternehmen (des Angebots von Sachgütern und Dienstleistungen) beeinflussen.

Auch die strukturellen Ursachen der Arbeitslosigkeit sind auf *langfristig wirkende Faktoren* zurückzuführen. **Strukturelle Arbeitslosigkeit** entsteht – allgemein gesagt – immer dann, wenn sich eine Volkswirtschaft nicht oder nicht mehr im sogenannten „strukturellen Gleichgewicht" (Güterangebot = Güternachfrage; Arbeitsangebot = Arbeitsnachfrage) befindet.

Strukturelles Ungleichgewicht liegt demnach vor, wenn Wirtschaftsstufen- und/oder -bereiche nicht aufeinander abgestimmt sind und/oder wenn sich Arbeitsangebot und -nachfrage nicht in allen Sektoren der Wirtschaft ausgleichen.

Die Strukturen einer Wirtschaft liegen nie fest. Zum Beispiel führen die sich weiter entwickelnde Technik, politische Ereignisse, Zu- und Abwanderungen und die sich ändernden Einstellungen und Bedürfnisse der Menschen zu einem ständigen **Strukturwandel**. Bezieht sich der Strukturwandel auf einzelne Wirtschaftsbereiche (z. B. Bergbau, Schiffsbau, Textilindustrie), spricht man von **sektoralem Strukturwandel**. Bezieht sich der Strukturwandel auf ganze Regionen (z. B. der Strukturwandel in den östlichen Bundesländern), handelt es sich um einen **regionalen Strukturwandel**.

Ursachen der Arbeitslosigkeit	Mögliche Bewältigungsstrategien
Angebotsprobleme ■ Kostenbelastungen (Lohnkosten, Lohnnebenkosten, Zinskosten, Unternehmenssteuern) ■ Globalisierung (Gewinnverlagerung ins Ausland, Arbeitsplatzexport, Konkurrenz billiger ausländischer Ware und billiger ausländischer Arbeitskräfte) ■ Bürokratie, d. h. gesetzliche und administrative Hemmnisse (z. B. Umweltschutzauflagen, Genehmigungsverfahren, Bauvorschriften) ■ Ungünstiges Investitionsklima (Reformstau, geringe Flexibilität der Arbeit, Führungsfehler, mangelnde Risikobereitschaft, außenwirtschaftliche Bedingungen)	**Angebotsorientierte Strategien** ■ Senkung der Lohnkosten (Tarif- und Arbeitszeitkorridore, Senkung der Lohnnebenkosten, Senkung der Leitzinssätze, Senkung der Unternehmenssteuern) ■ Deregulierung und Entbürokratisierung (Lockerung des Kündigungsschutzes für Beschäftigte in Kleinunternehmen, Verkürzung und Vereinfachung der Genehmigungsverfahren, Privatisierung) ■ Durchführung von Reformen (z. B. Steuerreform, Reform des Sozialversicherungssystems) ■ Flexibilisierung der Arbeit (Förderung von Zeit- und Teilzeitarbeit) ■ Vermeidung von Führungsfehlern (Verbesserung der Ausbildung, Verstärkung der Kontrolle) ■ Erhöhung der Risikobereitschaft (verlässliche Gesetzgebung, Überbrückungsgeld)
Strukturelle Ursachen ■ Sättigungstendenzen ■ Fusionen (Übernahme Verlust bringender Unternehmen, Synergieeffekte)[1] ■ Wirtschaftspolitische Entscheidungen (Staatsverschuldung, Entwicklung zum schlanken Staat, Subventionen) ■ Unzureichende Ausbildung ■ Steigende Arbeitsproduktivität ■ Berufliche und räumliche Immobilität der Arbeitskräfte ■ Änderung der Wirtschaftsordnung (z. B. Umwandlung [Transformation] der sozialistischen Planwirtschaft der ehemaligen DDR in die soziale Marktwirtschaft) ■ Sich selbst verstärkende Prozesse (steigende Sockelarbeitslosigkeit, Schattenwirtschaft wie z. B. Schwarzarbeit) ■ Steigende Staatsverschuldung, sodass bei drohender Zahlungsunfähigkeit die notwendigen Sparmaßnahmen zur Massenarbeitslosigkeit führen	**Strukturpolitische Strategien** ■ Sektorale und regionale Strukturpolitik ■ Solide Haushaltspolitik ■ Tertiarisierung[2] ■ Verbesserung der Bildung und Ausbildung ■ Unterstützung der Ausbildung, Fortbildung und Umschulung durch die BA ■ Arbeitszeitverkürzung ohne Lohnausgleich ■ Verbesserung der öffentlichen und privaten Arbeitsvermittlung ■ Staatliche Förderung von Arbeitslosen, die sich selbstständig machen wollen (z. B. Gründungszuschüsse) ■ Vereinfachte Regelungen für „Minijobs" ■ Jobrotation (Lohnzuschüsse für Arbeitgeber, wenn sie einen Arbeitnehmer zum Zweck der Weiterbildung freistellen und einen bisher Arbeitslosen beschäftigen) ■ Sonstige Maßnahmen (Verhinderung des Sozialmissbrauchs, Eindämmung der Schattenwirtschaft)

---

1 Synergie (griech.) = Zusammenwirken; Synergieeffekte = Einspareffekte durch die Kooperation zweier oder mehrerer Unternehmen (z. B. durch die Zusammenlegung zweier Abteilungen, z. B. nur noch eine Marketingabteilung statt bisher zwei).

2 Tertiarisierung = Ausbau des tertiären (dritten) Sektors, also des Dienstleistungsbereichs (Näheres zu den Wirtschaftsbereichen siehe S. 638 f.).

8.11.3 Bedeutung des Wirtschaftswachstums[1]

Ohne Zweifel birgt das ungehemmte quantitative Wirtschaftswachstum erhebliche Gefahren für die Menschheit in sich. Dennoch kennen wir bis heute noch keinen anderen Weg, dringende wirtschafts- und sozialpolitische Probleme anders als über das Wirtschaftswachstum zu lösen.

Das Wirtschaftswachstum hat folgende positive Auswirkungen:[2]

- Wirtschaftswachstum (gemessen am realen Bruttoinlandsprodukt) erhöht den Lebensstandard der Bevölkerung, sofern die Wachstumsrate größer ist als die Wachstumsrate der Bevölkerung. In den meisten Teilen der Erde ist allein im Hinblick auf die realen Bedingungen des Bevölkerungswachstums Wirtschaftswachstum notwendig.
- Wirtschaftswachstum hilft, Arbeitsplätze zu sichern und zu vermehren.
- Wirtschaftswachstum ermöglicht es, die Entwicklungshilfe zu erhöhen, ohne dass der Lebensstandard der Geberländer vermindert werden muss.
- Durch Wirtschaftswachstum können die Ziele einer sozialverträglichen Einkommens- und Vermögensverteilung ohne allzu harte Konflikte leichter erreicht werden, weil nur der Zuwachs, nicht aber die Substanz umverteilt werden muss.
- Die Sozialversicherungen sind durch die Versicherten nur dann ohne nennenswerte Beitragserhöhungen finanzierbar, wenn die Wirtschaft wächst.
- Die hohen Kosten des Umweltschutzes können nur dann aufgebracht werden, wenn die zusätzlichen Mittel auch verdient werden.
- Die Entwicklung neuer Verfahren zur Energiegewinnung, Wiederverwendung von Abfällen (Recycling) und der Übergang zu einer umweltschonenderen Abfallbeseitigung („Entsorgung") kostet Geld.

8.11.4 Grenzen des quantitativen Wirtschaftswachstums

Das **quantitative Wachstum** findet seine Grenzen vor allem aus folgenden Gründen:

- Nicht regenerierbare (wieder herstellbare) Rohstoff- und Energiequellen werden ausgebeutet, wobei in den volkswirtschaftlichen Gesamtrechnungen und in den Kostenrechnungen der Betriebe auch noch so getan wird, als ob dieser Verzehr an natürlichen Produktionsfaktoren kostenlos sei;
- private Haushalte und Betriebe belasten in steigendem Maße mit ihren Abfällen (z. B. Abgasen, Verpackungsmaterialien, Abwässern, giftigen oder radioaktiven Abfällen, in der Landwirtschaft verwendeten Giftmitteln) die natürliche Umwelt derart, dass das ökologische Gleichgewicht[3] gestört oder gar zerstört wird.

Dabei ist die **Zerstörung der natürlichen Umwelt** keineswegs auf die hoch industrialisierten Länder beschränkt. Auch die Entwicklungsländer tragen in ihrem verständlichen Wunsch nach wirtschaftlichem Wachstum zur Umweltzerstörung bei, die sich bereits jetzt bemerkbar zu machen beginnt. So führt die rücksichtslose Abholzung der Urwälder

---

1 Zum Wirtschaftswachstum siehe auch Kapitel 8.4.2.1.
2 Vgl. Former, A.: Volkswirtschaftslehre, Einführung in die Grundlagen, 1992, S. 237f. und Mehr und sichere Arbeitsplätze durch Wachstum. Eine Information des Bundesministeriums für Wirtschaft, hrsg. vom Bundesministerium für Wirtschaft, Referat Presse und Information, Bonn-Duisdorf, März 1977, S. 8ff., 25 und 29ff.
3 Die Ökologie ist die Wissenschaft von den Wechselwirkungen zwischen den Lebewesen untereinander und ihren Beziehungen zur übrigen Umwelt.

8 Grundzüge der Wirtschaftspolitik in der sozialen Marktwirtschaft

im Amazonasgebiet zu weltweiter Klimaveränderung. Die des Waldes beraubten Böden können nur kurze Zeit als Weideland verwendet werden, weil der dünne Humusboden weggeschwemmt wird. Der Bau des Assuan-Staudamms in Ägypten hat z. B. zur Folge, dass die fruchtbaren Sinkstoffe, die der Nil früher bei seinen jährlichen Hochwassern mitbrachte, bereits vor der Staumauer abgelagert werden, sodass die landwirtschaftlichen Erträge in Mittel- und Unterägypten abnehmen.

Die Diskussion um die Gefahren des rein quantitativen Wirtschaftswachstums hat die Forderung nach einem **„qualitativen Wachstum"** aufkommen lassen, das z. B. mithilfe der folgenden sozialen Indikatoren[1] gemessen werden kann:

- Verbrauch bzw. Verbrauchsminderung an Rohstoffen durch rohstoffschonende Produktionsverfahren;
- Verminderung der Umweltbelastung durch Verringerung der Schadstoffemissionen (= Ausstoß von Schadstoffen) der privaten Haushalte und der Betriebe;
- Verringerung der Umweltverschmutzung durch verstärktes Recycling (= Rückführung von Abfällen in den Produktionsprozess);
- Ausweitung des tertiären Sektors,[2] z. B. durch verstärkte Pflege und Betreuung kranker, behinderter und alter Menschen, durch Maßnahmen zur Erhöhung der öffentlichen Sicherheit und des Rechtsschutzes für die Bürger oder durch Intensivierung der Weiterbildungs- und Umschulungsmaßnahmen.

Während sich also die Grenzen des Wachstums im primären Sektor (Landwirtschaft, Fischwirtschaft, Forstwirtschaft) und im sekundären Sektor (Sachgüter produzierende Industrie und Handwerk) immer deutlicher abzeichnen, sind Wachstumsgrenzen im Dienstleistungsbereich nicht sichtbar.

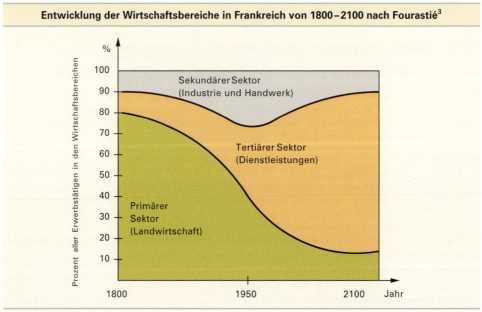

1 Indikator (lat.) = Anzeiger.
2 Tertiärer Sektor = dritter Sektor (Dienstleistungsbereich).
3 Quelle: GASSER, Ch.: Unternehmensführung im Strukturwandel, Krise der Dynamik, Zürich 1974, S. 67.

8.11 Wirtschaftswachstum und Wachstumspolitik

Ein wirtschaftliches Wachstum, das durch Einführung rohstoffschonender Produktionsverfahren, durch Umweltschutzinvestitionen und durch Ausweitung des Dienstleistungsbereichs gekennzeichnet ist, wird als **qualitatives Wachstum** bezeichnet. Ein Programm allerdings, das anstelle des quantitativen Wachstums das qualitative Wachstum setzt, kostet Geld. Qualitatives Wachstum wird zu Lasten des materiellen Lebensstandards gehen müssen. Andererseits wird es die Lebensqualität erhöhen *und* zugleich Arbeitsplätze durch die Entwicklung und die Anwendung neuer umweltfreundlicher Produktionsverfahren schaffen. Zwischen den Zielen „qualitatives Wachstum" und „Umweltschutz" besteht so unter Umständen Zielharmonie.

Zusammenfassung

- Es ist ein ganzes Bündel aufeinander abgestimmter wachstums- und strukturpolitischer Maßnahmen erforderlich, um das Ziel eines **stetigen Wirtschaftswachstums** bei **ausgeglichener Wirtschaftsstruktur** zu erreichen.

- Das **Wirtschaftswachstum** wird i. d. R. an der relativen Veränderung des realen Bruttoinlandsprodukts gemessen.

8 Grundzüge der Wirtschaftspolitik in der sozialen Marktwirtschaft

- Beim **quantitativen Wachstum** kann man zwischen **zyklischem Wachstum, exponentiellem Wachstum, linearem Wachstum** und **organischem Wachstum** unterscheiden.
- Das qualitative Wachstum lässt sich mithilfe sogenannter **sozialer Indikatoren** beschreiben.
- Die **Grenzen des Wachstums** liegen vor allem in der Belastung der Umwelt und in der Erschöpfung natürlicher Ressourcen (Rohstoff- und Energiequellen).

ÜBUNGSAUFGABEN

1. Textauszug:

„Noch nie vollzog sich Wirtschaftswachstum in Marktwirtschaften als bloße Aufblähung des starr zusammengesetzten Produktionsapparats oder Gütersortiments vergangener Zeiten. Wachstum und Strukturwandel gehören zusammen; Wachstum vollzieht sich stets nur mit Strukturwandel. Wäre dies anders, müsste sich der Wachstumsprozess alle paar Jahre in krisenhafter Weise festfahren. Stets und ständig treten im Wirtschaftsprozess Hemmnisse, Hindernisse und auch Grenzen auf, die überwunden oder umgangen werden. Wenn in unserer Zeit einer Ausdehnung, ja sogar der Aufrechterhaltung jener Produktionsprozesse Grenzen gezogen sind, die Umweltgüter verbrauchen, so werden sich – solange der Marktmechanismus seinen Innovationszwang entfaltet – einerseits umweltsparende Innovationen finden, andererseits Wachstumsschübe in ganz anderen Bereichen der Volkswirtschaft vollziehen, etwa demnächst bei der Alten- und Krankenversorgung durch gegenseitige Dienstleistungen der Menschen."

Quelle: WAGNER, A.: Makroökonomik. Volkswirtschaftliche Strukturen II, 1990, S. 11.

1.1 Erklären Sie die unterstrichenen Begriffe!

1.2 Wie kann das quantitative Wirtschaftswachstum gemessen werden? Welche Aussagekraft haben die von Ihnen genannten Messgrößen?

1.3 Auf welche Weise kann sich das quantitative Wirtschaftswachstum vollziehen?

1.4 Warum setzt sich der Staat zum Ziel, das Wirtschaftswachstum zu verstegigen? (*Lösungshinweis:* Denken Sie an die positiven Seiten des quantitativen Wirtschaftswachstums!)

1.5 Worin unterscheidet sich das qualitative Wirtschaftswachstum vom quantitativen Wirtschaftswachstum?

1.6 Welche Bereiche des qualitativen Wirtschaftswachstums werden im oben zitierten Text angesprochen?

1.7 Begründen Sie, warum Wachstum und Strukturwandel zusammengehören!

1.8 Erörtern Sie die Gefahren, die das quantitative Wirtschaftswachstum mit sich bringt!

1.9 Inwiefern vermag das qualitative Wirtschaftswachstum den Zielkonflikt zwischen den Zielen „Wachstum" und „Erhaltung einer lebenswerten Umwelt" zu mildern oder gar zu lösen?

1.10 Überlegen Sie sich Argumente, die für ein weiteres Wirtschaftswachstum sprechen!

1.11 Erklären Sie den Begriff Strukturpolitik!

1.12 Nennen Sie strukturpolitische Maßnahmen!

2. Arbeitsauftrag: Erläutern Sie die auf S. 636 genannten Ursachen der Sockelarbeitslosigkeit und die möglichen Bewältigungsstrategien!

Gesetze, Rechtsverordnungen, allgemeine Vertragsbedingungen

AEUV	Vertrag über die Arbeitsweise der Europäischen Union
AFBG	Gesetz zur Förderung der beruflichen Aufstiegsfortbildung (Aufstiegsfortbildungsförderungsgesetz)
AktG	Aktiengesetz
ALG	Gesetz über die Alterssicherung der Landwirte
AltersTG	Altersteilzeitgesetz
AltZertG	Gesetz über die Zertifizierung von Altersvorsorgeverträgen (Altersvorsorgeverträge-Zertifizierungsgesetz)
AO	Abgabenordnung
ArbGG	Arbeitsgerichtsgesetz
ArbSchG	Gesetz über die Durchführung von Maßnahmen des Arbeitsschutzes zur Verbesserung der Sicherheit und des Gesundheitsschutzes der Beschäftigten bei der Arbeit (Arbeitsschutzgesetz)
ArbStättV	Verordnung über Arbeitsstätten (Arbeitsstättenverordnung)
ArbZG	Arbeitszeitgesetz
ASRG (1995)	Gesetz zur Reform der agrarsozialen Sicherung (Agrarsozialreformgesetz)
ASiG	Gesetz über Betriebsärzte, Sicherheitsingenieure und andere Fachkräfte für Arbeitssicherheit (Arbeitssicherheitsgesetz)
AsylbLG	Asylbewerberleistungsgesetz
AVermV	Arbeitsvermittlerverordnung
AVmG	Altersvermögensgesetz
BAföG	Bundesausbildungsförderungsgesetz
BBankG	Gesetz über die Deutsche Bundesbank (Bundesbankgesetz)
BBiG	Berufsbildungsgesetz
BDSG	Bundesdatenschutzgesetz
BEEG	Gesetz zum Elterngeld und zur Elternzeit
BerBiFG	Berufsbildungsförderungsgesetz
BetrVerfG	Betriebsverfassungsgesetz
BGB	Bürgerliches Gesetzbuch
BImSchG	Gesetz zum Schutz vor schädlichen Umwelteinwirkungen durch Luftverunreinigungen, Geräusche, Erschütterungen und ähnliche Vorgänge (Bundes-Immissionsschutzgesetz)
BKGG	Bundeskindergeldgesetz
BNatSchG	Gesetz über Naturschutz und Landschaftspflege (Bundesnaturschutzgesetz)
BörsG	Börsengesetz
BörsZulV	Börsenzulassungs-Verordnung
BtG	Betreuungsgesetz
BUrlG	Mindesturlaubsgesetz für Arbeitnehmer (Bundesurlaubsgesetz)
BWpVerwG	Bundeswertpapierverwaltungsgesetz
ChemG	Gesetz zum Schutz vor gefährlichen Stoffen (Chemikaliengesetz)
DepotG	Gesetz über die Verwahrung und Anschaffung von Wertpapieren (Depotgesetz)
DesignG	Gesetz über den rechtlichen Schutz von Design (Designgesetz)
DrittelbG	Gesetz über die Drittelbeteiligung der Arbeitnehmer im Aufsichtsrat (Drittelbeteiligungsgesetz)
EBRG	Gesetz über Europäische Betriebsräte (Europäische Betriebsrätegesetz)
EntgeltFZG	Gesetz über die Zahlung des Arbeitsentgelts an Feiertagen und im Krankheitsfall (Entgeltfortzahlungsgesetz)
EStDV	Einkommensteuer-Durchführungsverordnung
EStG	Einkommensteuergesetz
FinDAG	Gesetz über die Bundesanstalt für Finanzdienstleistungsaufsicht (Finanzdienstleistungsaufsichtsgesetz)
FPfZG	Gesetz über die Familienpflegezeit (Familienpflegezeitgesetz)
GBO	Grundbuchordnung
GebrMG	Gebrauchsmustergesetz
GefStoffV	Verordnung zum Schutz vor Gefahrstoffen (Gefahrstoffverordnung)
GenG	Gesetz betreffend die Erwerbs- und Wirtschaftsgenossenschaften (Genossenschaftsgesetz)
GewO	Gewerbeordnung
GewStG	Gewerbesteuergesetz
GG	Grundgesetz für die Bundesrepublik Deutschland
GmbHG	Gesetz betreffend die Gesellschaften mit beschränkter Haftung
GVG	Gerichtsverfassungsgesetz
GWB	Gesetz gegen Wettbewerbsbeschränkungen (Kartellgesetz)
HGB	Handelsgesetzbuch
HRV	Handelsregisterordnung
InsO	Insolvenzordnung

JArbSchG	Gesetz zum Schutze der arbeitenden Jugend (Jugendarbeitsschutzgesetz)	TzBfG	Gesetz über Teilzeitarbeit und befristete Arbeitsverträge (Teilzeit- und Befristungsgesetz)
JuSchG	Jugendschutzgesetz		
KSchG	Kündigungsschutzgesetz	UAG	Gesetz zur Ausführung der Verordnung (EG) Nr. 1221/2009 des Rates vom 25. November 2009 über die freiwillige Teilnahme von Organisationen an einem Gemeinschaftssystem für Umweltmanagement und Umweltbetriebsprüfung (Umweltauditgesetz)
KStG	Körperschaftsteuergesetz		
KWG	Gesetz über das Kreditwesen (Kreditwesengesetz)		
LStDV	Lohnsteuer-Durchführungsverordnung		
MarkenG	Gesetz über den Schutz von Marken und sonstigen Kennzeichen (Markengesetz)		
		UIG	Umweltinformationsgesetz
		UmweltHG	Umwelthaftungsgesetz
MitbestG 1951 (MG) (Montan-MitbestG)	Gesetz über die Mitbestimmung der Arbeitnehmer in den Aufsichtsräten und Vorständen der Unternehmen des Bergbaus und der Eisen und Stahl erzeugenden Industrie (Montan-Mitbestimmungsgesetz) von 1951	UStDV	Umsatzsteuer-Durchführungsverordnung
		UStG	Umsatzsteuergesetz
		UVPG	Gesetz über die Umweltverträglichkeitsprüfung
		UWG	Gesetz gegen den unlauteren Wettbewerb
MitbestG (1976)	Gesetz über die Mitbestimmung der Arbeitnehmer (Mitbestimmungsgesetz) von 1976	VAG	Gesetz über die Beaufsichtigung der Versicherungsunternehmen (Versicherungsaufsichtsgesetz)
MuSchG	Gesetz zum Schutze der erwerbstätigen Mutter (Mutterschutzgesetz)		
NachwG	Gesetz über den Nachweis der für ein Arbeitsverhältnis geltenden wesentlichen Bedingungen (Nachweisgesetz)	5. VermBG	Fünftes Gesetz zur Förderung der Vermögensbildung der Arbeitnehmer (Fünftes Vermögensbildungsgesetz)
PAngG	Preisangabengesetz	VerpackV	Verordnung über die Vermeidung und Verwertung von Verpackungsabfällen (Verpackungsverordnung)
PAngV	Preisangabenverordnung		
PartGG	Gesetz über Partnerschaftsgesellschaften Angehöriger Freier Berufe (Partnerschaftsgesellschaftsgesetz)	VVG	Versicherungsvertragsgesetz
		WG	Wechselgesetz
PatG	Patentgesetz	WHG	Gesetz zur Ordnung des Wasserhaushalts (Wasserhaushaltsgesetz)
PflegeVG	Gesetz zur sozialen Absicherung des Risikos der Pflegebedürftigkeit (Pflege-Versicherungsgesetz)	WoPG	Wohnungsbau-Prämiengesetz
		WpHG	Gesetz über den Wertpapierhandel (Wertpapierhandelsgesetz)
ProdHaftG	Gesetz über die Haftung für fehlerhafte Produkte (Produkthaftungsgesetz)	ZPO	Zivilprozessordnung
ProdSG	Gesetz über die Bereitstellung von Produkten auf dem Markt (Produktsicherheitsgesetz)	ZVG	Gesetz über die Zwangsversteigerung und die Zwangsverwaltung (Zwangsversteigerungsgesetz)
PublG	Gesetz über die Rechnungslegung von bestimmten Unternehmen und Konzernen (Publizitätsgesetz)		
ScheckG	Scheckgesetz		
SGB	Sozialgesetzbuch (12 Bücher)		
SGG	Sozialgerichtsgesetz		
SprAuG	Gesetz über Sprecherausschüsse der leitenden Angestellten (Sprecherausschussgesetz)		
StabG	Gesetz zur Förderung der Stabilität und des Wachstums der Wirtschaft		
TVG	Tarifvertragsgesetz		

Stichwortverzeichnis

A

Abgeltungsteuer 454
Abhängigkeitsverhältnisse 433
Ablaufhemmung 62
Ablauforganisation 259
Abmahnung 142
Abnahmeverzug 75
Absatzform 306
Absatzmethode 306
Absatzorganisation 306
Absatzpolitik 299
absatzpolitische Instrumente 299
Absatzweg 306
Absatzwerbung 303
Abschlussfreiheit 41
Abschwung 554f., 559
Abstimmungskollegialität 257
Abteilungsbildung 253
Abweichungsanalyse 237
Abwertung 605
Abzahlungsdarlehen 354
abzugsfähige Steuern 448
Abzugsverfahren 451
AG (Aktiengesellschaft) 101
AGB (allgemeine Geschäftsbedingungen) 43
Agenturvertrag 152
Akkordlohn 172
AKP-Staaten 621
Aktie 101, 350
Aktienart 102
Aktiengesellschaft 106
Aktiengesellschaft (AG) 101, 106
Aktienindex 415
aktive Arbeitsförderung 197
Akzept 336ff., 369
Akzeptierung 337
Akzeptkredit 369
allgemeine Geschäftsbedingungen (AGB) 43
Allgemeinverbindlichkeitserklärung 163
Altersentlastungsbetrag 460
Alterssicherung 220
Anbieterrente 402f.
Anfechtbarkeit von Rechtsgeschäften 42
Anfechtung 41
Angebot 33, 394, 399
Angebotsband 420
Angebotskurve 399f.
Angebotslücke 403, 605
Angebotsmonopol 420
Angebotsoligopol 421
Angebotspolitik 635f.
Angebotsüberhang 403
Ankaufskurs 598

Ankerwährung 608
Anlagevermögen 345
Annahme 33
Annahmeverzug 74
Annuitätendarlehen 354
anomale Nachfrage 397
Anpassungsfortbildung 276
Anteilsrecht 344, 350
antizyklische Fiskalpolitik 589
Antrag 33
Arbeitgeberverband 161
Arbeitnehmerentgelt 507
Arbeitnehmer-Pauschbetrag 454
Arbeitnehmerveranlagung 475
Arbeitsanweisung 264f.
Arbeitsbedingungen 129
Arbeitsförderung 196ff.
Arbeitsgericht 183
Arbeitsgerichtsbarkeit 183
Arbeitskampf 165ff.
Arbeitskräftemangel 528
Arbeitslosengeld 201
Arbeitslosengeld I 201
Arbeitslosengeld II 205
Arbeitslosenversicherung 196
Arbeitslosigkeit 528, 542, 634ff.
Arbeitsmittel 130
Arbeitsrecht 178
Arbeitsschutz 178
Arbeitsverhältnis 137
Arbeitsvertrag 137
Artvollmacht 148
Assoziierung 621
Aufbauorganisation 253
Aufgabenanalyse 253
Aufgabenbild 271
Aufgabenorientierung 254
Aufgabensynthese 253
Aufgabenverteilung 253
Auflösungsrecht 41
Aufschwung 554f., 559
Aufstiegsfortbildung 276
Auftragsunternehmer 128
Aufwertung 606
Ausbildung 276
Ausbildungsfreibetrag 459
Ausbildungsverhältnis 132
Ausfallbürgschaft 367
Ausfuhr 596
ausführende Ebene 128f.
Ausfuhrgüter 596
Außenbeitrag 510
Außenfinanzierung 346, 349

643

Außenhandel 596
Außenhandelspolitik 596
Außenwert des Geldes 597
außenwirtschaftliche Gesamtrechnung 518
außenwirtschaftliches Gleichgewicht 527, 531
außergerichtliches Mahnverfahren 80
außergewöhnliche Belastungen 459, 471
Aussonderung 382
Aussperrung 167
Aussteller 335, 369
Ausstellungsort 335

B

B2B (Business-to-Business) 326
B2C (Business-to-Consumer) 326
Bankkarte 321
Banknoten 571, 598
Barauszahlung 316
Bareinzahlung 314
Bargeld 309, 569
bargeldlose (unbare) Zahlung 312
Bargeldzahlung 312 f.
Barkauf 39
Barscheck 332
Barwert 338
Basiseinkommen 592
Basiszinssatz 78
Bedarf 393
Bedarfsprinzip 169
Beförderungskosten 38
befristete Transaktionen 579
Beiträge 444
Beitragsbemessungsgrenze 209
Beratungsrecht des Betriebsrats 226
Berichte (Reports) 237
Berufsausbildungsbeihilfe 199
Berufsausbildungsvertrag 133
Berufseinstiegsbegleitung 198
Berufsgenossenschaft 186 f., 206
Berufsorientierungsmaßnahmen 198
Berufsvorbereitung 199
Berufung 86
Beschäftigung 527
Beschäftigungsgrad 295
Beschäftigungspolitik 634
beschränkte Geschäftsfähigkeit 21
Besitz 23
Besitzsteuern 447
Bestandsrenten 472
Bestellungsannahme 33
Bestimmungskauf 37
Beteiligungsfinanzierung 349
Beteiligungspapier 350
betriebliche Personalentwicklung 275
betriebliche Vollmacht 143

Betriebsausgaben 453
Betriebsausschuss 225
Betriebseinnahmen 453
Betriebsrat 224
Betriebsvereinbarung 137, 228
Betriebsverfassung 224, 227, 229
Betriebsvermögensvergleich 452
Betriebsversammlung 226
Bevölkerungspolitik 632
Beweislastumkehr 62
Beweisurkunde 342, 357
Bewerbungsformular 284
Bewerbungshomepage 284
Bewerbungsschreiben 278, 280 f.
Bewerbungsunterlagen 278, 280
Bezogener 335, 369
Bezugsrecht 359
BIC 318
Bilanz 345
Bildungspolitik 631
Binnenhandel 596
Binnenmarkt 621
Binnenwert des Geldes 538
Blankokredit 366
Blockfloating 608
Bonus 40
Boom 559
Börse 410
Börsenpreise 416
Börsensegmente 411
Brainstorming 114
Brainwriting 114 f.
Bretton Woods 607
Bretton-Woods-Institution 623
Briefkurs 598
Bringschuld 36
Bruttoinvestition 508 ff.
Bruttolohn 545
Buchgeld 309
Budgetierung 237
Bundesagentur für Arbeit 196
Bundesarbeitsgericht 184
Bundessteuern 447
Bürgerbegehren 619
Bürgschaft 366 f.
Bürgschaftserklärung 27
Bürgschaftskredit 366
Businessplan 115
Business-to-Business (B2B) 326
Business-to-Consumer (B2C) 326

C

CDAX 415
chipTANcomfort-Verfahren 326
chipTAN-Verfahren 326
CIM 274

Computer Integrated Manufacturing 274
Controlling 232, 236
Convertible Bond 359

D

Dachgesellschaft 433
Darlehen 353f.
Darlehensvertrag 55
Datengeheimnis 244
Datenschutz 244
Datenträgeraustausch 324
Dauerauftrag 318
DAX 415
Debitkarte 321
Deckungsbeitrag 302
Deckungskauf 72
Deficit-Spending 590
Deflation 549
Deflationierung 513
Deflationsrate 545
deklaratorisch 95
deklaratorische Wirkung 145
Deliktsfähigkeit 20
Delkredere 368
Derivate 410
Deutsche Bundesbank 567
Deutscher Aktienindex 415
Deutsche Rentenversicherung Bund 193
Devisen 598
Devisenangebot 599
Devisenbewirtschaftung 614
Devisennachfrage 599
Devisenswapgeschäft 583
Devisenzwangswirtschaft 484
Dienstleistungsbetrieb 290f.
Dienstleistungsbilanz (Dienstleistungen) 522
Dienstvertrag 56
Differenzkalkulation 425
direkte Steuern 448, 507
Disketten-Clearing 324
Diskont 338
Diskontierung 338
Diskontkredit 369
Diskriminierung 617
Disposition 248
Distanzkauf 36, 61
Dividende 350
Dividendenscheinbogen 344
Dow-Jones-Index 415
duale Berufsausbildung 133
Dumping 613
durchschnittlicher Lagerbestand 237f.

E

E-Commerce 326
ECU 608
Effekten 344
effektive Stücke 344
Effektor 251
EFTA (Europäische Freihandelsassoziation) 622
E-Geld 310
Eigenfinanzierung 347
Eigenkapital 349
Eigentum 23
Eigentümerunternehmer 128
Eigentumsvorbehalt 34, 384
einfaches Zeugnis 136
Einfuhr 596
Einfuhrgüter 596
eingetragene Genossenschaft (eG) 110
Eingliederungszuschuss 199
Einheitskurs 414
Einheitsmarkt 412
Einheitspreis 402
Einigungsstelle 225
Einkaufskommissionär 156
Einkommen 456, 459
Einkommensnivellierung 169
Einkommensteuer 447, 451f.
Einkommensteuererklärung 451
Einkommensteuerschuld 463
Einkommensteuertabelle 463f.
Einkommensteuertarif 463
Einkünfte 452
einseitige Rechtsgeschäfte 24
einseitiger Handelskauf 59
Einspruch 84
Einwilligung 21
Einzelarbeitsvertrag (Individualarbeitsvertrag) 137
Einzelentlassung 528
Einzelmonopol 428
Einzelüberweisung 317
Einzelunternehmen 98, 347, 350
Einzelvertretung 144
Einzelvollmacht 148
Einzelzession 368
elektronische Form 27
elektronische Handelssysteme 413
Elektronische Lohnsteuerabzugsmerkmale (ELStAM) 468
elektronisches Geld 310
elektronische Signatur 27, 29
elektronisches Lastschriftverfahren 322
ELSTER 451
ELV 322
Enteignung 489
Entgeltersatzleistung 201
Entgeltfortzahlung 138
Entlastungsfreibetrag 460
Entlohnungssystem 171

645

Entscheidungen 235
Entscheidungsprozess 233
Entscheidungssysteme 257
Entstehungsrechnung 513
Erfüllungsgeschäft 34
Erfüllungsort 34
Ergonomie 130
Erlassvergleich 380
Erlöschen der Grundpfandrechte 375
Erneuerungsschein 358
Eröffnungsbilanz 104
Ersatzinvestitionen 508
Erwerbs- und Vermögenseinkünfte 508
erwerbswirtschaftliches Prinzip 288
Erzeugnisgestaltung 300
ESZB (Europäisches System der Zentralbanken) 566
eTIN 467
EU (Europäische Union) 617
Eurex 414
Europäische Freihandelsassoziation (EFTA) 622
Europäische Gesellschaft (SE) 106
europäische Integration 435
Europäische Kommission 619
Europäischer Stabilisierungsmechanismus (ESM) 564
Europäischer Wirtschaftsraum (EWR) 106, 622
Europäisches Parlament 619
Europäisches System der Zentralbanken (ESZB) 566
Europäisches Währungssystem (EWS) 608
Europäische Union (EU) 596, 617
Europäische Wirtschaftliche Interessenvereinigung (EWIV) 430
Europäische Wirtschafts- und Währungsunion (WWU) 561
Europäische Zentralbank (EZB) 561, 565, 571
European Currency Unit 608
Euro-Rettungsschirm 564
Eurosystem 579, 582f.
EWIV (Europäische Wirtschaftliche Interessenvereinigung) 430
EWR (Europäischer Wirtschaftsraum) 622
Existenzgründung 111
Export 510
Exporterlös 508
Exportförderung 613
Exportüberschüsse 531
externe Eigenfinanzierung 349
externe Fremdfinanzierung 348, 352
EZB (Europäische Zentralbank) 565

F

Factoring 368
Faktorverfahren 469
Fakturierung 368
Fälligkeitsdarlehen 354
Familienpflegezeit 192
Fantasiefirmen 97
Fazilitäten 572, 585
Fernabsatzvertrag 49
Fernabsatzverträge 46
Fernkauf 36
feste Wechselkurse 604
Festpreis 492
Festpreispolitik 492
festverzinsliche Wertpapiere 357
Finanzierung 98, 345
Finanzierung der Sozialversicherung 208
Finanzierungsanlässe 346
Finanzierungsarten 346
Finanzpolitik 589
Firma 94f.
Firmenarten 96
Firmengrundsätze 97
Firmenkern 97
Firmenwerbung 304
Firmenzusätze 97
Fishersche Verkehrsgleichung 542
Fiskalpakt 563
Fiskalpolitik 589ff.
fixe Kosten 295, 426
Fixkauf 37
Fixum 153
Flashmob 166
flexibler Wechselkurs 599
Floating 598, 607, 611
Formalziele 231, 288
Formfreiheit 25
Formzwang 26
Forschungspolitik 633
Fortbildung 276
fortlaufende Notierung 415
Frachtbasis 38
Frachtparität 38
Freibeträge 459f., 471
freie Marktwirtschaft 479, 481
freier Wechselkurs 599, 611
freigesetztes Kapital 349
freigestellte Vereinbarungen 437
Freigrenzen 40
Freihandel 482
Freihandelszone 622
freiwilliger Vergleich 380
Friedenspflicht 165
Führung 231
Führungsaufgaben 231
Führungsgröße 251

Führungsstil 241
Führungstechniken 242
Führungsverhalten 231
fungible Wertpapiere 344
Funktionsorientierung 254
Funktionsrabatt 40
Fusion 429, 434
Fusionskontrolle 438

G

Garantie 61
GATT 616
Gattungssachen 19
Gebühren 444
Gefahrübergang 35
Geldarten 309, 569
Geldfunktionen 310
Geldkreislauf 507
Geldkurs 598
Geldmarktprodukt 413
Geldmenge 539
Geldmenge M1 569
Geldmenge M2 569
Geldmengenaggregate 569
Geldmengenbegriff 569
Geldmitteleigenfinanzierung 350
Geldpolitik 494, 561, 591
Geldproduzenten 571
Geldschöpfung 571 ff.
Geldschöpfungsmultiplikator 577
Geldvernichtung 572
Geldwert 538
Geldwertmessung 543
Geldwertpapier 343
Geldwertschwankung 538
Geldwirtschaft 482
Gemeindesteuern 447
gemeinschaftliche Steuern 447
gemischte Firmen 97
Genehmigung 21
General Agreement on Tariffs and Trade 616
General Standard 412
Generalvollmacht 149
Generationenvertrag 195
gerichtliches Mahnverfahren 81
Gerichtsstand 37
Gerichtsverfahren 86
geringfügige Beschäftigung 210
Gesamtangebot 400
Gesamtkosten 296, 426
Gesamtnachfrage 398
Gesamtvertretung 144
Geschäftsfähigkeit 20
Geschäftsprozess 262
Geschäftsunfähigkeit 22
geschriebenes Recht 16

Gesellschaft des bürgerlichen Rechts (GbR) 110
Gesellschaft mit beschränkter Haftung (GmbH) 107
Gesellschaftsordnung 479
Gesetz 17
Gesetz der Massenproduktion 296, 421
Gesetz der Nachfrage 397
Gesetz des Angebots 399
gesetzliche Arbeitsförderung 186, 196 ff.
gesetzliche Krankenversicherung 186 f.
gesetzliche Rentenversicherung 186, 193
gesetzlicher Erfüllungsort 35
gesetzlicher Vertreter 21
gesetzliches Pfandrecht 156
gesetzliches Zahlungsmittel 311
gesetzliche Unfallversicherung 186, 206
gesetzlich geregelte Vollmachten 144
Gesundheitspolitik 632
Gewährleistungspflicht 58
Gewerbefreiheit 482
Gewerkschaft 161
Gewinnquote 515
Gewinnrücklagen 348
Gewinnvortrag 348
Gewohnheitsrecht 18
gezeichnetes Kapital 101, 107
Giralgeld 309
Giralgeldschöpfung 573
Giralgeldschöpfungsmultiplikator 575
Gläubigerpapier 344
Gläubigerversammlung 384
Gleichgewichtskurs 599
Gleichgewichtsmenge 402
Gleichgewichtspreis 402
Globalisierung 428
Globalzession 368
GmbH & Co. KG 109
GmbH (Gesellschaft mit beschränkter Haftung) 107
grafologisches Gutachten 278
Grenzbetrieb 403
große Aktiengesellschaft 105
Grundbuch 372
Grundfreibetrag 459, 463
Grundkapital 102
Grundkredit 371
Grundpfandrecht 371
Grundschuld 372
Grundschuldkredit 375
Grundsicherung für Arbeitsuchende 203
Grundtarif 464
Gründungszuschuss 200
Günstigerprüfung 460
Günstigervergleich 221

H

halbbare (Bargeld sparende) Zahlung 312
halbbare Zahlung 314
Handelsabkommen 613
Handelsbilanz (Außenhandelsbilanz) 522
Handelshemmnis 621
Handelskauf 59, 61
Handelsmakler 157
Handelsregister 94
Handelsvertrag 613
Handelsvertreter 152
Handelsvolumen 538
Handkauf 35 f.
Händlerrabatt 39
Handlungsfähigkeit 20
Handlungsgehilfe 137
Handlungsreisender 149
Handlungsvollmacht 146 f.
Handwerkskammer 113
harte Währung 606
Hartz-IV-Gesetz 203
Hauptrefinanzierungsinstrument 584
Hauptziele der Wirtschaftspolitik 527
Haustürgeschäfte 46
hedonische Preisermittlung 513
Hemmung der Verjährung 92
Hinterlegung 74
Höchstbetragshypothek 374
Höchstpreis 491
Höchstpreispolitik 492
Höchstwertprinzip 347
hoher Beschäftigungsstand 527
Holdinggesellschaft 433
Holschulden 336
Homebanking 324
Homepage 113
Hyperinflation 547
Hypothek 372
Hypothekenpfandbrief 360

I

IBAN 318
Immobilien 18
Immobilienfonds 351
Import 510
Importausgaben 508
Importbeschränkung 613 f.
importierte Inflation 547, 606
Importkontingentierung 614
Importüberschüsse 531
Importzölle 614
Improvisation 248
Indexprodukte 413
indirekte Steuern 448
Individualismus 479 f.
Individualmonopol 428

Individualversicherung 217 f., 222
Indossament 339, 343
Indossierung 339
Industrie- und Handelskammer 113
Inflation 546, 548
Inflationsarten 546 f.
Inflationsbekämpfung 591
Inflationsfolgen 548
Inflationsrate 545
Inflationsursachen 546
Informationsrecht des Betriebsrats 226
Informationsströme 267
Informationssystem 267
Infrastrukturpolitik 634
Inhaberpapier 342
Inhaberscheck 332
Inhaltsfreiheit 41
Inkasso 368
Inlandsprodukt 510
Innenfinanzierung 346
innergemeinschaftliche Lieferung 596
innergemeinschaftlicher Erwerb 596
Input 262
Insolvenzgeld 201 f.
Insolvenzgläubiger 384
Insolvenzplan 385
Insolvenzverfahren 380
Insolvenzverwalter 381
institutionelle Starrheit 550
Interessengemeinschaft 430
Internationaler Währungsfonds (IWF) 607
interne Fremdfinanzierung 348
Internet 113
Internet-Zahlung 326
Interventionspunkt 604
Investierung 345
Investition 345, 631
Investmentzertifikate 351
Irrtum 42
Istkaufleute 95
IWF (Internationaler Währungsfonds) 607

J

Jobcenter 196
Jobrotation 277
Joint Venture 429
Jugendarbeitsschutz 180
juristische Person 19, 350

K

Kalkulation 424
Kannkaufleute 95
Kapazität 295
Kapitalbeteiligungen 433
Kapitalbilanz 519 f., 522
Kapitalgesellschaften 101, 347, 350

Kapitalismus 482
Kapitalwertpapier 344
Karriereplanung 277
Kartell 429, 431
Kartellkontrolle 436
Kassageschäft 412 f.
Kassationskollegialität 257
Kauf auf Abruf 37
Kauf gegen Vorauszahlung 39
Kaufkraft 393, 542
Kaufleute kraft Rechtsform 95
Kaufmann 94
kaufmännische Angestellte 137
kaufmännischer Auszubildender 133
Kaufvertrag 32
Kennzahlensystem 236
KG (Kommanditgesellschaft) 100
Kinderfreibetrag 460
Kindergeld 460
Kirchensteuer 456, 460, 475
kleine Aktiengesellschaft 105
Koffergeschäft 522
Kollektivarbeitsvertrag 137
Kollektiveigentum 485
Kollektivismus 479 f.
Kollektivmonopol 428
Kollektivzession 368
Kommanditgesellschaft 109
Kommanditgesellschaft auf Aktien (KGaA) 110
Kommanditgesellschaft (KG) 100
Kommanditist 100, 109
Kommissionär 154
Kommissionsgeschäft 154
Kommunalobligation 360
Kommunikation 233
Kommunikationspolitik 303
Kommunistisches Manifest 482
Komplementär 100
Konjunktur 553
Konjunkturausgleichsrücklage 589
Konjunkturdämpfung 593
konjunkturelle Arbeitslosigkeit 554
Konjunkturförderung 593
Konjunkturindikatoren 557
Konjunkturpolitik 589
Konjunkturschwankung 553
Konjunkturüberhitzung 555
Konjunkturzyklus 554
Konnossement 343
Konsignationslager 154
Konsortium 429
konstitutiv 95
Konstitutivurkunde 342
Konsumausgaben 507
Konsumausgaben der privaten Haushalte 510

Konsumentenrente 402
Konsumfreiheit 482
Konsumfunktion 592
Konsumquote 592
Konsumtivkredit 352
Kontokorrentkredit 353 f.
Kontrolle 232
Konventionalstrafe 72
Konvergenzkriterien 561
Konzentration 428
Konzern 429, 433
Kooperation 428
Kooperationsprinzip 498
Koordination 232, 249
Korbwährung 608
Kosten 295
Kreditfinanzierung 352
Kreditinstitut 571, 573
Kreditkarte 319
Kreditkauf 39
Kreditsicherung 366
Krise 555
Kündigung 24, 139
Kündigungsschutz 141
Kurs 350
Kursbildung 598
Kursblatt 416
Kursermittlung 414
Kurswert 351
Kurzarbeitergeld 200

L

Ladeschein 343
Lagerdauer 238
Lagerkennzahlen 237
Lagerschein 343
Lagerumschlagshäufigkeit 238
Lagerzinsfuß 239
Lagerzinssatz 239
Landesarbeitsgericht 183
Landessteuern 447
Lastschriftverfahren 319
laufende Übertragung 522
Leasing 356
Lebenslauf 278
Lebensversicherung 220
– Kapital bildende 219
Legalausnahme 436
Leibrente 457
Leihvertrag 55
Leistungsbilanz 518, 520, 522
Leistungsbild 271
Leistungslohn 172
Leistungslohn im weiteren Sinne 171
Leistungsort 34 f.
Leistungsprinzip 170

649

Leistungsprozess 288, 291
Leistungswille 130
Leistungszeit 34, 37
Leitkurs 604
Leitwährung 607
Lieferbedingungen 37
Lieferungsverzug 69
Limited Company (Ltd.) 108
Linien-System 256
Liquidation 379
Lohn 170
Lohnform 171
Lohnnebenkosten 545
Lohn-Preis-Spirale 170
Lohnquote 515
Lohnsteuerbescheinigung 467f.
Lohnsteuerermittlung 467
Lohnsteuerklasse 469
Lohnsteuertabelle 464, 467f.
Lombardkredit 370
Lower Management 128f.

M

Maastricht-Kriterien 561
magisches Dreieck 532
magisches Sechseck 535f.
Magnetband-Clearing 324
Mahnbescheid 77, 81
Mahnung 70, 77, 81
Mahnverfahren 80
Makler 157
Management by Delegation 242
Management by Exception 242
Management by Objectives 242
Managerunternehmer 128
Mängelanzeige 59
Mängelarten 59
mangelhafte Lieferung 58
Mantel 344, 358
Mantelzession 368
Marketinginstrument 299
Marketing-Mix 299
Markt 393ff., 490
Marktangebot 400
Marktarten 394
Marktautomatismus 481
Marktbeherrschung 438
Marktformen 394
Marktgleichgewicht 403
marktkonforme Maßnahmen 500
marktkonformer Staatseingriff 490
marktkonträre Maßnahmen 501
marktkonträrer Staatseingriff 491f.
Marktnachfrage 398
Markttransparenz 404
Massegläubiger 384

Massenentlassung 528
Masseverbindlichkeit 381, 384
MDAX 415
mehrseitige Rechtsgeschäfte 25
Mengenanpassung 424
Mengennotierung 598
Mengenpolitik 424
Mengenrabatt 40
Mengentender 580
Menschenführung 245
Merchandising 305
Middle Management 128f.
Midijob 211
Mietvertrag 55
Minderung 60
Mindestlöhne 163, 493
Mindestpreis 492
Mindestreserven 577
Mindestreservepolitik 577
Mindmapping 114
Mini-GmbH 108
Minijob 210
Ministererlaubnis 439
Ministerrat 619
Missbrauchsaufsicht 437f.
Mitarbeiterbeurteilung 242
Mitbestimmung 224
Mitbestimmungsebene 229
Mitbestimmungsgesetze 105
Mitbestimmungsrecht im engeren Sinne 227
Mitgliedschaftsrecht 344, 350
Mittelstandskartell 437
mittlere Leitungsebene 128f.
Mitwirkung 224
Mitwirkungsrecht des Betriebsrats 226
mobileTAN 326
Mobilien 18
Monopol 420
Monopolkommission 428
Monopollohnsystem 493
Montanindustrie 105
Moratorium 380

N

Nacherfüllung 60
Nachfrage 393
Nachfrageband 420
Nachfragekurve 397, 402
Nachfragelücke 403, 605
Nachfragerrente 402f.
Nachfragerverhalten 396f.
Nachfrageüberhang 403
nachfragewirksame Geldmenge 539
nachgelagerte Besteuerung 472
Nachhaltigkeit 499
Nachnahme 316, 327

nachschuldnerische Bürgschaft 367
Nachtwächterstaat 481
Nasdaq-Composite 415
Nationaleinkommen 510
nationale Parlamente 619
Naturalrabatt 40
natürliche Person 19
Nebeneinkünfte 453
Nennwert 102, 350
Nettoinlandsprodukt 510
Nettoinvestition 592
Nettolohn 545
Nettoproduktionsabgabe 508
Neubeginn der Verjährung 92
Neurenten 473
nicht abzugsfähige Steuern 448
Nichtigkeit 41
Nichtigkeit von Rechtsgeschäften 41
nicht vertretbare Sachen 19
Niederlassungsfreiheit 482
Niederstwertprinzip 347
Niedriglohn-Job 211
Nominallohn 545
nominelles Inlandsprodukt 512f.
normale Gesamtnachfrage 398
normale Nachfrage 397
normales Gesamtangebot 400
notarielle Beurkundung 27
Nullkupon-Anleihe 359

O

obere Leitungsebene 128
oberer Interventionspunkt 604
oberer Wendepunkt 554f., 559
Oberlandesgericht 87
Oberziele 231, 288, 527
objektives Recht 16
offene Handelsgesellschaft (OHG) 99
offene Mängel 59
offene Zession 368
Offenmarktpolitik 578
öffentliche Beglaubigung 27
öffentliches Recht 15
OHG 99
Ökologie 497
ökologische Ziele 288
ökologisch-soziale Marktwirtschaft 497
Ökosteuer 500
Oligopol 421
Onlinebanking 324
Online-Bewerbung 284
Operativplanung 484
Optionsanleihe 359
Optionsbond 359
Optionsschein 359
Orderpapiere 343

Ordnungsmerkmal 481f.
Organisation 231, 247
– Grundsätze der 248
Organisationsformen der Leitung 256
organisierte Märkte 395
Output 262
Outs 561

P

Pachtvertrag 55
Parität 604
Parteifähigkeit 21
Partnerschaftsgesellschaft (PG) 110
Pensionsgeschäfte 579
Pensionssatz 580
Personalauswahlverfahren 278
Personalbedarf 271
Personalbeschaffung 271
– externe 279
– interne 278
Personalbeurteilung 242
Personaleinsatzplanung 275
Personaleinstellung 278
Personaleinweisung 275
Personalentwicklung
– betriebliche 275
Personalförderung 275
Personalführung 241, 245
Personal Identification Number 321
Personalinformationssystem 244
Personalkredit 366
Personenfirmen 96
Personengesellschaften 99, 347, 350
Personenorientierung 255
Personenschäden 66
persönliche Identifikations-Nummer (PIN) 320
Perspektivplanung 484
Pfandrecht 371
Pfändung 84
Pflegegrad 191
Pflegeleistung 192
Pflichtversicherung 218
PIN 321
Planung 231
Plastikgeld 323
Platzkauf 36, 61
Point of Sale 322
POS 322
Präferenzen 405, 419
Prämienlohn 172, 174
Prämisse 404
Preis 393
Preisangabenverordnung 441
Preisbildung 401, 490
Preisbindung 436
Preisdifferenzierung 302

651

Preisdiskriminierung 302
Preise von Komplementärgütern 396
Preise von Substitutionsgütern 396
Preisfunktion 408
Preisgesetz 406, 600
Preisindex 543
Preisindexberechnung 543
Preislehre 393
Preisniveau 531, 541
Preisniveaustabilität 567
Preisnotierung 412, 598
Preispolitik 301, 426f.
Preisstabilität 531, 567
Preissteigerungsrate 544
Preisveränderungsrate 544
Primäreinkommen 508
Primatkollegialität 257
Prime Standard 411
Printmedien 113
Privateigentum 482
private Pflegeversicherung 191
private Vorsorge 217, 219
Privatrecht 15
Privatversicherung 217f.
Produktgestaltung 299f.
Produkthaftung 63
Produkthaftungsgesetz 63
Produktionsfreiheit 482
Produktions- und Importabgaben 508, 510
Produktivkredit 352
Produktsicherheitsgesetz (ProdSG) 182
Produktvariation 300
Produktvereinfachung 300
Produktvereinheitlichung 300
Produktverfeinerung 300
Produzentenrente 402
Progressionszone 463
Projektgruppeneinsatz 278
Prokura 144
Prokurist 144
Proportionalzone 463
Provision 153, 155
Prozessfähigkeit 21
Prozessorganisation 262
Prozessverantwortliche 263
Public-key-Kryptografie 29
Public Relations (Öffentlichkeitsarbeit) 305

Q

qualifiziertes Zeugnis 136
Quantitätsgleichung 542
Quellensteuer 454
Quotenvergleich 380

R

Rabatt 39
Rat der Europäischen Union (Ministerrat) 619
Ratenkauf 39
raumorientierte Ablauforganisation 260
reales Bruttoinlandsprodukt 539
reales Inlandsprodukt 512f.
Realkredit 370
Reallohn 545
rechtliche Grundbegriffe 15
Rechtsbegriffe 18
Rechtsbeschwerde 184
Rechtsfähigkeit 19
Rechtsgeschäfte 23ff.
Rechtsmängel 58
Rechtsobjekt 18
Rechtsordnung 479
Rechtsquellen 15
Rechtsverordnungen 17
Referenzen 278
Referenzkurs 600
Referenzwert 567
Refi-Satz 584
Reflation 548
Regelkreis 250
regelmäßige Verjährungsfrist 91
Regelstrecke 251
Regelung 247
– fallweise 247
– generelle 247
Regler 251
Reisender 149
Reisevertrag 56
Rektapapier 343
relativ fester Wechselkurs 604, 612
Remittent 336
Rente 194
Rentenbesteuerung 472
Rentenversicherung 220
Rente wegen Todes 194
repartieren 582
Repo-Geschäfte 579
Ressortkollegialität 257
Restposten 520
– der Zahlungsbilanz 522
Restschuldbefreiung 386
Revision 86f., 184
Rezeptor 251
Rezession 555, 559
Riester-Rente 220
Rimesse 337
Rücklagen 348
Rückstellungen 348
Rücktritt 60, 71, 78
Rücktrittserklärung 24
Rürup-Rente 221, 457

S

Sachdarlehensvertrag 56
Sachen 18
Sachfirmen 96
Sachleistungsbetrieb 274, 291
Sachmängel 58
Sachmitteleigenfinanzierung 350
Sachschäden 66
Sachziele 288, 291
Saison-Kurzarbeitergeld 200
Salespromotion 305
Sammelaktie 103
Sammelüberweisung 318
Satzungen im öffentlichen Recht 17
Scale 412
Schadensersatz 60, 71, 79
– neben der Leistung 61
– statt der Leistung 60, 76
Schadensersatzberechnung 72
Schattenwirtschaft 530
Scheck 330 ff.
Scheckarten 332
Scheckverlust 333
Scheidemünzen 571
Scherzgeschäft 42
Schlichtungswesen 167
Schlussbilanz 104
Schlussnote 158
Schmerzensgeld 66
Schnelltender 582
Schriftform 26
Schuldenbremse 563 f.
Schuldnerverzug 75
Schuldverschreibungen 582
Schwankungsbreite (Bandbreite) 604
Schwarzarbeit 530
schwarze Märkte 491
SDAX 415
Selbsteintrittsrecht 156
Selbstfinanzierung 346
Selbsthilfeverkauf 74
selbstschuldnerische Bürgschaft 367
SEPA 318
Sequester 381
Sicherungshypothek 84, 374
Sicherungsübereignung 371
Sichteinlagen 569, 571, 573
Signatur-Verfahren 326
Skonto 39, 355
Sockelarbeitslosigkeit 634 ff.
Solidaritätsprinzip 186
Solidaritätszuschlag 460, 464
Soll-Ist-Vergleich 237
Sonderausgaben 456, 471
Sonderausgaben-Pauschbetrag 459
Sonderrabatt 40

Sonderziehungsrechte 624 f.
Sozialbindung des Eigentums 488
Sozialdumping 614
soziale Gerechtigkeit 488
soziale Marktwirtschaft 486 ff.
soziale Pflegeversicherung 186, 191
sozialer Arbeitsschutz 178
soziale Sicherung 160
Sozialgeld 205
Sozialgericht 218
Sozialgerichtsbarkeit 212
Soziallohn 175
Sozialordnung 479
Sozialpartner 161
Sozialplan 228
Sozialpolitik 160
Sozialversicherung 186, 218, 222
Sozialversicherungsausweis 211
sozialverträgliche Einkommensverteilung 527
sozialverträgliche Vermögensverteilung 527
Sparbrief 360
Sparen 510
Sparer-Pauschbetrag 454
Sparförderung 631
Sparquote 592
Sperrfrist 198
Speziessachen 19
Spezifikationskauf 37
Splittingtarif 464
staatliche Bürgschaften und Garantien 613
Staatsausgaben 443
Staatseinnahmen 444
Staatshaushaltsplan 445
Stabilität des Preisniveaus 527
Stabilitätspakt 562
Stab-Linien-System 256 f.
Staffelrabatt 40
Stagflation 548
Standardtender 582
starre Wechselkurse 604
stationäre Wirtschaft 508
Stellenbeschreibung 271
Stelleneinweisung 275
Stellglied 251
Stellgröße 251
stetiges Wachstum 527, 629
stetiges Wirtschaftswachstum 533
Steuerbescheid 451
Steuern 443 ff.
steuerpolitische Maßnahmen 613
Steuerprogression 446, 535
Steuerträger 448
Steuerzahler 448
stille Gesellschaft (StG) 110
stille Zession 368
Störgröße 251

Streik 165
streitiges Verfahren 86
strukturelle Defizit 563
strukturelle Operationen 578, 582
strukturelles Ungleichgewicht 635
Strukturpolitik 634 ff.
Strukturwandel 635
Stückaktie 102, 350
Stückgeldakkord 172
Stückkosten 296
Stückkurse 350
Stücklohn 172
Stückzeitakkord 173
Stundungsvergleich 380
subjektives Recht 16
Substitutionsprinzip 249
Subvention 508, 613
Subventionsdumping 614
Syndikat 432

T

tabellarischer Lebenslauf 283
Tagwechsel 336, 339
Talon 344, 358
Talsohle 559
Tarifautonomie 163
Tarifbindung 163
Tariffähigkeit 163
Tarifformel 463
tarifliche Nullzone 463
Tarifregister 163
Tarifvertrag 137, 161, 163
Taschengeldparagraf 22
Tauschgleichung 542
Team 264
TecDax 415
Teilarbeitslosengeld 202
Teilhaberpapier 344, 350
Teilprozess 263
Tenderverfahren 579
Termineinlage 583
Termingeschäft 412 f.
Terminkauf 37
Testament 25
Textform 27
Top Management 128
Träger der Sozialversicherung 186
Traineeausbildung 276
Transferleistung 201
Transferzahlungen 529
Transportkosten 36
Tratte 337, 369
Trend 554
Treuerabatt 40
Trusts 429, 434

U

Überangebot 403
Überbeschäftigung 528, 554
Überbringerscheck 332
Überschuldung 380
Überschussrechnung 453
Überschussreserve 573
Überweisung 317
Überweisungsauftrag 318
Umsatz 427
Umschulung 276
Umweltschutz 527
unbare Zahlung 317
unbeschränkte Geschäftsfähigkeit 21
unerlaubte Handlung 65 f.
Unfallversicherung
– gesetzliche 206
– private 219
Ungleichgewicht 538
Unterbeschäftigung 528, 542, 554
untere Leitungsebene 128 f.
unterer Interventionspunkt 604
unterer Wendepunkt 554, 556, 559
Unternehmensformen 94
Unternehmenskonzept 115
Unternehmenskrise 379
Unternehmens- und Vermögenseinkommen 508
Unternehmensverfassung 224, 229
Unternehmer 45
Unternehmereinkommen 510
Unternehmergesellschaft (UG) 108
Unterziele 231, 288, 527
unvollkommene polypolistische Konkurrenz 419
unvollkommener Markt 405, 419 f.
Urabstimmung 166

V

Valutadumping 614
variable Kosten 295, 426
variabler Kurs 415
variabler Markt 412
Verbraucher 45
Verbraucherdarlehensvertrag 26, 47
Verbraucherinsolvenzverfahren 387
Verbraucherpreisindex 543
Verbraucherschutz 440
Verbrauchervertrag 45
Verbrauchsgüterkauf 46
Verbrauchsgüterverträge 46
Verbrauchsteuern 447
verbundene Unternehmen 433
verbundene Verträge 48
verdeckte Selbstfinanzierung 347
Verfassungsgesetz 16

Verjährung 62, 88
Verjährungsfristen 89
Verkaufsförderung 305
Verkaufskommissionär 156
Verkaufskurs 598
Verkehrsgleichung des Geldes 542
Verkehrshypothek 374
Verkehrsteuern 447
Vermittlungsbudget 198
Vermittlungsgutschein 198
Vermögensbeteiligung 474
Vermögensbildung 474
Vermögensübertragung 522
vermögenswirksame Leistungen 474
Verordnungen 17
Verpackungskosten 38
Verpflichtungsgeschäft 32
Verrechnungsscheck 332
Verschmelzung 429, 434
Versendungskauf 35 f.
Versicherungsverein auf Gegenseitigkeit (VVaG) 111
Versicherungsvertrag 57
verstärkter Personalkredit 366
versteckte Mängel 59
Verteilungsrechnung 514
Vertrag 25, 434
Vertragsarten 55
Vertragsfreiheit 41, 482
Vertragsstörungen 58
Vertrag von Lissabon 618
Vertrauensschaden 42
Vertretungsvertrag 152
Verursacherprinzip 498
Verwaltungsverordnungen 17
Verwaltungsvorschriften 17
Verwendungsrechnung 514
Verzug 70
Verzugszinsen 78
vier Grundfreiheiten 621
Volkseinkommen 510, 514
volkswirtschaftliche Gesamtrechnung 507 f.
Vollbeschäftigung 528
vollkommene polypolistische Konkurrenz 401
vollkommener Markt 404
Vollmacht 146 f.
Vollstreckungsbescheid 82
Vollstreckungstitel 84
Vorsorge
– private 217, 219
Vorsorgeaufwendungen 457, 471
Vorsorgeprinzip 498
Vorstand 105
VPI 543

W

Wachstum der Wirtschaft 533
Wachstumsarten 629
Wachstumsmessung 628
Wachstumspfad 554
Wachstumspolitik 628
Wägungsschema 543
Währung 311
Währungsreserven 520
Währungsschlange 604
Wandelobligation 359
Wandelschuldverschreibung 359
Warenkorb 543
Warenwertpapier 343
Warenwirtschaftssystem 273
Wechsel 335
Wechselakzept 369
Wechselbestandteile 336
Wechselkurs 597
Wechselkursmechanismus 600 f.
Wechselkursmechanismus I (WKM I) 608
Wechselkursmechanismus II (WKM II) 561, 608
Wechselkurssysteme, Entwicklung der 607
Wechselnehmer 335
Wechselsumme 335
weiche Währung 605
Weisungssystem 253, 256
Welthandelsorganisation (WTO) 616
Werbearten 304
Werbegrundsätze 304
Werbemittel 304
Werbung 304
Werbungskosten 453, 471
Werklieferungsvertrag 56
Werkraum 130
Werkvertrag 56
Wertkarte (Geldkarte) 322
Wertpapier 331, 335, 342, 344, 351
Wertpapierbörse 410
Wertpapierpensionsgeschäft 579
Wertverschaffungsschuld 77
Wettbewerbspolitik 435
Wettbewerbsverbot 138
Widerspruch 82
Wiederverkäuferrabatt 39
wilder Streik 166
Willenserklärung 24, 32
Wirtschaftsausschuss 225
Wirtschaftsbereiche 513
Wirtschaftskreislauf 505
Wirtschaftsordnung 479
Wirtschaftspolitik 505
Wirtschaftswachstum 533, 628
WKM I (Wechselkursmechanismus I) 608

655

WKM II (Wechselkursmechanismus II) 561, 608
Wohlverhaltensperiode 386
Wohnungsbauprämie 475
WTO (Welthandelsorganisation) 616
WWU (Europäische Wirtschafts- und Währungsunion) 561

X

Xetra 414

Z

Zahlschein 314 ff.
Zahlungsbedingungen 39
Zahlungsbilanz 518
Zahlungsbilanzausgleich 521
Zahlungsbilanzdefizit 521, 611
Zahlungsbilanzpolitik 611
Zahlungsbilanzüberschuss 521, 611
Zahlungsbilanzungleichgewicht 521, 611
Zahlungsdienstevertrag 57
Zahlungsformen 312
Zahlungsmittel 311
Zahlungsort 335
Zahlungsträger 312
Zahlungsunfähigkeit 380
Zahlungsverkehr 311
Zahlungsverzug 77
Zahlungszeitpunkt 39
Zeitkauf 37
Zeitlohn 171
zeitorientierte Ablauforganisation 261
Zentralverwaltungswirtschaft 480, 483 f.

Zero-Bond 359
Zertifikationsstelle 29
Zession 343
Zessionar 368
Zessionskredit 367
Zeugnis 136, 278
Ziehungsrechte 624
Zielharmonie 289, 532
Zielindifferenz 532
Zielkauf 39
Zielkonflikt 289, 532, 534, 589
Zielsetzungen der Betriebe 288
Zinsband 584
Zinskorridor 584
Zinskorsett 584
Zinsscheinbogen 344, 358
Zinstender 581
Zivilmakler 157
Zivilrecht 15
Zollunion 622
Zusammenschlüsse 438
Zusammenschlusskontrolle 438
Zuteilungssystem 484
Zwangshypothek 84
Zwangsversicherung 186
Zwangsversteigerung 84
Zwangsverwaltung 84
Zwangsvollstreckung 84, 383
Zwei-Säulen-Strategie 567
zweiseitiger Handelskauf 59
Zwischenziele 231, 288